客运索道实用法规标准汇编

（下 册）

李书清 徐 伟 冀 铮 主编

应急管理出版社

·北 京·

目　次

上　册

1	客运索道运营安全生产标准化管理团体标准	2
2	客运索道运营安全生产标准化管理团体标准应用要求	23
3	中华人民共和国旅游法	44
4	中华人民共和国特种设备安全法	54
5	中华人民共和国环境保护法	65
6	中华人民共和国职业病防治法	72
7	中华人民共和国固体废物污染环境防治法	83
8	中华人民共和国突发事件应对法	97
9	中华人民共和国消防法	105
10	中华人民共和国安全生产法	114
11	生产安全事故报告和调查处理条例	129
12	生产安全事故应急预案管理办法	134
13	客运索道安全监督管理规定	141
14	特种设备事故报告和调查处理规定	145
15	特种设备安全监督检查办法	149
16	GB 12352—2018　客运架空索道安全规范	154
17	GB 19402—2012　客运地面缆车安全要求	208
18	GB 50127—2020　架空索道工程技术标准	247
19	GB 2894—2008　安全标志及其使用导则	306
20	GB 13495.1—2015　消防安全标志　第1部分：标志	344
21	GB 51309—2018　消防应急照明和疏散指示系统技术标准	367
22	GB 50116—2013　火灾自动报警系统设计规范	451
23	GB 50370—2005　气体灭火系统设计规范	487
24	GB 55012—2021　生活垃圾处理处置工程项目规范	514
25	GB 8408—2018　大型游乐设施安全规范	526
26	GB 2893—2008　安全色	580
27	GB 3096—2008　声环境质量标准	592
28	GB 37487—2019　公共场所卫生管理规范	604
29	GB 37488—2019　公共场所卫生指标及限值要求	615
30	GB 12141—2008　货运架空索道安全规范	622
31	GB 50231—2009　机械设备安装工程施工及验收通用规范	649

下 册

序号	标准号	名称	页码
32	GB/T 26722—2022	索道用钢丝绳	715
33	GB 39800.1—2020	个体防护装备配备规范 第1部分：总则	761
34	GB/T 41094—2021	客运索道使用管理	790
35	GB/T 33000—2016	企业安全生产标准化基本规范	805
36	GB/T 24728—2009	客运索道安全服务质量	821
37	GB/T 10001.1—2012	公共信息图形符号 第1部分：通用符号	835
38	GB/T 10001.2—2021	公共信息图形符号 第2部分：旅游休闲符号	873
39	GB/T 12738—2006	索道 术语	898
40	GB/T 17145—1997	废润滑油回收与再生利用技术导则	926
41	GB/T 17775—2003	旅游区（点）质量等级的划分与评定	931
42	GB/T 24729—2009	客运索道固定抱索器通用技术条件	946
43	GB/T 24730—2009	客运索道脱挂抱索器通用技术条件	953
44	GB/T 24731—2009	客运索道驱动装置通用技术条件	961
45	GB/T 24732—2009	客运索道托（压）索轮通用技术条件	969
46	GB/T 29639—2020	生产经营单位生产安全事故应急预案编制导则	975
47	GB/T 34024—2017	客运架空索道风险评价方法	988
48	GB/T 34026—2017	客运索道张紧装置通用技术条件	1006
49	GB/T 34227—2017	客运索道用橡胶轮衬	1017
50	GB/T 34274—2017	客运索道运载工具通用技术条件	1027
51	GB/T 34368—2017	客运索道重大修理的技术要求	1044
52	GB/T 34369—2017	客运索道电气装置通用技术条件	1052
53	GB/T 40248—2021	人员密集场所消防安全管理	1075
54	GB/T 9075—2008	索道用钢丝绳检验和报废规范	1097
55	GB/Z 158—2003	工作场所职业病危害警示标识	1110
56	GB/Z 1—2010	工业企业设计卫生标准	1129
57	TSG S1001—2008	客运索道设计文件鉴定规则	1152
58	TSG 08—2017	特种设备使用管理规则	1174
59	TSG S7001—2013	客运索道监督检验和定期检验规则	1212
60	TSG Z6001—2019	特种设备作业人员考核规则	1266
61	TSG Z6002—2010	特种设备焊接操作人员考核细则	1363
62	AQ/T 9007—2019	生产安全事故应急演练基本规范	1415
63	AQ/T 9011—2019	生产经营单位生产安全事故应急预案评估指南	1423

ICS 77.140.65
CCS H 49

中华人民共和国国家标准

GB/T 26722—2022
代替 GB/T 26722—2011

索道用钢丝绳

Steel wire ropes for ropeway

2022-03-09 发布

2022-10-01 实施

国家市场监督管理总局
国家标准化管理委员会 发布

前 言

本文件按照GB/T 1.1—2020《标准化工作导则 第1部分:标准化文件的结构和起草规则》的规定起草。

本文件代替GB/T 26722—2011《索道用钢丝绳》。与GB/T 26722—2011相比,除编辑性改动外,主要技术变化如下:
——增加了6×V20FC、6×V33FC、6×V42FC、6×V48FC 4个异形股钢丝绳典型结构(见附录A中表A.7和表A.8);
——删除了五层全密封钢丝绳典型结构(见2011年版的表10);
——修改了6×7、6×19S、6×25F、6×26WS、6×29F、6×31WS、6×36WS、6×41WS、6×K7、6×K19S、6×K25F、6×K26WS和6×K31WS 13个钢丝绳结构直径范围(见表1,2011年版的表1);
——修改了圆股和异形股钢丝绳拆股钢丝直径范围,钢丝直径范围修改为$0.50 \leqslant \delta \leqslant 4.60$ mm(见表6、表10、表14,2011版年的表8、表12);
——增加和修改了部分钢丝弯曲、扭转指标,钢丝直径范围修改为$0.50 \leqslant \delta \leqslant 4.60$ mm(见表6、表10、表14,2011年版的表8、表12);
——删除了非密封钢丝绳1570、1670两个钢丝绳级(见2011年版的表20～表25);
——增加了2060、2160两个钢丝绳级(见附录A表A.1～表A.8);
——将钢丝表面状态中"镀锌"修改为"镀层"(见第6章～第8章,2011年版的第6章～第7章);
——增加了固态聚合物绳芯(SPC)(见5.2);
——增加了异形股钢丝绳的重量系数,更改了压实股钢丝绳和密封钢丝绳的重量系数和最小破断拉力系数(见表5,2011年版的表3);
——删除了压实股钢丝绳拆股钢丝试验低值钢丝允许根数表(见2011年版的表19),增加了低值钢丝允许根数计算方法[见7.2.7.2b)];
——增加了索道用钢丝绳使用和维护要求(见第9章);
——增加了6×V20FC、6×V33FC、6×V42FC、6×V48FC结构钢丝绳示意图(见附录A)。

请注意本文件的某些内容可能涉及专利。本文件的发布机构不承担识别专利的责任。

本文件由中国钢铁工业协会提出。

本文件由全国钢标准化技术委员会(SAC/TC 183)归口。

本文件起草单位:鞍钢钢绳有限责任公司、贵州钢绳股份有限公司、江苏赛福天钢索股份有限公司、昆山东岸海洋工程有限公司、江阴兴澄特种钢铁有限公司、湖北福星新材料科技有限公司、冶金工业信息标准研究院、山西工程职业学院。

本文件主要起草人:赵宪海、李广宇、冷明鉴、郑立茂、杨岳民、王勇、张冬梅、白云、李龙彪、张丹、刘修海、林柱英、王国辉、陈海燕、徐志雄、高正凯、王晶、郝赳赳、任翠英、王玲君、侯向东。

本文件2011年首次发布为GB/T 26722—2011,本次为第一次修订。

索道用钢丝绳

1 范围

本文件规定了索道用钢丝绳的分类、订货内容、钢丝绳材料、技术要求、检查与试验方法、验收、选用和维护、包装、标志及质量证明。

本文件适用于拖牵索道、地面缆车、客运及货运架空索道等用途圆股钢丝绳、异形股钢丝绳、压实股钢丝绳及密封钢丝绳。

2 规范性引用文件

下列文件中的内容通过文中的规范性引用而构成本文件必不可少的条款。其中，注日期的引用文件，仅该日期对应的版本适用于本文件；不注日期的引用文件，其最新版本（包括所有的修改单）适用于本文件。

GB/T 228.1　金属材料　拉伸试验　第1部分:室温试验方法

GB/T 238　金属材料　线材　反复弯曲试验方法

GB/T 239.1　金属材料　线材　第1部分:单向扭转试验方法

GB/T 1839　钢产品镀锌层质量试验方法

GB/T 2104　钢丝绳包装、标志及质量证明书的一般规定

GB/T 8358　钢丝绳　实际破断拉力测定方法

GB/T 8706　钢丝绳　术语、标记和分类

GB/T 15030　剑麻钢丝绳芯

GB/T 21965　钢丝绳　验收及缺陷术语

NB/SH/T 0387　钢丝绳用润滑脂

YB/T 081　冶金技术标准的数值修约与检测数值的判定

YB/T 4643　制绳用异形钢丝

YB/T 5343　制绳用圆钢丝

3 术语和定义

本文件没有需要界定的术语和定义。

4 分类

4.1 钢丝绳按GB/T 8706规定的原则进行分类，详见表1。若需方未明确提出具体钢丝绳结构，可由供方在表1同一组别内自行确定。

4.2 非密封钢丝绳按捻制类型和方向分为右交互捻、左交互捻、右同向捻和左同向捻四种，如图1a)～图1d)所示。图1a)和图1b)中，绳与股捻制方向相反；图1c)和图1d)中，绳与股捻制方向相同。

4.3 密封钢丝绳捻制方向按最外层钢丝捻向分为左捻和右捻两种。若需方无特殊要求，供方按右捻供货。

表 1 钢丝绳分类

组别	类型	类别	钢丝绳典型结构	股结构	股捻制类型	直径范围 mm
1	圆股钢丝绳	6×7	6×7	1-6	单捻	6~38
2		6×19	6×19S	1-9-9	平行捻	10~42
			6×25F	1-6-6F-12	平行捻	12~46
			6×26WS	1-5-5+5-10	平行捻	14~46
3		6×36	6×29F	1-7-7F-14	平行捻	14~48
			6×31WS	1-6-6+6-12	平行捻	18~48
			6×36WS	1-7-7+7-14	平行捻	18~60
			6×41WS	1-8-8+8-16	平行捻	22~68
4	压实股钢丝绳	6×K7	6×K7	1-6	单捻	6~38
5		6×K19	6×K19S	1-9-9	平行捻	10~42
			6×K25F	1-6-6F-12	平行捻	12~46
			6×K26WS	1-5-5+5-10	平行捻	14~46
6		6×K36	6×K31WS	1-6-6+6-12	平行捻	18~48
			6×K36WS	1-7-7+7-14	平行捻	18~60
			6×K41WS	1-8-8+8-16	平行捻	22~68
7	异型股钢丝绳	6×V25	6×V20FC	FC-10-10	平行捻	18~32
8		6×V33	6×V33FC	FC-11/11-11	多工序复合捻	28~42
			6×V42FC	FC-14/14-14	多工序复合捻	38~52
			6×V48FC	FC-16/16-16	多工序复合捻	38~60
9	密封钢丝绳		单层全密封钢丝绳	WSC-Z		22~36
			双层全密封钢丝绳	WSC-ZZ		28~46
			三层全密封钢丝绳	WSC-ZZZ		46~58
			四层及以上全密封钢丝绳	WSC-ZZZZ…		58~70

对于圆股钢丝绳,股中心钢丝直径大于 4.0 mm 时,可采用 1×7 结构股芯代替该中心钢丝,该中心股芯记作一根钢丝。

注1:不同类别及结构钢丝绳力学性能见附录 A。

注2:钢丝绳填充系数见附录 B。

(a) 右交互捻 sZ　　(b) 左交互捻 zS　　(c) 右同向捻 zZ　　(d) 左同向捻 sS

图 1 非密封钢丝绳捻制类型和方向示意图

4.4 非密封钢丝绳分为1770级、1870级、1960级、2060级和2160级；密封钢丝绳分为1470级、1570级、1670级和1770级。若需其他级别钢丝绳，供需双方可在合同中约定。

4.5 钢丝绳标记应符合GB/T 8706规定。标记格式及内容见以下示例。

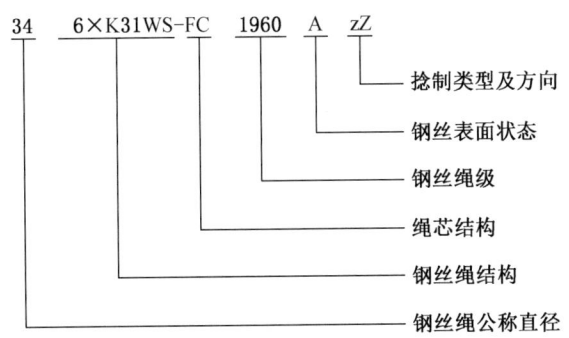

其中：
钢丝绳公称直径见附录A；
钢丝绳结构见表1；
绳芯类型应符合6.2规定；
钢丝绳级应符合4.4规定；
钢丝表面状态应符合表2规定；
捻制类型及方向见图1。

5 订货内容

按本文件订货的合同应包括以下内容：
a) 本文件编号；
b) 产品名称；
c) 结构（标记代号）；
d) 公称直径；
e) 钢丝绳级；
f) 绳芯类型；
g) 捻制类型及方向；
h) 捻距；
i) 钢丝表面状态（光面或镀层）；
j) 数量（长度或重量）；
k) 伸长率；
l) 表面涂油要求；
m) 其他。

6 钢丝绳材料

6.1 制绳用钢丝

6.1.1 非密封钢丝绳制绳用圆钢丝（包括中心钢丝、填充钢丝和绳芯钢丝）应符合YB/T 5343中重要用途钢丝相关规定。制绳用钢丝表面状态和抗拉强度级应符合表2要求。

表 2 非密封钢丝绳制绳用圆钢丝表面状态及抗拉强度级

表面状态	抗拉强度级 N/mm²					
光面及 B 级镀层	1 670	1 770	1 870	1 960	2 060	2 160
AB 级镀层	1 670	1 770	1 870	1 960	2 060	2 160
A 级镀层	1 670	1 770	1 870	—	—	—

6.1.2 密封钢丝绳制绳用圆钢丝应符合 YB/T 5343 中重要用途钢丝相关规定,制绳用异形钢丝应符合 YB/T 4643 相关规定。制绳用钢丝表面状态和抗拉强度级应符合表 3 要求。

表 3 密封钢丝绳制绳用钢丝表面状态及抗拉强度级

分类	表面状态	抗拉强度级 N/mm²						
圆钢丝	光面	1 470	1 570	1 670	1 770	1 870	1 960	2 060
	镀层	1 470	1 570	1 670	1 770	1 870	1 960	2 060
异形钢丝	光面	1 470	1 570	1 670	1 770	1 870	—	—
	镀层	1 470	1 570	1 670	1 770	—	—	—

6.1.3 对应不同钢丝绳级制绳用钢丝抗拉强度级应符合表 4 规定。同一直径钢丝应具有相同抗拉强度级和镀层。钢丝绳中钢丝为同一抗拉强度级时,钢丝绳级应与钢丝抗拉强度级相同;若钢丝绳中钢丝为不同抗拉强度级时,钢丝绳级应符合钢丝抗拉强度级之一。

表 4 不同钢丝绳级制绳用钢丝抗拉强度级

钢丝绳级	钢丝抗拉强度级 N/mm²	
	非密封钢丝绳	密封钢丝绳
1 470	—	1 470～1 670
1 570	—	1 470～1 770
1 670	1 670～1 870	1 470～1 870
1 770	1 670～1 960	1 570～1 960
1 870	1 670～2 060	1 670～2 060
1 960	1 770～2 160	—
2 060	1 870～2 160	—
2 160	1 960～2 160	—

6.2 绳芯

绳芯应为纤维芯[合成纤维芯(SFC)或天然纤维芯(NFC)]、固态聚合物芯(SPC)或钢芯(WSC 和 IWRC)。

纤维芯应由合成纤维或符合 GB/T 15030 规定的天然纤维制成。纤维芯应具有抗挤压、抗腐蚀、贮油防锈等功能。除需方另有要求外，纤维芯应采用具备防腐、防锈功能的油脂浸渍。

6.3 油脂

油脂应符合 NB/SH/T 0387 或其他相关规定。

7 技术要求

7.1 股的捻制

7.1.1 非密封钢丝绳中股外层钢丝近似计算公式见附录C。

7.1.2 股中钢丝设计应合理，股绳捻制应均匀。

7.1.3 中心钢丝应满足支撑作用。股中相邻钢丝之间允许有均匀、轻微的缝隙。

7.1.4 钢丝绳自由展开状态下，股中钢丝不应有松动现象。

7.1.5 捻股时，同一直径钢丝抗拉强度级应相同；不同直径钢丝允许使用相同或相邻抗拉强度级的钢丝。

7.1.6 钢丝绳股中钢丝接续点应尽可能减少，外层钢丝应无接续点。内层钢丝接续时，应采用对焊方法，接续点应光滑。对于圆形钢丝，股中相邻接续点间距不应小于 15 m；对于异形钢丝，绳中相邻钢丝接续点间距不应小于 5 m。

7.1.7 股中钢丝不应有交错、折弯和断丝等缺陷，但允许有因变形工卡具压紧造成的钢丝压痕存在。

7.1.8 除绳芯外，密封钢丝绳中相邻层Z形钢丝捻制方向应相反。

7.1.9 有镀层要求的钢丝绳，所使用的制绳用钢丝都应是同一镀层级别的。

7.2 钢丝绳的捻制

7.2.1 钢丝绳结构设计应合理，捻制应均匀一致。

7.2.2 非密封钢丝绳捻距应为钢丝绳公称直径的 6.7～7.5 倍，允许实测捻距有不大于 ±3% 的偏差。

7.2.3 绳芯应满足支撑作用。各相邻股之间允许有较均匀的缝隙。

7.2.4 钢丝绳自由展开或缠绕状态下，股不应有松动现象。钢丝绳在展开和无负荷情况下，不应出现波浪状。

7.2.5 钢丝绳应不松散，端部应利于后续插编。

7.2.6 若钢丝绳表面涂覆油脂，应保证通条均匀一致。

7.3 直径和不圆度

7.3.1 公称直径

钢丝绳公称直径应是合同中注明的钢丝绳名义直径。

附录A所列出的钢丝绳公称直径为推荐采用的直径，供需双方也可按照其他公称直径签订合同。

7.3.2 实测直径

钢丝绳实测直径应按 8.1.1.3 测定，其允许偏差为：$0\sim+5\%D$。

7.3.3 不圆度

钢丝绳不圆度应按 8.1.1.4 计算，钢丝绳不圆度不大于 $4\%D$。

7.4 长度

7.4.1 公称长度

钢丝绳公称长度应由供需双方在合同中注明,单位为米(m)。

7.4.2 实测长度

钢丝绳实测长度应按8.1.2测定,其与公称长度之间的允许偏差应符合表5规定。若需方有特殊要求,应在合同中注明。

表5 钢丝绳长度允许偏差

单位为米

公称长度(L)	允许偏差
<400	0～+5%L
400～1 000	0～+20
>1 000	0～+2%L

7.5 重量

7.5.1 参考重量

钢丝绳公称长度参考重量应按公式(1)计算。不同结构、公称直径钢丝绳参考重量见附录A。

$$M = W \times D^2 \qquad\qquad (1)$$

式中:

M ——钢丝绳公称长度参考重量,单位为千克每百米(kg/100 m);

W ——不同结构、不涂油钢丝绳长度重量系数,单位为千克每百米平方毫米(kg/100 m·mm^2),W值见表6;

D ——钢丝绳公称直径,单位为毫米(mm)。

表6 钢丝绳重量系数和最小破断拉力系数

组别	类别	重量系数(W) kg/(100 m·mm^2)				最小破断拉力系数(K)		
		天然纤维芯(W_{1n})	合成纤维芯(W_{1p})	固态聚合物芯(W_2)	钢芯(W_3)	纤维芯(K_1)	固态聚合物芯(K_2)	钢芯(K_3)
1	6×7	0.344	0.337	—	0.379	0.335	—	0.359
2	6×19	0.372	0.364	0.375	0.410	0.338	0.343	0.356
3	6×36	0.372	0.364	0.375	0.410	0.340	0.345	0.356
4	6×K7	0.402	0.402	—		0.375		
5	6×K19	0.417	0.417	0.429	0.467	0.373	0.378	0.410
6	6×K36	0.417	0.417	0.429	0.467	0.373	0.378	0.410
7	6×V25	—	0.366			0.333		

表 6（续）

组别	类别	重量系数(W) kg/(100 m·mm²)				最小破断拉力系数(K)		
		天然纤维芯 (W_{1n})	合成纤维芯 (W_{1p})	固态聚合物芯(W_2)	钢芯 (W_3)	纤维芯 (K_1)	固态聚合物芯 (K_2)	钢芯 (K_3)
8	6×V33	—	0.377	—	—	0.350	—	—
9	单层全密封	—	—	—	0.565	—	—	0.585
10	双层全密封	—	—	—	0.575	—	—	0.602
11	三层全密封	—	—	—	0.600	—	—	0.618
12	四层及四层以上全密封	—	—	—	0.600	—	—	0.618
2组钢丝绳中，6×19 S钢丝绳结构的重量系数应比表中所列的数值小3%。								

7.5.2 实测重量

钢丝绳实测长度重量应在无负荷条件下按8.1.3测定，其数值上限不应大于公称长度参考重量的103%，下限不应低于公称长度参考重量的97%。

7.6 钢丝绳破断拉力

7.6.1 总体要求

非密封钢丝绳应满足7.6.2的要求，密封钢丝绳应满足7.6.2或7.6.3的要求。

7.6.2 钢丝绳最小破断拉力

钢丝绳实测破断拉力值应不低于附录A的规定或供需双方协议的数值。附录A未列出直径和类型的钢丝绳最小破断拉力按公式(2)计算：

$$F_{min} = \frac{D^2 \cdot R_r \cdot K}{1\,000} \quad\quad\quad\quad (2)$$

式中：
F_{min}——钢丝绳最小破断拉力，单位为千牛顿(kN)；
D ——钢丝绳公称直径，单位为毫米(mm)；
R_r ——钢丝绳级；
K ——某一指定结构钢丝绳最小破断拉力系数，K值见表6。

7.6.3 钢丝破断拉力总和

钢丝绳中钢丝破断拉力总和应按8.1.4.2中方法计算。钢丝破断拉力总和用千牛顿(kN)表示。

钢丝绳实测钢丝破断拉力总和应不低于由公式(2)计算出的最小破断拉力与换算系数（见附录A中各表）计算后得到的数值。

7.7 钢丝绳弹性模量及伸长率

牵引索、运载索、平衡索和救护索用钢丝绳弹性模量应大于80 kN/mm²，永久伸长率应不大于0.3%。

7.8 不松散性

钢丝绳应不松散。

7.9 表面质量

钢丝绳外观不应存在 GB/T 21965 中列出的制造缺陷。

7.10 拆股钢丝

7.10.1 实测直径

7.10.1.1 非压实股钢丝绳中拆股圆钢丝实测直径与公称直径之间允许偏差应符合表7规定。压实股钢丝绳拆股圆钢丝不进行直径允许偏差的考核。

表 7 非压实股钢丝绳中拆股圆钢丝直径允许偏差

单位为毫米

钢丝公称直径(δ)	直径允许偏差		
	光面(U)及 B 级镀层	AB 级镀层	A 级镀层
$0.50 \leqslant \delta < 0.60$	$-0.01 \sim +0.01$	$-0.01 \sim +0.01$	$-0.03 \sim +0.03$
$0.60 \leqslant \delta < 1.00$	$-0.02 \sim +0.02$	$-0.02 \sim +0.02$	$-0.03 \sim +0.03$
$1.00 \leqslant \delta < 1.60$	$-0.02 \sim +0.02$	$-0.02 \sim +0.02$	$-0.04 \sim +0.04$
$1.60 \leqslant \delta < 2.40$	$-0.03 \sim +0.03$	$-0.03 \sim +0.03$	$-0.05 \sim +0.05$
$2.40 \leqslant \delta < 3.70$	$-0.03 \sim +0.03$	$-0.03 \sim +0.03$	$-0.06 \sim +0.06$
$3.70 \leqslant \delta \leqslant 4.60$	$-0.04 \sim +0.04$	$-0.04 \sim +0.04$	$-0.07 \sim +0.07$

7.10.1.2 密封钢丝绳中 Z 形钢丝横截面形状见图2,其形状特征值应符合表8规定。其中,h 的公称值及允许偏差应符合表9规定。

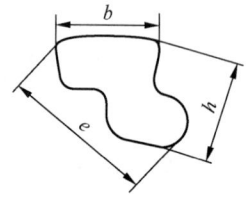

标引符号说明:
b ——垂直于过宽度中心的半径线的上部分的最大值;
e ——钢丝横截面对角线最大值;
h ——两个边界同心圆半径之间的差值。

图 2 Z 形钢丝横断面形状

表 8 Z 形钢丝形状特征值

形式	Z 型
$h:b$	$1.00 \sim 1.30$
$h:e$	$0.55 \sim 0.75$

表 9 Z 形钢丝高度允许偏差

单位为毫米

公称高度(h)	允许偏差	
	光面钢丝	镀锌钢丝
2.00	−0.10～+0.10	−0.05～+0.35
3.00	−0.10～+0.10	−0.05～+0.35
4.00	−0.10～+0.10	−0.05～+0.35
5.00	−0.12～+0.12	−0.05～+0.40
6.00	−0.12～+0.12	−0.05～+0.40
7.00	−0.12～+0.12	−0.05～+0.40

7.10.2 抗拉强度

7.10.2.1 钢丝抗拉强度级应符合表2和表3的规定。

7.10.2.2 圆钢丝强度允许差值都应符合表10规定。表2或表3中所列数值是抗拉强度的下限,上限等于下限加上表10规定的允许差值。

表 10 强度允许差值

圆钢丝公称直径(δ) mm	强度允许差值 MPa
0.50≤δ<1.00	350
1.00≤δ<1.50	320
1.50≤δ<2.00	290
δ≥2.00	260

7.10.3 反复弯曲

7.10.3.1 圆股钢丝绳、异形股钢丝绳拆股钢丝反复弯曲次数应不小于表11中的规定值。

7.10.3.2 压实股钢丝绳拆股钢丝反复弯曲次数应不小于表12中的规定值。

7.10.3.3 密封钢丝绳拆股圆钢丝反复弯曲次数应不小于表13中的规定值、拆股Z形钢丝反复弯曲次数应不小于表14中的规定值。

表 11 圆股钢丝绳、异形股钢丝绳拆股钢丝最小反复弯曲次数

钢丝公称 直径(δ) mm	弯曲 圆柱 半径 mm	光面(U)及 B 级镀层				AB 级镀层				A 级镀层	
		以下钢丝抗拉强度级(N/mm²)的最小反复弯曲次数									
		1 670 1 770	1 870 1 960	2 060	2 160	1 670 1 770	1 870 1 960	2 060	2 160	1 670 1 770	1 870
0.50≤δ<0.55	1.75	14	13	11	10	11	10	8	7	9	8
0.55≤δ<0.60		13	12	10	9	10	9	7	6	8	7
0.60≤δ<0.65		11	10	8	7	9	8	6	5	7	6
0.65≤δ<0.70		10	10	8	7	8	7	5	4	6	5

表 11（续）

钢丝公称直径(δ) mm	弯曲圆柱半径 mm	光面(U)及 B 级镀层				AB 级镀层				A 级镀层	
		以下钢丝抗拉强度级(N/mm²)的最小反复弯曲次数									
		1 670 1 770	1 870 1 960	2 060	2 160	1 670 1 770	1 870 1 960	2 060	2 160	1 670 1 770	1 870
0.70≤δ<0.75	2.5	17	16	14	13	14	13	11	10	12	11
0.75≤δ<0.80		15	14	12	11	13	12	10	9	11	10
0.80≤δ<0.90		13	12	10	9	11	10	8	7	10	8
0.90≤δ<1.00		12	11	9	8	10	9	7	6	9	7
1.00≤δ<1.10	3.75	16	15	13	12	15	14	12	11	13	12
1.10≤δ<1.20		14	13	11	10	13	12	10	9	11	10
1.20≤δ<1.30		13	12	10	9	11	10	8	7	10	8
1.30≤δ<1.40		12	11	9	8	10	9	7	6	9	7
1.40≤δ<1.50		11	10	8	7	9	8	6	5	8	6
1.50≤δ<1.60	5	14	13	11	10	12	11	9	8	11	9
1.60≤δ<1.70		13	12	10	9	11	10	8	7	10	8
1.70≤δ<1.80		12	11	9	8	10	9	7	6	9	7
1.80≤δ<1.90		11	10	8	7	9	8	6	5	8	6
1.90≤δ<2.00		10	9	7	6	8	7	5	4	7	5
2.00≤δ<2.10	7.5	14	14	12	11	13	12	10	9	12	10
2.10≤δ<2.20		14	13	11	10	12	11	9	8	11	9
2.20≤δ<2.30		13	12	10	9	11	10	8	7	10	8
2.30≤δ<2.40		13	12	10	9	11	10	8	7	10	8
2.40≤δ<2.50		12	11	9	8	10	9	7	6	9	7
2.50≤δ<2.60		11	10	8	7	9	8	6	5	8	6
2.60≤δ<2.70		10	9	7	6	8	7	5	4	7	5
2.70≤δ<2.80		10	9	7	6	8	7	5	4	7	5
2.80≤δ<2.90		9	8	6	5	7	6	4	3	6	4
2.90≤δ<3.00		9	8	6	5	7	6	4	3	6	4
3.00≤δ<3.10	10	12	11	9	8	10	9	7	6	9	7
3.10≤δ<3.20		12	11	9	8	10	9	7	6	9	7
3.20≤δ<3.30		11	10	8	7	9	8	6	5	8	6
3.30≤δ<3.40		11	10	8	7	9	8	6	5	8	6
3.40≤δ<3.50		10	9	7	6	8	7	5	4	7	5
3.50≤δ<3.60		8	7	5	4	7	6	4	3	7	4
3.60≤δ<3.70		7	6	4	3	6	5	3	2	6	3

表 11（续）

钢丝公称直径(δ) mm	弯曲圆柱半径 mm	光面(U)及B级镀层				AB级镀层				A级镀层	
		以下钢丝抗拉强度级(N/mm²)的最小反复弯曲次数									
		1 670 1 770	1 870 1 960	2 060	2 160	1 670 1 770	1 870 1 960	2 060	2 160	1 670 1 770	1 870
3.70≤δ＜3.80	10	7	6	4	3	5	4	2	1	6	3
3.80≤δ＜3.90		6	5	3	2	5	4	2	1	5	3
3.90≤δ＜4.00		6	5	3	2	4	3	1	1	5	2
4.00≤δ＜4.10	15	12	11	9	8	11	10	8	7	7	6
4.10≤δ＜4.20		11	10	8	7	10	9	7	6	6	5
4.20≤δ＜4.30		10	9	7	6	9	8	6	5	6	5
4.30≤δ＜4.40		10	9	7	6	9	8	6	5	6	4
4.40≤δ＜4.60		6	5	3	2	—	—	—	—	—	—
注：异形股钢丝绳拆股钢丝最小弯曲次数比表中相应类别钢丝规定数值减少1次。											

表 12 压实股钢丝绳拆股钢丝最小反复弯曲次数

钢丝公称直径(δ) mm	弯曲圆柱半径 mm	光面(U)及B级镀层				AB级镀层				A级镀层	
		以下钢丝抗拉强度级(N/mm²)的最小反复弯曲次数									
		1 670 1 770	1 870 1 960	2 060	2 160	1 670 1 770	1 870 1 960	2 060	2 160	1 670 1 770	1 870
0.50≤δ＜0.55	1.75	14	13	12	11	11	10	8	7	10	9
0.55≤δ＜0.60		13	12	11	10	9	8	6	5	8	7
0.60≤δ＜0.65		11	10	9	8	7	6	4	3	6	5
0.65≤δ＜0.70		10	9	8	7	6	5	3	2	5	4
0.70≤δ＜0.75	2.5	14	13	12	11	13	12	10	9	11	10
0.75≤δ＜0.80		14	13	11	10	12	11	9	8	10	9
0.80≤δ＜0.90		12	11	8	7	10	9	7	6	7	6
0.90≤δ＜1.00		11	10	7	6	8	7	5	4	6	5
1.00≤δ＜1.10	3.75	15	14	12	11	14	13	11	10	11	10
1.10≤δ＜1.20		14	13	10	9	12	11	9	8	9	8
1.20≤δ＜1.30		12	11	9	8	11	10	8	7	8	7
1.30≤δ＜1.40		11	10	7	6	9	8	6	5	6	5
1.40≤δ＜1.50		10	9	6	5	8	7	5	4	5	4

表 12（续）

钢丝公称直径(δ) mm	弯曲圆柱半径 mm	光面(U)及B级镀层				AB级镀层				A级镀层	
		以下钢丝抗拉强度级(N/mm²)的最小反复弯曲次数									
		1 670 1 770	1 870 1 960	2 060	2 160	1 670 1 770	1 870 1 960	2 060	2 160	1 670 1 770	1 870
1.50≤δ＜1.60	5	13	12	9	8	11	10	8	7	8	7
1.60≤δ＜1.70		12	11	8	7	10	9	7	6	7	6
1.70≤δ＜1.80		11	10	7	6	9	8	6	5	6	5
1.80≤δ＜1.90		10	9	6	5	8	7	5	4	5	4
1.90≤δ＜2.00		9	8	5	4	7	6	4	3	4	3
2.00≤δ＜2.10	7.5	14	13	9	8	11	10	8	7	9	8
2.10≤δ＜2.20		13	12	8	7	10	9	7	6	8	7
2.20≤δ＜2.30		12	11	7	6	9	8	6	5	7	6
2.30≤δ＜2.40		12	11	7	6	9	8	6	5	7	6
2.40≤δ＜2.50		11	10	6	5	8	7	5	4	6	5
2.50≤δ＜2.60		10	9	5	4	7	6	4	3	5	4
2.60≤δ＜2.70		9	8	4	3	6	5	3	2	4	3
2.70≤δ＜2.80		9	8	4	3	6	5	3	2	4	3
2.80≤δ＜2.90		8	7	3	2	5	4	2	1	3	2
2.90≤δ＜3.00		8	7	3	2	5	4	2	1	3	2
3.00≤δ＜3.10	10	10	9	7	6	9	8	6	5	7	6
3.10≤δ＜3.20		10	9	6	5	8	7	5	4	6	5
3.20≤δ＜3.30		9	8	5	4	7	6	4	3	5	4
3.30≤δ＜3.40		9	8	5	4	7	5	3	2	5	4
3.40≤δ＜3.50		8	6	4	3	7	4	3	2	5	4
3.50≤δ＜3.60		7	5	3	2	5	3	2	1	3	2
3.60≤δ＜3.70		6	5	3	2	5	3	2	1	3	2
3.70≤δ＜3.80		5	4	2	1	4	2	2	1	3	2
3.80≤δ＜3.90		5	4	2	1	4	2	2	1	3	2
3.90≤δ＜4.00		5	3	2	1	3	2	2	1	2	2

表 12（续）

钢丝公称直径(δ) mm	弯曲圆柱半径 mm	光面(U)及 B 级镀层				AB 级镀层				A 级镀层	
		以下钢丝抗拉强度级（N/mm²)的最小反复弯曲次数									
		1 670 1 770	1 870 1 960	2 060	2 160	1 670 1 770	1 870 1 960	2 060	2 160	1 670 1 770	1 870
4.00≤δ<4.10	15	11	9	6	5	9	7	4	3	6	5
4.10≤δ<4.20		10	8	5	4	8	6	3	2	5	4
4.20≤δ<4.30		10	8	5	5	8	6	3	2	5	4
4.30≤δ<4.40		9	8	5	5	8	6	3	2	5	4
4.40≤δ≤4.60		6	5	4	3	4	3	2	1	2	2

表 13 密封钢丝绳中拆股圆钢丝最小反复弯曲次数

钢丝公称直径(δ) mm	弯曲圆柱半径 mm	光面钢丝				镀层钢丝			
		以下钢丝抗拉强度级（N/mm²)的最小反复弯曲次数							
		1 470 1 570	1 670 1 770	1 870 1 960	2 060	1 470 1 570	1 670 1 770	1 870 1 960	2 060
1.00≤δ<1.10	3.75	16	15	14	12	13	13	11	9
1.10≤δ<1.20		14	13	12	10	11	12	10	8
1.20≤δ<1.30		12	11	10	8	9	10	8	6
1.30≤δ<1.40		11	10	9	7	8	8	6	4
1.40≤δ<1.50		10	9	8	6	7	6	5	3
1.50≤δ<1.60	5	13	12	12	10	10	9	8	6
1.60≤δ<1.70		12	11	11	9	9	8	7	5
1.70≤δ<1.80		11	10	10	8	8	7	7	5
1.80≤δ<1.90		10	9	9	7	7	6	5	3
1.90≤δ<2.00		9	8	8	6	6	5	4	2
2.00≤δ<2.10	7.5	14	13	12	10	11	11	10	8
2.10≤δ<2.20		13	12	11	9	10	10	9	7
2.20≤δ<2.30		12	11	10	8	9	9	8	6
2.30≤δ<2.40		12	11	10	8	9	9	8	6
2.40≤δ<2.50		11	10	9	7	9	8	7	5
2.50≤δ<2.60		10	9	8	6	8	7	6	4
2.60≤δ<2.80		9	8	7	5	8	6	5	3
2.80≤δ<3.00		8	7	6	4	7	5	4	2

表 13（续）

钢丝公称直径(δ) mm	弯曲圆柱半径 mm	光面钢丝				镀层钢丝			
		以下钢丝抗拉强度级（N/mm²）的最小反复弯曲次数							
		1 470 1 570	1 670 1 770	1 870 1 960	2 060	1 470 1 570	1 670 1 770	1 870 1 960	2 060
3.00≤δ<3.10	10	11	10	9	7	10	8	7	5
3.10≤δ<3.20		11	10	9	7	10	7	6	4
3.20≤δ<3.40		10	9	8	6	9	6	5	3
3.40≤δ<3.50		9	8	7	5	8	5	4	2
3.50≤δ<3.70		7	7	6	4	8	4	3	2
3.70≤δ<4.00		6	5	4	2	6	3	2	1
4.00≤δ<4.20	15	11	10	9	7	8	6	5	3
4.20≤δ<4.40		10	9	8	6	7	5	4	2
4.40≤δ<4.60		9	7	6	4	7	5	4	2

表 14 密封钢丝绳中 Z 形钢丝的最小反复弯曲次数

钢丝公称高度 mm	弯曲圆柱半径 mm	光面钢丝					镀层钢丝		
		以下钢丝抗拉强度级（N/mm²）的最小反复弯曲次数							
		≤1 370	1 470	1 570	1 670	≥1 770	≤1 370	1 470	≥1 570
2.00	7.5	10	9	8	7	6	8	7	5
3.00		9	8	7	6	6	7	6	5
4.00	10	9	7	6	5	5	7	6	5
5.00	15	8	6	5	4	4	6	5	4
6.00		7	5	4	4	4	5	4	3
7.00		6	4	3	3	3	5	4	2
表中未列出高度的钢丝，其最小反复弯曲次数应符合相邻较大高度钢丝的规定。									

7.10.4 扭转

7.10.4.1 圆股钢丝绳、异形股钢丝绳拆股钢丝最小扭转次数应不小于表 15 的规定值。

7.10.4.2 压实股钢丝绳拆股钢丝最小扭转次数应不小于表 16 的规定值。

7.10.4.3 密封钢丝绳拆股圆钢丝最小扭转次数应不小于表 17 的规定值、Z 形拆股钢丝最小扭转次数应不小于表 18 的规定值。

7.10.4.4 直径小于 0.5 mm 拆股钢丝，扭转和反复弯曲试验由钢丝打结拉伸试验代替。参与试验的钢丝中，总数至少 95% 以上数量的钢丝打结拉伸力应不小于该钢丝抗拉强度级 50% 的拉力值。

表 15 圆股钢丝绳和异形股钢丝绳拆股钢丝最小扭转次数

钢丝公称直径(δ) mm	试验钳口标距 mm	光面(U)及B级镀层				AB级镀层				A级镀层	
		以下钢丝抗拉强度级别(N/mm^2)的最小单向扭转次数									
		1 670 1 770	1 870 1 960	2 060	2 160	1 670 1 770	1 870 1 960	2 060	2 160	1 670 1 770	1 870
0.50≤δ<1.00	100×δ	31	25	23	22	27	24	22	21	19	17
1.00≤δ<1.30		29	24	22	21	25	22	20	19	17	15
1.30≤δ<1.80		27	23	21	20	23	20	18	17	16	14
1.80≤δ<2.30		25	21	19	18	22	19	17	16	14	12
2.30≤δ<3.00		23	19	17	16	20	17	15	14	11	9
3.00≤δ<3.40		21	18	16	15	18	15	13	12	8	6
3.40≤δ<3.50		19	16	14	13	16	13	11	10	8	5
3.50≤δ<3.70		18	15	13	12	14	11	9	8	8	4
3.70≤δ<4.00		17	14	12	11	13	10	8	7	7	4
4.00≤δ<4.20		13	10	10	9	11	8	6	5	4	3
4.20≤δ<4.40		12	9	7	6	10	7	5	4	4	3
4.40≤δ≤4.60		10	8	6	5	9	6	4	3	4	3

注：异形股钢丝绳拆股钢丝最小扭转次数比表中相应类别钢丝所列值减少2次。

表 16 压实股钢丝绳拆股钢丝最小扭转次数

捻制前钢丝公称直径(δ) mm	试验钳口标距 mm	光面和B级镀层				AB级镀层				A级镀层	
		以下钢丝抗拉强度级别(N/mm^2)的最小单向扭转次数									
		1 670 1 770	1 870 1 960	2 060	2 160	1 670 1 770	1 870 1 960	2 060	2 160	1 670 1 770	1 870
0.50≤δ<1.00	100×δ	29	25	19	18	22	20	18	17	14	13
1.00≤δ<1.30		27	24	17	16	20	18	16	15	13	12
1.30≤δ<1.80		25	22	16	15	19	17	15	14	12	11
1.80≤δ<2.30		24	22	15	14	18	16	14	13	11	10
2.30≤δ<3.00		22	20	14	13	16	14	12	11	9	8
3.00≤δ<3.40		20	18	13	12	14	12	10	9	6	5
3.40≤δ<3.50		18	16	11	10	13	11	9	8	5	4
3.50≤δ<3.70		16	11	10	9	12	10	8	7	4	3
3.70≤δ<4.00		15	10	8	7	10	8	6	5	4	3
4.00≤δ<4.20		14	9	7	6	9	7	5	4	3	2
4.20≤δ<4.40		13	8	6	5	8	6	5	4	3	2
4.40≤δ≤4.60		10	8	6	5	8	5	4	3	3	2

表 17 密封钢丝绳拆股圆钢丝最小扭转次数

钢丝公称直径(δ) mm	试验钳口标距 mm	光面钢丝				镀层钢丝			
		以下钢丝抗拉强度级别(N/mm²)的最小单向扭转次数							
		1 470 1 570	1 670 1 770	1 870 1 960	2 060	1 470 1 570	1 670 1 770	1 870 1 960	2 060
1.00≤δ<1.30	100×d	28	25	23	22	17	15	13	12
1.30≤δ<1.80		27	24	22	21	16	14	12	11
1.80≤δ<2.30		26	23	21	20	14	12	10	9
2.30≤δ<3.00		25	22	20	19	12	10	8	7
3.00≤δ<3.40		24	20	17	16	10	8	6	5
3.40≤δ<3.50		22	19	17	16	13	10	8	6
3.50≤δ<3.70		21	18	15	14	8	5	4	3
3.70≤δ<4.00		20	16	12	11	7	5	4	3
4.00≤δ<4.20		19	15	12	11	6	5	—	—
4.20≤δ<4.40		17	14	9	8	6	4	—	—
4.40≤δ≤4.60		12	9	5	4	6	4	—	—

表 18 密封钢丝绳中 Z 形拆股钢丝最小扭转次数

钢丝公称高度 mm	试验钳口标距 mm	光面钢丝					镀层钢丝		
		以下钢丝抗拉强度级别(N/mm²)的最小单向扭转次数							
		≤1 370	1 470	1 570	1 670	≥1 770	≤1 370	1 470	≥1 570
2.00	460	33	31	29	29	25	26	21	19
3.00	460	33	29	27	27	23	24	19	17
4.00	310	16	14	12	12	9	13	9	8
5.00	380	16	13	11	11	8	12	8	7
6.00	460	14	12	10	10	7	11	7	6
7.00	540	12	11	9	7	6	10	6	5
表中未列出高度的钢丝,其最小扭转次数应符合相邻较大高度钢丝的规定。									

7.10.5 镀层

7.10.5.1 非密封钢丝绳中钢丝镀层分为 B 级、AB 级和 A 级。密封钢丝绳中钢丝镀层不分级别。

7.10.5.2 圆钢丝镀层重量应符合表 19 的规定;Z 形钢丝锌层重量不应小于 100 g/m²。

7.10.5.3 若钢丝镀层重量不符合本文件相关规定,而其他性能符合光面钢丝绳技术要求时,则该钢丝绳可按光面钢丝绳交货。

7.10.5.4 若需方有特殊需求,供需双方可签署技术协议。

表 19 钢丝绳拆股圆钢丝最小镀层重量

钢丝公称直径(δ) mm	最小镀层重量 g/m^2						密封钢丝绳
	圆股钢丝绳、异形股钢丝绳			压实股钢丝绳			
	B 级	AB 级	A 级	B 级	AB 级	A 级	
$0.50 \leq \delta < 0.60$	40	70	104	30	52	68	—
$0.60 \leq \delta < 0.70$	50	85	110	37	64	82	—
$0.70 \leq \delta < 0.80$	60	85	120	45	64	90	—
$0.80 \leq \delta < 1.00$	70	95	130	52	71	97	—
$1.00 \leq \delta < 1.20$	80	110	150	60	82	112	110
$1.20 \leq \delta < 1.50$	90	120	165	67	90	124	120
$1.50 \leq \delta < 1.90$	100	130	180	75	97	135	130
$1.90 \leq \delta < 2.50$	110	150	205	82	112	154	150
$2.50 \leq \delta < 3.20$	125	165	230	94	124	172	165
$3.20 \leq \delta < 4.00$	135	190	250	101	142	187	190
$4.00 \leq \delta \leq 4.60$	150	200	260	112	150	195	200

7.11 数值修约

数值修约应符合 YB/T 081 规定。

8 检查与试验方法

8.1 钢丝绳检查与试验

8.1.1 直径和不圆度

8.1.1.1 非密封钢丝绳应使用宽钳口游标卡尺测量。其钳口宽度足以跨越两个相邻的股,见图 3。

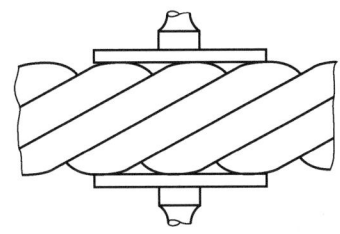

图 3 非密封钢丝绳直径测量方法

8.1.1.2 密封钢丝绳直径应使用普通卡尺测量,量具精度 0.02 mm。

8.1.1.3 应在无张力条件下、于端头 15 m 外、相距至少 1 m 的直线部位上测量钢丝绳直径。需要选取两个测量截面,每一截面互相垂直地测取两个直径数值,这四个测量数的平均值作为钢丝绳实测直径值。该数值应符合 7.3.2 规定。

8.1.1.4 钢丝绳同一截面上最大、最小直径测量值的差值与钢丝绳公称直径之比,即为不圆度。该数值应符合7.3.3规定。

8.1.1.5 若有争议,钢丝绳直径测量可在不超过钢丝绳最小破断拉力5%的载荷下进行。

8.1.2 长度

钢丝绳长度测量方法以供方为准,单位为米(m)。

8.1.3 重量

8.1.3.1 钢丝绳总重量包括钢丝绳、卷轴和包装材料的重量,应使用衡器测量,单位为千克(kg)。

8.1.3.2 钢丝绳总重量减去卷轴和包装材料重量,再除以钢丝绳长度实测值,所得计算值即为钢丝绳实测长度重量,单位为千克每百米(kg/100 m)。

8.1.4 破断拉力

8.1.4.1 实测破断拉力应按GB/T 8358规定方法测定。

8.1.4.2 密封钢丝绳钢丝破断拉力总和计算方法如下。

试验密封钢丝绳部分钢丝,钢丝破断拉力总和按公式(3)计算:

$$F_{e,m} = F_1 + F_2 \quad \cdots\cdots\cdots\cdots\cdots\cdots (3)$$

式中:

$F_{e,m}$——钢丝实测破断拉力总和,单位为千牛顿(kN);

F_1——绳中试验钢丝的实测破断拉力总和,计算方法见公式(4),单位为千牛顿(kN);

F_2——填充钢丝和中心钢丝计算破断拉力总和,按捻制前钢丝公称直径和抗拉强度计算,单位为千牛顿(kN)。

其中F_1按公式(4)计算:

$$F_1 = \sum_{i=1}^{n} (\overline{P_i} \cdot N_i) \quad \cdots\cdots\cdots\cdots\cdots\cdots (4)$$

式中:

n——参加试验钢丝的种类数;

$\overline{P_i}$——第i种试验钢丝破断拉力平均值,单位为千牛顿(kN);

N_i——钢丝绳内第i种钢丝的总根数。

8.1.5 弹性模量和伸长率

钢丝绳弹性模量和永久伸长率应采用附录D规定的方法测定。

8.1.6 不松散性

对于非密封钢丝绳,将钢丝绳一端解开相对称的两根股,长度约为两个捻距;将这两个股重新恢复到原位后,不应自行再散开。

对于密封钢丝绳,在距离切头不小于半个捻距的位置上,在不影响原始捻制状态的条件下,将钢丝绳从夹具中解开,Z形钢丝不脱出连锁环则满足不松散要求。

8.1.7 外观质量

采用手感和目视的方法检查钢丝绳及其股外观质量。

8.2 拆股钢丝试验

8.2.1 试验范围与试验数量

8.2.1.1 对于非密封钢丝绳,任取一股用于拆股钢丝试验。若遇有接续点则顺延。其中,参与镀层试验钢丝数量应不少于钢丝绳中该直径钢丝总数的 10%（修约成整数）。

8.2.1.2 对于密封钢丝绳，拆股钢丝试样应从每一层钢丝中获取，每组钢丝应由相同的尺寸构成。拆取钢丝数量应满足：拉伸试验时，每层中任取 50%（修约成整数）的钢丝；反复弯曲和扭转试验时，每层中任取 25%（修约成整数）的钢丝（中心钢丝除外）；镀层重量试验时，取全部钢丝的 10% 进行（修约成整数）。每组钢丝试验数量不应少于 3 根。

8.2.1.3 参与试验的钢丝不包括填充丝、股中心钢丝及密封钢丝绳圆股芯中心钢丝。

8.2.2 直径测量

钢丝实测直径应为钢丝同一截面上相互垂直两次测量数据的算术平均值。

8.2.3 拉伸试验

拉伸试验应符合 GB/T 228.1 的规定。

8.2.4 反复弯曲试验

反复弯曲试验应符合 GB/T 238 的规定。

8.2.5 扭转试验

扭转试验应符合 GB/T 239.1 的规定。

8.2.6 镀层试验

钢丝镀层试验应符合 GB/T 1839 的规定。

8.2.7 合格条件

8.2.7.1 对于圆股钢丝绳和异形股钢丝绳，拆股钢丝应符合以下要求：
a) 任一种直径钢丝的不合格数量不超过一根，或；
b) 若任一种直径钢丝的不合格数量为两根或两根以上时，则对该种直径的其他钢丝逐根进行该不合格项目的试验。若不合格的钢丝数量不大于同种直径钢丝总数的 4%（修约成整数），则该钢丝绳合格。

8.2.7.2 对于压实股钢丝绳，拆股钢丝应符合以下要求：
a) 钢丝破断拉力允许低于该直径钢丝实测平均破断拉力的 92%，而不低于实测平均破断拉力的 75%；钢丝反复弯曲次数不低于表 12 中规定的 75%（修约成整数）；钢丝扭转次数不低于表 16 中规定的 75%（修约成整数）。这部分钢丝称为低值钢丝。
b) 部分拆股钢丝进行试验时，抗拉强度试验低值钢丝允许根数不高于试验钢丝总数的 10%（修约成整数），反复弯曲和扭转试验低值钢丝允许根数不高于试验钢丝总数的 20%（修约成整数）；100% 拆股钢丝进行试验时，抗拉强度试验低值钢丝允许根数不高于试验钢丝总数的 3%（修约成整数），反复弯曲和扭转试验低值钢丝允许根数不高于试验钢丝总数的 6%（修约成整数）。
c) 钢丝镀层重量所计算的低值钢丝数（修约成整数），不足一根时，允许有一根。

8.2.7.3 对于密封钢丝绳，拆股钢丝应符合以下要求：
a) 任一组钢丝中任一试验项目的不合格钢丝数不超过一根，或；
b) 若任一组钢丝中任一试验项目不合格钢丝数为两根或两根以上，则对该组中其他钢丝进行该不合格项目的试验，不合格钢丝数不超过该组钢丝总数的 10%。

8.2.7.4 同一根钢丝有多项不合格或低值时，只按一根计算。

8.2.7.5 当一个制造长度的钢丝绳截成数段交货时,则从其中任选一段取样试验。若该段合格,其余各段免于试验;否则,应逐段进行试验。

8.3 钢丝绳力学性能考核

8.3.1 拆股钢丝抗拉强度、反复弯曲和扭转值,按钢丝抗拉强度级进行考核。

8.3.2 对于典型公称直径钢丝绳实测破断拉力,按照相应结构、绳芯类型、钢丝绳级等条件下表 A.1～表 A.12 中所列数值进行考核;对于非典型公称直径钢丝绳,按照公式(2)计算出的钢丝绳最小破断拉力值进行考核。

8.3.3 密封钢丝绳也可考核由钢丝绳实测钢丝破断拉力总和换算出的最小破断拉力值。其中,对于典型公称直径密封钢丝绳,按照钢丝绳级、结构等条件下附录 A 表中所列数值进行考核;对于非典型公称直径密封钢丝绳,按照公式(2)计算出的钢丝绳最小破断拉力值进行考核。

8.4 仲裁检验

若供需双方对任一试验结果有争议时,应在双方认可的检验机构进行仲裁。仲裁时,钢丝绳破断拉力试验应采用 8.1.4.1 规定的实测破断拉力方法。

如仲裁试验结果符合本文件或订货要求,则该根或批次钢丝绳全部合格。

9 验收

9.1 钢丝绳出厂前的检查和试验,应在供方场所内进行。

9.2 需方可委托有钢丝绳检定资格的检测部门进行验收。验收的依据是本文件或订货合同,验收期不应超过一年(以出厂日期为准)。

9.3 若需方在供方场所进行验收试验时,供方应提供必要的试样、设备和人员。

10 选用和维护

钢丝绳选用、存储、安装和后期使用维护等必要内容参见附录 E。

11 包装、标志及质量证明

钢丝绳包装、标志及质量证明书应符合 GB/T 2104 和本文件相关规定。

附 录 A
（规范性）
钢丝绳力学性能表

不同结构、绳芯类型、级别钢丝绳（见图 A.1～图 A.12）典型公称直径、参考重量、最小破断拉力等参数见表 A.1～表 A.12。

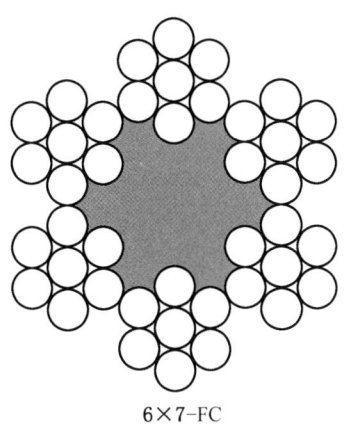

6×7-FC

图 A.1　第 1 组 6×7 类钢丝绳典型结构图

表 A.1　6×7 类钢丝绳

典型结构				钢丝绳直径范围 mm
钢丝绳结构	股结构	外层钢丝数		
		总数	每股	
6×7-FC	1－6	36	6	6～38

典型公称直径 mm	参考重量 kg/100 m		钢丝绳级				
			1 770	1 870	1 960	2 060	2 160
	天然纤维芯	合成纤维芯	钢丝绳最小破断拉力/kN				
6	12.4	12.1	21.3	22.6	23.6	24.8	26.0
8	22.0	21.6	37.9	40.1	42.0	44.2	46.3
9	27.9	27.3	48.0	50.7	53.2	55.9	58.6
10	34.4	33.7	59.3	62.6	65.7	69.0	72.4
11	41.6	40.8	71.7	75.8	79.4	83.5	87.6
12	49.5	48.5	85.4	90.2	94.6	99.4	104
13	58.1	57.0	100	106	111	117	122
14	67.4	66.1	116	123	129	135	142

表 A.1（续）

典型结构				钢丝绳直径范围 mm
钢丝绳结构	股结构	外层钢丝数		
		总数	每股	
6×7-FC	1-6	36	6	6~38

典型公称直径 mm	参考重量 kg/100 m		钢丝绳级				
			1 770	1 870	1 960	2 060	2 160
	天然纤维芯	合成纤维芯	钢丝绳最小破断拉力/kN				
16	88.1	86.3	152	160	168	177	185
18	111	109	192	203	213	224	234
20	138	135	237	251	263	276	289
22	166	163	287	303	318	334	350
24	198	194	342	361	378	397	417
26	233	228	401	423	444	467	489
28	270	264	465	491	515	541	567
30	310	303	534	564	591	621	651
32	352	345	607	641	672	707	741
34	398	390	685	724	759	798	836
36	446	437	768	812	851	894	938
38	497	487	856	905	948	997	1 040

注：钢丝绳最小破断拉力等于钢丝破断拉力总和乘以 0.896。

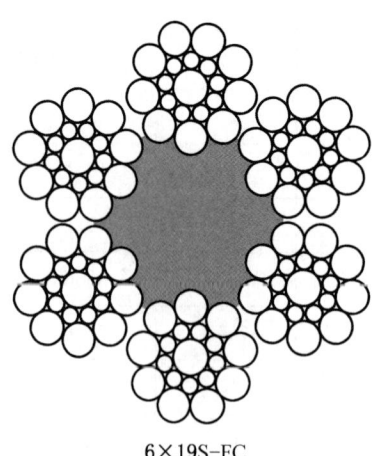

6×19S-FC

图 A.2　第 2 组　6×19 类(1)钢丝绳典型结构图

表 A.2　6×19类(1)钢丝绳

典型结构				钢丝绳直径范围 mm	
钢丝绳结构	股结构	外层钢丝数			
		总数	每股		
6×19S-FC	1-9-9	54	9	10～42	

典型公称直径 mm	参考重量 kg/100 m			钢丝绳级									
	天然纤维芯 (NFC)	合成纤维芯 (SFC)	固态聚合物芯 (SPC)	1 770		1 870		1 960		2 060		2 160	
				钢丝绳最小破断拉力 kN									
				FC	SPC	FC	SPC	FC	SPC	FC	SPC	FC	SPC
10	36.1	35.3	36.4	59.8	60.7	63.2	64.1	66.2	67.2	69.6	70.7	73.0	74.1
12	52.0	50.8	52.4	86.1	87.4	91.0	92.4	95.4	96.8	100	102	105	107
13	61.0	59.7	61.5	101	103	107	108	112	114	118	119	123	125
14	70.7	69.2	71.3	117	119	124	126	130	132	136	138	143	145
16	92.4	90.4	93.1	153	155	162	164	170	172	178	181	187	190
18	117	114	118	194	197	205	208	215	218	226	229	237	240
20	144	141	146	239	243	253	257	265	269	279	283	292	296
22	175	171	176	290	294	306	310	321	325	337	342	353	359
24	208	203	210	345	350	364	369	382	387	401	407	421	427
26	244	239	246	404	410	427	434	448	454	471	478	494	501
28	283	277	285	469	476	496	503	519	527	546	554	572	581
30	325	318	327	538	546	569	577	596	605	627	636	657	667
32	370	362	372	613	622	647	657	678	688	713	724	748	759
34	417	408	420	692	702	731	741	766	777	805	817	844	856
36	468	458	471	775	787	819	831	859	871	902	916	946	960
38	521	510	525	864	877	913	926	957	971	1 010	1 020	1 050	1 070
40	577	565	582	957	971	1 010	1 030	1 060	1 080	1 110	1 130	1 170	1 190
42	637	623	642	1 060	1 070	1 110	1 130	1 170	1 190	1 230	1 250	1 292	1 310

注：钢丝绳最小破断拉力等于钢丝破断拉力总和乘以0.824。

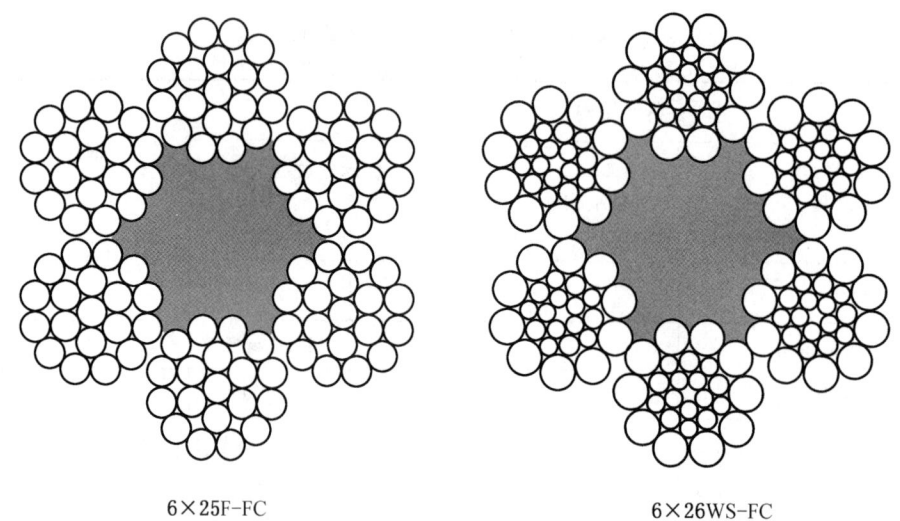

6×25F-FC　　　　　　　　　　6×26WS-FC

图 A.3　第3组6×19类(2)钢丝绳典型结构图

表 A.3　6×19(2)类钢丝绳力学性能

典型结构				钢丝绳直径范围 mm
钢丝绳结构	股结构	外层钢丝数		
		总数	每股	
6×25F—FC	1—6—6F—12	72	12	12~46
6×26WS—FC	1—5—5+5—10	60	10	14~46

典型公称直径 mm	参考重量 kg/100 m			钢丝绳级									
				1 770		1 870		1 960		2 060		2 160	
	天然纤维芯(NFC)	合成纤维芯(SFC)	固态聚合物芯(SPC)	钢丝绳最小破断拉力/kN									
				FC	SPC	FC	SPC	FC	SPC	FC	SPC	FC	SPC
12	53.6	52.4	54	86.1	87.4	91.0	92.4	95.4	96.8	100	102	105	107
13	62.9	61.5	63.4	101	103	107	108	112	114	118	119	123	125
14	72.9	71.3	73.5	117	119	124	126	130	132	136	138	143	145
16	95.2	93.2	96	153	155	162	164	170	172	178	181	187	190
18	121	118	122	194	197	205	208	215	218	226	229	237	240
20	149	146	150	239	243	253	257	265	269	279	283	292	296
22	180	176	182	290	294	306	310	321	325	337	342	353	359
24	214	210	216	345	350	360	369	382	387	401	407	421	427
26	251	246	254	404	410	427	434	448	454	471	478	494	501
28	292	285	294	469	476	496	503	519	527	546	554	572	581
30	335	328	338	538	546	569	577	596	605	627	636	657	667
32	381	373	384	613	622	647	657	678	688	713	724	748	759

表 A.3（续）

典型结构				钢丝绳直径范围 mm
钢丝绳结构	股结构	外层钢丝数		
		总数	每股	
6×25F－FC	1－6－6F－12	72	12	12～46
6×26WS－FC	1－5－5＋5－10	60	10	14～46

典型公称直径 mm	参考重量 kg/100 m			钢丝绳级									
				1 770		1 870		1 960		2 060		2 160	
	天然纤维芯（NFC）	合成纤维芯（SFC）	固态聚合物芯（SPC）	钢丝绳最小破断拉力/ kN									
				FC	SPC	FC	SPC	FC	SPC	FC	SPC	FC	SPC
34	430	421	434	692	702	731	741	766	777	805	817	844	856
36	482	472	486	775	787	819	831	859	871	902	916	946	960
38	537	526	542	864	877	913	926	957	971	1 010	1 020	1 050	1 070
40	595	582	600	957	971	1 010	1 030	1 060	1 080	1 110	1 130	1 170	1 190
42	656	642	662	1 060	1 070	1 110	1 130	1 170	1 190	1 230	1 250	1 290	1 310
44	720	705	726	1 160	1 180	1 220	1 240	1 280	1 300	1 350	1 370	1 410	1 430
46	787	770	794	1 270	1 280	1 340	1 360	1 400	1 420	1 470	1 500	1 540	1 570

注：钢丝绳最小破断拉力等于钢丝破断拉力总和乘以 0.824。

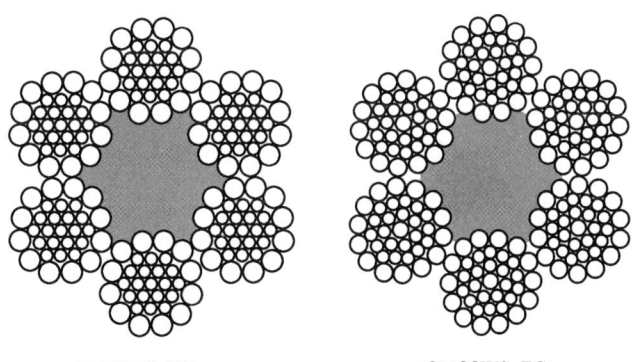

6×31WS-FC　　　　6×36WS-FC

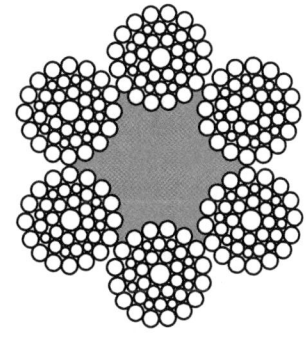

6×41WS-FC

图 A.4　第 4 组　6×36 类钢丝绳典型结构图

表 A.4 6×36 类钢丝绳

典型结构				钢丝绳直径范围 mm	
钢丝绳结构	股结构	外层钢丝数			
		总数	每股		
6×29F—FC	1—7—7F—14	84	14	14～44	
6×31WS—FC	1—6—6+6—12	72	12	18～48	
6×36WS—FC	1—7—7+7—14	84	14	18～60	
6×41WS—FC	1—8—8+8—16	96	16	22～68	

典型公称直径 mm	参考重量 kg/100 m			钢丝绳级									
				1 770		1 870		1 960		2 060		2 160	
	天然纤维芯（NFC）	合成纤维芯（SFC）	固态聚合物芯（SPC）	钢丝绳最小破断拉力 kN									
				FC	SPC	FC	SPC	FC	SPC	FC	SPC	FC	SPC
18	121	118	122	195	198	206	209	216	219	227	230	238	241
20	149	146	150	241	244	254	258	267	270	280	284	294	298
22	180	176	182	291	296	308	312	323	327	339	344	355	361
24	214	210	216	347	352	366	372	384	389	403	409	423	429
26	251	246	254	407	413	430	436	450	457	473	480	496	504
28	292	285	294	472	479	498	506	522	530	549	557	576	584
30	335	328	338	542	550	572	581	600	609	630	640	661	671
32	381	373	384	616	625	651	661	682	692	717	728	752	763
34	430	421	434	696	706	735	746	770	782	810	822	849	861
36	482	472	486	780	791	824	836	864	876	908	921	952	966
38	537	526	542	869	882	918	936	962	976	1 010	1 030	1 060	1 080
40	595	582	600	963	977	1 020	1 030	1 070	1 080	1 120	1 140	1 180	1 190
42	656	642	662	1 060	1 080	1 120	1 140	1 180	1 190	1 240	1 250	1 300	1 310
44	720	705	726	1 170	1 180	1 230	1 250	1 290	1 310	1 360	1 380	1 420	1 440
46	787	770	794	1 270	1 290	1 340	1 370	1 410	1 430	1 480	1 500	1 550	1 580
48	857	839	864	1 390	1 410	1 460	1 490	1 540	1 560	1 610	1 640	1 690	1 720
50	930	910	938	1 500	1 530	1 590	1 610	1 670	1 690	1 750	1 780	1 840	1 860
52	1 010	984	1 010	1 630	1 650	1 720	1 740	1 800	1 830	1 890	1 920	1 990	2 020

表 A.4（续）

典型结构				钢丝绳直径范围 mm
钢丝绳结构	股结构	外层钢丝数 总数	外层钢丝数 每股	
6×29F—FC	1—7—7F—14	84	14	14～44
6×31WS—FC	1—6—6+6—12	72	12	18～48
6×36WS—FC	1—7—7+7—14	84	14	18～60
6×41WS—FC	1—8—8+8—16	96	16	22～68

典型公称直径 mm	参考重量 kg/100 m			钢丝绳级									
	天然纤维芯（NFC）	合成纤维芯（SFC）	固态聚合物芯（SPC）	1 770		1 870		1 960		2 060		2 160	
				钢丝绳最小破断拉力 kN									
				FC	SPC	FC	SPC	FC	SPC	FC	SPC	FC	SPC
54	1 080	1 060	1 090	1 750	1 780	1 850	1 880	1 940	1 970	2 040	2 070	2 140	2 170
56	1 170	1 140	1 180	1 890	1 910	1 990	2 020	2 090	2 120	2 200	2 230	2 300	2 340
58	1 250	1 220	1 260	2 020	2 050	2 140	2 170	2 240	2 270	2 360	2 390	2 470	2 510
60	1 340	1 310	1 350	2 170	2 200	2 290	2 320	2 400	2 430	2 520	2 560	2 640	2 680
62	1 430	1 400	1 440	2 310	2 350	2 440	2 480	2 560	2 600	2 690	2 730	2 820	2 860
64	1 520	1 490	1 540	2 460	2 500	2 600	2 640	2 730	2 770	2 870	2 910	3 010	3 050
66	1 620	1 590	1 630	2 620	2 660	2 770	2 810	2 900	2 950	3 050	3 100	3 200	3 250
68	1 720	1 680	1 730	2 780	2 820	2 940	2 980	3 080	3 130	3 240	3 290	3 400	3 450

注：钢丝绳最小破断拉力等于钢丝破断拉力总和乘以0.816。

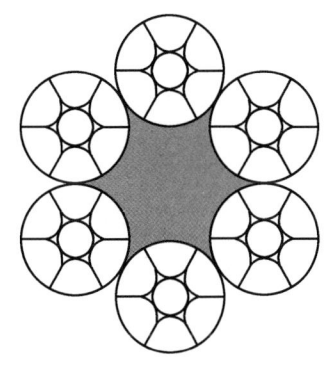

6×K7-FC

图 A.5 第 5 组 6×K7 类钢丝绳典型结构图

表 A.5　6×K7 类钢丝绳

典型结构				钢丝绳直径范围 mm
钢丝绳结构	股结构	外层钢丝数		
		总数	每股	
6×K7－FC	1－6	36	6	6～38

典型公称直径 mm	参考质量 kg/100 m	钢丝绳级				
		1 770	1 870	1 960	2 060	2 160
		钢丝绳最小破断拉力 kN				
6	14.5	23.9	25.2	26.5	27.8	29.2
8	25.7	42.5	44.9	47.0	49.4	51.8
10	40.2	66.4	70.1	73.5	77.3	81.0
12	57.9	95.6	101	106	111	117
14	78.8	130	137	144	151	159
16	103	170	180	188	198	207
18	130	215	227	238	250	262
20	161	266	280	294	309	324
22	195	321	339	356	374	392
24	232	382	404	423	445	467
26	272	449	474	497	522	548
28	315	520	550	576	606	635
30	362	597	631	662	695	729
32	412	680	718	753	791	829
34	465	767	811	850	893	936
36	521	860	909	953	1 000	1 050
38	580	958	1 010	1 060	1 120	1 170

注：钢丝绳最小破断拉力等于钢丝破断拉力总和乘以 0.882。

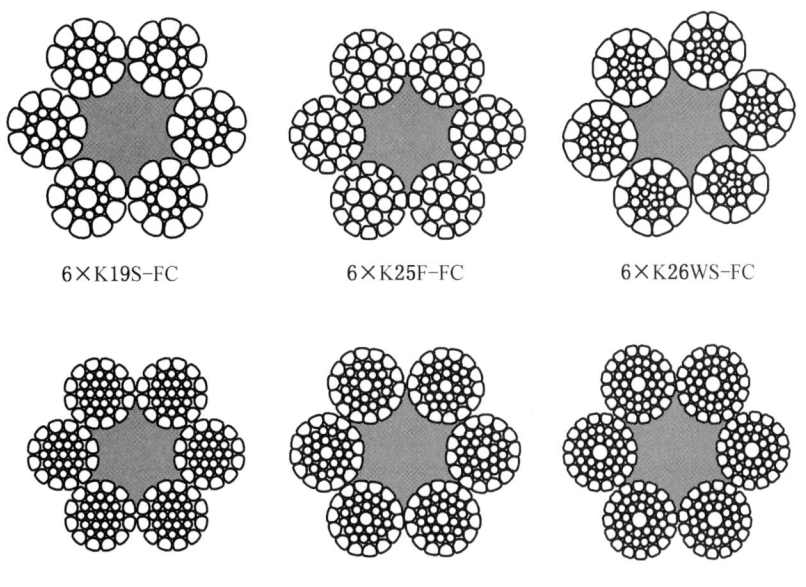

图 A.6 第 6 组 6×K19 和 6×K36 类钢丝绳典型结构图

表 A.6 6×K19 和 6×K36 类钢丝绳

典型结构				钢丝绳直径范围 mm
钢丝绳结构	股结构	外层钢丝数		
		总数	每股	
6×K19S－FC	1－9－9	54	9	10～40
6×K25F－FC	1－6－6F－12	72	12	12～46
6×K26WS－FC	1－5－5＋5－10	60	10	14～46
6×K31WS－FC	1－6－6＋6－12	72	12	18～48
6×K36WS－FC	1－7－7＋7－14	84	14	18～60
6×K41WS－FC	1－8－8＋8－16	96	16	22～68

典型公称直径 mm	参考重量 kg/100 m		钢丝绳级									
			1 770		1 870		1 960		2 060		2 160	
	纤维芯 (FC)	固态聚合物芯 (SPC)	钢丝绳最小破断拉力 kN									
			FC	SPC	FC	SPC	FC	SPC	FC	SPC	FC	SPC
10	41.7	42.9	66.0	66.9	69.8	70.7	73.1	74.1	76.8	77.9	80.6	81.6
12	60.0	61.8	95.1	96.3	100	102	105	107	111	112	116	118
14	81.7	84.1	129	131	137	139	143	145	151	153	158	160
16	107	110	169	171	179	181	187	190	197	199	206	209
18	135	139	214	217	226	229	237	240	249	252	261	265
20	167	172	264	268	279	283	292	296	307	311	322	327
22	202	208	320	324	338	342	354	359	372	377	390	395
24	240	247	380	385	402	407	421	427	443	449	464	470
26	282	290	446	452	472	478	494	501	519	526	545	552

表 A.6（续）

典型结构				钢丝绳直径范围 mm
钢丝绳结构	股结构	外层钢丝数		
		总数	每股	
6×K19S—FC	1—9—9	54	9	10～40
6×K25F—FC	1—6—6F—12	72	12	12～46
6×K26WS—FC	1—5—5+5—10	60	10	14～46
6×K31WS—FC	1—6—6+6—12	72	12	18～48
6×K36WS—FC	1—7—7+7—14	84	14	18～60
6×K41WS—FC	1—8—8+8—16	96	16	22～68

典型公称直径 mm	参考重量 kg/100 m		钢丝绳级								
			1 770		1 870		1 960		2 060		2 160
	纤维芯 (FC)	固态聚合物芯 (SPC)	钢丝绳最小破断拉力 kN								
			FC	SPC	FC	SPC	FC	SPC	FC	SPC	FC	SPC
28	327	336	518	525	547	554	573	581	602	610	632	640
30	375	386	594	602	628	636	658	667	692	701	725	735
32	427	439	676	685	714	724	749	759	787	797	825	836
34	482	496	763	773	806	817	845	856	888	900	931	944
36	540	556	856	867	904	916	947	960	996	1 010	1 040	1 060
38	602	619	953	966	1 010	1 020	1 060	1 070	1 110	1 120	1 160	1 180
40	667	686	1 060	1 070	1 120	1 130	1 170	1 190	1 230	1 250	1 290	1 310
42	736	757	1 160	1 180	1 230	1 250	1 290	1 310	1 360	1 370	1 420	1 440
44	807	831	1 280	1 300	1 350	1 370	1 420	1 430	1 490	1 510	1 560	1 580
46	882	908	1 400	1 420	1 480	1 500	1 550	1 570	1 630	1 650	1 700	1 730
48	961	988	1 520	1 540	1 610	1 630	1 680	1 710	1 770	1 790	1 860	1 880
50	1 040	1 070	1 650	1 670	1 740	1 770	1 830	1 850	1 920	1 950	2 010	2 040
52	1 130	1 160	1 790	1 810	1 890	1 910	1 980	2 000	2 080	2 110	2 180	2 210
54	1 220	1 250	1 930	1 950	2 030	2 060	2 130	2 160	2 240	2 270	2 350	2 380
56	1 310	1 350	2 070	2 100	2 190	2 220	2 290	2 320	2 410	2 440	2 530	2 560
58	1 400	1 440	2 220	2 250	2 350	2 380	2 460	2 490	2 580	2 620	2 710	2 750
60	1 500	1 540	2 380	2 410	2 510	2 540	2 630	2 670	2 770	2 800	2 900	2 940
62	1 600	1 650	2 540	2 570	2 680	2 720	2 810	2 850	2 950	2 990	3 100	3 140
64	1 710	1 760	2 700	2 740	2 860	2 900	2 990	3 030	3 150	3 190	3 300	3 340
66	1 820	1 870	2 880	2 910	3 040	3 080	3 180	3 230	3 350	3 390	3 510	3 560
68	1 930	1 980	3 050	3 090	5 230	3 270	3 380	3 420	3 550	3 600	3 730	3 780

注：钢丝绳最小破断拉力等于钢丝破断拉力总和乘以 0.824。

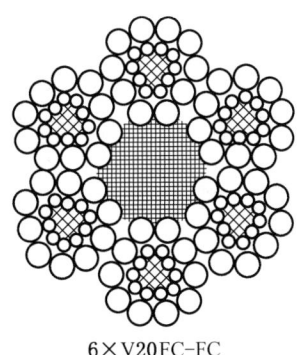

6×V20FC－FC

图 A.7　第 7 组 6×V25 类钢丝绳典型结构图

表 A.7　6×V25 类钢丝绳

典型结构				钢丝绳直径范围 mm
钢丝绳结构	股结构	外层钢丝数		
		总数	每股	
6×V20FC－FC	FC－10－10	60	10	18～32

典型公称直径 mm	参考质量 kg/100 m	钢丝绳级				
		1 770	1 870	1 960	2 060	2 160
		钢丝绳最小破断拉力 kN				
18	119	191	202	211	222	233
20	146	236	249	261	274	288
21	161	260	275	288	303	317
22	177	285	301	316	332	348
23	194	312	329	345	363	380
24	211	340	359	375	395	414
25	229	368	389	408	429	450
26	247	398	421	441	464	486
27	267	430	454	476	500	524
28	287	462	488	512	538	564
29	308	496	524	549	577	605
30	329	530	560	587	617	647
32	375	604	638	668	702	737

注：钢丝绳最小破断拉力等于钢丝破断拉力总和乘以 0.850。

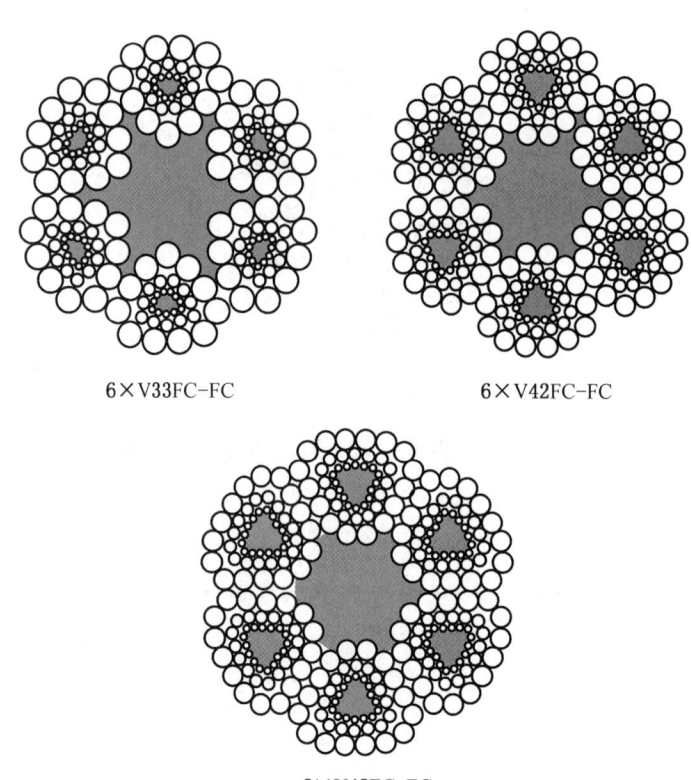

图 A.8 第 8 组 6×V33 类钢丝绳典型结构图

表 A.8 6×V33 类钢丝绳

典型结构				钢丝绳直径范围 mm
钢丝绳结构	股结构	外层钢丝数		
		总数	每股	
6×V33FC－FC	FC－11/11－11	66	11	28～42
6×V42FC－FC	FC－14/14－14	84	14	38～52
6×V48FC－FC	FC－16/16－16	96	16	38～60

典型公称直径 mm	参考质量 kg/100 m	钢丝绳级				
		1 770	1 870	1 960	2 060	2 160
		钢丝绳最小破断拉力 kN				
28	296	486	513	538	565	593
30	339	558	589	617	649	680
32	386	634	670	702	738	774
34	436	716	757	793	833	874
36	489	803	848	889	934	980

表 8（续）

典型结构				钢丝绳直径范围 mm
钢丝绳结构	股结构	外层钢丝数		
		总数	每股	
6×V33FC－FC	FC－11/11－11	66	11	28～42
6×V42FC－FC	FC－14/14－14	84	14	38～52
6×V48FC－FC	FC－16/16－16	96	16	38～60

典型公称直径 mm	参考质量 kg/100 m	钢丝绳级				
		1 770	1 870	1 960	2 060	2 160
		钢丝绳最小破断拉力 kN				
38	544	895	945	991	1 040	1 090
40	603	991	1 050	1 100	1 150	1 210
42	665	1 090	1 150	1 210	1 270	1 330
44	730	1 200	1 270	1 330	1 400	1 460
46	798	1 310	1 380	1 450	1 530	1 600
48	869	1 430	1 510	1 580	1 660	1 740
50	943	1 550	1 640	1 720	1 800	1 890
52	1 020	1 680	1 770	1 850	1 950	2 040
54	1 100	1 810	1 910	2 000	2 100	2 200
56	1 180	1 940	2 050	2 150	2 260	2 370
58	1 270	2 080	2 200	2 310	2 430	2 540
60	1 360	2 230	2 360	2 470	2 600	2 720

注：钢丝绳最小破断拉力等于钢丝破断拉力总和乘以 0.840。

图 A.9 第 9 组 单层全密封钢丝绳典型结构图

表 A.9 单层全密封钢丝绳

典型公称直径 mm	参考重量 kg/100 m	钢丝绳级			
		1 470	1 570	1 670	1 770
		钢丝绳最小破断拉力 kN			
22	278	416	445	473	501
24	331	495	529	563	596
26	389	581	621	660	700
28	451	674	720	766	812
30	518	774	827	879	932
32	589	881	940	1 000	1 060
34	665	994	1 060	1 130	1 200
36	745	1 110	1 190	1 270	1 340

注：钢丝绳最小破断拉力等于钢丝破断拉力总和乘以 0.870。

WSC-ZZ

图 A.10 第 10 组 双层全密封钢丝绳典型结构图

表 A.10 双层全密封钢丝绳

典型公称直径 mm	参考重量 kg/100 m	钢丝绳级			
		1 470	1 570	1 670	1 770
		钢丝绳最小破断拉力 kN			
28	451	694	741	788	835
30	518	796	851	905	959
32	589	906	968	1 030	1 090
34	665	1 020	1 090	1 160	1 230
36	745	1 150	1 220	1 300	1 380
38	830	1 280	1 360	1 450	1 540
40	920	1 420	1 510	1 610	1 700
42	1 014	1 560	1 670	1 770	1 880

表 A.10（续）

典型公称直径 mm	参考重量 kg/100 m	钢丝绳级 1 470	1 570	1 670	1 770
		钢丝绳最小破断拉力 kN			
44	1 113	1 710	1 830	1 950	2 060
46	1 217	1 870	2 000	2 130	2 250

注：钢丝绳最小破断拉力等于钢丝破断拉力总和乘以 0.88。

WSC-ZZZ

图 A.11　第 11 组　三层全密封钢丝绳典型结构图

表 A.11　三层全密封钢丝绳

典型公称直径 mm	参考重量 kg/100 m	钢丝绳级 1 470	1 570	1 670	1 770
		钢丝绳最小破断拉力 kN			
46	1 270	1 920	2 050	2 180	2 310
48	1 380	2 090	2 240	2 380	2 520
50	1 500	2 270	2 430	2 580	2 730
52	1 620	2 460	2 620	2 790	2 960
54	1 750	2 650	2 830	3 010	3 190
56	1 880	2 850	3 040	3 240	3 430
58	2 020	3 060	3 260	3 470	3 680

注：钢丝绳最小破断拉力等于钢丝破断拉力总和乘以 0.88。

WSC-ZZZZ

图 A.12　第 12 组　四层全密封钢丝绳典型结构图

表 A.12 四层全密封钢丝绳

典型公称直径 mm	参考重量 kg/100 m	钢丝绳级			
		1 470	1 570	1 670	1 770
		钢丝绳最小破断拉力 kN			
58	2 020	3 060	3 260	3 470	3 680
60	2 160	3 270	3 490	3 720	3 940
62	2 310	3 490	3 730	3 970	4 200
64	2 460	3 720	3 970	4 230	4 480
66	2 610	3 960	4 230	4 500	4 760
68	2 770	4 200	4 490	4 770	5 060
70	2 940	4 450	4 750	5 060	5 360
注：钢丝绳最小破断拉力等于钢丝破断拉力总和乘以0.88。					

附 录 B
（资料性）
钢丝绳公称金属横截面积

钢丝绳公称金属横截面积按公式(B.1)计算：

$$A = C \times D^2 \quad \quad \quad \quad \quad (B.1)$$

式中：
- A ——钢丝绳公称金属横截面积，单位为平方毫米(mm^2)；
- C ——钢丝绳公称金属横截面积系数，$C=K/k$；
- K ——某一指定结构钢丝绳最小破断拉力系数，K 值见表6；
- k ——某一指定结构钢丝绳捻制损失系数，k 值见表 A.1～表 A.12 表下方注释中给出的换算系数；
- D ——钢丝绳公称直径，单位为毫米(mm)。

表 B.1 钢丝绳公称金属横截面积系数

钢丝绳类别	钢丝绳结构	股结构	最小破断拉力系数（K）			捻制损失系数（k）			公称金属横截面积系数（f）		
			纤维芯	固态聚合物芯	钢芯	纤维芯	固态聚合物芯	钢芯	纤维芯	固态聚合物芯	钢芯
圆股钢丝绳	6×7	1-6	0.335	—	0.359	0.896	—	0.824	0.374	—	0.436
	6×19S	1-9-9	0.338	0.343	0.356	0.824	0.837	0.765	0.410	0.410	0.465
	6×25F	1-6-6F-12									
	6×26WS	1-5-5+5-10									
	6×29F	1-7-7F-14	0.340	0.345	0.356	0.816	0.827	0.757	0.417	0.417	0.470
	6×31WS	1-6-6+6-12									
	6×36WS	1-7-7+7-14									
	6×41WS	1-8-8+8-16									
压实股钢丝绳	6×K7	1-6	0.375	—	—	0.882	—	—	0.425	—	—
	6×K19S	1-9-9	0.373	0.378	0.410	0.824	0.834	0.794	0.453	0.453	0.516
	6×K25F	1-6-6F-12									
	6×K26WS	1-5-5+5-10									
	6×K31WS	1-6-6+6-12									
	6×K36WS	1-7-7+7-14									
	6×K41WS	1-8-8+8-16									
异形股钢丝绳	6×V20FC	FC-10-10	0.333	—	—	0.85	—	—	0.392	—	—
	6×V33FC	FC-11/11-11	0.350	—	—	0.84	—	—	0.417	—	—
	6×V42FC	FC-14/14-14									
	6×V48FC	FC-16/16-16									

表 B.1（续）

钢丝绳类别	钢丝绳结构	股结构	最小破断拉力系数（K）			捻制损失系数（k）			公称金属横截面积系数（f）		
			纤维芯	固态聚合物芯	钢芯	纤维芯	固态聚合物芯	钢芯	纤维芯	固态聚合物芯	钢芯
密封钢丝绳	单层全密封钢丝绳		—	—	0.585	—	—	0.87	—	—	0.672
	双层全密封钢丝绳		—	—	0.602	—	—	0.88	—	—	0.684
	三层全密封钢丝绳		—	—	0.618	—	—	0.88	—	—	0.702
	四层全密封钢丝绳		—	—	0.618	—	—	0.88	—	—	0.702
注：表中所列系数供参考。											

附 录 C
（资料性）
非密封钢丝绳外层钢丝直径近似计算公式

非密封钢丝绳外层钢丝近似直径按公式(C.1)计算得出：

$$\delta_a = a \cdot D \quad\quad\quad\quad\quad\quad\quad\quad\quad\quad (C.1)$$

式中：
δ_a——股中外层钢丝近似直径，单位为毫米(mm)；
a——给定钢丝绳结构的股外层钢丝近似直径的经验系数；
D——钢丝绳公称直径，单位为毫米(mm)。

经验系数 a 见 C.1 表。

表 C.1 非密封钢丝绳外层钢丝直径近似计算系数

钢丝绳类别	钢丝绳结构	股结构	股外层钢丝根数	外层钢丝直径近似计算系数
圆股钢丝绳	6×7	1－6	6	0.105
	6×19S	1－9－9	9	0.081
	6×25F	1－6－6F－12	12	0.065
	6×26WS	1－5－5＋5－10	10	0.075
	6×29F	1－7－7F－14	14	0.057
	6×31WS	1－6－6＋6－12	12	0.065
	6×36WS	1－7－7＋7－14	14	0.057
	6×41WS	1－8－8＋8－16	16	0.051
压实股钢丝绳	6×K7	1－6	6	0.113
	6×K19S	1－9－9	9	0.085
	6×K25F	1－6－6F－12	12	0.067
	6×K26WS	1－5－5＋5－10	10	0.077
	6×K31WS	1－6－6＋6－12	12	0.067
	6×K36WS	1－7－7＋7－14	14	0.059
	6×K41WS	1－8－8＋8－16	16	0.053
异形股钢丝绳	6×V20FC	FC－10－10	10	0.075
	6×V33FC	FC－11/11－11	11	0.07
	6×V42FC	FC－14/14－14	14	0.058
	6×V48FC	FC－16/16－16	16	0.051
注：表中所列系数供参考。				

附 录 D
（规范性）
钢丝绳伸长率和弹性模量试验方法

D.1 试验准备

钢丝绳伸长率和弹性模量试验时，应采用符合 GB/T 8358 中浇注规定的试样，使用引伸计进行测定。试样长度标距不小于 900 mm。

D.2 试验方法

钢丝绳伸长率和弹性模量试验方法如下：
a) 对试样施加 10% 钢丝绳最小破断拉力；
b) 在钢丝绳上安装引伸计并调整零点，此时标距长度应为 l_0；
c) 对试样逐步加载至 30% 钢丝绳最小破断拉力后，再卸载至 5% 最小破断拉力，完成一个加载周期；
d) 依次完成 10 个加载周期；
e) 第 10 次加载至 10% 最小破断拉力时，引伸计计数记录为 l_1；加载至 25% 最小破断拉力时，引伸计计数记录为 l_2；
f) 钢丝绳永久伸长率按公式(D.1)计算得出；
g) 弹性模量按公式(D.2)计算。

注：长度的测量精度至少为 0.01 mm。

D.3 伸长率计算公式

伸长率按公式(D.1)计算。

$$\delta_c = (l_1 - l_0) \div l_0 \times 100\% \quad\quad\quad\quad (D.1)$$

式中：
δ_c——钢丝绳永久伸长率，%；
l_0——引伸计标距长度，单位为毫米(mm)；
l_1——第 10 次加载至 10% 钢丝绳最小破断拉力时引伸计计数，单位为毫米(mm)。

D.4 弹性模量计算公式

弹性模量按公式(D.2)计算。

$$E = l_0 \frac{(F_{25\%} - F_{10\%})}{A_c (l_2 - l_1)} \quad\quad\quad\quad (D.2)$$

式中：
E ——钢丝绳弹性模量，单位为牛顿每平方毫米(N/mm^2)；
$F_{25\%}$ ——25% 钢丝绳最小破断拉力，单位为千牛顿(kN)；
$F_{10\%}$ ——10% 钢丝绳最小破断拉力，单位为千牛顿(kN)；

A_c ——钢丝绳计算金属横截面积,单位为平方毫米(mm^2);
l_1 ——第10次加载至10%钢丝绳最小破断拉力时引伸计计数,单位为毫米(mm);
l_2 ——第10次加载至25%钢丝绳最小破断拉力时引伸计计数,单位为毫米(mm)。

附 录 E
（资料性）
钢丝绳选用和维护

E.1 钢丝绳选用

E.1.1 密封钢丝绳适用于承载索道钢丝绳。
E.1.2 同向捻、非金属绳芯的线接触圆股、压实股、异形股钢丝绳适用于牵引、平衡、运载等用途索道钢丝绳。
E.1.3 多丝线接触圆股或压实股钢丝绳（含纤维芯和钢芯）可用于张紧索道钢丝绳。
E.1.4 腐蚀环境下，钢丝绳应选用钢丝表面有镀层的钢丝绳。
E.1.5 运载索捻向和捻距应与钳口中心距相适应。
E.1.6 钢丝绳推荐结构见表 E.1。

表 E.1 钢丝绳选用推荐表

用途	分类	结构
承载索	密封钢丝绳	单层、双层、三层、四层及以上全密封钢丝绳
牵引索、运载索、平衡索	圆股钢丝绳	6×7（货运索道）、6×19S、6×25F、6×26WS、6×31WS、6×36WS、6×41WS
	压实股钢丝绳	6×K7（货运索道）、6×K19S、6×K25F、6×K26WS、6×K31WS、6×K36WS、6×K41WS
	异形股钢丝绳	6×V20FC、6×V33FC、6×V42FC、6×V48FC
拖牵索	圆股钢丝绳	6×7、6×19S
	压实股钢丝绳	6×K7、6×K19S
平衡索	圆股钢丝绳	6×19S、6×25F、6×26WS、6×31WS、6×36WS、6×41WS
	压实股钢丝绳	6×K19S、6×K25F、6×K26WS、6×K31WS、6×K36WS、6×K41WS
张紧索	圆股钢丝绳	6×19S、6×25F、6×26WS、6×31WS、6×36WS、6×41WS
救护索	圆股钢丝绳	6×19S、6×K25F、6×31WS
	压实股钢丝绳	6×K19S、6×K25F、6×K31WS

E.2 钢丝绳存储

E.2.1 钢丝绳物流周转过程中，避免受到尖锐物体的冲击和撞伤。
E.2.2 钢丝绳存放场所应通风良好、干燥、无灰尘、有遮挡，不应受化学气体等腐蚀剂的影响。
E.2.3 钢丝绳存储期间不应与地面直接接触，轮轴下部应与地面留有一定的空间以保持通风。

E.3 钢丝绳安装

E.3.1 应选择有同类型索道安装经验的人员进行安装。

E.3.2 钢丝绳展开前要做好质量初步确认,绳盘损坏、钢丝锈蚀、铭牌与合格证书不符合设计要求等情况下均不得展开。

E.3.3 钢丝绳的展开应采用装有制动器和专用绳盘的放绳装置,端部应采取钢丝绳防旋转措施;展开过程设置托辊、枕木等防护物,配备必要的卷扬机械,确保钢丝绳腾空安装。

E.3.4 放绳装置应由专人操作。

E.3.5 钢丝绳编接长度应符合 GB 50127、GB 12352 和 GB/T 12141 相关规定。对于倾角较大的索道钢丝绳,其编接长度可以加长。编接部位的钢丝绳在张紧状态下充实饱满、均匀一致,直径应满足相关文件规定。

E.3.6 被编接的两根钢丝绳应是同类型、同规格、同捻向、同厂家、同批次的钢丝绳。

E.4 钢丝绳使用和维护

E.4.1 索道驱动轮和回转轮处要设有防止钢丝绳滑出轮槽的装置。高寒地区要配备清除钢丝绳及配套部件积冰装置。

E.4.2 抱索器端部要有充分的倒圆。按照规定时间移动抱索器位置。钢丝绳倾角较大时,抱索器数量要符合规定。运载索道钢丝绳应备有必要的稳索措施。

E.4.3 索道钢丝绳运行速度符合相关规定,新安装的绳索应进行一定时间的低速空载运行。

E.4.4 钢丝绳运行过程中若钢丝绳与连接部位出现异常,应配备有必要的制动装置停车处理故障。

E.4.5 有条件的情况下,应设置断丝等缺陷的监控措施。

E.4.6 应根据钢丝绳种类、用途和工作环境情况,定时对钢丝绳编接部位、频繁弯曲和弯曲应力较大的部位表面状态进行重点检查和维护。钢丝绳检查、周期性全面检验及报废标准应符合 GB/T 9075。

参 考 文 献

[1] GB/T 9075 索道用钢丝绳检验和报废规范
[2] GB/T 12141 货运架空索道安全规范
[3] GB 12352 客运架空索道安全规范
[4] GB 50127 架空索道工程技术标准

ICS 13.340.01
C 73

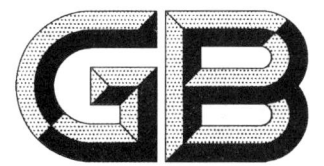

中华人民共和国国家标准

GB 39800.1—2020
代替 GB/T 11651—2008,GB/T 29510—2013

个体防护装备配备规范
第1部分:总则

Specification for the provision of personal protective equipment—
Part 1: General requirement

2020-12-24 发布　　　　　　　　　　　　　　2022-01-01 实施

国家市场监督管理总局
国家标准化管理委员会　发布

前 言

GB 39800《个体防护装备配备规范》分为以下部分：
——第1部分:总则;
——第2部分:石油、化工、天然气;
——第3部分:冶金、有色;
——第4部分:非煤矿山;
……

本部分为 GB 39800 的第1部分。

本部分按照 GB/T 1.1—2009 给出的规则起草。

本部分代替 GB/T 11651—2008《个体防护装备选用规范》和 GB/T 29510—2013《个体防护装备配备基本要求》。本部分以 GB/T 29510—2013 为主，整合了 GB/T 11651—2008 的内容，与 GB/T 29510—2013 和 GB/T 11651—2008 相比，除结构调整和编辑性修改外，主要技术变化如下：
——更改了范围中的部分内容；
——增加了部分术语和定义；
——增加了对劳务派遣工、临时聘用人员等的配备基本要求；
——增加了所在行业个体防护装备配备国家标准行业编码；
——更改了个体防护装备的配备流程；
——增加了危害评估；
——更改了常用个体防护装备的分类、防护功能及适用范围；
——增加了追踪溯源；
——增加了培训和管理相关内容；
——更改了常见的作业类别及可能造成的事故类型；
——增加了生产过程危险和有害因素分类与代码表。

本部分由中华人民共和国应急管理部提出并归口。

本部分所替代标准的历次版本发布情况为：
——GB/T 11650—1989、GB/T 11651—2008；
——GB/T 29510—2013。

个体防护装备配备规范
第1部分:总则

1 范围

GB 39800 的本部分规定了个体防护装备(即劳动防护用品)配备的总体要求,包括配备原则、配备流程、作业场所危害因素的辨识和评估、个体防护装备的选择、追踪溯源、判废和更换、培训和使用等。

本部分适用于各用人单位个体防护装备的配备及管理。

本部分不适用于各用人单位消防用个体防护装备的配备及管理。

2 术语和定义

下列术语和定义适用于本文件。

2.1

个体防护装备 Personal protective equipment;PPE

劳动防护用品

从业人员为防御物理、化学、生物等外界因素伤害所穿戴、配备和使用的护品的总称。

注1:改写 GB/T 12903—2008,定义 3.1。

注2:包括安全帽、耳塞、自吸过滤式防毒面具、防静电服、安全带等。

2.2

职业性危害因素 occupational hazard factor

在职业活动中产生的可直接危害劳动者身体健康和安全的因素。

注1:改写 GB/T 15236—2008,定义 4.1。

注2:按其性质分为物理性危害因素、化学性危害因素和生物性危害因素。

2.3

追踪溯源 tracing

采集记录产品生产、流通、消费等环节信息,以实现来源可查、去向可追等目标。

2.4

款号 type

同一制造商使用相同材料相同工艺生产的具有相同结构、相同防护功能和防护级别的同一产品的代码。

注:当材料颜色不影响产品的防护功能时,材料颜色不作为区分该产品款号的依据。

3 个体防护装备配备原则

3.1 作业场所中存在职业性危害因素和危害风险时,用人单位应为作业人员配备符合国家标准或行业标准的个体防护装备。

3.2 用人单位为作业人员配备的个体防护装备应与作业场所的环境状况、作业状况、存在的危害因素和危害程度相适应,应与作业人员相适合,且个体防护装备本身不应导致其他额外的风险。

3.3 用人单位配备个体防护装备时,应在保证有效防护的基础上,兼顾舒适性。

3.4 需要同时配备多种个体防护装备时,应考虑使用的兼容性和功能替代性,确保防护有效。

3.5 用人单位应对其使用的劳务派遣工、临时聘用人员、接纳的实习生和允许进入作业地点的其他外来人员进行个体防护装备的配备及管理。

3.6 用人单位应在本部分基础上结合所在行业个体防护装备配备国家标准进行个体防护装备的配备及管理;无所在行业个体防护装备配备国家标准时,应按照本部分要求进行个体防护装备的配备及管理。个体防护装备配备行业编号及相关编号参见附录A。

4 个体防护装备配备程序

4.1 配备流程

个体防护装备的配备应按图1所示流程执行。其中,危害因素的辨识和评估、个体防护装备的选择是整个配备流程的关键环节,具体规范要求分别见4.2、4.3。

4.2 危害因素的辨识和评估

4.2.1 危害因素的辨识

4.2.1.1 辨识原则

危害因素的辨识原则如下:
a) 应依据国家法律、法规、标准及专业知识,针对不同作业场所、生产工艺、作业环境的特点,识别可能的危害因素。
b) 应对生产经营活动中各因素,包括人员、设备设施、使用物料、工艺方法、环境条件、管理制度等进行系统分析。不仅应分析正常生产操作中存在的危害因素,还应分析技术、材料、工艺等发生变化、设备故障或失效、人员操作失误等情况下可能产生的危害因素。

4.2.1.2 辨识方法

4.2.1.2.1 应采用现场调查、测量、查阅相关记录、询问与交流等方式对作业环境中的危害因素进行分析。常见的作业类别及可能造成的事故或伤害类型参见附录B,生产过程危险和有害因素分类与代码表参见附录C。

4.2.1.2.2 在识别危害因素时,应主要从以下方面进行分析:
a) 正常工作状态;
b) 异常工作状态;
c) 人员作业活动;
d) 设备采购、贮存和输送,以及设备设施的运行、维修和保养;
e) 原辅材料、中间产品和最终产品;
f) 生产、施工工艺;
g) 环境条件;
h) 管理制度;
i) 其他辅助活动和意外情况。

4.2.2 危害评估

应依据国家法规、标准等由专业人员对所识别的危害因素进行评估,判断是否超过职业接触限值和实际的危害水平,结合危害因素存在的位置、危害方式、危害发生的时间、途径及后果,确定需要防护的

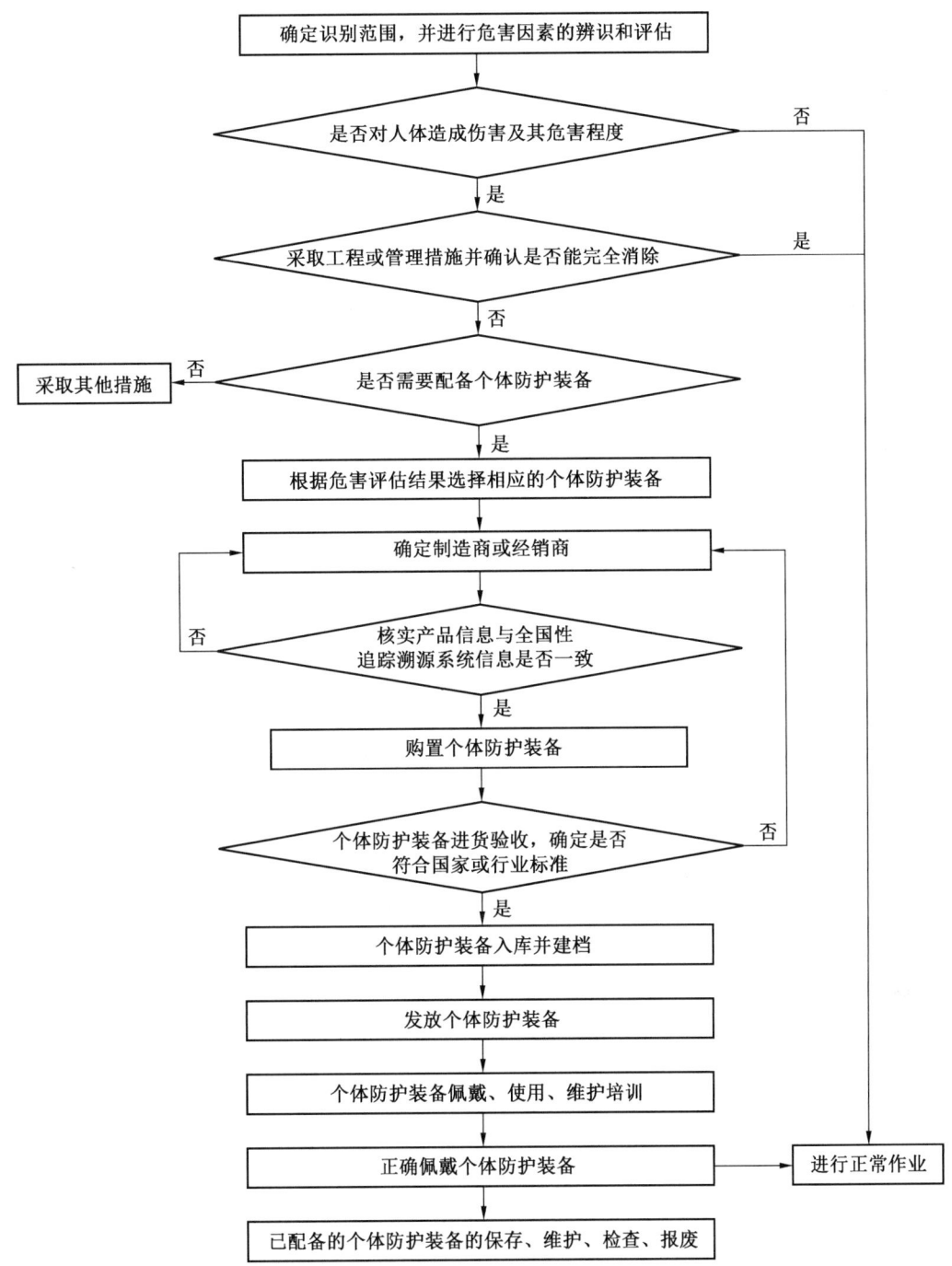

图 1 个体防护装备的配备流程

人群范围,以及各类人员需要防护的部位和需要的防护水平。

4.3 个体防护装备的选择

应根据辨识的作业场所危害因素和危害评估结果,结合个体防护装备的防护部位、防护功能、适用范围和防护装备对作业环境和使用者的适合性,选择合适的个体防护装备。

常用个体防护装备的分类、防护功能及适用范围见表1。

表 1 常用个体防护装备的分类、防护功能及适用范围

防护分类	防护分类编号	个体防护装备的类别	类别编号	产品标准号	防护装备说明	参考适用范围
头部防护	TB	安全帽	TB-01	GB 2811	对人头部受坠物及其他特定因素引起的伤害起防护作用的装备。还可包含防静电、阻燃、电绝缘、侧向刚性、耐低温等一种或一种以上特殊功能	造船、煤矿、冶金、有色、石油、天然气、化工、建材、电力、汽车、机械等存在坠物或对头部产生碰撞风险的作业场所,选用规范参见 GB/T 30041
		防静电工作帽	TB-02	GB/T 31421	以防静电织物为主要原料,为防止帽体上的静电荷积聚而制成的工作帽	电子、造船、煤矿、石油、天然气、烟花爆竹、化工、轻工、烟草、电力、汽车等静电敏感区域或火灾和爆炸危险场所
眼面防护	YM	焊接眼护具	YM-01	GB/T 3609.1 GB/T 3609.2	保护佩戴者免受由焊接或其他相关作业所产生的有害光辐射及其他特殊危害的防护用具(包括焊接眼护具和滤光片)	造船、建材、轻工、机械、电力、汽车、石油、化工、天然气等存在电焊、气弧焊、气焊及气割的作业场所
		激光防护镜	YM-02	GB 30863	衰减或吸收意外激光辐射能量	造船、冶金、轻工、激光加工、汽车、光学实验室等存在意外激光辐射(激光辐射波长在 180 nm～1 000 μm 范围内)危害的场所。不适用于直接观察激光光束的眼护具、作为观察窗用于激光设备上的激光防护产品、光学设备(如显微镜)中的激光防护滤光片
		强光源防护镜	YM-03	GB/T 38696.1	用于强光源(非激光)防护	造船、煤矿、冶金、有色、石油、天然气、汽车等防御辐射波长介于 250 nm～3 000 nm 之间强光危害。参见 GB/T 38696.2

表 1（续）

防护分类	防护分类编号	个体防护装备的类别	类别编号	产品标准号	防护装备说明	参考适用范围
眼面防护	YM	职业眼面部防护具	YM-04	GB 32166.1	具有防护不同程度的强烈冲击、光辐射、热、火焰、液滴、飞溅物等一种或一种以上的眼面部伤害风险的防护用品	造船、煤矿、冶金、有色、石油、天然气、烟花爆竹、化工、建材、水泥、非煤矿山、轻工、烟草、电力、汽车等存在光辐射、机械切削加工、金属切割、碎石等的作业场所。不适用于：a）一般用途太阳镜和太阳镜片或带有视力矫正效果的眼面部防护具；b）患者在进行诊断或治疗时用来防护曝光的眼面部防护具；c）直接观测太阳的产品，如观测日食等的眼部防护具；d）运动眼面部防护具；e）短路电弧眼面部防护具；f）焊接眼面部防护具；g）激光眼面部防护具
听力防护	TL	耳塞	TL-01	GB/T 31422	塞入外耳道内，或堵住外耳道入口，避免作业者的听力损伤	造船、煤矿、冶金、有色、石油、天然气、烟花爆竹、化工、建材、水泥、非煤矿山、电力、汽车、机械等存在噪声的作业场所。不适用于脉冲噪声的防护。参见 GB/T 23466
听力防护	TL	耳罩	TL-02	GB/T 31422	由压紧耳廓或围住耳廓四周并紧贴头部的罩杯等组成，避免作业者的听力损伤	造船、煤矿、冶金、有色、石油、天然气、烟花爆竹、化工、建材、水泥、非煤矿山、电力、汽车、机械等存在噪声的作业场所。不适用于脉冲噪声的防护。参见 GB/T 23466
呼吸防护	HX	长管呼吸器	HX-01	GB 6220	使佩戴者的呼吸器官与周围空气隔绝，通过长管输送清洁空气供呼吸的防护用品，其进风口必须放置在有害作业环境外	造船、煤矿、冶金、有色、石油、天然气、烟花爆竹、化工、建材、水泥、非煤矿山、轻工、电力、机械等存在各类颗粒物和有毒有害气体环境的作业场所。不适用于消防和救援用。适用浓度范围参见 GB/T 18664
呼吸防护	HX	动力送风过滤式呼吸器	HX-02	GB 30864	靠电动风机提供气流克服部件阻力的过滤式呼吸器，用于防御有毒、有害气体或蒸气、颗粒物等对呼吸系统的伤害	造船、煤矿、冶金、有色、石油、天然气、化工、建材、水泥、非煤矿山、电力、机械等存在有毒气体、蒸气和（或）颗粒物的作业场所。不适用于燃烧、爆炸和缺氧环境用及逃生用。适用浓度范围参见 GB/T 18664

表 1（续）

防护分类	防护分类编号	个体防护装备的类别	类别编号	产品标准号	防护装备说明	参考适用范围
呼吸防护	HX	自给闭路式压缩氧气呼吸器	HX-03	GB 23394	利用面罩使佩戴人员的呼吸器官与外界有害环境空气隔离，依靠呼吸器本身携带的压缩氧气或压缩氧—氮混合气作为呼吸气源，将人体呼出气体中的二氧化碳吸收，补充氧气后再供人员呼吸，形成完整的呼吸循环	造船、煤矿、冶金、有色、石油、天然气、烟花爆竹、化工、建材、水泥、非煤矿山、轻工、电力、机械等存在各类颗粒物和有毒有害气体环境的作业场所。不适用于潜水和逃生用。适用浓度范围参见 GB/T 18664
		自给闭路式氧气逃生呼吸器	HX-04	GB/T 38228	将人的呼吸器官与大气环境隔绝，采用化学生氧剂或压缩氧气为供气源，并将呼出的二氧化碳吸收，形成一个完整呼吸循环，供佩戴者在缺氧或有毒有害气体环境下逃生使用	造船、冶金、有色、石油、天然气、烟花爆竹、化工、建材、水泥、非煤矿山、轻工、电力、机械等作业场所发生意外事故逃生用。不适用于潜水作业逃生用。适用浓度范围参见 GB/T 18664
		自给开路式压缩空气呼吸器	HX-05	GB/T 16556	利用面罩与佩戴人员面部周边密合，使人员呼吸器官、眼睛和面部与外界染毒空气或缺氧环境完全隔离，自带压缩空气源供给人员呼吸所用的洁净空气，呼出的气体直接排入大气	造船、煤矿、冶金、有色、石油、天然气、烟花爆竹、化工、建材、水泥、非煤矿山、轻工、电力、机械等存在各类颗粒物和有毒有害气体环境的作业场所。不适用于潜水和逃生用。适用浓度范围参见 GB/T 18664
		自吸过滤式防毒面具	HX-06	GB 2890	靠佩戴者呼吸克服部件阻力，防御有毒、有害气体或蒸气、颗粒物等对呼吸系统或眼部的伤害	造船、煤矿、冶金、有色、石油、天然气、烟花爆竹、化工、轻工、电力等存在有毒气体、蒸气和（或）颗粒物的作业场所。不适用于缺氧环境、水下作业、逃生和消防热区用。适用浓度范围参见 GB/T 18664

表 1（续）

防护分类	防护分类编号	个体防护装备的类别	类别编号	产品标准号	防护装备说明	参考适用范围
呼吸防护	HX	自给开路式压缩空气逃生呼吸器	HX-07	GB 38451	具有自带的压缩空气源，能供给人员呼吸所用的洁净空气，呼出的气体直接排入大气，用于逃生的一种呼吸器	造船、冶金、有色、石油、天然气、烟花爆竹、化工、建材、水泥、非煤矿山、轻工、电力、机械等作业场所发生意外事故逃生用。适用浓度范围参见 GB/T 18664
呼吸防护	HX	自吸过滤式防颗粒物呼吸器	HX-08	GB 2626	又称防尘口罩。靠佩戴者呼吸克服部件气流阻力的过滤式呼吸器，用于防御颗粒物的伤害	造船、煤矿、冶金、有色、石油、天然气、烟花爆竹、化工、建材、水泥、非煤矿山等存在各类颗粒污染物的作业场所。不适用于防护有害气体和蒸气，也不适用于缺氧环境、水下作业、逃生和消防用。适用浓度范围参见 GB/T 18664
防护服装	FZ	防电弧服	FZ-01	DL/T 320	用于保护可能暴露于电弧和相关高温危害中人员的防护服	电力、冶金、有色、造船、汽车、电子等可能发生电弧伤害的场所，包括发电、输电、变电、配电和用电过程中从事运行、调试、检修和维护等相关作业场所
防护服装	FZ	防静电服	FZ-02	GB 12014	以防静电织物为面料，按规定的款式和结构制成的以减少服装上静电积聚为目的的防护服，可与防静电工作帽、防静电鞋、防静电手套等配套穿用	造船、电子、煤矿、冶金、有色、石油、天然气、烟花爆竹、化工、轻工等可能因静电引发电击、火灾及爆炸危险的作业场所
防护服装	FZ	职业用防雨服[a]	FZ-03	—	用于防护作业过程中的降水（雨、雪、雾等）对人体的影响	石油、天然气、煤矿、非煤矿山等户外作业场所
防护服装	FZ	高可视性警示服	FZ-04	GB 20653	利用荧光材料和反光材料进行特殊设计制作，以增强穿着者在可见性较差的高风险环境中的可视性，并起警示作用的服装	铁路、公安、工矿、消防、环卫、建筑、港口、码头、机场、园林、路政、救援、石油等需要提高作业人员可视性以保障个人安全的场所

表 1（续）

防护分类	防护分类编号	个体防护装备的类别	类别编号	产品标准号	防护装备说明	参考适用范围
防护服装	FZ	隔热服	FZ-05	GB 38453	按规定的款式和结构缝制的以避免或减轻工作过程中的接触热、对流热和热辐射对人体的伤害	冶金、有色、机械、建材、水泥等存在高温作业的场所，如金属热加工、工业炉窑、高温炉前等
		焊接服	FZ-06	GB 8965.2	用于防护焊接过程中的熔融金属飞溅及其热伤害	造船、汽车、建材、机械、轻工、煤矿、非煤矿山等焊接及相关作业场所
		化学防护服	FZ-07	GB 24539	用于防护化学物质对人体伤害的服装	造船、冶金、有色、石油、天然气、烟花爆竹、化工、水泥、汽车、机械等可能接触化学品和颗粒物的场所。参见 GB/T 24536
		抗油易去污防静电防护服	FZ-08	GB/T 28895	具有抗油和易去污功能的防静电服	适用于石油、石化等重油污且有静电防护需求的作业场所
		冷环境防护服	FZ-09	GB/T 38300	用于避免低温环境对人体的伤害	轻工、石油、天然气、煤矿、非煤矿山、商贸等低温环境作业或冬季室外作业
		熔融金属飞溅防护服[a]	FZ-10	—	用于防护工作过程中的熔融金属等对人体的伤害	冶金、有色、机械、非煤矿山等存在熔融金属飞溅危害的场所，不适用于消防和应急救援场所使用
		微波辐射防护服	FZ-11	GB/T 23463	在微波波段具有屏蔽作用的防护服，可衰减或消除作用于人体的电磁能量	电子、轻工、电力、机械等存在微波辐射伤害的作业场所，如大功率雷达制造、维修、操作；各种发射台工作作业，包括卫星地面站、移动通信、集群专业网络通信、通信发射台站、广播电视发射台站等。适用防护频率范围为 300 MHz～300 GHz 的微波辐射
		阻燃服	FZ-12	GB 8965.1	在接触火焰及炽热物体后，在一定时间内能阻止本体被点燃、有焰燃烧和无焰燃烧	煤矿、冶金、有色、石油、天然气、烟花爆竹、化工、烟草、非煤矿山等有明火、散发火花，或在有易燃物质并有轰燃风险的场所

表 1（续）

防护分类	防护分类编号	个体防护装备的类别	类别编号	产品标准号	防护装备说明	参考适用范围
手部防护	SF	带电作业用绝缘手套	SF-01	GB/T 17622	具有良好的绝缘和耐高压功能	电力、冶金、有色、建材、机械、造船、汽车、电子等带电作业或可能接触电源电压的场所，适用于交流35kV及以下电压等级的电气设备上的带电作业
		防寒手套	SF-02	GB/T 38304	用于避免低温环境对人员手部的伤害	轻工、石油、天然气、煤矿、非煤矿山、商贸等低温环境作业或冬季室外作业，适用于最低至－50℃的气候环境或作业环境
		防化学品手套	SF-03	GB 28881	能够对各类化学品和不包括病毒在内的其他各类微生物形成有效屏障，从而避免化学品和微生物对手部或手臂的伤害	造船、冶金、有色、石油、天然气、烟花爆竹、化工等手部可能接触化学品或微生物的场所，如接触氯气、汞、有机磷农药、苯和苯的二及三硝基化合物等的作业；酸洗作业；染色、油漆、有关的卫生工程，设备维护，注油作业等
		防静电手套	SF-04	GB/T 22845	用于需要戴手套操作的防静电环境，用防静电针织物为面料缝制或用防静电纱线编织而成的手套	电子、仪表、石化、煤矿、非煤矿山、轻工等行业存在静电危害的场所，如接触火工材料、易挥发易燃的液体及化学品，可燃性气体作业，如汽油、甲烷等；接触可燃性化学粉尘的作业，如镁铝粉；井下作业等
		防热伤害手套	SF-05	GB/T 38306	用于防护火焰、接触热、对流热、辐射热、少量熔融金属飞溅或大量熔融金属泼溅等一种或多种形式热伤害的手套	冶金、有色、机械、建材、水泥等存在高温作业的场所，如金属热加工、工业炉窑、高温炉前等
		电离辐射及放射性污染物防护手套	SF-06	GB 38452	具有电离屏蔽作用的防护手套，保护穿戴者的手部免遭作业区域电离辐射及放射性污染物危害	机械、煤矿、建材、轻工、电力等存在电离辐射或放射性污染物危害的作业场所，如射线探伤、放射源运输、安装、计量、检测，不适用于医用辐射防护

表 1（续）

防护分类	防护分类编号	个体防护装备的类别	类别编号	产品标准号	防护装备说明	参考适用范围
手部防护	SF	焊工防护手套	SF-07	AQ 6103	保护手部和腕部免遭熔融金属滴、短时接触有限火焰、对流热、传导热和弧光的紫外线辐射以及机械性伤害，且其材料具有能耐受高达100 V(直流)的电弧焊的最小电阻的这样一种手套	造船、汽车、建材、机械、轻工、煤矿、非煤矿山等焊接及相关作业场所
		机械危害防护手套	SF-08	GB 24541	用于保护手或手臂免受摩擦、切割、穿刺或能量冲击至少一种机械危害	造船、煤矿、冶金、有色、石油、天然气、烟花爆竹、化工、建材、水泥、非煤矿山、轻工、商贸、电力、汽车、机械等接触、使用锋利器物的作业场所，如金属加工打毛清边、玻璃加工与装配
足部防护	ZB	安全鞋	ZB-01	GB 21148	具有保护足趾、防刺穿、防静电、导电、电绝缘、隔热、防寒、防水、踝保护、耐油、耐热接触、防滑等一种或多种功能	造船、煤矿、冶金、有色、石油、天然气、烟花爆竹、化工、建材、水泥、非煤矿山、轻工、电力、机械等存在足部伤害的作业场所，参见 GB/T 28409
		防化学品鞋	ZB-02	GB 20265	防护足部免受酸、碱及相关化学品的腐蚀或刺激	冶金、有色、石油、天然气、烟花爆竹、化工等涉及酸、碱及相关化学品的作业场所
坠落防护	ZL	安全带	ZL-01	GB 6095	在高处作业、攀登及悬吊作业中，将作业人员绑定在固定构造物附近，限制作业人员活动范围或在发生坠落时将作业人员安全悬挂	造船、煤矿、冶金、有色、石油、天然气、化工、建材、水泥、非煤矿山、电力、汽车等存在坠落风险的作业场所，参见 GB/T 23468
		安全绳	ZL-02	GB 24543	可与缓冲器配合使用，通过约束佩戴者活动范围、缓解冲击能量，实现对作业人员的防护功能	

表 1（续）

防护分类	防护分类编号	个体防护装备的类别	类别编号	产品标准号	防护装备说明	参考适用范围
坠落防护	ZL	缓冲器	ZL-03	GB/T 24538	串联在系带和挂点之间，发生坠落时吸收部分冲击能量，降低作业人员受到的冲击力	造船、煤矿、冶金、有色、石油、天然气、化工、建材、水泥、非煤矿山、电力、汽车等存在坠落风险的作业场所，参见 GB/T 23468
		缓降装置	ZL-04	GB/T 38230	可供使用者以一定速度自行或由他人辅助从高处作业平面降落地面的装置	
		连接器	ZL-05	GB/T 23469	可以将两种或两种以上元件连接在一起，具有常闭活门的环状零件	
		水平生命线装置	ZL-06	GB 38454	以两个或多个挂点固定且任意两挂点间连线的水平角度不大于15°的，由钢丝绳、纤维绳、织带等柔性导轨或不锈钢、铝合金等刚性导轨构成的用于连接坠落防护装备与附着物(墙、地面、脚手架等固定设施)的装置，通过与其他坠落防护装备配套使用实现坠落防护	
		速差自控器	ZL-07	GB 24544	安装在挂点上，装有可伸缩长度的绳（带、钢丝绳），串联在系带和挂点之间，在坠落发生时因速度变化引发制动作用的装备	
		自锁器	ZL-08	GB 24542 GB/T 24537	附着在刚性或柔性导轨上，可随使用者的移动沿导轨滑动，由坠落动作引发制动作用，从而防止作业人员坠落	

表1（续）

防护分类	防护分类编号	个体防护装备的类别	类别编号	产品标准号	防护装备说明	参考适用范围
坠落防护	ZL	安全网	ZL-09	GB 5725	安全平网：安装平面不垂直于水平面，宽度不小于3 m，防止人、物坠落，或避免、减轻坠落及物击伤害	造船、煤矿、冶金、有色、石油、天然气、化工、建材、水泥、非煤矿山、电力、汽车等存在坠落风险的作业场所，参见GB/T 23468
					安全立网：安装平面垂直于水平面，宽（高）度不小于1.2 m，防止人、物坠落，或避免、减轻坠落及物击伤害	
					密目式安全立网：网眼孔径不大于ϕ12 mm，垂直于水平面安装，防止人、物坠落，或避免坠物伤害	
		登杆脚扣	ZL-10	AQ 6109	穿戴于脚部，供作业者从事电杆攀登作业的专用工具	电力、通信及广播电视等行业从事电杆（或称线杆）攀登作业使用的脚扣，不适用于木质电杆攀登用脚扣
		挂点装置	ZL-11	GB 30862	由一个或多个挂点和部件组成的，用于连接坠落防护装备与附着物（墙、脚手架、地面等固定设施）的装置	造船、煤矿、冶金、有色、石油、天然气、化工、建材、水泥、非煤矿山、电力、汽车等存在坠落风险需要另外配备挂点的作业场所
[a] 此个体防护装备的产品标准正在制定中。						

5 个体防护装备配备管理

5.1 基本要求

5.1.1 用人单位应建立健全个体防护装备管理制度，至少应包括采购、验收、保管、选择、发放、使用、报废、培训等内容，并应建立健全个体防护装备管理档案。

5.1.2 用人单位应在入库前对个体防护装备进行进货验收，确定产品是否符合国家或行业标准；对国家规定应进行定期强检的个体防护装备，用人单位应按相关规定，委托具有检测资质的检验检测机构进行定期检验。

5.1.3 在作业过程中发现存在其他危害因素,现有个体防护装备不能满足作业安全要求,需要另外配备时,应立即停止相关作业,按照本部分的要求配备相应的个体防护装备后,方可继续作业。

5.2 追踪溯源

5.2.1 用人单位应购置在最小贴码包装及运输包装上具有追踪溯源标识的个体防护装备,该标识应能通过全国性追踪溯源系统实现追踪溯源。

5.2.2 制造商在每一批产品售出前应在全国性追踪溯源系统录入制造商信息、产品信息及该产品款号的由具有检测资质的检验检测机构出具的检验检测报告信息。每一批产品应对应一个由全国性追踪溯源系统生成的产品追踪溯源标识。

5.2.3 经销商在产品售出前应在全国性追踪溯源系统录入必要的销售信息。

5.2.4 检验检测机构应在全国性追踪溯源系统录入检验检测报告信息。每一个检验检测报告应对应一个由全国性追踪溯源系统生成的检验检测报告追踪溯源标识。

5.2.5 用人单位在采购个体防护装备时,可通过产品和检验检测报告的追踪溯源标识,对产品实物信息和产品检验检测报告信息进行核实。

5.3 判废和更换

5.3.1 出现以下情况之一,用人单位应给予判废和更换新品:
   a) 个体防护装备经检验或检查被判定不合格;
   b) 个体防护装备超过有效期;
   c) 个体防护装备功能已经失效;
   d) 个体防护装备的使用说明书中规定的其他判废或更换条件。

5.3.2 被判废或被更换后的个体防护装备不得再次使用。

5.4 培训和使用

5.4.1 用人单位应制定培训计划和考核办法,并建立和保留培训和考核记录。

5.4.2 用人单位应按计划定期对作业人员进行培训,培训内容至少应包括工作中存在的危害种类和法律法规、标准等规定的防护要求,本单位采取的控制措施,以及个体防护装备的选择、防护效果、使用方法及维护、保养方法、检查方法等。

5.4.3 当有新员工入职、员工转岗、个体防护装备配备发生变化、法律法规及标准发生变化等情况,需要培训时用人单位应及时进行培训。

5.4.4 未按规定佩戴和使用个体防护装备的作业人员,不得上岗作业。

5.4.5 作业人员应熟练掌握个体防护装备正确佩戴和使用方法,用人单位应监督作业人员个体防护装备的使用情况。

5.4.6 在使用个体防护装备前,作业人员应对个体防护装备进行检查(如外观检查、适合性检查等),确保个体防护装备能够正常使用。

5.4.7 用人单位应按照产品使用说明书的有关内容和要求,指导并监督个体防护装备使用人员对在用的个体防护装备进行正确的日常维护和使用前的检查,对必须由专人负责的,应指定受过培训的合格人员负责日常检查和维护。

附 录 A
（资料性附录）
个体防护装备配备行业编号及相关编号

A.1 个体防护装备配备行业编号

根据 GB/T 4754 以及我国国民经济行业个体防护需求的特点，对各行业的个体防护装备配备进行分类，行业名称和行业编号见表 A.1。

表 A.1 个体防护装备配备行业编号

行业名称	行业编号	行业名称	行业编号
电力	DL	轻工、烟草、商贸	QG
电子	DZ	石油、化工、天然气	SY
非煤矿山	FM	烟花爆竹	YH
建材	JC	冶金、有色	YJ
汽车	QC	船舶	CB
…	…	…	…

A.2 个体防护装备配备行业工种编号

根据不同的工作内容对行业的工种进行分类，对相同或相近工种进行分组，以石油、化工、天然气行业为例，见 GB 39800.2—2020 中表 A.1。

A.3 个体防护装备分类及编号

个体防护装备按防护部位分为 9 类，分类及编号见表 A.2。

表 A.2 个体防护装备分类及编号

序号	防护分类	防护分类编号	序号	防护分类	防护分类编号	序号	防护分类	防护分类编号
1	头部防护	TB	4	呼吸防护	HX	7	足部防护	ZB
2	眼面防护	YM	5	防护服装	FZ	8	坠落防护	ZL
3	听力防护	TL	6	手部防护	SF	9	其他防护	QT

附 录 B
（资料性附录）
常见的作业类别及可能造成的事故或伤害

B.1 按照作业环境中的工作条件及可能造成的事故或伤害列举35种主要作业类别，见表B.1。

表 B.1 常见的作业类别及可能造成的事故或伤害类型

编号	作业类别	说 明	举 例	可能造成的事故或伤害
B01	存在物体坠落、撞击的作业	物体坠落或横向上可能有物体相撞的作业	建筑安装、桥梁建设、采矿、钻探、造船、机械、起重、管路维修、非煤矿山、森林采伐	物体打击、起重伤害等
B02	有碎屑或液体飞溅的作业	作业过程中可能有切削碎屑或液体飞溅的作业	破碎、锤击、铸件切削、铸轧、砂轮打磨、高压流体清洗	物体打击等
B03	操作转动机械作业	机械设备运行中引起的绞、碾等伤害的作业	机床、传动机械	机械伤害等
B04	接触锋利器具作业	生产中使用的生产工具或加工产品易对操作者产生割伤、刺伤等伤害的作业	金属加工的打毛清边、玻璃装配与加工	
B05	地面存在尖利器物的作业	作业平面上可能存在对工作者脚部或腿部产生刺伤伤害的作业	森林作业、建筑工地	
B06	手持振动机械作业	生产中使用手持振动工具，直接作用于人的手臂系统的机械振动或冲击作业	风钻、风铲、油锯	振动伤害等
B07	人承受全身振动的作业	承受振动或处于不易忍受的振动环境中的作业	田间机械作业驾驶、林业作业	
B08	铲、装、吊、推机械操作作业	重型采掘、建筑、装载起重设备的操作与驾驶作业	操作铲机、推土机、装卸机、天车、龙门吊、塔吊、单臂起重机等机械	车辆伤害、起重伤害等
B09	带电作业	工作人员接触带电部分的作业，或工作人员身体的任一部分或使用的工具、装置、设备进入带电作业区域内的作业	高、低压设备或线路带电维修	触电、电弧伤害等
B10	高温作业	作业地点平均WBGT指数等于或大于25 ℃的作业	高温天气户外作业、高温车间作业	中暑等

表 B.1（续）

编号	作业类别	说　明	举　例	可能造成的事故或伤害
B11	高温热接触或热辐射作业	存在热的液体、气体对人体的烫伤，热的固体与人体接触引起的灼伤，火焰对人体的烧伤以及炽热源的热辐射对人体的伤害等情况的作业	熔炼、浇注、热轧、锻造、炉窑作业	高温伤害等
B12	易燃易爆场所作业	作业场所存在甲、乙类易燃易爆物质并可能引起燃烧、爆炸	接触火工材料、易挥发易燃的液体及化学品、可燃性气体、可燃性粉尘的作业，如汽油、甲烷、铝镁粉等	火灾、爆炸等
B13	高处作业	在距坠落高度基准面 2 m 及 2 m 以上，且有坠落风险的场所作业	室内/室外建筑安装、架线、货物堆砌	高处坠落等
B14	井下作业	存在矿山工作面、巷道侧壁的支护不当、压力过大造成的坍塌或顶板坍塌、以及高势能水意外流向低势能区域的作业	井下采掘、运输、安装	冒顶片帮、粉尘伤害、透水、中毒和窒息等
B15	地下作业	进行地下管网的铺设及地下挖掘的作业	地下开拓、建筑安装	
B16	水上作业	有落水危险的水上作业	水上作业平台、水上运输、木材水运、水产养殖与捕捞	高处坠落、淹溺等
B17	吸入性气相毒物作业	接触常温、常压下呈气体或蒸气状态、经呼吸道吸入能产生毒害物质的作业，包括刺激性气体和窒息性气体	接触氯气、一氧化碳、硫化氢、氯乙烯、光气、汞的作业	中毒、窒息等
B18	有限空间作业	在空气不流通的场所中作业，包括在缺氧即空气中含氧浓度小于19.5%和毒气、有毒气溶胶超过标准并不能排出等场所中作业	密闭的罐体、房仓、孔道或排水系统、炉窑、存放耗氧器具或生物体进行耗氧过程的密闭空间	中毒、窒息等
B19	吸入性粉尘作业	接触粉尘、烟、雾等颗粒物，经呼吸道吸入对人体产生伤害的作业	接触铝、铬、铍、锰、镉等有毒金属及其化合物的烟雾和粉尘、沥青烟雾、煤尘、矽尘、石棉尘、油漆、木屑粉尘的作业	粉尘伤害、中毒等
B20	沾染性毒物作业	接触能粘附于皮肤、衣物上，经皮肤吸收产生伤害或对皮肤产生毒害物质的作业	接触有机磷农药、有机汞化合物、苯和苯的二及三硝基化合物、放射性物质的作业	中毒、辐射伤害等

表 B.1（续）

编号	作业类别	说 明	举 例	可能造成的事故或伤害
B21	生物性毒物作业	作业场所中有感染或吸收生物毒素危险的作业	有毒性动植物养殖、生物毒素培养制剂、带菌或含有生物毒素的制品加工处理、腐烂物品处理、防疫检验	中毒等
B22	噪声作业	存在有损听力、有害健康或有其他危害的声音，且每天 8 h 或每周 40 h 噪声暴露等效声级大于或等于 80 dB(A)的作业	风钻、气锤、铆接、钢筒内的敲击或铲锈、钻修井	听力损伤等
B23	强光作业	强光源或产生强烈红外辐射和紫外辐射的作业	弧光、电弧焊、炉窑作业	辐射伤害等
B24	激光作业	激光发射与加工的作业	激光加工金属、激光焊接、激光测量、激光通信	
B25	荧光屏作业	长期从事荧光屏操作与识别的作业	电脑操作、电视机调试	
B26	射线作业	作业环境中存在电离辐射、辐射剂量可能会超过标准的作业	放射性矿物的开采、选矿、冶炼、加工，核废料或核事故处理，放射性物质使用，X 射线检测	
B27	腐蚀性作业	产生或使用腐蚀性物质的作业	二氧化硫气体净化、酸洗、化学镀膜	化学性烧灼、中毒等
B28	易污作业	容易污秽皮肤或衣物的作业	炭黑、染色、油漆、有关的卫生工程	其他伤害
B29	恶味作业	产生难闻气味或恶味不易清除的作业	熬胶、恶臭物质处理与加工	中毒等
B30	低温作业	作业地点平均气温等于或低于 5℃ 的作业；或接触低温物体造成伤害的作业	冰库	低温伤害等
B31	人工搬运作业	通过人力搬运的作业	人力抬、扛、推、搬移	物体打击等
B32	野外作业	野外露天作业	地质勘探、大地测量、钻修井、测井、固井	紫外伤害、高低温伤害等
B33	涉水作业	作业中需接触大量水或须立于水中	矿井、隧道、水力采掘、地质钻探、下水工程、污水处理	淹溺、低温伤害等

表 B.1（续）

编号	作业类别	说　明	举　例	可能造成的事故或伤害
B34	车辆驾驶作业	各类机动车辆驾驶的作业	汽车驾驶	车辆伤害等
B35	其他作业	B01～B34 以外的作业	—	—

B.2 实际工作中涉及多项作业特征的为综合性作业。在进行综合性作业时，用人单位可根据作业特点为作业人员配备多种或多功能个体防护装备。

附 录 C
（资料性附录）
生产过程危险和有害因素分类与代码表

生产过程危险和有害因素分类与代码见表C.1。

表 C.1 生产过程危险和有害因素分类与代码表

代 码	名 称	说 明
1	人的因素	
11	心理、生理性危险和有害因素	
1101	负荷超限	
110101	体力负荷超限	指易引起疲劳、劳损、伤害等的负荷超限
110102	听力负荷超限	
110103	视力负荷超限	
110199	其他负荷超限	
1102	健康状况异常	指伤、病期等
1103	从事禁忌作业	
1104	心理异常	
110401	情绪异常	
110402	冒险心理	
110403	过度紧张	
110499	其他心理异常	
1105	辨识功能缺陷	
110501	感知延迟	
110512	辨识错误	
110599	其他辨识功能缺陷	
1199	其他心理、生理性危险和有害因素	
12	行为性危险和有害因素	
1201	指挥错误	
120101	指挥失误	包括生产过程中的各级管理人员的指挥
120102	违章指挥	
120199	其他指挥错误	
1202	操作错误	
120201	误操作	
120202	违章作业	
120299	其他操作错误	
1203	监护失误	
1299	其他行为性危险和有害因素	包括脱岗等违反劳动纪律行为

表 C.1（续）

代码	名称	说明
2	物的因素	
21	物理性危险和有害因素	
2101	设备、设施、工具、附件缺陷	
210101	强度不够	
210102	刚度不够	
210103	稳定性差	抗倾覆、抗位移能力不够。包括重心过高、底座不稳定、支承不正确等
210104	密封不良	指密封件、密封介质、设备辅件、加工精度、装配工艺等缺陷以及磨损、变形、气蚀等造成的密封不良
210105	耐腐蚀性差	
210106	应力集中	
210107	外形缺陷	指设备、设施表面的尖角利棱和不应有的凹凸部分等
210108	外露运动件	指人员易触及的运动件
210109	操纵器缺陷	指结构、尺寸、形状、位置、操纵力不合理及操纵器失灵、损坏等
210110	制动器缺陷	
210111	控制器缺陷	
210199	设备、设施、工具、附件其他缺陷	
2102	防护缺陷	
210201	无防护	
210202	防护装置、设施缺陷	指防护装置、设施本身安全性、可靠性差，包括防护装置、设施、防护用品损坏、失效、失灵等
210203	防护不当	指防护装置、设施和防护用品不符合要求、使用不当。不包括防护距离不够
210204	支撑不当	包括矿井、建筑施工支护不符合要求
210205	防护距离不够	指设备布置、机械、电气、防火、防爆等安全距离不够和卫生防护距离不够等
210299	其他防护缺陷	
2103	电伤害	
210301	带电部位裸露	指人员易触及的裸露带电部位
210302	漏电	
210303	静电和杂散电流	
210304	电火花	
210399	其他电伤害	
2104	噪声	

表 C.1（续）

代码	名称	说明
210401	机械性噪声	
210402	电磁性噪声	
210403	流体动力性噪声	
210499	其他噪声	
2105	振动危害	
210501	机械性振动	
210502	电磁性振动	
210503	流体动力性振动	
210599	其他振动危害	
2106	电离辐射	包括 X 射线、γ 射线、α 粒子、β 粒子、中子、质子、高能电子束等
2107	非电离辐射	
210701	紫外辐射	
210702	激光辐射	
210703	微波辐射	
210704	超高频辐射	
210705	高频电磁场	
210706	工频电场	
2108	运动物伤害	
210801	抛射物	
210802	飞溅物	
210803	坠落物	
210804	反弹物	
210805	土、岩滑动	
210806	料堆（垛）滑动	
210807	气流卷动	
210899	其他运动物伤害	
2109	明火	
2110	高温物质	
211001	高温气体	
211002	高温液体	
211003	高温固体	
211099	其他高温物质	
2111	低温物质	
211101	低温气体	

表 C.1（续）

代 码	名 称	说 明
211102	低温液体	
211103	低温固体	
211199	其他低温物质	
2112	信号缺陷	
211201	无信号设施	指应设信号设施处无信号，如无紧急撤离信号等
211202	信号选用不当	
211203	信号位置不当	
211204	信号不清	指信号量不足，如响度、亮度、对比度、信号维持时间不够等
211205	信号显示不准	包括信号显示错误、显示滞后或超前等
211299	其他信号缺陷	
2113	标志缺陷	
211301	无标志	
211302	标志不清晰	
211303	标志不规范	
211304	标志选用不当	
211305	标志位置缺陷	
211399	其他标志缺陷	
2114	有害光照	包括直射光、反射光、眩光、频闪效应等
2199	其他物理性危险和有害因素	
22	化学性危险和有害因素	依据 GB 13690 中的规定
2201	爆炸品	
2202	压缩气体和液化气体	
2203	易燃液体	
2204	易燃固体、自燃物品和遇湿易燃物品	
2205	氧化剂和有机过氧化物	
2206	有毒品	
2207	放射性物品	
2208	腐蚀品	
2209	粉尘与气溶胶	
2299	其他化学性危险和有害因素	
23	生物性危险和有害因素	
2301	致病微生物	
230101	细菌	
230102	病毒	

表 C.1（续）

代码	名称	说明
230103	真菌	
230199	其他致病微生物	
2302	传染病媒介物	
2303	致害动物	
2304	致害植物	
2399	其他生物性危险和有害因素	
3	环境因素	包括室内、室外、地上、地下（如隧道、矿井）、水上、水下等作业(施工)环境
31	室内作业场所环境不良	
3101	室内地面滑	指室内地面、通道、楼梯被任何液体、熔融物质润湿，结冰或有其他易滑物等
3102	室内作业场所狭窄	
3103	室内作业场所杂乱	
3104	室内地面不平	
3105	室内梯架缺陷	包括楼梯、阶梯、电动梯和活动梯架，以及这些设施的扶手、扶栏和护栏、护网等
3106	地面、墙和天花板上的开口缺陷	包括电梯井、修车坑、门窗开口、检修孔、孔洞、排水沟等
3107	房屋基础下沉	
3108	室内安全通道缺陷	包括无安全通道、安全通道狭窄、不畅等
3109	房屋安全出口缺陷	包括无安全出口、设置不合理等
3110	采光照明不良	指照度不足或过强、烟尘弥漫影响照明等
3111	作业场所空气不良	指自然通风差、无强制通风、风量不足或气流过大、缺氧、有害气体超限等
3112	室内温度、湿度、气压不适	
3113	室内给、排水不良	
3114	室内涌水	
3199	其他室内作业场所环境不良	
32	室外作业场地环境不良	
3201	恶劣气候与环境	包括风、极端的温度、雷电、大雾、冰雹、暴雨雪、洪水、浪涌、泥石流、地震、海啸等
3202	作业场地和交通设施湿滑	包括铺设好的地面区域、阶梯、通道、道路、小路等被任何液体、熔融物质润湿，冰雪覆盖或有其他易滑物等
3203	作业场地狭窄	

表 C.1（续）

代 码	名 称	说 明
3204	作业场地杂乱	
3205	作业场地不平	包括不平坦的地面和路面,有铺设的、未铺设的、草地、小鹅卵石或碎石地面和路面
3206	航道狭窄、有暗礁或险滩	
3207	脚手架、阶梯和活动梯架缺陷	包括这些设施的扶手、扶栏和护栏、护网等
3208	地面开口缺陷	包括升降梯井、修车坑、水沟、水渠等
3209	建筑物和其他结构缺陷	包括建筑中或拆毁中的墙壁、桥梁、建筑物;筒仓、固定式粮仓、固定的槽罐和容器;屋顶、塔楼等
3210	门和围栏缺陷	包括大门、栅栏、畜栏和铁丝网等
3211	作业场地基础下沉	
3212	作业场地安全通道缺陷	包括无安全通道,安全通道狭窄、不畅等
3213	作业场地安全出口缺陷	包括无安全出口、设置不合理等
3214	作业场地光照不良	指光照不足或过强、烟尘弥漫影响光照等
3215	作业场地空气不良	指自然通风差或气流过大、作业场地缺氧、有害气体超限等
3216	作业场地温度、湿度、气压不适	
3217	作业场地涌水	
3299	其他室外作业场地环境不良	
33	地下(含水下)作业环境不良	不包括以上室内室外作业环境已列出的有害因素
3301	隧道/矿井顶面缺陷	
3302	隧道/矿井正面或侧壁缺陷	
3303	隧道/矿井地面缺陷	
3304	地下作业面空气不良	包括通风差或气流过大、缺氧、有害气体超限等
3305	地下火	
3306	冲击地压	指井巷(采场)周围的岩体(如煤体)等物质在外载作用下产生的变形能,当力学平衡状态受到破坏时,瞬间释放,将岩体、气体、液体急剧、猛烈抛(喷)出造成严重破坏的一种井下动力现象
3307	地下水	
3308	水下作业供氧不当	
3399	其他地下作业环境不良	
39	其他作业环境不良	
3901	强迫体位	指生产设备、设施的设计或作业位置不符合人类工效学要求而易引起作业人员疲劳、劳损或事故的一种作业姿势

表 C.1（续）

代码	名称	说明
3902	综合性作业环境不良	显示有两种以上作业环境致害因素且不能分清主次的情况
3999	以上未包括的其他作业环境不良	
4	管理因素	
41	职业安全卫生组织机构不健全	包括组织机构的设置和人员的配置
42	职业安全卫生责任制未落实	
43	职业安全卫生管理规章制度不完善	
4301	建设项目"三同时"制度未落实	
4302	操作规程不规范	
4303	事故应急预案及响应缺陷	
4304	培训制度不完善	
4399	其他职业安全卫生管理规章制度不健全	包括隐患管理、事故调查处理等制度不健全
44	职业安全卫生投入不足	
45	职业健康管理不完善	包括职业健康体检及其档案管理等不完善
49	其他管理因素缺陷	

参 考 文 献

[1] GB 2626 呼吸防护 自吸过滤式防颗粒物呼吸器
[2] GB 2811 头部防护 安全帽
[3] GB 2890 呼吸防护 自吸过滤式防毒面具
[4] GB/T 3609.1 职业眼面部防护 焊接防护 第1部分:焊接防护具
[5] GB/T 3609.2 职业眼面部防护 焊接防护 第2部分:自动变光焊接滤光镜
[6] GB/T 4754 国民经济行业分类
[7] GB 5725 安全网
[8] GB 6095 安全带
[9] GB 6220 呼吸防护 长管呼吸器
[10] GB 8965.1 防护服装 阻燃服
[11] GB 8965.2 防护服装 阻燃防护 第2部分:焊接服
[12] GB 12014 防护服装 防静电服
[13] GB/T 12903—2008 个体防护装备术语
[14] GB 13690 化学品分类和危险性公示 通则
[15] GB/T 13861—2009 生产过程危险和有害因素分类与代码
[16] GB/T 15236—2008 职业安全卫生术语
[17] GB/T 16556 自给开路式压缩空气呼吸器
[18] GB/T 17622 带电作业用绝缘手套
[19] GB/T 18664 呼吸防护用品的选择、使用与维护
[20] GB 20265 足部防护 防化学品鞋
[21] GB 20653 防护服装 职业用高可视性警示服
[22] GB 21148 足部防护 安全鞋
[23] GB/T 22845 防静电手套
[24] GB 23394 自给闭路式压缩氧气呼吸器
[25] GB/T 23463 防护服装 微波辐射防护服
[26] GB/T 23466 护听器的选择指南
[27] GB/T 23468 坠落防护装备安全使用规范
[28] GB/T 23469 坠落防护 连接器
[29] GB/T 24536 防护服装 化学防护服的选择、使用和维护
[30] GB/T 24537 坠落防护 带柔性导轨的自锁器
[31] GB/T 24538 坠落防护 缓冲器
[32] GB 24539 防护服装 化学防护服通用技术要求
[33] GB 24541 手部防护 机械危害防护手套
[34] GB 24542 坠落防护 带刚性导轨的自锁器
[35] GB 24543 坠落防护 安全绳
[36] GB 24544 坠落防护 速差自控器
[37] GB/T 28409 个体防护装备 足部防护鞋(靴)的选择、使用和维护指南
[38] GB 28881 手部防护 化学品及微生物防护手套
[39] GB/T 28895 防护服装 抗油易去污防静电防护服
[40] GB/T 30041 头部防护 安全帽选用规范

[41] GB 30862　坠落防护　挂点装置
[42] GB 30863　个体防护装备　眼面部防护　激光防护镜
[43] GB 30864　呼吸防护　动力送风过滤式呼吸器
[44] GB/T 31421　防静电工作帽
[45] GB/T 31422　个体防护装备　护听器的通用技术条件
[46] GB 32166.1　个体防护装备　眼面部防护　职业眼面部防护具　第1部分:要求
[47] GB/T 38228　呼吸防护　自给闭路式氧气逃生呼吸器
[48] GB/T 38230　坠落防护　缓降装置
[49] GB/T 38300　防护服装　冷环境防护服
[50] GB/T 38304　手部防护　防寒手套
[51] GB/T 38306　手部防护　防热伤害手套
[52] GB 38451　呼吸防护　自给开路式压缩空气逃生呼吸器
[53] GB 38452　手部防护　电离辐射及放射性污染物防护手套
[54] GB 38453　防护服装　隔热服
[55] GB 38454　坠落防护　水平生命线装置
[56] GB/T 38696.1　眼面部防护　强光源(非激光)防护镜　第1部分:技术要求
[57] GB/T 38696.2　眼面部防护　强光源(非激光)防护镜　第2部分:使用指南
[58] GB 39800.2—2020　个体防护装备配备规范　第2部分:石油、化工、天然气
[59] AQ 6103　焊工防护手套
[60] AQ 6109　坠落防护　登杆脚扣
[61] DL/T 320　个人电弧防护用品通用技术要求

ICS 45.100
CCS J 81

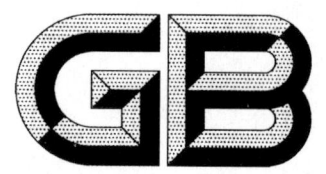

中华人民共和国国家标准

GB/T 41094—2021

客运索道使用管理

Operating management of passenger ropeway

2021-12-31 发布　　　　　　　　　　　　　　　2022-07-01 实施

国家市场监督管理总局
国家标准化管理委员会　发布

前　言

本文件按照GB/T 1.1—2020《标准化工作导则　第1部分:标准化文件的结构和起草规则》的规定起草。

请注意本文件的某些内容可能涉及专利。本文件的发布机构不承担识别专利的责任。

本文件由全国索道与游乐设施标准化技术委员会(SAC/TC 250)归口。

本文件起草单位:国家客运架空索道安全监督检验中心、北京起重运输机械设计研究院有限公司、泰安市泰山索道运营中心。

本文件主要起草人:张强、张晓文、黄越峰、蔺鸿达、葛遵瑞、刘保水、胡倩、陈琳。

客运索道使用管理

1 范围

本文件规定了客运索道使用中的管理制度、安全管理机构及人员、设备管理、乘客管理、应急管理、外部环境方面的基本要求。

本文件适用于客运索道。

2 规范性引用文件

下列文件中的内容通过文中的规范性引用而构成本文件必不可少的条款。其中，注日期的引用文件，仅该日期对应的版本适用于本文件；不注日期的引用文件，其最新版本（包括所有的修改单）适用于本文件。

GB 12352—2018　客运架空索道安全规范

GB/T 12738　索道　术语

GB/T 34368　客运索道重大修理的技术要求

3 术语和定义

GB/T 12738界定的术语和定义适用于本文件。

4 基本要求

4.1 客运索道使用单位应建立、健全客运索道安全责任制度，加强客运索道安全管理，确保客运索道使用安全。

4.2 使用单位的主要负责人对其单位客运索道的安全使用负总责，主要负责人是指使用单位的实际最高管理者。

4.3 使用单位应加强隐患排查，发现事故隐患应及时消除，待隐患消除后，方可继续使用。

4.4 使用单位宜投保客运索道安全责任保险，建立并完善赔偿机制。

5 管理制度

5.1 法规标准清单

5.1.1 使用单位应识别与客运索道相关的法律、法规、安全技术规范、标准，建立有效法律法规、标准清单。

5.1.2 使用单位应定期对法规标准进行查新，及时更新有效法律、法规、标准清单，并审查安全管理制度的符合性。

5.2 安全管理制度

依据客运索道相关法律、法规规定，使用单位必须建立健全客运索道使用安全管理制度。安全管理制度应至少包括以下内容：
  a) 客运索道安全管理机构和相关人员岗位职责，包括安全责任；
  b) 客运索道经常性维护保养、定期自行检查和有关记录制度；
  c) 客运索道使用登记、定期检验管理制度；
  d) 客运索道隐患排查治理制度；
  e) 客运索道安全管理人员与作业人员管理和培训制度；
  f) 客运索道采购、安装、改造、修理、报废等管理制度；
  g) 客运索道应急救援管理制度，包括救援装备与救援物品管理；
  h) 客运索道事故报告和处理制度；
  i) 客运索道安全技术档案管理制度；
  j) 客运索道备品备件管理制度。

使用单位应建立相应的机制，加强对安全管理制度落实情况的监督考核，保证安全管理制度的落实。

5.3 操作规程

5.3.1 使用单位应根据所使用客运索道的类型、设备特点、运行情况以及使用维护说明书等，制定操作规程。

5.3.2 操作规程应包括设备运行参数、操作程序和方法、维护保养要求、安全注意事项、巡回检查和异常情况处置规定，以及相应记录等。

5.4 服务规程

5.4.1 使用单位应根据所使用客运索道的类型、设备特点、运行情况以及使用维护说明书等，制定服务规程。

5.4.2 服务规程应至少包括票务服务、候车服务、站台服务等内容，制定服务规程时应充分考虑老、弱、病、残、孕等特殊乘客的需求。

6 安全管理机构及人员

6.1 安全管理机构

6.1.1 职责

安全管理机构是指使用单位中承担客运索道安全管理职责的内设机构。安全管理机构的职责是贯彻执行客运索道有关法律、法规和安全技术规范及相关标准，负责使用单位安全工作的策划和监督。

6.1.2 机构设置

使用单位应根据本单位客运索道的类型、用途、数量等情况设置安全管理机构并落实安全责任人。

6.2 安全管理人员

6.2.1 安全管理负责人

使用单位应配备安全管理负责人。安全管理负责人是指使用单位最高管理层中主管本单位客运索道使用安全管理的人员，应取得相应的特种设备安全管理人员资格证书。安全管理负责人职责如下：
  a) 协助主要负责人履行本单位客运索道安全的领导职责，确保本单位客运索道的安全使用；
  b) 宣传、贯彻《中华人民共和国特种设备安全法》以及有关法律、法规、规章和安全技术规范；

c) 组织制定本单位客运索道安全管理制度,落实客运索道安全管理机构设置、安全管理员配备;
d) 组织制定客运索道事故应急专项预案,并且定期组织演练;
e) 对本单位客运索道安全管理工作实施情况进行检查;
f) 组织进行隐患排查,并且提出处理意见;
g) 当安全管理员报告客运索道存在事故隐患应停止使用时,立即作出停止使用客运索道的决定,并且及时报告本单位主要负责人。

6.2.2 安全管理员

使用单位应根据本单位客运索道的数量、特性等配备适当数量的专职安全管理员。安全管理员是指具体负责客运索道使用安全管理的人员,应取得相应的特种设备安全管理人员资格证书。安全管理员的主要职责如下:

a) 组织建立客运索道安全技术档案;
b) 办理特种设备使用登记;
c) 组织制定客运索道操作规程;
d) 组织开展客运索道安全教育和技能培训;
e) 组织开展客运索道定期自行检查;
f) 编制客运索道定期检验计划,督促落实定期检验和隐患治理工作;
g) 按照规定报告客运索道事故,参加客运索道事故救援,协助进行事故调查和善后处理;
h) 发现客运索道事故隐患,立即进行处理,情况紧急时,可以决定停止使用客运索道,并且及时报告本单位安全管理负责人;
i) 纠正和制止客运索道作业人员的违章行为。

6.3 作业人员

使用单位应根据本单位客运索道数量、特性等配备取得相应客运索道作业人员资格证书的作业人员,并且在使用客运索道时应保证每站至少有一名持证的作业人员在岗。客运索道作业人员的主要职责如下:

a) 严格执行客运索道有关安全管理制度,并且按照操作规程进行操作;
b) 按照规定填写作业、交接班等记录;
c) 参加安全教育和技能培训;
d) 进行经常性维护保养,对发现的异常情况及时处理,并且作出记录;
e) 作业过程中发现事故隐患或者其他不安全因素,应立即采取紧急措施,并且按照规定的程序向客运索道安全管理人员和单位有关负责人报告;
f) 参加应急演练,掌握相应的应急处置技能。

6.4 服务人员

6.4.1 使用单位应根据本单位客运索道数量、特性等配备站台服务人员。

6.4.2 在使用客运索道时,对于连续循环固定抱索器索道应保证每个站台至少配备 4 名站台服务员,对于其他索道应保证每个站台至少配备 2 名站台服务员。

6.4.3 客运索道站台服务人员的主要职责如下:

a) 严格执行客运索道有关安全管理制度,并且按照操作规程进行服务;
b) 参加安全教育和技能培训;
c) 对乘客进出站、上下车进行引导和帮助;
d) 服务过程中发现危及乘客安全的紧急情况,应立即按下站台上的紧急停车按钮,并且按照规定的程序向客运索道安全管理人员和单位有关负责人报告。

6.5 安全教育和技能培训

6.5.1 使用单位应对从业人员进行安全教育和技能培训,保证从业人员具备必要的安全知识,熟悉有关的安全管理制度和操作规程,掌握本岗位的安全操作技能,了解事故应急处理措施,知悉自身在安全生产方面的权利和义务。未经安全教育和技能培训合格的从业人员不应上岗作业。

6.5.2 使用单位应建立安全教育和技能培训档案,如实记录安全教育和技能培训的时间、内容、参加人员以及考核结果等情况。

7 设备管理

7.1 使用登记

7.1.1 在客运索道投入使用前或者投入使用后30日内,使用单位应向负责特种设备安全监督管理的部门办理使用登记,取得使用登记证书。登记标志置于客运索道进站口的显著位置。

7.1.2 客运索道改造、达到设计使用年限继续使用、变更使用单位或者使用单位更名后,相关使用单位应向登记机关申请变更登记。

7.1.3 客运索道拟停用1年以上的,使用单位应采取有效的保护措施,并且设置停用标志,在停用后30日内向登记机关办理告知手续。重新启用时,使用单位应进行自行检查,向登记机关办理启用手续;超过定期检验有效期的,应按照定期检验的有关要求进行检验。

7.1.4 存在严重事故隐患或者无改造、修理价值的客运索道,应及时予以报废。产权单位应采取必要措施消除该客运索道的使用功能。客运索道报废时,相关使用单位应向登记机关办理报废手续,并且将使用登记证书交回登记机关。

7.2 维护保养与检查

7.2.1 使用单位应根据所使用客运索道的特点和使用状况以及使用维护说明书对客运索道进行维护保养和自行检查。

7.2.2 使用单位应制定维护保养和自行检查计划,并按照计划进行设备维护保养和自行检查。维护保养和自行检查应符合有关安全技术规范和使用维护保养说明的要求,由持证作业人员实施,并做好相关记录。

7.2.3 使用单位应建立安全保护装置清单,对安全保护装置进行定期校验、检修,并作出记录。

7.2.4 客运索道在每日投入使用前,使用单位应按照有关安全技术规范和使用维护保养说明的要求进行试运行和例行安全检查,对安全保护装置进行检查确认,并且作出记录。使用单位应根据其使用的客运索道的类型和特点,制定例行安全检查项目清单及相应的检查操作规程。

7.2.5 经试运行和例行安全检查确认没有异常情况后,使用单位方可开始正常运营。

7.2.6 使用单位应对维护保养、自行检查、试运行等过程中发现的异常情况及时进行处理,并且作出记录,保证在用客运索道始终处于正常使用状态。

7.2.7 客运索道维护保养与检查的项目和基本要求应符合附录A的要求。

7.3 修理

7.3.1 使用单位应聘请有资质的单位对其使用的客运索道进行修理。

7.3.2 使用单位应按照GB/T 34368的相关要求对其使用的客运索道进行重大修理。

7.3.3 使用单位应将修理相关的技术资料存入客运索道的安全技术档案。

7.4 定期检验

7.4.1 使用单位应根据客运索道的下次检验日期在检验有效期届满的1个月以前,向客运索道检验机构提出定期检验申请。

7.4.2 使用单位应做好定期检验相关的准备工作,按照安全技术规范的要求自检合格,并出具自检报告。

7.4.3 定期检验结论为合格时,使用单位应按照检验结论确定的参数使用客运索道。

7.4.4 使用单位应将定期检验标志置于客运索道进站口的醒目位置,易于乘客查看。

7.4.5 使用单位不应使用未经检验、超出下次检验日期或者检验不合格的客运索道。

7.4.6 使用单位应按照安全技术规范的要求向客运索道检验检测机构及其检验检测人员提供客运索道相关资料和必要的检验检测条件,并对资料的真实性负责。

7.5 备品备件

使用单位应准备适当数量的备品备件,应向具有生产许可的单位采购关键部件,并保存好相关的采购合同、技术资料和文件,必要时向设计单位确定采购部件的适用性。

7.6 安全技术档案

7.6.1 使用单位应逐台建立客运索道安全技术档案,安全技术档案应至少包括以下内容:
   a) 使用登记证;
   b) 《特种设备使用登记表》;
   c) 客运索道设计、制造技术资料和文件,应符合附录B的要求;
   d) 客运索道安装、改造、修理技术资料和文件,应符合附录C的要求;
   e) 客运索道定期自行检查记录(报告)和定期检验报告;
   f) 客运索道日常使用状况记录;
   g) 客运索道及其附属仪器仪表维护保养记录;
   h) 客运索道安全保护装置校验、检修、更换记录和有关报告;
   i) 客运索道运行故障和事故记录及事故处理报告。

7.6.2 使用单位应在客运索道使用现场保存规定的资料,以便备查。

7.6.3 本文件7.6.1a)~d)的资料应永久保存,本文件7.6.1e)~i)的资料应至少保存3年。

8 乘客管理

8.1 使用单位应将安全使用说明、安全注意事项和安全警示标志置于进站口醒目位置,易于乘客查看。

8.2 使用单位应设置引导标识用以客流引导,引导标识应导向明确。

8.3 使用单位应在各站台上设置上下车线、禁止线、上车区、下车区、等待区等安全指示标志。

8.4 使用单位应在运载工具(吊椅除外)内设置安全说明(禁止将手臂伸出窗外、禁止自行打开门、禁止摇晃、禁止吸烟和紧急联系电话等)、定员和最大载荷的标志。

8.5 使用单位应在支架上设置警示语(禁止攀登、严禁烟火),所有警示语应清晰、完整和醒目。

8.6 站台服务人员应对乘客进行管理和引导,保证乘客有序进出站和上下车。

8.7 使用单位在遇到特殊情况需要进行应急救援时,应对乘客进行安全指引,引导乘客有序撤离。

8.8 使用单位应加强客运索道安全宣传教育,普及客运索道安全知识,增强社会公众的客运索道安全意识。

9 应急管理

9.1 应急专项预案

9.1.1 使用单位应针对可能发生的故障或事故制定客运索道应急专项预案,应急预案中应明确相关的责任人员和应急处置措施。

9.1.2 使用单位应建立应急救援组织,配备相应的救援装备和救援物品。

9.1.3 使用单位应每年至少进行一次应急演练,并且作出记录。

9.2 异常情况处理

9.2.1 客运索道在使用中发现异常情况的,作业人员或服务人员应立即采取应急措施,并且按照规定的程序向使用单位客运索道安全管理人员和有关负责人报告。

9.2.2 使用单位应对出现故障或者发生异常情况的客运索道及时进行全面检查,查明故障和异常情况原因,并且及时采取有效措施,必要时停止运行,安排检验、检测,不应带病运行、冒险作业,待故障、异常情况消除后,方可继续使用。

9.3 事故处置

9.3.1 发生客运索道事故的使用单位,应根据应急预案,立即采取应急措施,组织抢救,防止事故扩大,减少人员伤亡和财产损失,并且按照《特种设备事故报告和调查处理规定》的要求,向特种设备安全监管部门和有关部门报告,同时配合事故调查和做好善后处理工作。

9.3.2 发生自然灾害危及客运索道安全时,使用单位应立即疏散、撤离有关人员,采取防止危害扩大的必要措施,同时向特种设备安全监管部门和有关部门报告。

9.4 应急救援

9.4.1 在应急救援过程中,使用单位应通过广播系统等媒介安抚滞留在线路上的乘客,简要介绍救援方案。广播词应准确、清晰,必要时增加外文内容。

9.4.2 救援人员在施救前应向乘客简要说明救援步骤和救援安全要领,抚慰受惊吓的乘客,防止救援过程中发生乘客伤害事故。

10 外部环境

10.1 使用单位应确认与客运索道安全相关的建筑物、附属设施是否符合有关法律、行政法规的规定。

10.2 使用单位应对客运索道所处环境可能发生的自然灾害进行分析,并采取必要的处理和防范措施。

10.3 乘客进出站的通道不应互相干扰。通道的坡度不应超过10%,如果坡度较大应设置踏步。乘客通道的宽度应与索道运载能力相适应,宽度不小于1.25 m。

10.4 乘客活动区域存在跌落风险时,应装设刚性护栏,防止人员跌落。

10.5 使用单位应加强巡检,确保线路附近的树木、山体等障碍物与客运索道的水平净空符合GB 12352—2018中3.1.4.5的规定。

10.6 使用单位应在大风、雷电等极端天气时,及时采取适当措施保证客运索道的运行安全。

附 录 A
（规范性）
客运索道维护保养与检查的项目和基本要求

A.1 救援设备设施维护保养与检查的项目和基本要求包括：
  a） 垂直救援设备整齐完好，使用记录填写完好；
  b） 水平救援设备的驱动系统防雨措施完好，驱动系统与基础固定牢靠，存放在线路支架上的救援吊具固定牢靠，不干涉索道正常运行，救援索表面状态正常；
  c） 救援通道通畅。

A.2 钢丝绳维护保养与检查的项目和基本要求包括：
  a） 钢丝绳表面状态正常；
  b） 按规定进行无损检测；
  c） 承载索按规定串位，工作夹块和备用夹块观察缝正常，余绳缠绕整齐；
  d） 钢丝绳接头表面状态正常。

A.3 线路设施维护保养与检查的项目和基本要求包括：
  a） 支架防锈措施完好，排水孔通畅；
  b） 检修平台安装牢靠，周围护栏完好；
  c） 连接螺栓紧固，防松措施完好；
  d） 运送滑雪者的索道支架防撞护套固定牢靠；
  e） 承载索鞍座衬垫镶嵌密实，各润滑点油路畅通；鞍座绳槽中心线与承载索中心线吻合；
  f） 基础外露表面无开裂现象，基础顶面高出地面符合要求，基础周围排水护坡措施齐全；
  g） 缆车轨道的道床上无杂物，排水槽畅通；
  h） 地脚螺栓紧固，防松防锈措施完好；
  i） 托压索轮组螺栓紧固，托压索轮应垂直于水平面；托压索轮组工作正常，平衡臂能自由摆动；托压索轮组绳槽中心线与钢丝绳中心线吻合；
  j） 托压索轮转动灵活，无异响；侧板不能滑动，钢丝绳不能剐蹭侧板；轮衬无开裂或异常磨损；
  k） 脱索保护开关应安装牢靠，破断针不应有严重锈蚀；
  l） 架空索道同一支架索轮组两端索距偏差符合要求；
  m） 缆车的轨距与设计值的偏差符合要求；
  n） 支架防雷接地电阻符合要求；
  o） 缆车托索轮轮衬无开裂或异常磨损；
  p） 沿缆车线路的检修通道畅通，边缘栏杆完好；
  q） 双线索道支索器轮衬磨损正常，螺栓紧固。

A.4 站房和驱动迂回设备维护保养与检查的项目和基本要求包括：
  a） 站房和站内金属构件的防雷接地电阻符合要求；
  b） 站内机械设备、电气设备及钢丝绳的防护、隔离措施完好；
  c） 备用动力系统工作正常；
  d） 站口防护网应结实牢固；
  e） 驱动迂回轮轮衬完整，无异常磨损，螺栓无松动；
  f） 主驱动电机工作中，外壳温度无异常；运转无异常噪声，鼓风机转向正确，过滤罩完好并保持清洁；
  g） 制动器的制动块及刹车面上应无油污和水，开闸间隙均匀；

h) 制动液压站油箱和供油管路无渗漏现象,手动泵能正常工作;
i) 减速机的大修时间、润滑油更换周期不超过使用维护说明书要求,润滑油量正常。

A.5 加减速器与推车器维护保养与检查的项目和基本要求包括:
a) 加减速装置轮胎各传动皮带张紧适度,不打滑;
b) 轮胎气压在规定范围内,磨损正常,转动平稳,无异常噪声;运行中轮胎和抱索器摩擦板之间不打滑;
c) 传动皮带在取速轮上不打滑,轮衬磨损无异常。

A.6 道岔维护保养与检查的项目和基本要求包括:
a) 道岔动作灵活;
b) 道岔换轨定位准确。

A.7 重锤张紧系统维护保养与检查的项目和基本要求包括:
a) 张紧索表面状态正常,按规定串位;
b) 重锤导向装置应保证张紧重锤上下运动自如,不会脱轨或卡住;重锤井不应有积水、杂物;
c) 张紧小车和张紧重锤应设有指针,标尺刻度清晰;行程极限位置限位开关安装牢固,工作正常;
d) 张紧索在卷筒上的末端固定牢固,张紧索缠绕整齐;
e) 承载索与重锤筒的缠绕,工作夹块与备用夹块之间的观察缝符合要求。

A.8 液压张紧系统维护保养与检查的项目和基本要求包括:
a) 油缸运动自如,无渗漏现象和卡阻;
b) 张紧液压站油箱和供油管路无渗漏现象,油压显示装置和手动泵应能正常工作;
c) 张紧小车应设有指针,标尺刻度清晰;行程极限位置限位开关安装牢固,工作正常;
d) 张紧油压控制功能正常。

A.9 承载索双端锚固维护保养与检查的项目和基本要求包括:
a) 夹块式双重锚固装置工作夹块和备用夹块之间的观察缝符合要求;
b) 液压调整装置应工作正常,无渗漏现象。千斤顶运动自如,无卡阻现象。

A.10 抱索器和吊具维护保养与检查的项目和基本要求包括:
a) 抱索器和夹索器按规定移位(脱挂抱索器除外)、拆检和无损检测;
b) 抱索器各部件完好无异常,导向翼不应有开裂、安装松动和变形等现象,锁紧螺母紧固无松动;
c) 吊椅护栏可以方便地抬起并且不会自行下落,吊椅外壁防锈措施完好;
d) 吊篮门不能由于撞击而自动开启,吊篮内外防锈措施完好;
e) 吊厢玻璃安装牢靠,无老化开裂,吊厢内外防锈措施完好;
f) 吊架排水措施完好,防锈措施完好;减震装置状态良好。

A.11 客车维护保养与检查的项目和基本要求包括:
a) 客车门动作灵活,无卡阻现象;
b) 车辆防锈措施完好,车厢内外不应有锈蚀、裂缝等缺陷,不应积水;车门和车厢内乘客头顶上方,不应有外露的锐边、尖角和危险突出物;车组式缆车各车厢之间连接的防松脱措施完好;
c) 客车制动器工作正常;客车制动器安装牢固,制动片无异常磨损;
d) 缆车前后两端缓冲器挡板和清轨器状态良好;
e) 运行小车车轮运转平稳,无异常响声,轮衬磨损无异常;
f) 牵引索和平衡索与客车采用金属锥形套筒固定时,套筒状态良好,按照规定年限重新制作。

A.12 脱挂抱索器架空索道和缆车站内监控与状态检测维护保养与检查的项目和基本要求包括:
a) 抱索器形位监测开关工作正常;

b) 钢丝绳位置监测开关工作正常；
c) 抱索器弹簧力检测装置工作正常；
d) 关门检测装置工作正常；
e) 道岔位置检测装置工作正常；
f) 站内防撞监控开关工作正常。

A.13 安全保护装置和信号系统维护保养与检查的项目和基本要求包括：
a) 风速风向仪显示及报警装置工作正常；
b) 索道紧急事故开关工作正常；
c) 脱索保护开关工作正常；
d) 驱动轮和迂回轮的大轮位置检测开关工作正常；
e) 张紧小车、张紧重锤或油缸行程保护开关工作正常；
f) 脱挂抱索器架空索道的接地棒位置检测装置工作正常；
g) 维修闭锁开关工作正常；
h) 往复式架空索道和缆车停车和越位开关工作正常；
i) 往复和脉动循环式架空索道、缆车两套以上进站减速控制装置均能正常工作；
j) 往复和脉动循环式架空索道、缆车进站速度监控功能正常；
k) 单牵引往复式架空索道牵引索、平衡索断绳检测装置工作正常(封闭环线的牵引索除外)；
l) 牵引索防缠绕检测装置工作正常；
m) 往复式索道和缆车的位置指示器工作正常。

A.14 安全标志维护保养与检查的项目和基本要求包括：
a) 运载工具及支架编号和警示语清晰、完整和醒目；
b) 上下站进站口乘客须知清晰醒目；
c) 站台安全指示标识清晰明确；
d) 运载工具内安全说明清晰醒目。

附 录 B
（规范性）
客运索道设计、制造技术资料和文件

B.1 设计文件

需要存档的客运索道设计文件应包括以下内容：
a) 线路总图；
b) 站房配置图；
c) 驱动机装配图；
d) 迂回装置装配图；
e) 液压原理图；
f) 电气原理图；
g) 运载工具、抱索器、托压索轮组、鞍座等关键部件图；
h) 水平救援装置（驱动、救援吊具）图。

B.2 设备出厂合格证

需要存档的客运索道设备出厂合格证应包含以下设备：
a) 主驱动电机；
b) 紧急驱动电机；
c) 减速机；
d) 驱动装置；
e) 迂回装置；
f) 抱索器；
g) 运载工具；
h) 托压索轮组；
i) 承载索、运载索、牵引索、平衡索、张紧索；
j) 液压站；
k) 油缸；
l) 支架及鞍座；
m) 电气设备；
n) 救援设备。

B.3 材质证明

需要存档材质证明的客运索道结构部件应包含：
a) 驱动轮（迂回轮）主轴和空心定轴；
b) 导向轮轴；
c) 托压索轮轴；
d) 抱索器抱卡及轴；

e) 吊架和联接轴；
f) 钢丝绳末端固定卷筒轴和钢绳卡；
g) 张紧油缸连接销轴；
h) 驱动装置和张紧系统锚固拉杆。

B.4 热处理报告

需要存档热处理报告的客运索道结构部件应包含：
a) 驱动轮（迂回轮）主轴和空心定轴；
b) 导向轮轴；
c) 托压索轮轴；
d) 抱索器抱卡及轴；
e) 吊架和联接轴；
f) 钢丝绳末端固定卷筒轴和钢绳卡；
g) 张紧油缸连接销轴；
h) 驱动装置和张紧系统锚固拉杆。

B.5 无损检测报告

需要存档无损检测报告的客运索道结构部件应包含：
a) 驱动轮（迂回轮）轮体焊缝；
b) 驱动轮（迂回轮）主轴和空心定轴；
c) 导向轮轴；
d) 托压索轮轴；
e) 抱索器抱卡及轴；
f) 吊架和联接轴；
g) 钢丝绳末端固定卷筒轴和钢绳卡；
h) 张紧油缸连接销轴；
i) 驱动装置和张紧系统锚固拉杆。

B.6 其他资料文件和证书

需要存档的其他资料文件和证书包含：
a) 安装及使用维护保养说明书（使用维护保养说明书应明示使用条件、技术参数、操作规程、试运行检查项目、人员要求、设备日常检查和定期检查项目、维护保养项目和要求、常见故障及排除方法、事故应急处置措施、主要受力部件检测和易损件更换的周期和方法等）；
b) 监督检验证书；
c) 型式试验证书；
d) 设备基础符合土建工程质量要求的证明文件。

附 录 C
（规范性）
客运索道安装、改造、修理技术资料和文件

C.1 记录

需要存档的客运索道安装、改造、修理的记录应包括以下内容：
a) 钢丝绳编接记录；
b) 钢丝绳套筒楔接或者浇铸连接的操作记录；
c) 楔接或者浇铸锥体的检查记录；
d) 主电机绝缘电阻测量记录；
e) 支架和站房接地电阻测量记录；
f) 试车记录（120 h）；
g) 在距地最高处和正下方有水面处实施垂直救援演习的影像记录；
h) 水平救援演习影像记录。

C.2 报告

需要存档的客运索道安装、改造、修理的报告应包括以下内容：
a) 安装改造修理监督检验报告；
b) 线路测量报告；
c) 整机自检报告；
d) 整机竣工验收报告。

C.3 证明文件

需要存档的客运索道安装、改造、修理的证明文件应包括以下内容：
a) 客运索道安装、改造和修理的方案、图样、材料质量证明书和施工质量证明文件；
b) 施工单位资质证明文件；
c) 重大技术变更证明文件。

参 考 文 献

[1] 中华人民共和国特种设备安全法
[2] 特种设备安全监察条例
[3] 客运索道安全监督管理规定
[4] 特种设备使用管理规则

ICS 13.100
C 78

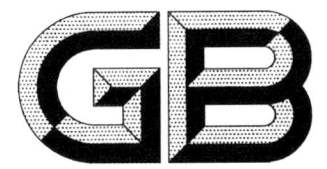

中华人民共和国国家标准

GB/T 33000—2016

企业安全生产标准化基本规范

Guideline of China occupational safety and health management system

2016-12-13 发布

2017-04-01 实施

中华人民共和国国家质量监督检验检疫总局
中国国家标准化管理委员会 发布

前　言

本标准按照 GB/T 1.1—2009 给出的规则起草。

本标准由国家安全生产监督管理总局提出。

本标准由全国安全生产标准化技术委员会(SAC/TC 288)归口。

本标准起草单位：中国安全生产协会、中国安全生产科学研究院、中国建材检验认证集团股份有限公司、中钢集团武汉安全环保研究院有限公司。

本标准主要起草人：樊晶光、侯茜、贾世国、叶坚新、张雪中、邬开发、刘宝静、杨松柳。

企业安全生产标准化基本规范

1 范围

本标准规定了企业安全生产标准化管理体系建立、保持与评定的原则和一般要求,以及目标职责、制度化管理、教育培训、现场管理、安全风险管控及隐患排查治理、应急管理、事故管理和持续改进8个体系要素的核心技术要求。

本标准适用于工矿商贸企业开展安全生产标准化建设工作,有关行业制修订安全生产标准化标准、评定标准,以及对安全生产标准化工作的咨询、服务、评审、科研、管理和规划等。其他企业和生产经营单位可参照执行。

2 规范性引用文件

下列文件对于本文件的应用是必不可少的。凡是注日期的引用文件,仅注日期的版本适用于本文件。凡是不注日期的引用文件,其最新版本(包括所有的修改单)适用于本文件。

GB 2893　安全色
GB 2894　安全标志及其使用导则
GB 5768(所有部分)　道路交通标志和标线
GB 6441　企业职工伤亡事故分类
GB 7231　工业管道的基本识别色、识别符号和安全标识
GB/T 11651　个体防护装备选用规范
GB 13495.1　消防安全标志　第1部分:标志
GB/T 15499　事故伤害损失工作日标准
GB 18218　危险化学品重大危险源辨识
GB/T 29639　生产经营单位生产安全事故应急预案编制导则
GB 30871　化学品生产单位特殊作业安全规范
GB 50016　建筑设计防火规范
GB 50140　建筑灭火器配置设计规范
GB 50187　工业企业总平面设计规范
AQ 3035　危险化学品重大危险源安全监控通用技术规范
AQ/T 9004　企业安全文化建设导则
AQ/T 9007　生产安全事故应急演练指南
AQ/T 9009　生产安全事故应急演练评估规范
GBZ 1　工业企业设计卫生标准
GBZ 2.1　工作场所有害因素职业接触限值　第1部分:化学有害因素
GBZ 2.2　工作场所有害因素职业接触限值　第2部分:物理因素
GBZ 158　工作场所职业病危害警示标识
GBZ 188　职业健康监护技术规范
GBZ/T 203　高毒物品作业岗位职业病危害告知规范

3 术语和定义

下列术语和定义适用于本文件。

3.1
企业安全生产标准化 china occupational safety and health management system
企业通过落实安全生产主体责任,全员全过程参与,建立并保持安全生产管理体系,全面管控生产经营活动各环节的安全生产与职业卫生工作,实现安全健康管理系统化、岗位操作行为规范化、设备设施本质安全化、作业环境器具定置化,并持续改进。

3.2
安全生产绩效 work safety performance
根据安全生产和职业卫生目标,在安全生产、职业卫生等工作方面取得的可测量结果。

3.3
企业主要负责人 key person(s) in charge of the enterprise
有限责任公司、股份有限公司的董事长、总经理,其他生产经营单位的厂长、经理、矿长,以及对生产经营活动有决策权的实际控制人。

3.4
相关方 related party
工作场所内外与企业安全生产绩效有关或受其影响的个人或单位,如承包商、供应商等。

3.5
承包商 contractor
在企业的工作场所按照双方协定的要求向企业提供服务的个人或单位。

3.6
供应商 supplier
为企业提供材料、设备或设施及服务的外部个人或单位。

3.7
变更管理 management of change
对机构、人员、管理、工艺、技术、设备设施、作业环境等永久性或暂时性的变化进行有计划的控制,以避免或减轻对安全生产的影响。

3.8
安全风险 risk;hazard
发生危险事件或有害暴露的可能性,与随之引发的人身伤害、健康损害或财产损失的严重性的组合。

3.9
安全风险评估 risk assessment;hazard assessment
运用定性或定量的统计分析方法对安全风险进行分析、确定其严重程度,对现有控制措施的充分性、可靠性加以考虑,以及对其是否可接受予以确定的过程。

3.10
安全风险管理 risk management;hazard management
根据安全风险评估的结果,确定安全风险控制的优先顺序和安全风险控制措施,以达到改善安全生产条件、减少和避免生产安全事故的目标。

3.11
工作场所 workplace
从业人员进行职业活动,并由企业直接或间接控制的所有工作地点。

3.12

作业环境 working environment

从业人员进行生产经营活动的场所以及相关联的场所,对从业人员的安全、健康和工作能力,以及对设备(设施)的安全运行产生影响的所有自然和人为因素。

3.13

持续改进 continuous improvement

为了实现对整体安全生产绩效的改进,根据企业的安全生产和职业卫生目标,不断对安全生产和职业卫生工作进行强化的过程。

4 一般要求

4.1 原则

企业开展安全生产标准化工作,应遵循"安全第一、预防为主、综合治理"的方针,落实企业主体责任。以安全风险管理、隐患排查治理、职业病危害防治为基础,以安全生产责任制为核心,建立安全生产标准化管理体系,实现全员参与,全面提升安全生产管理水平,持续改进安全生产工作,不断提升安全生产绩效,预防和减少事故的发生,保障人身安全健康,保证生产经营活动的有序进行。

4.2 建立和保持

企业应采用"策划、实施、检查、改进"的"PDCA"动态循环模式,按照本标准的规定,结合企业自身特点,自主建立并保持安全生产标准化管理体系,通过自我检查、自我纠正和自我完善,构建安全生产长效机制,持续提升安全生产绩效。

4.3 自评和评审

企业安全生产标准化管理体系的运行情况,采用企业自评和评审单位评审的方式进行评估。

5 核心要求

5.1 目标职责

5.1.1 目标

企业应根据自身安全生产实际,制定文件化的总体和年度安全生产与职业卫生目标,并纳入企业总体生产经营目标。明确目标的制定、分解、实施、检查、考核等环节要求,并按照所属基层单位和部门在生产经营活动中所承担的职能,将目标分解为指标,确保落实。

企业应定期对安全生产与职业卫生目标、指标实施情况进行评估和考核,并结合实际及时进行调整。

5.1.2 机构和职责

5.1.2.1 机构设置

企业应落实安全生产组织领导机构,成立安全生产委员会,并应按照有关规定设置安全生产和职业卫生管理机构,或配备相应的专职或兼职安全生产和职业卫生管理人员,按照有关规定配备注册安全工程师,建立健全从管理机构到基层班组的管理网络。

5.1.2.2 主要负责人及管理层职责

企业主要负责人全面负责安全生产和职业卫生工作,并履行相应责任和义务。

分管负责人应对各自职责范围内的安全生产和职业卫生工作负责。

各级管理人员应按照安全生产和职业卫生责任制的相关要求,履行其安全生产和职业卫生职责。

5.1.3 全员参与

企业应建立健全安全生产和职业卫生责任制,明确各级部门和从业人员的安全生产和职业卫生职责,并对职责的适宜性、履职情况进行定期评估和监督考核。

企业应为全员参与安全生产和职业卫生工作创造必要的条件,建立激励约束机制,鼓励从业人员积极建言献策,营造自下而上,自上而下全员重视安全生产和职业卫生的良好氛围,不断改进和提升安全生产和职业卫生管理水平。

5.1.4 安全生产投入

企业应建立安全生产投入保障制度,按照有关规定提取和使用安全生产费用,并建立使用台账。

企业应按照有关规定,为从业人员缴纳相关保险费用。企业宜投保安全生产责任保险。

5.1.5 安全文化建设

企业应开展安全文化建设,确立本企业的安全生产和职业病危害防治理念及行为准则,并教育、引导全体从业人员贯彻执行。

企业开展安全文化建设活动,应符合 AQ/T 9004 的规定。

5.1.6 安全生产信息化建设

企业应根据自身实际情况,利用信息化手段加强安全生产管理工作,开展安全生产电子台账管理、重大危险源监控、职业病危害防治、应急管理、安全风险管控和隐患自查自报、安全生产预测预警等信息系统的建设。

5.2 制度化管理

5.2.1 法规标准识别

企业应建立安全生产和职业卫生法律法规、标准规范的管理制度,明确主管部门,确定获取的渠道、方式,及时识别和获取适用、有效的法律法规、标准规范,建立安全生产和职业卫生法律法规、标准规范清单和文本数据库。

企业应将适用的安全生产和职业卫生法律法规、标准规范的相关要求及时转化为本单位的规章制度、操作规程,并及时传达给相关从业人员,确保相关要求落实到位。

5.2.2 规章制度

企业应建立健全安全生产和职业卫生规章制度,并征求工会及从业人员意见和建议,规范安全生产和职业卫生管理工作。

企业应确保从业人员及时获取制度文本。

企业安全生产和职业卫生规章制度包括但不限于下列内容:

——目标管理;

——安全生产和职业卫生责任制;

——安全生产承诺；
——安全生产投入；
——安全生产信息化；
——四新(新技术、新材料、新工艺、新设备设施)管理；
——文件、记录和档案管理；
——安全风险管理、隐患排查治理；
——职业病危害防治；
——教育培训；
——班组安全活动；
——特种作业人员管理；
——建设项目安全设施、职业病防护设施"三同时"管理；
——设备设施管理；
——施工和检维修安全管理；
——危险物品管理；
——危险作业安全管理；
——安全警示标志管理；
——安全预测预警；
——安全生产奖惩管理；
——相关方安全管理；
——变更管理；
——个体防护用品管理；
——应急管理；
——事故管理；
——安全生产报告；
——绩效评定管理。

5.2.3 操作规程

企业应按照有关规定，结合本企业生产工艺、作业任务特点以及岗位作业安全风险与职业病防护要求，编制齐全适用的岗位安全生产和职业卫生操作规程，发放到相关岗位员工，并严格执行。

企业应确保从业人员参与岗位安全生产和职业卫生操作规程的编制和修订工作。

企业应在新技术、新材料、新工艺、新设备设施投入使用前，组织制修订相应的安全生产和职业卫生操作规程，确保其适宜性和有效性。

5.2.4 文档管理

5.2.4.1 记录管理

企业应建立文件和记录管理制度，明确安全生产和职业卫生规章制度、操作规程的编制、评审、发布、使用、修订、作废以及文件和记录管理的职责、程序和要求。

企业应建立健全主要安全生产和职业卫生过程与结果的记录，并建立和保存有关记录的电子档案，支持查询和检索，便于自身管理使用和行业主管部门调取检查。

5.2.4.2 评估

企业应每年至少评估一次安全生产和职业卫生法律法规、标准规范、规章制度、操作规程的适宜性、有效性和执行情况。

5.2.4.3 修订

企业应根据评估结果、安全检查情况、自评结果、评审情况、事故情况等，及时修订安全生产和职业卫生规章制度、操作规程。

5.3 教育培训

5.3.1 教育培训管理

企业应建立健全安全教育培训制度，按照有关规定进行培训。培训大纲、内容、时间应满足有关标准的规定。

企业安全教育培训应包括安全生产和职业卫生的内容。

企业应明确安全教育培训主管部门，定期识别安全教育培训需求，制定、实施安全教育培训计划，并保证必要的安全教育培训资源。

企业应如实记录全体从业人员的安全教育和培训情况，建立安全教育培训档案和从业人员个人安全教育培训档案，并对培训效果进行评估和改进。

5.3.2 人员教育培训

5.3.2.1 主要负责人和管理人员

企业的主要负责人和安全生产管理人员应具备与本企业所从事的生产经营活动相适应的安全生产和职业卫生知识与能力。

企业应对各级管理人员进行教育培训，确保其具备正确履行岗位安全生产和职业卫生职责的知识与能力。

法律法规要求考核其安全生产和职业卫生知识与能力的人员，应按照有关规定经考核合格。

5.3.2.2 从业人员

企业应对从业人员进行安全生产和职业卫生教育培训，保证从业人员具备满足岗位要求的安全生产和职业卫生知识，熟悉有关的安全生产和职业卫生法律法规、规章制度、操作规程，掌握本岗位的安全操作技能和职业危害防护技能、安全风险辨识和管控方法，了解事故现场应急处置措施，并根据实际需要，定期进行复训考核。

未经安全教育培训合格的从业人员，不应上岗作业。

煤矿、非煤矿山、危险化学品、烟花爆竹、金属冶炼等企业应对新上岗的临时工、合同工、劳务工、轮换工、协议工等进行强制性安全培训，保证其具备本岗位安全操作、自救互救以及应急处置所需的知识和技能后，方能安排上岗作业。

企业的新入厂（矿）从业人员上岗前应经过厂（矿）、车间（工段、区、队）、班组三级安全培训教育，岗前安全教育培训学时和内容应符合国家和行业的有关规定。

在新工艺、新技术、新材料、新设备设施投入使用前，企业应对有关从业人员进行专门的安全生产和职业卫生教育培训，确保其具备相应的安全操作、事故预防和应急处置能力。

从业人员在企业内部调整工作岗位或离岗一年以上重新上岗时，应重新进行车间（工段、区、队）和班组级的安全教育培训。

从事特种作业、特种设备作业的人员应按照有关规定，经专门安全作业培训，考核合格，取得相应资格后，方可上岗作业，并定期接受复审。

企业专职应急救援人员应按照有关规定，经专门应急救援培训，考核合格后，方可上岗，并定期参加复训。

其他从业人员每年应接受再培训，再培训时间和内容应符合国家和地方政府的有关规定。

5.3.2.3 外来人员

企业应对进入企业从事服务和作业活动的承包商、供应商的从业人员和接收的中等职业学校、高等学校实习生，进行入厂（矿）安全教育培训，并保存记录。

外来人员进入作业现场前，应由作业现场所在单位对其进行安全教育培训，并保存记录。主要内容包括：外来人员入厂（矿）有关安全规定、可能接触到的危害因素、所从事作业的安全要求、作业安全风险分析及安全控制措施、职业病危害防护措施、应急知识等。

企业应对进入企业检查、参观、学习等外来人员进行安全教育，主要内容包括：安全规定、可能接触到的危险有害因素、职业病危害防护措施、应急知识等。

5.4 现场管理

5.4.1 设备设施管理

5.4.1.1 设备设施建设

企业总平面布置应符合GB 50187的规定，建筑设计防火和建筑灭火器配置应分别符合GB 50016和GB 50140的规定；建设项目的安全设施和职业病防护设施应与建设项目主体工程同时设计、同时施工、同时投入生产和使用。

企业应按照有关规定进行建设项目安全生产、职业病危害评价，严格履行建设项目安全设施和职业病防护设施设计审查、施工、试运行、竣工验收等管理程序。

5.4.1.2 设备设施验收

企业应执行设备设施采购、到货验收制度，购置、使用设计符合要求、质量合格的设备设施。设备设施安装后企业应进行验收，并对相关过程及结果进行记录。

5.4.1.3 设备设施运行

企业应对设备设施进行规范化管理，建立设备设施管理台账。

企业应有专人负责管理各种安全设施以及检测与监测设备，定期检查维护并做好记录。

企业应针对高温、高压和生产、使用、储存易燃、易爆、有毒、有害物质等高风险设备，以及海洋石油开采特种设备和矿山井下特种设备，建立运行、巡检、保养的专项安全管理制度，确保其始终处于安全可靠的运行状态。

安全设施和职业病防护设施不应随意拆除、挪用或弃置不用；确因检维修拆除的，应采取临时安全措施，检维修完毕后立即复原。

5.4.1.4 设备设施检维修

企业应建立设备设施检维修管理制度，制定综合检维修计划，加强日常检维修和定期检维修管理，落实"五定"原则，即定检维修方案、定检维修人员、定安全措施、定检维修质量、定检维修进度，并做好记录。

检维修方案应包含作业安全风险分析、控制措施、应急处置措施及安全验收标准。检维修过程中应执行安全控制措施，隔离能量和危险物质，并进行监督检查，检维修后应进行安全确认。检维修过程中涉及危险作业的，应按照5.4.2.1执行。

5.4.1.5 检测检验

特种设备应按照有关规定,委托具有专业资质的检测、检验机构进行定期检测、检验。涉及人身安全、危险性较大的海洋石油开采特种设备和矿山井下特种设备,应取得矿用产品安全标志或相关安全使用证。

5.4.1.6 设备设施拆除、报废

企业应建立设备设施报废管理制度。设备设施的报废应办理审批手续,在报废设备设施拆除前应制定方案,并在现场设置明显的报废设备设施标志。报废、拆除涉及许可作业的,应按照 5.4.2.1 执行,并在作业前对相关作业人员进行培训和安全技术交底。报废、拆除应按方案和许可内容组织落实。

5.4.2 作业安全

5.4.2.1 作业环境和作业条件

企业应事先分析和控制生产过程及工艺、物料、设备设施、器材、通道、作业环境等存在的安全风险。生产现场应实行定置管理,保持作业环境整洁。

生产现场应配备相应的安全、职业病防护用品(具)及消防设施与器材,按照有关规定设置应急照明、安全通道,并确保安全通道畅通。

企业应对临近高压输电线路作业、危险场所动火作业、有(受)限空间作业、临时用电作业、爆破作业、封道作业等危险性较大的作业活动,实施作业许可管理,严格履行作业许可审批手续。作业许可应包含安全风险分析、安全及职业病危害防护措施、应急处置等内容。作业许可实行闭环管理。

企业应对作业人员的上岗资格、条件等进行作业前的安全检查,做到特种作业人员持证上岗,并安排专人进行现场安全管理,确保作业人员遵守岗位操作规程和落实安全及职业病危害防护措施。

企业应采取可靠的安全技术措施,对设备能量和危险有害物质进行屏蔽或隔离。

两个以上作业队伍在同一作业区域内进行作业活动时,不同作业队伍相互之间应签订管理协议,明确各自的安全生产、职业卫生管理职责和采取的有效措施,并指定专人进行检查与协调。

危险化学品生产、经营、储存和使用单位的特殊作业,应符合 GB 30871 的规定。

5.4.2.2 作业行为

企业应依法合理进行生产作业组织和管理,加强对从业人员作业行为的安全管理,对设备设施、工艺技术以及从业人员作业行为等进行安全风险辨识,采取相应的措施,控制作业行为安全风险。

企业应监督、指导从业人员遵守安全生产和职业卫生规章制度、操作规程,杜绝违章指挥、违规作业和违反劳动纪律的"三违"行为。

企业应为从业人员配备与岗位安全风险相适应的、符合 GB/T 11651 规定的个体防护装备与用品,并监督、指导从业人员按照有关规定正确佩戴、使用、维护、保养和检查个体防护装备与用品。

5.4.2.3 岗位达标

企业应建立班组安全活动管理制度,开展岗位达标活动,明确岗位达标的内容和要求。

从业人员应熟练掌握本岗位安全职责、安全生产和职业卫生操作规程、安全风险及管控措施、防护用品使用、自救互救及应急处置措施。

各班组应按照有关规定开展安全生产和职业卫生教育培训、安全操作技能训练、岗位作业危险预知、作业现场隐患排查、事故分析等工作,并做好记录。

5.4.2.4 相关方

企业应建立承包商、供应商等安全管理制度,将承包商、供应商等相关方的安全生产和职业卫生纳入企业内部管理,对承包商、供应商等相关方的资格预审、选择、作业人员培训、作业过程检查监督、提供的产品与服务、绩效评估、续用或退出等进行管理。

企业应建立合格承包商、供应商等相关方的名录和档案,定期识别服务行为安全风险,并采取有效的控制措施。

企业不应将项目委托给不具备相应资质或安全生产、职业病防护条件的承包商、供应商等相关方。企业应与承包商、供应商等签订合作协议,明确规定双方的安全生产及职业病防护的责任和义务。

企业应通过供应链关系促进承包商、供应商等相关方达到安全生产标准化要求。

5.4.3 职业健康

5.4.3.1 基本要求

企业应为从业人员提供符合职业卫生要求的工作环境和条件,为接触职业病危害的从业人员提供个人使用的职业病防护用品,建立、健全职业卫生档案和健康监护档案。

产生职业病危害的工作场所应设置相应的职业病防护设施,并符合 GBZ 1 的规定。

企业应确保使用有毒、有害物品的工作场所与生活区、辅助生产区分开,工作场所不应住人;将有害作业与无害作业分开,高毒工作场所与其他工作场所隔离。

对可能导致发生急性职业病危害的有毒、有害工作场所,应设置检测报警装置,制定应急预案,配置现场急救用品、设备,设置应急撤离通道和必要的泄险区,并定期检查监测。

企业应组织从业人员进行上岗前、在岗期间、特殊情况应急后和离岗时的职业健康检查,将检查结果书面如实告知从业人员并存档。对检查结果异常的从业人员,应及时就医,并定期复查。企业不应安排未经职业健康检查的从业人员从事接触职业病危害的作业;不应安排有职业禁忌的从业人员从事禁忌作业。从业人员的职业健康监护应符合 GBZ 188 的规定。

各种防护用品、各种防护器具应定点存放在安全、便于取用的地方,建立台账,并有专人负责保管,定期校验、维护和更换。

涉及放射工作场所和放射性同位素运输、贮存的企业,应配置防护设备和报警装置,为接触放射线的从业人员佩戴个人剂量计。

5.4.3.2 职业病危害告知

企业与从业人员订立劳动合同时,应将工作过程中可能产生的职业病危害及其后果和防护措施如实告知从业人员,并在劳动合同中写明。

企业应按照有关规定,在醒目位置设置公告栏,公布有关职业病防治的规章制度、操作规程、职业病危害事故应急救援措施和工作场所职业病危害因素检测结果。对存在或产生职业病危害的工作场所、作业岗位、设备、设施,应在醒目位置设置警示标识和中文警示说明;使用有毒物品作业场所,应设置黄色区域警示线、警示标识和中文警示说明;高毒作业场所应设置红色区域警示线、警示标识和中文警示说明,并设置通讯报警设备。高毒物品作业岗位职业病危害告知应符合 GBZ/T 203 的规定。

5.4.3.3 职业病危害项目申报

企业应按照有关规定,及时、如实向所在地安全监管部门申报职业病危害项目,并及时更新信息。

5.4.3.4 职业病危害检测与评价

企业应改善工作场所职业卫生条件,控制职业病危害因素浓(强)度不超过 GBZ 2.1、GBZ 2.2 规定的限值。

企业应对工作场所职业病危害因素进行日常监测,并保存监测记录。存在职业病危害的,应委托具有相应资质的职业卫生技术服务机构进行定期检测,每年至少进行一次全面的职业病危害因素检测;职业病危害严重的,应委托具有相应资质的职业卫生技术服务机构,每3年至少进行一次职业病危害现状评价。检测、评价结果存入职业卫生档案,并向安全监管部门报告,向从业人员公布。

定期检测结果中职业病危害因素浓度或强度超过职业接触限值的,企业应根据职业卫生技术服务机构提出的整改建议,结合本单位的实际情况,制定切实有效的整改方案,立即进行整改。整改落实情况应有明确的记录并存入职业卫生档案备查。

5.4.4 警示标志

企业应按照有关规定和工作场所的安全风险特点,在有重大危险源、较大危险因素和严重职业病危害因素的工作场所,设置明显的、符合有关规定要求的安全警示标志和职业病危害警示标识。其中,警示标志的安全色和安全标志应分别符合GB 2893和GB 2894的规定,道路交通标志和标线应符合GB 5768(所有部分)的规定,工业管道安全标识应符合GB 7231的规定,消防安全标志应符合GB 13495.1的规定,工作场所职业病危害警示标识应符合GBZ 158的规定。安全警示标志和职业病危害警示标识应标明安全风险内容、危险程度、安全距离、防控办法、应急措施等内容;在有重大隐患的工作场所和设备设施上设置安全警示标志,标明治理责任、期限及应急措施;有安全风险的工作岗位设置安全告知卡,告知从业人员本企业、本岗位主要危险有害因素、后果、事故预防及应急措施、报告电话等内容。

企业应定期对警示标志进行检查维护,确保其完好有效。

企业应在设备设施施工、吊装、检维修等作业现场设置警戒区域和警示标志,在检维修现场的坑、井、渠、沟、陡坡等场所设置围栏和警示标志,进行危险提示、警示,告知危险的种类、后果及应急措施等。

5.5 安全风险管控及隐患排查治理

5.5.1 安全风险管理

5.5.1.1 安全风险辨识

企业应建立安全风险辨识管理制度,组织全员对本单位安全风险进行全面、系统的辨识。

安全风险辨识范围应覆盖本单位的所有活动及区域,并考虑正常、异常和紧急三种状态及过去、现在和将来三种时态。安全风险辨识应采用适宜的方法和程序,且与现场实际相符。

企业应对安全风险辨识资料进行统计、分析、整理和归档。

5.5.1.2 安全风险评估

企业应建立安全风险评估管理制度,明确安全风险评估的目的、范围、频次、准则和工作程序等。

企业应选择合适的安全风险评估方法,定期对所辨识出的存在安全风险的作业活动、设备设施、物料等进行评估。在进行安全风险评估时,至少应从影响人、财产和环境三个方面的可能性和严重程度进行分析。

矿山、金属冶炼和危险物品生产、储存企业,每3年应委托具备规定资质条件的专业技术服务机构对本企业的安全生产状况进行安全评价。

5.5.1.3 安全风险控制

企业应选择工程技术措施、管理控制措施、个体防护措施等,对安全风险进行控制。

企业应根据安全风险评估结果及生产经营状况等,确定相应的安全风险等级,对其进行分级分类管理,实施安全风险差异化动态管理,制定并落实相应的安全风险控制措施。

企业应将安全风险评估结果及所采取的控制措施告知相关从业人员,使其熟悉工作岗位和作业环境中存在的安全风险,掌握、落实应采取的控制措施。

5.5.1.4 变更管理

企业应制定变更管理制度。变更前应对变更过程及变更后可能产生的安全风险进行分析,制定控制措施,履行审批及验收程序,并告知和培训相关从业人员。

5.5.2 重大危险源辨识与管理

企业应建立重大危险源管理制度,全面辨识重大危险源,对确认的重大危险源制定安全管理技术措施和应急预案。

涉及危险化学品的企业应按照GB 18218的规定,进行重大危险源辨识和管理。

企业应对重大危险源进行登记建档,设置重大危险源监控系统,进行日常监控,并按照有关规定向所在地安全监管部门备案。重大危险源安全监控系统应符合AQ 3035的技术规定。

含有重大危险源的企业应将监控中心(室)视频监控数据、安全监控系统状态数据和监测数据与有关安全监管部门监管系统联网。

5.5.3 隐患排查治理

5.5.3.1 隐患排查

企业应建立隐患排查治理制度,逐级建立并落实从主要负责人到每位从业人员的隐患排查治理和防控责任制。并按照有关规定组织开展隐患排查治理工作,及时发现并消除隐患,实行隐患闭环管理。

企业应根据有关法律法规、标准规范等,组织制定各部门、岗位、场所、设备设施的隐患排查治理标准或排查清单,明确隐患排查的时限、范围、内容、频次和要求,并组织开展相应的培训。隐患排查的范围应包括所有与生产经营相关的场所、人员、设备设施和活动,包括承包商、供应商等相关方服务范围。

企业应按照有关规定,结合安全生产的需要和特点,采用综合检查、专业检查、季节性检查、节假日检查、日常检查等不同方式进行隐患排查。对排查出的隐患,按照隐患的等级进行记录,建立隐患信息档案,并按照职责分工实施监控治理。组织有关专业技术人员对本企业可能存在的重大隐患做出认定,并按照有关规定进行管理。

企业应将相关方排查出的隐患统一纳入本企业隐患管理。

5.5.3.2 隐患治理

企业应根据隐患排查的结果,制定隐患治理方案,对隐患及时进行治理。

企业应按照责任分工立即或限期组织整改一般隐患。主要负责人应组织制定并实施重大隐患治理方案。治理方案应包括目标和任务、方法和措施、经费和物资、机构和人员、时限和要求、应急预案。

企业在隐患治理过程中,应采取相应的监控防范措施。隐患排除前或排除过程中无法保证安全的,应从危险区域内撤出作业人员,疏散可能危及的人员,设置警戒标志,暂时停产停业或停止使用相关设备、设施。

5.5.3.3 验收与评估

隐患治理完成后,企业应按照有关规定对治理情况进行评估、验收。重大隐患治理完成后,企业应组织本企业的安全管理人员和有关技术人员进行验收或委托依法设立的为安全生产提供技术、管理服务的机构进行评估。

5.5.3.4 信息记录、通报和报送

企业应如实记录隐患排查治理情况,至少每月进行统计分析,及时将隐患排查治理情况向从业人员通报。

企业应运用隐患自查、自改、自报信息系统,通过信息系统对隐患排查、报告、治理、销账等过程进行电子化管理和统计分析,并按照当地安全监管部门和有关部门的要求,定期或实时报送隐患排查治理情况。

5.5.4 预测预警

企业应根据生产经营状况、安全风险管理及隐患排查治理、事故等情况,运用定量或定性的安全生产预测预警技术,建立体现企业安全生产状况及发展趋势的安全生产预测预警体系。

5.6 应急管理

5.6.1 应急准备

5.6.1.1 应急救援组织

企业应按照有关规定建立应急管理组织机构或指定专人负责应急管理工作,建立与本企业安全生产特点相适应的专(兼)职应急救援队伍。按照有关规定可以不单独建立应急救援队伍的,应指定兼职救援人员,并与邻近专业应急救援队伍签订应急救援服务协议。

5.6.1.2 应急预案

企业应在开展安全风险评估和应急资源调查的基础上,建立生产安全事故应急预案体系,制定符合GB/T 29639规定的生产安全事故应急预案,针对安全风险较大的重点场所(设施)制定现场处置方案,并编制重点岗位、人员应急处置卡。

企业应按照有关规定将应急预案报当地主管部门备案,并通报应急救援队伍、周边企业等有关应急协作单位。

企业应定期评估应急预案,及时根据评估结果或实际情况的变化进行修订和完善,并按照有关规定将修订的应急预案及时报当地主管部门备案。

5.6.1.3 应急设施、装备、物资

企业应根据可能发生的事故种类特点,按照有关规定设置应急设施,配备应急装备,储备应急物资,建立管理台账,安排专人管理,并定期检查、维护、保养,确保其完好、可靠。

5.6.1.4 应急演练

企业应按照AQ/T 9007的规定定期组织公司(厂、矿)、车间(工段、区、队)、班组开展生产安全事故应急演练,做到一线从业人员参与应急演练全覆盖,并按照AQ/T 9009的规定对演练进行总结和评估,根据评估结论和演练发现的问题,修订、完善应急预案,改进应急准备工作。

5.6.1.5 应急救援信息系统建设

矿山、金属冶炼等企业,生产、经营、运输、储存、使用危险物品或处置废弃危险物品的生产经营单位,应建立生产安全事故应急救援信息系统,并与所在地县级以上地方人民政府负有安全生产监督管理职责部门的安全生产应急管理信息系统互联互通。

5.6.2 应急处置

发生事故后,企业应根据预案要求,立即启动应急响应程序,按照有关规定报告事故情况,并开展先期处置:

发出警报,在不危及人身安全时,现场人员采取阻断或隔离事故源、危险源等措施;严重危及人身安全时,迅速停止现场作业,现场人员采取必要的或可能的应急措施后撤离危险区域。

立即按照有关规定和程序报告本企业有关负责人,有关负责人应立即将事故发生的时间、地点、当前状态等简要信息向所在地县级以上地方人民政府负有安全生产监督管理职责的有关部门报告,并按照有关规定及时补报、续报有关情况;情况紧急时,事故现场有关人员可以直接向有关部门报告;对可能引发次生事故灾害的,应及时报告相关主管部门。

研判事故危害及发展趋势,将可能危及周边生命、财产、环境安全的危险性和防护措施等告知相关单位与人员;遇有重大紧急情况时,应立即封闭事故现场,通知本单位从业人员和周边人员疏散,采取转移重要物资、避免或减轻环境危害等措施。

请求周边应急救援队伍参加事故救援,维护事故现场秩序,保护事故现场证据。准备事故救援技术资料,做好向所在地人民政府及其负有安全生产监督管理职责的部门移交救援工作指挥权的各项准备。

5.6.3 应急评估

企业应对应急准备、应急处置工作进行评估。

矿山、金属冶炼等企业,生产、经营、运输、储存、使用危险物品或处置废弃危险物品的企业,应每年进行一次应急准备评估。

完成险情或事故应急处置后,企业应主动配合有关组织开展应急处置评估。

5.7 事故管理

5.7.1 报告

企业应建立事故报告程序,明确事故内外部报告的责任人、时限、内容等,并教育、指导从业人员严格按照有关规定的程序报告发生的生产安全事故。

企业应妥善保护事故现场以及相关证据。

事故报告后出现新情况的,应当及时补报。

5.7.2 调查和处理

企业应建立内部事故调查和处理制度,按照有关规定、行业标准和国际通行做法,将造成人员伤亡(轻伤、重伤、死亡等人身伤害和急性中毒)和财产损失的事故纳入事故调查和处理范畴。

企业发生事故后,应及时成立事故调查组,明确其职责与权限,进行事故调查。事故调查应查明事故发生的时间、经过、原因、波及范围、人员伤亡情况及直接经济损失等。

事故调查组应根据有关证据、资料,分析事故的直接、间接原因和事故责任,提出应吸取的教训、整改措施和处理建议,编制事故调查报告。

企业应开展事故案例警示教育活动,认真吸取事故教训,落实防范和整改措施,防止类似事故再次发生。

企业应根据事故等级,积极配合有关人民政府开展事故调查。

5.7.3 管理

企业应建立事故档案和管理台账,将承包商、供应商等相关方在企业内部发生的事故纳入本企业事故管理。

企业应按照 GB 6441、GB/T 15499 的有关规定和国家、行业确定的事故统计指标开展事故统计分析。

5.8 持续改进

5.8.1 绩效评定

企业每年至少应对安全生产标准化管理体系的运行情况进行一次自评,验证各项安全生产制度措施的适宜性、充分性和有效性,检查安全生产和职业卫生管理目标、指标的完成情况。

企业主要负责人应全面负责组织自评工作,并将自评结果向本企业所有部门、单位和从业人员通报。自评结果应形成正式文件,并作为年度安全绩效考评的重要依据。

企业应落实安全生产报告制度,定期向业绩考核等有关部门报告安全生产情况,并向社会公示。

企业发生生产安全责任死亡事故,应重新进行安全绩效评定,全面查找安全生产标准化管理体系中存在的缺陷。

5.8.2 持续改进

企业应根据安全生产标准化管理体系的自评结果和安全生产预测预警系统所反映的趋势,以及绩效评定情况,客观分析企业安全生产标准化管理体系的运行质量,及时调整完善相关制度文件和过程管控,持续改进,不断提高安全生产绩效。

ICS 45.100
J 81

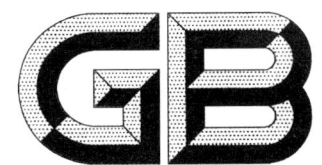

中华人民共和国国家标准

GB/T 24728—2009

客运索道安全服务质量

Safety and service quality for passenger ropeway

2009-11-30 发布

2010-06-01 实施

中华人民共和国国家质量监督检验检疫总局
中国国家标准化管理委员会 发布

前　言

本标准的附录 A 为规范性附录。

本标准由全国索道与游乐设施标准化技术委员会提出并归口。

本标准负责起草单位：中国索道协会。

本标准参加起草单位：武汉三特索道集团股份有限公司、云南丽江玉龙旅游股份有限公司等。

本标准主要起草人：闪淳昌、张纲、任树奎、刘京本、甄正义、仇鸿、刘冬燕、史志超、王霞、吴鸿启、赵安敏、裴强、张强、缪勤。

客运索道安全服务质量

1 范围

本标准规定了客运架空索道和客运地面缆车在安全管理、服务组织、服务卫生、服务环境、服务设施、设备保障、服务质量监督等方面的基本要求。

本标准适用于在中华人民共和国境内运行的客运架空索道和客运地面缆车。客运拖牵索道可参照执行。

本标准不适用于专用通勤索道(缆车)等非公共交通索道。

2 规范性引用文件

下列文件中的条款通过本标准的引用而成为本标准的条款。凡是注日期的引用文件,其随后所有的修改单(不包括勘误的内容)或修订版均不适用于本标准,然而,鼓励根据本标准达成协议的各方研究是否可使用这些文件的最新版本。凡是不注日期的引用文件,其最新版本适用于本标准。

GB 2894　安全标志及其使用导则
GB 3096　声环境质量标准
GB 8408　游乐设施安全规范
GB/T 9075　索道用钢丝绳检验和报废规范
GB 9672　公共交通等候室卫生标准
GB 9673　公共交通工具卫生标准
GB/T 10001.1　标志用公共信息图形符号　第1部分:通用符号(GB/T 10001.1—2006,ISO 7001:1990,Public information symbols,NEQ)
GB/T 10001.2　标志用公共信息图形符号　第2部分:旅游休闲符号(GB/T 10001.2—2006,ISO 7001:1990/Amd.1:1993,Public information symbols,NEQ)
GB 12352　客运架空索道安全规范
GB/T 12738　索道　术语
GB 13495　消防安全标志
GB/T 16767　游乐园(场)安全和服务质量
GB/T 19402　客运地面缆车技术规范

3 术语和定义

GB/T 12738确立的术语和定义适用于本标准。

4 服务宗旨

安全第一、以人为本、诚信服务、乘客至上、优质服务。

5 服务安全

5.1 法规标准

应贯彻执行国家安全生产相关法规和 GB 12352、GB/T 19402 等行业安全规范,以及质量监督与安全监察相关规定,确实保障乘客在索道经营辖区的安全,保持索道设备、安全和服务设施的完好。

5.2 应急预案

5.2.1 建立完善的具有操作性的应急预案。
5.2.2 设立应急救援组织。
5.2.3 配备相应的救援装备和急救物品。
5.2.4 定期组织应急演习。

5.3 消防责任

5.3.1 履行索道经营辖区内的消防安全责任,消防工作应遵守国家和地方相关消防安全管理的规定。
5.3.2 索道经营辖区内的消防设施应保持完好状态,安全通道应保持畅通无阻。
5.3.3 应建立消防预警机制及消防安全管理制度,有效控制经营辖区内和运营过程中可诱发火灾的危险源,治理火灾隐患,预防火灾发生。
5.3.4 应制定乘客和工作人员安全疏散、自救互救与火灾救援等应急预案。
5.3.5 索道工作人员应经过消防培训,正确使用消防器材,熟练掌握安全疏散与自救互救方法。

5.4 治安秩序

5.4.1 遵守国家和地方公共场所治安管理相关规定,履行索道经营辖区内治安管理责任。
5.4.2 运营服务组织与服务设施应保证索道最大运营能力乘车安全秩序的需求,切实保障乘客人身安全和财产安全。
5.4.3 建立高峰运营保障机制,防止和杜绝超负荷运营。
5.4.4 制止扰乱公共秩序,劝阻有害社会风气的言行。
5.4.5 不应在服务区域内违章经营。
5.4.6 科学合理规划工作与服务区域,工作与生活区域应设置乘客禁行标志。

6 服务组织

6.1 服务岗位

根据运营服务特点和要求,建立完善的服务组织,设置合理的服务岗位并配置相适应的服务人员,明确岗位责任,制定并严格执行服务规范和守则。

6.2 应急服务

索道日常运营组织除了满足正常运营服务的基本需求外,还应建立应对特殊条件下安全保障的应急服务组织。

6.3 服务纪律

6.3.1 管理、操作、服务人员不应疲劳作业。服务人员在患传染病期间,不应安排上岗服务。

6.3.2 服务人员应遵守劳动纪律,工作中不应出现离岗、串岗。

6.4 服务人员基本要求

6.4.1 票务、站台服务人员、乘务人员和保安人员

应培训合格后上岗,掌握索道安全服务相应的知识和技能,具备良好职业道德和综合素质,遵守服务守则。

6.4.1.1 票务人员要求:
——年满18周岁,身体健康;
——了解和掌握鉴别钱、票真伪的能力;
——具备与岗位职责相应的处置问题的能力。

6.4.1.2 站台服务人员要求:
——年满18周岁,身体健康;
——具备与岗位职责相应的观察、处置问题的能力;
——能满足搀扶行动不便的乘客上、下车的需求;
——具备一定语言和文字表达能力;
——掌握索道应急救援技能,参与高空应急救援的站台服务人员无恐高症。

6.4.1.3 乘务人员要求:
——年满18周岁,身体健康;
——具备与岗位职责相应的观察、发现、处置问题能力;
——掌握索道应急救援技能,身体适应高空作业,无恐高症。

6.4.1.4 保安人员要求:
——年满18周岁,双眼裸视0.8以上,无色盲,身体健康,无残障缺陷,无纹身;
——具备基本法律知识,熟悉保安工作的政策、规定;
——具备与岗位职责相应的观察、发现、处置问题能力;
——具备使用基本通讯器材、防范设施设备和相关防卫器械技能;
——掌握防卫和擒拿技能;
——掌握索道应急救援技能,身体适应高空救援作业,无恐高症。

6.4.2 管理人员、作业人员要求

管理人员、作业人员应满足 GB 12352、GB/T 19402 相关要求,经过专业培训考核,持证上岗,取得国家授权管理部门颁发的有效从业资格证书。

6.4.3 服务人员培训内容

应依据运营管理与服务的特点,有组织、有计划安排培训工作,上岗培训的基本内容:
——学习掌握安全服务规程和服务技能;
——了解索道设备运行安全与技术的基本常识;
——掌握常规的卫生急救技能;
——掌握索道运行沿途和目的地景点基本概况。

6.4.4 仪容仪表

6.4.4.1 着装整洁,规范统一;去除与服务工作无关的饰物和装饰,佩带服务标牌。
6.4.4.2 端庄大方,精神饱满,表情自然,姿态端正,举止文明,处事稳重,反应敏捷,动作规范。

6.4.4.3 保持个人卫生,上岗前应修饰整齐,发型庄重,发色自然;女职工可淡妆修饰。

6.4.4.4 上岗前不应饮酒,不食带异味的食品。

6.4.5 工作态度

6.4.5.1 礼貌待客、微笑服务、亲切热情、真诚友好、耐心周到、服务主动。

6.4.5.2 有问必答,迅速准确。对于乘客提出要求暂不能解决的,应耐心解释。

6.4.6 职业道德

6.4.6.1 遵守国家法律法规,爱岗敬业、诚实守信、忠于职守、维护乘客的合法权益。

6.4.6.2 尊重乘客的宗教信仰和风俗习惯,不损害民族尊严。

6.4.6.3 在运营时间内,不应因乘客人少而拒载。

6.4.7 服务语言

6.4.7.1 使用文明礼貌用语、简明、通俗、清晰。

6.4.7.2 应采用规范的索道服务用语,对国内乘客用普通话服务。应掌握简单的外语,满足外宾的基本服务需求,或选择能与乘客有效沟通的语言。

7 服务卫生

7.1 卫生职责

7.1.1 服务设施建设与管理应遵守国家和地方对公共场所服务卫生管理的相关规定,履行索道经营辖区内环境卫生清洁责任。

7.1.2 引导乘客在购票、候车和乘坐过程中,遵守公共道德,保持公共环境卫生

7.2 保洁制度

7.2.1 严格执行卫生保洁制度,保障辖区内环境和服务设施的清洁卫生。

7.2.2 索道站容、车貌应保持干净和整洁。

7.3 卫生达标

7.3.1 候车室内和封闭式交通工具的卫生环境、空气质量、噪声、湿度、照度等卫生标准应达到 GB 9672、GB 9673 相关规定,要求如下:
—— 一氧化碳不超过 10 mg/m³;
—— 二氧化碳不超过 0.15%;
—— 甲醛不超过 0.12 mg/m³;
—— 相对湿度 30%~80%;
—— 可吸入颗粒物不超过 0.15 mg/m³;
—— 细菌总数不超过 4 000 cfu/m³;
—— 噪声不超过 70 dB(A);
—— 候车室照度不低于 60 lx。

7.4 预防疾病

7.4.1 在室内候车和乘坐过程中应禁止吸烟。

7.4.2 如设置吸烟区,应有通风、消防、卫生等服务保障设施。

7.4.3 应定期对各类服务设施和环境消毒杀菌,在流行性疾病多发季节,做好公共场所的疾病预防工作,防止交叉感染。

8 服务环境

8.1 环保责任

8.1.1 履行索道经营辖区内环境保护责任,消除和减少索道建设和营运对环境的影响,为乘客营造生态优美、舒适的服务环境。
8.1.2 服务区内空气清新,无异味。
8.1.3 服务区内环境噪声应满足景区的 GB 3096 相关规定。
8.1.4 索道经营与维修过程中的污染物排放应符合国家和地方相关规定。
8.1.5 钢丝绳安装、运输、检修和维护应符合 GB/T 9075。

8.2 和谐环境

8.2.1 索道经营辖区建筑与环境自然和谐,符合环境规划要求。
8.2.2 倡导生态文化建设。
8.2.3 索道经营辖区应保持绿化高覆盖率。
8.2.4 植物与景观配置得当。
8.2.5 服务区域内无土壤裸露的绿化死角。

9 服务设施

9.1 基本要求

9.1.1 服务设施建设应遵守建设规划和管理相关规定,布局科学合理,功能齐全。设施建设规模、数量与索道运营接待能力相适应,满足索道安全和优质服务的需求。服务设施建设与管理符合国家和地方安全与环境保护相关管理规定和索道所在景区服务设施管理的要求。
9.1.2 应建立服务设施维修制度并保证服务设施的清洁和完好。在进行服务设施维修时,应向乘客做好解释工作。

9.2 通讯与监控

索道应配备无线与有线专用通讯系统,保障通信畅通。重点区域应设置监控设施。

9.3 停车场

9.3.1 停车场布局合理,场地平整,设置醒目的停车服务标志。
9.3.2 停车场服务组织健全,疏导有序、车辆停靠整齐。

9.4 售票设施

9.4.1 售票处位置合理,在售票窗口前应设置遮阳避雨和安全隔离栏杆等设施,方便乘客购票,保障购票安全秩序。
9.4.2 在售票处周边设置醒目的《购票须知》和《乘坐索道安全须知》,方便乘客购票前了解相关内容。
9.4.2.1 《购票须知》和《乘坐索道安全须知》内容完整,文字规范,字迹清晰,符号准确。应采用中、外文对照的统一文字,满足国内、外乘客阅读需求。

9.4.2.2 《购票须知》应包括:购票注意事项,运营时间,物价部门批准的成人与儿童往、返票价,单程票价,优惠票价等信息。公示救护与投诉(服务监督)电话以及有关保险的声明等。

9.4.2.3 《乘坐索道安全须知》应包括以下基本内容:
—— 乘车简要程序;
—— 乘坐索道应注意事项;
—— 劝阻无行为能力的乘客单独乘坐索道;
—— 限制有危险倾向的乘客乘坐索道;
—— 提示身体状况不适应高空运行,有诱发疾病危险的乘客(有心脏病、高血压、精神障碍、恐高症、习惯性流产等病史,以及部分妊娠早、晚期孕妇和部分行动不便的高龄乘客),不宜乘坐索道;
—— 应禁止携带危险品或管制物品乘坐索道;
—— 其他特殊的安全要求与注意事项。

9.5 候车设施

9.5.1 候车区建筑、设施应与周边环境协调,与索道运营能力相适应,应设有遮阳避雨设施及一定数量的坐席。

9.5.2 候车室内除配备正常通风、采光设施外,还应配置足够数量的应急照明设施。

9.5.3 候车区应根据特殊乘客(老、幼、病、残、孕等)和贵宾接待等需求,提供相应的专用通道和候车区。

9.5.4 候车区应设置中、外文对照的《乘坐索道安全须知》,并安装视频装置,播放相关内容。

9.5.5 候车区设置适应乘客不同流量的安全隔离栏杆。隔离栏杆设计与建设应符合 GB 8408、GB 12352 相关规范要求。隔离栏杆应在适当位置设置活动门栏,方便乘客应急,满足快速疏散乘客的安全需要。

9.5.6 候车区、通道、站台地面应采用防滑设计或采用防滑替代设施,防止乘客在候车和乘车过程中滑倒受伤。

9.5.7 根据客运索道运营特点,应为乘客提供常用的急救药品和外伤应急救护服务。

9.6 公共服务设施

9.6.1 公共卫生间

9.6.1.1 公共卫生间建设与接待能力相适应,室内卫生设施齐备。

9.6.1.2 公共卫生间应采用生态环保设计。

9.6.1.3 设有无障碍通道和残疾人专用卫生间。

9.6.1.4 应做到及时清洁,墙壁、隔板、门窗清洁无刻画;地面无污物、污渍;便池无污垢;室内无异味、无蚊蝇。

9.6.2 垃圾处理设施

9.6.2.1 候车区域内应设置相应数量与环境协调的垃圾桶(箱)。垃圾应及时清理,保持桶(箱)体完好洁净。

9.6.2.2 垃圾应分类处理,垃圾处理符合国家和地方环保相关规定。

9.6.3 公用电话服务设施

公共电话宜采用投币式电话或磁卡电话,具有长途功能,并设置醒目服务标志。

9.7 服务信息指示设施

9.7.1 公共信息、安全标志图形符号按 GB 2894、GB 13495、GB/T 10001.1 和 GB/T 10001.2 等相关标准设置。

9.7.2 售票处周边应设置索道线路和目的地简介和相关导游图牌。

9.7.3 服务设施应设置醒目的标志和引导标牌。标牌、标志应完好，无破损、变形。

9.7.4 标志与标牌内容准确、文字清晰规范。

9.7.5 标志、标牌应有中、外文对照，方便乘客阅读。

9.7.6 安全标志

9.7.6.1 安全警示标志齐全，应设立在固定、醒目位置，不应设置在可移动物体上。

9.7.6.2 客运索道的《安全检验合格》标志牌应固定张挂在客运索道的进站口、乘客易看到的明显位置。《客运索道安全检验合格证》应张挂在客运索道营业室或控制室内。

9.7.6.3 线路支架应有醒目的支架编号和禁止攀爬等安全标志。

9.7.6.4 应按 GB 13495 相关规定，设立客运索道沿线道路交通标志、禁令标志、道路交通标线、航空障碍标志和客运索道安全服务的其他特殊提示。

9.7.7 服务标志标牌

9.7.7.1 服务区内主要道口、交叉路口应在适当的位置设立引导标牌。

9.7.7.2 站房应有醒目的出、入口通行方向标志。

9.7.7.3 站台应设置引导乘客上、下车区域等标志。

9.7.7.4 需要乘客协助服务的地方应设明显清晰的提示标志。

10 索道设备

10.1 设备运行

10.1.1 客运索道运行应贯彻 GB 12352 和 GB/T 19402 的相关规定，遵守运营工作程序和操作规程，严格执行开机、关机检查确认程序，做好运行记录。

10.1.2 在无应急驱动安全保障的情况下，不应运送乘客。

10.1.3 在主机故障时，不允许利用应急驱动装置继续运营运送乘客。

10.1.4 不应超负荷运营和安全设施带隐患运行，发现事故征候应当及时处理。

10.1.5 应保持车容与服务设施的完好，外观或功能受损的服务设施不应投入运营。

10.1.6 索道需夜间运营时应符合安全规范要求。

10.1.7 遵守操作规程，避免和减少乘客乘车不适反应。

10.1.8 索道临时停车，应及时通过广播系统安抚滞留在线路上的乘客，消除乘客的不安和恐慌情绪。

10.2 设备维修

10.2.1 设备维修应严格遵守设备检修规程和设备维修制度，认真填写各项维修记录，确保设备的完好。

10.2.2 设备检修后，应及时清理维修现场。机架和支架上不应遗留有坠落危险的维修工具、零部件和杂物。

10.2.3 设备维修的废弃物应及时分类处理。

10.2.4 设备润滑工作后，应采取措施保障润滑油（脂）不会污损乘客身体和衣物。

10.2.5 应保持检修工具、计量装置、安全备用系统及应急救援设备设施的完好。

10.2.6 在运送乘客的过程中，不应安排影响正常运行的维修工作。

10.2.7 停机检修应提前对外发布停运公告。

11 票务服务

11.1 购票

11.1.1 应采用多种宣传形式,让乘客购票前能方便了解到《购票须知》和《乘坐索道安全须知》等内容。

11.2 售票

11.2.1 售票员应服务热情,耐心细致。
11.2.2 认真倾听乘客购票需求,有问必答,和蔼亲切,唱收唱付,做到票款两清。
11.2.3 待乘客确认钱、票无误后,提醒乘客保管好钱、票,请乘客到候车区候车。
11.2.4 售票窗口的数量应与乘客接待量相适应。

11.3 验票

11.3.1 验票员应用规范的服务语言,请乘客出示票据,检验票据和放行。
11.3.2 采用电子验票系统服务时,服务人员应帮助与指导乘客完成验票程序。

11.4 退票

11.4.1 发生以下情况,应予以退票:
a) 客运索道在突然遭遇不可抗拒的自然灾害(地震、大风、雷暴、山洪、泥石流等),无法继续安全运营;
b) 客运索道出现设备故障,且短时间无法排除并不能继续运行;
c) 客运索道因其他原因临时停运,无法将乘客运送达目的地;
d) 因索道运量或目的地容量限制等安全管理的原因,不宜将乘客运送达目的地;
e) 乘客因身体不适等其他原因要求退票。

11.4.2 非乘客原因退票时,服务人员应向乘客耐心解释停止运营服务和退票的原因,并表示歉意。

11.5 停止售票

11.5.1 在营业时间内停止售票,应向乘客公示停止服务的原因。
11.5.2 因特殊原因停止服务,应及时通知预定客户,并参照11.4.2执行。

12 候车与乘车

12.1 服务

12.1.1 为乘客提供相对舒适和安全卫生的候车、乘车环境,有效地保障乘客候车、乘车的公共安全秩序。
12.1.2 正确处理专用通道与普通通道之间、散客与团队乘客之间在候车与乘车过程中的矛盾与纠纷。
12.1.3 积极疏导协调,妥善组织,满足乘客差异化的服务需要。
12.1.4 对于乘客购票、候车时间过长,可采取分时段预售票等服务方式,解决乘客排队购票、候车时间过长等问题。
12.1.5 服务人员应用规范的服务形体语言,组织引导乘客上、下车和进、出站,维持站台候车秩序。
12.1.6 服务人员应主动热情迎、送乘客,搀扶老、幼、病、残、孕者。

12.1.7 对于上、下不便的单线循环固定抱索器式吊椅(厢、篮)索道,站台服务人员应协助乘客上、下车。

12.1.8 适时调整索道运行速度,帮助行动不便的乘客乘车。

12.1.9 利用广播、视频系统,播放乘车途中和目的地景观介绍,消除与缓解乘客候车、乘车过程中的紧张情绪。

12.1.10 在保证乘车秩序与乘车安全的前提下,应满足乘客选择乘车旅伴和乘载工具的需求。

12.2 安全保障

12.2.1 运用多种媒体宣传客运索道安全知识。

12.2.2 客运索道车厢配备的司乘人员在保证沿途行车安全的同时,还应维护好车厢内乘车秩序。

12.2.3 单个吊具内不应客、货混装运输。

13 救援服务

13.1 救援服务

13.1.1 在乘载工具或索道票上公布服务电话号码,方便乘客应急时使用。

13.1.2 服务专线电话要有专人值守,遇有突发事件应及时向值班领导汇报并按程序启动相关的应急预案。

13.1.3 救援方案应依据客运索道线路地形特点,提供多种救援方式,保障救援组织安全、快捷、高效,满足不同乘客救援需求。

13.2 故障处理

13.2.1 索道运营设备和应急设备发生故障时,值班领导应快速做出准确判断,依照GB 12352相关规定,正确及时地处理突发事件。

13.2.2 停电或主机故障,索道线路正常,应在15分钟内启动辅助驱动装置或紧急驱动装置运送滞留线路上的乘客。

13.2.3 辅助驱动和紧急驱动装置故障时,应启动应急救援预案,并在3.5小时内将索道线路上的乘客救援至安全区域。

13.3 救援广播

13.3.1 在救援服务时,应通过广播系统安抚滞留在线路上的乘客,简要介绍救援方案。

13.3.2 广播词应使用中、外文两种语言,内容应准确、清晰。

13.3.3 救援人员在实施救援前应向乘客简要说明救援步骤和救援安全要领,抚慰受惊吓的乘客,防止救援过程中发生乘客伤害事故。

13.4 善后服务

13.4.1 乘客救援落地后,服务人员应将乘客护送回索道站房,做好善后工作。

13.4.2 客运索道站(公司)应负责及时救治救护过程中受伤乘客。

13.4.3 协助乘客办理理赔等善后工作。

14 服务纠纷与事故处理

14.1 服务纠纷

14.1.1 应按国家和地方相关法规,建立服务纠纷处理与投诉处理工作程序。

14.1.2 设立专人或部门接待投诉、处理服务纠纷。
14.1.3 认真对待乘客的投诉,及时处理乘客的意见和建议。
14.1.4 主动协助和接受国家及地方有关部门的调查并将处理结果及时反馈,做到投诉必复。

14.2 事故处理

14.2.1 客运索道事故报告与事故处理应遵守国家管理部门的相关规定。对于风景旅游区的旅游索道事故,事故责任单位应协助景区管理部门按旅游安全事故管理规定,报告相关管理部门。
14.2.2 负责组织受伤乘客的现场救治、心理抚慰或送往医院治疗。
14.2.3 应协助保险公司按相关规定,处理伤亡乘客的救治、理赔等善后事宜。
14.2.4 设立专人负责对外发布信息和各类宣传解释工作。

15 服务质量保证

15.1 应按照国家和行业相关安全和服务标准建立适合本单位运营的安全服务质量保证体系,形成可操作性的规章、制度,作为实现安全服务质量目标的手段。
15.2 按附录A建立适合本单位的安全和服务质量考核体系。
15.3 为乘客提供的衍生产品,如免费咨询、物品寄存、雨具、棉衣、氧气租借、手机和DV机充电、失物招领等,其服务质量标准可参照旅游行业服务标准或按GB/T 16767相关规定,建立相应管理办法,保障其服务质量。
15.4 建立服务监督机制,主动接受乘客监督,对外公布质量监督电话号码。
15.5 在乘客服务区域设意见本(卡、箱),定期收集分析游客意见,进行相应服务改进。
15.6 建立服务质量自检、自查和安全服务质量检查评比制度,改进服务质量、提高乘客满意度。

附 录 A
（规范性附录）
客运索道安全服务质量评价体系

A.1 安全服务评价指标

A.1.1 员工培训持证上岗率

A.1.1.1 计算方法如下：
  a) 管理人员持证上岗率＝管理人员在岗持证人数（人）/在岗管理人员总数（人）×100%
  b) 作业人员持证上岗率＝作业人员在岗持证人数（人）/在岗作业人员总数（人）×100%；
  c) 服务人员培训上岗率＝在岗培训合格服务人员人数（人）/在岗服务人员总数（人）×100%。

A.1.1.2 培训持证上岗率反映了员工培训和持证上岗水平的指标，目标值：100%

A.1.2 岗位人员变动比率

A.1.2.1 计算方法如下：
  a) 管理人员变动比率＝期末管理岗位变动人数/期末在岗管理人员总数×100%；
  b) 作业人员变动比率＝期末作业岗位变动人数/期末在岗作业人员总数×100%；
  c) 服务人员变动比率＝期末服务岗位变动人数/期末在岗服务人员总数×100%。

A.1.2.2 岗位人员变动比率反映了岗位人员流动状况，岗位人员变动比率不宜超过30%。

A.1.3 安全监督检查评价指标

A.1.3.1 计算方法如下：
  a) 安全监督检查项目一次合格率：
     合格率＝检查项目一次检查合格数/安全监督检查项目总数；
  b) 安全监督检查项目检出无重大安全缺陷。

A.1.3.2 一次合格率、重大缺陷综合反映了设备安全状况与安全监察的水平，目标值：一次检查合格率100%；重大安全缺陷为零。

A.2 服务质量评价指标

A.2.1 乘客满意度

A.2.1.1 乘客满意度＝有效调查满意样本数量/有效调查样本总数。

A.2.1.2 满意度反映了乘客对服务的满意程度，目标值＞95%。

A.2.2 乘客服务有效投诉率

A.2.2.1 有效投诉率＝期末乘客有效投诉数（起）/期末运送乘客数量人次（人×次）。

A.2.2.2 有效投诉率反映了服务纠纷与乘客对服务质量缺陷的不满意程度，目标值＜0.02%。

A.2.3 投诉处理满意度

A.2.3.1 投诉处理满意度＝投诉处理反馈满意样本数量/期末投诉处理样本总数。

A.2.3.2 投诉处理满意度反映了乘客对纠纷处理与服务改善的满意程度,目标值＞98％。

A.2.4 服务设施卫生抽检合格率

A.2.4.1 抽检合格率＝检查服务设施卫生合格数/检查服务设施样本总数。

A.2.4.2 抽检合格率综合反映了服务设施卫生管理与卫生检查的水平,目标值:100％。

A.3 设备维修服务评价指标

A.3.1 平均无故障工作时间 MTBF(Mean Time Between Failure)

A.3.1.1 MTBF＝期末累计运行时间/期末累计故障次数。

A.3.1.2 MTBF综合反映了设备维修服务水平与设备劣化程度,目标值:逐年递增,保持并可控制。(MTBF的倒数即为故障率)

A.3.2 重复性故障比率

A.3.2.1 重复故障比率＝期末重复性故障次数/期末累计故障总数。

A.3.2.2 重复故障比率反映了设备改善维修服务水平,目标值:逐年递减,保持并可控制。

A.3.3 维修费用评价指标

A.3.3.1 计算方法如下：
   a) 单位运行时间维修费用＝期末实际消耗维修费用(万元)/期末实际设备运行时间(小时)；
   b) 单位维修费用＝期末实际消耗维修费用(万元)/期末实际运送乘客人次(人×次)；
   c) 单位资产维修费用＝期末实际消耗维修费用(万元)/设备资产总额(万元)。

A.3.3.2 维修费用综合反映了设备维修水平和设备更新改造的程度,目标值:可控制范围。

A.3.4 设备可利用率

A.3.4.1 可利用率＝(期初计划运营时间－期末累计停机检修时间)(小时)/期初计划运营时间(小时)×100％。

A.3.4.2 设备可利用率综合反映了设备技术状况与设备维修水平与维修保障的程度,目标值:92％～95％。

A.4 救援预案演习评价指标

A.4.1 救援演习到位率

A.4.1.1 救援演习到位率＝已完成救援演习区段线路长度(米)/索道站外线路总长度(米)。

A.4.1.2 救援演习到位率综合反映了救援安全保障水平,目标值:100％。

A.4.2 救护演习效率

A.4.2.1 救护演习效率＝每组承载工具中演习乘客人员数×演习使用承载工具的组数(人×组)/演习救援所用时间×投入的救援人员人数(小时×人)。

A.4.2.2 救援演习效率综合反映了救援组织水平、救援演习的复杂程度和救援熟练程度,目标值:3.5小时内完成全线滞留乘客的救援。

ICS 01.080.10
A 22

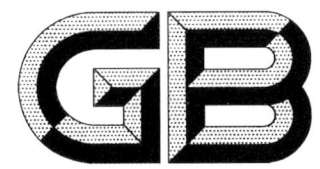

中华人民共和国国家标准

GB/T 10001.1—2012
代替 GB/T 10001.1—2006,GB/T 10001.10—2007

公共信息图形符号
第1部分:通用符号

Public information graphical symbols—
Part 1: General symbols

2012-12-31 发布

2013-06-01 实施

中华人民共和国国家质量监督检验检疫总局
中国国家标准化管理委员会 发布

客运索道实用法规标准汇编

前　言

GB/T 10001《公共信息图形符号》拟分为部分出版,各部分将按照应用的领域划分成通用符号和具体领域的符号。目前计划发布如下部分:
——第 1 部分:通用符号;
——第 2 部分:旅游休闲符号;
——第 3 部分:客运货运符号;
——第 4 部分:运动健身符号;
——第 5 部分:购物符号;
——第 6 部分:医疗保健符号;
——第 7 部分:办公教学符号;
——第 8 部分:公园景点符号;
——第 9 部分:无障碍设施符号。

本部分为 GB/T 10001 的第 1 部分。

本部分按照 GB/T 1.1—2009 规定的规则起草。

本部分整合了 GB/T 10001.1—2006《标志用公共信息图形符号　第 1 部分:通用符号》、GB/T 17695—2006《印刷品用公共信息图形标志》和 GB/T 10001.10—2007《标志用公共信息图形符号　第 10 部分:铁路客运服务符号》中的内容。本部分代替 GB/T 10001.1—2006 和 GB/T 17695—2006 表 1 的内容。本部分与 GB/T 10001.3—2011《标志用公共信息图形符号　第 3 部分:客运货运符号》共同代替 GB/T 10001.10—2007。

本部分与 GB/T 10001.1—2006 相比,主要技术变化为:

a) 增加图形符号 28 个:其中新图形符号 4 个:出入口、图像采集区域、直接饮用水、手机充电;从 GB/T 10001.10—2007 中移至本部分的图形符号 24 个:自动售票、广播、开水、烟灰盒、冲水按钮、盥洗间、感应出水、洗手液、干手器、擦手纸、卫生纸、座便器垫圈纸、空调、温度调节、风量调节、音量调节、电灯开关、电源插座、耳机插座、紧急呼救按钮、请勿扔烟头、请勿躺卧、请勿翻越栏杆、急救(医疗点);

b) 修改图形符号 18 个:入口、出口、冲水按钮、饮用水、公园、超级市场、宾馆、医院、货币兑换、自动柜员机、衣帽间、安全保卫、洗浴、网络服务、请勿使用手机、请勿使用闪光灯、非饮用水、请勿打扰;

c) 删除图形符号 4 个:无障碍设施[1]、无障碍电梯[1]、邮箱[2]、休息区[3];

d) 从 GB/T 17695—2006 表 1 中纳入小型图形符号 62 个,其余小型图形符号均为新增符号。

本部分由全国图形符号标准化技术委员会(SAC/TC 59)提出并归口。

本部分起草单位:中国标准化研究院、国家旅游局监督管理司、铁道部运输局、中国民航科学技术研究院、中国人民大学艺术学院、清华大学外语系、住房和城乡建设部标准定额司。

本部分主要起草人:白殿一、张亮、汪黎明、陈滋顶、安姚舜、刘家伟、杨永林、卫明、邹传瑜、陈永权、张茜。

---

[1] GB/T 10001.9—2008 中已经规定。
[2] 其含义在图形符号"邮政"中包含。
[3] 其含义在图形符号"等候区"中包含。

本部分所代替标准的历次版本发布情况为：
——1988年首次发布为GB 10001—1988《公共信息标志用图形符号》。
——1994年第一次修订时将GB 3818—1983《公共信息图形符号》并入。
——2000年第二次修订，分为部分出版。本部分对应于GB/T 10001.1—2000《标志用公共信息图形符号　第1部分：通用符号》。
——2006年第三次修订；本次为第四次修订。

公共信息图形符号
第1部分:通用符号

1 范围

GB/T 10001的本部分规定了信息载体中使用的通用公共信息图形符号及其应用原则,包括正方形边长大于10 mm的公共信息图形符号(简称图形符号)和正方形边长为3 mm～10 mm的公共信息图形符号(简称小型图形符号)。

本部分中规定的图形符号适用于公共场所及相关设施,具体用于公共信息导向系统中的位置标志、导向标志、信息版、示意图等导向要素的设计。

本部分中规定的小型图形符号适用于导向图、旅游指南、手册等便携印刷品以及设备操作面板等信息载体。

2 规范性引用文件

下列文件对于本文件的应用是必不可少的。凡是注日期的引用文件,仅注日期的版本适用于本文件。凡是不注日期的引用文件,其最新版本(包括所有的修改单)适用于本文件。

GB/T 10001(所有其余部分) 标志用公共信息图形符号

GB/T 15565(所有部分) 图形符号 术语

GB/T 17695—2006 印刷品用公共信息图形标志

GB/T 20501(所有部分) 公共信息导向系统 要素的设计原则与要求

3 术语和定义

GB/T 15565界定的术语和定义适用于本文件。

4 图形符号

通用图形符号见表1。

5 应用原则

5.1 应用时,通用符号应从本部分的表1中选取。如需使用本部分以外的图形符号,应从GB/T 10001的其余部分中选取;如需使用本部分以外的小型图形符号,应从GB/T 17695—2006的表2～表6中选取。

5.2 在使用图形符号设计导向要素时,应符合GB/T 20501的要求;在使用小型图形符号设计便携印刷品时,应符合GB/T 20501.5的要求。

5.3 应根据实际场景的具体情况或与之组合使用的方向符号所指的方向,使用表1中的图形符号或其镜像图形符号。

5.4 只准许对表1中的图形符号或小型图形符号进行等比例放大或缩小,可将图形符号栏中的正方形符号边线的四角改为圆角;当使用衬底色形成符号区域时,应使该区域与正方形符号边线重合,并删除正方形符号边线。

5.5 表1中给出的含义仅为图形符号的广义概念。应用时可根据所要表达的具体对象给出相应名称,如:含义为"咖啡"的图形符号可给出"咖啡厅""咖啡馆""咖啡店"等具体名称,同时英文亦应根据具体的中文名称做相应的调整。

表 1　通用图形符号

序号	图形符号	小型图形符号	含义	说明
001			方向 Direction	表示方向 符号方向根据实际情况设置 图形符号栏中的角标不是图形符号的组成部分,仅是设计导向标志时确定方向符号位置的依据
002			入口 Entrance	表示入口位置或指明进去的通道 应用时,根据实际情况可将符号旋转90°或180°
003			出口 Exit	表示出口位置或指明出去的通道 应用时,根据实际情况可将符号旋转90°或180°

表 1（续）

序号	图形符号	小型图形符号	含义	说明
004			出入口 Entrance And Exit	表示出入口位置或指明出入的通道 应用时，根据实际情况可将符号旋转90°或180°
005			上楼楼梯 Stairs Up	表示仅允许上楼的楼梯或其位置 不表示自动扶梯
006			下楼楼梯 Stairs Down	表示仅允许下楼的楼梯或其位置 不表示自动扶梯、地下通道
007			楼梯 Stairs	表示上下共用的楼梯或其位置 不表示自动扶梯

GBT 10001.1—2012 公共信息图形符号 第1部分：通用符号

表 1（续）

序号	图形符号	小型图形符号	含义	说明
008			天桥 Overpass	表示过街天桥或其位置 不表示楼梯
009			地下通道 Underpass	表示地下通道或其位置 不表示楼梯
010			上行自动扶梯 Escalator Up	表示向上自动扶梯或其位置 不表示楼梯
011			下行自动扶梯 Escalator Down	表示向下自动扶梯或其位置 不表示楼梯

表 1（续）

序号	图形符号	小型图形符号	含义	说明
012			自动扶梯 Escalator	表示自动扶梯或其位置 不表示楼梯
013			电梯 Elevator	表示公用电梯或其位置
014			货梯 Freight Elevator	表示运输货物的电梯或其位置
015			男 Men	表示男性专用设施的位置,如男厕所、男浴室等

表 1（续）

序号	图形符号	小型图形符号	含义	说明
016			女 Women	表示女性专用设施的位置，如女厕所、女浴室等
017			卫生间 Restroom	表示卫生间或其位置 需要根据男、女卫生间的实际位置使用本符号或其镜像符号
018			冲水按钮 Flush Button	表示该设施为冲水按钮，或该处有冲水按钮
019			卫生纸 Toilet Paper	表示卫生纸，或该处有卫生纸

表 1（续）

序号	图形符号	小型图形符号	含义	说明
020			擦手纸 Tissue	表示擦手纸、纸巾纸，或该处有擦手纸、纸巾纸
021			座便器垫圈纸 Toilet Seat Covers	表示座便器垫圈纸，或该处有座便器垫圈纸
022			盥洗间 Washroom	表示提供洗漱的场所，如盥洗间、盥洗室等
023			感应出水 Automatic Sensor Faucet	表示该设施具有感应出水功能，如自动水龙头等

GB/T 10001.1—2012 公共信息图形符号 第1部分:通用符号

表 1（续）

序号	图形符号	小型图形符号	含义	说明
024			洗手液 Hand Lotion	表示提供洗手液的设施,或该处有洗手液
025			干手器 Hand Dryer	表示该设施为干手器
026			饮用水 Drinking Water	表示提供可饮用水的场所或位置
027			开水 Boiled Water	表示提供开水的场所或位置,如开水间、茶炉室等

表 1（续）

序号	图形符号	小型图形符号	含义	说明
028			直接饮用水 Drinking Fountain	表示提供直接饮用水的场所或位置
029			公园 Park	表示供公众游览休息的园林或位置
030			动物园 Zoo	表示供公众观览各种动物的场所或位置
031			植物园 Botanical Garden	表示供公众观览各种植物的场所或位置

表 1（续）

序号	图形符号	小型图形符号	含义	说明
032			商场；购物中心 Shopping Area	表示出售各种商品的场所或位置，如商场、商店、购物中心等
033			超级市场 Supermarket	表示可自助购买大量陈列食品、日常用品和家用商品的场所或位置
034			宾馆 Hotel	表示提供膳宿的场所、位置或服务，如宾馆、饭店、旅馆或其预订处等
035			医院 Hospital	表示治疗和护理病人的常设医疗服务场所或位置 不表示急救或医疗点

表 1（续）

序号	图形符号	小型图形符号	含义	说明
036			电影院 Cinema	表示观看电影的场所或位置
037			剧院 Theater	表示观看戏剧的场所或位置，如歌剧院、舞剧院等
038			博物馆 Museum	表示收藏、展览各类文物或标本的场所或位置
039			美术馆 Art Gallery	表示展览各种艺术作品的场所或位置

GB/T 10001.1—2012 公共信息图形符号 第1部分：通用符号

表 1（续）

序号	图形符号	小型图形符号	含义	说明
040			图书馆 Library	表示收藏图书资料供人们阅览的场所或位置
041			体育场 Stadium	表示有固定看台、跑道及足球场，可供训练、比赛和健身的室外运动场所或位置
042			体育馆 Gymnasium	表示有固定看台，可供训练、比赛和健身的室内运动场所或位置
043			邮政 Post	表示邮政设施以及提供邮政服务的场所或位置，如邮局、邮筒、信箱

表 1（续）

序号	图形符号	小型图形符号	含义	说明
044			银行 Bank	表示可进行存款、取款、汇兑、贷款等业务的场所或位置
045			货币兑换 Currency Exchange	表示提供各种外币兑换服务的场所或位置
046			自动柜员机 Automatic Teller Machine	表示可供自助存款、取款的设施或位置
047			结账 Check-out； 收银 Cashier	表示用现金或支票结算的场所或位置，如宾馆、饭店的前台结账处，商场、医院等场所的收款处等

表 1（续）

序号	图形符号	小型图形符号	含义	说明
048			票务服务 Tickets	表示出售各种票据的场所或位置，如机场、车站、影院、体育场馆、公园等处的售票处及医院的挂号处等
049			自动售票 Automatic Ticket Sale	表示自助售票的设备或提供自动售票服务的设施或位置
050			自动售货机 Vending Machine	表示自助出售商品的设施或位置
051			行李寄存 Left Luggage	表示临时存放行李的场所或位置

表 1（续）

序号	图形符号	小型图形符号	含义	说明
052			衣帽间 Cloakroom	表示存放衣帽等物品的场所或位置
053			男更衣 Men's Locker Room	表示男性更衣或存放衣帽等物品的场所或位置。如男更衣间、男更衣室等
054			女更衣 Women's Locker Room	表示女性更衣或存放衣帽等物品的场所或位置，如女更衣间、女更衣室等
055			哺乳室 Baby Care	表示可喂哺婴儿或给婴儿更换尿布的场所或位置

表 1（续）

序号	图形符号	小型图形符号	含义	说明
056			婴儿车 Strollers	表示提供婴儿车服务的场所或位置
057			等候区 Waiting Area	表示人们等候、休息的场所或位置，如车站的候车室，机场的候机区，医院的候诊室，商场、剧场的休息区等
058			会合点 Meeting Point	表示会合、约见的场所或位置
059			安全保卫 Security	表示安全保卫人员（警察或保安）或指明安全保卫人员（警察或保安）的值勤地点或位置，如警卫室等

表 1（续）

序号	图形符号	小型图形符号	含义	说明
060			手续办理 Check-in； 接待 Reception	表示办理手续或提供接待服务的场所或位置，如宾馆、饭店的前台接待处，机场的乘机手续办理处，医院的住院处等
061			会议室 Conference Room	表示召开会议的场所或位置
062			报告厅 Lecture Hall	表示做报告的场所或位置
063			餐饮 Restaurant	表示餐饮或提供餐饮服务的场所或位置，如酒楼、餐厅等 具体应用时，如确需区分中餐与西餐，本符号还可表示西餐

GB/T 10001.1—2012 公共信息图形符号 第1部分:通用符号

表 1（续）

序号	图形符号	小型图形符号	含义	说明
064			中餐 Chinese Cuisne	表示中餐或提供中餐服务的场所或位置,如中餐厅、中餐馆等 不表示餐饮、西餐
065			快餐 Snacks	表示快餐或提供快餐服务的场所或位置 不表示酒吧、咖啡、茶饮
066			酒吧 Bar	表示饮酒及其他饮料的场所或位置 不表示快餐、咖啡、茶饮
067			咖啡 Coffee	表示喝咖啡的场所或位置 不表示快餐、酒吧、茶饮

855

表 1（续）

序号	图形符号	小型图形符号	含义	说明
068			茶饮 Tea	表示喝茶的场所或位置 不表示快餐、酒吧、咖啡
069			花卉 Flowers	表示出售各种花卉的场所或位置，如花店、商店的售花部等
070			书报 Books And Newspapers	表示出售各种书报的场所或位置，如书报亭、书店等
071			理发 Barber	表示提供理发、美容服务的场所或位置，如理发厅、美容院等

表 1（续）

序号	图形符号	小型图形符号	含义	说明
072			洗浴 Bath	表示洗浴设施的场所、位置或服务，如洗浴中心等 不表示仅提供淋浴设施的场所或位置
073			贵宾 Very Important Person	表示对贵宾提供服务的场所或位置，如贵宾室、贵宾接待处等
074			信息服务 Information	表示不设工作人员，仅提供平面图、地图、指南、手册等各种信息的场所或位置
075			问讯 Emquiry	表示设有专职工作人品进行咨询服务，亦可同时提供地图、指南、手册等各种资料进行信息服务的场所或位置

表 1（续）

序号	图形符号	小型图形符号	含义	说明
076			走失儿童 Lost Children	表示丢失儿童的登记或认领场所或位置
077			失物招领 Lost And Found	表示丢失物品的登记或认领场所或位置
078			停车场 Parking	表示停放机动车的场所或位置，如停车场
079			室内停车场 Covered Parking	表示室内停放机动车的场所或位置，如地下停车场等

表 1（续）

序号	图形符号	小型图形符号	含义	说明
080			自行车停放处 Bicycle Parking	表示停放自行车的场所或位置
081			加油站 Gasoline Station	表示车辆加油、加气的场所或位置
082			电话 Telephone	表示电话或提供电话服务的场所或位置
083			网络服务 Internet Service	表示网络服务或提供网络服务的场所或位置

表 1（续）

序号	图形符号	小型图形符号	含义	说明
084			广播 Broadcasting Studio	表示提供广播服务的场所或位置，如广播室等
085			图像采集区域 Video	表示图像采集区域或位置
086			手机充电 Mobile Phone Charging	表示提供手机充电服务的场所或位置，如手机充电站等
087			耳机插座 Earphone Outlet	表示该设施为耳机插座或耳机插座的位置

表1（续）

序号	图形符号	小型图形符号	含义	说明
088			电源插座 Electrical Outlet	表示该设施为电源插座或电源插座的位置
089			电灯开关 Light Switch	表示该设施为电灯开关或电灯开关的位置
090			空调 Air Conditioning	表示该设施为空调，或该空间内有空调设施，可对空气进行调节
091			温度调节 Temperature Control	表示该设施可对温度进行调节，或该处有温度调节设施

表 1（续）

序号	图形符号	小型图形符号	含义	说明
092			风量调节 Wind Control	表示该设施可对风量进行调节，或该处有风量调节设施
093			音量调节 Volume Control	表示该设施可对音量进行调节，或该处有音量调节设施
094			脚踏开关 Footswitch	表示该设施用脚踏方式操作或用脚踏操作的开关位置
095			废物箱 Rubbish Bin	表示供人们扔弃废物的设施或位置

GB/T 10001.1—2012 公共信息图形符号 第1部分：通用符号

表 1（续）

序号	图形符号	小型图形符号	含义	说明
096			烟灰盒 Ashtray	表示该设施为烟灰盒或该处有烟灰盒
097			允许吸烟 Smoking Allowed	表示允许吸烟的场所或位置，如吸烟区、吸烟室等
098			靠右站立 Stand On Right	指示乘客靠右站立
099			保持安静 Quiet	指示公众保持安静

表 1（续）

序号	图形符号	小型图形符号	含义	说明
100			紧急呼救按钮 Emergency Button	表示紧急情况下，供人们发出警报，以请求救援或帮助的设施或位置 不表示发出特殊警报（如火情警报）的设施
101			请勿通过 No Thoroughfare	表示该处不允许进入、通行或穿越
102			请勿坐卧 No Sitting Or Lying	表示该处不允许就坐和躺卧
103			请勿躺卧 No Lying	表示该处（如候车室座椅等）不允许躺卧

表 1（续）

序号	图形符号	小型图形符号	含义	说明
104			请勿翻越栏杆 Do Not Climb Over Railings	表示该处不允许翻越栏杆
105			请勿触摸 No Touching	表示该处不允许用手触摸
106			请勿踩踏 No Stepping	表示该处（如草坪、座椅等）不允许用脚踩踏
107			请勿携带宠物 No Pets	表示该处不允许携带宠物

表 1（续）

序号	图形符号	小型图形符号	含义	说明
108			请勿使用手机 No Use of Mobile Phones	表示该处不允许使用手机
109			请勿拍照 No Photography	表示该处不允许拍照、摄影
110			请勿使用闪光灯 No Flash Photography	表示该处不允许使用闪光灯拍照
111			请勿吸烟 No Smoking	表示该处不允许吸烟

表1（续）

序号	图形符号	小型图形符号	含义	说明
112			请勿扔烟头 Do Not Throw Cigarette Butts Into Container	表示不允许将烟头等易燃物品扔进容器
113			请勿丢弃废弃物 Do Not Throw Rubbish	表示该处不允许丢弃废弃物
114			非饮用水 Not Drinking Water	表示该处的水不可以饮用
115			请勿打扰 Do Not Disturb	表示谢绝打扰

表 1（续）

序号	图形符号	小型图形符号	含义	说明
116			急救 First Aid; 医疗点 Clinic	表示提供简单医疗服务的场所或位置，如急救站、医疗点、医务室等 不表示医院 图形符号栏中的角标不是图形符号的组成部分，应用时需保留角标与绿色符号衬底之间的白色衬边

索 引

中文含义	序号
A	
安全保卫	059
B	
保持安静	099
报告厅	062
宾馆	034
博物馆	038
哺乳室	055
C	
擦手纸	020
餐饮	063
茶饮	068
超级市场	033
冲水按钮	018
出口	003
出入口	004
D	
等候区	057
地下通道	009
电灯开关	089
电话	082
电梯	013
电影院	036
电源插座	088
动物园	030
E	
耳机插座	087
F	
方向	001
非饮用水	114
废物箱	095
风量调节	092

中文含义	序号
G	
干手器	025
感应出水	023
公园	029
购物中心	032
盥洗间	022
广播	084
贵宾	073
H	
花卉	069
会合点	058
会议室	061
货币兑换	045
货梯	014
J	
急救	116
加油站	081
脚踏开关	094
接待	060
结账	047
紧急呼救按钮	100
酒吧	066
剧院	037
K	
咖啡	067
开水	027
靠右站立	098
空调	090
快餐	065
L	
理发	071
楼梯	007
M	
美术馆	039

N

男	015
男更衣	053
女	016
女更衣	054

P

票务服务	048

Q

请勿踩踏	106
请勿触摸	105
请勿打扰	115
请勿丢弃废弃物	113
请勿翻越栏杆	104
请勿拍照	109
请勿扔烟头	112
请勿使用闪光灯	110
请勿使用手机	108
请勿躺卧	103
请勿通过	101
请勿吸烟	111
请勿携带宠物	107
请勿坐卧	102

R

入口	002

S

商场	032
上楼楼梯	005
上行自动扶梯	010
失物招领	077
室内停车场	079
收银	047
手机充电	086
手续办理	060
书报	070

T

体育场	041
体育馆	042
天桥	008
停车场	078
图书馆	040
图像采集区域	085

W

网络服务	083
卫生间	017
卫生纸	019
温度调节	091
问讯	075

X

洗手液	024
洗浴	072
下楼楼梯	006
下行自动扶梯	011
信息服务	074
行李寄存	051

Y

烟灰盒	096
衣帽间	052
医疗点	116
医院	035
音量调节	093
银行	044
饮用水	026
婴儿车	056
邮政	043
允许吸烟	097

Z

直接饮用水	028
植物园	031
中餐	064
自动扶梯	012
自动柜员机	046
自动售货机	050
自动售票	049
自行车停放处	080
走失儿童	076
座便器垫圈纸	021

英文对应词	序号
A	
Air Conditioning	090
Art Gallery	039
Ashtray	096
Automatic Sensor Faucet	023
Automatic Teller Machine	046
Automatic Ticketing	049
B	
Baby Care	055
Bank	044
Bar	066
Barber	071
Bath	072
Bicycle Parking	080
Boiled Water	027
Books And Newspapers	070
Botanical Garden	031
Broadcasting Studio	084
C	
Cashier	047
Check-in	060
Check-out	047
Chinese Cuisine	064
Cinema	036
Clinic	116
Cloakroom	052
Coffee	067
Covered Parking	079
Conference Room	061
Currency Exchange	045
D	
Direction	001
Do Not Climb Over Railings	104
Do Not Disturb	115
Do Not Throw Gigarette Butts Into Container	112
Do Not Throw Rubbish	113
Drinking Fountain	028
Drinking Water	026
E	
Earphone Outlet	087

英文对应词	序号
Electrical Outlet	088
Elevator	013
Emergency Button	100
Enquiry	075
Entrance	002
Entrance And Exit	004
Escalator	012
Escalator Down	011
Escalator Up	010
Exit	003
F	
First Aid	116
Flowers	069
Flush Button	018
Footswitch	094
Freight Elevators	014
G	
Gasoline Station	081
Gymnasium	042
H	
Hand Dryer	025
Hand Lotion	024
Hospital	035
Hotel	034
I	
Information	074
Internet Service	083
L	
Lecture Hall	062
Left Luggage	051
Library	040
Light Switch	089
Lost And Found	077
Lost Children	076
M	
Meeting Point	058
Men	015

Men's Locker Room	053	Snacks	065
Mobile Phone Charging	086	Stadium	041
Museum	038	Stairs	007
		Stairs Down	006
N		Stairs Up	005
No Flash Photography	110	Stand On Right	098
No Lying	103	Strollers	056
No Pets	107	Supermarket	033
No Photography	109		
No Sitting Or Lying	102	**T**	
No Smoking	111	Tea	068
No Stepping	106	Telephone	082
No Thoroughfare	101	Temperature Control	091
No Touching	105	Theater	037
No Use of Mobile Phones	108	Tickets	048
Not Drinking Water	114	Tissue	020
		Toilet Paper	019
O		Toilet Seat Covers	021
Overpass	008		
		U	
P		Underpass	009
Park	029		
Parking	078	**V**	
Post	043	Vending Machine	050
		Very Important Person	073
Q		Video	085
Quiet	099	Volume Control	093
R		**W**	
Reception	060	Waiting Area	057
Restaurant	063	Washroom	022
Restrooms	017	Wind Control	092
Rubbish Bin	095	Women	016
		Women's Locker Room	054
S			
Security	059	**Z**	
Shopping Area	032	Zoo	030
Smoking Allowed	097		

ICS 01.080.10
A 22

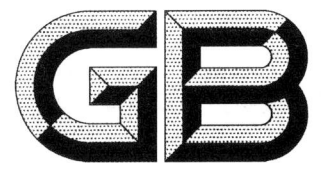

中华人民共和国国家标准

GB/T 10001.2—2021
代替 GB/T 10001.2—2006

公共信息图形符号
第 2 部分:旅游休闲符号

Public information graphical symbols—
Part 2: Symbols for tourism and entertainment

2021-03-09 发布　　　　　　　　　　　　2021-10-01 实施

国家市场监督管理总局
国家标准化管理委员会　发布

前　言

GB/T 10001《公共信息图形符号》按照应用的领域分为通用符号和特定领域的符号，拟分为以下部分：
——第1部分：通用符号；
——第2部分：旅游休闲符号；
——第3部分：客运货运符号；
——第4部分：运动健身符号；
——第5部分：购物符号；
——第6部分：医疗保健符号；
——第7部分：办公教学符号；
——第8部分：行为指示符号；
——第9部分：无障碍设施符号；
——第10部分：通用符号要素。

本部分为GB/T 10001的第2部分。

本部分按照GB/T 1.1—2009《标准化工作导则　第1部分：标准的结构和编写》给出的规则起草。

本部分代替GB/T 10001.2—2006《标志用公共信息图形符号　第2部分：旅游休闲符号》，与GB/T 10001.2—2006相比，主要技术变化如下：

a) 增加图形符号18个：男淋浴、女淋浴、古城、古镇、风景区、鸟类栖息地、大坝、喷泉、观景望远镜、房车营地、城市观光车、游览车、观光船、脚踏船、电动船、手划船、沙滩车、观光自行车；

b) 修改图形符号36个：团队服务、送餐服务、叫醒服务、清洁服务、洗衣、淋浴、温泉浴、桑拿浴、足浴、舞厅、歌厅、棋牌、电子游戏、商务中心、名胜古迹、古塔、古桥、佛寺、陵园、大型游乐场、露天浴场、水族馆、观景、登山避难处、露营地、度假村、冰川、峡谷、山洞、河流、瀑布、湖泊、湿地、海滩、自然保护区、滑雪牵引索；

c) 删除或移至其他部分图形符号22个，其中删除图形符号6个：订餐、熨衣、垂钓、大型封闭式缆车、三椅式空中缆车、四椅式空中缆车；拟移至GB/T 10001.1图形符号2个：摄影冲印、儿童乐园；移至GB/T 10001.4图形符号2个：缓跑小径、徒步旅行；拟移至GB/T 10001.8图形符号11个：关上安全杆、打开安全杆、关上过顶安全杆、打开过顶安全杆、步行游客必须下车、滑雪者必须下车、抬起滑雪板前端、在此排队/单列排列、双列排列、三列排列、四列排列；移至GB/T 10001.9图形符号1个：无障碍客房。

本部分由全国图形符号标准化技术委员会(SAC/TC 59)提出并归口。

本部分起草单位：中国标准化研究院、文化和旅游部、中国人民大学、北京视域四维城市导向系统规划设计有限公司。

本部分主要起草人：张亮、白殿一、安姚舜、武郁蕾、陈永权、邹传瑜、宫风启、吴艺多。

本部分于2002年首次发布，2006年为第一次修订，本次为第二次修订。

公共信息图形符号
第2部分:旅游休闲符号

1 范围

GB/T 10001 的本部分界定了旅游休闲方面的公共信息图形符号(以下简称图形符号),给出了图形符号的含义及说明,并规定了图形符号的应用要求。

本部分适用于宾馆、饭店、旅游景区等旅游休闲场所及相关设施,具体用于公共信息导向系统中的位置标志、导向标志、信息索引标志、平面示意图、街区导向图、便携印刷品及其他信息载体中的导向要素的设计。

2 规范性引用文件

下列文件对于本文件的应用是必不可少的。凡是注日期的引用文件,仅注日期的版本适用于本文件。凡是不注日期的引用文件,其最新版本(包括所有的修改单)适用于本文件。

GB/T 10001(所有部分) 公共信息图形符号
GB/T 15565 图形符号 术语
GB/T 16900.2 图形符号表示规则 第2部分:理解度测试方法
GB/T 16903 标志用图形符号表示规则 公共信息图形符号的设计原则与要求
GB/T 16903.3 标志用图形符号表示规则 第3部分:感知性测试方法
GB/T 20501(所有部分) 公共信息导向系统 导向要素的设计原则与要求

3 术语和定义

GB/T 15565 界定的术语和定义适用于本文件。

4 图形符号

旅游休闲符号及其含义和说明见表1。

5 应用

5.1 本部分应与 GB/T 10001.1、GB/T 10001.4 和 GB/T 10001.9 配合使用。应用时,如还需使用其他图形符号,应从 GB/T 10001 的其余部分中选取。

5.2 如需设计新的图形符号,应按照 GB/T 16903 的要求进行设计,并宜按照 GB/T 16900.2 和 GB/T 16903.3[1] 的规定进行测试。

5.3 表1图形符号栏中的角标不构成图形符号的组成部分,仅为界定符号区域的依据。在设计导向要素时,应对表1中的图形符号(包括角标)进行等比例放大或缩小,并以角标为依据确定图形符号的位

---

[1] 该标准拟被修订并重新编号为 GB/T 16900.3。

置,角标最终不应出现在各类导向要素中。

5.4 在使用表1中的图形符号设计导向要素时,应遵守GB/T 20501(所有部分)的规定,其中的图形标志宜为正方形,设计不同形状(正方形、圆形或椭圆形)的图形标志应遵守GB/T 16903的规定。

5.5 应根据实际场景的方位情况或与之组合使用的"方向"符号所指的方向,使用表1中的图形符号或其镜像图形符号。

5.6 表1中给出的含义仅为图形符号的广义概念。应用时可根据所要表达的具体对象给出相应的名称,如含义为"洗衣"的图形符号可给出"洗衣房""洗衣店"等具体名称,同时英文也应根据具体的中文名称做相应的调整。

表 1 旅游休闲符号

序号	图形符号	含义	说明
01		旅游服务 Travel Service	表示提供旅行接待与服务的部门或场所,如旅行社、导游服务处、旅游报名点等
02		团队服务 Group Service	表示提供团队集合、接待、服务的场所或提供团队服务
03		送餐服务 Room Service	表示提供客房订餐及送餐的服务

表 1（续）

序号	图形符号	含义	说明
04		叫醒服务 Wake Up Call Service	表示提供叫醒服务
05		清洁服务 Cleaning Service	表示提供清洁房间的服务
06		洗衣 Laundry	表示提供洗衣的服务或场所
07		淋浴 Shower	表示提供淋浴设施的服务或场所 不表示含有盆浴、浴池等设施的洗浴场所，如洗浴中心等

表1（续）

序号	图形符号	含义	说明
08		男淋浴 Male Shower	表示提供男性淋浴设施的服务或场所
09		女淋浴 Female Shower	表示提供女性淋浴设施的服务或场所
10		温泉浴 Hot Spring Bath	表示提供沐浴温泉的服务或场所
11		桑拿浴 Sauna	表示提供桑拿浴设施的服务或场所，如桑拿浴室等

表 1（续）

序号	图形符号	含义	说明
12		足浴 Foot Massage	表示提供足部洗浴、按摩的服务或场所
13		按摩 Massage	表示提供按摩的服务或场所，如按摩院、按摩室等
14		舞厅 Dance Hall	表示提供跳舞娱乐的服务或场所
15		歌厅 Music Hall	表示提供卡拉OK娱乐的服务或场所，如歌厅、练歌房等

表 1（续）

序号	图形符号	含义	说明
16		棋牌 Chess and Cards	表示提供棋牌娱乐的服务或场所，如棋牌室等
17		视频播放 Video	表示提供视频播放的服务或场所
18		电子游戏 Video Game	表示提供电子游戏娱乐的服务或场所，如游戏厅等
19		商务中心 Business Centre	表示提供复印、打字、传真的服务或场所

表 1（续）

序号	图形符号	含义	说明
20		名胜古迹 Historic Sites	表示具有著名历史遗迹的场所
21		古城 Ancient City	表示年代久远可供参观、游览的历史文化名城
22		古镇 Ancient Town	表示年代久远可供参观、游览的历史文化名镇
23		古塔 Ancient Pagoda	表示年代久远可供参观、游览的塔

表 1（续）

序号	图形符号	含义	说明
24		古桥 Ancient Bridge	表示年代久远可供参观、游览的桥
25		道观 Taoist Church	表示道教徒举行宗教仪式的场所
26		佛寺 Temple	表示佛教徒举行宗教仪式的场所
27		教堂 Church	表示基督教徒举行宗教仪式的场所

表 1（续）

序号	图形符号	含义	说明
28		清真寺 Mosque	表示伊斯兰教徒举行宗教仪式的场所
29		纪念碑 Monument	表示供人们纪念有功绩的人物或重大事件的石碑
30		陵园 Cemetery	表示以陵墓为主的园林
31		大型游乐场 Pleasure Ground	表示综合设置各种游乐设施和场景，供人们娱乐的场所 不表示儿童游乐场或儿童乐园

表 1（续）

序号	图形符号	含义	说明
32		风景区 Scenic Area	表示具有观赏、文化或者科学价值，自然景观和人文景观集中，环境优美，可供人们游览或者进行科学、文化活动的区域
33		露天浴场 Bathing Beach	表示供露天游泳和休闲的场所
34		水上乐园 Aquatic Park	表示供水上娱乐的场所
35		海洋馆/ 海洋公园 Ocean Park	表示供公众观览各种海洋动物的场所

表 1（续）

序号	图形符号	含义	说明
36		水族馆 Aquarium	表示供公众观览各种水中动物的场所
37		鸟类栖息地 Bird Habitat	表示可供观赏的鸟类寄居的场所
38		大坝 Dam	表示可供参观、游览的防水拦水的建筑物和构筑物
39		喷泉 Fountain	表示供参观、欣赏的人工喷水设施

表1（续）

序号	图形符号	含义	说明
40		观景望远镜 View Point Telescope	表示提供相关设施,供人们远望景色的场所
41		观景 Viewing	表示观景的场所,如观景台、观景区等
42		热气球 Ballooning	表示乘坐热气球的场所
43		登山避难处 Mountain Refuge	表示供登山遇险时临时避难的场所

表 1（续）

序号	图形符号	含义	说明
44		房车营地 Recreational Vehicle Campground	表示供野外宿营停放房车的场所
45		露营地 Picnic Area	表示供野外宿营搭建帐篷的场所
46		营火 Campfire	表示可燃烧篝火或烧烤的场所
47		度假村 Holiday Village	表示远离闹市供公众度假的休闲场所

表 1（续）

序号	图形符号	含义	说明
48		山峰 Mountain	表示山峰
49		雪山 Snow Mountain	表示雪山
50		冰川 Glacier	表示冰川
51		峡谷 Valley	表示峡谷

表 1（续）

序号	图形符号	含义	说明
52		山洞 Cave	表示山洞、溶洞等自然洞穴
53		河流 River	表示河流
54		瀑布 Waterfall	表示瀑布
55		湖泊 Lake	表示湖泊

表 1（续）

序号	图形符号	含义	说明
56		湿地 Marsh	表示湿地、沼泽
57		海滩 Beach	表示海滩
58		森林/林地 Woodland	表示森林、林地
59		自然保护区 Nature Reserve	表示需要保护野生动物和植物的区域

表 1（续）

序号	图形符号	含义	说明
60		城市观光车 City Sightseeing Bus	表示提供城市观光车服务或乘坐城市观光车的场所
61		游览车 Sightseeing Bus	表示提供游览车服务或乘坐游览车的场所
62		游船 Boat	表示提供游船服务或乘坐游船的场所。具体应用时,如需区分手划船、脚踏船、电动船时,本符号还可表示提供手划船服务或乘坐手划船的场所
63		脚踏船 Pedal Boat	表示提供脚踏船服务或乘坐脚踏船的场所

表 1（续）

序号	图形符号	含义	说明
64		电动船 Electric Boat	表示提供电动船服务或乘坐电动船的场所
65		观光船 Sightseeing Boat	表示提供观光船服务或乘坐观光船的场所
66		沙滩车 All-terrain Vehicle	表示提供沙滩车服务或乘坐沙滩车的场所
67		观光自行车 Sightseeing Bike	表示提供观光自行车服务或租赁观光自行车的场所

表 1（续）

序号	图形符号	含义	说明
68		小型封闭式缆车 Cable Car (Small Capacity)	表示提供小型封闭式空中缆车服务或乘坐小型封闭式空中缆车的场所
69		椅式空中缆车/ 单椅式空中缆车 Chairlift/ Single Chairlift	表示提供椅式空中缆车服务或乘坐椅式空中缆车的场所；也可表示乘坐一名乘客的椅式空中缆车
70		双椅式空中缆车 Double Chairlift	表示提供双椅式空中缆车服务或乘坐双椅式空中缆车的场所；也可表示乘坐两名乘客的椅式空中缆车
71		滑雪牵引索 Ski Lift	表示滑雪者使用的滑雪牵引索

表 1（续）

序号	图形符号	含义	说明
72		陡坡滑雪牵引索 Steep-slope Ski Lift	表示途经陡峭路面的滑雪牵引索

索　　引

汉语拼音索引

中文含义	图形符号	序号	中文含义	图形符号	序号
按摩		13	古塔		23
冰川		50	古镇		22
城市观光车		60	观光船		65
大坝		38	观光自行车		67
大型游乐场		31	观景		41
单椅式空中缆车		69	观景望远镜		40
道观		25	海滩		57
登山避难处		43	海洋公园		35
电动船		64	海洋馆		35
电子游戏		18	河流		53
陡坡滑雪牵引索		72	湖泊		55
度假村		47	滑雪牵引索		71
房车营地		44	纪念碑		29
风景区		32	脚踏船		63
佛寺		26	叫醒服务		04
歌厅		15	教堂		27
古城		21	林地		58
古桥		24	淋浴		07

客运索道实用法规标准汇编

中文含义	图形符号	序号	中文含义	图形符号	序号
陵园		30	湿地		56
露天浴场		33	视频播放		17
露营地		45	双椅式空中缆车		70
旅游服务		01	水上乐园		34
名胜古迹		20	水族馆		36
男淋浴		08	送餐服务		03
鸟类栖息地		37	团队服务		02
女淋浴		09	温泉浴		10
喷泉		39	舞厅		14
瀑布		54	洗衣		06
棋牌		16	峡谷		51
清洁服务		05	小型封闭式缆车		68
清真寺		28	雪山		49
热气球		42	椅式空中缆车		69
桑拿浴		11	营火		46
森林		58	游船		62
沙滩车		66	游览车		61
山洞		52	自然保护区		59
山峰		48	足浴		12
商务中心		19			

英文对应词索引

英文对应词	序号
All-terrain Vehicle	66
Ancient Bridge	24
Ancient City	21
Ancient Pagoda	23
Ancient Town	22
Aquarium	36
Aquatic Park	34
Ballooning	42
Bathing Beach	33
Beach	57
Bird Habitat	37
Boat	62
Business Centre	19
Cable Car (Small Capacity)	68
Campfire	46
Cave	52
Cemetery	30
Chairlift	69
Chess and Cards	16
Church	27
City Sightseeing Bus	60
Cleaning Service	05
Dam	38
Dance Hall	14
Double Chairlift	70
Electric Boat	64
Female Shower	09
Foot Massage	12
Fountain	39
Glacier	50
Group Service	02
Historic Sites	20
Holiday Village	47
Hot Spring Bath	10
Lake	55
Laundry	06
Male Shower	08
Marsh	56
Massage	13
Monument	29
Mosque	28
Mountain	48
Mountain Refuge	43
Music Hall	15
Nature Reserve	59
Ocean Park	35
Pedal Boat	63
Picnic Area	45
Pleasure Ground	31
Recreational Vehicle Campground	44
River	53
Room Service	03
Sauna	11
Scenic Area	32
Shower	07
Sightseeing Bike	67
Sightseeing Boat	65
Sightseeing Bus	61
Single Chairlift	69
Ski Lift	71
Snow Mountain	49
Steep-slope Ski Lift	72
Taoist Church	25
Temple	26
Travel Service	01
Valley	51
Video	17
Video Game	18
View Point Telescope	40
Viewing	41
Wake Up Call Service	04
Waterfall	54
Woodland	58

ICS 01.040.01
J 81

中华人民共和国国家标准

GB/T 12738—2006
代替 GB/T 12738—1991

索 道 术 语

Term of ropeway

2006-11-11 发布　　　　　　　　　　　　　　　2007-02-01 实施

中华人民共和国国家质量监督检验检疫总局
中国国家标准化管理委员会　发布

GB/T 12738—2006 索道 术语

前 言

本标准代替 GB/T 12738—1991《连续搬运设备 架空索道术语》。
本标准与 GB/T 12738—1991 相比主要变化如下：
——标准名称由"《连续搬运设备 架空索道术语》"变更为"《索道 术语》"。
内容变更为：
——将 GB/T 12738—1991 中"本标准规定了架空索道主要类型、参数、装置、机构和零部件的术语及其含义"变更为"本标准规定了索道主要类型、参数、装置、机构和零部件的术语及其定义"；
——将 GB/T 12738—1991 中"本标准适用于往复式、循环式和货运架空索道"变更为"本标准适用于架空索道、缆车和拖牵索道"；
——增加了与缆车有关的术语和定义(2.3-2.3.2.3,5.11,4.8,5.1.10.2)；
——增加了与拖牵索道有关的术语和定义(2.4-2.4.2.1,3.2.4,5.2-5.2.5.1,6.7)；
——索道类型增加了 2.2.3.1-2.2.3.1.2,2.2.3.2,2.2.4-2.2.4.2.1,2.2.11 条；
——在本标准的第 10 章中合并了 GB/T 12738—1991 中第 3 章和第 4 章的内容,并增加了部分条款的内容；
——增加了第 3 章,即"3 钢丝绳、末端固定装置和张紧装置"；
——将 GB/T 12738—1991 中有关绳索和运载工具的支承与导向、安全保护装置、安全指示装置及电气系统的内容合并到"4 钢丝绳和运载工具的支承与导向、安全保护装置以及安全指示装置"中,并增加了部分内容；
——将 GB/T 12738—1991 中有关运载工具、抱索器的内容合并到"5 运载工具、抱索器、拖索器及其附属装置"中,并增加了拖牵器的内容；
——将 GB/T 12738—1991 中有关线路、站房、结构及零部件的内容合并到"6 站房、线路、线路设施以及拖牵道"中,并增加了拖牵道的内容；
——将驱动系统和制动器单独列为"7 驱动系统和制动器"；
——增加了"8 应急运行及救援"；
——增加了"9 运行"。
本标准由全国索道、游艺机及游乐设施标准化技术委员会提出。
本标准由全国索道、游艺机及游乐设施标准化技术委员会归口。
本标准起草单位：国家架空索道安全监督检验中心。
本标准主要起草人：纪兵、刘京本、石奉强、吴鸿启、张定海、郑洪恩。
本标准所代替标准的历次版本发布情况为：
——GB/T 12738—1991。

索 道 术 语

1 范围

本标准规定了索道主要类型、参数、装置、机构和零部件的术语及其定义。
本标准适用于架空索道、缆车和拖牵索道。

2 类型

2.1
索道 ropeway
由动力驱动,利用柔性绳索牵引运载工具运送人员或物料的运输系统,包括架空索道、缆车和拖牵索道等。

2.1.1
货运索道 material ropeway
输送物料的索道。

2.1.2
客运索道 passenger ropeway
输送人员的索道。

2.2
架空索道 aerial ropeway
以架空的柔性绳索承载,用来输送物料或人员的索道。

2.2.1
循环式架空索道 circulating ropeway
运载工具在线路上循环运行的架空索道。

2.2.1.1
连续循环式架空索道 continuously circulating ropeway
运载工具在线路上以恒定速度运行的循环式架空索道。

2.2.1.2
间歇循环式架空索道 intermittent circulating ropeway
运载工具在线路上间歇运行(走-停-走)的循环式架空索道。

2.2.1.3
脉动循环式架空索道 pulsatile circulating ropeway
运载工具在线路上脉动运行(快行-慢行-快行-慢行)的循环式架空索道。

2.2.2
往复式架空索道 to-and-fro ropeway
           reversible aerial tramway
运载工具在线路上往复运行的架空索道。

2.2.2.1
单侧往复式架空索道 single to-and-fro ropeway

single-reversible tramway

运载工具只在线路的一侧钢丝绳上运行的往复式架空索道。

2.2.2.2

双侧往复式架空索道 double to-and-fro ropeway

double-reversible tramway

运载工具分别在线路两侧钢丝绳上运行的往复式架空索道。

2.2.3

单线架空索道 mono-cable ropeway

一根钢丝绳既承载又牵引的架空索道。

2.2.3.1

单线循环式架空索道 mono-cable continuously circulating ropeway

一根钢丝绳既承载又牵引的循环式架空索道。

2.2.3.1.1

单线循环式固定抱索器架空索道 fixed grip mono-cable ropeway

采用固定抱索器的单线循环式架空索道。

2.2.3.1.2

单线循环式脱挂抱索器架空索道 detached grip mono-cable ropeway

采用脱挂抱索器的单线循环式架空索道。

2.2.3.2

单线往复式架空索道 mono-cable to-and-fro ropeway

一根钢丝绳既承载又牵引的往复式架空索道。

2.2.3.3

双环路单线架空索道 double loop mono-cable circulating detachable ropeway

每侧有两条同步运行的运载索绕成双环路系统的单线架空索道(图1)。

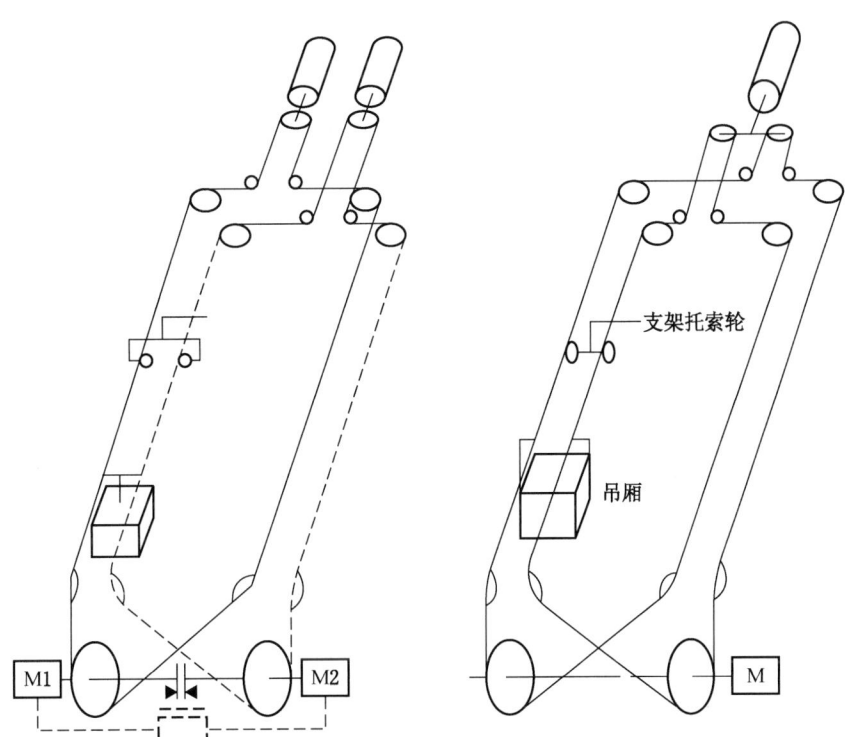

图 1

2.2.4

双线架空索道　bi-cable ropeway

同时具有承载索和牵引索(包括平衡索),其中承载索可以是单承载或双承载,牵引索可以是单牵引或双牵引的索道。

2.2.4.1

双线循环式架空索道　bi-cable circulating ropeway

同时具有承载索(单承载或双承载)和一根牵引索的循环式架空索道。

2.2.4.2

双线往复式架空索道　to-and-fro bi-cable ropeway

同时具有承载索(单承载或双承载)和牵引索(包括平衡索,单牵引或双牵引)的往复式架空索道。

2.2.4.2.1

双环路双线往复式架空索道　funifor

在线路两侧的运载工具,分别由独立的驱动装置驱动、彼此可以相互救护的双线往复式架空索道(图2)。

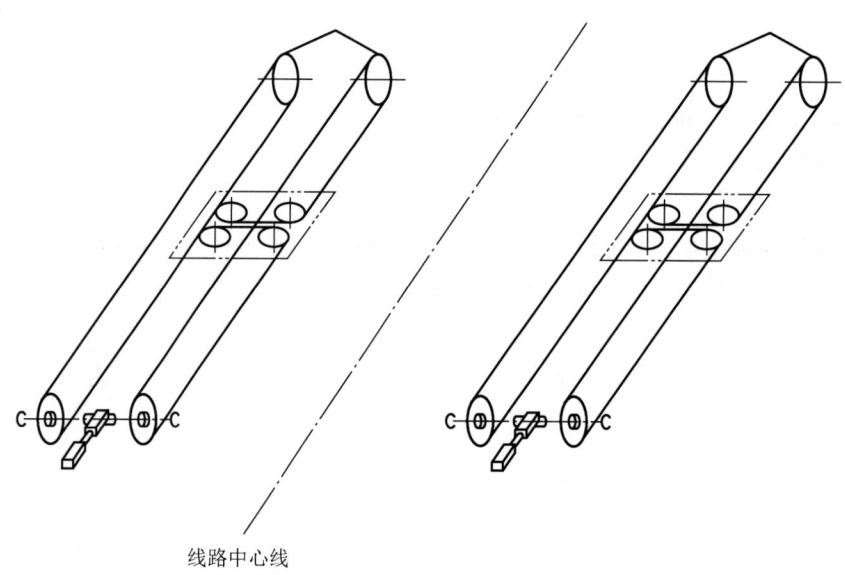

图 2

2.2.5

吊椅式客运架空索道　chair lift

运载工具为吊椅的客运架空索道。

2.2.6

吊篮式客运架空索道　bucket lift

运载工具为吊篮的客运架空索道。

2.2.7

吊厢式客运架空索道　gondola lift

运载工具为吊厢的客运架空索道。

2.2.8

堆栈式货运索道 disposal material ropeway

堆积物料的专用货运索道。

2.2.9

自行式架空索道 self-propelled ropeway

具有驱动装置的运载工具在承载索上能行走的架空索道。

2.2.10

可移式架空索道 portable ropeway

借助人力或辅助设备,可以从一个场地搬移到另一个场地的架空索道。

2.2.11

救援索道 succor ropeway

　　　　　　rescue ropeway

客运索道不能运行时,将线路上的乘客沿钢丝绳救援到安全地方的备用索道。

2.3

缆车 funiculars

运载工具沿地面轨道或由固定结构支承的轨道运行的索道。

2.3.1

循环式缆车 circulating funiculars

运载工具与钢丝绳可以脱开和挂接,并在线路上循环运行的缆车。

2.3.2

往复式缆车 to-and-fro funiculars

运载工具在线路上往复运行的缆车。

2.3.2.1

单往复式缆车 single-car to-and-fro funiculars

只有一个或一组运载工具在轨道线路上运动的往复式缆车。

2.3.2.2

有会车段往复式缆车 with criss-cross to-and-fro funiculars

两个或两组运载工具在中间有会车段的轨道线路上运动的往复式缆车。

2.3.2.3

双线往复式缆车 bi-line to-and-fro funiculars

两个或两组运载工具分别在两条轨道线路上运行的往复式缆车。

2.4

拖牵索道 ski-tow

　　　　　draglift

用绳索牵引,在地面上运送乘客的索道。

2.4.1

低位拖牵索道 low surface lifts

拖牵索距地面高度小于 2 m 的拖牵索道。

2.4.2

高位拖牵索道 high surface lifts

拖牵索距地面高度在 2 m 以上的拖牵索道。

2.4.2.1

脱挂抱索器式拖牵索道 detachable draglift

拖牵器可以和拖牵索脱开或挂接的拖牵索道。

3 钢丝绳、末端固定装置和张紧装置

3.1

固定索 static rope
　　　　 fixed rope

至少有一端锚固的钢丝绳。

3.1.1

承载索 carrying rope
轨索 track rope

支承运载工具、运行小车可以沿其运动的固定索。

3.1.2

张紧索 tension rope

连接张紧重锤或张紧装置所使用的固定索。

3.1.3

制动索 brake rope

起制动作用的固定索。

3.1.4

信号索 signal rope

用于传输诸如控制信号、视频信号或电话通讯的固定索。

3.1.5

锚拉索 guy rope
　　　　 anchor rope

用于拉紧支架的固定索。

3.2

运动索 moving rope

按一定方向作纵向运动的绳索。

3.2.1

运载索 carrying-hauling rope

在单线架空索道中既承载又牵引运载工具的运动索。

3.2.2

牵引索 haulage rope；haul rope

用于牵引运载工具运行的运动索。

3.2.3

平衡索 counter rope

与运载工具相连接而不经过驱动轮的运动索。

3.2.4

拖牵索 towing rope
拖拉索 haul rope

牵引拖牵器沿预定线路运行的运动索。

3.2.5

无极绳；绳环 rope loop

通过编接形成闭环的运动索。

3.2.6

救援索 evacuation rope

用于移动救援车的运动索。

3.3

末端固定装置 end fixing
termination

将绳索的一个端头与被绳索拉住的部件相连接的装置。

3.4

双端锚固 double anchorage

固定索的两端均被锚固的状态。

3.5

可测可调装置 measurable andadjustable equipment

双端锚固后可测量和调整钢丝绳张力的装置。

3.6

双重锚固 double anchorage

增加一套绳卡以保证安全锚固。

3.7

钢丝绳编接 splicing of rope

通过绳股间的摩擦力将两个绳头连接起来的方式。

4 钢丝绳和运载工具的支承与导向、安全保护装置以及安全指示装置

4.1

绳轮 wheel
sheave

绳索绕过的旋转支承。

4.1.1

导向轮 deflection sheave

改变绳索方向的绳轮。

4.1.1.1

驱动轮 driving sheave

将动力传递给绳索的绳轮。

4.1.1.2

迂回轮 return sheave

绳索通过转角站或者端站时能够改变绳索运动方向的绳轮。

4.1.1.3

张紧轮 tension sheave

张紧索绕过的绳轮。

4.1.1.4

辊轮 roller

在接触点其半径小于绳索弯曲半径的绳轮。

4.2

托索轮 support sheave or roller

向上支承绳索的绳轮或辊轮。

4.3

压索轮 compression sheave or roller

向下压住绳索的绳轮或辊轮。

4.4

轮组 roller battery

依次排列用于改变运动索方向的一组导向轮及其支承结构。

4.5

组合式托压索轮组 support/compression roller battery

由托索轮和压索轮共同组成的轮组。

4.6

支索器 suspended haul rope support

在具有双承载索的双线架空索道中,与两承载索连接并装备一个或多个辊轮,为牵引索提供中间线路支承的部件。

4.7

滚子链 roller chain

钢丝绳安放在一系列相互连接形成链条的链节中,用来改变轨索运动方向的装置。

4.8

脱轨 derailment

运行小车或缆车的车轮离开其正常位置的状态。

4.9

脱索 derailment of rope
　　　deropement

绳索离开其正常支承位置的状态。

4.10

限制器 limiter

停止或限制索道运行的装置。

4.10.1

钢丝绳断绳停车器 slack rope stop

当牵引索断裂时,索道能停止运行的装置。

4.10.2

抱索异常停止器 malgrip stop

经过挂接器时,抱索器几何形状不正确或夹紧力未达到额定值时,能够使索道自动停止运行的保护装置。

4.10.3

车距限制器 car spacing limiter

限制运载工具位置间距的装置。

4.10.4
   下车位置限位器   over disembarkation position stop
   当运载工具超过下车位置时能够自动停车的装置。
4.10.5
   逆转限制器   reverse turn limiter
   当运载工具脱开后能够防止其反向滑行的装置。
4.10.6
   脱索保护装置   derail stop
   当钢丝绳脱离开绳槽时能自动停车的装置。
4.10.7
   减摆器   swing absorber
   能够减小车辆摆动的装置。
4.10.8
   防跳装置   guard against jump device
   既能保证轨索不脱离鞍座又不妨碍轨索纵向运动的装置。
4.10.9
   防碰报警装置   anti-collision warning device
   运载工具在过支架时，防止因偏摆量超过额定间隙而与支架相碰的报警装置。
4.10.10
   破断开关   fracture-rod switch
                derail shutdown switch
   索道运行异常时，使安全电路断开而立即停车的装置。
4.10.11
   捕捉器   rope catcher
              rope bracket
   为抓住脱轨的绳索而设置的装置。
4.10.12
   钢丝绳复位器   rope reengagement device
   为把从旋转支承上脱轨的钢丝绳恢复原位而设置的装置。
4.10.13
   防脱轨装置   anti-derailleur
   为防止脱轨而设置的装置。
4.11
   部件的失效保险功能   fail-safe action of a component
   无论任何故障都不会明显降低其固有的作用力的部件功能。
   注：该功能可以保证部件始终保持其初始位置状态，而不会出现功能失效的任何可能，例如靠重力或碟形弹簧组压力保持状态的部件即具有失效保险功能；对于靠电气、液压、气压或蓄能器的压力保持状态的部件则不具有失效保险功能。
4.12
   指示器   indicator
   传送信号的指示装置。
4.12.1
   位置指示器   position monitor
   提供运载工具在线路上的位置信息并可用于自动控制或监测索道运行的装置。

4.12.2
　　张紧行程指示器　tension travel indicator
　　显示张紧装置行程及位置的装置。

4.12.3
　　车门显示器　door lock indicator
　　显示车门状态的装置。

4.12.4
　　脱索指示器　derailment detector
　　当运动索脱索时能被检测到的装置。

4.12.5
　　钢丝绳搭碰检测装置　inspection device of touch of the rope
　　在往复式架空索道或缆车中,通过测量牵引索对地阻抗以便检测牵引索脱索或与承载索搭碰或缠绕,实现停车的检测装置。

4.12.6
　　风速警报器　anemometer
　　当风速超过允许值时能够自动发出警报信号的装置。

4.13
　　安全电路　safety control circuit
　　在索道沿线和站房内设置的、由安全装置组成的连锁电路。

5　运载工具、抱索器、拖牵器及其附属装置

5.1
　　运载工具　carriers
　　吊具　carriers
　　在架空索道或缆车上用于承载人员或物料的部件。

5.1.1
　　封闭式运载工具　closed carriers
　　既保护乘客免受恶劣天气的影响又能避免乘客在无助情况下于线路之间下车的运载工具。

5.1.1.1
　　吊厢　cabin
　　　　　　gondola
　　架空索道中使用的封闭式运载工具。

5.1.1.2
　　客车　carriage
　　在缆车或往复式架空索道中使用的封闭式运载工具。

5.1.2
　　敞开式运载工具　open carrier
　　不封闭的运载工具。

5.1.2.1
　　吊椅　chair
　　形状类似座椅的敞开式运载工具。

5.1.2.1.1
罩式吊椅　covered chair

装备了可移动式外罩、保护乘客免受恶劣天气影响的吊椅。

5.1.2.1.2
吊篮　basket

形状类似篮筐的敞开式运载工具。

5.1.3
车组式运载工具　group of carriers

多个顺序连接、作为一组使用的运载工具。

5.1.4
自行式运载工具　self-powered carrier

自身装备了驱动装置的运载工具。

5.1.5
有乘务员运载工具　attended carrier　accompanied carrier

配备了乘务员的运载工具。

5.1.6
货车　car

运送物料用的运载工具。

5.1.6.1
单线货运索道货车　monocable ropeway car

单线货运索道上所使用的运载工具。

5.1.6.2
双线货运索道货车　bi-cable ropeway car

双线货运索道上所使用的运载工具。

5.1.6.3
底开式货车　bottom opening ropeway car

车厢厢底可以打开卸料的货车。

5.1.6.4
托盘式货车　tray type car

带有托盘、用来运送成件物品的货车。

5.1.6.5
有盖货车　tilting type car

车厢带有厢盖的货车。

5.1.7
检修车　mainlenance carrier

用于检查维修线路及设备的运载工具。

5.1.8
加油车　oiling car

为承载索加润滑油的运载工具。

5.1.9
运行小车　carrier truck

与吊架相连接、行走在承载索上的行走机构。

5.1.9.1

水平牵引运行小车　horizontal type carriage

在架空索道中,牵引索与承载索平行布置的运行小车。

5.1.9.2

下部牵引运行小车　under type carriage

在架空索道中,牵引索布置在承载索下方的运行小车。

5.1.10

客车制动器　onboard brake

在客车上安装的、作用在承载索上的制动器。

5.1.10.1

运行小车制动器　carrier truck brake

在双线架空索道中,作用在轨索上的客车制动器。

5.1.10.2

轨道制动器　track brake

在缆车中,作用在一个或多个轨道上的客车制动器。

5.1.11

吊架　suspension

在架空索道运载工具中,使厢体、座椅或篮体与抱索器或运行小车相连接的部件。

5.1.12

安全围栏　safety bar

在吊椅上安装的用于防止乘客在运行中掉出以及在站房内上下车时可放下或抬起的部件。

5.2

拖牵器　tow-hanger

在拖牵索道中由抱索器和用于牵引乘客的部件组成的装置。

5.2.1

拖牵圆盘　platter

在拖牵索道中,直接与乘客相连的盘形部件。

5.2.2

T型杆　T-bar

在拖牵索道中,与乘客直接相连、具有倒T型结构的部件。

5.2.3

J型杆　J-bar

具有J型结构的小型单人吊架。

5.2.4

吊杆　rod

在吊架中把J型杆或拖牵圆盘与抱索器相连接的刚性部件。

5.2.5

弹簧盒　spring box

在吊架中,能使抱索器与T型杆J型杆或拖牵圆盘之间的线长自动与牵引条件相适应的部件。

5.2.5.1

拉绳　towing cord

T型杆或拖牵圆盘连接到弹簧盒上的绳索。

5.3

　　抱索器　grip

　　在运载工具或吊架上直接与牵引索或运载索相连接的部件。

5.3.1

　　固定抱索器　fixed grip

　　在索道运行过程中,在绳索上保持固定位置不能脱开的抱索器。

5.3.2

　　脱挂抱索器　detachable grip

　　到达索道站内时,能够与牵引索或运载索脱开的抱索器。

5.3.2.1

　　挂接　attachment

　　脱挂抱索器与牵引索或运载索相连接的过程。

5.3.2.2

　　脱开　detachment

　　脱挂抱索器与牵引索或运载索相分离的过程。

5.3.3

　　重力式抱索器　weight-operated grip

　　借助货车重力抱紧牵引索或运载索的抱索器。

5.3.4

　　螺旋式抱索器　screw type grip

　　强迫式抱索器　coercive grip

　　用螺旋强制抱紧牵引索或运载索的抱索器。

5.3.5

　　四连杆抱索器　four-bar linkage grip

　　具有四连杆机构的重力式抱索器。

5.3.6

　　鞍式抱索器　saddle type grip

　　　　　　　　automatic grip

　　利用两个带有凸齿形鞍形槽使其卡入运载索螺旋槽内的抱索器。

5.3.7

　　弹簧式抱索器　spring grip

　　利用弹簧力抱紧钢丝绳的抱索器。

5.3.8

　　抱卡　clamp

　　在固定抱索器或脱挂抱索器中环绕绳索、用足够压力压紧绳索以免打滑的装置。

5.4

　　挂接器　locking rail

　　　　　　locking frame

　　　　　　coupling rail

　　　　　　coupling frame

　　使抱索器能够与牵引索或运载索自动挂接的装置。

5.5

　　脱开器　unlocking rail

unlocking frame
uncoupling rail
uncoupling frame

使抱索器能够与牵引索或运载索自动脱开的装置。

5.6

悬挂导轨 suspended rail

悬挂在上方用于运载工具行走的刚性导轨。

5.6.1

单头扁轨 flat bottom rail
single bulb rail

一头可作为运载工具行走接触面的轨道。

5.6.2

双头扁轨 double bulb rail

两头皆可作为运载工具行走接触面的轨道。

5.6.3

铸造吊钩 cast-iron suspending hook

固结扁轨用的铸造悬挂装置。

5.6.4

焊接吊钩 welded suspending hook

固结扁轨用的焊接悬挂装置。

5.6.5

角座 cleat

连接扁轨用的角状固定座。

5.6.6

槽形轨道 channel suspending rail

接触面呈槽形的轨道。

5.6.7

停车轨道 shunt rail

用于停放运载工具的轨道。

5.7

扁轨连接板 fishplate

扁轨对接时连接两扁轨的鱼尾板。

5.8

道岔 rail switch

能够使站内的运载工具从一条轨道过渡到另一条轨道上的转向装置。

5.8.1

垂直道岔 vertical switch

道岔岔轨可以围绕一点在垂直方向转动的道岔。

5.8.2

水平道岔 horizontal switch

道岔岔轨可以围绕一点在水平方向转动的道岔。

5.8.3

左向道岔 left hand switch

从搭接点位置出发,使一条线路向左分岔运行的道岔(图3)。

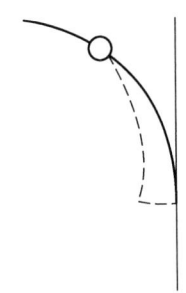

图 3

5.8.4

右向道岔 right hand switch

从搭接点位置出发,使一条线路向右分岔运行的道岔(图4)。

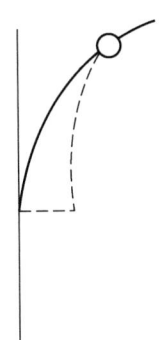

图 4

5.8.5

十字道岔 crossing switch

在站内连接十字交叉轨道的道岔(图5)。

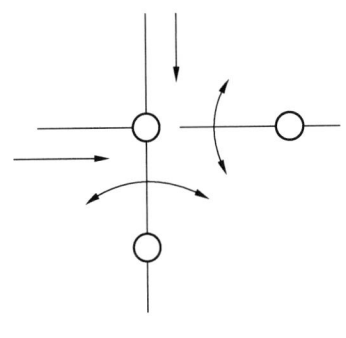

图 5

5.9

站内机械化设施 mechanization device in station

在站内可代替人工进行装卸车、推车等作业的机械设施(图6)。

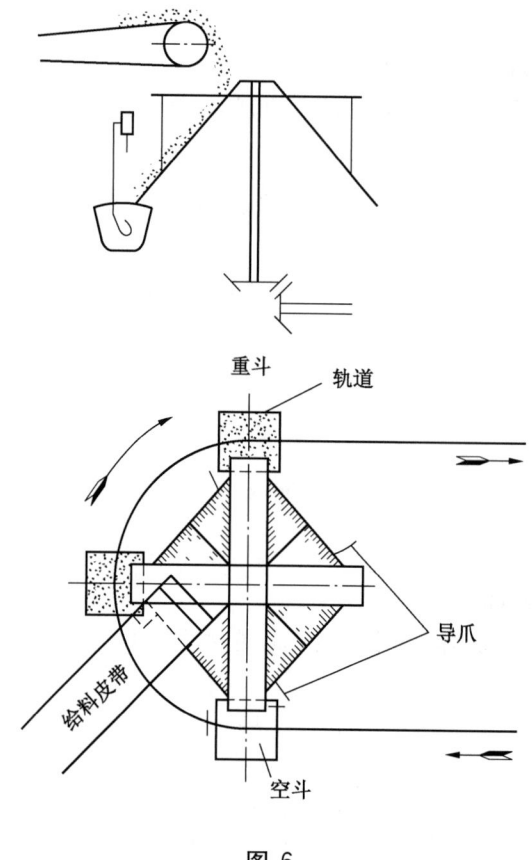

图 6

5.9.1
计重装置 gravity measure device
计量货物载重量的装置。

5.9.2
回转式装料机 rotating distributor
货运索道上的自动装载设备。

5.9.3
运载工具加速装置 carrier acceleration device
发车器 car feeder
在站内安装的、将运载工具加速到挂接所要求速度的装置。

5.9.4
运载工具减速装置 carrier deceleration device
在站内安装的、将进入站房内脱开的运载工具减速到一定值的装置。

5.9.5
止爪停车器 claw stopper
用止爪来阻止轨道上的运载工具运行的停车装置。

5.9.6
阻车器 kick-up block
阻止轨道上的运载工具运行的装置。

5.9.7
推车器 car pusher
由驱动装置带动推爪推动运载工具沿着轨道运行的装置。

GB/T 12738—2006 索道 术语

5.10
上车传送带 loading band
在上车区段安装的、用于降低运载工具与乘客之间的相对速度以便乘客顺利上车的设备。

5.11
错车段 Abt passing loop
会车段 Abt passing loop
在缆车中,客车在此处错车的轨道。

6 站房、线路、线路设施以及拖牵道

6.1
站房 station
线路起止站和分段相衔接的设施。

6.1.1
驱动站 driving station
驱动装置所在的站房。

6.1.2
迂回站 return station
牵引索或运载索在此自动迂回的站房。

6.1.3
中间站 intermediate station
建在驱动站和迂回站之间的站房。

6.1.4
交汇站 junction station
两条或两条以上的索道在此交汇的站房。

6.1.5
转角站 angle station
为使索道的运行方向有较大改变而设置的站房。

6.1.6
锚固站 anchorage station
锚固承载索的站房。

6.1.7
双锚固站 double anchorage station
相邻张紧区段承载索的末端在此锚固的站房。

6.1.8
张紧站 tension station
设置张紧装置的站房。

6.1.9
双张紧站 double tension station
相邻张紧区段承载索的末端在此张紧的站房。

6.1.10
张锚站 anchorage-tension station
相邻两区段承载索末端一端锚固一端张紧的站房。

6.1.11

上站　mountain station
　　　upper station

驱动站和迂回站中相对位置较高的站房。

6.1.12

下站　valley station
　　　lower station

驱动站和迂回站中相对位置较低的站房。

6.1.13

上车区/下车区　loading/unloading area

允许乘客上下运载工具的专用区域。

6.1.14

上车站台/下车站台　loading/unloading platform

允许乘客上下运载工具的专用平台。

6.2

线路　route
　　　line

运载工具能够顺利通行的路线。

6.2.1

线路侧形　line profile

索道路线中心线的纵断面。

6.2.1.1

凸起侧形　convex profile

纵断面呈向上凸起地段的线路侧形。

6.2.1.2

凹陷侧形　concave profile

纵断面呈向下凹陷地段的线路侧形。

6.2.1.3

平坦侧形　level or uniformly inclined profile

纵断面呈等坡度地段的线路侧形。

6.2.2

高差(H)　difference in level

索道从起点站口到终点站口或部分区段两端索底标高之差(m)。

6.2.2.1

支架间高差(h)　difference in level between the trestles

相邻两支架索底标高之差(m)。

6.2.3

水平长度(L)　horizontal length

索道从起点站口到终点站口或部分区段两端之间的水平投影长度(m)。

6.2.3.1

平距　horizontal length

相邻两点之间的水平距离(m)。

6.2.3.2

跨距(l) span

相邻两支架中心线之间的水平距离(m)。

6.2.4

斜长(L') sloping length

索道从起点站口到终点站口或部分区段两端之间的斜线长度(m)。

6.2.5

索距(K) gauge
track centers

支架两侧承载索或运载索中心线之间的距离,对于双环路单线架空索道,索距为双承载索或双环路几何中心线之间的距离(m)。

6.2.6

弦线 chord

绳索在相邻两支架顶部之间的连线。

6.2.6.1

弦倾角(β) chord inclination

弦线与水平线的夹角(图7)。

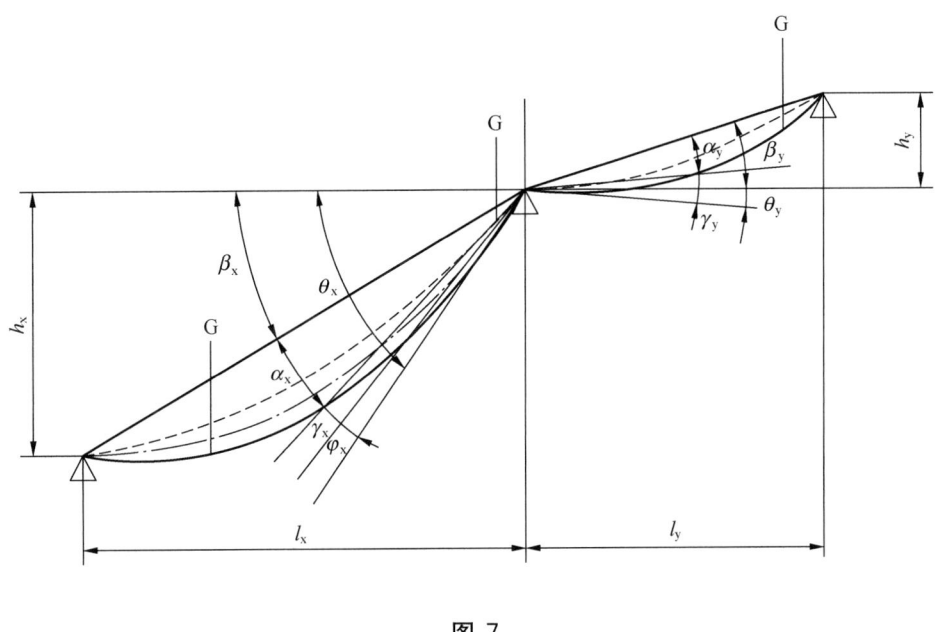

图 7

6.2.7

悬曲线 curve of suspension rope

绳索在跨距之间悬挂时所形成的曲线。

6.2.7.1

自由悬曲线 curve of suspension empty rope

空绳在跨距之间自由悬挂时,由绳索自重所形成的曲线。

6.2.8

垂度(f) sag

在跨距内绳索悬曲线任一点与弦线之间的垂直距离(m)。

6.2.9

倾角 rope inclination angle

绳索在支架处悬曲线的切线与弦线之间所形成的夹角。

6.2.9.1

自重倾角（α） unloaded rope inclination angle

当绳索受最大或最小张力时,绳索在支架处悬曲线的切线与弦线的夹角。

6.2.9.2

有载倾角（γ） loaded rope inclination angle

在支架处,绳索有载荷时悬曲线的切线与自由悬曲线的切线之间所形成的夹角。

6.2.9.2.1

车辆行进角（φ） approach angle

当运载工具接近支架时,绳索悬曲线在支架处的切线与绳索有载时的切线所形成的夹角。

6.2.10

爬坡角（θ） upgrade angle

运载工具处绳索悬曲线的切线与水平线所形成的夹角。

6.2.11

弦折角（δ） deflection angle of chord

支架处相邻两跨距的弦线所形成的折角。

6.2.12

最大折角 maximum deflection angle

当绳索满载而张力最小时,支架处相邻跨绳索悬曲线的切线所形成的夹角。

6.2.13

最小折角 minimum deflection angle

当绳索空载而张力最大时,支架处相邻跨绳索悬曲线的切线所形成的夹角。

6.2.14

离地高度 height above ground

运载工具最低点与地面、水面、雪面、冰面或障碍物等物体顶面之间的垂直距离。

6.2.15

最大坡度 maximum gradient

在线路上某区段内所形成的最大倾斜度(%)。

6.2.16

平均坡度 average gradient

整个线路或部分区段内两端的高差与相应水平距离的比值(%)。

6.3

线路设施 line equipment

在站房之间构成索道部分的所有固定设施。

6.3.1

支架 trestle

在索道线路上用以支承绳索的构筑物。

6.3.1.1

T形支架 T-trestle

竖立在线路上呈T形的支架。

6.3.1.2

Γ形支架 Γ-trestle

竖立在线路上呈Γ形的支架。

6.3.1.3

门形支架 portal trestle

竖立在线路上横梁两端可以伸出悬臂、呈门字形的支架。

6.3.1.4

箱形支架 box-section trestle

横断面为箱形的支架。

6.3.1.5

桁架式支架 lattice trestle

具有桁架结构的支架。

6.3.1.6

圆筒形支架 round tubular trestle

断面呈圆筒形的支架。

6.3.1.7

钢筋混凝土支架 armored concrete trestle

用钢筋混凝土建成的支架。

6.3.1.8

钢支架 steel trestle

用型钢焊接或铆接成的支架。

6.3.1.9

可调式支架 adjustable trestle

可调整位置的支架。

6.3.1.10

支架检修平台 assembly platform

安装在支架上作为检修用的平台。

6.3.1.11

支架爬梯 ladder

支架上装设的供检修人员上下的爬梯。

6.3.1.12

起吊架 assembly lifting beam

设置在支架顶部用来提升钢丝绳或其他设备的臂架。

6.3.1.13

支架横担 cross beam

支架上承托鞍座或运载索托索轮的横梁。

6.3.1.14

支架导向装置 guard rails

在支架侧面装设的引导运载工具安全通过的导向设施。

6.3.2

鞍座 saddle

带鞍形沟槽、支承承载索的构件。

6.3.2.1
固定式鞍座　fixed saddle
固定不动、用于支承承载索的构件。

6.3.2.2
摇摆式鞍座　oscillating saddle
根据承载索倾角变化可转动一定角度的鞍座。

6.3.2.3
偏斜鞍座　deflecting saddle
引导承载索、使其倾斜的鞍座。

6.3.2.4
硬轨桥　pressure frame
承压架　pressure frame
用以代替在凸起区段上多个支架的构架。

6.3.2.5
滚子链底座　roller chain saddle
在承载索张紧端辊子链的下面,用来承托承载索的带有导轨的支承装置。

6.4
保护桥　protection bridge
架设在地面上方的桥式保护设施。

6.5
保护网　protection net
架设在地面上方的网式保护设施。

6.6
工作平台　work platform
维修操作用的平台结构。

6.7
拖牵道　tow-track
借助拖牵器等装置牵引乘客沿其运行的地面路线。

7 驱动系统和制动器

7.1
驱动和制动系统　driving and braking system
动力供应系统,包括驱动机、传动单元以及在规定条件下索道运行所需的控制装置、安全装置以及制动装置。

7.1.1
驱动机　drive
带动运动索运行的驱动装置。

7.1.1.1
主驱动机　main drive
用于保证正常运行的驱动装置。

7.1.1.2
辅助驱动机 auxiliary drive

不同于主驱动机的驱动装置，在主驱动机出现故障时，可代替主驱动机提供动力，功率可能减小，但在正常运行时具有和主驱动机同等的安全等级。

7.1.1.3
紧急驱动机 recovery drive

当其他驱动装置不可用时，用来回收运载工具的专用驱动装置。

7.1.1.4
救援驱动机 evacuation drive

救援系统所用的驱动装置。

7.1.1.5
立式驱动机 vertical drive

驱动轮垂直安装的驱动装置。

7.1.1.6
卧式驱动机 borizontal drive

驱动轮水平安装的驱动装置。

7.1.1.7
差动机构 differential machinery

在双牵引往复式架空索道中，在驱动机的两绳轮之间安装的用于微调两牵引索之间张力以达到相互平衡的装置。

7.1.1.8
调绳装置 adjustable rope device

在双牵引往复式架空索道中，在驱动机处安装的用于调整两牵引索之间长度的装置。

7.2
工作制动器 service brake

安装在驱动机上主要用于在正常运行条件下停车并且使索道保持静止状态的机械制动器。

7.3
安全制动器 safety brake

在索道出现故障的情况下，用于紧急停车的制动器。

7.4
停车 stop

使索道保持静止状态。

7.4.1
正常停车 normal stop

工作停车 service stop

驱动机断电后，工作制动器动作使索道停止运行。

7.4.2
安全停车 safe stop

驱动机断电后，工作制动器立即动作，紧急制动器在延时一段时间后起制动作用，使索道停止运行。

7.4.3
紧急停车 emergency stop

在可能危及乘客、设备或其他人员安全的情况下使索道立即停止运行。

7.5

维修开关 maintenance switch

维修时为防止索道意外启动而设置的用于保护维修人员的手动安全开关。

8 应急运行及救援

8.1

应急运行 recovery

使用专门程序及索道自有资源将运载工具和乘客拉回站房的操作过程。

8.2

救援 evacuation
　　　rescue

索道无法开动时将乘客转移到安全地点所采取的措施。

8.3

救援方案 evacuation plan

为疏散乘客应执行的程序文件的总和,包含人员及物资。

8.4

垂直救援 vertical rescue

利用救援设备直接将乘客自上而下从运载工具上救援到地面的方式。

8.5

水平救援 horizontal rescue

利用救援设备沿索道线路将乘客转移到临近支架上或站房内的方式。

9 运行

9.1

运行 operation

借助索道运送乘客或物料的行为。

9.1.1

正常作业条件 normal operating condition

满足所有下列条件的作业条件称为正常作业条件：
——索道处于正常工作状态,必要的人员位于工作岗位;
——天气、能见度以及其他外部条件不需要采取特别措施;
——乘客没有不舒适感觉;
——主驱动机工作。

9.1.2

倒转 runback

与正常运行方向相反的运行状态。

9.1.3

主要负责人 controller

对索道运行具有全面法定权力、经济和技术职责的自然人或法人。

9.1.4

乘务员 attendant

conductor

在索道运行期间,坐在运载工具内对其运行有特定职责的工作人员。

9.1.5

客运索道作业人员 operator

负责检查、维护、操作和管理索道并保证其安全运行的人员。

10 性能参数

10.1

工作循环 operation cycle

运载工具运送载荷从起点运行,到再次回到起点的全部工作过程。

10.2

工作周期 operating cycle time

循环时间 operating cycle time

运载工具循环一圈所用的时间(s)。

10.3

运载工具间距(I_c) car spacing in meters

线路上相邻两个运载工具之间的距离(m)。

10.4

运载工具发车时间间隔(t_c) car spacing in seconds

线路上相邻两个运载工具之间的时间间隔(s)。

10.5

小时发车数(m_c) number of cars sent per hour

一个小时内向线路上发送运载工具的数量。

11 载荷参数

11.1

运量(Q) transport capacity

单位时间运送人员或货物的数量(指单程,p/h 或 t/h)。

注:p 代表人数,t 代表货物重量(kN),h 代表时间(小时)。

11.2

有效载荷(G_y) useful load
　　　　　　　　pay load

运载工具内的人员及物品重力(N)。

11.3

运载工具自重力(G_c) dead load
　　　　　　　　　　weight of a car

包括运行小车和吊架等机构在内的运载工具的自身重力(N)。

11.4

运载工具总重力(G) total suspended load
　　　　　　　　　　suspended load capacity

运载工具自重力加有效载荷(N)。

11.5
均布载荷　uniform load

在绳索上均匀分布的载荷。

11.5.1
重载侧线路均布载荷(q_z)　load-side uniformity load

在重载侧线路上,运载工具间距内单位长度的重力(N/m)。

11.5.2
空载侧线路均布载荷(q_k)　empty-side uniformity load

在空载侧线路上,运载工具间距内单位长度的重力(N/m)。

11.6
集中载荷　concentrated load

在绳索上集中分布的载荷。

11.7
承载索单位重力(q_c)　unit weight of the carrying rope

承载索单位长度重力(N/m)。

11.8
牵引索单位重力(q_Q)　unit weight of the hauling rope

牵引索单位长度重力(N/m)。

11.9
运载索单位重力(q_y)　unit weight of the transport rope

运载索单位长度重力(N/m)。

11.10
平衡索单位重力(q_p)　unit weight of the counter rope

平衡索单位长度重力(N/m)。

11.11
轮压(P_r)　wheel load

一个车轮作用在承载索上的最大径向载荷(N)。

11.12
车辆轮压总和(P)　car pressure

一个运载工具作用在承载索上的最大径向载荷(N)。

11.13
横向载荷　transverse load

作用在各支承点上且与绳索轴心线垂直的载荷(N)。

11.13.1
支架垂直载荷(V)　vertical load on trestle

作用在支架鞍座上或托索轮上的垂直载荷(N)。

11.13.2
支架水平载荷(H)　horizontal load on trestle

作用在支架鞍座上或托索轮上的水平载荷(N)。

11.14
车厢内地板面积(A)　floor area

车厢内地板净面积(m²)。

11.15

比压 specific press

单位面积上产生的压力。

11.16

额定张紧力 nominal tension

通过重锤式张紧装置作用在绳索上的理论静态力,或在使用其他张紧装置的情况下,取规定的张紧力限定值的平均值。

11.17

轮径比 bending ratio

绳轮中轮衬底圆直径(D)与钢丝绳名义直径(d)的比值或导靴、鞍座、滚子链底座的曲率半径(R)与钢丝绳名义直径(d)的比值。

11.18

横向载荷系数 transverse force factor

钢丝绳中某点的拉力与部件作用在该点的垂直力的比值。

11.19

靠贴系数 dependent factor

在托索轮或鞍座上,作用在绳索上的横向力与绳索自重所产生的压力的比值。

11.20

体形系数 bodily form factor

根据物体的形状所确定的风载系数。

中华人民共和国国家标准

GB/T 17145—1997

废润滑油回收与再生利用技术导则

Technical guides for collection and re-refining of used oil

1997-12-12 发布　　　　　　　　　　　1998-07-01 实施

国家技术监督局　发布

GB/T 17145—1997 废润滑油回收与再生利用技术导则

前 言

润滑油是石油加工中的高附加值产品,提炼工艺复杂,建厂投资大,分析评定费用高。回收与再生利用废弃的润滑油,既可节约有限的资源,又可防止对环境的污染,减少目前废润滑油随意洒、漏或燃烧的现象。

进行废润滑油回收和再生利用标准的制订,是一项极为重要的节约能源和保护环境的措施。

本标准是废油回收再生利用的第一个国家标准,它填补了我国废油回收与再生利用工作中无标准可依的空白。

本标准是按照GB/T 1.1—1993的要求编写的。

本标准由全国能源基础与管理标准化技术委员会提出。

本标准由全国能源基础与管理标准化技术委员会归口。

本标准起草单位:中国标准化与信息分类编码研究所。

本标准主要起草人:沈国超、贾铁鹰、崔华、晏双利、李西昌、丁万成、陈和熙。

废润滑油回收与再生利用技术导则

1 范围

本标准规定了废润滑油的定义、分类、分级、回收与管理、再生与利用。
本标准适用于用油单位和个人更换下来的废润滑油和废润滑油的回收、再生、销售及管理。

2 引用标准

下列标准包含的条文,通过在本标准中引用而构成为本标准的条文。本标准出版时,所示版本均为有效。所有标准都会被修订,使用本标准的各方应探讨使用下列标准最新版本的可能性。
GB/T 261—1983　石油产品闪点测定法(闭口杯法)
GB/T 3536—1987　石油闪点和燃点测定法(克利夫兰开口杯法)
GB/T 7631.1—1987　润滑剂和有关产品(L类)的分类　第一部分　总分组
GB/T 8030—1987　润滑油现场检验法
GB 8978—1988　污水综合排放标准
GB 16297—1996　大气污染物综合排放标准

3 定义

本标准采用下列定义。

3.1 废润滑油　used oil

润滑油在各种机械、设备使用过程中,由于受空气的氧化、热分解作用和杂质污染,其理化性能达到各自的换油指标,被换下来的油统称废润滑油(以下简称废油)。

3.2 废油再生　re-refining of used oil

将废油经处理或精制,除去变质的组分和混入的杂质,根据需要,加入适量的添加剂,使其达到一定种类新油标准的过程。

3.3 废油回收率　rate of recovery

废润滑油回收量与原用油量的百分比。

4 分类

更换下来的废油按 GB/T 7631.1 进行对应的分类和命名。
回收利用的废油包括:
a) 废内燃机油;
b) 废齿轮油;
c) 废液压油;

d) 废专用油(包括废变压器油[1]、废压缩机油、废汽轮机油、废热处理油等)。

5 分级

5.1 根据废油的变质程度、被污染情况、水分含量及轻组分含量等来划分等级。

5.2 废油分级指标见表1,一级废油变质程度低,包括因积压变质及混油事故而不能使用的油,二级废油变质程度较高,本表所列油品外的各类废油可按蒸后损失的百分比划分等级,≤3%为一级,≤5%为二级。

表 1 废油分级

类别	检测项目	一级	二级	试验方法
废内燃机油	外观	油质均匀,色棕黄,手捻稠滑无微粒感,无明水、异物	油质均匀,色黑,手捻稠滑无微粒感,无刺激性异味,无明水、异物	感观测试
	滤纸斑点试验(a值)[1]	扩散环呈浅灰色,油环透明到浅黄色。 $1 \leq a$值≤ 1.5	扩散环呈灰黑色,油环呈黄色至黄褐色。 $2 \leq a$值≤ 3.5	GB/T 8030 滤纸斑点试验法
	比较粘度 试验温度40 ℃	试样中钢球落下的速度慢于下限参比油,快于上限参比油。 下限参比油 $v_{100℃} = 18 \text{ mm}^2/\text{s}$ 上限参比油 $v_{100℃} = 8 \text{ mm}^2/\text{s}$	试样中钢球落下的速度快于下限参比油,慢于上限参比油。 下限参比油 $v_{100℃} = 18 \text{ mm}^2/\text{s}$ 上限参比油 $v_{100℃} = 8 \text{ mm}^2/\text{s}$	GB/T 8030 采用滚动落球比较粘度计
	闪点(开口) (闭口)	≥120 >70	≥80 >50	GB/T 3536 GB/T 261
	蒸后损失(%)[2]	≤3	≤5	

1) 斑点试验a值为油环直径D与扩散环直径d的比值,即D/d。当油环颜色明显加深呈褐色、a值也明显增大时,说明混有较多重柴油和齿轮油,应列为废混杂油。

2) 蒸后损失(%)是废油经室温静置24 h,除去容器底部明水以后的油为试油进行测定的。测定方法是取试油1 L,充分搅动后取100 g(准确至0.01 g)盛在干燥清洁的200 mL烧杯中,用控温电炉缓缓加热并搅拌,控制油温缓慢升至160 ℃,待油面由沸腾状逐渐转为平静为止。此时,试油所减少的重量(克数)与充分搅动后量取重量的比,即为该油的蒸后损失(%)。因蒸出物中含有轻质可燃组分,测定时应注意防火安全。

5.3 二级以下的废油称为废混杂油

6 回收与管理

6.1 各产生废油单位应指定专人专职或兼职管理废油的回收工作。

6.2 回收的废油要集中分类存放管理,定期交售给有关部门认可的废油再生厂或回收废油的部门,不得交售无证单位和个人。

---

1) 对含有多氯联苯的废变压器油,应按有关环保要求集中处置。

6.3 废油回收率见表2。

表 2 废油回收率

%

废油种类	内燃机油	齿轮油	液压油	专用油
回收率	>35	>50	>80	>90

6.4 回收的废油按第4、5章要求分类分级并妥善存放,防止混入泥沙、雨水或其他杂物。严禁人为混杂或掺水。

6.5 废油回收部门和废油管理部门都应作好回收场地的环境保护工作,严禁各单位及个人私自处理和烧、倒或掩埋废油。

7 再生与利用

7.1 废油再生厂必须具备的条件

7.1.1 合理的再生设备和生产工艺流程。

7.1.2 专职技术人员和规定的化验评定手段。

7.1.3 再生油的质量,应符合国家油品标准规定的各项理化性能和使用性能要求,再生后作为内燃机油使用的还应通过发动机(台架)试验评定。

7.1.4 具有符合要求的三废治理设施和安全消防设施。对生产过程中排放的废气废水废渣的处理要符合 GB 16297、GB 8978 及其他相应环保要求。严禁对环境的二次污染。具备上述条件的废油再生厂,须经技术监督及环境保护部门审定,"合格"才可对废油进行再生加工生产,不"合格"的不得从事废油再生加工生产。

7.1.5 废油再生厂所产生废渣废液的处理。废油再生厂在生产过程中所产生的废渣、废液等,应进行综合利用,不能综合利用的应按环保部门规定妥善处理,达标排放。

7.2 再生油的利用

7.2.1 国家鼓励废油的回收、再生和使用再生油,并制定优惠政策。

7.2.2 凡废油再生厂生产出来各种符合国家标准的再生油品,石油产品经销部门可按质论价进行收购,供应市场,凡不符合国家标准要求的再生油品,石油经销部门不予收购。

7.2.3 对生产销售劣质石油产品的再生厂和石油产品经销部门,技术监督等执法部门要依照国家法律严肃查处。

7.2.4 企业中自收、自炼、自用的废油再生车间所生产的产品应在本企业内使用,如对外销售其产品质量应符合本标准的要求。

ICS 03.200
A 12

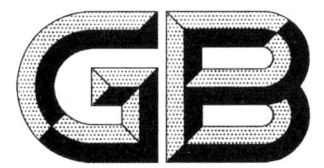

中华人民共和国国家标准

GB/T 17775—2003
代替 GB/T 17775—1999

旅游区（点）质量等级的划分与评定

Standard of rating for quality of tourist attractions

2003-02-24 发布

2003-05-01 实施

中华人民共和国国家质量监督检验检疫总局　发 布

前 言

本标准从实施之日起,代替 GB/T 17775—1999《旅游区(点)质量等级的划分与评定》。本标准与 GB/T 17775—1999 相比,主要修改如下:
——在划分等级中增加了 AAAAA 级旅游区(点)。新增的 AAAAA 级主要从细节方面、景区的文化性和特色性等方面做更高要求;
——对原 AAAA 级旅游区(点)的划分条件均进行了修订,强化以人为本的服务宗旨,AAAA 级旅游区(点)增加细节性、文化性和特色性要求;
——细化了关于资源吸引力和市场影响力方面的划分条件。

本标准由国家旅游局提出。

本标准由全国旅游标准化技术委员会归口并负责解释。

本标准起草单位:国家旅游局规划发展与财务司。

本标准主要起草人:魏小安、汪黎明、彭德成、潘肖澎、周梅。

GB/T 17775—2003 旅游区(点)质量等级的划分与评定

引 言

本标准的制定旨在加强对旅游区(点)的管理,提高旅游区(点)服务质量,维护旅游区(点)和旅游者的合法权益,促进我国旅游资源开发、利用和环境保护。

本标准在制定过程中,总结了国内旅游区(点)的管理经验,借鉴了国内外有关资料和技术规程,并直接引用了部分国家标准或标准条文。同时,根据 GB/T 17775—1999《旅游区(点)质量等级的划分与评定》自1999年至今近三年时间的实施情况,在原标准基础上对一些内容进行了修订,使其更加符合旅游区(点)的发展实际。

旅游区(点)质量等级的划分与评定

1 范围

本标准规定了旅游区(点)质量等级划分的依据、条件及评定的基本要求。

本标准适用于接待海内外旅游者的各种类型的旅游区(点),包括以自然景观及人文景观为主的旅游区(点)。

2 规范性引用文件

下列文件中的条款通过本标准的引用而成为本标准的条款。凡是注日期的引用文件,其随后所有的修改单(不包括勘误的内容)或修订版均不适用于本标准,然而,鼓励根据本标准达成协议的各方研究是否可使用这些文件的最新版本。凡是不注日期的引用文件,其最新版本适用于本标准。

GB 3095—1996　环境空气质量标准

GB 3096—1993　城市区域环境噪声标准

GB 3838　地表水环境质量标准

GB 8978　污水综合排放标准

GB 9664　文化娱乐场所卫生标准

GB 9667　游泳场所卫生标准

GB/T 10001.1　标志用公共信息图形符号　第1部分:通用符号(GB/T 10001.1—2000,neq ISO 7001:1990)

GB/T 15971—1995　导游服务质量

GB 16153　饭馆(餐厅)卫生标准

GB/T 16767　游乐园(场)安全和服务质量

3 术语和定义

下列术语和定义适用于本标准。

3.1 旅游区(点)　tourist attraction

旅游区(点)是以旅游及其相关活动为主要功能或主要功能之一的空间或地域。本标准中旅游区(点)是指具有参观游览、休闲度假、康乐健身等功能,具备相应旅游服务设施并提供相应旅游服务的独立管理区。该管理区应有统一的经营管理机构和明确的地域范围。包括风景区、文博院馆、寺庙观堂、旅游度假区、自然保护区、主题公园、森林公园、地质公园、游乐园、动物园、植物园及工业、农业、经贸、科教、军事、体育、文化艺术等各类旅游区(点)。

3.2 旅游资源　tourism resources

自然界和人类社会凡能对旅游者产生吸引力,可以为旅游业开发利用,并可产生经济效益、社会效益和环境效益的各种事物和因素。

3.3 游客中心 tourist center

旅游区(点)设立的为游客提供信息、咨询、游程安排、讲解、教育、休息等旅游设施和服务功能的专门场所。

4 旅游区(点)质量等级及标志

4.1 旅游区(点)质量等级划分为五级,从高到低依次为 AAAAA、AAAA、AAA、AA、A 级旅游区(点)。
4.2 旅游区(点)质量等级的标志、标牌、证书由国家旅游行政主管部门统一规定。

5 旅游区(点)质量等级划分条件

5.1 AAAAA 级旅游区(点)

5.1.1 旅游交通
  a) 可进入性好。交通设施完善,进出便捷。或具有一级公路或高等级航道、航线直达;或具有旅游专线交通工具。
  b) 有与景观环境相协调的专用停车场或船舶码头。且管理完善,布局合理,容量能充分满足游客接待量要求。场地平整坚实、绿化美观或水域畅通、清洁。标志规范、醒目、美观。
  c) 区内游览(参观)路线或航道布局合理、顺畅,与观赏内容联结度高,兴奋感强。路面特色突出,或航道水体清澈。
  d) 区内应使用清洁能源的交通工具。

5.1.2 游览
  a) 游客中心位置合理,规模适度,设施齐全,功能体现充分。咨询服务人员配备齐全,业务熟练,服务热情。
  b) 各种引导标识(包括导游全景图、导览图、标识牌、景物介绍牌等)造型特色突出,艺术感和文化气息浓厚,能烘托总体环境。标识牌和景物介绍牌设置合理。
  c) 公众信息资料(如研究论著、科普读物、综合画册、音像制品、导游图和导游材料等)特色突出,品种齐全,内容丰富,文字优美,制作精美,适时更新。
  d) 导游员(讲解员)持证上岗,人数及语种能满足游客需要。普通话达标率100%。导游员(讲解员)均应具备大专以上文化程度,其中本科以上不少于30%。
  e) 导游(讲解)词科学、准确、有文采。导游服务具有针对性,强调个性化,服务质量达到 GB/T 15971—1995 中 4.5.3 和第 5 章要求。
  f) 公共信息图形符号的设置合理,设计精美,特色突出,有艺术感和文化气息,符合 GB/T 10001.1 的规定。
  g) 游客公共休息设施布局合理,数量充足,设计精美,特色突出,有艺术感和文化气息。

5.1.3 旅游安全
  a) 认真执行公安、交通、劳动、质量监督、旅游等有关部门制定和颁布的安全法规,建立完善的安全保卫制度,工作全面落实。
  b) 消防、防盗、救护等设备齐全、完好、有效,交通、机电、游览、娱乐等设备完好,运行正常,无安全隐患。游乐园达到 GB/T 16767 规定的安全和服务标准。危险地段标志明显,防护设施齐备、有效、特殊地段有专人看守。
  c) 建立紧急救援机制,设立医务室,并配备专职医务人员。设有突发事件处理预案,应急处理能力强,事故处理及时、妥当,档案记录准确、齐全。

5.1.4 卫生
   a) 环境整洁,无污水、污物,无乱建、乱堆、乱放现象,建筑物及各种设施设备无剥落、无污垢,空气清新、无异味。
   b) 各类场所全部达到 GB 9664 规定的要求,餐饮场所达到 GB 16153 规定的要求,游泳场所达到 GB 9667 规定的要求。
   c) 公共厕所布局合理,数量能满足需要,标识醒目美观,建筑造型景观化。所有厕所具备水冲、盥洗、通风设备,并保持完好或使用免水冲生态厕所。厕所设专人服务,洁具洁净、无污垢、无堵塞。室内整洁,有文化气息。
   d) 垃圾箱布局合理,标识明显,造型美观独特,与环境相协调。垃圾箱分类设置,垃圾清扫及时,日产日清。
   e) 食品卫生符合国家规定,餐饮服务配备消毒设施,不应使用对环境造成污染的一次性餐具。

5.1.5 邮电服务
   a) 提供邮政及邮政纪念服务。
   b) 通讯设施布局合理。出入口及游人集中场所设有公用电话,具备国际、国内直拨功能。
   c) 公用电话亭与环境相协调,标志美观醒目。
   d) 通讯方便,线路畅通,服务亲切,收费合理。
   e) 能接收手提电话信号。

5.1.6 旅游购物
   a) 购物场所布局合理,建筑造型、色彩、材质有特色,与环境协调。
   b) 对购物场所进行集中管理,环境整洁,秩序良好,无围追兜售、强买强卖现象。
   c) 对商品从业人员有统一管理措施和手段。
   d) 旅游商品种类丰富,本地区及本旅游区特色突出。

5.1.7 经营管理
   a) 管理体制健全,经营机制有效。
   b) 旅游质量、旅游安全、旅游统计等各项经营管理制度健全有效,贯彻措施得力,定期监督检查,有完整的书面记录和总结。
   c) 管理人员配备合理,中高级以上管理人员均具备大学以上文化程度。
   d) 具有独特的产品形象、良好的质量形象、鲜明的视觉形象和文明的员工形象,确立自身的品牌标志,并全面、恰当地使用。
   e) 有正式批准的旅游总体规划,开发建设项目符合规划要求。
   f) 培训机构、制度明确,人员、经费落实,业务培训全面,效果良好,上岗人员培训合格率达 100%。
   g) 投诉制度健全,人员落实、设备专用,投诉处理及时、妥善,档案记录完整。
   h) 为特定人群(老年人、儿童、残疾人等)配备旅游工具、用品,提供特殊服务。

5.1.8 资源和环境的保护
   a) 空气质量达 GB 3095—1996 的一级标准。
   b) 噪声质量达到 GB 3096—1993 的一类标准。
   c) 地面水环境质量达到 GB 3838 的规定。
   d) 污水排放达到 GB 8978 的规定。
   e) 自然景观和文物古迹保护手段科学,措施先进,能有效预防自然和人为破坏,保持自然景观和文物古迹的真实性和完整性。
   f) 科学管理游客容量。

g) 建筑布局合理,建筑物体量、高度、色彩、造型与景观相协调。出入口主体建筑格调突出,并烘托景观及环境。周边建筑物与景观格调协调,或具有一定的缓冲区域。

h) 环境氛围优良。绿化覆盖率高,植物与景观配置得当,景观与环境美化措施多样,效果好。

i) 区内各项设施设备符合国家关于环境保护的要求,不造成环境污染和其他公害,不破坏旅游资源和游览气氛。

5.1.9 旅游资源吸引力

a) 观赏游憩价值极高。

b) 同时具有极高历史价值、文化价值、科学价值,或其中一类价值具世界意义。

c) 有大量珍贵物种,或景观异常奇特,或有世界级资源实体。

d) 资源实体体量巨大,或资源类型多,或资源实体疏密度极优。

e) 资源实体完整无缺,保持原来形态与结构。

5.1.10 市场吸引力

a) 世界知名。

b) 美誉度极高。

c) 市场辐射力很强。

d) 主题鲜明,特色突出,独创性强。

5.1.11 年接待海内外旅游者60万人次以上,其中海外旅游者5万人次以上。

5.1.12 游客抽样调查满意率很高。

5.2 AAAA级旅游区(点)

5.2.1 旅游交通

a) 可进入性良好。交通设施完善,进出便捷。或具有一级公路或高等级航道、航线直达;或具有旅游专线交通工具。

b) 有与景观环境相协调的专用停车场或船舶码头。且管理完善,布局合理,容量能满足游客接待量要求。场地平整坚实或水域畅通。标志规范、醒目。

c) 区内游览(参观)路线或航道布局合理、顺畅,观赏面大。路面有特色,或航道水质良好。

d) 区内使用低排放的交通工具,或鼓励使用清洁能源的交通工具。

5.2.2 游览

a) 游客中心位置合理,规模适度,设施齐全,功能完善。咨询服务人员配备齐全,业务熟练,服务热情。

b) 各种引导标识(包括导游全景图、导览图、标识牌、景物介绍牌等)造型有特色,与景观环境相协调。标识牌和景物介绍牌设置合理。

c) 公众信息资料(如研究论著、科普读物、综合画册、音像制品、导游图和导游材料等)特色突出,品种齐全,内容丰富,制作良好,适时更新。

d) 导游员(讲解员)持证上岗,人数及语种能满足游客需要。普通话达标率100%。导游员(讲解员)均应具备高中以上文化程度,其中大专以上不少于40%。

e) 导游(讲解)词科学、准确、生动。导游服务质量达到GB/T 15971—1995中4.5.3和第5章要求。

f) 公共信息图形符号的设置合理,设计精美,有特色,有艺术感,符合GB/T 10001.1的规定。

g) 游客公共休息设施布局合理,数量充足,设计精美,有特色,有艺术感。

5.2.3 旅游安全

a) 认真执行公安、交通、劳动、质量监督、旅游等有关部门制定和颁布的安全法规,建立完善的安全保卫制度,工作全面落实。

b) 消防、防盗、救护等设备齐全、完好、有效,交通、机电、游览、娱乐等设备完好,运行正常,无安全隐患。游乐园达到GB/T 16767规定的安全和服务标准。危险地段标志明显,防护设施齐备、有效,高峰期有专人看守。

c) 建立紧急救援机制,设立医务室,并配备医务人员。设有突发事件处理预案,应急处理能力强,事故处理及时、妥当,档案记录准确、齐全。

5.2.4 卫生

a) 环境整洁,无污水、污物,无乱建、乱堆、乱放现象,建筑物及各种设施设备无剥落、无污垢,空气清新、无异味。

b) 各类场所全部达到GB 9664规定的要求,餐饮场所达到GB 16153规定的要求,游泳场所达到GB 9667规定的要求。

c) 公共厕所布局合理,数量能满足需要,标识醒目美观,建筑造型与景观环境相协调。所有厕所具备水冲、盥洗、通风设备,并保持完好或使用免水冲生态厕所。厕所管理完善,洁具洁净、无污垢、无堵塞。室内整洁。

d) 垃圾箱布局合理,标识明显,数量能满足需要,造型美观,与环境相协调。垃圾分类收集,清扫及时,日产日清。

e) 食品卫生符合国家规定,餐饮服务配备消毒设施,不使用对环境造成污染的一次性餐具。

5.2.5 邮电服务

a) 提供邮政及邮政纪念服务。

b) 通讯设施布局合理。出入口及游人集中场所设有公用电话,具备国际、国内直拨功能。

c) 公用电话亭与环境相协调,标志美观醒目。

d) 通讯方便,线路畅通,服务亲切,收费合理。

e) 能接收手提电话信号。

5.2.6 旅游购物

a) 购物场所布局合理,建筑造型、色彩、材质有特色,与环境协调。

b) 对购物场所进行集中管理,环境整洁,秩序良好,无围追兜售、强买强卖现象。

c) 对商品从业人员有统一管理措施和手段。

d) 旅游商品种类丰富,具有本地区特色。

5.2.7 经营管理

a) 管理体制健全,经营机制有效。

b) 旅游质量、旅游安全、旅游统计等各项经营管理制度健全有效,贯彻措施得力,定期监督检查,有完整的书面记录和总结。

c) 管理人员配备合理,高级管理人员均应具备大学以上文化程度。

d) 具有独特的产品形象、良好的质量形象、鲜明的视觉形象和文明的员工形象,确立自身的品牌标志,并全面、恰当地使用。

e) 有正式批准的旅游总体规划,开发建设项目符合规划要求。

f) 培训机构、制度明确,人员、经费落实,业务培训全面,效果良好,上岗人员培训合格率达100%。

g) 投诉制度健全,人员、设备落实,投诉处理及时、妥善,档案记录完整。

h) 为特定人群(老年人、儿童、残疾人等)配备旅游工具、用品,提供特殊服务。

5.2.8 资源和环境的保护

a) 空气质量达GB 3095—1996的一级标准。

b) 噪声质量达到GB 3096—1993的一类标准。

c) 地面水环境质量达到GB 3838的规定。

d) 污水排放达到 GB 8978 的规定。
e) 自然景观和文物古迹保护手段科学,措施先进,能有效预防自然和人为破坏,保持自然景观和文物古迹的真实性和完整性。
f) 科学管理游客容量。
g) 建筑布局合理,建筑物体量、高度、色彩、造型与景观相协调。出入口主体建筑有格调,与景观环境相协调。周边建筑物与景观格调协调,或具有一定的缓冲区域或隔离带。
h) 环境氛围良好。绿化覆盖率高,植物与景观配置得当,景观与环境美化措施多样,效果良好。
i) 区内各项设施设备符合国家关于环境保护的要求,不造成环境污染和其他公害,不破坏旅游资源和游览气氛。

5.2.9 旅游资源吸引力

a) 观赏游憩价值很高。
b) 同时具有很高历史价值、文化价值、科学价值,或其中一类价值具全国意义。
c) 有很多珍贵物种,或景观非常奇特,或有国家级资源实体。
d) 资源实体体量很大,或资源类型多,或资源实体疏密度优良。
e) 资源实体完整,保持原来形态与结构。

5.2.10 市场吸引力

a) 全国知名。
b) 美誉度高。
c) 市场辐射力强。
d) 形成特色主题,有一定独创性。

5.2.11 年接待海内外旅游者 50 万人次以上,其中海外旅游者 3 万人次以上。

5.2.12 游客抽样调查满意率高。

5.3 AAA 级旅游区(点)

5.3.1 旅游交通

a) 可进入性较好。交通设施完备,进出便捷。或具有至少二级以上公路或高等级航道、航线直达;或具有旅游专线等便捷交通工具。
b) 有与景观环境相协调的专用停车场或船舶码头。且布局合理,容量能满足需求。场地平整坚实或水域畅通。标志规范、醒目。
c) 区内游览(参观)路线或航道布局合理、顺畅,观赏面大。路面有特色,或航道水质良好。
d) 区内使用低排放的交通工具,或鼓励使用清洁能源的交通工具。

5.3.2 游览

a) 游客中心位置合理,规模适度,设施、功能齐备。游客中心有服务人员,业务熟悉,服务热情。
b) 各种引导标识(包括导游全景图、导览图、标识牌、景物介绍牌等)造型有特色,与景观环境相协调。标识牌和景物介绍牌设置合理。
c) 公众信息资料(如研究论著、科普读物、综合画册、音像制品、导游图和导游材料等)有特色,品种全,内容丰富,制作良好,适时更新。
d) 导游员(讲解员)持证上岗,人数及语种能满足游客需要。普通话达标率100%。导游员(讲解员)均应具备高中以上文化程度,其中大专以上不少于20%。
e) 导游(讲解)词科学、准确、生动,导游服务质量达到 GB/T 15971—1995 中 4.5.3 和第 5 章要求。
f) 公共信息图形符号的设置合理,设计有特色,符合 GB/T 10001.1 的规定。
g) 游客公共休息设施布局合理,数量满足需要,设计有特色。

5.3.3 旅游安全

a) 认真执行公安、交通、劳动、质量监督、旅游等有关部门制定和颁布的安全法规,建立完善的安全保卫制度,工作全面落实。

b) 消防、防盗、救护等设备齐全、完好、有效,交通、机电、游览、娱乐等设备完好,运行正常,无安全隐患。游乐园达到 GB/T 16767 规定的安全和服务标准。危险地段标志明显,防护设施齐备、有效,高峰期有专人看守。

c) 建立紧急救援机制,设立医务室,至少配备兼职医务人员。设有突发事件处理预案,应急处理能力强,事故处理及时、妥当,档案记录准确、齐全。

5.3.4 卫生

a) 环境整洁,无污水、污物,无乱建、乱堆、乱放现象,建筑物及各种设施设备无剥落、无污垢,空气清新、无异味。

b) 各类场所全部达到 GB 9664 规定的要求,餐饮场所达到 GB 16153 规定的要求,游泳场所达到 GB 9667 规定的要求。

c) 公共厕所布局合理,数量满足需要,标识醒目,建筑造型与景观环境协调。全部厕所具备水冲、通风设备,并保持完好或使用免水冲生态厕所。厕所整洁,洁具洁净、无污垢、无堵塞。

d) 垃圾箱布局合理,标识明显,数量满足需要,造型美观,与环境协调。垃圾清扫及时,日产日清。

e) 食品卫生符合国家规定,餐饮服务配备消毒设施,不使用对环境造成污染的一次性餐具。

5.3.5 邮电服务

a) 提供邮政及邮政纪念服务。

b) 通讯设施布局合理。游人集中场所设有公用电话,具备国际、国内直拨功能。

c) 公用电话亭与环境基本协调,标志醒目。

d) 通讯方便,线路畅通,服务亲切,收费合理。

e) 能接收手提电话信号。

5.3.6 旅游购物

a) 购物场所布局合理,建筑造型、色彩、材质与环境协调。

b) 对购物场所进行集中管理,环境整洁,秩序良好,无围追兜售、强买强卖现象。

c) 对商品从业人员有统一管理措施和手段。

d) 旅游商品种类丰富,具有本地区特色。

5.3.7 经营管理

a) 管理体制健全,经营机制有效。

b) 旅游质量、旅游安全、旅游统计等各项经营管理制度健全有效,贯彻措施得力,定期监督检查,有完整的书面记录和总结。

c) 管理人员配备合理,80% 以上中高级管理人员具备大专以上文化程度。

d) 具有独特的产品形象、良好的质量形象、鲜明的视觉形象和文明的员工形象,确立自身的品牌标志,并全面、恰当地使用。

e) 有正式批准的总体规划,开发建设项目符合规划要求。

f) 培训机构、制度明确,人员、经费落实,业务培训全面,效果良好,上岗人员培训合格率达 100%。

g) 投诉制度健全,人员、设备落实,投诉处理及时、妥善,档案记录完整。

h) 能为特定人群(老年人、儿童、残疾人等)提供特殊服务。

5.3.8 资源及环境的保护

a) 空气质量达 GB 3095—1996 的一级标准。

b) 噪声质量达到 GB 3096—1993 的一类标准。

c) 地面水环境质量达到 GB 3838 的规定。
d) 污水排放达到 GB 8978 的规定。
e) 自然景观和文物古迹保护手段科学，措施得力，能有效预防自然和人为破坏，保持自然景观和文物古迹的真实性和完整性。
f) 科学管理游客容量。
g) 建筑布局合理，建筑物体量、高度、色彩、造型与景观相协调。出入口主体建筑有格调，与景观环境相协调。周边建筑物与景观格调协调，或具有一定的缓冲区或隔离带。
h) 环境氛围良好。绿化覆盖率较高，植物与景观配置得当，景观与环境美化效果良好。
i) 区内各项设施设备符合国家关于环境保护的要求，不造成环境污染和其他公害，不破坏旅游资源和游览气氛。

5.3.9 旅游资源吸引力
a) 观赏游憩价值较高。
b) 同时具有很高历史价值、文化价值、科学价值，或其中一类价值具省级意义。
c) 有较多珍贵物种，或景观奇特，或有省级资源实体。
d) 资源实体体量大，或资源类型较多，或资源实体疏密度良好。
e) 资源实体完整，基本保持原来形态与结构。

5.3.10 市场吸引力
a) 周边省市知名。
b) 美誉度较高。
c) 市场辐射力较强。
d) 有一定特色，并初步形成主题。

5.3.11 年接待海内外旅游者 30 万人次以上。

5.3.12 游客抽样调查满意率较高。

5.4 AA 级旅游区（点）

5.4.1 旅游交通
a) 可进入性较好。进出方便，道路通畅。
b) 有专用停车船场所，布局较合理，容量能基本满足需求，场地平整坚实或水域畅通，标志规范、醒目。
c) 区内游览（参观）路线或航道布局基本合理、顺畅。
d) 区内使用低排放的交通工具，或鼓励使用清洁能源的交通工具。区内无对环境造成污染的交通工具。

5.4.2 游览
a) 有为游客提供咨询服务的游客中心或相应场所，咨询服务人员业务熟悉，服务热情。
b) 各种引导标识（包括导游全景图、导览图、标识牌、景物介绍牌等）清晰美观，与景观环境基本协调。标识牌和景物介绍牌设置合理。
c) 公众信息资料（如研究论著、科普读物、综合画册、音像制品、导游图和导游材料等）品种多，内容丰富，制作较好。
d) 导游员（讲解员）持证上岗，人数及语种能满足游客需要。普通话达标率 100%。导游员（讲解员）均应具备高中以上文化程度。
e) 导游（讲解）词科学、准确、生动。导游服务质量达到 GB/T 15971—1995 中 4.5.3 和第 5 章要求。
f) 公共信息图形符号的设置合理，规范醒目，符合 GB/T 10001.1 的规定。

g) 游客公共休息设施布局合理,数量基本满足需要,造型与环境基本协调。

5.4.3 旅游安全

a) 认真执行公安、交通、劳动、质量监督、旅游等有关部门制定和颁布的安全法规,建立完善的安全保卫制度,工作全面落实。
b) 消防、防盗、救护等设备齐全、完好、有效,交通、机电、游览、娱乐等设备完好,运行正常,无安全隐患。游乐园达到 GB/T 16767 规定的安全和服务标准。危险地段标志明显,防护设施齐备、有效。
c) 建立紧急救援机制。配备游客常用药品。事故处理及时、妥当,档案记录完整。

5.4.4 卫生

a) 环境比较整洁,无污水、污物,无乱建、乱堆、乱放现象,建筑物及各种设施设备无剥落、无污垢,空气清新、无异味。
b) 各类场所全部达到 GB 9664 规定的要求,餐饮场所达到 GB 16153 规定的要求,游泳场所达到 GB 9667 规定的要求。
c) 公共厕所布局合理,数量基本满足需要,标识醒目,建筑造型与景观环境协调。70%以上厕所具备水冲设备,并保持完好或使用免水冲生态厕所。厕所整洁,洁具洁净、无污垢、无堵塞。
d) 垃圾箱布局合理,标识明显,数量基本满足需要,造型美观,与环境基本协调。垃圾清扫及时,日产日清。
e) 食品卫生符合国家规定,餐饮服务配备消毒设施,不使用对环境造成污染的一次性餐具。

5.4.5 邮电服务

a) 提供邮政或邮政纪念服务。
b) 通讯设施布局合理。游人集中场所设有公用电话,具备国内直拨功能。
c) 公用电话亭与环境基本协调,标志醒目。
d) 通讯方便,线路畅通,服务亲切,收费合理。
e) 能接收手提电话信号。

5.4.6 旅游购物

a) 购物场所布局基本合理,建筑造型、色彩、材质与环境基本协调。
b) 对购物场所进行集中管理,环境整洁,秩序良好,无围追兜售、强买强卖现象。
c) 对商品从业人员有统一管理措施和手段。
d) 旅游商品种类较多,具有本地区特色。

5.4.7 经营管理

a) 管理体制健全,经营机制有效。
b) 旅游质量、旅游安全、旅游统计等各项经营管理制度健全有效,贯彻措施得力,定期监督检查,有完整的书面记录和总结。
c) 管理人员配备合理,70%以上中高级管理人员具备大专以上文化程度。
d) 具有独特的产品形象、良好的质量形象、鲜明的视觉形象和文明的员工形象。
e) 有正式批准的总体规划,开发建设项目符合规划要求。
f) 培训机构、制度明确,人员、经费落实,业务培训全面,效果良好,上岗人员培训合格率达100%。
g) 投诉制度健全,人员、设备落实,投诉处理及时、妥善,档案记录基本完整。
h) 能为特定人群(老年人、儿童、残疾人等)提供特殊服务。

5.4.8 资源和环境的保护

a) 空气质量达 GB 3095—1996 的一级标准。
b) 噪声质量达到 GB 3096—1993 的一类标准。

c) 地面水环境质量达到 GB 3838 的规定。
d) 污水排放达到 GB 8978 的规定。
e) 自然景观和文物古迹保护手段科学,措施得力,能有效预防自然和人为破坏,基本保持自然景观和文物古迹的真实性和完整性。
f) 科学管理游客容量。
g) 建筑布局基本合理,建筑物体量、高度、色彩、造型与景观基本协调。出入口主体建筑有格调,与景观环境相协调。周边建筑物与景观格调基本协调,或具有一定的缓冲区或隔离带。
h) 环境氛围良好。绿化覆盖率较高,植物与景观配置得当,景观与环境美化效果较好。
i) 区内各项设施设备符合国家关于环境保护的要求,不造成环境污染和其他公害,不破坏旅游资源和游览气氛。

5.4.9 旅游资源吸引力
a) 观赏游憩价值一般。
b) 同时具有较高历史价值、文化价值、科学价值,或其中一类价值具地区意义。
c) 有少量珍贵物种,或景观突出,或有地区级资源实体。
d) 资源实体体量较大,或资源类型较多,或资源实体疏密度较好。
e) 资源实体基本完整。

5.4.10 市场吸引力
a) 全省知名。
b) 有一定美誉度。
c) 有一定市场辐射力。
d) 有一定特色。

5.4.11 年接待海内外旅游者 10 万人次以上。

5.4.12 游客抽样调查满意率较高。

5.5 A 级旅游区(点)

5.5.1 旅游交通
a) 通往旅游区(点)的交通基本通畅,有较好的可进入性。
b) 具有停车(船)场所,容量能基本满足需求,场地较平整坚实或水域较畅通,有相应标志。
c) 区内游览(参观)路线或航道布局基本合理、顺畅。
d) 区内使用低排放的交通工具,或鼓励使用清洁能源的交通工具。

5.5.2 游览
a) 有为游客提供咨询服务的场所,服务人员业务熟悉,服务热情。
b) 各种公众信息资料(包括导游全景图、导览图、标识牌、景物介绍牌等)与景观环境基本协调。标识牌和景物介绍牌设置基本合理。
c) 宣传教育材料(如研究论著、科普读物、综合画册、音像制品、导游图和导游材料等)品种多,内容丰富,制作较好。
d) 导游员(讲解员)持证上岗,人数及语种能基本满足游客需要。普通话达标率 100%。导游员(讲解员)均应具高中以上文化程度。
e) 导游(讲解)词科学、准确、生动。导游服务质量达到 GB/T 15971—1995 中 4.5.3 和第 5 章要求。
f) 公共信息图形符号的设置基本合理,基本符合 GB/T 10001.1 的规定。
g) 游客公共休息设施布局基本合理,数量基本满足需要。

5.5.3 旅游安全

a) 认真执行公安、交通、劳动、质量监督、旅游等有关部门制定和颁布的安全法规,安全保卫制度健全,工作落实。
b) 消防、防盗、救护等设备齐全、完好、有效,交通、机电、游览、娱乐等设备完好,运行正常,无安全隐患。游乐园达到 GB/T 16767 规定的安全和服务标准。危险地段标志明显,防护设施齐备、有效。
c) 事故处理及时、妥当,档案记录完整,配备游客常用药品。

5.5.4 卫生

a) 环境比较整洁,无污水、污物,无乱建、乱堆、乱放现象,建筑物及各种设施设备无剥落、无污垢,空气清新、无异味。
b) 各类场所全部达到 GB 9664 规定的要求,餐饮场所达到 GB 16153 规定的要求,游泳场所达到 GB 9667 规定的要求。
c) 公共厕所布局较合理,数量基本满足需要,建筑造型与景观环境比较协调。50%以上厕所具备水冲设备,并保持完好或使用免水冲生态厕所。厕所较整洁,洁具洁净、无污垢、无堵塞。
d) 垃圾箱布局较合理,标识明显,数量基本满足需要,造型与环境比较协调。垃圾清扫及时,日产日清。
e) 食品卫生符合国家规定,餐饮服务配备消毒设施,不使用对环境造成污染的一次性餐具。

5.5.5 邮电服务

a) 提供邮政或邮政纪念服务。
b) 通讯设施布局较合理。游人集中场所设有公用电话,具备国内直拨功能。
c) 通讯方便,线路畅通,收费合理。
d) 能接收手提电话信号。

5.5.6 旅游购物

a) 购物场所布局基本合理,建筑造型、色彩、材质与环境较协调。
b) 对购物场所进行集中管理,环境整洁,秩序良好,无围追兜售、强买强卖现象。
c) 对商品从业人员有统一管理措施和手段。
d) 旅游商品有本地区特色。

5.5.7 经营管理

a) 管理体制健全,经营机制有效。
b) 旅游质量、旅游安全、旅游统计等各项经营管理制度健全有效,贯彻措施得力,定期监督检查,有比较完整的书面记录和总结。
c) 管理人员配备合理,60%以上中高级管理人员具大专以上文化程度。
d) 具有一定的产品形象、质量形象和文明的员工形象。
e) 有正式批准的总体规划,开发建设项目符合规划要求。
f) 培训机构、制度明确,人员、经费落实,业务培训全面,效果良好,上岗人员培训合格率达 100%。
g) 投诉制度健全,人员、设备落实,投诉处理及时,档案记录基本完整。
h) 能为特定人群(老年人、儿童、残疾人等)提供特殊服务。

5.5.8 资源和环境的保护

a) 空气质量达到 GB 3095—1996 的一级标准。
b) 噪声质量达到 GB 3096—1993 的一类标准。
c) 地面水环境质量达到 GB 3838 的规定。
d) 污水排放达到 GB 8978 的规定。
e) 自然景观和文物古迹保护手段科学,措施得力,能有效预防自然和人为破坏,基本保持自然景观和文物古迹的真实性和完整性。
- f) 科学管理游客容量。
- g) 建筑布局较合理,建筑物造型与景观基本协调。出入口主体建筑与景观环境基本协调。周边建筑物与景观格调较协调,或具有一定的缓冲区或隔离带。
- h) 环境氛围较好。绿化覆盖率较高,景观与环境美化效果较好。
- i) 区内各项设施设备符合国家关于环境保护的要求,不造成环境污染和其他公害,不破坏旅游资源和游览气氛。

5.5.9 旅游资源吸引力
- a) 观赏游憩价值较小。
- b) 同时具有一定历史价值、文化价值、科学价值,或其中一类价值具地区意义。
- c) 有个别珍贵物种,或景观比较突出,或有地区级资源实体。
- d) 资源实体体量中等,或有一定资源类型,或资源实体疏密度一般。
- e) 资源实体较完整。

5.5.10 市场吸引力
- a) 本地区知名。
- b) 有一定美誉度。
- c) 有一定市场辐射力。
- d) 有一定特色。

5.5.11 年接待海内外游客3万人次以上。

5.5.12 游客抽样调查基本满意。

6 旅游区(点)质量等级的划分依据与方法

6.1 根据旅游区(点)质量等级划分条件确定旅游区(点)质量等级,按照《服务质量与环境质量评分细则》、《景观质量评分细则》的评价得分,并结合《游客意见评分细则》的得分综合进行。

6.2 对于初步评定的AAAAA、AAAA、AAA级旅游区(点)采取分级公示,征求社会意见的方法。

ICS 53.040.20
J 81

中华人民共和国国家标准

GB/T 24729—2009

客运索道固定抱索器通用技术条件

General technical conditions for fixed grip of passenger ropeway

2009-11-30 发布　　　　　　　　　　　　　　　　2010-06-01 实施

中华人民共和国国家质量监督检验检疫总局
中国国家标准化管理委员会　发布

前言

本标准由全国索道及游乐设施标准化技术委员会提出并归口。
本标准起草单位:北京起重运输机械设计研究院。
本标准主要起草人:张海乔、李刚、黄鹏智、黄越峰、云平、虞丽芳。

客运索道固定抱索器通用技术条件

1 范围

本标准规定了客运索道固定抱索器型式、型号、基本参数、技术要求、检验规则、标志、包装及运输。本标准适用于循环式客运索道及拖牵索道。

2 规范性引用文件

下列文件中的条款通过本标准的引用而成为本标准的条款。凡是注日期的引用文件,其随后所有的修改单(不包括勘误的内容)或修订版均不适用于本标准,然而,鼓励根据本标准达成协议的各方研究是否可使用这些文件的最新版本。凡是不注日期的引用文件,其最新版本适用于本标准。

GB/T 229 金属材料 夏比摆锤冲击试验方法(GB/T 229—2007,ISO 148-1:2006,Metallic materials—Charpy pendulum impact test—Part 1:Test method,MOD)

GB/T 699 优质碳素结构钢

GB/T 1184 形状和位置公差 未注公差值(GB/T 1184—1996,eqv ISO 2768-2:1989)

GB/T 1804 一般公差未注公差的线性和角度尺寸的公差(GB/T 1804—2000,eqv ISO 2768-1:1989)

GB/T 3077 合金结构钢

GB/T 7307 55°非密封管螺纹(GB/T 7307—2001,eqv ISO 228-1:1994)

GB 12352 客运架空索道安全规范

GB/T 19401 客运拖牵索道技术规范

JB/T 4730 承压设备无损检测

JB/T 5000.8 重型机械通用技术条件 第8部分:锻件

JB/T 5000.13 重型机械通用技术条件 第13部分:包装

TSG S7005 客运索道部件型式试验细则(中华人民共和国国家质量监督检验检疫总局颁布)

3 型式和基本参数

3.1 型式

固定抱索器根据其夹紧方式,主要分为紧固螺栓式、螺旋弹簧夹紧式和碟形弹簧式三种。

3.2 基本参数

基本参数见表1。

表 1

型式	额定承载能力[a]/kN		最大爬坡角/(°)	适用钢丝绳直径/mm
紧固螺栓:GDS 型	1.2	2.5	45	16～56
螺旋弹簧:GDL 型	3.0	4.2		
碟形弹簧:GDD 型	8.0	10.0		
[a] 额定承载能力:指抱索器、吊具和乘员的重力之和。				

3.3 型号

3.3.1 型号表示方法

固定抱索器型号根据抱索器夹紧弹簧形式、额定承载能力以及适用绳径而定。

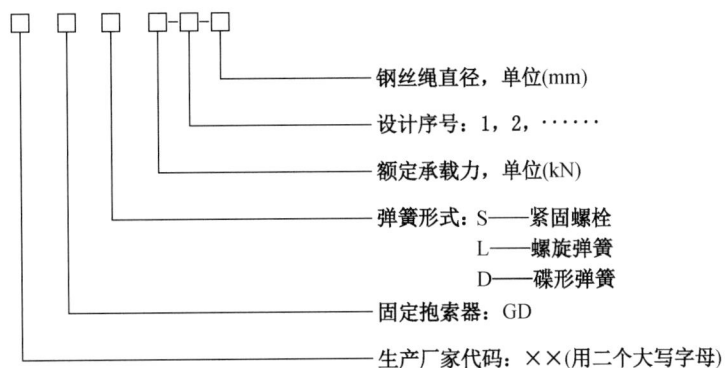

3.3.2 标记示例

举例：由汉中群峰机械制造有限公司生产的额定承载力 3 kN、适用钢丝绳直径 40 mm、碟形弹簧式、设计序号为 1 的固定抱索器。

型号：QFGDD3-1-40 GB/T 24729—2009

4 技术要求

4.1 一般规定

4.1.1 产品应符合 GB 12352 及 GB/T 19401 中的有关规定及本标准的要求，并应按经规定程序批准的图样及技术文件制造。

4.1.2 所有零件的材料应附有合格证明书，否则应进行试验和化验，合格后方可使用。

4.1.3 所有外购件和标准件应有合格证或相关检测报告。

4.1.4 锻件不应有夹层、折叠、裂纹、结疤和夹渣等缺陷，并符合 JB/T 5000.8 中的有关规定。

4.1.5 图样上未标注公差的尺寸，应符合 GB/T 1804 中公差等级为 m(中等级)的规定。

4.1.6 单线循环式索道脱挂抱索器在客车处于最不利情况下防滑力应不小于客车重力分力的 3 倍，且不应小于客车允许的最大总重量。

4.1.7 抱索器应按 5 倍的额定承载力进行静强度试验且持续时间不小于 20 min 后主要受力构件不应出现塑性变形、裂纹或损坏。

4.1.8 抱索器整机在试验台上做 50 万次整机振动试验后主要受力构件不应出现塑性变形、裂纹或损坏。

4.2 主要零部件

4.2.1 内、外抱卡

4.2.1.1 材料应符合 GB/T 3077 中不低于 35 CrMo 机械性能的要求，并应作缺口冲击验证，试验应符合 GB/T 229 中的规定。

4.2.1.2 锻后应进行退火处理后再经调质处理，硬度为 225 HB～255 HB。

4.2.1.3 锻后非加工表面的粗糙度 Ra 应不大于 100 μm。

4.2.1.4 钳口轴线对顶轴轴线的垂直度应符合 GB/T 1184 中 7 级的要求。

4.2.1.5 钳口的圆柱度应符合 GB/T 1184 中 7 级的要求。

4.2.1.6 外抱卡轴颈处应进行表面淬火，淬硬层深度为 1.5 mm～2.5 mm，硬度为 40 HRC～45 HRC。

4.2.1.7 钳口所有与钢丝绳接触的边缘都应倒圆，倒圆半径不小于 1 mm。

4.2.1.8 应进行无损探伤检查，探伤方法应符合 JB/T 4730 的规定，检验质量等级不低于Ⅱ级。

4.2.1.9 内、外抱卡非加工表面在表面处理前需清除毛刺、锈迹和油污。

4.2.1.10 表面应镀锌处理，镀层厚度应不小于 0.015 mm。

4.2.2 顶轴

4.2.2.1 材料应符合 GB/T 699 中不低于 45 钢机械性能的要求。

4.2.2.2 调质处理，硬度为 225 HB～255 HB。

4.2.2.3 表面镀锌，镀层厚度应不小于 0.015 mm。

4.2.3 导向翼

4.2.3.1 导向翼应摆动灵活，当上摆 8°时应能自由下落，并应保证导向翼底面总长的 2/3 与钢丝绳贴合。

4.2.3.2 非金属导向翼在额定压力作用下不应出现永久变形和开裂。

4.2.3.3 内外抱卡夹持与适用钢丝绳等直径的芯棒后，导向翼翼尖偏离抱索弧面中心线应不大于 3 mm。

4.2.3.4 金属导向翼非加工表面在表面处理前需清除毛刺、锈迹和油污。

4.2.3.5 表面镀锌，镀层厚度应不小于 0.015 mm。

4.2.4 弹簧罩

4.2.4.1 外观及螺纹处不应有裂纹。

4.2.4.2 螺纹部分不应有毛刺和碰伤。

4.2.4.3 螺纹应符合 GB/T 7307 中的有关规定。

4.2.4.4 应进行无损探伤检查，并符合 JB/T 4730 中Ⅱ级的要求。

4.2.4.5 表面镀锌，镀层厚度应不小于 0.015 mm。

4.2.5 抱紧弹簧

4.2.5.1 弹簧的工作行程应不大于其最大行程的 80%。

4.2.5.2 不应有锈蚀及裂纹。

4.2.5.3 单片弹簧高度及弹簧总高度与设计值的偏差应在±5%以内。

4.3 装配

4.3.1 所有零件经检验合格后应在标准试棒上进行预装。

4.3.2 钳口张闭应灵活，当钢丝绳直径偏离钢丝绳公称直径－10% 至 6% 的所有情况下，抱索器钳口打开或关闭其行程的余量应不少于 1 mm。当钢丝绳公称直径减少 10% 时，钳口夹紧力减少应不大于 25%。

4.3.3 导向翼中心线上下（即垂直于抱索器抱索弧面中心线与顶轴中心线所形成的平面）摆动角度应达到 8°。

5 试验方法

试验方法按 TSG S7005 中的有关规定执行。

6 检验规则

6.1 出厂检验

6.1.1 所有抱索器均应进行出厂检验。经制造厂质量检验部门检验合格并签发产品合格证后方可出厂。

6.1.2 出厂检验项目见表2。

表 2

序号	检验项目
1	内、外抱卡
2	导向翼
3	顶轴
4	抱紧弹簧
5	弹簧罩
6	整机装配

6.2 型式试验

6.2.1 凡属下列情况之一者,应进行型式试验:
 a) 新产品或老产品转厂生产试制定型时;
 b) 主要结构、材料、关键工艺等发生改变,影响安全性能的。

6.2.2 型式试验项目包括出厂检验项目、防滑力测试、强度试验和疲劳试验。

7 标志、包装运输和随机文件

7.1 标志

7.1.1 应在每一个抱索器内外抱卡上打上适用的钢丝绳直径 d 的标记。

7.1.2 每一批抱索器应打上出厂编号,并与其产品合格证一致。产品合格证应至少标注下列内容:
 a) 产品名称;
 b) 产品型号;
 c) 主要技术参数;
 d) 出厂日期;
 e) 出厂编号;
 f) 制造厂名称。

7.2 包装运输

应符合 JB/T 5000.13 和铁路、公路、航运的有关运输要求。

7.3 随机文件

产品出厂至少应提供下列文件：

a) 装箱单；

b) 质量合格证；

c) 安装使用维护说明书、装配图及易损件图。

ICS 53.040.20
J 81

中华人民共和国国家标准

GB/T 24730—2009

客运索道脱挂抱索器通用技术条件

General technical conditions for detachable grip of passenger ropeway

2009-11-30 发布

2010-06-01 实施

中华人民共和国国家质量监督检验检疫总局
中国国家标准化管理委员会 发布

前　言

本标准由全国索道与游乐设施标准化技术委员会提出并归口。
本标准起草单位：北京起重运输机械设计研究院。
本标准主要起草人：黄鹏智、张海乔、李刚、黄越峰、杜俊明、云平。

客运索道脱挂抱索器通用技术条件

1 范围

本标准规定了客运索道脱挂抱索器型式、型号、基本参数、技术要求、检验规则、标志、包装及运输。

本标准适用于循环式客运架空索道。

2 规范性引用文件

下列文件中的条款通过本标准的引用而成为本标准的条款。凡是注日期的引用文件，其随后所有的修改单(不包括勘误的内容)或修订版均不适用于本标准，然而，鼓励根据本标准达成协议的各方研究是否可使用这些文件的最新版本。凡是不注日期的引用文件，其最新版本适用于本标准。

GB/T 229 金属材料 夏比摆锤冲击试验方法(GB/T 229—2007,ISO 148-1:2006,Metallic materials—Charpy pendulum impact test—Part 1:Test method,MOD)

GB/T 1184 形状和位置公差 未注公差值(GB/T 1184—1996,eqv ISO 2768-2:1989)

GB/T 1222 弹簧钢

GB/T 1800.2 产品几何技术规范(GPS) 极限与配合 第2部分:标准公差等级和孔、轴极限偏差表(GB/T 1800.2—2009,ISO 286-2:1988,ISO System of limits and fits—Part 2:Tables of standard tolerance grades and limit deviations for holes and shafts,MOD)

GB/T 1804 一般公差 未注公差的线性和角度尺寸的公差(GB/T 1804—2000,eqv ISO 2768-1:1989)

GB/T 3077 合金结构钢(GB/T 3077—1999,neq DIN EN 10083-1:1991)

GB 12352 客运架空索道安全规范

JB/T 4730 承压设备无损检测

JB/T 5000.8 重型机械通用技术条件 第8部分:锻件

JB/T 5000.10 重型机械通用技术条件 第10部分:装配

JB/T 5000.13 重型机械通用技术条件 第13部分:包装

TSG S7005 客运索道部件型式试验细则(中华人民共和国国家质量监督检验检疫总局颁布)

3 型式和基本参数

3.1 型式

抱索器根据其采用的弹簧型式，主要分为螺旋弹簧、碟形弹簧和扭力杆式抱索器3种。

3.2 基本参数

基本参数见表1。

表 1

型式	额定承载力[a]/kN	最大爬坡角/(°)	适用钢丝绳直径/mm
螺旋弹簧:TGL 型	3.6　6.0　7.0		
扭力弹簧:TGN 型	8.0　9.0　10.0	45	30～56
碟形弹簧:TGD 型	11.0　12.0　13.0		
[a] 额定承载能力:指抱索器、吊具和乘员的重力之和。			

3.3 型号

3.3.1 型号表示方法

脱挂抱索器型号根据抱索器夹紧弹簧形式、额定承载能力以及适用绳径而定。

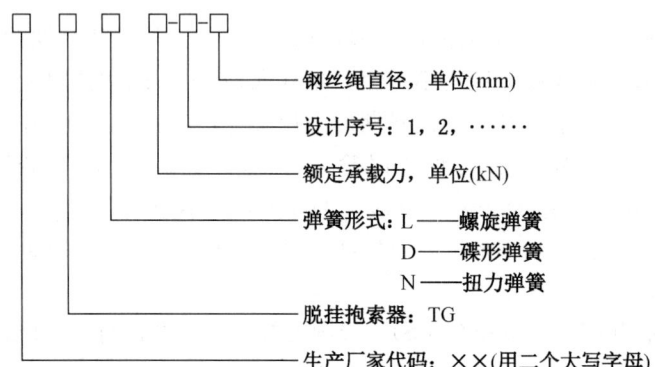

钢丝绳直径,单位(mm)
设计序号:1,2,……
额定承载力,单位(kN)
弹簧形式:L——螺旋弹簧
　　　　　D——碟形弹簧
　　　　　N——扭力弹簧
脱挂抱索器:TG
生产厂家代码:××(用二个大写字母)

3.3.2 标记示例

举例:由北京北起百莱玛机械有限公司生产的额定承载力 9 kN、适用钢丝绳直径 40 mm、螺旋弹簧式、设计序号为 1 的脱挂抱索器

型号:BQTGL9-1-40 GB/T 24730—2009

4 技术要求

4.1 一般规定

4.1.1 产品应符合 CB 12352 中的有关规定及本标准的要求,并按经规定程序批准的图样及技术文件制造。

4.1.2 所有零件的材料应附有材质报告,并应进行抽检,合格后方可使用。

4.1.3 锻件不应有夹层、折叠、裂纹、结疤和夹渣等缺陷,并符合 JB/T 5000.8 的规定。

4.1.4 图样上未标注公差的尺寸,应符合 GB 1804 中公差等级为 m(中等级)的规定。

4.1.5 所有外购件和标准件应有出厂合格证和相关检测报告;高强度紧固件还应附有材质报告和热处理报告。

4.1.6 钳口的最大开口尺寸应大于钳口公称直径的 10%。

4.1.7 单线循环式索道脱挂抱索器在客车处于最不利情况下防滑力应不小于客车重力分力的 3 倍,且不应小于客车允许的最大总重量。

4.1.8 抱索器应按 5 倍的额定承载力进行静强度试验且持续时间不小于 20 min 后主要受力构件不应出现塑性变形、裂纹或损坏。

4.1.9 抱索器在试验台上做50万次开合试验后主要受力构件不应出现塑性变形、裂纹或损坏。

4.1.10 抱索器整机在试验台上做50万次整机振动试验后主要受力构件不应出现塑性变形、裂纹或损坏。

4.1.11 抱索器在线应能在额定速度下连续准确脱开挂结各50次。

4.2 主要零部件

4.2.1 内、外抱卡

4.2.1.1 材料至少应符合GB/T 3077中35 CrMo机械性能的要求,并应作缺口冲击验证,试验应符合GB/T 229中的规定。

4.2.1.2 锻后应进行退火处理后再调质处理,硬度为225 HB~255 HB。

4.2.1.3 最终热处理后应进行探伤检测,探伤方法应符合JB/T 4730的规定,检验质量等级不低于Ⅱ级。

4.2.1.4 锻后非加工表面的粗糙度Ra应不大于100 μm。

4.2.1.5 钳口弧面的圆柱度应符合GB/T 1184中7级的要求;钳口两端应倒圆,圆弧半经不小于3 mm。

4.2.1.6 钳口弧面应进行表面淬火,淬硬层深度为1.5 mm~2.5 mm,硬度为40 HRC~45 HRC。

4.2.1.7 所有加工尺寸公差、位置公差和形状公差应符合GB/T 1184中8级的要求。

4.2.1.8 内、外抱卡非加工表面应采用喷砂处理方法清除表面毛刺、锈迹和油污。

4.2.1.9 表面应浸锌或喷涂处理,镀(涂)层厚度应不小于0.2 mm。

4.2.2 销轴

4.2.2.1 材料至少应符合GB/T 3077中40 Cr机械性能的要求。

4.2.2.2 精加工前应进行调质处理,硬度为225 HB~255 HB。

4.2.2.3 销轴表面粗糙度Ra应不大于3.2 μm。

4.2.2.4 销轴的加工尺寸公差和形位公差应符合GB/T 1184中7级的要求。

4.2.2.5 表面镀铬,镀层厚度应不小于0.015 mm。

4.2.3 导向翼

4.2.3.1 金属导向翼应摆动灵活,当上摆8°时应能自由下落,并应保证导向翼底面总长的2/3与钢丝绳贴合。

4.2.3.2 非金属导向翼前端应具有与钢丝绳直径相吻合的弧面,在额定压力作用下不应出现永久变形和开裂。

4.2.3.3 内外抱卡夹持与适用钢丝绳等直径的芯棒后,导向翼翼尖偏离抱索弧面中心线的距离不大于3 mm。

4.2.4 抱紧弹簧

4.2.4.1 材料至少应符合GB/T 1222中50 CrVA机械性能的要求。

4.2.4.2 弹簧的力学性能应满足设计要求,使用寿命至少应达到50万次。

4.2.4.3 应按JB/T 4730的Ⅱ级标准进行表面磁粉探伤。

4.2.4.4 弹簧表面应进行防锈处理,不宜采用电化学方法。

4.2.4.5 扭力杆弹簧的同轴度应符合GB/T 1184中7级的要求。

4.2.4.6 碟形弹簧的导向件表面硬度应不小于55 HRC;表面粗糙度应小于3.2 μm。

4.2.4.7 螺旋弹簧的高径比 b 值应不大于 5.3，否则应进行稳定性验算或加装导向件，导向件与弹簧的间隙为 7 mm～8 mm。

$$b = H_0/D \qquad\qquad\qquad (1)$$

式中：

H_0——弹簧自由高度，单位为毫米（mm）；

D ——弹簧中径，单位为毫米（mm）。

4.2.5 滚轮

4.2.5.1 滚轮轮体应采用耐磨非金属材料。

4.2.5.2 滚轮的外圆尺寸和内孔尺寸以及同轴度应符合 GB/T 1184 中 7 级的要求。

4.2.6 主轴

4.2.6.1 材料至少应符合 GB/T 3077 中 40 Cr 机械性能的要求。

4.2.6.2 应按 JB/T 4730 的Ⅱ级标准进行内部和表面探伤检测。

4.2.6.3 应进行调质处理，调质后硬度应大于 360 HB。

4.2.6.4 主轴表面粗糙度 Ra 应不大于 3.2 μm。

4.2.6.5 主轴的加工尺寸公差和形位公差应符合 GB/T 1184 中 7 级的要求。

4.2.6.6 表面镀铬，镀层厚度应不小于 0.015 mm。

4.2.7 连杆系统

4.2.7.1 连杆不应有裂纹，不应有弯曲变形。

4.2.7.2 连杆应运转灵活。

4.3 装配

4.3.1 所有装配的零件应经检验合格后，方可进行装配，并应符合 JB/T 5000.10 中的有关规定。

4.3.2 所有轴承和轴承轴的装配应采用压装方式，其配合公差应符合 GB/T 1800.2 中 7 级的要求。

4.3.3 所有轴的装配应采用压装方式，其配合公差应符合 GB/T 1800.2 中 7 级的要求。

4.3.4 对称安装的弹簧组，每组弹簧的综合力学特性应保持一致。

4.3.5 同批次脱挂抱索器、安装后行走轮、操作轮和导向轮与钳口中心的位置度应一致并符合图样要求。

4.3.6 同批次脱挂抱索器，安装后摩擦板的高度误差应小于 2 mm。

4.3.7 碟形弹簧与导向件的安装间隙：当碟形弹簧外直径为 80 mm～160 mm，安装间隙应为 (1 ± 0.2) mm。

4.3.8 螺旋弹簧与导向件的安装间隙：当螺旋弹簧中径为 120 mm～180 mm，安装间隙应为 (7 ± 0.5) mm。

4.3.9 抱索器两侧导向翼中心线与钳口轴向中心线应平行并在同一平面内且与主轴垂直，垂直度应符合 GB/T 1184 中 7 级的要求。

4.3.10 钳口开合全程应无卡阻和异响，操作轮的位置和钳口开度应一致并符合图样要求。

5 试验方法

试验方法按 TSG S7005 中的有关规定执行。

6 检验规则

6.1 出厂检验

6.1.1 所有脱挂抱索器均应进行出厂检验。经制造厂质量检验部门检验合格并签发产品合格证后方可出厂。

6.1.2 出厂检验项目见表2。

表 2

序号	检验项目
1	内、外抱卡
2	导向翼
3	销轴
4	抱紧弹簧
5	连杆系统
6	滚轮
7	整机装配

6.2 型式试验

6.2.1 凡属下列情况之一者,应进行型式试验:
   a) 新产品或老产品转厂生产试制定型时;
   b) 主要结构、材料、关键工艺等发生改变,影响安全性能的。

6.2.2 型式试验项目包括出厂检验项目、防滑力测试、强度试险、疲劳试验和在线试验。

7 标志、包装运输和随机文件

7.1 标志

7.1.1 应在每一个抱索器内外抱卡上打上适用的钢丝绳直径 d 的标记。

7.1.2 每一批抱索器应打上出厂编号,并与其产品合格证一致。产品合格证应至少标注下列内容:
   a) 产品名称;
   b) 产品型号;
   c) 主要技术参数;
   d) 出厂日期;
   e) 出厂编号;
   f) 制造厂名称。

7.2 包装运输

应符合 JB/T 5000.13 和铁路、公路、航运的有关运输要求。

7.3 随机文件

产品出厂至少应提供下列文件：
a) 装箱单；
b) 质量合格证和相关检测报告；
c) 安装使用维护说明书、装配图及易损件图。

ICS 53.040.20
J 81

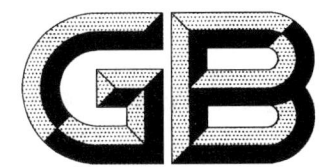

中华人民共和国国家标准

GB/T 24731—2009

客运索道驱动装置通用技术条件

General technical conditions for drive of passenger ropeway

2009-11-30 发布

2010-06-01 实施

中华人民共和国国家质量监督检验检疫总局
中国国家标准化管理委员会 发布

前　言

本标准由全国索道与游乐设施标准化技术委员会提出并归口。
本标准起草单位：北京起重运输机械设计研究院。
本标准主要起草人：张海乔、云平、黄鹏智、李刚、黄越峰、梁海燕、姜红旗。

客运索道驱动装置通用技术条件

1 范围

本标准规定了客运索道驱动装置的型式、基本参数、技术要求、检验规则、标志、包装及运输。

本标准适用于客运索道驱动装置。

2 规范性引用文件

下列文件中的条款通过本标准的引用而成为本标准的条款。凡是注日期的引用文件，其随后所有的修改单（不包括勘误的内容）或修订版均不适用于本标准，然而，鼓励根据本标准达成协议的各方研究是否可使用这些文件的最新版本。凡是不注日期的引用文件，其最新版本适用于本标准。

GB/T 699 优质碳素结构钢

GB/T 1144 矩形花键尺寸、公差和检验（GB/T 1144—2001,neq ISO 14:1982）

GB/T 1184 形状和位置公差 未注公差值（GB/T 1184—1996,eqv ISO 2768-2:1989）

GB/T 1800.2 产品几何技术规范（GPS） 极限与配合 第2部分：标准公差等级和孔、轴极限偏差表（GB/T 1800.2—2009,ISO 286-2:1988,ISO System of limits and fits—Part 2:Tables of standard tolerance grades and limit deviations for holes and shafts,MOD）

GB/T 1804 一般公差未注公差的线性和角度尺寸的公差（GB/T 1804—2000,eqv ISO 2768-1:1989）

GB/T 3077 合金结构钢

GB/T 3478.1 圆柱直齿渐开线花键（米制模数 齿侧配合） 第1部分：总论（GB/T 3478.1—2008,ISO 4156-1:2005,MOD）

GB/T 5117 碳钢焊条

GB/T 10095.1 圆柱齿轮 精度制 第1部分：轮齿同侧齿面偏差的定义和允许值（GB/T 10095.1—2008,ISO 1328-1:1995,IDT）

GB/T 10095.2 圆柱齿轮 精度制 第2部分：径向综合偏差与径向跳动的定义和允许值（GB/T 10095.2—2008,ISO 1328-2:1997,IDT）

GB/T 11352 一般工程用铸造碳钢件（GB/T 11352—2009,ISO 3755:1991,Cast carbon steels for general engineering purposes,ISO 4990:2003,Steel casting—General technical delivery requirements,MOD）

GB 12352 客运架空索道安全规范

GB/T 19401 客运拖牵索道技术规范

GB/T 19402 客运地面缆车技术规范

GB/T 20961 单绳缠绕式矿井提升机

GB/T 13306 标牌

JB/ZQ 4389 制动轮

JB/T 4730 承压设备无损检测

JB/T 5000.8 重型机械通用技术条件 第8部分：锻件

JB/T 5000.10 重型机械通用技术条件 第10部分：装配

JB/T 5000.12　重型机械通用技术条件　第12部分:涂装
JB/T 5000.13　重型机械通用技术条件　第13部分:包装
JB/T 7019　盘式制动器　制动盘
TSG S7005　客运索道部件型式试验细则(中华人民共和国国家质量监督检验检疫总局颁布)

3 型式与主要技术参数

3.1 型式

按驱动轮配置型式分为立式(L)和卧式(W)两种,卧式驱动装置根据其配置方式分为悬吊式、落地式和地下室式三种。按驱动轮的结构分为单槽(D)、双槽(S)和卷筒(J)3种。

3.2 主要技术参数

3.2.1 驱动轮直径系列宜按优先数系化整值选取,如:800、1 000、1 250、1 400、1 600、1 800、2 000、2 200、2 500、2 800、3 000、3 200、3 600、4 000、4 400、4 600、4 800、5 000、5 500 mm等。

3.2.2 驱动装置牵引速度系列宜按优先数系选取,如:0.5、0.8、1.0、1.1、1.25、1.4、1.60、1.80、2.00、2.20、2.50、2.80、3.2、4.00、4.50、5.00、5.60、6.30、7.10、8.00、9.00、10.00 m/s等。

3.2.3 驱动装置额定圆周力宜按优先数系选取,为16.0、18.0、20.0、22.0、25.0、28.0、32.0、40.0、45.0、50.0、56.0、63.0、71.0、80.0、90.0、100.0、112.0、125.0、140.0、160.0、180.0、200.0、220.0、250.0、280.0、320.0 kN等。

4 主要技术要求

4.1 一般规定

4.1.1 产品应符合GB 12352、GB/T 19401、GB/T 19402的有关规定及本标准的要求,并按照规定程序批准的图样及技术文件制造。

4.1.2 关键零件的材料应附有材质证明书,否则应进行试验和化验,合格后方可使用。在-20 ℃以下工作环境使用的钢材应避免其脆裂性,应使用镇静钢。

4.1.3 所有铸铁件、铸钢件、锻件及焊接件均应符合现行标准。在保证质量的前提下,对不影响使用和外观的缺陷,允许按规定的技术文件加以修补。焊补后应消除焊补内应力。

4.1.4 表面质量检查:对于非切削加工钢材料表面不应有目视可见的裂纹、结疤、折叠和夹杂等缺陷。

4.1.5 焊接结构件的焊缝应均匀,不应有裂纹、烧穿等缺陷。

4.1.6 所有重要外购件如电机、减速器、主轴承、制动器、联轴器、高强度紧固件、液压站及油缸等均应有出厂合格证或检验证书。

4.1.7 图样上未标注公差的尺寸,应符合GB/T 1804中公差等级为m(中等级)的规定。

4.1.8 驱动装置现场安装调试完毕应进行空载试验、偏载试验和满载试验。运行电流和功率应在额定值内。驱动轮转速应在名义值的±5%范围内,减速机不应有异常噪声。制动器应工作可靠,制动减速度应满足GB 12352中的有关规定。辅助驱动或紧急驱动装置在最不利情况下应能正常启动,其连续运行时间应满足GB 12352中的有关规定。

4.2 主要零部件

4.2.1 主轴、从动轴

4.2.1.1 材料应符合GB/T 699、GB/T 3077中的有关规定,应采用锻件制作,锻后正火处理。

4.2.1.2 调质处理后应进行无损探伤,探伤方法应符合 JB/T 4730 的规定,检验质量等级不低于Ⅱ级,硬度为 187 HB～286 HB(根据轴径和材料选取)。

4.2.1.3 轴径的圆柱度、对轴线的圆跳动应符合 GB/T 1184 中 7 级的规定。

4.2.1.4 花键轴上的花键应符合 GB/T 1144、GB/T 3478.1 中有关要求。

4.2.2 绳轮

4.2.2.1 铸钢绳轮的材料应符合 GB/T 11352 中的有关规定;焊接绳轮应符合 4.1.5 的要求,焊条应符合 GB/T 5117 的有关规定,焊后应消除内应力。

4.2.2.2 绳轮应镶有软质耐磨衬垫,摩擦系数应不小于 0.3,衬垫槽型应与运行的钢丝绳相适应。

4.2.2.3 绳轮轮缘的形状及其深度应能防止钢丝绳脱槽;绳轮轮缘应至少高出衬垫上缘一倍钢丝绳直径的高度。

4.2.2.4 绳轮制动面的粗糙度 Ra 应不大于 25 μm,端面跳动度应符合 GB/T 1184 中 10 级精度的要求。

4.2.2.5 制动盘制动面的粗糙度 Ra 应不大于 6.3 μm,端面跳动度应符合 GB/T 1184 中 10 级精度的要求。制动盘应做动平衡试验,并符合 JB/T 7019 中的有关规定。

4.2.2.6 制动轮制动面的粗糙度 Ra 应不大于 6.3 μm,制动轮为铸造件应进行清砂处理,应做动平衡试验,应符合 JB/ZQ 4389 的有关规定。

4.2.2.7 对于大直径的绳轮可以采用剖分式结构,轮体应焊后退火处理,半轮组装后整体加工;对于两半剖分轮体,加工完成后绳轮轮毂直径应小于轴承隔套直径,符合设计要求;对于三瓣或更多剖分结构,应加定位销。

4.2.3 轴承套

4.2.3.1 内孔、外圆的圆柱度公差,外圆对内孔轴线的圆跳动量应符合 GB/T 1184 中 8 级的规定。

4.2.4 卷筒

4.2.4.1 卷筒上的绳眼不应有锋利的边缘和毛刺,折弯处不应形成锐角,卷筒应符合 GB/T 20961 的有关规定。

4.2.5 开式齿圈

4.2.5.1 材料应符合 4.2.1.1 的规定。

4.2.5.2 齿轮的精度等级应符合 GB/T 10095.1 和 GB/T 10095.2 中 8 级的规定。开式齿轮应进行调质处理,小齿轮的齿面硬度应为 48 HRC～55 HRC;大齿轮的齿面硬度应为 235 HB～275 HB。

4.2.6 机架

4.2.6.1 机架焊接后,主梁的平行度应不大于 3 mm,对角线之差应不大于 3 mm。

4.2.6.2 机架所有加工部位焊后需消除应力并矫正变形后加工;机架上的主驱安装孔与辅驱安装孔的中心距、孔轴平行度、孔轴与各自安装面的垂直度以及各孔的圆柱度应符合 GB/T 1800.2 中 8 级精度的要求。

4.3 表面处理

4.3.1 产品在表面防锈处理前应进行喷砂,清除毛刺、焊渣、锈迹和油污。

4.3.2 除外购标准件外,所有零部件的外露金属表面应进行防锈处理,镀层或漆层应均匀,无局部缺陷及锈蚀。

4.3.3 镀锌层厚度应不小于0.01 mm；油漆涂层应符合JB/T 5000.12的有关规定。
4.3.4 产品的非有色金属的内部表面若不做防锈处理,应进行密封处理。

4.4 装配

4.4.1 所有装配的零件应经检验合格后,方可进行装配,并符合JB/T 5000.10中的有关规定。
4.4.2 当电机和减速器采用直联式连接的,电动机轴线与减速器输入轴轴线的同轴度应不大于0.2 mm。
4.4.3 当块式制动器,制动器闸瓦宽度中心与制动轮宽度中心应一致,误差不大于2 mm。
4.4.4 松闸时闸瓦与制动轮在轴向和径向的间隙应一致,应不大于2 mm。
4.4.5 制动闸瓦回转中心连线应与制动轮中心一致,误差应不大于0.5 mm。
4.4.6 制动时,闸瓦与制动轮的接触面积应不少于80%。
4.4.7 装配完成后,制动器各回转轴应转动灵活；高速轴制动盘上的制动盘端面跳动应符合GB/T 1804不低于8级精度的要求；低速绳轮上的制动盘端面跳动应符合GB/T 1804不低于10级精度的要求。
4.4.8 油缸应密封良好,不漏油。
4.4.9 绳轮与轴承、轴承与主轴装配应采用压装方式,配合公差应符合GB/T 1804不低于8级精度的要求。
4.4.10 当开式齿轮的齿侧间隙为0.05～0.08模数；接触斑点沿齿高和齿长方向均应不少于70%。
4.4.11 装配绳轮衬垫时,应达到固定严实和平滑的要求,不应出观松动现象。
4.4.12 装配齿轮联轴器时,每一外齿轴套轴线对内齿圈轴线的倾斜应不大于30′；当两轴线无倾斜时,其径向位移量应不大于1.5 mm。
4.4.13 万向联轴器、联轴节轴心连线倾角应不大于1°。伸缩式万向联轴器的伸出段长度应小于最大伸缩长度的40%。
4.4.14 减速器润滑供油应正常,不应有明显渗油或漏油现象。
4.4.15 制动器连接控制油站时,全部接头在16 MPa试验压力下应无渗漏现象。
4.4.16 各液压和电气元件,按设计程序动作时应灵敏可靠。
4.4.17 双卷筒式驱动装置调绳离合器的啮合部分应能顺利脱开和合上,行程开关动作应灵敏可靠。
4.4.18 各紧固件的拧紧力矩应符合设计要求,应无松动现象。
4.4.19 所有电气元件的安装和接线应符合相关标准。
4.4.20 产品应预组装进行无负荷试验,不应有任何卡阻现象和异响。

5 试验方法

试验方法按TSG S7005中的有关规定执行。

6 检验规则

6.1 出厂检验

6.1.1 产品出厂前应进行出厂检验。经制造厂质量检验部门检验合格并签发产品合格证后方可出厂。
6.1.2 出厂检验项目见表1。

表 1

序号	检验项目
1	表面镀（涂）层
2	主轴、从动轴
3	绳轮
4	轴承套
5	卷筒
6	开式齿圈
7	机架
8	高速轴制动盘（轮）
9	联轴器
10	减速器
11	制动器
12	减压管路接头
13	紧固件
14	无负荷试验

6.2 型式试验

6.2.1 凡属下列情况之一者，应进行型式试验：
    a) 新产品或老产品转厂生产试制定型时；
    b) 主要结构、材料、关键工艺等发生改变，影响安全性能的。

6.2.2 型式试验项目包括出厂检验项目、空载试验、偏载试验和满载试验。

7 标志、包装运输和随机文件

7.1 标志

在产品的明显位置固定产品标牌，其型式尺寸应符合 GB/T 13306 的规定，并应至少标注下列内容：
    a) 产品名称；
    b) 产品型号；
    c) 主要技术参数；
    d) 出厂日期；
    e) 出厂编号；
    f) 制造厂名称。

7.2 包装运输

应符合 JB/T 5000.13 和铁路、公路、航运的有关运输要求。

7.3 随机文件

产品出厂至少应提供下列文件：
a) 装箱单；
b) 质量合格证；
c) 安装使用维护说明书、装配图及易损件图。

ICS 53.040.20
J 81

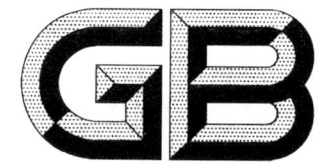

中华人民共和国国家标准

GB/T 24732—2009

客运索道托（压）索轮通用技术条件

General technical conditions for support (compression)
sheave of passenger ropeway

2009-11-30 发布　　　　　　　　　　　　　　2010-06-01 实施

中华人民共和国国家质量监督检验检疫总局
中国国家标准化管理委员会　发布

前 言

本标准由全国索道与游乐设施标准化技术委员会提出并归口。
本标准起草单位:北京起重运输机械设计研究院。
本标准主要起草人:张海乔、李越秀、黄鹏智、李刚、黄越峰、云平。

GB/T 24732—2009 客运索道托(压)索轮通用技术条件

客运索道托(压)索轮通用技术条件

1 范围

本标准规定了客运索道的托(压)索轮型式、基本参数、技术要求、检验规则、标志、包装及运输。

本标准适用于单线循环式客运索道及拖牵式滑雪索道所使用的托(压)索轮。

2 规范性引用文件

下列文件中的条款通过本标准的引用而成为本标准的条款。凡是注日期的引用文件,其随后所有的修改单(不包括勘误的内容)或修订版均不适用于本标准,然而,鼓励根据本标准达成协议的各方研究是否可使用这些文件的最新版本。凡是不注日期的引用文件,其最新版本适用于本标准。

GB/T 699 优质碳素结构钢

GB/T 700 碳素结构钢(GB/T 700—2006,ISO 630:1995,NEQ)

GB/T 1173 铸造铝合金(GB/T 1173—1995,neq ASTM B26:1992)

GB/T 1184 形状和位置公差 未注公差值(GB/T 1184—1996,eqv ISO 2768-2:1989)

GB/T 1804 一般公差 未注公差的线性和角度尺寸的公差(GB/T 1804—2000,eqv ISO 2768-1:1989)

GB/T 11352 一般工程用铸造碳钢件(GB/T 11352—2009,ISO 3755:1991,Cast catbon steels for general engineering purposes,ISO 4990:2003,Steel casting—General technical delivery requirements,MOD)

GB 12352—2007 客运架空索道安全规范

GB/T 15115 压铸铝合金(GB/T 15115—2009,ASTM B179:2006,MOD)

GB/T 19401 客运拖牵索道技术规范

JB/T 4730 承压设备无损检测

JB/T 5000.5 重型机械通用技术条件 第5部分:有色金属铸件

JB/T 5000.8 重型机械通用技术条件 第8部分:锻件

JB/T 5000.13 重型机械通用技术条件 第13部分:包装

TSG 57005 客运索道部件型式试验细则(中华人民共和国国家质量监督检验检疫总局颁布)

3 型式和基本参数

3.1 型式

托索轮组根据其配置分为单轮式托(压)索轮 T(N)D、两轮式托(压)索轮 T(N)D2、四轮式托(压)索轮 T(N)D4、六轮式托(压)索轮 T(N)D6、八轮式托(压)索轮 T(N)D8、十轮式托(压)索轮 T(N)D10、十二轮式托(压)索轮 T(N)D12、十四轮式托(压)索轮 T(N)D14、十六轮式托(压)索轮 T(N)D16 及组合式托压索轮 TND。

3.2 基本参数

基本参数见表1。

表 1

轮径/mm	200	250	300	400	450	500	550	600
单轮公称负荷/kN	1.5	2.0	3.0	5.0	6.0	6.5	7.5	8.0
适用钢丝绳直径/mm	≤16	≤25	≤30	≤40	≤45	≤50	≤55	≤60

3.3 标记示例

托索轮直径为 φ400 mm 的六轮托索轮组标记为：
TD6-400　GB/T 24728

4 技术要求

4.1 一般规定

4.1.1 产品应符合 GB 12352—2007 中 3.5.2、7.2.3、7.2.4 和 GB/T 19401 中的有关规定及本标准的要求，并应按经规定程序批准的图样及技术文件制造。

4.1.2 所有零件的材料应附有合格证明书，否则应进行试验和化验，合格后方可使用。

4.1.3 所有外购件和标准件应有合格证或相关检测报告。

4.1.4 所有铸件、锻件、焊接件均应符合现行标准。在保证质量的前提下，对不影响使用和外观的缺陷，允许按规定的技术文件修补。

4.1.5 图样上未标注公差的尺寸，应符合 GB/T 1804 中公差等级为 m(中等级)的规定。

4.1.6 托压索轮组承受 3.5 倍额定载荷静止 20 min 后，主要受力构件及夹板不应出现塑性变形、裂纹或损坏。

4.1.7 捕绳器按屈服极限计算的安全系数应不小于 1.5，捕绳器及其连接件不应出现塑性变形。

4.1.8 托压索轮运转部分不应有异常噪声，轮衬应与轮体紧密结合，不应出现相对运动。

4.2 主要零部件

4.2.1 轮体

4.2.1.1 轮体材料应满足最大受力要求。

4.2.1.2 铸件不应有影响铸件使用性能的裂纹、冷隔、缩孔、夹渣、穿透性气孔等缺陷，并符合 JB/T 5000.5 的要求。压铸铝件应淬火并完全时效处理。

4.2.1.3 内孔圆柱度应符合 GB/T 1184 中 8 级的规定。

4.2.1.4 外圆及端面对内孔轴线的跳动公差应符合 GB/T 1184 中 10 级的规定。

4.2.1.5 铸造轮体应进行无损探伤，探伤应符合 JB/T 4730 的规定，检验质量等级不低于Ⅱ级。

4.2.2 轴

4.2.2.1 材料应符合不低于 GB/T 699 中 45 钢机械性能的要求。

4.2.2.2 粗加工后调质处理，硬度为 220 HB～250 HB。

4.2.2.3 安装轴承处轴颈的圆柱度应符合 GB/T 1184 中 7 级的规定。

4.2.2.4 应进行无损探伤，探伤应符合 JB/T 4730 的规定，检验质量等级不低于Ⅱ级。

4.2.3 托架、小托架

4.2.3.1 夹板、小夹板材料应符合 GB/T 700 中 Q235-A 的规定。当使用在 −20 ℃ 以下环境温度时，应采用镇静钢。

4.2.3.2 夹板、小夹板冲压成形后应校正平直。夹板的平面度在全长范围内不大于 1.2 mm；小夹板的平面度在全长范围内不大于 1 mm。

4.2.3.3 夹板和平衡梁上的各轴孔的平行度应符合 GB/T 1184 中的公差等级为 8 级的要求。

4.2.4 捕绳器

4.2.4.1 捕绳器形状、槽深及强度的要求应符合 GB 12352 中 7.2.3.3 的规定。

4.2.4.2 捕绳器应采用锻造工艺，并符合 JB/T 5000.8 中的有关规定。

4.2.5 轮衬

4.2.5.1 轮衬弹性模量 E 不大于 5 GPa，其力学性能应符合以下指标：拉伸强度不小于 12 MPa，脆化温度不大于 −40 ℃，伸长率不小于 200%，邵氏硬度 80±5，压缩永久变形不大于 40%。

4.2.5.2 轮衬不应有离层、裂纹、缺胶、欠硫等现象，其表面不应有气泡、明疤、凹痕等影响使用性能的缺陷。

4.2.5.3 轮衬内孔尺寸应符合设计图纸要求；衬槽深度尺寸应大于钢丝绳直径的1/10。

4.3 表面处理

4.3.1 产品在表面处理前需清除毛刺、锈迹和油污。

4.3.2 托架、轴承座、侧板、轴等非加工表面推荐采用热浸镀或电镀锌，镀层厚度不小于 0.015 mm。

4.4 装配

4.4.1 所有零件应经检验合格后应进行预装。

4.4.2 与橡胶轮衬配合的表面相对于内孔的径向圆跳动公差应不大于 0.25 mm。

4.4.3 轮组装配后，各轮槽中心应当在一条直线上，中间任一轮槽的中心与两端头绳轮轮槽中心的连线偏差应不大于 2 mm。各轮端面应与水平面垂直，应不大于 1°。

4.4.4 夹板和平衡梁上的各轴孔应符合 4.2.3.3 的要求，轮组装配在轴上，其轴向窜动量应不大于 1 mm。大小夹板的轴向窜动量应不大于 2 mm。

4.4.5 轮衬应当与轮体紧密结合，不应出现相对运动现象，轮衬不应断裂、龟裂或分层。

4.4.6 卡簧应安装到位。

4.4.7 所有连接件（包括螺栓、螺母、垫圈、挡圈和销等）应齐全，不应错装或以低代高，螺栓应拧紧。应按设计图纸要求，安装足够数量的捕捉器和挡绳板，并且固定牢靠。

5 试验方法

试验方法按 TSG S7005 中的有关规定执行。

6 检验规则

6.1 出厂检验

6.1.1 所有托索轮及托索轮组均应进行出厂检验。经制造厂质量检验部门检验合格并签发产品合格证后方可出厂。

6.1.2 出厂检验项目见表 2。

表 2

序号	检验项目
1	镀锌层
2	托架、小托架
3	连接件
4	油嘴
5	托压索轮
6	托压索轮组

6.2 型式试验

6.2.1 凡属下列情况之一者,应进行型式试验:

a) 新产品或老产品转厂生产试制定型时;

b) 主要结构、材料、关键工艺等发生改变,影响安全性能的。

6.2.2 型式试验项目包括出厂检验项目、强度试验和动态试验。

7 标志、包装运输和随机文件

7.1 标志

在产品的明显位置固定产品标牌,应至少标注下列内容:

a) 产品名称;

b) 产品型号;

c) 主要技术参数;

d) 出厂日期;

e) 出厂编号;

f) 制造厂名称。

7.2 包装运输

应符合 JB/T 5000.13 和铁路、公路、航运的有关运输要求。

7.3 随机文件

产品出厂至少应提供下列文件:

a) 装箱单;

b) 质量合格证;

c) 安装使用维护说明书、装配图及易损件图。

ICS 13.200
C 78

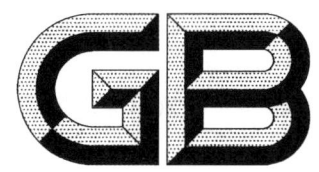

中华人民共和国国家标准

GB/T 29639—2020
代替 GB/T 29639—2013

生产经营单位生产安全事故应急预案编制导则

Guidelines for enterprises to develop emergency
response plan for work place accidents

2020-09-29 发布　　　　　　　　　　　　　　2021-04-01 实施

国家市场监督管理总局
国家标准化管理委员会　发布

前 言

本标准按照 GB/T 1.1—2009 给出的规则起草。

本标准代替 GB/T 29639—2013《生产经营单位生产安全事故应急预案编制导则》。与 GB/T 29639—2013 相比，除编辑性修改外主要技术变化如下：
——修改了应急预案编制程序（见第4章，2013年版的第4章）；
——应急预案编制中将应急能力评估修改为应急资源调查（见4.5,2013年版的4.5）；
——细化了应急预案评审内容（见4.8,2013年版的4.7）；
——修改了综合应急预案的要素内容，去掉编制目的，将风险评估结果放入附件（见6.1和第9章，2013年版的6.1）；
——修改了专项应急预案的要素内容，增加了适用范围，去掉事故风险分析（见7.1,2013年版的7.1）；
——补充了应急预案附件组成，增加了9.1生产经营单位概况、9.2风险评估的结果和9.3预案体系与衔接（见9.1、9.2、9.3）；
——增加了附录A"生产安全事故风险评估报告编制大纲"、附录B"生产安全事故应急资源调查报告编制大纲"（见附录A、附录B）。

本标准由中华人民共和国应急管理部提出。

本标准由全国安全生产标准化技术委员会（SAC/TC 288）归口。

本标准起草单位：中国安全生产科学研究院、国家安全生产应急救援中心、南方电网调峰调频发电有限公司。

本标准主要起草人：张兴凯、雷长群、高双喜、孔亮、时训先、吴志岭、闫立、石国领、张明、李定林、王文靖、陈兵、王尚顺、李晖、蔡镇坤、徐斌、周劲松。

本标准所代替标准的历次版本发布情况为：
——GB/T 29639—2013。

生产经营单位生产安全事故
应急预案编制导则

1 范围

本标准规定了生产经营单位生产安全事故应急预案的编制程序、体系构成和综合应急预案、专项应急预案、现场处置方案的主要内容以及附件信息。

本标准适用于生产经营单位生产安全事故应急预案（以下简称应急预案）编制工作，核电厂、其他社会组织和单位的应急预案编制可参照本标准执行。

2 规范性引用文件

下列文件对于本文件的应用是必不可少的。凡是注日期的引用文件，仅注日期的版本适用于本文件。凡是不注日期的引用文件，其最新版本（包括所有的修改单）适用于本文件。

AQ/T 9007 生产安全事故应急演练基本规范

3 术语和定义

下列术语和定义适用于本文件。

3.1
应急预案 emergency response plan

针对可能发生的事故，为最大程度减少事故损害而预先制定的应急准备工作方案。

3.2
应急响应 emergency response

针对事故险情或事故，依据应急预案采取的应急行动。

3.3
应急演练 emergency exercise

针对可能发生的事故情景，依据应急预案模拟开展的应急活动。

3.4
应急预案评审 emergency response plan review

对新编制或修订的应急预案内容的适用性所开展的分析评估及审定过程。

4 应急预案编制程序

4.1 概述

生产经营单位应急预案编制程序包括成立应急预案编制工作组、资料收集、风险评估、应急资源调查、应急预案编制、桌面推演、应急预案评审和批准实施8个步骤。

4.2 成立应急预案编制工作组

结合本单位职能和分工，成立以单位有关负责人为组长，单位相关部门人员（如生产、技术、设备、安全、行政、人事、财务人员)参加的应急预案编制工作组,明确工作职责和任务分工,制订工作计划,组织开展应急预案编制工作。预案编制工作组中应邀请相关救援队伍以及周边相关企业、单位或社区代表参加。

4.3 资料收集

应急预案编制工作组应收集下列相关资料:
a) 适用的法律法规、部门规章、地方性法规和政府规章、技术标准及规范性文件;
b) 企业周边地质、地形、环境情况及气象、水文、交通资料;
c) 企业现场功能区划分、建(构)筑物平面布置及安全距离资料;
d) 企业工艺流程、工艺参数、作业条件、设备装置及风险评估资料;
e) 本企业历史事故与隐患、国内外同行业事故资料;
f) 属地政府及周边企业、单位应急预案。

4.4 风险评估

开展生产安全事故风险评估,撰写评估报告(编制大纲参见附录 A),其内容包括但不限于:
a) 辨识生产经营单位存在的危险有害因素,确定可能发生的生产安全事故类别;
b) 分析各种事故类别发生的可能性、危害后果和影响范围;
c) 评估确定相应事故类别的风险等级。

4.5 应急资源调查

全面调查和客观分析本单位以及周边单位和政府部门可请求援助的应急资源状况,撰写应急资源调查报告(编制大纲参见附录 B),其内容包括但不限于:
a) 本单位可调用的应急队伍、装备、物资、场所;
b) 针对生产过程及存在的风险可采取的监测、监控、报警手段;
c) 上级单位、当地政府及周边企业可提供的应急资源;
d) 可协调使用的医疗、消防、专业抢险救援机构及其他社会化应急救援力量。

4.6 应急预案编制

4.6.1 应急预案编制应当遵循以人为本、依法依规、符合实际、注重实效的原则,以应急处置为核心,体现自救互救和先期处置的特点,做到职责明确、程序规范、措施科学,尽可能简明化、图表化、流程化。应急预案编制格式和要求参见附录 C。

4.6.2 应急预案编制工作包括但不限于下列:
a) 依据事故风险评估及应急资源调查结果,结合本单位组织管理体系、生产规模及处置特点,合理确立本单位应急预案体系;
b) 结合组织管理体系及部门业务职能划分,科学设定本单位应急组织机构及职责分工;
c) 依据事故可能的危害程度和区域范围,结合应急处置权限及能力,清晰界定本单位的响应分级标准,制定相应层级的应急处置措施;
d) 按照有关规定和要求,确定事故信息报告、响应分级与启动、指挥权移交、警戒疏散方面的内容,落实与相关部门和单位应急预案的衔接。

4.7 桌面推演

按照应急预案明确的职责分工和应急响应程序,结合有关经验教训,相关部门及其人员可采取桌面演练的形式,模拟生产安全事故应对过程,逐步分析讨论并形成记录,检验应急预案的可行性,并进一步完善应急预案。桌面演练的相关要求见 AQ/T 9007。

4.8 应急预案评审

4.8.1 评审形式

应急预案编制完成后,生产经营单位应按法律法规有关规定组织评审或论证。参加应急预案评审的人员可包括有关安全生产及应急管理方面的、有现场处置经验的专家。应急预案论证可通过推演的方式开展。

4.8.2 评审内容

应急预案评审内容主要包括:风险评估和应急资源调查的全面性、应急预案体系设计的针对性、应急组织体系的合理性、应急响应程序和措施的科学性、应急保障措施的可行性、应急预案的衔接性。

4.8.3 评审程序

应急预案评审程序包括下列步骤:
a) 评审准备。成立应急预案评审工作组,落实参加评审的专家,将应急预案、编制说明、风险评估、应急资源调查报告及其他有关资料在评审前送达参加评审的单位或人员。
b) 组织评审。评审采取会议审查形式,企业主要负责人参加会议,会议由参加评审的专家共同推选出的组长主持,按照议程组织评审;表决时,应有不少于出席会议专家人数的三分之二同意方为通过;评审会议应形成评审意见(经评审组组长签字),附参加评审会议的专家签字表。表决的投票情况应以书面材料记录在案,并作为评审意见的附件。
c) 修改完善。生产经营单位应认真分析研究,按照评审意见对应急预案进行修订和完善。评审表决不通过的,生产经营单位应修改完善后按评审程序重新组织专家评审,生产经营单位应写出根据专家评审意见的修改情况说明,并经专家组组长签字确认。

4.9 批准实施

通过评审的应急预案,由生产经营单位主要负责人签发实施。

5 应急预案体系

5.1 概述

生产经营单位应急预案分为综合应急预案、专项应急预案和现场处置方案。生产经营单位应根据有关法律、法规和相关标准,结合本单位组织管理体系、生产规模和可能发生的事故特点,科学合理确立本单位的应急预案体系,并注意与其他类别应急预案相衔接。

5.2 综合应急预案

综合应急预案是生产经营单位为应对各种生产安全事故而制定的综合性工作方案,是本单位应对生产安全事故的总体工作程序、措施和应急预案体系的总纲。

5.3 专项应急预案

专项应急预案是生产经营单位为应对某一种或者多种类型生产安全事故,或者针对重要生产设施、重大危险源、重大活动防止生产安全事故而制定的专项工作方案。

专项应急预案与综合应急预案中的应急组织机构、应急响应程序相近时,可不编写专项应急预案,相应的应急处置措施并入综合应急预案。

5.4 现场处置方案

现场处置方案是生产经营单位根据不同生产安全事故类型,针对具体场所、装置或者设施所制定的应急处置措施。现场处置方案重点规范事故风险描述、应急工作职责、应急处置措施和注意事项,应体现自救互救、信息报告和先期处置的特点。

事故风险单一、危险性小的生产经营单位,可只编制现场处置方案。

6 综合应急预案内容

6.1 总则

6.1.1 适用范围

说明应急预案适用的范围。

6.1.2 响应分级

依据事故危害程度、影响范围和生产经营单位控制事态的能力,对事故应急响应进行分级,明确分级响应的基本原则。响应分级不必照搬事故分级。

6.2 应急组织机构及职责

明确应急组织形式(可用图示)及构成单位(部门)的应急处置职责。应急组织机构可设置相应的工作小组,各小组具体构成、职责分工及行动任务应以工作方案的形式作为附件。

6.3 应急响应

6.3.1 信息报告

6.3.1.1 信息接报

明确应急值守电话、事故信息接收、内部通报程序、方式和责任人,向上级主管部门、上级单位报告事故信息的流程、内容、时限和责任人,以及向本单位以外的有关部门或单位通报事故信息的方法、程序和责任人。

6.3.1.2 信息处置与研判

6.3.1.2.1 明确响应启动的程序和方式。根据事故性质、严重程度、影响范围和可控性,结合响应分级明确的条件,可由应急领导小组作出响应启动的决策并宣布,或者依据事故信息是否达到响应启动的条件自动启动。

6.3.1.2.2 若未达到响应启动条件,应急领导小组可作出预警启动的决策,做好响应准备,实时跟踪事态发展。

6.3.1.2.3 响应启动后,应注意跟踪事态发展,科学分析处置需求,及时调整响应级别,避免响应不足或过度响应。

6.3.2 预警

6.3.2.1 预警启动

明确预警信息发布渠道、方式和内容。

6.3.2.2 响应准备

明确作出预警启动后应开展的响应准备工作,包括队伍、物资、装备、后勤及通信。

6.3.2.3 预警解除

明确预警解除的基本条件、要求及责任人。

6.3.3 响应启动

确定响应级别,明确响应启动后的程序性工作,包括应急会议召开、信息上报、资源协调、信息公开、后勤及财力保障工作。

6.3.4 应急处置

明确事故现场的警戒疏散、人员搜救、医疗救治、现场监测、技术支持、工程抢险及环境保护方面的应急处置措施,并明确人员防护的要求。

6.3.5 应急支援

明确当事态无法控制情况下,向外部(救援)力量请求支援的程序及要求、联动程序及要求,以及外部(救援)力量到达后的指挥关系。

6.3.6 响应终止

明确响应终止的基本条件、要求和责任人。

6.4 后期处置

明确污染物处理、生产秩序恢复、人员安置方面的内容。

6.5 应急保障

6.5.1 通信与信息保障

明确应急保障的相关单位及人员通信联系方式和方法,以及备用方案和保障责任人。

6.5.2 应急队伍保障

明确相关的应急人力资源,包括专家、专兼职应急救援队伍及协议应急救援队伍。

6.5.3 物资装备保障

明确本单位的应急物资和装备的类型、数量、性能、存放位置、运输及使用条件、更新及补充时限、管理责任人及其联系方式,并建立台账。

6.5.4 其他保障

根据应急工作需求而确定的其他相关保障措施(如:能源保障、经费保障、交通运输保障、治安保障、技术保障、医疗保障及后勤保障)。

注:6.5.1～6.5.4 的相关内容,尽可能在应急预案的附件中体现。

7 专项应急预案内容

7.1 适用范围

说明专项应急预案适用的范围,以及与综合应急预案的关系。

7.2 应急组织机构及职责

明确应急组织形式(可用图示)及构成单位(部门)的应急处置职责。应急组织机构以及各成员单位或人员的具体职责。应急组织机构可以设置相应的应急工作小组,各小组具体构成、职责分工及行动任务建议以工作方案的形式作为附件。

7.3 响应启动

明确响应启动后的程序性工作,包括应急会议召开、信息上报、资源协调、信息公开、后勤及财力保障工作。

7.4 处置措施

针对可能发生的事故风险、危害程度和影响范围,明确应急处置指导原则,制定相应的应急处置措施。

7.5 应急保障

根据应急工作需求明确保障的内容。

注: 专项应急预案包括但不限于7.1~7.4的内容。

8 现场处置方案内容

8.1 事故风险描述

简述事故风险评估的结果(可用列表的形式列在附件中)。

8.2 应急工作职责

明确应急组织分工和职责。

8.3 应急处置

包括但不限于下列内容:
a) 应急处置程序。根据可能发生的事故及现场情况,明确事故报警、各项应急措施启动、应急救护人员的引导、事故扩大及同生产经营单位应急预案的衔接程序。
b) 现场应急处置措施。针对可能发生的事故从人员救护、工艺操作、事故控制、消防、现场恢复等方面制定明确的应急处置措施。
c) 明确报警负责人以及报警电话及上级管理部门、相关应急救援单位联络方式和联系人员,事故报告基本要求和内容。

8.4 注意事项

包括人员防护和自救互救、装备使用、现场安全等方面的内容。

9 附件

9.1 生产经营单位概况

简要描述本单位地址、从业人数、隶属关系、主要原材料、主要产品、产量,以及重点岗位、重点区域、周边重大危险源、重要设施、目标、场所和周边布局情况。

9.2 风险评估的结果

简述本单位风险评估的结果。

9.3 预案体系与衔接

简述本单位应急预案体系构成和分级情况,明确与地方政府及其有关部门、其他相关单位应急预案的衔接关系(可用图示)。

9.4 应急物资装备的名录或清单

列出应急预案涉及的主要物资和装备名称、型号、性能、数量、存放地点、运输和使用条件、管理责任人和联系电话等。

9.5 有关应急部门、机构或人员的联系方式

列出应急工作中需要联系的部门、机构或人员及其多种联系方式。

9.6 格式化文本

列出信息接报、预案启动、信息发布等格式化文本。

9.7 关键的路线、标识和图纸

包括但不限于:
a) 警报系统分布及覆盖范围;
b) 重要防护目标、风险清单及分布图;
c) 应急指挥部(现场指挥部)位置及救援队伍行动路线;
d) 疏散路线、集结点、警戒范围、重要地点的标识;
e) 相关平面布置、应急资源分布的图纸;
f) 生产经营单位的地理位置图、周边关系图、附近交通图;
g) 事故风险可能导致的影响范围图;
h) 附近医院地理位置图及路线图。

9.8 有关协议或者备忘录

列出与相关应急救援部门签订的应急救援协议或备忘录。

附 录 A
（资料性附录）
生产安全事故风险评估报告编制大纲

A.1 危险有害因素辨识

描述生产经营单位危险有害因素辨识的情况（可用列表形式表述）。

A.2 事故风险分析

描述生产经营单位事故风险的类型、事故发生的可能性、危害后果和影响范围（可用列表形式表述）。

A.3 事故风险评价

描述生产经营单位事故风险的类别及风险等级（可用列表形式表述）。

A.4 结论建议

得出生产经营单位应急预案体系建设的计划建议。

附 录 B
（资料性附录）
生产安全事故应急资源调查报告编制大纲

B.1 单位内部应急资源

按照应急资源的分类,分别描述相关应急资源的基本现状、功能完善程度、受可能发生的事故的影响程度(可用列表形式表述)。

B.2 单位外部应急资源

描述本单位能够调查或掌握可用于参与事故处置的外部应急资源情况(可用列表形式表述)。

B.3 应急资源差距分析

依据风险评估结果得出本单位的应急资源需求,与本单位现有内外部应急资源对比,提出本单位内外部应急资源补充建议。

附 录 C
（资料性附录）
应急预案编制格式和要求

C.1 封面

应急预案封面主要包括应急预案编号、应急预案版本号、生产经营单位名称、应急预案名称及颁布日期。

C.2 批准页

应急预案应经生产经营单位主要负责人批准方可发布。

C.3 目次

应急预案应设置目次，目次中所列的内容及次序如下：
a) 批准页；
b) 应急预案执行部门签署页；
c) 章的编号、标题；
d) 带有标题的条的编号、标题（需要时列出）；
e) 附件，用序号表明其顺序。

参 考 文 献

［1］ GB/T 24353—2009　风险管理　原则与实施指南
［2］ GB/T 27921—2011　风险管理　风险评估技术
［3］ 国务院办公厅关于印发突发事件应急预案管理办法的通知（国办发〔2013〕101号）
［4］ 应急管理部关于修改《生产安全事故应急预案管理办法》的决定（应急管理部令第2号）
［5］ NFPA 1600 Standard on Disaster/Emergency Management and Business Continuity Programs 2013 Edition

ICS 45.100
J 81

中华人民共和国国家标准

GB/T 34024—2017

客运架空索道风险评价方法

Risk assessment methodology for passenger aerial ropeways

2017-07-12 发布

2018-02-01 实施

中华人民共和国国家质量监督检验检疫总局
中国国家标准化管理委员会 发布

前言

本标准按照GB/T 1.1—2009给出的规则起草。

本标准由全国索道与游乐设施标准化技术委员会(SAC/TC 250)归口。

本标准负责起草单位：中国特种设备检测研究院、广东省特种设备检测研究院、河南省特种设备安全检测研究院、国家客运架空索道安全监督检验中心、河北省特种设备监督检验院、泰山索道运营中心、辽宁省安全科学研究院。

本标准主要起草人：钱剑雄、邱治国、李剑、沈功田、衣宝龙、刘爱国、张君娇、吴占稳、冀维金、刘文贞、吴杞强、吴鸿启、侯振亚、张丽、陈祺。

客运架空索道风险评价方法

1 范围

本标准规定了客运架空索道风险评价的适用范围、基本原则、程序、文件等。
本标准适用于在用的往复式和循环式客运架空索道。

2 规范性引用文件

下列文件对于本文件的应用是必不可少的。凡是注日期的引用文件,仅注日期的版本适用于本文件。凡是不注日期的引用文件,其最新版本(包括所有的修改单)适用于本文件。
GB 12352　客运架空索道安全规范
GB/T 12738　索道　术语
GB/T 16856—2015　机械安全　风险评估　实施指南和方法举例
GB/T 24728—2009　客运索道安全服务质量

3 术语和定义

GB/T 12738 界定的以及下列术语和定义适用于本文件。

3.1
原因　cause
在危险状态下,促成后果产生的环境、情况、事件或行动。

3.2
后果　effect
危险状态出现时,原因导致的结果。

3.3
伤害　harm
对物质的损伤,或对人体健康、财产或环境的损害。

3.4
危险　hazard
潜在的伤害源。

注：可以修饰术语"危险",以说明其起源或预料其伤害的性质(如:触电危险、挤压危险、切割危险、中毒危险、火灾危险、溺水危险等)。

3.5
危险状态　hazardous situation
人员、财产或环境暴露于一种或多种危险中的情形。

3.6
失效模式　failure mode
系统、结构或零部件失去其原有设定功能的一种现象,应当与失效原因相区别。

3.7

失效原因 failure cause

导致失效模式发生的环境、情况、事件或行动。

3.8

使用寿命 life cycle

一个部件或一个索道系统的使用期限。

3.9

防护措施 protective measure

用于降低风险的方法。

注：防护措施包括借助于固有的安全设计、防护装置、个人防护装备、使用和安装的信息及培训等来降低风险。

3.10

风险 risk

失效发生的概率与失效后果严重程度的综合。

3.11

风险分析 risk analysis

系统地运用可获得的信息识别危险和评估风险的过程。

3.12

风险评估 risk estimation

对危险发生的可能性和后果的度量的过程。

3.13

风险评定 risk evaluation

根据风险分析结果，确定是否需要降低风险的过程。

3.14

风险评价 risk assessment

通过一系列逻辑步骤，以系统的方法检查与评价对象相关的危险并进行度量，是一系列风险分析、评估和评定，以及风险降低的迭代过程。

4 基本原则

4.1 安全与风险

4.1.1 安全是相对的，没有绝对的安全。安全是与风险相对应的概念。本方法中的安全是指消除了不可接受的风险。安全是通过充分降低风险来实现的。

4.1.2 安全是通过寻找以下因素的最佳平衡来达到的：
——理想的绝对安全；
——产品或过程所满足的要求；
——使用者的利益（包括成本效应）等。

4.1.3 已建立的风险等级需要不断地复查，以实现与产品或过程相适应的最低风险，达到最优安全效益。

4.1.4 风险是对不希望发生的事物的危险性的量度，其包含两个基本要素，即发生的可能性（概率）与后果严重程度。风险可以描述为危险发生的可能性（概率）与危险后果严重程度的函数。

4.2 客运架空索道风险评价的目的和作用

客运架空索道风险评价的目的和作用是针对在用客运架空索道，通过风险评估，评定客运架空索道风险等级，区分处于不同安全状况水平的客运架空索道，提出被评价索道存在的风险及相应的安全对策措施,指导危险源监控和事故预防,以有效降低索道系统风险,减少事故率。

5 风险评价程序

5.1 一般规定

客运架空索道风险评价,是针对确定的评价对象,进行的失效模式与原因分析、失效概率和后果严重程度评估、风险类别确定、风险等级评定,以及风险降低和重新评价的迭代过程(见图1),其工作程序一般包括:

——确定风险评价对象;
——成立风险评价工作组;
——收集评价对象相关信息;
——进行子系统划分、失效模式及原因分析;
——评估失效概率和后果严重程度;
——确定风险类别;
——评定风险等级;
——出具风险评价报告;
——对于不可接受的风险,采取措施降低风险,再重新进行评价。

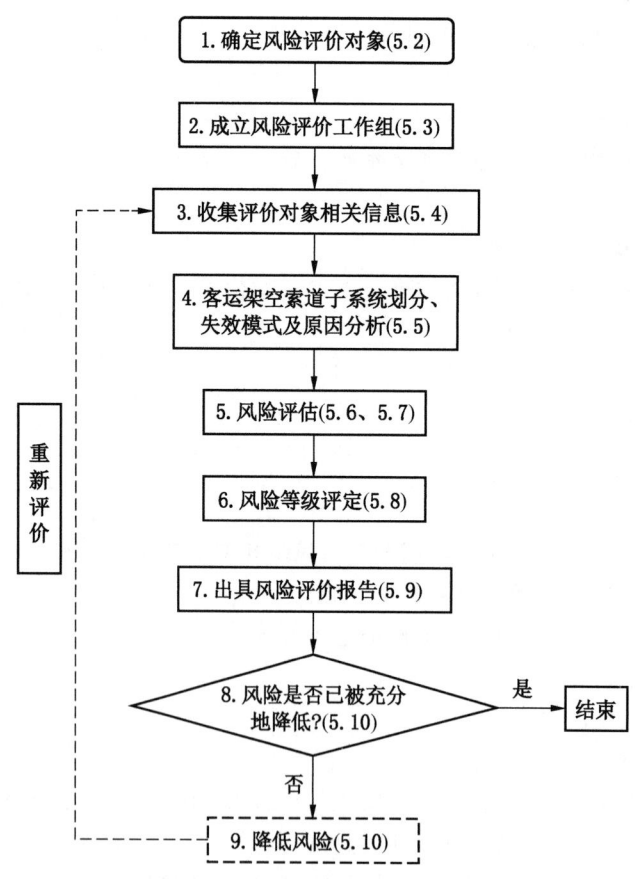

图 1 客运架空索道风险评价和降低风险的迭代过程

5.2 第1步：确定风险评价对象

在进行风险评价前，应当首先确定评价的对象。评价对象可以是客运架空索道整个系统，也可以是客运架空索道的一个或若干子系统，或者零部件。

5.3 第2步：成立风险评价工作组

5.3.1 总则

考虑到客运架空索道各子系统技术和管理的差异，以及评价人员专业和工作经验的差异，为了减少偏见，应针对风险评价过程组建风险评价工作组（以下简称评价组）。评价人员数量的增加有助于减少主观因素对最终评价结果的影响。

5.3.2 评价组成员

评价组应由从事客运架空索道设计、制造、安装、运营管理或检验等相关工作5年以上，对所评价产品或过程有丰富经验和专业知识，具有工程师职称以上的人员组成，人数一般不少于3人。

评价组可以聘请相关领域技术专家在风险评价的整个过程或适当的阶段中承担咨询任务，以有效提高评价结果的质量。

5.3.3 评价组长及其职责

评价组应推选出组长，组长负责组织、协调评价组进行客运架空索道风险评价工作。评价组成立后，组长应主持召开评价组首次工作会议，目的是确定评价组所有成员均已掌握本方法关于客运架空索道风险评价的原则、程序、评估方法、评定准则等相关要求。现场风险评估工作结束后，组长应主持召开评价组末次工作会议，对索道进行风险等级评定，出具索道风险评价报告，提出降低风险的安全对策措施及建议。

5.4 第3步：收集评价对象相关信息

数据收集是风险分析的一个至关重要的阶段，数据收集的全面性和准确性，直接关系到评估结果的正确性和风险管理的有效性，是一个基本的和连续的过程，持续于风险评价实施的整个阶段。

风险评价需要收集的信息主要有：
——客运架空索道基本情况（包括设计、制造、安装、改造、修理、使用单位信息和施工日期等）；
——客运架空索道基本技术参数；
——客运架空索道使用单位各项安全管理制度（包括技术档案管理制度、安全操作规程、日常检查与定期自行检查制度、维护保养制度、定期报检制度、作业和服务人员守则、作业人员及相关服务人员安全培训考核制度、应急救援演练制度、意外事件和事故处理制度、法规标准规定的其他制度等）的建立和执行情况；
——客运架空索道最近一次全面检验或年度检验数据；
——客运架空索道运行和环境状况、日常检查和维护保养记录，以及自行检查中发现的异常情况、设备故障与事故处理情况等；
——针对失效模式和原因所进行的必要检验和测试的结果。

5.5 第4步：子系统划分、失效模式及原因分析

5.5.1 子系统划分

在进行索道失效模式及原因分析前，宜先将整个索道系统分解为若干个有机组成的子系统，可以按照索道系统特点、功能及设备相关性进行划分。例如，可以将索道划分为以下子系统：

a) 线路(包括支架和基础、线路侧型);
b) 钢丝绳;
c) 运载工具;
d) 抱索器/夹索器;
e) 托压索轮组(鞍座);
f) 驱动装置(电动机、制动器、减速机、联轴器、驱动轮);
g) 迂回装置;
h) 张紧装置;
i) 站房设施;
j) 脱挂抱索器站内推车系统;
k) 通讯系统;
l) 电气设备(动力、控制);
m) 安全保护装置和信号系统;
n) 救护装置。

5.5.2 失效模式及原因分析

5.5.2.1 评价组应根据评价对象实际情况,具体分析索道失效模式,并对失效原因进行识别。失效模式及原因的分析和识别可以危险源辨识(参照 GB/T 16856—2015 中 5.3)、情节描述等作为技术手段,通过组内讨论方式进行。

5.5.2.2 失效模式应从索道系统、结构或零部件失去其原有设定功能的某种现象予以描述,失效原因分析应重点考虑促成后果产生的环境、情况、事件或行动。

5.5.2.3 评价组对失效模式及原因的描述应具体、明确,以便有助于评估失效概率和后果严重程度。

5.5.2.4 评价组全体成员应对失效模式及原因的描述达成一致意见。

5.5.3 记录和范例

5.5.3.1 评价组应将所分析和识别的失效模式和原因记录下来形成文件,作为下一步风险评估的依据。

5.5.3.2 附录 A 给出了客运架空索道子系统失效模式及原因分析范例。

5.6 第 5 步:失效概率和失效后果严重程度评估

5.6.1 一般要求

5.6.1.1 风险是由失效原因所引起的失效后果严重程度(S)与失效发生概率(P)的函数。因此,风险由后果严重程度与失效概率两方面决定。风险评估即是对这两方面的评估。

5.6.1.2 评价人员应根据失效模式和原因的描述,对索道设备进行必要的检验和测试,对其安全管理情况进行检查,并如实、详细记录。现场检验、测试和检查结果是索道风险评估的重要依据。

5.6.2 失效后果严重程度评估

5.6.2.1 对每一个失效模式,其失效后果严重程度应被评估为表1所列之一。

表 1 失效后果严重程度

失效后果严重程度等级	说明
1——非常高	人员死亡、社会影响巨大、设备损坏严重、经济损失非常大
2——高	人员伤亡、社会影响较大、设备损坏较严重、经济损失比较大

表 1（续）

失效后果严重程度等级	说明
3——中	人员受伤、有一定的社会影响、设备损坏中等、经济损失中等
4——低	人员伤害较轻、社会影响较小、设备损坏较小、经济损失较小
5——可忽略	不会引起人员伤亡、无社会影响、无设备损坏、无经济损失

5.6.2.2 失效后果严重程度，应从人身伤害、社会影响和经济损失等三个方面进行评估。附录B给出了推荐的失效后果严重程度的评估指标、评估步骤、参数量值及评定标准等。

5.6.3 失效概率评估

5.6.3.1 对每一个失效原因，其失效概率应被评估为表2所列之一。

表 2 失效概率

失效概率等级	说明
A——频繁	在使用寿命内很可能经常发生
B——很可能	在使用寿命内很可能会发生数次
C——偶尔	在使用寿命内很可能至少发生一次
D——极少或不大可能	未必发生，但在使用寿命内可能发生
E——不可能	在使用寿命内不可能发生

5.6.3.2 评估失效概率时，应统筹考虑设备损伤、失效情况，以及使用单位安全管理状况、日常自行检查和维护保养水平等。

5.6.3.3 设备损伤、失效情况应考虑与危险相关的客运架空索道部件或子系统可靠性、事故故障记录和统计数据（事故或故障发生的频次）。还需考虑设备缺陷与隐患整改、修理与维护保养情况，以及人员暴露在危险中的频次和时间等因素。

5.6.3.4 失效概率评估应以检验和测试结果、安全管理制度建立和执行情况为主要依据，参照现有法规和GB 12352、GB/T 24728的规定，结合专家经验进行判断。

5.6.3.5 附录C给出了推荐的失效概率的评估指标、评估步骤、参数量值及评定标准等。

5.7 第6步：风险类别确定

根据失效后果严重程度和失效概率评估结果，得到客运架空索道子系统各失效模式下具体失效原因的失效后果严重程度等级（1~5）和失效概率等级（A~E），对照表3确定各失效原因的风险类别。风险类别分为Ⅰ、Ⅱ、Ⅲ、Ⅳ四个类别。

表 3 风险类别

风险类别	风险等级	所采取的措施
Ⅰ	1E、2E、3E、4E、4D、5C、5D、5E	不需要任何行动
Ⅱ	1D、2D、3C、3D、4B、4C、5A、5B	需要复查，在考虑解决方案和社会价值的实用性后，确定进一步采取防护措施是否适当
Ⅲ	2B、2C、3A、3B、4A	需要采取防护措施消除或降低风险
Ⅳ	1A、1B、1C、2A	需要立即采取防护措施消除或降低风险

5.8 第7步:风险等级评定

5.8.1 风险等级

客运架空索道整体风险等级划分为一级、二级、三级、四级,如表4所示。

表 4 客运架空索道风险等级

客运架空索道风险等级	一级	二级	三级	四级
风险水平/安全状况	没有Ⅲ类及以上风险,安全管理水平优秀,索道设施整体风险低,安全状况良好	没有Ⅲ类及以上风险,存在较多中等风险,索道设施整体风险较低,安全状况较好	没有Ⅳ类风险,存在有较高风险的安全隐患,索道设施整体风险较高,安全状况一般	存在重大安全隐患,索道设施整体风险高,安全状况差

5.8.2 评定准则

评价组在对评价对象各失效模式的失效原因进行风险评估后,应按照以下准则对客运架空索道进行风险等级评定:

a) 没有Ⅲ类和Ⅳ类风险,Ⅱ类风险比例不超过30%的,风险等级评定为一级;
b) 没有Ⅲ类和Ⅳ类风险,Ⅱ类风险比例大于30%的,风险等级评定为二级;
c) 没有Ⅳ类风险,Ⅲ类风险数量不超过8项的,风险等级评定为三级;
d) 有Ⅳ类风险或Ⅲ类风险数量超过8项的,风险等级评定为四级。

5.9 第8步:出具风险评价报告

评价组在完成风险分析和风险等级评定工作后,应出具《客运架空索道风险评价报告》(模板见附录D)。评价报告至少包括以下内容:

——评价对象基本信息;
——评价组成员名单;
——评价时间和地点;
——评价依据的方法;
——评价结果及建议措施等。

5.10 第9步:风险的降低

5.10.1 建议措施

5.10.1.1 风险等级评定为四级的,需要立即采取防护措施消除或降低风险,并重新进行风险评价,以确认风险已经消除或降低到可接受。

5.10.1.2 风险等级评定为三级的,需要采取防护措施消除或降低风险,宜重新进行风险评价,以确认风险已经消除或降低到可接受。

5.10.1.3 风险等级评定为二级的,在考虑解决方案和社会价值的实用性后,确定是否需要采取进一步措施以降低风险。

5.10.1.4 风险等级评定为一级的,不需要采取进一步降低风险措施。

5.10.2 风险降低的方法

对具有较高风险的客运架空索道子系统和零部件,宜采取以下降低风险的方法:

a) 修改或重新设计,以提高子系统或零部件的可靠性;
b) 进行修理或改造;
c) 减少暴露于危险中的频次或持续时间;
d) 根据具体情况,改变使用、检验和维护保养程序;
e) 增加防护或安全装置,使得一旦客运架空索道部件发生故障或失效,这些保护或装置将起作用;
f) 其他经论证可行的方法。

5.10.3 重新评价

5.10.3.1 应用本方法得出的风险评价结果并非一个永久性的结论,客运架空索道系统在采取了消除或降低风险的措施后,可以按照本方法规定的程序,重新进行评价,重新评定风险等级。

5.10.3.2 采取降低风险的措施后,可以从第3步(见5.4)开始重新进行风险评价,以确定风险是否已被充分地降低,并且没有因实施防护措施而产生新的风险。

6 文件

风险评价的过程和结果应形成文件。文件内容应至少包括:
a) 风险评价对象(5.2);
b) 评价组组长和成员(5.3);
c) 评价对象相关信息(5.4);
d) 客运架空索道子系统划分(5.5.1);
e) 客运架空索道失效模式及原因分析(5.5.2);
f) 失效概率和失效后果严重程度评估过程和结果(5.6);
g) 风险类别确定和风险等级评定(5.7、5.8);
h) 风险评价报告(5.9);
i) 降低风险的建议措施(5.10.1);
j) 采取的所有降低风险的方法和措施(5.10.2);
k) 与重新进行风险评价相关的适用的记录(5.10.3);
l) 任何所采用的参考数据及数据的来源,如:法规和标准、已知的事故和故障资料、检验、测试和检查结果、安全管理制度和执行记录、部件可靠性资料等。

注:a)、b)、c)、i)的信息记录在文件h)中,可不单独形成文件。

附 录 A
（资料性附录）
客运架空索道子系统失效模式及原因范例

A.1 客运架空索道子系统中支架和基础、线路侧型的失效模式及原因范例参见表 A.1。

表 A.1 线路（支架和基础、线路侧型）范例

序号	失效模式	失效原因
1	支架异常晃动	材质不符合设计和规范要求
		基础质量不符合要求
		地脚螺栓拧紧力不足、螺栓松动
		法兰连接螺栓松动、缺失
		支架锈蚀
2	支架变形	材质不符合设计和规范要求
		支架内部结冰
		受外力影响（例如，滚石、大树倒塌、船撞等）
		自然灾害（地震、台风、山体滑坡、泥石流）
		支架锈蚀
3	基础损坏 （开裂、移位、下沉等）	施工不合理
		混凝土质量不符合要求
		地质条件不利
		自然灾害
4	人员跌落/碰撞	检修平台和护栏锈蚀严重导致强度不够
		爬梯固定不牢固导致强度不够
		超过 10 m 爬梯无护圈或防坠落装置
		无软质护套或护套损坏（滑雪索道）
5	脱索	张力不符合设计要求
		钢丝绳偏离绳槽中心线
		风力风向不利
		导向翼与挡绳板碰撞
		导向翼损坏
		索距不符合要求（变索距除外）

A.2 客运架空索道子系统中钢丝绳的失效模式及原因范例参见表 A.2。

表 A.2 钢丝绳范例

序号	失效模式	失效原因
1	有效截面积缩小	磨损
		断丝
		断股
		腐蚀
		绳芯损坏
2	编接接头直径缩小/增大	松丝
		松股
		编接质量不符合要求
3	编接接头拉开	编接长度不符合要求

附 录 B
（资料性附录）
失效后果严重程度评估方法

B.1 总则

考虑人身伤害、社会影响以及经济损失因素，对失效后果严重程度进行评估。引入人身伤害系数（HF）、社会影响系数（SIF）和经济损失系数（ELF）作为评估指标，分别按照 B.2～B.4 的规定评估赋值，按照 B.5 的规定计算后果系数，确定失效后果严重程度等级。

B.2 人身伤害系数（HF）

B.2.1 含义

健康系数旨在衡量人员受到的伤害程度。

B.2.2 评估赋值

按照下列条件判断人员受到伤害的大小，并选择适当的 HF 值，作为健康系数：
a) 如果该事故不会造成人员伤害，则 $HF=0$。
b) 如果该事故会造成人员轻度伤害，则 $HF=5$。
c) 如果该事故会造成人员重度伤害，则 $HF=10$。
d) 如果该事故会造成人员死亡，则 $HF=X$。

B.3 社会影响系数（SIF）

B.3.1 含义

社会影响系数旨在衡量事故对社会造成的影响程度。

B.3.2 评估赋值

按照下列条件判断社会影响程度的大小，并选择适当的 SIF 值，作为社会影响系数：
a) 如果该事故不会造成社会影响，则 $SIF=0$。
b) 如果该事故会造成的社会影响一般，则 $SIF=3$。
c) 如果该事故会造成社会影响较大，则 $SIF=10$。

B.4 经济损失系数（ELF）

B.4.1 含义

经济系数旨在衡量客运架空索道停运及设备损坏维修造成的经济损失。

B.4.2 评估赋值

按照下列条件判断经济损失的大小，并选择适当的 ELF 值，作为经济损失系数：

a) 如果事故发生后,没有受到经济损失,则ELF=0。
b) 如果事故发生后,受到较小的经济损失,则ELF=5。
c) 如果事故发生后,受到较大的经济损失,则ELF=10。
d) 如果事故发生后,受到很大的经济损失,则ELF=15。

B.5 失效后果严重程度确定

B.5.1 失效后果系数计算

失效后果系数是评估确定的人身伤害系数(HF)、社会影响系数(SIF)、经济损失系数(ELF)之和。

B.5.2 确定失效后果严重程度等级

根据失效后果系数,按照表B.1确定失效后果严重程度等级。

表 B.1 失效后果严重程度等级

失效后果严重程度等级	失效后果系数
1——非常高	≥19 或 X
2——高	15~18
3——中	9~14
4——低	3~8
5——可忽略	0~2

附 录 C
（资料性附录）
失效概率评估方法

C.1 总则

考虑客运架空索道设备损伤、失效情况，以及运营单位日常自行检查和维护保养水平，对失效概率进行评估。引入损伤系数(DF)、自检和维护保养系数(IMF)作为评估指标，分别按照C.2和C.3的规定评估赋值，按照C.4的规定计算概率系数，确定失效概率等级。

C.2 损伤系数(DF)

C.2.1 含义

损伤系数旨在度量与被评估的零部件运行中正在作用或潜在作用的已知故障模式或故障原因。

C.2.2 评估赋值

C.2.2.1 第一步：判断故障模式是否正在发生

按照下列条件判断，选择适当的DF1值：
a) 如果故障模式未发生，DF1＝1。
b) 如果故障模式未发生，但已接近标准极限值；或者故障模式发生，但仍在可接受的范围内，DF1＝5。
c) 如果故障模式发生，已经超出标准或影响客运架空索道的安全运行，DF1＝X。
从上面选择适当的DF1值。

C.2.2.2 第二步：判断故障原因是否正在发生

按照下列条件判断，选择适当的DF2值：
a) 如果该故障原因未发生，则DF2＝0。
b) 如果该故障原因已发生，但在可接受范围内，则DF2＝2。
c) 如果该故障原因已发生，已达到比较严重的程度，则DF2＝3。

C.2.2.3 第三步：判断该故障原因的发生频率

按照下列条件判断，选择适当的DF3值：
a) 该故障原因几乎不发生，则DF3＝0。
b) 该故障原因发生的频率很低，则DF3＝1。
c) 该故障原因发生的频率一般，则DF3＝2。
d) 该故障原因发生的频率较高，则DF3＝3。

C.2.2.4 第四步：判断该故障原因引起相应的故障模式发生的速率

按照下列条件判断，选择适当的DF4值：
a) 该故障原因引起相应故障模式发生的速率很慢，则DF4＝1。

b) 该故障原因引起相应故障模式发生的速率中等,则DF4＝2。
c) 该故障原因引起相应故障模式发生的速率很快,则DF4＝3。

C.2.3 损伤系数计算

损伤系数DF为DF1、DF2乘积与DF3、DF4乘积之和,即:DF＝DF1×DF2＋DF3×DF4。

C.3 自检和维护保养系数(IMF)

C.3.1 含义

自检和维护保养系数旨在度量当前自检和维护保养程序识别子系统正在发生或潜在发生的故障模式和故障原因有效性。

C.3.2 评估赋值

检查评价对象历史检测和维护保养情况,按照下列条件判断,选择适当的IMF值,作为自检和维护保养系数:

a) 如果自检和维护保养程序完全符合有关规定,自检周期适当,有完整自检和维修记录,则IMF＝－3。
b) 如果子系统的自检和维护保养程序部分符合有关规定,自检周期随意性较大,自检和维修记录不完整,则IMF＝1。
c) 如果子系统的自检程序不符合有关规定,没有自检和维修记录,则IMF＝3。

C.4 失效概率等级确定

C.4.1 失效概率系数计算

失效概率系数是评估确定的损伤系数(DF)、自验和维护保养系数(IMF)之和。

C.4.2 确定失效概率等级

根据概率系数,按照表C.1确定失效概率等级。

表 C.1 失效概率等级

失效概率等级	概率系数
A——频繁	≥15 或 X
B——很可能	11～14
C——偶尔	7～10
D——极少或不太可能	3～6
E——几乎不可能	≤2

附 录 D
（规范性附录）
客运架空索道风险评价报告（模板）

一、评价对象基本信息

索道基本情况				
索道名称				
使用单位				
法定代表人		索道负责人		
通讯地址		联系电话		
整机制造单位				
土建基础施工/验收单位				
首次安装/改造/重大修理竣工日期				
主要部件制造单位	部件名称	制造单位	部件名称	制造单位
	驱动迂回装置		承载索	
	托压索轮		牵引索（平衡索）	
	抱索器		减速机	
	运载工具		支架及鞍座	
	运载索		电气设备	
	……		……	
索道基本技术参数				
索道型式				
平距		支架数目		
斜长		主机型号和功率		
高差		张紧油压（重锤重量）		
运量		运载索（牵引索、平衡索）		
速度		承载索		
索距		运载工具数量和类型		
……		……		

二、风险评价组成员名单

序号	姓名	单位	从事专业	职务/职称	组内职务	签字
1					组长	
2					组员	
3					组员	
……	……	……	……	……	……	……

三、风险评价结果及建议措施

_____年___月___日,由 (填评价组成员名) 组成的风险评价组,在 (填评价地点) ,依据 (填评价依据的标准) ,对 (填评价对象名称) 进行了风险评价。

本次共进行风险评估_____项,其中确定为Ⅳ类风险的有_____项,Ⅲ类风险的有_____项,Ⅱ类风险的有_____项,Ⅰ类风险的有_____项;评定该索道整体风险等级为_____级,安全状况为_____,建议措施为_____。

根据对该索道风险评价结果,提出索道存在的风险及降低风险的建议措施如下:

序号	索道存在风险的类别及描述	建议措施
1		
2		
3		
4		
5		
……	……	……

ICS 53.040.20
J 81

中华人民共和国国家标准

GB/T 34026—2017

客运索道张紧装置通用技术条件

General technical conditions for tensioning device of passenger ropeway

2017-07-12 发布

2018-02-01 实施

中华人民共和国国家质量监督检验检疫总局
中国国家标准化管理委员会 发布

GB/T 34026—2017 客运索道张紧装置通用技术条件

前 言

本标准按照GB/T 1.1—2009给出的规则起草。

本标准由全国索道与游乐设施标准化技术委员(SAC/TC 250)提出并归口。

本标准起草单位：北京起重运输机械设计研究院。

本标准主要起草人：张海乔、黄鹏智、云平、黄越峰、李刚、姜红旗、里鑫、闫登华、田增阳。

客运索道张紧装置通用技术条件

1 范围

本标准规定了客运索道张紧装置的型式与主要技术参数、技术要求、检测方法、检验规则、标志、包装与运输。

本标准适用于客运索道张紧装置。

2 规范性引用文件

下列文件对于本文件的应用是必不可少的。凡是注日期的引用文件,仅注日期的版本适用于本文件。凡是不注日期的引用文件,其最新版本(包括所有的修改单)适用于本文件。

GB/T 90.1—2002 紧固件 验收检查
GB/T 699 优质碳素结构钢
GB/T 1184 形状和位置公差 未注公差值
GB/T 1804 一般公差 未注公差的线性和角度尺寸的公差
GB/T 3077 合金结构钢
GB/T 5117 非合金钢及细晶粒钢焊条
GB/T 11352—2007 一般工程用铸造碳钢件
GB 12352—2007 客运架空索道安全规范
GB/T 13306 标牌
GB/T 19401 客运拖牵索道技术规范
GB 19402 客运地面缆车安全要求
JB/T 5000.10 重型机械通用技术条件 第10部分:装配
JB/T 5000.12 重型机械通用技术条件 第12部分:涂装
JB/T 5000.13 重型机械通用技术条件 第13部分:包装
NB/T 47013 承压设备无损检测

3 型式与主要技术参数

3.1 型式

按张紧装置型式分为重锤式(Z)、液压式(Y)、两端锚固式(M)、弹簧式(T)和螺杆式(L),以及由前述各型式组成的混合式。

3.2 主要技术参数

3.2.1 张紧轮直径系列宜按优先数系化整值选取(mm),如:400、450、500、630、800、1 000、1 250、1 400、1 600、1 800、2 000、2 200、2 500、2 800、3 000、3 200、3 600、4 000、4 600、5 000、5 600等。

3.2.2 张紧装置额定张紧力宜按优先数系选取(kn),为 16.0、18.0、20.0、22.0、25.0、28.0、32.0、40.0、45.0、50.0、56.0、63.0、71.0、80.0、90.0、100.0、112.0、125.0、140.0、160.0、180.0、200.0、220.0、250.0、280.0、320.0 等。

4 技术要求

4.1 一般要求

4.1.1 关键零件的材料应附有材质证明书,在−20 ℃以下工作环境使用的钢材应避免其脆裂性,应使用镇静钢。

4.1.2 对于非切削加工钢材料表面不应有目视可见的裂纹结疤,折叠和夹杂等缺陷。

4.1.3 焊接结构件焊缝不应有裂纹,烧穿等缺陷。主要焊接结构件的焊接质量(如油缸支座、绳轮等)应不低于 NB/T 47013 中Ⅰ级的要求。

4.1.4 重要外购件如:电机、高强度紧固件、液压站及油缸等均应有出厂合格证或检验证书。

4.1.5 图样上未标注公差的尺寸应符合 GB/T 1804 中公差等级为 m(中等级)的规定。

4.1.6 产品应符合 GB 12352—2007、GB/T 19401、GB/T 19402 的有关规定及本标准的要求,并按照规定程序批准的图样及技术文件制造。

4.2 主要零部件要求

4.2.1 轴

4.2.1.1 材料应符合 GB/T 699、GB/T 3077 中的有关规定,应采用锻件制作,锻后正火处理。

4.2.1.2 调质处理后,应进行表面和内部的无损检测,检测方法应符合 NB/T 47013 的规定,检验质量等级不低于Ⅰ级,硬度为 156 HB-302 HB(根据轴径和材料选取)。

4.2.1.3 凡有公差要求的各轴,轴径的圆柱度、对轴线的圆跳动应不低于 GB/T 1184 中 8 级的规定。

4.2.1.4 凡安装轴承和有公差配合的各轴颈的精度等级应不低于 GB/T 1184 中 8 级的要求,偏心轴除外。

4.2.2 张紧绳轮

4.2.2.1 铸钢绳轮的材料应符合 GB/T 11352 中的有关规定。

4.2.2.2 焊接绳轮应符合 4.7.5 的要求,焊条应符合 GB/T 5117 的有关规定,焊后应消除内应力,焊缝不允许单侧角焊缝。

4.2.2.3 对于大直径的绳轮可以采用剖分式结构,轮体应焊后退火处理,半轮组装后整体加工;对于两半剖分轮体,加工完成后绳轮轮毂直径应小于轴承隔套直径,符合设计要求;对于三瓣或更多剖分结构,应加定位销。

4.2.3 轴承套

4.2.3.1 内孔、外圆的圆柱度公差,外圆对内孔轴线的圆跳动量、端面跳动量应符合 GB/T 1184 中 8 级的规定。

4.2.3.2 内孔、外圆的同轴度公差应符合 GB/T 1184 中 8 级的规定。

4.2.4 张紧小车

4.2.4.1 张紧小车焊接后,主梁的平行度应不大于 3 mm,对角线之差应不大于 3 mm。

4.2.4.2 张紧小车所有加工部位焊接后需消除应力并矫正变形后加工。

4.2.5 液压站

4.2.5.1 液压站应具有油压检测元件和温度检测元件,如电接点压力表、压力继电器、压力传感器、温度传感器等。液压站各阀的控制应联锁,动作安全、可靠。

4.2.5.2 液压站最高油温不得超过60℃。

4.2.5.3 液压站应具有保压功能,液压泵驱动电机不应频繁启动,保压时间应不小于30 min。

4.2.5.4 液压装置的设置应保证积水和结冰都不会影响其功能。

4.2.5.5 液压回路上管路和元件应根据液压图标出,液压回路上的仪器、仪表应根据其功能明晰地标出。

4.2.5.6 应具备通过手操作可能降低液压系统压力,而且这个阀容易接近进行操作。

4.2.5.7 应具备足够大小的过滤器,过滤器应有阻塞指示器,在回油管路上的过滤器指示器应保证油路畅通和过压保护功能的实现。

4.2.5.8 应具备油面指示器(油标)。

4.2.5.9 应设油压显示装置。

4.3 张紧装置要求

4.3.1 张紧装置的行程

4.3.1.1 张紧装置的行程至少包括以下内容:
a) 温差30℃而引起的长度变化;
b) 承载索0.5‰的永久伸长;运载索和牵引索1.0‰的永久伸长;
c) 各种运行载荷情况下钢丝绳垂度不同而产生的长度变化;
d) 各种运行载荷情况下钢丝绳的弹性伸长,对于运载索和牵引索的弹性模数可取80 kN/mm²(新绳)和120 kN/mm²(旧绳)进行计算。

4.3.1.2 张紧重锤的位置或液压张紧装置的位置可以调节时,张紧装置的行程可不考虑钢丝绳的1.0‰的伸长。

4.3.1.3 张紧装置应保证在所有可以允许运行的情况下,特别是气候条件不好的影响下仍能无阻碍地运动。

4.3.1.4 限位要求如下:
a) 应采用机械限位的方式限制行程;
b) 在所有正常运行的情况下,张紧装置不应到达机械限位装置的位置;
c) 张紧装置运动部分的末端运行位置应进行监控;
d) 行程限位开关触发器应能监控到张紧装置运动部分行程的极限位置。

4.3.1.5 往复式索道和脉动循环式索道的张紧重锤下部限位处应装设带减震的装置。这些减震装置的撞击能量按最大运行速度的一半进行设计。在使用滑轮组系统的情况下,应考虑通过滑轮组后撞击速度增加或减少的结果。载荷支承结构应具有承受这些撞击的能力。

4.3.1.6 减震装置如不是根据4.3.1.5进行设计,其冲击能量应按1.5倍的额定张力进行设计。

4.3.1.7 支承结构的尺寸,根据4.3.1.5在减震装置上的载荷或4.3.1.6作为特殊载荷加以考虑。

4.3.1.8 标示在张紧装置上应装有刻度表,能正确显示张紧移动行程,刻度表应与张紧装置的停车位置相适应。

4.3.2 固定末端

4.3.2.1 固定末端应根据GB 12352—2007、GB/T 19401、GB/T 19402的有关规定进行选择、检查和更换。固定末端应便于维修。固定末端的位置应避免积水。

4.3.2.2 锚固筒要求如下:
a) 承载索

——承载索采用锚固筒固定时,钢丝绳在锚固筒上至少缠绕3圈,锚固筒的直径,以钢绳中心测量应至少为钢丝绳直径的65倍;

——剩余的钢丝绳张力可由几个夹板经支架传递到地基上去,第二个夹板应安装在第一个夹板后约10 mm处;

——计算剩余钢丝绳的张力应考虑锚固筒衬垫材料的摩擦系数(μ)。木材的最大摩擦系数应取0.10,金属的取0.08,钢丝绳在锚固筒缠绕最多取4圈;

——每个夹板夹紧考虑滑动的安全系数为3,夹板对钢丝绳的摩擦系数最大取0.13。使用合成材料,其摩擦系数如果大于0.13应提供证明材料;

——锚固筒应镶有对钢丝绳无腐蚀的软质材料的衬垫(例如:工程塑料、木材、带有钢条的木料);

——锚固点应能承受张紧和放松钢丝绳可能出现的最大的允许载荷。对于确定支承结构的尺寸应考虑载荷变化的影响;

——承载索的长度应可以在支承上移动数次,其余量应不少于滚子链长度的6倍或支承鞍座长度加5 m。承载索的余绳应采取防锈、防潮措施。承载索在它们支承上的串绳应符合GB 12352—2007的规定执行。

b) 张紧索

——张紧索不转动的锚固筒的直径在运行状态下,应以钢丝绳中心测量至少为股捻钢丝绳直径的20倍,密封式钢丝绳直径的65倍;

——对于张紧索的末端固定,在卷筒上应缠绕3圈,并符合4.2.2中a)的有关要求。

4.3.2.3 对于由重锤产生的稳定张力,末端固定与结构的连接部件应至少有3倍的屈服安全系数。该屈服安全系数同时也适用于张紧绞车和它们的固定。对于固定在绞车卷筒上的钢丝绳末端固定,应符合4.3.2.2的有关要求。

4.3.2.4 对于支承结构的设计应考虑这些载荷变化的影响。

4.3.2.5 导向要求:

a) 张紧重锤的导向应使其不出现脱轨、卡住、倾斜或翻倒;

b) 张紧小车的导向应保证不出现脱轨、卡住、倾斜或翻倒。对驱动张紧装置,由于转扭的切向力应不能妨碍张紧小车的移动。

4.3.3 重锤张紧装置

4.3.3.1 张紧绳轮要求:

a) 张紧绳轮应镶有衬垫,其弹性模数应小于10 kN/mm^2,绳槽的深度至少为钢丝绳直径的1/3,绳槽的半径应不小于钢丝绳半径;

b) 张紧绳轮的直径,从钢丝绳中心测量至少应为钢丝绳直径的40倍。对运行中不转动的张紧绳轮直径可以减少,至少应为钢丝绳直径的20倍;

c) 绳轮轮缘的高度(绳轮外圆半径与轮衬半径只差)应至少等于一倍钢丝绳直径;

d) 冰雪地区的张紧绳轮应装设刮冰清扫器;

e) 张紧绳轮应装防止出轨装置;

f) 张紧绳轮应装防断轴装置。

4.3.3.2 承载索滚子链转向直径和转向绳轮的轮直径应符合GB 12352—2007中表12的要求。

4.3.3.3 张紧重锤工作区域安全要求:

a) 为了防止气候的影响,张紧重锤坑应设置在房屋里或加顶盖;

b) 张紧重锤坑为防止人员坠落,周边应设置围栏;

c) 灌进重锤坑的水应排出或抽出;

d) 张紧重锤运动的空间应阻止任何人可能与其接触；

e) 人员进入重锤下面的空间时应有必要的安全措施。

4.3.3.4 张紧重锤要求：

a) 张紧重锤的承载结构应根据 4.1.4、4.1.5、4.1.6 进行设计；

b) 不允许改变张紧重锤的重量，应通过结构装置进行限制或通过运行时专门的预防措施。

4.3.3.5 牵引索和运载索张紧重锤快速运动如果妨碍或危及运行应设置阻尼装置。

4.3.3.6 进行维修工作时，张紧装置应安装卸载装置。

4.3.4 液压张紧装置

4.3.4.1 液压装置至少应有一个可充分调整压力大小的溢流阀。溢流阀的值应能防止被随意调整，溢流阀应有自己的卸压回路。液压管路和连接元件的选择应具有至少 3 倍的破裂安全系数。压力限制阀和其他类似的部件，对应其制造商保证的运行压力，应最少具有 1.8 倍的破裂安全系数。

4.3.4.2 液压系统应设置排气孔。

4.3.4.3 在低于 0 ℃ 地区工作的液压张紧装置应有防冻措施。

4.3.4.4 在可调整的液压张紧装置中，张紧活塞行程的位置应大于或等于根据 4.1.1 计算的张紧行程和张紧行程最小的调整距离之和。

4.3.4.5 液压张紧装置应能吸收适当的冲击，吸收的冲击长度不应包括在张紧行程之内。

4.3.4.6 油缸、活塞及它们的固定件相对应力集中区的最大应力应最少具有 3 倍的屈服安全系数。

4.3.4.7 两端用销子连接的张紧油缸处于受压张紧时应进行全面的稳定性分析，其针对最大弯曲载荷的安全系数应不小于 5 倍。

4.3.4.8 张紧缸体的结构，应防止活塞在油缸中卡住。油缸的固定点应采用球铰。

4.3.4.9 使用两个张紧油缸，在运行情况下两个缸体的压力应是一样的。当一个张紧缸体失效，而另一个张紧油缸、张紧小车和导向装置应能承受全部的载荷而不发生不允许的变形。

4.3.4.10 液压装置的流量应满足最小速度为 5 mm/s 时的流量，除非运行情况或驱动型式要求更高的速度。

4.3.4.11 活塞移动速度达到 4.3.4.10 设计值的 3 倍时应使油管的破裂安全装置启动。如果需要对张紧装置提供保护，以防使用轨道制动器时引起超过压力，宜在油缸上安装溢流阀。

4.3.4.12 液压系统应设置独立与主回路的手动泵供油回路，在使用紧急或辅助驱动时，液压张紧装置应能运行。

4.3.4.13 应使钢丝绳的张紧力自动保持在一定范围内。

4.3.4.14 为了监控钢丝绳的张力，液压张紧装置应使钢丝绳的实际张力值与额定张紧力之差不能大于±10%。如果钢丝绳实际的张力受外部变化超过这些限制值应使装置停车。

4.3.5 固定锚固张紧装置

4.3.5.1 如果能表明其与液压张紧或重锤张紧装置的安全水平相当，可以使用固定锚固张紧装置。

4.3.5.2 承载索采用两端锚固时，应通过测量承载索站口的倾角或油压压力等方法计算其张力并可调整。

4.3.5.3 验证时应按运载工具满载，按在最不利的位置及±30 ℃ 的温差考虑。除非当地气候情况要求按其他的温差值。在任何情况下温差范围不应小于 60 ℃。

4.3.5.4 连接端和固定张紧装置的固定组成部分应至少以最大的张力下 3 倍的屈服限安全系数。此外，应具有足够抗疲劳的能力。确定支承结构应考虑这些载荷可变的影响。

4.3.6 拖牵索道张紧装置

4.3.6.1 4.1.1～4.1.6、4.2.1、4.3 对拖牵索道适用。

4.3.6.2 特殊要求如下:
a) 在绞车或卷筒张紧钢丝绳的情况下钢丝绳在绞车或卷筒上应至少缠绕三圈。
b) 对于牵引索液压张紧装置应注意到下列情况:
——应指示压力值;
——运行压力下降超过10%应导致装置自动停车;
——应防止运行压力超过10%;
——张紧装置的极限位置应监控,达到极限位置自动地停车;
——应安设防止在管路系统中,突然的压力损失情况下,使张紧油缸突然快速移动的安全装置。
c) 运动的张紧索绳轮直径应不小于钢丝绳公称直径的30倍。固定不动的张紧索绳轮和卷筒应为张紧索公称直径的20倍。
d) 在低位拖牵索道不要求自动张紧装置。
e) 对于固定的张紧装置,应可能检查钢丝绳的张紧力。

4.4 防锈和装配要求

4.4.1 防锈要求

4.4.1.1 处理要求

防锈处理前张紧轮、张紧小车、油箱应进行喷砂,清除毛刺、焊渣、锈迹和油污。

4.4.1.2 基本要求

4.4.1.2.1 外露金属表面除外购标准件外,所有零、部件的外露金属表面应进行防锈处理,镀层或漆层应均匀,无局部缺陷及锈蚀。

4.4.1.2.2 镀锌层厚度应不小于0.01 mm;油漆涂层应符合JB/T 5000.12的有关规定。

4.4.1.2.3 产品的非有色金属的内部表面若不做防锈处理,应进行密封处理。

4.4.1.2.4 油箱内表面应做耐油涂层。

4.4.2 装配要求

4.4.2.1 装配前检验

所有零、部件应经检验合格后方可进行装配,并应符合JB/T 5000.10的规定。

4.4.2.2 基本要求

4.4.2.2.1 出厂前应在制造厂组装,液压系统应进行油压试验。

4.4.2.2.2 液压系统中各阀、接头、集成块及密封处在1.25倍的设计油压下保持10 min,各密封处不显油迹。

4.4.2.2.3 油缸应密封良好,不漏油。

4.4.2.2.4 绳轮与轴承、轴承与轴装配应采用压装方式,配合公差应符合GB/T 1804不低于8级精度要求。

4.4.2.2.5 各液压和电气元件,按设计程序动作并应灵敏可靠。

4.4.2.2.6 张紧小车在行走过程中四个行走轮应可靠,靠贴在行走轨上。

4.4.2.2.7 管路的清洗应在弯管和管接头焊接完成后进行,防止氧化皮及脏物进入管路。

5 检测方法

5.1 检测设备

检测必备的仪器设备见表1。

表1 检测必备仪器设备

序号	仪器设备、计量器具	精度要求
1	游标卡尺	0.02 mm
2	卷尺	±1 mm
3	力矩扳手	±5%
4	倾角仪	±1%
5	拉力计	±1%
6	塞尺	±1%
7	测厚仪	±0.01 mm
8	磁粉和超声波检测仪	满足 NB/T 47013 中的Ⅰ级要求
9	数字式点温计	±5%
10	里氏硬度计	测量范围 5 HV～1 000 HV 精度 $U=0.78\%$

5.2 检测要求和方法

检测要求和方法见表2。

表2 检测要求和试验方法

序号	检测项目	检测要求	检测方法
1	外观检查	钢件外露表面应做防锈处理,防锈层应均匀,无局部锈蚀、划痕	宏观检查
2	镀层厚度	应不小于0.01 mm	测厚仪检查
3	轴	1) 使用具有良好强度和韧性的材料制作; 2) 调质处理后进行无损探伤检查,符合 NB/T 47013 标准的规定,检验质量等级不低于Ⅰ级; 3) 轴径的圆柱度、对轴线的圆跳动应不低于 GB/T 1184 中 8 级的规定; 各轴颈的精度等级应不低于 GB/T 1184 中 8 级的要求。 4) 硬度为 156 HB-302 HB(根据轴径和材料选取)	1) 查阅材质证明,必要时做材质复验; 2) 表面和超声波探伤仪检查; 3) 游标卡尺检查; 4) 磁力座千分表; 5) 硬度计表面硬度检测
4	绳轮	绳轮直径与钢丝绳直径之比符合要求	用卷尺、游标卡尺测量
5	轴承套	内孔、外圆的圆柱度公差,外圆对内孔轴线的圆跳动量;内孔、外圆的同轴度公差应符合 GB/T 1184 中 8 级的规定	1) 游标卡尺测量; 2) 倾角仪水平度检测

表 2（续）

序号	检测项目	检测要求	检测方法
6	张紧小车	张紧小车焊接后，主梁的平行度应不大于 3 mm，对角线之差应不大于 3 mm	用卷尺测量
7	液压站	1) 液压站油压达到设计上下限时，能够自动起作用； 2) 使用的液压油工作中油温不超过 60 ℃； 3) 无渗漏现象； 4) 手动泵能正常工作	1) 调液压站压力或电接点压力表，做泄油和补油试验，观察液压站工作情况； 2) 查油压原理图和液压油标号； 3) 在满负荷运行 1 h 后，用数字式点温计测厚油温； 4) 试验手动泵
8	锚固筒	1) 锚固筒的直径，以钢绳中心测量应至少为钢丝绳直径的 65 倍； 2) 锚固筒应镶有对钢丝绳无腐蚀的软质材料的衬垫（例如：工程塑料、木材、带有钢条的木料）； 3) 锚固筒应能承受张紧和放松钢丝绳可能出现的最大的允许载荷	1) 卷尺测量； 2) 目测； 3) 现场带载试运行 120 h 后，采用表面和超声波探伤仪按 NB/T 47013 Ⅰ级标准检查

6 检验规则

6.1 出厂检验

6.1.1 产品出厂前应经制造厂质量检验部门检验合格并签发产品合格证后方可出厂。

6.1.2 出厂检验项目见表 3。

表 3 出厂检验项目

序号	检验项目	要求
1	表面镀（涂）层	4.4.1.2
2	轴	4.2.1
3	绳轮	4.2.2
4	轴承套	4.2.3
5	张紧小车	4.2.4
6	油缸	4.3.4
7	液压站	4.2.5
8	紧固件	应符合 GB/T 90.1—2002 的要求

6.2 型式检验

6.2.1 凡属下列情况之一者，应进行型式检验：
a) 新产品或老产品转厂生产试制定型时；
b) 主要结构、材料、关键工艺等发生改变，影响安全性能的。

6.2.2 型式检验项目包括出厂检验项目和载荷试验，载荷试验应按 GB 12352—2007 中的 5.4 和 11.3 规定执行。

7 标志、包装与运输

7.1 标志

在产品的明显位置固定产品标牌,其型式尺寸应符合 GB/T 13306 的规定,并应至少标注下列内容:
  a) 产品名称、型号;
  b) 主要技术参数;
  c) 出厂日期;
  d) 出厂编号;
  e) 制造厂名称;
  f) 执行标准。

7.2 包装运输

应符合 JB/T 5000.13 和铁路、公路、航运的有关运输要求。

7.3 随机文件

产品出厂至少应提供下列文件:
  a) 装箱单;
  b) 质量合格证;
  c) 安装使用维护说明书、装配图及易损件图。

ICS 83.140.99
G 47

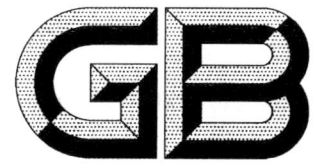

中华人民共和国国家标准

GB/T 34227—2017

客运索道用橡胶轮衬

Rubber wheel lining for passenger ropeway

2017-09-07 发布

2018-04-01 实施

中华人民共和国国家质量监督检验检疫总局
中国国家标准化管理委员会 发布

前 言

本标准按照 GB/T 1.1—2009 给出的规则起草。

本标准由中国石油和化学工业联合会提出。

本标准由全国橡胶与橡胶制品标准化技术委员橡胶杂品分技术委员会(SAC/TC 35/SC 7)归口。

本标准起草单位：四川新为橡塑有限公司、中国恩菲工程技术有限公司、北京起重运输机械设计研究院、四川中索橡胶制品有限公司。

本标准主要起草人：周永国、吴向东、张海燕、李刚、沈威。

客运索道用橡胶轮衬

1 范围

本标准规定了客运索道用橡胶轮衬(以下简称轮衬)的分类与标记,结构,要求,试验方法,检验规则和标志、包装、运输及贮存。

本标准适用于单线循环固定式抱索器客运索道、单线循环脱挂式抱索器客运索道、双线往复式客运索道用轮衬。

2 规范性引用文件

下列文件对于本文件的应用是必不可少的。凡是注日期的引用文件,仅注日期的版本适用于本文件。凡是不注日期的引用文件,其最新版本(包括所有的修改单)适用于本文件。

GB/T 528 硫化橡胶或热塑性橡胶 拉伸应力应变性能的测定

GB/T 531.1 硫化橡胶或热塑性橡胶 压入硬度试验方法 第1部分:邵氏硬度计法(邵尔硬度)

GB/T 1689 硫化橡胶 耐磨性能的测定(用阿克隆磨耗试验机)

GB/T 2941 橡胶物理试验方法试样制备和调节通用程序

GB/T 2942 硫化橡胶与纤维帘线静态粘合强度的测定 H抽出法

GB/T 3512 硫化橡胶或热塑性橡胶 热空气加速老化和耐热试验

GB/T 7759.1 硫化橡胶或热塑性橡胶 压缩永久变形的测定 第1部分:在常温及高温条件下

GB/T 15256—2014 硫化橡胶或热塑性橡胶 低温脆性的测定(多试样法)

3 分类与标记

3.1 分类

轮衬按用途可分为两种类型:
——Ⅰ型,用于单线循环固定式抱索器客运索道;
——Ⅱ型,用于单线循环脱挂式抱索器客运索道、双线往复式客运索道。

3.2 标记

3.2.1 标记方法

轮衬按下列顺序进行标记:
产品名称 类型 外径×内径×外径宽 本标准编号

3.2.2 标记示例

示例:

外径为483 mm,内径为389 mm,外径宽为98.5 mm,用于单线循环脱挂式抱索器客运索道的轮衬标记为:

橡胶轮衬 Ⅱ型 483×389×98.5 GB/T 34227—2017

4 结构

轮衬由承载层和增强层构成,结构示意图见图1。

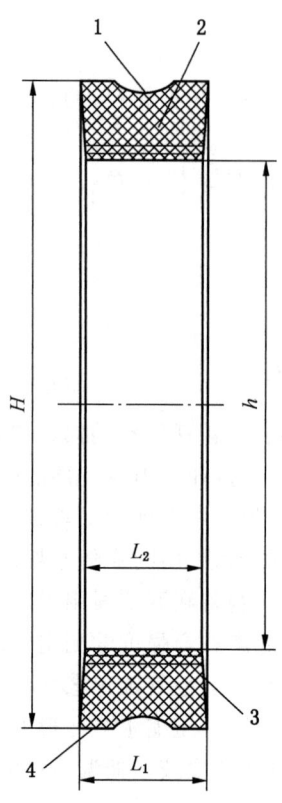

说明:
1——R 面;
2——承载层;
3——增强层;
4——标记面;
H——外径;
h——内径;
L_1——外径宽;
L_2——内径宽。

图 1　轮衬结构示意图

5 要求

5.1 规格尺寸及公差

轮衬规格尺寸及公差应符合表1的规定。

表 1 轮衬规格尺寸及公差

单位为毫米

型号	规格尺寸 ($H \times h \times L_1$)	公差 H	h	L_1	规格尺寸 L_2	公差
Ⅱ	385×309×79	±3.0			75.0	
Ⅰ	388×308×70	±3.1			66.0	
Ⅱ	420×322×93	±3.3			86.0	
Ⅰ	446×362×70	±3.5	$_{-4}^{0}$	±1	60.0	±1
Ⅱ	478×385×100	±3.8			91.5	
Ⅱ	483×389×98.5	±3.8			90.5	
Ⅱ	485×385×100	±3.8			91.5	
Ⅰ	486×410×79	±3.8			73.0	
Ⅰ	491×388×79	±3.9			75.0	
注：其他规格的尺寸及公差按技术图纸的规定。						

5.2 外观质量

轮衬外观质量要求应符合表2的规定。

表 2 轮衬外观质量

缺陷名称	要求
脱层	不允许
裂口	不允许
杂质	不允许
气泡	R 面不允许，其他面面积不大于 5 mm² 的气泡不超过 3 个
流痕	R 面接头流痕深度不大于 0.5 mm，宽度不大于 1 mm

5.3 轮衬用材料性能

5.3.1 轮衬用橡胶材料性能

轮衬用橡胶材料性能及相应的试验方法应符合表3的规定。

表 3 轮衬用橡胶材料物理性能

序号	项目		指标	适用试验章条
1	拉伸强度/MPa	≥	16	6.3.1.2
2	拉断伸长率/%	≥	120	6.3.1.2
3	压缩永久变形(70 ℃×24 h)/%	≤	20	6.3.1.3
4	阿克隆磨耗/(cm³/1.61 km)	≤	0.4	6.3.1.4
5	脆性温度(−40 ℃)		无破坏	6.3.1.5

表 3（续）

序号	项目		指标	适用试验章条
6	热空气老化 70 ℃×72 h	硬度变化(邵尔 A)/度	0～6	6.3.1.6
		拉伸强度变化率/% ≤	25	
		拉断伸长率降低率/% ≤	30	
		100%定伸应力变化率/% ≤	20	

注：橡胶材料性能为成品取样所测。

5.3.2 帘线与硫化橡胶的静态粘合强度

增强层用帘线与硫化橡胶的静态粘合强度不小于 150 N/cm。

5.4 成品性能

5.4.1 成品硬度

成品硬度为(85±4)度(邵尔 A)。

5.4.2 动态压缩性能

连续进行动态压缩性能试验 72 h 后，轮衬偏移角度应小于 4.5°，外观不应出现鼓包、掉块、分层和炭化。硬度变化不大于 5 度(邵尔 A)。

5.4.3 动态压缩耐受性

连续进行动态压缩性能试验至 288 h 后，轮衬偏移角度应小于 4.5°，外观不应出现鼓包、掉块、分层和炭化。硬度变化不大于 5 度(邵尔 A)。

6 试验方法

6.1 尺寸及公差

采用精度为 0.02 mm 的游标卡尺进行测量。

6.2 外观质量

采用目测并结合精度为 0.02 mm 的游标卡尺进行测量。

6.3 轮衬用材料性能

6.3.1 轮衬用橡胶材料性能

6.3.1.1 试样制备

在规格尺寸和外观质量检验合格的成品上按 GB/T 2941 的规定制备试样；帘线与硫化橡胶的粘合强度试样用与制造轮衬相同的胶料进行制备，试样宽度为 6.4 mm，厚度为 3.2 mm。试样均应在温度为(23±2) ℃，湿度为(50±5)%的条件下静置 24 h。

6.3.1.2 拉伸强度、拉断伸长率

按GB/T 528的规定进行测定,采用2型试样。

6.3.1.3 压缩永久变形

按GB/T 7759.1的规定进行测定,采用B型试样,压缩量为15%。

6.3.1.4 阿克隆磨耗

按GB/T 1689的规定进行测定。

6.3.1.5 脆性温度

按GB/T 15256—2014中的程序A的规定进行测定,采用A型试样。

6.3.1.6 热空气老化

按GB/T 3512的规定进行测定。

6.3.2 帘线与硫化橡胶的静态粘合强度

按GB/T 2942的规定进行测定,结果取中值。

6.4 成品性能

6.4.1 成品硬度

按GB/T 531.1的规定进行测定。

6.4.2 动态压缩性能

按附录A的规定进行检验。

6.4.3 动态压缩耐受性

按附录A的规定进行检验。

7 检验规则

7.1 出厂检验

7.1.1 组批

7.1.1.1 轮衬:以1 000件为一批,不足1 000件按一批计。

7.1.1.2 帘线:以同批次进货同一生产批次用的帘线为一批。

7.1.2 检验项目及检验频次

7.1.2.1 外观质量、尺寸h/L_1、成品硬度进行100%检验。

7.1.2.2 每批从外观质量和尺寸检验合格的轮衬中随机抽取2件试样,分别用于橡胶材料检验和动态压缩性能检验。

7.1.2.3 每批抽取足够的帘线与同批轮衬用橡胶材料制备9个帘线与硫化橡胶静态粘合强度试样进行检验。

7.1.3 判定规则

7.1.3.1 外观质量、尺寸 h/L_1、成品硬度如有一项不合格,则该件产品不合格。

7.1.3.2 表3所列橡胶材料物理性能若有一项不合格,则另取双倍试样对不合格项进行复试,若仍有不合格,则该批轮衬不合格。

7.1.3.3 帘线与硫化橡胶的静态粘合强度检验结果如不合格,则该批帘线不合格。

7.1.3.4 动态压缩性能结果若不合格,另取双倍试样进行复试,若仍有一件不合格,则该批产品不合格。

7.2 型式检验

本标准全部要求均为型式检验项目,当有下列情况之一时应进行型式检验:
a) 新产品的定型鉴定或老产品转产;
b) 正式生产后,材料、配方、工艺有较大改变,可能影响产品性能时;
c) 出厂检验和上次型式检验有重大差异时;
d) 正常生产时,定期或积累一定产量后,每半年进行一次检验;
e) 连续停产半年以上恢复生产前。

8 标志、包装、运输及贮存

8.1 在轮衬标记面印有清晰的永久性标记,在包装箱上标注产品标记、制造商名称、制造日期。

8.2 产品内包装采用不透明的、热密封的聚乙烯材料,外包装采用木箱包装或纸箱包装。单个包装箱净重不超过35 kg。随箱附带包装清单、使用说明书及产品合格证。合格证内容包括产品名称、类型、规格、本标准号、制造日期、检验员。

8.3 装卸和运输过程中严禁磕碰,避免雨淋、日晒。

8.4 产品应贮存在温度为0 ℃~30 ℃,相对湿度为80%以下的室内,平整置于货架上,堆放不超过3个外包装,禁止与酸、碱、油脂类及其他腐蚀性物质接触,并距热源不少于2 m。

8.5 在满足上述要求的条件下,产品自生产之日起1年内性能应符合本标准的规定。

附　录　A
（规范性附录）
动态压缩性能试验方法

A.1 动态压缩性能试验装置

动态压缩性能试验装置见图A.1。

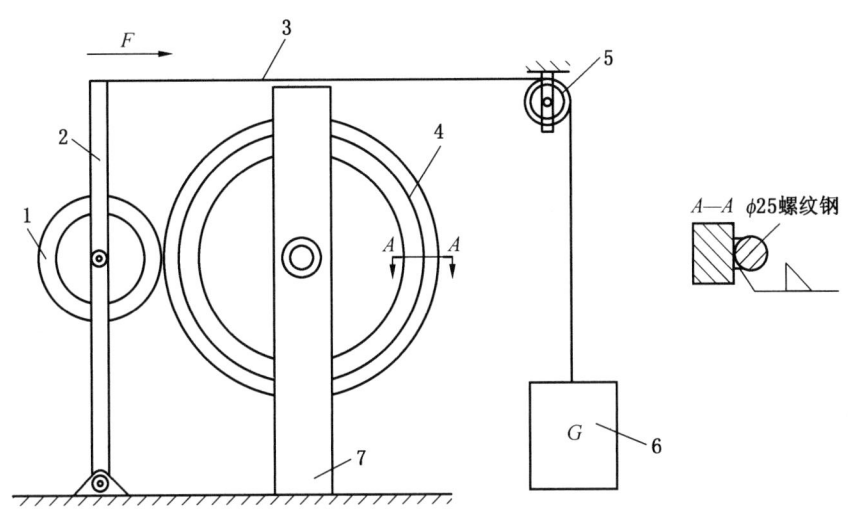

说明：
1——索轮组件；
2——力矩臂；
3——钢丝绳；
4——驱动轮；
5——定滑轮；
6——重锤；
7——支架。

图 A.1　动态压缩性能试验装置

A.2　试样

按GB/T 2941的规定对轮衬试样进行制备，在温度为(23±2) ℃，湿度为(50±5)%的环境下静置24 h后进行试验。

A.3　试验方法

A.3.1 试验前准备：测量并记录轮衬硬度，装入相应规格的索轮组件，在轮衬和索轮组件上标记一条相连的标记线。然后安装在动态压缩性能试验装置上，施加4 000 N的运载负荷。按Ⅰ型轮衬4 m/s、Ⅱ型轮衬8 m/s设定装置运行速度。

A.3.2 动态压缩性能试验装置，记录运行起始时间，连续运行72 h。记录所有偶然情况。

A.3.3 用精度为 0.02 mm 的游标卡尺测量轮衬相对索轮组件的弦长位移量,按式(A.1)计算试验前后轮衬偏移角度。然后从索轮组件上取下轮衬,观察外观所有变化,在(23±2)℃温度下停放 24 h,测量轮衬硬度。

$$\alpha = 2\arcsin\frac{\delta}{H} \quad\cdots\cdots(A.1)$$

式中:
α ——偏移角度,单位为度(°);
δ ——弦长位移量,单位为毫米(mm);
H ——外径,单位为毫米(mm)。

A.4 结果判定

按 5.4.2 的规定进行判定。

ICS 53.040.20
J 81

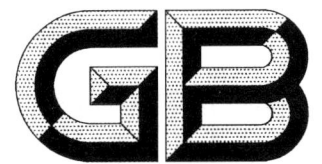

中华人民共和国国家标准

GB/T 34274—2017

客运索道运载工具通用技术条件

Safety requirements of carriers for passenger transportation by rope

2017-09-29 发布

2018-04-01 实施

中华人民共和国国家质量监督检验检疫总局
中国国家标准化管理委员会   发布

前　言

本标准按照 GB/T 1.1—2009 给出的规则起草。
本标准由全国索道与游乐设施标准化技术委员会(SAC/TC 250)提出并归口。
本标准起草单位:北京起重运输机械设计研究院。
本标准主要起草人:张海乔、黄鹏智、虞丽芳、李越秀、李刚、杜俊明、王旭、姜红旗、里鑫。

客运索道运载工具通用技术条件

1 范围

本标准规定了客运索道运载工具(车厢、吊厢、吊椅及其附件)的主要技术参数、设计、制造、装配要求、及型式试验、出厂检验、标记、包装运输和随机文件。

本标准适用于客运索道运载工具。

本标准不适用于循环式索道的抱索器、双线索道的行走小车、地面缆车的行走、减震、制动和牵引索的固定装置及所有运载工具的电气设备。

2 规范性引用文件

下列文件对于本文件的应用是必不可少的。凡是注日期的引用文件，仅注日期的版本适用于本文件。凡是不注日期的引用文件，其最新版本(包括所有的修改单)适用于本文件。

GB/T 1228　钢结构用高强度大六角头螺栓
GB/T 1804　一般公差　未注公差的线性和角度尺寸的公差
GB/T 3632　钢结构用扭剪型高强度螺栓连接副
GB/T 4162　锻轧钢棒超声检测方法
GB 12352　客运架空索道安全规范
GB/T 19401　客运拖牵索道技术规范
GB 19402　客运地面缆车安全要求
GB 50661　钢结构焊接规范
JB/T 5000.8　重型机械通用技术条件　第8部分:锻件
JB/T 5000.10　重型机械通用技术条件　第10部分:装配
JB/T 5000.12　重型机械通用技术条件　第12部分:涂装
JB/T 5000.13　重型机械通用技术条件　第13部分:包装
NB/T 47013　承压设备无损检测

3 技术要求

3.1 吊椅

3.1.1 型式

按吊椅型式分为敞开式和封闭式2种。主要由吊椅、护栏、护罩(必要时)、吊杆及横梁(脱挂索道用)组成。

3.1.2 主要技术参数

按乘坐人数分为:单人;双人;4人;6人;8人。

3.1.3 一般要求

3.1.3.1　产品应符合GB 12352、GB/T 19401、GB 19402的有关规定及本标准的要求,并按照规定程序批准的图样及技术文件制造。

3.1.3.2 关键零件的材料应附有材质证明书,否则应进行试验和化验,合格后方可使用。在-20 ℃以下工作环境使用的钢材应使用镇静钢避免其脆裂,使用的橡胶或高分子材料的特性不应发生影响使用和安全的变化。

3.1.3.3 所有铸铁件、铸钢件、锻件及焊接件均应符合现行标准。在保证质量的前提下,对不影响使用安全和外观的缺陷,允许按规定的技术文件加以修补。修补后应消除修补可能产生的内应力。

3.1.3.4 所有非加工材料表面不应有目视可见的裂纹、结疤、折叠和夹杂等缺陷。

3.1.3.5 焊接结构件的焊缝应均匀,不应有裂纹、烧穿等缺陷。主要焊接结构件的焊接质量不低于GB 50661的要求,主要焊缝应进行无损探伤,应符合NB/T 47013的Ⅰ级质量标准或GB/T 4162的A级质量标准,并出具探伤报告。

3.1.3.6 所有重要外购件如高强度紧固件、弹簧、软轴等均应有出厂合格证或检验证书。

3.1.3.7 图样上未标注公差的尺寸,应符合GB/T 1804中公差等级为m(中等级)的规定。

3.1.3.8 脱挂索道的吊椅与吊杆的连接在左右方向应可以转动,并应安装减振及防摆装置。

3.1.3.9 吊椅所有外露部件的尖角应进行倒钝处理,吊椅下部的前边缘不应存在有凸出、锋利的棱角,吊椅运行中不应对乘客造成伤害。

3.1.3.10 吊椅运送其他物件时,一般使用特殊装载装置,并满足运行的要求,特别是外形尺寸不能影响摆动自由度的要求。

3.1.3.11 吊椅的设计应避免乘客在上下车时衣服和物品被夹住或挂住。

3.1.3.12 吊椅应设置参数铭牌和乘坐须知条款。

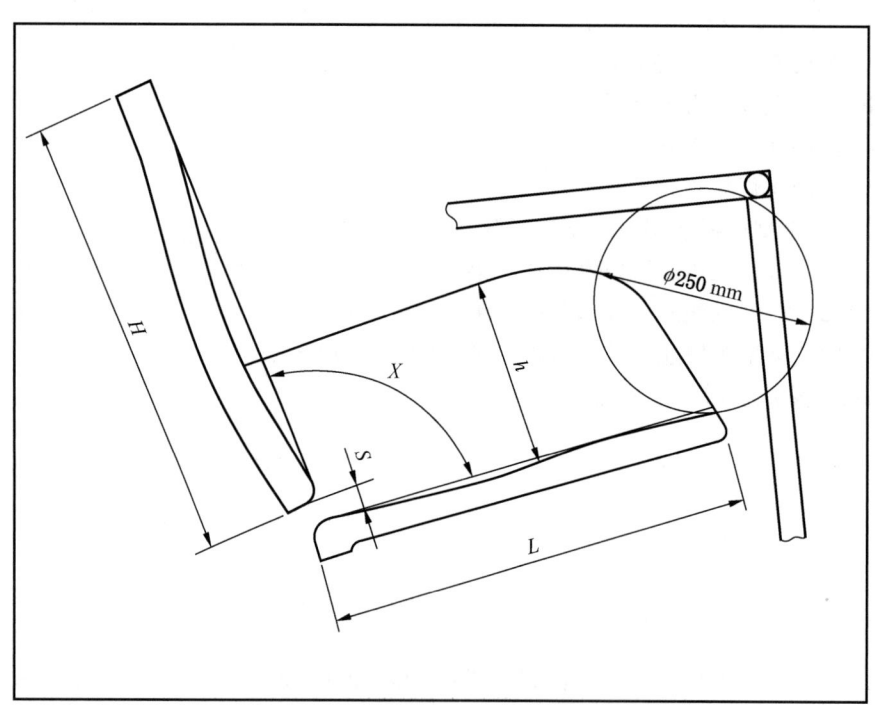

图 1 吊椅座侧视示意图

3.1.4 座椅和扶手

3.1.4.1 座椅面应向后倾斜,它的深度 L 应在 450 和 500 mm 之间(见图1)。

3.1.4.2 每个人座椅宽度至少取:

a) 一个人或两个人取 500 mm；
b) 多于两个人取 450 mm。

3.1.4.3 当多于四个座位的吊椅座面宜有让乘客可辨识单个座面标示。单个吊椅座面之间不准许设置扶手。

3.1.4.4 吊椅应装备靠背。靠背高度 H 应不小于 350 mm 和座椅面的缺口 S 不准许大于 150 mm（见图1）。

3.1.4.5 座椅两侧的扶手其距座椅面的高度 h 应在 150 mm 至 250 mm 之间。

3.1.4.6 座椅上与框架的连接焊缝应进行无损探伤。

3.1.4.7 座椅两端的安装轴和孔应保证同轴度，其误差应不大于 0.05 mm。

3.1.4.8 所有座椅和靠背的安装孔位置度应小于 0.5 mm。

3.1.4.9 靠背架的最大扭曲、变形量应小于 1 mm。

3.1.4.10 所有座椅和靠背面的垫层厚度应不小于 20 mm，表面不准许有明显缺陷。

3.1.5 护栏和外罩

3.1.5.1 护栏应符合以下要求：
a) 护栏应与脚蹬相连，护栏的把手其抬起高度距座面应大于 850 mm，护栏落下其把手的位置应在各单个座面之间或单个座面中间。
b) 护栏的控制由乘客完成，允许的最大力取 100 N。护栏在运行过程中不准许自行打开和关闭。
c) 护栏应可供乘客使用而不受到伤害（挤压和剪伤），并确保乘客安全。
d) 吊椅的护栏应防止乘客坠落，不准许有大的缺口（在座椅上一个直径为 250 mm 的球不能从吊椅上掉下去）。护栏在关闭的位置与座椅面的距离至少有 200 mm。

3.1.5.2 外罩应符合以下要求：
a) 外罩在打开或关闭状态时，乘客的视线应不受到影响。
b) 吊椅护栏与外罩应能分别动作。打开护栏应能同时打开外罩。在运行中不准许打开护栏。当空吊椅出站时外罩应能被强制地关闭并锁上。
c) 外罩应可供乘客使用而不受到伤害（挤压和剪伤）。
d) 乘客控制外罩力最高取 100 N，外罩不准许独自地打开和关闭。外罩应在每个座位上都很容易控制。
e) 外罩应由不易破碎的透视材料制成，并具有阻燃特性。
f) 护罩的控制软轴接头应可靠，其最大允许拉力应大于实际所需拉力的 3 倍。

3.1.5.3 护栏和护罩的最大扭曲、变形量应小于 2 mm。

3.1.5.4 护栏及护罩两端的转动轴和孔应保证同轴度，其误差应不小于 0.5 mm。

3.1.6 吊杆和横梁

3.1.6.1 吊杆的制造应满足：
a) 吊杆应采用非焊接型材制造。外形尺寸偏差应符合设计要求，壁厚尺寸的负公差应小于板材厚度公称尺寸的 5%，但最大不准许超过 0.5 mm。
b) 吊杆的弯曲加工宜采取冷加工，弯曲表面不准许出现皱褶或横向波纹。弯曲角度应符合图纸要求，其偏差应小于 ±0.5°。
c) 吊杆两端轴孔的位置度偏差应小于 1 mm。两端轴孔的空间正交偏差应小于 0.1 mm。吊杆与吊杆上端轴孔中心线在各方向的角度偏差应小于 ±0.2°。吊杆下端轴孔中心线与吊杆的垂直度应小于 0.01 mm。
d) 吊杆两端轴孔的精加工宜在焊接后进行，其尺寸加工精度与表面粗糙度应符合图纸要求。

e) 吊杆的长度应保证吊椅在最大坡度处纵向和横向摆动 0.35 rad(35%)时不触及索道线路上的任何部位。

3.1.6.2 横梁的制造应满足：

a) 横梁不宜采用焊接结构，应采用整板压制。

b) 横梁的直线度应小于 1 mm，开口宽度尺寸的误差应小于 1 mm。

c) 中间销孔对横梁的垂直度应小于 0.2 mm，两端的减振弹簧座的对称度应小于 2 mm。

d) 两端连接框架的焊缝应采用坡口焊，焊后应进行无损探伤，应符合 NB/T 47013 的 I 级质量标准或 GB/T 4162 的 A 级质量标准。

3.1.7 吊椅框架

3.1.7.1 吊椅框架应采用无缝钢管，不准许采取加长焊接。

3.1.7.2 框架所有的弯曲部位不准许出现皱褶和明显凹凸。

3.1.7.3 框架所有的弯曲部位的角度误差不准许大于 0.2°，框架的各部位对称度不准许大于 2 mm，框架的外形尺寸误差不准许大于 2 mm，座椅安装孔的位置度误差应小于 0.5 mm。

3.1.8 表面防锈处理

3.1.8.1 除外购标准件外，所有零部件的外露金属表面应进行防锈处理。

3.1.8.2 产品在表面防锈处理前应进行喷砂，清除毛刺、焊渣、锈迹和油污。

3.1.8.3 镀层应均匀，镀锌层厚度应不小于 0.01 mm；油漆涂层应符合 JB/T 5000.12 的有关规定。

3.1.8.4 产品钢结构的内部表面若不做防锈处理，应进行密封处理。

3.1.9 装配

所有装配的零件应经检验合格后，方可进行装配，并符合 JB/T 5000.10 中的有关规定。

3.2 吊厢

3.2.1 型式

按吊厢型式分为敞开(吊篮)和封闭式 2 种。主要由厢体、吊架、开关门机构组成。

3.2.2 主要技术参数

按乘坐人数分为：2 人；4 人；6 人；8 人；10 人；12 人。

3.2.3 一般要求

3.2.3.1 产品应符合 GB 12352 的有关规定及本标准的要求，并按照规定程序批准的图样及技术文件制造。

3.2.3.2 关键部件(如吊杆、吊架及吊厢主框架)的材料应附有材质证明书，否则应进行试验和化验，合格后方可使用。在-20 ℃以下工作环境使用的钢材应避免其脆裂性，应使用镇静钢。

3.2.3.3 所有铸铁件、铸钢件、锻件及焊接件均应符合现行标准。在保证质量的前提下，对不影响使用和外观的缺陷，允许按规定的技术文件加以修补。焊补后应消除焊补内应力。

3.2.3.4 对于非切削加工钢材料表面不应有目视可见的裂纹，结疤，折叠和夹杂等缺陷。

3.2.3.5 焊接结构件的焊缝应均匀，不应有裂纹，烧穿等缺陷。主要焊接结构件的焊接质量不低于 GB 50661 的要求。

3.2.3.6 图样上未标注公差的尺寸，应符合 GB/T 1804 中公差等级为 m(中等级)的规定。

3.2.3.7 脱挂索道和6人以上的吊厢与吊杆的连接在左右方向应可以摆动,并应安装减振及防摆系统。

3.2.3.8 吊厢内应张贴乘客须知,特别是当吊厢在线路停车时乘客的注意事项。

3.2.3.9 吊厢运送其他物件时,一般使用特殊装载装置,并满足运行的要求,特别是外廓尺寸不能影响摆动自由度的要求。

3.2.4 厢体

3.2.4.1 厢体设计时应防止在运行过程中因发生意外碰撞时将乘客甩出。

3.2.4.2 厢体护板数量应至少2块,护板最小高度为150 mm,护板之间的距离最高取400 mm。主板应在1 100 mm±100 mm(中心)以上。主板承受纵向撞击力H_x和横向撞击力H_y力的2/3,在主板之下的护板应至少承受H_x和H_y的1/3。作为踢脚板结构应沿全部厢体周围安排好,踢脚板不能作为梯级使用。踢脚板应能承受2 000 N/10 cm^{2}单个载荷力(见图2)。

H_x和H_y分别按式(1)和式(2)计算:

$$H_x = 5\,000 - 100(40-n)(\text{N/m}) \quad\quad\quad\quad (1)$$

式中:
n——车厢站立的人数。

$$H_y = 2\,500 - 30(40-n)(\text{N/m}) \quad\quad\quad\quad (2)$$

式中:
n——车厢站立的人数。

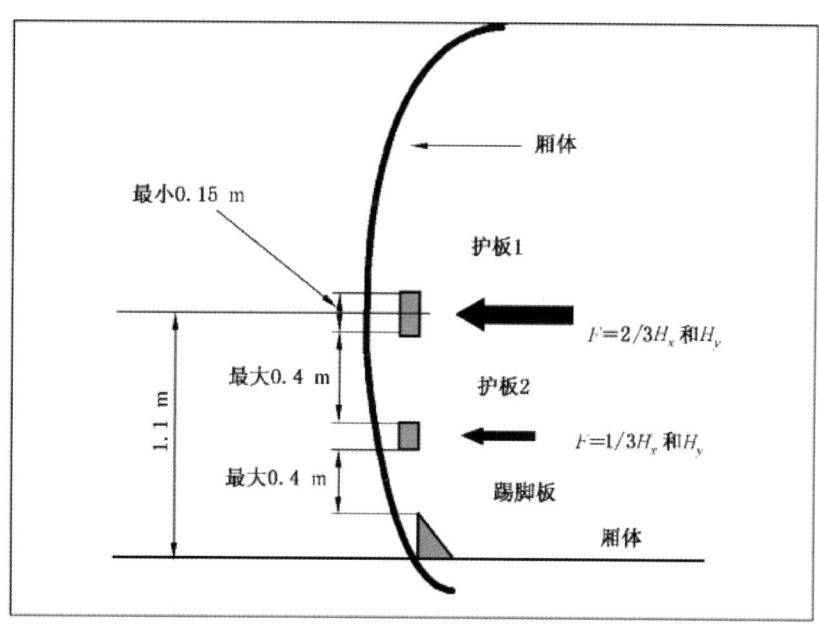

图 2 吊厢护板受力示意图

3.2.4.3 厢体外侧至少四角应安装缓冲件,防止吊厢框架直接与外界相撞。

3.2.4.4 运送6人以上行动不便乘客的厢体,应允许残疾人用的轮椅进出,其门的最大升度应不小于800 mm。

3.2.4.5 乘客站立的厢体底板载荷应满足450 kg/m^2。超过最大允许的使用载荷不准许投入使用。此外厢体应具备足够的把手。

3.2.4.6 乘客站立的厢体,整个厢体的护板距地板的高度应大于1.1 m,乘客坐着的厢体,厢体的护板至少超过座椅面350 mm。

3.2.4.7 厢体四周的透明墙体和窗户应使用不易爆裂的防撞材料,并且透明墙体和窗户应是防脱落设计。

3.2.4.8 当厢体同时运送站立和坐着的乘客,厢体应按站立乘客要求进行设计。

3.2.4.9 吊篮的厢体护板距地板的高度应大于1.1 m。

3.2.4.10 厢体应由不易裂碎和阻燃的材料制成。窗的开启不准许造成乘客的危险,厢体窗距地板的高度至少1.1 m,窗的开启宽度不准许直径为200 mm的球体进入厢体内。

3.2.4.11 厢体座椅的位置应不影响厢体门的开关,每位乘客的座位宽不小于450 mm。

3.2.4.12 厢体应考虑必要的通风设施。

3.2.4.13 厢体的地板应防滑并装有排水口。

3.2.5 吊架和吊杆

3.2.5.1 吊架和车厢之间的连接件应防止自行松脱。

3.2.5.2 封闭式吊架或钢管吊架,外壁应防锈蚀其壁厚不得小于2.5 mm。非封闭式吊架或钢管吊架,内外壁应防锈蚀,且在适当的位置上设有排水孔。

3.2.5.3 吊架头部和受力较大的部位不得有横向焊缝。

3.2.5.4 吊杆的长度应保证车厢在最大坡度处纵向和横向摆动0.35 rad(35%)时不触及索道线路上的任何部位。

3.2.5.5 弧形和管形吊架的内曲率半径应不小于型材高度的3倍或管子外径的3倍。

3.2.5.6 吊杆和吊架的加工工艺和材质应符合设计要求,不准许随意更改材质或减省工艺过程;所有的尺寸偏差、形位偏差和位置偏差应按设计要求严格控制,所有材料壁厚应采用正偏差。

3.2.5.7 吊杆和吊架的连接轴应进行调质处理和超声波无损探伤。根据探伤方法不同,应相应符合NB/T 47013的Ⅰ级质量标准或GB/T 4162的A级质量标准。

3.2.5.8 吊架焊接后四个吊点的对角线长度误差应不大于3 mm,四个吊点的平面度应不大于3 mm,吊架与吊杆连接点的位置度应不大于5 mm。

3.2.5.9 吊杆的所有弯曲处不准许出现裂纹和皱折,所有弯曲半径误差和曲率中心点的位置度均应不大于2 mm,应采用胎具加工。

3.2.5.10 吊杆与抱索器的安装孔两端同轴度应小于0.02 mm,孔尺寸要求应符合滑动轴承的安装要求。

3.2.5.11 吊架与吊杆的安装孔两端同轴度应小于0.02 mm,孔尺寸要求应符合滑动轴承的安装要求。

3.2.5.12 吊架与车厢或椅座连接处应设减振装置。

3.2.6 开关门机构

3.2.6.1 车厢应装有不易误开的门。门应能闭锁,闭锁的位置应可以检查。

3.2.6.2 自动控制门的要求如下:
 a) 门的边框上应装有软边;
 b) 当自动控制机构失灵时,门应能在外手动开启;
 c) 自动开关门机构的软轴应防尘防水;
 d) 自动开关机门机构应有锁紧功能和防夹功能,其锁紧力和防夹力应不大于150 N。

3.2.6.3 车厢门不得由于撞击或大风的影响而自动开启。

3.2.7 表面防锈处理

3.2.7.1 除外购标准件外,所有零部件的外露金属表面应进行防锈处理。

3.2.7.2 产品在表面防锈处理前应进行喷砂,清除毛刺、焊渣、锈迹和油污。

3.2.7.3 镀锌层厚度应不小于 0.01 mm,镀层应均匀;油漆涂层应符合 JB/T 5000.12 的有关规定。

3.2.7.4 产品的非有色金属的内部表面若不做防锈处理,应进行密封处理。

3.2.8 装配

3.2.8.1 所有装配的零件应经检验合格后,方可进行装配,并符合 JB/T 5000.10 中的有关规定。

3.2.8.2 吊杆与抱索器的安装孔两端滑动轴承的安装应采用压装。

3.2.8.3 所有轴的安装不准许采用锤击方式强行装配;装配后应转动灵活无异常声响。

3.3 车厢

3.3.1 型式

车厢型式分为悬挂式和底盘式 2 种。悬挂式主要运用在往复式、双环路循环式和双线双承载索道,主要由厢体和悬吊系统组成;底盘式主要运用在地面缆车。主要由厢体和底盘系统组成。

3.3.2 主要技术参数

按乘坐人数分为:20 人;25 人;30 人;35 人;40 人;45 人;60 人;80 人;100 人;120 人。

3.3.3 一般要求

3.3.3.1 车厢的制造应满足:

a) 关键零件的材料应附有材质证明书,否则应进行试验和化验,合格后方可使用。车厢在低温环境下使用时,其承载部件应选用在该温度下仍具有足够的韧性、延伸率和裂纹延伸小的材料。

b) 焊接结构应采用可焊性材料。焊接填充物和辅助材料(焊剂、焊丝、保护气体)应按照焊接的母体材料调整其焊接方法。焊接结构件的焊缝应均匀,不应有裂纹、烧穿等缺陷。主要焊接结构件的焊接质量不低于 GB 50661 的要求。

c) 产品应符合 GB 12352、GB 19402、GB/T 19401 的有关规定及本标准的要求,并按照规定程序批准的图样及技术文件制造。

d) 表面质量检查:对于非切削加工钢材料表面不应有目视可见的裂纹、结疤、折叠和夹杂等缺陷。

e) 图样上未标注公差的尺寸,应符合 GB/T 1804 中公差等级为 m(中等)的规定。

f) 锻件不应有夹层、折迭、裂纹、结疤和夹渣等缺陷,并符合 JB/T 5000.8 的规定。

g) 所有外购件和标准件应有出厂合格证和相关检测报告;高强度紧固件还应附有材质报告和热处理报告。

h) 连接螺栓应根据 GB/T 1228、GB/T 3632 的规定选择。

i) 弧形和管子的内曲率半径应至少等于管子外径的 3 倍。

3.3.3.2 车厢应进行防腐处理。空心型部件应防止内部腐蚀,选择在适当的位置设有排水孔。

3.3.3.3 所组成的车辆部件应便于检查、维修和进行乘客的救护工作。

3.3.3.4 车厢应考虑救护装置的吊挂位置和吊挂方式。

3.3.3.5 车厢在运送其他物件时,应使用特殊装载容器,该容器应保证货物在运输过程中不从容器中掉出。应在装载容器上写明允许有效载荷,并满足运行的要求,特别是对车厢外廓尺寸的要求。

3.3.3.6 车厢在运行中应不使乘客受到伤害。对于有救护要求的车厢应装备救护装置。

3.3.3.7 当车厢同时输送货物和乘客,货物挂在车厢上或放在车厢内,应使其载荷和乘客数符合限定的范围,其中最大允许的有效载荷不能超过。

3.3.3.8 当缆车车厢带有拖车时应有拖车的连接应说明。

3.3.3.9 车厢应编号,车厢内应有乘客须知,特别是当吊厢在线路停车时乘客的注意事项,应标明车厢的主要技术参数。

3.3.4 悬挂式车厢

3.3.4.1 对于输送站立乘客的车厢,其站立面积不应小于$(0.18×n+0.4)$ m^2,n为车厢定员。

3.3.4.2 对于运行速度大于3 m/s的车厢吊架应设置防摆和减振装置。吊架上部应设带护栏的检修平台。

3.3.4.3 有乘务员时,乘务员占用面积应不少于0.40 m^2;无乘务员时应限制乘客对车厢控制点进行操纵。

3.3.4.4 带有客车制动器的车厢应能在车厢内进行手动操纵客车制动器。

3.3.4.5 厢体护板数量应至少2块,护板最小高度为150 mm,护板之间的距离最高取400 mm。主板应在1 100 mm±100 mm(中心)以上。主板承受纵向撞击力H_x和横向撞击力H_y的2/3,在主板之下的护板应至少承受H_x和H_y的1/3。作为踢脚板结构应沿全部厢体周围安排好,踢脚板不能作为梯级使用。踢脚板应能承受2 000 N/10 cm^{2}单个载荷力(见图2)。

H_x和H_y分别按式(3)和式(4)计算:

$$H_x = 5\ 000 - 100(40-n)(\text{N/m}) \quad\quad\quad\quad (3)$$

式中:

n——车厢站立的人数。

$$H_y = 2\ 500 - 30(40-n)(\text{N/m}) \quad\quad\quad\quad (4)$$

式中:

n——车厢站立的人数。

3.3.4.6 车厢门安全要求:

a) 车厢门应装有防误开保护装置,关门后应能闭锁,闭锁状态应进行检测。车厢门除工作人员外不准许乘客自行打开。

b) 自动控制的门其锁紧力最高只允许为150 N;门的边框上应装有软边。

c) 车厢门和其固定装置应和车厢壁等强度,当客车制动器工作时或发生碰撞时门不应脱落。

d) 门的净高应不小于1.9 m。应对门的开合进行验证。

3.3.4.7 车厢救援的要求:

a) 顶部有人孔的车厢应设置便于到达人孔的梯子。梯子应放置在不影响乘客乘坐并易于操作的位置,梯子应固定牢固防止车厢在发生碰撞或急停时伤害乘客。人孔的大小应允许600 mm的球体通过。人孔盖不准许自行锁死。

b) 非全线水平救护的索道,其车厢底部应设置人孔,其大小应允许600 mm的球体通过。当使用底部人孔时,围绕人孔周围至少2/3以上有保护装置。

c) 在车厢底部的人孔处应有放绳设备的固定位置,此固定位置应使放绳容易并能安全地进行放绳的控制。

d) 当采用救护小车水平救护时,车厢端部应设置出入门,其大小应允许600 mm的球体通过,出入门应安装可靠并便于打开,其强度应等同于车厢壁。

3.3.4.8 只配有一个乘务员的多节车厢或多层车厢,乘务员宜能方便到达各节或各层车厢,至少应能无障碍地与各节或各层车厢进行视觉通话。

3.3.4.9 悬吊系统的要求:

a) 吊臂和车厢之间的连接件应防止自行松脱。

b) 封闭式吊臂,外壁应防锈蚀其壁厚不应小于 3 mm。非封闭式吊架或钢管吊架,内外壁应防锈蚀,且在适当的位置上设有排水孔。

c) 吊臂和受力较大的部位不宜有横向焊缝。

d) 悬吊系统应有减振和减摆装置。

e) 吊臂的长度应保证车厢在最大坡度处纵向和横向摆动 0.35 rad(35%)时不触及索道线路上的任何部位。

f) 吊臂的弧形结构的内曲率半径应不小于型材高度的 3 倍或管子外径的 3 倍。弧形结构不得有皱褶和明显局部凹陷。所有弯曲半径误差和曲率中心点的位置度均应不大于 2 mm,必要时应采用胎具加工。

g) 悬吊系统的加工工艺和材质应符合设计要求,不准许随意更改材质或减省工艺过程;所有的尺寸公差、形位公差和位置公差应按设计要求严格控制,所有材料壁厚应采用正公差。

h) 悬吊系统所有的销轴和转动轴应进行调质处理和超声波无损探伤。根据探伤方法不同,应相应符合 NB/T 47013 的Ⅰ级质量标准或 GB/T 4162 的 A 级质量标准。

i) 悬吊系统与车厢连接的四个吊点的对角线长度误差应不大于 3 mm,四个吊点的平面度应不大于 3 mm,悬吊系统与车厢连接点的位置度应不大于 5 mm。

j) 悬吊系统主要受力结构的焊接均应进行超声波无损探伤。根据探伤方法不同,应相应符合 NB/T 47013 的Ⅰ级质量标准或 GB/T 4162 的 A 级质量标准。

3.3.5 底盘式车厢

3.3.5.1 只配有一个乘务员的多节车厢或多层车厢,乘务员宜能方便到达各节或各层车厢,至少应能无障碍的与各节或各层车厢进行视觉通话。

3.3.5.2 车厢内的设施不应使乘客受到伤害。在每个车厢内应贴有允许乘客人数,有效载荷以千克计,以及禁止吸烟等标志。在没有乘务员的车厢里应贴有在线路上处理临时停车事故时乘客举止须知。

3.3.5.3 厢体护板数量应至少 2 块,护板最小高度为 150 mm,护板之间的距离最高取 400 m。主板应在 1 100 mm±100 mm(中心)以上。主板承受纵向撞击力 H_x 和横向撞击力 H_y 的 2/3,在主板之下的护板应至少承受 H_x 和 H_y 的 1/3。作为踢脚板结构应沿全部厢体周围安排好,踢脚板不能作为梯级使用。踢脚板应能承受 2 000 N/10 cm² 单个载荷力。H_x 和 H_y 分别按式(5)和式(6)计算:

$$H_x = 5\,000 - 100(40-n)(\text{N/m}) \quad\quad\quad\quad\quad (5)$$

式中:

n——车厢站立的人数。

$$H_y = 2\,500 - 30(40-n)(\text{N/m}) \quad\quad\quad\quad\quad (6)$$

式中:

n——车厢站立的人数。

3.3.5.4 车厢应防止乘客在车辆碰到线路物品弹起时或碰到固定障碍时不被甩出来。必要时车厢应装备缓冲装置。

3.3.5.5 车厢应装备在发生与线路障碍物碰撞时能自动停车的装置。

3.3.5.6 敞开式车厢的护栏当运送站立乘客应超过地板 1.10 m,当运送坐着乘客时应超过地板尺寸 350 mm。

3.3.5.7 车窗应由不易碎裂的材料制成。一般只允许在不会造成乘客危险的情况下开启车窗,车窗距地板的高度至少 1.1 m,车窗开启的宽度不准许直径为 200 mm 的球体可能进入车内,车厢内应有专门针车窗开启的安全须知或明显标示,防止运行中碰撞乘客。

3.3.5.8 带乘务员的车厢应备有乘务员的控制座位。控制位应装备轨道制动器手动控制装置。

3.3.5.9 车厢照明应满足设备照明和救护使用。带有控制位置的车辆应装备前灯和内部照明。

3.3.5.10 车厢内的各种扶手宜满足站立人数 90% 的需求。

3.3.5.11 车厢门安全要求：

 a) 车厢门应能闭锁并在运行期间(从启动至停车)是有效的，闭锁位置应进行检测。门的锁紧力最高只允许为 150 N，门的边框上应装有软边。

 b) 缆车进站应有对门位置的监控装置。

 c) 车厢门和其固定装置应和车厢壁等强度，当轨道制动器工作时或发生碰撞时门不应脱落。

 d) 当采用自动控制的车门时，应能通过专用工具手动开启。

 e) 无乘务员车厢的门不准许从车厢里面打开，当门不是自动闭锁时，应从外面能够锁上。

 f) 当采用自动控制的车门时，关闭时遇到大于 30 mm 厚的外来物体时，门应自动重开，小于 30 mm 时应不妨碍锁上门。

3.3.5.12 底盘的组成及安全要求：

 a) 底盘主要由底盘钢结构、行走机构、制动机构、减振系统以及牵引索固定装置组成。

 b) 底盘应装有防止脱轨装置，两端应装清障装置和缓冲装置。

 c) 底盘与车辆之间应有纵向和横向的减振装置。

 d) 底盘与车辆之间以及底盘与轨道之间应装设防倾翻装置。

 e) 制动机构不能影响底盘在轨道上的运行和转向。

 f) 底盘钢结构设计时应至少考虑以下受力：

  1) 整车自重；

  2) 有效载荷(满载)；

  3) 运行时的风载荷；

  4) 缓冲器的碰撞力；

  5) 运行时轨道产生的横向力；

  6) 轨道制动器的制动力。

 在仅考虑 1)、2)、3)、5) 的受力时，安全系数应不小于 3。

 g) 底盘钢结构焊接后应消除内应力，不准许出现扭曲变形，所有受力焊缝应进行无损探伤检测，根据探伤方法不同，应相应符合 NB/T 47013 的 Ⅰ 级质量标准或 GB/T 4162 的 A 级质量标准。

4 型式试验

凡属下列情况之一者，应进行型式试验：

 a) 新产品或老产品转厂生产试制定型时；

 b) 主要结构、材料、关键工艺等发生改变，影响安全性能的。

型式试验按客运索道产品型式试验机构的有关规定和第 5 章执行。

5 检验与验证

5.1 一般规定

5.1.1 验证应依照公认的技术规范进行。

5.1.2 应对主要受力部件进行设计计算验证。

5.1.3 当损坏是稳定性问题造成时，应在计算中验证其安全性。

5.1.4 应对底盘式车厢进行运行稳定性的设计计算验证。

5.2 静力验证

5.2.1 静力验证应依照材料拉伸极限 R_e 或塑性极限 $R_{p0.2}$ 等值应力的原则进行。当材料的屈服极限比大于 $0.7R_m$（R_m 为抗拉强度）时,应考虑降低静力验证的应力取值。

5.2.2 稳定性验证可取静力安全性验证的安全系数。

5.3 疲劳验证

5.3.1 当工作期间不固定投入使用的所有车辆除特殊的车辆（检修车、救护车等）外,都应进行疲劳验证。15人以下的车辆做实际的疲劳试验,15人以上的可做疲劳计算验证。

5.3.2 抗弯曲疲劳根据万分之一失效的概率为基础,其弯曲疲劳安全系数至少1.35。

5.3.3 单线循环式架空索道吊厢的试验要求:

a) 脱挂抱索器索道:
   - 进出站时,吊厢装上1/2载荷没有附加的摆动,没有附加的摆动,循环次数100 000次;
   - 进出站时,吊厢装上满载,没有附加的摆动,循环次数200 000次;
   - 线路上,吊厢装上满载,循环次数5 000 000次。

b) 固定抱索器索道:
   - 进入站内导向系统,吊厢装上1/2载荷,没有附加的摆动;循环次数100 000次;
   - 通过回转轮,吊厢空载,脉动式索道200 000循环次数,连续循环式索道500 000循环次数;
   - 线路上,吊厢满载,循环次数5 000 000次。

c) 所进行试验的运载工具应进行应力测定,以验证符合计算的要求。对于提供相似结构,使用范围一样的运载工具不需要进行验证。所指使用范围包括:
   - 最大速度;
   - 进站的摆动状况;
   - 脱挂抱索器索道;
   - 固定抱索器索道。

d) 运载工具应按以下条件进行应力测定:
   - 以最大速度进行;
   - 检验前后,被检运载工具应是同样的满载荷情况;
   - 带座位输送乘客的运载工具,一个座位上的满负荷质量,应将1/3的质量作用在地板上2/3的质量作用在座位上;
   - 站立或一半坐着输送乘客的运载工具,应满负荷的质量分布在吊厢地板上;
   - 当吊厢门携带雪具的运载工具,则吊厢门负荷质量每位乘客按5 kg考虑,吊厢内每位乘客的质量按75 kg考虑。

e) 计算验证的应力幅度应按以下确定:
   - 线路上:以支架的最高和最低应力值之间的差值作为最大的应力幅度,并取所有支架中应力幅度最大的;
   - 站房:对每个进站口使用上述相同的方法处理。

f) 累积损坏的验证应对每个检查点按照公认的方法采用疲劳极限曲线进行,应考虑部件承载的结构和使用的材料。

g) 计算的结果应在应力范围基础上,至少还有1.35的安全系数。当采用疲劳极限曲线至少应包含1.35的安全系数。

h) 上述所述的安全系数是基于所述的应力幅度不大的情况。

5.3.4 双线循环式索道车辆的试验要求：
a) 疲劳验证的基础载荷：
——自重 G：车辆所有部件质量的总和。
——有效载荷 Q 符合 5.3.5。
——力矩 M_Y 和 M_Z：阻尼力矩（M_Y）由纵向摆动阻尼产生的力矩，在双线索道取如下值：在吊架上带有减振器的为每人 ± 100 N·m；在吊架上不带有减振器的为每人 ± 25 N·m。旋转力矩（M_Z）由水平力产生的力矩，在双线索道取值：每人 ± 50 N·m。
——牵引索支承力 F_S：双线索道和缆车由于牵引索支承产生的力。
——进站时的反作用力 R：当循环抱索器车辆进站时作用在运载工具上运行动态力。
b) 疲劳计算应考虑的应力幅度：
——在线路上的应力幅度 $\Delta\sigma_1$：

$$\Delta\sigma_1 = \sigma_{max1} - \sigma_{min1} \quad\quad\quad\quad\quad (7)$$

式中：
$\sigma_{max1} = \gamma_1 X$，由 (G, Q, F_S, M_Y, M_Z) 产生的应力；
$\sigma_{min1} = \gamma_2 X$，由 (G, Q, F_S, M_Y, M_Z) 产生的应力；
$\gamma_1 = 1.2, \gamma_2 = 0.8$。
$\Delta\sigma_1$ 计算寿命循环数 $N = 5 \times 10^6$。
——进站应力幅度 $\Delta\sigma_2$：

$$\sigma_2 = \sigma_{max2} - \sigma_{min2} \quad\quad\quad\quad\quad (8)$$

式中：
$\sigma_{max2} = \gamma_1 X$，由 $(G, 1/2Q, R, M_Y, M_Z)$ 产生的应力；
$\sigma_{min2} = \gamma_2 X$，由 $(G, 1/2Q, R, M_Y, M_Z)$ 产生的应力；
$\gamma_1 = 1.2, \gamma_2 = 0.8$。
$\Delta\sigma_2$ 计算寿命循环数 $N = 5 \times 10^5$。
c) 累积损坏的验证应对每个检查点按照公认的方法采用疲劳极限曲线进行，应考虑部件承载的结构和使用的材料。
d) 计算的结果应在应力范围基础上，至少还有 1.35 的安全系数。当采用疲劳极限曲线至少应包含 1.35 的安全系数。
e) 上述所述的安全系数是基于所述的应力幅度不大的情况。
f) 所进行试验的运载工具应进行应力，以验证测定符合计算的要求。对于提供相似结构，使用范围一样的运载工具不需要进行验证。所指使用范围包括：
——最大速度；
——通过支架；
——脱挂抱索器索道；
——最大支承力和牵引索在车辆上的偏斜。
g) 运载工具应按以下条件进行应力测定：
——以最大速度进行；
——脱挂抱索器索道在检验前后，被检运载工具应是同样的满载荷情况；
——带座位输送乘客的运载工具，一个座位上的满负荷质量，应将 1/3 的质量作用在地板上 2/3 的质量作用在座位上；
——站立或一半坐着输送乘客的运载工具，应满负荷的质量分布在吊厢地板上；
——当吊厢门携带雪具的运载工具，则吊厢门负荷质量每位乘客按 5 kg 考虑，吊厢内每位乘客的质量按 75 kg 考虑。

5.3.5 地面缆车车厢的试验要求：
a) 作为疲劳验证的基础载荷：
——自重 G：车厢所有部件质量的总和。
——有效载荷 Q：15 人以下时平均每人重力按 740 N 计算；定员 16 人以上时，平均每人重力按 690 N 计算；对于运送滑雪者的索道还应每人加上 50 N 装备的重力。
——力矩 M_Y 和 M_Z：力矩（M_Y）由轨道制动器产生的力矩，在底盘上带有减振器的为每人 ± 25 N·m；在底盘上不带有减振器的为每人 ± 100 N·m。旋转力矩（M_Z）由水平力产生的力矩，每人 ± 50 N·m。

b) 疲劳计算应考虑以下的应力幅度：
——在直线轨道上的应力幅度 $\Delta\sigma_1$

$$\Delta\sigma_1 = \sigma_{max1} - \sigma_{min1} \quad\quad\quad\quad\quad\quad (9)$$

式中：
$\sigma_{max1} = \gamma_1 X$，由 (G, Q, M_Y) 作用；
$\sigma_{min1} = \gamma_2 X$，由 (G, M_Y) 作用；
$\gamma_1 = 1.2$，$\gamma_2 = 0.8$。
$\Delta\sigma_1$ 计算寿命循环数 $N = 5 \times 10^6$。
——在转向轨道上的应力幅度 $\Delta\sigma_2$

$$\Delta\sigma_2 = \sigma_{max2} - \sigma_{min2} \quad\quad\quad\quad\quad\quad (10)$$

式中：
$\sigma_{max2} = \gamma_1 X$，由 (G, Q, M_Y, M_Z) 产生的应力；
$\sigma_{min2} = \gamma_2 X$，由 (G, M_Y, M_Z) 产生的应力；
$\gamma_1 = 1.2$，$\gamma_2 = 0.8$。
$\Delta\sigma_2$ 计算寿命循环数 $N = 5 \times 10^5$。

c) 累积损坏的验证应对每个检查点按照公认的方法采用疲劳极限曲线进行，应考虑部件承载的结构和使用的材料。

d) 计算的结果应在应力范围基础上，至少还有 1.35 的安全系数。当采用疲劳极限曲线至少应包含 1.35 的安全系数。

e) 上述所述的安全系数是基于所述的应力幅度不大的情况。

f) 所进行试验的运载工具应进行应力测定，以验证测定符合计算的要求。对于提供相似结构，使用范围一样的运载工具不需要进行验证。所指使用范围包括：
——最大速度；
——最大和最小爬坡角；
——在线路和垂直平面最小曲率半径。

g) 运载工具应按以下条件进行应力测定：
——以最大速度进行；
——带座位输送乘客的运载工具，一个座位上的满负荷质量，应将 1/3 的质量作用在地板上 2/3 的质量作用在座位上；
——站立或一半坐着输送乘客的运载工具，应满负荷的质量分布在吊厢地板上。

6 出厂检验

6.1 一般要求

6.1.1 出厂前应在制造厂组装。

6.1.2 各紧固件的拧紧力矩应符合设计要求,应无松动现象。
6.1.3 产品出厂前应进行无负荷试验检验合格,并出具由制造厂质量检验部门签发的产品质量合格证。

6.2 吊椅

吊椅出厂检验内容见表1。

表 1 吊椅出厂检验项目

序号	检验项目	检验要求	检验方法
1	吊椅的重心位置	应符合设计要求	悬吊检测
2	护栏和罩子的开闭位置尺寸	应符合设计和本标准要求	分别测量开闭位置时距座椅面的距离
3	护栏和罩子在开闭区的重心位置	应符合设计和本标准要求	悬吊检测
4	护栏和罩子转动灵活度及开闭操作力	应符合设计和本标准要求	采用拉力器进行检测
5	罩子开关机构的工作行程及作用力	应符合设计和本标准要求	采用拉力器进行检测作用力,用卷尺检测工作行程
6	脱挂索道吊椅的减振和防摆效果	悬吊检测,应符合设计和本标准要求	悬吊检测,采用吊具振动试验装置进行检验

6.3 吊厢

吊厢出厂检验内容见表2。

表 2 吊厢出厂检验项目

序号	检验项目	检验要求	检验方法
1	吊厢的重心位置	应符合设计要求	悬吊检测
2	脱挂索道或六人以上吊厢减振及防摆效果	应符合设计和本标准要求	悬吊检测,采用吊具振动试验装置进行检验
3	吊厢门的开启尺寸及位置度	应符合设计和本标准要求	用卷尺检测
4	吊厢门开启操作力及灵活度	应符合设计和本标准要求	采用拉力器进行检测作用力
5	吊厢门的闭锁和防夹功能(自动门)	应符合设计和本标准要求	采用拉力器进行闭锁检测,采用压力器进行防夹检测
6	吊厢窗户的开启灵活度和可靠度	应符合设计和本标准要求	人工操作检测
7	封闭吊厢的防雨效果	不准许有水进入	采用喷水检测
8	六人以上吊厢的救护设施	应符合设计和本标准要求	人工操作检测

6.4 车厢

车厢出厂检验内容见表3。

表 3 车厢出厂检验项目

序号	检验项目	检验要求	检验方法
1	悬吊式车厢的吊点位置尺寸	应符合设计和本标准要求	悬吊检测
2	车厢的减振及防摆系统	应符合设计和本标准要求	采用震荡器和加速度检测仪进行检测
3	车厢门的开启尺寸及位置度	应符合设计和本标准要求	用卷尺检测
4	车厢门开启操作力及灵活度	应符合设计和本标准要求	采用拉力器进行检测作用力
5	车厢门的闭锁和防夹功能(自动门)	应符合设计和本标准要求	采用拉力器进行闭锁检测,采用压力器进行防夹检测
6	车厢窗户的开启灵活度和可靠度	应符合设计和本标准要求	人工操作检测
7	封闭车厢的防雨效果	不准许有水进入	采用喷水检测
8	车厢的救护设施	应符合设计和本标准要求	人工操作检测
9	车厢内扶手的安装质量	应符合设计和本标准要求	采用拉力器进行承载检测,人工操作检测安装质量

7 标志、包装运输和随机文件

7.1 标志

7.1.1 吊椅和吊厢出厂前应对每个吊具进行编号,并打印或粘贴在吊具上(可在安装现场实施)。

7.1.2 吊厢和车厢应标志产品铭牌,铭牌应至少有下列内容:
 a) 产品名称;
 b) 产品型号;
 c) 主要技术参数;
 d) 出厂日期;
 e) 出厂编号;
 f) 制造厂名称。

7.2 包装运输

7.2.1 各类型的运载工具的窗体和墙体所用的透明材料应贴保护膜进行保护。

7.2.2 各类型的运载工具的座椅面应贴保护膜进行保护。

7.2.3 各类型的运载工具的外廓应用防碰撞材料进行包裹。

7.2.4 各类型的运载工具的运输包装应符合JB/T 5000.13以及铁路、公路、航运、海运的有关规定。

7.3 随机文件

产品出厂至少应提供下列文件:
 a) 装箱单;
 b) 质量合格证和相关检测报告;
 c) 安装使用维护说明书,装配图及维修部件图。

ICS 21.020
J 01

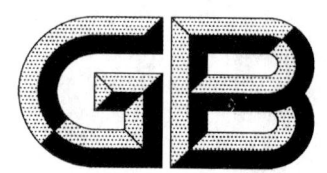

中华人民共和国国家标准

GB/T 34368—2017

客运索道重大修理的技术要求

Technical requirement for major maintenance of passenger ropeway

2017-09-29 发布

2018-04-01 实施

中华人民共和国国家质量监督检验检疫总局
中国国家标准化管理委员会 发布

前　言

本标准按照GB/T 1.1—2009给出的规则起草。

本标准由全国索道与游乐设施标准化技术委员会(SAC/TC 250)提出并归口。

本标准起草单位：国家客运架空索道安全监督检验中心。

本标准主要起草人：张强、徐伟、罗原、张晓文、蔺鸿达、王洪欣、黄鹏智、吴杞强、姚文华、宋朝军、白文华、罗超、刘肇辉、王树林。

客运索道重大修理的技术要求

1 范围

本标准规定了客运索道重大修理的一般规定、各部件重大修理技术要求、资质及行为、质量文件。本标准适用于客运索道的重大修理。

2 规范性引用文件

下列文件对于本文件的应用是必不可少的。凡是注日期的引用文件,仅注日期的版本适用于本文件。凡是不注日期的引用文件,其最新版本(包括所有的修改单)适用于本文件。

GB 12352　客运架空索道安全规范
GB 19402　客运地面缆车安全要求
TSG S7001—2013　客运索道监督检验和定期检验规则

3 术语和定义

下列术语和定义适用于本文件。

3.1
重大修理　major maintenance

通过设备整体拆解,进行检查维护、无损检测或者零部件更换,以确保客运索道所有主要受力部件得到安全检查,但不改变客运索道主体结构、性能参数的活动。

3.2
检查　inspection

采用适当的方法,评估零部件的状态。包括:表面状况检查、目测检查、尺寸检查、抽样检查和无损检测。

3.3
拆解　disassembly

采用适当的方法,将索道设备拆开后进行检查、调整或者更换。

4 一般规定

4.1 客运索道重大修理的目的是对索道的主要部件进行一次拆解后全面的、深入的检查和修理,一般采用目测检查、无损检测的方式进行。

4.2 无损检测应由相应资格的人员进行,并符合 TSG S7001—2013、GB 12352 和 GB 19402 的规定。

4.3 重大修理主要针对承受荷载后易产生疲劳破坏而影响安全的部件。本标准未提及的部件(如电控系统、钢丝绳等),制造商或者运营企业认为有必要时,应按照制造商制定的技术要求进行重大修理。

4.4 拆卸零部件时应制定拆卸计划和拆卸方案,做好拆卸记录,拆开后的所有零部件应得到有效保护。

4.5 应采取必要的手段修复检查中发现的缺陷,无法修复时应更换有缺陷的零部件。

4.6 客运索道投入使用后累计运行时间达到 40 000 h 或者使用达到 15 年时应进行首次重大修理;第

二次重大修理应在第一次重大修理后累计运行时间达到30 000 h前进行,并距离第一次重大修理不得超过10年;第三次重大修理应在第二次重大修理后累计运行时间达到15 000 h前进行,并距离第二次重大修理不得超过5年。如有充分理由,经索道制造商评估论证后,重大修理可以延期3年实施。

4.7 设计要求或者安全技术规范规定了某些部件的重大修理或者检查周期,当该周期小于4.6的规定时,应按照制造商或者安全技术规范的要求开展相关工作。

4.8 某些部件(如驱动站内设备、迂回站内设备、运载工具和抱索器、支架和托压索轮组等)提前进行了重大修理,该部件的重大修理周期从修理后投入使用之日起重新计算。

5 各部件重大修理技术要求

5.1 驱动、迂回装置

5.1.1 驱动和迂回装置基础

混凝土基础表面以及混凝土与设备、地面的接触部位应进行目测检查。必要时连接处或者基础表面清洁后进行检查。

5.1.2 站内钢结构

5.1.2.1 连接部件的连接焊缝应进行目测检查,重点检查站内承受疲劳载荷的主要连接部件的焊缝,如支架、支撑梁、吊架、基座、脱开挂接区段中的支撑与悬挂部分等。如检查时发现异常情况,该部件的焊缝应进行无损检测。

5.1.2.2 紧固部件应进行目测检查,螺栓、螺母和垫圈不得缺失,拧紧力矩应符合使用维护说明书的要求,更换松动的或者损坏的紧固部件。已经拆卸的紧固部件不得再次使用。

5.1.3 驱动轮、迂回轮、导向轮、张紧轮

5.1.3.1 轮体

5.1.3.1.1 轮体焊缝应进行无损检测。无法进行无损检测的某些部位应进行目测检查。目测检查应由具有无损检测资格的人员执行。

5.1.3.1.2 紧固部件应按5.1.2.2的要求进行。

5.1.3.2 轴和轴套

目测检查轴和轴套的表面状况,测量尺寸,并且进行无损检测或者直接更换。

5.1.3.3 轮体的支撑部件

5.1.3.3.1 支撑结构焊缝应进行无损检测。检查轴承的磨损情况和其他部件的状态,一般情况下需要更换轴承。

5.1.3.3.2 紧固部件应按5.1.2.2的要求进行。

5.1.4 其他支撑钢丝绳的部件(索轮组、单索轮、鞍座、滚子链、钢丝绳导向装置)

5.1.4.1 结构件(梁、侧板、鞍座等)

5.1.4.1.1 除目测检查外,焊缝应进行无损检测。

5.1.4.1.2 紧固部件应按5.1.2.2的要求进行。

5.1.4.2 轴和销

目测检查轴和销的表面状况,测量尺寸,并且进行无损检测或者直接更换。

5.1.5 制动器

5.1.5.1 制动器包括制动器的基座、连接件、产生制动力的部件和传递制动力的部件。连接件的焊缝应进行无损检测。产生制动力的部件、传递制动力的部件,除目测检查外,还应进行无损检测或者直接更换。制动器的油缸拆解后所有零件应进行目测检查,更换所有密封件,并且连接轴应进行无损检测。
5.1.5.2 紧固部件应按 5.1.2.2 的要求进行,并且更换承受制动器力的紧固部件。

5.1.6 张紧系统

5.1.6.1 末端连接件

张紧钢丝绳或者油缸的锚固端应进行目测检查和无损检测。

5.1.6.2 重锤

重锤的配置块应进行目测检查。检查承载配重块的金属结构的完整性。主要受力部件和金属结构的焊缝应进行无损检测。

5.1.6.3 油缸

将油缸进行拆卸后目测检查缸筒、活塞、活塞杆、缸盖和所有螺纹。更换所有密封件。连接轴应进行无损检测。

5.1.6.4 张紧小车和支撑横梁

结构件的主要焊缝、行走轮和侧面导向轮的支撑轴应进行无损检测,或者直接更换支撑轴,其他部位应进行目测检查。检查行走轮和导向轮轴承的磨损情况,一般情况下,需要更换轴承。

5.1.7 电机、减速器、联轴器

电机、减速器、联轴器等标准产品的重大修理应按照制造商制定的技术要求以及在制造商的指导下进行。

5.2 吊具

5.2.1 吊椅、吊篮、吊厢及吊架

5.2.1.1 全部部件应拆卸后进行目测检查。更换破裂、变形、边缘已从框架或者封装胶条中膨胀挤出的玻璃。吊椅、吊篮和吊厢的连接焊缝以及吊架结构整体(包括焊缝)应进行无损检测。
5.2.1.2 紧固部件应按 5.1.2.2 的要求进行。

5.2.2 连接件

主要受力连接件应进行目测检查和无损检测(如连接部位的轴、连接螺纹、连接结构件的焊缝等)。

5.3 支架

5.3.1 支架基础

混凝土基础表面以及混凝土与支架、地面的接触部位应进行目测检查。必要时连接处或者基础表

面清洁后进行检查。

5.3.2 支架柱体

5.3.2.1 全线支架上的所有焊缝（钢管材料自身焊缝除外）应进行目测检查，重点检查下列支架的焊缝：压索轮组支架、托压组合轮组支架、距离压索轮组支架20 m之内的托索轮组支架以及恶劣使用条件下的托索轮组支架（如：受力大、风力大、震动大、长期暴露在热环境中、倾角大、超过30 m高度的支架等）。如检查发现异常情况，该支架的焊缝应进行无损检测。

5.3.2.2 所有支架封闭结构的钢材壁厚应使用超声测厚仪器进行测量，桁架支架应制定抽查程序。

5.3.2.3 紧固部件应按5.1.2.2的要求进行。

5.3.3 横梁、鞍座

5.3.3.1 所有焊缝应进行目测检查，如检查发现异常情况，应对发现异常的结构件的焊缝进行无损检测。

5.3.3.2 紧固部件应按5.1.2.2的要求进行。

5.4 托压索轮组

5.4.1 平衡臂和索轮侧板

5.4.1.1 将平衡臂和索轮侧板拆卸后目测检查表面状况，测量尺寸，并且进行无损检测或者更换。

5.4.1.2 紧固部件应按5.1.2.2的要求进行。

5.4.2 轴、轴套、轴承

所有轴和轴套应进行无损检测或者更换，一般情况下需要更换所有轴承。

5.5 抱索器

将抱索器拆解后目测检查所有零件的表面状态和磨损情况，重点检查内抱卡、外抱卡、产生抱索力的零件（如弹簧）、各轮轮体、轴承、轴、轴套，测量零件的结构尺寸，更换摩擦板、导向翼和所有紧固件，一般情况下需要更换所有轴承。制造厂规定的需要无损检测的零件应进行无损检测。

5.6 常见缺陷

各部件常见缺陷见附录A中表A.1。

6 资质及行为

6.1 运营企业

6.1.1 客运索道运营企业应按照4.6规定的重大修理周期组织开展重大修理工作。

6.1.2 运营企业应为每条客运索道指派一名责任人员，核查相关单位的资质条件，协助实施重大修理的单位共同制定重大修理计划，控制重大修理质量。

6.1.3 运营企业应提前制定出重大修理说明文件和重大修理计划书。

6.2 修理单位

6.2.1 修理单位应具有客运索道的整机制造或者安装修理资质。

6.2.2 修理单位应指派一名重大修理责任人员全程负责修理工作，与运营企业共同制定重大修理计划,控制重大修理质量。

6.2.3 重大修理责任人员的职责如下:
  a) 在工作开始前,与运营企业一同分析整条客运索道状况,列出重大修理零部件清单;
  b) 制定重大修理实施计划,编写实施技术方案和说明文件;
  c) 组织实施重大修理计划中的所有工作;
  d) 采取相应的技术和管理措施,修复检查中发现的所有缺陷;
  e) 对比重大修理后恢复的参数与原始设计参数是否吻合;
  f) 出具重大修理报告。

6.2.4 所有参与重大修理的人员作业时应符合其所在单位的质量管理体系要求。

6.3 无损检测机构

参与重大修理的无损检测人员应具有客运索道主管部门认可的无损检测资格。

7 质量文件

7.1 重大修理说明文件的内容应包括:
  a) 索道名称;
  b) 索道概况;
  c) 索道型式与参数;
  d) 竣工年份;
  e) 制造商;
  f) 运营时间与年数;
  g) 索道的改造历史;
  h) 历次重大修理情况;
  i) 本次重大修理内容与时间。

7.2 重大修理计划书的内容应包括所有子系统(吊具、站内、线路设备等)的实施计划和进度日程表。

7.3 重大修理零部件清单的内容应包括修理的所有零部件名称和数量。

7.4 质量记录至少应包括:
  a) 目测检查记录表;
  b) 无损检测零部件清单及检测记录表;
  c) 重大修理后恢复的参数与原始设计参数对比记录表;
  d) 无损检测人员资格表。

附 录 A
（资料性附录）
各部件常见缺陷

各部件常见缺陷见表A.1。

表 A.1

部件名称	常见缺陷
5.1.1 驱动、迂回装置基础	风化剥落、钢筋露出、地脚螺栓腐蚀、钢筋膨胀、劈裂、裂缝、垫块缺失、沉陷
5.3.1 支架基础	
5.1.2 站内钢结构	焊缝或者孔附近裂纹、锈蚀、螺栓螺母缺失、紧固部件松动、变形、氧化、开裂
5.1.4.1 结构件（梁、侧板、鞍座等）	
5.3.3 横梁、鞍座	
5.4.1 平衡臂和索轮侧板	
5.1.3.1 轮体	裂纹、变形、氧化、开裂、磨损、紧固部件缺失或者松动、弯折、锈蚀、铸造轮孔洞
5.1.3.2 轴和轴套	表面缺陷、裂纹、腐蚀、尺寸问题、变形、雷击、磨损
5.1.4.2 轴、销	
5.4.2 轴、轴套、轴承	
5.1.6.1 末端连接件	裂缝、变形、锈蚀、磨损
5.1.6.2 重锤	超出设计值的重量偏差、导轨磨损、锈蚀、混凝土重锤开裂、混凝土钢筋膨胀外露、框架结构变形或者裂开
5.1.6.3 油缸	锈蚀、点蚀、活塞杆镀铬层磨损、活塞杆凹坑、杆体明显几何形状缺陷、缸筒内部明显的圆形印痕或者凹陷
5.2.1 吊椅、吊篮、吊厢及吊架	裂缝、变形、锈蚀、磨损、管端口裂开、撞击损伤、玻璃破裂、玻璃老化
5.2.2 连接件	裂缝、变形、锈蚀、磨损、撞击损伤
5.3.2 支架柱体	裂缝、变形、锈蚀、膨胀、开裂、积水、扭曲
5.5 抱索器	裂纹、变形、锈蚀、磨损、钢丝绳压痕、紧固部件松动、开裂

ICS 53.040.20
J 81

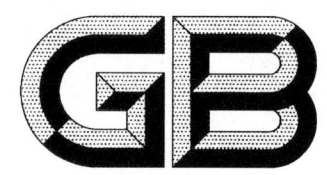

中华人民共和国国家标准

GB/T 34369—2017

客运索道电气装置通用技术条件

General technical conditions for electrical control device of passenger ropeway

2017-09-29 发布

2018-04-01 实施

中华人民共和国国家质量监督检验检疫总局
中国国家标准化管理委员会 发布

前　言

本标准按照GB/T 1.1—2009给出的规则起草。

本标准由全国索道与游乐设施标准化技术委员会(SAC/TC 250)提出并归口。

本标准起草单位：北京起重运输机械设计研究院。

本标准起草人：秦玲、刘旭升、黄鹏智、牛东、王治军、段琰、冯显宗、祁国民、赵振邦、郑泓、黄越峰、李刚。

客运索道电气装置通用技术条件

1 范围

本标准规定了客运索道电气装置(以下简称电气装置)的术语和定义、一般要求、技术要求、试验方法、检验规则、标志、包装、运输与贮存。

本标准适用于客运索道电气装置的生产、使用和检验等领域。

2 规范性引用文件

下列文件对于本文件的应用是必不可少的。凡是注日期的引用文件，仅注日期的版本适用于本文件。凡是不注日期的引用文件，其最新版本(包括所有的修改单)适用于本文件。

GB/T 191　包装储运图示标志

GB/T 3047.1　高度进制为 20 mm 的面板、架和柜的基本尺寸系列

GB/T 3797—2016　电气控制设备

GB/T 3859.1　半导体变流器　通用要求和电网换相变流器　第1-1部分:基本要求规范

GB/T 4208—2017　外壳防护等级(IP 代码)

GB/T 4588.1　无金属化孔单双面印制板　分规范

GB/T 4588.2　有金属化孔单双面印制板　分规范

GB 5226.1—2008　机械电气安全　机械电气设备　第1部分:通用技术条件

GB/T 7251.1—2013　低压成套开关设备和控制设备　第1部分:总则

GB/T 10233—2016　低压成套开关设备和电控设备基本试验方法

GB 12352　客运架空索道安全规范

GB/T 12738　索道　术语

GB/T 13384　机电产品包装通用技术条件

GB/T 16935.1　低压系统内设备的绝缘配合　第1部分:原理、要求和试验

GB/T 17478　低压直流电源设备的性能特性

GB/T 18380.11　电缆和光缆在火焰条件下燃烧试验　第11部分:单根绝缘电缘电缆火焰蔓延试验　试验装置

GB/T 19401　客运拖牵索道技术规范

GB 19402　客运地面缆车安全要求

IEC 60309-1:1999　工业用插头、插座和耦合器　第1部分：一般要求(Plugs, socket-outlets and couplers for industrial purposes—Part 1: General requirements)

3 术语和定义

GB/T 3797—2016、GB/T 12738 界定的以及下列术语和定义适用于本文件。

3.1

安全功能　safety function

辨识某种特定情况和危险并作出安全反应的所有程序，包括对索道状态的判断和对索道参数的

分析。

3.2
电气安全装置 electrical safety device
所有用于实现安全功能的元件。

3.3
安全功能屏蔽 suspension of safety function
通过特定开关使安全功能失效。

3.4
故障容忍时间 fault tolerance time
故障信号影响了系统的正常运行,但还不至于产生危险的时间段。

3.5
安全回路 safety circuits
用来实现安全功能的回路,可以停止索道运行或者防止索道意外启动。

3.6
线路安全回路 line safety circuits
由线路上的安全功能和停车装置构成的安全回路。也用于监测各钢丝绳之间是否发生相互接触或钢丝绳出现接地的故障。

3.7
控制回路 control circuits
用来实现开环控制、闭环控制以及主回路保护的回路。

3.8
主回路 main circuits
供给主驱动和辅助驱动电源的回路。

3.9
紧急停车装置 emergency stop device
手动或自动操作开关,作用于安全回路,引发索道停车的装置。

3.10
维护开关 maintenance switch
可自锁的手动操作紧急停车装置,主要用于检修,不经复位索道不能运行。

3.11
紧急停车按钮 emergency stop button
动作后不会自动恢复到初始位置但能手动复位的紧急停车装置。

3.12
电气装置 electrical control device
由高低压开关设备、变压器、变流装置或变频装置、可编程序控制器、上位机以及接触器、继电器、接近开关、行程开关等其他辅助电气设备组成的满足客运索道安全运行要求的所有电气设备。

3.13
控制点 control point
能够控制和停止索道运行的地点。
注:控制点的功能和装置依据索道类型和位置的不同而有区别。

3.14
控制台 control console
位于控制室内,可以控制索道和监测所有状态信息的设施。

4 一般要求

4.1 电源

4.1.1 供电电源

架空索道应有备用电源供电,可采用双回路电源或柴油发电机作为备用电源,也可用内燃机作备用动力。在没有备用电源或备用动力的情况下不应运营。

4.1.2 电源质量

索道供电电源稳态电压值应为额定电压的90%～110%,稳态频率值应为额定频率的98%～102%,在电源周期的任意时间,电源中断或零电压的持续时间应小于3 ms,相继中断间隔时间应大于1 s;直流供电电源中断或零电压的持续时间应小于20 ms,相继中断间隔时间应大于1 s。

4.2 电磁兼容性

索道电气装置使用时,其电磁兼容性要求应符合GB 5226.1—2008中4.4.2规定。

4.3 环境条件

4.3.1 环境温度和湿度

4.3.1.1 索道电气装置使用时,其环境温度要求应符合GB 5226.1—2008中4.4.3规定。

4.3.1.2 索道电气装置使用时,其环境湿度要求应符合GB 5226.1—2008中4.4.4规定。

4.3.2 海拔高度

4.3.2.1 索道电气装置应能在海拔高度1 000 m以下正常工作。

4.3.2.2 当索道电气装置应用在超过海拔高度1 000 m时,海拔每升高1 000 m,电晕电压和绝缘电气强度应提高8%～13%。

4.3.2.3 当索道电气装置应用在超过海拔高度1 000 m时,应考虑温升的影响,海拔每升高1 000 m,温升增高3%～10%。

4.4 安全原则

4.4.1 主要危害

主要危害如下:
- a) 人员无意接触到带电的金属器件;
- b) 电气安全功能失效;
- c) 电压下降或掉电;
- d) 发生短路、接地或开路故障;
- e) 电气或电子元器件损坏;
- f) 可预见的外部影响,尤其是环境状况和电磁场。

4.4.2 危害等级

危害等级如下:
- a) 危害等级1:电气装置故障但不能导致事故(无人身伤害);

b) 危害等级2:电气装置故障可能导致轻微事故发生(可致人轻伤);
c) 危害等级3:电气装置故障可能导致严重事故发生(可致人伤残,死亡)。

4.4.3 危害等级的处理

根据危害等级的不同对设备和人身造成的伤害程度,分为三个处理等级:
a) 等级1:报警　　　　　(对应危害等级1);
b) 等级2:安全停车　　　(对应危害等级2);
c) 等级3:紧急停车　　　(对应危害等级3)。

4.4.4 安全措施

4.4.4.1 电气装置的设计、选择、装配和安装应当有据可循,对于控制系统应提出必要的保护要求,使得它们至少能够承受预期的工作条件和外部影响。

4.4.4.2 电气装置应使用检验合格的元器件并遵循经过验证的安全准则。

4.4.4.3 安全装置的结构、元器件的相互作用和联接方式应当清晰明了。

4.4.4.4 出现故障时安全回路应能够断开回路或发生作用(如报警)。当线路安全回路发生断路、短路、阻抗变化和接地故障时,不会导致安全功能失效。

4.4.4.5 电气安全装置应定期进行测试,测试应满足下列要求:
a) 影响安全装置功能的故障应能够被辨识。可以自动或手动,或者两者兼而有之地进行测试;
b) 如果在每个工作日开始前或每次运行前测试,仅当测试没有发现故障时才允许运行。一旦在运行中测试并发现故障,索道应停止运行;
c) 测试的周期取决于故障容忍时间以及故障率和与安全相关的电气装置的结构(物理)类型。

4.4.4.6 可被忽略的故障仅限于:
a) 忽略是合理的;
b) 符合普遍接受的技术经验;
c) 故障发生的可能性是已知的,并且足够小。

4.4.4.7 电气装置的制造、装配和维护应做到:
a) 不能影响和损害其他电气装置的正常、安全使用;
b) 不能被其他电气装置影响和损害正常、安全使用。

4.5 安全功能屏蔽

4.5.1 不同安全功能的屏蔽只能各自或在功能组中进行。

4.5.2 安全功能的屏蔽只能通过开关或类似的元件进行。

4.5.3 如果屏蔽安全功能,控制操作只能通过控制台进行。

4.5.4 应使操作人员能清楚地看到安全功能屏蔽指示。安全功能结束屏蔽也应容易辨识。

4.6 防雷和保护功能接地

4.6.1 站房和中间停车点应有必要的防雷保护措施,所有的防雷保护措施和装置应符合相应的国家规范。

4.6.2 站房和中间停车点的金属结构应联接到站房的接地系统。

4.6.3 没有电气隔离的钢丝绳至少应在站房处接地。

4.6.4 承载索和牵引索之间应满足绝缘要求。

4.6.5 线路支撑结构应当是接地的。

4.6.6 监测设备,传输和通讯设备,检测元件应有合适的防雷保护装置。

4.6.7 静电不应对乘客产生危害。

4.6.8 轨道缆车车厢应可靠接地。

4.6.9 长期不运行时,承载索或牵引索应可靠接地。

4.7 其他要求

4.7.1 索道运行时,准备就绪或要求运行的指令信号应自动撤销。

4.7.2 采用遥控或自动化控制的索道,应也能采用手动控制的方式作业。

4.7.3 从一种控制方式切换成另一种方式,应在停车的情况下进行。

4.7.4 辅助驱动装置、紧急驱动装置及救护驱动装置的电气设备应与主驱动装置的电气设备彼此分离,不同的驱动之间应进行联锁。

5 技术要求

5.1 主开关

5.1.1 在任何操作条件下,通过主开关能够断开索道电气装置的电源。

5.1.2 用于驱动的电气回路、控制系统、安全功能等在符合下述条件下,可联接到主开关的出线侧:
 a) 它们独立于其他回路;
 b) 它们可以通过专用的开关进行隔离。

5.1.3 主开关应仅接通和断开索道电气装置的电源,不包括其他的电气设备。

5.1.4 主开关应:
 a) 能够在同一位置操控;
 b) 有清晰的标志指示装置的断开部分;
 c) 无须额外帮助甚至不用打开控制柜门就能够断开主开关。

5.1.5 主开关安装在独立的控制柜内,或是没有安装其他端子和开关设备的柜子,或是一个封闭的能够防止意外接触的普通开关柜,或是在没有其他的端子和开关设备的同一盖板下。

5.1.6 如果用于驱动的主开关不在控制室内或不易接近,应保证在控制室能进行远程操作。

5.2 维护开关(安全开关)和紧急停车按钮

5.2.1 维护开关(安全开关)和紧急停车按钮应置于醒目和便于触及的地方同时应有明显标记。

5.2.2 维护开关(安全开关)和紧急停车按钮的设计应满足:
 a) 防止与其他电气装置混淆;
 b) 防止误操作;
 c) 维护开关(安全开关)应同时切断主电机电源;
 d) 紧急停车按钮应同时切断主回路动力电源;
 e) 维护开关(安全开关)应能够保持其动作状态并且锁定在动作位;
 f) 紧急停车按钮应保持其动作状态且不能自动复位,紧急停车按钮应独立于PLC(可编程序控制器)。

5.2.3 紧急停车按钮应至少安装在以下地方:
 a) 控制台;
 b) 每个工作平台;
 c) 每个中间停车点;
 d) 每个站房;
 e) 运载工具的控制点;

f) 如有必要,安装在无人看管的往复式架空索道和地面缆车的运载工具里。

5.2.4 维护开关(安全开关)应至少安装在以下地方:
a) 机房内;
b) 各站和各中间停车点的靠近运动机械设备的维护区域和工作平台上;
c) 运载工具的控制点;
d) 控制台上。

5.3 线路安全回路

5.3.1 线路安全功能和紧急停车设备应以中断或产生一个可测信号来直接作用于线路安全回路。在运载工具上,迂回站和中间停车点处的设备应直接或通过安全回路作用于线路安全回路。

5.3.2 位置需要监测的钢丝绳均应由线路安全回路监测。

5.3.3 线路安全回路的电源电压应小于交流25 V或直流60 V。

5.3.4 在不降低系统安全性的情况下,紧急停车可延迟500 ms触发用以防止误动作。

5.3.5 电阻、电容或二极管等元件不得并联在作为安全关键件的断路器触点或元件上。其阻值在故障时只能增大不能减小的电阻除外。

5.3.6 线路安全回路可操作性不应因为线路阻抗的改变或发射器和接收器间的相互干扰而降低。

5.3.7 碰撞针或整个开关应方便更换,碰撞针应方便取下进行检测。

5.3.8 应采取所有适宜措施来防止线路支架开关连接电缆发生短路和接地故障(如加强绝缘、加强机械保护等)。该电缆应能够适应当地环境条件(低温、潮湿和紫外线辐射等)。

5.4 拖动系统

5.4.1 电气拖动装置应能在规定载荷范围内平稳启动,且能双向运转。它的容量应按在不利的载荷情况下以最大允许的运行速度连续运转进行计算。

5.4.2 主拖动装置应能在不利的载荷情况下,以最小 0.15 m/s^2 的平均加速度启动。允许的平均加速度不大于 0.5 m/s^2 和瞬时加速度(在 0.5 s 内的平均加速度)不超过 1.5 m/s^2。

5.4.3 在最大运行速度至最小运行速度之间应能进行分级变速。

5.4.4 为了保持给定的运行速度,电气拖动装置应能在制动和拖动状态之间自动切换。在这种情况下:
a) 如果没有充分的理由,则应是4象限的拖动;
b) 应保证拖动装置的扭矩随载荷变化;
c) 给定的运行速度应不受载荷变化影响,稳态运行速度的变化不得大于±5%。

5.4.5 在各种作业工况下所有的调速回路都应保持稳定状态,并留有足够的安全裕量。

5.4.6 当工作制动器或安全制动器制动时,主电机电源应能自动切断。

5.4.7 采用双电机驱动结构,则所有电机在每种作业工况都应工作。

5.5 指令传输及通讯设备

5.5.1 运载工具控制系统

5.5.1.1 运行信号或启动指令应在具备全部必要条件(门已关闭,运载工具内的安全保护回路已准备好等)时方可给出。

5.5.1.2 当运载工具具有控制功能时,索道的启动指令被封锁。在下列情况下,索道的启动指令解除封锁:
a) 收到来自所有运载工具的准备运行信号,并且至少收到来自一个运载工具发出的一个启动指令;

b) 收到来自所有运载工具的相应启动指令。

5.5.1.3 根据线路上运载工具的请求,索道应能随时改变运行速度。

5.5.2 公共电话

5.5.2.1 至少在控制室应当安装能接入公共电话系统的电话。该公共电话系统宜接通互联网。

5.5.2.2 如果在任何时候都能够确保获得和公共电话系统等效且可靠的对外信息沟通,可不安装上述电话。

5.5.3 内部通讯系统

5.5.3.1 各站房以及各独立区段之间应由内部电话系统互联。16人以上的运载工具也宜接入该电话系统。

5.5.3.2 内部通讯系统应能保证高效且可靠的传送质量。

5.5.3.3 内部通讯系统即使在断电或出现紧急停车时,其通讯功能应能有效保持。

5.5.3.4 即使安全功能已经部分或全部被屏蔽,工作电话系统应始终保持有效。

5.5.3.5 广播系统即使在断电情况下仍应保持有效。

5.6 其他电气设备

5.6.1 其他电气设备的制造、标注和安装应当确保在预期的条件下能正常可靠地工作。

5.6.2 应当只能通过开关或类似设备才能开关控制电源。

5.6.3 用于安全功能的开关钥匙应当只能应用于相应开关。

5.6.4 用于安全的关键电气设备应当上锁以避免非法操作。

5.6.5 如果由于安全方面的原因不允许超过或低于预设的时间,应当使用满足安全要求的合适的计时元件。

5.6.6 用于安全的关键设备应确保电源电池满足下列要求:
    a) 能够自动充电;
    b) 充放电时的电流和电压有仪表指示或能够被自动监测;
    c) 应有防护外罩,至少罩住接线端子;
    d) 方便定期检查。

5.7 运载工具的供电电源

5.7.1 运载工具中的供电电源的设计和安装应避免对人构成威胁。

5.7.2 对于低压直流电源应遵守 GB/T 17478 的相关设计和防护要求。

5.8 电气装置的制造

5.8.1 一般要求

5.8.1.1 电气装置应符合 GB 12352、GB/T 19401、GB 19402 的有关规定及本标准的要求,并按照规定程序批准的图样及技术文件制造。电气装置中的元器件应符合如下要求:
    a) 所用的元器件及自成一体的单元应符合有关标准的规定,制造厂应优先选用标准元器件。
    b) 所用的晶闸管器件应经过筛选,并符合 GB/T 3859.1 的规定,除非是采用自成一体的标准器件。
    c) 所有元器件应按照制造厂提供的使用说明书的要求(包括使用条件、散热空间、进出线方式等)进行布置安装。安装应牢固、端正、正确,元器件之间应留有足够的便于装配和接线的空间。

d) 指示仪表的安装中心高度不得高于基础面 2 m。
e) 操作器件(如手柄、按钮等)的安装中心高度不得高于基础面 1.7 m。
f) 外部引线用的接线端子和需要调整的电器应安装在便于操作的位置。

5.8.1.2 电气装置中的印制板安装应符合 GB/T 4588.1 和 GB/T 4588.2 的规定。

5.8.1.3 电气装置中的控制单元应符合 GB/T 3797—2016 中 6.6.6 的规定。

5.8.1.4 电气装置中的操作机构应设在操作者易于看见、便于操作的位置。

5.8.2 电气装置的结构要求

5.8.2.1 电气装置的外形尺寸应符合 GB/T 3047.1 的规定。

5.8.2.2 电气装置的结构应牢固,应能承受运输和正常使用条件下可能遇到的机械、电气、热应力以及潮湿等影响。

5.8.2.3 电气装置的表面应平整无凹凸现象,漆层应光亮、颜色均匀一致,不得有起泡、裂纹和流痕等现象。

5.8.2.4 电气装置的钢结构件均应有可靠的防护层,各紧固件应有防松措施。

5.8.2.5 电气装置的门应能在不小于 90°的角度内灵活启闭。

5.8.2.6 电气装置中的大型设备,应在顶部加装吊环或吊钩等,以便吊运。

5.8.2.7 电气装置中机械操作的元器件、联锁、锁扣等运动部件的动作应灵活,动作效果应正确。

5.8.2.8 电气装置外壳的最低防护等级应符合 GB/T 4208—2017 规定的 IP22 防护等级。

5.8.3 布线

5.8.3.1 主回路导线截面应按规定的载流量选择。控制回路导线应满足载流量和机械强度的要求,一般采用不小于 0.75 mm^2 的单股铜绝缘线或不小于 0.5 mm^2 的多股铜绞合绝缘线。对于电子逻辑电路和类似于 I/O 信号的电路,导线最小截面应不小于 0.2 mm^2。

5.8.3.2 电源线及高电平电路导线,应与低电平(测量、信号、脉冲)电路导线分束走线,并应有一定的间隔,为了防止干扰应采取隔离或屏蔽措施。

5.8.3.3 导线连接方式应优先采用压接方式,只有当结构上受限制时才可采用绕接、焊接或插接。接线点的连接线应牢固,通常一个端子上只能连接一根导线。

5.8.3.4 连接在面板或门上的电气元件和指示仪表的导线,应使用软铜绞合线,并且留有一定的长度裕量和加以适当固定,以免面板或门的移动对导线产生机械损伤。

5.8.3.5 凡电路图或接线图上有回路标号的,其连接导线的端部应标出相应的回路标号,标号应清晰、牢固、完整和不脱色。

5.8.3.6 所有控制电路的引出线应经过接线端子连接,接线端子的规格应适用于所连接导线的截面积和载流量。

5.8.3.7 电气装置主电路母线与绝缘导线用颜色作为标记,见表1。

表 1 主电路母线与绝缘导线用颜色

电路类型	相序	颜色标记
交流	A 相	黄色
交流	B 相	绿色
交流	C 相	红色
交流	零线或中性线	淡蓝色或黑色

表 1（续）

电路类型	相序	颜色标记
交流	安全用的接地线	黄和绿双色（每种色宽 15 mm～100 mm 交替标注）
直流	正极	棕色
直流	负极	蓝色
直流	接地中线	淡蓝色

5.8.3.8 电气装置主电路的相序排列（以设备的正视方向为准），见表2。

表 2 电气装置主电路的相序排列

相序	垂直排列	水平排列	前后排列
A相	上方	左方	远方
B相	中间	中间	中间
C相	下方	右方	近方
正极	上方	左方	远方
负极	下方	右方	近方
中性线（接地中性线）	最下方	最右方	最近方

5.8.4 电气装置保护

5.8.4.1 电气装置保护措施

电气装置应采取保护措施防止意外触及电压超过50 V的带电部件。对于装在电气装置内的电气元件，可采取下述一种或几种措施：

a) 用绝缘材料将带电部件完全包住，以便保证即使柜门打开时也不致意外地触及带电部件。
b) 电气装置采用联锁机构，使得只有在电源开关断开以后才能打开。而且当柜门打开时，电源开关不能闭合。移动、打开和拆卸设备，应使用专用工具或钥匙，钥匙应能取下带走。
c) 切断电路时，电荷能量大于0.1 J的电容器应具有放电回路。在有可能产生电击的电容器上应有警示标志。
d) 旋钮和操作手柄等部件应采用符合设备的最高绝缘电压的绝缘材料制作或作为护套，或安全可靠地同已连接到保护电路上的部件进行电气连接。

5.8.4.2 电气装置的安全接地保护

电气装置的安全接地保护应符合以下规定：

a) 金属结构体上应有接地点和接地标志，与接地点相连接的保护导线的截面积应符合表3的规定；
b) 如果电气装置采用黄、绿双色接地线，保护导体端子的接地符号可省略；
c) 连接接地线的螺钉和接地点不能用作其他用途；
d) 电气装置的不同裸露导电部件以及这些部件应有效地连接在保护电路上，保护导体端子和设备相应裸露导电部件之间的电阻不应超过0.1 Ω。

表 3 保护导线的截面

单位为平方毫米

设备相导体截面积(S)	相应保护导体(PE、PEN)的最小截面积
S≤16	S
16＜S≤35	16
35＜S≤400	S/2
400＜S≤800	200
S＞800	S/4

5.8.4.3 过压保护

当电气装置由于某种原因而有可能出现过电压,其电压值超过规定的极限值时,电气装置主回路应能自动断开或采取其他有效的保护措施,以保护设备中的各元器件不受损坏。正常工作时,电气装置应能承受下列各种过电压而其元件不受损坏:

a) 开关操作的过电压;
b) 熔断器或快速开关分断时产生的过电压;
c) 元件换相过程中产生的过电压;
d) 其他过电压。

5.8.4.4 零电压和欠电压保护

电气装置应设有零电压保护,这种保护应在设备断电后(由于电网瞬时失电压和保护器件动作),电源恢复后,被控制的设备不能自动起动。电气装置的某些设备如果允许电源电压瞬时中断(或瞬时欠电压)而不要求断开电路。则可配备电压延时器件只有在欠电压超过规定的时限后,才能切断电路。

5.8.4.5 电磁兼容性(EMC)

与 EMC 相关的性能要求,见 GB/T 7251.1—2013 附录 J 中 J.9.4 的规定。

5.8.4.6 冷却

电气装置的冷却方式应根据元器件正常工作对温度的要求,而采取空气自然冷却或强迫通风冷却等方式。

5.8.4.7 噪声

操作位置处的噪声声压级不应超过 80 dB(A)。

5.8.4.8 电气间隙和爬电距离

电气装置中不同电位的裸导体之间,以及带电的裸导体与金属零、部件或接地点、部件之间的最小电气间隙和爬电距离,应不小于表 4 的规定值。

作为电气装置组成部件的电器元件及自成一体的单元,其电气间隙和爬电距离应符合各自产品标准的规定。

表 4 最小电气间隙和爬电距离

额定绝缘电压 U_i/V	最小电气间隙/mm	最小电气间隙/mm	最小爬电距离/mm	最小爬电距离/mm
	I_e≤63 A	I_e＞63 A	I_e≤63 A	I_e＞63 A
U_i≤60	2	3	3	4
60＜U_i≤250	3	5	4	8

表 4（续）

额定绝缘电压 U_i/V	最小电气间隙/mm	最小电气间隙/mm	最小爬电距离/mm	最小爬电距离/mm
$250<U_i\leq380$	4	6	6	10
$380<U_i\leq500$	6	8	10	12
$500<U_i\leq660$	6	8	12	14
交流 $660<U_i\leq750$ 直流 $660<U_i\leq800$	10	10	14	20
交流 $750<U_i\leq1\,000$ 直流 $800<U_i\leq1\,500$	14	14	20	28

5.8.4.9 绝缘电阻

电气装置中带电回路之间，以及带电回路与裸露导电部件之间，应用相应绝缘电压等级（至少 500 V）的绝缘测量仪器进行绝缘测量。测得的绝缘电阻按标称电压至少为 1 000 Ω/V。

5.8.4.10 工频耐受电压：

电气装置的试验电压应施加于：

a) 所有带电部件与相互连接的裸露导电部件之间；

b) 在每个电极和为此试验连接到成套设备相互连接的裸露导电部件上的所有其他极之间。

对主电路及与主电路直接连接的辅助电路，应能承受表 5 规定的工频耐受电压。

已指明不适于由主电路直接供电的辅助电路，应能承受表 6 规定的工频耐受电压。

表 5 工频耐受电压

单位为伏特

额定绝缘电压 U_i	工频耐受电压（交流方均根值）
$U_i\leq60$	1 000
$60<U_i\leq300$	2 000
$300<U_i\leq690$	2 500
$690<U_i\leq800$	3 000
$800<U_i\leq1\,000$	3 500
$1\,000<U_i\leq1\,500$	3 500

表 6 工频耐受电压

单位为伏特

额定绝缘电压 U_i	工频耐受电压（交流方均根值）
$U_i\leq12$	250
$12<U_i\leq60$	500
$60<U_i$	$2U_i+1\,000$ 其最小值为 1 500

5.8.4.11 温升

电气装置内各部件的温升用热电偶法或其他校验过的等效方法测量，不应超过表 7 的规定。

表 7 电气装置内各部件的温升

设备内的部件	表面材料	温升
内装元、器件	金属和绝缘材料表面	符合元、器件的各自标准
母线和导线	金属和绝缘材料表面	应满足下列条件： 1） 不造成连接设备温升超标； 2） 绝缘材料的允许温度极限
连接到母线上的插接式触点	金属表面	应满足下列条件： 1） 不造成连接设备温升超标； 2） 触点材料的允许温度极限
可接近的外壳和复板	金属表面 绝缘材料表面	30 K[a] 40 K[a]
手动操作器件	金属表面 绝缘材料表面	15 K[b] 25 K[b]
连接外部绝缘导线的端子	绝缘材料表面	70 K
分散排列的插头与插座	金属表面 绝缘材料表面	应满足下列条件： 1)不造成连接设备温升超标； 2)触点和绝缘材料的允许温度极限
[a] 除非另有规定,那些可以接触,但在正常情况下不需要触及的外壳和覆板,允许其温升提高 10 K。		
[b] 那些只有在设备打开后才能接触到的操作手柄,由于不经常操作,故允许有较高的温升。		

5.9 电气装置的位置和安装

5.9.1 一般要求

所有电气装置的位置和安装应易于：
a) 接近和维修；
b) 防御外界影响和不限制机构的操作。

5.9.2 位置和安装

5.9.2.1 电气装置的所有元件的设置和排列应使得不用移动它们或其配线就能清楚识别。

5.9.2.2 对于运行需要检验或需要易于更换的元件时,应在不拆卸机械的其他设备或部件情况下就能得以进行(开门和卸罩盖除外)。与电气装置无关的接线座也应符合这些要求。

5.9.2.3 所有电气装置的安装都应易于从正面操作和维修。当需要用专用工具拆卸器件时,应提供这些专用工具。为了常规维修或调整而需接近的有关器件,应安设于维修站台以上 0.4 m～2 m 之间。建议接线座至少在维修站台以上 0.2 m,且使导线和电缆能容易连接其上。

5.9.2.4 除操作、指示、测量、冷却器件外,在门上和通常可拆卸的外壳孔盖上不应安装控制器件。

5.9.2.5 当控制器件是通过插接方式连接时,它们的插接应通过型号(形状)、标记或项目代号(单个或组合使用)清楚区分。

5.9.2.6 正常工作中需插拔的插头应具有非互换性,缺少这种特性会导致错误工作。

5.9.2.7 当具有测试点时应：
a) 在安装上提供畅通无阻的通道；

b) 有符合技术文件的醒目的标记；
c) 有足够的绝缘；
d) 提供连接测试设备或装置的充分空间。

5.9.3 隔离与分组

5.9.3.1 与电气装置无直接联系的非电气部件和器件不应安装在装有控制器件的外壳中。如电磁阀应与其他电气设备隔离开（例如在单独隔间中）。

5.9.3.2 集聚安装并连有电源电压或连有电源与控制两种电压的控制器件，应与仅连有控制电压的控制器件分隔开独立成组。

5.9.3.3 下列接线端子应单独成组：
a) 动力电路；
b) 相关的控制电路；
c) 由外部电源馈电的控制电路（如联锁）。

5.9.3.4 若能使各组容易识别（如标记用不同尺寸、使用遮栏、用颜色区分），则各组可以邻近安装。

5.9.3.5 在确定元器件布置的间隙和爬电距离时应考虑环境因素的影响，应符合GB/T 16935.1的规定。

5.9.4 防护等级

5.9.4.1 电气装置应能防止外界固体物和液体的侵入，并应考虑到机械运行时的外界影响（即位置和实际环境条件），且应充分防止粉尘、冷却液和切屑。

注：防护其他液体需要附加保护措施。

5.9.4.2 电气装置的外壳的防护等级应不低于IP22（见GB/T 4208）。

注：在电气工作区用外壳提供适当的防护等级以防止固体和液体的侵入。

5.9.5 保护电路

如果汇流线、汇流排和汇流环作为保护接地电路一部分安装时，它们在正常工作时不应流过电流。保护导体（PE）和中性导体（N）应各自使用单独的汇流线、汇流排或汇流环。使用滑动触点的保护导体的连续性应采取适当措施（如复式集流器加倍，连续性监视）予以保证。

5.9.6 电柜内配线

电柜内配线应满足：
a) 必要时配盘的配线应固定，以保持它们处于应有的位置。只有在用阻燃绝缘材料制造时才允许使用非金属通道，见GB/T 18380.11。
b) 建议安装在电柜内的电气设备，设计和制作允许从电柜的正面修改配线。如控制器件是背后接线，则应提供检修门或能旋出的配电盘。
c) 安装在门上或者其他活动部件上的器件，可控部件频繁运动用的软导线连接。这些导线应固定在固定部件上和与电气连接无关的活动部件上。
d) 不敷入通道的导线和电缆应牢固固定。
e) 引出电柜外部的控制配线，应采用接线座或连接插头/插座组合。
f) 动力电缆和测量电路的电缆可以直接接到想要连接的器件的端子上。

5.9.7 电柜外配线

5.9.7.1 引导电缆进入电柜的导入装置或通道，连同专用的管接头、密封垫等一起，应确保不降低防护等级。

5.9.7.2 外部管道应满足：

a) 连接电气设备电柜外部的导线应封闭在适当通道中（如导线管或电缆管道装置），只有具有适当保护套的电缆，无论是否用开式电缆托架或电缆支承设施，都可使用不封闭的通道安装。和通道或多芯电缆一起使用的接头附件应适合于实际环境。

b) 如果至悬挂按钮站的连接必须使用柔性连接，则应采用软导线管或软多芯电缆。悬挂站的重量不应借助软导线管或多芯电缆来支承，除非是为此目的专门设计的导线管或电缆。

c) 软导线管或软多芯电缆应使用于包括少量或不经常运动的连接。也应允许它们使用于一般静止电动机、位置开关和其他外部安装器件的连接。有预接引出线的器件（如位置开关、接近开关），整体电缆不必密封在通道内。

5.9.7.3 机械的移动部件连接应满足：

a) 频繁移动的部件应按 GB 5226.1—2008 中 13.2 要求的适合于弯曲使用的导线连接。软电缆和软导管的安装应避免过度弯曲和绷紧，尤其是在接头附件部位。

b) 移动电缆的支承应使得在连接点上没有机械应力，也没有急弯。弯曲回环应有足够的长度，以便使用，电缆的弯曲半径至少为电缆外径的10倍。

c) 机械的软电缆安装和防护应使得电缆因使用不合理等因素引起外部损坏的可能性减到最小，软电缆应防止：
    ——被机械自身辗过；
    ——被搬运车或其他机械辗过；
    ——运动过程中与机械的构件接触；
    ——在电缆吊篮中敷入和敷出，接通或断开电缆盘；
    ——电缆收集器过度摩擦；
    ——暴露于过度辐射热。

d) 电缆护套应能耐受由于移动而产生的可预料到的正常磨损，并能经受大气污染物质的影响（如油、水、冷却液、粉尘）。

e) 如果移动电缆靠近运动部件，则应采取措施使它们之间至少应保持 25 mm 距离。如果做不到，则应在二者之间安设遮栏。

f) 电缆输送系统的设计应使得电缆进行下列操作时应避免弯曲：
    ——正在电缆盘上缠绕或放开；
    ——正接近或离开导向装置。

g) 应有措施确保至少总有两圈软电缆缠绕在电缆盘上。

h) 起导向和携带软电缆的装置应设计成电缆在所有弯曲点处的内弯曲半径不小于表8规定的值，除非考虑了允许的拉力和预期疲劳寿命或与电缆制造厂另有协议。

表8 强迫导向时软电缆允许的最小弯曲半径

单位为毫米

用途	电缆直径或扁平电缆的厚度(d)		
	$d<8$	$8<d<20$	$d>20$
电缆盘	$6d$	$6d$	$8d$
导向轮	$6d$	$8d$	$8d$
其他	$6d$	$6d$	$8d$

5.9.7.4 当安装在机械上的几个开关电器(如位置传感器、按钮)串联或并联时,建议器件间通过构成中间测试点的接线座连接。这些接线应便于安装、充分保护,并在有关图上示出。

5.9.7.5 插头/插座组合应满足:

    a) 如果设备是可移式的,则允许使用极化了的插头/插座组合连接;

    b) 插头/插座组合应有适当的尺寸,应有足够的接触压力和擦拭作用,以确保正常的通电连续性。

    c) 触头间的电气间隙应适用于所使用的电压,在连接器插入和拔出期间均应保持住。

    d) 插头/插座组合的型式应使得无论何时,即使在连接器插入或拔出期间,均要防止与带电部分意外接触。PELV(保护接地安全电路)电路除外。

    e) 插头/插座组合的设计应使得在所有带电极接通之前接通保护接地电路,并且只有插头/插座中的所有带电极全部断开后才能切断接地极。用于 PELV 电路或仅用作简化拆装(多极接插件)的情况除外。

    f) 额定值大于 16 A 或正常工作中需保持接通的插头/插座组合,应为保持式的以防止断开。额定值为 63 A 或 63 A 以上的插头/插座组合,应为带组合开关的联锁式的。

    g) 如果同一电气设备上使用几个插头/插座组合,则它们应做出清楚标记,建议采用机械编码以防相互插错。

    h) 民用的以及 IEC 60309-1:1999 给出的插头/插座组合不应用于控制电路。

5.10 操作与测试要求

5.10.1 信号装置

5.10.1.1 根据控制系统类型,至少附录 A 中所列的信号应在控制台及其他控制点和监测点显示。

5.10.1.2 应安装必要的显示设备以便于操作人员了解设备操作和运行情况。提供故障显示以便易于识别故障。

5.10.1.3 不管故障是何类型,故障指示均应被保持,直至人工复位。

5.10.1.4 在适当情况下,视觉指示可以替换为声响指示。

5.10.1.5 运行和指示设备的颜色应遵循如下要求(除非有合理的其他理由):

    a) 红色:　　　　　　紧急状态　　　危险情况,安全停车;

    b) 黄色:　　　　　　异常状态　　　报警,显示异常情况;

    c) 绿色:　　　　　　正常、安全状态　正常情况;

    d) 蓝色:　　　　　　待令状态　　　要求动作;

    e) 白色/灰色/黑色:　中间状态　　　没有特殊含义,边界线。

5.10.1.6 重要的电压值和电流值以及出现的重要监测信号,均应该通过检测设备或与之等效的设备以合适的精度显示出来。

5.10.1.7 重要的工作范围和数值应标记在检测设备上。

5.10.1.8 应配备运行时间显示器。

5.10.2 测试设备

5.10.2.1 至少下面的安全保护功能应能够方便地进行人工测试:

    a) 超速;

    b) 往复式索道或脉动式索道及地面缆车中每个运载工具进站的监测系统;

    c) 如有必要,线路上各个独立的速度监测系统(例如线路支架通过点);

    d) 在循环式脱挂索道中各吊具在站内的出站、进站和运行安全保护功能;

e) 工作制动器单独动作；
f) 安全制动器单独动作；
g) 减速监测系统。

5.10.2.2 基于危害程度分析的结果，可以要求配置额外的安全保护设备。

5.10.2.3 测试过程不能影响或改变被测试元器件，除非在适当情况下，才可改变。

5.10.2.4 测试设备及其动作应不会对正常操作构成任何损害。

5.10.2.5 测试设备可以是移动设备。

6 试验方法和检验规则

6.1 试验方法

6.1.1 一般检查

应采用目测和手动方法对以下各项进行检查：

a) 按图样、技术文件和相关标准检查索道电气装置的制造、组成和结构、位置和安装符合要求；
b) 按GB/T 3047.1的要求检查电气装置外观质量、外型尺寸、安装位置及焊接牢固等应符合要求；
c) 检查装置中（包括主开关、维护开关和紧急停车按钮等）所有机械操作零部件及附件等动作应灵活，动作效果应正确；
d) 检查电气装置门开启角度应不小于90°，并应灵活开关；
e) 检查电气装置保护功能应符合要求；
f) 检查主回路母线和绝缘导线的规格、尺寸、色标、相序排列等应符合要求；
g) 检查控制回路导线的规格、压接、标号及布置等应符合要求；
h) 检查插件及插头和插座组合等的插接可靠性应符合要求；
i) 检查信号装置、指示设备以及测试设备的色标、声音、工作范围和可靠性应符合要求；
j) 检查电源装置、公共电话、内部电话、广播等通讯系统应符合要求；
k) 检查拖动系统及其他电气设备能在预期的条件下正常可靠工作；
l) 检查电气装置的标志及相关技术文件与资料应完整准确。

6.1.2 电气装置外壳防护等级试验

电气装置的防止触及带电部件以及固体异物和水的验证应按GB/T 4208的规定进行，IP试验应执行在：

——如正常使用状态下，所有柜门和覆板就位并关闭；
——如制造商没有其他说明情况下应在断电状态下进行。

试验结果应符合5.8.2.8中规定。

6.1.3 接地电阻试验

按5.8.4.2的要求，用电桥法或直流电压降法，逐点进行测量接地螺钉与金属结构件之间的接地电阻。如果测量未安装电器元件的金属门与金属框架间的接地电阻时应测量门在不同转动部位的最大电阻值。

6.1.4 电压波动试验

按照5.8.4.3和5.8.4.4中要求在控制电路施加85%和110%额定电压值时，按控制电路图进行操作。各试验 5 次均能正常可靠动作。

6.1.5 电磁兼容性 EMC 试验

按 GB/T 7251.1—2013 中 J.10.12 的规定进行。

6.1.6 噪声试验

按 GB/T 3797—2016 中 7.16 的规定进行,试验结果应符合 5.8.4.7 要求。

6.1.7 电气间隙与爬电距离

按 GB/T 7251.1—2013 中附录 F 规定进行,试验结果应符合 5.8.4.8 要求。

6.1.8 绝缘电阻试验

按 GB/T 10233—2016 中规定进行,试验结果应符合 5.8.4.9 要求。

6.1.9 工频耐受电压实验

按 GB/T 10233—2016 中规定进行,试验结果应符合 5.8.4.10 要求。

6.1.10 温升试验

按 GB/T 7251.1—2013 中 10.10 规定进行,试验结果应符合 5.8.4.11 要求。

6.1.11 运载工具的供电电源

按 GB/T 7251.1—2013 中 5.16 规定。

6.1.12 空载/带载运行试验

电气装置的空载运行试验可在安装现场经安装检查后、在正常的工作条件和额定工作电压下进行。

空载运行试验是指索道运载吊具没有负载情况下运行,检测电气装置的现场安装、接线是否正确,验证索道供电电源是否符合供电要求,验证控制软件是否符合设计和索道运行工艺要求,验证索道主驱动和辅助驱动的空载运行特性是否达到 5.4 规定的要求。

索道主驱动和辅助驱动系统的加速度、减速度、稳定运行速度和检修速度的测定,通过在索道正常运行过程中将测速发电机或编码器的信号接入测速仪器或微机数据采集系统,获得实际运行速度曲线图,再经过分析处理软件得到。按正常操作方法进行如下试验:
   a) 手动控制方式按速度曲线图正向、反向各 5 次;
   b) 自动控制方式按速度曲线图正向、反向各 5 次;

6.2 检验规则

6.2.1 出厂检验

6.2.1.1 电气装置出厂前应逐台进行出厂检验,出厂检验项目见表 9。全部出厂检验项目经检验合格后应发给产品合格证书,方可出厂。

表 9 检验项目

序号	检验项目	技术要求	检测方法	出厂检验	型式检验
1	一般检查	5.8.1 5.8.2 5.8.3 5.8.4.1 5.9.1 5.9.2 5.9.3 5.9.6 5.9.7 5.10.1	6.1.1	√	√
2	外壳防护试验	5.8.2.8 5.9.4	6.1.2	√	√
3	接地电阻测量	5.8.4.2	6.1.3	√	√
4	电压波动试验	5.8.4.3 5.8.4.4	6.1.4	√	√
5	EMC 试验	5.8.4.5	6.1.5	√	√
6	噪声试验	5.8.4.7	6.1.6	√	√
7	电气间隙和爬电距离试验	5.8.4.8	6.1.7	√	√
8	绝缘电阻试验	5.8.4.9	6.1.8	√	√
9	工频耐受电压检测	5.8.4.10	6.1.9	√	—
10	温升试验	5.8.4.11	6.1.10	√	—
11	主开关	5.1	6.1.1	√	√
12	维护开关	5.2	6.1.1	—	√
13	紧急停车	5.2	6.1.1	—	√
14	线路安全回路	5.3	6.1.1	—	√
15	拖动系统	5.4	6.1.1	—	√
16	通讯系统	5.5	6.1.1	—	√
17	其他电气设备	5.6	6.1.1	—	√
18	运载工具电源	5.6.6 5.7	6.1.1	—	√
19	信号和测试装置	5.10	6.1.1	—	√

6.2.1.2 电气装置全部出厂检验项目经检验合格为合格品。出厂检验项目中如有一项不符合本标准的要求,经对不符合项的原因进行分析处理后,并对该项目再次检验,检验合格后方可发给合格证明书。若该项目检验仍不合格,则该电气装置为不合格品。出厂检验项目中如有两项不合格,该电气装置为不合格品。

6.2.1.3 出厂检验应在制造厂进行。当受设备条件的限制时,可根据用户与制造厂之间的协议规定有些试验项目在电气装置的运行现场进行或通过工业性运行试验。

6.2.2 型式检验

6.2.2.1 型式检验是对电气装置进行全面性能和质量的考核,以检验其是否符合本标准中规定的要求。

6.2.2.2 在下列情况下应进行型式检验:
  a) 新产品试制定型时;
  b) 已定型的产品,当结构、工艺、关键材料或主要电器元件更改可能影响产品性能时;
  c) 已定型且已批量生产的产品,每隔5年进行一次抽检;
  d) 已定型的产品停产3年以上恢复生产时;
  e) 国家有关质量机构认为有必要进行时。

6.2.2.3 型式检验项目见表9。型式检验可以在电气装置中同一台产品上进行,也可在相同设计制造的同一批产品中的多台产品上分别进行检验。对于系列设计产品,可选取若干种典型的规格进行检验。

6.2.2.4 全部型式检验项目经检验合格为合格品。检验项目中如有一项不合格,经返修后并对该项目再次检验合格则为合格品,若该项目检验仍不合格,则该产品为不合格品。型式检验项目中如有两项不合格,该产品为不合格品。

6.2.2.5 型式检验应在制造厂进行。当受设备条件的限制时,可根据用户与制造厂之间的协议规定有些试验项目在电气装置的运行现场进行或通过工业性运行试验。

7 标志、包装、运输与贮存

7.1 标志

7.1.1 电气装置的柜(台)明显处应设置清晰耐久的产品铭牌,铭牌上应标明:
  a) 产品名称和型号;
  b) 制造年月或出厂编号;
  c) 制造商(生产厂)或商标;
  d) 产品执行标准。

7.1.2 电气装置的柜(台)除设置铭牌外,如需要标明其他技术数据,可增加技术数据牌。

7.2 包装

7.2.1 电气装置的包装应符合GB/T 13384的有关规定。包装的图示标志应符合GB/T 191的有关规定。

7.2.2 包装箱内随机技术文件应包括:
  a) 产品合格证书;
  b) 产品使用说明书;
  c) 装箱单。

7.3 运输与贮存

7.3.1 产品在运输过程中不得受到强烈颠簸、振动,并应防止雨雪侵袭。

7.3.2 产品的贮存应避免雨雪侵入、日光直接照射和腐蚀性气体的侵蚀,贮存环境应保持空气流通干燥。

附 录 A
（规范性附录）
信息指示装置

A.1 缩写词含义：

KS——控制台

QS——驱动站控制点，或站台上的控制点

CS——往复式架空索道和地面缆车车厢控制系统中的控制点

XYS——循环式架空索道迂回站的控制点

ZDS——自动运行的地面缆车的监控工作点

A.2 符号含义：

A——所有类型的索道（不包括滑雪拖牵索道）

D——仅指地面缆车

HT——仅滑雪拖牵索道

W——仅指往复索道

X——这个信息要安装的位置点

A.3 信息指示装置见表A.1。

表 A.1 信息指示装置

	信息指示名称	控制点						说明
		KS	QS	CS	XYS	ZDS	HT	
1	索道准备好	X	X	X		X	X	A	
2	运行方向	X	X					A	
3	运行速度	X		X			X*	A	
4	重要的电压和电流（比如主电机电流）	X				X		A	
5	驱动系统制动器的位置	X						A	
6	制动力控制系统的分级位置（如果有）	X						A	
7	相关站台或运载工具安全装置的操作	X	X	X	X	X	X	A	
8	线路安全回路断路、短路和接地故障	X				X		A	在牵引索监测系统中，指示应当是可视可听的
9	来自站台和运载工具（可选）的停车和准备好信号	X			X	X		A	只有停车信号来自运载工具
10	屏蔽相关站台或运载工具的各个安全功能	X		X	X		X	A	灯闪烁或旋转指示
11	正在使用的驱动类型（主驱动、辅助驱动、救护驱动）	X						A	
12	主驱动的操作类型	X						A	
13	主驱动控制系统的类型	X						A	
14	运载工具接近站房的声响讯号（至少）	X		X				W HT	

表 A.1（续）

	信息指示名称	控制点						说明
		KS	QS	CS	XYS	ZDS	HT	
15	允许的速度不超过最大速度时，运载工具接近线路支架或交汇点至少应发出声响讯号（仅当手动控制时）	X						W HT
16	运载工具准备好	X		X				W HT
17	其他运载工具准备好			X				P D
18	风速	X						A
19	大风报警	X		X				A
20	风向	X						A
21	由服务员来开门时对开门的要求				X			W
22	安全制动器节流阀的位置	X						D

ICS 13.220.01
CCS C 80

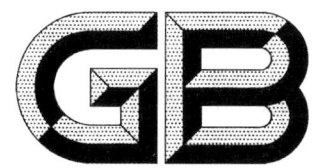

中华人民共和国国家标准

GB/T 40248—2021

人员密集场所消防安全管理

Fire safety management of assembly occupancies

2021-05-21 发布

2021-12-01 实施

国家市场监督管理总局
国家标准化管理委员会 发 布

前　言

本文件按照GB/T 1.1—2020《标准化工作导则　第1部分:标准化文件的结构和起草规则》的规定起草。

本文件由中华人民共和国应急管理部提出。

本文件由全国消防标准化技术委员会(SAC/TC 113)归口。

请注意本标准的某些内容可能涉及专利。本标准的发布机构不承担识别专利的责任。

本文件起草单位:应急管理部天津消防研究所、应急管理部消防救援局、海南省消防救援总队、北京市消防救援总队、广东省消防救援总队、湖北省消防救援总队、山西省消防救援总队。

本文件主要起草人:倪照鹏、刘激扬、王宗存、鲁云龙、胡锐、阚强、韩子忠、李云浩、吴和俊、朱惠军、朱江。

引 言

为切实吸取火灾事故教训,规范人员密集场所的消防安全管理,遏制群死群伤火灾事故的发生,依据《中华人民共和国消防法》、《机关、团体、企业、事业单位消防安全管理规定》等相关法律法规,制定本标准。人员密集场所可以通过采用本标准,规范自身消防安全管理行为,建立消防安全自查、火灾隐患自除、消防责任自负的自我管理与约束机制,实现防止火灾发生、减少火灾危害,保障人身和财产安全的目标。

人员密集场所消防安全管理

1 范围

本文件提出了人员密集场所的消防安全管理要求和措施,包括总则、消防安全责任、消防组织、消防安全制度和管理、消防安全措施、灭火和应急疏散预案编制和演练、火灾事故处置与善后。

本文件适用于具有一定规模的人员密集场所及其所在建筑的消防安全管理。

2 规范性引用文件

下列文件中的内容通过文中的规范性引用而构成本文件必不可少的条款。其中,注日期的引用文件,仅该日期对应的版本适用于本文件;不注日期的引用文件,其最新版本(包括所有的修改单)适用于本文件。

GB/T 5907(所有部分) 消防词汇
GB 25201 建筑消防设施的维护管理
GB 25506 消防控制室通用技术要求
GB 35181 重大火灾隐患判定方法
GB/T 38315 社会单位灭火和应急疏散预案编制及实施导则
GB 50016 建筑设计防火规范
GB 50084 自动喷水灭火系统设计规范
GB 50116 火灾自动报警系统设计规范
GB 50140 建筑灭火器配置设计规范
GB 50222 建筑内部装修设计防火规范
GB 51251 建筑防烟排烟系统技术标准
GB 51309 消防应急照明和疏散指示系统技术标准
XF 703 住宿与生产储存经营合用场所消防安全技术要求
XF/T 1245 多产权建筑消防安全管理
JGJ 48 商店建筑设计规范

3 术语和定义

GB/T 5907、GB 25201、GB 25506、GB 35181、GB/T 38315、GB 50016、GB 50084、GB 50116、GB 50140、GB 50222、GB 51251、GB 51309、XF 703、XF/T 1245、JGJ 48 界定的以及下列术语和定义适用于本文件。

3.1

公共娱乐场所 Public entertainment occupancy

具有文化娱乐、健身休闲功能并向公众开放的室内场所,包括影剧院、录像厅、礼堂等演出、放映场所,舞厅、卡拉OK厅等歌舞娱乐场所,具有娱乐功能的夜总会、音乐茶座、酒吧和餐饮场所,游艺、游乐场所和保龄球馆、旱冰场、桑拿等娱乐、健身、休闲场所和互联网上网服务营业场所。

3.2
公众聚集场所 Public assembly occupancy

面对公众开放,具有商业经营性质的室内场所,包括宾馆、饭店、商场、集贸市场、客运车站候车室、客运码头候船厅、民用机场航站楼、体育场馆、会堂以及公共娱乐场所等。

3.3
人员密集场所 assembly occupancy

人员聚集的室内场所,包括公众聚集场所,医院的门诊楼、病房楼,学校的教学楼、图书馆、食堂和集体宿舍,养老院,福利院,托儿所,幼儿园,公共图书馆的阅览室,公共展览馆、博物馆的展示厅,劳动密集型企业的生产加工车间和员工集体宿舍,旅游、宗教活动场所等。

3.4
消防车登高操作场地 operating area for fire fighting

靠近建筑,供消防车停泊、实施灭火救援操作的场地。

3.5
专职消防队 full-time fire brigade

由专职人员组成,有固定的消防站用房,配备消防车辆、装备、通信器材,定期组织消防训练,24小时备勤的消防组织。

3.6
志愿消防队 volunteer fire brigade

由志愿人员组成,平时有自己的主要职业、不在消防站备勤,但配备消防装备、通信器材,定期组织消防训练,能够在接到火警出动信息后迅速集结、参加灭火救援的消防组织。

3.7
火灾隐患 fire potential

可能导致火灾发生或火灾危害增大的各类潜在不安全因素。

3.8
重大火灾隐患 major fire potential

违反消防法律法规、不符合消防技术标准,可能导致火灾发生或火灾危害增大,并由此可能造成重大、特别重大火灾事故或严重社会影响的各类潜在不安全因素。

4 总则

4.1 人员密集场所的消防安全管理应以防止火灾发生,减少火灾危害,保障人身和财产安全为目标,通过采取有效的管理措施和先进的技术手段,提高预防和控制火灾的能力。

4.2 人员密集场所的消防安全管理应遵守消防法律、法规、规章(以下统称"消防法律法规"),贯彻"预防为主、防消结合"的消防工作方针,履行消防安全职责,保障消防安全。

4.3 人员密集场所应结合本场所的特点建立完善的消防安全管理体系和机制,自行开展或委托消防技术服务机构定期开展消防设施维护保养检测、消防安全评估,并宜采用先进的消防技术、产品和方法,保证建筑具备消防安全条件。

4.4 人员密集场所应逐级落实消防安全责任制,明确各级、各岗位消防安全职责,确定相应的消防安全责任人员。

4.5 实行承包、租赁或者委托经营、管理时,人员密集场所的产权方应提供符合消防安全要求的建筑物、场所;当事人在订立相关租赁或承包合同时,应依照有关规定明确各方的消防安全责任。

4.6 消防车通道(市政道路除外)、消防车登高操作场地、涉及公共消防安全的疏散设施和其他建筑消防设施,应由人员密集场所产权方或者委托统一管理单位管理。承包、承租或者受委托经营、管理者,应在其使用、管理范围内履行消防安全职责。

4.7 对于有两个或两个以上产权者和使用者的人员密集场所，除依法履行自身消防管理职责外，对消防车通道、涉及公共消防安全的疏散设施和其他建筑消防设施应明确统一管理的责任者，并应符合XF/T 1245的规定。

5 消防安全责任

5.1 通用要求

5.1.1 人员密集场所应加强消防安全主体责任的落实，全面实行消防安全责任制。

5.1.2 人员密集场所的消防安全责任人，应由该场所法人单位的法定代表人、主要负责人或者实际控制人担任。消防安全重点单位应确定消防安全管理人，其他单位消防安全责任人可以根据需要确定本场所的消防安全管理人，消防安全管理人宜具备注册消防工程师执业资格。承包、租赁场所的承租人是其承包、租赁范围的消防安全责任人。人员密集场所单位内部各部门的负责人是该部门的消防安全负责人。

5.1.3 消防安全责任人、消防安全管理人应经过消防安全培训。进行电焊、气焊等具有火灾危险作业的人员和自动消防设施的值班操作人员，应经过消防职业培训，掌握消防基本知识、防火、灭火基本技能、自动消防设施的基本维护与操作知识，遵守操作规程，持证上岗。

5.1.4 保安人员、专职消防队队员、志愿消防队（微型消防站）队员应掌握消防安全知识和灭火的基本技能，定期开展消防训练，火灾时应履行扑救初起火灾和引导人员疏散的义务。

5.2 产权方、使用方、统一管理单位的职责

5.2.1 制定消防安全管理制度和保障消防安全的操作规程。

5.2.2 开展消防法律法规和防火安全知识的宣传教育，对从业人员进行消防安全教育和培训。

5.2.3 定期开展防火巡查、检查，及时消除火灾隐患。

5.2.4 保障疏散走道、通道、安全出口、疏散门和消防车通道的畅通，不被占用、堵塞、封闭。

5.2.5 确定各类消防设施的操作维护人员，保证消防设施、器材以及消防安全标志完好有效，并处于正常运行状态。

5.2.6 组织扑救初起火灾，疏散人员，维持火场秩序，保护火灾现场，协助火灾调查。

5.2.7 制定灭火和应急疏散预案，定期组织消防演练。

5.2.8 建立并妥善保管消防档案。

5.3 消防安全责任人的职责

5.3.1 贯彻执行消防法律法规，保证人员密集场所符合国家消防技术标准，掌握本场所的消防安全情况，全面负责本场所的消防安全工作。

5.3.2 统筹安排本场所的消防安全管理工作，批准实施年度消防工作计划。

5.3.3 为本场所消防安全管理工作提供必要的经费和组织保障。

5.3.4 确定逐级消防安全责任，批准实施消防安全管理制度和保障消防安全的操作规程。

5.3.5 组织召开消防安全例会，组织开展防火检查，督促整改火灾隐患，及时处理涉及消防安全的重大问题。

5.3.6 根据有关消防法律法规的规定建立的专职消防队、志愿消防队（微型消防站），并配备相应的消防器材和装备。

5.3.7 针对本场所的实际情况，组织制定灭火和应急疏散预案，并实施演练。

5.4 消防安全管理人的职责

5.4.1 拟订年度消防安全工作计划,组织实施日常消防安全管理工作。

5.4.2 组织制订消防安全管理制度和保障消防安全的操作规程,并检查督促落实。

5.4.3 拟订消防安全工作的经费预算和组织保障方案。

5.4.4 组织实施防火检查和火灾隐患整改。

5.4.5 组织实施对本场所消防设施、灭火器材和消防安全标志的维护保养,确保其完好有效和处于正常运行状态,确保疏散通道、走道和安全出口、消防车通道畅通。

5.4.6 组织管理专职消防队或志愿消防队(微型消防站),开展日常业务训练,组织初起火灾扑救和人员疏散。

5.4.7 组织从业人员开展岗前和日常消防知识、技能的教育和培训,组织灭火和应急疏散预案的实施和演练。

5.4.8 定期向消防安全责任人报告消防安全情况,及时报告涉及消防安全的重大问题。

5.4.9 管理人员密集场所委托的物业服务企业和消防技术服务机构。

5.4.10 消防安全责任人委托的其他消防安全管理工作。

5.5 部门消防安全负责人的职责

5.5.1 组织实施本部门的消防安全管理工作计划。

5.5.2 根据本部门的实际情况开展岗位消防安全教育与培训,制定消防安全管理制度,落实消防安全措施。

5.5.3 按照规定实施消防安全巡查和定期检查,确保管辖范围的消防设施完好有效。

5.5.4 及时发现和消除火灾隐患,不能消除的,应采取相应措施并向消防安全管理人报告。

5.5.5 发现火灾,及时报警,并组织人员疏散和初起火灾扑救。

5.6 消防控制室值班员的职责

5.6.1 应持证上岗,熟悉和掌握消防控制室设备的功能及操作规程,按照规定和规程测试自动消防设施的功能,保证消防控制室的设备正常运行。

5.6.2 对火警信号,应按照 7.6.16 规定的消防控制室接警处警程序处置。

5.6.3 对故障报警信号应及时确认,并及时查明原因,排除故障;不能排除的,应立即向部门主管人员或消防安全管理人报告。

5.6.4 应严格执行每日 24 小时专人值班制度,每班不应少于 2 人,做好消防控制室的火警、故障记录和值班记录。

5.7 消防设施操作员的职责

5.7.1 熟悉和掌握消防设施的功能和操作规程。

5.7.2 按照制度和规程对消防设施进行检查、维护和保养,保证消防设施和消防电源处于正常运行状态,确保有关阀门处于正确状态。

5.7.3 发现故障,应及时排除;不能排除的,应及时向上级主管人员报告。

5.7.4 做好消防设施运行、操作、故障和维护保养记录。

5.8 保安人员的职责

5.8.1 按照消防安全管理制度进行防火巡查,并做好记录;发现问题,应及时向主管人员报告。

5.8.2 发现火情,应及时报火警并报告主管人员,实施灭火和应急疏散预案,协助灭火救援。

5.8.3 劝阻和制止违反消防法律法规和消防安全管理制度的行为。

5.9 电气焊工、易燃易爆危险品管理及操作人员的职责

5.9.1 执行有关消防安全制度和操作规程,履行作业前审批手续。

5.9.2 落实相应作业现场的消防安全防护措施。

5.9.3 发生火灾后,应立即报火警,实施扑救。

5.10 专职消防队、志愿消防队队员的职责

5.10.1 熟悉单位基本情况、灭火和应急疏散预案、消防安全重点部位及消防设施、器材设置情况。

5.10.2 参加消防业务培训及消防演练,掌握消防设施及器材的操作使用方法。

5.10.3 专职消防队定期开展灭火救援技能训练,能够24小时备勤。

5.10.4 志愿消防队能在接到火警出动信息后迅速集结、参加灭火救援。

5.11 员工的职责

5.11.1 主动接受消防安全宣传教育培训,遵守消防安全管理制度和操作规程。

5.11.2 熟悉本工作场所消防设施、器材及安全出口的位置,参加单位灭火和应急疏散预案演练。

5.11.3 清楚本单位火灾危险性,会报火警、会扑救初起火灾、会组织疏散逃生和自救。

5.11.4 每日到岗后及下班前应检查本岗位工作设施、设备、场地、电源插座、电气设备的使用状态等,发现隐患及时处置并向消防安全工作归口管理部门报告。

5.11.5 监督其他人员遵守消防安全管理制度,制止吸烟、使用大功率电器等不利于消防安全的行为。

6 消防组织

6.1 人员密集场所可根据需要设置消防安全主管部门负责管理本场所的日常消防安全工作。

6.2 人员密集场所应根据有关法律法规和实际需要建立专职消防队。

6.3 人员密集场所应根据需要建立志愿消防队,志愿消防队员的数量不应少于本场所从业人员数量的30%。志愿消防队白天和夜间的值班人数应能保证扑救初起火灾的需要。

6.4 属于消防安全重点单位的人员密集场所,应依托志愿消防队建立微型消防站。

7 消防安全制度和管理

7.1 通用要求

7.1.1 公众聚集场所投入使用、营业前,应依法向消防救援机构申请消防安全检查,并经消防救援机构许可同意。人员密集场所改建、扩建、装修或改变用途的,应依法报经相关部门审核批准。

7.1.2 建筑四周不应搭建违章建筑,不应占用防火间距、消防车道、消防车登高操作场地,不应遮挡室外消火栓或消防水泵接合器,不应设置影响逃生、灭火救援或遮挡排烟窗、消防救援口的架空管线、广告牌等障碍物。

7.1.3 人员密集场所不应擅自改变防火分区,不应擅自停用、改变防火分隔设施和消防设施,不应降低建筑装修材料的燃烧性能等级。建筑的内部装修不应改变疏散门的开启方向,减少安全出口、疏散出口的数量和宽度,增加疏散距离,影响安全疏散。建筑内部装修不应影响消防设施的正常使用。

7.1.4 人员密集场所应在公共部位的明显位置设置疏散示意图、警示标识等,提示公众对该场所存在的下列违法行为有投诉、举报的义务:

  a) 使用、营业期间锁闭疏散门;

b) 封堵、占用疏散通道或消防车道;
c) 使用、营业期间违规进行电焊、气焊等动火作业;
d) 疏散指示标志损坏、不准确或不清楚;
e) 停用消防设施、消防设施未保持完好有效;
f) 违规储存使用易燃易爆危险品。

7.2 消防安全例会

7.2.1 人员密集场所应建立消防安全例会制度,处理涉及消防安全的重大问题,研究、部署、落实本场所的消防安全工作计划和措施。

7.2.2 消防安全例会应由消防安全责任人主持,消防安全管理人提出议程,有关人员参加,并应形成会议纪要或决议,每月不宜少于一次。

7.3 防火巡查、检查

7.3.1 人员密集场所应建立防火巡查、防火检查制度,确定巡查、检查的人员、内容、部位和频次。

7.3.2 防火巡查、检查中,应及时纠正违法、违章行为,消除火灾隐患;无法消除的,应立即报告,并记录存档。防火巡查、检查时,应填写巡查、检查记录,巡查和检查人员及其主管人员应在记录上签名。巡查记录表应包括部位、时间、人员和存在的问题,参见附录A。检查记录表应包括部位、时间、人员、巡查情况、火灾隐患整改情况和存在的问题,参见附录B。

7.3.3 防火巡查时发现火灾,应立即报火警并启动单位灭火和应急疏散预案。

7.3.4 人员密集场所应每日进行防火巡查,并结合实际组织开展夜间防火巡查。防火巡查宜采用电子巡更设备。

7.3.5 公众聚集场所在营业期间,应至少每2h巡查一次。宾馆、医院、养老院及寄宿制的学校、托儿所和幼儿园,应组织每日夜间防火巡查,且应至少每2h巡查一次。商场、公共娱乐场所营业结束后,应切断非必要用电设备电源,检查并消除遗留火种。

7.3.6 防火巡查应包括下列内容:
a) 用火、用电有无违章情况;
b) 安全出口、疏散通道是否畅通,有无锁闭;安全疏散指示标志、应急照明是否完好;
c) 常闭式防火门是否保持常闭状态,防火卷帘下是否有影响防火卷帘正常使用的物品;
d) 消防设施、器材是否在位、完好有效。消防安全标志是否标识正确、清楚;
e) 消防安全重点部位的人员在岗情况;
f) 消防车道是否畅通;
g) 其他消防安全情况。

7.3.7 人员密集场所应至少每月开展一次防火检查,检查的内容应包括:
a) 消防车道、消防车登高操作场地、室外消火栓、消防水源情况;
b) 安全疏散通道、楼梯,安全出口及其疏散指示标志、应急照明情况;
c) 消防安全标志的设置情况;
d) 灭火器材配置及完好情况;
e) 楼板、防火墙、防火隔墙和竖井孔洞的封堵情况;
f) 建筑消防设施运行情况;
g) 消防控制室值班情况、消防控制设备运行情况和记录情况;
h) 微型消防站人员值班值守情况,器材、装备设备完备情况;
i) 用火、用电、用油、用气有无违规、违章情况;
j) 消防安全重点部位的管理情况;

k) 防火巡查落实情况和记录情况；
l) 火灾隐患的整改以及防范措施的落实情况；
m) 消防安全重点部位人员以及其他员工消防知识的掌握情况。

7.4 消防宣传与培训

7.4.1 人员密集场所应通过多种形式开展经常性的消防安全宣传与培训。

7.4.2 对公众开放的人员密集场所，应通过张贴图画、发放消防刊物、播放视频、举办消防文化活动等多种形式对公众宣传防火、灭火、应急逃生等常识。

7.4.3 学校、幼儿园等教育机构应将消防知识纳入教育、教学、培训的内容，落实教材、课时、师资、场地等，组织开展多种形式的消防教育活动。

7.4.4 人员密集场所应至少每半年组织一次对每名员工的消防培训，对新上岗人员应进行上岗前的消防培训。

7.4.5 消防培训应包括下列内容：
  a) 有关消防法律法规、消防安全管理制度、保障消防安全的操作规程等；
  b) 本单位、本岗位的火灾危险性和防火措施；
  c) 建筑消防设施、灭火器材的性能、使用方法和操作规程；
  d) 报火警、扑救初起火灾、应急疏散和自救逃生的知识、技能；
  e) 本场所的安全疏散路线，引导人员疏散的程序和方法等；
  f) 灭火和应急疏散预案的内容、操作程序；
  g) 其他消防安全宣传教育内容。

7.5 安全疏散设施管理

7.5.1 人员密集场所应建立安全疏散设施管理制度，明确安全疏散设施管理的责任部门、责任人和安全疏散设施的检查内容、要求。

注：安全疏散设施包括疏散门、疏散走道、疏散楼梯、消防应急照明、疏散指示标志等设施，以及消防过滤式自救呼吸器、逃生缓降器等安全疏散辅助器材。

7.5.2 安全疏散设施管理应符合下列要求：
  a) 确保疏散通道、安全出口和疏散门的畅通，禁止占用、堵塞、封闭疏散通道和楼梯间；
  b) 人员密集场所在使用和营业期间，不应锁闭疏散出口、安全出口的门，或采取火灾时不需使用钥匙等任何工具即能从内部易于打开的措施，并应在明显位置设置含有使用提示的标识；
  c) 避难层（间）、避难走道不应挪作他用，封闭楼梯间、防烟楼梯间及其前室的门应保持完好，门上明显位置应设置提示正确启闭状态的标识；
  d) 应保持常闭式防火门处于关闭状态，常开防火门应能在火灾时自行关闭，并应具有信号反馈的功能；
  e) 安全出口、疏散门不得设置门槛或其他影响疏散的障碍物，且在其1.4 m范围内不应设置台阶；
  f) 疏散应急照明、疏散指示标志应完好、有效；发生损坏时，应及时维修、更换；
  g) 消防安全标志应完好、清晰，不应被遮挡；
  h) 安全出口、公共疏散走道上不应安装栅栏；
  i) 建筑每层外墙的窗口、阳台等部位不应设置影响逃生和灭火救援的栅栏，确需设置时，应能从内部易于开启；
  j) 在宾馆、商场、医院、公共娱乐场所等场所各楼层的明显位置应设置安全疏散指示图，疏散指示图上应标明疏散路线、安全出口和疏散门、人员所在位置和必要的文字说明；

k) 在宾馆、商场、医院、公共娱乐场所等场所各楼层的明显位置应设置疏散引导箱,配备过滤式消防自救呼吸器、瓶装水、毛巾、救援哨、发光指挥棒、疏散用手电筒等安全疏散辅助器材。

7.5.3 举办展览、展销、演出等大型群众性活动前,应事先根据场所的疏散能力核定容纳人数。活动期间,应采取防止超员的措施控制人数。

7.6 消防设施管理

7.6.1 人员密集场所应建立消防设施管理制度,其内容应明确消防设施管理的责任部门和责任人、消防设施的检查内容和要求、消防设施定期维护保养的要求。

注:消防设施包括室内外消火栓、自动灭火系统、火灾自动报警系统和防排烟系统等设施。

7.6.2 人员密集场所应使用合格的消防产品,建立消防设施、器材的档案资料,记明配置类型、数量、设置部位、检查及维修单位(人员)、更换药剂时间等有关情况。

7.6.3 建筑消防设施投入使用后,应保证其处于正常运行或准工作状态,不得擅自断电停运或长期带故障运行。需要维修时,应采取相应的防范措施;维修完成后,应立即恢复到正常运行状态。

7.6.4 人员密集场所应定期对建筑消防设施、器材进行巡查、单项检查、联动检查,做好维护保养。

7.6.5 属于消防安全重点单位的人员密集场所,每日应进行一次建筑消防设施、器材巡查;其他单位,每周应至少进行一次。建筑消防设施巡查,应明确各类建筑消防设施、器材的巡查部位和内容。

7.6.6 建筑消防设施的电源开关、管道阀门,均应指示正常运行位置,并正确标识开/关的状态;对需要保持常开或常闭状态的阀门,应采取铅封、标识等限位措施。

7.6.7 设置建筑消防设施的人员密集场所,每年应至少进行一次建筑消防设施联动检查,每月应至少进行一次建筑消防设施单项检查。

7.6.8 人员密集场所应建立建筑消防设施、器材故障报告和故障消除的登记制度。发生故障后,应及时组织修复。因故障、维修等原因,需要暂时停用系统的,应当严格履行内部审批程序,采取确保安全的有效措施,并在建筑入口等明显位置公告。

7.6.9 消防设施的维护、管理还应符合下列要求。

a) 消火栓应有明显标识。

b) 室内消火栓箱不应上锁,箱内设备应齐全、完好,其正面至疏散通道处,不得设置影响消火栓正常使用的障碍物。

c) 室外消火栓不应埋压、圈占;距室外消火栓、水泵接合器 2.0 m 范围内不得设置影响其正常使用的障碍物。

d) 展品、商品、货柜,广告箱牌,生产设备等的设置不得影响防火门、防火卷帘、室内消火栓、灭火剂喷头、机械排烟口和送风口、自然排烟窗、火灾探测器、手动火灾报警按钮、声光报警装置等消防设施的正常使用。

e) 确保消防设施和消防电源始终处于正常运行状态;确保消防水池、气压水罐或高位消防水箱等消防储水设施水量符合规定要求;确保消防水泵出水管阀门、自动喷水灭火系统管道上的阀门常开;确保消防水泵、防排烟风机、防火卷帘等消防用电设备的配电柜、控制柜开关处于接通和自动位置。需要维修时,应采取相应的措施,维修完成后,应立即恢复到正常运行状态。

f) 对自动消防设施应每年进行全面检查测试,并出具检测报告。当事人在订立相关委托合同时,应依照有关规定明确各方关于消防设施维护和检查的责任。

7.6.10 消防控制室管理应明确值班人员的职责,制订并落实24小时值班制度(每班不应少于2人)和交接班的程序、要求以及设备自检、巡检的程序、要求。值班人员应持证上岗。

7.6.11 消防控制室内不得堆放杂物,应保证其环境满足设备正常运行的要求,应具备各楼层消防设施平面布置图,完整的消防设施设计、施工和验收资料,灭火和应急疏散预案等。

7.6.12 严禁对消防控制室报警控制设备的喇叭、蜂鸣器等声光报警器件进行遮蔽、堵塞、断线、旁路等操作,保证警示器件处于正常工作状态。

7.6.13 严禁将消防控制室的消防电话、消防应急广播、消防记录打印机等设备挪作他用。消防图形显示装置中专用于报警显示的计算机,严禁安装游戏、办公等其他无关软件。

7.6.14 在消防控制室内,应置备一定数量的灭火器、消防过滤式自救呼吸器、空气呼吸器、手持扩音器、手电筒、对讲机、消防梯、消防斧、辅助逃生装置等消防紧急备用物品、工具仪表。

7.6.15 在消防控制室内,应置备有关消防设备用房、通往屋顶和地下室等消防设施的通道门锁钥匙、防火卷帘按钮钥匙、手动报警按钮恢复钥匙等,并分类标志悬挂;置备有关消防电源、控制箱(柜)、开关专用钥匙及手提插孔消防电话、安全工作帽等消防专用工具、器材。

7.6.16 消防控制室接到火灾警报后,消防控制室值班人员应立即以最快方式进行确认。确认发生火灾后,应立即确认火灾报警联动控制开关处于自动状态,拨打"119"电话报警,同时向消防安全责任人或消防安全管理人报告,启动单位内部灭火和应急疏散预案。

7.6.17 消防控制室的值班人员应每两小时记录一次值班情况,值班记录应完整、字迹清晰、保存完好。

7.6.18 设置火灾自动报警系统、消防给水及消火栓系统或自动喷水灭火系统等建筑消防设施的人员密集场所,宜与城市消防远程监控系统联网,传输火灾报警和建筑消防设施运行状态信息。

7.7 火灾隐患整改

7.7.1 人员密集场所应建立火灾隐患整改制度,明确火灾隐患整改责任部门和责任人、整改的程序、时限和所需经费来源、保障措施。

7.7.2 发现火灾隐患,应立即改正;不能立即改正的,应报告上级主管人员。

7.7.3 消防安全管理人或部门消防安全责任人应组织对报告的火灾隐患进行认定,并对整改情况的进行确认。

7.7.4 在火灾隐患整改期间,应采取相应的安全保障措施。

7.7.5 对消防救援机构责令限期改正的火灾隐患和重大火灾隐患,应在规定的期限内改正,并将火灾隐患整改情况报送至送消防救援机构。

7.7.6 重大火灾隐患不能按期完成整改的,应自行将危险部位停产、停业整改。

7.7.7 对于涉及城市规划布局而不能及时解决的重大火灾隐患,应提出解决方案并及时向其上级主管部门或当地人民政府报告。

7.8 用电防火安全管理

7.8.1 人员密集场所应建立用电防火安全管理制度,明确用电防火安全管理的责任部门和责任人,并应包括下列内容:
  a) 电气设备的采购要求;
  b) 电气设备的安全使用要求;
  c) 电气设备的检查内容和要求;
  d) 电气设备操作人员的资格要求。

7.8.2 用电防火安全管理应符合下列要求:
  a) 采购电气、电热设备,应选用合格产品,并应符合有关安全标准的要求;
  b) 更换或新增电气设备时,应根据实际负荷重新效核、布置电气线路并设置保护措施;
  c) 电气线路敷设、电气设备安装和维修应由具备职业资格的电工进行,留存施工图纸或线路改造记录;
  d) 不得随意乱接电线,擅自增加用电设备;
  e) 靠近可燃物的电器,应采取隔热、散热等防火保护措施;

f) 人员密集场所内严禁电动自行车停放、充电；
g) 应定期进行防雷检测；应定期检查、检测电气线路、设备，严禁长时间超负荷运行；
h) 电气线路发生故障时,应及时检查维修,排除故障后方可继续使用；
i) 商场、餐饮场所、公共娱乐场所营业结束时,应切断营业场所内的非必要电源；
j) 涉及重大活动临时增加用电负荷时,应委托专业机构进行用电安全检测,检测报告应存档备查。

7.9 用火、动火安全管理

7.9.1 人员密集场所应建立用火、动火安全管理制度,并应明确用火、动火管理的责任部门和责任人,用火、动火的审批范围、程序和要求等内容。动火审批应经消防安全责任人签字同意方可进行。

7.9.2 用火、动火安全管理应符合下列要求：
a) 人员密集场所禁止在营业时间进行动火作业；
b) 需要动火作业的区域,应与使用、营业区域进行防火分隔,严格将动火作业限制在防火分隔区域内,并加强消防安全现场监管；
c) 电气焊等明火作业前,实施动火的部门和人员应按照制度规定办理动火审批手续,清除可燃、易燃物品,配置灭火器材,落实现场监护人和安全措施,在确认无火灾、爆炸危险后方可动火作业；
d) 人员密集场所不应使用明火照明或取暖,如特殊情况需要时,应有专人看护；
e) 炉火、烟道等取暖设施与可燃物之间应采取防火隔热措施；
f) 宾馆、餐饮场所、医院、学校的厨房烟道应至少每季度清洗一次；
g) 进入建筑内以及厨房、锅炉房等部位内的燃油、燃气管道,应经常检查、检测和保养。

7.10 易燃、易爆化学物品管理

7.10.1 人员密集场所严禁生产或储存易燃、易爆化学物品。

7.10.2 人员密集场所应明确易燃、易爆化学物品使用管理的责任部门和责任人。

7.10.3 人员密集场所需要使用易燃、易爆化学物品时,应根据需求限量使用,存储量不应超过一天的使用量,并应在不使用时予以及时清除,且应由专人管理、登记。

7.11 消防安全重点部位管理

7.11.1 消防安全重点部位应建立岗位消防安全责任制,并明确消防安全管理的责任部门和责任人。

7.11.2 人员集中的厅(室)以及建筑内的消防控制室、消防水泵房、储油间、变配电室、锅炉房、厨房、空调机房、资料库、可燃物品仓库和化学实验室等,应确定为消防安全重点部位,在明显位置张贴标识,严格管理。

7.11.3 应根据实际需要配备相应的灭火器材、装备和个人防护器材。

7.11.4 应制定和完善事故应急处置操作程序。

7.11.5 应列入防火巡查范围,作为定期检查的重点。

7.12 消防档案

7.12.1 应建立消防档案管理制度,其内容应明确消防档案管理的责任部门和责任人,消防档案的制作、使用、更新及销毁的要求。消防档案应存放在消防控制室或值班室等,留档备查。

7.12.2 消防档案管理应符合下列要求：
a) 按照有关规定建立纸质消防档案,并宜同时建立电子档案；
b) 消防档案应包括消防安全基本情况、消防安全管理情况、灭火和应急疏散预案演练情况；

c) 消防档案的内容应全面反映消防工作的基本情况,并附有必要的图纸、图表;
d) 消防档案应由专人统一管理,按档案管理要求装订成册。

7.12.3 消防安全基本情况应包括下列内容:
a) 建筑的基本概况和消防安全重点部位;
b) 所在建筑消防设计审查、消防验收或消防设计、消防验收备案以及场所投入使用、营业前消防安全检查的相关资料;
c) 消防组织和各级消防安全责任人;
d) 微型消防站设置及人员、消防装备配备情况;
e) 相关租赁合同;
f) 消防安全管理制度和保证消防安全的操作规程,灭火和应急疏散预案;
g) 消防设施、灭火器材配置情况;
h) 专职消防队、志愿消防队人员及其消防装备配备情况;
i) 消防安全管理人、自动消防设施操作人员、电气焊工、电工、易燃易爆危险品操作人员的基本情况;
j) 新增消防产品质量合格证,新增建筑材料和室内装修、装饰材料的防火性能证明文件。

7.12.4 消防安全管理情况应包括下列内容:
a) 消防安全例会记录或会议纪要、决定;
b) 消防救援机构填发的各种法律文书;
c) 消防设施定期检查记录、自动消防设施全面检查测试的报告、维修保养的记录以及委托检测和维修保养的合同;
d) 火灾隐患、重大火灾隐患及其整改情况记录;
e) 消防控制室值班记录;
f) 防火检查、巡查记录;
g) 有关燃气、电气设备检测、动火审批等记录资料;
h) 消防安全培训记录;
i) 灭火和应急疏散预案的演练记录;
j) 各级和各部门消防安全责任人的消防安全承诺书;
k) 火灾情况记录;
l) 消防奖惩情况记录。

8 消防安全措施

8.1 通用要求

8.1.1 人员密集场所不应与甲、乙类厂房、仓库组合布置或贴邻布置;除人员密集的生产加工车间外,人员密集场所不应与丙、丁、戊类厂房、仓库组合布置;人员密集的生产加工车间不宜布置在丙、丁、戊类厂房、仓库的上部。

8.1.2 人员密集场所设置在具有多种用途的建筑内时,应至少采用耐火极限不低于 1.00 h 的楼板和 2.00 h 的隔墙与其他部位隔开,并应满足各自不同营业时间对安全疏散的要求。人员密集场所采用金属夹芯板材搭建临时构筑物时,其芯材应为 A 级不燃材料。

8.1.3 生产、储存、经营场所与员工集体宿舍设置在同一建筑物中的,应符合国家工程建设消防技术标准和 XF 703 的要求,实行防火分隔,设置独立的疏散通道、安全出口。

8.1.4 设置人员密集场所的建筑,其疏散楼梯宜通至屋面,并宜在屋面设置辅助疏散设施。

8.1.5 建筑面积大于 400 m² 的营业厅、展览厅等场所内的疏散指示标志,应保证其指向最近的疏散出口,并使人员在走道上任何位置保持视觉连续。

8.1.6 除国家标准规定应安装自动喷水灭火系统的人员密集场所之外,其他人员密集场所需要设置自动喷水灭火系统时,可按 GB 50084 的规定设置自动喷水灭火局部应用系统。

8.1.7 除国家标准规定应安装火灾自动报警系统的人员密集场所之外,其他人员密集场所需要设置火灾自动报警系统时,可设置独立式火灾探测报警器,独立式火灾探测报警器宜具备无线联网和远程监控功能。

8.1.8 需要经常保持开启状态的防火门,应采用常开式防火门,设置自动和手动关闭装置,并保证其火灾时能自动关闭。

8.1.9 人员密集场所平时需要控制人员随意出入的安全出口、疏散门或设置门禁系统的疏散门,应保证火灾时能从内部直接向外推开,并应在门上设置"紧急出口"标识和使用提示。可以根据实际需要选用以下方法或其他等效的方法:
   a) 设置安全控制与报警逃生门锁系统,其报警延迟时间不应超过 15 s;
   b) 设置能远程控制和现场手动开启的电磁门锁装置;当设置火灾自动报警系统时,应与系统联动;
   c) 设置推闩式外开门。

8.1.10 人员密集场所内的装饰材料,如窗帘、地毯、家具等的燃烧性能应符合 GB 50222 的规定。

8.1.11 人员密集场所可能泄漏散发可燃气体或蒸气的场所,应设置可燃气体检测报警装置。

8.1.12 人员密集场所内燃油、燃气设备的供油、供气管道应采用金属管道,在进入建筑物前和设备间内的管道上均应设置手动和自动切断装置。

8.2 宾馆

8.2.1 宾馆前台和大厅配置对讲机、喊话器、扩音器、应急手电筒、消防过滤式自救呼吸器等器材。

8.2.2 高层宾馆的客房内应配备应急手电筒、消防过滤式自救呼吸器等逃生器材及使用说明,其他宾馆的客房内宜配备应急手电筒、消防过滤式自救呼吸器等逃生器材及使用说明,并应放置在醒目位置或设置明显的标志。应急手电筒和消防过滤式自救呼吸器的有效使用时间不应小于 30 min。

8.2.3 客房内应设置醒目、耐久的"请勿卧床吸烟"提示牌和楼层安全疏散及客房所在位置示意图。

8.2.4 客房层应按照有关建筑消防逃生器材及配备标准设置辅助逃生器材,并应有明显的标志。

8.3 商场

8.3.1 商场、市场建筑之间不应设置连接顶棚;当必须设置时,应符合下列要求:
   a) 消防车通道上部严禁设置连接顶棚;
   b) 顶棚所连接的建筑总占地面积不应超过 2 500 m²;
   c) 顶棚下面不应设置摊位,放置可燃物;
   d) 顶棚材料的燃烧性能不应低于 GB 50222 规定的 B_1 级;
   e) 顶棚四周应敞开,其高度应高出建筑檐口或女儿墙顶 1.0 m 以上,其自然排烟口面积不应低于顶棚地面正投影面积的 25%。

8.3.2 设置于商场内的库房应采用耐火极限不低于 3.00 h 的隔墙与营业、办公部分完全分隔,通向营业厅的开口应设置甲级防火门。

8.3.3 商场内的柜台和货架应合理布置,营业厅内的疏散通道设置应符合 JGJ 48 的规定,并应符合下列要求:
   a) 营业厅内主要疏散通道应直通安全出口;
   b) 营业厅内通道的最小净宽度应符合 JGJ 48 的相关规定;

c) 疏散通道及疏散走道的地面上应设置保持视觉连续的疏散指示标志;
d) 营业厅内任一点至最近安全出口或疏散门的直线距离不宜大于 30 m,且行走距离不应大于 45 m。

8.3.4 营业厅内的疏散指示标志设置应符合下列要求:
a) 应在疏散通道转弯和交叉部位两侧的墙面、柱面距地面高度 1.0 m 以下设置灯光疏散指示标志;有困难时,可设置在疏散通道上方 2.2 m～3.0 m 处;疏散指示标志的间距不应大于 20 m;
b) 灯光疏散指示标志的规格不应小于 0.5 m×0.25 m;
c) 总建筑面积大于 5 000 m^2 的商场或建筑面积大于 500 m^2 的地下或半地下商店,疏散通道的地面上应设置视觉连续的灯光或蓄光疏散指示标志;其他商场,宜设置灯光或蓄光疏散指示标志。

8.3.5 营业厅的安全疏散路线不应穿越仓库、办公室等功能性用房。

8.3.6 营业厅内食品加工区的明火部位应靠外墙布置,并应采用耐火极限不低于 2.00 h 的隔墙、乙级防火门与其他部位分隔。敞开式的食品加工区,应采用电加热器具,严禁使用可燃气体、液体燃料。

8.3.7 防火卷帘门两侧各 0.3 m 范围内不得放置物品,并应用黄色标识线划定范围。

8.3.8 设置在商场、市场内的中庭不应设置固定摊位,放置可燃物等。

8.4 公共娱乐场所

8.4.1 公共娱乐场所的每层外墙上应设置外窗(含阳台),间隔不应大于 20.0 m。每个外窗的面积不应小于 1.0 m^2,且其短边不应小于 1.0 m,窗口下沿距室内地坪不应大于 1.2 m。

8.4.2 使用人数超过 20 人的厅、室内应设置净宽度不小于 1.1 m 的疏散通道,活动座椅应采用固定措施。

8.4.3 疏散门或疏散通道上、疏散走道及其尽端墙面上、疏散楼梯,不应镶嵌玻璃镜面等影响人员安全疏散行动的装饰物。疏散走道上空不应悬挂装饰物、促销广告等可燃物或遮挡物。

8.4.4 休息厅、录像放映、卡拉OK 及其包房内应设置声音或视频警报,保证在发生火灾时能立即将其画面、音响切换到应急广播和应急疏散指示状态。

8.4.5 各种灯具距离窗帘、幕布、布景等可燃物不应小于 0.50 m。

8.4.6 场所内严禁使用明火进行表演或燃放各类烟花。

8.4.7 营业时间内和营业结束后,应指定专人进行消防安全检查,清除烟蒂等遗留火种,关闭电源。

8.5 学校

8.5.1 图书馆、教学楼、实验楼和集体宿舍的疏散走道不应设置弹簧门、旋转门、推拉门等影响安全疏散的门。疏散走道、疏散楼梯间不应设置卷帘门、栅栏等影响安全疏散的设施。

8.5.2 集体宿舍值班室应配置灭火器、喊话器、消防过滤式自救呼吸器、对讲机等消防器材。

8.5.3 集体宿舍严禁使用蜡烛、酒精炉、煤油炉等明火器具;使用蚊香等物品时,应采取保护措施或与可燃物保持一定的距离。

8.5.4 宿舍内不应卧床吸烟和乱扔烟蒂。

8.5.5 建筑内设置的垃圾筒(箱)应采用不燃材料制作,并设置在周围无可燃物的位置。

8.5.6 宿舍内严禁私自接拉电线,严禁使用电炉、电取暖、热得快等大功率电器设备,每间集体宿舍均应设置用电过载保护装置。

8.5.7 集体宿舍应设置醒目的消防安全标志。

8.6 医院的门诊楼、病房楼,老年人照料设施、托儿所、幼儿园及儿童活动场所

8.6.1 严禁违规储存、使用易燃易爆危险品,严禁吸烟和违规使用明火。

8.6.2 严禁私拉乱接电气线路、超负荷用电,严禁使用非医疗、护理、保教保育用途大功率电器。

8.6.3 门诊楼、病房楼的公共区域以及病房内的明显位置应设置安全疏散指示图,指示图上应标明疏散路线、疏散方向、安全出口位置及人员所在位置和必要的文字说明。

8.6.4 病房楼内的公共部位不应放置床位和留置过夜,不得放置可燃物和设置影响人员安全疏散的障碍物。

8.6.5 病房内氧气瓶应及时更换,不应积存。采用管道供氧时,应经常检查氧气管道的接口、面罩等,发现漏气应及时修复或更换。

8.6.6 病房楼内的氧气干管上应设置手动紧急切断气源的装置。供氧、用氧设备及其检修工具不应沾染油污。

8.6.7 重症监护室应自成一个相对独立的防火分区,通向该区的门应采用甲级防火门。

8.6.8 病房、重症监护室宜设置开敞式的阳台或凹廊。

8.6.9 护士站内存放的酒精、乙酸等易燃、易爆危险物品应由专人负责,专柜存放,并应存放在阴凉通风处,远离热源、避免阳光直射。

8.6.10 老年人照料设施、托儿所、幼儿园及儿童活动场所的厨房、烧水间应单独设置或采用耐火极限不低于2.00 h的防火隔墙与其他部位分隔,墙上的门、窗应采用乙级防火门、窗。

8.7 体育场馆、展览馆、博物馆的展览厅等场所

8.7.1 举办活动时,应制定相应的消防应急预案,明确消防安全责任人;大型演出或比赛等活动期间,配电房、控制室等部位应安排专人值守。活动现场应配备齐全消防设施,并有专人操作。

8.7.2 场馆内的灯光疏散指示标志的规格不应小于0.85 m×0.30 m。

8.7.3 需要搭建临时建筑时,应采用燃烧性能不低于B_1级的材料。临时建筑与周围建筑的间距不应小于6.0 m。临时建筑应根据活动人数满足安全出口数量、宽度及疏散距离等安全疏散要求,配备相应消防器材,有条件的可设置临时消防设施。

8.7.4 展厅等场所内的主要疏散通道应直通安全出口,其宽度不应小于5.0 m,其他疏散通道的宽度不应小于3.0 m。疏散通道的地面应设置明显标识。

8.7.5 布展时,不应进行电气焊等动火作业;必须进行动火作业时,动火现场应安排专人监护并采取相应的防护措施。

8.7.6 展览馆内设置的餐饮区域,应相对独立,不应使用明火。

8.8 人员密集的生产加工车间、员工集体宿舍

8.8.1 生产车间内应保持疏散通道畅通,通向疏散出口的主要疏散通道的宽度不应小于2.0 m,其他疏散通道的宽度不应小于1.5 m,且地面上应设置明显的标示线。

8.8.2 车间内中间仓库的储量不应超过一昼夜的使用量。生产过程中的原料、半成品、成品,应按火灾危险性分类集中存放,机电设备周围0.5 m范围内不得放置可燃物。消防设施周围,不得设置影响其正常使用的障碍物。

8.8.3 生产加工中使用电熨斗等电加热器具时,应固定使用地点,并采取可靠的防火措施。

8.8.4 应按操作规程定时清除电气设备及通风管道上的可燃粉尘、飞絮。

8.8.5 不应在生产加工车间、员工集体宿舍内擅自拉接电气线路、设置炉灶。员工集体宿舍应符合下列要求:
 a) 人均使用面积不应小于4.0 m²;
 b) 宿舍内的床铺不应超过2层;
 c) 每间宿舍的使用人数不应超过12人;
 d) 房间隔墙的耐火极限不应低于1.00 h,且应砌至梁、板底;

e) 内部装修应采用燃烧性能不低于 B_1 级的材料。

9 灭火和应急疏散预案编制和演练

9.1 预案

9.1.1 人员密集场所应根据人员集中、火灾危险性较大和重点部位的实际情况，按照 GB/T 38315 制订有针对性的灭火和应急疏散预案。

9.1.2 预案内容应包括下列内容：
   a) 单位的基本情况，火灾危险分析；
   b) 火灾现场通信联络、灭火、疏散、救护、保卫等应由专门机构或专人负责，并明确各职能小组的负责人、组成人员及各自职责；
   c) 火警处置程序；
   d) 应急疏散的组织程序和措施；
   e) 扑救初起火灾的程序和措施；
   f) 通信联络、安全防护和人员救护的组织与调度程序、保障措施。

9.2 组织机构

9.2.1 人员密集场所应成立由消防安全责任人或消防安全管理人负责的火灾事故应急指挥机构，担负消防救援队到达之前的灭火和应急疏散指挥职责。

9.2.2 人员密集场所应成立由当班的消防安全管理人、部门主管人员、消防控制室值班人员、保安人员、志愿消防队员及其他在岗的从业人员组成的职能小组，接受火灾事故应急指挥机构的指挥，承担灭火和应急疏散各项职责。职能小组设置和职责分工如下：
   a) 通信联络组：负责与消防安全责任人和当地消防救援机构之间的通信和联络；
   b) 灭火行动组：发生火灾，立即利用消防器材、设施就地扑救火灾；
   c) 疏散引导组：负责引导人员正确疏散、逃生；
   d) 防护救护组：协助抢救、护送伤员；阻止与场所无关人员进入现场，保护火灾现场，协助消防救援机构开展火灾调查；
   e) 后勤保障组：负责抢险物资、器材器具的供应及后勤保障。

9.3 预案实施程序

确认发生火灾后，应立即启动灭火和应急疏散预案，并同时开展下列工作：
—— 向消防救援机构报火警；
—— 各职能小组执行预案中的相应职责；
—— 组织和引导人员疏散，营救被困人员；
—— 使用消火栓等消防器材、设施扑救初起火灾；
—— 派专人接应消防车辆到达火灾现场；
—— 保护火灾现场，维护现场秩序。

9.4 预案的宣贯和完善

9.4.1 人员密集场所应定期组织员工和承担有灭火、疏散等职责分工的相关人员熟悉灭火和应急疏散预案，并通过预案演练，逐步修改完善。遇人员变动或其他情况，应及时修订单位灭火和应急疏散预案。

9.4.2 大型多功能公共建筑、地铁和建筑高度大于 100 m 的公共建筑等，应根据需要邀请有关专家对灭火和应急疏散预案进行评估、论证。

9.5 消防演练

9.5.1 目的

9.5.1.1 检验各级消防安全责任人、各职能组和有关工作人员对灭火和应急疏散预案内容、职责的熟悉程度。

9.5.1.2 检验人员安全疏散、初起火灾扑救、消防设施使用等情况。

9.5.1.3 检验在紧急情况下的组织、指挥、通讯、救护等方面的能力。

9.5.1.4 检验灭火应急疏散预案的实用性和可操作性。

9.5.2 组织

9.5.2.1 宾馆、商场、公共娱乐场所，应至少每半年组织一次消防演练；其他场所，应至少每年组织一次。

9.5.2.2 选择人员集中、火灾危险性较大和重点部位作为消防演练的目标，每次演练应选择不同的重点部位作为消防演练目标，并根据实际情况，确定火灾模拟形式。

9.5.2.3 消防演练方案可报告当地消防救援机构，邀请其进行业务指导。

9.5.2.4 在消防演练前，应通知场所内的使用人员积极参与；消防演练时，应在建筑入口等明显位置设置"正在消防演练"的标志牌，避免引起公众慌乱。

9.5.2.5 消防演练开始后，各职能小组应按照计划实施灭火和应急疏散预案。

9.5.2.6 在模拟火灾演练中，应落实火源及烟气的控制措施，防止造成人员伤害。

9.5.2.7 大型多功能公共建筑、地铁和建筑高度大于100 m的公共建筑等，应适时与当地消防救援队伍组织联合消防演练。

9.5.2.8 演练结束后，应及时进行总结，并做好记录。

10 火灾事故处置与善后

10.1 建筑发生火灾后，应立即启动灭火和应急疏散预案，组织建筑内人员立即疏散，并实施火灾扑救。

10.2 建筑发生火灾后，应保护火灾现场。消防救援机构划定的警戒线范围是火灾现场保护范围；尚未划定时，应将火灾过火范围以及与发生火灾有关的部位划定为火灾现场保护范围。

10.3 不应擅自进入火灾现场或移动火场中的任何物品。

10.4 未经消防救援机构同意，不应擅自清理火灾现场。

10.5 火灾事故相关人员应主动配合接受事故调查，如实提供火灾事故情况，如实申报火灾直接财产损失。

10.6 火灾调查结束后，应总结火灾事故教训，及时改进消防安全管理。

附 录 A
（资料性）
防火巡查记录表格

防火巡查记录表示例见表 A.1。

表 A.1 防火巡查记录表示例

巡查人员：

序号	部位ª	时间	存在问题	备注
1				
2				
3				
4				
5				
6				
7				
8				
9				
10				

ª 防火巡查至少包括下列内容：
    a) 用火、用电有无违章情况；
    b) 安全出口、疏散通道是否畅通，有无锁闭；安全疏散指示标志、应急照明是否完好；
    c) 常闭式防火门是否保持常闭状态，防火卷帘下是否堆放物品；
    d) 消防设施、器材是否在位、完整有效。消防安全标志是否完好清晰；
    e) 消防安全重点部位的人员在岗情况；
    f) 消防车通道是否畅通；
    g) 其他消防安全情况。

附 录 B
（资料性）
防火检查记录表格

防火检查记录表示例见表 B.1。

表 B.1 防火检查记录表示例

检查人员：　　　　　　　　　　　　　　　　　　　检查时间：

序号	部位 a	存在问题	备注
1			
2			
3			
4			
检查情况			

a 防火检查至少包括下列内容：
 a) 消防车通道、消防车登高操作场地、消防水源；
 b) 安全疏散通道、疏散走道、楼梯，安全出口及其疏散指示标志、应急照明；
 c) 消防安全标志的设置情况；
 d) 灭火器材配置及完好情况；
 e) 楼板、防火墙和竖井孔洞的封堵情况；
 f) 建筑消防设施运行情况；
 g) 消防控制室值班情况、消防控制设备运行情况和记录；
 h) 用火、用电有无违规违章情况；
 i) 消防安全重点部位的管理；
 j) 微型消防站设置、值班值守情况，以及人员、装备配置情况；
 k) 防火巡查落实情况和记录；
 l) 火灾隐患的整改以及防范措施的落实情况；
 m) 消防安全重点部位人员以及其他员工消防知识的掌握情况。

参 考 文 献

[1] GB 50028—2006(2020年版) 城镇燃气设计规范
[2] GB 50058—2014 爆炸危险环境电力装置设计规范
[3] GB 50098—2009 人民防空工程设计防火规范
[4] GB 50156—2012(2014年版) 汽车加油加气站设计与施工规范
[5] GB 50160—2008(2018年版) 石油化工企业设计防火标准
[6] GB 50166—2019 火灾自动报警系统施工及验收规范
[7] 中华人民共和国消防法(2019年4月23日第十三届全国人民代表大会常务委员会第十次会议修正)
[8] 公共娱乐场所消防安全管理规定(公安部令第39号,1999年)
[9] 机关、团体、企业、事业单位消防安全管理规定(公安部令第61号,2001年)
[10] 消防监督检查规定(公安部令第120号,2012年)

ICS 53.040.20
J 81

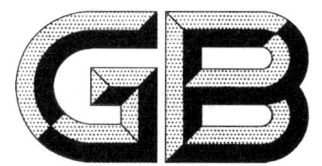

中华人民共和国国家标准

GB/T 9075—2008
代替 GB 9075—1988

索道用钢丝绳检验和报废规范

Code for examination and discard of ropes for ropeway

2008-10-13 发布

2009-05-01 实施

中华人民共和国国家质量监督检验检疫总局
中国国家标准化管理委员会 发布

前　言

本标准代替 GB 9075—1988《架空索道用钢丝绳检验和报废规范》。

本标准与 GB 9075—1988 相比主要变化如下：

——将标准名称由"架空索道用钢丝绳检验和报废规范"变更为"索道用钢丝绳检验和报废规范"；
——增加了客运地面缆车、拖牵索道用钢丝绳检验和报废的规定；
——增加了术语和定义的内容；
——增加了编接尺寸；
——增加了编接区的修复；
——增加了编接区之外的修复；
——增加了特殊情况下外部断丝判定和报废的标准；
——增加了固定末端报废的规定。

本标准的附录 A、附录 B、附录 C 为资料性附录。

本标准由全国索道、游艺机及游乐设施标准技术委员会提出并归口。

本标准起草单位：北京起重运输机械研究所、泰山索道运营中心、泰安市索道安装公司。

本标准主要起草人：张海乔、黄鹏智、李刚、黄越峰、王晓晴、缪勤、徐培生、云平、王旭。

本标准所代替标准的历次版本发布情况为：

——GB 9075—1988。

索道用钢丝绳检验和报废规范

1 范围

本标准规定了索道用钢丝绳的安装检验、检查、维护保养和报废标准。

本标准适用于客、货运架空索道、地面缆车、拖牵索道用钢丝绳,不适用于临时货运索道及林业索道用钢丝绳。

注:本标准条文中,如未特别指明"货运索道"、"客运架空索道"、"地面缆车"、"拖牵索道"则为四者通用。如未具体说明是"承载索"、"运载索"、"牵引索"、"平衡索"、"张紧索"、"拖牵索",则为六种钢丝绳通用。

2 规范性引用文件

下列文件中的条款通过本标准的引用而成为本标准的条款。凡是注日期的引用文件,其随后所有的修改单(不包括勘误的内容)或修订版均不适用于本标准,然而,鼓励根据本标准达成协议的各方研究是否可使用这些文件的最新版本。凡是不注日期的引用文件,其最新版本适用于本标准。

GB 8918　重要用途钢丝绳
GB 12141　货运架空索道安全规范
GB 12352—2007　客运架空索道安全规范
GB/T 12738　索道　术语
GB/T 19401　客运拖牵索道技术规范
GB/T 19402　客运地面缆车技术规范
GB/T 20118　一般用途钢丝绳
YB/T 5295　密封钢丝绳

3 术语和定义

GB/T 12738 所确立的以及下列术语和定义适用于本标准。

3.1
报废　discard
表明钢丝绳和固定末端套筒不应继续使用,达到失效的程度。

3.2
相关长度　reference length
计量或估量钢丝绳上具体的特有的长度值,例如:$6 \times d$(即 $6 \times$ 钢丝绳公称直径)。

3.3
金属断面缩小值　loss in metallic area(LMA)
表示考虑断丝、腐蚀和磨损的结果后,与钢丝绳的公称金属断面相比所降低的百分数。

3.4
附加的张紧装置　additional tensioning device
当主张紧装置失效的情况下,使钢丝绳的张紧仍然有效的张紧装置。

3.5

夹紧套筒　clamp sockets

股捻钢丝绳末端固定的连接装置。由外部锥形套筒、内锥体、柔性铝丝、锥体固定器、弹性套筒和连接叉组成(见图1)。俗称缠绕式锚头。

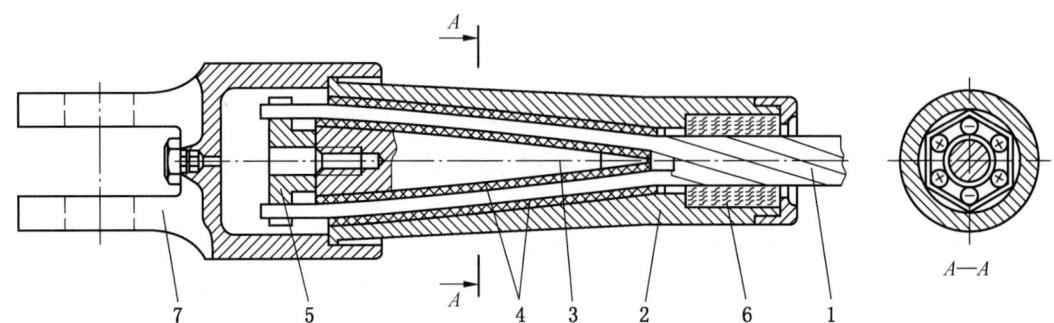

1——钢丝绳；
2——外部锥形套筒；
3——内锥体；
4——柔性铝丝；
5——锥体固定器；
6——弹性套筒；
7——连接叉。

图 1　夹紧套筒

4　一般规定

4.1　审查

钢丝绳选择应依据其工作条件及用途并符合 GB 8918、GB 12141、GB 12352—2007、GB/T 19401、GB/T 19402、GB/T 20118、YB/T 5295 的有关规定。

4.2　安装的检验

4.2.1　钢丝绳到货后和在安装过程中，应按钢丝绳技术标准或合同中有关事项进行验收。应检查钢丝绳直径、结构、表面和捻制情况以及绳芯和包装质量等。钢丝不应有断丝、交错、折弯、锈蚀和擦伤；绳股不应有松紧不一、塌入和凸起等缺陷，纤维芯不应干燥、腐烂。客运架空索道钢丝绳的安装要求应符合 GB 12352—2007 的有关规定。

4.2.2　更换的钢丝绳应与原安装的钢丝绳同类型、同规格。如采用不同的钢丝绳，应确保更换的钢丝绳的性能不低于原钢丝绳，并与抱索器钳口、绳槽等相关要素相适应。

4.2.3　如所需钢丝绳由较长钢丝绳上切取，应采取防止切口松散的措施。

4.2.4　产品质量证明书和检验记录等应妥善保管。

4.2.5　在安装过程中应防止钢丝绳打环、松股、扭结、弯折、挤压变形，避免粘上杂物和在硬物上摩擦，严禁在水中浸泡。

4.2.6　客运架空索道的承载索不允许有中间接头。

4.2.7　6 股牵引索、运载索和拖牵索的编接尺寸。

4.2.7.1　编接接头的长度不应小于钢丝绳公称直径的 1 200 倍。插入长度应大于钢丝绳公称直径的 60 倍。相邻两个编接末端之间的钢丝绳长度不应小于钢丝绳公称直径的 3 000 倍(钢丝绳编接记录的典型示例参见附录A)。

4.2.7.2 客运索道接头编接直径在张紧后,其编接插入点之间直径增大量不应超过钢丝绳实际直径的5%;货运索道接头编接直径在张紧后,其编接插入点之间直径增大量不应超过钢丝绳实际直径的6%。

4.2.7.3 索道张紧后,绳股插入点钢丝绳直径增大量不应超过钢丝绳公称直径的15%,对脱挂索道,绳股插入点钢丝绳直径增大量不应超过钢丝绳公称直径的10%。

4.3 检查

4.3.1 日常检查

每个工作日都应对钢丝绳进行观察,以便及时发现损坏与变形情况。

4.3.2 月检查

4.3.2.1 每月应对钢丝绳至少进行一次目检。如遇特殊情况(如脱索、受雷击和受猛烈拉伸时),要立即目检或无损探伤,对于损伤未达到报废标准或无明显损伤继续使用的钢丝绳,应进行损伤劣化趋势监测跟踪管理,跟踪监测期长短和监测频次,根据监测结果进行适时修正,确保受损伤钢丝绳安全运行。

4.3.2.2 当出现疲劳断丝及其他异常情况,应进行追加检查。在原因清楚的情况下,可根据检查结果决定是否缩短检查周期。

4.3.3 目检

4.3.3.1 目检在白天进行,从钢丝绳两侧同时观察。目检时的速度不应超过0.5 m/s,检查结果应记录并妥善保管。

4.3.3.2 检查时,应采用对钢丝绳没有损伤的机械方法清除钢丝绳表面的油脂及污物。

4.3.3.3 可用无损探伤代替目检,但对受力比较大的部位(鞍座、绳轮等)或已出现损伤的部位还应目检。

4.3.4 无损探伤

4.3.4.1 客运架空索道、客运地面缆车用钢丝绳应进行无损探伤检查。第一次检查应在钢丝绳安装后的18个月内进行,将检查结果作为以后检查的基础。

4.3.4.2 探伤周期视钢丝绳使用状况而定。检查结果应记录并归档。

4.3.4.3 客运架空索道承载索窜绳后应进行无损探伤。

4.3.5 检查部位

对钢丝绳作全长检查时,应特别注意下列部位:
——承载索:偏斜鞍座、摇摆鞍座、线路套筒、过渡套筒、末端装置等处;
——牵引索、运载索:接头处、与固定抱索器连接的两端;
——张紧索:合金浇铸套筒处、导向轮上下运行部分;
——平衡索:导向轮上下运行部分。

4.3.6 内部检验

内部检验的办法可参见附录B,检验结果应做记录。

4.4 维护保养

4.4.1 钢丝绳的维护保养,应根据索道的用途、工作环境、钢丝绳的种类和钢丝绳制造厂的说明而定。

每年宜润滑一次。

4.4.2 润滑之前要清除钢丝绳表面污物。如钢丝绳表面有露水和冰霜,待露水和冰霜清除干净后方可进行润滑。润滑时不允许加过多的油脂,不允许用溶剂。

4.4.3 固定抱索器的移位以及无客车制动器往复式索道的牵引索的维护要求见 GB 12352—2007 的 12.3.4 和 12.3.5。

4.5 钢丝绳损伤的修复

4.5.1 只允许对于由已知原因造成的钢丝绳损伤进行修复(例如焊点开裂、机械损伤或由于雷击所造成的局部损伤)。疲劳断裂不应修复。修复处不允许再翻新。

4.5.2 只有将钢丝绳放松并且被取下后,才允许进行修复工作。

4.5.3 对于密封式钢丝绳,如果同一钢丝断口的间隙不超过钢丝绳的直径,此间隙应采用相应的密封材料填充。如果间隙超过钢丝绳的直径,应采用成形钢丝进行修复。

4.5.4 不允许两根断丝邻近。可修复的局部缺陷应达到下列要求:
——任何在钢丝绳中更换的成形钢丝的长度应至少等于钢丝绳直径的 100 倍。
——在运行小车通过的钢丝绳的同一纵断面最多更换三根相邻的钢丝。

4.5.5 6 股牵引索、运载索、拖牵索编接区的修复

修复编接区时只允许更换一股绳股,修复加入的绳股长度应为在原编接长度的基础上两端再各追加不小于钢丝绳公称直径 400 倍的长度。

4.5.6 6 股牵引索、运载索、拖牵索编接区之外的修复

编接区之外需要修复的绳股,其两个插入点之间的距离应至少为钢丝绳公称直径的 200 倍。

4.5.7 修复绳股的插入长度应至少为钢丝绳公称直径的 100 倍。

4.5.8 对于运载索,如果断丝数聚集在接头处,在绳长允许的情况下可断开重接;若聚集在别处亦可断开重接,但修复点之间的距离应大于钢丝绳公称直径的 3 000 倍。

4.5.9 往复式客运架空索道的牵引索和平衡索一般不应有编接头,在特殊情况下需要编接时,编接末端与锚头距离应大于钢丝绳公称直径的 3 000 倍。

4.5.10 货运架空索道承载索在 $6d$ 绳长内,其外部断丝超过两根以上时,应用夹板保护,其结构型式应不影响车辆通行。

5 报废标准

5.1 判定钢丝绳的报废或局部更换应注意以下几点:
   a) 断面的缩小值;
   b) 断丝的局部聚集;
   c) 绳股断裂;
   d) 断丝的增加率;
   e) 如果钢丝绳的损坏是由鞍座、绳轮等存在的缺陷引起的,在换钢丝绳之前应消除这些缺陷;
   f) 如果判定钢丝绳的断面缩小值接近报废标准,钢丝绳应报废;
   g) 出现外部事件(雷击、脱索等)之后,是否报废应由使用单位报安检机构进行检测,依据检测意见做出决定。

5.2 金属断面的缩小

5.2.1 在相关长度 $L(d$ 的倍数)内,钢丝绳金属断面缩小值与钢丝绳公称金属断面的比值(以百分比计),其允许的最大金属断面缩小值见表1。

5.2.2 在确定金属断面的缩小值时应考虑:

a) 断丝数；
b) 内部及外部的磨损；
c) 内部及外部的腐蚀；
d) 其他的损坏。

表 1

钢丝绳结构	最大允许的金属断面缩小值		相关长度 L
	客运索道	货运索道	
密封钢丝绳	10%	15%	$200 \times d$
	8%	10%	$30 \times d$
	5%	7%	$6 \times d$
股捻钢丝绳	20%	25%	$200 \times d$
	10%	15%	$30 \times d$
	6%	8%	$6 \times d$

5.3 断丝数

5.3.1 在钢丝绳无任何其他缺陷时所允许的外部断丝数，可根据金属断面所允许的缩小值及外部钢丝断面确定。

5.3.2 在相关长度内由于局部的硬化(马氏体组织构成)钢丝中出现发状细的裂纹，也应视为断丝。松散的钢丝和由焊接或胶合修复的钢丝也应作为断丝。

5.3.3 如果在表1相关长度$30 \times d$范围内(见表1)，由于断丝造成的断面缩小值超过最大允许断面缩小值的2/3时，就应考虑使用无损探伤仪协助评定钢丝绳的状况。

5.3.4 不论哪种钢丝绳由无损探伤仪探伤或目视，在相关长度内一根多处断裂的钢丝只应算作一根断丝。

5.3.5 因非正常损伤产生的外部可见断丝。

5.3.5.1 如果钢丝绳由于特殊的原因使钢丝恶化(例如非正常腐蚀、雷击和其他明显的反常的原因)，虽然未达到报废标准，可根据目视的断丝数作为报废标准，最大允许的目视断丝数见表2。

表 2

钢丝绳结构	相关长度			
	交互捻		同向捻	
	$6 \times d$	$30 \times d$	$6 \times d$	$30 \times d$
6×7	2	4	2	3
6×19 S	3	6	3	4
6×25 Fi, 6×26 SW	5	10	4	6
6×31 SW, 6×36 SW, 6×41 SW	7	14	5	7

5.3.5.2 下列钢丝绳视为例外：
——脱挂式拖牵索道同向捻6×7的拖牵钢丝绳，在相关长度$6 \times d$范围内最大允许外部断丝数为3；
——对于张紧索，由可见的外部断丝造成的最大金属断面缩小值应为表1所列值的50%；
——对于货运架空索道的张紧索由可见的外部断丝造成的最大金属断面缩小值应为表1所列值

的120%；

——张紧索使用6年或工作18 000 h后(以先到为准)应予以报废；带有附加张紧装置的张紧索8年后报废；

——对于合成纤维的拖牵索和合成纤维的拉绳，任何明显的损坏或变质(例如直径、形状的改变)对进一步安全使用有影响时都可考虑报废。

5.4 内部及外部磨损

内部磨损及压坑：这种损坏是由于钢丝绳内各个绳股和钢丝之间的相互摩擦造成的。

外部磨损：钢丝绳在压力作用下，与托(压)索轮、鞍座、驱动轮、导向轮绳槽接触摩擦造成钢丝绳外层绳股和钢丝表面磨损，使外部钢丝磨成平面状。润滑不足，或不正确的润滑以及灰尘和沙粒都会加剧磨损。

磨损导致钢丝绳的断面缩小、强度降低。断面缩小允许值见表1。

5.5 其他的损坏

钢丝绳由于其他原因造成钢丝和绳股松散、结构变化而使钢丝绳性能减弱，也应计算其断面缩小值。若超过表1中的数值，应局部更换(应满足4.5的有关要求)或报废。

5.6 断丝的局部聚集

5.6.1 客运架空索道密封钢丝绳(承载索)相邻异形钢丝在$18d$长度内如有两处断裂，其断面缩小值虽未超出表1中的数值也应报废。

5.6.2 索道的运动索(牵引索、平衡索、运载索、拖牵索)在一绳股中如在一个捻距的长度内，外部断丝数大于外层钢丝数的50%，应局部更换(应满足4.5的有关要求)或报废。

5.6.3 索道的运动索张紧时，测量编接区直径小于钢丝绳公称直径的90%，应予以报废。

5.7 断丝的增加率

在某些使用场合，疲劳是引起钢丝绳损坏的主要原因，断丝则是在使用一定时期以后才开始出现，但断丝数逐渐增加，其时间间隔越来越短。在此情况下，为了判定断丝的增加率，应仔细检查并记录断丝增加情况，找出其中规律，并以此确定钢丝绳报废的日期。

5.8 绳股断裂

若整根绳股断裂，应局部更换(应满足4.5的有关要求)或报废。

5.9 钢丝绳的固定末端

5.9.1 钢丝绳固定末端应符合GB 12352—2007的4.3有关规定。对于合金或树脂浇铸的套筒，在接近套筒的钢丝绳段任何断丝或明显的腐蚀都应考虑报废。此外，不考虑钢丝绳状况，固定末端套筒的报废标准见表3。

表3

钢丝绳的型式	固定末端套筒型式	最大使用年限/年
牵引索	合金浇铸套筒	4
牵引索	夹紧套筒	3
缆车牵引索	树脂浇铸套筒	2
张紧索	没有附加张紧装置的固定末端套筒	6
张紧索	有附加的张紧装置的固定末端套筒	8
承载索	没有附加张紧装置的固定末端套筒	6
承载索	有附加张紧装置的固定末端套筒	8
如果可用无损探伤仪检查树脂浇铸套筒，它们的使用年限可由2年增加到4年； 附加张紧装置应是对称的并可承受3倍的静张紧力。		

5.9.2 锚固筒

承载索直接在锚固筒上缠绕3圈时(用两圈缠绕降低张紧力),断丝数造成的最大允许的金属断面缩小值不超过表1所列值的2倍。

6 钢丝绳的使用信息处理

根据检验人员对有关信息所作的有关记录,可预测给定类型的钢丝绳在索道上的有效性能。这些信息可用于调整维修程序和控制备用钢丝绳的库存;但不应因进行了这种预测而放松检验,或将使用期限延长到超出本标准所规定的条件。

7 钢丝绳检验记录

用户对每次定期检验都应做认真详细的记录,检验记录的典型示例参见附录C。

8 钢丝绳的储存

8.1 钢丝绳应存放在通风干燥的室内,防止阳光直射和热气烘烤,放置的地面应垫高300 mm以上。

8.2 钢丝绳如在室外存放时,严禁和地面直接接触,并需搭棚,加覆盖物保护。

8.3 若储存的时间较长,每年要进行一次外观检查,如发现钢丝绳锈蚀要解卷检查,进行除锈,涂油后再重新缠绕,情况严重时要及时处理。

8.4 应对钢丝绳存放期的维护及检查做好记录。

附 录 A
（资料性附录）
钢丝绳编接记录的典型示例

钢丝绳编接记录见表 A.1。

表 A.1

索道型式		钢丝绳公称直径/mm	
使用地点		钢丝绳实际直径/mm	
钢丝绳制造厂		绳芯材料	
测量时钢丝绳张紧并运行的小时数		公称抗拉强度/MPa	
首次编接		环形绳长/m（不包括接头长度）	
重新编接		接头实际长度/m	
紧绳重编（截去的绳长）/m		插入段实际长度/m	
其他			
接头数据(←钢丝绳运行方向)							
T1#	T2#	T3#	交接	T4#	T5#	T6#	
插入段缠绕方式		填充材料	
接头方式		插入点钢丝绳最大直径/mm	
插入点之间钢丝绳最小直径/mm		插入点之间钢丝绳最大直径/mm	
结论		钢丝绳编接入	
公司名称		编接日期	

附 录 B
（资料性附录）
钢丝绳的内部检验

B.1 钢丝绳内部损伤主要由于腐蚀和正常的疲劳所造成，通常的外部检验可能发现不了内部损坏的程度，因此应进行内部检验。

内部检验一般由索道安检人员进行。

B.2 检查范围

所有类型的成股钢丝绳均能充分地松开，以便对其内部情况作评定。这对粗钢丝绳较为困难。但只要使钢丝绳所受张力为零时就能进行内部检验。

B.3 检查方法

将两个适当尺寸的夹钳相隔一定的距离牢固地夹到钢丝绳上，朝着与钢丝绳捻向相反的方向对夹钳施加一个力，外层绳股就会散开并脱离绳芯（见图B.1）。不要使夹钳绕钢丝绳打滑。各绳股的位移也不宜太大。

图 B.1 对一段连续钢丝绳作内部检验（张力为零）

当钢丝绳略微拧开时，可用一小探针把妨碍观测钢丝绳内部的润滑脂或碎屑清除掉。

应观测的主要内容是：
a) 内部润滑状态；
b) 腐蚀程度；
c) 由于挤压或磨损引起的钢丝压痕；
d) 有无断丝。

检验之后，在拧开部位放入一些润滑脂，并以适度的力量转动夹钳使绳股在绳芯周围正确复位。卸掉夹钳之后，钢丝绳外表面应涂以润滑脂。

B.4 邻近绳端的钢丝绳段的检查

检验该部位的钢丝绳只需使用单个夹钳，设法将端部固定即可进行检验（见图B.2）。

B.5 检查部位

参照4.3.5。

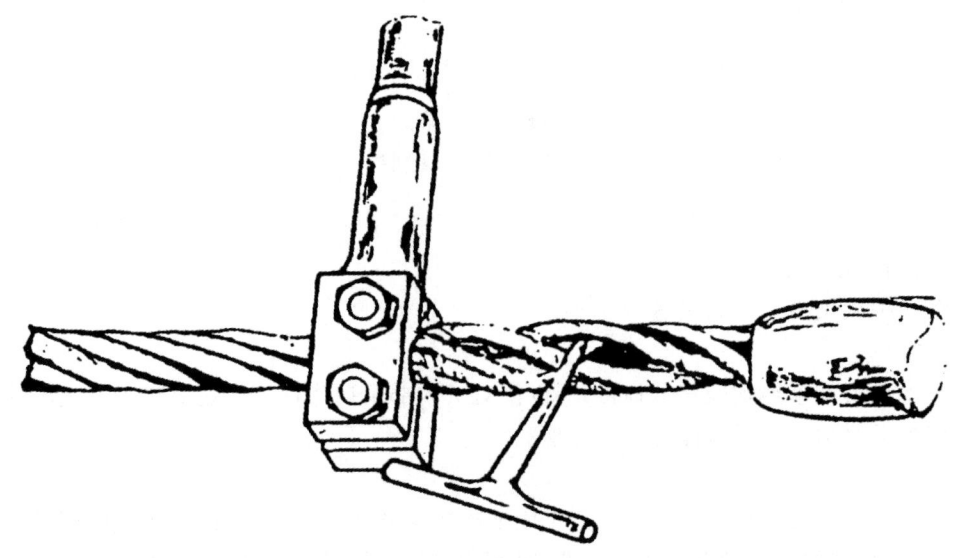

图 B.2 对靠近绳端装置的钢丝绳尾部作内部检查(张力为零)

GB/T 9075—2008 索道用钢丝绳检验和报废规范

附 录 C
（资料性附录）
钢丝绳检验记录的典型示例

钢丝绳检验记录见表C.1。

表 C.1

索道型式				使用地点		
钢丝绳型号				用途		
钢丝绳捻向	右捻/左捻			捻向种类	交捻/同向捻	
最小破断载荷/kN				公称抗拉强度/MPa		
绳芯类型	钢/纤维/合成材料			表面品质	不镀锌/镀锌	
绳长/m				安装日期		
工作载荷/kN				检验时承受的载荷/kN		
新绳预张紧后实测直径/mm				检验时实测直径/mm		
绳端固定型式				钢绳制造厂		
质量证明书号				制造编号		
钢丝断面缩小/%			损坏及变形特征	测量部位	总的评价损坏程度
$6d$ 内	$30d$ 内	$200d$ 内			
处理意见				工作时数		
其他观察结果				报废原因		
签名				日期		
注：用户可根据本地实际情况增加必要的项目。						

ICS 13.100
C 52

中华人民共和国国家职业卫生标准

GB/Z 158—2003

工作场所职业病危害警示标识

Warning Signs for Occupational Hazards in the Workplace

2003-06-03 发布   2003-12-01 实施

中华人民共和国卫生部 发 布

前 言

本标准为全文强制性标准。

根据《中华人民共和国职业病防治法》和《使用有毒物品作业场所劳动保护条例》制定本标准。

本标准的附录 A、B、C 和 D 为规范性附录。

本标准 2003 年 6 月 3 日首次发布。

本标准由中华人民共和国卫生部提出并归口。

本标准起草单位：中国疾病预防控制中心环境与健康相关产品安全所、中国疾病预防控制中心职业卫生与中毒控制所、辽宁省职业病防治院、上海市疾病预防控制中心、沈阳市第九人民医院。

本标准由中华人民共和国卫生部负责解释。

本标准主要起草人：霍本兴、孙承业、许恕中、陈良、阎波、张旸旸、刘悦。

工作场所职业病危害警示标识

1 范围

本标准规定了在工作场所设置的可以使劳动者对职业病危害产生警觉,并采取相应防护措施的图形标识、警示线、警示语句和文字。

本标准适用于可产生职业病危害的工作场所、设备及产品。根据工作场所实际情况,组合使用各类警示标识。

2 规范性引用文件

下列文件中的条款,通过本标准的引用而成为本标准的条款。凡是注日期的引用文件,其随后所有的修改单(不包括勘误的内容)或修订版均不适用于本标准,然而,鼓励根据本标准达成协议的各方研究是否可使用这些文件的最新版本。凡是不注日期的引用文件,其最新版本适用于本标准。

GB 2893　安全色

GB 16179　安全标志使用导则

ISO 3864-1　工作场所和公共场所安全标识的设计原则

3 图形标识

图形标识分为禁止标识、警告标识、指令标识和提示标识,见附录 A 和 B。

禁止标识——禁止不安全行为的图形,如"禁止入内"标识。

警告标识——提醒对周围环境需要注意,以避免可能发生危险的图形,如"当心中毒"标识。

指令标识——强制做出某种动作或采用防范措施的图形,如"戴防毒面具"标识。

提示标识——提供相关安全信息的图形,如"救援电话"标识。

图形标识可与相应的警示语句配合使用,见附录 B 和 C。图形、警示语句和文字设置在作业场所入口处或作业场所的显著位置。

4 警示线

警示线是界定和分隔危险区域的标识线,分为红色、黄色和绿色三种,见附录 B。按照需要,警示线可喷涂在地面或制成色带设置。

5 警示语句

警示语句是一组表示禁止、警告、指令、提示或描述工作场所职业病危害的词语。警示语句可单独使用,也可与图形标识组合使用。基本警示语句见附录 C。

6 有毒物品作业岗位职业病危害告知卡

根据实际需要,由各类图形标识和文字组合成《有毒物品作业岗位职业病危害告知卡》(以下简称告知卡),参见附录D。《告知卡》是针对某一职业病危害因素,告知劳动者危害后果及其防护措施的提示卡。

《告知卡》设置在使用有毒物品作业岗位的醒目位置。

7 使用有毒物品作业场所警示标识的设置

在使用有毒物品作业场所入口或作业场所的显著位置,根据需要,设置"当心中毒"或者"当心有毒气体"警告标识,"戴防毒面具"、"穿防护服"、"注意通风"等指令标识和"紧急出口"、"救援电话"等提示标识。

依据《高毒物品目录》,在使用高毒物品作业岗位醒目位置设置《告知卡》。

在高毒物品作业场所,设置红色警示线。在一般有毒物品作业场所,设置黄色警示线。警示线设在使用有毒作业场所外缘不少于30 cm处。

在高毒物品作业场所应急撤离通道设置紧急出口提示标识。在泄险区启用时,设置"禁止入内"、"禁止停留"警示标识,并加注必要的警示语句。

可能产生职业病危害的设备发生故障时,或者维护、检修存在有毒物品的生产装置时,根据现场实际情况设置"禁止启动"或"禁止入内"警示标识,可加注必要的警示语句。

8 其他职业病危害工作场所警示标识的设置

在产生粉尘的作业场所设置"注意防尘"警告标识和"戴防尘口罩"指令标识。

在可能产生职业性灼伤和腐蚀的作业场所,设置"当心腐蚀"警告标识和"穿防护服"、"戴防护手套"、"穿防护鞋"等指令标识。

在产生噪声的作业场所,设置"噪声有害"警告标识和"戴护耳器"指令标识。

在高温作业场所,设置"注意高温"警告标识。

在可引起电光性眼炎的作业场所,设置"当心弧光"警告标识和"戴防护镜"指令标识。

存在生物性职业病危害因素的作业场所,设置"当心感染"警告标识和相应的指令标识。

存在放射性同位素和使用放射性装置的作业场所,设置"当心电离辐射"警告标识和相应的指令标识。

9 设备警示标识的设置

在可能产生职业病危害的设备上或其前方醒目位置设置相应的警示标识。

10 产品包装警示标识的设置

可能产生职业病危害的化学品、放射性同位素和含放射性物质的材料的,产品包装要设置醒目的相应的警示标识和简明中文警示说明。警示说明载明产品特性、存在的有害因素、可能产生的危害后果、安全使用注意事项以及应急救治措施内容。

11 贮存场所警示标识的设置

贮存可能产生职业病危害的化学品、放射性同位素和含有放射性物质材料的场所,在入口处和存放处设置相应的警示标识以及简明中文警示说明。

12 职业病危害事故现场警示线的设置

在职业病危害事故现场,根据实际情况,设置临时警示线,划分出不同功能区。

红色警示线设在紧邻事故危害源周边,将危害源与其外的区域分隔开来,限佩戴相应防护用具的专业人员可以进入此区域。

黄色警示线设在危害区域的周边,其内外分别是危害区和洁净区,此区域内的人员要佩戴适当的防护用具,出入此区域的人员必须进行洗消处理。

绿色警示线设在救援区域的周边,将救援人员与公众隔离开来。患者的抢救治疗、指挥机构设在此区内。

附 录 A
（规范性附录）
警示图形标准规格及设置

A.1 式样及颜色

A.1.1 基本几何图形式样、颜色及含义见(ISO 3864-1)。

基本几何图形式样、颜色及含义见表 A.1。

表 A.1 基本几何图形式样、颜色及含义

图形	含义	安全色	背景色	标识图色
圆环加斜线	禁止	红色	白色	黑色
圆	指令	蓝色	白色	白色
等边三角形	警告	黄色	黑色	黑色
正方形和长方形	提示	绿色	白色	白色
正方形和长方形	组合框或附加提示信息	白色或标识的颜色	黑色或标识对应的对比色	标识的颜色

A.1.2 安全色

红色——表示禁止和阻止的意思。

蓝色——表示指令,要求人们必须遵守的规定。

黄色——表示提醒人们注意。

绿色——表示给人们提供允许、安全的信息。

A.2 制作

A.2.1 禁止标识

禁止标识按下列格式进行设计,如图 A.1 所示。

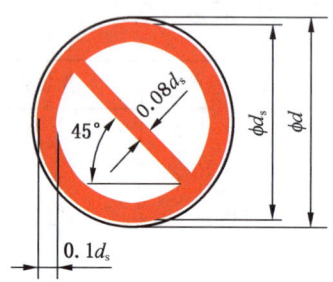

背景:白色
圆圈带和斜杠:红色
标识图:黑色
外圈:白色
安全色至少应覆盖总面积的35%

图 A.1 禁止标识的基本形式

A.2.2 指令标识

指令标识按下列格式进行设计,如图 A.2 所示。

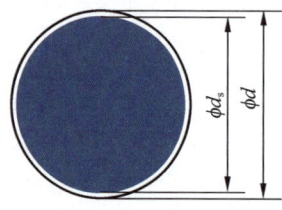

背景:蓝色
标识图:白色
外圈:白色
安全色至少应覆盖总面积的50%

图 A.2 指令标识的基本形式

A.2.3 警告标识

警告标识的基本形式是等边三角形边框,按下列格式进行设计,如图 A.3 所示。

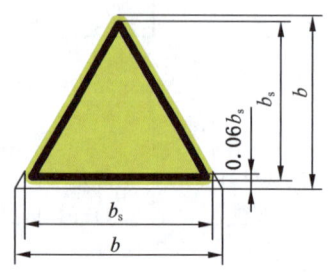

背景:黄色
三角形内带:黑色
标识图:黑色
三角形外圈:黄或白色
安全色至少应覆盖总面积的50%

图 A.3 警告标识的基本形式

A.2.4 提示标识

提示标识按下列格式进行设计，如图 A.4 所示。

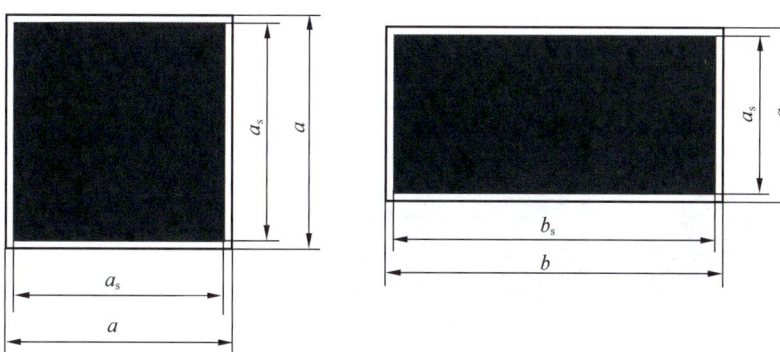

背景：绿色
标识图：白色
外圈：白色
安全色（绿色）至少应
覆盖总面积的50%

图 A.4　提示标识的基本形式

A.2.5 附加提示标识

附加提示标识如图 A.5 所示。

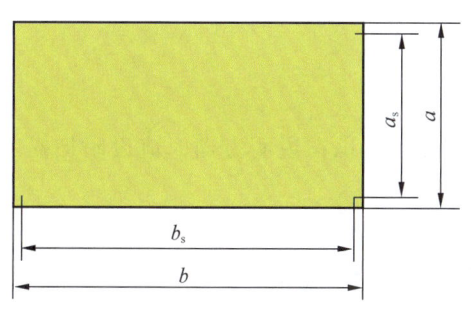 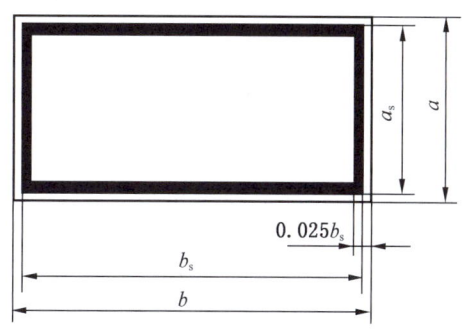

图 A.5　附加提示标识的基本形式

A.2.6 组合标识的编排

组合标识的编排按以下位置设立，如图 A.6 所示。

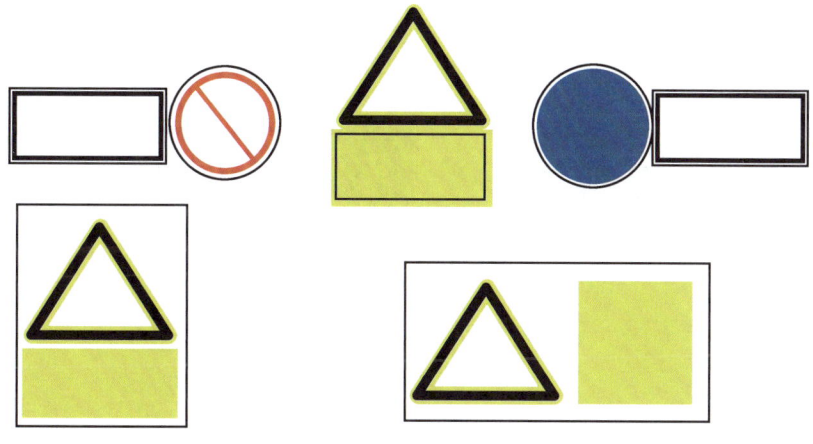

图 A.6　组合框标识的编排

A.2.7 多重标识

多重标识的基本形式如图 A.7 所示。

图 A.7 多重标识的排列

A.2.8 提示标识、方向标识和文字组合

提示标识、方向标识和文字组合按以下方式设立,方向提示标识在说明方向时应设附加提示标识。"出口"字体用楷体。如图 A.8 所示。

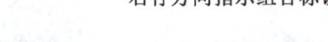

图 A.8 方向组合标识

A.2.9 警示线

警示线分为黄色警示线、红色警示线和绿色警示线,如图 A.9 所示。

图 A.9 警示线

A.3 警示标识设置和使用

警示标识设置和使用见 GB 16179。

A.3.1 警示标识的设置高度

除警示线外,警示标识设置的高度,尽量与人眼的视线高度相一致。悬挂式和柱式的环境信息警示标识的下缘距地面的高度不宜小于 2 m;局部信息警示标识的设置高度视具体情况确定。

A.3.2 使用警示标识的要求

A.3.2.1 警示标识设在与职业病危害工作场所有关的醒目位置,并有足够的时间来注意它所表示的内容。

A.3.2.2 警示标识不设在门、窗等可移动的物体上。警示标识前不得放置妨碍认读的障碍物。

A.3.2.3 警示标识(不包括警示线)的平面与视线夹角应接近 90°角,观察者位于最大观察距离时,最小夹角不低于 75°角,如图 A.10 所示。

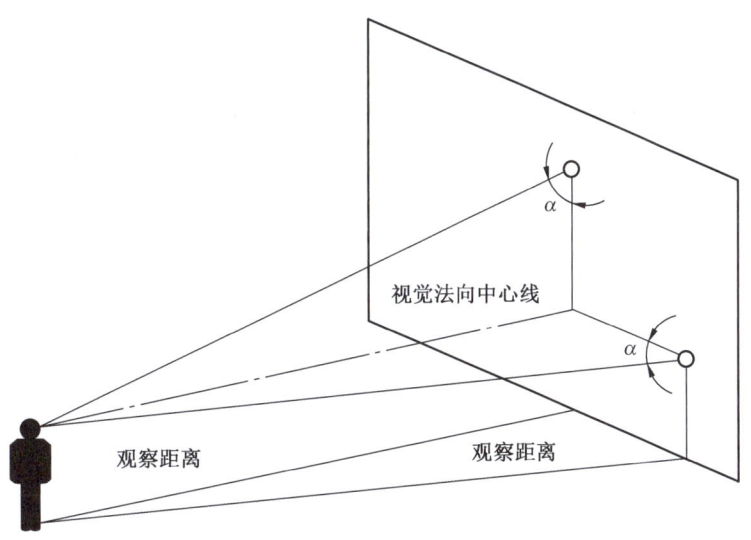

图 A.10 警示标识平面与视线夹角 α 不低于 75°角

A.3.2.4 警示标识设置的位置应具有良好的照明条件。

A.3.2.5 警示标识(不包括警示线)的固定方式分附着式、悬挂式和柱式三种。悬挂式和附着式的固定要稳固不倾斜,柱式的警示标识和支架应牢固地连接在一起。

A.3.3 警示标识的其他要求

警示标识(不包括警示线)要有衬边。除警告标识边框用黄色勾边外,其余全部用白色将边框勾一窄边,即为警示标识的衬边。衬边宽度为标识边长或直径的 0.025 倍。

A.3.3.1 警示标识的材质

警示标识(不包括警示线)采用坚固耐用的材料制作,一般不宜使用易变形、变质或易燃的材料。有触电危险的作业场所使用绝缘材料。

可能产生职业病危害的设备、化学品、放射性同位素和含放射性物质的材料产品包装上,可直接粘贴、印刷或者喷涂警示标识。

A.3.3.2 警示标识(不包括警示线)表面质量

除上述要求外,标识牌图形要清楚、光滑、无孔洞和影响使用的任何缺陷。

A.3.3.3 警示标识牌(不包括警示线)的尺寸

警示标识牌(不包括警示线)的尺寸,见表 A.2。

表 A.2 警示标识牌的尺寸

单位为米

型号	观察距离	圆形标识的外直径	三角形标识外边长	正方形标识外边长	长方形附加提示标识(长×宽)
1	0~2.5	0.070	0.088	0.063	0.126×0.063
2	~4.0	0.110	0.140	0.100	0.200×0.100
3	~6.3	0.175	0.220	0.160	0.320×0.160
4	~10.0	0.280	0.350	0.250	0.500×0.250
5	~16.0	0.450	0.560	0.400	0.800×0.400
6	~25	0.700	0.880	0.630	1.260×0.630
7	~40.0	1.110	1.400	1.000	2.000×1.000

注1:允许有±3%的误差。
注2:在特殊情况下,警示标识牌的尺寸可适当调整。

A.3.3.4 设在固定场所的警示线宽度为 10 cm,警示线可用涂料制作。临时警示线宽度为 10 cm,可用纤维等材料制作。

A.4 颜色

警示标识所用的颜色要符合 GB 2893 规定的颜色。

A.5 检查与维修

警示标识每半年至少检查一次,如发现有破损、变形、褪色等不符合要求时要及时修整或更换,见 GB 16179。

附 录 B
（规范性附录）
图形标识的分类及使用范围

B.1 根据图形标识的设置位置，可将其分为：

B.1.1 环境信息标识(H)：所提供的信息涉及较大区域的图形标识。

B.1.2 局部信息标识(J)：所提供的信息只涉及某地点，甚至某个设备或部件的图形标识。

B.2 图形标识的分类

根据图形标识所表达的意思分为禁止标识、警告标识、指令标识、提示标识和警示线。

B.2.1 禁止标识

禁止标识见表 B.1。

表 B.1 禁止标识

编号	名称及图形符号	标识种类	设置范围和地点
1	禁止入内	H	可能引起职业病危害的工作场所入口处或泄险区周边，如：高毒物品作业场所、放射工作场所等；或可能产生职业病危害的设备发生故障时；或维护、检修存在有毒物品的生产装置时，根据现场实际情况设置
2	禁止停留	H	在特殊情况下，对劳动者具有直接危害的作业场所
3	禁止启动	J	可能引起职业病危害的设备暂停使用或维修时，如设备检修、更换零件等，设置在该设备附近

B.2.2 警告标识

警告标识见表 B.2。

表 B.2 警告标识

编号	名称及图形符号	标识种类	设置范围和地点
4	当心中毒	H,J	使用有毒物品作业场所
5	当心腐蚀	H,J	存在腐蚀物质的作业场所
6	当心感染	H,J	存在生物性职业病危害因素的作业场所
7	当心弧光	H,J	引起电光性眼炎的作业场所
8	当心电离辐射	H,J	产生电离辐射危害的作业场所
9	注意防尘	H,J	产生粉尘的作业场所
10	注意高温	H,J	高温作业场所

表 B.2（续）

编号	名称及图形符号	标识种类	设置范围和地点
11	当心有毒气体	H,J	存在有毒气体的作业场所
12	噪声有害	H,J	产生噪声的作业场所

B.2.3 指令标识

指令标识见表 B.3。

表 B.3 指令标识

序号	名称及图形符号	标识种类	设置范围和地点
13	戴防护镜	H,J	对眼睛有危害的作业场所
14	戴防毒面具	H,J	可能产生职业中毒的作业场所
15	戴防尘口罩	H,J	粉尘浓度超过国家标准的作业场所

表 B.3（续）

序号	名称及图形符号	标识种类	设置范围和地点
16	戴护耳器	H,J	噪声超过国家标准的作业场所
17	戴防护手套	H,J	需对手部进行保护的作业场所
18	穿防护鞋	H,J	需对脚部进行保护的作业场所
19	穿防护服	H,J	具有放射、高温及其他需穿防护服的作业场所
20	注意通风	H,J	存在有毒物品和粉尘等需要进行通风处理的作业场所

B.2.4 提示标识

提示标识见表 B.4。

表 B.4 提示标识

编号	名称及图形符号	标识种类	设置范围和地点
21	左行紧急出口	H,J	安全疏散的紧急出口处，通向紧急出口的通道处

表 B.4（续）

编号	名称及图形符号	标识种类	设置范围和地点
22	右行紧急出口	H,J	安全疏散的紧急出口处，紧急出口的通道处
23	直行紧急出口	H,J	安全疏散的紧急出口处，紧急出口的通道处
24	急救站	H	用人单位设立的紧急医学救助场所
25	救援电话	H,J	救援电话附近

B.2.5 警示线

警示线见表 B.5。

表 B.5 警示线

编号	名称及图形符号	设置范围和地点
26	红色警示线	高毒物品作业场所、放射作业场所、紧邻事故危害源周边
27	黄色警示线	一般有毒物品作业场所、紧邻事故危害区域的周边
28	绿色警示线	事故现场救援区域的周边

附 录 C
（规范性附录）
基本警示语句

C.1 基本警示语句见表 C.1

表 C.1 基本警示语句

编号	语句内容	编号	语句内容
1	禁止入内	29	刺激皮肤
2	禁止停留	30	腐蚀性
3	禁止启动	31	遇湿具有腐蚀性
4	当心中毒	32	窒息性
5	当心腐蚀	33	剧毒
6	当心感染	34	高毒
7	当心弧光	35	有毒
8	当心辐射	36	有毒有害
9	注意防尘	37	遇湿分解放出有毒气体
10	注意高温	38	当心有毒气体
11	有毒气体	39	接触可引起伤害
12	噪声有害	40	皮肤接触可对健康产生危害
13	戴防护镜	41	对健康有害
14	戴防毒面具	42	接触可引起伤害和死亡
15	戴防尘口罩	43	麻醉作用
16	戴护耳器	44	当心眼损伤
17	戴防护手套	45	当心灼伤
18	穿防护鞋	46	强氧化性
19	穿防护服	47	当心中暑
20	注意通风	48	佩戴呼吸防护器
21	左行紧急出口	49	戴防护面具
22	右行紧急出口	50	戴防溅面具
23	直行紧急出口	51	佩戴射线防护用品
24	急救站	52	未经许可,不许入内
25	救援电话	53	不得靠近
26	刺激眼睛	54	不得越过此线
27	遇湿具有刺激性	55	泄险区
28	刺激性	56	不得触摸

C.2 根据工作场所职业病危害的实际状况进行选用。除以上基本警示语句外,在特殊情况下,可自行编制适当的警示语句。警示语句既可单独使用,又可组合使用,也可构成完整的句子。

附　录　D
（规范性附录）
有毒物品作业岗位职业病危害告知卡

D.1　内容与说明

《告知卡》是设置在使用高毒物品作业岗位醒目位置上的一种警示，它以简洁的图形和文字，将作业岗位上所接触到的有毒物品的危害性告知劳动者，并提醒劳动者采取相应的预防和处理措施。《告知卡》包括有毒物品的通用提示栏、有毒物品名称、健康危害、警告标识、指令标识、应急处理和理化特性等内容。

D.1.1　通用提示栏

在《告知卡》的最上边一栏用红底白字标明"有毒物品，对人体有害，请注意防护"等作为通用提示。

D.1.2　有毒物品名称

用中文标明有毒物品的名称。名称要醒目清晰，位于《告知卡》的左上方，可能时应提供英文名称。

D.1.3　健康危害

简要表述职业病危害因素对人体健康的危害后果，包括急、慢性危害和特殊危害。此项目位于《告知卡》的中上部位。

D.1.4　警告标识

在名称的正下方，设置相应的警示语句或警告标识。有多种危害时，可设置多重警告标识或警示语句。

D.1.5　应急处理

简要表述发生急性中毒时的应急救治与预防措施。

D.1.6　指令标识

用警示语句或指令标识表示要采取的职业病危害防护措施。

D.1.7　理化特性

简要表述有毒物品理化、燃烧和爆炸危险等特性。

D.1.8　救援电话

设立用于在发生意外泄漏或者其他可能引起职业病危害情况下的紧急求助电话，便于组织相应力量进行救援工作。

D.1.9　职业卫生咨询电话

为劳动者设立的提供职业病危害防范知识和建议的咨询电话。

D.2 有毒物品作业岗位职业病危害告知卡示例

有毒物品，对人体有害，请注意防护		
苯 Benzene	**健康危害** 可吸入、经口和皮肤进入人体，大剂量会致人死亡；高浓度会引起嗜睡、眩晕、头痛、心跳加快、震颤、意识障碍和昏迷等，经口还会引起恶心、胃肠刺激和痉挛等；长期接触会引起贫血、易出血、易感染，严重时会引起白血病和造血器官癌症	**理化特性** 不溶于水； 遇热、明火易燃烧、爆炸
当心中毒 （骷髅警示标志）	**应急处理** 急性中毒：立即脱离现场至空气新鲜处，脱去污染的衣物，用肥皂水或清水冲洗污染的皮肤。 立即与医疗急救单位联系	
	注意防护 （防护服、手套、面罩、通风 图标）	
急救电话：120	职业卫生咨询电话：××× ××××××××	

ICS 13.100
C 52

中华人民共和国国家职业卫生标准

GB/Z 1—2010
代替 GBZ 1—2002

工业企业设计卫生标准

Hygienic standards for the design of industrial enterprises

2010-01-22 发布　　　　　　　　　　　　　　　　　　　2010-08-01 实施

中华人民共和国卫生部　发布

前 言

根据《中华人民共和国职业病防治法》制定本标准。

本标准是在 GBZ 1—2002《工业企业设计卫生标准》基础上修订的,本标准除个别语句明确表示为参照条款外均为强制性条款。自本标准实施之日起,GBZ 1—2002 废止。

本标准与 GBZ 1—2002 相比主要修改如下:

a) 调整了标准的适用范围,新增加了对事业单位和其他经济组织建设项目的卫生设计及职业病危害评价、建设项目施工期持续数年或施工规模较大、因特殊原因需要的临时性工业企业设计,以及工业园区总体布局等的规定;

b) 增加及更新了规范性引用文件;

c) 增加了工业企业卫生设计常用术语及定义;

d) 调整了部分章节编排顺序及逻辑关系;

e) 增加了建设项目可行性论证阶段、初步设计阶段及竣工验收阶段的职业卫生要求以及职业卫生专篇编制、职业卫生管理组织机构和人员编制要求等内容;

f) 增加了在无法避开自然疫源地,或毗邻气体输送管道,或工业污染区进行工业企业选址时的职业卫生要求。

g) 增加了工作场所职业危害预防控制的卫生设计原则;

h) 增加了工作场所防尘、防毒的具体卫生设计要求:
——增加了除尘、排毒和空气调节设计的卫生学要求;
——细化了事故排风的卫生学设计;
——增加了毒物自动报警和检测报警装置的设计要求;
——增加了系统式局部送风时工作地点的温度和平均风速的规定。

i) 适当调整了防暑、防寒的卫生学设计要求:
——空气调节厂房内不同湿度下的温度要求;
——冬季工作地点的采暖温度和辅助用室的采暖温度。

j) 调整了防非电离辐射的卫生学设计要求:
——增加了大型极低频电磁场发射源选址、极低频电磁场发射源和电力设备选择以及新建电力设施的卫生学要求;
——调整了工频电磁场设备安装地址与居住区等区域距离的卫生学要求;
——增加了居住区等区域磁通量密度最高容许接触水平;
——增加了高电磁辐射作业劳动定员设计的卫生要求。

k) 增加了采光、照明设计的具体要求;

l) 增加了应急救援设计的具体要求;
——应急救援机构急救人员的人数配备;
——气体防护站装备参考配置;
——急救箱配置参考清单。

m) 删除了已在 GBZ 2.2—2007 中包含的职业接触限值:
——车间内工作地点的夏季空气温度规定;
——工作地点噪声声级的卫生限值;
——局部振动强度卫生限值;

——工作地点微波辐射强度卫生限值；

——高频辐射强度卫生限值；

——工频高压电作业场所的电场强度限值；

——工作地点脉冲噪声声级的卫生限值；

——劳动强度分级。

n) 删除了原GBZ 1—2002的规范性附录-附录B：体力劳动强度分级方法；

o) 增加了工业企业卫生防护距离标准，见规范性附录-附录B。

p) 特殊行业如制药、生物、食品加工等行业在遵守本标准基础上，还应根据行业特点制定符合本标准的配套标准。

本标准的附录A、B为规范性附录。

本标准由卫生部职业卫生标准专业委员会提出。

本标准由中华人民共和国卫生部批准。

本标准主要起草单位：中国疾病预防控制中心职业卫生与中毒控制所、中国疾病预防控制中心环境与健康相关产品安全所、复旦大学公共卫生学院、北京大学公共卫生学院、首都经济贸易大学、北京市疾病预防控制中心、上海市疾病预防控制中心、辽宁省疾病预防控制中心、中华全国总工会、山东省职业卫生与职业病防治研究院、河南省职业病防治研究所、辽宁省职业病防治院、鞍山钢铁集团公司劳动卫生研究所、中国纺织勘察设计协会、中国化学工业协会、中国石油和化工勘察设计协会、全国电力行业劳动环境检测监督总站。

本标准主要起草人：李涛、张敏、吴维皑、杜燮祎、邵强、徐伯洪、梁友信、戴自祝、王生、郭建中、王忠旭、李文捷、赵容、吕琳、吴世达、刘苗、余善法、李刚、刘晓延、邵华、林菡、王恩业、刘承彬、樊晶光、赵桂芹、王丹、金晔鑫、陈青松、张永。

本标准所代替标准的历次版本发布情况为：

——标准-101-56，GBJ 1-62，TJ 36-79，GBZ 1—2002。

工业企业设计卫生标准

1 范围

本标准规定了工业企业选址与总体布局、工作场所、辅助用室以及应急救援的基本卫生学要求。

本标准适用于工业企业新建、改建、扩建和技术改造、技术引进项目（以下统称建设项目）的卫生设计及职业病危害评价。

事业单位和其他经济组织建设项目的卫生设计及职业病危害评价、建设项目施工期持续数年或施工规模较大、因各种特殊原因需要的临时性工业企业设计、以及工业园区的总体布局等可参照本标准执行。

2 规范性引用文件

下列文件中的条款通过本标准的引用而成为本标准的条款。凡是注日期的引用文件，其随后所有的修改单（不包括勘误的内容）或修订版均不适用于本标准，然而，鼓励根据本标准达成协议的各方研究是否可使用这些文件的最新版本。凡是不注日期的引用文件，其最新版本适用于本标准。

GBZ 2.1 工作场所有害因素职业接触限值第1部分：化学有害因素
GBZ 2.2 工作场所有害因素职业接触限值第2部分：物理因素
GBZ 158 工作场所职业病危害警示标识
GBZ/T 194 工作场所防止职业中毒卫生工程防护措施规范
GBZ/T 195 有机溶剂作业场所个人职业病防护用品使用规范
GBZ/T 223 工作场所有毒气体检测报警装置设置规范
GB 3095 环境空气质量标准
GB 16297 大气污染物综合排放标准
GB/T 16758 排风罩的分类及技术条件
GB 18083 以噪声污染为主的工业企业卫生防护距离标准
GB/T 18664 呼吸防护用品的选择、使用与维护
GB 18871 电离辐射防护与辐射源安全基本标准
GB 50019 采暖通风与空气调节设计规范
GB/T 50033 建筑采光设计标准
GB 50034 建筑照明设计标准
GB 50073 洁净厂房设计规范
GB 50187 工业企业总平面设计规范
GBJ 87 工业企业噪声控制设计规范

3 术语和定义

下列术语和定义适用于本标准。

3.1 卫生标准 hygienic standard

为实施国家卫生法律法规和有关卫生政策，保护人体健康，在预防医学和临床医学研究与实践的基

础上,对涉及人体健康和医疗卫生服务事项制定的各类技术规定。

3.2 工作场所 workplace

劳动者进行职业活动、并由用人单位直接或间接控制的所有工作地点。

3.3 工作地点 work site

劳动者从事职业活动或进行生产管理而经常或定时停留的岗位或作业地点。

3.4 职业性有害因素 occupational hazards

又称职业病危害因素,在职业活动中产生和(或)存在的、可能对职业人群健康、安全和作业能力造成不良影响的因素或条件,包括化学、物理、生物等因素。

3.5 职业接触限值 occupational exposure limits,OELs

劳动者在职业活动过程中长期反复接触,对绝大多数接触者的健康不引起有害作用的容许接触水平,是职业性有害因素的接触限制量值。化学有害因素的职业接触限值包括时间加权平均容许浓度、短时间接触容许浓度和最高容许浓度三类,物理因素职业接触限值包括时间加权平均容许限值和最高容许限值。

3.6 自然疫源地 natural infectious focus

某些传染病的病原体在自然界的野生动物中长期存在并造成动物间流行的地区。

3.7 卫生防护距离 hygienic buffer zone

从产生职业性有害因素的生产单元(生产区、车间或工段)的边界至居住区边界的最小距离。即在正常生产条件下,无组织排放的有害气体(大气污染物)自生产单元边界到居住区的范围内,能够满足国家居住区容许浓度限值相关标准规定的所需的最小距离。

3.8 全年(夏季)最小频率风向 annual(summer)minimum frequency of wind direction

全年(或夏季)各风向中频率出现最少的风向。

3.9 夏季主导风向 summer prevailing wind direction

累年夏季各风向中最高频率的风向。

3.10 粉尘 dust

能够较长时间悬浮于空气中的固体微粒。

3.11 生产性粉尘 industrial dust

在生产过程中形成的粉尘。按粉尘的性质分为:无机粉尘(inorganic dust,含矿物性粉尘、金属性粉尘、人工合成的无机粉尘);有机粉尘(organic dust,含动物性粉尘、植物性粉尘、人工合成有机粉尘);混合性粉尘(mixed dust,混合存在的各类粉尘)。

3.12 毒物 toxicant [toxic substance(s)]

在一定条件下,较低剂量能引起机体功能性或器质性损伤的外源性化学物质。

3.13 生产性毒物　industrial toxicant（toxic substance）

生产过程中产生或存在于工作场所空气中的各种毒物。

3.14 高温作业　work（job）under hot environment

在高气温、或有强烈的热辐射、或伴有高气湿相结合的异常气象条件下，WBGT指数超过规定限值的作业。

3.15 寒冷环境　cold environment

环境温度、湿度、风速等负荷联合作用于人体，引起人体更多散热，导致人体发生冷应激反应的环境状态。

3.16 低温作业　work（job）under cold stress

平均气温$\leqslant 5$ ℃的作业。

3.17 噪声　noise

一切有损听力、有害健康或有其他危害的声响。

3.18 生产性噪声　industrial noise

在生产过程中产生的噪声。按噪声的时间分布分为连续声（continuous noise）和间断声（intermittent noise）；声级波动<3 dB(A)的噪声为稳态噪声（steady noise），声级波动$\geqslant 3$ dB(A)的噪声为非稳态噪声；持续时间$\leqslant 0.5$ s，间隔时间>1 s，声压有效值变化$\geqslant 40$ dB(A)的噪声为脉冲噪声（impulsive noise）。

3.19 振动　vibration

一个质点或物体在外力作用下沿直线或弧线围绕平衡位置来回重复的运动。

3.20 手传振动　hand-transmitted vibration

又称手臂振动（hand-arm vibration）或局部振动（segmental vibration），指生产中使用振动工具或接触受振动工件时，直接作用或传递到人手臂的机械振动或冲击。

3.21 全身振动　whole-body vibration

人体足部或臀部接触并通过下肢或躯干传导到全身的振动。

3.22 电离辐射　ionizing radiation

能使受作用物质发生电离现象的辐射，即波长<100 nm的电磁辐射。

3.23 非电离辐射　non-ionizing radiation

波长>100 nm不足以引起生物体电离的电磁辐射。

3.24 辅助用室　work-related welfare facilities

为保障生产经营正常运行、劳动者生活和健康而设置的非生产用房。

3.25 工效学 ergonomics

以人为中心,研究人、机器设备和工作环境之间的相互关系,实现人在生产劳动及其他活动中的健康、安全、舒适和高效的一门学科。

4 总则

4.1 工业企业建设项目的设计应贯彻《中华人民共和国职业病防治法》,坚持"预防为主,防治结合"的卫生工作方针,落实职业病危害"前期预防"控制制度,保证工业企业建设项目的设计符合卫生要求。

4.2 工业企业建设项目的设计应优先采用有利于保护劳动者健康的新技术、新工艺、新材料、新设备,限制使用或者淘汰职业病危害严重的工艺、技术、材料;对于生产过程中尚不能完全消除的生产性粉尘、生产性毒物、生产性噪声以及高温等职业性有害因素,应采取综合控制措施,使工作场所职业性有害因素符合国家职业卫生标准要求,防止职业性有害因素对劳动者的健康损害。

4.3 承担工业企业卫生设计的设计人员应了解职业卫生相关法律、法规、标准以及职业病防治知识,掌握建设项目使用和存在的职业性有害因素、危害的分布、毒作用特点和有关的预防控制技术。

4.4 可能产生职业病危害的建设项目,其职业病危害防护设施应与主体工程同时设计,同时施工,同时投入生产使用。在可行性论证阶段编制的可行性论证报告应包括职业卫生相关内容,并进行职业病危害预评价;在设计阶段编制的初步设计应包括职业卫生专篇,职业病危害严重的建设项目还应编制职业病危害防护设施设计专篇。

4.5 应根据工业企业生产性质和规模、职业病危害程度(强度)及接触人数等,兼顾工效学原理设计职业卫生管理组织机构及人员编制。人员编制可参考附录 A 表 A.1。

4.6 项目预算设计应包括职业病防治经费。

5 选址、总体布局与厂房设计

5.1 选址

5.1.1 工业企业选址应依据我国现行的卫生、安全生产和环境保护等法律法规、标准和拟建工业企业建设项目生产过程的卫生特征及其对环境的要求、职业性有害因素的危害状况,结合建设地点现状与当地政府的整体规划,以及水文、地质、气象等因素,进行综合分析而确定。

5.1.2 工业企业选址宜避开自然疫源地;对于因建设工程需要等原因不能避开的,应设计具体的疫情综合预防控制措施。

5.1.3 工业企业选址宜避开可能产生或存在危害健康的场所和设施,如垃圾填埋场、污水处理厂、气体输送管道,以及水、土壤可能已被原工业企业污染的地区;建设工程需要难以避开的,应首先进行卫生学评估,并根据评估结果采取必要的控制措施。设计单位应明确要求施工单位和建设单位制定施工期间和投产运行后突发公共卫生事件应急救援预案。

5.1.4 向大气排放有害物质的工业企业应设在当地夏季最小频率风向被保护对象的上风侧,并应符合国家规定的卫生防护距离要求(参照附录 B),以避免与周边地区产生相互影响。对于目前国家尚未规定卫生防护距离要求的,宜进行健康影响评估,并根据实际评估结果作出判定。

5.1.5 在同一工业区内布置不同卫生特征的工业企业时,宜避免不同有害因素产生交叉污染和联合作用。

5.2 总体布局

5.2.1 平面布置

5.2.1.1 工业企业厂区总平面布置应明确功能分区,可分为生产区、非生产区、辅助生产区。其工程用地应根据卫生要求,结合工业企业性质、规模、生产流程、交通运输、场地自然条件、技术经济条件等合理布局。

5.2.1.2 工业企业总平面布置,包括建(构)筑物现状、拟建建筑物位置、道路、卫生防护、绿化等应符合GB 50187等国家相关标准要求。

5.2.1.3 工业企业厂区总平面功能分区的分区原则应遵循:分期建设项目宜一次整体规划,使各单体建筑均在其功能区内有序合理,避免分期建设时破坏原功能分区;行政办公用房应设置在非生产区;生产车间及与生产有关的辅助用室应布置在生产区内;产生有害物质的建筑(部位)与环境质量较高要求的有较高洁净要求的建筑(部位)应有适当的间距或分隔。

5.2.1.4 生产区宜选在大气污染物扩散条件好的地段,布置在当地全年最小频率风向的上风侧;产生并散发化学和生物等有害物质的车间,宜位于相邻车间当地全年最小频率风向的上风侧;非生产区布置在当地全年最小频率风向的下风侧;辅助生产区布置在两者之间。

5.2.1.5 工业企业的总平面布置,在满足主体工程需要的前提下,宜将可能产生严重职业性有害因素的设施远离产生一般职业性有害因素的其他设施,应将车间按有无危害、危害的类型及其危害浓度(强度)分开;在产生职业性有害因素的车间与其他车间及生活区之间宜设一定的卫生防护绿化带。

5.2.1.6 存在或可能产生职业病危害的生产车间、设备应按照GBZ 158设置职业病危害警示标识。

5.2.1.7 可能发生急性职业病危害的有毒、有害的生产车间的布置应设置与相应事故防范和应急救援相配套的设施及设备,并留有应急通道。

5.2.1.8 高温车间的纵轴宜与当地夏季主导风向相垂直。当受条件限制时,其夹角不得<45°。

5.2.1.9 高温热源应尽可能地布置在车间外当地夏季主导风向的下风侧;不能布置在车间外的高温热源应布置在天窗下方或靠近车间下风侧的外墙侧窗附近。

5.2.2 竖向布置

5.2.2.1 放散大量热量或有害气体的厂房宜采用单层建筑。当厂房是多层建筑物时,放散热和有害气体的生产过程宜布置在建筑物的高层。如必须布置在下层时,应采取有效措施防止污染上层工作环境。

5.2.2.2 噪声与振动较大的生产设备宜安装在单层厂房内。当设计需要将这些生产设备安置在多层厂房内时,宜将其安装在底层,并采取有效的隔声和减振措施。

5.2.2.3 含有挥发性气体、蒸气的各类管道不宜从仪表控制室和劳动者经常停留或通过的辅助用室的空中和地下通过;若需通过时,应严格密闭,并应具备抗压、耐腐蚀等性能,以防止有害气体或蒸气逸散至室内。

5.3 厂房设计

5.3.1 厂房建筑方位应能使室内有良好的自然通风和自然采光,相邻两建筑物的间距一般不宜小于二者中较高建筑物的高度;

5.3.2 以自然通风为主的厂房,车间天窗设计应满足卫生要求:阻力系数小,通风量大,便于开启,适应不同季节要求,天窗排气口的面积应略大于进风窗口及进风门的面积之和。热加工厂房应设置天窗挡风板,厂房侧窗下缘距地面不宜高于1.2 m。

5.3.3 高温、热加工、有特殊要求和人员较多的建筑物应避免西晒。厂房侧窗上方宜设置遮阳、遮雨的固定板(棚),避免阳光直射,方便雨天通风。

5.3.4 产生噪声、振动的厂房设计和设备布局应采取降噪和减振措施。

5.3.5 车间办公室宜靠近厂房布置,但不宜与处理危险、有毒物质的场所相邻。应满足采光、照明、通风、隔声等要求。

5.3.6 空调厂房及洁净厂房的设计按 GB 50073 等有关现行国家标准执行。

6 工作场所基本卫生要求

6.1 防尘、防毒

6.1.1 优先采用先进的生产工艺、技术和无毒(害)或低毒(害)的原材料,消除或减少尘、毒职业性有害因素;对于工艺、技术和原材料达不到要求的,应根据生产工艺和粉尘、毒物特性,参照 GBZ/T 194 的规定设计相应的防尘、防毒通风控制措施,使劳动者活动的工作场所有害物质浓度符合 GBZ 2.1 要求;如预期劳动者接触浓度不符合要求的,应根据实际接触情况,参照 GBZ/T 195、GB/T 19664 的要求同时设计有效的个人防护措施。

6.1.1.1 原材料选择应遵循无毒物质代替有毒物质,低毒物质代替高毒物质的原则。

6.1.1.2 对产生粉尘、毒物的生产过程和设备(含露天作业的工艺设备),应优先采用机械化和自动化,避免直接人工操作。为防止物料跑、冒、滴、漏,其设备和管道应采取有效的密闭措施,密闭形式应根据工艺流程、设备特点、生产工艺、安全要求及便于操作、维修等因素确定,并应结合生产工艺采取通风和净化措施。对移动的扬尘和逸散毒物的作业,应与主体工程同时设计移动式轻便防尘和排毒设备。

6.1.1.3 对于逸散粉尘的生产过程,应对产尘设备采取密闭措施;设置适宜的局部排风除尘设施对尘源进行控制;生产工艺和粉尘性质可采取湿式作业的,应采取湿法抑尘。当湿式作业仍不能满足卫生要求时,应采用其他通风、除尘方式。

6.1.2 产生或可能存在毒物或酸碱等强腐蚀性物质的工作场所应设冲洗设施;高毒物质工作场所墙壁、顶棚和地面等内部结构和表面应采用耐腐蚀、不吸收、不吸附毒物的材料,必要时加设保护层;车间地面应平整防滑,易于冲洗清扫;可能产生积液的地面应做防渗透处理,并采用坡向排水系统,其废水纳入工业废水处理系统。

6.1.3 贮存酸、碱及高危液体物质贮罐区周围应设置泄险沟(堰)。

6.1.4 工作场所粉尘、毒物的发生源应布置在工作地点的自然通风或进风口的下风侧;放散不同有毒物质的生产过程所涉及的设施布置在同一建筑物内时,使用或产生高毒物质的工作场所应与其他工作场所隔离。

6.1.5 防尘和防毒设施应依据车间自然通风风向、扬尘和逸散毒物的性质、作业点的位置和数量及作业方式等进行设计。经常有人来往的通道(地道、通廊),应有自然通风或机械通风,并不宜敷设有毒液体或有毒气体的管道。

6.1.5.1 通风、除尘、排毒设计应遵循相应的防尘、防毒技术规范和规程的要求。

    a) 当数种溶剂(苯及其同系物、醇类或醋酸酯类)蒸气或数种刺激性气体同时放散于空气中时,应按各种气体分别稀释至规定的接触限值所需要的空气量的总和计算全面通风换气量。除上述有害气体及蒸气外,其他有害物质同时放散于空气中时,通风量仅按需要空气量最大的有害物质计算。

    b) 通风系统的组成及其布置应合理,能满足防尘、防毒的要求。容易凝结蒸气和聚积粉尘的通风管道、几种物质混合能引起爆炸、燃烧或形成危害更大的物质的通风管道,应设单独通风系统,不得相互连通。

    c) 采用热风采暖、空气调节和机械通风装置的车间,其进风口应设置在室外空气清洁区并低于排风口,对有防火防爆要求的通风系统,其进风口应设在不可能有火花溅落的安全地点,排风口应设在室外安全处。相邻工作场所的进气和排气装置,应合理布置,避免气流短路。

    d) 进风口的风量,应按防止粉尘或有害气体逸散至室内的原则通过计算确定。有条件时,应在投入运行前以实测数据或经验数值进行实际调整。

e) 供给工作场所的空气一般直接送至工作地点。放散气体的排出应根据工作场所的具体条件及气体密度合理设置排出区域及排风量。

f) 确定密闭罩进风口的位置、结构和风速时,应使罩内负压均匀,防止粉尘外逸并不致把物料带走。

g) 下列三种情况不宜采用循环空气:
——空气中含有燃烧或爆炸危险的粉尘、纤维,含尘浓度大于或等于其爆炸下限的25%时;
——对于局部通风除尘、排毒系统,在排风经净化后,循环空气中粉尘、有害气体浓度大于或等于其职业接触限值的30%时;
——空气中含有病原体、恶臭物质及有害物质浓度可能突然增高的工作场所。

h) 局部机械排风系统各类型排气罩应参照 GB/T 16758 的要求,遵循形式适宜、位置正确、风量适中、强度足够、检修方便的设计原则,罩口风速或控制点风速应足以将发生源产生的尘、毒吸入罩内,确保达到高捕集效率。局部排风罩不能采用密闭形式时,应根据不同的工艺操作要求和技术经济条件选择适宜的伞形排风装置。

i) 输送含尘气体的风管宜垂直或倾斜敷设,倾斜敷设时,与水平面的夹角应>45°。如必须设置水平管道时,管道不应过长,并应在适当位置设置清扫孔,方便清除积尘,防止管道堵塞。

j) 按照粉尘类别不同,通风管道内应保证达到最低经济流速。为便于除尘系统的测试,设计时应在除尘器的进出口处设可开闭式的测试孔,测试孔的位置应选在气流稳定的直管段,测试孔在不测试时应可以关闭。在有爆炸性粉尘及有毒有害气体净化系统中,宜设置连续自动检测装置。

k) 为减少对厂区及周边地区人员的危害及环境污染,散发有毒有害气体的设备所排出的尾气以及由局部排气装置排出的浓度较高的有害气体应通过净化处理设备后排出;直接排入大气的,应根据排放气体的落地浓度确定引出高度,使工作场所劳动者接触的落点浓度符合 GBZ 2.1 的要求,还应符合 GB 16297 和 GB 3095 等相应环保标准的规定。

l) 含有剧毒、高毒物质或难闻气味物质的局部排风系统,或含有较高浓度的爆炸危险性物质的局部排风系统所排出的气体,应排至建筑物外空气动力阴影区和正压区之外。

6.1.5.2 在生产中可能突然逸出大量有害物质或易造成急性中毒或易燃易爆的化学物质的室内作业场所,应设置事故通风装置及与事故排风系统相连锁的泄漏报警装置。

a) 事故通风宜由经常使用的通风系统和事故通风系统共同保证,但在发生事故时,必须保证能提供足够的通风量。事故通风的风量宜根据工艺设计要求通过计算确定,但换气次数不宜<12 次/h。

b) 事故通风通风机的控制开关应分别设置在室内、室外便于操作的地点。

c) 事故排风的进风口,应设在有害气体或有爆炸危险的物质放散量可能最大或聚集最多的地点。对事故排风的死角处,应采取导流措施。

d) 事故排风装置排风口的设置应尽可能避免对人员的影响:
——事故排风装置的排风口应设在安全处,远离门、窗及进风口和人员经常停留或经常通行的地点;
——排风口不得朝向室外空气动力阴影区和正压区;

6.1.5.3 在放散有爆炸危险的可燃气体、粉尘或气溶胶等物质的工作场所,应设置防爆通风系统或事故排风系统。

6.1.6 应结合生产工艺和毒物特性,在有可能发生急性职业中毒的工作场所,根据自动报警装置技术发展水平设计自动报警或检测装置。

6.1.6.1 检测报警点应根据 GBZ/T 233 的要求,设在存在、生产或使用有毒气体的工作地点,包括可能释放高毒、剧毒气体的作业场所,可能大量释放或容易聚集的其他有毒气体的工作地点也应设置检测报警点。

6.1.6.2 应设置有毒气体检测报警仪的工作地点,宜采用固定式,当不具备设置固定式的条件时,应配置便携式检测报警仪。

6.1.6.3 毒物报警值应根据有毒气体毒性和现场实际情况至少设警报值和高报值。预报值为 MAC 或 PC-STEL 的 1/2,无 PC-STEL 的化学物质,警报值可设在相应超限倍数值的 1/2;警报值为 MAC 或 PC-STEL 值,无 PC-STEL 的化学物质,警报值可设在相应的超限倍数值;高报值应综合考虑有毒气体毒性、作业人员情况、事故后果、工艺设备等各种因素后设定。

6.1.7 可能存在或产生有毒物质的工作场所应根据有毒物质的理化特性和危害特点配备现场急救用品,设置冲洗喷淋设备、应急撤离通道、必要的泄险区以及风向标。泄险区应低位设置且有防透水层,泄漏物质和冲洗水应集中纳入工业废水处理系统。

6.2 防暑、防寒

6.2.1 防暑

6.2.1.1 应优先采用先进的生产工艺、技术和原材料,工艺流程的设计宜使操作人员远离热源,同时根据其具体条件采取必要的隔热、通风、降温等措施,消除高温职业危害。

6.2.1.2 对于工艺、技术和原材料达不到要求的,应根据生产工艺、技术、原材料特性以及自然条件,通过采取工程控制措施和必要的组织措施,如减少生产过程中的热和水蒸气释放,屏蔽热辐射源,加强通风,减少劳动时间,改善作业方式等,使室内和露天作业地点 WBGT 指数符合 GBZ 2.2 的要求。对于劳动者室内和露天作业 WBGT 指数不符合标准要求的,应根据实际接触情况采取有效的个人防护措施。

6.2.1.3 应根据夏季主导风向设计高温作业厂房的朝向,使厂房能形成穿堂风或能增加自然通风的风压。高温作业厂房平面布置呈"L"型、"Ⅱ"型或"Ⅲ"型的,其开口部分宜位于夏季主导风向的迎风面。

6.2.1.4 高温作业厂房宜设有避风的天窗,天窗和侧窗宜便于开关和清扫。

6.2.1.5 夏季自然通风用的进气窗的下端距地面不宜 >1.2 m,以便空气直接吹向工作地点;冬季需要自然通风时,应对通风设计方案进行技术经济比较,并根据热平衡的原则合理确定热风补偿系统容量,进气窗下端一般不宜 <4 m;若 <4 m 时,宜采取防止冷风吹向工作地点的有效措施。

6.2.1.6 以自然通风为主的高温作业厂房应有足够的进、排风面积。产生大量热、湿气、有害气体的单层厂房的附属建筑物占用该厂房外墙的长度不得超过外墙全长的 30%,且不宜设在厂房的迎风面。

6.2.1.7 产生大量热或逸出有害物质的车间,在平面布置上应以其最长边作为外墙。若四周均为内墙时,应采取向室内送入清洁空气的措施。

6.2.1.8 热源应尽量布置在车间外面;采用热压为主的自然通风时,热源应尽量布置在天窗的下方;采用穿堂风为主的自然通风时,热源应尽量布置在夏季主导风向的下风侧;热源布置应便于采用各种有效的隔热及降温措施。

6.2.1.9 车间内发热设备设置应按车间气流具体情况确定,一般宜在操作岗位夏季主导风向的下风侧、车间天窗下方的部位。

6.2.1.10 高温、强热辐射作业,应根据工艺、供水和室内微小气候等条件采用有效的隔热措施,如水幕、隔热水箱或隔热屏等。工作人员经常停留或靠近的高温地面或高温壁板,其表面平均温度不应 >40 ℃,瞬间最高温度也不宜 >60 ℃。

6.2.1.11 当高温作业时间较长,工作地点的热环境参数达不到卫生要求时,应采取降温措施。

a) 采用局部送风降温措施时,气流达到工作地点的风速控制设计应符合以下要求:
   ——带有水雾的气流风速为 3 m/s~5 m/s,雾滴直径应<100 μm;
   ——不带水雾的气流风速,劳动强度Ⅰ级的应控制在 2 m/s~3 m/s,Ⅱ级的控制在 3 m/s~5 m/s,Ⅲ级的控制在 4 m/s~6 m/s。
b) 设置系统式局部送风时,工作地点的温度和平均风速应符合表 1 的规定:

表 1 工作地点的温度和平均风速

热辐射强度 (W/m²)	冬季		夏季	
	温度(℃)	风速(m/s)	温度(℃)	风速(m/s)
350~700	20~25	1~2	26~31	1.5~3
701~1400	20~25	1~3	26~30	2~4
1401~2100	18~22	2~3	25~29	3~5
2101~2800	18~22	3~4	24~28	4~6

注 1:轻度强度作业时,温度宜采用表中较高值,风速宜采用较低值;重强度作业时,温度宜采用较低值,风速宜采用较高值;中度强度作业时其数据可按插入法确定。
注 2:对于夏热冬冷(或冬暖)地区,表中夏季工作地点的温度,可提高 2 ℃。
注 3:当局部送风系统的空气需要冷却或加热处理时,其室外计算参数,夏季应采用通风室外计算温度及相对湿度;冬季应采用采暖室外计算温度。

6.2.1.12 工艺上以湿度为主要要求的空气调节车间,除工艺有特殊要求或已有规定者外,不同湿度条件下的空气温度应符合表 2 的规定。

表 2 空气调节厂房内不同湿度下的温度要求(上限值)

相对湿度(%)	<55	<65	<75	<85	≥85
温度(℃)	30	29	28	27	26

6.2.1.13 高温作业车间应设有工间休息室。休息室应远离热源,采取通风、降温、隔热等措施,使温度≤30 ℃;设有空气调节的休息室室内气温应保持在 24 ℃~28 ℃。对于可以脱离高温作业点的,可设观察(休息)室。

6.2.1.14 特殊高温作业,如高温车间桥式起重机驾驶室、车间内的监控室、操作室、炼焦车间拦焦车驾驶室等应有良好的隔热措施,热辐射强度应<700 W/m²,室内气温不应>28 ℃。

6.2.1.15 当作业地点日最高气温≥35 ℃时,应采取局部降温和综合防暑措施,并应减少高温作业时间。

6.2.2 防寒

6.2.2.1 凡近十年每年最冷月平均气温≤8 ℃的月数≥3 个月的地区应设集中采暖设施,<2 个月的地区应设局部采暖设施。当工作地点不固定,需要持续低温作业时,应在工作场所附近设置取暖室。

6.2.2.2 冬季寒冷环境工作地点采暖温度应符合表 3 要求。

表3 冬季工作地点的采暖温度(干球温度)

体力劳动强度级别	采暖温度(℃)
Ⅰ	≥18
Ⅱ	≥16
Ⅲ	≥14
Ⅳ	≥12

注1：体力劳动强度分级见GBZ 2.2，其中Ⅰ级代表轻劳动，Ⅱ级代表中等劳动，Ⅲ级代表重劳动，Ⅳ级代表极重劳动。
注2：当作业地点劳动者人均占用较大面积(50 m^2~100 m^2)、劳动强度Ⅰ级时，其冬季工作地点采暖温度可低至10 ℃，Ⅱ级时可低至7 ℃，Ⅲ级时可低至5 ℃。
注3：当室内散热量<23 W/m^{3}时，风速不宜>0.3 m/s；当室内散热量≥23 W/m^{3}时，风速不宜>0.5 m/s。

6.2.2.3 采暖地区的生产辅助用室冬季室温宜符合表4中的规定。

表4 生产辅助用室的冬季温度

辅助用室名称	气温(℃)
办公室、休息室、就餐场所	≥18
浴室、更衣室、妇女卫生室	≥25
厕所、盥洗室	≥14

注：工业企业辅助建筑，风速不宜>0.3 m/s。

6.2.2.4 工业建筑采暖的设置、采暖方式的选择应按照GB 50019，根据建筑物规模、所在地区气象条件、能源状况、能源及环保政策等要求，采用技术可行、经济合理的原则确定。

6.2.2.5 冬季采暖室外计算温度≤-20 ℃的地区，为防止车间大门长时间或频繁开放而受冷空气的侵袭，应根据具体情况设置门斗、外室或热空气幕。

6.2.2.6 设计热风采暖时，应防止强烈气流直接对人产生不良影响，送风的最高温度不得超过70 ℃，送风宜避免直接面向人，室内气流一般应为0.1 m/s~0.3 m/s。

6.2.2.7 产生较多或大量湿气的车间，应设计必要的除湿排水防潮设施。

6.2.2.8 车间围护结构应防止雨水渗透，冬季需要采暖的车间，围护结构内表面(不包括门窗)应防止凝结水气，特殊潮湿车间工艺上允许在墙上凝结水汽的除外。

6.3 防噪声与振动

6.3.1 防噪声

6.3.1.1 工业企业噪声控制应按GBJ 87设计，对生产工艺、操作维修、降噪效果进行综合分析，采用行之有效的新技术、新材料、新工艺、新方法。对于生产过程和设备产生的噪声，应首先从声源上进行控制，使噪声作业劳动者接触噪声声级符合GBZ 2.2的要求。采用工程控制技术措施仍达不到GBZ 2.2要求的，应根据实际情况合理设计劳动作息时间，并采取适宜的个人防护措施。

6.3.1.2 产生噪声的车间与非噪声作业车间、高噪声车间与低噪声车间应分开布置。

6.3.1.3 工业企业设计中的设备选择,宜选用噪声较低的设备。

6.3.1.4 在满足工艺流程要求的前提下,宜将高噪声设备相对集中,并采取相应的隔声、吸声、消声、减振等控制措施。

6.3.1.5 为减少噪声的传播,宜设置隔声室。隔声室的天棚、墙体、门窗均应符合隔声、吸声的要求。

6.3.1.6 产生噪声的车间,应在控制噪声发生源的基础上,对厂房的建筑设计采取减轻噪声影响的措施,注意增加隔声、吸声措施。

6.3.1.7 非噪声工作地点的噪声声级的设计要求应符合表5的规定设计要求:

表 5 非噪声工作地点噪声声级设计要求

地点名称	噪声声级 dB(A)	工效限值 dB(A)
噪声车间观察(值班)室	≤75	
非噪声车间办公室、会议室	≤60	≤55
主控室、精密加工室	≤70	

6.3.2 防振动

6.3.2.1 采用新技术、新工艺、新方法避免振动对健康的影响,应首先控制振动源,使手传振动接振强度符合 GBZ 2.2 的要求,全身振动强度不超过表6规定的卫生限值。采用工程控制技术措施仍达不到要求的,应根据实际情况合理设计劳动作息时间,并采取适宜的个人防护措施。

表 6 全身振动强度卫生限值

工作日接触时间(t,h)	卫生限值(m/s^2)
$4<t\leq8$	0.62
$2.5<t\leq4$	1.10
$1.0<t\leq2.5$	1.40
$0.5<t\leq1.0$	2.40
$t\leq0.5$	3.60

6.3.2.2 工业企业设计中振动设备的选择,宜选用振动较小的设备。

6.3.2.3 产生振动的车间,应在控制振动发生源的基础上,对厂房的建筑设计采取减轻振动影响的措施。对产生强烈振动的车间应采取相应的减振措施,对振幅、功率大的设备应设计减振基础。

6.3.2.4 受振动(1 Hz~80 Hz)影响的辅助用室(如办公室、会议室、计算机房、电话室、精密仪器室等),其垂直或水平振动强度不应超过表7中规定的设计要求。

表 7 辅助用室垂直或水平振动强度卫生限值

接触时间(t,h)	卫生限值(m/s^2)	工效限值(m/s^2)
$4<t\leq8$	0.31	0.098
$2.5<t\leq4$	0.53	0.17
$1.0<t\leq2.5$	0.71	0.23
$0.5<t\leq1.0$	1.12	0.37
$t\leq0.5$	1.8	0.57

6.4 防非电离辐射与电离辐射

6.4.1 产生工频电磁场的设备安装地址(位置)的选择应与居住区、学校、医院、幼儿园等保持一定的距离,使上述区域电场强度最高容许接触水平控制在 4 kV/m。

6.4.2 对有可能危及电力设施安全的建筑物、构筑物进行设计时,应遵循国家有关法律、法规要求。

6.4.3 在选择极低频电磁场发射源和电力设备时,应综合考虑安全性、可靠性以及经济社会效益;新建电力设施时,应在不影响健康、社会效益以及技术经济可行的前提下,采取合理、有效的措施以降低极低频电磁场辐射的接触水平。

6.4.4 对于在生产过程中有可能产生非电离辐射的设备,应制定非电离辐射防护规划,采取有效的屏蔽、接地、吸收等工程技术措施及自动化或半自动化远距离操作,如预期不能屏蔽的应设计反射性隔离或吸收性隔离措施,使劳动者非电离辐射作业的接触水平符合GBZ 2.2的要求。

6.4.5 设计劳动定员时应考虑电磁辐射环境对装有心脏起搏器病人等特殊人群的健康影响。

6.4.6 电离辐射防护应按GB 18871及相关国家标准执行。

6.5 采光和照明

6.5.1 工作场所采光设计按GB/T 50033执行。

6.5.2 工作场所照明设计按GB 50034执行。

6.5.3 照明设计宜避免眩光,充分利用自然光,选择适合目视工作的背景,光源位置选择宜避免产生阴影。

6.5.3.1 照明设计宜采取相应措施减少来自窗户眩光,如工作台方向设计宜使劳动者侧对或背对窗户,采用百叶窗、窗帘、遮盖布或树木,或半透明窗户等。

6.5.3.2 应减少裸光照射或使用深颜色灯罩,以完全遮蔽眩光或确保眩光在视野之外,避免来自灯泡眩光的影响。

6.5.3.3 应采取避免间接眩光(反射眩光)的措施,如合理设置光源位置,降低光源亮度,调整工作场所背景颜色。

6.5.3.4 在流水线从事关键技术工作岗位间的隔板不应影响光线或照明。

6.5.3.5 应使设备和照明配套,避免孤立的亮光光区,提高能见度及适宜光线方向。

6.5.4 应根据工作场所的环境条件,选用适宜的符合现行节能标准的灯具。

6.5.4.1 在潮湿的工作场所,宜采用防水灯具或带防水灯头的开敞式灯具。

6.5.4.2 在有腐蚀性气体或蒸气的工作场所,宜采用防腐蚀密闭式灯具。若采用开敞式灯具,各部分应有防腐蚀或防水措施。

6.5.4.3 在高温工作场所,宜采用散热性能好、耐高温的灯具。

6.5.4.4 在粉尘工作场所,应按粉尘性质和生产特点选择防水、防高温、防尘、防爆炸的适宜灯具。

6.5.4.5 在装有锻锤、大型桥式吊车等振动、摆动较大的工作场所使用的灯具,应有防振和防脱落措施。

6.5.4.6 在需防止紫外线照射的工作场所,应采用隔紫灯具或无紫光源。

6.5.4.7 在含有可燃易爆气体及粉尘的工作场所,应采用防爆灯具和防爆开关。

6.6 工作场所微小气候

6.6.1 工作场所的新风应来自室外,新风口应设置在空气清洁区,新风量应满足下列要求:非空调工作场所人均占用容积<20 m³的车间,应保证人均新风量≥30 m³/h;如所占容积>20 m³时,应保证人均新风量≥20 m³/h。采用空气调节的车间,应保证人均新风量≥30 m³/h。洁净室的人均新风量应≥40 m³/h。

6.6.2 封闭式车间人均新风量宜设计为 30 m³/h～50 m³/h。微小气候的设计宜符合表8的要求。

表8 封闭式车间微小气候设计要求

参数	冬季	夏季
温度(℃)	20～24	25～28
风速(m/s)	≤0.2	≤0.3
相对湿度(%)	30～60	40～60
注：过渡季节微小气候计算参数取冬季、夏季插值。		

7 辅助用室基本卫生要求

7.1 一般规定

7.1.1 应根据工业企业生产特点、实际需要和使用方便的原则设置辅助用室,包括车间卫生用室(浴室、更/存衣室、盥洗室以及在特殊作业、工种或岗位设置的洗衣室)、生活室(休息室、就餐场所、厕所)、妇女卫生室,并应符合相应的卫生标准要求。

7.1.2 辅助用室应避开有害物质、病原体、高温等职业性有害因素的影响。建筑物内部构造应易于清扫,卫生设备便于使用。

7.1.3 浴室、盥洗室、厕所的设计,一般按劳动者最多的班组人数进行设计。存衣室设计计算人数应按车间劳动者实际总数计算。

7.1.4 工业园区内企业共用辅助用室的,应统筹考虑园区内各企业的特点。

7.2 车间卫生用室

7.2.1 应根据车间的卫生特征设置浴室、更/存衣室、盥洗室,其卫生特征分级见表9。

表9 车间卫生特征分级

卫生特征	1级	2级	3级	4级
有毒物质	易经皮肤吸收引起中毒的剧毒物质(如有机磷农药、三硝基甲苯、四乙基铅等)	易经皮肤吸收或有恶臭的物质,或高毒物质(如丙烯腈、吡啶、苯酚等)	其他毒物	不接触有害物质或粉尘,不污染或轻度污染身体(如仪表、金属冷加工、机械加工等)
粉尘		严重污染全身或对皮肤有刺激的粉尘(如碳黑、玻璃棉等)	一般粉尘(棉尘)	
其他	处理传染性材料、动物原料(如皮毛等)	高温作业、井下作业	体力劳动强度Ⅲ级或Ⅳ级	
注：虽易经皮肤吸收,但易挥发的有毒物质(如苯等)可按3级确定。				

7.2.2 浴室

7.2.2.1 车间卫生特征1级、2级的车间应设浴室;3级的车间宜在车间附近或厂区设置集中浴室;4级的车间可在厂区或居住区设置集中浴室。浴室可由更衣间、洗浴间和管理间组成。

7.2.2.2 浴室内一般按4个～6个淋浴器设一具盥洗器。淋浴器的数量,可根据设计计算人数按表10计算。

表 10 每个淋浴器设计使用人数(上限值)

车间卫生特征	1级	2级	3级	4级
人数	3	6	9	12
注:需每天洗浴的炎热地区,每个淋浴器使用人数可适当减少。				

7.2.2.3 女浴室和卫生特征1级、2级的车间浴室不得设浴池。

7.2.2.4 体力劳动强度Ⅲ级或Ⅳ级者可设部分浴池,浴池面积一般可按1个淋浴器相当于2 m² 面积进行换算,但浴池面积不宜<5 m²。

7.2.3 更/存衣室

7.2.3.1 车间卫生特征1级的更/存衣室应分便服室和工作服室。工作服室应有良好的通风。

7.2.3.2 车间卫生特征2级的更/存衣室,便服室、工作服室可按照同室分柜存放的原则设计,以避免工作服污染便服。

7.2.3.3 车间卫生特征3级的更/存衣室,便服室、工作服室可按照同柜分层存放的原则设计。更衣室与休息室可合并设置。

7.2.3.4 车间卫生特征4级的更/存衣柜可设在休息室内或车间内适当地点。

7.2.4 盥洗设施

7.2.4.1 车间内应设盥洗室或盥洗设备。接触油污的车间,应供给热水。盥洗水龙头的数量应根据设计计算人数按表11计算。

表 11 盥洗水龙头设计数量

车间卫生特征级别	每个水龙头的使用人数(人)
1、2	20～30
3、4	31～40

7.2.4.2 盥洗设施宜分区集中设置。厂房内的盥洗室应做好地面排水,厂房外的盥洗设施还宜设置雨篷并应防冻。

7.2.5 应根据职业接触特征,对易沾染病原体或易经皮肤吸收的剧毒或高毒物质的特殊工种和污染严重的工作场所设置洗消室、消毒室及专用洗衣房等。

7.2.6 低温高湿的重负荷作业如冷库和地下作业等,应设工作服干燥室。

7.3 生活用室

7.3.1 生活用室的配置应与产生有害物质或有特殊要求的车间隔开,应尽量布置在生产劳动者相对集中、自然采光和通风良好的地方。

7.3.2 应根据生产特点和实际需要设置休息室或休息区。休息室内应设置清洁饮水设施。女工较多的企业,应在车间附近清洁安静处设置孕妇休息室或休息区。

7.3.3 就餐场所的位置不宜距车间过远,但不能与存在职业性有害因素的工作场所相邻设置,并应根据就餐人数设置足够数量的洗手设施。就餐场所及所提供的食品应符合相关的卫生要求。

7.3.4 厕所不宜距工作地点过远,并应有排臭、防蝇措施。车间内的厕所,一般应为水冲式,同时应设洗手池、洗污池。寒冷地区宜设在室内。除有特殊需要,厕所的蹲位数应按使用人数设计。

7.3.4.1 男厕所:劳动定员男职工人数<100人的工作场所可按25人设1个蹲位;>100人的工作场所每增50人增设1个蹲位。小便器的数量与蹲位的数量相同。

7.3.4.2 女厕所：劳动定员女职工人数＜100人的工作场所可按15人设1个～2个蹲位；＞100人的工作场所，每增30人，增设1个蹲位。

7.4 妇女卫生室

7.4.1 人数最多班组女工＞100人的工业企业，应设妇女卫生室。

7.4.2 妇女卫生室由等候间和处理间组成。等候间应设洗手设备及洗涤池。处理间内应设温水箱及冲洗器。冲洗器的数量应根据设计计算人数确定。人数最多班组女工人数为100～200人时，应设1具冲洗器，＞200人时，每增加200人增设1个。

7.4.3 人数最多班组女工人数为40人～100人的工业企业，可设置简易的温水箱及冲洗器。

8 应急救援

8.1 生产或使用有毒物质的、有可能发生急性职业病危害的工业企业的劳动定员设计应包括应急救援组织机构（站）编制和人员定员。

8.1.1 应急救援机构（站）可设在厂区内的医务所或卫生所内，设在厂区外的应考虑应急救援机构（站）与工业企业的距离及最佳响应时间。

8.1.2 应急救援组织机构急救人员的人数宜根据工作场所的规模、职业性有害因素的特点、劳动者人数，按照0.1%～5%的比例配备，并对急救人员进行相关知识和技能的培训。有条件的企业，每个工作班宜至少安排1名急救人员。

8.2 生产或使用剧毒或高毒物质的高风险工业企业应设置紧急救援站或有毒气体防护站。

8.2.1 紧急救援站或有毒气体防护站使用面积可参考附录A表A.2。

8.2.2 有毒气体防护站的装备应根据职业病危害性质、企业规模和实际需要确定，并可参考附录A表A.3配置。

8.2.3 应根据车间（岗位）毒害情况配备防毒器具，设置防毒器具存放柜。防毒器具在专用存放柜内铅封存放，设置明显标识，并定期维护与检查，确保应急使用需要。

8.2.4 站内采暖、通风、空调、给水排水、电器、照明等配套设备应按相应国家标准、规范配置。

8.3 有可能发生化学性灼伤及经皮肤粘膜吸收引起急性中毒的工作地点或车间，应根据可能产生或存在的职业性有害因素及其危害特点，在工作地点就近设置现场应急处理设施。急救设施应包括：不断水的冲淋、洗眼设施；气体防护柜；个人防护用品；急救包或急救箱以及急救药品；转运病人的担架和装置；急救处理的设施以及应急救援通讯设备等。

8.3.1 应急救援设施应有清晰的标识，并按照相关规定定期保养维护以确保其正常运行。

8.3.2 冲淋、洗眼设施应靠近可能发生相应事故的工作地点。

8.3.3 急救箱应当设置在便于劳动者取用的地点，配备内容可根据实际需要参照附录A表A.4确定，并由专人负责定期检查和更新。

8.4 工业园区内设置的应急救援机构（站）应统筹考虑园区内各企业的特点，满足各企业应急救援的需要。

8.5 对于生产或使用有毒物质的、且有可能发生急性职业病危害的工业企业的卫生设计应制定应对突发职业中毒的应急救援预案。

附 录 A
（规范性附录）
正确使用说明

A.1 工业企业建设项目卫生设计的目的是贯彻《中华人民共和国职业病防治法》，坚持"预防为主，防治结合"的卫生工作方针，落实职业病危害源头控制的"前期预防"制度，保证工业企业建设项目的设计符合卫生要求。

A.2 本标准规定的适用范围涵盖了职业病防治法规定的所有用人单位，既包括企业，也包括事业单位和个体经济组织。施工期持续数年或施工规模较大，存在多种职业病危害及危害较大的建设项目或因施工等特殊需要的临时性工业企业设计，或工业园区的总体布局等可参照本标准执行。

A.3 工业企业建设项目卫生设计应遵循职业病危害的预防控制对策。职业病危害的预防控制对策包括对职业病危害发生源、传播途径、接触者三个方面的控制。发生源的控制原则及优先措施是：替代、改变工艺、密闭、隔离、湿式作业、局部通风及维护管理；传播途径的控制对策及优先措施是：清理、全面通风、密闭、自动化远距离操作、监测及维护管理；接触者的控制原则及优先措施是：培训教育、劳动组织管理、个体医学监护、配备个人防护用品以及维护管理等。

A.4 工业企业卫生设计人员应通过各种方式学习、熟悉职业卫生相关法律、法规、标准，了解职业病防治知识，根据职业病危害评价结果进行工业企业的卫生设计。

A.5 对本标准条文执行严格程度的用词，采用以下写法：

A.5.1 表示很严格，非这样做不可的用词：正面词一般采用"应"，反面词一般采用"不应"或"不得"。

A.5.2 表示一般情况下均应这样做，但硬性规定这样做有困难的用词：采用"应尽量"或尽可能"。

A.5.3 表示允许有选择，在一定条件下，可以这样做的，采用"可"。

A.5.4 表示允许稍有选择。在条件许可时，首先应这样做的用词：正面词一般采用"宜"或"一般"反面词一般采用"不宜"。

A.5.5 条文中必须按指定的标准、规范或其他有关规定执行的写法为"按……执行"或"符合……要求"，非必须按所指定的标准、规范或其他规定执行的写法为"参照……"。

A.6 职业卫生管理组织机构和职业卫生管理人员设置或配备原则可参考表 A.1。

表 A.1 职业卫生管理组织机构和职业卫生管理人员设置或配备参考原则

职业病危害分类	劳动者人数	职业卫生管理组织机构及管理人员
严重	>1 000 人	设置机构、配备专职人员≥2 人
严重	300 人~1 000 人	设置机构或配备专职人员≥2 人
严重	>300 人	设置机构或配备专职人员
一般危害	>300 人	配备专职人员
一般危害	<300 人	配备专职或兼职人员
轻微		可配备兼职人员

A.7 为区别于环境卫生选址要求，本标准的选址与总体布局卫生学要求突出了工业企业周边环境对劳动者健康的影响以及工业企业之间的相互影响，有关环境评价选址要求参见相关标准。

A.8 有关工作场所职业病危害因素强度（浓度）的卫生学要求分别在 GBZ 2.1、2.2 和本标准中给出，GBZ 2.1、2.2 给出的工作场所职业病危害因素强度（浓度）限值称为工作场所职业接触限值，本标准暂时保留的部分物理因素强度暂称为卫生限值，并将在适当时机纳入 GBZ 2.1 或 GBZ 2.2。

A.9 规定产生工频电磁场设备安装地址(位置)周边居住区、学校、医院、幼儿园等区域的电场强度<4 kV/m是指该区域的最高容许接触水平,长期慢性的健康影响特别是致癌效应尚有待于进一步研究。

A.10 紧急救援站或有毒气体防护站使用面积可参见表A.2。

表 A.2 紧急救援站或有毒气体防护站使用面积

职工人数(人)	最小使用面积(m²)
<300	20
300~1 000	30
1 001~2 000	60
2 001~3 500	100
3 501~10 000	120
>10 000	200

A.11 有毒气体防护站的装备可参考表A.3配置。

表 A.3 有毒气体防护站装备参考配置表

装备名称	数量	备注
万能校验器	2台~3台	
空气或氧气充装泵	1台~2台	
天平	1台~2台	
采样器、胶管	按需要配备	
快速检测分析仪器(包括测爆仪、测氧仪和毒气监测仪)	按需要配备	
器材维修工具(包括台钳、钳工工具)	1套	
电话	2部	
录音电话	1部	
生产调度电话	1部	
对讲机	2对	
事故警铃	1只	
气体防护作业(救护)车	1辆~2辆	设有声光报警器,备有空气呼吸器、苏生器、安全帽、安全带、全身防毒衣、防酸碱胶皮衣裤、绝缘棒、绝缘靴、手套、被褥、担架、防爆照明等抢救用的器具
空气呼吸器	根据技术防护人员及驾驶员人数确定	
过滤式防毒面具	每人1套	

A.12 急救箱配备内容可根据工业企业规模、职业病危害性质、接触人数等实际需要参照表A.4确定。

表 A.4 急救箱配置参考清单

药品名称	储存数量	用途	保质(使用)期限
医用酒精	1瓶	消毒伤口	
新洁而灭酊	1瓶	消毒伤口	
过氧化氢溶液	1瓶	清洗伤口	
0.9%的生理盐水	1瓶	清洗伤口	
2%碳酸氢钠	1瓶	处置酸灼伤	
2%醋酸或3%硼酸	1瓶	处置碱灼伤	
解毒药品	按实际需要	职业中毒处置	有效期内
脱脂棉花、棉签	2包、5包	清洗伤口	
脱脂棉签	5包	清洗伤口	
中号胶布	2卷	粘贴绷带	
绷带	2卷	包扎伤口	
剪刀	1个	急救	
镊子	1个	急救	
医用手套、口罩	按实际需要	防止施救者被感染	
烫伤软膏	2支	消肿/烫伤	
保鲜纸	2包	包裹烧伤、烫伤部位	
创可贴	8个	止血护创	
伤湿止痛膏	2个	淤伤、扭伤	
冰袋	1个	淤伤、肌肉拉伤或关节扭伤	
止血带	2个	止血	
三角巾	2包	受伤的上肢、固定敷料或骨折处等	
高分子急救夹板	1个	骨折处理	
眼药膏	2支	处理眼睛	有效期内
洗眼液	2支	处理眼睛	有效期内
防暑降温药品	5盒	夏季防暑降温	有效期内
体温计	2支	测体温	
急救、呼吸气囊	1个	人工呼吸	
雾化吸入器	1个	应急处置	
急救毯	1个	急救	
手电筒	2个	急救	
急救使用说明	1个		

附 录 B
（规范性附录）
工业企业卫生防护距离标准

B.1 为方便参阅工业企业卫生防护距离标准，本标准收集并汇总了国家相关标准要求。考虑到这些标准今后可能修订，本附录给出标准发布日期。

B.2 表中注日期的引用文件，其随后所有的修改单（不包括勘误的内容）或修订版均不适用于本标准。

B.3 卫生防护距离按所在地区近五年平均风速规定。

B.4 以噪声污染为主的工业企业卫生防护距离按标准 GB 18083 执行。

表 B.1 工业企业卫生防护距离标准（m）

企业类型	规模	风速(m/s)			标准
		<2	2~4	>4	
氯丁橡胶厂		2 000	1 600	1 200	GB 11655-89
盐酸造纸厂		1 000	800	600	GB 11654-89
黄磷厂		1 000	800	600	GB 11656-89
铜冶炼厂（密闭鼓风炉型）		1 000	800	600	GB 11657-89
聚氯乙烯树脂厂	<10000 t/a	1 000	800	600	GB 11658-89
	≥10000 t/a	1 200	1 000	800	
铅蓄电池厂	<10 000 kVA	600	400	300	GB 11659-89
	≥10 000 kVA	800	500	400	
炼铁厂		1 400	1 200	1 000	GB 11660-89
焦化厂		1 400	1 000	800	GB 11661-89
烧结厂		600	500	400	GB 11662-89
硫酸厂		600	600	400	GB 11663-89
钙镁磷肥厂		1 000	800	600	GB 11664-89
普通过磷酸钙厂		800	600	600	GB 11665-89
小型氮肥厂	合成氨(万吨率) <25000 t/a	1 200	800	600	GB 11666-89
	≥25000 t/a	1 600	1 000	800	
水泥厂	年产水泥,×10^4 t ≥50×10^4 t/a	600	500	400	GB 18068—2000
	<50×10^4 t/a	500	400	300	
硫化碱厂		600	500	400	GB 18069—2000
油漆厂		700	600	500	GB 18070—2000
氯碱厂	生产规模 <10000 t/a	800	600	400	GB 18071—2000
	≥10000 t/a	1 000	800	600	
塑料厂	生产规模 <1 000 t/a	100	100	100	GB 18072—2000

表 B.1（续）

企业类型		规模	风速(m/s)			标准
			<2	2～4	>4	
炭素厂	年产石墨电极	>10000 t/a	1 000	800	600	GB 18073—2000
		≤10000 t/a	800	600	500	
内燃机厂			400	300	200	GB 18074—2000
汽车制造厂			500	400	300	GB 18075—2000
石灰厂			300	200	100	GB 18076—2000
石棉制品厂			300	300	200	GB 18077—2000
制胶厂	生产规模	<1 500 t/a	600	300	200	GB 18079—2000
		≥1 500 t/a	700	500	400	
缫丝厂	缫丝规模	<5 000 绪	200	150	100	GB 18080—2000
		≥5 000 绪	250	200	150	
火葬场	年焚尸量	>4 000 具	500	400	300	GB 18081—2000
		≤4 000 具	700	600	500	
皮革厂	年制革	<20 万张	500	400	300	GB 18082—2000
		≥20 万张	600	500	400	
肉类联合加工厂	班屠宰量	<2 000 头	700	500	400	GB 18078—2000
		≥2 000 头	800	600	500	
炼油厂	原油含硫量（%）	年加工原油≥250 万吨	≥0.5	1 500	1 300	1 000	GB 8195-87
			<0.5	1 300	1 000	800	
		年加工原油量<250 万吨	≥0.5	1 300	1 000	800	
			<0.5	1 000	800	800	
煤制气厂	煤气储存量	<100 t/d	2 000			GB/T 17222—1998
		100～300 t/d	3 000			
		>300 t/d	4 000			
注1：随后所有的修改单（不包括勘误的内容）或修订版均适用于本标准。						
注2：卫生防护距离按所在地近5年平均风速规定。						
注3："t/a"为"吨/年"，"t/d"为"吨/天"。						

特 种 设 备 安 全 技 术 规 范　TSG S1001—2008

客运索道设计文件鉴定规则

Regulation of Design appraisal for Passenger Ropeway

2008-02-21 发布　　　　　　　　　2008-06-01 实施

中华人民共和国国家质量监督检验检疫总局　颁布

前 言

国家质量监督检验检疫总局(以下简称国家质检总局)特种设备安全监察局(以下简称特种设备局)于2004年11月向中国特种设备检测研究院(以下简称中国特检院)下达了本规则的起草任务书。中国特检院组织有关专家成立了起草组,在草稿的基础上进行修改,形成了《客运索道设计文件鉴定规则》征求意见稿。2005年1月,中国特检院向特种设备局上报了本规则的征求意见稿。特种设备局对征求意见稿进行审查后,以质检特函[2005]14号文对外征求基层部门、有关单位和专家以及公民的意见。根据征求到的意见,起草组对征求意见稿进行了修改并形成送审稿。2005年10月,特种设备局将送审稿提交国家质检总局特种设备安全技术委员会审议,起草组修改后形成了报批稿,2008年2月21日本规则报国家质检总局批准颁布。

本规则对设计文件鉴定工作程序、鉴定项目及其内容和要求等进行了规定,以达到规范客运索道设计文件鉴定工作的目的。

本规则由中国特检院技术法规部组织起草,主要起草单位和人员如下:

国家质检总局特种设备局	张宏伟
国家客运架空索道安全监督检验中心	刘京本 徐 伟 纪 兵
北京起重运输机械研究所	张海乔
中国有色工程设计研究院	陈武亮

客运索道设计文件鉴定规则

第一条 为了规范客运索道设计文件鉴定工作,保证客运索道的安全性能,根据《特种设备安全监察条例》,制定本规则。

第二条 本规则所称的客运索道设计文件鉴定,是指对客运索道设计中的安全性能是否符合国家质量监督检验检疫总局(以下简称国家质检总局)特种设备安全技术规范有关规定的审查,包括总体工艺和主要设备设计文件的鉴定。

新建或者改造(包括改变主要技术参数的改造)的客运索道,在制造、安装、改造前,其设计文件必须按照本规则的要求进行鉴定。选用的设备已经按照本规则的要求,设计文件鉴定合格的,只需要对没有经过设计文件鉴定的其他设备和总体工艺设计文件进行鉴定。

第三条 客运索道设计文件鉴定工作,由国家质检总局核准的机构(以下简称文件鉴定机构)承担。

第四条 文件鉴定机构应当至少有 5 名设计文件鉴定人员。设计文件鉴定人员应当具备以下条件,并且经过国家质检总局考核合格:

(一)具有机电、土建类专业大学本科以上学历和工程师以上技术职称,或者具有机电、土建类专业大学专科以上学历和高级工程师以上技术职称;

(二)有 5 年以上(含 5 年)从事客运索道设计、检验等相关工作的经历;

(三)掌握与客运索道相关的法规、安全技术规范和标准;

(四)受聘于文件鉴定机构,不从事客运索道的设计、制造、安装、改造、维修、维护保养和销售等经营性活动。

第五条 客运索道设计单位应当按照相关安全技术规范及其相应标准进行设计,对设计的客运索道的质量负责。

第六条 申请设计文件鉴定的单位提交的设计文件应当经过原文件设计单位审核、批准,并且签章(设计单位公章或者专用章)。提交的设计文件应当包括设计说明书、设计计算书、设计图样等。具体内容见《客运索道设计文件的内容》(附件 A)。

第七条 客运索道设计文件鉴定一般由设计单位向文件鉴定机构提出书面申请,填写《客运索道设计文件鉴定申请书》(见附件 B,以下简称申请书),并且提供附件 A 所规定的设计文件。

设计资料不便于送达到文件鉴定机构的,申请单位可以申请文件鉴定机构到设计、制造或者安装等场所进行设计文件现场鉴定。现场鉴定的,可以在鉴定地点提交附件 A 所规定的设计文件。

客运索道选用的设备已经鉴定合格的,应当在申请书中填写相应设计文件及其鉴定的情况。

第八条 文件鉴定机构在收到申请书 5 个工作日内,完成对提交资料完整性审查,并且向申请单位发出受理决定。不予受理的,应当书面说明理由。需要进行现场鉴定的,应当与申请单位约定鉴定时间、地点。

第九条 设计文件鉴定的技术要求,应当依据以下有关客运索道的安全技术规范及其标准,进行设计文件鉴定:

(一)有关客运索道安全技术规范;

(二)GB 12352《客运架空索道安全规范》、GB/T 19402《客运地面缆车技术规范》、GB/T 19401《客运拖牵索道技术规范》等相关国家标准。

没有安全技术规范或者国家标准的,可以依据相应行业标准或者经过评审的企业标准,进行设计文件鉴定。

第十条 文件鉴定机构应当根据客运索道的型式和技术情况,按照《客运索道设计文件鉴定内容与要求)(见附件C),确定设计文件鉴定的具体项目及其内容、要求,进行客运索道设计文件鉴定。

第十一条 文件鉴定机构应当根据本规则制定鉴定工作作业指导书和统一的鉴定记录,并且严格控制设计文件鉴定的过程,保证设计文件鉴定人员技术力量能够满足设计文件鉴定工作的需要。每项设计文件鉴定的鉴定人员不少于2名,工作中应当填写各个项目的计算校核数据及鉴定结果。鉴定工作结束后,原始记录应当存档。

第十二条 客运索道设计文件鉴定有"鉴定通过"、"鉴定未通过"、"复审通过"、"复审未通过"四种鉴定结论。其判定条件如下:

(一)所有审查项目的结果全部符合,审查结论为"鉴定通过";

(二)复审后,所有审查项目的结果全部符合,审查结论为"复审通过"。

不满足以上两款条件的,鉴定结论填写"鉴定未通过"或者"复审未通过"。

第十三条 文件鉴定机构应当在发出受理通知后的15个工作日内完成鉴定工作,因申请单位的过失或者不可抗力因素延误的可以顺延。

鉴定通过的,应当在规定期限内向申请单位出具《特种设备设计文件鉴定报告》(见附件D,以下简称鉴定报告)。现场鉴定通过的,可以先向申请单位出具《客运索道设计文件鉴定意见书》(见附件D的"二",以下简称《鉴定意见书》),并且在10个工作日内出具鉴定报告。

鉴定未通过的,文件鉴定机构可以先出具《鉴定意见书》,提出整改意见。申请单位根据整改意见进行处理,在《鉴定意见书》上填写处理结果,并且将修改后的文件交原文件鉴定机构复审。文件鉴定机构应当在收到复审文件10个工作日内完成复审,并且出具鉴定报告。复审未通过,要求再次进行设计文件鉴定的,应当按照本规则重新申请。

第十四条 鉴定报告的内容、格式应当符合附件D的规定,结论页必须有鉴定、审核、批准人员签字和文件鉴定机构印章。鉴定报告的编号应当符合国家质检总局有关规定。

第十五条 设计文件鉴定合格后,文件鉴定机构在所鉴定的总体工艺和设备总图、设计说明书等设计文件上加盖"特种设备设计文件鉴定专用章",并且填写《客运索道设计文件鉴定盖章资料清单》(见附件D的"三")。

文件鉴定机构及其文件鉴定人员对所出具的鉴定结果负责。

第十六条 申请单位对鉴定结论、复审意见有异议的,可以在15个工作日内向文件鉴定机构提出书面申诉,文件鉴定机构应当在收到书面申诉15个工作日内给予书面答复。申请单位对答复仍有异议的,可以在15个工作日内向国家质检总局特种设备安全监察机构提出书面申诉。

第十七条 鉴定合格的客运索道设计文件,如果变动主要总体工艺参数及主要受力结构、重要零部件等涉及安全的部分,作为修改设计,必须经原设计单位同意,按照本规则向原文件鉴定机构重新申请设计文件鉴定,但是可以只提供修改部分的设计文件。

因设计单位名称变更,需要在已经鉴定的设计文件上变更设计单位名称的,设计单位提供名称变更凭证,向原文件鉴定机构申请变更。经过核实后,文件鉴定机构在更名后的设计文件上重新盖注"特种设备设计文件鉴定专用章"。

第十八条 文件鉴定机构及其文件鉴定人员应当保守申请单位技术和商业秘密,并且妥善保管申请单位提供的资料。

第十九条 文件鉴定机构应当定期将通过鉴定的设计文件名单报国家质检总局和相关的省级质量技术监督部门备案。

第二十条 本规则由国家质量监督检验检疫总局负责解释。

第二十一条 本规则自2008年6月1日实施。

附件 A

客运索道设计文件的内容

A1 设计说明书

包括总体方案、主要设计依据、结构特点、工作原理、主要技术参数、主要设备、设备选型、安全保护装置、救护方式等。

A2 总体设计计算书和相关设备计算书

包括主要计算参数选择、总体计算结果、倾覆稳定性计算、机械传动系统计算(包括传动件及电动机、减速机选择)、液压(气压)传动系统计算、重要结构件强度计算、主轴及重要销轴强度计算等。

A3 总体工艺图

包括线路(支架)布置图、站房设备布置图等。

A4 主要设备图(总图及主要零部件图)

包括驱动迂回装置、张紧系统、液压装置原理图、托压索轮及鞍座、抱索器、吊具及客车、支架等。

A5 电气资料

包括电气设计说明、电气系统计算、电气原理图、控制程序说明和流程图、主要电气元件的资料等。

A6 其他相关资料

包括相关检验试验报告,国外检验机构审查与检验报告,文件鉴定机构要求的资料等。

附件 B

客运索道设计文件鉴定申请书

申请单位			（公章）
申请单位地址			
组织机构代码		邮政编码	
联系电话		传　真	
电子信箱		文件设计负责人	
申请鉴定地点		设计属性	（新、修改、变更）
设计的客运索道基本情况			
设备种类(类型)		设备品种(型式)	
设备名称		设备型号	
设备级别		主体结构型式	
设计来源	（自行、引进）	设计日期	
总图图号		设计依据	
安装地点		水平长度	
高　差		单向运量	
索　距	mm	钢丝绳型号	
说明： 注：(1)如果上次鉴定未通过，说明修改的情况、主要内容； 　　(2)如果是修改或者变更，简要说明修改或者变更的理由和主要内容； 　　(3)其他需要说明的问题； 　　(4)首次申请鉴定，如没有需要说明的，可填"无"。 （提交的具体设计文件清单见附页）			
申请单位技术负责人：　　　　　　　日期： 送审人员：　　　　　　　　　　　日期：			
受理人员：　　　　　　　　　　　　日期：			（受理机构公章）

注：本申请书一式三份，一份返回申请单位；一份送交省级质量技术监督部门；一份文件鉴定机构存档。

共　页　第　页

附：提交的客运索道设计文件清单

序号	文件名称	图号或编号	纸型	数量或页数	备注

注：如果选用的是已经鉴定的设计文件，应当在备注栏中注明原设计单位和设计文件鉴定报告编号。

共 页 第 页

附件 C

客运索道设计文件鉴定项目及其内容、要求

C1 总体工艺设计文件鉴定

C1.1 设计资料

报送审查的设计说明书、设计计算书、图纸、电气资料及其他相关资料等齐全完整，符合本规则的规定。

C1.2 设计计算

依据规程和标准正确，计算项目齐全，采用的公式适用，各种参数的选取合理，受力分析、计算方法完整正确。

C1.3 总体布置

C1.3.1 主要工艺参数

索道型式、运行速度、钢丝绳最大倾角、索距、线路坡度、运行功率、辅机形式速度和功率、客车间距等技术参数的选取符合本规则第九条要求依据的安全技术规范、标准的规定（以下简称安全技术规范、标准规定）。

C1.3.2 通过性

横向摆动通过性、纵向摆动通过性、线路的立交和避让等符合安全技术规范、标准规定。

C1.3.3 离地距离

离地最大距离、离地最小距离符合安全技术规范、标准规定。

C1.3.4 站房布置

站台长度、坡度、进出口位置、导向装置的布置等符合安全技术规范、标准规定。

C1.4 设备选型

C1.4.1 钢丝绳

钢丝绳选型、最小张力、安全系数、跨距端部钢丝绳切线倾角变化、防滑安全系数、绳径比等参数符合安全技术规范、标准规定。

C1.4.2 驱动迂回装置

驱动迂回装置选型、最大张力和的选取等符合安全技术规范、标准规定。

C1.4.3 支架、托压索轮、鞍座

支架载荷、轮压、钢丝绳在托压索轮以及鞍座的折角、支架靠贴、支架倾角、托压索轮型式、鞍座型式、站口支架的配置等符合安全技术规范、标准规定。

C1.4.4 锚固张紧系统

锚固张紧系统初张力的选取、锚固形式、锚固筒直径、导向轮直径等符合安全技术规范、标准规定。

C1.4.5 吊具及客车

吊具以及客车的型式、抱索器的选用等符合安全技术规范、标准规定。

C1.5 安全保护

C1.5.1 安全保护装置

安全保护装置齐全、可靠，符合安全技术规范、标准规定。

C1.5.2 救护

救护设备的选用、救护方法等符合安全技术规范、标准规定。

C1.6 电气

C1.6.1 拖动形式、控制方式

电气拖动形式、控制方式符合安全技术规范、标准规定。

C1.6.2 电气设计说明

电气系统和主要电气元件满足使用工况要求，符合安全技术规范、国家标准规定。

C1.6.3 电气系统计算

C1.6.4 电气原理图

符合安全技术规范、国家标准规定。

C1.6.5 控制程序说明和流程图

符合安全技术规范、国家标准规定。

C1.7 其他要求

备用动力、夜间照明、通讯设备、特殊使用条件的要求等符合安全技术规范、标准规定。

C2 设备设计文件鉴定

C2.1 驱动迂回装置

C2.1.1 主驱动系统

电机、联轴器、减速机等部件符合安全技术规范、标准规定。

C2.1.2 辅驱动系统

电机、液压驱动系统等符合安全技术规范、标准规定。

C2.1.3 制动系统

制动器、制动液压等符合安全技术规范、标准规定。

C2.1.4 主要零部件

受力的主要零部件强度、刚度等符合安全技术规范、标准规定。

C2.1.5 主要结构

主要结构符合安全技术规范、标准规定。

C2.1.6 迂回装置

迂回装置符合安全技术规范、标准规定。

C2.2 张紧装置

C2.2.1 重锤张紧

重锤、限位装置、导轨等符合安全技术规范、标准规定。

C2.2.2 液压张紧

液压油缸、液压装置等符合安全技术规范、标准规定。

C2.3 脱挂装置

C2.3.1 加减速装置

加减速装置符合安全技术规范、标准规定。

C2.3.2 推车机

推车机符合安全技术规范、标准规定。

C2.3.3 车库

车库符合安全技术规范、标准规定。

C2.3.4 轨道

轨道符合安全技术规范、标准规定。

C2.3.5 脱挂监控装置

脱挂过程监控和抱索器状态等检测装置齐全,符合安全技术规范、标准规定。

C2.4 吊具、客车

C2.4.1 吊椅、吊篮、吊厢

吊椅、吊篮、吊厢的尺寸、面积、结构等符合安全技术规范、标准规定。

C2.4.2 客车

客车的尺寸、面积、结构等符合安全技术规范、标准规定。

C2.4.3 运行小车

运行小车的结构、参数等符合安全技术规范、标准规定。

C2.4.4 客车制动器

客车制动器的结构、性能等符合安全技术规范、标准规定。

C2.4.5 抱索器

抱索器的结构、性能等符合安全技术规范、标准规定。

C2.4.6 吊杆

吊杆的结构、性能等符合安全技术规范、标准规定。

C2.5 线路设施

C2.5.1 支架

支架的结构、性能等符合安全技术规范、标准规定。

C2.5.2 托压索轮

托压索轮的结构、性能等符合安全技术规范、标准规定。

C2.5.3 鞍座

鞍座的结构、性能等符合安全技术规范、标准规定。

C2.5.4 安全保护装置

安全保护装置齐全、可靠,符合安全技术规范、标准规定。

附件D

报告编号：

特种设备设计文件鉴定报告

设　备　种　类：　　　客运索道
设备类别（类型）：
设备品种（型式）：
设　备　名　称：
申　请　单　位：
设　计　单　位：
鉴　定　日　期：

（印制文件鉴定机构名称）

注 意 事 项

1. 本报告是依据《客运索道设计文件鉴定规则》，对客运索道设计文件鉴定的结论报告。
2. 本报告应当由计算机打印输出，或用钢笔、签字笔填写，字迹应当工整，涂改无效。
3. 本报告无鉴定、审核、批准人员签字和文件鉴定机构章无效。
4. 本报告书一式二份，由文件鉴定机构、申请单位分别保存。
5. 申请单位对本鉴定报告结论如有异议，应当在收到报告书 15 个工作日内，向文件鉴定机构提交书面材料。

文件鉴定机构地址：

    邮政编码：

    联系电话：

    传真：

    电子信箱：

目 录

客运索道设计文件鉴定结论 ………………………………………………………………… 第　页

一、客运索道设计文件鉴定情况 ……………………………………………………………… 第　页
二、客运索道设计文件鉴定意见书 …………………………………………………………… 第　页
三、客运索道设计文件鉴定盖章资料清单 …………………………………………………… 第　页

注：报告目录根据报告的内容编排，如果没有出具《客运索道设计文件鉴定意见书》(包括附表)则只包括一和三。

客运索道设计文件鉴定结论

报告编号：

申请单位				
设计单位				
设计属性	□新设计　　□修改设计		鉴定属性	□鉴定　　□确认
鉴定地点			鉴定依据	
设备基本情况				
设备类型			设备型式	
设备名称			设备型号	
设备级别			总图图号	
水平长度	m		高　差	m
单向运量			索　距	mm
鉴定结论意见： （加盖鉴定专用章的文件清单见三）				
鉴定： 　　　　日期：			文件鉴定机构核准证号： （文件鉴定机构专用章） 年　月　日	
审核： 　　　　日期：				
批准： 　　　　日期：				

共　页　第　页

一、客运索道设计文件鉴定情况

报告编号：

序号	鉴定项目和内容			鉴定结果	结论	备注
1	1 总体工艺设计文件鉴定	1.1 设计资料	(1)设计说明书			
2			(2)设计计算书			
3			(3)图纸			
4			(4)电气资料			
5			(5)其他相关资料			
6		1.2 设计计算	(1)依据规程和标准			
7			(2)计算项目			
8			(3)采用的公式			
9			(4)各种参数的选取			
10			(5)受力分析			
11			(6)计算方法及其过程			
12		1.3 总体布置	1.3.1 主要工艺参数	(1)索道型式			
13				(2)运行速度			
14				(3)钢丝绳最大倾角			
15				(4)索距			
16				(5)线路坡度			
17				(6)运行功率			
18				(7)辅机形式速度和功率			
19				(8)客车间距			
20			1.3.2 通过性	(1)横向摆动通过性			
21				(2)纵向摆动通过性			
22				(3)线路的立交和避让			
23			1.3.3 离地距离	(1)离地最大距离			
24				(2)离地最小距离			
25			1.3.4 站房布置	(1)站台长度			
26				(2)坡度			
27				(3)进出口位置			
28				(4)导向装置			

共 页 第 页

报告编号：

序号	鉴定项目和内容			鉴定结果	结论	备注
29	1 总体工艺设计文件鉴定	1.4 设备选型	1.4.1 钢丝绳	(1)钢丝绳选型			
30				(2)最小张力			
31				(3)安全系数			
32				(4)跨距端部钢丝绳切线倾角变化			
33				(5)防滑安全系数			
34				(6)绳径比			
35			1.4.2 驱动迂回装置	(1)驱动迂回装置选型			
36				(2)最大张力和选取			
37			1.4.3 支架、托压索轮、鞍座	(1)支架载荷			
38				(2)轮压			
39				(3)钢丝绳在托压索轮以及鞍座的折角			
40				(4)支架掌贴			
41				(5)支架倾角			
42				(6)托压索轮型式			
43				(7)鞍座型式			
44				(8)站口支架的配置			
45			1.4.4 锚固张紧系统	(1)初张力的选取			
46				(2)锚固形式			
47				(3)锚固筒直径			
48				(4)导向轮直径			
49			1.4.5 吊具及客车	(1)吊具以及客车的型式			
50				(2)抱索器的选用			
51		1.5 安全保护	1.5.1 安全保护装置				
52			1.5.2 救护	(1)救护设备的选用			
53				(2)救护方法			
54		1.6 电气	1.6.1 拖动形式、控制方式				
55			1.6.2 电气设计说明	(1)电气系统			
56				(2)主要电气元件			
57			1.6.3 电气系统计算				
58			1.6.4 电气原理图				
59			1.6.5 控制程序说明和流程图				

共 页 第 页

序号	鉴定项目和内容			鉴定结果	结论	备注
60	1 总体工艺设计文件鉴定	1.7 其他要求	(1)备用动力			
61			(2)夜间照明			
62			(3)通讯设备			
63			(4)特殊使用条件			
64	2 设备设计文件鉴定	2.1 驱动迂回装置	2.1.1 主驱动系统 (1)电机			
65			(2)联轴器			
66			(3)减速机			
67			2.1.2 辅驱动系统 (1)电机			
68			(2)液压驱动系统			
69			2.1.3 制动系统 (1)制动器			
70			(2)制动液压			
71			2.1.4 主要零部件 (1)强度			
72			(2)刚度			
73			2.1.5 主要结构			
74			2.1.6 迂回装置			
75		2.2 张紧装置	2.2.1 重锤张紧 (1)重锤			
76			(2)限位装置			
77			(3)导轨			
78			2.2.2 液压张紧 (1)液压油缸			
79			(2)液压装置			
80		2.3 脱挂装置	2.3.1 加减速装置			
81			2.3.2 推车机			
82			2.3.3 车库			
83			2.3.4 轨道			
84			2.3.5 脱挂监控装置 (1)脱挂过程监控			
85			(2)抱索器状态检测装置			

报告编号：

序号	鉴定项目和内容			鉴定结果	结论	备注
86	2 设备设计文件鉴定	2.4 吊具、客车	2.4.1 吊椅、吊篮、吊厢	(1)尺寸		
87				(2)面积		
88				(3)结构		
89			2.4.2 客车	(1)尺寸		
90				(2)面积		
91				(3)结构		
92			2.4.3 运行小车	(1)结构		
93				(2)参数		
94			2.4.4 客车制动器	(1)结构		
95				(2)性能		
96			2.4.5 抱索器	(1)结构		
97				(2)性能		
98			2.4.6 吊杆	(1)结构		
99				(2)性能		
100		2.5 线路设施	2.5.1 支架	(1)结构		
101				(2)性能		
102			2.5.2 托压索轮	(1)结构		
103				(2)性能		
104			2.5.3 鞍座	(1)结构		
105				(2)性能		
106			2.5.4 安全保护装置			

注：本表所列项目和内容，只是作为一种参考格式，具体项目和内容应当根据设计文件的鉴定情况而调整。

共 页 第 页

二、客运索道设计文件鉴定意见书

报告编号：

申请单位					
设计单位					
设计属性	□新设计	□修改设计	鉴定属性	□鉴定	□确认
鉴定地点			鉴定依据		
设备基本情况					
设备类型			设备型式		
设备名称			设备型号		
设备级别			总图图号		
水平长度		m	高　差		m
单向运量			索　距		mm

鉴定意见：(可另加附页)

鉴定人员：　　　　　　　　　　　　　　　　日期：　　　(文件鉴定机构章)
　　　　　　　　　　　　　　　　　　　　　　　年　月　日

申请单位整改情况：(可另加附页)

负责人：　　　　　　　　　　　　　　　　　日期：　　　(申请单位章)
　　　　　　　　　　　　　　　　　　　　　　　年　月　日

复审意见：(可另加附页)

鉴定人员：　　　　　　　　　　　　　　　　日期：　　　(文件鉴定机构章)
　　　　　　　　　　　　　　　　　　　　　　　年　月　日

注：本意见书单独出具时一式三份，一份给申请单位，一份留文件鉴定机构存档，一份报当地省级安全监察机构。

共　页　第　页

附表：复审补充资料

报告编号：

序号	资料名称	页(张)数	资料编号	备 注

共　页　第　页

三、客运索道设计文件鉴定盖章资料清单

报告编号：

申请单位							
设计单位							
设备名称				设计鉴定报告编号			
序号	盖章资料名称	设计文文件				盖章位置	备注
		编号	设计人员	审核人员	批准人员	批准日期	

共 页 第 页

特种设备安全技术规范　　TSG 08—2017

特种设备使用管理规则

Special Equipment Service Administration Regulation

中华人民共和国国家质量监督检验检疫总局　颁布

2017 年 1 月 16 日

前 言

2013年12月,国家质量监督检验检疫总局(以下简称国家质检总局)特种设备安全监察局(以下简称特种设备局)向中国特种设备检测研究院(以下简称中国特检院)下达《特种设备使用管理规则》的起草任务书。2014年1月,中国特检院组织有关专家成立起草组,在北京召开工作会议,讨论本规则的制定原则、需要解决的主要问题和重点内容,以及结构(章节)框架,并且就起草工作进行分工,制定起草工作时间表,确定本规则的编制大纲。2014年9月,起草组在江苏召开起草组工作会议,提出修改意见,形成征求意见稿。2014年12月,国家质检总局以质检特函〔2014〕49号文征求有关部门、单位、专家及公民的意见。2015年3月和6月,根据征求到的意见,起草组在北京召开会议对征求意见稿进行修改并且形成送审稿。2015年11月,特种设备局将送审稿提交国家质检总局特种设备安全与节能技术委员会审议,起草组修改后形成报批稿。2017年1月16日,国家质检总局批准颁布。

本规则依据《中华人民共和国特种设备安全法》等法律、法规的规定,明确了特种设备使用单位的责任,整合了八大类特种设备使用管理的基本要求,统一了特种设备使用登记程序,是一部特种设备使用管理的综合规范。

本规则主要起草单位和人员如下:

中国特种设备安全与节能促进会	王晓雷
上海市特种设备监督检验技术研究院	汤晓英
江苏省特种设备安全监督检验研究院常熟分院	谭 伟
广东省惠州市质量技术监督局	潘向华
锦州市特种设备监督检验所	王文彬
上海三菱电梯有限公司	乔 强
中国特种设备检测研究院	沈 勇
山东省质量技术监督局	薛金明
上海石化股份有限公司	邢 丽
中国特种设备安全与节能促进会	王长明
福建漳州后石电厂	顾克宏
国家起重运输机械质量监督检验中心	陈瑞明
中国石油天然气股份有限公司大庆特种设备检验中心	单洪翔
福建省特种设备检验研究院	傅顶和
北京世纪华侨城欢乐谷分公司	周小三
湖南张家界天门山旅游股份有限公司	刘子龙
锦州市质量技术监督局	肖北雁
昆明市质量技术监督局	董晓霖
中国石油天然气管道局	赵忠刚
中国石油化工股份有限公司	康宝惠
北京华晶电梯维修有限公司	郑永立
鞍山钢铁集团公司工程质量生产监测管理中心	沈晓东
北京市热力集团有限责任公司	张立申

特种设备使用管理规则

1 总则

1.1 目的

为规范特种设备使用管理,保障特种设备安全经济运行,根据《中华人民共和国特种设备安全法》《中华人民共和国安全生产法》《中华人民共和国节约能源法》和《特种设备安全监察条例》,制定本规则。

1.2 适用范围

本规则适用于《特种设备目录》范围内特种设备的安全与节能管理。

1.3 使用单位主体责任

特种设备使用单位应当按照本规则规定,负责特种设备安全与节能管理,承担特种设备使用安全与节能主体责任。

1.4 监督管理

1.4.1 职责分工

县级以上地方各级人民政府负责特种设备安全监督管理的部门(以下简称特种设备安全监管部门)对本行政区域内特种设备使用安全、高耗能特种设备节能实施监督管理。国家质检总局对全国特种设备使用安全、高耗能特种设备节能的监督管理工作进行监督和指导。

1.4.2 使用登记

特种设备安全监管部门依据法定职责,按照本规则的要求负责办理特种设备使用登记,本规则和其他特种设备安全技术规范(以下简称安全技术规范)明确不需要办理使用登记的特种设备除外。

1.4.3 监督检查

特种设备安全监管部门对已经使用登记的特种设备,根据风险状况,按照分类监管原则,确定监督检查重点,制订监督检查计划,对本行政区域内的特种设备使用安全、高耗能特种设备节能实施情况进行现场监督检查。

1.4.4 信息化和安全状况公布

负责办理使用登记的特种设备安全监管部门应当按照特种设备信息化管理的规定,建立特种设备管理信息系统,及时输入、更新有关数据。

国家质检总局和省级特种设备安全监管部门应当每年向社会公布特种设备安全总体状况,省级以下(不含省级)特种设备安全监管部门根据工作需要,适时公布本行政区域内的特种设备安全状况。

2 使用单位及其人员

2.1 使用单位含义

2.1.1 一般规定

本规则所指的使用单位,是指具有特种设备使用管理权的单位(注2-1)或者具有完全民事行为能力的自然人,一般是特种设备的产权单位(产权所有人,下同),也可以是产权单位通过符合法律规定的合同关系确立的特种设备实际使用管理者。特种设备属于共有的,共有人可以委托物业服务单位或者其他管理人管理特种设备,受托人是使用单位;共有人未委托的,实际管理人是使用单位;没有实际管理人的,共有人是使用单位。

特种设备用于出租的,出租期间,出租单位是使用单位;法律另有规定或者当事人合同约定的,从其规定或者约定。

注2-1:单位包括公司、子公司、机关事业单位、社会团体等具有法人资格的单位和具有营业执照的分公司、个体工商户等。

2.1.2 特别规定

新安装未移交业主的电梯,项目建设单位是使用单位;委托物业服务单位管理的电梯,物业服务单位是使用单位;产权单位自行管理的电梯,产权单位是使用单位。

气瓶的使用单位一般是指充装单位,车用气瓶、非重复充装气瓶、呼吸器用气瓶的使用单位是产权单位。

2.2 使用单位主要义务

特种设备使用单位主要义务如下:
(1)建立并且有效实施特种设备安全管理制度和高耗能特种设备节能管理制度,以及操作规程;
(2)采购、使用取得许可生产(含设计、制造、安装、改造、修理,下同),并且经检验合格的特种设备,不得采购超过设计使用年限的特种设备,禁止使用国家明令淘汰和已经报废的特种设备;
(3)设置特种设备安全管理机构,配备相应的安全管理人员和作业人员,建立人员管理台账,开展安全与节能培训教育,保存人员培训记录;
(4)办理使用登记,领取《特种设备使用登记证》(格式见附件A,以下简称使用登记证),设备注销时交回使用登记证;
(5)建立特种设备台账及技术档案;
(6)对特种设备作业人员作业情况进行检查,及时纠正违章作业行为;
(7)对在用特种设备进行经常性维护保养和定期自行检查,及时排查和消除事故隐患,对在用特种设备的安全附件、安全保护装置及其附属仪器仪表进行定期校验(检定、校准,下同)、检修,及时提出定期检验和能效测试申请,接受定期检验和能效测试,并且做好相关配合工作;
(8)制定特种设备事故应急专项预案,定期进行应急演练;发生事故及时上报,配合事故调查处理等;
(9)保证特种设备安全、节能必要的投入;
(10)法律、法规规定的其他义务。

使用单位应当接受特种设备安全监管部门依法实施的监督检查。

2.3 特种设备安全管理机构

2.3.1 职责

特种设备安全管理机构是指使用单位中承担特种设备安全管理职责的内设机构。高耗能特种设备使用单位可以将节能管理职责交由特种设备安全管理机构承担。

特种设备安全管理机构的职责是贯彻执行特种设备有关法律、法规和安全技术规范及相关标准,负责落实使用单位的主要义务;承担高耗能特种设备节能管理职责的机构,还应当负责开展日常节能检查,落实节能责任制。

2.3.2 机构设置

符合下列条件之一的特种设备使用单位,应当根据本单位特种设备的类别、品种、用途、数量等情况设置特种设备安全管理机构,逐台落实安全责任人:

(1)使用电站锅炉或者石化与化工成套装置的;
(2)使用为公众提供运营服务电梯的(注2-2),或者在公众聚集场所(注2-3)使用30台以上(含30台)电梯的;
(3)使用10台以上(含10台)大型游乐设施的,或者10台以上(含10台)为公众提供运营服务非公路用旅游观光车辆的;
(4)使用客运架空索道,或者客运缆车的;
(5)使用特种设备(不含气瓶)总量50台以上(含50台)的。

注2-2:为公众提供运营服务的特种设备使用单位,是指以特种设备作为经营工具的使用单位。

注2-3:公众聚集场所,是指学校、幼儿园、医疗机构、车站、机场、客运码头、商场、餐饮场所、体育场馆、展览馆、公园、宾馆、影剧院、图书馆、儿童活动中心、公共浴池、养老机构等。

2.4 管理人员和作业人员

2.4.1 主要负责人

主要负责人是指特种设备使用单位的实际最高管理者,对其单位所使用的特种设备安全节能负总责。

2.4.2 安全管理人员

2.4.2.1 安全管理负责人

特种设备使用单位应当配备安全管理负责人。特种设备安全管理负责人是指使用单位最高管理层中主管本单位特种设备使用安全管理的人员。按照本规则要求设置安全管理机构的使用单位安全管理负责人,应当取得相应的特种设备安全管理人员资格证书。

安全管理负责人职责如下:
(1)协助主要负责人履行本单位特种设备安全的领导职责,确保本单位特种设备的安全使用;
(2)宣传、贯彻《中华人民共和国特种设备安全法》以及有关法律、法规、规章和安全技术规范;
(3)组织制定本单位特种设备安全管理制度,落实特种设备安全管理机构设置、安全管理员配备;
(4)组织制定特种设备事故应急专项预案,并且定期组织演练;
(5)对本单位特种设备安全管理工作实施情况进行检查;
(6)组织进行隐患排查,并且提出处理意见;
(7)当安全管理员报告特种设备存在事故隐患应当停止使用时,立即作出停止使用特种设备的决定,并且及时报告本单位主要负责人。

2.4.2.2 安全管理员

2.4.2.2.1 安全管理员职责

特种设备安全管理员是指具体负责特种设备使用安全管理的人员。

安全管理员的主要职责如下：
(1)组织建立特种设备安全技术档案；
(2)办理特种设备使用登记；
(3)组织制定特种设备操作规程；
(4)组织开展特种设备安全教育和技能培训；
(5)组织开展特种设备定期自行检查；
(6)编制特种设备定期检验计划，督促落实定期检验和隐患治理工作；
(7)按照规定报告特种设备事故，参加特种设备事故救援，协助进行事故调查和善后处理；
(8)发现特种设备事故隐患，立即进行处理，情况紧急时，可以决定停止使用特种设备，并且及时报告本单位安全管理负责人；
(9)纠正和制止特种设备作业人员的违章行为。

2.4.2.2.2 安全管理员配备

特种设备使用单位应当根据本单位特种设备的数量、特性等配备适当数量的安全管理员。按照本规则要求设置安全管理机构的使用单位以及符合下列条件之一的特种设备使用单位，应当配备专职安全管理员，并且取得相应的特种设备安全管理人员资格证书：
(1)使用额定工作压力大于或者等于 2.5 MPa 锅炉的；
(2)使用 5 台以上(含 5 台)第Ⅲ类固定式压力容器的；
(3)从事移动式压力容器或者气瓶充装的；
(4)使用 10 公里以上(含 10 公里)工业管道的；
(5)使用移动式压力容器，或者客运拖牵索道，或者大型游乐设施的；
(6)使用各类特种设备(不含气瓶)总量 20 台以上(含 20 台)的。

除前款规定以外的使用单位可以配备兼职安全管理员，也可以委托具有特种设备安全管理人员资格的人员负责使用管理，但是特种设备安全使用的责任主体仍然是使用单位。

2.4.3 节能管理人员

高耗能特种设备使用单位应当配备节能管理人员，负责宣传贯彻特种设备节能的法律法规。

锅炉使用单位的节能管理人员应当组织制定本单位锅炉节能制度，对锅炉节能管理工作实施情况进行检查；建立锅炉节能技术档案，组织开展锅炉节能教育培训；编制锅炉能效测试计划，督促落实锅炉定期能效测试工作。

2.4.4 作业人员

2.4.4.1 作业人员职责

特种设备作业人员应当取得相应的特种设备作业人员资格证书，其主要职责如下：
(1)严格执行特种设备有关安全管理制度，并且按照操作规程进行操作；
(2)按照规定填写作业、交接班等记录；
(3)参加安全教育和技能培训；
(4)进行经常性维护保养，对发现的异常情况及时处理，并且作出记录；
(5)作业过程中发现事故隐患或者其他不安全因素，应当立即采取紧急措施，并且按照规定的程序向特种设备安全管理人员和单位有关负责人报告；
(6)参加应急演练，掌握相应的应急处置技能。

锅炉作业人员应当严格执行锅炉节能管理制度，参加锅炉节能教育和技术培训。

2.4.4.2 作业人员配备

特种设备使用单位应当根据本单位特种设备数量、特性等配备相应持证的特种设备作业人员,并且在使用特种设备时应当保证每班至少有一名持证的作业人员在岗。有关安全技术规范对特种设备作业人员有特殊规定的,从其规定。

医院病床电梯、直接用于旅游观光的额定速度大于 2.5 m/s 的乘客电梯以及需要司机操作的电梯,应当由持有相应特种设备作业人员证的人员操作。

2.5 特种设备安全与节能技术档案

使用单位应当逐台建立特种设备安全与节能技术档案。

安全技术档案至少包括以下内容:

(1)使用登记证;

(2)《特种设备使用登记表》(格式见附件 B,以下简称使用登记表);

(3)特种设备设计、制造技术资料和文件,包括设计文件、产品质量合格证明(含合格证及其数据表、质量证明书)、安装及使用维护保养说明、监督检验证书、型式试验证书等;

(4)特种设备安装、改造和修理的方案、图样(注 2-4)、材料质量证明书和施工质量证明文件、安装改造修理监督检验报告、验收报告等技术资料;

(5)特种设备定期自行检查记录(报告)和定期检验报告;

(6)特种设备日常使用状况记录;

(7)特种设备及其附属仪器仪表维护保养记录;

(8)特种设备安全附件和安全保护装置校验、检修、更换记录和有关报告;

(9)特种设备运行故障和事故记录及事故处理报告。

特种设备节能技术档案包括锅炉能效测试报告、高耗能特种设备节能改造技术资料等。

使用单位应当在设备使用地保存 2.5 中(1)、(2)、(5)、(6)、(7)、(8)、(9)规定的资料和特种设备节能技术档案的原件或者复印件,以便备查。

注 2-4:压力管道图样是指管道单线图(轴测图)。

2.6 安全节能管理制度和操作规程

2.6.1 安全节能管理制度

特种设备使用单位应当按照特种设备相关法律、法规、规章和安全技术规范的要求,建立健全特种设备使用安全节能管理制度。

管理制度至少包括以下内容:

(1)特种设备安全管理机构(需要设置时)和相关人员岗位职责;

(2)特种设备经常性维护保养、定期自行检查和有关记录制度;

(3)特种设备使用登记、定期检验、锅炉能效测试申请实施管理制度;

(4)特种设备隐患排查治理制度;

(5)特种设备安全管理人员与作业人员管理和培训制度;

(6)特种设备采购、安装、改造、修理、报废等管理制度;

(7)特种设备应急救援管理制度;

(8)特种设备事故报告和处理制度;

(9)高耗能特种设备节能管理制度。

2.6.2 特种设备操作规程

使用单位应当根据所使用设备运行特点等，制定操作规程。操作规程一般包括设备运行参数、操作程序和方法、维护保养要求、安全注意事项、巡回检查和异常情况处置规定，以及相应记录等。

2.7 维护保养与检查

2.7.1 经常性维护保养

使用单位应当根据设备特点和使用状况对特种设备进行经常性维护保养，维护保养应当符合有关安全技术规范和产品使用维护保养说明的要求。对发现的异常情况及时处理，并且作出记录，保证在用特种设备始终处于正常使用状态。

法律对维护保养单位有专门资质要求的，使用单位应当选择具有相应资质的单位实施维护保养。鼓励其他特种设备使用单位选择具有相应能力的专业化、社会化维护保养单位进行维护保养。

2.7.2 定期自行检查

为保证特种设备的安全运行，特种设备使用单位应当根据所使用特种设备的类别、品种和特性进行定期自行检查。

定期自行检查的时间、内容和要求应当符合有关安全技术规范的规定及产品使用维护保养说明的要求。

2.7.3 试运行安全检查

客运索道、大型游乐设施在每日投入使用前，其运营使用单位应当按照有关安全技术规范和产品使用维护保养说明的要求，开展设备运营前的试运行检查和例行安全检查，对安全保护装置进行检查确认，并且作出记录。

2.8 水（介）质

锅炉以及以水为介质产生蒸汽的压力容器的使用单位，应当做好锅炉水（介）质、压力容器水质的处理和监测工作，保证水（介）质质量符合相关要求。

2.9 安全警示

电梯、客运索道、大型游乐设施的运营使用单位应当将安全使用说明、安全注意事项和安全警示标志置于易于引起乘客注意的位置。

除前款以外的其他特种设备应当根据设备特点和使用环境、场所，设置安全使用说明、安全注意事项和安全警示标志。

2.10 定期检验

（1）使用单位应当在特种设备定期检验有效期届满的1个月以前，向特种设备检验机构提出定期检验申请，并且做好相关的准备工作；

（2）移动式（流动式）特种设备，如果无法返回使用登记地进行定期检验的，可以在异地（指不在使用登记地）进行，检验后，使用单位应当在收到检验报告之日起30日内将检验报告（复印件）报送使用登记机关；

（3）定期检验完成后，使用单位应当组织进行特种设备管路连接、密封、附件（含零部件、安全附件、安全保护装置、仪器仪表等）和内件安装、试运行等工作，并且对其安全性负责；

(4)检验结论为合格时(注2-5),使用单位应当按照检验结论确定的参数使用特种设备。

注2-5:有关安全技术规范中检验结论为"合格""复检合格""符合要求""基本符合要求""允许使用"统称为合格。

2.11 隐患排查与异常情况处理

2.11.1 隐患排查

使用单位应当按照隐患排查治理制度进行隐患排查,发现事故隐患应当及时消除,待隐患消除后,方可继续使用。

2.11.2 异常情况处理

特种设备在使用中发现异常情况的,作业人员或者维护保养人员应当立即采取应急措施,并且按照规定的程序向使用单位特种设备安全管理人员和单位有关负责人报告。

使用单位应当对出现故障或者发生异常情况的特种设备及时进行全面检查,查明故障和异常情况原因,并且及时采取有效措施,必要时停止运行,安排检验、检测,不得带病运行、冒险作业,待故障、异常情况消除后,方可继续使用。

2.12 应急预案与事故处置

2.12.1 应急预案

按照本规则要求设置特种设备安全管理机构和配备专职安全管理员的使用单位,应当制定特种设备事故应急专项预案,每年至少演练一次,并且作出记录;其他使用单位可以在综合应急预案中编制特种设备事故应急的内容,适时开展特种设备事故应急演练,并且作出记录。

2.12.2 事故处置

发生特种设备事故的使用单位,应当根据应急预案,立即采取应急措施,组织抢救,防止事故扩大,减少人员伤亡和财产损失,并且按照《特种设备事故报告和调查处理规定》的要求,向特种设备安全监管部门和有关部门报告,同时配合事故调查和做好善后处理工作。

发生自然灾害危及特种设备安全时,使用单位应当立即疏散、撤离有关人员,采取防止危害扩大的必要措施,同时向特种设备安全监管部门和有关部门报告。

2.13 移装

特种设备移装后,使用单位应当办理使用登记变更。整体移装的,使用单位应当进行自行检查;拆卸后移装的,使用单位应当选择取得相应许可的单位进行安装。按照有关安全技术规范要求,拆卸后移装需要进行检验的,应当向特种设备检验机构申请检验。

2.14 达到设计使用年限的特种设备

特种设备达到设计使用年限,使用单位认为可以继续使用的,应当按照安全技术规范及相关产品标准的要求,经检验或者安全评估合格,由使用单位安全管理负责人同意、主要负责人批准,办理使用登记变更后,方可继续使用。允许继续使用的,应当采取加强检验、检测和维护保养等措施,确保使用安全。

2.15 移动式压力容器和气瓶充装单位特别规定

(1)移动式压力容器、气瓶充装单位,应当取得相应的充装许可资质,方可从事充装活动;

(2)充装单位应当建立并且落实充装前、充装后的检查与记录制度,禁止对不符合安全技术规范要求的移动式压力容器和气瓶进行充装,不得错装、混装介质;

(3)气瓶充装单位应当向气体使用者提供符合安全技术规范要求的气瓶(车用气瓶、非重复充装气瓶、呼吸器用气瓶除外),并且对气体使用者进行气瓶安全使用指导,为自有气瓶和托管气瓶建立充装档案;

(4)禁止充装永久性标记不清或者被修改、超期未检或者检验不合格、报废的移动式压力容器和气瓶;不得充装未在充装单位建立档案的气瓶(车用气瓶、非重复充装气瓶、呼吸器用气瓶除外);

(5)气瓶充装单位应当建立气瓶管理信息系统,对气瓶的数量、充装、检验以及流转进行动态管理;

(6)鼓励气瓶充装单位利用二维码、电子标签等技术对气瓶进行信息化管理。

2.16 起重机使用单位特别规定

使用单位负责塔式起重机、施工升降机在使用过程中的顶升行为,并且对其安全性能负责。

3 使用登记

3.1 一般要求

(1)特种设备在投入使用前或者投入使用后30日内,使用单位应当向特种设备所在地的直辖市或者设区的市的特种设备安全监管部门申请办理使用登记,办理使用登记的直辖市或者设区的市的特种设备安全监管部门,可以委托其下一级特种设备安全监管部门(以下简称登记机关)办理使用登记;对于整机出厂的特种设备,一般应当在投入使用前办理使用登记;

(2)流动作业的特种设备,向产权单位所在地的登记机关申请办理使用登记;

(3)移动式大型游乐设施每次重新安装后、投入使用前,使用单位应当向使用地的登记机关申请办理使用登记;

(4)车用气瓶应当在投入使用前,向产权单位所在地的登记机关申请办理使用登记;

(5)国家明令淘汰或者已经报废的特种设备,不符合安全性能或者能效指标要求的特种设备,不予办理使用登记。

3.2 登记方式

3.2.1 按台(套)办理使用登记的特种设备

锅炉、压力容器(气瓶除外)、电梯、起重机械、客运索道、大型游乐设施和场(厂)内专用机动车辆应当按台(套)向登记机关办理使用登记,车用气瓶以车为单位进行使用登记。

3.2.2 按单位办理使用登记的特种设备

气瓶(车用气瓶除外)、工业管道应当以使用单位为对象向登记机关办理使用登记。

3.3 不需要办理使用登记的特种设备

使用单位应当参照本规则及有关安全技术规范中使用管理的相应规定,对不需要办理使用登记的锅炉、压力容器实施安全管理。

3.3.1 锅炉

D级锅炉。

3.3.2 压力容器

(1)深冷装置中非独立的压力容器、直燃型吸收式制冷装置中的压力容器、铝制板翅式热交换器、过程装置中冷箱内的压力容器;

(2)盛装第二组介质的无壳体的套管热交换器;

(3)超高压管式反应器；

(4)移动式空气压缩机的储气罐；

(5)水力自动补气气压给水(无塔上水)装置中的气压罐，消防装置中的气体或者气压给水(泡沫)压力罐；

(6)水处理设备中的离子交换或者过滤用压力容器、热水锅炉用膨胀水箱；

(7)蓄能器承压壳体；

(8)简单压力容器；

(9)消防灭火用气瓶、呼吸器用气瓶、非重复充装气瓶。

3.4 使用登记程序

使用登记程序，包括申请、受理、审查和颁发使用登记证。

3.4.1 申请

3.4.1.1 按台(套)办理

使用单位申请办理特种设备使用登记时，应当逐台(套)填写使用登记表，向登记机关提交以下相应资料，并且对其真实性负责：

(1)使用登记表(一式两份)；

(2)含有使用单位统一社会信用代码的证明或者个人身份证明(适用于公民个人所有的特种设备)；

(3)特种设备产品合格证(含产品数据表、车用气瓶安装合格证明)；

(4)特种设备监督检验证明(安全技术规范要求进行使用前首次检验的特种设备，应当提交使用前的首次检验报告)；

(5)机动车行驶证(适用于与机动车固定的移动式压力容器)、机动车登记证书(适用于与机动车固定的车用气瓶)；

(6)锅炉能效证明文件。

锅炉房内的分汽(水)缸随锅炉一同办理使用登记；锅炉与用热设备之间的连接管道总长小于或者等于1 000米时，压力管道随锅炉一同办理使用登记；包含压力容器的撬装式承压设备系统或者机械设备系统中的压力管道可以随其压力容器一同办理使用登记。登记时另提交分汽(水)缸、压力管道元件的产品合格证(含产品数据表)，但是不需要单独领取使用登记证。

没有产品数据表的特种设备，登记机关可以参照已有特种设备产品数据表的格式，制定其特种设备产品数据表，由使用单位根据产品出厂的相应资料填写。

可以采用网上申报系统进行使用登记。

3.4.1.2 按单位办理

使用单位申请办理特种设备使用登记时，应当向登记机关提交以下相应资料，并且对其真实性负责：

(1)使用登记表(一式两份)；

(2)含有使用单位统一社会信用代码的证明；

(3)监督检验、定期检验证明(注3-1)；

(4)《压力管道基本信息汇总表——工业管道》(格式见附件C)，《气瓶基本信息汇总表》(格式见附件D)。

> **注3-1**：新投入使用的气瓶应当提供制造监督检验证明，进行定期检验的气瓶应当同时提供定期检验证明。压力管道应当提供安装监督检验证明，达到定期检验周期的压力管道还应当提供定期检验证明；未进行安装监督检验的，应当提供定期检验证明。

3.4.2 受理

登记机关收到使用单位提交的申请资料后,能够当场办理的,应当当场作出受理或者不予受理的书面决定;不能当场办理的,应当在5个工作日内作出受理或者不予受理的书面决定。申请资料不齐或者不符合规定时,应当一次性告知需要补正的全部内容。

3.4.3 审查及发证

自受理之日起15个工作日内,登记机关应当完成审查、发证或者出具不予登记的决定,对于一次申请登记数量超过50台或者按单位办理使用登记的可以延长至20个工作日。不予登记的,出具不予登记的决定,并且书面告知不予登记的理由。

登记机关对申请资料有疑问的,可以对特种设备进行现场核查。进行现场核查的,办理使用登记日期可以延长至20个工作日。

准予登记的特种设备,登记机关应当按照《特种设备使用登记证编号编制方法》(见附录a)编制使用登记证编号,签发使用登记证,并且在使用登记表最后一栏签署意见、盖章。

3.5 资料及信息

登记工作完成后,登记机关应当将特种设备基本信息录入特种设备管理信息系统,实施动态管理。

采用纸质申报方式进行使用登记的,登记机关应当将特种设备产品合格证及其产品数据表复印一份,与使用登记表一同存档,并且将使用单位申请登记时提交的资料交还使用单位。

3.6 定期检验日期的确定

首次定期检验的日期和实施改造、拆卸移装后的定期检验日期,由使用单位根据安全技术规范、监督检验报告和使用情况确定。

3.7 单位登记的设备信息报送

以单位登记的特种设备使用单位应当及时更新气瓶、压力管道技术档案及相应数据,每年一季度将上年度的气瓶、压力管道基本信息汇总表和年度安全状况报送登记机关。

3.8 变更登记

按台(套)登记的特种设备改造、移装、变更使用单位或者使用单位更名、达到设计使用年限继续使用的,按单位登记的特种设备变更使用单位或者使用单位更名的,相关单位应当向登记机关申请变更登记。登记机关按照本规则3.8.1至3.8.5的规定办理变更登记。

办理特种设备变更登记时,如果特种设备产品数据表中的有关数据发生变化,使用单位应当重新填写产品数据表。变更登记后的特种设备,其设备代码保持不变。

3.8.1 改造变更

特种设备改造完成后,使用单位应当在投入使用前或者投入使用后30日内向登记机关提交原使用登记证、重新填写的使用登记表(一式两份)、改造质量证明资料以及改造监督检验证书(需要监督检验的),申请变更登记,领取新的使用登记证。登记机关应当在原使用登记证和原使用登记表上作注销标记。

3.8.2 移装变更

3.8.2.1 在登记机关行政区域内移装

在登记机关行政区域内移装的特种设备,使用单位应当在投入使用前向登记机关提交原使用登记证、重新填写的使用登记表(一式两份)和移装后的检验报告(拆卸移装的),申请变更登记,领取新的使用登记证。登记机关应当在原使用登记证和原使用登记表上作注销标记。

3.8.2.2 跨登记机关行政区域移装

(1)跨登记机关行政区域移装特种设备的,使用单位应当持原使用登记证和使用登记表向原登记机关申请办理注销;原登记机关应当注销使用登记证,并且在原使用登记证和原使用登记表上作注销标记,向使用单位签发《特种设备使用登记证变更证明》(格式见附件E);

(2)移装完成后,使用单位应当在投入使用前,持《特种设备使用登记证变更证明》、标有注销标记的原使用登记表和移装后的检验报告(拆卸移装的),按照本规则3.4、3.5的规定向移装地登记机关重新申请使用登记。

3.8.3 单位变更

(1)特种设备需要变更使用单位,原使用单位应当持原使用登记证、使用登记表和有效期内的定期检验报告到登记机关办理变更;或者产权单位凭产权证明文件,持原使用登记证、使用登记表和有效期内的定期检验报告到登记机关办理变更;登记机关应当在原使用登记证和原使用登记表上作注销标记,签发《特种设备使用登记证变更证明》;

(2)新使用单位应当在投入使用前或者投入使用后30日内,持《特种设备使用登记证变更证明》、标有注销标记的原使用登记表和有效期内的定期检验报告,按照本规则3.4、3.5要求重新办理使用登记。

3.8.4 更名变更

使用单位或者产权单位名称变更时,使用单位或者产权单位应当持原使用登记证、单位名称变更的证明资料,重新填写使用登记表(一式两份),到登记机关办理更名变更,换领新的使用登记证。2台以上批量变更的,可以简化处理。登记机关在原使用登记证和原使用登记表上作注销标记。

3.8.5 达到设计使用年限继续使用的变更

对达到设计使用年限继续使用的特种设备,使用单位应当持原使用登记证、按照本规则2.14规定办理的相关证明材料,到登记机关申请变更登记。登记机关应当在原使用登记证右上方标注"超设计使用年限"字样。

3.8.6 不得申请办理移装变更、单位变更的情况

有下列情形之一的特种设备,不得申请办理移装变更、单位变更:
(1)已经报废或者国家明令淘汰的;
(2)进行过非法改造、修理的;
(3)无本规则2.5中(3)、(4)规定的技术资料的;
(4)达到设计使用年限的;
(5)检验结论为不合格或者能效测试结果不满足法规、标准要求的。

3.9 停用

特种设备拟停用1年以上的,使用单位应当采取有效的保护措施,并且设置停用标志,在停用后30日内填写《特种设备停用报废注销登记表》(格式见附件F),告知登记机关。重新启用时,使用单位应当进行自行检查,到使用登记机关办理启用手续;超过定期检验有效期的,应当按照定期检验的有关要求进行检验。

3.10 报废

对存在严重事故隐患,无改造、修理价值的特种设备,或者达到安全技术规范规定的报废期限的,应当及时予以报废,产权单位应当采取必要措施消除该特种设备的使用功能。特种设备报废时,按台(套)登记的特种设备应当办理报废手续,填写《特种设备停用报废注销登记表》,向登记机关办理报废手续,并且将使用登记证交回登记机关。

非产权所有者的使用单位经产权单位授权办理特种设备报废注销手续时,需提供产权单位的书面委托或者授权文件。

使用单位和产权单位注销、倒闭、迁移或者失联,未办理特种设备注销手续的,登记机关可以采用公告的方式停用或者注销相关特种设备。

3.11 使用标志

(1)特种设备(车用气瓶除外)使用登记标志与定期检验标志合二为一,统一为《特种设备使用标志》(格式见附件G式样一、式样二);

(2)场(厂)内专用机动车辆的使用单位应当将车牌(格式见附件H)固定在车辆前后悬挂车牌的部位;

(3)移动式压力容器使用单位应当将该移动式压力容器的电子秘钥或者使用登记时发放的IC卡随车携带;

(4)车用气瓶的使用标志格式见附件G式样三。

4 附则

4.1 其他要求

特种设备使用管理除满足本规则的要求外,还应当满足有关安全技术规范的专项要求。

不涉及公共安全的个人(家庭)自用的特种设备不属于本规则管辖范围。

4.2 长输管道、公用管道使用管理

长输管道、公用管道使用管理的相关规定另行制定。

4.3 解释权限

本规则由国家质检总局负责解释。

4.4 施行时间

本规则自2017年8月1日起施行,以下安全技术规范同时废止:

(1)2005年9月16日,国家质检总局颁布的《气瓶使用登记管理规则》(TSG R5001—2005);

(2)2009年5月8日,国家质检总局颁布的《电梯使用管理与维护保养规则》(TSG T5001—2009);

(3)2009年8月31日,国家质检总局颁布的《起重机械使用管理规则》(TSG Q5001—2009);

(4)2009年8月31日,国家质检总局颁布的《压力管道使用登记管理规则》(TSG D5001—2009);

(5)2013年1月16日,国家质检总局颁布的《压力容器使用管理规则》(TSG R5002—2013);

(6)2014年9月5日,国家质检总局颁布的《锅炉使用管理规则》(TSG G5004—2014)。

附件 A

特种设备使用登记证（式样一）

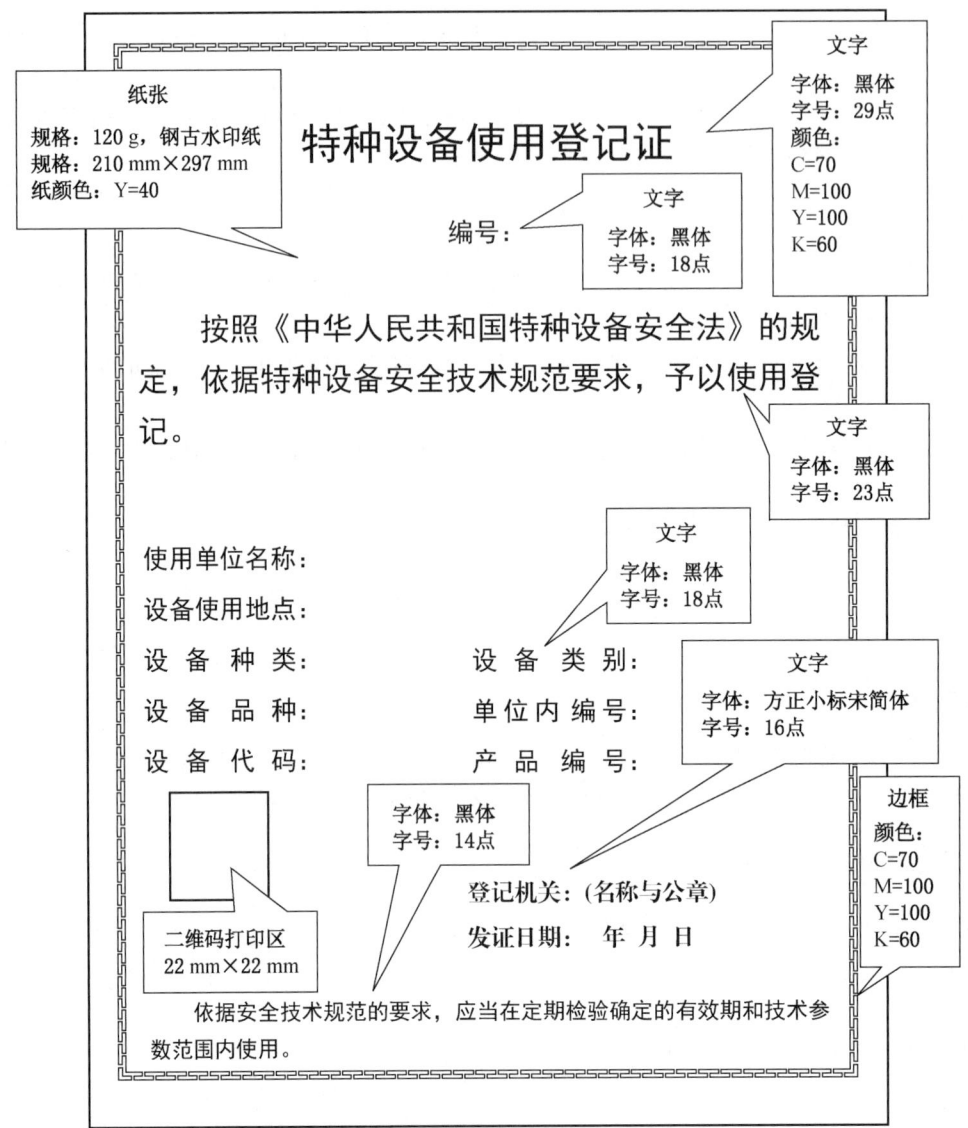

［注：本式样适用于按台（套）进行登记的特种设备。纸张规格、证头字和边框的规格以及字体、颜色和字号按照本附件印制；其他内容（包括登记编号及没有标注颜色的）字体，由登记机关采用计算机打印，字体、字号按照其标注，颜色为黑色。移动式压力容器、车用气瓶使用登记证尺寸可以根据实际情况适当缩小，其"设备使用地点"改为"使用单位地址"。没有设备品种的，可以直接表述产品名称。设备使用地点包括使用单位地址和使用单位内设备使用地点。有关名词含义见本规则附录 b。本注不印制］

特种设备使用登记证(式样二)

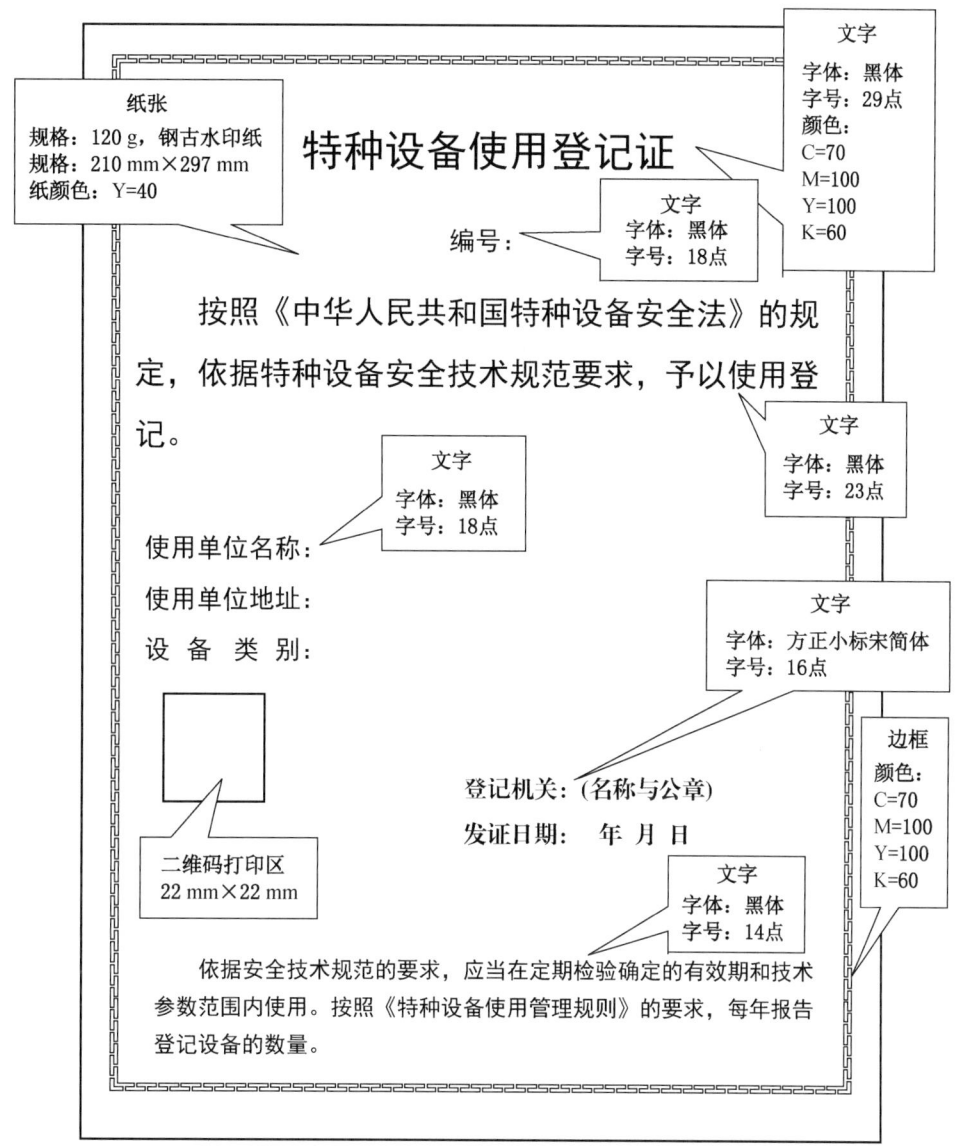

[注：本式样适用于按使用单位登记的特种设备。纸张规格、证头字和边框的规格以及字体、颜色和字号按照本附件印制；其他内容(包括登记编号及没有标注颜色)字体,由登记机关采用计算机打印,字体、字号按照其标注,颜色为黑色。有关名词含义见本规则附录b。本注不印制]

附录 a

特种设备使用登记证编号编制方法

a1 编制基本方法

特种设备使用登记证编号由登记机关在颁发《特种设备使用登记证》时编制。

使用登记证编号由设备特征代号、登记机关代号、登记顺序号、登记年份组成,包括汉字、拼音字母与阿拉伯数字。

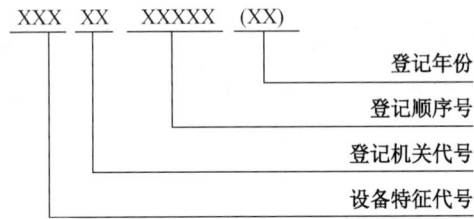

a2 编号含义

a2.1 设备特征代号

包括以下两部分:

(1)第一部分,用特种设备种类的简称表示,详见表 a-1;

表 a-1 特种设备种类简称表

特种设备种类	简称
锅 炉	锅
压力容器	容
压力管道	管
气 瓶	瓶
电 梯	梯
起重机械	起
客运索道	索
大型游乐设施	游
场(厂)内专用机动车辆	车

(2)第二部分,用两位阿拉伯数字表示,取《特种设备目录》设备基本代码的中间两位数表示,如固定式压力容器中的第二类压力容器用"15"表示,起重机械中的通用门式起重机用"21"表示等。

a2.2 登记机关代号

包括省、自治区、直辖市和设区的市的登记机关两部分代号。

(1)第一部分,为省、自治区、直辖市的代号,用省、自治区、直辖市简称的汉字表示,如山东省用"鲁"表示;

(2)第二部分,为设区的市的代号,编排方式按照该市在GB/T 2260《中华人民共和国行政区划代码》(以下简称"行政区划代码")中本省的排列顺序,用拼音字母A、B、C("I""O"不用,下同)等以此作为简称编写其代号。

如果直辖市登记机关将使用登记授权其区、县级特种设备安全监督管理部门办理,其使用登记机关的代号用该区、县按照行政区划代码中本市的排列顺序,用拼音字母A、B、C等以此编排。如果省、自治区以下的设区的市,直辖市以下的区、县登记编排超过所用的一位拼音字母时,可以在本省、自治区、直辖市全部采用两位拼音字母表示,即从AA、AB、AC、…、AZ、BA、BB、BC、…、BZ、CA、CB、CC、…、CZ、…、ZA、ZB、ZC、…、ZZ。

如果设区的市的登记部门将使用登记授权其区、县级特种设备安全监督管理部门办理,其使用登记机关的代号还是用该市的代号,登记顺序号由该市登记机关统一编排。

a2.3 登记顺序号

用五位阿拉伯数字表示,以颁发该类别设备使用登记证的登记顺序号(不考虑年份)。如登记的顺序号为89,则编为"00089"。

如登记顺序号超过99999,首位可顺序使用大写的拼音字母A、B、C等代替。如登记某一类别的压力容器顺序号为100000,则登记顺序号为"A0000",以此类推。

a2.4 登记年份

用两位阿拉伯数字表示该设备的登记年份,并且加括号"( )"(括号为半角形式)。如该设备于2014年进行登记,则用"(14)"表示。

a3 编制举例

如2012年1月5日,山东省潍坊市某单位到潍坊市登记机关办理一台第二类压力容器的使用登记。该登记机关历年来已经办理该类别(品种)压力容器共301台,该证的总顺序号则为"302",按照行政区划代码,潍坊市在山东省的排列为第七,则编为"G",故该压力容器的使用登记证编号为"容15鲁G00302(12)"。

附件 B

特种设备使用登记表（式样一）

登记类别：

设备基本情况	设备种类		设备类别	
	设备品种		产品名称	
	设备代码		型号（规格）	
	设计使用年限		设计单位名称	
	制造单位名称		施工单位名称	
	监督检验机构名称		型式试验机构名称	
设备使用情况	使用单位名称			
	使用单位地址			
	使用单位统一社会信用代码		邮政编码	
	单位内编号		设备使用地点	
	投入使用日期	年　月　日	单位固定电话	
	安全管理员		移动电话	
	产权单位名称			
	产权单位统一社会信用代码		联系电话	
设备检验情况	检验机构名称			
	检验类别		检验报告编号	
	检验日期		检验结论	
	下次检验日期			

　　在此申明：所申报的内容真实；在使用过程中，将严格执行《中华人民共和国特种设备安全法》及相关规定，并且接受特种设备安全监督管理部门的监督管理。

　　附：产品数据表

　　使用单位填表人员：　　　　　　　日期：

（使用单位公章）

　　使用单位安全管理人员：　　　　　日期：　　　　　　　　　　　　　年　月　日

说明：

　　登记机关登记人员：　　　　　　　日期：

（登记机关专用章）

　　使用登记证编号：　　　　　　　　　　　　　　　　　　　　　　　　年　月　日

注：本式样适用于按台（套）进行登记的特种设备。

特种设备使用登记表（式样二）

登记类别：

<table>
<tr><td rowspan="9">设备基本情况</td><td colspan="2">设备品种</td><td></td><td colspan="2">产品名称</td><td></td></tr>
<tr><td colspan="2">气瓶数量</td><td></td><td colspan="2">充装介质</td><td></td></tr>
<tr><td colspan="2">气瓶公称工作压力</td><td>MPa</td><td colspan="2">气瓶容积</td><td>L</td></tr>
<tr><td colspan="3">制造单位名称</td><td>制造日期</td><td>产品编号</td><td>单位内编号</td></tr>
<tr><td colspan="3"></td><td></td><td></td><td></td></tr>
<tr><td colspan="3"></td><td></td><td></td><td></td></tr>
<tr><td colspan="3"></td><td></td><td></td><td></td></tr>
<tr><td colspan="2">施工单位名称</td><td colspan="4"></td></tr>
<tr><td colspan="2">监督检验机构名称</td><td colspan="4"></td></tr>
<tr><td rowspan="7">设备使用情况</td><td colspan="2">使用单位名称</td><td colspan="4"></td></tr>
<tr><td colspan="2">使用单位地址</td><td colspan="4"></td></tr>
<tr><td colspan="2">使用单位统一社会信用代码</td><td></td><td>邮政编码</td><td colspan="2"></td></tr>
<tr><td colspan="2">车牌号</td><td></td><td>车辆VIN码</td><td colspan="2"></td></tr>
<tr><td colspan="2">投入使用日期</td><td>年 月 日</td><td>单位固定电话</td><td colspan="2"></td></tr>
<tr><td colspan="2">安全管理员</td><td></td><td>移动电话</td><td colspan="2"></td></tr>
</table>

在此申明：所申报的内容真实；在使用过程中，将严格执行《中华人民共和国特种设备安全法》及相关规定，并且接受特种设备安全监督管理部门的监督管理。

使用单位填表人员： 日期：

（使用单位公章）

使用单位安全管理人员： 日期： 年 月 日

说明：

登记机关登记人员： 日期：

（登记机关专用章）

使用登记证编号： 年 月 日

注：本式样适用于车用气瓶使用登记。（气瓶的制造单位名称、制造日期、产品编号、单位内编号的行数，根据该车所用的气瓶数量编制；气瓶容积是指单个气瓶。括号内表述不印制）

特种设备使用登记表(式样三)

登记类别：

<table>
<tr><td rowspan="2">设备基本情况</td><td>设备类别</td><td></td><td>设备品种</td><td></td></tr>
<tr><td>产品名称</td><td></td><td>设备数量</td><td></td></tr>
<tr><td rowspan="5">设备使用情况</td><td>使用单位名称</td><td colspan="3"></td></tr>
<tr><td>使用单位地址</td><td colspan="3"></td></tr>
<tr><td>设备使用地点</td><td></td><td>单位固定电话</td><td></td></tr>
<tr><td>使用单位统一社会信用代码</td><td></td><td>邮政编码</td><td></td></tr>
<tr><td>安全管理员</td><td></td><td>移动电话</td><td></td></tr>
</table>

在此申明：所申报的内容真实；在使用过程中，将严格执行《中华人民共和国特种设备安全法》及相关规定，并且接受特种设备安全监督管理部门的监督管理。

附：压力管道(气瓶)基本信息汇总表

使用单位填表人员：　　　　　　日期：

（使用单位公章）

使用单位安全管理人员：　　　　日期：　　　　　　　　年　月　日

说明：

登记机关登记人员：　　　　　　日期：

（登记机关专用章）

使用登记证编号：　　　　　　　　　　　　　　　　　　年　月　日

注：本式样适用于按使用单位登记的特种设备。

附录 b

特种设备使用登记表填写说明

b1 登记类别

填写本次办理使用登记的事由,如新设备首次启用、停用后启用、改造、使用单位更名、使用地址变更、过户、移装、达到设计使用年限等。

b2 设备基本情况

b2.1 设备种类

按照《特种设备目录》填写,也可直接印制为"锅炉""压力容器""压力管道""电梯""起重机械"等。

b2.2 设备类别、品种

按照《特种设备目录》填写。没有品种的划"—"。

b2.3 产品名称

按照产品铭牌或者产品合格证、产品数据表的内容填写,也称设备名称。

b2.4 设备代码

按照产品数据表上的内容填写,该代码具有唯一性。如果该产品还没有编制设备代码,则使用单位可以不填写,由登记机关按照设备代码的编制要求[见《固定式压力容器安全技术监察规程》(TSG 21—2016)]填写,其中制造单位代号改为登记机关的行政区划代码(比制造单位代号多一位)。

b2.5 型号(规格)

按照产品数据表或者相应的设计文件填写,有型号的填写型号,没有型号有规格的填写规格,没有型号、规格的,划"—"。

b2.6 设备数量

压力管道填写本次登记时的压力管道长度(单位为"米"),气瓶填写本次登记时的数量(单位为"只")。

b2.7 设计使用年限

按照产品数据表提供的数据填写。技术资料中未提供的,划"—"。

b2.8 设计单位名称

填写产品的设计单位名称,其名称与产品合格证和产品铭牌(设计图纸)表述应当一致。

b2.9 制造单位名称

填写产品的制造单位名称,其名称与产品合格证和产品铭牌表述应当一致。

b2.10 施工单位名称

填写登记时最近一次从事安装或者改造、修理的施工单位的名称。

b2.11 监督检验机构名称

填写负责该设备制造、安装、改造、重大修理监督检验(以下简称监检)的特种设备检验机构名称,没有实施监检的设备,注明"不实施监检",如该设备登记前进行了不同阶段的监检(如制造监检,安装、改造监检等),则填写最近一次监检的特种设备检验机构名称,并且与本附录 b4 相协调(除制造监检外,优先满足 b4 填写要求)。

b2.12 型式试验机构名称

填写型式试验机构的名称(全称)。安全技术规范未规定型式试验的,划"—"。

b3 设备使用情况

b3.1 使用单位名称

填写使用单位名称(全称),如果属于公民个人,则填写姓名。使用单位名称应当与含有单位统一社会信用代码的证明文件一致。

b3.2 使用单位地址

填写使用单位的详细地址,包括所在省(自治区)、市(地、州)、区(县)、街道(镇、乡)、小区(村)、门牌号等。

b3.3 使用单位统一社会信用代码

填写使用单位的统一社会信用代码。如果属于公民个人,则填写个人身份证号。

b3.4 邮政编码

填写使用单位所在地的邮政编码。

b3.5 单位内编号

填写使用单位对设备进行管理自行编制的设备内部编号。

b3.6 设备使用地点

填写设备安装在单位内的固定地点,如某某车间、某某场地等。移动式(流动式)特种设备,填写"移动"或者"流动"。设备使用地点不在使用单位内的,应当按照 b3.2 填写设备使用地的详细地址。

b3.7 投入使用日期

填写办理登记的设备正式投入使用的开始日期(包括年、月、日)。

b3.8 单位固定电话

填写使用单位特种设备安全管理机构或者主管特种设备机构的联系电话。

b3.9 安全管理员

填写使用单位负责该台特种设备的专职或者兼职的安全管理员姓名。如果聘用专业技术服务机构的人员负责安全管理,则填写该人员的姓名。

b3.10 移动电话

填写使用单位负责该台特种设备的专职或者兼职、聘用的安全管理员的移动电话。

b3.11 产权单位名称、统一社会信用代码、联系电话

填写产权单位名称、社会统一信用代码、联系电话,填写方式和使用单位相同。如果和使用单位为同一单位,则产权单位一栏中填写"同使用单位",其他相应栏中划"—"。

b4 设备检验情况

办理使用登记时的设备检验情况(制造监检除外),包括安装、改造、重大修理监督检验、使用前首次检验、定期检验等。

b4.1 检验机构名称

填写从事检验的检验机构名称。

b4.2 检验类别

根据检验情况,填写使用登记时最后完成的检验类别,如安装监督检验、改造监督检验、重大修理监督检验、首次检验、定期检验、达到设计使用年限检验或者安全评估、基于风险检验、事故检验等。

b4.3 检验报告编号

填写检验机构出具的检验报告的编号或者安全评估机构出具的安全评估报告编号,没有要求出具检验报告的,只填写监检证书编号。

b4.4 检验日期

填写进行检验的日期,一般是检验完成的日期,即报告出具日期(年、月、日)。

b4.5 检验结论

按照有关检验规则的要求填写,如符合要求、基本符合要求、不符合要求,合格、复检合格、不合格等。

b4.6 下次检验日期

首次定期检验日期由使用单位在首次登记时根据本规则和相关安全技术规范的规定填写,登记机关进行审核;对已经实施检验的,使用单位按照检验报告确定的下次检验日期填写;由于结构原因,设计文件规定无法实施定期检验的特种设备,使用单位填写"设计规定不实施定期检验"。

b5 使用单位申明和填表人员、使用单位公章

表中所示的申明,作为使用单位的承诺,使用单位的填表人员和安全管理人员(一般是指安全管理员)需要签字,并且注明签字日期,填表后盖使用单位公章,并且附特种设备产品数据表(复印件,加盖使用单位公章)。使用单位是自然人的,应当签字。

b6　登记情况

由登记机关填写。在说明的空白处填写对使用登记的审查情况,包括同意或者不予受理、不予登记等意见。如果不予受理、不予登记,应当注明原因和处理情况。

b6.1　登记机关登记人员

由负责登记受理、登记的人员签字,并且注明日期。

b6.2　登记机关专用章

加盖负责特种设备登记的特种设备安全监督管理部门的特种设备安全监察专用章或者其他能代表登记机关的公章。

b6.3　使用登记证编号

填写已经同意登记,所颁发的使用登记证的登记编号。使用登记证编号的编制方法见本规则附件A 的附录 a。

注 b-1:《特种设备使用登记表》所列内容仅为特种设备进行使用登记时需要填写的基本数据,不代表特种设备信息化管理要求的数据,如事故数据、现场监督检查等。其他有关设备数据按照信息化建设的要求建立。

附件 C

压力管道基本信息汇总表——工业管道

使用单位(加盖使用单位公章)名称：
工程(装置)名称：　　　　　　　　　　　　　　使用单位地址：
　　　　　　　　　　安全管理部门：　　　　　　安全管理员：

共　　页　第　　页

序号	管道名称(登记单元)	管道编号	管道级别	设计单位	安装单位	安装年月	投用年月	管道规格			设计/工作条件			检验结论	检验机构名称	下次检验日期	备注
								公称直径(mm)	公称壁厚(mm)	管道长度(m)	压力(MPa)	温度(℃)	介质				
1																	
2																	
3																	
4																	
5																	
6																	
7																	
8																	
9																	
10																	

填表日期：　　　　　　经办人：　　　　　　联系电话：　　　　　　电子邮箱：

附录 C

《压力管道基本信息汇总表——工业管道》填写说明

c1 使用单位

填写压力管道产权单位、使用单位名称或者业主个人身份证号。

c2 使用单位地址

填写使用单位的详细地址,包括所在省(自治区)、市(地、州)、区(县)、街道(镇、乡)、小区(村)、门牌号等。

c3 工程(装置)名称

填写管道工程或者固定式装置名称。涉及多个工程(装置)的,每个工程(装置)分别填写。

c4 安全管理部门

填写使用单位负责压力管道的安全管理内部机构,如动力处(科)。

c5 安全管理员

填写负责压力管道管理的专职或者兼职安全管理员姓名。

c6 管道名称(登记单元)

工业管道的分段和名称确定原则:
(1)设计管线表编号从始端至终端的所有管段;
(2)物流输送的形式,以物流从流出设备至流入设备之间的每条管道;
(3)装置、系统形式,以装置和系统内、外进行划分,以装置和系统内(或者装置和系统外)每条管道;
(4)工程编号。
有设计资料的,可以按照设计的管道名称填写,使用单位已经编制名称的,可以按照已经编制的名称填写。

c7 管道编号

按照使用单位规定的管道编号填写。

c8 管道级别

按照工业管道级别划分规定填写。

c9 设计单位、安装单位

填写管道的设计、安装单位名称。

c10 安装年月、投用年月

填写管道安装竣工、投用的具体年、月。

c11 管道长度

是管道折合成一条直线管道的长度,也可以采用管道设计的计算长度。

c12 设计/工作条件

填写设计和工作的条件。如设计压力为 10 MPa,实际使用最高工作压力为 4 MPa,则填"10/4";设计温度为 400 ℃,实际使用最高工作温度 300 ℃,则填"400/300"。

c13 检验结论

按照监督检验、定期检验或者基于风险检验的检验结论填写。

c14 检验机构名称

对新安装的管道,填写进行安装监督检验的机构名称;对在用管道的定期检验,填写进行定期检验的机构名称;对基于风险检验的管道,填写进行基于风险检验的机构名称。

c15 下次检验日期

填写检验报告中确定的下一次检验日期。

c16 备注

填写该压力管道单线图(轴测图)号。

注 c-1:《压力管道基本信息汇总表——工业管道》所列栏目,没有该项目的填写"无此项",暂时无法填写的可划"—",不要空项。

注 c-2:《压力管道基本信息汇总表——工业管道》中管道级别、管道规格、设计/工作条件等涉及多个内容时,例如管道登记单元中同时有 GC1、GC2、GC3 级管道,则可以在管道级别一栏中填"GC1;GC2;GC3"。

附件 D

气瓶基本信息汇总表

使用单位：(加盖使用单位公章)   共　　页　第　　页

序号	设备品种	产品编号	充装介质	制造单位	制造年月	公称工作压力（MPa）	容积（L）	最近一次检验日期	下次检验日期	单位内编号	变更或者停用情况	信息化管理情况
1												
2												
3												
4												
5												
6												
7												
8												
9												
10												

经办人：   联系电话：

填表日期：   电子邮箱：

注：设备品种，是指无缝气瓶、焊接气瓶、内装填料气瓶、纤维缠绕气瓶、低温绝热气瓶；变更或者停用情况，是指新增、停用、注销、报废；信息化管理情况，是指企业采用二维码、电子标签等信息化方式对气瓶进行管理，已采用的填写具体信息化方法，未采用的填"无"。

附件 E

特种设备使用登记证变更证明

编号：

设备种类		设备类别	
设备品种		产品名称	
设备代码		原使用登记证编号	
制造单位名称			
产品编号		制造日期	
原使用单位名称			
原使用登记证签发日期		变更类别	
该特种设备的使用登记证已在本登记机关办理注销手续。			

(原)登记机关：　　　(名称、专用章)

年　　月　　日

注：该特种设备投入使用前，变更后的使用单位应当向所在地的使用登记机关重新办理使用登记手续。变更类别，按照使用单位更名、变更使用单位、移装、改造、达到设计使用年限继续使用等填写。

附件 F

特种设备停用报废注销登记表

申报种类：□停用　□报废　□注销　共　　台

使用单位名称						
使用单位地址						
安全管理员			安全管理员联系电话			
产权单位			产权单位联系电话			
序号	设备品种（名称）	使用登记证编号	设备代码	设备使用地点	产品编号	停用报废注销原因

使用单位意见：

（使用单位公章）
　　年　月　日

产权单位意见：

（产权单位公章）
　　年　月　日

登记机关意见：

（登记机关专用章）
　　年　月　日

登记机关登记人员：

注：此表一式两份，登记机关和使用单位各存一份；同时提供设备的使用登记表和使用登记证，场（厂）内专用机动车辆还需携带车牌；设备台数较多时，可另行附表说明。

附件 G

特种设备使用标志(式样一)

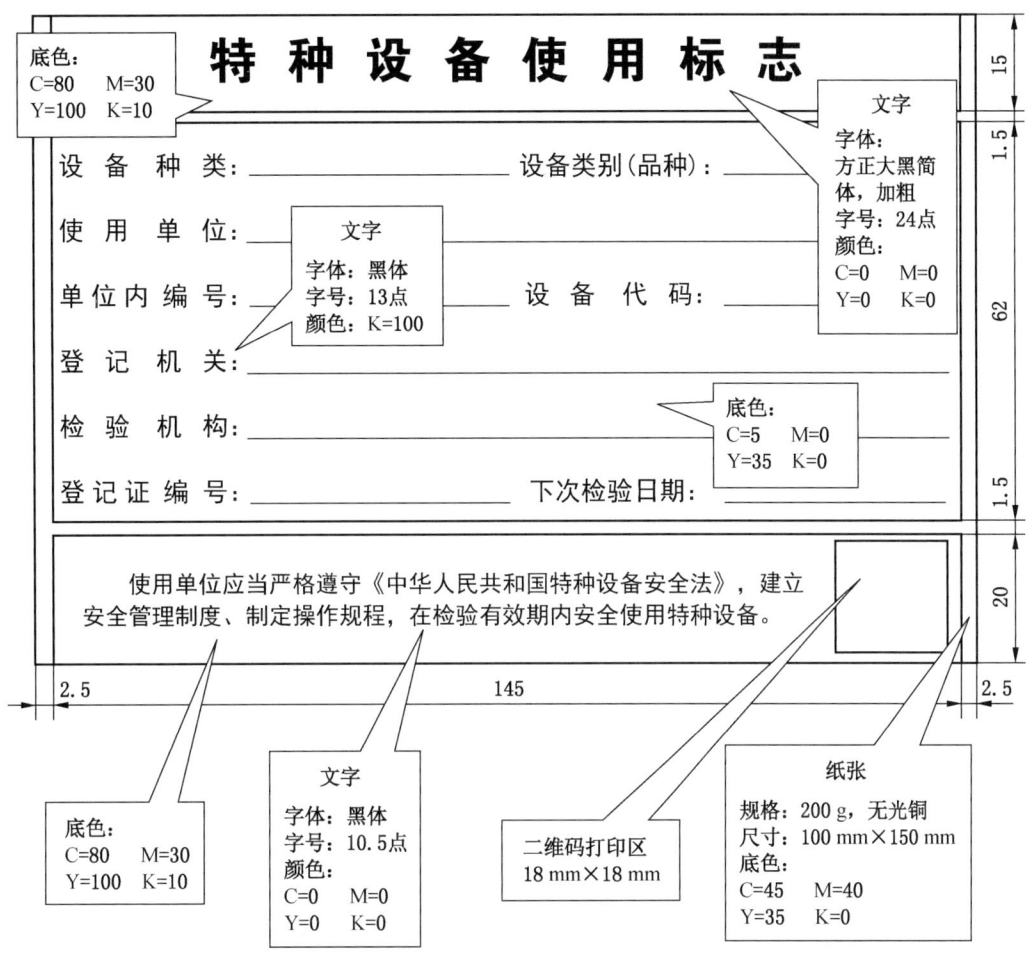

说明：

1. 此样式为锅炉、压力容器(气瓶除外)、起重机械、客运索道、大型游乐设施和场(厂)内专用机动车辆的使用标志；式样的幅面及其文字字号、标注的尺寸为锅炉、压力容器、起重机械和场(厂)内专用机动车辆的使用标志；客运索道、大型游乐设施的幅面为 300 mm×450 mm，文字字号、有关尺寸可以按照一定的比例放大。

2. 按照《特种设备目录》，有设备品种的，在"设备类别(品种)"栏中填写设备品种，如锅炉中有机热载体炉的"有机热载体气相炉"、压力容器中氧舱的"医用氧舱"、起重机械中桥式起重机的"通用桥式起重机"、客运索道中客运拖牵索道的"低位客运拖牵索道"、大型游乐设施中水上游乐设施的"峡谷漂流系列"、场(厂)内专用机动车辆中机动工业车辆的"叉车"等；只有设备类别而无品种的，则填写设备类别，如锅炉中的"承压热水锅炉"、大型游乐设施中的"观览车类"等。

3. 此式样左下方的"使用单位应当严格遵守《中华人民共和国特种设备安全法》，建立安全管理制度，制定操作规程，在检验有效期内安全使用特种设备。"适用于锅炉、压力容器(气瓶除外)、起重机械、场(厂)内专用机动车辆使用标志。客运索道、大型游乐设施使用标志为"乘客应当遵守安全使用说明和安全注意事项的要求，服从有关工作人员的管理和指挥。"

4. 锅炉、固定式压力容器、起重机械使用单位应当将《特种设备使用标志》或者使用单位盖章(签名确认)的复印件悬挂或者固定在特种设备显著位置，当无法悬挂或者固定时，可存放在使用单位的安全技术档案中，同时将使用登记证编号标注在特种设备产品铭牌上或者其他可见部位；非公路用旅游观光车、有驾驶室的特种设备使用单位应当将《特种设备使用标志》张贴在驾驶室的挡风玻璃的右前方,移动式压力容器的使用标志应当随容器携带,并且打印二维码。

5. 客运索道、大型游乐设施使用单位应当将《特种设备使用标志》悬挂或者固定在乘客入口处或者售票处等易于乘客看见的部位。

6. 新投入使用的特种设备,办理使用登记时,由登记机关签发《特种设备使用标志》并且加盖登记机关公章,检验机构一栏填写最近一次的检验机构名称(包括首次检验、安装监督检验、制造监督检验等);该特种设备进行定期检验后,《特种设备使用标志》由定期检验机构签发,并且加盖检验专用章。

特种设备使用标志（式样二）

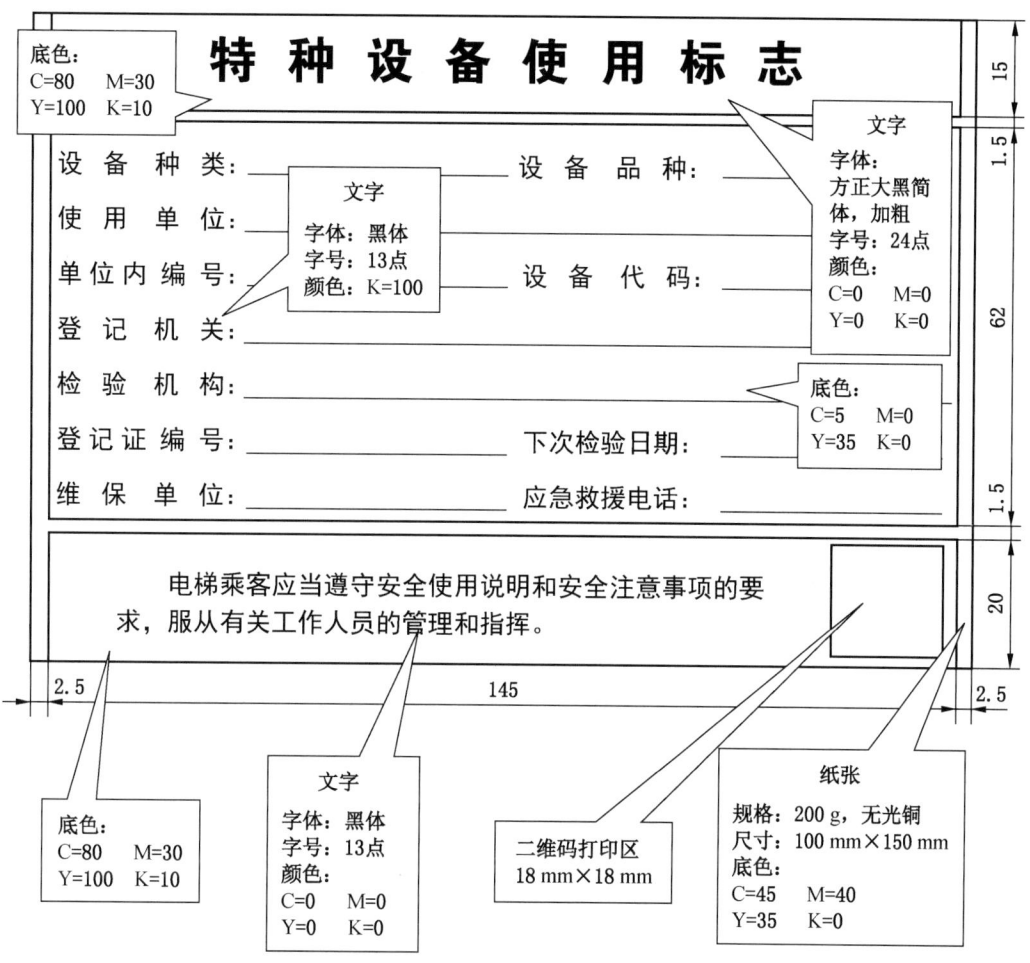

说明：

1. 此式样为电梯的使用标志。

2.《特种设备使用标志》固定在电梯轿厢（或者扶梯、人行道出入口）易于乘客看见的部位。

3. 新投入使用的电梯，办理使用登记时，由登记机关签发《特种设备使用标志》并且加盖登记机关公章，检验机构一栏填写最近一次实施监督检验的检验机构名称；该特种设备进行定期检验后，《特种设备使用标志》由定期检验机构签发，并且加盖检验专用章。

特种设备使用标志(式样三)

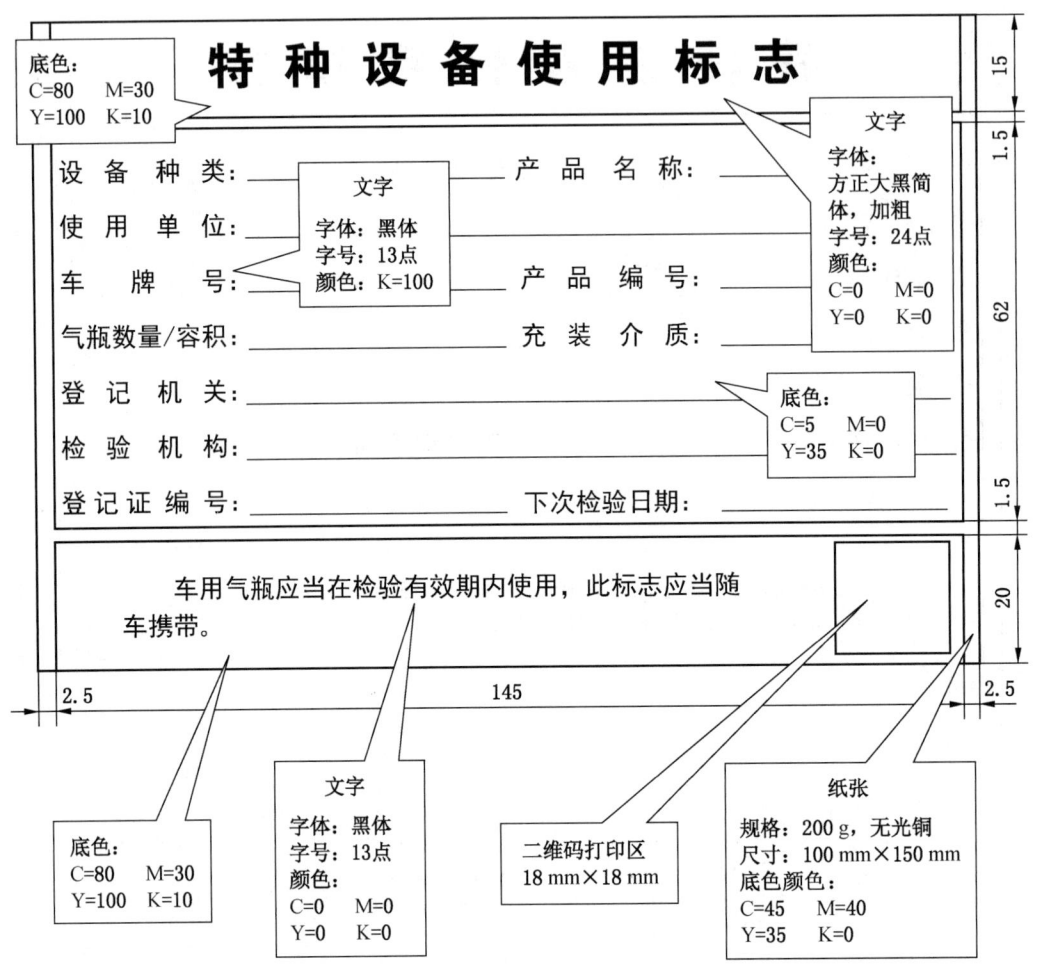

说明:

1. 此式样为车用气瓶的使用标志。

2. 设备种类填写"压力容器",产品名称填写"车用气瓶"。如果一车有多个气瓶,产品编号栏中列出所用的所有气瓶的产品编号。

3. 新投入使用的车用气瓶,办理使用登记时,由登记机关签发《特种设备使用标志》并且加盖登记机关公章,检验机构一栏填写安装监督检验机构。

附件 H

场(厂)内专用机动车辆车牌(式样)

H1 编制基本方法

场(厂)内专用机动车辆车牌由登记机关在颁发《特种设备使用登记证》时发放。

场(厂)内专用机动车辆车牌编号由车牌类别名称、地区特征代号、车牌顺序号组成,包括汉字、拼音字母与阿拉伯数字。

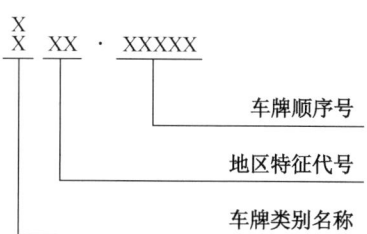

H2 编号含义

H2.1 车牌类别名称

用"场内"两字竖排表示。

H2.2 地区特征代号

包括省、自治区、直辖市和设区的市两部分代号。第一部分,用省、自治区、直辖市的汉字简称表示,如上海市用"沪"代表,浙江省用"浙"代表,以此类推;第二部分,对省、自治区所属的场(厂)内专用机动车辆,为设区的市的代号,编排方式按照该市在 GB/T 2260 中本省的排列顺序,用拼音字母 A、B、C("I""O"不用,下同)等以此作为简称编写其代号;对直辖市所属的场(厂)内专用机动车辆,为区(县)的代号,直辖市特种设备安全监管部门可根据地区情况,用拼音字母 A、B、C 等以此作为简称编写其代号,当区(县)数量多于 26 个时,多个区(县)可共用 1 个代号,采用不同号段予以区分。

H2.3 车牌顺序号

用五位阿拉伯数字表示,为颁发该场(厂)内专用机动车辆的顺序号。如某场(厂)内专用机动车辆的发牌顺序号为 8888,则编为"08888"。

如车牌顺序号超过 99999,首位可顺序使用大写的拼音字母 A、B、C 等代替。如登记的场(厂)内专用机动车辆为 100 000,则车牌顺序号为"A0000",以此类推。

H3 底板与字体规格

(1)底板材料,铝材,板厚 0.8 mm~1.5 mm;
(2)字体,车牌类别名称("场内")、省、自治区、直辖市代号为方正粗圆简体,其他均为 Arial;
(3)字尺寸,车牌类别名称("场内")35 mm×35 mm,其他均为 80 mm×35 mm;

(4)字间隔,车牌类别名称("场内")与省、自治区、直辖市代号之间为 16 mm,"场内"两字间隔 10 mm,设区的市代号、点("·"直径 10 mm)、顺序号之间均为 12 mm。

车牌颜色、有关尺寸按照图 H 标注。

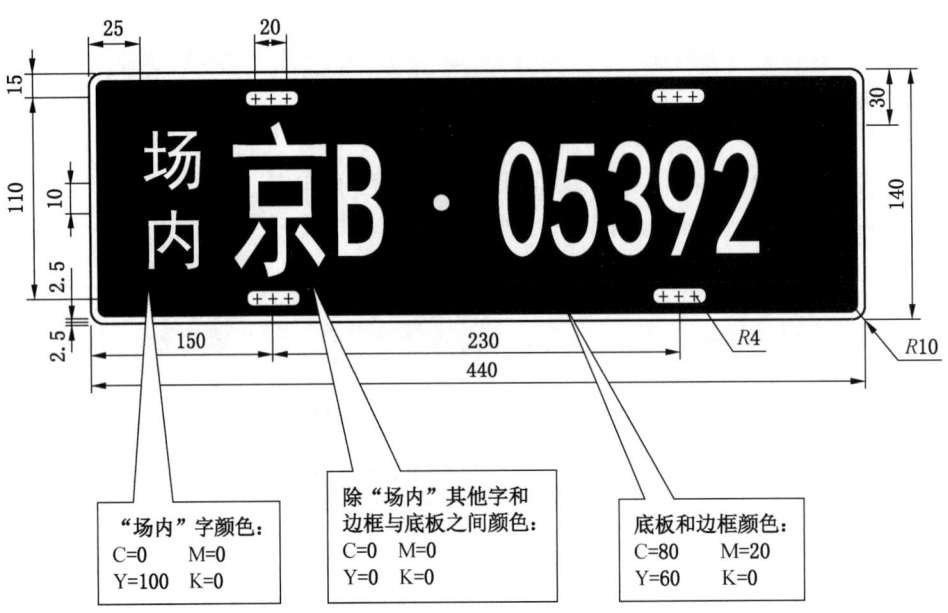

图 H 场(厂)内专用机动车辆车牌式样

相关规章和规范历次制(修)订情况

1.《蒸汽锅炉使用登记试行办法》(1962年10月4日,劳动部公布)。

2.《锅炉使用登记办法》(劳动人事部劳人锅〔1986〕2号,1986年2月7日颁布,1987年1月1日实施,2003年9月1日废止)。

3.《压力容器使用登记管理规则》(劳动部劳锅字〔1989〕2号,1989年3月22日颁布,颁布之日起执行,1994年5月1日废止)。

4.《压力容器使用登记管理规则》(劳动部劳锅字〔1993〕442号,1993年12月31日颁布,1994年5月1日起实施,2003年9月1日废止)。

5.《特种设备注册登记与使用管理规则》(国家质量技术监督局质技监局锅发〔2001〕57号,2001年4月9日发布,自发布之日起实施)。

6.《锅炉压力容器使用登记管理办法》(国家质检总局国质检锅〔2003〕207号,2003年7月14日发布,2003年9月1日起施行,2013年7月1日压力容器部分废止、2015年1月1日锅炉部分废止)。

7.《压力管道使用登记管理规则(试行)》(国家质检总局国质检锅〔2003〕213号,2003年7月17日发布,2003年10月1日起施行,2009年12月1日废止)。

8.《气瓶使用登记管理规则》(TSG R5001—2005,国家质检总局公告2005年第140号,2005年9月16日颁布,2005年10月1日起施行)。

9.《电梯使用管理与维护保养规则》(TSG T5001—2009,国家质检总局公告2009年第44号,2009年5月8日颁布,2009年8月1日起施行)。

10.《起重机械使用管理规则》(TSG Q5001—2009,国家质检总局公告2009年第83号,2009年8月31日颁布,2010年1月1日起施行)。

11.《压力管道使用登记管理规则》(TSG D5001—2009,国家质检总局公告2009年第83号,2009年8月31日颁布,2009年12月1日起施行)。

12.《压力容器使用管理规则》(TSG R5002—2013,国家质检总局公告2013年第10号,2013年1月16日颁布,2013年7月1日起施行)。

13.《锅炉使用管理规则》(TSG G5004—2014,国家质检总局公告2014年第98号,2014年9月5日颁布,2015年1月1日起施行)。

特种设备安全技术规范　TSG S7001—2013

客运索道监督检验和定期检验规则

Regulation for Supervisory Inspection and Periodical
Inspection of Passenger Ropeway

2013-12-31 发布　　　　　　　　　　　　　　　2014-06-01 实施

中华人民共和国国家质量监督检验检疫总局　颁　布

前 言

2012年4月,根据国家质量监督检验检疫总局(以下简称国家质检总局)特种设备安全监察局(以下简称特种设备局)安全技术规范制修订计划,特种设备局向中国特种设备检测研究院(以下简称中国特检院)下达了《客运索道监督检验和定期检验规则》(以下简称本规则)起草任务书。2012年6月,中国特检院组织有关专家成立了起草组,并在北京召开了起草组第一次工作会议,讨论了本规则的制定原则、结构框架、内容要求等,确定了工作分工和时间进度要求。2012年11月,起草组在北京召开了第二次工作会议,对起草的初稿进行了研讨和修改,并于2013年4月提交了规则的征求意见稿。2013年5月,特种设备局以质检特函[2013]21号文征求基层部门、有关单位、专家及公民的意见。2013年5月,国家质检总局特种设备安全技术委员会客运索道分委会在湖南省张家界召开工作会议,对本规则进行了审议。根据征求到的意见和专家审议意见,起草组对本规则进行了相应修改,并形成了报批稿。2013年12月31日,由国家质检总局批准颁布。

本规则在满足国家有关法律、法规要求的前提下,兼顾我国客运索道检验的工作现状,保留现行客运索道检验规则整体框架和大部分可行内容,按照"大规范"的思路,将《客运架空索道监督检验规程》(国质检锅[2002]326号)、《客运缆车安装监督检验与定期检验规则》(TSG S7002—2005)、《客运拖牵索道安装监督检验与定期检验规则》(TSG S7001—2004)重新整合成一个规则。本规则规定了监督检验和定期检验的定义、性质、适用范围和定检周期,以及检验内容、要求与方法等。

本规则主要起草单位和人员如下:

国家质检总局特种设备局	张宏伟 詹蕴鑫
国家客运架空索道安全监督检验中心	徐 伟 张 强 吴鸿启 蔺鸿达 罗 原 张晓文
北京市特种设备检测中心	秦 威
广东省特种设备检测研究院	陈雁新
北京起重运输机械设计研究院	李 刚
中国恩菲工程技术有限公司	胡英禅 佟 舟
北京北方车辆集团有限公司	林永刚
北京八大处索道有限公司	盛英勇
葫芦岛市锦杨索道安装有限公司	王树林
泰安市索道安装公司	李英超

客运索道监督检验和定期检验规则

第一条 为了规范客运索道监督检验和定期检验工作,根据《中华人民共和国特种设备安全法》、《特种设备安全监察条例》,制定本规则。

第二条 本规则规定的监督检验是指国家质量监督检验检疫总局(以下简称国家质检总局)核准的特种设备检验机构(以下简称检验机构),在安装、改造、重大修理(以下简称施工)单位自检合格的基础上,依据本规则规定对客运索道施工过程进行的检验。

本规则规定的定期检验是指检验机构在使用单位自检合格的基础上,依据本规则规定对在用客运索道定期进行的检验,定期检验分为全面检验和年度检验。

第三条 监督检验和定期检验是对客运索道生产和使用单位执行相关法规标准规定、落实安全责任、开展自查自检工作、自主确认客运索道运行安全等工作进行的监督验证性检验。

客运索道施工单位或者使用单位自检报告的结论,是对设备安全状况的判定;检验机构出具检验报告的结论,是对客运索道施工和使用单位落实相关责任、自主确定设备安全等工作质量的综合判定。

第四条 新建、改造或者重大修理的客运索道,应当按照本规则的规定进行监督检验;在用客运索道应当按照本规则的规定进行定期检验。实施改造或者重大修理的客运索道进行监督检验时,改造或者重大修理涉及的项目应当按照本规则附件 A 的监督检验要求进行,其他项目应当按照本规则附件 A 的全面检验要求进行。

发生自然灾害、人为破坏、重大设备事故影响安全技术性能以及停用 1 年以上重新启用的客运索道(不包括拖牵索道),由使用单位自检合格后向检验机构申请全面检验;需要进行改造或者重大修理的,应当进行监督检验。

第五条 客运架空索道和客运缆车监督检验合格后,每 3 年进行 1 次全面检验,期间的 2 个年度,每年进行 1 次年度检验。客运拖牵索道不进行全面检验,每年进行 1 次年度检验。检验时间不得超过安全检验标志上注明的"下次检验日期"。"下次检验日期"以监督检验或者停用 1 年后重新进行全面检验的检验合格报告签发日期为基准,按自然年类推,不因本周期内提前检验、复检或者逾期检验而变动。

客运索道的监督检验和定期检验由国家质检总局核准的具有相应资质的检验机构实施。

第六条 客运索道施工单位应当在施工前,向规定的检验机构申请监督检验;客运索道使用单位应当在安全检验标志注明的"下次检验日期"前 1 个月,向规定的检验机构申请定期检验。

第七条 安装单位应当按照设计文件和相关国家标准的要求,对各个站房内索道设备基础和线路支架基础进行检查并查验其土建工程相关验收文件,确认所安装设备与设计文件的一致性。

改造、重大修理单位应当根据改造、重大修理方案,按照前款的要求对涉及项目中的基础和有关设备进行检查、确认。

施工现场持证作业人员数量不得少于 2 人。

第八条 对于监督检验,施工单位和整机制造单位应当保证施工和调试工作的质量,真实、准确地出具施工自检报告。对于定期检验,使用单位或者其委托的施工单位、整机制造单位,应当保证日常维护保养质量,真实、准确地出具定期自检报告。各类自检项目应当不少于本规则附件 A 规定的检验项目。自检报告应当在检验人员实施现场检验前完成。

第九条 申请监督检验或者定期检验的单位(以下简称受检单位)应当向检验人员提供符合本规则要求的有关资料和文件(以下简称资料),并对其真实性和准确性负责。同时安排相关人员配合检验人员实施检验。

第十条 客运索道检验项目分为以下 A、B、C 三类:

（一）A类项目，是检验机构在现场检验前，对受检单位提供的施工前、施工过程中、施工完成后的资料进行审查的项目（详见附件A检验项目1.1、1.2和1.3）；未经检验机构审查通过，施工单位不得开始施工或者转入下一个阶段的工作。

（二）B类项目，是检验机构按照本规则的相应规定，进行现场检验的项目。

（三）C类项目，是检验机构按照本规则的相应规定，对自检记录、报告或资料进行审查的项目。

对于A类和C类项目，检验人员如果对某项自检结果有质疑，可以对该项目进行现场检验。

第十一条 现场检验应当由不少于2名具有客运索道检验员以上（含检验员）资格的人员实施。检验人员不得参与客运索道的施工或者调整工作。

第十二条 现场检验时，检验人员应当配备和穿戴检验作业必需的个体安全防护用品。受检单位应当负责检验现场周围设施的安全防护。

第十三条 实施现场检验时应当具备以下条件：

（一）有安全可靠的爬梯、平台等设施，保证检验人员正常工作；

（二）输入电压的波动范围为额定电压值的0.9倍～1.1倍；

（三）环境温度、湿度保持在客运索道正常运行及检验设备和计量器具正常工作所要求的范围内；

（四）雨、雪、风力等室外气候条件满足客运索道正常运行的要求；

（五）试验用载荷满足附件A中负荷试验的要求；

（六）客运索道停止运营，每个站房入口处设置警示牌。

对于不具备现场检验条件的客运索道，或者继续检验可能造成安全和健康损害时，检验人员可以终止检验，并且向受检单位书面说明原因。

第十四条 检验机构应当根据本规则规定，制定检验作业指导文件，发布统一格式的检验记录。检验过程中，检验人员应当将检验情况如实记录在检验记录上，不得漏检、漏记和错记。要求测试数据的项目应当填写实测数据，未要求测试数据但需要说明情况的项目，应当简要说明。既无测试数据又不需要说明情况的项目，可以使用统一规定的标记，表明"合格"、"不合格"、"无此项"等。

原始记录应当有检验人员签字，并且注明检验日期。

第十五条 对于每个A类项目，检验人员应当在审查结束后，分别向受检单位出具《特种设备检验意见通知书(1)》（格式见附件B，以下简称《通知书(1)》）。《通知书(1)》的结论按照以下两种情况判定：

（一）受检单位提供的资料符合要求的，结论为"合格"；

（二）受检单位提供的资料欠缺，无效或者发现不符合要求的，结论为"不合格"。

从检验人员接收受检单位送交的资料到出具《通知书(1)》的时间，应当不超过10个工作日。

施工单位在取得每个注有"合格"结论的《通知书(1)》后，方可开始施工或者转入下一个阶段的工作。

第十六条 检验人员应当在监督检验的现场检验阶段结束后，向受检单位出具《通知书(1)》，其结论按照以下两种情况判定：

（一）检验项目全部合格的，结论为"合格"；

（二）检验项目存在整改项的，结论为"不合格"。

第十七条 检验人员应当在定期检验结束后，按照以下三种情况，分别向受检单位出具通知书：

（一）检验项目全部合格的，出具《通知书(1)》，结论为"合格"；

（二）有重要项目（附件A中带※号标注的内容）需要整改或者一般项目整改项超过8项（客运拖牵索道为5项）的，出具《通知书(1)》，结论为"不合格"；

（三）一般项目整改项不超过8项（客运拖牵索道为5项）。且重要项目全部合格的，出具《特种设备检验意见通知书(2)》（格式见附件B，以下简称《通知书(2)》），提出整改要求。

第十八条 《通知书(1)》结论为"不合格"的，检验人员应当在《通知书(1)》上提出全部整改项目，受检单位应当补充提供相关资料或者对整改项目进行整改；对于定期检验，检验结论为"不合格"的，使用单位应当停止使用。

第十九条 检验人员应当在《通知书(2)》上提出全部整改项目和完成时限。整改完成时限一般为1个月,经请示检验机构同意后可以延长至3个月,但不得超过安全检验合格标志注明的"下次检验日期"。

使用单位应当在规定的时限内完成整改并将整改报告,包括已经填写处理结果的《通知书(2)》和相关见证材料等,报送检验机构。从接到《通知书(2)》开始到取得检验报告为止,使用单位应当在此期间针对整改项目采取相应的安全措施,监护使用客运索道。

第二十条 检验人员应当按照本规则规定,对整改报告进行确认。无法确认或者有质疑时,可以对该整改项目实施现场查验,确认其是否符合要求。

A类项目需要整改的,检验机构应当在确认其整改合格后,重新出具注有"合格"结论的《通知书(1)》。

监督检验的B、C类项目需要整改的,受检单位应当在6个月内将整改报告报送检验机构。超过规定时限时,受检单位应当重新申请检验,检验机构应当按照本规则规定对全部B、C类项目重新进行检验。

第二十一条 以下情况,检验机构应当向受检单位出具检验报告:

(一)《通知书(1)》结论为"合格"或者"不合格"时(注1);

(二)按照第二十条的规定,检验人员对整改情况进行确认后;

(三)受检单位超出《通知书(2)》规定时限未提供整改报告时。

检验机构应当在检验工作完成后或者对整改情况确认后10个工作日内出具检验报告。

检验报告的内容与格式应当符合附件C和附件D的规定,结论页应当有检验、审核、批准人员的签字和检验机构检验专用章或者公章。

注1:对于每个A类项目,检验机构只出具《通知书(1)》,不出具检验报告,待现场检验结束后,再出具检验报告。

第二十二条 检验报告附页中,"检验结果"、"检验结论"和"备注"栏按照以下要求填写:

(一)A类和C类项目,判定为合格的,在"检验结果"栏中填写"资料符合要求";判定为不合格的,在"检验结果"栏中填写"资料不符合要求";对某项自检结果有质疑并对该项目进行了检验的,按照本条第(二)项要求填写相应内容;

(二)B类项目,有测试数据要求的,在"检验结果"栏中填写实测或者计算处理后的数据;没有测试数据要求,经检验符合要求的,在"检验结果"栏中填写"符合要求";经检验不符合要求的,填写"不符合要求";

(三)需要说明情况的项目,在"检验结果"栏中做简要说明,可附页描述,"检验结果"栏中填写"见附页××";

(四)不适用的项目,在"检验结果"栏中填写"无此项";

(五)"检验结论"栏根据"检验结果"填写"合格"、"不合格"、"无此项";

(六)《通知书(1)》或者《通知书(2)》中提出的整改项目整改完成并经检验人员确认合格后,在"备注"一栏中填写"整改合格";如果整改项目经检验人员现场查验确认合格后,在"备注"一栏中填写"复检合格"。

第二十三条 检验报告结论,有"合格"、"不合格"、"复检合格"、"复检不合格"四种,按照以下要求填写:

(一)监督检验和定期检验时,《通知书(1)》结论为"合格"的,检验报告的结论为"合格";

(二)监督检验和定期检验时,《通知书(1)》结论为"不合格"的,检验机构应当在检验工作完成后10个工作日内,出具结论为"不合格"的检验报告,待受检单位完成全部整改后,按照本条(三)和(四)项的规定再出具检验报告;

(三)监督检验时,受检单位完成《通知书(1)》上提出的全部整改项目,经检验人员确认符合要求的,检验报告结论为"合格",确认不符合要求的,检验报告结论为"不合格";如部分或者全部整改项目由检验人员实施了现杨查验,确认符合要求的,检验报告结论为"复检合格"。确认不符合要求的,检验报告结论为"复检不合格";

(四)定期检验时,受检单位完成《通知书(1)》上提出的全部整改项目或者在规定的时限内完成《通知书(2)》上提出的全部整改项目,经检验人员确认符合要求的,检验报告结论为"合格",不符合要求的,检验报告结论为"不合格";如部分或者全部整改项目由检验人员实施了现场查验,确认符合要求的,检验报告结论为"复检合格",确认不符合要求的,检验报告结论为"复检不合格";

(五)定期检验时,受检单位未在《通知书(2)》规定的时限内完成整改的,检验报告的结论为"不合格"。

检验报告结论为"合格"或者"复检合格"的客运索道,需要在特定限制条件下运行的,应当注明限制条件。

第二十四条 检验合格的客运索道,检验机构应当向使用单位出具安全检验标志(见附件E),包括标志牌和合格标签。标志牌由实施监督检验的机构提供,合格标签由本年度实施检验的机构出具。使用单位应当将合格标签粘贴在标志牌的相应位置。

第二十五条 检验工作完成后,检验机构应当保存相关检验资料,存档时间不少于6年。

第二十六条 本规则实施前投入使用的客运索道(以下简称在用的旧索道),其定期检验或者重大修理监督检验,按照附件A中带"△"号标注的内容进行检验。

第二十七条 检验过程中,检验人员认为需要增加本规则规定以外的检验项目时,应当经检验机构同意后,在通知书上提出要求。遇有特殊型式或者技术情况的客运索道,检验机构可以依据本规则及有关法规、规范及相应标准,确定检验内容、要求与方法,并经国家质检总局批准后,开展检验工作。

第二十八条 检验机构应当将检验结论及有关情况在检验结束后及时报告设备所在地的省级质量技术监督部门。

第二十九条 本规则由国家质检总局负责解释。

第三十条 本规则自2014年6月1日起施行,原《客运架空索道监督检验规程》(国质检锅[2002]326号)、《客运缆车安装监督检验与定期检验规则》(TSG S7002—2005)和《客运拖牵索道安装监督检验与定期检验规则》(TSG S7001—2004)同时废止。

附件 A

客运索道监督检验、定期检验和自检的内容、要求与方法

检验项目		检验内容与要求	检验方法	监督检验	定期检验	
					全面	年度
1 技术 资料	1.1 施工前 资料	(1)新建客运索道建设项目批准文件(由县级及以上人民政府相关部门批准); (2)安装单位的安装许可证,许可范围能够覆盖所安装客运索道; (3)制造许可证或者《特种设备行政许可受理决定书》,其范围能够覆盖所提供设备的相应参数(改造和重大修理时只提供新增加或者更换部件的制造许可证); (4)设计文件鉴定报告; (5)特种设备安装改造修理告知书; (6)改造或者重大修理所涉及的零部件清单; (7)安装技术文件(包括安装说明书和施工方案); (8)设备开箱检查记录,设备安装单位应当检查所安装的设备是否与图纸资料相符; (9)线路支架和站内设备安装基础检查报告。架空索道基础的尺寸精度要求应当符合 GB 12352—2007《客运架空索道安全规范》(以下简称《规范1》)中 10.1.4 规定;缆车基础的尺寸精度要求应当符合 GB 19402—2012《客运地面缆车安全要求》(以下简称《规范2》)中 10.1.4 规定	施工前,检验人员查阅受检单位送交的资料	A	—	—
	1.2 施工 过程中 资料	(1)设备、支架、钢结构安装前查验、焊缝目测和维护记录; (2)线路设备、支架、钢结构安装和测量记录,其内容至少包括以下项目: ①支架安装检查记录,架空索道支架的安装应当符合《规范1》中 10.2.1 和 10.2.4 规定; ②结构设计要求进行二次灌浆时应当提供操作记录,架空索道二次灌浆应当符合《规范1》中 10.2.3 规定; ③托压索轮组安装检查记录; ④缆车线路钢结构道床安装检查记录; (3)驱动装置和迂回装置安装检查记录,安装的精度应当满足图纸资料的规定,并且符合《规范1》中 10.4.7 规定; (4)缆车轨道安装调整记录,安装应当符合《规范2》中 10.2.1~10.2.7 规定; (5)其他施工过程记录	施工过程中,在承载索、运载索、牵引索、平衡索、张紧索编接或者安装前,检验人员查阅受检单位送交的资料	A	—	—

(续)

检验项目		检验内容与要求	检验方法	监督检验	定期检验	
					全面	年度
1 技术资料	1.3 施工完成后资料	(1)新建客运索道、改造和重大修理时新增加或者更换的以下设备的出厂合格证：①主驱动电机；②紧急驱动电机；③减速机；④驱动装置；⑤迂回装置；⑥抱索器；⑦运载工具；⑧托压索轮组；⑨承载索、运载索、牵引索、平衡索、张紧索；⑩液压站；⑪油缸；⑫支架及鞍座；⑬电气设备；⑭救护设备； (2)主要工艺设备图： 线路总图、上下站配置图、驱动机装配图、迂回装置装配图、液压原理图、电气原理图、关键部件(运载工具、抱索器、托压索轮组、鞍座)图、水平救护装置(驱动、救护吊具)图； (3)新建客运索道、改造和重大修理时新增加或者更换的驱动迂回轮轮体焊缝无损检测报告，以及驱动迂回轮主轴和空心定轴、导向轮轴、托压索轮轴、抱索器、夹索器、吊架和联接轴、钢丝绳末端固定卷筒轴和钢绳卡、张紧油缸连接销轴、驱动装置和张紧系统锚固拉杆的材质证明、热处理报告和无损检测报告(轴类零件应当进行超声波与磁粉两种方法检测，其他零部件采用磁粉检测；个别零部件的局部位置采用上述方法不能得出明确结论时，可以采用其他无损检测方法补充检测。超声波检测方法和质量评定按GB/T 4162有关规定执行，检验质量等级不低于A级，厚度大于250 mm时按GB/T 6402有关规定执行，检验质量等级不低于2级；磁粉检测方法和质量评定按JB/T 4730有关规定执行，检验质量等级不低于Ⅱ级。无损检测人员应当具有特种设备无损检测的相关资格)； (4)新建客运索道或者改造和重大修理涉及到的站内设备、支架土建基础的验收报告以及符合当地土建工程质量监督管理要求的备案文件； (5)站内设备安装检查记录： ①站内轨道安装检查记录，安装应当符合《规范1》中10.4.3规定； ②道岔安装检查记录，安装应当符合(规范1)中10.4.4规定； ③挂结器和脱开器安装检查记录，安装应当符合《规范1》中10.4.6规定； ④张紧装置安装检查记录，安装应当符合《规范1》中10.4.8规定； ⑤重锤安装检查记录，安装应当符合《规范1》中10.4.9规定； ⑥导向轮安装检查记录，安装应当符合《规范1》中10.4.10规定； ⑦滚子链安装检查记录，安装应当符合《规范1》中10.4.11规定； (6)放索过程安装控制记录，按照安装技术要求放索，不得损伤钢丝绳； (7)固定鞍座和偏斜鞍座安装调整记录，安装应当符合《规范1》中10.2.9和10.2.10的规定； (8)架空索道的运载工具安装检查记录，安装应当符合《规范1》中10.4.12和10.4.13规定；	施工完成后，检验人员查阅受检单位送交的资料	A	—	—

1219

（续）

检验项目		检验内容与要求	检验方法	监督检验	定期检验	
					全面	年度
1 技术资料	1.3 施工完成后资料	(9)缆车线路托索轮安装调整记录,安装应当符合《规范2》中10.2.8规定; (10)索距测量和调整记录; (11)钢丝绳编接记录和编索作业人员证,记录格式应当符合GB/T 9075—2008《索道用钢丝绳检验和报废规范》(以下简称《报废规范》)附录A的规定; (12)承载索、牵引索、张紧索套筒楔接或者浇铸连接的操作记录,楔接或者浇铸锥体的检查记录; (13)主电机绝缘电阻测量记录(电机绝缘电阻大于0.5 MΩ); (14)支架和站房接地电阻测量记录; (15)线路测量报告,应当有各测量桩点实测位置与实测标高的测量资料,并有与设计值对比的结论; (16)重大技术变更证明文件。索道在制造和施工过程中作出了与原设计不同的较大技术变更,应当有对技术变更作出说明的文件资料。如果变动主要工艺参数及主要受力结构、重要零部件等涉及安全的部分,应当有相应的设计文件鉴定报告; (17)120 h(空车、偏载、满载各40 h)试车记录; (18)整机自检报告,自检的项目和测试数据应当齐全; (19)整机竣工验收报告(施工和调试全部完工后,施工单位、整机制造单位、使用单位三方签署的竣工报告); (20)在距地最高处和正下方有水面处实施垂直救护演习的影像记录(使用单位应当组织索道站工作人员进行演习); (21)水平救护演习影像记录	施工完成后,检验人员查阅受检单位送交的资料	A	—	—
	1.4 使用资料	(1)使用登记证明文件	现场查阅自检报告和使用资料	—	C	C
		(2)使用维护说明书(中文版); (3)应急救援预案		C	C	—
		(4)工作记录:运行记录、日常检查和维护保养记录、重点设备外壳温度监控记录(主驱动电机、润滑油泵电机、减速机、液压站)、巡线记录、钢丝绳检查维护记录、固定抱索器或者夹索器和支索器移位记录、脱挂抱索器检修记录、拖牵索道抱索器年度拆检记录、零部件更换记录、救护演习记录、运行故障和事故记录、交接班记录。 索道投入使用前建立上述记录表样,投入使用后有实际记录		C	C	C
		(5)设备技术资料: ①包括本附件1.3所述文件资料的(1)~(4)和(11)~(21),以及监督检验报告、定期检验报告、年度自检报告; ②钢丝绳每次编接后的编接记录和编索作业人员证,记录格式应当符合《报废规范》附录A的规定; ③承载索、牵引索、张紧索套筒每次楔接或者浇铸连接的操作记录; ④承载索串位记录 (△在用的旧索道,如果设备技术资料有缺失,应当由使用单位联系相关单位予以完善,但不作为本项检验结论的否决内容)		—	C	—

(续)

检验项目		检验内容与要求	检验方法	监督检验	定期检验 全面	定期检验 年度
1 技术资料	1.5 安全管理资料	(1)岗位责任制:安全管理人员岗位责任制、站长岗位责任制、技术主管岗位责任制、司机岗位责任制、机械维修人员岗位责任制、电气维修人员岗位责任制; (2)安全操作规程:司机安全操作规程、主(辅)驱动安全操作规程、电工安全操作规程、钳工安全操作规程、高空作业安全操作规程; (3)管理制度:备品备件管理制度、救援装备与救援物品管理制度、日常安全检查制度、维护保养制度、定期报检制度、安全培训考核制度、应急救援演练制度、意外事件和事故调查处理制度、技术档案管理制度	现场查阅自检报告和安全管理资料	C	C	C
2 主要技术参数		(1)运行速度不超过设计文件的数值; (2)张紧油压与设计文件一致; (3)承载索、运载索、牵引索的直径、抗拉强度与设计文件一致; (4)运载工具的类型、规格(外形尺寸和重量)、容量与设计文件一致,数量不超过设计文件的数值; (5)主驱动电机功率不低于设计文件的数值 (全面检验时,当运行速度和运载工具数量超过监督检验的数值时,应当按照监督检验的现场检验项目实施检验)	(1)查阅设计文件; (2)全面检验时查看监督检验报告; (3)与实物进行对比	B	B	—
3 线路及总体工艺	※3.1 钢丝绳最大倾角	循环式架空索道钢丝绳最大倾角不大于45°	查看设计资料,确定最大倾角所在工况和支架,在该支架上相应侧进行测量	B	—	—
	3.2 架空索道线路的立交和避让	运载工具与交叉设施的最小垂直距离应当符合下列要求: (1)距公路路面不小于5 m; (2)距居民区或者耕地地面不小于5 m; (3)距建筑物最高点不小于2 m; (4)距果树、林木最高点不小于1.5 m; (5)距滑雪场雪道面不小于3.5 m	在单侧满载、另一侧空载时,测量满载侧任意一个运载工具最低点与交叉设施的最小垂直净空	B	C	—
	3.3 缆车线路的平行与交叉	(1)线路与公路、道路以及滑雪斜坡应当不在同一高度上交叉; (2)线路与公路平行时,线路的边缘与公路边缘之间的距离不小于1.5 m,同时应当设保护装置,防止车辆闯入缆车线路; (3)运行线路上行人容易靠近的局部范围应当设置隔离围栏,围栏高度不小于1.8 m	现场查看和测量	B	C	—
	3.4 缆车线路坡度	线路坡度发生变化时,相邻的上下两段坡度的差值不超过±20%(±11.3°)	(1)查看线路总图,确定变坡点所在位置; (2)在变坡点附近的上下两段钢轨线路上,分别任选3个位置测量钢轨倾角,取平均值计算校核	B	—	—

(续)

检验项目		检验内容与要求	检验方法	监督检验	定期检验	
					全面	年度
3 线路及总体工艺	3.5 拖牵道最大坡度	应当满足 GB/T 19401—2003《客运拖牵索道技术规范》（以下简称《规范3》）中4.1.1规定	查阅资料，确定最大坡度所在位置，在该位置前后选择3处进行测量，取最大值进行校核	B	—	C
	3.6 拖牵道横向坡度	上行侧拖牵道的横向坡度应当满足《规范3》中4.1.2规定（乘坐雪具的低位拖牵索道除外）	(1)在每个支架处进行测量；(2)线路上根据目测情况，选择几处进行测量，取最大值进行校核	B	—	C
	※3.7 拖牵器横向净空	拖牵器与外侧障碍物净空不小于1.5 m；乘坐雪具（雪圈等）的边缘与钢丝绳的间距不小于0.5 m	现场测量	B	—	B
	3.8 拖牵道宽度	上行侧拖牵道的宽度应当满足《规范3》中4.2.1规定（乘坐雪具的低位拖牵索道除外）	根据线路上目测情况，择几处进行测量，取最小值进行校核	B	—	B
	3.9 架空索道横向摆动通过性	(1)运载工具向内摆动通过性应当满足《规范1》中3.1.4.1规定（△无此项）	测量运载工具外形尺寸，乘坐任意一个运载工具，测量其与所有支架及障碍物间距，取最小值计算摆动角	B	—	—
		(2)运载工具向外偏摆时与外侧障碍物的水平净空应当满足《规范1》中3.1.4.5规定		B	B	—
	※3.10 纵向摆动通过性	(1)架空索道运载工具的纵向摆动通过性应当满足《规范1》中3.1.6规定，同时不得触碰走台、横担等支架设施	(1)乘坐任意一个运载工具，测量运载工具与所有支架设施、钢丝绳的间距，取最小值计算摆动角；(2)测量往复式索道站内缓冲装置最大压缩位置与运行小车的距离、客车与车槽后部的间距、客车（含吊架）的总高度，计算摆动角	B	C	—

（续）

检验项目		检验内容与要求	检验方法	监督检验	定期检验	
					全面	年度
3 线路及总体工艺	※3.10 纵向摆动通过性	（2）拖牵器纵向摆动15％(8.5°)时，不与任何障碍物（如支架轮组、保护装置等）刮碰	在支架轮组上拉动任意一个拖牵器摆动15％，查看通过情况	B	—	C
	3.11 缆车通过性	（1）两辆客车会车时净空不小于0.4 m	现场测量	B	—	—
		（2）敞开式客车和手臂可以伸出窗外的客车，车厢外壁与障碍物间的横向净空不小于1.0 m；手臂不能伸出窗外时，车厢外壁与障碍物间的横向净空不小于0.5 m		B	B	—
	3.12 架空索道离地最大距离	运载工具最大离地高度应当满足《规范1》中3.1.7.1和3.1.7.2规定，超过允许高度时，该地段应当设置沿钢丝绳进行救援的水平救援设备。线路下方为斜坡、峭壁等不利于实施垂直救护的地形时，最大离地高度为运载工具与被救人员可以正常站立并安全离开的地面之间距离（△超过允许高度时，如果使用单位具备有效救援方法并通过实际演练验证救护方法可行，则判定为符合要求）	在运载工具全线空载时，乘坐任意一个运载工具，测量相关数据（△查看近三年内在该地段进行的救护演习影像资料或者检验时在该地段进行实际救护演习）	B	B	C
	3.13 架空索道离地最小距离	（1）无人通行的地区或者禁止通行的隔离地带，吊椅离地最小距离为1 m，其他运载工具为2 m。在线路下面允许行人通过的地段，运载工具离地最小距离为3 m； （2）站口支架与站台附近区域运载工具离地最小距离不受限制，但应当有防止人员穿行的安全隔离措施； （3）跨越道路和公用设施的地段，应当满足本附件3.2的规定	在单侧满载、另一侧空载时，测量满载侧任意一个运载工具最低点的离地最小距离	B	B	—
	※3.14 拖牵器垂直净空	（1）绳式拖牵器（收回）与雪面的垂直净空不小于2.3 m； （2）杆式拖牵器在自由状态时不得触碰雪面，当乘客需要穿过下行线离开索道时，下行侧拖牵器与雪面的垂直净空不小于2.3 m	（1）查看绳式拖牵器的收回状态。根据目测情况，在线路上任选3处，每处任选1个绳式拖牵器测量垂直净空； （2）索道空载运行中，在线路上观察杆式拖牵器； （3）任选3个拖牵器，测量下行侧拖牵器与雪面的垂直净空	B	—	B

（续）

检验项目		检验内容与要求	检验方法	监督检验	定期检验	
					全面	年度
3 线路及总体工艺	3.15 运行速度	(1)架空索道的运行速度应当满足《规范1》中3.2规定。缆车的最高运行速度不大于12 m/s	测量钢丝绳运行速度	B	B	—
		(2)拖牵索道的运行速度应当满足《规范3》中4.4规定		B	—	B
	3.16 检修速度	架空索道和缆车主驱动装置应当有0.3 m/s～0.5 m/s的检修速度（△主驱动或者紧急驱动装置应当有0.3 m/s～0.5 m/s的检修速度。原设计没有紧急驱动、主驱动装置速度恒定的索道，检验时无此项）	测量钢丝绳运行速度	B	C	—
	3.17 架空索道吊具间隔时间	(1)连续循环式架空索道吊具的最小间隔时间应当满足《规范1》中3.3规定； (2)固定抱索器四人吊椅索道吊具的最小间隔时间不少于12 s；四人吊篮和吊厢索道吊具的最小间隔时间不少于18 s（△四人吊篮和吊厢索道吊具的最小间隔时间不少于16 s）	随机挑选线路上的吊具，测量间隔时间，共测3次，取最小值	B	C	—
	3.18 拖牵器间距	(1)应当满足《规范3》中4.4规定； (2)有阻尼回收装置的绳式拖牵器间距不小于拖牵器最大伸出状态长度；无阻尼回收装置的绳式及杆式拖牵器间距不小于2倍拖牵器最大伸出状态长度	(1)随机挑选3个拖牵器，测量最大伸出状态长度，取最大值； (2)随机挑选一组（2个）拖牵器，测量间距，共测3组，取最小值进行校核	B	—	C
	3.19 夜间运行和支架电力线	(1)如果索道夜间需要运行时，站内、站口、支架旁、桥梁上、长度超过100 m的隧道内应当设置照明装置，拖牵索道线路上的照明装置应当可以照亮全部线路。所有的照明装置应当工作正常； (2)支架上不允许有超过36 V的电力线	(1)查看所有照明装置，测试照明装置； (2)支架上有电力线时，测量电力线输入电压	B	B	C
	3.20 支索器	(1)支索器紧固螺栓应当有可靠的防松措施，拧紧时应当采用力矩扳手，拧紧力矩应当符合设计要求	检查防松措施。查阅拧紧力矩测试记录	B	C	—
		(2)支索器应当满足《规范1》中5.12.3和5.12.4规定。托索轮轮衬磨损应当在正常使用范围以内	(1)查阅使用维护说明书和移位记录； (2)乘坐在客车的检修平台内查看轮衬磨损情况以及车轮通过支索器的情况	B	C	C

(续)

检验项目		检验内容与要求	检验方法	监督检验	定期检验 全面	定期检验 年度
4 架空索道救护	※4.1 垂直救护设备	(1)每条循环式架空索道应当配备至少2套救护设备，并且当运载工具距地超过15 m时，应当采用缓降器进行救护。往复式架空索道的缓降器应当存放在车厢内； (2)救护设备整齐完好，参数标注清晰，并且应当在合格证或者说明书注明的使用频次内。缓降器标称救护高度应当大于运载工具最大离地高度。对于存放在车厢内的缓降器，剩余可使用次数应当满足本车厢满载时的救护要求；对于存放在站房内的缓降器，剩余可使用次数应当满足距地超过15 m地段吊具中的乘客全部救下的要求； (3)采用T型架垂直救护时，水平拉紧绳长度应当满足最大跨距救护要求；垂直救护绳长度应当保正在离地最大距离处能将乘客放到地面，垂直救护绳应当选用不旋转的编织绳	查阅资料，现场检查，测量各种绳索的长度，按照3.12项的要求和方法测量最大离地高度	B	B	B
	4.2 水平救护设备	(1)水平救护设备应当采用独立的驱动系统或者可自行提供动力的车辆	现场查看	B	—	—
		(2)驱动系统应当有防雨措施。驱动系统与基础固定应当有防松措施； (3)存放在线路支架上的救护吊具不得干涉索道正常运行； (4)救护吊具应当能够平稳通过抱索器、运载工具和支架，行走机构应当设有防止脱轨的装置； (5)往复式架空索道救护吊具定员不小于客车定员的10%，吊架高度和车门、窗口的配置应当符合运载工具专用救护通道的要求，并有救护时连接车辆之间换乘的设施，方便乘客的营救	(1)现场查看； (2)启动水平救护装置，观察救护吊具的运行情况或者与客车的对接情况，也可以在救护演习时观察	B	B	C
	4.3 水平救护索	(1)救护索应当采用线接触、同向捻带纤维绳芯的镀锌股捻钢丝绳。循环式救护索的直径不小于14 mm，卷筒缠绕式救护索的直径不小于12 mm	查阅设计计算资料，现场查看和测量	B	B	—
		(2)新建架空索道的循环式救护索最多允许有两个编接接头，使用中出现损伤需要局部更换时最多允许有3个编接接头，相邻两个接头编接末端的间距不小于3 000 d； (3)循环式救护索编接接头应当满足《规范1》中10.3.6.1、10.3.6.3规定	查阅自检报告和救护索编接记录	C	C	—
		(4)救护索的表面损伤（断丝、松丝、松股）不应当达到《规范1》中4.5.2.1、4.5.6的报废规定	查阅自检报告（自检时，以低于0.5 m/s的速度目测钢丝绳一周）	C	C	C
		(5)循环式救护索应当始终在承载索或者运载索上方，不得与承载索、牵引索、运载索或者支架上的设施擦碰	(1)乘坐运载工具，在线路上查看救护索位置； (2)启动水平救护装置和救护演习时目测	B	B	C

(续)

检验项目		检验内容与要求	检验方法	监督检验	定期检验 全面	定期检验 年度
4 架空索道救护	4.4 救援通道	沿线路应当设有便道,便于被营救人员返回站房	现场查看	B	C	C
	※4.5 救护演习	(1)救护演习应当符合救援预案的内容要求,演习过程中,救护人员应当正确使用救护设备,并能确保被救人员和自身的安全; (2)垂直救护演习: 在线路中任选一处进行演习; (3)水平救护演习: 监督检验时,应当全程试验水平救护,并且每一水平救护区段应当分别进行救护演习;定期检验时,对于线路中有多处水平救护装置的索道,如果水平救护装置的结构型式和救护原理相同,可以任选一处进行救护演习; (4)滑雪用架空索道应当在每个雪季开始前进行一次救护演习	(1)循环式架空索道选择2个~3个吊具,每个吊具中乘坐1名~2名演习人员;双线往复式架空索道客车内(对于车组往复式,则一组客车的每个车厢内)乘坐2名~3名演习人员; (2)检查整个救护过程; (3)定期检验时,使用单位在检验周期内的救护演习记录可以代替实际演习	B	B	B
5 承载索、运载索、牵引索、平衡索	5.1 钢丝绳状态和无损检测	※(1)钢丝绳表面的损伤(断丝、松丝、松股)不应当达到《规范1》中4.5.2.1、4.5.6、4.5.8的报废规定(接头的绳股插入部位按照本附件5.7的要求进行检验)	查阅自检报告(自检时,以低于0.5 m/s的速度目测钢丝绳一周)	C	C	C
		(2)架空索道用钢丝绳的无损检测应当满足《规范1》中4.4.1和12.3.5.2规定; (3)无客车制动器缆车牵引索的无损检测应当满足《规范2》中12.2.3.2规定	查阅自检报告和无损检测报告	—	C	C
	5.2 承载索串位	承载索应当根据使用情况适时串位,最长不得超过12年。串位长度不小于接触区域长度加3 m,串位部分应当进行无损检测	查阅自检报告、串位记录和无损检测报告	—	C	—
	5.3 承载索与锚固筒缠绕	(1)应当满足《规范1》中4.3.5.1和4.3.5.3规定	现场查看	B	C	—
		(2)承载索应当至少用3副夹块锚固在支座上,其中2副工作,1副备用。工作夹块和备用夹块之间应当留有5 mm的观察缝	现场查看和测量	B	C	C

(续)

检验项目		检验内容与要求	检验方法	监督检验	定期检验	
					全面	年度
5 承载索、运载索、牵引索、平衡索	5.4 承载索余绳放置	余绳应当放置在与锚固筒相当的圆筒或者线盘上,并缠绕整齐	现场查看	B	C	C
	5.5 钢丝绳接头数量和间距	新建架空索道和高位拖牵索道的运载索以及编成一根连续环线的牵引索最多允许有两个编接接头。使用中出现损伤需要局部更换时最多允许有3个编接接头,相邻两个接头编接末端的间距不小于3 000 d。如果牵引索、平衡索采用连接套筒或者导绕卷筒等末端固定方式与运载工具连接,则牵引索、平衡索不得有编接接头	查阅自检报告和编接记录	C	C	C
	5.6 钢丝绳编接	(1)被编接的两段钢丝绳应当满足《规范1》中10.3.6.1和10.3.6.3规定	查阅自检报告、合格证和编接记录	C	C	C
		(2)低位拖牵索道运载索可以采取编接方式以外的其他连接形式,但接头应当牢固,并且不影响索道的正常运行	现场查看	B	—	C
	5.7 钢丝绳接头状态和直径增大量	(1)钢丝绳接头的绳股插入部位表面的损伤(断丝、松丝、松股)不应当达到《规范1》中4.5.2.1、4.5.6的报废规定; (2)固定抱索器架空索道和高位拖牵索道的运载索、编成1根封闭环线的牵引索,其绳股插入点钢丝绳直径增大量不大于实际直径的12%,脱挂抱索器架空索道的运载索绳股插入点钢丝绳直径增大量不大于实际直径的7%(注:实际直径是指非编接区域的钢丝绳直径。两段以上钢丝绳进行编接时,应当测量每段钢丝绳的实际直径,并取最小值分别与绳股插入点钢丝绳直径进行比较)	(1)目测接头的绳股插入部位; (2)在非编接区域(与编接部位之间的距离大于编接长度的1倍以上)任选1个测量点,用游标卡尺在测量点3个方向上各测量一个直径,取平均值即为钢丝绳的实际直径(D_1); (3)用游标卡尺对接头的每个绳股插入点3个方向进行测量,取3个方向测量值的最大值(D_2); (4)每个绳股插入点钢丝绳直径增大量$\delta = D_2 - D_1$; (5)计算校核	B	B	B

（续）

检验项目		检验内容与要求	检验方法	监督检验	定期检验 全面	定期检验 年度
6 线路设施	6.1 支架防腐	支架不应当有严重锈蚀，有可能积水的部位应当设有排水孔	目测（自检和监督检验时检查所有支架。定期检验时任意抽查全线支架的1/3，下同）	B	B	C
	6.2 架空索道支架装备	(1) 支架装备应当满足《规范1》中7.2.4、7.2.5.1、7.2.5.2规定； (2) 往复式架空索道导向装置的两端部应当连成圆滑的封闭环形，且与支架纵向中心线相对称；导向装置应当能限制车辆的横向偏摆，并与车辆在高度方向的变化相一致	在支架上查看	B	—	—
		(3) 检修平台应当设有防滑措施，安装牢固，周围有护栏并且便于维修操作		B	C	—
	6.3 轮组支座导向装置	高位拖牵索道可调节钢丝绳高度的支架应当设有导向装置，轮组支座可以沿导向装置上下移动	现场查看	B	—	—
	6.4 支架连接	主要受力连接螺栓（托压索轮组支座拉杆螺栓和侧面调节螺栓、支架立柱法兰连接螺栓、走台与支架塔头连接螺栓）应当紧固，有防松措施，强度等级不小于8.8级，法兰连接紧密	(1) 查看螺栓端头的性能等级标记和防松措施，查看螺栓是否紧固； (2) 支架立柱法兰和连接螺栓允许抽检	B	B	C
	6.5 支架防护	(1) 架空索道支架爬梯应当满足《规范1》中7.2.8.1规定（△滑雪用架空索道无此项）	查阅设计资料，现场查看和测量相应数据	B	B	—
		(2) 拖牵索道高度超过4 m的支架应当有固定爬梯，并且装设工作平台，爬梯不得与滑雪者刮碰		B	—	—
		(3) 运送滑雪者的循环式架空索道和拖牵索道支架底部应当有防止滑雪者碰伤的软质护套；运送滑雪者的循环式吊椅索道爬梯和护圈的适当位置应当设有防滑雪板插入装置	现场查看	B	B	B
	6.6 鞍座衬垫	(1) 承载索鞍座衬垫应当满足《规范1》中7.2.1.4和10.2.9.1规定； (2) 鞍座绳槽中心线应当与承载索中心线吻合	在支架上查看	B	B	C
	※6.7 鞍座端部	鞍座端部应当为圆弧，在重载车驶近鞍座端部时，承载索下部与鞍座端部间距不小于20 mm	在支架上查看和测量数据	B	B	

(续)

检验项目		检验内容与要求	检验方法	监督检验	定期检验	
					全面	年度
6 线路设施	6.8 客车通过性	往复式架空索道客车在鞍座上的通过性应当满足《规范1》中7.2.1.5、7.2.1.6规定	(1)查阅相关设计资料；(2)当满载客车运行到支架上时,触发制动按钮,查看客车摆动时通过支架情况	B	B	—
	6.9 基础	(1)外露表面无开裂现象	现场查看	B	C	C
		(2)架空索道和拖牵索道支架基础结构设计要求进行二次灌浆时,灌浆层应当密实平整	现场查看	B	C	—
		(3)架空索道和缆车的基础顶面应当高出地面300 mm以上,基础周围排水护坡措施齐全	测量基础顶面与地面的距离,现场查看	B	C	C
		(4)缆车轨道的道床上无杂物,有可能积水的部位应当设有排水槽	现场查看	B	B	B
	6.10 地脚螺栓	地脚螺栓应当紧固,有防松防锈措施	现场查看	B	B	C
	6.11 托压索轮结构	(1)应当在托压索轮外侧、两个成组的轮子之间安装捕捉器；整个托压索轮组两端应当在内侧安装挡绳板；(2)十轮以上(含十轮)的托压索轮组除两端应当安装挡绳板外,整个轮组中间应当至少安装1处挡绳板(△无此项)	在支架上查看	B	B	—
		(3)双线往复式架空索道线路支架上托压索轮应当采用高侧板,并满足《规范1》中7.2.3.8规定,绳槽设软质耐磨衬垫；(4)托压索轮不得妨碍客车及牵引索末端连接套筒通过,客车通过后,牵引索应当能自动落在托压索轮槽内	在支架上测量,查看托压索轮及客车通过情况	B	C	—
	6.12 托压索轮安装	(1)托压索轮组螺栓应当紧固,托压索轮应当垂直于水平面；(2)托压索轮组应当工作正常,平衡臂能自由摆动	在支架上查看	B	B	C
		(3)托压索轮组绳槽中心线应当与钢丝绳中心线吻合		B	C	—
	6.13 托压索轮转动	(1)托压索轮转动灵活,无异响；(2)侧板不能滑动,钢丝绳不能刮蹭侧板；(3)轮衬无开裂或者异常磨损	在支架上查看	B	B	C
	6.14 自动复位装置	双线往复式单承载索道鞍座托索轮组应当设有牵引索自动复位装置	现场目测	B	—	—

(续)

检验项目		检验内容与要求	检验方法	监督检验	定期检验	
					全面	年度
6 线路设施	6.15 脱索保护开关	(1)循环式架空索道和高位拖牵索道每个支架上脱索保护开关的数量应当满足《规范1》中7.2.3.5规定; (2)保护开关应当安装牢固; (3)保护开关的破断部分应当能在钢丝绳脱索时脆断,U型针不得有严重锈蚀	(1)在支架上查看; (2)检验员在全线路任意打断1个~2个保护开关的破断部分,查看脆断性; (3)自检时应当查看所有U型针是否有严重锈蚀	B	B	C
	6.16 索距和轨距	(1)架空索道同一支架索轮组两端索距偏差不大于轮组长度的2/1 000(变索距的支架除外); (2)缆车的轨距与设计值的偏差不大于±3 mm	(1)在支架上测量两端索距; (2)沿缆车线路每隔一段距离测量轨距,全线任意抽查至少10处轨距	B	B	C
	6.17 支架防雷接地	支架防雷接地电阻不大于30 Ω	查阅自检报告和测量记录	C	C	C
	6.18 钢轨	20人以下车厢的缆车采用的钢轨型号不小于24 kg/m。20人以上车厢的缆车采用的钢轨型号不小于30 kg/m。同一线路应当使用同一型号钢轨	查阅自检报告和钢轨合格证	C	—	—
	6.19 缆车线路托索轮	(1)线路托索轮的间距应当保证钢丝绳在缆车正常运行时不会触地	在线路上查看	B	C	—
		(2)托索轮应当装有弹性衬垫,轮衬无开裂或者异常磨损(△托索轮原设计没有弹性衬垫时,轮体不得有异常磨损)	现场查看	B	B	B
		※(3)对于凹陷路段,钢丝绳应当贴紧托索轮	在偏载制动时查看	B	—	—
	6.20 捕捉器	缆车线路的凹曲线段和水平曲线段应当设置绳索捕捉装置	查阅设计资料,现场查看	B	C	—
	6.21 缆车线路转向轮	(1)当钢丝绳的弯折角小于17.2°(0.3弧度)时,站口转向轮直径不小于40倍钢丝绳直径;当弯折角超过17.2°(0.3弧度)时,站口转向轮直径不小于60倍钢丝绳直径; (2)港口码头缆车的站口转向轮和客车底部转向轮直径不小于40倍钢丝绳直径	查阅资料,现场测量	B	—	—

（续）

检验项目		检验内容与要求	检验方法	监督检验	定期检验	
					全面	年度
6 线路设施	6.22 缆车线路检修通道	沿缆车线路的外侧（包括桥梁和隧道内）应当设有检修通道，通道宽度不小于0.6 m，坡度在15%（8.5°）以上或者离地净高在1 m以上时，应当沿边缘装设栏杆	现场测量和查看	B	C	C
	6.23 缆车检修坑	缆车站内或者线路上应当设置维护保养的检修坑，检修坑深度应当便于维修人员直立工作，检修坑内应当设置维修闭锁开关	现场检查	B	C	—
7 站房和驱动迂回设备	7.1 防雷接地	站房和站内金属构件的防雷接地电阻不大于5 Ω（低位拖牵索道除外）	在每个站房内进行测量	B	B	C
	7.2 站内设施安全性	站内机械设备、电气设备及钢丝绳应当有必要的防护、隔离措施，防止危及乘客和工作人员的安全；非公共通行的区域应当有隔离措施，非工作人员不得入内	目测	B	B	B
	7.3 司机室要求	(1)司机室应当设置在能观察到运载工具进出站的位置；在控制台处，司机应当能监视索道全线路或者部分线路的运行情况	现场查看	B	C	—
		(2)室内噪音不大于80 dB(A)	在关好门窗和室内人员安静时测量噪音	B	C	C
	7.4 电源及备用动力	架空索道和需要设置紧急驱动的缆车应当有两套独立的电源供电，备用动力可采用第二套电源、柴油发电机组或者内燃机。备用动力系统应当工作正常	备用动力带动紧急驱动装置，做重上空下起动试验，并且至少运行5 min。年度检验只在空载下做起动试验	B	B	B
	7.5 站台长度	固定抱索器架空索道的站台长度（指站台上允许乘客上车的位置到禁止乘客上车的位置之间的距离）应当满足《规范1》中6.2.2.1规定；中间站单侧同时上下车时，站台长度不小于1.8倍的上述规定长度值	测量站台长度	B	C	—
	7.6 站台净空	脱挂抱索器架空索道的站台净空应当满足《规范1》中6.2.3.1规定	现场测量净空	B	C	—
	7.7 下车区	运送穿雪板滑雪者的循环式吊椅索道的下车区应当满足《规范1》中6.2.2.4、6.2.2.6和6.2.3.3规定	现场查看，测量相关数据	B	B	C
	7.8 下车段长度	拖牵索道下车段长度应当满足《规范3》中4.7.2规定。乘坐雪具的低位拖牵索道下车段长度不小于3 m	现场测量	B	—	C

(续)

检验项目		检验内容与要求	检验方法	监督检验	定期检验	
					全面	年度
7 站房和驱动迂回设备	7.9 站台高度	固定抱索器架空索道站台的上下车位置处,空载吊椅座位面离地高度应当在400 mm～600 mm之间。当吊具超载50%时,吊篮和吊厢的底部、吊椅的脚蹬不得触碰地面或者雪面	(1)空载时,从座椅前边缘中间位置测量离地高度;(2)吊具模拟超载50%在站内运行,查看底部或者脚蹬是否碰地面或者雪面	B	B	—
	7.10 往复式索道和缆车站台	(1)站台周围边缘应当设高度不小于1 m的护栏;(2)客车离站后,站台上下车处的护栏应当封闭。上、下车通道未设隔离设施的车槽两侧站台不得作为候车区;(3)站台边缘与客车之间的间隙不大于50 mm;(4)缆车上下车平台的长度不小于客车总长,站台的宽度不小于客车宽度;(5)往复式索道客车出入口处应当设导向装置;站台车槽长度不小于客车长度、缓冲装置最大压缩量以及客车纵向摆动15%(8.5°)的距离三者之和的1.5倍;车内地板距站台地面的距离不大于150 mm	(1)在站台上查看和测量数据;(2)测量客车长度、缓冲装置最大压缩量、客车(含吊架)的总高度,计算校核往复式索道站台车槽长度;(3)在客车空载和满载情况下,分别测量车内地板距站台地面的距离	B	C	—
	7.11 缓冲器	双线往复式架空索道和缆车站内线路运行轨道的末端应当装设缓冲器	查阅自检报告	C	C	—
	7.12 上车皮带	固定抱索器吊椅索道上车区装设上车皮带时,应当满足《规范1》中6.2.2.5规定	现场查看、测量	B	C	—
	7.13 吊具进站	循环式吊篮、吊厢索道,站内应当设防止吊具横向摆动的导轨。吊具在横向摆动20%(11.3°)进站时,应当能顺利平稳进入导轨	慢速开动索道,使吊具摆动20%,查看吊具进站情况	B	C	—
	※7.14 站口防护网	站台站口距乘客可能跌落的最低处超过1 m时,进出站两侧均应当装设防护网;防护网伸出长度不小于2 m,并结实牢固	现场测量,用不小于500 N的重物抛向防护网,查看是否结实牢固	B	B	B
	7.15 驱动迂回轮	(1)驱动迂回轮应当设有大轮位置检测开关和断轴时接住大轮防止钢丝绳及大轮飞出的装置(△至少应当有大轮位置检测开关);	现场查看	B	—	—
		(2)固定抱索器架空索道的驱动轮和迂回轮、往复式架空索道和缆车水平布置的驱动轮和迂回轮应当有防止钢丝绳滑出轮槽飞出的装置	现场查看	B	—	—

(续)

检验项目		检验内容与要求	检验方法	监督检验	定期检验 全面	定期检验 年度
7 站房和驱动迂回设备	7.15 驱动迂回轮	(3)运转无异常噪音,轮衬完整	现场查看,在不同速度下听运转噪音	B	B	B
		(4)螺栓无松动,闸盘无显著变形	查阅自检报告	C	C	C
	7.16 缆车驱动卷筒	(1)驱动卷筒应当设衬垫,钢丝绳排列整齐,缠绕层数不大于3层; (2)卷筒边缘高出最外一层钢丝绳的距离不小于2.5倍钢丝绳直径; (3)缆车运行到下站时,卷筒上保留的钢丝绳不小于5圈,此外还应当留有足够的补充绳; (4)卷筒内设固定钢丝绳的装置,钢丝绳不应当固定在卷筒轴上; (5)卷筒上的绳眼,不应当有锋利的边缘和毛刺,钢丝绳弯折处不应当为锐角	现场查看和测量	B	B	B
	7.17 双牵引驱动机	(1)双牵引往复式架空索道的驱动机应当有调绳机构和差动机构(机械差动或者电气同步装置);运行速度不大于3 m/s的小型双牵引索道,可以不设差动机构; (2)客车在运行过程中不应当左右摇摆	在机房内查看。客车运行中观察客车摇摆情况	B	C	—
	※7.18 驱动轮防滑	在重上空下起动和重下空上紧急制动时,驱动轮不应当打滑	在索道偏载起、制动时,目测钢丝绳在驱动轮上是否打滑	B	C	—
	7.19 电机	(1)主驱动电机工作中,外壳温度应当符合使用维护说明书要求; (2)电机运转无异常噪音,鼓风机转向正确,过滤罩完好并保持清洁	(1)查阅主驱动电机外壳温度监控记录; (2)主驱动运行和紧急驱动运行时分别查看主电机和紧急驱动电机	B	C	C
	7.20 制动器	(1)架空索道和缆车的制动器应当满足《规范1》中5.1.7.1和5.1.7.5规定,在索道正向和反向运行时制动动作应当相同	查阅设计资料,负荷试验时查看	B	—	—
		(2)制动器的制动块及刹车面上无油污和水。制动力应当通过弹簧力或者重力产生,力的传递应当为机械式,制动力应当均匀地分布在制动块上,开闸间隙均匀	索道运行中打开和闭合工作制动器、安全制动器,查看动作情况	B	B	B

（续）

检验项目		检验内容与要求	检验方法	监督检验	定期检验	
					全面	年度
7 站房和驱动迂回设备	7.20 制动器	(3)架空索道和缆车的工作制动器和安全制动器均应当设有闸打开指示开关。索道运行过程中,指示开关被触发时,闸应当关闭,索道能自动停车	触发闸打开指示开关,做模拟试验	B	B	B
		(4)安全制动器应当满足《规范1》中5.1.7.9和5.1.7.10规定(△安全制动器允许不设强制制动器下闸的手动操作方式)	现场查看制动器的安装位置,试验手动操作方式	B	B	C
	7.21 防倒转装置	拖牵索道防倒转装置应当满足《规范3》中5.5规定	查阅自检报告	C	—	C
	7.22 制动液压站	(1)索道运行中,油箱外壳温度不大于60℃,油箱和供油管路无渗漏现象; (2)电磁阀断电时,制动器油缸回油,制动器应当闭合; (3)制动液压站应当设置油压上下限控制,控制功能正常; (4)手动泵能正常工作; (5)在低温地区(零度以下)工作时,制动液压系统应当有防冻措施	(1)查阅油箱外壳温度监控记录; (2)检查油箱和供油管路,做紧急停车试验,观察液压站工作情况; (3)模拟试验油压上下限控制功能; (4)试验手动泵; (5)查看防冻措施	B	B	C
	7.23 减速机	(1)减速机的大修时间、润滑油更换周期以及索道运行中主减速机和油泵电机的外壳温度不超过使用维护说明书要求; (2)减速机运转平稳无异常噪音;具有观察窗的减速机,其润滑油量应当在最低刻度线之上; (3)在低温地区(零度以下)工作的减速机应当有防冻措施; (4)外循环式润滑油路应当有安全保护(紧急驱动装置设有单独的减速机时,主驱动和紧急驱动的减速机应当分别设置润滑保护);当润滑油的油压或者流量超过上下限时,采用主驱动装置运行的索道应当停车,采用紧急驱动装置运行的索道应当能发出报警信号	(1)查阅大修记录、减速机润滑油更换记录、主减速机和油泵电机外壳温度监控记录,并核对使用维护说明书对各项的要求; (2)查看油量,在索道运行和紧急驱动装置试验时分别观察主减速机和紧急驱动减速机运转情况,并分别触发润滑油保护上下限开关,做模拟试验; (3)查看防冻措施	B	B	C

(续)

检验项目		检验内容与要求	检验方法	监督检验	定期检验	
					全面	年度
8 加减速器与推车机	8.1 传动皮带	传动皮带张紧适度,不打滑	(1)在停止运行时检查皮带张紧情况; (2)索道运行中,在抱索器通过时,查看是否打滑	B	B	C
	8.2 轮胎	轮胎气压在规定范围内,磨损正常,转动平稳,无异常噪音,安装位置正确。运行中轮胎和抱索器摩擦板之间不打滑	(1)现场查看轮胎及胎压检查记录; (2)运转中任意抽取3个～5个抱索器,目测经过轮胎时的情况	B	B	B
	8.3 加减速装置和推车机	脱挂抱索器架空索道、缆车的加减速装置和推车机运转平稳,无异常噪音。吊具或者客车在站内运行平稳,无异常摆动	现场查看	B	B	C
	8.4 取速轮	传动皮带在取速轮上不打滑,轮衬磨损无异常	现场查看	B	C	C
	8.5 电磁离合器	电磁离合器闭合、释放正常	现场查看	B	C	C
	8.6 吊具进出站	抱索器与运载索的脱开和挂结动作应当平稳,不应当有异常噪音,吊具前后、左右摆动无异常,运行平稳	在最大运行速度时目测脱开和挂结动作,观察吊具运行摆动情况	B	C	—
9 车库和备用轨道及道岔	9.1 车库	(1)脱挂抱索器架空索道应当设有可以容下全部吊具的永久性独立车库(滑雪索道允许将吊椅收容在站内),车库应当有顶棚,并且有适当的检修空间和检修平台; (2)吊具过道岔和在车库轨道上运行时应当平稳,不应当自动溜车	(1)现场查看; (2)推动吊具,查看过道岔和在轨道上的运行情况	B	C	—
	9.2 站内备用轨道	未设永久性独立车库的站台,应当设有能临时停放吊具的备用轨道	现场查看	B	B	—
	9.3 道岔	道岔动作灵活,换轨定位准确	扳动道岔,查看动作情况和定位情况	B	C	C

(续)

检验项目		检验内容与要求	检验方法	监督检验	定期检验 全面	定期检验 年度
10 重锤张紧系统	10.1 张紧索状态	※(1)钢丝绳表面可目测到的损伤(断丝、松丝、松股)不应当达到《规范1》中4.5.2.1、4.5.3.5、4.5.6.3、4.5.8的报废规定； (2)固定和脱挂抱索器架空索道、缆车、拖牵索道的张紧索每使用两年应当串位一次	查阅自检报告、串位记录	C	C	C
	10.2 张紧索末端固定	(1)张紧索端部采用金属锥形套筒固定时,张紧索在套筒出口处不得受弯曲载荷； ※(2)张紧索与承载索连接时,应当有二次保护装置及防止自行旋转的安全装置； (3)采用U型绳卡固定时,螺栓螺母应当在主绳侧,绳卡间距不应当小于钢丝绳直径的6倍,绳卡数量不少于下表规定： 	钢丝绳直径(mm)	≤19	19～32	32～38	38～44	44～60
---	---	---	---	---	---
绳卡数量(个)	3	4	5	6	7 | (4)采用卷筒固定连接时,卷筒上的钢丝绳至少缠绕5圈并不得锈蚀,末端应当用2个以上钢绳卡固定且彼此间距不小于10 mm；绳卡螺栓应当紧固,拧紧力矩符合设计要求	(1)现场查看； (2)目测U型绳卡数量和固定情况,测量U型绳卡间距； (3)目测卷筒上钢丝绳和钢绳卡情况,检查防松措施。查阅拧紧力矩测试记录	B	B	B
	10.3 二次保护装置	重锤张紧系统应当设有防止张紧索松脱、张紧小车飞出的二次保护装置	现场查看	B	C	C
	10.4 重锤重量	架空索道和缆车重锤重量与设计值的偏差不大于±1%,拖牵索道不大于±5%	查阅自检报告和重锤安装检查记录	C	C	—
	10.5 重锤运动和重锤井	(1)导向装置应当保证张紧重锤上下运动自如,不会脱轨或者卡住； (2)重锤井不应当有积水、杂物	(1)开动卷扬机或者在索道运行中,检查重锤升降情况； (2)查看重锤井情况	B	C	C
	10.6 阻车器	张紧小车前后行程端点前应当设置加装弹性缓冲器的阻车器,阻车器应当结构牢固,并能防止张紧小车与其他设施发生干涉	现场查看	B	B	C
	10.7 张紧小车倾角	拖牵索道张紧小车允许的最大纵向倾斜角为6°	现场测量	B	—	—

（续）

检验项目		检验内容与要求	检验方法	监督检验	定期检验 全面	定期检验 年度
10 重锤张紧系统	10.8 行程标尺和限位开关	（1）张紧小车和张紧重锤应当设有指针，相应固定机架应当设有标尺； （2）张紧重锤和张紧小车的行程极限位置应当设有限位开关，开关应当安装牢固； （3）张紧重锤和张紧小车上的触发装置应当能够触碰到限位开关	现场查看	B	B	C
	10.9 绞车	（1）重锤提升绞车应当能提起重锤，制动器正常工作； （2）缠绕卷筒在基础上的固定以及张紧索在卷筒上的末端固定都不得松动，张紧索缠绕整齐	（1）在重锤未落地时，开动绞车，提起重锤； （2）检查绞车运转和固定情况	B	B	C
	10.10 滚子链	滚子链应当运行平稳，转动自如	现场查看	B	C	C
	10.11 承载索与重锤筒缠绕	（1）锚固筒表面应当镶有对钢丝绳无腐蚀的软质材料的衬垫； （2）承载索在锚固筒上缠绕的圈数不少于3圈，缠绕后的承载索应当至少用3副夹块锚固在支座上，其中2副工作，另1副备用。工作夹块与备用夹块之间的观察缝不小于5 mm	现场查看和测量	B	C	C
	10.12 阻尼缓冲装置	重锤行程大、牵引索跳动大的双线往复式索道，应当设置阻尼缓冲装置。阻尼缓冲装置的阻尼力应当能调整	现场查看缓冲装置，在运行中和制动过程中观察重锤运动和牵引索跳动情况	B	C	—
11 液压张紧系统	11.1 张紧油压	张紧油压应当控制在理论设计油压范围以内	查阅设计说明书或者使用维护说明书，查看张紧液压站油压表显示的压力	B	B	C
	11.2 油缸	油缸运动自如，连接牢固，无渗漏现象和卡阻	现场观察油缸，做油缸伸缩试验	B	C	C
	11.3 张紧液压站	（1）索道运行中，油箱外壳温度不大于60 ℃，油箱和供油管路无渗漏现象； （2）油压显示装置和手动泵应当能正常工作； （3）在低温地区（零度以下）工作时，张紧液压系统应当有防冻措施	（1）查阅外壳温度监控记录； （2）检查油箱、供油管路和油压显示装置； （3）试验手动泵； （4）查看防冻措施	B	B	C

(续)

检验项目		检验内容与要求	检验方法	监督检验	定期检验	
					全面	年度
11 液压张紧系统	11.4 行程标尺和限位开关	(1)张紧小车应当设有指针,相应固定机架应当设有标尺; (2)张紧油缸的行程极限位置应当设有限位开关,开关安装牢固; (3)张紧小车上的触发装置应当能够触碰到限位开关	现场查看	B	B	C
	11.5 张紧力控制	(1)应当设置油缸张紧力或者系统油压控制功能。当张紧力或者系统油压达到设计停车上下限(对于固定抱索器架空索道,上限不大于1.1倍的额定张紧力或者系统油压;下限不小于0.9倍的额定张紧力或者系统油压)时应当能自动停车; (2)当架空索道油泵启动后,张紧力或者系统油压达到额定值时停止泵油;张紧力或者系统油压达到设计调整上下限(对于固定抱索器架空索道,上限不大于1.05倍的额定张紧力或者系统油压;下限不小于0.95倍的额定张紧力或者系统油压)时应当能上限泄油、下限补油(△原设计没有上限泄油功能时,对上限泄油功能不作要求)	查阅液压原理图,模拟试验油压上下限控制功能	B	B	C
12 承载索双端锚固	12.1 可测可调装置	应当满足《规范1》中5.4.1规定	现场查看,做模拟试验	B	B	—
	※12.2 夹块式双重锚固装置	夹块式双重锚固装置应当有两组夹块,一组工作,另一组备用,两组夹块之间的观察缝不小于5 mm	现场查看,测量观察缝	B	C	C
	12.3 液压调整装置	液压调整装置应当工作正常,无渗漏现象。千斤顶运动自如,无卡阻现象	启动液压站电机,给千斤顶打压和泄压,观察液压站和千斤顶工作情况	B	C	C
13 抱索器、拖牵器和吊具	※13.1 抱索器、夹索器防滑力	(1)架空索道固定抱索器和脱挂抱索器防滑力应当满足《规范1》中8.3.1、8.3.2和8.3.3规定	查阅资料,现场任意抽取2个~3个抱索器进行测量	B	B	C
		(2)无客车制动器往复式索道客车上所有夹索器防滑力之和不小于4倍车辆最大下滑力	查阅自检报告。(自检时,任意抽取一个客车,对其上所有夹索器进行测量,并计算校核)	C	—	—

（续）

检验项目		检验内容与要求	检验方法	监督检验	定期检验	
					全面	年度
13 抱索器、拖牵器和吊具	※13.1 抱索器、夹索器防滑力	(3)拖牵索道抱索器防滑力不小于2倍最大下滑力	查阅资料，现场任意抽取2个～3个抱索器进行测量	B	—	C
		(4)固定抱索器、夹索器紧固螺栓的拧紧力矩应当满足设计要求	查阅自检报告和拧紧力矩测试记录	C	C	C
	13.2 抱索器、夹索器移位	(1)架空索道和拖牵索道固定抱索器的移位应当分别满足《规范1》中12.3.4和《规范3》中7.2.6规定，移位时间应当符合使用维护说明书的规定；(2)无客车制动器往复式索道夹索器的移位应当满足《规范1》中123.5.1、12.3.5.6规定；(3)无客车制动器缆车夹索器的移位应当满足《规范2》中12.2.3.1、12.2.3.6规定	查阅自检报告、抱索器或者夹索器移位记录	—	C	C
	13.3 抱索器的拆检	拖牵索道的抱索器每年应当进行一次拆检	查阅自检报告和抱索器年度拆检记录	—	—	C
	13.4 夹索器固定	无客车制动器往复式索道和缆车夹索器在牵引索上的位置应当分别满足《规范1》中12.3.5.7和《规范2》中12.2.3.7规定	查阅自检报告	C	C	C
	13.5 抱索器、夹索器无损检测	全部抱索器或者夹索器应当在使用3 000 h或者2年后进行首次无损检测，无损检测的零件清单应当满足使用维护说明书的要求。此后每3年全部无损检测一次。当使用期达到10年时，固定抱索器应当每年、脱挂抱索器和夹索器应当每2年全部无损检测一次。使用达到15年时应当予以更换。无损检测应当采用磁粉检测法，并符合JB/T 4730中的Ⅱ级要求。无损检测人员应当具有特种设备无损检测的相关资格	查阅自检报告、无损检测报告、无损检测人员资格	—	C	C
	13.6 抱索器、夹索器结构	(1)抱索器各部件完好无异常；导向翼不应当有开裂、安装松动和变形等现象；锁紧螺母紧固无松动	任意抽取2个～3个抱索器或者夹索器查看	B	C	C
		(2)抱索器、夹索器钳口端部内外不允许有棱角		B	C	—
	※13.7 拖牵器回收装置	从最大伸长位置收回时，拖牵器不应当伤害乘客，或者与运载索、支架轮组等其他设备发生刮碰	任意抽取2个～3个拖牵器拉到最大伸长后松开，检查回收情况	B	—	B

(续)

检验项目		检验内容与要求	检验方法	监督检验	定期检验	
					全面	年度
13 抱索器、拖牵器和吊具	13.8 吊椅	(1)护栏可由乘客方便地抬起并且在完全抬起后不会自行下落; (2)吊椅不应当有挂住乘客衣物的突出构件,吊椅下部前边缘不得有凸出、锋利的棱角; (3)吊椅外壁应当有防锈措施,不应当有严重锈蚀	任意抽取2个~3个吊椅进行查看	B	C	—
	13.9 吊椅外罩	吊椅设有外罩时,外罩与护栏应当能分别动作,打开护栏前应当先打开外罩;空吊椅出站时外罩应当能强制关闭并锁紧;外罩可由乘客方便地操作而不受到伤害(挤压和剪伤)	任意抽取2个~3个吊椅外罩进行查看	B	C	—
	13.10 吊篮	(1)吊篮门不能由于撞击而自动开启; (2)周围护栏距吊篮地板的高度不小于1.1 m,距座位面的高度不小于0.35 m; (3)吊篮内外不应当有挂住乘客衣物和周围设备的突出构件; (4)吊篮内外不应当有严重锈蚀	任意抽取2个~3个吊篮进行查看和相关数据测量	B	C	—
	13.11 吊厢	(1)应当满足《规范1》中8.6.4和8.6.5规定; (2)吊厢门应当设置防止乘客在吊厢内将门打开的闭锁装置,吊厢门不能由于撞击而自动开启; (3)吊厢内前后及门窗上应当装设防护栏杆或者防坠落装置; (4)吊厢内外不应当有严重锈蚀	任意抽取2个~3个吊厢进行查看	B	C	—
	13.12 吊架	(1)吊架应当有排水措施,不得严重锈蚀; (2)吊架与吊具的连接螺栓应当有防止自行松脱的措施,强度等级不小于8.8级。吊架与吊具连接处应当有减震措施(△已购吊具不作减震措施要求,但新购吊具应当有减震措施)	任意抽取2个~3个吊架进行查看。检查螺栓端头的性能等级标记、防松、减震措施	B	B	—
	13.13 吊架和拖牵器的通过性	(1)拖牵器横向摆动35%(19.3°)时,不碰捕捉器,可以顺利通过托压索轮组	任意抽取2个~3个支架,拖牵器横向摆动35%时,检查抱索器通过托压索轮组情况	B	—	—

（续）

检验项目		检验内容与要求	检验方法	监督检验	定期检验	
					全面	年度
13 抱索器、拖牵器和吊具	13.13 吊架和拖牵器的通过性	（2）单线循环式架空索道，吊架和抱索器在托压索轮组和捕捉器处的通过性应当满足《规范1》中8.3.6规定	查阅自检报告（自检时，分别在倾角最大和最小的托索支架以及任意一个压索支架上，将空载吊具向内或者向外偏摆，当吊架或者抱索器触碰捕捉器时，测量摆动角。对于脉动循环车组式或者脱挂抱索器架空索道，如果在线路上无法人工将吊具偏摆时，可以测量吊架或者抱索器与捕捉器间净空尺寸，计算摆动角）	C	C	—
	13.14 检修吊具	（1）单线循环式架空索道应当配备检修吊具，吊具容量不小于2人。封闭式检修吊具的顶部应当设置直径不小于0.6 m的人孔，敞开式检修吊具应当满足本附件13.10的要求。吊具内和吊架上应当设有爬梯； （2）检修吊具向内、向外和纵向摆动35%时，线路通过性满足本附件3.9、3.10和13.13的要求（△没有配备检修吊具的在用旧索道应当由使用单位联系原设计、制造单位予以解决，但不作为本项检验结论的否决内容）	查阅自检报告	C	C	—
14 双线往复式架空索道、缆车客车	14.1 车厢门	应当满足《规范1》中8.8.1、8.8.3和8.8.4规定	现场试验门锁机构	B	C	—
	14.2 自动门	（1）自动门的边框上应当装有软边，不得有卡死现象。当门夹住乘客或者异物导致未关到位时，系统应当能报警，索道无法起动； （2）当自动装置失灵时，门应当能手动开启	试验自动门开关机构，模拟门将人夹住，关门未到位，查看系统报警和起动情况	B	C	—
	14.3 车窗	车窗上应当装设防护栏杆或者防玻璃坠落装置，车窗开启的宽度不大于0.2 m	现场查看	B	C	—
	14.4 客车内部设置	（1）车厢内应当装设必要的通风设施保证通风良好； （2）拉杆和扶手的数量充足； （3）20人以上的缆车，有人站立的车厢和有台阶的车厢应当在中部设分隔； （4）夜间运行时，应当设有前灯和车内照明	现场查看	B	C	—

(续)

检验项目		检验内容与要求	检验方法	监督检验	定期检验	
					全面	年度
14 双线往复式架空索道、缆车客车	14.5 客车结构	(1)车辆应当有防锈措施,车厢内外不得有锈蚀、裂缝等缺陷,不得积水;地板应当有防滑措施。车门和车厢内乘客头顶上方,不应当有外露的锐边、尖角和危险突出物; (2)车组式缆车各车厢之间的连接应当有防止松脱的措施	现场查看	B	C	C
	14.6 救护设置	(1)垂直救护时,车厢底部应当设有人孔,车厢的顶部应当根据救护的需要设置人孔及可通到车厢顶部的梯子。人孔的直径不小于0.6 m; (2)配备有救援车的索道,车厢端部应当设门或者活动窗	(1)开启人孔,测量人孔大小; (2)打开端部门或者活动窗进行查看	B	C	—
		(3)垂直救护时,车组往复式索道每个车厢都应当单独配备缓降器	查看每个车厢缓降器的配置	B	C	C
		(4)缆车车厢地板距地高度超过0.5 m时,应当设置救护梯。线路长度超过1 000 m时,救护梯应当存放在车厢内	测量距地高度,现场查看救护梯	B	C	—
	14.7 乘务员	车厢定员超过15人时应当设乘务员。车组式索道,每组车应当有1名乘务员,乘务员应当能方便地打开人孔进入另外的车厢	由乘务员打开人孔,进入另外的车厢	B	C	—
	14.8 吊架和减摆器	(1)应当满足《规范1》中8.9.3和8.9.4规定; (2)车厢在匀速运行时应当保持竖直状态	(1)现场查看; (2)乘坐客车匀速运行,观察车厢是否保持竖直状态	B	C	—
		(3)吊架主体受力结构件不得有横向焊缝(△无此项)	目测	B	—	—
		(4)吊架有排水措施,不得严重锈蚀。吊架与车厢连接牢固,头部铰点转动灵活; (5)设有减摆器的客车,当客车满载全速运行时,紧急停车状态下,客车往复摆动不超过3次	(1)现场查看; (2)负荷试验时,做安全制动试验,查看减摆器的作用	B	B	C
	14.9 客车制动器的功能	※(1)牵引索或者平衡索断绳检测装置动作时,客车制动器应当工作正常; ※(2)客车内设有乘务员时,客车制动器应当能手动操纵; (3)客车制动器应当安装牢固,制动片无异常磨损; ※(4)缆车客车制动器钳口的形状和高度应当保证满载时,客车可以顺利通过轨道直线段、曲线段和道岔	(1)客车停在站内,触发断绳检测装置做模拟试验; (2)按下客车内的操纵开关,查看客车制动器的动作情况; (3)查看客车制动器的安装情况和制动片磨损情况; (4)满载客车运行到线路上不同的位置,查看通过性,发现异常时,应当停车检查钳口相对轨道的位置	B	B	—

（续）

检验项目		检验内容与要求	检验方法	监督检验	定期检验	
					全面	年度
14 双线往复式架空索道、缆车客车	14.10 运行小车	(1)缆车行走机构应当装有防止脱轨的装置,车厢前后两端应当装设缓冲器挡板和清轨器; (2)索道在不装客车制动器的运行小车的两端应当装设防止出轨的导靴,车厢前后两端应当装有缓冲器或者缓冲挡块,在有冰雪地区应当装设刮雪器或者破冰装置,车轮轮衬磨损无异常; (3)车轮运转平稳,无异常响声	(1)现场查看; (2)开动索道,查看车轮运转情况	B	C	C
	14.11 牵引索、平衡索与客车的连接	※(1)牵引索和平衡索与客车采用金属锥形套筒固定时,钢丝绳在套筒出口处不得受弯曲载荷,最大使用年限应当满足《规范1》中4.3.6规定; (2)采用U型绳卡固定时,与本附件10.2中(3)的检验要求相同; (3)采用卷筒固定连接时,与本附件10.2中(4)的检验要求相同	(1)目测套筒出口处钢丝绳; (2)查看套筒的使用年限,缠绕式套筒每年的检查记录; (3)目测卷筒上钢丝绳和钢绳卡情况,检查防松措施。查阅拧紧力矩测试记录	B	B	B
15 脱挂抱索器架空索道和缆车站内监控与状态检测	15.1 自动调车装置	应当有自动调车装置,按设计间距发车,并能显示发车间距。发车间距不得小于设计值	查阅资料,现场查看发车间隔,与设计文件比较	B	B	—
	15.2 速度对比	电机实际转速与给定转速的差值或者电机实际转速与驱动轮实际转速的差值超出规定时,索道应当能自动停车	查阅资料,做模拟试验	B	C	—
	※15.3 挂结前状态检测	站内运行轨道上应当装设抱索器挂结前状态检测装置,当检测开关动作时,索道应当能自动停车	触发挂结前检测开关,做模拟试验	B	B	B
	※15.4 挂结后状态检测	(1)站内运行轨道上应当装设抱索器挂结后状态检测装置,当检测开关动作时,索道应当能自动停车; (2)架空索道上站出站侧触发开关动作的吊具不得越过站口第一个支架横担中心线	触发挂结后检测开关,做模拟试验	B	B	B
	※15.5 脱开前状态检测	站内运行轨道上应当装设抱索器脱开前状态检测装置,当检测开关动作时,索道应当能自动停车	触发脱开前检测开关,做模拟试验	B	B	B
	※15.6 脱开后状态检测	站内运行轨道上应当装设抱索器脱开后状态检测装置,当检测开关动作时,索道应当能自动停车	触发脱开后检测开关,做模拟试验	B	B	B

1243

(续)

检验项目		检验内容与要求	检验方法	监督检验	定期检验 全面	定期检验 年度
15 脱挂抱索器架空索道和缆车站内监控与状态检测	15.7 钢丝绳位置检测	进出站脱开挂结段应当设有钢丝绳垂直和水平位置检测装置。当钢丝绳偏离设定位置时,索道应当能自动停车	触发钢丝绳位置检测开关,做模拟试验	B	B	B
	※15.8 抱索器弹簧力检测	站内运行轨道上应当设有抱索器弹簧力的检测装置。弹簧力的检测值应当能显示,超出设定值范围时,索道应当能自动停车,并且该吊具不得越过站口第一个支架横担中心线	任意抽查检测值,查阅资料,并做模拟停车试验	B	B	B
	※15.9 关门检测	应当设有车门关闭检测装置,索道正向运行中,检测装置动作时,索道应当能自动停车	触发开关门检测开关,做模拟试验	B	B	B
	15.10 道岔位置检测	应当有道岔位置检测装置,索道运行过程中,检测装置动作时,索道应当能自动停车	触发道岔位置检测开关,做模拟试验	B	B	B
	※15.11 防撞及区间保护	站内应当设置防碰撞监控开关,开关工作正常	触发监控开关,做模拟试验	B	C	—
16 安全保护装置和信号系统	16.1 故障记忆	控制系统能够记忆故障;只有在故障排除、安全装置复位,人工重新按下复位按钮并且故障指示信号解除后,索道才能够再次起动	任选1个安全装置做模拟试验	B	B	—
	16.2 速度控制	对于速度超过2 m/s的拖牵索道,控制系统应当具备调速功能	查看速度调节装置	B	—	—
	16.3 风速仪	架空索道应当装设风速仪,在有人的站房设置风速显示及报警装置	查看风速仪的工作情况	B	B	C
	※16.4 紧急事故开关	架空索道和拖牵索道紧急事故开关的安装位置应当满足《规范1》中9.1.9规定;缆车紧急事故开关的安装位置应当满足《规范2》中6.1.9规定。开关应当选用手动复位式。开关动作时,索道能自动停车	查看所有紧急事故开关,并逐一做模拟试验	B	B	B
	※16.5 脱索保护	脱索保护开关动作时,索道应当能自动停车	监督检验应当对所有开关做模拟试验;定期检验对全线1/3支架的上行和下行侧各选取一个开关,做模拟试验	B	B	C

TSG S7001—2013 客运索道监督检验和定期检验规则

（续）

检验项目		检验内容与要求	检验方法	监督检验	定期检验	
					全面	年度
16 安全保护装置和信号系统	※16.6 大轮位置保护	驱动轮和迂回轮的大轮位置检测开关动作时，索道应当能自动停车	触发保护开关，做模拟试验	B	B	—
	16.7 超速保护	架空索道和缆车的运行速度超过额定速度10%时，应当能自动停车	现场做模拟试验	B	C	—
	※16.8 张紧行程保护	张紧小车、张紧重锤或者油缸行程保护开关动作时，索道自动停车	触发行程开关，做模拟试验	B	B	B
	16.9 接地棒	脱挂抱索器架空索道的接地棒没有放置在正确位置时，索道不能运行	现场做模拟试验	B	B	B
	16.10 维修闭锁开关	应当在机房内、站内工作平台上和设备维护区域安装维修闭锁开关。维修闭锁开关工作时，电机应当断电并且索道不能运行	查看维修闭锁开关的安装位置，并逐一触发，做模拟试验	B	B	
	※16.11 客车制动器制动停车	往复式架空索道和缆车的客车制动器制动时，索道应当自动停车	在线路上做客车制动器制动试验	B	C	—
	※16.12 开车信号	往复式架空索道和缆车各站台允许开车信号应当与控制室启动信号进行联锁，在站台工作人员未按下允许开车按钮前，索道无法启动	触发按钮，做模拟试验	B	B	B
	※16.13 停车和越位开关	往复式架空索道和缆车应当设置运载工具到站停车开关和越位开关。开关安装牢固，动作灵活	触发开关进行模拟试验	B	B	B
	16.14 停车门	停车门动作时，拖牵索道应当自动停车。停车门到第一个障碍或者拖牵器折返点的距离不小于1.5倍空载全速停车距离	触发开关进行模拟试验，测量停车距离和停车门到第一个障碍或者拖牵器折返点的距离	B	—	B
	※16.15 进站减速信号	往复和脉动循环式架空索道、缆车应当配备两套以上不同来源及独立控制的进站减速控制装置，每套装置均能控制进站减速	检查减速控制装置，屏蔽一套减速装置，试验另一套减速功能	B	B	—

客运索道实用法规标准汇编

（续）

检验项目		检验内容与要求	检验方法	监督检验	定期检验	
					全面	年度
16 安全保护装置和信号系统	16.16 进站速度监控	往复和脉动循环式架空索道应当设有运载工具进站速度监控装置,当运载工具超过设定速度进站时,索道应当自动停车	现场做模拟试验	B	B	—
	※16.17 断索保护	(1)单牵引往复式架空索道牵引索、平衡索(封闭环线的牵引索除外)断绳检测装置动作时,索道应当能自动停车; (2)双牵引索道牵引索速度差超出规定值时,索道应当能自动停车	触发断绳检测装置,模拟双牵引索道速度差超出规定值,做模拟试验	B	B	C
	16.18 牵引索防缠绕保护	装设有牵引索防缠绕保护装置的往复式和双线循环式架空索道,当保护装置动作时,索道应当能自动停车	(1)用导电体将牵引索和承载索连接,索道应当自动停车; (2)未装设防缠绕监控装置的索道,在做满载客车制动试验时观察鞭打缠绕情况	B	C	—
	16.19 位置指示器	往复式索道和缆车的位置指示器应当具备下列功能: 指示器应当以钢丝绳运行轨迹为基础,显示客车在线路上的位置,当车辆到达终端位置时,应当能自动零位检查;应当能自行识别运行方向	索道运行过程中查看位置指示器	B	C	—
	16.20 运行指示信号	(1)架空索道和缆车应当在控制室内装设运行计时器(△无此项); (2)架空索道和缆车应当在控制室内、高位拖牵索道应当在控制柜上装设信号显示设备,显示索道的主要运行参数、运行状态和故障信号: ①主要运行参数:电流、电压、速度; ②运行状态:闸打开、正反转、主驱动装置运行、紧急驱动装置运行、液压站工作; ③故障:脱索支架号(运载索距地高度不大于 4 m 或者线路斜长不大于 600 m 的拖牵索道可以不设置脱索支架号的指示)、紧急停车、安全停车、张紧越位、张力超限、超速、大轮位置保护、减速机润滑保护、脱挂抱索器站内监控与状态、客车制动器制动、进站减速、停车越位、牵引索与承载索缠绕、断绳	在控制室内查看各种信号显示	B	C	—
17 安全标志	17.1 编号和警示语	(1)运载工具应当有编号,支架和固定抱索器架空索道吊具应当按顺序编号; (2)支架上应当有警示语(禁止攀登、严禁烟火),所有编号及警示语应当清晰、完整和醒目	现场查看	B	C	C
	17.2 乘客须知	在上下站进站口醒目位置设乘客须知	现场查看	B	C	C

（续）

检验项目		检验内容与要求	检验方法	监督检验	定期检验	
					全面	年度
17 安全标志	17.3 站台安全指示	站台上有人流方向指示及上下车线、禁止线、上车区、下车区、等待区等安全指示标志	现场查看	B	C	C
	17.4 安全说明	运载工具（吊椅除外）内应当有安全说明（禁止将手臂伸出窗外、禁止自行打开门、禁止摇晃、禁止吸烟和紧急联系电话）、定员和最大载荷的标志	任意抽取2个~3个运载工具进行查看	B	C	C
	17.5 吊椅特殊提示	吊椅索道应当满足《规范1》中13.4规定	现场查看	B	C	C
18 架空索道和缆车通讯	18.1 电话	（1）站房之间应当有自己独立的专用电话。主电网断电时，专用电话仍能正常使用； （2）至少有一个站房或者在站房附近装设能与外界保持有效联络的外线电话	（1）现场拨打专用电话和外线电话； （2）断开索道的供电系统，查看电话能否使用	B	B	B
	18.2 广播通讯	（1）有乘务员的车厢和驱动站之间应当设有通话联系。车厢没有乘务员时，沿线路应当有广播通讯（可以在运载工具内装设无线广播，或者在支架上装设扬声器），确保线路上的乘客都能清晰地听到广播声音； （2）应当满足《规范1》中9.7.7规定	（1）在车厢内检查通话系统，现场听广播效果； （2）断开索道的供电系统，查看广播系统能否使用	B	B	B
	18.3 对讲机	每个站房应当有1台对讲机，另外至少配备两台对讲机保障巡线检查和救护工作的需要	查阅自检报告（自检时，检查可以正常使用的对讲机数量，在线路上选择几个区域，检查通话情况）	C	C	C
19 负荷试验	19.1 空绳试验	脱挂抱索器架空索道在不挂吊具情况下，应当能正常起动，运行电流不超过额定电流，张紧小车、张紧重锤或者张紧油缸在正常行程以内，张紧油压或者张力监控值在正常范围以内	运载索不挂吊具，索道以最高设计速度运行，做起动试验（做两次），记录索道信号显示设备的相关参数值，检查各部件运转情况	B	—	—

(续)

检验项目		检验内容与要求	检验方法	监督检验	定期检验	
					全面	年度
19 负荷试验	19.2 空载试验	※(1)索道在运载工具不加载荷情况下,应当能正常起动,运行电流不超过额定电流,张紧小车、张紧重锤或者张紧油缸在正常行程以内,张紧油压或者张力监控值在正常范围以内; (2)工作制动应当平稳;当出现可能危及乘客、设备或者其他人员安全的情况需要紧急制动时(不包括两个制动器同时动作的情况),循环固定抱索器架空索道制动系统的制动加速度应当在 0.3 m/s²～1.25 m/s² 范围内,脱挂抱索器架空索道应当在 0.5 m/s²～1.25 m/s² 范围内,往复式、脉动式架空索道和缆车应当在 0.5 m/s²～2 m/s² 范围内,拖牵索道的制动距离应当小于 3 倍最大运行速度的数值; ※(3)往复式架空索道在起动和紧急制动时,牵引索与承载索不发生鞭打缠绕,客车车轮不离开承载索; (4)缆车在起动和紧急制动时,钢丝绳不应当松弛而导致客车制动器动作(无张紧装置的港口码头缆车无此项)	(1)索道挂满额定数量运载工具,以最高设计速度运行,做起动、工作制动、紧急制动试验,每种制动分别做两次试验,记录索道信号显示设备的相关参数值,检查各部件运转情况。观察往复式架空索道线路上客车、承载索和牵引索状况。查看缆车客车制动器状况; (2)根据试验数据计算校核紧急制动加速度	B	B	B
	19.3 重上空下试验	(1)索道在重上空下(最大负荷)情况下,与本附件19.2 的检验内容与要求相同; ※(2)制动停车后,不发生反向溜车现象	查阅线路总图,根据索道地形情况和运载工具分布情况加载荷(每人按 740 N;定员 16 人以上时,每人按 690 N;运送滑雪者时每人再增加 50 N。对于拖牵索道,将滑板或者雪具在加满额定载荷后固定在拖牵器上),在索道最大负荷情况下进行试验,与本附件 19.2 的检验方法相同	B	B	—

(续)

检验项目		检验内容与要求	检验方法	监督检验	定期检验	
					全面	年度
19 负荷试验	19.4 重下空上试验	(1)架空索道和缆车在重下空上(最小负荷)情况下,与本规则19.2项的检验内容与要求相同; ※(2)工作制动器或者安全制动器在索道最高设计速度下单独作用时,能有效制动。循环式架空索道两个制动器单独作用时的制动距离不大于吊具间距的2/3	(1)查阅线路总图,根据索道地形情况和运载工具分布情况加载荷(每人按740 N;定员16人以上时,每人按690 N;运送滑雪者时每人再增加50 N),在索道最小负荷情况下进行试验,与本附件19.2的检验方法相同; (2)分别将工作制动器和安全制动器屏蔽,做单个制动器的制动试验	B	B	—
	19.5 重上重下试验	架空索道和缆车在所有运载工具加满载荷情况下,与本附件19.2的检验内容与要求相同	每人按740 N(定员16人以上时,每人按690 N;运送滑雪者时每人再增加50 N),将所有运载工具加满额定载荷,与本附件19.2的检验方法相同	B	—	—

(续)

检验项目		检验内容与要求	检验方法	监督检验	定期检验	
					全面	年度
19 负荷试验	19.6 紧急驱动装置试验	(1)紧急驱动装置运行时,其独立的控制系统应当具备的安全功能至少包括紧急停车、脱索保护、张紧油压及行程保护(△无此项); (2)紧急驱动装置应当能在最不利工况下,15 min 之内正常起动投入运行; (3)架空索道紧急驱动装置的运行速度应当为 0.3 m/s～1 m/s,缆车紧急驱动装置的运行速度不大于 2 m/s(△运送游客的单线固定抱索器架空吊椅索道,当线路斜长小于 400 m、吊椅的最大离地高度小于 8 m、线路下方地形平缓利于救护、索道出现故障时可以采用梯子或者其他简单工具将全线乘客救下时,如果原设计没有紧急驱动装置,不进行本项检验)	(1)监督检验和全面检验时,在重上空下和重下空上情况(年度检验时,在空载情况)下,分别做紧急驱动装置起动、运行和制动试验,记录速度表显示值,查看能否在 15 min 之内投入运行和各部件运转情况; (2)紧急驱动装置运行中,做紧急停车、脱索(任选 1 个保护开关)、张紧油压、张紧行程保护的模拟试验	B	B	C
20 其他试验	※20.1 客车制动器试验	往复式架空索道和缆车在线路最大坡度处单侧满载全速下行的情况下,客车制动器能将满载客车平稳地制动在承载索或者轨道上	将驱动装置制动系统屏蔽,在重下侧客车内手动按下客车制动器制动按钮,观察制动效果。两侧客车分别进行试验	B	C	—
	※20.2 压索轮靠贴试验	脉动循环车组式索道,在全线满载情况下,当一组运载工具加双倍的额定载荷通过压索支架时,钢丝绳不得离开压索轮	在线路上任选一个压索支架,当加了双倍额定载荷的一组运载工具通过时,查看钢丝绳是否离开压索轮	B	—	—

（续）

检验项目		检验内容与要求	检验方法	监督检验	定期检验	
					全面	年度
20 其他试验	20.3 停电试验	速度大于 3 m/s 的架空索道和速度大于 1.5 m/s 的缆车，在满载全速运行情况下突然停电时，控制系统在 5 min 内仍能保持正常工作，工作制动器和安全制动器应当先后下闸，索道可以被平稳地制动	在全线所有运载工具加满额定载荷情况下，索道先按设计速度的 1/3 运行，拉下电闸断电，查看制动器的动作和线路跳动情况，确认没有异常后做全速断电试验	B	—	—

注 A-1：表中，"※"表示该检验项目或者该项检验内容为重要项目，"△"表示该项检验内容为在用的旧索道（本规则实施前投入使用的客运索道）的检验要求，"—"表示检验和自检时无此项。

注 A-2：

1. 固定抱索器客运架空索道，适用其中的 1.1；1.2 的(1)、(2)、(3)、(5)；1.3 的(1)、(2)、(3)、(4)、(5)、(6)、(8)、(10)、(11)、(12)、(13)、(14)、(15)、(16)、(17)、(18)、(19)、(20)、(21)；1.4；1.5；2；3.1；3.2；3.9；3.10 的(1)；3.12；3.13；3.15 的(1)；3.16；3.17；3.19；4；5.1 的( )、(2)；5.5；5.6 的(1)；5.7；6.1；6.2 的(1)、(3)；6.4；6.5 的(1)、(3)；6.9 的(1)、(2)、(3)；6.10；6.11 的(1)；6.12；6.13；6.15；6.16 的(1)；6.17；7.1；7.2；7.3；7.4；7.5；7.7；7.9；7.12；7.13；7.14；7.15；7.18；7.19；7.20；7.22；7.23；10.1；10.2 的(1)、(3)、(4)；10.3；10.4；10.5；10.6；10.8；10.9；11；13.1 的(1)、(4)；13.2 的(1)；13.5；13.6；13.8；13.9；13.10；13.11；13.12；13.13 的(2)；13.14；16.1；16.3；16.4；16.5；16.6；16.7；16.8；16.10；16.15；16.16；16.20；17；18；19.2 的(1)、(2)；19.3；19.4；19.5；19.6；20.2；20.3。

2. 脱挂抱索器客运架空索道，适用其中的 1.1；1.2 的(1)、(2)、(3)、(5)；1.3 的(1)、(2)、(3)、(4)、(5)、(6)、(8)、(10)、(11)、(12)、(13)、(14)、(15)、(16)、(17)、(18)、(19)、(20)、(21)；1.4；1.5；2；3.1；3.2；3.9；3.10 的(1)；3.12；3.13；3.15 的(1)；3.16；3.17 的(1)；3.19；4；5.1 的(1)、(2)；5.5；5.6 的(1)；5.7；6.1；6.2 的(1)、(3)；6.4；6.5 的(1)、(3)；6.9 的(1)、(2)、(3)；6.10；6.11 的(1)；6.12；6.13；6.15；6.16 的(1)；6.17；7.1；7.2；7.3；7.4；7.6；7.7；7.13；7.14；7.15 的(1)、(3)、(4)；7.18；7.19；7.20；7.22；7.23；8；9；10.1；10.2 的(1)、(4)；10.3；10.4；10.5；10.6；10.8；10.9；11；13.1 的(1)；13.5；13.6；13.8；13.9；13.10；13.11；13.12；13.13 的(2)；13.14；15；16.1；16.3；16.4；16.5；16.6；16.7；16.8；16.9；16.10；16.18；16.20；17；18；19.1；19.2 的(1)、(2)；19.3；19.4；19.5；19.6；20.3。

3. 双线往复式客运架空索道，适用其中的 1.1；1.2 的(1)、(2)、(3)、(5)；1.3 的(1)、(2)、(3)、(4)、(5)、(6)、(7)、(8)、(10)、(11)、(12)、(13)、(14)、(15)、(16)、(17)、(18)、(19)、(20)、(21)；1.4；1.5；2；3.2；3.9；3.10 的(1)；3.12；3.13；3.15 的(1)；3.16；3.19；3.20；4；5.1 的(1)、(2)；5.2；5.3；5.4；5.5；5.6 的(1)；5.7；6.1；6.2；6.4；6.5 的(1)；6.6；6.7；6.8；6.9 的(1)、(2)、(3)；6.10；6.11 的(2)、(3)；6.12 的(3)；6.13；6.14；6.17；7.1；7.2；7.3；7.4；7.10 的(1)、(2)、(3)、(5)；7.11；7.15；7.17；7.18；7.19；7.20；7.22；7.23；10.1 的(1)；10.2 的(1)、(2)、(4)；10.4；10.5；10.8；10.10；10.11；10.12；11；12；13.1 的(2)、(4)；13.2 的(2)；13.4；13.5；13.6 的(2)；14.1；14.2；14.3；14.4 的(1)、(2)、(4)；14.5 的(1)；14.6 的(1)、(2)、(3)；14.7；14.8；14.9 的(1)、(2)、(3)；14.10 的(2)、(3)；14.11 的(1)、(3)；16.1；16.3；16.4；16.5；16.6；16.7；16.8；16.10；16.11；16.12；16.13；16.15；16.16；16.17；16.18；16.19；16.20；17.1；17.2；17.3；17.4；18；19.2 的(1)、(2)、(3)；19.3；19.4；19.5；19.6；20.1；20.3。

4. 客运缆车，适用其中的 1.1；1.2；1.3 的(1)、(2)、(3)、(4)、(5)、(6)、(9)、(11)、(12)、(13)、(14)、(15)、(16)、(17)、(18)、(19)；1.4；1.5；2；3.3；3.4；3.11；3.15 的(1)；3.16；3.19；5.1 的(1)、(3)；5.5；5.6 的(1)；5.7；6.9 的(1)、(3)、(4)；6.10；6.16 的(2)；6.18；6.19；6.20；6.21；6.22；6.23；7.1；7.2；7.3；7.4；7.10 的(1)、(2)、(3)、(4)；7.11；7.15；7.16；7.18；7.19；7.20；7.22；7.23；8.3；10.1；10.2 的(1)、(3)、(4)；10.4；10.5；10.6；10.8；10.9；1.1；1.2；1.3；1.4；1.5 的(1)；13.2 的(3)；13.4；13.5；13.6 的(2)；14.1；14.2；14.3；14.4；14.5；14.6 的(4)；14.7；14.9；14.10 的(1)、(3)；14.11；15.1；15.4 的(1)；15.6；15.9；15.11；16.1；16.4；16.6；16.7；16.8；16.11；16.12；16.13；16.15；16.16；16.19；16.20；17.1 的

(1);17.2;17.3;17.4;18;19.2 的(1)、(2)、(4);19.3;19.4;19.5;19.6;20.1;20.3。

5. 客运拖牵索道,适用其中的 1.1;1.2 的(1)、(2)、(3)、(5);1.3 的(1)、(2)、(3)、(4)、(5)、(6)、(10)、(11)、(12)、(13)、(14)、(15)、(16)、(17)、(18)、(19);1.4;1.5;2;3.5;3.6;3.7;3.8;3.10 的(2);3.14;3.15 的(2);3.18;3.19;5.1 的(1);5.5;5.6;5.7;6.1;6.3;6.4;6.5 的(2)、(3);6.9 的(1)、(2);6.10;6.11 的(1);6.12;6.13;6.15;6.17;7.1;7.2;7.8;7.15 的(1)、(3)、(4);7.18;7.19;7.20 的(2);7.21;7.22;7.23;10.1;10.2 的(1)、(3)、(4);10.3;10.4;10.5;10.6;10.7;10.8;11.1;11.2;11.3;11.4;11.5 的(1);13.1 的(3);13.2 的(1);13.3;13.6;13.7;13.13 的(1);16.1;16.2;16.4;16.5;16.6;16.8;16.14;16.20 的(2);17.1;17.2;17.3;19.2 的(1)、(2);19.3。

附件B

特种设备检验意见通知书（1）

编号：

设备种类	客运索道	设备类别（类型）	（客运架空索道、客运缆车、客运拖牵索道）
设备名称		设备品种（型式）	
设备代码	（定期检验时填写）	检验日期	
受检单位			
检验类别	（填写监督检验（施工前）、监督检验（施工过程中）、监督检验（施工完成后）、监督检验（现场检验）、全面检验、年度检验）		

检验意见：（可另加附页）

检验结论：□合格
　　　　　□不合格

本通知的有效期：　年　月　日止

检验人员：　　　　　　　　　　　　　　（检验机构检验专用章）
　　　　　　　　　　　　　　　　　　　　　年　月　日

受检单位代表：　　　　　　联系方式：　　　　　　日期：

注：本通知书是检验报告出具前的有效文件，且在有效期内有效。通知书一式三份，设备所在地质量技术监督部门、检验机构与受检单位各一份。

特种设备检验意见通知书（2）

编号：

_____（填写受检单位名称）_____：

经__(填写全面或者年度)__检验，你单位_____（填写设备名称）_____存在以下问题，请于_____年___月___日前将处理结果报送我机构：

问题和意见：(可另加附页)
检验人员： （检验机构检验专用章） 年　月　日
受检单位接收人： 　　联系方式： 　　日期：
处理结果：(可另加附页)
受检单位主管负责人： （受检单位公章） 年　月　日

注：本通知书一式四份，设备所在地质量技术监督部门、检验机构各一份，受检单位两份。受检单位应当在规定日期前将填写了处理结果的一份通知书报送检验机构。

附件C

报告编号：

客运索道监督检验报告

(格式)

设 备 名 称：_____

设 备 类 型：(客运架空索道、客运缆车、客运拖牵索道)

使 用 单 位：_____

安 装 单 位：_____

检 验 日 期：_____

(印制检验机构名称)

注 意 事 项

1. 本报告依据《客运索道监督检验和定期检验规则》(TSG S7001)制定,适用于客运架空索道、客运缆车、客运拖牵索道的监督检验。
2. 本报告应当由计算机打印输出,或者用钢笔、签字笔填写,字迹应当工整,修改无效。
3. 本报告无检验、审核、批准人员签字,无检验机构的核准证号,无检验专用章或者公章无效。
4. 本报告一式三份,检验机构、使用单位分别保存一份,另一份报设备所在地省级质量技术监督部门。
5. 受检单位对本报告结论如有异议,应当在收到本报告之日起15日内向检验机构提出书面意见。

  检验机构地址:

    邮政编码:

    联系电话:

监督检验结论报告

报告编号：

设备名称		施工类别	（安装、改造、重大修理）
使用单位			
整机制造单位			
安装单位			
改造、修理单位			
检验依据	《客运索道监督检验和定期检验规则》(TSG S7001)		
主要检验仪器设备			
检验结论	（合格、不合格、复检合格、复检不合格）		
备注	(1)本报告反映该客运索道本次检验时的状态以及受检单位开展自查自检工作、自主确认客运索道运行安全的工作质量情况。 (2)下次检验为定期（年度）检验，检验日期：　　年　月。		
检验：	日期：	检验机构核准证号：	
审核：	日期：		
批准：	日期：	（检验机构公章或检验专用章） 　　年　月　日	

共　页　第　页

客运索道实用法规标准汇编

报告编号：

客运索道基本情况				
客运索道名称				
使用单位				
法定代表人		客运索道负责人		
通讯地址				
联系电话				
整机制造单位				
设备与支架土建基础施工单位				
设备与支架土建基础验收（备案）单位				
首次安装竣工日期				
改造竣工日期				
重大修理竣工日期				
主要部件制造单位	部件名称	制造单位	部件名称	制造单位
	驱动迂回装置		承载索	
	托压索轮组		牵引索（平衡索）	
	抱索器		减速机	
	运载工具		支架及鞍座	
	运载索		电气设备	
客运索道基本技术参数				
客运索道型式				
平　距		支架数目		
斜　长		主电机型号和功率		
高　差		张紧油压（重锤重量）		
运　量		运载索（牵引索、平衡索）		
速度（本次检验）		承载索		
索　距		运载工具数量和类型（本次检验）		

共　页　第　页

监督检验报告附页

报告编号：

序号	检验类别	检验项目	检验内容	检验结果	检验结论	备注
			(1)			
			(2)			
			(3)			
			(1)			
			(2)			
			(3)			
			(1)			
			(2)			
			(3)			
			(1)			
			(2)			
			(3)			
			(1)			
			(2)			
			(3)			
			(1)			
			(2)			
			(3)			
			(1)			
			(2)			
			(3)			
			(1)			
			(2)			
			(3)			
			(1)			
			(2)			
			(3)			

注：1. 本表格中的检验项目和检验内容只是格式示范，检验时应当针对所检客运索道的类型和型式，按照检验规则中各类客运索道监督检验要求的项目和内容，填写此表格，其中检验内容可以简化后填写。

2. 自检报告应当符合此表格规定的格式。

（本注不印制）

共 页 第 页

附件 D

报告编号：

客运索道定期检验报告
（全面、年度）

（格式）

设 备 名 称：＿＿＿＿＿＿＿＿＿＿＿＿＿＿＿＿

设 备 代 码：＿＿＿＿＿＿＿＿＿＿＿＿＿＿＿＿

设 备 类 型：（客运架空索道、客运缆车、客运拖牵索道）

使 用 单 位：＿＿＿＿＿＿＿＿＿＿＿＿＿＿＿＿

使用登记证编号：＿＿＿＿＿＿＿＿＿＿＿＿＿＿＿＿

检 验 日 期：＿＿＿＿＿＿＿＿＿＿＿＿＿＿＿＿

（印制检验机构名称）

注 意 事 项

1. 本报告依据《客运索道监督检验和定期检验规则》(TSG S7001)制定,适用于客运架空索道、客运缆车、客运拖牵索道的定期检验。
2. 本报告应当由计算机打印输出,或者用钢笔、签字笔填写,字迹应当工整,修改无效。
3. 本报告无检验、审核、批准人员签字,无检验机构的核准证号,无检验专用章或者公章无效。
4. 本报告一式三份,检验机构、使用单位分别保存一份,另一份报设备所在地省级质量技术监督部门。
5. 受检单位对本报告结论如有异议,应当在收到本报告之日起15日内向检验机构提出书面意见。

  检验机构地址:

    邮政编码:

    联系电话:

定期(全面、年度)检验结论报告

报告编号:

设备名称	
使用单位	
检验依据	《客运索道监督检验和定期检验规则》(TSG S7001)
主要检验仪器设备	
检验结论	(合格、不合格、复检合格、复检不合格)
备注	(1)本报告反映该客运索道本次检验时的状态以及使用单位开展自查自检工作、自主确认客运索道运行安全的工作质量情况。 (2)下次检验为(全面、年度)检验,检验日期:　　年　月。

检验:	日期:	检验机构核准证号:
审核:	日期:	
批准:	日期:	(检验机构公章或检验专用章) 　　年　月　日

共　页　第　页

TSG S7001—2013 客运索道监督检验和定期检验规则

报告编号：

客运索道基本情况				
客运索道名称				
使用单位				
法定代表人		客运索道负责人		
通讯地址				
联系电话				
整机制造单位				
首次安装竣工日期				
改造竣工日期				
重大修理竣工日期				
主要部件制造单位	部件名称	制造单位	部件名称	制造单位
	驱动迂回装置		承载索	
	托压索轮组		牵引索（平衡索）	
	抱索器		减速机	
	运载工具		支架及鞍座	
	运载索		电气设备	
备注				

客运索道基本技术参数			
客运索道型式			
平　距		支架数目	
斜　长		主电机型式和功率	
高　差		张紧油压（重锤重量）	
运　量		运载索（牵引索、平衡索）	
速度（本次检验）		承载索	
索　距		运载工具数量和类型（本次检验）	

共　页　第　页

定期(全面、年度)检验报告附页

报告编号：

序号	检验类别	检验项目	检验内容	检验结果	检验结论	备注
			(1)			
			(2)			
			(3)			
			(1)			
			(2)			
			(3)			
			(1)			
			(2)			
			(3)			
			(1)			
			(2)			
			(3)			
			(1)			
			(2)			
			(3)			
			(1)			
			(2)			
			(3)			
			(1)			
			(2)			
			(3)			
			(1)			
			(2)			
			(3)			
			(1)			
			(2)			
			(3)			

注：1. 本表格中的检验项目和检验内容只是格式示范，检验时应当针对所检客运索道的类型和型式，按照检验规则中各类客运索道全面检验和年度检验要求的项目和内容，填写此表格，其中检验内容可以简化后填写。

2. 自检报告应当符合此表格规定的格式。

(本注不印制)

共 页 第 页

附件 E

安全检验标志（样式）

客运索道
Passenger Ropeway
安全检验标志
SAFETY INSPECTION

安 全 检 验 合 格
PASSED SAFETY INSPECTION

设备名称：XXXXXXXXXXXXXXXXXXX
使用单位：XXXXXXXXXXXXXXXXXXX
设备代码：XXXXXXXXXXXXXXXXXXX
检验单位：XXXXXXXXXXXXXXXXXXX
下次检验日期：XXXX年XX月

中华人民共和国国家质量监督检验检疫总局制
PRINTED BY GENERAL ADMINISTRATION OF QUALITY SUPERVISION, INSPECTION AND QUARANTINE OF THE PEOPLE'S REPUBLIC OF CHINA

特种设备安全技术规范 TSG Z6001—2019

特种设备作业人员考核规则

Examination Rules for Special Equipment Operators

2019-05-27 发布　　　　　　　　　　　　　　　　2019-05-27 实施

国家市场监督管理总局　颁布

特种设备作业人员考核规则

第一章 总　　则

第一条 为了规范特种设备作业人员考核工作，根据《中华人民共和国特种设备安全法》《特种设备安全监察条例》《特种设备作业人员监督管理办法》，制定本规则。

第二条 本规则适用于国家市场监督管理总局制定发布的《特种设备作业人员资格认定分类与项目》范围内特种设备作业人员（含安全管理人员）资格的考核工作。

特种设备焊接作业人员的资格考核工作应当同时满足相关安全技术规范的要求。

第三条 特种设备作业人员应当按照本规则的要求，取得《特种设备安全管理和作业人员证》（样式见附件A）后，方可从事相应的作业活动。

第四条 特种设备作业人员考核发证工作由县级以上地方市场监督管理部门分级负责。具体发证机关及发证项目由省级市场监督管理部门确定并公布。

第五条 发证机关委托考试机构组织考试，或者自行组织考试。

第六条 省级市场监督管理部门负责制定考试机构的具体条件和委托要求。

设区的市级市场监督管理部门或发证机关按照考试机构的具体条件在全国范围内选择并推荐考试机构，省级市场监督管理部门统筹形成本省考试机构备选库并公布，考试机构备选库应当覆盖本省所有的发证项目。

发证机关通过购买服务或其他方式，从考试机构备选库内选择考试机构并委托考试，向社会公布其委托的考试机构名称、地址、联系方式和考试项目。

第七条 对于氧舱、大型游乐设施、客运索道、安全阀等作业人员较少的项目，由省级市场监督管理部门发证；省级市场监督管理部门确定由设区的市级市场监督管理部门或者县级市场监督管理部门发证的，由省级市场监督管理部门统一确定考试机构。

第八条 国家市场监督管理总局负责全国特种设备作业人员考核工作的监督管理，县级以上地方市场监督管理部门负责本行政区域内特种设备作业人员考核工作的监督管理和对考试机构进行监督检查。

第二章 考 试 机 构

第九条 考试机构应当满足下列基本条件：

（一）具有法人资质；

（二）有常设的组织管理部门和固定办公场所，专职人员不少于3名；

（三）建立考试管理制度，包括保密、命题、试卷运输、现场考试、阅卷、结果上报、档案、应急预案、题库管理等制度，并且能有效实施；

（四）根据相应考试大纲，明确考试范围、考试方式和合格指标；

（五）设立现场考试基地及考点，具备满足相应考试大纲要求的场所、设备设施和能力；

（六）具有满足考试需要的考试管理人员和考评人员。考评人员应当具备大专以上学历和本专业5年以上工作经历，具有丰富的实践操作经验，熟悉考试程序、考试管理、考试内容及评分要求，并且具有相应的作业人员资格；

（七）考试现场应当配备信息化人证比对系统，并且留存考试影像资料；必要时应在考试机位设置自动视频抓拍系统。

第十条 考试机构主要职责：

(一)公布考试机构的报名方式和考试地点、考试计划、考试种类和作业项目、报名要求、考试程序等;

(二)公布理论知识考试和实际操作技能考试的范围、项目;

(三)按照考试大纲的要求进行理论知识考试和实际操作技能考试;

(四)公布和上报考试结果;

(五)建立特种设备作业人员考试档案;

(六)向发证机关提交年度工作总结等。

第十一条 考试机构应当在本机构的考点和考试基地,对符合条件的报名人员进行理论知识考试和实际操作技能考试。因特殊原因,需要利用非本机构的考试基地进行考试的,应当事先报发证机关书面同意。

考试机构不得从事委托考试项目的培训工作。

第十二条 各种类特种设备作业人员考试大纲见本规则附件。

第三章 考试与发证

第十三条 特种设备作业人员考核程序包括申请、受理、考试和发证。

第十四条 申请人应当符合下列条件:

(一)年龄18周岁以上且不超过60周岁,并且具有完全民事行为能力;

(二)无妨碍从事作业的疾病和生理缺陷,并且满足申请从事的作业项目对身体条件的要求;

(三)具有初中以上学历,并且满足相应申请作业项目要求的文化程度;

(四)符合相应的考试大纲的专项要求。

第十五条 申请人应当向工作所在地或者户籍(户口或者居住证)所在地的发证机关提交下列申请资料:

(一)《特种设备作业人员资格申请表》(见附件B,1份);

(二)近期2寸正面免冠白底彩色照片(2张);

(三)身份证明(复印件1份);

(四)学历证明(复印件1份);

(五)体检报告(1份,相应考试大纲有要求的)。

申请人也可通过发证机关指定的网上报名系统填报申请,并且附前款要求提交的资料的扫描文件(PDF或者JPG格式)。

第十六条 发证机关在收到申请后的5个工作日内,应当作出是否受理的决定。需要申请人补充材料的,应当一次性告知申请人需要补正的内容。

予以受理的,发证机关应当告知申请人受理结果。申请人持受理结果到发证机关委托的考试机构报名,并按时参加考试。

不予以受理的,发证机关应当告知申请人不予受理结果,并说明原因。

第十七条 考试机构应当于考试前2个月公布考试时间、地点、作业项目等事项,需要更改考试时间、地点、作业项目的,应当及时通知已报名的申请人员。

第十八条 省级市场监督管理部门负责建立考试题库,或者采用全国统一考试题库;题库中的试题应当覆盖考试大纲全部知识点,每份试卷中考试试题的数量不超过题库试题总量的5%。

第十九条 考试机构应当按照相应考试大纲的要求组织考试,遵循公开、公平、公正原则,严格执行考试管理制度,确保考试工作质量。

第二十条 特种设备作业人员的考试包括理论知识考试和实际操作技能考试,特种设备安全管理人员只进行理论知识考试。

考试实行百分制,单科成绩达到70分为合格;每科均合格,评定为考试合格。

第二十一条 考试成绩有效期1年。单项考试科目不合格者,1年内可以向原考试机构申请补考1次。两项均不合格或者补考不合格者,应当向发证机关重新提出考核申请。

第二十二条 考试机构应当在考试结束后的20个工作日内公布考试合格人员名单,并将考试结果报送发证机关。申请人向考试机构查询成绩的,考试机构应当告知。

第二十三条 发证机关自行组织考试的,应当符合以上要求。

第二十四条 发证机关应当在收到考试结果后的20个工作日内完成审批发证工作。

第四章 复 审

第二十五条 持证人员应当在持证项目有效期届满的1个月以前,向工作所在地或者户籍(户口或者居住证)所在地的发证机关提出复审申请,并提交下列资料:

(一)《特种设备作业人员资格复审申请表》(见附件C,1份);

(二)《特种设备安全管理和作业人员证》(原件)。

第二十六条 满足下列要求的,复审合格:

(一)年龄不超过65周岁;

(二)持证期间,无违章作业、未发生责任事故;

(三)持证期间,《特种设备安全管理和作业人员证》的聘用记录中所从事持证项目的作业时间连续中断未超过1年。

第二十七条 发证机关办理复审时,应当登录"全国特种设备公示信息查询平台",核实《特种设备安全管理和作业人员证》的真实性和有效性;无法核实的,申请人应当重新申请取证或者回原发证机关提交复审申请。

第二十八条 发证机关办理复审时,能够当场办理的,应当当场办理完成;需要补正申请材料的,应当一次性告知。复审不合格的,应当说明理由。发证机关应当在10个工作日内完成复审工作。

第二十九条 复审不合格、证书有效期逾期未申请复审的持证人员,需要继续从事该项目作业活动的,应当重新申请取证。

第三十条 特种设备焊接作业人员按照相应的安全技术规范的规定复审。

第五章 附 则

第三十一条 考试机构应当建立申请人员考试档案,包括考试人员名单及成绩、考试试卷、实际操作技能考试记录、考试现场记录(含考试现场影像)等。考试现场影像资料保存期不少于3年,其他档案保存期不少于10年。

第三十二条 发证机关应当建立特种设备作业人员发证档案,包括《特种设备作业人员资格申请表》《特种设备作业人员资格复审申请表》、受理结果、考试机构上报的考试结果、审批记录、结果发布的文件、发放记录等。档案保存期不少于10年。

对于提供虚假材料及承诺的、考试作弊的,以及违反操作规程和有关安全规章制度造成事故的,由发证机关记入特种设备作业人员发证档案。

第三十三条 发证机关应当在发证(复审)后的20个工作日内,将取证(复审)人员信息上传"全国特种设备公示信息查询平台"。

第三十四条 《特种设备安全管理和作业人员证》遗失或者损毁的,持证人员应当向原发证机关申请补发,并提交身份证明、遗失或者损毁的书面声明及近期2寸正面免冠白底彩色照片。原持证项目有效期不变。

第三十五条 申请人对考试结果有异议,可以在考试结果发布后的1个月以内向考试机构提出复核要求,考试机构应当在收到复核申请的20个工作日以内予以答复;对考试机构答复结果有异议的,可以书面向发证机关提出申诉。

发证机关自行组织考试的,申请人向发证机关提出复核要求。

第三十六条 《特种设备安全管理和作业人员证》可加印二维码。

第三十七条 本规则所称的"以上",包括本数;所称的"不超过",不包括本数。

第三十八条 本规则由国家市场监督管理总局负责解释。

第三十九条 本规则自 2019 年 6 月 1 日起施行,下列安全技术规范和文件同时废止:

(1)《特种设备作业人员考核规则》(TSG Z6001—2013,2013 年 1 月 16 日质检总局颁布,国家市场监督管理总局 2019 年第 8 号公告附件 2 进行修订);

(2)《特种设备质量管理负责人考核大纲(试行)》(2013 年 2 月 7 日,国质检特函〔2013〕84 号附件 1);

(3)《特种设备安全管理负责人考核大纲(试行)》(2013 年 2 月 7 日,国质检特函〔2013〕84 号附件 2,2017 年第 1 号修改单);

(4)《场(厂)内专用机动车辆作业人员考核大纲(试行)》(2013 年 2 月 7 日,国质检特函〔2013〕84 号附件 3);

(5)《锅炉安全管理人员和操作人员考核大纲》(TSG G6001—2009,2009 年 12 月 29 日质检总局颁布);

(6)《锅炉水处理作业人员考核大纲》(TSG G6003—2008,2008 年 2 月 21 日质检总局颁布);

(7)《压力容器安全管理人员和操作人员考核大纲》(TSG R6001—2011,2011 年 5 月 10 日质检总局颁布);

(8)《医用氧舱维护管理人员考核大纲》(TSG R6002—2006,2006 年 4 月 19 日质检总局颁布);

(9)《气瓶充装人员考核大纲》(TSG R6004—2006,2006 年 4 月 19 日质检总局颁布);

(10)《电梯安全管理人员和作业人员考核大纲》(TSG T6001—2007,2007 年 8 月 8 日质检总局颁布);

(11)《起重机械安全管理人员和作业人员考核大纲》(国质检特〔2013〕680 号,2014 年 3 月 1 日起施行);

(12)《客运索道安全管理人员和作业人员考核大纲》(TSG S6001—2008,2008 年 2 月 21 日质检总局颁布);

(13)《大型游乐设施安全管理人员和作业人员考核大纲》(TSG Y6001—2008,2008 年 2 月 21 日质检总局颁布);

(14)《安全阀维修人员考核大纲》(TSG ZF002—2005,2005 年 11 月 8 日质检总局颁布);

(15)《压力容器压力管道带压密封作业人员考核大纲》(TSG R6003—2006,2006 年 4 月 19 日质检总局颁布);

(16)《压力管道安全管理人员和操作人员考核大纲》(TSG D6001—2006,2006 年 4 月 19 日质检总局颁布)。

本规则施行之前发布的其他与特种设备作业人员考核相关的通知文件等,其要求与本规则不一致的,以本规则为准。

附 录 A
特种设备安全管理和作业人员证（样式）

中华人民共和国特种设备 安全管理和作业人员证	说　明
	1. 本证件第一页持证人照片处应当加盖首次发证机关印章，否则无效。 2. 有效期届满的1个月以前，持证人应申请办理复审。逾期未复审或复审不合格，作业项目到期失效。 3. 证件编号指居民身份证号等身份证件号。
封面	封二

（近期2寸正面免冠白底彩色照片）加盖发证机关印章 姓　名：_____ 证件编号：_____ 发证机关：_____ （二维码区域）	考试合格作业项目（取证）		
	项目代号	有效期	发证机关（章）
			批准日期
		自　年　月 至　年　月	年　月　日
		自　年　月 至　年　月	年　月　日
		自　年　月 至　年　月	年　月　日
		自　年　月 至　年　月	年　月　日
第1页	第2页～第4页		

复审记录	
复审项目代号：	
	有效期至： 年 月
发证机关（章）：	
复审日期： 年 月 日	
复审项目代号：	
	有效期至： 年 月
发证机关（章）：	
复审日期： 年 月 日	

聘用记录		
项目代号	聘用起止日期	聘用单位（章）
	自 年 月 日 至 年 月 日	
	自 年 月 日 至 年 月 日	
	自 年 月 日 至 年 月 日	
	自 年 月 日 至 年 月 日	

第 5 页～第 8 页　　　　　　　　　　　　　第 9 页～第 11 页

特种设备作业人员资格认定分类与项目

序号	种类	作业项目	项目代号
1	特种设备安全管理	特种设备安全管理	A
2	锅炉作业	工业锅炉司炉	G1
		电站锅炉司炉	G2
		锅炉水处理	G3
3	压力容器作业	快开门式压力容器操作	R1
		移动式压力容器充装	R2
		氧舱维护保养	R3
4	气瓶作业	气瓶充装	P
5	电梯作业	电梯修理	T
6	起重机作业	起重机指挥	Q1
		起重机司机	Q2
7	客运索道作业	客运索道修理	S1
		客运索道司机	S2
8	大型游乐设施作业	大型游乐设施修理	Y1
		大型游乐设施操作	Y2
9	场（厂）内专用机动车辆作业	叉车司机	N1
		观光车和观光列车司机	N2
10	安全附件维修作业	安全阀校验	F
11	特种设备焊接作业	金属焊接操作	注
		非金属焊接操作	

注：按照特种设备焊接作业人员相关安全技术规范的规定执行。

第 12 页

附件 B
特种设备作业人员资格申请表

姓　名		性　别		（近期2寸正面免冠白底彩色照片）
身份证件号		文化程度		
工作单位				
工作单位地址				
通信地址				
邮　编		联系电话		
申请作业项目		申请项目代号		

工作简历	
相关资料	□身份证明（复印件1份） □学历证明（毕业证复印件1份） □体检报告（1份，相应考试大纲有要求的）
用人单位意见	（申请人在非户籍的工作所在地申请时需填写本栏） 　　　　　　　　　　　　　　　用人单位（加盖公章）：　　　年　月　日
	本人声明，以上填写信息及所提交的资料均合法、真实、有效，并承诺对填写的内容负责。 　　　　　　　　　　　　　　　申请人（签字）：　　　　　　年　月　日

注：申请人在网上申请的，填报申请表后打印盖章签字并扫描上传。

附 件 C
特种设备作业人员资格复审申请表

姓　　名		性　　别		（近期2寸正面免冠白底彩色照片）
通信地址				
文化程度		邮政编码		
身份证件号		联系电话		
复审作业项目		复审项目代号		
证件编号		首次发证日期		
用人单位				
单位地址				
单位联系人		联系电话		
持证期间作业经历				
复审资料	□《特种设备安全管理和作业人员证》（原件）			
自我承诺	持证期间是否发生过违章作业行为和责任事故： □未发生过　　　　　　　　　　　□发生过			
本人声明，以上填写信息及所提交的资料均合法、真实、有效，并承诺对填写的内容负责。 　　　　　　　　　　　　　　　　　　　申请人（签字）：　　　　　　　　　年　月　日				

注：申请人在网上申请的，填报申请表后打印签字并扫描上传。

附 件 D
特种设备安全管理人员考试大纲

D1 特种设备安全管理人员含义

特种设备安全管理人员是指使用单位的特种设备安全管理负责人和具体负责特种设备使用安全管理的人员。

D2 申请人专项要求

(1)具有中专或者高中以上(含中专或者高中)学历；
(2)具有2年以上特种设备相关工作经历或者安全管理工作经历；
(3)具有相应的特种设备基础知识、法律法规知识、使用管理知识、应急管理知识等。

D3 考试方式

采取理论知识考试方式,应当采用"机考化"考试,具体考试内容见本大纲附录da。

D4 理论知识考试内容比例和要求

考试各部分内容所占比例：基础知识占10％,法律法规知识占30％,使用管理知识占30％,应急管理知识占30％。
理论知识考试,考试题型包含判断题、选择题,考试题目数量为100题,考试时间为60分钟。

D5 其他要求

鼓励考试机构根据申请人所在单位的设备类别,自动生成针对性强的考试题目。

附 录 da
特种设备安全管理人员理论知识

da1 基础知识

da1.1 各类特种设备定义（参考《特种设备目录》）

(1)锅炉的定义及结构组成；
(2)压力容器(含气瓶)的定义及结构组成；
(3)压力管道的定义及组成元件；
(4)电梯的定义及主要部件；
(5)起重机械的定义及主要受力结构件；
(6)客运索道的定义及结构组成；
(7)大型游乐设施的定义及结构组成；
(8)场(厂)内专用机动车辆的定义及驱动方式。

da1.2 特种设备的分类（按照《特种设备目录》）

(1)锅炉的分类；
(2)压力容器(含气瓶)的分类；
(3)压力管道的分类；
(4)电梯的分类；
(5)起重机械的分类；
(6)客运索道的分类；
(7)大型游乐设施的分类；
(8)场(厂)内专用机动车辆的分类。

da1.3 各类特种设备检验周期

da1.4 高耗能特种设备（参考《高耗能特种设备节能监督管理办法》）

(1)高耗能特种设备定义；
(2)高耗能特种设备的使用要求。

da2 法律法规知识

da2.1 使用单位使用特种设备时应当遵循的基本要求

(1)特种设备安全法立法宗旨(《特种设备安全法》第一条)；
(2)特种设备安全法适用范围(《特种设备安全法》第二条、第一百条)；
(3)特种设备安全工作应当遵循的原则(《特种设备安全法》第三条)；
(4)特种设备使用安全的责任主体及人员要求(《特种设备安全法》第十三条)；
(5)安全管理人员和作业人员持证上岗要求(《特种设备安全法》第十四条)；
(6)使用单位的责任和义务(《特种设备安全法》第十五条、第三十二条、第三十八条)；
(7)采用新材料、新技术、新工艺应用的实现途径(《特种设备安全法》第十六条)；

(8)安全责任保险的政策引导(《特种设备安全法》第十七条);
(9)电梯安装、改造、修理的主体的要求(《特种设备安全法》第二十二条);
(10)特种设备安装、改造、修理单位提供竣工资料的义务(《特种设备安全法》第二十四条);
(11)特种设备的制造、安装、改造、重大修理过程进行监督检验的规定(《特种设备安全法》第二十五条);
(12)使用登记的规定(《特种设备安全法》第三十三条);
(13)使用单位建立安全管理制度的要求(《特种设备安全法》第三十四条);
(14)使用单位建立安全技术档案的要求(《特种设备安全法》第三十五条);
(15)使用单位设置安全管理机构或者配备安全管理人员的要求(《特种设备安全法》第三十六条);
(16)特种设备安全距离、安全防护措施要求(《特种设备安全法》第三十七条);
(17)特种设备维护保养和自行检查的要求(《特种设备安全法》第三十九条);
(18)定期检验的要求(《特种设备安全法》第四十条);
(19)安全管理人员和作业人员的责任(《特种设备安全法》第四十一条);
(20)特种设备故障或者异常情况处理的要求(《特种设备安全法》第四十二条);
(21)电梯、客运索道、大型游乐设施特殊规定(《特种设备安全法》第四十三条);
(22)电梯维护保养的特殊规定(《特种设备安全法》第四十五条);
(23)特种设备改造、修理变更使用登记的规定(《特种设备安全法》第四十七条);
(24)特种设备报废的规定(《特种设备安全法》第四十八条);
(25)特种设备安全法的施行日期。

da2.2 使用单位安全与节能知识及相关责任义务

(1)使用单位安全、节能方面的责任和义务(《特种设备安全法》第七条);
(2)使用单位节能投入的要求(《特种设备安全监察条例》第八条);
(3)特种设备的能效要求(《特种设备安全监察条例》第二十九条);
(4)作业人员安全、节能教育和培训(《特种设备安全监察条例》第三十九条);
(5)《高耗能特种设备节能监督管理办法》的适用范围;
(6)使用单位的节能管理和岗位责任制度(《高耗能特种设备节能监督管理办法》);
(7)高耗能特种设备使用登记要求(《高耗能特种设备节能监督管理办法》);
(8)高耗能特种设备安全技术档案(《高耗能特种设备节能监督管理办法》);
(9)高耗能特种设备运行要求(《高耗能特种设备节能监督管理办法》);
(10)高耗能特种设备报废要求(《高耗能特种设备节能监督管理办法》);
(11)《高耗能特种设备节能监督管理办法》的施行日期。

da2.3 特种设备作业人员管理知识和要求

(1)作业人员的定义和持证要求(《特种设备作业人员监督管理办法》);
(2)申请《特种设备安全管理和作业人员证》的条件(《特种设备作业人员监督管理办法》);
(3)作业人员的安全教育和培训(《特种设备作业人员监督管理办法》);
(4)使用单位对作业人员的管理义务(《特种设备作业人员监督管理办法》);
(5)作业人员应遵守的规定(《特种设备作业人员监督管理办法》);
(6)《特种设备安全管理和作业人员证》的复审要求(《特种设备作业人员监督管理办法》);
(7)《特种设备安全管理和作业人员证》的使用规定(《特种设备作业人员监督管理办法》)。

da2.4 使用单位在事故应对、事故调查和处理工作中的义务

(1)使用单位制定应急专项预案的要求(《特种设备安全法》第六十九条);

(2)特种设备事故处置和事故报告的规定(《特种设备安全法》第七十条);

(3)特种设备事故预防和赔偿(《特种设备安全法》第七十三条)。

da2.5　使用单位的法律责任

(1)使用单位相关法律责任(《特种设备安全法》第八十三条、第八十四条、第八十六条);

(2)电梯、客运索道、大型游乐设施使用单位的特殊责任(《特种设备安全法》第八十七条);

(3)发生特种设备事故后使用单位及相关人员的责任(《特种设备安全法》第八十九条、第九十条、九十一条);

(4)安全管理人员和作业人员的责任(《特种设备安全法》第九十二条);

(5)使用单位不接受监督检查的责任(《特种设备安全法》第九十五条);

(6)承担民事或者刑事责任的规定(《特种设备安全法》第九十七条、第九十八条);

(7)使用单位的违规处罚(《特种设备作业人员监督管理办法》);

(8)高耗能特种设备违规处罚(《高耗能特种设备节能监督管理办法》)。

da3　使用管理知识(参考《特种设备使用管理规则》)

da3.1　使用单位的责任和义务

(1)安全节能管理制度;

(2)操作规程;

(3)采购和使用要求;

(4)安全管理机构设置、安全管理人员和作业人员配备要求;

(5)使用登记要求;

(6)设备台账和档案管理要求;

(7)事故应急预案以及定期应急演练要求;

(8)事故的报告、调查与处置要求。

da3.2　安全管理机构、管理人员和作业人员要求

(1)安全管理机构的设置和职责;

(2)安全管理人员的职责;

(3)作业人员的职责;

(4)人员安全与节能培训教育的要求;

(5)作业情况检查的要求。

da3.3　设备的维护保养与检查要求

(1)经常性维护保养和定期自行检查的要求;

(2)试运行安全检查与安全警示(适用于电梯、客运索道、大型游乐设施等);

(3)使用单位配合定期检验的要求;

(4)隐患排查与异常情况处理的要求。

da3.4　特种设备现场安全监督检查(参考《特种设备现场安全监督检查规则》)

(1)特种设备现场安全监督检查的概念;

(2)特种设备现场安全监督检查方式与程序;

(3)特种设备现场安全日常监督检查(项目与内容);

(4)特种设备现场安全专项监督检查(项目与内容)。

da4 应急管理知识

da4.1 基础知识

(1)风险的相关知识(包括风险、风险辨识、风险分析、风险评价、风险评估、风险控制、风险分级、风险管理);

(2)危险源的相关知识(包括危险、危险源、重大危险源、重大危险源辨识);

(3)安全风险分级管控和隐患排查治理相关知识。

da4.2 应急预案编制(参考国家标准《特种设备应急预案编制导则》)

(1)编制程序(包括成立工作组、基本情况调查、风险和应急能力评估、应急预案编制及评审、应急预案实施与改进);

(2)主要内容(包括编制目的、依据、适用范围、基本情况、风险描述、应急组织、预防与预警、事故报告和信息发布、应急响应与处置、应急结束和使用恢复、事故调查、保障措施、应急预案管理)。

da4.3 特种设备常见事故应急处置(参考《特种设备事故报告和调查处理导则》)

(1)设备种类[锅炉、压力容器(含气瓶)、压力管道、电梯、起重机械、客运索道、大型游乐设施、场(厂)内专用机动车辆];

(2)事故特征;

(3)事故致因;

(4)事故后果;

(5)事故处置。

da4.4 特种设备事故常识(参考《特种设备事故报告和调查处理导则》)

(1)特种设备事故的定义;

(2)事故分级(包括一般事故界定条件、较大事故界定条件、重大事故界定条件、特别重大事故界定条件);

(3)事故调查的目的(安全监察机构履职的重要手段;研究、认识和遵循规律的重要途径;推动落实安全责任的重要手段;安全教育的重要平台;提高队伍素质的重要载体);

(4)事故调查的原则(实事求是的原则、尊重科学的原则、客观公正的原则、不放过的原则);

(5)事故原因分类(直接原因、间接原因、主要原因、次要原因);

(6)事故性质分类(责任事故、非责任事故)。

附 件 E
锅炉作业人员考试大纲

E1 锅炉作业人员含义

锅炉作业人员包括工业锅炉司炉(G1)人员、电站锅炉司炉(G2)人员和锅炉水处理(G3)人员。

对于申请单一炉型(如有机热载体锅炉、余热锅炉、油田注汽炉等)的锅炉司作人员,其考试内容可以有所侧重,并且在其《特种设备安全管理和作业人员证》上限定操作的炉型范围。

E2 申请人专项要求

(1)具有中专或者高中以上(含中专或者高中)学历;
(2)锅炉水处理人员视力无色盲;
(3)具有相应的锅炉基础知识、专业知识、法规标准知识,具备相应的实际操作技能。

E3 考试方式

考试分为理论知识考试和实际操作技能考试。理论知识考试应当采用"机考化"考试。锅炉司炉人员实际操作技能考试采用在锅炉模拟机上操作的方式,锅炉水处理实际操作技能考试采用实际操作的方式。

具体考试内容见本大纲附录 ea、附录 eb。

E4 理论知识考试内容比例和要求

司炉人员理论知识考试各部分内容所占比例:基础知识占15%,专业知识占80%(其中,锅炉专业知识占50%,安全管理知识占15%,节能与环保知识占15%),法规标准知识占5%。

水处理人员理论知识考试各部分内容所占比例:基础知识占20%,专业知识占75%(其中,水处理专业知识占50%,安全管理知识占15%,节能与环保知识占10%),法规标准知识占5%。

理论知识考试,考试题型包含判断题、选择题,考试题目数量为100题,考试时间为60分钟。

E5 实际操作技能考试内容比例和要求

司炉人员实际操作技能考试各部分内容所占比例:相关部件识别占10%,基本操作占50%,应急处理占40%。

水处理人员实际操作技能考试各部分内容所占比例:水质分析操作占50%,水处理设备操作占40%,水处理设备故障排除占10%。

司炉人员的实际操作技能考试选择某一结构型式的锅炉进行,其他型式锅炉的实际操作技能由用人单位负责培训。

E6 其他要求

司炉人员应急处理考试中只要有一题未达到合格要求,实际操作技能考试评定则为不合格。

附 录 ea
司炉人员考试内容

ea1 基础知识

ea1.1 压力、温度、介质性质、热胀冷缩等

ea1.2 流体力学、传热学知识

(1)导热、对流、辐射的概念；
(2)传热基本知识(注 E-1)。

ea1.3 燃料与燃烧知识

(1)燃料的成分和特性；
(2)燃料的燃烧过程及特点；
(3)燃烧的理论空气量、过剩(量)空气系数、燃烧产物、烟气量；
(4)钢材的机械性能基本知识(注 E-1)。

ea2 锅炉专业知识

ea2.1 专业基础知识

(1)锅炉的分类、主要参数及型号；
(2)锅炉热效率及热损失；
(3)锅炉水循环原理及故障。

ea2.2 锅炉结构及其系统

(1)锅炉结构；
(2)锅炉主要受压部件及其作用；
(3)锅炉热力系统图(注 E-1)；
(4)锅炉的汽、水流程；
(5)过热蒸汽的减温方法、作用,减温器类型、减温系统(注 E-1)。

ea2.3 燃烧方式与设备

(1)层状燃烧；
(2)室燃；
(3)循环流化床燃烧；
(4)生物质燃烧；
(5)电加热设备。

ea2.4 主要安全附件与仪表的作用及操作要求

(1)安全阀；
(2)压力测量装置；

(3)水位测量装置；
(4)排污与放水装置；
(5)温度测量仪表；
(6)自动控制与保护装置；
(7)氧量计。

ea2.5　辅助设备与管道

(1)燃料设备及相应管道；
(2)通风及其空气预热设备；
(3)烟气净化装置及除渣设备；
(4)给水设备；
(5)吹灰设备(注E-1)；
(6)锅炉范围内的管道、分汽(水或者油)缸。

ea2.6　锅炉水(介)质处理

(1)锅炉用水基本要求；
(2)有机热载体知识(注E-2)；
(3)工业锅炉水质(有机热载体)标准；
(4)电站锅炉水汽质量标准(注E-1)；
(5)水垢的形成与危害；
(6)有机热载体氧化、变质、结焦、积碳的原因与危害；
(7)锅炉水处理方法；
(8)锅炉给水除氧(注E-1)；
(9)锅炉化学清洗。

ea2.7　运行与维护保养

(1)锅炉运行前的检查准备、点火、升温升压、运行调节、停炉等操作；
(2)锅炉辅机的操作；
(3)锅炉与辅机的维护保养；
(4)锅炉常见缺陷与危害；
(5)锅炉巡检要求；
(6)燃烧调整；
(7)定压运行与滑压运行(注E-1)；
(8)汽包(锅筒)壁温差控制(注E-1)；
(9)锅炉汽温、汽压、水位及炉膛负压控制(注E-1)；
(10)氮氧化物控制；
(11)影响燃烧的主要因素，各因素对锅炉燃烧的影响(注E-1)；
(12)锅炉启动过程中热膨胀的监控(注E-1)；
(13)循环流化床锅炉物料循环停滞的处理；
(14)受热面的安全运行(注E-1)；
(15)风机抢风、失速、喘振的处理(注E-1)；
(16)炉底水封破坏的判断与处理(注E-1)；
(17)锅炉结渣的处理(注E-1)。

ea2.8　锅炉常见故障、事故的原因、处理及预防

(1)锅炉缺水；
(2)锅炉满水；
(3)锅炉超压；
(4)锅炉爆管；
(5)锅炉汽水共腾；
(6)锅炉汽水冲击；
(7)锅炉二次燃烧；
(8)炉膛爆燃；
(9)锅炉大面积积焦；
(10)热水锅炉循环中断，超温汽化；
(11)生物质锅炉受热面粘结性积灰；
(12)生物质断料、堵渣和腐蚀。

ea3　安全管理知识

ea3.1　锅炉管理要求

(1)锅炉使用登记；
(2)锅炉司炉人员的管理；
(3)锅炉安全管理制度与记录；
(4)水汽、有机热载体品质；
(5)锅炉检验；
(6)操作安全；
(7)锅炉房安全。

ea3.2　锅炉故障、事故应急处理与预防的要求

(1)事故分级；
(2)事故现场应急处理；
(3)事故报告；
(4)事故应急预案。

ea4　节能与环保知识

ea4.1　节能知识

(1)锅炉经济运行指标和能效测试；
(2)锅炉各项热损失及其影响因素；
(3)节水、节电、节约燃料技术与操作；
(4)供热系统余热回收利用技术。

ea4.2　环保知识

(1)锅炉大气污染物排放控制指标；

(2)锅炉烟气净化装置及其操作(注 E-1);
(3)锅炉噪声的控制;
(4)废水排放(注 E-1)。

ea5 法规标准知识

(1)《中华人民共和国特种设备安全法》;
(2)《特种设备安全监察条例》;
(3)《特种设备作业人员监督管理办法》;
(4)《特种设备使用管理规则》;
(5)《锅炉安全技术监察规程》;
(6)《锅炉节能技术监督管理规程》;
(7)其他相关法律、法规、技术标准。

ea6 实际操作技能考试

ea6.1 锅炉基本操作(含节能减排操作)

(1)锅炉点火;
(2)锅炉升温升压;
(3)锅炉送汽、并汽(注 E-1);
(4)锅炉运行参数及燃烧调节;
(5)锅炉停炉(正常停炉、压火停炉和紧急停炉);
(6)安全附件操作(水位表冲洗,压力表三通旋塞操作);
(7)安全阀的手动排放、自动排放(注 E-2);
(8)连锁保护装置检查(点火程序控制、熄火保护、低水位连锁、超压连锁、风压保护、燃气低压保护、检漏器联锁保护等);
(9)锅炉排污;
(10)制粉系统的启动、停止与调整(注 E-1);
(11)烟气净化系统投用和退出(注 E-1);
(12)辅机定期切换(注 E-1)。

ea6.2 锅炉应急处理操作

(1)锅炉缺水;
(2)锅炉满水;
(3)锅炉超压;
(4)锅炉爆管;
(5)锅炉汽水共腾;
(6)锅炉汽水冲击;
(7)锅炉二次燃烧;
(8)炉膛爆燃;
(9)锅炉大面积积焦;
(10)热水锅炉超温、汽化,有机热载体炉超温、进出口压差过小等;
(11)主燃料跳闸(MFT)动作、故障减负荷(RB)动作(注 E-1);

(12)给煤机断煤(注 E-1);

(13)磨煤机堵塞(注 E-1);

(14)单台给水泵故障(注 E-1)。

注 E-1:仅适用于电站锅炉。

注 E-2:仅适用于工业锅炉。

附 录 eb
水处理人员考试内容

eb1 基础知识

eb1.1 锅炉基础知识

（1）锅炉的分类、结构及工作原理；
（2）锅炉燃烧、传热知识及与锅炉水处理的关系；
（3）锅炉水、汽取样装置及取样要求，取样冷却器的设置要求；
（4）锅炉排污的目的、方式、要求和排污量的计算。

eb1.2 化学基础知识

（1）物质的量、酸、碱、盐、氧化物、络合物、浓度、溶解度、电解与电离、氧化与还原等基本概念；
（2）化学反应与化学方程式、化学平衡与平衡常数；
（3）缓冲溶液、溶度积原理；
（4）水的离子积常数、pH 的概念；
（5）浓度的基本计算。

eb1.3 分析化验基础知识

（1）化验室建设与化验室管理；
（2）化验分析的一般知识及其基本操作；
（3）化验室常用仪器、仪表、设备；
（4）化验室用水要求；
（5）溶液配制与浓度计算；
（6）分析计算与数据处理；
（7）容量分析法；
（8）重量分析法；
（9）仪器分析法；
（10）光度法；
（11）电化学分析方法。

eb2 水处理专业知识

eb2.1 专业基础知识

（1）天然水中的杂质及其特点；
（2）锅炉水处理工作的目的及其意义；
（3）锅炉用水的主要指标及其各项指标控制的意义；
（4）锅炉水处理方法的选择原则及其对水质的要求。

eb2.2 锅内水处理

（1）锅内水质处理的原理、特点及其适用范围；

(2)加碱性药剂进行水处理的原理及其加药量的计算;
(3)加磷酸盐进行处理的原理及其加药量的计算;
(4)锅内加药常用方法、设备类型及其使用操作。

eb2.3 锅外水处理

eb2.3.1 原水预处理的目的及其常用方法

eb2.3.2 水的沉淀(澄清)处理(注E-3)

(1)胶体化学基础;
(2)水的混凝处理;
(3)水的沉淀软化;
(4)沉降原理;
(5)沉淀(澄清)处理系统及其设备。

eb2.3.3 水的过滤处理(注E-3)

(1)水的过滤过程;
(2)滤池、过滤器;
(3)滤料;
(4)其他过滤方式。

eb2.3.4 离子交换处理

(1)离子交换剂的分类;
(2)离子交换树脂的命名(注E-3);
(3)离子交换树脂的性能及选用原则;
(4)新离子交换树脂的处理和贮存(注E-3);
(5)树脂的变质、污染、复苏和报废;
(6)离子交换树脂装填量、再生剂用量、周期制水量、盐耗等计算;
(7)离子交换原理(注E-3);
(8)离子交换平衡(注E-3);
(9)离子交换速度(注E-3);
(10)钠离子交换软化处理基本原理(注E-4);
(11)离子交换软化和降碱处理的方法、原理及要求(注E-4);
(12)一级复床除盐;
(13)一级除盐+混合床除盐(注E-3);
(14)提高离子交换除盐经济性的措施(注E-3);
(15)固定床离子交换设备;
(16)连续床离子交换设备(注E-3);
(17)除碳器(注E-3);
(18)混合离子交换器(注E-3);
(19)离子交换的辅助设备(注E-3);
(20)常用离子交换器的运行操作(注E-3);
(21)离子交换器常见的故障及其消除方法;
(22)自动控制钠离子交换器的设置方法及故障处理(注E-4);

(23)离子交换系统以及设备的防腐(注 E-3)。

eb2.3.5　膜处理(注 E-3)

(1)膜的预处理；
(2)反渗透(RO)；
(3)电除盐(EDI)；
(4)水的其他除盐方法。

eb2.3.6　凝结水的处理(注 E-3)

(1)凝结水的污染；
(2)凝结水的过滤；
(3)凝结水的混床精处理；
(4)凝结水处理的主要设备和系统。

eb2.4　化学废水处理系统和设备(注 E-3)

eb2.5　汽水系统金属的腐蚀及其防止

(1)腐蚀的定义、分类以及原理；
(2)影响金属腐蚀的因素及防止措施；
(3)物理除氧、化学除氧方法及设备；
(4)直流锅炉给水加氧处理(注 E-3)；
(5)锅炉水侧金属的腐蚀及其防止(注 E-3)；
(6)蒸汽系统的腐蚀(注 E-3)。

eb2.6　锅炉的结垢及其防止

(1)水垢和水渣；
(2)水垢的种类、性质以及鉴别方法；
(3)水垢的危害；
(4)水垢的形成及其防止；
(5)常用的除垢方法及其适用条件和要求；
(6)易溶盐"隐藏"现象(注 E-3)；
(7)锅炉水的磷酸盐处理(注 E-3)；
(8)锅炉水的氢氧化钠处理(注 E-3)。

eb2.7　锅炉的蒸汽污染、积盐及其防止(注 E-3)

(1)蒸汽的污染；
(2)蒸汽流程中的盐类沉积物；
(3)获得清洁蒸汽的方法；
(4)过热器反冲洗。

eb2.8　锅炉的水汽质量监督(注 E-3)

(1)热力系统水汽理化过程；
(2)水汽质量劣化时的处理；

(3)锅炉的热化学试验和热力系统汽水查定;
(4)凝汽器漏水率的测定方法;
(5)锅炉割管检查结垢、腐蚀状况的方法。

eb2.9 锅炉的化学清洗和停用保护

(1)锅炉化学清洗的条件、一般工艺过程、清洗质量的要求;
(2)锅炉停用保护常用方法及选择;
(3)锅炉启动时水处理操作和化学监督(注 E-3)。

eb2.10 大型仪器分析方法(注 E-3)

eb3 安全管理知识

eb3.1 锅炉使用安全管理

(1)锅炉注册登记时对水处理的要求;
(2)水处理人员持证上岗要求;
(3)日常运行化验记录的要求;
(4)锅炉水质定期检验的要求;
(5)事故应急处置措施和预案。

eb3.2 自身安全管理

(1)防止触电;
(2)防止烫伤;
(3)避免误操作;
(4)消防安全。

eb3.3 化学试剂安全管理

(1)有毒、有害、易制毒化学试剂的使用及安全管理;
(2)易挥发、易燃、易爆试剂的使用及安全管理;
(3)避免化学伤害及应急处置措施(吸入、入眼、灼伤、中毒等)。

eb4 节能与环保知识

(1)锅炉水处理节能减排的主要措施;
(2)锅炉结垢和除垢对锅炉传热及能耗的影响;
(3)锅炉冷凝水回用的优点、方法、注意事项;
(4)锅炉排污率对能耗的影响,降低排污率的措施;
(5)水处理系统运行废液及锅炉化学清洗废液对环保的影响及其处理。

eb5 法规标准知识

(1)《中华人民共和国特种设备安全法》;
(2)《特种设备安全监察条例》;

(3)《特种设备作业人员监督管理办法》；
(4)《特种设备使用管理规则》；
(5)《锅炉安全技术监察规程》；
(6)《锅炉节能技术监督管理规程》；
(7)《锅炉水处理监督管理规则》；
(8)《锅炉水处理检验规则》；
(9)《锅炉化学清洗规则》；
(10)其他相关法律、法规、技术标准。

eb6 实际操作技能考试

eb6.1 水质分析操作

(1)化学试剂标准滴定溶液的制备，包括 H_2SO_4、EDTA、$Na_2S_2O_3 \cdot 5H_2O$、NaOH、$KMnO_4$、碘标准溶液等；

(2)水样的采集；

(3)pH 的测定；

(4)氯化物的测定；

(5)电导率的测定；

(6)硬度的测定；

(7)酸度、碱度的测定；

(8)浊度的测定；

(9)油的测定；

(10)溶解氧的测定；

(11)磷酸盐的测定；

(12)亚硫酸盐的测定；

(13)铜、铁、钠、二氧化硅、联氨等的测定。

eb6.2 水处理设备操作

(1)各种离子交换设备的反洗、置换、正洗、运行制水操作，膜装置的运行及其反洗操作；

(2)锅内加药操作；

(3)除碳器的运行操作；

(4)除氧器的运行操作。

eb6.3 水处理设备故障排除

(1)离子交换设备出力降低，周期制水量减少；

(2)运行或反洗过程交换剂流失；

(3)软化或除盐过程中，出水达不到要求；

(4)软化水氯离子含量增加。

注 E-3：仅适用于电站锅炉。

注 E-4：仅适用于工业锅炉。

附件 F
压力容器作业人员考试大纲

F1 压力容器作业人员含义

压力容器作业人员分为快开门式压力容器操作人员、移动式压力容器充装人员和氧舱维护保养人员。

F2 申请人专项要求

F2.1 快开门式压力容器操作人员

具有相应的快开门式压力容器基础知识、安全使用操作知识和法规标准知识，具备相应的实际操作技能。

F2.2 移动式压力容器充装人员

具有移动式压力容器相应的基础知识、安全使用操作知识和法规标准知识，具备相应的实际操作技能。

F2.3 氧舱维护保养人员

(1)具有中专或者高中以上(含中专或者高中)学历；
(2)具有氧舱相应的基础知识、安全使用操作知识和法规标准知识，具备相应的实际操作技能。

F3 考试方式

考试分为理论知识考试和实际操作技能考试。理论知识考试应当采用"机考化"考试。实际操作技能考试采用现场实际操作或在模拟机上操作方式，氧舱维护保养人员可采用现场模拟操作方式。具体考试内容见本大纲附录。

F4 理论考试内容比例和要求

理论知识考试各部分内容所占比例：基础知识占30%，安全使用操作知识占50%，法规标准知识占20%。

理论知识考试，考试题型包含判断题、选择题等，考试题目数量为100题，考试时间为90分钟。

F5 实际操作技能考试内容比例和要求

实际操作技能考试各部分内容所占比例如下：
快开门式压力容器操作人员：相关部件识别占30%，基本操作能力占50%，应急处置能力占20%。
移动式压力容器充装人员：相关部件识别占30%，基本操作能力占50%，应急处置能力占20%。

实际操作技能考试选择一类移动式容器品种进行考试,其他品种的实际操作技能由用人单位负责培训。

氧舱维护保养人员:基本操作能力占50%,应急处置能力占50%。

附 录 fa
快开门式压力容器操作人员理论知识

fa1 基础知识

(1)快开门式压力容器常见介质的主要特性、用途及危害与防护；
(2)压力容器安全监察范围和分类；
(3)快开门式压力容器的定义；
(4)快开门式压力容器使用环境、检验周期、校验方法等使用技术要求；
(5)快开门式压力容器典型结构型式、主要受压元件、主要操作参数；
(6)快开门式压力容器安全联锁装置的基本安全要求；
(7)快开门式压力容器安全联锁装置的常见型式及其工作原理；
(8)常见快开门式压力容器安全联锁装置主要组成机构及其功能；
(9)快开门式压力容器手动安全联锁手柄机构的常见结构；
(10)快开门式压力容器常用材料；
(11)快开门式压力容器常见操作工艺流程；
(12)快开门式压力容器安全附件及仪表的检查内容与要求；
(13)快开门式压力容器常用阀门及密封元件；
(14)快开门式压力容器压力源的控制要求。

fa2 安全使用操作知识

(1)使用单位压力容器相关安全管理制度；
(2)压力容器使用登记与变更的相关要求；
(3)快开门式压力容器设计使用寿命要求；
(4)压力容器定期自行检查、定期检验方面的相关要求；
(5)压力容器安全附件及仪表的安全使用与定期校验、检修；
(6)快开门式压力容器安全操作的一般要求；
(7)快开门式压力容器安全联锁装置完好性检查要点；
(8)快开门式压力容器使用前的准备；
(9)快开门式压力容器运行中工艺参数的控制；
(10)快开门式压力容器启动、停止操作；
(11)快开门式压力容器运行检查；
(12)快开门式压力容器日常维护保养；
(13)齿啮式快开门釜齿日常检查要求；
(14)快开门式压力容器异常情况判断、处理与报告；
(15)快开门式压力容器事故报告；
(16)快开门式压力容器事故应急预案和事故处理要求；
(17)快开门式压力容器典型事故案例分析。

fa3　法规标准知识

(1)《中华人民共和国特种设备安全法》；
(2)《特种设备安全监察条例》；
(3)《特种设备作业人员监督管理办法》；
(4)《特种设备使用管理规则》；
(5)《固定式压力容器安全技术监察规程》；
(6)相关行业快开门式压力容器安全操作的有关规定。

附 录 fb
快开门式压力容器操作人员实际操作技能

fb1 相关部件识别

(1)快开门式压力容器及其主要组成部分;
(2)快开门式压力容器典型结构、主要受压元件、基本参数;
(3)快开门式压力容器常见安全联锁装置;
(4)常见快开门式压力容器安全联锁装置主要组成机构;
(5)快开门式压力容器安全附件、仪表、常用阀门及密封元件;
(6)常见快开门式压力容器报警指示含义。

fb2 基本操作能力

(1)快开门式压力容器使用前检查及不安全因素排除;
(2)快开门式压力容器运行状态监控及安全检查;
(3)快开门式压力容器安全联锁装置完好性检查;
(4)快开门式压力容器启动、运行和停止操作程序及安全注意事项;
(5)快开门式压力容器手动安全联锁手柄机构的操作;
(6)快开门式压力容器升压前,快开门达到预定关闭部位的确认;
(7)打开快开门前,压力容器内部压力完全释放的确认;
(8)快开门式压力容器工艺参数设置及调整;
(9)快开门式压力容器日常维护保养;
(10)快开门式压力容器安全附件及仪表的检查与记录;
(11)快开门式压力容器常用阀门、密封元件的维护保养。

fb3 应急处置能力

(1)快开门式压力容器异常情况处理、记录和常见故障排除;
(2)快开门式压力容器作业人员进罐安全要求;
(3)快开门式压力容器事故应急预案和事故处理。

附 录 fc
移动式压力容器充装人员理论知识

fc1 基础知识

（1）危险化学品分类；
（2）介质的危险特性；
（3）常用介质的主要性质（外观与性状、临界温度、临界压力、相对密度、饱和蒸汽压力、闪点、爆炸极限等）、用途及危害与防护（各介质安全技术说明书）；
（4）移动式压力容器定义及其范围的界定；
（5）移动式压力容器典型结构、主要受压元件、基本参数。典型结构包括罐体（大型钢制无缝气瓶）和运输车辆；主要受压元件包括罐体、管路、安全附件、装卸附件等；基本参数包括压力、温度、公称直径、容积、重量、内部介质、最大允许充装量等；
（6）移动式压力容器罐体（大型钢制无缝气瓶）、管路、安全附件和装卸附件；
（7）移动式压力容器走行装置或者框架；
（8）移动式压力容器充装用主要设备、计量器具与仪器仪表和主要设施（主要设备：压缩机和泵等；主要计量器具和仪器仪表：计量衡器、流量计、压力表、温度计、气体危险浓度监测报警装置等；主要设施：紧急切断系统、装卸台静电接地报警器、压力、温度、液位等自控系统等设施）；
（9）移动式压力容器常用充装工艺流程。压缩气体长管拖车及管束式集装箱充装工艺流程、液化气体罐车及罐式集装箱充装工艺流程、低温液化气体罐车及罐式集装箱充装工艺流程。

fc2 安全使用操作知识

（1）移动式压力容器安全操作规程；
（2）移动式压力容器年度检查、定期检验要求；
（3）移动式压力容器安全附件和装卸附件安全使用与定期校验；
（4）移动式压力容器随车携带文件和资料检查；
（5）移动式压力容器充装过程安全作业要求；
（6）移动式压力容器内介质置换要求；
（7）移动式压力容器充装操作要求和安全注意事项；
（8）移动式压力容器充装作业前、后检查；
（9）移动式压力容器禁止进行充装作业的规定；
（10）移动式压力容器充装量［介质为高（低）压液化气体、低温液化气体、液体］或者充装压力（介质为压缩气体）的控制以及超装的危害与处理；
（11）充装记录要求；
（12）移动式压力容器常见故障判断与处理；
（13）移动式压力容器事故报告；
（14）移动式压力容器充装异常情况的应急处置方法；
（15）移动式压力容器典型事故案例分析。

fc3　法规标准知识

(1)《中华人民共和国特种设备安全法》；
(2)《特种设备安全监察条例》；
(3)《特种设备作业人员监督管理办法》；
(4)《特种设备使用管理规则》；
(5)《移动式压力容器安全技术监察规程》；
(6)移动式压力容器操作相关国家标准等。

附 录 fd
移动式压力容器充装人员实际操作技能

fd1 相关部件识别

(1)移动式压力容器典型结构、主要受压元件、基本参数;
(2)管路、安全附件和装卸附件;
(3)走行装置或者框架。

fd2 基本操作能力

(1)移动式压力容器的安全附件和承压附件检查;
(2)充装作业前检查;
(3)充装作业要求;
(4)充装作业后检查;
(5)禁止进行充装作业的一般规定;
(6)超装处置。

fd3 应急处置能力

(1)移动式压力容器充装常见事故判断与应急处置技术;
(2)移动式压力容器充装突发事故的处置技术。

附　录　fe
氧舱维护保养人员理论知识

fe1　基础知识

fe1.1　热工基础知识

(1)物理大气压与工程大气压的区别；
(2)绝对压力与表压力的关系；
(3)常用的2种温标转换关系；
(4)气体基本参数的定义；
(5)理想气体状态定律的应用；
(6)混合气体分压定律的定义和应用。

fe1.2　电气基础知识

(1)导体、半导体和绝缘体；
(2)电流、电压和电阻；
(3)高压电、低压电、安全电压和安全特低电压；
(4)直流电和交流电；
(5)静电；
(6)相线(火线)、中性线(零线)和地线；
(7)医用电气设备的绝缘的分类；
(8)医用电气设备的防电击类型的分类；
(9)保护接地和静电接地；
(10)直接触电和间接触电；
(11)电击和电伤；
(12)隔离变压器的主要作用。

fe1.3　环境卫生学基础知识

(1)氧舱内环境的气体质量要求；
(2)氧舱内环境的温湿度和气流速度要求；
(3)氧舱内环境的噪声要求；
(4)氧舱内环境的照明要求。

fe1.4　高压氧治疗基本知识

(1)高压氧治疗机制；
(2)高压氧治疗适应症、禁忌症；
(3)高压氧治疗副作用；
(4)常用的高压氧治疗方案。

fe2 安全使用操作知识

fe2.1 消防安全知识

(1)燃烧三要素；
(2)常见的静电防护方法；
(3)氧舱火灾预防的基本方法；
(4)氧舱常用的灭火器材；
(5)氧舱紧急情况处理应急预案。

fe2.2 医用氧舱基本概念

(1)高气压的定义；
(2)高压氧的概念；
(3)医用氧舱的分类。

fe2.3 压力容器及其安全附件

(1)压力容器的分类方法；
(2)氧舱常用的材料；
(3)安全阀整定压力和启闭压差要求；
(4)压力表的使用与安装要求；
(5)应急排气装置的作用；
(6)测氧仪的使用方法。

fe2.4 空气加减压系统

(1)空气加减压系统的组成与工作原理；
(2)氧舱空气压缩机的分类、特点、操作规程和日常维护；
(3)氧舱空气压缩机的工作原理；
(4)氧舱配套压力容器种类及其作用；
(5)通风换气量计算公式的应用。

fe2.5 供排氧系统

(1)供排氧系统的组成与工作原理；
(2)氧舱用的几种氧源形式；
(3)氧舱用呼吸器的分类；
(4)氧气加压舱常用的几种洗舱方法。

fe2.6 氧舱电气系统

(1)空气加压氧舱的配电系统常用电源种类；
(2)氧舱照明设备要求和种类；
(3)氧舱对讲机和应急呼叫装置的配置要求；
(4)氧舱视频监视系统的类型。

fe2.7　氧舱空气调节器

(1)氧舱空调器的功能和特点；
(2)氧舱空调器的工作原理；
(3)氧舱用分体式空调器的安装要求；
(4)氧舱用分体式空调器的维护要点。

fe2.8　氧舱控制系统

(1)氧舱控制系统的分类；
(2)氧舱控制系统常用设备；
(3)计算机控制系统的一般结构；
(4)PLC(程序控制器)在氧舱自动控制系统中的应用。

fe2.9　氧舱操作规程

(1)进舱须知；
(2)空气加压氧舱的操作规程；
(3)氧气加压舱的操作规程。

fe2.10　氧舱维护

(1)氧舱日常维护；
(2)氧舱常见故障及诊断方法；
(3)氧舱易损件和消耗品的更换。

fe2.11　氧舱检验常用仪表

(1)仪表的绝对误差、示值误差、基本误差和准确度的概念；
(2)照度计、声级计、泄漏电流检测仪、耐压测试仪、绝缘电阻表等仪表的用途；
(3)接地电阻测试仪与接地阻抗测试仪的区别。

fe3　法规标准知识

(1)《中华人民共和国特种设备安全法》；
(2)《特种设备安全监察条例》；
(3)《特种设备作业人员监督管理办法》；
(4)《特种设备使用管理规则》；
(5)《氧舱安全技术监察规程》；
(6)GB/T 19284《医用氧气加压舱》；
(7)GB/T 12130《医用空气加压氧舱》。

附 录 ff
氧舱维护保养人员实际操作技能

ff1 氧舱的实际操作技能

(1)空压机的实际操作;
(2)氧舱日常运行的实际操作。

ff2 氧舱的应急处理能力

(1)突发设备故障的处理能力;
(2)突发断电的处理能力;
(3)突发紧急情况(如火警、地震等)的处理能力。

附 件 G
气瓶充装人员考试大纲

G1 气瓶充装人员含义

气瓶充装人员是指从事无缝气瓶、焊接气瓶、纤维缠绕气瓶、低温绝热气瓶以及内装填料气瓶等充装作业的人员。

G2 申请人专项要求

具有气瓶充装相应的基础知识、专业知识和法规标准知识,具备相应的实际操作技能。

G3 考试方式

考试分为理论知识考试和实际操作技能考试。理论知识考试应当采用"机考化"考试。实际操作技能考试采用现场实际操作或者模拟机操作方式。

具体考试内容见本大纲附录 ga、附录 gb。

G4 理论知识考试内容比例和要求

理论知识考试各部分内容所占比例:基础知识占 30%,专业知识占 50%,法规标准知识占 20%。
理论知识考试,考试题型包含判断题、选择题,考试题目数量为 100 题,考试时间为 60 分钟。

G5 实际操作技能考试内容比例和要求

实际操作技能考试各部分内容所占比例:相关部件识别占 25%,基本操作能力占 50%,应急处置能力占 25%。

实际操作技能考试选择一类气瓶品种进行考试,其他品种的实际操作技能由用人单位负责培训。

附 录 ga
气瓶充装人员理论知识

ga1 基础知识

（1）物质基本状态与参数；
（2）瓶装气体分类、混合气体分类；
（3）气体的危险特性；
（4）常用气体的主要性质（外观与性状、临界温度、临界压力、相对密度、饱和蒸汽压力、闪点、爆炸极限等）及其主要用途；
（5）气瓶的结构及分类；
（6）气瓶的主要技术参数（公称工作压力、耐压试验压力、公称容积、重量、充装介质、最大充装量等）；
（7）气瓶附件及其作用；
（8）气体与气瓶、气瓶阀门的相容性；
（9）气体充装量。

ga2 安全使用操作知识

ga2.1 充装前准备

（1）余气判别；
（2）气瓶内气体的置换；
（3）抽真空、干燥处理。

ga2.2 充装前检查

（1）进口气瓶的有关规定；
（2）气瓶制造标志；
（3）气瓶颜色标志；
（4）气瓶充装单位标志钢印；
（5）气瓶瓶体外观及附件；
（6）充装气体的瓶阀材质、瓶阀接口螺纹型式；
（7）气瓶使用年限和检验周期；
（8）盛装氧气或者强氧化性气体的气瓶，其瓶体、瓶阀等特殊要求；
（9）溶解乙炔气瓶丙酮量测定及补加丙酮方法；
（10）气瓶集束装置汇流装置和瓶组；
（11）气瓶警示标签。

ga2.3 充装操作

（1）压缩气体气瓶充装操作；
（2）低温液化气体气瓶充装操作；

(3)气瓶集束装置充装操作;
(4)液化气体(含液化石油气)气瓶充装操作;
(5)混合气体气瓶充装操作;
(6)溶解乙炔气体气瓶充装操作;
(7)车用气瓶充装操作。

ga2.4 充装后检查

(1)气瓶瓶体外观;
(2)泄漏、瓶体温度;
(3)充装量;
(4)气瓶附件;
(5)充装产品合格标签。

ga2.5 充装记录要求

ga2.6 气瓶装卸、储存与维护

ga2.7 充装气体对人体的危害及防护

ga2.8 充装过量的危害及其控制

ga2.9 气瓶充装异常情况的应急处置方法

ga3 法规标准知识

(1)《中华人民共和国特种设备安全法》;
(2)《特种设备安全监察条例》;
(3)《特种设备作业人员监督管理办法》;
(4)《特种设备使用管理规则》;
(5)《气瓶安全监察规定》;
(6)《气瓶安全技术监察规程》;
(7)气瓶充装相关国家标准,包括GB/T 13591《溶解乙炔气瓶充装规定》、GB/T 14193《液化气体气瓶充装规定》、GB/T 14194《压缩气体气瓶充装规定》、GB/T 28051《焊接绝热气瓶充装规定》、GB/T 28052《非重复充装焊接钢瓶充装规定》、GB/T 34526《混合气体气瓶充装规定》、GB/T 34528《气瓶集束装置充装规定》等。

附 录 gb
气瓶充装人员实际操作技能

gb1 相关部件识别

(1)气瓶分类;
(2)气瓶典型结构、基本参数;
(3)气瓶颜色标志;
(4)气瓶钢印标志;
(5)介质特性;
(6)气瓶阀门、安全附件。

gb2 基本操作能力

(1)气瓶的安全附件检查;
(2)充装方法、充装装置的确认;
(3)充装前检查;
(4)充装要求;
(5)充装后检查;
(6)超装处理。

gb3 应急处置能力

(1)气瓶充装常见事故判断与应急处置技术;
(2)气瓶充装突发事故的处置技术。

附 件 H
电梯作业人员考试大纲

H1 电梯作业人员含义

电梯作业人员是指从事电梯修理和维护保养作业的人员。

H2 申请人专项要求

具有相应的电梯基础知识、专业知识、法规标准知识,具备相应的实际操作技能。

H3 考试方式

考试分为理论知识考试和实际操作技能考试。理论知识考试应当采用"机考化"考试。实际操作技能考试采用实物操作和面试方式,对于采用实物操作方式存在困难或者实际操作危险性高的考试项目可采用虚拟现实,如应急救援。

具体考试内容见本大纲附录 ha 和附录 hb。

H4 理论知识考试内容比例和要求

理论知识考试各部分内容所占比例:基础知识占 50%,专业知识占 25%,法规标准知识占 25%。

理论知识考试,考试题型包含判断题、选择题,考试题目数量为 100 题,考试时间为 60 分钟。

H5 实际操作技能考试内容比例和要求

实际操作技能考试,各部分内容所占比例:主要零部件识别占 20%,基本操作能力占 50%,应急救援处置占 30%。

附录 ha
电梯作业人员理论知识

ha1 基础知识

ha1.1 电梯作业人员职责

（1）电梯作业人员基本工作职责；
（2）电梯作业人员工作要求。

ha1.2 电梯机械基础知识

（1）电梯常用金属材料和润滑材料基础知识；
（2）机械传动基础知识。

ha1.3 电梯电气基础知识

（1）电流、电压、电阻和欧姆定律的基本概念；
（2）电功和电功率的基本概念；
（3）交流电和直流电的特点；
（4）电源电路基础知识；
（5）简单电梯用电子电路基础知识；
（6）电梯常用电气器件基础知识；
（7）电动机的基础知识；
（8）电气原理图基础知识。

ha1.4 常用仪器仪表

（1）机械测量工具（卷尺、游标卡尺、塞尺、钢直尺等）；
（2）电气测量仪器（万用表、钳形电流表、绝缘电阻表等）；
（3）其他（转速表、声级计、推拉力计、温湿度计、照度计等）

ha2 专业知识

ha2.1 电梯的分类和名词术语

（1）概述；
（2）电梯的规格型号与分类；
（3）电梯基本参数；
（4）名词术语。

ha2.2 曳引驱动电梯基本结构

（1）曳引系统；
（2）导向系统；
（3）重量平衡系统；

(4)轿厢系统；
(5)门系统；
(6)电力拖动系统；
(7)电气控制系统；
(8)安全保护系统。

ha2.3 自动扶梯和自动人行道的基本结构

(1)梯路系统；
(2)扶手系统；
(3)驱动系统；
(4)安全保护系统。

ha2.4 液压驱动电梯、杂物电梯、防爆电梯和消防员电梯的基本结构

(1)液压驱动电梯；
(2)杂物电梯；
(3)防爆电梯；
(4)消防员电梯。

ha2.5 电梯安全操作知识

(1)三角钥匙等专用钥匙的安全使用；
(2)劳动防护用品的使用；
(3)用电安全知识；
(4)防火安全知识；
(5)机房、轿顶、井道和底坑安全作业知识；
(6)电梯故障排除的安全知识；
(7)吊装作业安全知识；
(8)常用工具设备操作知识；
(9)常用试验项目安全知识(平衡系数、限速器校验、制动试验等)；
(10)应急救援相关安全知识；
(11)危险识别。

ha2.6 事故案例分析

ha3 法规标准知识

(1)《中华人民共和国特种设备安全法》；
(2)《特种设备安全监察条例》；
(3)《特种设备作业人员监督管理办法》；
(4)《特种设备使用管理规则》；
(5)《电梯维护保养规则》；
(6)《特种设备生产单位许可规则》；
(7)《电梯、自动扶梯和自动人行道维修规范》；
(8)《电梯主要部件报废技术条件》；
(9)《自动扶梯和自动人行道主要部件报废技术条件》；

(10)《电梯技术条件》;
(11)《电梯试验方法》;
(12)各类电梯检验检测规则;
(13)各类电梯制造、安装相关标准;
(14)其他相关的法律、法规、技术标准。

附 录 hb
电梯作业人员实际操作技能

hb1 主要零部件识别

hb1.1 乘客电梯和载货电梯

hb1.1.1 驱动主机

(1)电动机;
(2)减速箱;
(3)制动器;
(4)曳引轮。

hb1.1.2 紧急救援装置

(1)手动松闸装置;
(2)手动盘车装置;
(3)紧急电源装置。

hb1.1.3 悬挂装置

(1)曳引钢丝绳;
(2)非钢丝绳悬挂装置;
(3)端接装置。

hb1.1.4 补偿装置

(1)补偿链(缆);
(2)导向装置;
(3)补偿绳;
(4)张紧装置。

hb1.1.5 轿厢

(1)轿架;
(2)操纵箱;
(3)护脚板;
(4)轿顶检修装置;
(5)急停开关。

hb1.1.6 对重

(1)对重架;
(2)对重块;
(3)对重块压紧装置。

hb1.1.7 层门和轿门

（1）门扇；
（2）层门门套；
（3）地坎；
（4）门悬挂装置；
（5）门机系统；
（6）自动关闭层门装置。

hb1.1.8 导向装置

（1）T型导轨；
（2）空心导轨；
（3）滑动导靴；
（4）滚轮导靴。

hb1.1.9 安全保护装置

（1）门锁装置；
（2）门入口保护装置；
（3）限速器及其张紧装置；
（4）安全钳及提拉装置；
（5）超载装置；
（6）轿厢上行超速保护装置；
（7）蓄能型缓冲器和耗能型缓冲器；
（8）轿厢意外移动保护装置。

hb1.1.10 电气控制装置

（1）接触器（继电器、相序继电器）；
（2）调速装置；
（3）控制装置；
（4）变压器；
（5）制动电阻；
（6）随行电缆；
（7）编码器。

hb1.1.11 液压部件

（1）液压缸；
（2）管路；
（3）液压泵站；
（4）限速切断阀；
（5）滤油器。

hb1.2 自动扶梯和自动人行道

hb1.2.1 支撑结构(桁架)

hb1.2.2 梯级、踏板及其支撑导向装置

(1)梯级;
(2)踏板;
(3)梯路导轨;
(4)梯级滚轮。

hb1.2.3 驱动装置

(1)主驱动链;
(2)驱动皮带;
(3)梯级、踏板链;
(4)主驱动链轮;
(5)附加制动器。

hb1.2.4 扶手装置

(1)围裙板;
(2)防夹装置;
(3)护壁板;
(4)内、外盖板;
(5)扶手防爬/阻挡/防滑行装置。

hb1.2.5 扶手带系统

(1)扶手带;
(2)扶手带驱动装置;
(3)扶手导轨;
(4)扶手带张紧装置。

hb1.2.6 出入口

(1)梳齿板;
(2)检修盖板、楼层板、梳齿支撑板;
(3)扶手带出入口保护装置。

hb1.2.7 监测装置和电气安全装置(或功能)

(1)传感器;
(2)检测开关。

hb1.2.8 标志与警示装置

hb2 基本操作能力

hb2.1 曳引驱动电梯

(1)制动力的测试和调整；
(2)制动器间隙的检查；
(3)曳引轮的检查和判断；
(4)曳引钢丝绳的检查、清洁和张力调整；
(5)减速箱润滑油的检查、判断和更换；
(6)电动机的接线、测量和判断；
(7)速度反馈装置的线路检查；
(8)TN-S、TN-C-S系统接线和判断；
(9)继电器、接触器的检查和更换；
(10)控制柜状态指示灯的检查和判断；
(11)门旁路系统的操作；
(12)层门的检查、调整和修理；
(13)层站指层器和召唤盒的检查和更换；
(14)随行电缆的检查、调整和紧固；
(15)补偿链(绳)的检查和紧固；
(16)平层装置、端站开关的检查、调整和更换；
(17)井道照明的检查和修理；
(18)门机系统检查、调整和润滑；
(19)轿厢照明、紧急报警装置、风扇的检查和修理；
(20)轿顶检修装置和操纵箱按钮、开关的检查和修理；
(21)导轨的检查、调整和紧固；
(22)导轨润滑部件的检查和调整；
(23)导靴的检查、调整和更换；
(24)称重装置的检查、调整和紧固；
(25)限速器的检查、调整、润滑、复位和校验；
(26)限速器张紧装置的检查、调整和更换；
(27)安全钳的清理、紧固和间隙调整；
(28)夹绳器的检查、复位和调整；
(29)缓冲器的检查、判断和调整；
(30)限速器-安全钳联动机构的试验和调整；
(31)平衡系数的试验和调整。

hb2.2 自动扶梯和自动人行道

(1)驱动主机位置检查和紧固；
(2)TN-S、TN-C-S系统接线和判断；
(3)梯级与踏板的检查、调整和更换；
(4)扶手带驱动力、磨损和噪音的检查和调整；

(5)梯级与围裙板、梯级与梳齿板间隙的检查和调整；
(6)防夹装置的检查和更换；
(7)梳齿板的检查、调整和更换；
(8)附加制动器的检查、试验和调整；
(9)润滑系统的检查、调整和修理；
(10)扶手带入口安全保护装置的检查和调整；
(11)梯级下陷安全保护装置的检查和调整；
(12)梯级缺失保护装置的检查和调整；
(13)出入口传感器的检查、判断和更换；
(14)检修盖板和楼层板的检查和调整；
(15)空载和有载制动距离的试验和调整。

hb3 应急救援处置

hb3.1 基本操作

(1)安全警示的设置；
(2)层门紧急开启工具(三角钥匙)的使用；
(3)断电锁闭操作；
(4)安全进出轿顶、底坑的方法。

hb3.2 紧急操作装置的操作方法

(1)松开制动器操作；
(2)手动松闸盘车操作；
(3)紧急电动运行操作；
(4)自动扶梯和自动人行道的松闸盘车；
(5)液压电梯的手动泵和紧急下降阀操作。

hb3.3 应急救援

(1)有机房电梯应急救援操作；
(2)无机房电梯应急救援操作；
(3)液压电梯应急救援操作；
(4)自动扶梯及自动人行道的应急救援操作。

hb3.4 事故处置

(1)电击事故；
(2)坠落事故；
(3)剪切事故；
(4)挤压事故；
(5)火灾事故；
(6)自动扶梯滑倒、跌倒事故。

附 件 J
起重机械作业人员考试大纲

J1 范围

桥式起重机司机、门式起重机司机、塔式起重机司机、流动式起重机司机、门座式起重机司机、升降机司机、缆索式起重机司机及相应指挥人员需要取得《特种设备作业人员证》，并按照本大纲要求取证。

从事起重机械司索作业人员、起重机械地面操作人员和遥控操作人员、桅杆式起重机和机械式停车设备的司机不需要取得《特种设备作业人员证》，使用单位可参照本大纲的内容，对相关人员的从业能力进行培训和管理。

J2 申请人专项要求

具有相应的起重机械基础知识、安全知识、法规标准知识，具备相应的实际操作技能。

J3 考试方式

考试分为理论知识考试和实际操作技能考试。理论知识考试应当采用"机考化"考试。实际操作技能考试采用现场实际操作方式，不得采用虚拟设备代替实际操作考试。具体考试内容见本大纲附录ja、附录jb。

J4 理论知识考试内容比例和要求

理论知识考试各部分内容所占比例：基础知识占30％，安全知识占50％，法规标准知识占20％。
理论知识考试，考试题型包含判断题、选择题，考试题目数量为100题，考试时间为60分钟。

J5 实际操作技能考试内容比例和要求

实际操作技能考试各部分内容所占比例：部件识别占30％，基本操作能力占50％，应急处置能力占20％。

起重机司机实际操作技能考试，按申请作业项目所涉及类别起重机中的任一品种进行考试，其他品种的实际操作技能由用人单位负责培训。

附 录 ja
起重机作业指挥人员考试内容

ja1 理论知识

ja1.1 基础知识

ja1.1.1 起重机械的基本知识

包括基本组成(结构、机构、控制系统等)、原理、用途、工作特点以及对工作环境的要求等的基本知识。

ja1.1.2 起重机械的主要参数

ja1.1.3 吊具和索具的性能、使用方法、维护保养检查以及报废标准

ja1.1.4 各类物件(包括高、大、长、不规则结构件,熔融金属,易燃、易爆物品,危险品)的绑挂、吊运、就位、堆放方法和吊索具的选择原则

ja1.1.5 一般物件的重心、吊点的确定

ja1.1.6 危险源辨识和确定

ja1.1.7 吊装方案

ja1.1.8 起重吊运指挥信号

ja1.2 安全知识

ja1.2.1 起重指挥人员的职责

ja1.2.2 起重作业各岗位人员职责

ja1.2.3 起重作业安全规程

ja1.2.4 起重作业危险工况的辨识

ja1.2.5 司索作业安全技术

ja1.2.6 吊具、索具的日常维护保养与报废标准

ja1.2.7 高处作业安全知识

ja1.2.8 用电安全知识

ja1.2.9 防火、灭火安全知识

ja1.2.10 防止机械伤害知识

ja1.2.11 劳动防护用品的使用

ja1.2.12 安全标志

ja1.2.13 捆绑吊运化学危险品的相关知识

ja1.2.14 起重机械作业现场自我保护的相关知识

ja1.2.15 吊运作业应急处置能力

(1)吊运作业时异常情况的辨识;

(2)触电、火灾、倒塌、挤压、坠落等多发事故的原因分析及其人员防护、应急救援、应急处置与预防等的处理方法。

ja1.3 法规标准知识

(1)《中华人民共和国特种设备安全法》;

(2)《特种设备安全监察条例》；
(3)《特种设备作业人员监督管理办法》；
(4)《特种设备使用管理规则》；
(5)《起重机械安全监察规定》第四章；
(6)GB/T 6067.1—2010《起重机械安全规程 第1部分：总则》；
(7)GB/T 5082—1985《起重吊运指挥信号》；
(8)GB/T 5972—2016《起重机 钢丝绳 保养、维护、检验和报废》；
(9)其他有关规范及相应标准。

ja2 实际操作技能

ja2.1 现场作业识别与选择能力

(1)吊具和索具的识别；
(2)作业现场安全标志的识别，包括禁止标志、警告标志、指令标志、提示标志等。

ja2.2 吊运作业基本操作

ja2.2.1 吊物的吊点位置选择要求及其方法
包括长形物件、块状物件和不规则物件等吊点的位置选择要求及其方法等。

ja2.2.2 吊物的绑扎要求及其方法
包括高、大、长形物件和不规则物件等吊物的绑扎要求及其方法等。

ja2.2.3 吊索具的选择和使用
吊运长形物件、块状物件及不规则物件等所用吊索具的选择和使用，包括规格、类型、限制角度、防损措施等。

ja2.2.4 起重吊运指挥信号的应用
包括通用手势信号、专用手势信号、旗语信号、音响信号与手势信号的配合、指挥人员与起重机司机之间配合等吊运指挥信号的应用等。

ja2.2.5 小功率对讲机的频率选择、音响控制、安全监控系统等使用方法。

ja2.3 吊运作业前和作业后的检查

ja2.3.1 作业环境条件的确认
包括对场地条件、起吊物的安全状态、安全距离判断等作业环境条件的确认等。

ja2.3.2 吊具和索具的检查与报废标准

ja2.3.3 作业现场的清理要求
包括吊具和索具的收回及放置、吊物状态的处置、现场安全状态检查等。

附 录 jb
起重机司机考试内容

jb1 理论知识

jb1.1 基础知识

jb1.1.1 起重机械的基本组成(结构、机构、控制系统等)、原理、用途、工作特点以及对工作环境的要求

jb1.1.2 起重机械的主要参数

jb1.1.3 起重机械主要零部件的要求

jb1.1.4 各类起重机械安全保护装置功能与使用

包括起重量限制器、起重力矩限制器、极限力矩限制器、起升高度(下降深度)限制器、运行行程限位器、幅度限位器、回转限位器、超速保护装置、偏斜指示器或者限制器、连(联)锁保护装置、防碰撞装置、抗风防滑装置、缓冲器、风速仪及风速报警器、防小车坠落保护、防止臂架向后倾翻的装置、回转锁定装置、支腿回缩锁定装置、防碰撞装置、层门或停层栏杆与吊笼的连(联)锁、封闭式吊笼顶部的紧急出口门安全开关、防坠安全保护装置、防松绳和断绳保护装置、极限开关等安全保护装置的功能与使用。

根据相应起重机的具体要求,对应选择相应的安全保护装置。

jb1.1.5 起重机械的电气保护系统的功能及其要求

包括短路保护、零位保护、错(断)相保护、紧(应)急停止开关、电气绝缘等的功能与要求。

jb1.1.6 液压系统的功能与要求

jb1.1.7 基础、轨道的安全状态判断与防护

jb1.1.8 起重吊运指挥信号

jb1.1.9 照明和信号

jb1.1.10 起重吊具和索具安全技术要求

包括吊钩、抓斗、电磁吸盘、集装箱专用吊具、专用吊具横梁、料斗、吊索(绳、带、链条)、捆绑索(绳)等的安全技术要求。

jb1.1.11 危险源辨识

jb1.2 安全知识

jb1.2.1 起重机司机的职责和责任

jb1.2.2 起重机械安全管理制度

jb1.2.3 起重机械安全操作规程

jb1.2.4 起重机械日常检查和维护保养要求

(1)日常检查,包括运行前的检查、运行结束后的检查、运行记录的填写等;

(2)维护保养,包括确认吊钩、钢丝绳、制动器等的主要零部件、安全保护装置、控制装置等。

jb1.2.5 起重机械常见故障、危险工况的辨识、违章操作可能产生的危险后果

jb1.2.6 起重机械零部件的报废标准

jb1.2.7 高处作业安全知识

jb1.2.8 用电安全知识

jb1.2.9 防火、灭火安全知识

jb1.2.10 防止机械伤害知识

jb1.2.11　有毒有害作业环境知识

jb1.2.12　劳动防护用品的使用

jb1.2.13　安全标志

jb1.2.14　起重机械紧急事故的应急处置方法

(1)起重机械作业运行故障与异常情况的辨识;

(2)起重机械常见故障的现场排除方法;

(3)起重机械出现意外情况(如制动器失效等)时的处置;

(4)触电、火灾、碰撞、倒塌(倾覆)、折断、挤压、坠落等多发事故的原因分析及其人员防护、应急救援、应急处置与预防等的处理方法。

jb1.3　法规标准知识

(1)《中华人民共和国特种设备安全法》;

(2)《特种设备安全监察条例》;

(3)《特种设备作业人员监督管理办法》;

(4)《特种设备使用管理规则》;

(5)《起重机械安全监察规定》第四章;

(6)《起重机械定期检验规则》;

(7)《起重机械安装改造重大修理监督检验规则》;

(8)《起重机械安全规程　第1部分:总则》(GB/T 6067.1—2010);

(9)其他有关规范及相应标准。

jb2　实际操作技能

jb2.1　桥式起重机司机和门式起重机司机实际操作技能要求

jb2.1.1　现场作业识别能力

jb2.1.1.1　主要零部件的识别

(1)指出主要结构、机构(件)的名称及作用,包括主梁、端梁、支腿、上部框架、前臂梁、门形架、撑杆、拉杆、小车、起升机构、运行机构、俯仰机构、起升钢丝绳、卷筒、吊钩、滑轮、联轴器、工作制动器等;

(2)指出各安全保护装置的名称、作用和安装位置,包括起重量限制器、起升高度(下降深度)限制器、运行行程限位器、缓冲器及端部止挡、抗风防滑装置、安全制动器等;

(3)指出电气保护各动作后的反应情况和其所处的位置。

jb2.1.1.2　作业现场安全标志的识别

jb2.1.2　基本操作

jb2.1.2.1　机构空载运行操作

(1)起升机构,从最小起升高度到最大起升高度,全程操作;

(2)运行机构,包括大车和小车机构,全行程操作。

jb2.1.2.2　机构带载运行操作

起升机构起吊一定的载荷,进行下列运行操作,并定点停放:

(1)起升机构,起升到一定高度并下降;

(2)小车机构,运行一定行程;
(3)大车机构,运行一定行程。

jb2.1.2.3 操作要求

空载和带载运行操作过程中,要求操作者根据指挥的指令,将吊具或载荷从一个地方放到另一地方;有联动要求的,可以进行机构联合操作完成上述动作,每次操作应平稳、准确。

jb2.2 塔式起重机司机实际操作技能要求

jb2.2.1 现场作业识别能力

jb2.2.1.1 主要零部件的识别

(1)指出主要结构、机构的名称及作用,包括塔身标准节、回转上下支座(回转塔身)、起重臂、拉杆、塔顶(塔头)、顶升套架、平衡臂、平衡重、附着框、附着拉杆、起升机构、变幅机构、回转机构、行走机构、顶升机构等;

(2)指出各安全保护装置的名称、作用和安装位置,包括起重力矩限制器、起重量限制器、起升高度(下降深度)限制器、回转限位器、行走限位装置、幅度限位装置、小车断绳保护装置、小车断轴保护装置、钢丝绳防脱装置、风速仪、顶升横梁防脱功能等;

(3)指出机构及整机电气保护各动作后的反应情况和其所处的位置。

jb2.2.1.2 作业现场安全标志的识别

jb2.2.2 基本操作

jb2.2.2.1 机构空载运行操作

(1)起升机构,从最小起升高度到最大起升高度,全程操作;
(2)变幅机构,从最小幅度到最大幅度,全程操作;
(3)回转机构,全范围操作;
(4)行走机构,全行程操作

jb2.2.2.2 机构带载运行操作

起升机构起吊一定的载荷,进行下列运行操作,并定点停放:
(1)起升机构,起升到一定高度;
(2)变幅机构,变幅到某一幅度;
(3)回转机构,回转一定的角度;
(4)行走机构,行走一段距离。

jb2.2.2.3 操作要求

空载和带载运行操作过程中,要求操作者根据指挥的指令,将吊具或载荷从一个地方放到另一地方;有联动要求的,可以进行机构联合操作完成上述动作,每次操作应平稳、准确。

jb2.3 流动式起重机司机实际操作技能要求

jb2.3.1 现场作业识别能力

jb2.3.1.1 主要零部件的识别

(1)指出主要结构、机构的名称及作用,包括主臂、副臂、桅杆、回转平台、车架、履带架、支腿、起升机构、变幅机构、回转机构、行走机构、超起装置、臂架伸缩机构及支腿收放机构等；

（2）指出安全保护装置的名称、作用和安装位置，包括起重量限制器、起重力矩限制器、起升高度限位器、幅度限位器、防后倾安全装置、角度限位器、水平显示器、故障显示装置、三色指示灯报警装置、警示灯、风速仪等；

（3）指出液压系统元件的名称和位置；

（4）指出机构及整机电气保护各动作后的反应情况和其所处的位置。

jb2.3.1.2　作业现场安全标志的识别

jb2.3.2　基本操作

jb2.3.2.1　机构空载运行操作

（1）观察作业现场，选择停车和作业场地；
（2）起升机构，从最小起升高度到最大起升高度，全程操作；
（3）变幅机构，从最小幅度到最大幅度，全程操作；
（4）回转机构，全范围操作。

jb2.3.2.2　机构带载运行操作

起升机构起吊一定的载荷，进行下列运行操作，并定点停放：
（1）起升机构，起升到一定高度；
（2）变幅机构，变幅到某一幅度；
（3）回转机构，回转一定的角度；
（4）对具有带载行走功能的流动式起重机（如履带起重机、轮胎起重机等），还应进行带载行走一段距离的操作。

jb2.3.2.3　操作要求

空载和带载运行操作过程中，要求操作者根据指挥的指令，将吊具或载荷从一个地方放到另一地方；有联动要求的，可以进行机构联合操作完成上述动作，每次操作应平稳、准确。

jb2.4　门座式起重机司机实际操作技能

jb2.4.1　现场作业识别能力

jb2.4.1.1　主要零部件的识别

（1）指出主要结构、机构的名称及作用，包括门架（含圆筒）、臂架、人字架、转台、转柱、拉杆、起升机构、变幅机构、回转机构、行走机构等；

（2）指出各安全保护装置的名称、作用和安装位置，包括起重力矩限制器、起重量限制器、起升高度（下降深度）限制器、回转限位（如果有）、大车行走限位器、变幅限位器、防碰撞装置、抗风防滑装置、缓冲器、风速报警器等安全保护装置；

（3）指出机构及整机电气保护各动作后的反应情况和其所处的位置。

jb2.4.1.2　作业现场安全标志的识别

jb2.4.2　基本操作

jb2.4.2.1　机构空载运行操作

（1）起升机构，从最小起升高度到最大起升高度，全程操作；

(2)变幅机构,从最小幅度到最大幅度,全程操作;
(3)回转机构,全范围操作。

jb2.4.2.2 机构带载运行操作

起升机构起吊一定的载荷,进行下列运行操作,并定点停放:
(1)起升机构,起升到一定高度;
(2)变幅机构,变幅到某一幅度;
(3)回转机构,回转一定的角度;
(4)对具有带载行走功能的门座式起重机,还应进行带载行走一段距离的操作。

jb2.4.2.3 操作要求

空载和带载运行操作过程中,要求操作者根据指挥的指令,将吊具或载荷从一个地方放到另一地方;有联动要求的,可以进行机构联合操作完成上述动作,每次操作应平稳、准确。

jb2.5 升降机司机实际操作技能要求

jb2.5.1 现场作业识别能力

jb2.5.1.1 主要零部件的识别

(1)指出主要结构、机构的名称及作用,包括底架、导轨架、吊笼、附墙架、提升机构的传动方式(齿轮齿条、卷扬机、曳引机、液压)等;
(2)指出各安全保护装置的名称、作用和安装位置,包括超载保护装置、上下行程开关、上下极限位器、防坠安全器、破断阀、地面防护围栏门机械锁钩和电气安全装置、吊笼门机械锁钩和电气安全装置、安全钩(适用于齿轮齿条式升降机)、钢丝绳防松弛装置、断绳保护装置、层门联锁保护装置、应急出口门的安全开关等;
(3)指出整机电气保护动作后的反应情况和其所处的位置。

jb2.5.1.2 作业现场安全标志的识别

jb2.5.2 升降机基本操作

jb2.5.2.1 空载运行操作

从地面起升到最大起升高度,再落回原位,进行下列确认和处理:
(1)零位保护和开机信号功能;
(2)相序保护功能;
(3)上、下限位开关功能;
(4)停层精度;
(5)层门关闭功能;
(6)防坠安全器动作后的复位处理;
(7)极限开关的复位处理。

jb2.5.2.2 带载运行操作

要求操作者根据指令,将一定载荷从地面升到指定的高度,再返回地面。每次操作应平稳、准确。

jb2.6 缆索式起重机司机实际操作技能要求

jb2.6.1 现场作业识别能力

jb2.6.1.1 主要零部件的识别

（1）指出主要结构、机构件的名称及作用，包括主塔、副塔、立柱、主梁、钩梁、承载索拉板、支索器（承马）、承载索、起升钢丝绳、牵引钢丝绳、起升机构、牵引机构、大车运行机构、摆塔机构、张紧机构、排绳机构、承载索系统等；

（2）指出各安全保护装置的名称、作用和安装位置，包括大、小车行程限位开关、起重量限制器、起升高度限制器、钢丝绳防脱装置、抗风防滑装置等；

（3）指出机构及整机电气保护各动作后的反应情况和其所处的位置。

jb2.6.1.2 作业现场安全标志的识别

jb2.6.2 基本操作

jb2.6.2.1 机构空载运行操作

（1）起升机构，从最小起升高度到最大起升高度，全程操作；
（2）主、副塔（车）运行作业，全行程操作；
（3）牵引机构，全行程操作。

jb2.6.2.2 机构带载运行操作

起升机构起吊一定的载荷，进行下列运行操作，并定点停放：
（1）起升机构，起升到一定高度；
（2）主、副塔（车）运行作业，行走一段距离或摆动一定角度；
（3）牵引机构，行走一段距离。

jb2.6.2.3 操作要求

空载和带载运行操作过程中，要求操作者根据指挥的指令，将吊具或载荷从一个地方放到另一地方；有联动要求的，可以进行机构联合操作完成上述动作，每次操作应平稳、准确。

附件 K
客运索道作业人员考试大纲

K1 客运索道作业人员含义

客运索道作业人员是指从事客运索道修理的人员和客运架空索道、客运缆车的司机。

K2 申请人专项要求

(1)具有中专或者高中以上(含中专或者高中)学历；
(2)有色盲、色弱者不能报考司机项目；
(3)具有相应的客运索道基础知识、专业知识、法规标准知识,具备相应的实际操作技能。

K3 考试方式

考试分为理论知识考试和实际操作技能考试。理论知识考试采用笔试或机考；实际操作技能考试根据实际情况采用实际操作和面试。

理论知识考试具体内容见本大纲附录 ka、附录 kc,实际操作技能考试具体内容见本大纲附录 kb、附录 kd。

K4 理论知识考试内容比例和要求

理论知识考试各部分内容所占比例:基础知识占 45%,专业知识占 45%,法规标准知识占 10%。
理论知识考试,考试题型包含判断题、选择题,考试题目数量为 100 题,考试时间为 90 分钟。

附　录　ka
客运索道修理人员理论知识

ka1　基础知识

ka1.1　客运索道修理人员职责

ka1.2　机械基础知识

ka1.2.1　极限与配合的基本概念

（1）术语和定义；
（2）配合的种类；
（3）配合制；
（4）表面粗糙度和形位公差。

ka1.2.2　设备润滑的基础知识

（1）润滑剂的作用；
（2）润滑剂的种类；
（3）润滑剂的选用原则；
（4）索道设备润滑方式。

ka1.2.3　连接和紧固基础知识

（1）螺纹连接；
（2）键、花键和销连接。

ka1.2.4　机械传动基础知识

（1）皮带传动；
（2）齿轮传动。

ka1.2.5　机械制图的基本知识

ka1.3　常用测量器具和维修工具的使用方法

（1）游标卡尺；
（2）力矩扳手。

ka1.4　电气基础知识

ka1.4.1　电工基础知识

（1）电路的基本构成；
（2）电阻、电流、电压、电功率的基本概念；
（3）简单直流串、并、混联电路；
（4）电容、电感的基本知识；
（5）交流电的基本知识；

(6)直流电的基本知识。

ka1.4.2 电气控制基础知识

ka1.4.2.1 常用高低压电气元件的种类与使用

ka1.4.2.2 电动机的基本知识

(1)交流电动机;
(2)直流电动机。

ka1.4.2.3 PLC简介

ka1.4.3 电气制图的基本知识

ka1.4.4 电工常用仪表的使用方法

(1)万用表;
(2)接地电阻表;
(3)绝缘电阻表。

ka1.5 液压传动基础知识

ka1.5.1 液压传动的定义、工作原理和系统组成

ka1.5.2 常用液压元件的工作原理、作用和符号

(1)液压泵;
(2)油缸;
(3)常用控制阀;
(4)压力检测元件;
(5)蓄能器;
(6)过滤器。

ka1.6 设备修理保养基本知识

(1)机械零部件的失效形式;
(2)设备检查维护与修理的分类;
(3)设备的检查维护;
(4)零部件拆卸、清洗与装配;
(5)电气设备检测和维护保养。

ka1.7 安全防护

ka1.7.1 安全操作规程(包括登高作业)
ka1.7.2 劳动防护用品的使用
ka1.7.3 电气常用安全标记和符号
ka1.7.4 安全用电及其防护基本知识
ka1.7.5 电气安全工具
ka1.7.6 设备安全防护知识(包括防火、灭火、防雷等)
ka1.7.7 安全色、安全标志、警示标志和其他标志

ka1.8 客运索道的通用安全保护措施和装置

ka2 专业知识

ka2.1 客运索道定义、分类

ka2.2 客运索道的基本参数

ka2.3 各种类型客运索道的工作原理、结构、设备组成、特点

(1)单线循环式固定抱索器客运架空索道；
(2)单线循环式脱挂抱索器客运架空索道；
(3)往复式客运架空索道；
(4)客运缆车；
(5)客运拖牵索道。

ka2.4 客运索道主要设备的作用、组成和工作原理

ka2.4.1 驱动装置
ka2.4.2 张紧装置
ka2.4.3 线路设备
ka2.4.3.1 支架
ka2.4.3.2 托压索轮组
ka2.4.3.3 钢丝绳

(1)钢丝绳的结构；
(2)客运索道用钢丝绳的种类和要求；
(3)钢丝绳的机械性能。

ka2.4.3.4 抱索器
ka2.4.3.5 运载工具
ka2.4.4 紧急驱动装置
ka2.4.5 电气系统

(1)客运索道电气系统的特点、要求；
(2)供电系统；
(3)拖动系统；
(4)控制系统；
(5)通讯系统；
(6)接地与防雷系统。

ka2.4.6 液压系统

(1)液压制动系统；
(2)液压张紧系统。

ka2.5 应急救援处置

ka2.5.1 应急处置

(1)特殊天气下的应急处置(大风、雷电、冰冻)；
(2)设备故障下的应急处置程序。

ka2.5.2 应急救援

(1)救援装备;
(2)索道救援的方式;
(3)垂直救援。

ka3 法规标准知识

(1)《中华人民共和国特种设备安全法》;
(2)《特种设备安全监察条例》;
(3)《特种设备作业人员监督管理办法》;
(4)《特种设备使用管理规则》;
(5)《客运索道安全监督管理规定》;
(6)《客运索道监督检验和定期检验规则》;
(7)其他相关法律、法规、技术标准。

附录 kb
客运索道修理人员实际操作技能

kb1　T型架救护绳的绕法
kb2　托索轮轮衬更换
kb3　驱动轮（迂回轮）轴承的润滑
kb4　钢丝绳直径、捻距的测量
kb5　固定抱索器拆装
kb6　固定抱索器防滑力测试
kb7　通用制动器间隙、制动力的调整
kb8　识别简单的机械图和电气图
kb9　简单液压图的识别
kb10　溢流阀参数的设定
kb11　电接点压力表上下限的设定
kb12　电气元件符号或实物识别
kb13　万用表的使用
kb14　游标卡尺的使用
kb15　力矩扳手的使用

附 录 kc
客运索道司机理论知识

kc1 基础知识

kc1.1 客运索道司机职责

kc1.2 常用的电气术语

kc1.3 电气控制的简单常识

kc1.4 司机常接触的操作、显示元件

kc1.5 客运索道定义、分类

kc1.6 客运索道的基本参数

kc1.7 各种类型客运索道的工作原理、结构、设备组成、特点
  (1)单线循环式固定抱索器客运架空索道；
  (2)单线循环式脱挂抱索器客运架空索道；
  (3)往复式客运架空索道；
  (4)客运缆车；
  (5)客运拖牵索道。

kc1.8 客运索道主要设备作用、组成和工作原理

kc1.8.1 驱动装置

kc1.8.2 张紧装置

kc1.8.3 线路设备
  (1)支架；
  (2)托压索轮组；
  (3)抱索器；
  (4)运载工具。

kc1.8.4 紧急驱动装置

kc1.9 电气系统
  (1)客运索道电气系统的特点、要求；
  (2)供电系统；
  (3)拖动系统；
  (4)控制系统；
  (5)通讯及广播系统；
  (6)接地与防雷系统。

kc1.10 安全防护
  (1)安全操作规程；
  (2)劳动防护用品的使用；
  (3)电气常用安全标记和符号；
  (4)安全用电及其防护基本知识；
  (5)设备安全防护知识(包括防火、灭火、防触电、防雷等)；
  (6)安全色、安全标志、警示标志和其他标志。

kc1.11 客运索道的通用安全保护措施和装置

kc2　专业知识

(1)客运索道的运行工况；
(2)客运索道启动、制动及其运行过程中的注意事项；
(3)客运索道对供电电源的要求；
(4)客运索道对控制室环境的要求；
(5)客运索道开机前的准备工作；
(6)运行应具备的条件；
(7)客运索道的常规操作流程；
(8)出现常见故障及重新运行时应注意事项；
(9)特殊天气的操作注意事项；
(10)检修运行时的操作注意事项；
(11)突发事件时的操作注意事项。

kc3　法规标准知识

(1)《中华人民共和国特种设备安全法》；
(2)《特种设备安全监察条例》；
(3)《特种设备作业人员监督管理办法》；
(4)《特种设备使用管理规则》；
(5)《客运索道安全监督管理规定》；
(6)《客运索道监督检验和定期检验规则》；
(7)其他相关法律、法规、技术标准。

附 录 kd
客运索道司机实际操作技能

kd1 常用电气元件的识别

kd2 各钥匙开关、按钮、旋钮的使用方法

kd3 观察各类仪器仪表,并且正确进行数据记录

kd4 故障信号指示的判断

kd5 运行中正常状态的判定

kd6 异常情况的处理

kd7 开机前的检查

kd8 广播系统的使用

kd9 异常停车时安抚乘客的广播内容

附 件 L
大型游乐设施作业人员考试大纲

L1 大型游乐设施作业人员含义

大型游乐设施作业人员是指从事大型游乐设施修理和操作的人员。

L2 申请人专项要求

具有相应的大型游乐设施基础知识、专业知识、法规标准知识,具备相应的实际操作技能。

L3 考试方式

考试分为理论知识考试和实际操作技能考试。理论知识考试应当采用"机考化"考试。实际操作技能考试采取考场实际操作或模拟实际操作的方式。

理论知识考试具体内容见本大纲附录 la、附录 lc,实际操作技能考试具体内容见本大纲附录 lb、附录 ld。

L4 理论考试内容比例

大型游乐设施修理人员理论知识考试各部分内容所占比例:基础知识占30%,专业知识占55%,法规标准知识占15%。

大型游乐设施操作人员理论知识考试各部分内容所占比例:基础知识占55%,专业知识占30%,法规标准知识占15%。

理论知识考试,考试题型包含判断题、选择题,考试题目数量为100题,考试时间为60分钟。

L5 实际操作技能考试内容比例和要求

大型游乐设施修理人员实际操作技能考试各部分内容所占比例:基本操作能力占70%(基本技能占30%、修理操作技能占40%),应急处置能力占30%。

大型游乐设施操作人员实际操作技能考试各部分内容所占比例:基本操作能力占70%(安全保护装置及附件的操作与检查占40%、安全运行操作占30%),应急处置能力占30%。

操作人员实际操作技能考试,可以根据实际工作需要,按《特种设备生产单位许可目录》中的子项目申请相应作业项目进行考试。

附 录 1a
大型游乐设施修理人员理论知识

1a1 基础知识

1a1.1 大型游乐设施修理人员职责

1a1.2 大型游乐设施定义及其术语

1a1.3 大型游乐设施分类、分级、结构特点、主要参数和运动形式

1a1.4 大型游乐设施机械安装、修理基础知识
(1)机械识图；
(2)游乐设施常用材料；
(3)传动系统基础知识(如机械传动、液压传动、气压传动等)；
(4)大型游乐设施基本结构知识；
(5)起重吊装安全常识；
(6)常用测量技术。

1a1.5 大型游乐设施电气修理基础知识
(1)安全用电基础知识；
(2)大型游乐设施典型电控电路；
(3)大型游乐设施常用电气元器件；
(4)按钮颜色标志及其设置。

1a1.6 常用仪器仪表及工具
(1)万用表；
(2)钳形电流表；
(3)绝缘电阻测试仪；
(4)接地电阻测试仪；
(5)水平仪；
(6)修理常用工具。

1a1.7 水处理基本知识

1a2 专业知识

1a2.1 修理方案的制定

1a2.2 重要轴、销轴

1a2.3 重要受力焊缝

1a2.4 安全保护装置结构及功能

1a2.5 无损检测部位及其要求
(1)无损检测常用方法与比例；
(2)无损检测部位。

1a2.6 液压、气动装置检查修理安全要求

1a2.7 电器及其控制装置检查修理安全要求

1a2.8 避雷装置及其接地

la2.9 修理要求

la2.9.1 机械拆装修理要求

(1)基础及预埋件检查;
(2)机械安装要求及测量;
(3)安全装置拆装及检查;
(4)机械修理后试运转及其记录。

la2.9.2 电气修理要求

(1)绝缘电阻;
(2)接地电阻;
(3)防雷电阻;
(4)电气联锁;
(5)电气元器件检查与修理;
(6)音响、灯光、信号等;
(7)修理调试。

la2.10 运行试验

(1)试验条件;
(2)分部位、分项目修理调试;
(3)整机载荷试验及调试(含空载试验、偏载试验、满载试验);
(4)试验数据记录。

la2.11 大型游乐设施在故障、特殊运行工况、事故状态等情况下的应急措施及其现场处理

la2.12 典型事故案例分析

la3 法规标准知识

(1)《中华人民共和国特种设备安全法》;
(2)《特种设备安全监察条例》;
(3)《特种设备作业人员监督管理办法》;
(4)《特种设备使用管理规则》;
(5)《大型游乐设施安全监察规定》;
(6)其他相关法律、法规、技术标准。

附 录 lb
大型游乐设施修理人员操作技能

lb1 基本技能

lb1.1 机械图纸、电气图纸识读

lb1.2 电气技术操作
(1)常用测量仪表的使用;
(2)电压、电流、绝缘电阻、接地电阻等测量;
(3)电气安全装置和电路的安全要求与分析。

lb1.3 安全防护技能
(1)劳动保护用品的使用;
(2)消防和用电安全操作。

lb2 修理操作技能

lb2.1 机械与电气施工准备

lb2.2 机械拆装与修理
(1)安全保护装置检查与测试;
(2)机械部件拆装及其检查。

lb2.3 电气部件的修理与调试
(1)电气部件的拆装及检查(如电气元器件、电动机、控制柜等);
(2)避雷、接地、绝缘电阻的测量检查。

lb2.4 修理过程记录

lb3 应急处理技能

(1)故障与特殊情况下的应急处理;
(2)急救处理(如触电、溺水、跌落等)。

附录 lc
大型游乐设施操作人员理论知识

lc1 基础知识

(1)大型游乐设施操作人员职责；
(2)大型游乐设施定义及其术语；
(3)大型游乐设施分类、分级、结构特点、主要参数和运动形式；
(4)站台服务秩序；
(5)大型游乐设施安全运行条件；
(6)大型游乐设施操作规程；
(7)乘客须知。

lc2 专业知识

lc2.1 安全保护装置及功能检查

(1)安全压杠；
(2)安全带；
(3)安全把手；
(4)锁紧装置；
(5)止逆装置；
(6)限位装置；
(7)限速装置；
(8)缓冲装置；
(9)过压保护装置；
(10)其他安全保护装置。

lc2.2 操作系统

(1)控制按钮颜色标识；
(2)紧急事故按钮；
(3)音响、灯光、信号、监控装置等；
(4)风速计、流量计等；
(5)典型大型游乐设施的操作程序。

lc2.3 安全检查

(1)安全警示说明和警示标志；
(2)运行前检查内容；
(3)日检项目及其内容；
(4)运行记录。

lc2.4 大型游乐设施应急措施

(1)常见故障和异常情况辨识;
(2)常用应急救援措施;
(3)常用急救方法;
(4)大型游乐设施事故处理基本方法。

lc3 法规标准知识

(1)《中华人民共和国特种设备安全法》;
(2)《特种设备安全监察条例》;
(3)《特种设备作业人员监督管理办法》;
(4)《特种设备使用管理规则》;
(5)《大型游乐设施安全监察规定》;
(6)其他相关法律、法规、技术标准。

附 录 ld
大型游乐设施操作人员操作技能

ld1 安全保护装置及附件

（1）安全压杠操作与检查；
（2）安全带操作与检查；
（3）其他安全保护装置操作与检查。

ld2 安全运行

（1）运行前的检查及开机操作；
（2）运行中的规范操作（包含乘客疏导、安全提示）；
（3）运行结束后的检查及其关机流程；
（4）运行记录。

ld3 应急救援处置

（1）常见故障和异常情况辨识；
（2）常用应急救援措施演练；
（3）常用急救方法演练；
（4）大型游乐设施事故处理演练。

附 件 M
场(厂)内专用机动车辆作业人员考试大纲

M1 申请人专项要求

(1)无色盲、色弱,四肢健全,身体无运动功能障碍;
(2)具有相应的场(厂)内专用机动车辆基础知识、专业知识、安全知识、法规标准知识,具备相应的实际操作技能。

M2 考试方式

考试分为理论知识考试和实际操作技能考试。理论知识考试应当采用"机考化"考试。实际操作技能考试采用现场实际操作方式(注 M-1)。

注 M-1:不能利用虚拟机代替实际操作技能考试。

M3 理论知识考试内容比例和要求

理论知识考试,具体考试内容和要求见本大纲附录 ma,各部分内容所占比例:基础知识占 10%,专业知识占 30%,安全知识占 40%,法规标准知识占 20%。

理论知识考试,考试题型包含判断题、单项选择题、多项选择题,考试题目数量为 100 题,考试时间为 60 分钟。

M4 实际操作技能考试内容比例和要求

场(厂)内专用机动车辆作业人员实际操作技能考试由具体的线路和项目组成。

叉车司机实际操作技能考试,包括场地考试和场内道路考试,考试内容和要求见本大纲附录 mb;观光车和观光列车司机实际操作技能考试是指场内道路考试,考试内容和要求见附录 mc。

叉车考生只有在场地考试合格后,方可进行场内道路考试。

持有 B1 以上(含 B1)的《中华人民共和国机动车驾驶证》的观光车和观光列车考生可以免考实际操作技能考试。

实际操作技能考试按指定型式场(厂)内专用机动车辆进行考试,其他型式场(厂)内专用机动车辆的实际操作技能由用人单位负责培训。

附录 ma
场(厂)内专用机动车辆司机理论知识

ma1 基础知识

(1)燃油的牌号、性能及应用；
(2)润滑油(脂)的牌号、性能及应用知识；
(3)轮胎的使用常识；
(4)交通法规和作业场所标识；
(5)场(厂)内专用机动车辆的基本原理与工作条件。

ma2 专业知识

ma2.1 场(厂)内专用机动车辆的分类
ma2.2 场(厂)内专用机动车辆的主要参数和术语
ma2.3 场(厂)内专用机动车辆的基本结构
ma2.4 场(厂)内专用机动车辆操纵装置
(1)行车制动操纵装置；
(2)驻车制动操纵装置；
(3)转向操纵装置；
(4)换向、换挡操纵装置；
(5)工作装置操纵装置。
ma2.5 场(厂)内专用机动车辆仪表功能
ma2.6 蓄电池的正确使用
ma2.7 维护保养及简单故障排除

ma3 安全知识

(1)安全使用要求；
(2)司机职责；
(3)安全操作规程和日常安全管理制度；
(4)场(厂)内专用机动车辆的日常维护保养和例行检查；
(5)常见故障和危险工况的辨识；
(6)场内道路安全知识；
(7)事故应急处置。

ma4 法规标准知识

(1)《中华人民共和国特种设备安全法》；
(2)《特种设备安全监察条例》；
(3)《特种设备作业人员监督管理办法》；

(4)《特种设备使用管理规则》;
(5)《场(厂)内专用机动车辆安全技术监察规程》;
(6)GB 4387《工业企业厂内铁路、道路运输安全规程》。

附 录 mb
叉车司机实际操作技能

mb1 基本要求

mb1.1 考试用车要求

场地考试和场内道路考试均采用额定起重量不小于 2 t、带离合器的机械传动的内燃平衡重式叉车,货叉长度限定为 1.0 m～1.3 m。

mb1.2 场地考试用场地要求

(1)场内地面平坦,相对封闭;
(2)桩位、标线规范、清晰;
(3)考试场地不小于 400 m²;
(4)考试场地应有足够的堆垛净空高度,堆垛净空高度不低于$(h+0.5)$m。其中,h指叉车最大起升时全高。

mb1.3 场内道路考试用道路要求

场内道路考试用道路应当平坦,相对封闭,并且至少设置下列内容:
(1)弯道,至少包括一个直角转弯,直角转弯尺寸如图 M-1 所示;
(2)坡道,坡道长度不小于$2L$,坡顶水平路面长度不小于$2L$,宽度不小于$(B+1)$m,坡度为10%,并在坡沿设置不低于 0.5 m 的护轮墙;
(3)交通标志标线,至少包括转弯标志、限速标志、禁止停车标志、坡道停车标志以及停车线。

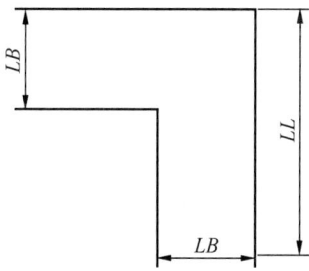

说明:
— ——道路边缘线;
LB——路宽,车轴距加 1 m;
LL——路长,大于等于 1.5 L

图 M-1 直角转弯尺寸图(注 M-2)

注 M-2:本大纲中所有的 L 为考试用车的车长(叉车车长包括货叉长度);B 为考试用车的车宽(不包括后视镜);本大纲所有尺寸均为净尺寸(不包括线宽);线宽取值$(0.1\pm10\%)$m。

mb2 场地考试

考核考生叉车起步、前进、倒车、转向、停车、作业等基本操作的熟练和规范程度,并观察其判断和控制能力。

考试采用单独驾驶的方式,按照规定的线路,完成规定的项目。

mb2.1 考试线路图

叉车场地考试线路如图 M-2 所示。

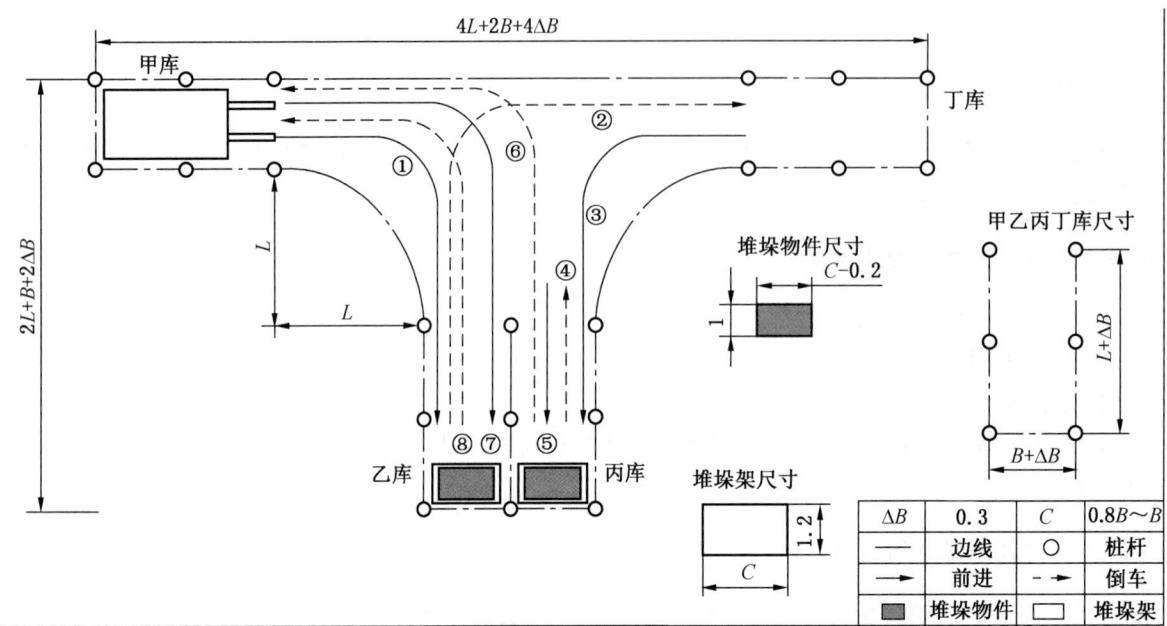

图 M-2 叉车场地考试线路图

注 M-3：
(1)乙丙库堆垛架设定两层,乙库各层高度分别为 0 m(地面)和 1.5 m,丙库各层高度分别为 0.5 m 和 2 m；
(2)堆垛物件的高度不低于 0.5 m；
(3)图中单位为 m。

mb2.2 考试流程

考生顺序完成下列考试流程动作,即完成该项目考试：

甲库起步→前进至乙库,拆垛堆垛物件 1→后退至丁库→前进至丙库并将堆垛物件 1 堆垛至空位→后退至货叉完全退出堆垛架→前进并拆垛堆垛物件 2→退至甲库→前进至乙库并将堆垛物件 2 堆垛至原空位→后退至甲库停车→结束。

其中,堆垛物件的动作过程如图 M-3 所示。

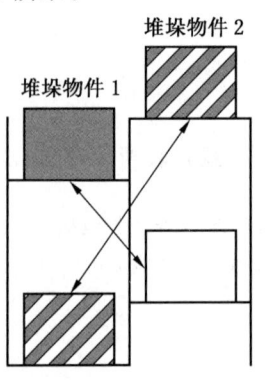

图 M-3 堆垛物件动作过程图示

mb2.3 评分

叉车场地考试评分表见附录 md。

mb3 场内道路考试

考察考生在场内道路中起步、加减挡、转向、直角转弯、坡道定点停车与起步、调头、停车等技术应变能力，遵守交通法规及《工业企业厂内铁路、道路运输安全规程》、安全操作规程的情况和实际驾驶技术水平。

考试由考生驾驶、操纵叉车，根据考评员或考试系统的指示，完成道路行驶的相关动作。场内道路考试时，叉车行驶距离应当不小于 150 m。

mb3.1 考试要求

要求考生在考试过程中，完成下列动作，并观察考生在考试过程中遵守交通法规及《工业企业厂内铁路、道路运输安全规程》、安全操作规程的情况：

考生检查车辆→门架起升后倾→松开驻车制动，鸣号起步→按照厂区规定和考评员或考试系统的指示完成加减挡、转向、直角转弯、坡道定点停车与起步、调头等动作→停车，门架下降前倾→拉紧驻车制动、熄火、拔下钥匙。

其中直角转弯规定线路如图 M-4 所示，行驶过程中，不允许车轮压到或超出道路边缘线，并且按照规定线路一次完成。

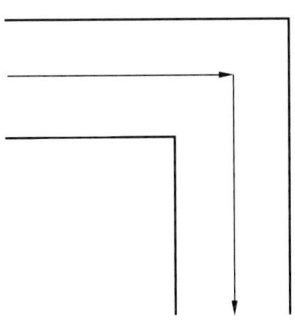

说明：
→——前进线；
——道路边缘线

图 M-4 直角转弯线路图

mb3.2 评分

叉车场内道路考试评分表见附录 me。

mb4 实际操作技能考试综合评定

场地考试、场内道路考试成绩均采用百分制，70 分合格。场地考试、场内道路考试成绩均合格，则实际操作技能考试综合评定为合格。

单项考试科目不合格者，1 年内允许申请补考 1 次。补考仍不合格者，应当重新申请考试。

附 录 mc
观光车和观光列车司机实际操作技能

mc1 基本要求

mc1.1 考试用车要求

考试采用10座以上(含10座)的、带离合器的机械传动的观光车。

mc1.2 场内道路考试用道路要求

场内道路考试用道路应当满足下列要求：
(1)地面平坦,相对封闭；
(2)桩位和交通安全标志、标线规范、清晰。

同时,应当至少设置下列项目或设施：
(1)弯道,至少包括一个直角转弯(尺寸要求见图M-1)；
(2)坡道,坡道长度不小于2L,坡顶水平长度不小于2L,宽度不小于(B+1)m,坡度为10%,并在坡沿设置不低于0.5 m的护轮墙；
(3)交通标志标线,至少包括转弯标志、限速标志、禁止停车标志、坡道停车标志以及停车线；
(4)停车库(起点、终点),尺寸见图M-5；

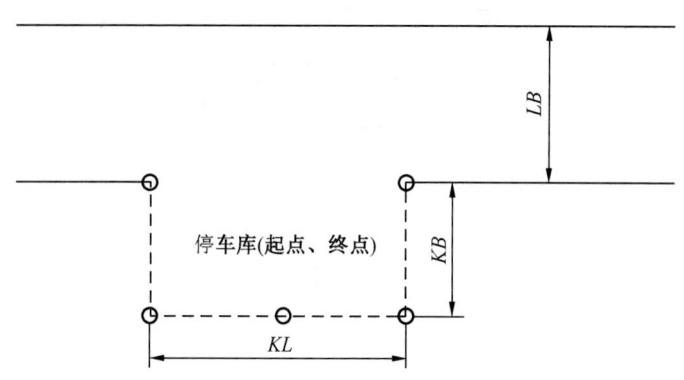

说明：
○——桩杆；
——道路边缘线；
KL——库长,取值(1.5L+1)m；
---——库边缘线；
LB——道路宽,取值(1.5B+0.8)m；
KB——库宽,取值(B+0.8)m

图 M-5 停车库(起点、终点)尺寸

(5)限宽桩,尺寸见图M-6；

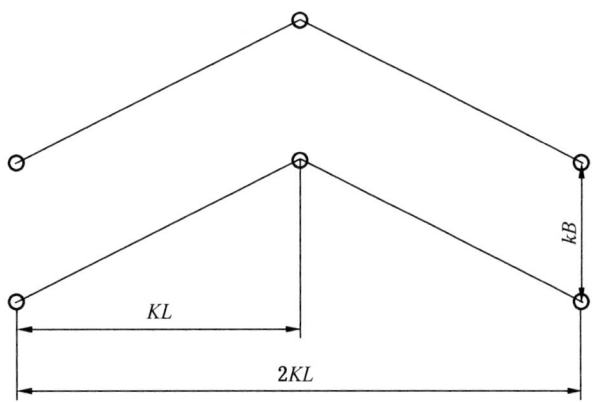

说明：

○ ——桩杆；

— ——道路边缘线；

KL ——两桩间垂直长度，取值$(2L-B+1.5)$m；

KB ——两桩间垂直宽度，取值$(B+0.9)$m。

图 M-6 限宽桩尺寸

(6)倒车库，尺寸见图 M-7。

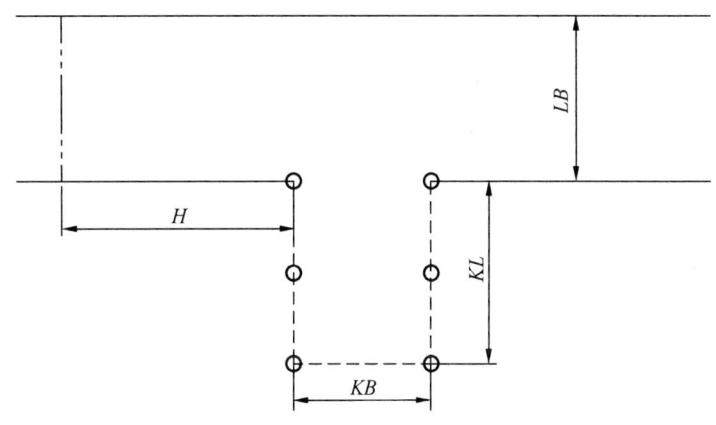

说明：

○ ——桩杆；

--- ——库边缘线；

-·-·- ——倒车控制线；

— ——道路边缘线；

KL ——库长，取值$(L+0.7)$m；

KB ——库宽，取值$(B+0.8)$m；

LB ——道路宽，取值$1.5L$；

H ——倒车控制线距倒车库距离，取值$1.5L$

图 M-7 倒车库尺寸

mc2 场内道路考试

考察考生在场内道路中起步、加减挡变换、转向、直角转弯、坡道定点停车与起步、调头、停车、绕限宽桩行驶、侧方停车、倒车入库等动作及应变能力，遵守交通法规、安全操作规程的情况和实际驾驶技术水平。

考试采用考生和考评员同乘考试车辆的方式(当采用系统自动评分时,考评员可不随车),由考生驾驶、操纵所考车型,根据考评员或考试系统的指示,完成考试规定的相关动作。考试时,观光车行驶距离应当不小于 200 m。

mc2.1 考试要求

要求考生在考试过程中,完成下列动作:
(1)考生检查车辆、松开驻车制动,从停车库鸣号起步;
(2)按照考评员或考试系统的指示及厂区规定进行操作,并至少完成加减挡变换、转向、直角转弯、坡道定点停车与起步、调头、绕限宽桩行驶、倒车入库等动作;
(3)侧方停车入库;
(4)拉紧驻车制动、熄火、拔下钥匙。

在直角转弯、绕限宽桩行驶、侧方停车、倒车入库动作时,不允许车轮压到或超出道路边缘线,并且按照规定线路一次完成。直角转弯线路要求见图 M-4,其他线路要求见图 M-8、图 M-9、图 M-10。

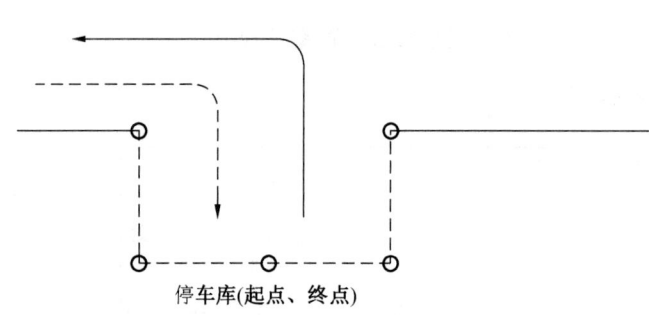

说明:
○ ——桩杆;
- - - ——库边缘线;
—— ——道路边缘线;
→ ——前进线,考试开始,出库行驶线路;
⇢ ——倒车线,考试结束,侧方停车入库行驶线路

图 M-8 停车库行驶线路图

mc2.2 评分

观光车和观光列车实际操作技能考试评分表见附录 mf。

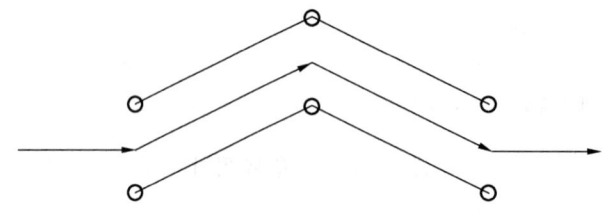

说明:
○——桩杆;
——道路边缘线;
→——前进线

图 M-9 绕限宽桩行驶线路图

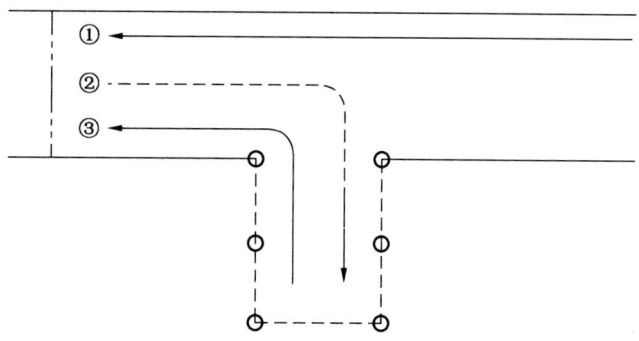

说明:
○ ——桩杆;
- - - - ——库边缘线;
- · - · - ——倒车控制线;
——— ——道路边缘线;
→ ——前进线;
-→ ——倒车线

图 M-10　倒车入库行驶线路图

附　录　md
叉车场地考试评分表

姓　名			得分		
身份证号					
规定考试时间		5分钟	实际操作时间	分钟　秒	
序号	流程	项目	扣分标准	违例次数	扣分
1	起步	启动前,未检查车辆状态	扣2分		
2		起步前,未鸣号	扣2分		
3		起步时,未松开驻车制动	扣5分		
4		起步不平稳	扣5分		
5	行驶	原地打方向	扣2分/次		
6		换挡不规范	扣5分/次		
7		离合器使用不规范	扣5分/次		
8		货叉拖地运行	扣10分/次		
9		货叉未后倾	扣5分/次		
10		货叉离地超出0.2 m~0.3 m范围	扣5分/次		
11	作业	货叉进出堆垛物件时,堆垛物件移动大于0.2 m	扣10分/次		
12		堆垛拆垛时还手(即货叉插入堆垛物件时,位置不对,车辆倒退后重新插入)	扣5分/次		
13		货叉起升时,货叉未完全插入堆垛物件或者货物重心不稳	扣10分/次		
14		门架未按顺序动作	扣2分/次		
15		堆垛物件摆放不到位	扣2分/次		
16	停车	停车压线	扣10分/次		
17		操作杆未复位	扣5分		
18		货叉未落地	扣2分		
19		未拉紧驻车制动	扣2分		
20		未切断电源	扣2分		
21		未拔出钥匙	扣2分		
22	其他	操作超时	扣2分/10秒		
23		考生身体探出车身外	扣10分/次		
24		考生离开座位	扣5分/次		
25		熄火1次	扣10分		
26		行车制动使用不当	扣5分/次		
27		擦桩或压线	扣10分/次		
28		未按照要求完成规定项目	不合格		

(续)

序号	流程	项目	扣分标准	违例次数	扣分
29	其他	中途熄火2次以上(含2次)	不合格		
30		未系安全带	不合格		
31		碰倒桩杆	不合格		
32		轮胎整体出线	不合格		
33		未按规定路线行驶(堆垛拆垛时还手除外)	不合格		
34		冲撞货架	不合格		
35		因观察、操作或操作不当出现危险情况	不合格		
36		堆垛物件掉落	不合格		
总扣分：					
现场考评人员(签字)：					
日期：					

附 录 me
叉车场内道路考试评分表

姓 名			得分		
身份证号					
序号	流程	项目	扣分标准	违例次数	扣分
1	起步	启动前,未检查车辆状态	扣2分		
2		起步前,不鸣号,不打方向灯	扣2分		
3		起步时,未松开驻车制动	扣5分		
4		起步不平稳	扣5分		
5	行驶	换挡不规范	扣5分/次		
6		离合器使用不规范	扣5分/次		
7		方向灯使用不规范	扣5分/次		
8		行车制动使用不规范	扣10分/次		
9		调头、转向时,打急舵	扣5分/次		
10		熄火1次	扣15分		
11		货叉拖地行驶	扣5分/次		
12		货叉未后倾	扣10分/次		
13		货叉离地超出0.2 m~0.3 m范围	扣5分/次		
14		坡道停车时,距离停车线误差大于0.2 m	扣10分/次		
15		坡道起步时,溜车大于0.2 m,但不大于0.5 m	扣10分/次		
16	停车	操作杆未复位	扣5分		
17		未切断电源	扣5分		
18		未拉紧驻车制动	扣5分		
19		货叉未落地	扣5分		
20	其他	未按照考评员或考试系统的指示完成项目	不合格		
21		熄火2次以上(含2次)	不合格		
22		未系安全带	不合格		
23		违反厂区内道路行驶规定	不合格		
24		坡道起步时,溜车大于0.5 m	不合格		
25		紧急情况处理不当	不合格		
总扣分:					
现场考评人员(签字):					
日期:					

附 录 mf
观光车和观光列车实际操作技能考试评分表

姓　名			得分		
身份证号					
序号	流程	项目	扣分标准	违例次数	扣分
1	起步	启动前,未检查车辆状态	扣2分		
2		起步前,不鸣号	扣2分		
3		起步时,未松开驻车制动	扣5分		
4		起步不平稳	扣5分		
5		未提示乘客注意事项	扣5分		
6	行驶	换挡不规范	扣5分/次		
7		离合器使用不规范	扣5分/次		
8		方向灯使用不规范	扣5分/次		
9		调头、转向时,打急舵	扣5分/次		
10		行车制动使用不规范	扣10分/次		
11		熄火1次(不适用于蓄电池车辆)	扣15分/次		
12		坡道停车时,距离停车线误差大于0.2 m	扣10分/次		
13		坡道起步时,溜车大于0.2 m,但不大于0.5 m	扣10分/次		
14		碰擦桩杆	扣10分/次		
15		压边线	扣10分/次		
16	停车	操作杆未复位	扣5分		
17		未切断电源	扣5分		
18		未拉紧驻车制动	扣5分		
19	其他	考生身体探出车身外	扣10分/次		
20		考生离开座位	扣5分/次		
21		未按照考评员或考试系统的指示完成项目	不合格		
22		未系安全带	不合格		
23		未完成规定项目	不合格		
24		规定项目未按照规定线路行驶	不合格		
25		熄火2次以上(含2次)(不适用于蓄电池车辆)	不合格		
26		违反厂区内道路行驶规定	不合格		
27		坡道起步时,溜车大于0.5 m	不合格		
28		紧急情况处理不当	不合格		
29		碰倒桩杆	不合格		
30		轮胎整体出线	不合格		
总扣分:					
现场考评人员(签字):					
日期:					

附 件 N
安全阀校验人员考试大纲

N1 安全阀校验人员含义

安全阀校验人员是指从事安全阀校验和修理作业,做出结论的人员。

N2 申请人专项要求

(1)具有中专或者高中以上(含中专或者高中)学历;
(2)具有相应的安全阀基础知识、专业知识、法规标准知识,具备相应的实际操作技能。

N3 考试方式

考试分为理论知识考试和实际操作技能考试。理论知识考试应当采用"机考化"考试,具体考试内容见本大纲附录 na。实际操作技能考试采取在考场实际操作和模拟实际操作相结合的方式进行,具体考试内容见本大纲附录 nb。

N4 理论知识考试内容比例和要求

理论知识考试各部分内容所占比例:基础知识占 30%,专业知识占 50%,法规标准知识占 20%。
理论知识考试,考试题型包含判断题、选择题,考试题目数量为 100 题,考试时间为 60 分钟。

N5 实际操作技能考试内容比例

实际操作技能考试的各部分内容所占比例:安全阀在线校验操作技能占 30%,安全阀修理操作技能占 20%,安全阀离线校验操作技能占 30%,安全阀校验操作工艺编制占 20%。

附录 na
安全阀校验人员理论知识考试

na1 基础知识

na1.1 安全阀的定义、分类、功能与工作的基本原理

na1.2 安全阀的名词术语

(1)公称通径、公称压力和工作压力；
(2)适用温度、适用介质、工作温度、工作介质；
(3)开启高度、流道面积、排放面积、帘面积、流道直径；
(4)理论排量、实际排量、额定排量、当量计算排量、排量系数、额定排量系数；
(5)整定压力、排放压力、额定排放压力、回座压力、密封试验压力、背压力(排放背压、附加背压)；
(6)整定压力偏差；
(7)超过压力、启闭压差；
(8)冷态试验差压力；
(9)频跳、颤振、卡阻。

na1.3 安全阀的性能及机械特性

对安全阀的密封、开启、排放、回座等性能的基本要求及机械特性知识。

na1.4 安全阀的结构特点和选用条件

弹簧式(封闭式、半封闭式、敞开式)、杠杆式、静重式、脉冲式(先导式)等安全阀的结构特点和选用条件。

na1.5 安全阀的型号编制方法

na1.6 其他基础知识

按照使用介质、公称压力、适用温度、连接方式、结构形式、密封副材料、作用原理、动作特性、开启高度、背压平衡方式、阀瓣加载等界定方法分类的安全阀分类知识。

na2 专业知识

na2.1 安全阀设计制造知识

(1)安全阀的工作原理及结构参数；
(2)安全阀的阀瓣、阀座、弹簧等关键部件的选材原则及弹簧压力级的概念；
(3)安全阀关键部件、零部件的制造工艺过程；
(4)安全阀零部件的加工精度及其影响；
(5)安全阀密封面的堆焊、表面无损检测、加工、研磨方法及要求；
(6)安全阀弹簧的制造工艺和强压处理以及性能测试；
(7)安全阀装配工作程序与注意事项；

(8)安全阀出厂试验的内容与方法；
(9)安全阀型式试验内容；
(10)安全阀产品的标识、铅封、铭牌等知识；
(11)安全阀产品出厂应该附带的资料；
(12)安全阀设计、制造、试验主要依据的标准；
(13)安全阀总图以及相关资料要求。

na2.2　安全阀安装知识

(1)各类设备上安全阀安装的规定和要求；
(2)各类设备上安全阀安装应当注意的事项；
(3)安全阀起吊、运输和保管中应当注意的事项。

na2.3　安全阀运行维护及管理知识

na2.3.1　安全阀运行维护管理知识

(1)安全阀档案应当包括的内容；
(2)安全阀巡查的检查内容；
(3)安全阀的定期检查(在线和离线)及定期排放；
(4)安全阀的运行记录。

na2.3.2　安全阀故障原因及处理

安全阀的动作性能(整定压力、排放压力、回座压力等性能指标)达不到要求、泄漏、卡阻、频跳和颤振等故障的原因和危害；故障处理以及应当注意的事项。

na2.4　安全阀的修理知识

na2.4.1　安全阀修理作业程序和应当注意的事项

na2.4.2　安全阀拆卸方法、拆卸后零部件的清洗、检查及记录内容

na2.4.3　安全阀的修复方法

(1)弹簧等零部件的更换；
(2)密封面的研磨及其他修复方法；
(3)阀杆、导向件等的修复方法。

na2.4.4　安全阀的重新装配及注意事项

na2.5　安全阀的校验知识

na2.5.1　安全阀校验的目的、意义和校验项目

na2.5.2　安全阀整定压力、密封试验压力的确定

na2.5.3　安全阀的校验方式、适用范围及特点

(1)离线校验装置的设备构成、工作原理、特点和维修维护要求，校验操作程序和校验方法及其注意事项；
(2)利用锅炉、压力容器、压力管道的自身介质压力或者其他压力源进行校验的特点、校验操作程序和校验方法、设备维修维护及其注意事项；
(3)在线校验装置的构成、特点、工作原理、操作程序和方法、设备维修维护及注意事项；
(4)各种校验方式的比较；

(5)安全阀校验记录和报告。

na2.5.4　不合格安全阀的判定及其处理

na2.6　安全阀校验作业的质量安全管理

安全阀校验的质量控制、质量管理、安全管理及质量安全管理体系文件(质量手册、程序文件、校验工艺等)知识。

na3　法规标准知识

(1)《中华人民共和国特种设备安全法》；
(2)《特种设备安全监察条例》；
(3)《特种设备作业人员监督管理办法》；
(4)《特种设备使用管理规则》；
(5)《安全阀安全技术监察规程》；
(6)《锅炉安全技术监察规程》；
(7)《锅炉定期检验规则》；
(8)《固定式压力容器安全技术监察规程》；
(9)《移动式压力容器安全技术监察规程》；
(10)《压力管道安全技术监察规程—工业管道》；
(11)《压力管道定期检验规则—工业管道》；
(12)GB/T 12241《安全阀一般要求》；
(13)GB/T 12242《压力释放装置　性能试验规范》；
(14)GB/T 12243《弹簧直接载荷式安全阀》；
(15)GB/T 32291《高压超高压安全阀离线校验与评定》；
(16)DL/T 612《电力行业锅炉压力容器监督规程》；
(17)DL/T 959《电站锅炉安全阀技术规程》；
(18)安全阀相关的技术标准。

附 录 nb
安全阀校验人员实际操作技能考试

nb1 在线校验

考试人员随机抽取题目,在模拟情况下,对一只弹簧式安全阀按照要求的整定压力进行在线校验,填写校验记录。

考试内容包括校验任务确认、校验安全确认、安全阀外观检查、在线校验装置连接调试、整定压力试验和调整、校验记录填写等。

nb2 修理

考试人员随机抽取题目,对相应一只存在故障的安全阀(至少是密封面损坏)进行修理操作演示。

考试内容包括拆卸、检查和重新组装、故障分析、密封面研磨、其他有故障的部件修复、填写修理记录等。

nb3 离线校验

考试人员随机抽取题目,对相应一只弹簧封闭式安全阀,在离线校验台上按要求的整定压力进行离线校验,填写校验记录。

考试内容包括校验任务确认、校验安全确认、安全阀校验前检查、整定压力试验与调整、密封试验、校验记录填写等。

nb4 安全阀校验操作工艺编制

考试人员随机抽取题目,编制安全阀校验操作工艺。

考试内容包括校验准备与校验前检查、校验和密封试验操作步骤、判断合格的标准、有关安全事项等。

相关规章和规范历次制(修)订情况

1.《特种设备作业人员培训考核管理规则》(国家质检总局,国质检锅〔2001〕202号,2001年12月21日颁布,颁布之日起执行)。

2.《特种设备作业人员监督管理办法》(质检总局令第70号,2005年1月10日公布,2005年7月1日施行)。《特种设备作业人员监督管理办法》(质检总局令第140号,2011年5月3日公布,2011年7月1日施行,对2005年颁布的70号令的修改)。

3.《特种设备作业人员考核规则》(TSG Z6001—2005,2005年9月16日质检总局颁布,颁布之日起施行)。《特种设备作业人员考核规则》(TSG Z6001—2013,2013年1月16日质检总局颁布,2013年6月1日起施行;国家市场监督管理总局2019年第8号公告附件2进行修订)。

4.《特种设备质量管理负责人考核大纲(试行)》(2013年2月7日,国质检特函〔2013〕84号附件1)。

5.《特种设备安全管理负责人考核大纲(试行)》(2013年2月7日,国质检特函〔2013〕84号附件2,2017年第1号修改单)。

6.《场(厂)内专用机动车辆作业人员考核大纲(试行)》(2013年2月7日,国质检特函〔2013〕84号附件3)。

7.《锅炉司炉人员考核管理规定》(国质检〔2001〕38号,2001年6月22日国家质检总局发布)。《锅炉安全管理人员考核大纲》(TSG G6001—2006,2006年4月19日质检总局颁布),《锅炉安全管理人员和操作人员考核大纲》(TSG G6001—2009,2009年12月29日质检总局颁布,2010年5月1日起施行)。

8.《锅炉水处理作业人员考核大纲》(TSG G6003—2008,2008年2月21日质检总局颁布,2008年6月1日起施行)。

9.《压力容器安全管理人员和操作人员考核大纲》(TSG R6001—2008,2008年2月21日质检总局颁布),《压力容器安全管理人员和操作人员考核大纲》(TSG R6001—2011,2011年5月10日质检总局颁布,2011年11月1日起施行)。

10.《医用氧舱维护管理人员考核大纲》(TSG R6002—2006,2006年4月19日质检总局颁布,2006年7月1日起施行)。

11.《气瓶充装人员考核大纲》(TSG R6004—2006,2006年4月19日质检总局颁布,2006年7月1日起实施)。

12.《电梯安全管理人员和作业人员考核大纲》(TSG T6001—2007,2007年8月8日质检总局颁布,2007年10月1日起施行)。

13.《起重机械安全管理人员和作业人员考核大纲》(TSG Q6001—2009),《起重机械安全管理人员和作业人员考核大纲》(国质检特〔2013〕680号,2014年3月1日起施行)。

14.《客运索道安全管理人员和作业人员考核大纲》(TSG S6001—2008,2008年2月21日质检总局颁布,2008年6月1日起施行)。

15.《大型游乐设施安全管理人员和作业人员考核大纲》(TSG Y6001—2008,2008年2月21日质检总局颁布,2008年6月1日起施行)。

16.《安全阀维修人员考核大纲》(TSG ZF002—2005,2005年11月8日质检总局颁布,2006年1月1日起实施)。

17.《压力容器压力管道带压密封作业人员考核大纲》(TSG R6003—2006,2006年4月19日质检总局颁布)。

18.《压力管道安全管理人员和操作人员考核大纲》(TSG D6001—2006,2006 年 4 月 19 日质检总局颁布)。

特种设备安全技术规范　TSG Z6002—2010

特种设备焊接操作人员考核细则

Examination Rules for Welding Operators of Special Equipment

2010-11-04 发布　　　　　　　　　　　　　　　　2010-11-04 实施

中华人民共和国国家质量监督检验检疫总局　颁 布

前　言

2007年12月，国家质量监督检验检疫总局（以下简称国家质检总局）特种设备安全监察局（以下简称特种设备局）向中国特种设备检测研究院（以下简称中国特检院）下达《特种设备焊接操作人员考核细则》起草任务书。2008年1月，中国特检院组织成立起草组，在前期工作的基础上，形成草案。2008年3月和6月，起草组在北京和济南分别召开工作会议，形成征求意见稿。2008年12月，特种设备局以质检特函〔2008〕90号文征求基层部门的意见，并且上网征求意见。根据征求到的意见，起草组对征求意见稿进行修改并形成送审稿。2009年10月，特种设备局将送审稿提交国家质检总局特种设备安全技术委员会审议，起草组按照审议的意见，修改形成报批稿。2010年11月4日，由国家质检总局批准颁布。

本细则是在《锅炉压力容器压力管道焊工考试与管理规则》（国质检锅〔2002〕109号）基础上修订的。在修订过程中，起草组进行了广泛、深入的调查研究，认真总结了多年来特种设备焊接操作人员考核和管理方面的经验，对特种设备金属材料和非金属材料（PE）焊接操作人员考试分别提出了不同的要求。

本细则主要起草单位和人员如下：

国家质检总局特种设备安全监察局	高继轩　尚　洪　张建荣
全国锅炉压力容器标准化技术委员会	戈兆文
中国特种设备检测研究院	石　坤　董尚元
合肥通用机械研究院	窦万波　房务农
哈尔滨锅炉厂有限责任公司	杨　松
上海市特种设备监督检验技术研究院	顾福明
山东省特种设备检验研究院	单汝刚　汪立新
抚顺机械设备制造有限公司	胡希海
湖北省特种设备安全检验检测研究院	杨笑峰
江苏省电力建设第一工程公司	徐佩兰
中国石化第十建设公司	袁转东
江西省质量技术监督局	李顺珍
辽宁省安全科学研究院	赵鹏华
上海振华港口机械（集团）股份有限公司	龚美琪
大连重工起重集团有限公司	郭胜伟
河南卫华重型机械股份有限公司	牛　豫
兰州兰石机械设备有限责任公司	雷万庆
上海锅炉厂有限公司	王烱祥
中国石化集团南京化学工业有限公司机械厂	董安霞
中山市金马游艺机有限公司	康纪华
中国重型机械工业协会	肖力群
亚大塑料制品有限公司	贡爱国
山东省特种设备检验研究院	郭怀力
港华辉信工程塑料（中山）有限公司	孔德斌　何健文

特种设备焊接操作人员考核细则

第一章 总 则

第一条 为了规范特种设备焊接操作人员考核工作,根据《特种设备作业人员监督管理办法》、《特种设备作业人员考核规则》,制定本细则。

第二条 本细则适用于从事《特种设备安全监察条例》中规定的锅炉、压力容器(含气瓶,下同)、压力管道(以下统称为承压类设备)和电梯、起重机械、客运索道、大型游乐设施、场(厂)内专用机动车辆(以下统称为机电类设备)焊接操作人员(以下简称焊工)的考核。

第三条 从事下列焊缝焊接工作的焊工,应当按照本细则考核合格,持有《特种设备作业人员证》:

(一)承压类设备的受压元件焊缝、与受压元件相焊的焊缝、受压元件母材表面堆焊;

(二)机电类设备的主要受力结构(部)件焊缝、与主要受力结构(部)件相焊的焊缝;

(三)熔入前两项焊缝内的定位焊缝。

第四条 各省、自治区、直辖市的质量技术监督部门(以下简称省级质监部门)负责确定并且公布本行政区域内的焊工考试机构(以下简称考试机构)及其承担的考试类别、项目范围,其中承担长输(油气)管道和非金属材料的焊工考试的考试机构及其考试类别、项目范围,由省级质监部门审核后报国家质量监督检验检疫总局(以下简称国家质检总局)确定并公布。

第五条 考试机构在公布的考试类别、项目范围内组织实施考试。考试机构不得强制要求焊工参加本机构组织的培训。

省级质监部门或者授权设区的市的质量技术监督部门(以下简称市级质监部门),对焊工考试进行监督,负责审批、发证和复审(以下简称发证机关)。

第六条 焊工考试包括基本知识考试和焊接操作技能考试两部分。考试内容应当与焊工所申请的项目范围相适应。基本知识考试采用计算机答题方法,焊接操作技能考试采用施焊试件并且进行检验评定的方法。

第七条 有下列情况之一的,应当进行相应基本知识考试:

(一)首次申请考试的;

(二)改变或者增加焊接方法的;

(三)改变或者增加母材种类(如钢、铝、钛等)的;

(四)被吊销《特种设备作业人员证》的焊工重新申请考试的。

第八条 特种设备金属材料和非金属材料焊工考试范围、内容、方法和结果评定,按照本细则附件A、附件B的规定执行。

按照焊接方法的机动化程度,将焊工分为手工焊焊工、机动焊焊工和自动焊焊工。机动焊焊工和自动焊焊工统称为焊机操作工。

第二章 考试机构

第九条 考试机构应当满足以下条件:

(一)由具有法定资质的单位、机构或者组织设立;

(二)有常设的组织、管理部门和固定的场地;

(三)焊工考试用设备、设施与焊工考试类别、项目相适应;

(四)专职人员不少于3人,人员技术能力与焊工考试类别、项目相适应;

(五)具有焊接工艺评定能力,有满足焊工考试要求的焊接作业指导书,有适用于不同焊接方法、不

同材料种类的基本知识考试题库;

(六)具有焊工考试质量保证体系,有健全的考场纪律、监考考评人员守则、保密制度和考试管理、档案管理、财务管理、应急预案等各项规章制度,并且能够有效实施;

(七)焊工考试实行计算机与视频管理。

考试机构的人员、设备、场地等基本条件见表1。

表 1　焊工考试机构基本条件

要求	金属类焊工考试机构	非金属类(PE)焊工考试机构
主要人员	(1)主任(或者副主任)、技术负责人、焊接操作技能教师(2名)应为本单位正式人员; (2)主任(或者副主任)、技术负责人具有工程师职称; (3)主任(或者副主任)、技术负责人和焊接操作技能教师从事焊接工作5年	
无损检测人员	(1)Ⅱ级资格射线检测人员2名; (2)承担堆焊项目考试,有Ⅱ级表面检测人员1名	—
场地	(1)焊接操作技能考试固定场所满足焊工考试要求,考试工位10个,包括3种焊接方法; (2)计算机考位6个	(1)焊接操作技能考试固定场所满足焊工考试要求,包括热熔对接法与电熔连接法在内的考试工位5个; (2)计算机考位5个
设备设施	拥有相应焊接设备、焊材烘干设备、试件和试样加工设备、射线透照设备、检验设备和测量工具	拥有相应焊接设备、试验设备
焊工数量	特种设备制造、安装、改造、维修单位设立焊工考试机构,其本单位的焊工有50名	—

注1:表1中的人员资格和数量、设备等为最低要求(以下同)。

注2:主任或者副主任可以兼任技术负责人。

注3:设备、设施不能租赁或者借用。

第十条　考试机构中技术负责人和焊接操作技能教师应当熟悉并且掌握本细则内容和焊接专业知识。焊接操作技能教师还需要进行焊接操作技能考试,考试合格后方可担任相应的职务。

考试机构的技术负责人和焊接操作技能教师的考核工作,按照本细则第四条规定的权限,由国家质检总局或者省级质监部门指定考试机构组织实施。

第十一条　考试机构的焊接操作技能教师所持有的项目,为该考试机构承担焊工考试的项目范围。焊接操作技能教师在任职期间,可视为从事特种设备焊接操作。

第十二条　考试机构的主要职责如下:

(一)制定焊工考试计划并且向社会公布;

(二)审查焊工考试申请资料;

(三)确定基本知识考试试卷和操作技能考试试件;

(四)准备考试用试板(管)、焊材、设备和设施;

(五)组织实施焊工基本知识计算机考试和焊接操作技能考试,负责试卷的评判和试件、试样的检验,评定考试成绩;

(六)公布、通知和上报考试结果;

(七)建立和管理焊工考试档案;

(八)根据申请人的委托向发证机关统一申请办理《特种设备作业人员证》;

(九)根据申请人的委托向发证机关统一申请办理《特种设备作业人员证》的复审;

（十）向发证机关提交年度工作总结与考试相关统计报表，并且按照特种设备信息化工作的要求，及时将相关信息输入特种设备人员库。

第十三条 考试机构如果变更考试类别、项目范围，应当向国家质检总局或者省级质监部门提出申请，经批准并且公布后，方能按照新批准的考试类别、项目范围组织实施焊工考试。

第十四条 考试机构的法定资质、地址、机构性质、隶属关系，以及主任（或者副主任）、技术责任人和焊接操作技能教师变更后，应当在15日内向国家质检总局或者省级质监部门办理备案手续，并且报告所在市级质监部门。

第十五条 市级质监部门负责对行政辖区内的焊工考试实施监督检查，不定期对焊工考试过程进行现场监督，每年至少进行一次，并且将监督检查结果报上一级质监部门。

监督检查的内容如下：
（一）考试机构的资质、资源条件与考试类别、项目范围；
（二）焊工考试申请资料；
（三）焊工考试质量保证体系建立与实施情况；
（四）焊工考试用焊接工艺评定和焊接作业指导书以及基本知识考试题；
（五）考试机构与焊接操作技能教师的实际能力。

第三章 考核程序与要求

第十六条 焊工考核程序，包括考试报名、申请资料审查、考试、考试成绩评定与通知。

第十七条 报名参加考试的焊工，应当向考试机构提交以下资料：
（一）《特种设备焊接操作人员考试申请表》（见附件C，1份）；
（二）居民身份证（复印件，1份）；
（三）正面近期免冠照片（1寸，2张）；
（四）初中以上（含初中）毕业证书（复印件）或者同等学历证明（1份）；
（五）医疗卫生机构出具的含有视力、色盲等内容的身体健康证明。

《特种设备焊接操作人员考试申请表》由用人单位或者培训机构签署意见，并且明确申请人经过安全教育和培训的内容及课时。

第十八条 考试机构应当在收到报名资料15个工作日内完成审查。对符合要求的，通知申请人参加考试；对不符合要求的，通知申请人及时补正资料或者说明不符合要求的理由。

第十九条 考试机构在考试30日前公布焊工基本知识考试和焊接操作技能考试项目、时间和地点，并且通知申请人和考试机构所在地的质监部门。

焊工基本知识考试合格后方能参加焊接操作技能考试。焊工基本知识考试成绩有效期为1年。

考试组织工作要严格执行保密、监考等各项规章制度，确保考试工作的公开、公正、公平、规范，保证考试工作质量。

第二十条 考试机构应当在考试结束后的20个工作日内，完成考试成绩的评定。焊工基本知识考试和焊接操作技能考试的结果应当记入《特种设备焊接操作人员考试基本情况表》（见附件D），焊接操作技能考试试件的检验记录应当记入《金属材料焊接操作技能考试检验记录表》和《非金属材料焊接操作技能考试检验记录表（PE）》（见附件E和附件F，以下统称焊接操作技能考试检验记录表）。

第二十一条 焊工考试结果报发证机关并且通知报名的焊工。基本知识考试和焊接操作技能考试合格的焊工，由考试机构汇总焊工报名资料、考试资料（包括附件C、附件D、考试试卷、附件E或者附件F）向发证机关统一申请办理《特种设备作业人员证》，也可以由焊工个人向发证机关申请办理。

第二十二条 焊工报名资料和考试资料，由考试机构存档，保存至少4年。

第二十三条 持证焊工应当按照本细则规定，承担与合格项目相应的特种设备焊接工作。

《特种设备作业人员证》在全国各地同等有效。

第二十四条 《特种设备作业人员证》每四年复审一次。

首次取得的合格项目在第一次复审时,需要重新进行考试;第二次以后(含第二次)复审时,可以在合格项目范围内抽考。

第二十五条 持证焊工应当在期满3个月之前,将复审申请资料提交给原考试机构,委托考试机构统一向发证机关提出复审申请;焊工个人也可以将复审申请资料直接提交原发证机关,申请复审。

跨地区作业的焊工,可以向作业所在地的发证机关申请复审。

第二十六条 申请复审时,持证焊工应当提交以下资料:

(一)《特种设备焊接操作人员复审申请表》(见附件G,1份);

(二)《特种设备作业人员证》(原件);

(三)《特种设备焊接操作人员焊绩记录表》(见附件H,1份);

(四)《特种设备焊接操作人员考试基本情况表》(见附件D,1份);

(五)焊接操作技能考试检验记录表(适用于重新考试或者抽考的焊工,1份);

(六)医疗卫生机构出具含有视力、色盲等内容的身体健康证明(原件)。

《特种设备焊接操作人员复审申请表》由聘用焊工的单位(以下简称用人单位)或者培训机构签署意见,明确申请人经过安全教育和培训的内容及课时,有无违规、违法等不良记录。

第二十七条 复审时,满足以下所有要求的为复审合格:

(一)提交的复审申请资料真实齐全;

(二)年龄不超过55岁(超过55岁的按照本细则第二十九条要求)的;

(三)没有因违反工艺纪律以致发生重大质量事故的;

(四)重新考试合格的项目或者按照本细则附件A的A8,附件B的B7抽考合格的项目。

第二十八条 发证机关应当在5个工作日内对复审资料进行审查,或者告知申请人补正申请资料,并且做出是否受理的决定。能够当场审查的,应当场办理。

同意受理的复审申请,发证机关应当在20个工作日内完成复审。合格的,在证书正本上登记复审考试通过的项目并签章;不合格的,应当书面说明理由。

第二十九条 持证手工焊焊工或者焊机操作工某焊接方法中断特种设备焊接作业6个月以上,该手工焊焊工或者焊机操作工若再使用该焊接方法进行特种设备焊接作业前,应当复审抽考。

年龄超过55岁的焊工,需要继续从事特种设备焊接作业,根据情况由发证机关决定是否需要进行考试。

第三十条 逾期未申请复审、复审不合格者,其《特种设备作业人员证》失效,由发证机关予以注销并公告。

第三十一条 有下列情况之一的,原发证机关可吊销或者撤销其《特种设备作业人员证》:

(一)以考试作弊或者以其他欺骗方式取得《特种设备作业人员证》的;

(二)违章操作造成特种设备事故的;

(三)考试机构或者发证机关工作人员滥用职权,玩忽职守,违反法定程序或者超越范围考试发证的。

第三十二条 以考试作弊或者以其他欺骗方式取得《特种设备作业人员证》的焊工,吊销证书后3年内不得重新提出焊工考试申请。

第三十三条 焊工和签署意见的用人单位或者培训机构应当对《特种设备焊接操作人员考试申请表》、《特种设备焊接操作人员复审申请表》中的内容真实性负责。

考试机构应当对焊工申请考试资料的完整性和《特种设备焊接操作人员考试基本情况表》、《金属材料焊接操作技能考试检验记录表》、《非金属材料焊接操作技能考试检验记录表(PE)》的真实性负责。

发证机关应当对焊工考试的程序和审查结论负责。

第三十四条 考试机构可以按照特种设备信息化工作要求,积极创造条件,建立网上报名的平台,实施网上报名。发证机关应当将颁发《特种设备作业人员证》的相关数据录入到国家质检总局特种设备作业人员公示系统中。

第四章 附 则

第三十五条 用人单位应当根据本细则规定,结合本单位的实际情况,制定焊工管理办法,建立焊工焊接档案。焊工焊接档案应当包括焊工焊绩、焊缝质量汇总结果、焊接质量事故等内容,并且为焊工的取证和复审提供客观真实的证明资料。

焊工解除聘用关系后,原用人单位有责任向发证机关提供焊工焊接档案资料。

第三十六条 符合下列条件的焊工考试范围、内容、方法和结果评定标准,由用人单位按照产品设计和制造技术条件,参照国内外相应标准制订。必要时,组织专家进行审查,并且报发证机关备案,其他要求仍按本细则执行：

（一）以本细则规定以外的焊接方法（如钎焊）、材料类别（如中碳钢、锡青铜、锆及锆合金）、填充材料类别和焊缝形式（如耐磨层堆焊、端接焊缝、槽焊缝和塞焊缝）进行焊接；

（二）机电类设备采用超出国内设计规范规定范围的材料,或者采用标准抗拉强度下限值大于610MPa的低合金钢。

第三十七条 焊工用《特种设备作业人员证》由国家质检总局统一印制。

按照《特种设备作业人员监督管理办法》的规定,特种设备焊接作业分为"承压焊"（指承压设备的焊接）和"结构焊"（指机电类设备的焊接）,《特种设备作业人员证》焊工考试合格的项目填写方法如下：

（一）如果结构焊焊工考试中有特殊要求〔如本细则第三十六条第（二）项、不按照JB/T 4708《承压设备焊接工艺评定》进行焊接工艺评定、试件不按照JB/T 4730《承压设备无损检测》进行无损检测等〕,焊工考试合格的项目必须分为"承压焊"或者"结构焊"；当《特种设备作业人员证》需同时包括"承压焊、结构焊"时,则其"作业种类"栏"特种设备焊接作业"后加"（承压焊、结构焊）",并且在批准项目页中填写的合格项目代号前注明"承压焊"或者"结构焊"（分别用代号"Y"和"J"表示）；

（二）如果结构焊焊工考试中有特殊要求,《特种设备作业人员证》不同时包括"（承压焊）"时,则其"作业种类"栏"特种设备焊接作业"后加"（结构焊）",在批准项目页中直接填写合格项目代号；

（三）如果结构焊焊工考试中没有特殊要求,《特种设备作业人员证》中的"作业种类"栏"特种设备焊接作业"后加"（承压焊、结构焊）",在批准项目页中直接填写合格项目代号,不必注明"承压焊"或者"结构焊"。

第三十八条 本细则由国家质检总局负责解释。

第三十九条 本细则自2011年2月1日起施行,2002年4月18日国家质检总局颁布的《锅炉压力容器压力管道焊工考试与管理规则》（锅质检锅〔2002〕109号）、2006年10月27日《燃气用聚乙烯管道焊接技术规则》中有关焊工的考试组织、考试与管理等相关要求同时废止。

附 录 A
特种设备金属材料焊工考试范围、内容、方法和结果评定

A1 适用范围

本附件规定了特种设备金属材料焊工考试范围、内容、方法、结果评定与项目代号。适用于特种设备用金属材料的气焊、焊条电弧焊、钨极气体保护焊、熔化极气体保护焊、埋弧焊、等离子弧焊、气电立焊、电渣焊、摩擦焊、螺柱焊和耐蚀堆焊的焊工考试。

A2 术语

A2.1 焊工

从事焊接操作的人员。焊工分为手工焊焊工、机动焊焊工和自动焊焊工。机动焊焊工和自动焊焊工合称焊机操作工。

A2.2 手工焊

焊工用手进行操作和控制工艺参数而完成的焊接,填充金属可以由人工送给,也可以由焊机送给。

A2.3 机动焊

焊工操作焊机进行调节与控制工艺参数而完成的焊接。

A2.4 自动焊

焊机自动进行调节与控制工艺参数而完成焊接。

A2.5 焊机操作工

操作机动焊、自动焊设备的焊工。

A3 基本知识考试范围

(1)特种设备的分类、特点和焊接要求;
(2)金属材料的分类、牌号、化学成分、使用性能、焊接特点和焊后热处理;
(3)焊接材料(包括焊条、焊丝、焊剂和气体等)类型、型号、牌号、性能、使用和保管;
(4)焊接设备、工具和测量仪表的种类、名称、使用和维护;
(5)常用焊接方法的特点、焊接工艺参数、焊接顺序、操作方法与焊接质量的影响因素;
(6)焊缝形式、接头形式、坡口形式、焊缝符号与图样识别;
(7)焊接缺陷的产生原因、危害、预防方法和返修;
(8)焊缝外观检查方法和要求,无损检测方法的特点、适用范围;
(9)焊接应力和变形的产生原因和防止方法;
(10)焊接质量控制系统、规章制度、工艺纪律基本要求;
(11)焊接作业指导书、焊接工艺评定;

(12)焊接安全和规定;
(13)特种设备法律、法规和标准;
(14)法规、安全技术规范有关焊接作业人员考核和管理规定。

A4 焊接操作技能考试

A4.1 焊接操作技能的要素

与焊接操作技能有关的要素如下:
(1)焊接方法;
(2)焊接方法的机动化程度;
(3)金属材料类别;
(4)填充金属类别;
(5)试件位置;
(6)衬垫;
(7)焊缝金属厚度;
(8)管材外径;
(9)焊接工艺因素。

A4.2 焊接操作技能考试要素的分类与代号

A4.2.1 焊接方法

焊接方法与代号见表 A-1,每种焊接方法都可以表现为手工焊、机动焊、自动焊等操作方式。

表 A-1 焊接方法与代号

焊接方法	代 号
焊条电弧焊	SMAW
气焊	OFW
钨极气体保护焊	GTAW
熔化极气体保护焊	GMAW(含药芯焊丝电弧焊 FCAW)
埋弧焊	SAW
电渣焊	ESW
等离子弧焊	PAW
气电立焊	EGW
摩擦焊	FRW
螺柱电弧焊	SW

A4.2.2 金属材料类别

金属材料类别与示例见表 A-2。

表 A-2 金属材料类别与示例

种类	类别	代号	型号、牌号、级别				
钢	低碳钢	Fe Ⅰ	Q195 Q215 Q235 Q245R Q275	10 15 20 25 20G	HP245 HP265	L175 L210 WCA	S205
钢	低合金钢	Fe Ⅱ	HP295 HP325 HP345 HP365 Q295 Q345 Q390 Q420	L245 L290 L320 L360 L415 L450 L485 L555 S240 S290 S315 S360 S385 S415 S450 S480	Q345R 16Mn Q370R 15MnV 20MnMo 10MoWVNb 13MnNiMoR 20MnMoNb 07MnMoVR 12MnNiVR 20MnG 10MnDG	15MoG 20MoG 12CrMo 12CrMoG 15CrMo 15CrMoR 15CrMoG 14Cr1Mo 14Cr1MoR 12Cr1MoV 12Cr1MoVG 12Cr2Mo 12Cr2Mol 12Cr2MolR 12Cr2MoG 12CrMoWVTiB 12Cr3MoVSiTiB	09MnD 09MnNiD 09MnNiDR 16MnD 16MnDR 16MnDG 15MnNiDR 15MnNiNbDR 20MnMoD 07MnNiVDR 08MnNiMoVD 10Ni3MoVD 06Ni3MoDG ZG230-450 ZG20CrMo ZG15Cr1MolV ZG12Cr2Mo1G
钢	Cr≥5%铬钼钢、铁素体钢、马氏体钢	Fe Ⅲ	1Cr5Mo 10Cr9MoVNb	06Cr13 00Cr27Mo	12Cr13 06Cr13Al	10Cr17 ZG16Cr5MoG	1Cr9Mo1
钢	奥氏体钢、奥氏体与铁素体双相钢	Fe Ⅳ	06Cr19Ni10 06Cr19Ni11Ti 022Cr19Ni10 CF3 CF8	06Cr17Ni12Mo2 06Cr17Ni12Mo2Ti 06Cr19Ni13Mo3 022Cr17Ni12Mo2 022Cr19Ni13Mo3 022Cr23Ni5Mo3N	06Cr23Ni13 06Cr25Ni20 12Cr18Ni9		
铜与铜合金	纯铜	Cu Ⅰ	T2 TU1 TU2 TP1 TP2				
铜与铜合金	铜锌合金、铜锌锡合金	Cu Ⅱ	H62 HA177-2 HSn70-1 HSn62-1				

表 A-2（续）

种类	类别	代号	型号、牌号、级别
铜与铜合金	铜硅合金	CuⅢ	QSi3-1
	铜镍合金	CuⅣ	B19 BFe10-1-1 BFe30-1-1
	铜铝合金	CuⅤ	QAl5 QAl 9-4 ZCuAl10Fe3
镍与镍合金	纯镍	NiⅠ	N5 N6 N7
	镍铜合金	NiⅡ	NCu30
	镍铬铁合金、镍铬钼合金	NiⅢ	NS312 NS315 NS334 NS335 NS336
	镍钼铁合金	NiⅣ	NS321 NS322
	镍铁铬合金	NiⅤ	NS111 NS112 NS142 NS143
铝与铝合金	纯铝，铝锰合金	AlⅠ	1A85 1060 1050A 1200 3003
	铝镁合金（Mg≤4%）	AlⅡ	3004 5052 5A03 5454
	铝镁硅合金	AlⅢ	6061 6063 6A02
	铝镁合金（Mg>4%）	AlⅤ	5A05 5083 5086
钛与钛合金	低强纯钛、钛钯合金	TiⅠ	TA0 TA1 TA9 TA1-A ZTi1
	高强纯钛、钛钼镍合金	TiⅡ	TA2 TA3 TA10 ZTi2

A4.2.3 填充金属类别

填充金属类别、示例与适用范围见表 A-3。

表 A-3 填充金属类别、示例与适用范围

填充金属		试件用填充金属类别代号	相应型号、牌号	适用于焊件填充金属类别范围	相应标准
种类	类别				
钢	碳钢焊条、低合金钢焊条、马氏体钢焊条、铁素体钢焊条	Fef1（钛钙型）	EXX03	Fef1	JB/T 4747 [GB/T 5117 GB/T 5118 GB/T 983 （奥氏体、奥氏体与铁素体双相钢焊条除外）]
		Fef2（纤维素型）	EXX10 EXX11 EXX10-X EXX11-X	Fef1 Fef2	
		Fef3（钛型、钛钙型）	EXXX(X)-16 EXXX(X)-17	Fef1 Fef3	
		Fef3J（低氢型、碱性）	EXX15 EXX16 EXX18 EXX48 EXX15-X EXX16-X EXX18-X EXX48-X EXXX(X)-15 EXXX(X)-16 EXXX(X)-17	Fef1 Fef3 Fef3J	

表 A-3（续）

填充金属 种类	填充金属 类别	试件用填充金属类别代号	相应型号、牌号	适用于焊件填充金属类别范围	相应标准
钢	奥氏体钢焊条、奥氏体与铁素体双相钢焊条	Fef4（钛型、钛钙型）	EXXX(X)-16　EXXX(X)-17	Fef4	JB/T 4747 [GB/T 983（奥氏体、奥氏体与铁素体双相钢焊条）]
钢	奥氏体钢焊条、奥氏体与铁素体双相钢焊条	Fef4J（碱性）	EXXX(X)-15　EXXX(X)-16 EXXX(X)-17	Fef4 Fef4J	JB/T 4747 [GB/T 983（奥氏体、奥氏体与铁素体双相钢焊条）]
钢	全部钢焊丝	FefS	全部实芯焊丝和药芯焊丝	FefS	JB/T 4747
铜与铜合金	纯铜焊条	Cuf1	ECu	Cuf1	GB/T 3670
铜与铜合金	铜硅合金焊条	Cuf2	ECuSi-A　ECuSi-B	Cuf2	GB/T 3670
铜与铜合金	铜锡合金焊条	Cuf3	ECuSn-A　ECuSn-B	Cuf3	GB/T 3670
铜与铜合金	铜镍合金焊条	Cuf4	ECuNi-A　ECuNi-B	Cuf4 NifX	GB/T 3670 GB/T 13814
铜与铜合金	铜铝合金焊条	Cuf6	ECuAl-A2　ECuAl-B　ECuAl-C	Cuf6	GB/T 3670
铜与铜合金	铜镍铝合金焊条	Cuf7	ECuAlNi　ECuMnAlNi	Cuf7	GB/T 3670
铜与铜合金	纯铜焊丝	CufS1	HSCu	CufS1	GB/T 9460
铜与铜合金	铜硅合金焊丝	CufS2	HSCuSi	CufS2	GB/T 9460
铜与铜合金	铜锡合金焊丝	CufS3	HSCuSn	CufS3	GB/T 9460
铜与铜合金	铜镍合金焊丝	CufS4	HSCuNi	CufS4 NifSX	GB/T 9460 GB/T 15620
铜与铜合金	铜铝合金焊丝	CufS6	HSCuAl	CufS6	GB/T 9460
铜与铜合金	铜镍铝合金焊丝	CufS7	HSCuAlNi	CufS7	GB/T 9460
镍与镍合金	纯镍焊条	Nif1	ENi-1	Nif1 Nif2 Nif3 Nif4 Nif5 Cuf4	GB/T 13814
镍与镍合金	镍铜合金焊条	Nif2	ENiCu-7	Nif1 Nif2 Nif3 Nif4 Nif5 Cuf4	GB/T 13814
镍与镍合金	镍基类 镍铬铁合金焊条 镍铬钼合金焊条	Nif3	ENiCrFe-1　ENiCrFe-2 ENiCrFe-3　ENiCrFe-4 ENiCrMo-2　ENiCrMo-3 ENiCrMo-4　ENiCrMo-5 ENiCrMo-6　ENiCrMo-7	Nif1 Nif2 Nif3 Nif4 Nif5 Cuf4	GB/T 13814
镍与镍合金	镍钼合金焊条	Nif4	ENiMo-1　ENiMo-3　ENiMo-7	Nif1 Nif2 Nif3 Nif4 Nif5 Cuf4	GB/T 13814
镍与镍合金	铁镍基 镍铬钼合金焊条	Nif5	ENiCrMo-1　ENiCrMo-9	Nif1 Nif2 Nif3 Nif4 Nif5 Cuf4	GB/T 13814
镍与镍合金	纯镍焊丝	NifS1	ERNi-1	NifS1 NifS2 NifS3 NifS4 NifS5 CufS4	GB/T 15620
镍与镍合金	镍铜合金焊丝	NifS2	ERNiCu-7	NifS1 NifS2 NifS3 NifS4 NifS5 CufS4	GB/T 15620
镍与镍合金	镍基类 镍铬铁合金焊丝 镍铬钼合金焊丝	NifS3	ERNiCr-3　ERNiCrFe-5 ERNiCrFe-6　ERNiCrMo-2 ERNiCrMo-3　ERNiCrMo-4 ERNiCrMo-7	NifS1 NifS2 NifS3 NifS4 NifS5 CufS4	GB/T 15620

表 A-3（续）

填充金属		试件用填充金属类别代号	相应型号、牌号		适用于焊件填充金属类别范围	相应标准
种类	类别					
镍与镍合金	镍钼合金焊丝	NifS4	ERNiMo-1 ERNiMo-3	ERNiMo-2 ERNiMo-7	NifS1 NifS2 NifS3 NifS4 NifS5 CufS4	GB/T 15620
	铁镍基类 镍铬钼合金焊丝 镍铬铁合金焊丝	NifS5	ERNiCrMo-1 ERNiCrMo-9	ERNiCrMo-8 ERNiFeCr-1		
铝与铝合金	纯铝焊丝	AlfS1	ER1100 ER1188		AlfS1 AlfS2 AlfS3	JB/T 4747
	铝镁合金焊丝	AlfS2	ER5183 ER5556	ER5356、ER5554 ER5654		
	铝硅合金焊丝	AlfS3	ER4145 ER4043	ER4047		
钛与钛合金	纯钛焊丝	TifS1	ERTi-1 ERTi-3	ERTi-2 ERTi-4	TifS1 TifS2 TifS4	JB/T 4747
	钛钯合金焊丝	TifS2	ERTi7			
	钛钼镍合金焊丝	TifS4	ERTi-12			

A4.2.4 试件位置

焊缝位置基本上由试件位置决定。试件类别、位置与其代号见表 A-4、图 A-1、图 A-2。
摩擦焊试件形式应当与任一通过焊接工艺评定的试件或者焊件相同。

表 A-4 试件类别、位置与代号

试件类别	试件位置		代号
板材对接焊缝试件	平焊试件		1G
	横焊试件		2G
	立焊试件		3G
	仰焊试件		4G
板材角焊缝试件	平焊试件		1F
	横焊试件		2F
	立焊试件		3F
	仰焊试件		4F
管材对接焊缝试件	水平转动试件		1G(转动)
	垂直固定试件		2G
	水平固定试件	向上焊	5G
		向下焊	5GX(向下焊)
	45°固定试件	向上焊	6G
		向下焊	6GX(向下焊)

表 A-4（续）

试件类别	试件位置	代号
管材角焊缝试件（分管-板角焊缝试件和管-管角焊缝试件两种）	45°转动试件	1F（转动）
	垂直固定横焊试件	2F
	水平转动试件	2FR（转动）
	垂直固定仰焊试件	4F
	水平固定试件	5F
管板角接头试件	水平转动试件	2FRG（转动）
	垂直固定平焊试件	2FG
	垂直固定仰焊试件	4FG
	水平固定试件	5FG
	45°固定试件	6FG
螺柱焊试件	平焊试件	1S
	横焊试件	2S
	仰焊试件	4S

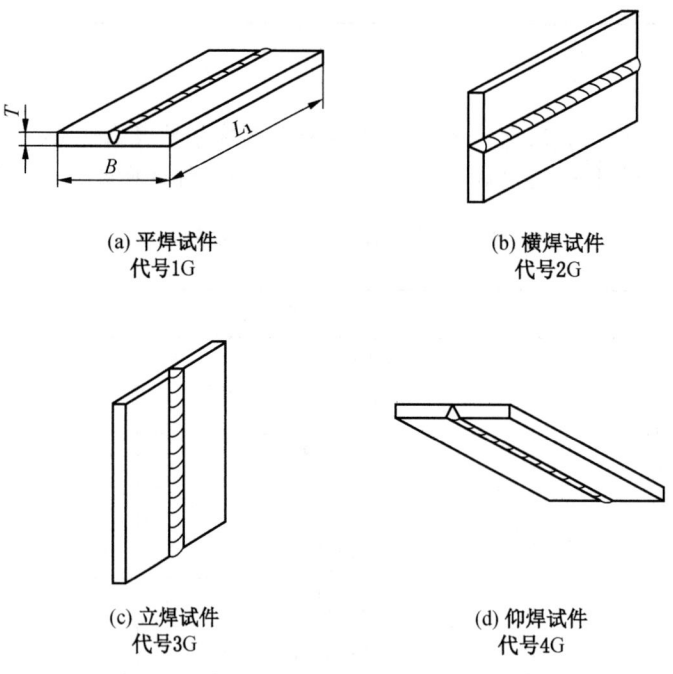

(a) 平焊试件 代号1G
(b) 横焊试件 代号2G
(c) 立焊试件 代号3G
(d) 仰焊试件 代号4G

(1) 板材对接焊缝试件（无坡口时为堆焊试件）

图 A-1 焊工考试试件类别

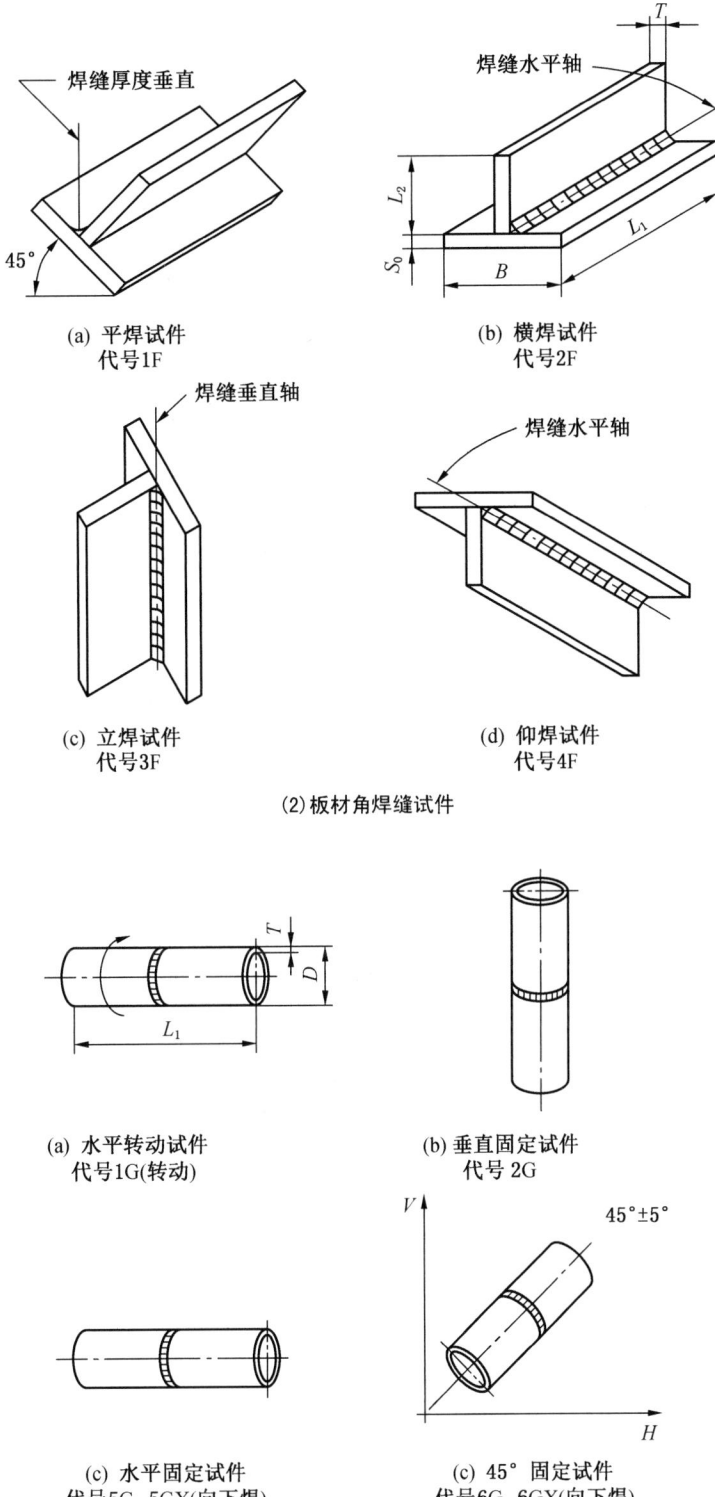

图 A-1（续）

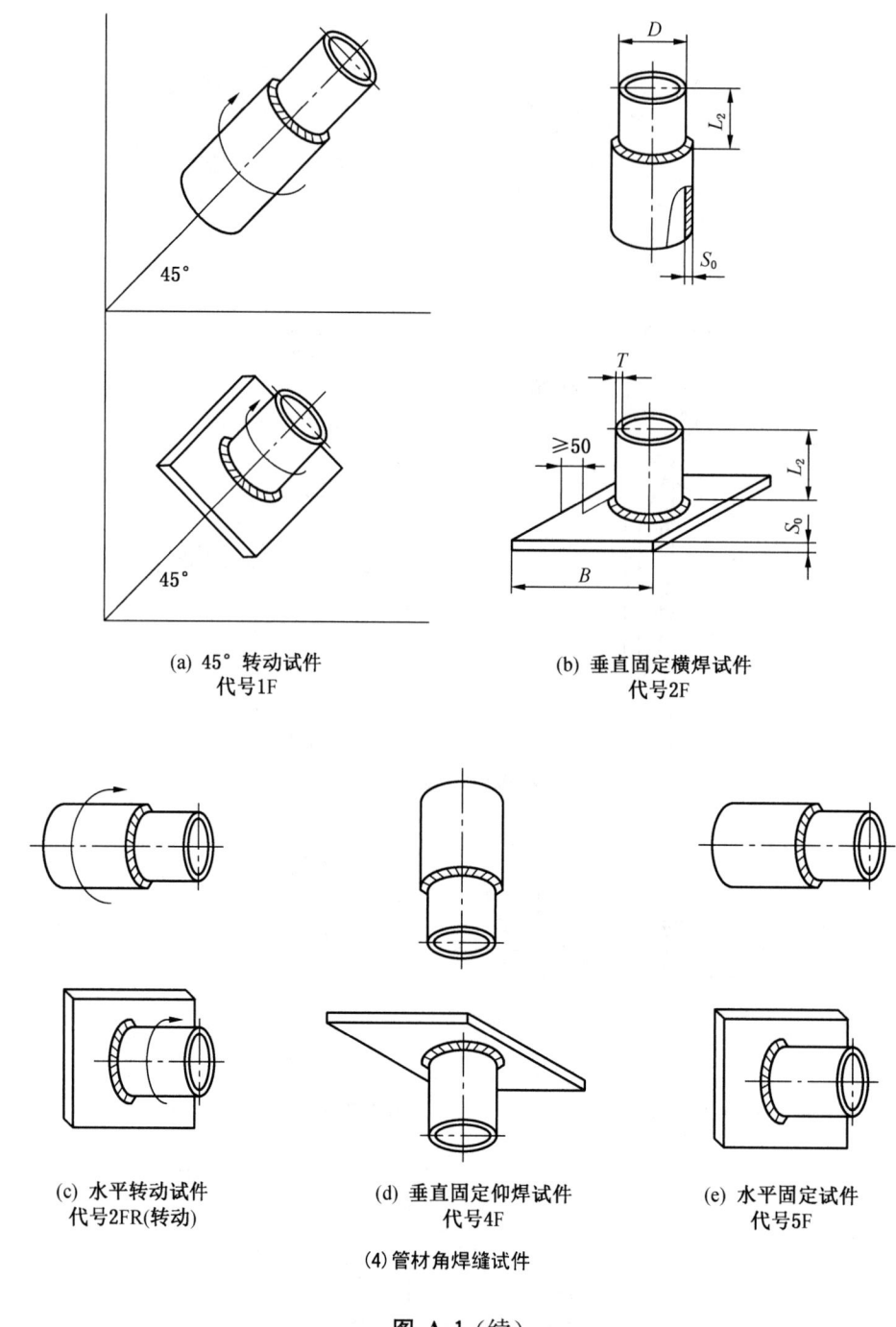

(a) 45°转动试件
代号1F

(b) 垂直固定横焊试件
代号2F

(c) 水平转动试件
代号2FR(转动)

(d) 垂直固定仰焊试件
代号4F

(e) 水平固定试件
代号5F

(4) 管材角焊缝试件

图 A-1（续）

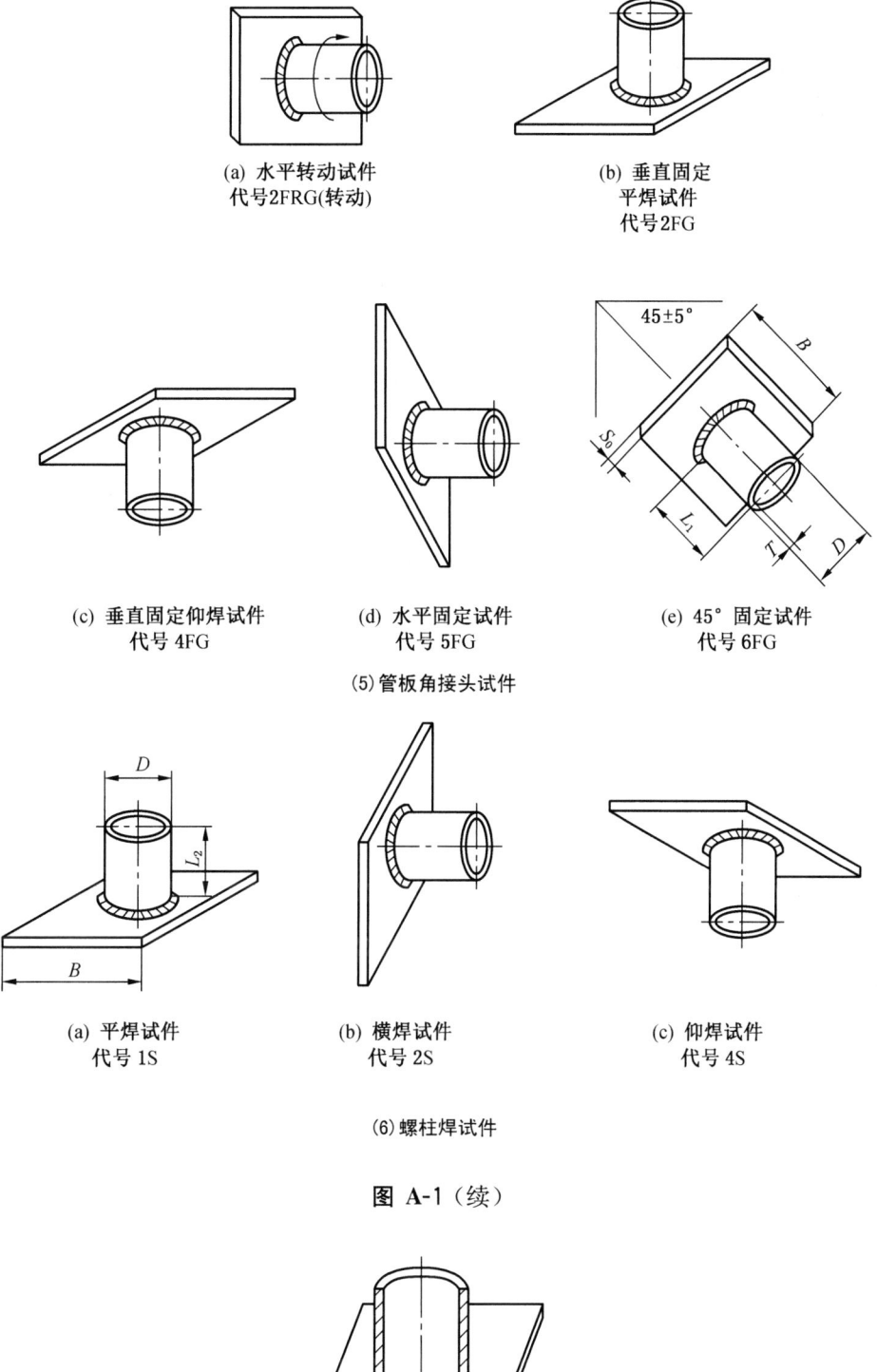

(a) 水平转动试件 代号2FRG(转动)
(b) 垂直固定平焊试件 代号2FG
(c) 垂直固定仰焊试件 代号4FG
(d) 水平固定试件 代号5FG
(e) 45°固定试件 代号6FG

(5) 管板角接头试件

(a) 平焊试件 代号1S
(b) 横焊试件 代号2S
(c) 仰焊试件 代号4S

(6) 螺柱焊试件

图 A-1（续）

图 A-2 管板角接头试件接头形式

A4.2.5 衬垫

板材对接焊缝试件、管材对接焊缝试件和管板角接头试件,分为带衬垫和不带衬垫两种。试件和焊件的双面焊、角焊缝,焊件不要求焊透的对接焊缝和管板角接头,均视为带衬垫。

A4.2.6 焊接工艺因素

焊接工艺因素与代号见表 A-5。

表 A-5 焊接工艺因素与代号

机动化程度	焊接工艺因素		焊接工艺因素代号
手工焊	气焊、钨极气体保护焊、等离子弧焊用填充金属丝	无	01
		实芯	02
		药芯	03
	钨极气体保护焊、熔化极气体保护焊和等离子弧焊时,背面保护气体	有	10
		无	11
	钨极气体保护焊电流类别与极性	直流正接	12
		直流反接	13
		交流	14
	熔化极气体保护焊	喷射弧、熔滴弧、脉冲弧	15
		短路弧	16
机动焊	钨极气体保护焊自动稳压系统	有	04
		无	05
	各种焊接方法	目视观察、控制	19
		遥控	20
	各种焊接方法自动跟踪系统	有	06
		无	07
	各种焊接方法每面坡口内焊道	单道	08
		多道	09
自动焊	摩擦焊	连续驱动摩擦	21
		惯性驱动摩擦	22

A4.3 焊接操作技能考试规定

A4.3.1 焊接方法

变更焊接方法,焊工需要重新进行焊接操作技能考试。

在同一种焊接方法中,当发生下列情况时,焊工也需重新进行焊接操作技能考试:

(1)手工焊焊工变更为焊机操作工,或者焊机操作工变更为手工焊焊工;

(2)自动焊焊工变更为机动焊焊工。

A4.3.2 金属材料的类别

A4.3.2.1 钢

A4.3.2.1.1 钢号

焊工采用某类别任一钢号,经过焊接操作技能考试合格后,当发生下列情况时,不需重新进行焊接操作技能考试:

(1)手工焊焊工焊接该类别其他钢号;
(2)手工焊焊工焊接该类别钢号与类别号较低钢号所组成的异种钢号焊接接头;
(3)除FeⅣ类外,手工焊焊工焊接类别号较低钢号;
(4)焊机操作工焊接各类别中的钢号。

A4.3.2.1.2 异类别钢号

手工焊焊工采用异类别钢号组成的管板角接头(或者管材角焊缝)试件,经焊接操作技能考试合格后,视为该焊工已通过试件中较高类别钢的焊接操作技能考试,当焊接钢制管板角接头(或者管材角焊缝)焊件时,可执行A4.3.2.1.1中(1)、(2)、(3)的规定。

A4.3.2.2 铜与铜合金

焊工采用铜与铜合金中某类别任一牌号材料,经焊接操作技能考试合格后,手工焊焊工焊接该类别其他牌号材料时,不需重新进行焊接操作技能考试;焊机操作工焊接各类别中的其他牌号材料时,不需重新进行焊接操作技能考试。

A4.3.2.3 镍与镍合金

焊工采用镍与镍合金中某类别任一牌号材料,经焊接操作技能考试合格后,焊接各类别中的其他牌号材料时,不需重新进行焊接操作技能考试。

焊工进行焊接操作技能考试时,试件母材可以用奥氏体不锈钢代替。

A4.3.2.4 铝与铝合金、钛与钛合金

焊工采用铝与铝合金或者钛与钛合金中某类别任一牌号材料,经焊接操作技能考试合格后,焊接各类别铝及铝合金或者钛及钛合金中的其他牌号材料时,不需重新进行焊接操作技能考试。

A4.3.3 填充金属的类别

(1)手工焊焊工采用某类别填充金属材料,经焊接操作技能考试合格后,适用于焊件相应种类的填充金属材料类别范围,按照表A-3的规定;

(2)焊机操作工采用某类别填充金属材料,经焊接操作技能考试合格后,适用于焊件相应种类的各类别填充金属材料。

A4.3.4 焊剂、保护气体、钨极

焊接操作技能考试合格的焊工,当变更焊剂型号、保护气体种类、钨极种类时,不需要重新进行焊接操作技能考试。

A4.3.5 试件位置

(1)手工焊焊工或者焊机操作工,采用对接焊缝试件、角焊缝试件和管板角接头试件,经过焊接操作

技能考试合格后,适用于焊件的焊缝和焊件位置见表 A-6;

表 A-6 试件适用焊件焊缝和焊件位置

试件		适用焊件范围			
		对接焊缝位置		角焊缝位置	管板角接头焊件位置
类别	代号	板材和外径大于600 mm的管材	外径小于或等于600 mm的管材		
板材对接焊缝试件	1G	平	平(注 A-2)	平	—
	2G	平、横	平、横(注 A-2)	平、横	—
	3G	平、立(注 A-1)	平(注 A-2)	平、横、立	—
	4G	平、仰	平(注 A-2)	平、横、仰	—
管材对接焊缝试件	1G	平	平	平	—
	2G	平、横	平、横	平、横	—
	5G	平、立、仰	平、立、仰	平、立、仰	—
	5GX	平、立向下、仰	平、立向下、仰	平、立向下、仰	—
	6G	平、横、立、仰	平、横、立、仰	平、横、立、仰	—
	6GX	平、立向下、横、仰	平、立向下、横、仰	平、立向下、横、仰	—
管板角接头试件	2FG	—	—	平、横	2FG
	2FRG	—	—	平、横	2FRG、2FG
	4FG	—	—	平、横、仰	4FG、2FG
	5FG	—	—	平、横、立	5FG、2FRG、2FG
	6FG	—	—	平、横、立、仰	所有位置
板材角焊缝试件	1F	—	—	平(注 A-3)	—
	2F	—	—	平、横(注 A-3)	—
	3F	—	—	平、横、立(注 A-3)	—
	4F	—	—	平、横、仰(注 A-3)	—
管材角焊缝试件	1F	—	—	平	—
	2F	—	—	平、横	—
	2FR	—	—	平、横	—
	4F	—	—	平、横、仰	—
	5F	—	—	平、立、横、仰	—

注 A-1:表中"立"表示向上立焊;向下立焊表示为"立向下"焊。
注 A-2:板材对接焊缝试件考试合格后,适用于管材对接焊缝焊件时,管外径应大于或等于 76 mm。
注 A-3:板材角焊缝试件考试合格后,适用于管材角焊缝焊件时,管外径应大于或等于 76 mm。

(2)管材角焊缝试件焊接操作技能考试时,可在管-板角焊缝试件与管-管角焊缝试件中任选一种;
(3)手工焊焊工向下立焊试件考试合格后,不能免考向上立焊,反之也不可;
(4)焊机操作工采用螺柱焊试件,经过仰焊位置考试合格后,适用于任何位置的螺柱焊焊件;其他位置考试合格后,只适用于相应位置的焊件(见图 A-3)。

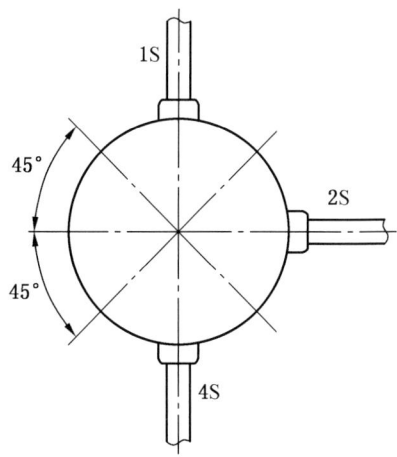

图 A-3 螺柱焊焊件焊接位置范围

A4.3.6 衬垫

（1）手工焊焊工或者焊机操作工采用不带衬垫对接焊缝试件或者管板角接头试件，经焊接操作技能考试合格后，分别适用于带衬垫对接焊缝焊件或者管板角接头焊件，反之不适用；

（2）气焊焊工采用带衬垫对接焊缝试件，经焊接操作技能考试合格后，适用于不带衬垫对接焊缝焊件，反之不适用。

A4.3.7 焊缝金属厚度

（1）手工焊焊工采用对接焊缝试件，经焊接操作技能考试合格后，适用于焊件焊缝金属厚度范围见表 A-7〔t 为每名焊工、每种焊接方法在试件上的对接焊缝金属厚度（余高不计）〕，当某焊工用一种焊接方法考试且试件截面全焊透时，t 与试件母材厚度 T 相等（t 不得小于 12 mm，且焊缝不得少于 3 层）；

表 A-7 手工焊对接焊缝试件适用于对接焊缝焊件焊缝金属厚度范围

mm

试件母材厚度 T	适用于焊件焊缝金属厚度	
	最小值	最大值
<12	不限	2t
≥12	不限	不限

（2）手工焊焊工采用半自动熔化极气体保护焊，短路弧焊接对接焊缝试件，焊缝金属厚度 $t<12$ mm，经焊接操作技能考试合格后，适用于焊件焊缝金属厚度为小于或者等于 1.1t；若当试件焊缝金属厚度 $t≥12$ mm，且焊缝不得少于 3 层，经焊接操作技能考试合格后，适用于焊件焊缝金属厚度为大于 1.1t；

（3）焊机操作工采用对接焊缝试件或者管板角接头试件考试时，母材厚度 T 与 S_0 由考试机构自定，经焊接操作技能考试合格后，适用于焊件焊缝金属厚度不限；

（4）气焊焊工焊接操作技能考试合格后，适用于焊件母材厚度与焊缝金属厚度不大于试件母材和焊缝金属厚度。

A4.3.8 管材外径

A4.3.8.1 对接焊缝和管板角接头

（1）手工焊焊工采用管材对接焊缝试件，经焊接操作技能考试合格后，适用于管材对接焊缝焊件外

径范围见表 A-8,适用于焊缝金属厚度范围见表 A-7;

表 A-8　手工焊管材对接焊缝试件适用于对接焊缝焊件外径范围

mm

管材试件外径 D	适用于管材焊件外径范围	
	最小值	最大值
<25	D	不限
25≤D<76	25	不限
≥76	76	不限
≥300(注 A-4)	76	不限

注 A-4:管材向下焊试件。

(2)手工焊焊工采用管板角接头试件,经焊接操作技能考试合格后,适用于管板角接头焊件尺寸范围见表 A-9;当某焊工用一种焊接方法考试且试件截面全焊透时,t 与试件板材厚度 S_0 相等;当 S_0≥12 时,t 应不小于 12 mm,且焊缝不得少于 3 层;

(3)焊机操作工采用管材对接焊缝试件或者管板角接头试件考试时,管外径由考试机构自定,经焊接操作技能考试合格后,适用于管材对接焊缝焊件外径或者管板角接头焊件管外径不限。

表 A-9　手工焊管板角接头试件适用于管板角接头焊件尺寸范围

mm

试件管外径 D	适用于管板角接头焊件尺寸范围				
	管外径		管壁厚度	焊件焊缝金属厚度	
	最小值	最大值		最小值	最大值
<25	D	不限	不限	不限	当 S_0<12 时,$2t$;当 S_0≥12 时,不限
25≤D<76	25	不限	不限		
≥76	76	不限	不限		

A4.3.8.2　角焊缝

(1)手工焊焊工或者焊机操作工采用对接焊缝试件或者管板角接头试件,经焊接操作技能考试合格后,除其他条款规定需要重新考试外,适用于角焊缝焊件,且母材厚度和管径不限;

(2)手工焊焊工或者焊机操作工采用管材角焊缝试件,经焊接操作技能考试合格后,除其他条款规定需要重新考试外,手工焊焊工适用于管材角焊缝焊件尺寸范围见表 A-10,焊机操作工不限;

(3)手工焊焊工或者焊机操作工采用板材角焊缝试件,经焊接操作技能考试合格后,除其他条款规定需要重新考试外,手工焊焊工适用于角焊缝焊件范围见表 A-11,焊机操作工不限。

表 A-10　手工焊焊工管材角焊缝试件适用于管材角焊缝焊件尺寸范围

mm

管材试件外径 D	适用管材焊件尺寸范围		
	外径最小值	外径最大值	管壁厚度
<25	D	不限	不限
25≤D<76	25	不限	不限
≥76	76	不限	不限

表 A-11 手工焊焊工板材角焊缝试件适用于角焊缝焊件范围

mm

试件母材厚度 T	适用于角焊缝焊件范围	
	母材厚度	焊件类别
5～10	不限	板材角焊缝
<5	T～$2T$	外径 D≥76 管材角焊缝

A4.3.9 焊接工艺因素

当表 A-5 中焊接工艺因素代号 01、02、03、04、06、08、10、12、13、14、15、16、19、20、21、22 中某一代号因素变更时,焊工需重新进行焊接操作技能考试。

A4.3.10 耐蚀堆焊

(1)各种焊接方法的焊接操作技能考试规定也适用于耐蚀堆焊;

(2)手工焊焊工或者焊机操作工采用堆焊试件考试合格后,适用于焊件的堆焊层厚度不限,适用焊件母材厚度范围见表 A-12;

(3)焊接不锈钢复合钢的复层之间焊缝及过渡焊缝的焊工,应当取得耐蚀堆焊资格。

表 A-12 堆焊试件适用焊件母材厚度范围

mm

试件母材厚度 T	适用于堆焊焊件母材厚度范围	
	最小值	最大值
<25	T	不限
≥25	25	不限

A4.4 焊接操作技能考试方法

A4.4.1 单独考试与组合考试

焊接操作技能考试可以由一名焊工在同一试件上采用一种焊接方法进行,也可以由一名焊工在同一试件上采用不同焊接方法进行组合考试,或者由 2 名以上(含 2 名)焊工在同一试件上采用相同焊接方法或者不同焊接方法进行组合考试,但是由 3 名以上(含 3 名)焊工的组合考试,试件厚度不得小于 20 mm。

A4.4.2 试件

A4.4.2.1 考试试件的尺寸和数量

考试试件的尺寸和数量见表 A-13。

表 A-13 试件尺寸与数量

试件类别	试件形式		试件尺寸(mm)						试件数量(个)
			L_1	L_2	B	T	D	S_0	
对接焊缝试件	板	手工焊	≥300	—	≥200	自定	—	—	1
		机动焊、自动焊	≥400	—	≥240		—	—	

表 A-13（续）

试件类别	试件形式		试件尺寸(mm)						试件数量（个）
			L_1	L_2	B	T	D	S_0	
对接焊缝试件	管	手工焊、机动焊、自动焊	≥200	—	—	自定	<25	—	3
							25≤D<76	—	3
							≥76	—	1
		手工向下焊	≥200	—	—	自定	≥300	—	1
角焊缝试件	板	手工焊	≥300	≥75	≥100	≤10	—	≥T	1
		机动焊、自动焊	≥400	≥75	≥100	≤10	—	≥T	1
	管与板（管）	手工焊	—	≥75	≥D+100	自定	<76	≥T	2
		机动焊、自动焊	—	≥5	≥D+100	自定	≥76		1
管板角接头试件	管与板	手工焊	—	≥75	≥D+100	自定	<76	≥T	2
		机动焊、自动焊	—	≥5	≥D+100	自定	≥76		1
堆焊试件	板		≥250	—	≥150	<25 或 ≥25	—	—	1（注 A-5）
	管		≥200	—	—	<25 或 ≥25	—	—	1（注 A-5）
螺柱焊试件	板与柱		—	8D~10D	≥50	—	—	—	5

注 A-5：管材堆焊试件最少数量应当满足取样要求。

A4.4.2.2 试件加工

试件坡口形式与尺寸应当按照焊工考试用焊接作业指导书制备。

A4.4.3 施焊要求

（1）焊接操作技能考试前，由考试机构负责编制焊工考试编号，并且在监考人员与焊工共同确认的情况下，在试件上标注焊工考试编号和考试项目代号；

（2）焊工应当按照考试机构提供的焊接作业指导书焊接考试试件；

（3）考试用试件的坡口表面与两侧必须清除干净，焊条和焊剂必须按照规定要求烘干，焊丝必须去除油、锈；

（4）手工焊焊工的所有考试试件，第一层焊缝长度中部附近至少有一个停弧再焊接头，焊机操作工考试时，中间不得停弧；

（5）采用不带衬垫试件进行焊接操作技能考试时，必须从单面焊接；

（6）焊机操作工考试时，允许加引弧板和引出板；

（7）表 A-2 中 FeⅠ类钢材的试件，除管材角焊缝、对接焊缝试件和管板角接头试件的第一道焊缝在换焊条时允许修磨接头部位外，其他焊道不允许修磨和返修，其他材料（使用镍质焊条除外）除第一层和中间层焊道在换焊条时允许修磨接头部位外，其他焊道不允许修磨和返修；

（8）焊接操作技能考试时，试件的焊接位置不得改变。管材对接焊缝和管板角接头 45°固定试件，管轴线与水平面的夹角应为 45°±5°，见图 A-1；

(9)水平固定试件和45°固定试件,应当在试件上标注焊接位置的钟点标记,定位焊缝不得在"6点"标记处;焊工在进行管材向下焊试件操作技能考试时,严格按照钟点标记固定试件位置,并且只能从"12点"标记处起弧,"6点"标记处收弧;其他操作应当符合本条相关要求;

(10)手工焊焊工考试板材试件厚度大于10 mm时,不允许用焊接卡具或者其他办法将板材试件刚性固定,但是允许试件在定位时预留反变形量,厚度小于或者等于10 mm的板材试件允许刚性固定;

(11)对接焊缝试件、角焊缝试件和管板角接头试件,均要求全焊透;

(12)堆焊试件焊道熔敷金属宽度应当大于12 mm,首层至少堆焊3条并列焊道,总宽度大于或者等于38 mm;

(13)螺柱焊焊接操作考试时,应当采用机动焊或自动焊焊接(手工引弧除外);

(14)试件数量应当符合表A-13的要求,并且不得多焊试件从中挑选。

A5 结果评定

A5.1 综合评定

(1)焊工基本知识考试满分为100分,不低于60分为合格;

(2)焊工焊接操作技能考试通过检验试件进行评定,各试件按照本章规定的检验内容逐项进行,每个试件的各项检验要求均合格时,该考试项目为合格。

由2名以上(含2名)焊工进行的组合考试,应当分别检验与记录,如某项不合格,在能够确认该项施焊焊工时,则该焊工考试不合格;如不能确认该项施焊焊工的,则参与该组合考试的焊工均不合格;其他组合考试,有任一项不合格,则组合考试项目不合格。

A5.2 试件检验

A5.2.1 试件的检验项目、数量和试样数量

试件的检验项目、数量和试样数量见表A-14,每个试件应当先进行外观检查,合格后再进行其他项目检验。

表A-14 试件检验项目、数量和试样数量

试件类别	试件形式	试件厚度或管径(mm)		检验项目					
		厚度	管外径	外观检查(件)	射线检测(件)	弯曲试验(个)			金相检验(宏观,个)
						面弯	背弯	侧弯(注A-6)	
对接焊缝试件	板	<12	—	1	1	1	1	—	—
		≥12	—	1	1	—	—	2	—
	管(注A-7)	—	<76	3	3	1	1	—	—
		—	≥76	1	1	1	1	—	—
	管材向下焊	<12	≥300	1	1	1	1	—	—
		≥12		1	1	—	—	2	—
管板角接头试件	管与板	—	<76	2	—	—	—	—	任一试件取4个检查面
			≥76	1	—	—	—	—	4

表 A-14（续）

试件类别	试件形式	试件厚度或管径(mm)		检验项目					
		厚度	管外径	外观检查（件）	射线检测（件）	弯曲试验(个)			金相检验（宏观,个）
						面弯	背弯	侧弯(注 A-6)	
角焊缝试件	板	≤10	—	1	—	—	—	—	4
	管与板（管）	任意厚度	<76	2	—	—	—	—	任一试件取4 个检查面
			≥76	1	—	—	—	—	4
耐蚀堆焊试件	板或管	—	—	1	1(渗透)	—	—	2	—
螺柱焊试件	板与柱	—	—	5	—	—	—	5(折弯)	—

注 A-6：当试件厚度大于或者等于 10 mm 时,可以用 2 个侧弯试样代替面弯与背弯试样。

注 A-7：管子摩擦焊按照对接焊缝试件对待。

A5.2.2 外观检查

A5.2.2.1 检查方法

(1)采用宏观(目视或者 5 倍放大镜等)方法进行；
(2)手工焊的板材试件两端 20 mm 内的缺陷不计；
(3)焊缝的余高和宽度可用焊缝检验尺测量最大值和最小值,不取平均值；
(4)单面焊的背面焊缝宽度可不测定。

A5.2.2.2 检查基本要求

(1)焊缝表面应当是焊后原始状态,焊缝表面没有加工修磨或者返修；
(2)属于一个考试项目的所有试件外观检查的结果均符合各项要求,该项试件的外观检查为合格,否则为不合格。

A5.2.2.3 检查内容与评定指标

A5.2.2.3.1 焊缝表面

(1)各种焊缝表面不得有裂纹、未熔合、夹渣、夹钨、气孔、焊瘤和未焊透,机动焊和自动焊的焊缝表面不得有咬边和凹坑；
(2)手工焊焊缝表面的咬边和背面凹坑不得超过表 A-15 的规定,镍和镍合金、钛和钛合金其焊缝表面不得有咬边；
(3)堆焊两相邻焊道之间的凹下量不得大于 1 mm,焊道间搭接接头的不平度在试件范围内不得超过 1.5 mm；
(4)钛材焊缝和热影响区的表面颜色检查,银白色、金黄色(致密)为合格,蓝色、紫色、灰色、暗灰色与黄色粉状物均为不合格。

表 A-15 试件焊缝表面缺陷规定

缺陷名称	允许的最大尺寸
咬边	深度大于或者等于 0.5 mm，焊缝两侧咬边总长度不得超过焊缝长度的 10%
背面凹坑	(1)当 $T\leqslant 5$ mm 时，深度不大于 25%T，且不大于 1 mm； (2)当 $T>5$ mm 时，深度不大于 20%T，且不大于 2 mm； (3)除仰焊位置的板材试件不作规定外，总长度不超过焊缝长度的 10%

A5.2.2.3.2 焊缝外形尺寸

焊缝外形尺寸应当符合表 A-16（除摩擦焊、螺柱焊外，厚度大于或者等于 20 mm 的埋弧焊试件，余高为 0 mm～4 mm）和以下规定：

(1)焊缝边缘直线度 f，手工焊 $f\leqslant 2$ mm，机动焊与自动焊 $f\leqslant 3$ mm；

(2)角焊缝试件、管板角接头试件的角焊缝中，焊缝的凹度或者凸度不大于 1.5 mm；

(3)角焊缝试件的焊脚为 $0.5T\sim 1T$，两焊脚之差小于或者等于 3 mm；管板角接头试件中管侧焊脚为 $0.5T\sim 1T$；

(4)不带衬垫的板材对接焊缝试件、不带衬垫的管板角接头试件和外径不小于 76 mm 的管材对接焊缝试件，背面焊缝的余高不大于 3 mm。

表 A-16 试件焊缝外形尺寸

mm

焊接方法、机动化程度	焊缝余高		焊缝余高差		焊缝宽度		焊道高度差	
	平焊	其他位置	平焊	其他位置	比坡口每侧增宽	宽度差	平焊	其他位置
手工焊	0～3	0～4	≤2	≤3	0.5～2.5	≤3	—	—
机动焊和自动焊	0～3	0～3	≤2	≤2	2～4	≤2	—	—
堆焊	—	—	—	—	—	—	≤1.5	≤1.5

A5.2.2.3.3 试件外形尺寸

板材对接焊缝试件焊后变形角度 θ 小于或者等于 3°（有色金属试件焊后变形角度小于或等于 10°），试件错边量 e 不得大于 10%T，且小于或者等于 2 mm，见图 A-4。

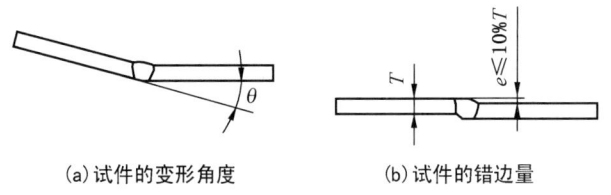

(a)试件的变形角度　　(b)试件的错边量

图 A-4 板材试件的变形角度和错边量

A5.2.3 无损检测

(1)试件的射线检测按照 JB/T 4730《承压设备无损检测》标准进行，射线检测技术不低于 AB 级，焊缝质量等级不低于Ⅱ级（注 A-8）；

注 A-8：从事机电类设备结构件焊接焊工考试试件允许按照产品设计、制造技术规范规定的无损检测标准进行检测。

(2)堆焊试件表面按照JB/T 4730《承压设备无损检测》标准采用渗透检测,焊缝质量等级为Ⅰ级。

A5.2.4 弯曲试验

A5.2.4.1 取样位置

(1)板材试件(包括堆焊试件)应当按照图 A-5 的位置截取弯曲试样;

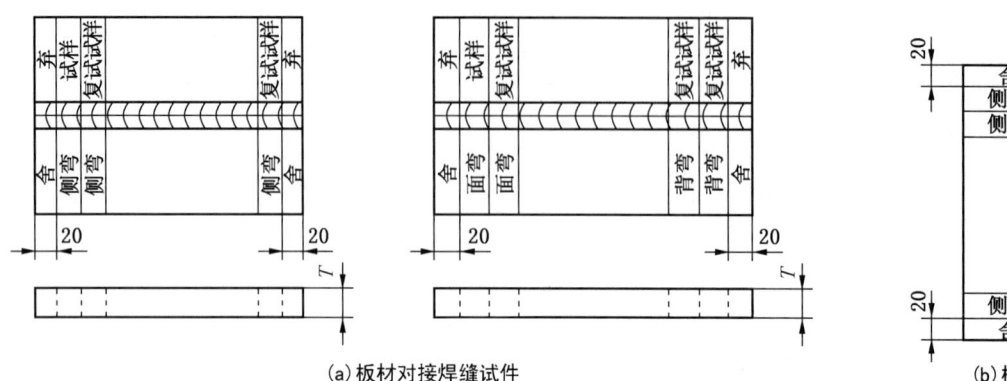

图 A-5 板材试件弯曲试样的截取位置

(2)管材试件(包括堆焊试件)应当按照图 A-6 的位置截取弯曲试样。

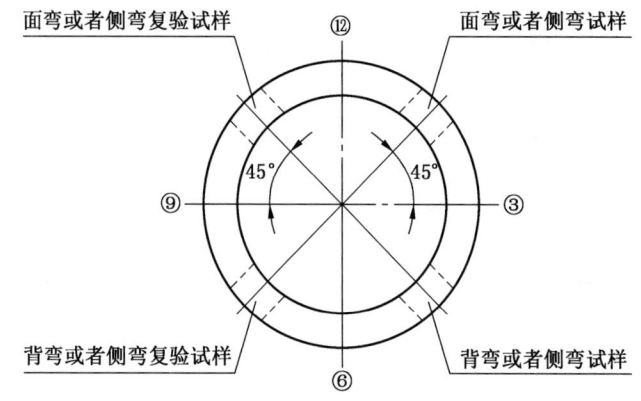

图 A-6 管材试件弯曲试样的截取位置

A5.2.4.2 试样形式和尺寸

对接焊缝试件弯曲试样的形式和尺寸见图 A-7。堆焊侧弯试样尺寸参见图 A-7(c),试样宽度至少应当包括堆焊层全部、熔合线和热影响区。试样上的余高以及焊缝背面的多余部分应用机械方法去除,面弯和背弯试样的拉伸面应当平齐。

A5.2.4.2.1 面弯和背弯试样

(1)表 A-17 中序号为 1 的母材类别,当 $T>3$ mm 时,取 $S=3$ mm,从试样受压面去除多余厚度;当 $T\leqslant 3$ mm 时,S 尽量接近 T;

(2)表 A-17 中除序号为 1 以外的母材类别,当 $T>10$ mm 时,取 $S=10$ mm,从试样受压面去除多余厚度;当 $T\leqslant 10$ mm 时,S 尽量接近 T;

(3)板状与管状试件外径 $D>100$ mm,试样宽度 $B=38$ mm;当 50 mm$\leqslant D\leqslant 100$ mm 时,则 $B=S$

$+\dfrac{D}{20}$(mm),且 8 mm≤B≤38 mm;当 10 mm≤D<50 mm 时,则 $B=S+\dfrac{D}{10}$(mm),且最小为 8 mm;对于 D≤25 mm,则将试件在圆周方向上 4 等分取样。

A5.2.4.2.2 横向侧弯试样

(1)当试件厚度 T 为大于或者等于 10 mm 且小于 38 mm 时,试样宽度 b 等于或者接近试件厚度;

(2)当试件厚度 T 等于或者大于 38 mm 时,允许沿试件厚度方向分层切成宽度为 20 mm 至 38 mm 等分的两片或者多片试样的试验代替一个全厚度侧弯试样的试验,或者试样在全宽度下弯曲。

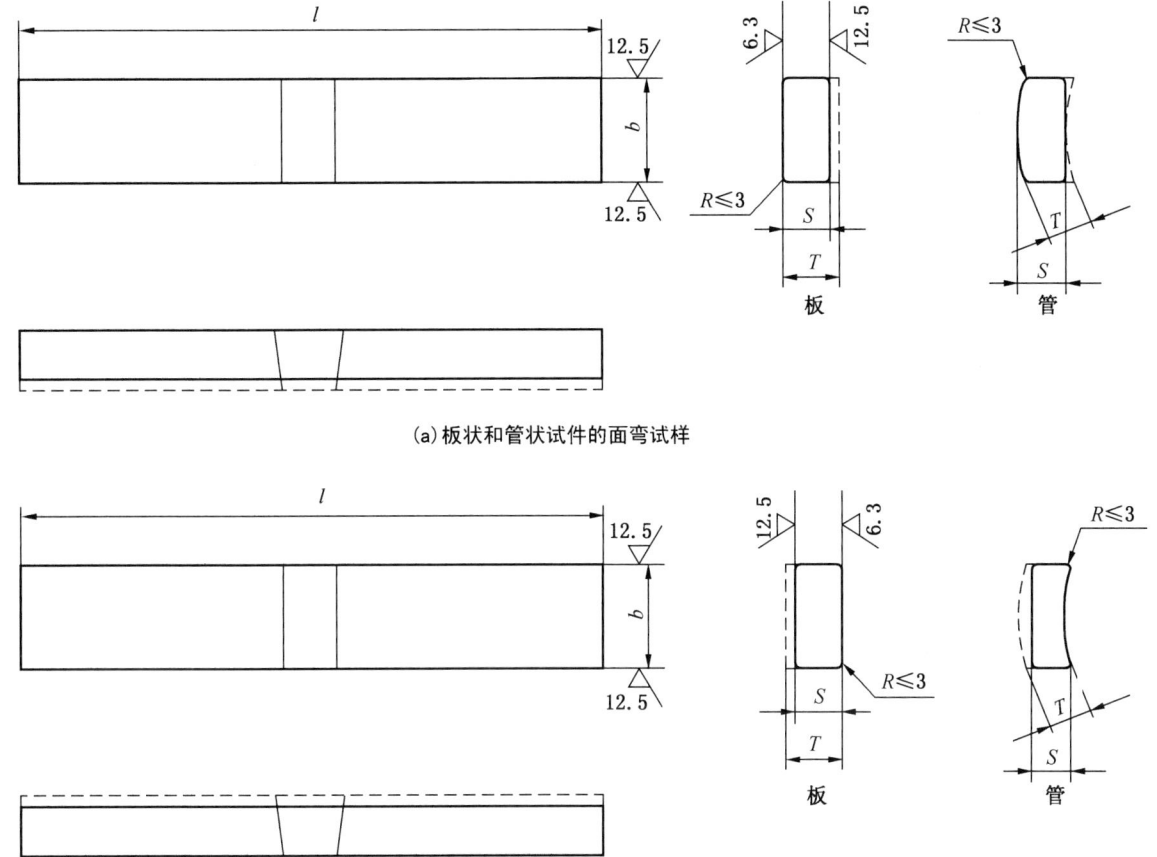

(a)板状和管状试件的面弯试样

(b)板状和管状试件的背弯试样

注 A-9:试样长度 $l\approx D_0+2.5S+100$,mm(D_0——弯心直径,mm)。

注 A-10:试样拉伸面棱角 R≤3mm。

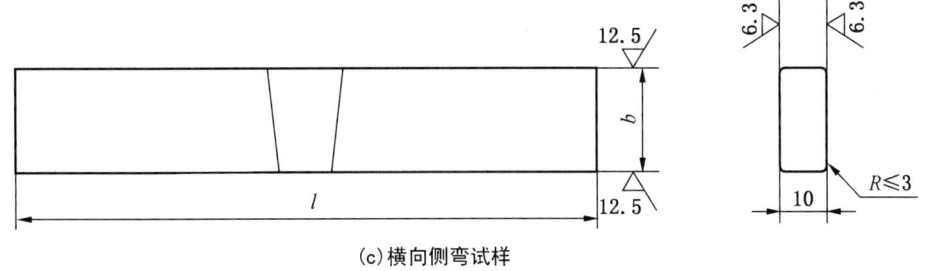

(c)横向侧弯试样

注 A-11:b——试样宽度(此时为试件厚度方向)。

注 A-12:l 等于或大于 150mm。

图 A-7 对接焊缝试件弯曲试样的形式和尺寸

A5.2.4.3 试验方法和合格指标

A5.2.4.3.1 试验方法

(1)弯曲试验按照表 A-17 规定的试验参数和 GB/T 2653《焊接接头弯曲试验方法》进行;

(2)试样的焊缝中心应对准弯心轴线。侧弯试验时,若试样表面存在缺欠,则以缺欠较严重一侧作为拉伸面;

(3)弯曲角度应以试样承受载荷时测量为准;

(4)除表 A-17 序号 1 至序号 4 所列的母材类别外,对于断后伸长率 A 标准规定值下限小于 20% 的母材,若按照表 A-17 序号 5 规定的弯曲试验不合格而其实测值小于 20%,则允许加大弯心直径重新进行试验,此时弯心直径等于 $\dfrac{S(200-A)}{2A}$(A 为断后伸长率的规定值下限乘以 100),支座间距等于弯心直径加 $(2S+3)$ mm;

(5)横向试样弯曲试验时,焊缝金属和热影响区应完全位于试样的弯曲部分内。

表 A-17 弯曲试验参数

序号	焊缝两侧的母材类别	试样厚度 S (mm)	弯心直径 D_0 (mm)	支承辊之间距离(mm)	弯曲角度 (°)
1	(1)A1Ⅲ 与 A1Ⅰ、A1Ⅱ、A1Ⅲ、A1Ⅴ 相焊; (2)用 A1fS3 类焊丝焊接 A1Ⅰ、A1Ⅱ、A1Ⅲ、A1Ⅴ(各自焊接或相互焊接); (3)CuV; (4)各类铜母材用焊条 Cuf3、Cuf6 和 Cuf7,焊丝 CufS3、CufS6 和 CufS7 焊接	3	52	60	180
		<3	16.5S	18.5S+1.5	
2	A1Ⅴ 与 A1Ⅰ、A1Ⅱ、A1Ⅴ 相焊 A1Ⅱ 与 A1Ⅰ、A1Ⅱ 相焊	10	64	86	
		<10	6.6S	8.6S+3	
3	Ti-1	10	76	98	
		<10	8S	10S+3	
4	Ti-2	10	95	118	
		<10	10S	12S+3	
5	除以上所列类别母材外,断后伸长率标准规定值下限大于或者等于 20% 的母材类别	10	38	60	
		<10	4S	6S+3	

A5.2.4.3.2 合格指标

(1)对接焊缝试件的弯曲试样弯曲到表 A-17 规定的角度后,其拉伸面上的焊缝和热影响区内,沿任何方向不得有单条长度大于 3 mm 的开口缺陷,试样的棱角开口缺陷一般不计,但由未溶合、夹渣或其他内部缺欠引起的棱角开口缺陷长度应计入;

(2)耐蚀堆焊试件弯曲试样弯曲到表 A-17 规定的角度后,在试样拉伸面上的堆焊层内不得有长度大于 1.5 mm 的任一开口缺陷,在熔合线内不得有长度大于 3 mm 的任一开口缺陷;

(3)试件的 2 个弯曲试样试验结果均合格时弯曲试验为合格;2 个试样均不合格时,不允许复验,弯曲试验为不合格;若其中 1 个试样不合格,允许从原试件上另取 1 个试样进行复验,复验合格,弯曲试验为合格。

A5.2.5 金相检验（宏观）

A5.2.5.1 金相检验取样

（1）管材角焊缝试件和管板角接头试件按照图 A-8 规定，在 3 点、6 点、9 点和 12 点时钟位置分别剖开，沿顺时针方向制备 4 个金相试样，板材角焊缝试件按照图 A-9 规定制备 4 个金相试样，金相试样检查面为 A；

（2）试样包含全部焊缝区、熔合区和热影响区即可。

A5.2.5.2 检验方法

（1）将金相试样的检查面磨光，并且经浸蚀，使焊缝区与热影响区界限清晰；
（2）采用目视或者 5 倍放大镜进行检验。

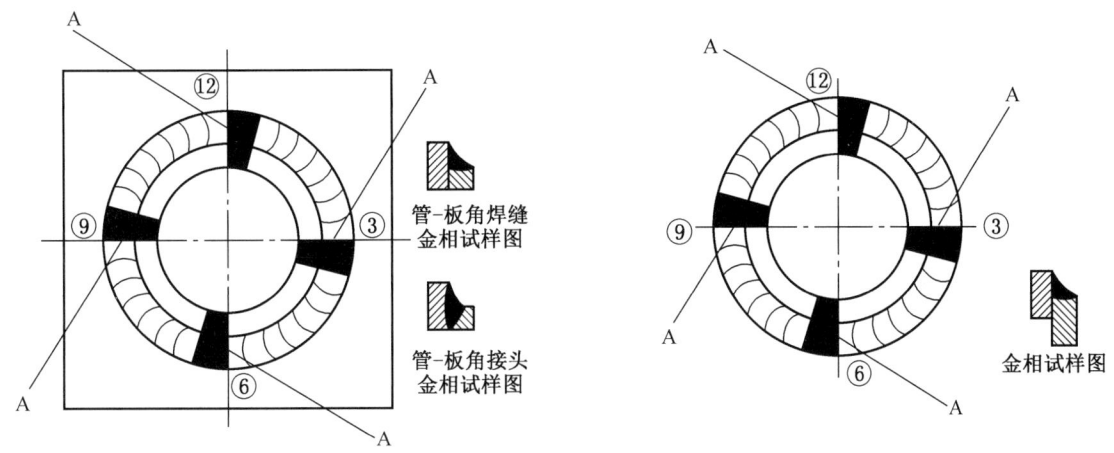

注 A-13：A 面为金相试样检查面。

图 A-8　管板角接头和管材角焊缝试件金相试样（宏观）的截取位置

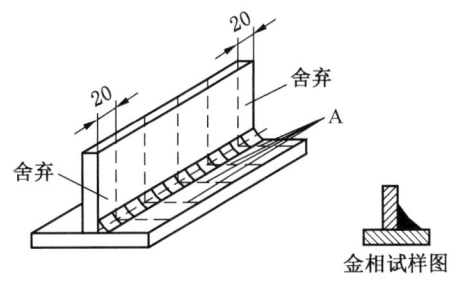

注 A-14：A 面为金相试样检查面。

图 A-9　板材角焊缝试件金相试样（宏观）截取位置

A5.2.5.3 检验内容与评定

（1）没有裂纹和未熔合；
（2）焊缝根部焊透；
（3）气孔或者夹渣的最大尺寸不得超过 1.5 mm；当气孔或者夹渣大于 0.5 mm，不大于 1.5 mm 时，其数量不得多于 1 个；当存在小于或者等于 0.5 mm 的气孔或者夹渣时，其数量不得多于 3 个。

A5.3 螺柱焊试件检验

A5.3.1 试件检验方法

试件检验可以采用以下任一种方法：
(1)锤击螺柱上端部,使1/4的螺柱长度贴在试件板上;
(2)按照图A-10所示,用套管使螺柱弯曲不小于15°,然后恢复原位。

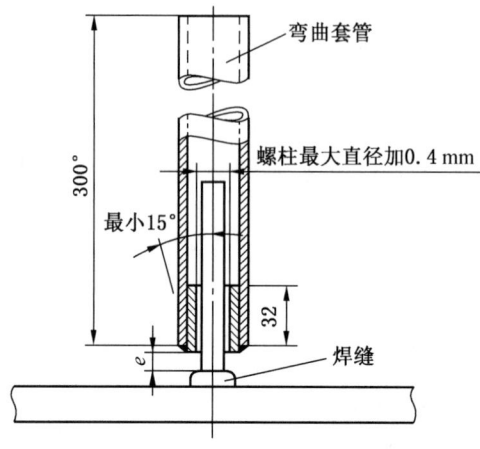

mm

螺柱直径	3	5	6	10	13	16	20	22	25
套管间距 e	3	3	5	6	8	9	12	12	15

图 A-10 螺柱焊弯曲试验方法简图

A5.3.2 检验内容与评定

每个螺柱的焊缝和热影响区在锤击或者弯曲试验后,没有开裂为合格。

A6 补考规定

焊工焊接操作技能考试不合格者,允许在3个月内补考一次。每个补考项目的试件数量按照表A-13的规定,试件检验项目、数量和试样数量按照表A-14的规定。其中弯曲试验,无论1个或者2个试样不合格,均不允许复验,本次考试为不合格。

A7 其他金属材料和填充金属材料考试要求

A7.1 金属材料

(1)如果不是表A-2中所示例的材料,只要其化学成分、力学性能与表A-2中某材料相近,考试机构在本单位使用的焊工考试管理方法中,便可以将此材料列入某材料所在的类别中;
(2)如果没有相应类别,则按照本细则第三十六条规定办理。

A7.2 填充金属材料

(1)表A-3以外类别或者标准的焊条,应当按照境内焊条相应的国家标准确定其型号,由考试机构根据该焊条药皮类型,在本单位使用的焊工考试管理方法中,纳入表A-3所在类别中;如果没有相应类

别,则按照本细则第三十六条规定办理;

(2)表 A-3 以外焊丝的化学成分与表 A-3 中某型号(牌号)相近,则由考试机构在本单位使用的焊工考试管理方法中,将此焊丝列入某型号(牌号)所在类别中;若没有相应类别,则按照本细则第三十六条规定办理。

A8 复审抽考

A8.1 抽考方法

(1)在焊工持有项目范围内(可被替代的项目除外)抽考的项目,应当包括每种焊接方法;
(2)在同一种焊接方法的项目中,按照手工焊—机动焊—自动焊的替代顺序抽考。

在同一种焊接方法、同一机动化程度的若干项目中,在复审焊工或者其代表在场的情况下,由考试机构随机抽取任一项目,作为复审抽考项目。

A8.2 抽考项目结果判定

(1)抽考项目合格,则相同焊接方法中的所有项目继续有效;
(2)抽考项目不合格,则相同焊接方法中的所有项目不再有效。

A9 焊工操作技能考试项目代号

焊工操作技能考试项目代号,应当按照每个焊工、每种焊接方法分别表示。

A9.1 焊工操作技能考试项目表示方法

A9.1.1 手工焊焊工操作技能考试项目表示方法

手工焊焊工操作技能考试项目表示为①-②-③-④/⑤-⑥-⑦,如果操作技能考试项目中不出现其中某项时,则不包括该项。项目具体含义如下:
① —焊接方法代号,见表 A-1,耐蚀堆焊加代号:(N 与试件母材厚度);
② —金属材料类别代号,见表 A-2,试件为异类别金属材料用"X/X"表示;
③ —试件位置代号,见表 A-4,带衬垫加代号:(K);
④ —焊缝金属厚度(对于板材角焊缝试件为试件母材厚度 T);
⑤ —外径;
⑥ —填充金属类别代号,见表 A-3;
⑦ —焊接工艺因素代号,见表 A-5。

A9.1.2 焊机操作工操作技能考试项目表示方法

焊机操作工操作技能考试项目表示为①-②-③,项目具体含义如下:
①—焊接方法代号,见表 A-1,耐蚀堆焊加代号(N 与试件母材厚度);
②—试件位置代号,见表 A-4,带衬垫加代号"(K)";
③—焊接工艺因素代号,见表 A-5。

A9.2 项目代号应用举例

(1)厚度为 14 mm 的 Q345R 钢板对接焊缝平焊试件带衬垫,使用 J507 焊条手工焊接,试件全焊透,项目代号为 SMAW-FeⅡ-1G(K)-14-Fef3J;

(2)壁厚为 8 mm、外径为 60 mm 的 Q245R 钢管对接焊缝水平固定试件,背面不加衬垫,用手工钨极氩弧焊打底,背面没有保护气体,填充金属为实芯焊丝,采用直流电源,反接施焊,焊缝金属厚度为 3 mm。然后采用 J427 焊条手工焊填满坡口,项目代号为 GTAW-FeⅠ-5G-3/60-FefS-02/11/13 和 SMAW-FeⅠ-5G(K)-5/60-Fef3J;

(3)板厚为 10 mm 的 Q345R 钢板对接焊缝立焊试件无衬垫,采用半自动 CO_2 气体保护焊,填充金属为药芯焊丝,背面无气体保护,采用喷射弧施焊,试件全焊透,项目代号为 FCAW-FeⅡ-3G-10-FefS-11/15;

(4)管材对接焊缝无衬垫水平固定试件,壁厚为 8 mm,外径为 70 mm,钢号为 16 Mn,采用机动熔化极气体保护焊,使用实芯焊丝,脉冲弧施焊,实施遥控,在自动跟踪条件下进行多道焊,试件全焊透,项目代号为 GMAW-5G-06/09/20;

(5)壁厚为 10 mm、外径为 86 mm 的 16 Mn 钢制管材垂直固定试件,使用 A312 焊条沿圆周方向手工堆焊,项目代号为 SMAW(N10)-FeⅡ-2G-86-Fef4/20;

(6)管板角接头无衬垫水平固定试件,管材壁厚为 3 mm,外径为 25 mm,材质为 20 号钢,板材厚度为 8 mm,材质为 Q345R,手工钨极氩弧焊打底不加填充焊丝,采用直流电源反接,背面无气体保护,焊缝金属厚度为 2 mm,然后采用机动钨极氩弧焊药芯焊丝多道焊,填满坡口,焊机无稳压系统,无自动跟踪系统,目视观察、控制。项目代号为 GTAW-FeⅠ/FeⅡ-5FG-2/25-01/11/13 和 GTAW-5FG(K)-05/07/09/19;

(7)S290 钢管外径为 320 mm,壁厚为 12 mm,水平固定位置,使用 EXX10 焊条手工向下焊打底,背面没有衬垫,焊缝金属厚度为 4 mm,然后采用药芯焊丝机动向上焊,无自动跟踪系统,遥控施焊过程,进行多道多层焊填满坡口,项目代号为 SMAW-FeⅡ-5GX-4/320-Fef2 和 FCAW-5G(K)-07/09/20;

(8)板厚为 16 mm 的 06Cr19Ni10 钢板,采用埋弧焊(机动)平焊,背面加焊剂垫,焊机无自动跟踪系统,焊丝为 H08Cr21Ni10Ti,焊剂为 HJ260,目视观察控制,单面施焊 2 层,填满坡口,项目代号为 SAW-1G(K)-07/09/19;

(9)厚度 12 mm 的 1060 铝板对接焊缝平焊试件,采用半自动熔化极气体保护焊、焊丝用 ER4043 焊丝,采用直流反接,熔滴弧施焊,单面多道焊全焊透,背面有保护气体,项目代号为 GMAW-A1Ⅰ-1G-12-AlfS3-10/15;

(10)板厚为 10 mm 的 Q345R 钢板角焊缝试件,立焊。采用半自动 CO_2 气体保护焊,背面无保护气体,填充金属为药芯焊丝,喷射弧过渡,完成试件的焊接,项目代号为 FCAW-FeⅡ-3F-10-FefS-11/15。

附 件 B
特种设备非金属材料焊工考试范围、内容、方法和结果评定

B1 适用范围

本附件规定了聚乙烯焊工考试内容、方法、结果、评定与项目代号。适用于特种设备用聚乙烯管道的热熔对接法和电熔连接法的焊工考试。

B2 术语

本附件所列的术语，为非金属材料焊接所用，其他有关非金属材料焊接的术语同附件A。

B2.1 热熔对接法

使用专门加热工具对非金属材料制两元件端部加热至粘流状态后，在压力下将其焊合的方法。

B2.2 电熔连接法

将非金属材料制电熔管件通电加热至表面熔化状态，使之与相接触的另一元件表面焊合的方法。

B3 基本知识考试

基本知识包括以下范围：
(1)聚乙烯压力管道基本知识；
(2)聚乙烯材料的分类、型号、牌号、成分、使用性能、加热后特点；
(3)聚乙烯管道用焊接设备、焊接辅具、量具的种类、名称、工作原理、使用方法和维护；
(4)热熔对接法和电熔连接法的特点、焊接工艺参数、焊接操作程序；
(5)焊接缺陷种类、产生原因、危害与预防措施；
(6)聚乙烯管道焊接接头的性能及其影响因素；
(7)聚乙烯焊接质量的影响因素和控制措施；
(8)聚乙烯焊接质量的检验方法和评定规定，非破坏性检验和破坏性检验方法的特点和评定规定；
(9)焊接质量管理体系、规章制度和工艺纪律；
(10)焊接作业指导书、焊接工艺评定；
(11)焊接安全知识；
(12)压力管道法律、法规、标准和技术条件；
(13)法规、安全技术规范有关焊接作业人员考核和管理规定。

B4 焊接操作技能考试

B4.1 焊接操作技能要素

(1)焊接方法；
(2)焊接方法的机动化程度；

(3)试件类别;

(4)试件管材外径。

B4.2 焊接操作技能要素的分类与代号

B4.2.1 焊接方法、机动化程度与代号

焊接方法与代号见表 B-1,机动化程度与代号见表 B-2。热熔对接法分为机动焊和自动焊,电熔连接法则全为自动焊。

表 B-1 焊接方法与代号

焊接方法	代 号
热熔对接法	BW
电熔连接法	EW

表 B-2 机动化程度与代号

机动化程度	代 号
机动焊	J
自动焊	Z

B4.2.2 试件类别与代号

试件类别与代号见表 B-3 与图 B-1。

表 B-3 试件类别与代号

试件类别	代 号
热熔对接焊小试件	d
热熔对接焊大试件	D
热熔对接焊三通试件	S
电熔连接焊承插试件	C
电熔连接焊鞍形试件	A

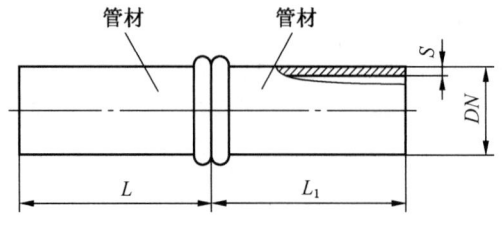

(a)热熔对接焊大(小)试件代号D或者d

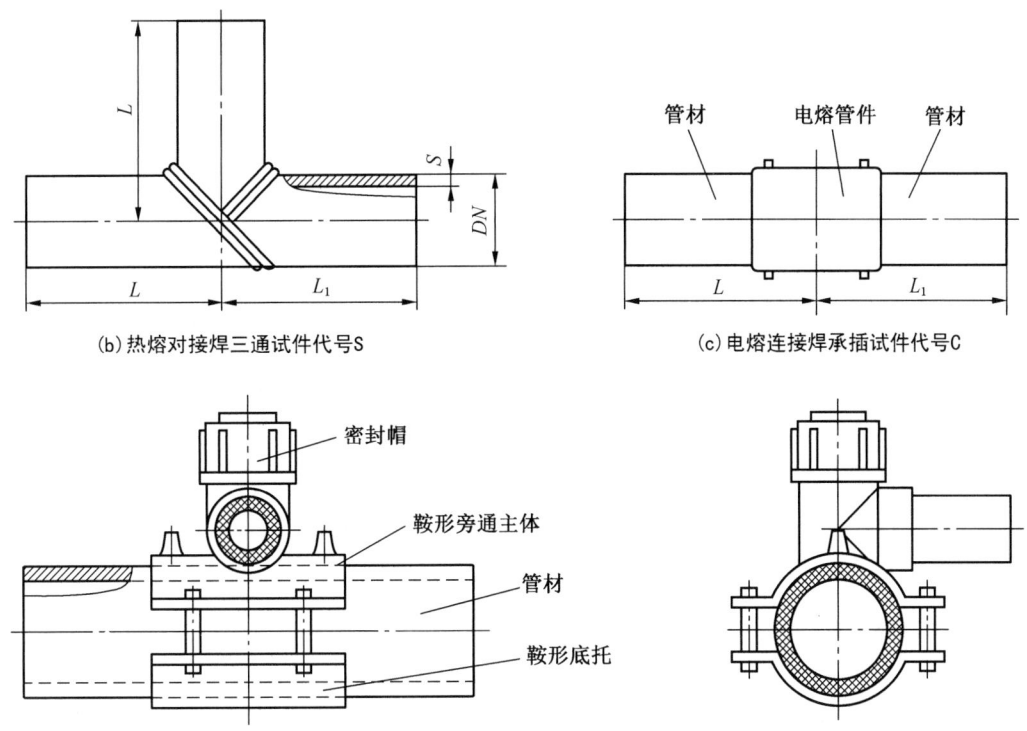

图 B-1 试件类别

B4.3 焊接操作技能考试规定

B4.3.1 焊接方法

变更焊接方法,需重新进行焊接操作技能考试。

B4.3.2 焊接方法的机动化程度

热熔对接法机动焊操作工操作技能考试合格后,可以免除自动焊考试,反之不可。

B4.3.3 试件类别

B4.3.3.1 热熔对接法操作工操作技能考试

(1)在机动焊范围内,热熔对接焊小试件考试合格后,其余试件合格项目方有效;
(2)三通试件考试合格后,焊接多角焊焊件、对接焊焊件和四通焊焊件,不需要重新进行考试。

B4.3.3.2 电熔连接法操作工操作技能考试

操作工操作技能考试试件类别,由考试机构确定。改变试件类别,不需要重新进行焊接操作技能考试。

B4.3.4 试件尺寸与焊件尺寸

操作工经操作技能考试合格后,适用于焊件的尺寸范围见表 B-4。

表 B-4 试件尺寸与焊件尺寸

mm

试件类别	试件尺寸		适用于焊件尺寸范围	
	外径(DN)	壁厚(S)	外径(DN)	壁厚(S)
热熔对接焊小试件	110≤DN≤250	≥6	≤250	不限
热熔对接焊大试件	≥315	—	>250	不限
热熔对接焊三通试件	≥315	—	不限	不限
电熔连接焊承插试件	≥63	DN=63(按SDR11)	不限	不限
电熔连接焊鞍形试件	≥110	—	不限	不限

B4.4 焊接操作技能考试方法

B4.4.1 试件准备

B4.4.1.1 试件的尺寸和数量

试件的尺寸和数量见表 B-5,试件用材料由考试机构指定。

B4.4.1.2 考试要求

(1)考试前,由考试机构编制焊工考试编号,会同监考人员与焊工共同确认,并且在试件上标注考试编号和项目代号;
(2)考试所用的管道元件必须符合国家标准要求,电熔管件应当是原包装;
(3)考试用的所有管材试件,由应考焊工进行切割下料;
(4)试件的规格和数量应当符合表 B-5 的要求;
(5)电熔连接法焊接之前,仔细清除被焊管表面的氧化皮;
(6)焊工应当按照考试机构提供的焊接作业指导书焊接考试试件,不得多焊试件,从中挑选;
(7)考试用焊机应处于正常工作状态。

表 B-5 试件的规格尺寸和数量

试件类别	试件数量不少于	试件尺寸,mm				材料
		外径(DN)	L	L_1	壁厚(S)	
热熔对接焊小试件	2(注 B-1)	110≤DN≤250	应当满足安装和试验要求		≥6	PE80或PE100
热熔对接焊大试件	2(注 B-1)	≥315			—	
热熔对接焊三通试件	1(注 B-2)	≥315			—	
电熔连接焊承插试件	2(注 B-3)	≥63			DN=63(按SDR11)	
电熔连接焊鞍形试件	1(注 B-4)	≥110			—	

注 B-1:见图 B-1(a)。

注 B-2:见图 B-1(b)。

注 B-3:见图 B-1(c)。

注 B-4:见图 B-1(d)。

B5 考试结果与评定

B5.1 综合评定

(1)焊工基本知识考试满分为100分,不低于60分为合格;

(2)焊接操作技能考试通过检验焊工操作过程与试件进行评定,焊工操作必须满足焊接工艺过程与所要求的全部技术参数要求;各考试项目的试件,按照本附件规定的检验项目分别制备。焊工焊接操作过程与每个试件的各项检验均合格时,该考试项目为合格。

B5.2 试件检验

B5.2.1 一般要求

(1)每个试件须先进行外观检查,合格后再进行破坏性检验;

(2)破坏性检验应当在焊接完成24 h后,在23 ℃±2 ℃条件下最少进行6 h的状态调节后才可进行。

B5.2.2 试件检验项目与数量见表B-6。

表 B-6 试件检验项目与数量

试件类别	宏观(外观)检查	拉伸性能试验	挤压剥离试验	拉伸剥离试验	撕裂剥离试验	耐压(静液压强度)试验
热熔对接焊大(小)试件	2件	任取1件	—	—	—	—
热熔对接焊三通试件	1件	—	—	—	—	取1件
电熔连接焊承插试件	2件	—	DN<90 mm 任取1件	DN≥90 mm 任取1件	—	—
电熔连接焊鞍形试件	1件	—	DN≤225 mm	—	DN>225 mm	—

B5.2.3 外观检查

B5.2.3.1 外观检查方法

外观检查采用目视或者5倍放大镜进行。

B5.2.3.2 外观检查的基本要求

(1)卷边表面应是焊后原始状态,表面没有经加工修磨;

(2)属于一个考试项目的所有试件外观检查结果均符合各项要求,该项目试件的外观检查为合格,否则为不合格。

B5.2.3.3 热熔对接焊试件外观检查内容与评定

B5.2.3.3.1 焊后状态的表面缺陷

卷边应沿整个外圆周平滑对称,尺寸均匀、饱满、圆润。翻边不得有切口或者缺口状缺陷,不得有明显的海绵状浮渣出现,无明显的气孔,不得有明显的二次卷边现象。

B5.2.3.3.2 焊后状态的外形尺寸

(1)外卷边(见图B-2)的中心高度K值必须大于零;

(2)焊接处的错边量不得超过管材壁厚的10%。

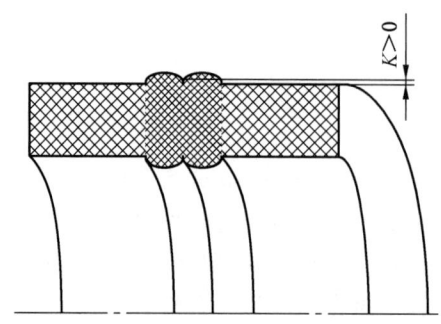

图 B-2 对接焊卷边示意图

B5.2.3.4 电熔连接焊试件外观检查内容与评定

B5.2.3.4.1 承插试件

(1)管件应当完整无损,无变形与变色;

(2)从观察孔应当能看到少量的聚乙烯顶出,但是顶出物不得呈流淌状,焊接表面不得有熔融物溢出;

(3)管件承插口应当与焊接的管材保持同轴;

(4)检查管件端口处管材,插口管材应当有明显圆周状刮削痕迹和管件位置标志。

B5.2.3.4.2 鞍形试件

(1)管件与管材焊接后,不得有熔融物流出管件表面,从观察孔应当能看到有少量的聚乙烯顶出,但是顶出物不得呈流淌状;

(2)管件应当与管材轴向垂直;

(3)管件焊接处应当有明显圆周状刮削痕迹和管件位置标志。

B5.2.4 拉伸性能试验

B5.2.4.1 试验方法

试验方法按照 GB/T 19810《聚乙烯(PE)管材和管件 热熔对接接头 拉伸强度和破坏形式的测定》规定。

B5.2.4.2 试验结果与评定

拉伸试验到破坏为止。试样韧性破坏为合格,脆性破坏为不合格。

B5.2.5 挤压剥离试验

B5.2.5.1 试验方法

试验方法按照 GB/T 19806《塑料管材和管件 聚乙烯电熔组件的挤压剥离试验》规定。

B5.2.5.2 试验结果与评定

剥离脆性破坏百分比小于或者等于 33.3% 时为合格。

B5.2.6 拉伸剥离试验

B5.2.6.1 试验方法

试验方法按照 GB/T 19808《塑料管材和管件 公称外径大于或等于 90 mm 的聚乙烯电熔组件的拉伸剥离试验》规定。

B5.2.6.2 试验结果与评定

剥离脆性破坏百分比小于或者等于 33.3% 时为合格。

B5.2.7 撕裂剥离试验

B5.2.7.1 试验方法

试验方法按照《燃气用聚乙烯管道焊接技术规则》(TSG D2002)附件 H 撕裂剥离试验方法规定。

B5.2.7.2 试验结果与评定

剥离脆性破坏百分比小于或者等于33.3%时为合格。

B5.2.8 耐压(静液压强度)试验

B5.2.8.1 试验方法

试验方法按照GB/T 6111《流体输送用热塑性塑料管材耐内压试验方法》规定。

B5.2.8.2 试验参数

(1)密封接头，a型；
(2)方向，任意；
(3)调节时间，12 h；
(4)试验时间，165 h；
(5)环应力，PE80为4.5 MPa、PE100为5.4 MPa；
(6)试验温度，80 ℃。

B5.2.8.3 试验结果与评定

焊接处无破坏，无渗漏为合格。

B6 补考规定

焊工焊接操作技能考试不合格者，允许在3个月内补考一次。每个补考项目的试件数量按照表B-5的规定，试件检验项目与数量按照表B-6的规定。

B7 复审抽考

B7.1 抽考方法

(1)在焊工持有项目范围内(可被替代的项目除外)抽考的项目，应当包括每种焊接方法；
(2)在同一种焊接方法的项目中，按照机动焊—自动焊的替代顺序抽考。

在同一种焊接方法、同一机动化程度的若干项目中，在复审焊工或者其代表在场时，由考试机构随机抽取任一项目，作为复审抽考项目。

B7.2 抽考项目结果判定

(1)抽考项目合格，则相同焊接方法中的所有项目继续有效；
(2)抽考项目不合格，则相同焊接方法中的所有项目不再有效。

B8 焊工操作技能考试项目代号

B8.1 焊工操作技能考试项目表示方法

考试项目表示方法为①—②—③，项目具体含义如下：
① —焊接方法代号，见表B-1；
② —机动化程度代号，见表B-2；
③ —试件类别代号，见表B-3。

B8.2 考试项目代号应用举例

(1)某焊工考试使用电熔管件，将两段SDR11管材，公称直径DN110 mm，壁厚10.0 mm焊合在一起。项目代号,EW-Z-C。

(2)某焊工考试使用SDR17.6管材对接,公称直径DN250 mm,壁厚14.2 mm,夹入热熔对接焊机,手持压力把,待液压拖力稳定后,在规定时间内移开热源,完成了焊接操作技能考试。项目代号,BW-J-d。

附 件 C

特种设备焊接操作人员考试申请表

申请人姓名		性别		照片
申请考试性质	□首次考试 □重新考试 □补考 □增项 □抽考			
通信地址				
学历		邮政编码		
公民身份号码		联系电话		
申请操作技能考试项目				
用人单位(或者培训机构)名称				
单位地址				
单位联系人		联系电话		
是否委托考试机构办理取证手续:□是 □否				
工作简历				
用人单位(或者培训机构)意见	申请人安全教育和培训情况: 申请人独立承担焊接工作的能力: (单位公章) 年 月 日			
相关材料	□居民身份证(复印件,1份); □1寸正面近期免冠照片(2张); □毕业证书(复印件)或者学历证明(1份); □医疗卫生机构出具的含有视力、色盲等内容的身体健康证明 声明:本人对所填写的内容和所提交材料的真实性负责。 申请人(签字): 日期:			

注:用人单位(或者培训机构)应当明确申请人经过安全教育和培训情况,并且确认申请人独立承担焊接工作的能力。

附 件 D
特种设备焊接操作人员考试基本情况表

姓 名		性 别		
公民身份号码		焊接操作人员考试编号		
首次取得焊接操作人员合格证时间		考试性质	□首次考试 □重新考试 □补考 □增项 □抽考	
重新考试原因				

基本知识考试	考试内容	考试日期			
		焊接方法		试卷编号	
		母材种类		考试成绩	

操作技能考试	时间	项目代号	监考人员	考试结果

说明：

主任： 日期：　　　　　　　　　（考试机构公章）
　　　　　　　　　　　　　　　　　　年 月 日

注：(1) 当焊接设备与仪表、试件用母材、焊材与烘干、试件加工与尺寸、检验人员资质、焊接操作人员执行焊接工艺、考场纪律都合格时，监考人员才能签字确认；

(2) 对于第二次及以后复审考试项目，应当说明适用于该焊接操作人员证上未考的项目范围。

附 件 E
金属材料焊接操作技能考试检验记录表

姓名：　　　　　　　　　　　　　　　考试编号：

焊接方法			机动化程度	□自动焊　□机动焊 □手工焊	
焊接作业指导书编号			试件金属材料类别代号		
试件板材厚度			试件管材外径与壁厚		
螺柱直径			填充金属材料类别代号、型号		
考试项目代号					
试件外观检查					
焊缝表面状况	焊缝余高	焊缝余高差	比坡口每侧增宽	宽度差	焊缝边缘直线度
背面焊缝余高	裂纹	未熔合	夹渣	咬边	未焊透
背面凹坑	气孔	焊瘤	变形角度	错边量	
角焊缝凹凸度	焊脚	堆焊焊道接头不平度	堆焊焊道高度差	堆焊凹下量	

外观检查结果：(合格、不合格)

检验员：　　　　日期：

无损检验				
射线透照质量等级	焊缝缺陷等级	报告编号与日期	结果	
			□合格　□不合格	
渗透检测方法	渗透检测结果	报告编号与日期	结果	
			□合格　□不合格	

无损检测人员：　　　　　　　　　　　日期：

无损检测人员证书号：

共　页　第　页

(续)

弯曲试验				
面弯	背弯	侧弯	报告编号与日期	结果
				□合格 □不合格
检验员：			日期：	

金相检验(宏观)					
检验结果				报告编号与日期	结果
金相面Ⅰ	金相面Ⅱ	金相面Ⅲ	金相面Ⅳ		
					□合格　□不合格
检验员：				日期：	

螺柱折弯试验						
折弯方法	检验结果				报告编号与日期	结果
	试件Ⅰ	试件Ⅱ	试件Ⅲ	试件Ⅳ	试件Ⅴ	
						□合格　□不合格
检验员：					日期：	

　　本考试机构确认该焊接操作人员按照《特种设备焊接操作人员考核细则》进行焊接操作技能考试试件检验,数据正确,记录无误。

该项目焊接操作技能考试结果评为:(合格、不合格)

考试机构技术负责人：　　　　　　　　　　　　　　　　　　　　　　　　　　日期：
　　　　　　　　　　　　　　　　　　　　　　　　　　　　　　　　　　(考试机构公章)
　　　　　　　　　　　　　　　　　　　　　　　　　　　　　　　　　　　年　月　日

附件 F
非金属材料焊接操作技能考试检验记录表（PE）

姓名：　　　　　　　　　　　　　　　考试编号：

试件类别	□热熔对接焊大(小)试件 □热熔对接焊三通试件		机动化程度	□机动　□自动	
	□电熔连接焊承插试件 □电熔连接焊鞍形试件			□自动	
焊机名称	热熔焊机		型号		
	电熔焊机		型号		
管材	规格				
	材料级别	□PE80　□PE100	标准尺寸比	□SDR11	□SDR17.6
管件	规格				
	材料级别	□PE80　□PE100	标准尺寸比	□SDR11	□SDR17.6

热熔对接焊过程评定　　　试件编号：

项目号	评定项目	评定结果	项目号	评定项目	评定结果
1	焊接前准备	□合格　□不合格	4.1	测量拖动压力	MPa
1.1	清洁接头		4.2	检查间隙	mm
1.2	测量电压	V	4.3	检查错边	
1.3	热板检查		4.4	检查夹紧	
1.4	热板预热(10 min)		5	端面平整吸热	□合格　□不合格
2	装夹焊件	□合格　□不合格	5.1	端面平整压力	MPa
2.1	设置吸热/冷却时间	s/　min	5.2	圆周卷边	
2.2	清洁管表面		5.3	吸热计时	s
3	铣削焊接面	□合格　□不合格	6	切换对接	□合格　□不合格
3.1	放铣刀锁安全锁		6.1	切换时间	s
3.2	形成连续屑		6.2	冷却计时	min
3.3	降压、开机架、停刀		7	拆卸	□合格　□不合格
3.4	清屑		7.1	降压松夹具	
4	测量拖动压力与检查	□合格　□不合格			

共　页　第　页

(续)

电熔连接焊过程评定						试件编号：
项目号	评定项目	评定结果	项目号	评定项目	评定结果	
1	焊接前准备		4	去氧化皮		
1.1	测量电压	V	5	承插管件与轴线		
1.2	辅具准备		6	手动或者自动模式		
2	管材截取		7	输入焊接参数		
3	划线		8	冷却时间	min	

试件焊缝宏观(外观)检查							
	项目号	检查项目	检查结果		项目号	检查项目	检查结果
热熔对接焊	1	焊缝圆周卷边		电熔连接焊	1	插入深度	
	2	焊缝中心高度	mm		2	同轴度	
	3	是否有浮渣			3	刮氧化皮	
	4	是否有缺口			4	观察孔	
	5	冷却时间	min		5	熔融材料流出	
	6	错边量	mm				
	7	磕碰痕迹	mm				
检查结果		□合格 □不合格		检查结果		□合格 □不合格	

备注(不正常情况记载)：

热熔对接焊过程的评定结果：□合格 □不合格

评定人员： 日期：

电熔连接焊过程的评定结果：□合格 □不合格

评定人员： 日期：

共 页 第 页

(续)

热熔对接焊大(小)试件拉伸试验			
试件编号		报告编号	
试验日期		试样编号	□□-1;□□-2;□□-3
检测结果		试验结论	□合格 □不合格
检验员：		日期：	

热熔对接焊三通试件耐压试验			
试件编号		报告编号	
试验日期		试样编号	□□-1;□□-2;□□-3
检测结果		试验结论	□合格 □不合格
检验员：		日期：	

电熔连接焊承插试件挤压剥离试验(DN<90 mm)			
试件编号		报告编号	
试验日期		试样编号	□□-1;□□-2;□□-3
检测结果		试验结论	□合格 □不合格
检验员：		日期：	

电熔连接焊承插试件拉伸剥离试验(DN≥90 mm)			
试件编号		报告编号	
试验日期		试样编号	□□-1;□□-2;□□-3
检测结果		试验结论	□合格 □不合格
检验员：		日期：	

电熔连接焊鞍形试件挤压剥离试验(DN≤225 mm)			
试件编号		报告编号	
试验日期		试样编号	□□-1;□□-2;□□-3
检测结果		试验结论	□合格 □不合格
检验员：		日期：	

电熔连接焊鞍形试件撕裂剥离试验(DN>225 mm)			
试件编号		报告编号	
试验日期		试样编号	□□-1;□□-2;□□-3
检测结果		试验结论	□合格 □不合格
检验员：		日期：	

　　本考试机构确认该焊接操作人员的焊接操作技能考试和检验的数据正确，记录无误。该项目焊接操作技能考试结果评为(合格，不合格)。

评定人员：　　　　　　　　　　日期：
考试机构技术负责人：　　　　　日期：　　　　　　　考试机构(公章)
　　　　　　　　　　　　　　　　　　　　　　　　　　年　月　日

附：试验报告。

附 件 G
特种设备焊接操作人员复审申请表

申请人姓名		性　别		照片
通信地址				
学　历		邮政编码		
公民身份号码		联系电话		
原发证机关				
发证机关地址				
证书编号		发证日期		
申请复审考试项目	上次考试时间	申请复审考试项目	上次考试时间	
是否委托考试机构办理复审手续:□是;□否				
用人单位				
单位地址				
单位联系人		联系电话		
工作简历				
用人单位（或者培训机构）意见	申请人安全教育和培训： 申请人违规、违法等不良记录： （用人单位或者培训机构公章） 　　　　　　　　年　月　日			
相关材料	□《特种设备作业人员证》（原件）； □《特种设备焊接操作人员焊绩记录表》（原件）； □医疗卫生机构出具的含有视力、色盲等内容的身体健康证明（原件）； □焊接操作人员焊接操作技能考试检验记录表（原件） 声明:本人对所填写的内容和所提交材料的真实性负责。 　　　　　　　　申请人（签字）：　　　　　　　日期：			

注：(1)用人单位(或者培训机构)应当明确申请人经过安全教育和培训情况,并且确认申请人是否有违规、违法等不良记录；

　　(2)如果申请复审作业项目较多,可以另附页。

附件 H
特种设备焊接操作人员焊绩记录表

用人单位：_____（公章）

焊接操作人员姓名：_____   公民身份号码：_____

《特种设备作业人员证》编号：_____

记录表编号：_____

产品名称与编号	焊缝编号	合格项目代号	填表人与施焊日期
			月　　日
			月　　日
			月　　日
			月　　日
			月　　日
			月　　日
			月　　日
违规、违法记录			

焊接检验员：　　　　　　　　　　　　　　　　　　　日期：

焊接责任工程师：　　　　　　　　　　　　　　　　　日期：

共　页　第　页

相关规章和规范历次制(修)定情况

1.《锅炉压力容器焊工考试规则》(试行)(国家劳动总局,1980年9月13日颁布,1988年10月1日废止)。

2.《锅炉压力容器焊工考试规则》(劳动人事部,劳人锅〔1988〕1号,1988年1月3日颁布,1988年10月1日施行)。

3.《锅炉压力容器压力管道焊工考试与管理规则》(国家质量监督检验检疫总局,国质检锅〔2002〕109号,2002年4月18日颁布,2002年10月1日起执行)。

4. 特种设备作业人员监督管理办法(国家质检总局令第70号,2005年1月10日公布,2005年7月1日施行)。

5. 特种设备作业人员考核规则(TSG Z6001—2005,2005年9月16日国家质检总局颁布,颁布之日起施行)。

ICS 13.200
C 78

中华人民共和国安全生产行业标准

AQ/T 9007—2019
代替 GB/T 9007—2011

生产安全事故应急演练基本规范

Fundamental specification for emergency exercises of work safety acidents

2019-08-12 发布　　　　　　　　　　　　2020-02-01 实施

中华人民共和国应急管理部　发 布

前　言

本标准按照 GB/T 1.1—2009 给出的规则起草。

本标准代替 AQ/T 9007—2011《生产安全事故应急演练指南》。与 AQ/T 9007—2011 相比，主要技术变化：

——增加了应急演练不同分类方式（参见 4.2）；
——细化了演练的基本流程（参见 4.4）；
——对计划、准备、实施、评估总结和持续改进五个流程进行详细的阐述（参见 5、6、7、8、9）；
——删除了原标准中的应急演练内容章节。

本标准由中华人民共和国应急管理部提出。

本标准由全国安全生产标准化技术委员会（SAC/TC 288）归口。

本标准起草单位：中国安全生产科学研究院、国家安全生产应急救援中心、南方电网调峰调频发电有限公司、神华集团有限责任公司。

本标准主要起草人：张兴凯、雷长群、高双喜、孔亮、时训先、吴志岭、石国领、李永兴、李晖、蔡镇坤、王文靖、陈兵、赵开功、周劲松。

本标准代替了 AQ/T 9007—2011。

生产安全事故应急演练基本规范

1 范围

本标准规定了生产安全事故应急演练(以下简称应急演练)的计划、准备、实施、评估总结和持续改进规范性要求。

本标准适用于针对生产安全事故所开展的应急演练活动。

2 规范性引用文件

下列文件对于本文件的应用是必不可少的。凡是注日期的引用文件,仅注日期的版本适用于本文件。凡是不注日期的引用文件,其最新版本(包括所有的修改单)适用于本文件。

AQ/T 9009—2015　生产安全事故应急演练评估规范

3 术语和定义

下列术语和定义适用于本文件。

3.1
事故情景　accident scenario

针对生产经营过程中存在的事故风险而预先设定的事故状况(包括事故发生的时间、地点、特征、波及范围以及变化趋势)。

3.2
应急演练　emergency exercise

针对可能发生的事故情景,依据应急预案而模拟开展的应急活动。

3.3
综合演练　complex exercise

针对应急预案中多项或全部应急响应功能开展的演练活动。

3.4
单项演练　individual exercise

针对应急预案中某一项应急响应功能开展的演练活动。

3.5
桌面演练　tabletop exercise

针对事故情景,利用图纸、沙盘、流程图、计算机模拟、视频会议等辅助手段,进行交互式讨论和推演的应急演练活动。

3.6
实战演练　practical exercise

针对事故情景,选择(或模拟)生产经营活动中的设备、设施、装置或场所,利用各类应急器材、装备、物资,通过决策行动、实际操作,完成真实应急响应的过程。

3.7
检验性演练　inspectability exercise

为检验应急预案的可行性、应急准备的充分性、应急机制的协调性及相关人员的应急处置能力而组织的演练。

3.8

示范性演练 demonstration exercise

为检验和展示综合应急救援能力,按照应急预案开展的具有较强指导宣教意义的规范性演练。

3.9

研究性演练 research exercise

为探讨和解决事故应急处置的重点、难点问题,试验新方案、新技术、新装备而组织的演练。

4 总则

4.1 应急演练目的

应急演练目的：

a) 检验预案：发现应急预案中存在的问题,提高应急预案的针对性、实用性和可操作性；
b) 完善准备：完善应急管理标准制度,改进应急处置技术,补充应急装备和物资,提高应急能力；
c) 磨合机制：完善应急管理部门、相关单位和人员的工作职责,提高协调配合能力；
d) 宣传教育：普及应急管理知识,提高参演和观摩人员风险防范意识和自救互救能力；
e) 锻炼队伍：熟悉应急预案,提高应急人员在紧急情况下妥善处置事故的能力。

4.2 应急演练分类

应急演练按照演练内容分为综合演练和单项演练,按演练形式分为实战演练和桌面演练,按目的与作用分为检验性演练、示范性演练和研究性演练,不同类型的演练可相互组合。

4.3 应急演练工作原则

应急演练应遵循以下原则：

a) 符合相关规定：按照国家相关法律法规、标准及有关规定组织开展演练；
b) 依据预案演练：结合生产面临的风险及事故特点,依据应急预案组织开展演练；
c) 注重能力提高：突出以提高指挥协调能力、应急处置能力和应急准备能力组织开展演练；
d) 确保安全有序：在保证参演人员、设备设施及演练场所安全的条件下组织开展演练。

4.4 应急演练基本流程

应急演练实施基本流程包括计划、准备、实施、评估总结、持续改进五个阶段。

5 计划

5.1 需求分析

全面分析和评估应急预案、应急职责、应急处置工作流程和指挥调度程序、应急技能和应急装备、物资的实际情况,提出需通过应急演练解决的内容,有针对性地确定应急演练目标,提出应急演练的初步内容和主要科目。

5.2 明确任务

确定应急演练的事故情景类型、等级、发生地域,演练方式,参演单位,应急演练各阶段主要任务,应急演练实施的拟定日期。

5.3 制订计划

根据需求分析及任务安排,组织人员编制演练计划文本。

6 准备

6.1 成立演练组织机构

综合演练通常应成立演练领导小组,负责演练活动筹备和实施过程中的组织领导工作,审定演练工作方案、演练工作经费、演练评估总结以及其他需要决定的重要事项。演练领导小组下设策划与导调组、宣传组、保障组、评估组。根据演练规模大小,其组织机构可进行调整。

  a) 策划与导调组:负责编制演练工作方案、演练脚本、演练安全保障方案,负责演练活动筹备、事故场景布置、演练进程控制和参演人员调度以及与相关单位、工作组的联络和协调;
  b) 宣传组:负责编制演练宣传方案,整理演练信息、组织新闻媒体和开展新闻发布;
  c) 保障组:负责演练的物资装备、场地、经费、安全保卫及后勤保障;
  d) 评估组:负责对演练准备、组织与实施进行全过程、全方位的跟踪评估;演练结束后,及时向演练单位或演练领导小组及其他相关专业组提出评估意见、建议,并撰写演练评估报告。

6.2 编制文件

6.2.1 工作方案

  演练工作方案内容:
  a) 目的及要求;
  b) 事故情景;
  c) 参与人员及范围;
  d) 时间与地点;
  e) 主要任务及职责;
  f) 筹备工作内容;
  g) 主要工作步骤;
  h) 技术支撑及保障条件;
  i) 评估与总结。

6.2.2 脚本

  演练一般按照应急预案进行,按照应急预案进行时,根据工作方案中设定的事故情景和应急预案中规定的程序开展演练工作。演练单位根据需要确定是否编制脚本,如编制脚本,一般采用表格形式,主要内容:
  a) 模拟事故情景;
  b) 处置行动与执行人员;
  c) 指令与对白、步骤及时间安排;
  d) 视频背景与字幕;
  e) 演练解说词;
  f) 其他。

6.2.3 评估方案

  演练评估方案内容:

a) 演练信息:目的和目标、情景描述,应急行动与应对措施简介;
b) 评估内容:各种准备、组织与实施、效果;
c) 评估标准:各环节应达到的目标评判标准;
d) 评估程序:主要步骤及任务分工;
e) 附件:所需要用到的相关表格。

6.2.4 保障方案

演练保障方案应包括应急演练可能发生的意外情况、应急处置措施及责任部门、应急演练意外情况中止条件与程序。

6.2.5 观摩手册

根据演练规模和观摩需要,可编制演练观摩手册。演练观摩手册通常包括应急演练时间、地点、情景描述、主要环节及演练内容、安全注意事项。

6.2.6 宣传方案

编制演练宣传方案,明确宣传目标、宣传方式、传播途径、主要任务及分工、技术支持。

6.3 工作保障

根据演练工作需要,做好演练的组织与实施需要相关保障条件。保障条件主要内容:
a) 人员保障:按照演练方案和有关要求,确定演练总指挥、策划导调、宣传、保障、评估、参演人员参加演练活动,必要时设置替补人员;
b) 经费保障:明确演练工作经费及承担单位;
c) 物资和器材保障:明确各参演单位所准备的演练物资和器材;
d) 场地保障:根据演练方式和内容,选择合适的演练场地;演练场地应满足演练活动需要,应尽量避免影响企业和公众正常生产、生活;
e) 安全保障:采取必要安全防护措施,确保参演、观摩人员以及生产运行系统安全;
f) 通信保障:采用多种公用或专用通信系统,保证演练通信信息通畅;
g) 其他保障:提供其他保障措施。

7 实施

7.1 现场检查

确认演练所需的工具、设备、设施、技术资料以及参演人员到位。对应急演练安全设备、设施进行检查确认,确保安全保障方案可行,所有设备、设施完好,电力、通信系统正常。

7.2 演练简介

应急演练正式开始前,应对参演人员进行情况说明,使其了解应急演练规则、场景及主要内容、岗位职责和注意事项。

7.3 启动

应急演练总指挥宣布开始应急演练,参演单位及人员按照设定的事故情景,参与应急响应行动,直至完成全部演练工作。演练总指挥可根据演练现场情况,决定是否继续或中止演练活动。

7.4 执行

7.4.1 桌面演练执行

在桌面演练过程中,演练执行人员按照应急预案或应急演练方案发出信息指令后,参演单位和人员依据接收到的信息,回答问题或模拟推演的形式,完成应急处置活动。通常按照四个环节循环往复进行:

a) 注入信息:执行人员通过多媒体文件、沙盘、消息单等多种形式向参演单位和人员展示应急演练场景,展现生产安全事故发生发展情况;
b) 提出问题:在每个演练场景中,由执行人员在场景展现完毕后根据应急演练方案提出一个或多个问题,或者在场景展现过程中自动呈现应急处置任务,供应急演练参与人员根据各自角色和职责分工展开讨论;
c) 分析决策:根据执行人员提出的问题或所展现的应急决策处置任务及场景信息,参演单位和人员分组开展思考讨论,形成处置决策意见;
d) 表达结果:在组内讨论结束后,各组代表按要求提交或口头阐述本组的分析决策结果,或者通过模拟操作与动作展示应急处置活动。

各组决策结果表达结束后,导调人员可对演练情况进行简要讲解,接着注入新的信息。

7.4.2 实战演练执行

按照应急演练工作方案,开始应急演练,有序推进各个场景,开展现场点评,完成各项应急演练活动,妥善处理各类突发情况,宣布结束与意外终止应急演练。实战演练执行主要按照以下步骤进行:

a) 演练策划与导调组对应急演练实施全过程的指挥控制;
b) 演练策划与导调组按照应急演练工作方案(脚本)向参演单位和人员发出信息指令,传递相关信息,控制演练进程;信息指令可由人工传递,也可以用对讲机、电话、手机、传真机、网络方式传送,或者通过特定声音、标志与视频呈现;
c) 演练策划与导调组按照应急演练工作方案规定程序,熟练发布控制信息,调度参演单位和人员完成各项应急演练任务;应急演练过程中,执行人员应随时掌握应急演练进展情况,并向领导小组组长报告应急演练中出现的各种问题;
d) 各参演单位和人员,根据导调信息和指令,依据应急演练工作方案规定流程,按照发生真实事件时的应急处置程序,采取相应的应急处置行动;
e) 参演人员按照应急演练方案要求,做出信息反馈;
f) 演练评估组跟踪参演单位和人员的响应情况,进行成绩评定并作好记录。

7.5 演练记录

演练实施过程中,安排专门人员采用文字、照片和音像手段记录演练过程。

7.6 中断

在应急演练实施过程中,出现特殊或意外情况,短时间内不能妥善处理或解决时,应急演练总指挥按照事先规定的程序和指令中断应急演练。

7.7 结束

完成各项演练内容后,参演人员进行人数清点和讲评,演练总指挥宣布演练结束。

8 评估总结

8.1 评估

按照 AQ/T 9009—2015 中 7.1、7.2、7.3、7.4 要求执行。

8.2 总结

8.2.1 撰写演练总结报告

应急演练结束后,演练组织单位应根据演练记录、演练评估报告、应急预案、现场总结材料,对演练进行全面总结,并形成演练书面总结报告。报告可对应急演练准备、策划工作进行简要总结分析。参与单位也可对本单位的演练情况进行总结。演练总结报告的主要内容:

a) 演练基本概要;
b) 演练发现的问题,取得的经验和教训;
c) 应急管理工作建议。

8.2.2 演练资料归档

应急演练活动结束后,演练组织单位应将应急演练工作方案、应急演练书面评估报告、应急演练总结报告文字资料,以及记录演练实施过程的相关图片、视频、音频资料归档保存。

9 持续改进

9.1 应急预案修订完善

根据演练评估报告中对应急预案的改进建议,按程序对预案进行修订完善。

9.2 应急管理工作改进

9.2.1 应急演练结束后,演练组织单位应根据应急演练评估报告、总结报告提出的问题和建议,对应急管理工作(包括应急演练工作)进行持续改进。

9.2.2 演练组织单位应督促相关部门和人员,制订整改计划,明确整改目标,制定整改措施,落实整改资金,并跟踪督查整改情况。

ICS 13.200
C 78

中华人民共和国安全生产行业标准

AQ/T 9011—2019

生产经营单位生产安全事故应急预案评估指南

Guidelines for enterprises to assess emergency response pIan on work pIace accidents

2019-08-12 发布　　　　　　　　　　　　　　2020-02-01 实施

中华人民共和国应急管理部　发 布

前 言

本标准按照 GB/T 1.1—2009 给出的规则起草。

本标准由中华人民共和国应急管理部提出。

本标准由全国安全生产标准化技术委员会(SAC/TC 288)归口。

本标准起草单位:中国安全生产科学研究院、国家安全生产应急救援中心、南方电网调峰调频发电有限公司。

本标准主要起草人:张兴凯、雷长群、高双喜、孔亮、时训先、闫立、石国领、张明、李定林、王文靖、陈兵、李永兴、李晖、蔡镇坤、周劲松。

本标准为首次发布。

生产经营单位生产安全事故应急预案评估指南

1 范围

本标准给出了生产经营单位生产安全事故应急预案评估的基本要求、工作程序与评估内容。

本标准适用于生产经营单位生产安全事故应急预案(以下简称应急预案)内容适用性的评估活动。根据预案类别、适用的对象不同,评估工作的组织及实施可参照本标准进行。

2 规范性引用文件

下列文件对于本文件的应用是必不可少的。凡是注日期的引用文件,仅注日期的版本适用于本文件。凡是不注日期的引用文件,其最新版本(包括所有的修改单)适用于本文件。

GB/T 29639 生产经营单位生产安全事故应急预案编制导则

3 术语和定义

下列术语和定义适用于本文件。

3.1
应急预案 emergency response plan
针对可能发生的事故,为最大程度减少事故损害而预先制定的应急准备工作方案。

3.2
应急响应 emergency response
针对事故险情或事故,依据应急预案采取的应急行动。

3.3
应急预案评估 emergency response plan assessment
对应急预案内容的适用性所开展的分析过程。

4 基本要求

4.1 评估目的

发现应急预案存在的问题和不足,对是否需要修订做出结论,并提出修订建议。

4.2 评估依据

主要依据以下内容:
a) 相关法律法规、标准及规范性文件;
b) 生产经营单位风险评估结果;
c) 生产经营单位应急组织机构设置情况;
d) 应急演练评估报告;
e) 应急处置评估报告;

f) 应急资源调查及评估结果;
g) 其他相关材料。

5 评估程序

5.1 成立评估组

结合本单位部门职能和分工,成立以单位相关负责人为组长,单位相关部门人员参加的应急预案评估组,明确工作职责和任务分工,制定工作方案。评估组成员人数一般为单数。生产经营单位可以邀请相关专业机构的人员或者有关专家参加应急预案评估,必要时委托安全生产技术服务机构实施。

5.2 资料收集分析

评估组应确定需评估的应急预案,依据4.2收集相关资料,明确以下情况:
a) 法律法规、标准、规范性文件及上位预案中的有关规定变化情况;
b) 应急指挥机构和成员单位(部门)及其职责调整情况;
c) 面临的事故风险变化情况;
d) 重要应急资源变化情况;
e) 应急救援力量变化情况;
f) 预案中的其他重要信息变化情况;
g) 应急演练和事故应急处置中发现的问题;
h) 其他情况。

5.3 评估实施

5.3.1 采用资料分析、现场审核、推演论证、人员访谈的方式,对应急预案进行评估。
   a) 资料分析:针对评估目的和评估内容,查阅法律法规、标准规范、应急预案、风险评估方面的相关文件资料,梳理有关规定、要求及证据材料,初步分析应急预案存在的问题;应急预案编制内容要求参见 GB/T 29639;
   b) 现场审核:依据资料分析的情况,通过现场实地查看、设备操作检验的方式,准确掌握并验证应急资源、生产运行、工艺设备方面的问题情况;
   c) 推演论证:根据需要,采取桌面推演、实战演练的形式,对机构设置、职责分工、响应机制、信息报告方面的问题进行推演验证;
   d) 人员访谈:采取抽样访谈或座谈研讨的方式,向有关人员收集信息、了解情况、考核能力、验证问题、沟通交流、听取建议,进一步论证有关问题情况。

5.3.2 生产安全事故应急预案评估表参见附录A。

5.4 评估报告编写

应急预案评估结束后,评估组成员沟通交流各自评估情况,对照有关规定及相关标准,汇总评估中发现的问题,并形成一致、公正客观的评估组意见,在此基础上组织撰写评估报告。

6 评估内容

6.1 应急预案管理要求

法律法规、标准、规范性文件及上位预案是否对应急预案作出新规定和要求,主要包括应急组织机构及其职责、应急预案体系、事故风险描述、应急响应及保障措施。

6.2 应急组织机构与职责

主要包括：
a) 生产经营单位组织体系是否发生变化；
b) 应急处置关键岗位应急职责是否调整；
c) 重点部门应急职责与分工是否重新划分；
d) 应急组织机构或人员对应急职责是否存在疑义；
e) 应急机构设置与职责能否满足实际需要。

6.3 事故风险

主要包括：
a) 生产经营单位事故风险分析是否全面客观；
b) 风险等级确定是否合理；
c) 是否有新增事故风险；
d) 事故风险防范和控制措施能否满足实际需要；
e) 依据事故风险评估提出的应急资源需求是否科学。

6.4 应急资源

生产经营单位对于本单位应急资源和合作区域内可请求援助的应急资源调查是否全面、与事故风险评估得出的实际需求是否匹配；现有的应急资源的数量、种类、功能、用途是否发生重大变化。

6.5 应急预案衔接

生产经营单位编制的各类应急预案之间是否相互衔接，是否与相关人民政府及其部门、应急救援队伍和涉及的其他单位的应急预案相衔接，对信息报告、响应分级、指挥权移交、警戒疏散作出合理规定。

6.6 实施反馈

在应急演练、应急处置、监督检查、体系审核及投诉举报中，是否发现应急预案存在组织机构、应急响应程序、先期处置及后期处置方面的问题。

6.7 其他

其他可能对应急预案内容的适用性产生影响的因素。

7 报告主要内容

7.1 生产安全事故应急预案评估报告编制大纲参见附录 B。
7.2 评估报告内容：
a) 评估人员情况：评估人员基本信息及分工情况，包括姓名、性别、专业、职务职称及签字；
b) 预案评估组织：预案评估工作的组织实施过程和主要工作安排；
c) 预案基本情况：应急预案编制单位、编制及实施时间及批准人；
d) 预案评估内容：评估应急预案管理要求、组织机构与职责、主要事故风险、应急资源、应急预案衔接及应急响应级别划分方面的变化情况，以及实施反馈中发现的问题；
e) 预案适用性分析：依据评估出的变化情况和问题，对应急预案各个要素内容的适用性进行分

析,指出存在的不符合项;
f) 改进意见和建议:针对评估出的不符合项,提出改进的意见和建议;
g) 评估结论:对应急预案作出综合评价及修订结论。

附 录 A
（资料性附录）
生产安全事故应急预案评估表

表 A.1 生产安全事故应急预案评估表

评估要素	评估内容	评估方法	评估结果
1. 应急预案管理要求	1.1 梳理《中华人民共和国突发事件应对法》《中华人民共和国安全生产法》《生产安全事故应急条例》等法律法规中的有关新规定和要求，对照评估应急预案中的不符合项	资料分析	是否有不符合项，列出不符合项
	1.2 梳理国家标准、行业标准及地方标准中的有关新规定和要求，对照评估应急预案中的不符合项	资料分析	是否有不符合项，列出不符合项
	1.3 梳理规范性文件中的有关新规定和要求，对照评估应急预案中的不符合项	资料分析	是否有不符合项，列出不符合项
	1.4 梳理上位预案中的有关新规定和要求，对照评估应急预案中的不符合项	资料分析	是否有不符合项，列出不符合项
2. 组织机构与职责	2.1 查阅生产经营单位机构设置、部门职能调整、应急处置关键岗位职责划分方面的文件资料，初步分析本单位应急预案中应急组织机构设置及职责是否合适、是否需要调整	资料分析	根据文件资料，判断组织机构是否合适，列出不合适部分
	2.2 抽样访谈，了解掌握生产经营单位本级、基层单位办公室、生产、安全及其他业务部门有关人员对本部门、本岗位的应急工作职责的意见建议	人员访谈	列出相关人员的建议
	2.3 依据资料分析和抽样访谈的情况，结合应急预案中应急组织机构及职责，召集有关职能部门代表，就重要职能进行推演论证，评估值班值守、调度指挥、应急协调、信息上报、舆论沟通、善后恢复的职责划分是否清晰，关键岗位职责是否明确，应急组织机构设置及职能分配与业务是否匹配	推演论证	职责划分是否清晰，岗位职责是否明确，机构设置及职能分配与业务是否匹配，列出不符合项
3. 主要事故风险	3.1 查阅生产经营单位风险评估报告，对照生产运行和工艺设备方面有关文件资料，初步分析本单位面临的主要事故风险类型及风险等级划分情况	资料分析	根据相关资料得出的本单位面临的主要事故风险类型及风险等级划分情况
	3.2 根据资料分析情况，前往重点基层单位、重点场所、重点部位查看验证	现场审核	现场查看风险情况
	3.3 座谈研讨，就资料分析和现场查证的情况，与办公室、生产、安全及相关业务部门以及基层单位人员代表沟通交流，评估本单位事故风险辨识是否准确、类型是否合理、等级确定是否科学、防范和控制措施能否满足实际需要，并结合风险情况提出应急资源需求	人员访谈	事故风险辨识是否准确、类型是否合理、等级确定是否科学、防范和控制措施能否满足实际需要，列出不符合项

表 A.1（续）

评估要素	评估内容	评估方法	评估结果
4. 应急资源	4.1 查阅生产经营单位应急资源调查报告，对照应急资源清单、管理制度及有关文件资料，初步分析本单位及合作区域的应急资源状况	资料分析	根据相关资料得出的本单位及合作区域的应急资源状况
	4.2 根据资料分析情况，前往本单位及合作单位的物资储备库、重点场所，查看验证应急资源的实际储备、管理、维护情况，推演验证应急资源运输的路程路线及时长	现场审核、推演论证	应急资源的实际情况与预案情况是否相符，列出不符合项
	4.3 座谈研讨，就资料分析和现场查证的情况，结合风险评估得出的应急资源需求，与办公室、生产、安全及相关业务部门以及基层单位人员沟通交流，评估本单位及合作区域内现有的应急资源的数量、种类、功能、用途是否发生重大变化，外部应急资源的协调机制、响应时间能否满足实际需求	人员访谈	应急资源是否发生变化，外部应急资源的协调机制、响应时间能否满足实际需求，列出不符合项
5. 应急预案衔接	5.1 查阅上下级单位、有关政府部门、救援队伍及周边单位的相关应急预案，梳理分析在信息报告、响应分级、指挥权移交及警戒疏散工作方面的衔接要求，对照评估应急预案中的不符合项	资料分析	是否有不符合项，列出不符合项
	5.2 座谈研讨，就资料分析的情况，与办公室、生产、安全及相关业务部门、基层单位、周边单位人员沟通交流，评估应急预案在内外部上下衔接中的问题	人员访谈	是否有问题，列出预案衔接中的问题
6. 实施反馈	6.1 查阅生产经营单位应急演练评估报告、应急处置总结报告、监督检查、体系审核及投诉举报方面的文件资料，初步梳理归纳应急预案存在的问题	资料分析	列出存在的问题
	6.2 座谈研讨，就资料分析得出的情况，与办公室、生产、安全及相关业务部门、基层单位人员沟通交流，评估确认应急预案存在的问题	人员访谈	列出座谈中反映的问题
7. 其他	7.1 查阅其他有可能影响应急预案适用性因素的文件资料，对照评估应急预案中的不符合项	资料分析	是否有不符合项，列出不符合项
	7.2 依据资料分析的情况，采取人员访谈、现场审核、推演论证的方式进一步评估确认有关问题	人员访谈、现场审核、推演论证	列出其他有关问题

附 录 B
（资料性附录）
生产安全事故应急预案评估报告编制大纲

B.1 总则

B.1.1 评估对象
B.1.2 评估目的
B.1.3 评估依据

B.2 应急预案评估内容

B.2.1 应急预案管理要求
B.2.2 组织机构与职责
B.2.3 主要事故风险
B.2.4 应急资源
B.2.5 应急预案衔接
B.2.6 实施反馈

B.3 应急预案适用性分析

对应急预案各个要素内容的适用性进行分析,指出存在的不符合项。

B.4 改进意见及建议

针对评估出的不符合项,提出相应的改进意见和建议。

B.5 评估结论

对应急预案作出综合评价及修订结论。

客运索道实用法规标准汇编

（上 册）

李书清 徐 伟 冀 铮 主编

应急管理出版社

·北 京·

图书在版编目（CIP）数据

客运索道实用法规标准汇编：上下册 / 李书清，徐伟，冀铮主编. --北京：应急管理出版社，2022
ISBN 978-7-5020-9653-3

Ⅰ.①客… Ⅱ.①李… ②徐… ③冀… Ⅲ.①旅客运输—索道运输—交通运输企业—安全生产法—汇编—中国 Ⅳ.①D922.549

中国版本图书馆CIP数据核字(2022)第214874号

客运索道实用法规标准汇编（上下册）

主　　编	李书清　徐　伟　冀　铮
责任编辑	赵金园
责任校对	邢蕾严　张艳蕾　李新荣　赵　盼　孔青青
封面设计	于春颖
出版发行	应急管理出版社（北京市朝阳区芍药居35号　100029）
电　　话	010-84657898（总编室）　010-84657880（读者服务部）
网　　址	www.cciph.com.cn
印　　刷	三河市中晟雅豪印务有限公司
经　　销	全国新华书店
开　　本	880mm×1230mm$^1/_{16}$　印张　90$^1/_4$　字数　2770千字
版　　次	2023年1月第1版　2023年1月第1次印刷
社内编号	20221322　　　　　　　定价　298.00元

版权所有　违者必究

本书如有缺页、倒页、脱页等质量问题，本社负责调换，电话：010-84657880

前　　言

新中国成立以来，党中央、国务院高度重视安全生产工作，先后出台了一系列安全生产相关法律法规、标准政策，为各行业安全生产工作提供了有力法律保障。经过各地区、各客运索道运营企业和社会各界的共同努力，客运索道行业发生了翻天覆地的变化，取得了历史性的成就，为保障国民经济稳定发展做出了历史性贡献。

为了全面加强客运索道企业安全运营管理，认真贯彻落实《中华人民共和国安全生产法》关于加强安全生产标准化建设的要求，中国索道协会在成立二十周年之际，首次组织制定发布实施了《客运索道运营安全生产标准化管理团体标准》（以下简称《团体标准》），该标准于2023年1月起实施，填补了国内客运索道行业团体标准的空白。

在研究起草《团体标准》的过程中，收集整理了大量客运索道安全运营管理以及建设、设计、安装、验收、维修、教育、科研、检测检验及监督检查等的实用法规标准。基于此，我们想到将这些实用法规标准编辑成册，以便于各客运索道运营企业查找使用。同时，也为后续客运索道行业标准的制定和修订工作提供了翔实的资料参考。

本书主要收录了法律8部、行政法规及部门规章5部，国家及行业、企业标准49份。在资料收集过程中，得到了中国索道协会和客运索道企业领导同仁及部分评审专家的指导支持和帮助，其中，武斌、娄永平、马卫平、曹天才、任凯、夏田、黎明、马俚、杜丹尼、王成龙等同志为本书起草收集整理付出了辛勤的劳动和不懈的努力，在此一并表示衷心的感谢！本书在编写过程中，难免存在缺漏之处，恳请广大读者批评指正。

编　者

2022年11月

目　次

上　册

1	客运索道运营安全生产标准化管理团体标准	2
2	客运索道运营安全生产标准化管理团体标准应用要求	23
3	中华人民共和国旅游法	44
4	中华人民共和国特种设备安全法	54
5	中华人民共和国环境保护法	65
6	中华人民共和国职业病防治法	72
7	中华人民共和国固体废物污染环境防治法	83
8	中华人民共和国突发事件应对法	97
9	中华人民共和国消防法	105
10	中华人民共和国安全生产法	114
11	生产安全事故报告和调查处理条例	129
12	生产安全事故应急预案管理办法	134
13	客运索道安全监督管理规定	141
14	特种设备事故报告和调查处理规定	145
15	特种设备安全监督检查办法	149
16	GB 12352—2018　客运架空索道安全规范	154
17	GB 19402—2012　客运地面缆车安全要求	208
18	GB 50127—2020　架空索道工程技术标准	247
19	GB 2894—2008　安全标志及其使用导则	306
20	GB 13495.1—2015　消防安全标志　第1部分：标志	344
21	GB 51309—2018　消防应急照明和疏散指示系统技术标准	367
22	GB 50116—2013　火灾自动报警系统设计规范	451
23	GB 50370—2005　气体灭火系统设计规范	487
24	GB 55012—2021　生活垃圾处理处置工程项目规范	514
25	GB 8408—2018　大型游乐设施安全规范	526
26	GB 2893—2008　安全色	580
27	GB 3096—2008　声环境质量标准	592
28	GB 37487—2019　公共场所卫生管理规范	604
29	GB 37488—2019　公共场所卫生指标及限值要求	615
30	GB 12141—2008　货运架空索道安全规范	622
31	GB 50231—2009　机械设备安装工程施工及验收通用规范	649

客运索道实用法规标准汇编

下 册

32	GB/T 26722—2022	索道用钢丝绳	715
33	GB 39800.1—2020	个体防护装备配备规范 第1部分：总则	761
34	GB/T 41094—2021	客运索道使用管理	790
35	GB/T 33000—2016	企业安全生产标准化基本规范	805
36	GB/T 24728—2009	客运索道安全服务质量	821
37	GB/T 10001.1—2012	公共信息图形符号 第1部分：通用符号	835
38	GB/T 10001.2—2021	公共信息图形符号 第2部分：旅游休闲符号	873
39	GB/T 12738—2006	索道 术语	898
40	GB/T 17145—1997	废润滑油回收与再生利用技术导则	926
41	GB/T 17775—2003	旅游区（点）质量等级的划分与评定	931
42	GB/T 24729—2009	客运索道固定抱索器通用技术条件	946
43	GB/T 24730—2009	客运索道脱挂抱索器通用技术条件	953
44	GB/T 24731—2009	客运索道驱动装置通用技术条件	961
45	GB/T 24732—2009	客运索道托（压）索轮通用技术条件	969
46	GB/T 29639—2020	生产经营单位生产安全事故应急预案编制导则	975
47	GB/T 34024—2017	客运架空索道风险评价方法	988
48	GB/T 34026—2017	客运索道张紧装置通用技术条件	1006
49	GB/T 34227—2017	客运索道用橡胶轮衬	1017
50	GB/T 34274—2017	客运索道运载工具通用技术条件	1027
51	GB/T 34368—2017	客运索道重大修理的技术要求	1044
52	GB/T 34369—2017	客运索道电气装置通用技术条件	1052
53	GB/T 40248—2021	人员密集场所消防安全管理	1075
54	GB/T 9075—2008	索道用钢丝绳检验和报废规范	1097
55	GB/Z 158—2003	工作场所职业病危害警示标识	1110
56	GB/Z 1—2010	工业企业设计卫生标准	1129
57	TSG S1001—2008	客运索道设计文件鉴定规则	1152
58	TSG 08—2017	特种设备使用管理规则	1174
59	TSG S7001—2013	客运索道监督检验和定期检验规则	1212
60	TSG Z6001—2019	特种设备作业人员考核规则	1266
61	TSG Z6002—2010	特种设备焊接操作人员考核细则	1363
62	AQ/T 9007—2019	生产安全事故应急演练基本规范	1415
63	AQ/T 9011—2019	生产经营单位生产安全事故应急预案评估指南	1423

客运索道运营安全生产标准化管理团体标准

中国索道协会文件

中索协〔2022〕6 号

关于《客运索道运营安全生产标准化管理》团体标准发布实施的通知

各索道单位：

为全面加强客运索道运营企业安全运营管理，认真贯彻落实《中华人民共和国安全生产法》关于加强安全生产标准化建设的要求。根据《中国索道协会团体标准制定管理办法》的有关规定，中国索道协会组织制定了《客运索道运营安全生产标准化管理》团体标准，经协会团体标准评审专家的审定通过，现批准发布并定于 2023 年 1 月 1 日起实施，请认真组织学习，遵照执行。

详细信息见下表：

序号	标准编号	标准名称	发布日期	实施日期
1	T/CRA 001—2022	《客运索道运营安全生产标准化管理》	2022-11-1	2023-1-1

《关于印发〈客运索道企业安全生产标准化基本规范〉的通知》（中索协〔2018〕16 号）同时废止。

现予以公布。

ICS 45.100
J 00

团 体 标 准

T/CRA 001—2022

客运索道运营安全生产标准化管理

The management for safety production standardization of
passenger ropeway operation

2022-11-1 发布 2023-1-1 实施

中国索道协会 发布

客运索道运营安全生产标准化管理团体标准

前　言

为全面加强客运索道企业安全运营管理,根据《中华人民共和国安全生产法》(主席令第88号),关于加强安全生产标准化建设,构建安全生产风险分级管控和隐患排查治理双重预防机制,提高安全生产管理水平,确保安全生产要求。为适应当前和今后客运索道安全运营管理发展的需要,进一步规范客运索道运营企业安全生产标准化管理体系建设,推动、指导、规范客运索道运营企业安全生产标准化工作的开展,中国索道协会组织编制本团体标准(以下简称标准)。

本标准依据《企业安全生产标准化基本规范》(GB/T 33000—2016)、《客运架空索道安全规范》(GB 12352—2018)、《客运索道安全服务质量》(GB/T 24728—2009)等国家有关安全生产法律法规标准,结合十五年来开展客运索道运营企业安全生产标准化和安全服务质量建设工作的基础上,根据客运索道企业业务实际和安全运营管理需要编制而成。

本标准由中国索道协会提出并归口。

本标准负责起草单位:中国索道协会;参与起草单位:国家客运架空索道安全监督检验中心、丽江玉龙旅游股份有限公司、黄山旅游发展股份有限公司、陕西太华旅游索道公路有限公司、陕西骏景索道投资建设有限公司。

本标准主要起草人:李书清。

参与起草人:张强、和学乾、汪宏峰、靳勇、张永红、任凯。

本标准由中国索道协会负责解释。

客运索道实用法规标准汇编

1 范围

本标准规定了客运索道企业安全生产标准化体系建立、保持与评定的管理要求，包括目标职责、制度化管理、教育培训、现场管理、安全风险管控及隐患排查治理、应急管理、事故管理、持续改进、服务质量共九个方面。

本标准适用于中华人民共和国境内客运架空索道和客运地面缆车的运营单位。

2 规范性引用文件

下列文件对于本标准的应用是必不可少的，凡是注明日期的引用文件，仅注日期的版本适用于本文件。凡是不注明日期的引用文件，其最新版本（包括所有的修改单）适用本文件。

GB 2894—2008 《安全标志及其使用导则》
GB 2893—2008 《安全色》
GB 3096—2008 《声环境质量标准》
GB 5768.2—2022 《道路交通标志和标线》
GB 8408—2018 《大型游乐设施安全规范》
GB 12352—2018 《客运架空索道安全规范》
GB 13495.1—2015 《消防安全标志 第一部分 标志》
GB 19402—2012 《客运地面缆车安全要求》
GB 37487—2019 《公共场所卫生管理规范》
GB 37488—2019 《公共场所卫生指标及限值要求》
GB 50127—2020 《架空索道工程技术标准》
GB 51309—2018 《消防应急照明和疏散指示系统技术标准》
GB 55012—2021 《生活垃圾处理处置工程项目规范》
GB/T 9075—2008 《索道用钢丝绳检验和报废规范》
GB/T 10001.2—2021 《标志用公共信息图形符 第2部分 旅游休闲》
GB/T 11651—2008 《个体防护装备选用规范》
GB/T 17145—1997 《废润滑油回收与再生利用技术导则》
GB/T 24728—2009 《客运索道安全服务质量》
GB/T 29639—2020 《生产经营单位生产安全事故应急预案编制导则》
GB/T 33000—2016 《企业安全生产标准化基本规范》
GB/T 34024—2017 《客运架空索道风险评价方法》
GB/T 34368—2017 《客运索道重大修理的技术要求》
GB/T 40248—2021 《人员密集场所消防安全管理》
GB/T 41094—2021 《客运索道使用管理》
GB/Z 158—2003 《工作场所职业病危害警示标识》
AQ/T 9007—2019 《生产安全事故应急演练基本规范》
TSG 08—2017 《特种设备使用管理规则》
TSG S7001—2013 《客运索道监督检验和定期检验规则》
TSG Z6001—2019 《特种设备作业人员考核规则》
主席令第4号 《中华人民共和国特种设备安全法》
主席令第16号 《中华人民共和国旅游法》

主席令第 22 号 《中华人民共和国环境保护法》
主席令第 24 号 《中华人民共和国职业病防治法》
主席令第 43 号 《中华人民共和国固体废物污染环境防治法》
主席令第 69 号 《中华人民共和国突发事件应对法》
主席令第 81 号 《中华人民共和国消防法》
主席令第 88 号 《中华人民共和国安全生产法》
应急管理部令第 2 号 《生产安全事故应急预案管理办法》
市监总局令第 31 号 《客运索道安全监督管理规定》
市监总局令第 57 号 《特种设备安全监督检查办法》
原国家质检总局 2015 年 5 号 《特种设备现场安全监督检查规则》
原国家质检总局令 70 号 《特种设备作业人员监督管理办法》

3 术语与定义

下列术语和定义适用于本标准。

3.1 企业安全生产标准（Enterprise safety production standardization）

企业通过落实安全生产主体责任、全员全过程参与、建立并保持安全生产管理体系以及全面管控生产经营活动各环节的安全生产和职业卫生工作，实现安全健康管理系统化、岗位操作行为规范化、设备设施本质安全化以及作业环境器具定置化，并持续改进。

3.2 安全生产绩效（Safety production performance）

根据安全生产目标和职业卫生目标，在安全生产、职业卫生等工作方面取得的可考评结果。

3.3 企业主要负责人（Main person in charge of the enterprise）

有限责任公司、股份有限公司的董事长、总经理，其他生产经营单位的厂长、经理以及对生产经营活动有决策权的实际控制人。

3.4 相关方（Related parties）

工作场所内外与企业安全生产绩效有关或受其影响的非本企业个人或单位，如承包商、供应商等。

3.5 承包商（Contractor）

在企业的工作场所按照双方协定的要求向企业提供服务的个人或单位。

3.6 供应商（Supplier）

为企业提供材料、设备或设施及服务的外部个人或单位。

3.7 变更管理（Management of change）

对机构、人员、管理、工艺、技术、设备设施、作业环境等永久性或暂时性的变化进行有计划的控制，以避免或减轻对安全生产产生影响。

3.8 安全风险（Security risks）

发生危险事件或有害暴露的可能性，与随之引发的人身伤害、健康损害或财产损失的严重性的组合。

3.9 安全生产风险评估（Safety production risk assessment）

运用定性或定量的统计分析方法对安全风险进行分析、确定其严重程度，对现有控制措施的充分性、可靠性加以考虑，以及对其是否可接受予以确认的过程。

3.10 安全风险管理（Security risk management）

根据安全风险评估的结果，确定安全风险控制的优先顺序和安全风险控制措施，以达到改善安全生产条件、减少或避免产生安全事故的目的。

3.11 工作场所（Workplace）

从业人员进行职业活动，并由企业直接或间接控制的所有工作地点。

3.12 作业环境（Working environment）

从业人员进行生产经营活动的场所以及相关联的场所，对从业人员的安全、健康、工作效率以及对设备（设施）的安全运行产生影响的所有自然和人为因素。

3.13 持续改进（Continuous improvement）

为了实现对整体安全生产绩效的改进，根据企业的安全生产和职业卫生目标，不断地对安全生产和职业卫生工作进行完善的过程。

3.14 PDCA 管理（Management of PDCA）

由 Plan（策划）、Do（实施）、Check（检查）、Act（改进）组成的动态循环管理体系。

3.15 5S 管理（Management of 5S）

是指对整理、整顿、清扫、清洁、素养五个方面的管理。

4 一般要求

4.1 原则

客运索道运营企业开展安全生产标准化工作，应坚持中国共产党领导，坚持以人民为中心，坚持人民至上、生命至上，把保护人民生命安全放在首位，树立安全发展理念，应遵循"安全第一、预防为主、综合治理"的方针，落实企业主体责任；以安全风险管控、隐患排查治理、职业病危害防治为基础，以安全生产责任制为核心，建立安全生产标准化管理体系，实现全员参与，全面提升安全生产管理水平，持续改进安全生产工作，不断提升安全生产绩效，预防和减少事故的发生，保障人身安全健康，保证生产经营活动的有序进行。

4.2 建立和保持

客运索道运营企业应采用"策划、实施、检查、改进"（PDCA）动态循环管理模式，按照本标准的规定，结合企业自身特点，自主建立并保持安全生产标准化管理体系，并通过自我检查、自我纠正和自我完善，构建安全生产长效机制，持续提升安全生产绩效管理。

4.3 评定和监督

客运索道运营企业安全生产标准化工作实行企业自主评定和中国索道协会组织专家评审的方式，

自主评定应每年至少进行1次,协会组织专家评审每3年进行1次;企业应根据本标准及相关安全生产标准化细则,对安全生产标准化工作进行自主评定,自主评定后申请中国索道协会组织专家评审定级;安全生产标准化评审定级分为一级、二级、三级。一级为最高等级,三级为最低等级;客运索道安全服务质量等级分为5S、4S、3S三个等级。5S为最高等级,3S为最低等级;企业在申请协会评审前必须通过法定的客运索道监督检验、定期检验并取得安全检验合格标志。

评审时,如发现索道运营单位出现重大隐患和风险,应中止评审,整改完成后重新申请评审。新建索道运行三年后方可申请评审。首次申请评审时,企业应在一年内没有发生生产安全责任的死亡事故、半年内没有发生高空滞留人员超过3.5小时以上的责任事故;已取得安全生产标准化等级的企业,如发生人员死亡或高空滞留人员超过3.5小时以上的责任事故,整改完善并进行自主评定合格后,重新申请评审。

安全生产标准化评审与客运索道安全服务质量评审采取"同时评审、分别发证"的方式,中国索道协会负责发证;安全生产标准化评审项目为本标准前八项(即5.1至5.8),共计1000分,各项目的分项最低分数为0分;安全生产标准化所评审的等级须同时满足评审得分和安全生产绩效要求,否则按二者低的等级来确定评定等级(见表1)。

表 1 安全生产标准化评定等级划分及标准

评定等级	评审得分	安全生产绩效
一级	≥900	申请评审之前两年内,企业无安全生产责任的死亡事故,且三年内未发生空中滞留人员超过3.5小时以上责任事故。
二级	≥750	申请评审之前一年内,企业无安全生产责任的死亡事故,且两年内未发生空中滞留人员超过3.5小时以上责任事故。
三级	≥600	申请评审之前,企业无安全生产责任的死亡事故,且一年内未发生空中滞留人员超过3.5小时以上责任事故。

客运索道安全服务质量评审项目为本标准第九项评分项目,第九项服务质量为400分。最低分数为0分;安全服务质量评审的等级须同时满足评审得分和基本要求,否则按二者低的等级来确定评定等级(见表2)。

表 2 客运索道安全服务质量评定等级划分及标准

安全服务质量等级	服务质量得分	基本要求
5S	≥368	1. 索道乘坐形式应为无障碍吊厢型式。 2. 索道运行速度应≥5米/秒。 3. 站内运行速度应小于0.5米/秒。
4S	≥336	1. 索道乘坐形式应为吊厢式。 2. 索道运行速度应≥3米/秒。
3S	≥304	1. 现有设备设施运行正常。

5 核心要求

5.1 目标职责

5.1.1 目标

企业应根据自身安全生产实际,制定总体和年度安全生产目标与职业卫生目标,并纳入到企业总体生产经营目标。年度安全生产与职业卫生目标应分解落实到部门、班组和岗位。

明确目标的制定、分解、实施、检查、考核等环节,制定分级评估和考核办法。

5.1.2 机构和职责

5.1.2.1 机构设置

企业应落实负责安全生产与职业卫生的组织机构。成立以企业主要负责人和部门负责人为领导的安全生产与职业卫生管理机构,明确机构的组成和职责。配备专职或兼职的安全生产和职业卫生管理人员。

安全管理机构应每月组织召开安全会议,总结分析本单位的安全生产情况,部署安全生产工作,研究解决安全生产工作中的重大问题,决策企业安全生产的重大事项。

5.1.2.2 主要负责人及管理层职责

企业主要负责人应全面负责安全生产和职业卫生工作,并履行相应责任和义务。分管负责人应对各自范围内的安全生产和职业卫生工作负责。各级管理人员应按照安全生产和职业卫生责任制相关要求,履行安全生产和职业卫生职责。

5.1.3 全员参与

企业应建立健全全员安全生产和职业卫生责任制,明确各部门和从业人员职责,对履职情况进行定期评估和考核。

企业应建立激励和约束机制,鼓励员工积极建言献策,不断改进和提升安全生产和职业卫生管理水平。

5.1.4 安全生产投入

企业应制定满足安全生产需要的投入保障制度,有计划、按规定提取使用安全生产费用,建立安全生产费用使用台账。安全生产费用主要用于以下方面:
——安全技术和劳动保护措施:安全标志、安全工器具、安全设备设施、安全防护装置、安全培训、职业病防护和劳动防护用品,以及重大安全生产课题研究和预防事故采取的安全技术措施及相关工程建设等。
——事故预防措施:设备重大缺陷和隐患排查、治理、针对隐患的防范措施、落实技术标准及规范进行的设备设施改造、保障安全运行的技术改造等。
——应急管理:预案编制、应急物资、应急演练、应急救援和处置评估等。
——安全科技创新:涉及安全生产的新技术、新材料、新工艺、新设备的研发与投入等。
——保险投入:企业应按照《工伤保险条例》规定,为从业人员缴纳工伤、意外伤害保险,企业宜投保财产保险或客运索道安全生产责任险。
——其他:安全检查检测、安全评估、安全评价、重大危险源监控整改、安全保卫、客运索道安全生产信息化系统、安全生产标准化建设、安全技术技能竞赛、安全文化建设等。

5.1.5 安全文化建设

企业应开展安全文化建设,确立本企业的安全生产和职业病危害防治理念及行为准则,并教育、引导全体从业人员贯彻执行。

企业开展安全文化建设活动应包括但不限于以下活动:安全生产月、安全生产知识竞赛、安全生产教育培训、安全文化演出、全员参与的安全文化活动等。

5.1.6 安全生产信息化建设

企业应根据自身实际情况,加强智慧索道安全运营建设工作,建立索道设备、广播、票务、客流量等监测监控系统、重大危险源监控、安全风险管控和隐患自查自报、预测预警及职业病危害防治等信息系统。

5.2 制度化管理

5.2.1 法规标准识别

企业应建立安全生产和职业卫生的法律法规、标准规范的管理制度,及时识别和获取适用、有效的法律法规、标准规范清单和文本数据库。

企业应将适用的安全生产和职业卫生法律法规、标准规范的相关要求及时转化为本单位的规章制度、操作规程,并及时传达给相关从业人员,确保落实到位。跟踪掌握有关法律法规、标准规范的修订情况。客运索道运营单位适用的安全生产法律法规、标准规范至少包括:
——《企业安全生产标准化基本规范》
——《客运索道安全服务质量》
——《客运架空索道安全规范》
——《客运地面缆车安全要求》
——《生产经营单位生产安全事故应急预案编制导则》
——《客运索道使用管理》
——《架空索道工程技术标准》
——《客运架空索道风险评价方法》
——《客运索道重大修理的技术要求》
——《索道用钢丝绳检验和报废规范》
——《安全标志及其使用导则》
——《标志用公共信息图形符号 第2部分 旅游休闲》
——《消防安全标志 第一部分 标志》
——《消防应急照明和疏散指示系统技术标准》
——《废润滑油回收与再生利用技术导则》
——《人员密集场所消防安全管理》
——《生活垃圾处理处置工程项目规范》
——《客运索道监督检验和定期检验规则》
——《客运索道安全监督管理规定》
——《特种设备作业人员考核规则》
——《特种设备使用管理规则》
——《特种设备安全监督检查办法》
——《生产安全事故应急演练基本规范》
——《生产安全事故应急预案管理办法》
——《中华人民共和国安全生产法》
——《中华人民共和国特种设备安全法》
——《中华人民共和国旅游法》
——《中华人民共和国突发事件应对法》
——《中华人民共和国职业病防治法》

——《中华人民共和国消防法》
——《中华人民共和国环境保护法》
——《中华人民共和国固体废物污染环境防治法》
——《特种设备现场安全监督检查规则》
——《特种设备作业人员监督管理办法》

企业应及时将安全生产和职业卫生法律法规、标准规范及其他要求传达给从业人员，使从业人员在工作环境中可获取有效版本。

5.2.2 规章制度

企业应建立健全安全生产和职业卫生规章制度，并征求工会及从业人员意见建议，规范安全生产和职业卫生管理工作，确保从业人员及时获取制度文本。

企业安全生产和职业卫生规章制度包括但不限于下列内容：
——目标管理
——安全生产和职业卫生责任制
——安全生产承诺书
——安全生产投入管理制度
——安全生产信息化管理制度
——技术档案管理制度
——日常安全检查制度
——维护保养制度
——定期报检制度
——安全风险管理、隐患排查治理
——作业人员和服务人员教育培训考核管理制度
——设备设施管理制度
——检维修安全管理制度
——危险作业安全管理制度
——安全警示标志管理制度
——作业和服务人员守则
——作业人员及相关服务人员安全培训考核制度
——意外事件和事故报告、分析和处置管理制度
——安全生产奖惩管理制度
——相关方安全管理制度
——变更管理制度
——安全防护用品管理制度
——应急管理制度
——安全生产报告
——绩效评定管理制度
——安全操作规程管理制度

5.2.3 操作规程

企业应结合实际，编制岗位安全生产和职业卫生操作规程，并发放到相关岗位员工，督促严格执行；企业应定期及时组织修订完善相应的安全生产和职业卫生操作规程，确保其适宜性和有效性。

5.2.4 文档管理

5.2.4.1 记录管理

企业应建立文件和记录管理制度,明确安全生产和职业卫生规章制度、操作规程的编制、评审、发布、使用、修订、作废以及文件和记录管理的职责、程序和要求,保存有关记录的电子档案,便于查询和检索。

客运索道应建立技术档案,至少包括：
——安装技术资料。
——监督检验报告。
——使用登记表。
——更新、维修技术文件。
——年度自行检验和定期检验的记录。
——应急救援演练记录。
——运行、维护保养、设备故障、故障停车记录。
——作业人员培训、考核和证书管理记录。
——安全记录。至少包括：日常检查记录、巡线记录、故障记录、安全活动记录、安全会议记录、计量和安全防护装置检验检测记录等。

5.2.4.2 评估

企业应每年至少评估一次安全生产和职业卫生法律法规、标准规范、规章制度、操作规程的适宜性、有效性和执行情况,并做好评估记录。

5.2.4.3 修订

企业应根据评估结果以及安全检查情况、自评结果、评审情况等,及时修订相关制度和规程。

5.3 教育培训

5.3.1 教育培训管理

企业应建立健全安全教育培训制度和安全教育培训计划,按照有关规定进行培训,培训大纲、内容、时间应满足有关标准的规定,企业安全教育培训应包括安全生产和职业卫生的内容。

应明确本单位安全教育培训主管部门或负责人,按规定及岗位需要,定期识别安全教育培训需求,制定、实施安全教育培训计划,提供相应的资源保证。

企业应如实记录全体从业人员的安全教育和培训情况。建立安全教育培训档案和从业人员个人安全教育培训档案,并对培训效果进行评估和改进。

5.3.2 人员教育培训

5.3.2.1 主要负责人和管理人员

企业的主要负责人和安全生产管理人员应当具备与本单位所从事的生产经营活动相适应的安全生产知识和职业卫生知识与能力。

企业应对各级管理人员进行教育培训,确保其具备正确履行岗位安全生产和职业卫生职责的知识与能力。从事法律法规要求考核其安全生产和职业卫生知识与能力的人员,应按照有关规定,通过资质考核。

5.3.2.2 从业人员

企业应对从业人员进行安全生产和职业卫生教育培训,保证从业人员具备满足岗位要求的安全生产和职业卫生知识,熟悉有关的安全生产和职业卫生法律法规、规章制度、操作规程,掌握本岗位的安全操作技能,安全风险辨识和管控方法,了解事故现场应急处置措施,并根据实际需要,定期进行复训考核。

在新技术、新设备投入使用前,应对有关从业人员进行专门安全教育和培训,未经安全教育培训合格人员,不应上岗作业。

新员工在上岗前必须进行安全教育培训,时间不少于 24 学时。从业人员在企业内部调整工作岗位或离岗 1 年以上重新上岗时,应重新进行部门和班组级的安全教育培训。

从事特种作业、特种设备作业的人员应按照有关规定,经专门安全作业培训,考核合格,取得相应资格后,方可上岗作业,并定期接受复审。企业应急救援人员应按照有关规定,经专门应急救援培训合格后,方可上岗,并定期参加复训。其他从业人员每年应接受再培训,再培训时间和内容应符合国家和地方政府有关规定。

5.3.2.3 外来人员

企业应对进入索道现场的承包商、供应商及施工方相关服务和作业人员签订《安全生产责任书》,对其他临时入场的外来参观学习人员等进行入场前安全告知。安全告知的主要内容应包括:乘坐索道安全须知、可能遇到的危险因素及相应防护措施、应急措施等。

对接收的在校实习生、社会实践生及外单位委托实习人员进行安全教育培训,培训内容应包括:公司相关安全管理规定、可能接触到的危险或有害因素、应急知识等。

5.4 现场管理

5.4.1 设备设施管理

5.4.1.1 设备设施建设

客运索道建设应符合有关法律法规、安全技术规范和标准要求;客运索道验收应按照有关规定,严格履行索道建设项目中对设计、审查、施工、验收等程序规定。

企业应配备无线和有线两种专用通讯设施,应至少有一个站房装设能与外界保持有效联系的外线电话,应配备至少覆盖全线的无线对讲机,对讲机数量≥站房总数+2,广播和专用电话均需配备备用电源,保证断电情况下广播和对讲机仍然保持有效。控制室、机房、上、下站房、支架等重点区域应设置视频监控设施,视频影像在控制室应可观,并运行正常。

售票窗口应设置安全隔离栏杆等设施,方便乘客购票,保障购票安全秩序。在售票处附近设置醒目的双语《乘坐索道安全须知》,应至少包括以下内容:未成年人应在成年人陪护下乘坐索道;车上严禁吸烟、嬉闹和向外抛洒物品;禁止有危险倾向的乘客乘坐索道;提示不适应高空运行,有诱发疾病危险的乘客(如心脏病、高血压、精神障碍、恐高症、习惯性流产等病史,以及妊娠早、晚期孕妇和行动不便的高龄乘客)不宜乘坐索道;应禁止携带易燃、易爆危险品或管制物品乘坐索道。

候车区除配备正常通风、采光设施外,还应配置应急疏散标志及足够数量的应急照明设施。候车区应设置适应不同乘客流量的安全隔离栏杆。隔离栏杆设计与建设应符合相关标准要求。隔离栏杆应在适当位置设置活动门栏,满足快速疏散乘客的安全需要。道路、站台地面应采用防滑设计或采用防滑替代措施。

索道使用单位发生变更或索道报废,应当按照《特种设备使用管理规则》等规定要求办理使用登记变更、注销。

索道停止使用,应当按照《特种设备使用管理规则》等规定执行,并到登记部门办理相关停用手续。索道设备变更应执行变更管理制度,履行变更程序,并对全过程的安全风险进行隐患控制。

5.4.1.2 设备设施验收

客运索道企业应执行设备采购、到货验收制度,应购置、使用符合要求、质量合格的设备。设备设施安装后企业应进行验收,并对相关过程及结果进行记录。应通过有相关资质的特种设备检验机构的定期检验。

5.4.1.3 设备设施运行

企业应建立索道运行管理制度,明确索道运行前、中、后的程序与要求,明确正常与异常情况处置的程序与要求,对索道设备设施进行规范化管理,健全设备设施管理制度及台账。应有专人负责管理各种安全设施以及检测与监测设备,定期检查维护并做好记录。作业人员应遵守客运索道运营工作程序和操作规程,做好运行、检查记录。客运索道运行期间遇到极端恶劣天气(大风、雷暴、冰冻)或故障停车造成运行中断的,应满足 GB 12352—2018 的相关规定,方可重新运行。安全防护设备设施不得随意拆除、挪用或弃置不用,确因维修拆除的应采取临时、有效的安全措施,维修完毕后立即复原。安全保护装置应建立台账并定期检查记录。

5.4.1.4 设备设施检维修

客运索道应建立设备设施检维修管理制度,制定综合检维修计划,加强日常检维修和定期检维修管理,落实"五定"原则,即定检维修方案、定检维修人员、定安全措施、定检维修质量、定检维修进度,并做好记录。

应开展定期自检工作,自检工作至少包括日检、月检、季检、年检。客运索道应制定定期自检计划,并按照计划进行,同时做好记录。

客运索道的重大维修应当按照 GB/T 34368—2017 及安全技术规范、标准、使用维护说明书和维修方案要求进行,其中维修方案应包含作业行为分析和控制措施;索道重大维修和设备年度检维修应按照内控要求,规范执行;重大维修应由相应资质的施工单位进行。重大维修必须经特种设备检验检测机构进行监督检验。重大维修后,索道运营企业应将重大维修过程中所有文件,如自检报告、试运行记录、监督检验报告和无损检测报告等存档。

检维修方案应包含作业安全风险分析、控制措施、应急处置措施及安全验收标准。检维修过程中应执行安全控制措施,并进行监督检查,检维修后应进行安全确认。

客运索道维修应符合以下要求:
——应保持维修工具、计量装置、照明装备完好,计量装置应根据相关规定进行检验检测。
——应提前对公众发布停运公告。
——更换的主要部件(电机、减速机、钢结构、轮组、钢丝绳、电控系统等)应执行内部验收和报废管理制度,进行记录。
——设备维修后,应及时清理维修现场。机架和支架上不应遗留有坠落危险的维修工具、零部件和杂物。
——应按维修作业指导书和设备维保手册要求,规范作业,控制维修质量,隐蔽性工程应及时验收,设备维修后应进行验收。
——维修过程应执行安全风险控制措施并进行监督检查。客运索道的维护保养应当制定维护保养计划,并按照计划进行,同时做好记录。

客运索道维护保养应符合以下要求:
——设备润滑工作后,应采取措施保障润滑油(脂)不会污损乘客身体和衣物。

——更换的废油品的管理应按照 GB/T 17145—1997《废润滑油回收与再生利用技术导则》执行，其中废油品由有资质单位回收。

——建立备品备件台账。

5.4.1.5 检测检验

特种设备应按照有关规定，通过具有专业资质的检测、检验机构进行定期检测、检验，并取得安全合格证。

5.4.1.6 设备设施拆除、报废

企业应建立设备设施报废管理制度。设备设施的报废应办理审批手续，在报废设备设施拆除前应制定方案，在现场对报废设备设施设置明显的标志，并在作业前对相关作业人员进行培训和安全技术交底；报废、拆除应按方案和许可内容组织落实。

5.4.2 作业安全

5.4.2.1 作业环境和作业条件

企业应事先分析、评估和控制设备设施、器材、通道、作业环境等存在的安全风险。现场应实行定置管理，保持作业环境整洁。

索道现场应配备相应的安全、职业病防护用品（具）及消防设施与器材，按照有关规定设置应急照明、安全通道，并确保安全通道畅通。企业应对临近高压输电线路作业、危险场所动火作业、有限空间作业、临时用电作业、高处作业等危险性较大的作业活动，实施作业许可管理，严格履行作业许可审批手续。

应对作业人员上岗资格条件等进行作业前安全检查，特种作业（高处作业、电工作业、焊接作业等）人员持证上岗，并设专人进行现场安全管理，确保作业人员遵守岗位操作规程、落实安全及职业病危害防护措施。

两个以上作业队伍在同一作业区域内进行作业活动时，不同作业队伍相互之间应签订管理协议，明确各自安全生产、职业卫生管理职责，并指定专人检查与协调。

作业环境应满足下列要求：

——站房主体建筑应结构完好，无异常变形、风化、下榻现象，门窗结构完整。

——转动设备或电气设备防护设施应齐全完整，保护功能有效。

——供配电设备区应配置绝缘垫、防小动物装置以及安全防护用品并与其他区域隔离。

——应急照明、工作现场施工照明应保证作业安全需要。

——驱动机房或驱动小车等区域应设置检修开关。

——支架、驱动小车等空中作业区域应设置安全平台和安全护栏。

——站口离地高度超过1米，应设置安全防护网，防护网伸出长度不小于2米，并结实牢固。

——油库及危险品仓库应装防爆灯，设置消防设施并与站台、办公区、生活区等区域隔离。

——作业环境保持清洁，无积水、油污，门口、通道、楼梯、平台等处无杂物堵塞。

——应在制度中明确单个运载工具内不应客、货混装运输的要求。

——吊厢内应有安全说明（禁止将手臂伸出窗外，禁止自行打开车门，禁止走动摇晃车厢、敲打玻璃、禁止吸烟）、标有定员和最大载荷的标志。

遵守国家和地方公共场所治安管理相关规定，制定索道经营辖区治安管理制度，重点区域设置视频监控设施，采集的视频图像信息保存期限建议达到90天但不得少于30天，履行索道经营辖区内治安管理责任。制止扰乱公共秩序，劝阻有害社会风气的行为。

运营单位应保证运营高峰期乘车安全秩序,切实保障乘客人身安全和财产安全。索道运营场所及服务区域内严禁违章经营。办公与生活区域应设置乘客禁行标志。制定交通安全管理制度,设置辖区交通安全设施,合理规划辖区车辆线路,疏导有序、车辆停靠整齐。应对车辆驾驶人员定期开展安全教育,定期对机动车辆检验,保证机动车辆车况良好。配有通勤车的索道,应制定通勤车辆遇山区滑坡、泥石流、冰雪等特殊情况的应对措施。企业应通过消防部门的相关检查,履行索道经营辖区内的消防安全责任,消防工作应遵守国家和地方相关消防安全管理的规定。索道经营辖区内的消防设施应保持完好状态,安全通道应保持畅通。

应建立消防安全管理制度,有效控制经营辖区内和运营过程中可诱发火灾的危险源,治理火灾隐患,预防火灾发生。

索道工作人员应经过消防培训,能正确使用消防器材,熟练掌握安全疏散与自救互救方法。

5.4.2.2 作业行为

企业应依法安全运营管理,加强对从业人员行为的安全管理,对从业人员作业行为进行安全风险辨识,采取相应的措施,控制作业行为安全风险。

企业应监督、指导从业人员遵守安全生产和职业卫生规章制度、操作规程,杜绝违章指挥、违规作业和违反劳动纪律的"三违"行为。

企业应为从业人员配备与岗位安全风险相适应的、符合 GB/T 11651—2008 规定的个体防护装备与用品,并监督、指导从业人员按照有关规定正确佩戴、使用、维护、保养和检查个体防护装备用品。

现场作业行为要求如下:
——现场作业负责人应根据作业人员情况明确工作任务与要求,监督安全防护措施落实,对作业过程与结果进行管控、验收。
——现场作业人员应听从统一调度指挥。
——现场作业应分工明确,人员精神状态良好且能承担相应劳动。
——高空作业人员应使用合格的安全带、安全帽、防滑鞋,立体交叉作业时要防止落物伤人。吊装作业时,应安排专人进行现场安全管理,遵守安全规程和落实安全措施。
——电气维修人员作业时,严格遵守电工安全操作规程,应配备绝缘保护装备。
——日常检查人员巡线时,应穿戴安全防护装备,配备对讲机。
——特殊情况下,不能停电作业时,应按有关带电作业的安全规定执行。

5.4.2.3 岗位达标

企业应建立班组安全活动管理制度,开展岗位达标活动,明确岗位达标的内容和要求。

从业人员应熟练掌握本岗位安全职责、安全生产操作规程、安全风险及管理措施、防护用品使用、自救互救及应急处置措施。

各班组应按照有关规定开展法律法规学习、安全生产和职业健康教育培训、安全操作技能训练、岗位作业危险预知、作业现场隐患排查、事故分析等工作并做好记录。

5.4.2.4 相关方管理

企业应建立承包商、供应商等安全管理制度,将承包商、供应商等相关方在企业管理范围内的安全生产和职业卫生纳入企业内部管理,对承包商、供应商等相关方的资格预审、选择、作业人员培训、作业过程检查监督、提供的产品与服务、绩效评估、续用或退出等进行管理。

企业应建立合格承包商、供应商等相关方的名录和档案,定期识别服务行为安全风险,并采取有效的控制措施。

企业不应将项目委托给不具备相应资质或安全生产、职业病防护条件的承包商、供应商等相关方。

企业应与承包商、供应商等签订工作合同,明确规定双方的安全生产及职业病防护的责任和义务。

企业应通过供应链关系促进承包商、供应商等相关方达到安全生产标准化要求。

企业应为乘客提供相对舒适和安全卫生的候车、乘车环境,有效地保障乘客候车、乘车的公共安全秩序。

客运索道车厢配备的司乘人员在保证沿途行车安全的同时,还应维护好车厢内乘车秩序。

5.4.3 职业健康

5.4.3.1 基本要求

企业应建立、健全职业卫生档案和健康监护档案;并对有职业病危害的工作场所,设置相应的防护设施,为从业人员提供符合职业健康要求的工作环境,为接触职业病危害的从业人员提供个人使用防护用品;存在高海拔(1500米以上)、严寒(最冷月份平均温度≤－10 ℃地区)、高温(35度以上)、噪声(大于85分贝)等职业危害因素的场所和岗位应按规定进行管理和控制,配备必要的职业健康防护设施、器具。

企业应组织从业人员进行上岗前、在岗期间、特殊情况应急后和离岗时的职业健康检查,将检查结果书面如实告知从业人员并存档。对检查结果异常的从业人员,应及时就医,并定期复查。企业不应该安排未经职业健康检查的从业人员从事接触职业病危害的作业。

各种防护用品、各种防护器具应定点存放在安全、便于取用的地方,建立台账,并有专人负责保管,定期校验、维护和更换。确保处于正常状态。

5.4.3.2 职业病危害告知

企业与从业人员订立劳动合同时,应将工作过程中可能产生的职业病危害、后果和防护措施如实告知,并在合同中写明,不得隐瞒和欺骗。

企业应按照有关规定,在醒目位置公告栏公布有关职业病防治的规章制度、操作规程、职业病危害事故应急救援措施和工作场所职业病危害因素检测结果。对存在或产生职业病危害的工作场所、作业岗位、设备、设施,应在醒目位置设置警示标识和中文警示说明。

5.4.3.3 职业病危害项目申报

企业应按照有关规定,对职业病危害项目及时更新信息。应当及时、如实向所在地卫生行政部门申报危害项目,接受监督。

5.4.3.4 职业病危害检测与评价

企业应改善从业人员工作场所职业健康条件,控制职业病危害因素。企业应对工作场所职业病危害因素进行日常监测监控和评价。

5.4.4 警示标志

企业应按照有关规定和工作场所的安全风险特点,在有重大危险源、较大风险因素和严重职业病危害因素的工作场所,设置明显的、符合有关规定要求的安全警示标志和职业病危害警示标识。其中,警示标志的安全色和安全标志应分别符合GB 2893—2008《安全色》和GB 2894—2008《安全标志及其使用导则》的规定,道路交通标志和标线应符合GB 5768.2—2009《道路交通标志和标线》(所有部分)的规定,消防安全标志应符合GB 13495.1—2015《消防安全标志》的规定,工作场所职业病危害警示标识应符合GB/Z158—2003《工作场所职业病危害警示标识》的规定,航空障碍标志应符合国家相关法规和技术规范的要求。

企业应定期对警示标志进行检查维护，确保其完好有效。企业应在有较大危险因素的作业场所和设施设备上设置围栏和警示标志，进行危险提示、警示，告知危险的种类、后果及应急措施等。

5.5 安全风险管控及隐患排查治理

5.5.1 安全风险管理

5.5.1.1 安全风险辨识

企业应建立安全风险辨识管理制度，组织全员对本单位安全风险进行全面、系统的辨识。安全风险辨识范围应覆盖本单位的所有活动区域，并考虑正常、异常和紧急三种状态及过去、现在和将来三种时态。安全风险辨识应采用适宜的方法和程序，且与现场实际相符。企业应对安全风险辨识资料进行统计、分析、整理和归档。

5.5.1.2 安全风险评估

企业应建立安全风险评估管理制度，明确安全风险评估的目的、范围、频次、准则和工作程序等。企业应选择合适的安全风险评估方法，定期对作业活动、设备设施、物料、作业环境等方面所辨识出的安全风险进行评估。在进行安全风险评估时，至少应从影响人、财产和环境三个方面的可能性和严重程度进行分析，客运索道企业每3年至少进行一次安全风险评估、评价。

5.5.1.3 安全风险控制

企业应在技术、管理、防护以及运营保障等方面采取必要措施，对安全风险进行控制。企业应根据安全风险评估结果及生产经营状况等，确定相应的安全风险等级，对其进行分级分类管理，实施安全风险差异化动态管理，制定并落实相应的安全风险控制措施。企业应将安全风险评估结果及所采取的控制措施告知相关从业人员，使其熟悉工作岗位和作业环境中存在的安全风险，落实应采取的控制措施。

5.5.1.4 变更管理

企业应制定变更管理制度。企业应对机构、人员、技术、设备设施、作业过程和环境发生永久性或暂时性变化时进行控制。应对变更过程及变更后可能产生的风险进行分析，制定控制措施，履行审批及验收程序，并告知和培训相关从业人员。

5.5.2 重大危险源辨识与管理

企业应建立重大危险源管理制度。应全面辨识重大危险源，对确认的重大危险源制定安全管理措施和应急预案。

依据索道行业特点，企业应对雷电、大风、洪水、泥石流、山体滑坡、冻雨、危岩等自然灾害形成的重大危险源进行全面辨识，并登记建档，定期进行检查、预测，建档内容至少包括：名称、地点、性质和可能造成的风险及对应安全措施。

应建立包括技术措施和管理措施在内的重大危险源监控系统，对重大危险源实施日常监控。在重大风险（点）现场应设置明显的安全警示标志和警示牌。

5.5.3 隐患排查治理

5.5.3.1 隐患排查

依据索道行业特点，隐患是指索道运营的场所、环境、人员、设备设施和整个运营环节存在的不安全因素。企业应建立隐患排查治理制度，逐级建立和落实从主要负责人到每位从业人员的隐患排查和防控责任制。应按照规定组织开展隐患排查治理工作,实行隐患闭环管理,及时发现并消除隐患。企业应根据有关法律法规、标准规范等,制定各部门、岗位、场所、设备设施的隐患排查治理细则或清单,明确隐患排查的范围、内容、频次和要求,并组织开展相应的培训。隐患排查的范围应包括索道运营企业和承包商、供应商等在索道运营现场的所有工作和服务场所。

企业应按照有关规定,结合安全生产需要,采用综合检查、专项检查、季节性检查、节假日检查、日常检查等方式进行隐患排查。对排查出的隐患,按照隐患等级建立隐患信息档案,并按照职责分工实施监控治理。必要时组织有关专业技术人员对可能存在的重大隐患做出认定,并按照规定进行管理。

企业应将相关方排查出的隐患统一纳入本企业隐患管理。

5.5.3.2 隐患治理

企业应根据隐患排查结果,制定治理方案,及时治理隐患。一般隐患应立即或限期组织治理,重大隐患应制定治理方案,治理方案应当包括目标和任务、方法和措施、经费和物资保障、机构和人员的确认、时限和要求、安全措施及应急预案等内容。企业在隐患治理过程中,应采取相应的监控防范措施,暂时停止运营或停用相关设备,应从危险区域内撤出非必要人员,设置警戒标志。

5.5.3.3 验收和评估

隐患治理完成后,企业应按照有关规定对治理情况进行评估、验收。重大隐患治理完成后,应组织安全管理人员和有关技术人员进行验收或按有关规定由国家专业检测机构进行检测认定。

5.5.3.4 信息记录和通报

企业应如实记录隐患排查治理情况,至少每月进行统计分析,及时将隐患排查治理情况向从业人员通报。企业应建立隐患自查、自改、自报信息系统,通过信息系统对隐患排查、报告、治理、销账等过程进行电子化管理和统计分析。

5.5.3.5 预测预警

企业应根据生产经营情况、安全风险管理及隐患排查治理、事故等情况,运用定量或定性的安全生产预测预警技术,建立反映企业安全生产状况及发展趋势的安全生产预测预警体系,及时发布安全预警信息,采取相应控制措施。

5.6 应急管理

5.6.1 应急准备

5.6.1.1 应急救援组织

企业应按照有关规定建立应急管理组织机构或指定专人负责应急管理工作。建立与本企业安全生产特点相适应的专(兼)职应急救援队伍。应当根据当地实际情况,与其他索道运营企业或消防、医疗等相关应急救援力量签订协议建立应急联动机制。定期和不定期组织应急救援队伍和人员进行培训。每3年应与签订协议的社会救援力量至少进行一次联合培训。

5.6.1.2 应急预案

企业应根据法律、法规、标准、规章,在开展安全风险评估和应急资源调查的基础上,建立生产安全事故应急预案体系,制定符合 GB/T 29639—2020 规定的生产安全事故应急预案,针对安全风险较大的重点场所(设施)制定现场处置方案,并编制重点岗位、人员应急处置卡。

企业应在预案公布后20个工作日内,按照分级属地原则,向县级以上人民政府应急管理部门和其他负有安全生产监督管理职责的部门备案,并通报社会应急救援队伍、周边索道运营企业等有关应急协作单位。

企业应定期评估应急预案,及时根据评估结果和实际情况的变化进行修订和完善,并按照规定将修订的应急预案及时向县级以上人民政府应急管理部门和其他负有安全生产监督管理职责的部门备案。

5.6.1.3 应急设施、装备、物资

企业应根据可能发生的事故种类特点,按照有关规定设置应急设施,配备应急装备,储备应急物资,建立管理台账,安排专人管理,并定期检查、维护、保养,确保其完好、可靠。

5.6.1.4 应急演练

企业应制定年度应急救援演练计划,编制演练方案。

应每半年组织开展一次生产安全事故应急演练,做到一线从业人员参与应急演练全覆盖;每3年与签订协议的社会力量至少进行1次联合实战演练。应急演练中的线路救援应选择救援难度最大的位置。

应对应急演练进行评估,做好文字、图片及视频记录。根据评估报告和演练发现的问题,修订、完善应急预案,改进应急准备工作,并将演练结果报送地(市)县级以上地方人民政府负有安全生产监督管理职责的部门。

5.6.1.5 应急救援信息系统建设

企业应根据自身实际情况,建立生产安全事故应急救援信息系统,并与县级以上人民政府应急管理部门和其他负有安全生产监督管理职责的部门备案互联互通。

5.6.2 应急处置

企业应根据预案要求,及时启动应急响应程序,并开展先期处置。

应在运载工具和索道票面公布应急电话,便于乘客应急使用;应急电话要有专人值守,遇有突发事件值守人员应及时向主要负责人汇报。

因突发事件停车时,应通过广播系统安抚滞留在线路上的乘客,索道发生故障超过15分钟无法排除,建议启动紧急驱动装置运送滞留线路上的乘客。

5.6.3 应急辨识、评估

企业应对应急准备、应急处置工作进行辨识、评估。企业应主动配合有关组织开展的应急处置评估。

5.7 事故管理

5.7.1 报告

企业应建立事故报告程序,明确事故内外部报告的责任人、时限、内容等,发生生产安全事故应按照有关规定程序报告。

5.7.2 调查和处理

企业应建立事故内部处置制度。索道企业发生事故后,企业应保护好事故现场和信息,配合主管部门对事故进行调查;企业应开展事故案例警示教育活动,认真吸取事故教训,落实防范和整改措施,防止类似事件再次发生。

5.7.3 管理

企业应建立事故档案和管理台账,将承包商、供应商等相关方在企业管理范围内发生的事故纳入本企业事故管理。

5.8 持续改进

5.8.1 绩效评定

企业每年至少应对安全生产标准化管理体系的运行情况进行一次自评,验证各项安全生产制度措施的适宜性、充分性和有效性,检查安全生产和职业卫生管理目标、指标的完成情况。

企业主要负责人应全面负责组织自评工作,并将自评结果向本企业所有部门、单位和从业人员通报。自评结果应形成正式文件,并作为年度安全绩效考评的重要依据。

企业发生生产安全责任死亡事故,应重新进行安全绩效评定,全面查找安全生产标准化管理体系中存在的缺陷。

5.8.2 持续改进

企业应根据安全生产标准化管理体系的自评结果和安全生产预测预警系统所反映的趋势,以及绩效评定情况,客观分析企业安全生产标准化管理体系的运行效果和质量,及时调整完善相关制度文件和过程控制,持续改进,不断提高安全生产管理水平。

5.9 服务质量

5.9.1 服务质量目标

应按照国家相关服务标准制定适合企业运营的服务质量目标。应将服务质量目标进行分解,并进行考核。

5.9.2 服务组织

根据运营服务特点和要求,建立完善的服务组织,设置合理的服务岗位并配置相适应的服务人员,明确服务岗位责任,制定并严格执行服务规范和守则等制度。

5.9.3 服务设施管理

应建立服务设施检查维修制度并保证服务设施的清洁和完好。在进行服务设施维修时,应设置维修警示标志并向乘客做好解释工作。

5.9.4 乘坐形式

应选取乘坐舒适度高、便于搭乘的运载工具。

5.9.5 索道运行速度和运量

为提高输送能力,减少乘客候车时间,应选取高速度、大运量的索道设备。为便于乘客上下车,提高服务舒适度和安全性,站内应选取采用较低速度运行。

5.9.6 环保责任

应履行索道经营辖区内环境保护责任,消除和减少索道建设和营运对环境的影响,为乘客营造生态、优美、舒适的服务环境。索道经营辖区建筑与环境自然和谐,符合环境规划要求。倡导生态文化建设,索道经营辖区应保持绿化高覆盖率，植物与景观配置得当。服务区内空气清新，无异味，服务区内环境噪声应满足景区的相关规定。污水、生活垃圾、厨余垃圾的处理应符合国家法规要求和地方环保相关规定。

5.9.7 公共卫生

制定并执行卫生保洁制度，保障辖区内环境和服务设施的清洁卫生。引导乘客在购票、候车和乘坐过程中，遵守公共道德，保持公共环境卫生。

公共服务设施应保持干净和整洁，并定期消毒杀菌。在流行性疾病多发季节，做好公共场所的疾病预防工作，防止交叉感染。遇突发公共卫生事件，按照国家和地方相关规定做好防控工作。候车区域内应设置相应数量与环境协调的垃圾桶（箱），垃圾应及时清理，保持桶（箱）体完好洁净。垃圾应分类处理，垃圾处理符合国家和地方环保相关规定。

公共卫生间建设与接待能力相适应，室内卫生设施设备齐全。应设有无障碍通道和残疾人专用卫生间。应及时清洁，做到墙壁、隔板、门窗清洁无刻画；地面无污物、污渍；便池无污垢；室内无异味、无蚊蝇。

5.9.8 服务信息指示

公共信息、安全标志图形符号按 GB 2894—2008、GB 13495.1—2015、GB/T 10001.2—2021 等相关标准设置并制定相应的管理制度。标志与标牌应完好，无破损、变形，内容准确，文字清晰规范。标志标牌应有中、外文对照，方便乘客阅读。

标志与标牌设置位置与要求如下：
(1) 售票处周边应设置索道线路和相关导游图牌。
(2) 服务设施应设置醒目的标志和引导标牌。
(3) 安全警示标志齐全，应设立在固定、醒目位置，不应设置在可移动物体上。
(4) "客运索道安全检验标志、安全检验合格"标识牌应固定张挂在客运索道的进站口、乘客易看到的明显位置。
(5) 线路支架应有醒目的支架编号和禁止攀爬等安全标志。支架应设爬梯，高度在10米以上的爬梯应设保护圈或防坠落装置；高度超过25米时，每隔10米应设带护栏的平台。
(6) 设立客运索道沿线道路交通标志、禁令标志、道路交通标线、航空障碍标志和客运索道安全服务的其他特殊提示。
(7) 站区主要道口、交叉路口应在适当的位置设立引导标牌。应有醒目的出、入口通行方向标志。
(8) 应设置引导乘客上、下车区域等标志。
(9) 需要乘客协助服务的地方应设明显清晰的提示标志。
(10) 站房内人流方向指示以及上车区、下车区、等待区、上下车线、禁止线应有显著的标记（中文）；乘客进出站的通道不应互相干扰，通道的坡度不应超过10%，如果坡度超过10%应设置踏步；非公共通行区域应隔离，设置显著标志（非工作人员禁止入内）。

5.9.9 票务服务

售票：售票员应服务热情，做到票款两清。应采用多种宣传形式，让乘客能方便了解到《购票须知》的内容。企业应运用网络预订、移动支付、刷卡、现金等多种方式为游客提供更加方便快捷的购票服务。设立自助售票服务的，应有清晰明确的购票流程和要求，服务人员应协助乘客完成购票程序。

验票：验票员应用规范的服务语言，请乘客出示票据，检验票据和放行。采用电子验票系统服务时，服务人员应协助乘客完成验票程序。

退票：应制定退票制度并公示。非乘客原因退票时，服务人员应向乘客耐心解释退票的原因，并表示歉意。

停止售票：在营业时间内停止售票的，应向乘客公示原因。暂停运营时，应及时通知预定客户，服务人员应耐心解释停止运营服务的原因,协助乘客完成退票并表示歉意。

5.9.10 候车与乘坐服务

为解决乘客候车时间过长等问题,应采取网络平台预约预售、限时限量、分时乘坐、设立缓冲区等服务方式缩短乘客候车时间,并建立相应制度。站台服务人员应组织引导乘客上、下车和进、出站,维持站台候车秩序。应主动热情迎、送乘客,帮扶老、幼、病、残、孕者。对于单线循环固定抱索器式索道,站台服务人员应协助乘客上、下车,适时调整索道运行速度,帮助行动不便的乘客乘车。

利用广播或视频系统,播放景观介绍、音乐、娱乐节目等,使乘客候车、乘坐过程中的心情愉悦。根据索道实际情况为乘客提供如物品寄存、雨具、棉衣、氧气租借、电子产品充电、失物招领、免费咨询等衍生服务。候车区应根据特殊乘客(老、幼、病、残、孕)需求,提供相应的专用通道和候车区。购票和候车区应设置遮阳避雨设施。候车室内和封闭式交通工具的卫生环境、空气质量、噪声、湿度、照度等卫生标准应达到 GB 37487—2019、GB 37488—2019 相关规定要求。

5.9.11 服务人员基本要求

票务、站台服务人员、乘务人员和保安人员应培训合格后上岗,掌握索道安全服务相应的知识和技能,具有良好职业道德和综合素质,身体健康,严格遵守服务守则。

5.9.12 服务态度

着装整洁,规范统一,佩戴服务标牌。端庄大方,精神饱满,表情自然,姿态端正,举止文明,处事稳重,反应敏捷,动作规范。保持个人卫生,发型庄重,发色自然,女职工可淡妆修饰。上岗前禁止饮酒,不食带异味的食品。礼貌待客、微笑服务、亲切热情、真诚友好、耐心周到、服务主动。有问必答,迅速准确。对于乘客提出要求暂不能解决的,应耐心解释。使用文明礼貌用语、简明、通俗、清晰。应采用规范的服务用语。

5.9.13 职业道德

应爱岗敬业、诚实守信、忠于职守、维护乘客的合法权益。应尊重乘客的人格尊严、宗教信仰和风俗习惯,不损害民族尊严。

5.9.14 服务监督与纠纷处理

应按国家和地方相关法规,建立服务纠纷处理与投诉处理工作程序,应设立专人或部门接待投诉、处理服务纠纷及乘客的意见和建议。做到有投诉必处理。

建立服务监督机制,主动接受乘客监督,在乘客服务区域设意见本(卡、箱),建立网络投诉渠道,定期收集分析游客意见,进行相应服务改进。应按 GB/T 24728—2009 附录 A.2 客运索道安全服务质量要求,进行乘客满意度、乘客有效投诉率、投诉处理满意度的统计。

5.9.15 服务质量改进

每年应对本单位服务质量进行 1 次自主评定,验证各项制度措施的适宜性、充分性和有效性,检查服务质量目标的完成情况,提出改进意见,形成评价报告。

应根据服务质量评定结果,对服务质量目标、规章制度等进行修改完善,制定完善服务质量的工作计划和措施,实施 PDCA 循环,不断提高服务质量。

客运索道运营安全生产标准化管理
团体标准应用要求

中国索道协会
二〇二三年一月一日实施

客运索道实用法规标准汇编

1 范围

本评定标准规定了客运索道企业安全生产标准化体系建立、保持与评定的管理要求，包括目标职责、制度化管理、教育培训、现场管理、安全风险管控及隐患排查治理、应急管理、事故管理、持续改进、服务质量共九个方面。

本评定标准适用于中华人民共和国境内客运架空索道和客运地面缆车的运营单位。

2 规范性引用文件

下列文件对于本评定标准的应用是必不可少的，凡是注明日期的引用文件，仅注日期的版本适用于本文件。凡是不注明日期的引用文件，其最新版本（包括所有的修改单）适用本文件。

GB 2894—2008 《安全标志及其使用导则》
GB 2893—2008 《安全色》
GB 3096—2008 《声环境质量标准》
GB 5768.2—2022 《道路交通标志和标线》
GB 8408—2018 《大型游乐设施安全规范》
GB 12352—2018 《客运架空索道安全规范》
GB 13495.1—2015 《消防安全标志 第一部分 标志》
GB 19402—2012 《客运地面缆车安全要求》
GB 37487—2019 《公共场所卫生管理规范》
GB 37488—2019 《公共场所卫生指标及限值要求》
GB 50127—2020 《架空索道工程技术标准》
GB 51309—2018 《消防应急照明和疏散指示系统技术标准》
GB 55012—2021 《生活垃圾处理处置工程项目规范》
GB/T 9075—2008 《索道用钢丝绳检验和报废规范》
GB/T 10001.2—2021 《标志用公共信息图形符 第2部分 旅游休闲》
GB/T 11651—2008 《个体防护装备选用规范》
GB/T 17145—1997 《废润滑油回收与再生利用技术导则》
GB/T 24728—2009 《客运索道安全服务质量》
GB/T 29639—2020 《生产经营单位生产安全事故应急预案编制导则》
GB/T 33000—2016 《企业安全生产标准化基本规范》
GB/T 34024—2017 《客运架空索道风险评价方法》
GB/T 34368—2017 《客运索道重大修理的技术要求》
GB/T 40248—2021 《人员密集场所消防安全管理》
GB/T 41094—2021 《客运索道使用管理》
GB/Z 158—2003 《工作场所职业病危害警示标识》
AQ/T 9007—2019 《生产安全事故应急演练基本规范》
TSG 08—2017 《特种设备使用管理规则》
TSG S7001—2013 《客运索道监督检验和定期检验规则》
TSG Z6001—2019 《特种设备作业人员考核规则》
主席令第4号 《中华人民共和国特种设备安全法》
主席令第16号 《中华人民共和国旅游法》

主席令第 22 号 《中华人民共和国环境保护法》
主席令第 24 号 《中华人民共和国职业病防治法》
主席令第 43 号 《中华人民共和国固体废物污染环境防治法》
主席令第 69 号 《中华人民共和国突发事件应对法》
主席令第 81 号 《中华人民共和国消防法》
主席令第 88 号 《中华人民共和国安全生产法》
应急管理部令第 2 号 《生产安全事故应急预案管理办法》
市监总局令第 31 号 《客运索道安全监督管理规定》
市监总局令第 57 号 《特种设备安全监督检查办法》
原国家质检总局 2015 年 5 号文 《特种设备现场安全监督检查规则》
原国家质检总局令 70 号 《特种设备作业人员监督管理办法》

3 术语与定义

下列术语和定义适用于本评定标准。

3.1 企业安全生产标准（Enterprise safety production standardization）

企业通过落实安全生产主体责任、全员全过程参与、建立并保持安全生产管理体系以及全面管控生产经营活动各环节的安全生产和职业卫生工作，实现安全健康管理系统化、岗位操作行为规范化、设备设施本质安全化以及作业环境器具定置化，并持续改进。

3.2 安全生产绩效（Safety production performance）

根据安全生产目标和职业卫生目标，在安全生产、职业卫生等工作方面取得的可考评结果。

3.3 企业主要负责人（Main person in charge of the enterprise）

有限责任公司、股份有限公司的董事长、总经理，其他生产经营单位的厂长、经理以及对生产经营活动有决策权的实际控制人。

3.4 相关方（Related parties）

工作场所内外与企业安全生产绩效有关或受其影响的非本企业个人或单位，如承包商、供应商等。

3.5 承包商（Contractor）

在企业的工作场所按照双方协定的要求向企业提供服务的个人或单位。

3.6 供应商（Supplier）

为企业提供材料、设备或设施及服务的外部个人或单位。

3.7 变更管理（Management of change）

对机构、人员、管理、工艺、技术、设备设施、作业环境等永久性或暂时性的变化进行有计划地控制，以避免或减轻对安全生产产生影响。

3.8 安全风险（Security risks）

发生危险事件或有害暴露的可能性，与随之引发的人身伤害、健康损害或财产损失的严重性的组合。

3.9 安全生产风险评估（Safety production risk assessment）

运用定性或定量的统计分析方法对安全风险进行分析、确定其严重程度,对现有控制措施的充分性、可靠性加以考虑,以及对其是否可接受予以确认的过程。

3.10 安全风险管理（Security risk management）

根据安全风险评估的结果,确定安全风险控制的优先顺序和安全风险控制措施,以达到改善安全生产条件、减少或避免产生安全事故的目的。

3.11 工作场所（Workplace）

从业人员进行职业活动,并由企业直接或间接控制的所有工作地点。

3.12 作业环境（Working environment）

从业人员进行生产经营活动的场所以及相关联的场所,对从业人员的安全、健康、工作效率以及对设备（设施）的安全运行产生影响的所有自然和人为因素。

3.13 持续改进（Continuous improvement）

为了实现对整体安全生产绩效的改进,根据企业的安全生产和职业卫生目标,不断地对安全生产和职业卫生工作进行完善的过程。

3.14 PDCA 管理（Management of PDCA）

由 Plan（策划）、Do（实施）、Check（检查）、Act（改进）组成的动态循环管理体系。

3.15 5S 管理（Management of 5S）

是指对整理、整顿、清扫、清洁、素养五个方面的管理。

4 一般要求

4.1 原则

客运索道运营企业开展安全生产标准化工作,应坚持中国共产党领导,坚持以人民为中心,坚持人民至上、生命至上,把保护人民生命安全放在首位,树立安全发展理念,应遵循"安全第一、预防为主、综合治理"的方针,落实企业主体责任;以安全风险管控、隐患排查治理、职业病危害防治为基础,以安全生产责任制为核心,建立安全生产标准化管理体系,实现全员参与,全面提升安全生产管理水平,持续改进安全生产工作,不断提升安全生产绩效,预防和减少事故的发生,保障人身安全健康,保证生产经营活动的有序进行。

4.2 建立和保持

客运索道运营企业应采用"策划、实施、检查、改进（PDCA）"动态循环管理模式,按照本评定标准的规定,结合企业自身特点,自主建立并保持安全生产标准化管理体系,并通过自我检查、自我纠正和自我完善,构建安全生产长效机制,持续提升安全生产绩效管理。

4.3 评定和监督

客运索道运营企业安全生产标准化工作实行企业自主评定和中国索道协会组织专家评审的方式,

自主评定应每年至少进行1次,协会组织专家评审每3年进行1次;企业应根据本评定标准及相关安全生产标准化细则,对安全生产标准化工作进行自主评定,自主评定后申请中国索道协会组织专家评审定级;安全生产标准化评审定级分为一级、二级、三级。一级为最高等级,三级为最低等级;客运索道安全服务质量等级分为5S、4S、3S三个等级。5S为最高等级,3S为最低等级;企业在申请协会评审前必须通过法定的客运索道监督检验、定期检验并取得安全检验合格标志。

评审时,如发现索道运营单位出现重大隐患和风险,应中止评审,整改完成后重新申请评审。新建索道运行三年后方可申请评审。首次申请评审时,企业应在一年内没有发生生产安全责任的死亡事故、半年内没有发生高空滞留人员超过3.5小时以上的责任事故;已取得安全生产标准化等级的企业,如发生人员死亡或高空滞留人员超过3.5小时以上的责任事故,整改完善并进行自主评定合格后,重新申请评审。

安全生产标准化评审与客运索道安全服务质量评审采取"同时评审、分别发证"的方式,中国索道协会负责发证;安全生产标准化评审项目为本评定标准前八项(即5.1至5.8),共计1000分,各项目的分项最低分数为0分;安全生产标准化所评审的等级须同时满足评审得分和安全生产绩效要求,否则按二者低的等级来确定评定等级(见表1)。

表1 安全生产标准化评定等级划分及标准

评定等级	评审得分	安全生产绩效
一级	≥900	申请评审之前两年内,企业无安全生产责任的死亡事故,且三年内未发生空中滞留人员超过3.5小时以上责任事故。
二级	≥750	申请评审之前一年内,企业无安全生产责任的死亡事故,且两年内未发生空中滞留人员超过3.5小时以上责任事故。
三级	≥600	申请评审之前,企业无安全生产责任的死亡事故,且一年内未发生空中滞留人员超过3.5小时以上责任事故。

客运索道安全服务质量评审项目为本评定标准第九项评分项目,第九项服务质量为400分。最低分数为0分;安全服务质量评审的等级须同时满足评审得分和基本要求,否则按二者低的等级来确定评定等级(见表2)。

表2 客运索道安全服务质量评定等级划分及标准

安全服务质量等级	服务质量得分	基本要求
5S	≥368	1. 索道乘坐形式应为无障碍吊厢型式。 2. 索道运行速度应≥5米/秒。 3. 站内运行速度应小于0.5米/秒。
4S	≥336	1. 索道乘坐形式应为吊厢式。 2. 索道运行速度应≥3米/秒。
3S	≥304	1. 现有设备设施运行正常。

5.1 目标职责

5.1.1 目标

企业应根据自身安全生产实际,制定文件化的总体和年度安全生产目标与职业卫生目标,并纳入到企业总体生产经营目标。

企业要将年度工作目标分解落实到各个部门,逐级落实到班组和岗位。各级安全生产目标及职业卫生目标应经相应负责人审批,以文件形式下达。

部门或班组按照安全生产职责及职业卫生职责,明确目标的制定、分解、实施、检查、考核等环节,制定分级控制措施并落实。

制定安全生产目标与职业卫生目标的评估和考核办法,并对安全生产目标与职业卫生目标完成情况进行考核。

5.1.2 机构和职责

5.1.2.1 机构设置

企业应落实安全生产与职业卫生组织领导机构,成立以主要负责人和部门为领导的安全生产与职业卫生领导机构,明确安全生产与职业卫生领导机构的组成和职责。

企业应设置安全生产与职业卫生管理机构;应根据自身情况配备安全与职业卫生管理人员。

安全管理机构应每月组织召开安全会议,总结分析本单位的安全生产情况,部署安全生产工作,研究解决安全生产工作中的重大问题,决策企业安全生产的重大事项。

5.1.2.2 主要负责人及管理层职责

企业主要负责人应全面负责安全生产和职业卫生工作,并履行相应责任和义务。

分管负责人应对各自范围内的安全生产和职业卫生工作负责。

各级管理人员应按照安全生产和职业卫生责任制相关要求,履行安全生产和职业卫生职责。

5.1.3 全员参与

企业应建立健全全员安全生产和职业卫生责任制,制定符合本单位的各级安全生产和职业卫生制度文件。

企业应对安全生产和职业卫生职责履行情况进行定期评估和监督考核。

企业应建立激励约束机制,鼓励员工积极建言献策,不断改进和提升安全生产和职业卫生管理水平。

5.1.4 安全生产投入

企业应制定满足安全生产需要的安全生产费用投入制度、计划,按规定提取、使用安全生产费用并落实到位,并建立安全生产费用使用台账。

安全生产费用主要用于以下方面:

(1) 安全技术和劳动保护措施:安全标志、安全工器具、安全设备设施、安全防护装置、安全培训、职业病防护和劳动保护,以及重大安全生产课题研究和预防事故采取的安全技术措施工程建设等。

(2) 事故预防措施:设备重大缺陷和隐患排查、治理、针对事故教训采取的防范措施、落实技术标准及规范进行的设备和系统改造、提高设备安全稳定运行的技术改造等。

(3) 应急管理:预案编制、应急物资、应急演练、应急救援等。

(4) 其他:安全检测、安全评价、重大危险源监控整改、安全保卫、安全法律法规收集管理、安全生产标准化建设实施、安全检查、安全技术技能竞赛、安全文化建设与维护等。

(5) 安全科技创新:新技术、新材料、新工艺、新设备产品的研发与投入。

(6) 企业应按照有关规定,为从业人员缴纳工伤、意外伤害保险费用,购买企业财产保险或投保客运索道安全生产责任险。

5.1.5 安全文化建设

企业应开展安全文化建设,确立本企业的安全生产和职业病危害防治理念及行为准则,并教育、引导全体从业人员贯彻执行。

企业开展安全文化建设活动应包括但不限于以下活动:安全生产月、安全生产知识竞赛、安全生产教育培训、安全文化演出、职工安全文化活动等。

5.1.6 安全生产信息化建设

企业应根据自身实际情况,利用信息化手段加强智慧索道运营管理建设,建立索道设备、广播、票务、客流,索道运营数据监测监控系统,重大危险源监控、安全风险分级管控和隐患自查自报、预测预警及职业病危害防治等信息系统。

5.2 制度化管理

5.2.1 法规标准识别

企业应建立安全生产和职业卫生法律法规、标准规范的管理制度,及时识别和获取适用、有效的法律法规、标准规范,建立清单。

企业应将适用的安全生产和职业卫生法律法规、标准规范的相关要求及时转化为本单位的规章制度、操作规程,并及时传达给相关从业人员,确保落实到位。

开展安全生产法律法规、标准规范的搜集管理工作,并跟踪、掌握有关法律法规、标准规范的修订情况。客运索道运营单位适用的安全生产法律法规、标准规范至少包括:《客运架空索道安全规范》《客运地面缆车安全要求》《架空索道工程技术标准》《安全标志及其使用导则》《消防安全标志 第一部分 标志》《消防应急照明和疏散指示系统技术标准》《消防给水及消火栓系统技术规范》《建筑灭火器配置设计规范》《建筑设计防火规范》《火灾自动报警系统设计规范》《气体灭火系统设计规范》《生活垃圾处理处置工程项目规范》《大型游乐设施安全规范》《安全色》《声环境质量标准》《公共场所卫生管理规范》《公共场所卫生指标及限值要求》《索道用钢丝绳》《旅游景区质量等级的划分与评定》《企业安全生产标准化基本规范》《客运索道安全服务质量》《客运索道固定抱索器通用技术条件》《客运架空索道风险评价方法》《生产经营单位生产安全事故应急预案编制导则》《客运索道使用管理》《客运索道重大修理的技术要求》《索道术语》《个体防护装备选用规范》《索道用钢丝绳检验和报废规范》《客运索道用橡胶轮衬》《公共信息图形符号 第1部分 通用符号》《标志用公共信息图形符 第2部分 旅游休闲》《废润滑油回收与再生利用技术导则》《人员密集场所消防安全管理》《工作场所职业病危害警示标识》《工业企业设计卫生标准》《特种设备作业人员考核规则》《客运索道监督检验和定期检验规则》《特种设备使用管理规则》《特种设备事故报告和调查处理导则》《特种设备焊接操作人员考核细则》《生产安全事故应急演练基本规范》《中华人民共和国安全生产法》《中华人民共和国特种设备安全法》《中华人民共和国旅游法》《中华人民共和国突发事件应对法》《中华人民共和国职业病防治法》《中华人民共和国消防法》《中华人民共和国环境保护法》《中华人民共和国固体废物污染环境防治法》《生产安全事故报告和调查处理条例》《生产安全事故应急预案管理办法》《安全生产事故隐患排查治理暂行规定》《特种设备现场安全监督检查规则》《客运索道安全监督管理规定》《特种设备作业人员监督管理办法》《特种设备事故报告和调查处理规定》《特种设备安全监督检查办法》。

5.2.2 规章制度

企业应建立健全安全生产和职业卫生规章制度,并征求工会及从业人员意见和建议,规范安全生产和职业卫生管理工作。

企业应确保从业人员及时获取制度文本。企业安全生产和职业卫生规章制度包括但不限于下列内容：①目标管理；②安全生产和职业卫生责任制；③安全生产承诺书；④安全生产投入管理制度；⑤安全生产信息化管理制度；⑥技术档案管理制度；⑦日常安全检查制度；⑧维护保养制度；⑨定期报检制度；⑩安全风险管理、隐患排查治理；⑪教育培训管理制度；⑫特种作业和服务人员管理制度；⑬设备设施管理制度；⑭检维修安全管理制度；⑮危险作业安全管理制度；⑯安全警示标志管理制度；⑰作业和服务人员守则；⑱作业人员及相关服务人员安全培训考核制度；⑲意外事件和事故报告、分析和处置管理制度；⑳安全生产奖惩管理制度；㉑相关方安全管理制度；㉒变更管理制度；㉓安全防护用品管理制度；㉔应急管理制度；㉕安全生产报告；㉖绩效评定管理制度；㉗安全操作规程管理制度。

5.2.3 操作规程

企业应结合实际，编制齐全的、适用于岗位的安全生产和职业卫生操作规程，发放到相关岗位员工，并严格执行；

企业应定期及时组织修订完善相应的安全生产和职业卫生操作规程，确保其适宜性和有效性。

5.2.4 文档管理

5.2.4.1 记录管理

企业应建立文件和记录管理制度，明确安全生产和职业卫生规章制度、操作规程的编制、评审、发布、使用、修订、作废以及文件和记录管理的职责、程序和要求。

客运索道应建立技术档案，至少包括：

(1) 安装技术资料。
(2) 监督检验报告。
(3) 使用登记表。
(4) 更新、维修技术文件。
(5) 年度自行检验和定期检验的记录。
(6) 应急救援演练记录。
(7) 运行、维护保养、设备故障与事故处理记录。
(8) 作业人员培训、考核和证书管理记录。
(9) 安全记录。至少包括：巡线记录、不安全事件记录、安全活动记录、安全会议记录、日常检查记录、计量装置检验检测记录等。

5.2.4.2 评估

企业应每年至少评估一次安全生产和职业卫生法律法规、标准规范、规章制度、操作规程的适宜性、有效性和执行情况，并应有评估记录。

5.2.4.3 修订

企业应根据评估结果、安全检查情况、自评结果、评审情况、事故情况等，及时修订安全生产和职业卫生规章制度、操作规程。

5.3 教育培训

5.3.1 教育培训管理

企业应建立健全安全教育培训制度和安全教育培训计划，按照有关规定进行培训，培训大纲、内容、时间应满足有关标准的规定，企业安全教育培训应包括安全生产和职业卫生的内容。

应明确本单位安全教育培训主管部门或负责人,按规定及岗位需要,定期识别安全教育培训需求,制定、实施安全教育培训计划,提供相应的资源保证。

企业应如实记录全体从业人员的安全教育和培训情况,培训每年不少于24学时。

建立安全教育培训档案,实施分级管理,并对培训效果进行评估和改进。

5.3.2 人员教育培训

5.3.2.1 主要负责人和管理人员

企业的主要负责人和安全生产管理人员应当具备与本单位所从事的生产经营活动相适应的安全生产知识和职业卫生知识与能力。

企业应对各级管理人员进行教育培训,确保其具备正确履行岗位安全生产和职业卫生职责的知识与能力。

法律法规要求考核其安全生产和职业卫生知识与能力的人员,应按照有关规定经考核合格。

5.3.2.2 从业人员

企业应对从业人员进行安全生产和职业卫生教育培训,保证从业人员具备满足岗位要求的安全生产和职业卫生知识,熟悉有关的安全生产和职业卫生法律法规、规章制度、操作规程,掌握本岗位的安全操作技能和职业危害防护技能,安全风险辨识和管控方法,了解事故现场应急处置措施,并根据实际需要,定期进行复训考核。

在新技术、新设备设施投入使用前,应对有关从业人员进行安全教育和培训;未经安全教育培训合格人员,不应上岗作业。

新员工在上岗前必须进行安全教育培训,时间不少于24学时。

从业人员在企业内部调整工作岗位或离岗一年以上重新上岗时,应重新进行部门和班组级的安全教育培训。

从事特种作业、特种设备作业的人员应按照有关规定,经专门安全作业培训,考核合格,取得相应资格后,方可上岗作业,并定期接受复审。

企业专职应急救援人员应按照有关规定经专门应急救援培训和考核合格后方可上岗,并定期参加复训。

其他从业人员每年应接受再培训,再培训时间和内容应符合国家和地方政府有关规定。

5.3.2.3 外来人员

企业应对进入企业从事服务和作业活动的承包商、供应商的从业人员和接收的中等职业学校、高等学校实习生及外单位委托实习培训人员,进行安全教育培训,并保存记录。

外来人员进行作业现场前,应由作业现场所在单位对其进行安全教育培训,并保存记录。

应对相关方作业人员及外来参观、学习等人员进行有关安全教育告知记录,主要内容包括:安全规定、可能接触的危险有害因素、应急知识等。

5.4 现场管理

5.4.1 设备设施管理

5.4.1.1 设备设施建设

客运索道建设应符合有关法律法规、安全技术规范和标准要求;客运索道验收应按照有关规定,严格履行安全设施和职业卫生要求的设计安装验收等管理程序。

应配备无线和有线两种专用通讯设施,应至少有一个站房或在站房附近装设能与外界保持有效联系的外线电话,应配备至少覆盖全线的无线对讲机,对讲机数量≥站房总数+2,广播和专用电话均需配备无间断电源(UPS),保证断电情况下广播和对讲机仍然保持有效。控制室、机房、上、下站房、支架等重点区域应设置视频监控设施,视频影像在控制室应可观,并运行正常。

售票窗口应设置安全隔离栏杆等设施,方便乘客购票,保障购票安全秩序。在售票处附近设置醒目的双语《乘坐索道安全须知》,应包括以下内容:身高低于1.25米的儿童应在大人陪护下乘坐索道;车上严禁吸烟、嬉闹和向外抛洒废弃物品;限制有危险倾向的乘客乘坐索道;提示身体状况不适应高空运行,有诱发疾病危险的乘客(有心脏病、高血压、精神障碍、恐高症、习惯性流产等病史,以及部分妊娠早、晚期孕妇和部分行动不便的高龄乘客),不宜乘坐吊椅式索道;应禁止携带易燃、易爆危险品或管制物品乘坐索道。

候车区除配备正常通风、采光设施外,还应配置应急疏散标志及足够数量的应急照明设施。候车区设置适应乘客不同流量的安全隔离栏杆。隔离栏杆设计与建设应符合相关标准要求。隔离栏杆应在适当位置设置活动门栏,方便乘客应急,满足快速疏散乘客的安全需要。道路、站台地面应采用防滑设计或采用防滑替代措施。

索道使用单位发生变更、客运索道报废的,应当按照安全技术规范等规定要求办理使用登记变更、注销;索道使用单位停用客运索道的,应当按照安全技术规范等规定执行,并到登记部门办理相关停用手续。索道设备变更应执行变更管理制度,履行变更程序,并对全过程进行隐患控制。

5.4.1.2 设备设施验收

客运索道企业应执行设备设施采购、到货验收制度,购置、使用设计符合要求、质量合格的设备设施。

设备设施安装后企业应进行验收,并对相关过程及结果进行记录。

应通过有相关资质特种设备检验机构的定期检验。

5.4.1.3 设备设施运行

企业应建立索道运行管理制度,明确索道运行前、中、后的程序与要求,明确装载与异常情况处置的程序与要求,对设备设施进行规范化管理,健全设备设施管理制度及台账。

应有专人负责管理各种安全设施以及检测与监测设备,定期检查维护并做好记录。

作业人员应遵守运营工作程序和操作规程,做好运行、检查记录。

客运索道停运期间遇到恶劣天气(风暴、暴雨、冰雹)或故障停车,造成运行中断,应满足相关规定,方可重新运行。

安全防护设备设施不得随意拆除、挪用或弃置不用;确因维修拆除的应采取临时、有效的安全措施,维修完毕后立即复原。

安全保护装置应建立台账并定期检查记录。

5.4.1.4 设备设施检维修

(1) 客运索道维修应符合以下要求:①应保持维修工具、计量装置、照明装备完好,计量装置应根据相关规定进行检验检测;②应提前对公众发布停运公告;③更换的主要部件(电机、减速机、钢结构、轮组、钢丝绳、电控系统等)应执行内部验收和报废管理制度,进行记录;④设备维修后,应及时清理维修现场,机架和支架上不应遗留有坠落危险的维修工具、零部件和杂物;⑤应按维修作业指导书和设备维保手册要求,规范作业,控制维修质量;⑥隐蔽性工程应及时验收,设备维修后应进行验收;⑦维修过程应执行隐患控制措施并进行监督检查。

(2) 客运索道的维护保养应当制定维护保养计划,并按照计划进行,同时做好记录。客运索道维护保养应符合以下要求：①应保持维护保养工具、计量装置、照明装备完好；②应提前对公众发布停运公告；③设备润滑工作后，应采取措施保障润滑油（脂）不会污损乘客身体和衣物；④更换的废弃油品应按规定应交由有资质单位回收；⑤建立备品备件台账。

(3) 应开展定期自检工作，自检工作至少包括日检、月检、年检。客运索道应制定定期自检计划，并按照计划进行，同时做好记录。

(4) 客运索道应建立设备设施检维修管理制度，制定综合检维修计划，加强日常检维修和定期检维修管理，落实"五定"原则，即定检维修方案、定检维修人员、定安全措施、定检维修质量、定检维修进度，并做好记录。

检维修方案应包含作业安全风险分析、控制措施、应急处置措施及安全验收标准。检维修过程中应执行安全控制措施，并进行监督检查，检维修后应进行安全确认。

检维修过程中涉及危险作业的，应按照5.4.2.1执行。

客运索道的重大维修应当按照安全技术规范、标准、使用维护说明书和维修方案要求进行，其中维修方案应包含作业行为分析和控制措施；索道重大维修和设备年度检维修应按照内控要求，规范执行；索道重大维修和设备年度检维修应按照内控要求，规范执行。

重大维修过程，必须经特种设备检验检测机构按照安全技术规范的要求进行监督检验；重大维修后，索道运营企业应将自检报告、监督检验报告和无损检测报告存档。

5.4.1.5 检测检验

特种设备应按照有关规定，通过具有专业资质的检测、检验机构进行定期检测、检验，并取得安全合格使用证。

5.4.1.6 设备设施拆除、报废

企业应建立设备设施报废管理制度。设备设施的报废应办理审批手续，在报废设备设施拆除前应制定方案，涉及外请的单位应具备相应资质，并在现场设置明显的报废设备设施标志。报废、拆除涉及许可作业的，应按照5.4.2.1执行，并在作业前对相关作业人员进行培训和安全技术交底；报废、拆除应按方案和许可内容组织落实。

5.4.2 作业安全

5.4.2.1 作业环境和作业条件

(1) 企业应事先分析、评估和控制设备设施、器材、通道、作业环境等存在的安全风险。

现场应实行定置管理，保持作业环境整洁。

索道现场配备相应的安全、职业病防护用品（具）及消防设施与器材，按照有关规定设置应急照明、安全通道。

企业应对临近高压输电线路作业、危险场所动火作业、有限空间作业、临时用电作业、高处作业等危险性较大的作业活动，实施作业许可管理，严格履行作业许可审批手续。

应对作业人员上岗资格条件等进行作业前安全检查，做到特种作业人员（高处作业、电工作业）持证上岗；并设专人进行现场安全管理，确保作业人员遵守岗位操作规程、落实安全及职业病危害防护措施。两个以上作业队伍在同一作业区域内进行作业活动时，不同作业队伍相互之间应签订管理协议，明确各自安全生产、职业卫生管理职责，并指定专人检查与协调。

作业环境应满足下列要求：①站房主体建筑应结构完好，无异常变形、风化、下榻现象，门窗结构完整；②转动设备或电气设备防护设施应齐全完整；③变电站设备区应配置绝缘垫、防鼠板以及安全防护用品并与其他区域应隔离；④应急照明、工作现场施工照明应保证作业安全需要；⑤驱动机房或驱动小

车等区域应设置检修开关;⑥支架、驱动小车等空中作业区域应设置安全走台和安全护栏;⑦站口离地高度超过1米,应设置安全防护网。防护网伸出长度不小于2米,并结实牢固;⑧油库及危险品仓库应应装防爆灯,设置消防设施并与站台、办公区、生活区等区域隔离;⑨作业环境保持清洁、无积水、油污,门口、通道、楼梯、平台等处无杂物堵塞;⑩应在制度中明确单个运载工具内不应客、货混装运输的要求;⑪吊厢内应张贴乘客须知:应有安全说明(禁止将手臂伸出窗外,禁止自行打开车门,禁止吸烟)、定员和最大载荷的标志。

(2) 遵守国家和地方公共场所治安管理相关规定,制定索道经营辖区治安管理制度,履行索道经营辖区内治安管理责任。重点区域设置视频监控设施,采集的视频图像信息保存期限不得少于30日,制止扰乱公共秩序,劝阻有害社会风气的行为。

运营单位应保证运营高峰期乘车安全秩序的需求,切实保障乘客人身安全和财产安全。

服务区域内严禁违章经营。

科学合理规划工作与服务区域,工作与生活区域应设置乘客禁行标志。

(3) 制定交通安全管理制度,设置辖区交通安全设施。

应对车辆驾驶人员定期开展安全教育;定期对机动车辆检验,保证机动车辆车况良好。

配有通勤车的索道,应制订通勤车辆遇山区滑坡、泥石流、冰雪等特殊情况的应对措施。合理规划辖区车辆线路,疏导有序、车辆停靠整齐。

(4) 企业应通过消防部门的相关检查;履行索道经营辖区内的消防安全责任,消防工作应遵守国家和地方相关消防安全管理的规定。

索道经营辖区内的消防设施应保持完好状态,安全通道应保持畅通无阻。

应建立消防安全管理制度,有效控制经营辖区内和运营过程中可诱发火灾的危险源,治理火灾隐患,预防火灾发生。

索道工作人员应经过消防培训,正确使用消防器材,熟练掌握安全疏散与自救互救方法。

5.4.2.2 作业行为

企业应加强对从业人员作业行为的安全管理,对设备设施、工艺技术以及从业人员作业行为等进行安全风险辨识,采取相应的措施,控制作业行为安全风险。

企业应监督、指导从业人员遵守安全生产和职业卫生规章制度、操作规程,杜绝违章指挥、违规作业和违反劳动纪律的"三违"行为。

企业应为从业人员配备与岗位安全风险相适应的个体防护装备与用品,并监督、指导从业人员按照有关规定正确佩戴、使用、维护、保养和检查个体防护装备用品。

现场作业行为应要求如下:①现场作业负责人应根据作业人员情况明确工作任务与要求,监督安全防护措施落实,对作业过程与结果进行管控验收;②现场作业人员应听从调度指挥;③现场作业分工明确,人员精神状态良好且能承担一定劳动负荷;④机电维修人员高空作业时应使用合格的安全带、安全帽、防滑鞋,立体交叉作业时要防止落物伤人,吊装作业时,应安排专人进行现场安全管理,确保安全规程遵守和安全措施落实;⑤客运索道电气维修人员作业时,严格遵守电工安全操作规程,应配备绝缘保护装备;⑥客运索道日常检查人员巡线时,应穿戴安全防护装备,配备对讲机;⑦不应带电作业。特殊情况下,不能停电作业时,应按有关带电作业的安全规定执行。

5.4.2.3 岗位达标

企业应建立班组安全活动管理制度,开展岗位达标活动,明确岗位达标的内容和要求。

从业人员应熟练掌握本岗位安全职责、安全生产和职业卫生操作规程、安全风险及管理措施、防护用品使用、自救互救及应急处置措施。

各班组应按照有关规定开展法律法规学习、安全生产和职业卫生教育培训、安全操作技能训练、岗位作业危险预知、作业现场隐患排查、事故分析等工作且做好记录。

5.4.2.4 相关方管理

(1) 企业应为乘客提供相对舒适和安全卫生的候车、乘车环境,有效地保障乘客候车、乘车的公共安全秩序。正确处理专用通道与普通通道之间、散客与团队乘客之间在候车与乘车过程中的矛盾与纠纷。

客运索道车厢配备的司乘人员在保证沿途行车安全的同时,还应维护好车厢内乘车秩序。

(2) 企业应建立承包商、供应商等安全管理制度,将承包商、供应商等相关方的安全生产和职业卫生纳入企业内部管理,对承包商、供应商等相关方的资格预审、选择、作业人员培训、作业过程检查监督、提供的产品与服务、绩效评估、续用或退出等进行管理。

企业应建立合格承包商、供应商等相关方的名录和档案,定期识别服务行为安全风险,并采取有效的控制措施。

企业不应将项目委托给不具备相应资质或安全生产、职业病防护条件的承包商、供应商等相关方。企业应与承包商、供应商等签订合作协议,明确规定双方的安全生产及职业病防护的责任和义务。

企业应通过供应链关系促进承包商、供应商等相关方达到安全生产标准化要求。

5.4.3 职业健康

5.4.3.1 基本要求

企业应为从业人员提供符合职业卫生要求的工作环境,为接触职业病危害的从业人员提供个人使用的职业病防护用品,建立、健全职业卫生档案和健康监护档案;产生职业病危害的工作场所应设置相应的职业病防护设施,并符合相关规定;

存在高海拔(1500米以上)、严寒(最冷月平均温度≤-10 ℃地区)、噪声(大于85分贝)等职业危害因素的场所和岗位应按规定进行专门管理和控制,配备必要的职业健康防护设施、器具。不得擅自拆除或者停止使用。

企业应组织从业人员进行上岗前、在岗期间、特殊情况应急后和离岗时的职业健康检查,将检查结果书面如实告知从业人员并存档。对检查结果异常的从业人员,应及时就医,并定期复查。企业不应该安排未经职业健康检查的从业人员从事接触职业病危害的作业;不应安排有职业禁忌的从业人员从事禁忌作业。从业人员的职业健康监护应符合相关规定。

各种防护用品、各种防护器具应定点存放在安全、便于取用的地方,建立台账,并有专人负责保管,定期校验、维护和更换。确保处于正常状态。

5.4.3.2 职业病危害告知

企业与从业人员订立劳动合同时,应将工作过程中可能产生的职业病危害、后果和防护措施如实告知,并在合同中写明,不得隐瞒和欺骗。

企业应按照有关规定,在醒目位置公告栏,公布有关职业病防治的规章制度、操作规程、职业病危害事故应急救援措施和工作场所职业病危害因素检测结果。对存在或产生职业病危害的工作场所、作业岗位、设备、设施,应在醒目位置设置警示标识和中文警示说明。

5.4.3.3 职业病危害项目申报

企业应按照有关规定,对职业病危害项目及时更新信息。应当及时、如实向所在地卫生行政部门申报危害项目,接受监督。

5.4.3.4 职业病危害检测与评价

企业应改善工作场所职业卫生条件,控制职业病危害因素。企业应对工作场所职业病危害因素进行日常监测和评价。

5.4.4 警示标志

企业应按照有关规定和工作场所的安全风险特点,在有重大危险源、较大危险因素和严重职业病危害因素的工作场所,设置明显的、符合有关规定要求的安全警示标志和职业病危害警示标识。其中,警示标志的安全色和安全标志、道路交通标志和标线、工业管道安全标识、消防安全标志、工作场所职业病危害警示标识、航空障碍标志应符合国家相关法规和技术规范的要求。

企业应定期对警示标志进行检查维护,确保其完好有效。企业应在有较大危险因素的作业场所和设施设备上设置围栏和警示标志,进行危险提示、警示,告知危险的种类、后果及应急措施等。

5.5 安全风险管控及隐患排查治理

5.5.1 安全风险管理

5.5.1.1 安全风险辨识

企业应建立安全风险辨识管理制度,组织全员对本单位安全风险进行全面、系统的辨识。

安全风险辨识范围应覆盖本单位的所有活动及区域,并考虑正常、异常和紧急三种状态及过去、现在和将来三种时态。安全风险辨识应采用适宜的方法和程序,且与现场实际相符。

企业应对安全风险辨识资料进行统计、分析、整理和归档。

5.5.1.2 安全风险评估

企业应建立安全风险评估管理制度,明确安全风险评估的目的、范围、频次、准则和工作程序等。

企业应选择合适的安全风险评估方法,定期对所辨识出的存在安全风险的作业活动、设备设施、物料等进行评估。在进行安全风险评估时,至少应从影响人、财产和环境三个方面的可能性和严重程度进行分析。

5.5.1.3 安全风险控制

企业应选择工程技术措施、管理控制措施、个体防护措施等,对安全风险进行控制。

企业应根据安全风险评估结果及生产经营状况等,确定相应的安全风险等级,对其进行分级分类管理,实施安全风险差异化动态管理,制定并落实相应的安全风险控制措施。

企业应将安全风险评估结果及所采取的控制措施告知相关从业人员,使其熟悉工作岗位和作业环境中存在的安全风险,掌握、落实应采取的控制措施。

5.5.1.4 变更管理

企业应制定变更管理制度。企业应对机构、人员、技术、设备设施、作业过程和环境发生永久性或暂时性变化时,进行控制。

变更前应对变更过程及变更后可能产生的风险进行分析,制定控制措施,履行审批及验收程序,并告知和培训相关从业人员。

5.5.2 重大风险源辨识与管理

依据索道行业特点,重大风险源是指雷电、大风、洪水、泥石流、山体滑坡、冻雨、危岩等自然灾害。

企业应建立重大风险源管理制度,全面辨识重大风险源,对确认的重大风险源制定安全管理技术措施和应急预案。

企业应对重大风险源进行登记建档,进行定期检查、检测;重大风险档案内容至少包括:名称、地点、性质和可能造成的风险及有关安全措施。

应采取相应措施对重大风险源实施监控,包括技术措施(可包括设计、建设、运行、维护、检查、检验等)和管理措施(职责明确、人员培训、防护器具设置、作业要求等)。

在重大风险(点)现场设置明显的安全警示标志和警示牌(内容包含名称、地点、责任人员、事故模式、控制措施等)。

企业应设置重大风险源监控系统,进行日常监控。

5.5.3 隐患排查治理

5.5.3.1 隐患排查

依据索道行业特点,隐患是指与生产经营相关的场所、环境、人员、设备设施和各个环节存在的不安全因素;企业应建立隐患排查治理制度,逐级建立并落实从主要负责人到每位从业人员的隐患排查治理和防控责任。并按照有关规定组织开展隐患排查治理工作,及时发现并消除隐患,实行隐患闭环管理。

企业应根据有关法律法规、标准规范等,组织制定各部门、岗位、场所、设备设施的隐患排查治理标准或排查清单,明确隐患排查的范围、内容、频次和要求,并组织开展相应的培训。隐患排查的范围应包括所有与索道企业生产相关的场所、环境,包括承包商、供应商等相关服务范围。

企业应按照有关规定,结合安全生产需要,采用综合检查、专业检查、季节性检查、节假日前的检查、日常检查等方式进行隐患排查。对排查出的隐患,按照隐患等级记录,建立隐患信息档案,并按照职责分工实施监控治理;组织有关专业技术人员对可能存在的重大隐患做出认定,并按照规定进行管理。

企业应将相关方排查出的隐患统一纳入本企业隐患管理。

5.5.3.2 隐患治理

企业应根据隐患排查结果,制定治理方案,及时治理隐患。

企业应按照责任分工立即或限期组织整改一般隐患,制定并实施重大隐患治理方案。治理方案应包括目标和任务、方法和措施、经费和物资、机构和人员、时限和要求、应急预案。企业在隐患治理过程中,应采取相应的监控防范措施。隐患排除前或排除过程中无法保证安全的,应从危险区域内撤出作业人员,疏散可能危及的人员,设置警戒标志,暂时停产停业或停止使用相关设备、设施。

5.5.3.3 验收和评估

隐患治理完成后,企业应按照有关规定对治理情况进行评估、验收。重大隐患治理完成后,企业应组织本企业的安全管理人员和有关技术人员进行验收或委托依法设立的为安全生产提供技术、管理服务的机构进行评估。

5.5.3.4 信息记录、通报和报送

企业应如实记录隐患排查治理情况,至少每月进行统计分析,及时将隐患排查治理情况向从业人员通报。

企业应运用隐患自查、自改、自报信息系统,通过信息系统对隐患排查、报告、治理、销账等过程进行电子化管理和统计分析。

5.5.3.5 预测预警

企业应根据生产经营情况、安全风险管理及隐患排查治理、事故等情况,运用定量或定性的安全生

产预测预警技术,建立体现企业安全生产状况及发展趋势的安全生产预测预警体系。

风力检测装置信号应接入控制系统,达到限定风速时应报警提醒,并按规定控制索道速度。

5.6 应急管理

5.6.1 应急准备

5.6.1.1 应急救援组织

企业应按照有关规定建立应急管理组织机构或指定专人负责应急管理工作。

建立与本企业安全生产特点相适应的专(兼)职应急救援队伍。按照有关规定可以不单独建立应急救援队伍的,应指定兼职救援人员,并与邻近专业应急救援队伍签订应急救援服务协议。

应当根据当地实际情况,与其他运营使用单位或消防、医疗等相关应急救援力量建立应急联动机制。

定期组织应急救援队伍和人员进行培训,每季度应保证不少于16学时,并记录。

每三年应与签订救援协议的社会救援力量至少进行一次联合培训。

5.6.1.2 应急预案

企业应根据法律、法规、规章、有关标准,在开展安全风险评估和应急资源调查的基础上,建立生产安全事故应急预案体系,制定符合国家相关规定的生产安全事故应急预案,针对安全风险较大的重点场所(设施)制定现场处置方案,并编制重点岗位、人员应急处置卡。

企业应在预案公布之日20个工作日内,按照分级属地原则,向县级以上人民政府应急管理部门和其他负有安全生产监督管理职责的部门备案,并通报应急救援队伍、周边企业等有关应急协作单位。

企业应定期评估应急预案,及时根据评估结果和实际情况的变化进行修订和完善,并按照有关规定将修订的应急预案及时向县级以上人民政府应急管理部门和其他负有安全生产监督管理职责的部门备案。

5.6.1.3 应急设施、装备、物资

企业应根据可能发生的事故种类特点,按照有关规定设置应急设施,配备应急装备,储备应急物资,建立管理台账,安排专人管理,并定期检查、维护、保养,确保其完好、可靠。

5.6.1.4 应急演练

企业应按至少每半年组织开展一次生产安全事故应急演练,做到一线从业人员参与应急演练全覆盖,并对演练进行总结和评估,根据评估结论和演练发现的问题,修订、完善应急预案,改善应急准备工作。并将演练结果报送地县级以上地方人民政府负有安全生产监督管理职责的部门。

每半年应组织开展应急演练,制定年度演练计划,编制演练方案,做好演练记录。

每三年与签订协议的社会力量至少进行1次联合实战演练,并对应急演练进行评估,做好文字、图片及视频记录。

应急演练中的线路救援应至少选择救援难度最大的位置。

5.6.1.5 应急救援信息系统建设

企业应根据自身实际情况,建立生产安全事故应急救援信息系统,并与县级以上人民政府应急管理部门和其他负有安全生产监督管理职责的部门备案互联互通。

5.6.2 应急处置

在乘载工具或索道票面公布应急电话,便于乘客应急使用;应急电话要有专人值守,遇有突发事件

值守人员应及时向主要负责人汇报;停电或主机故障,索道线路正常,应在15分钟内启动辅助驱动装置或紧急驱动装置运送滞留线路上的乘客。

因突发事件停车时,应5分钟内通过广播系统安抚滞留在线路上的乘客,简要介绍救援方案,内容应准确、清晰。

救援人员在实施救援前应向乘客简要说明救援步骤和救援安全要领,抚慰乘客,防止救援过程中发生次生事故。

发生事故后,企业应根据预案要求,立即启动应急响应程序,按照有关规定报告事故情况,并开展先期处置。

发出警报,在不危及人身安全时,现场人员采取阻断或隔离事故源、危险源等措施;严重危及人身安全时,迅速停止现场作业,现场人员采取必要的或可能的应急措施后撤离危险区域,立即按照有关规定和程序报告本企业有关负责人。

研判事故危害及发展趋势,将可能危及周边生命、财产、环境安全的危险性和防护措施等告知相关单位与人员;遇有重大紧急情况时,应立即封闭事故现场,通知本单位从业人员和周边人员疏散,采取转移重要物资、避免或减轻环境危害等措施。

请求周边应急救援队伍参加事故救援,维护事故现场秩序,保护事故现场证据。准备事故救援技术资料。

5.6.3 应急辨识、评估

企业应对应急准备、应急处置工作进行辨识、评估。

完成险情或事故应急处置后,企业应主动配合有关组织开展应急处置评估。

5.7 事故管理

5.7.1 报告

企业应建立事故报告程序,明确事故内外部报告的责任人、时限、内容等,并教育、指导从业人员严格按照有关规定的程序报告发生的生产安全事故。

企业应妥善保护事故现场以及相关证据。

事故报告后出现新情况的,应当及时补报。

5.7.2 调查和处理

企业应建立内部事故调查和处理制度,按照有关规定、行业标准和国际通行做法,将造成人员伤亡(轻伤、重伤、死亡等人身伤害和急性中毒)和财产损失的事故纳入事故调查和处理范畴。

索道企业发生事故后,企业应保护好事故现场和信息,配合主管部门对事故进行调查;企业应开展事故案例警示教育活动,认真吸取事故教训,落实防范和整改措施,防止类似事件再次发生。

5.7.3 管理

企业应建立事故档案和管理台账,将承包商、供应商等相关方在企业内部发生的事故纳入本企业事故管理。

5.8 持续改进

5.8.1 绩效评定

企业每年至少应对安全生产标准化管理体系的运行情况进行一次自评,验证各项安全生产制度措施的适宜性、充分性和有效性,检查安全生产和职业卫生管理目标、指标的完成情况。

企业主要负责人应全面负责组织自评工作,并将自评结果向本企业所有部门、单位和从业人员通报。自评结果应形成正式文件,并作为年度安全绩效考评的重要依据。

企业落实安全生产报告制度,定期向业绩考核等有关部门报告安全生产情况,并向社会公示。

企业发生生产安全责任死亡事故,应重新进行安全绩效评定,全面查找安全生产标准化管理体系中存在的缺陷。

5.8.2 持续改进

企业应根据安全生产标准化管理体系的自评结果和安全生产预测预警系统所反映的趋势,以及绩效评定情况,客观分析企业安全生产标准化管理体系的运行质量,及时调整完善相关制度文件和过程管控,持续改进,不断提高安全生产绩效。

5.9 服务质量

5.9.1 服务质量目标

应按照国家和行业相关服务标准制定适合企业运营的服务质量目标。

应将服务质量目标进行分解,并进行考核。

5.9.2 服务组织

根据运营服务特点和要求,建立完善的服务组织,设置合理的服务岗位并配置相适应的服务人员,明确服务岗位责任,制定并严格执行服务规范和守则等制度。

5.9.3 服务设施管理

应建立服务设施检查维修制度并保证服务设施的清洁和完好。在进行服务设施维修时,应设置维修警示标志并向乘客做好解释工作。

5.9.4 乘坐形式

应选取乘坐舒适度高、便于搭乘的运载工具。

5.9.5 索道运行速度和运量

为提高输送能力,减少乘客候车时间,应选取高速度、大运量的索道设备。

为便于乘客上下车,提高服务舒适度和安全性,站内应选取采用较低速度运行。

5.9.6 环保责任

应履行索道经营辖区内环境保护责任,消除和减少索道建设和营运对环境的影响,为乘客营造生态、优美、舒适的服务环境。

索道经营辖区建筑与环境自然和谐,符合环境规划要求。倡导生态文化建设。

索道经营辖区应保持绿化高覆盖率。植物与景观配置得当。

服务区内空气清新,无异味。

服务区内环境噪声应满足景区的相关规定。

污水、生活垃圾、厨余垃圾的处理应符合国家法规要求和地方环保相关规定。

5.9.7 公共卫生

(1) 制定并执行卫生保洁制度,保障辖区内环境和服务设施的清洁卫生。引导乘客在购票、候车和乘坐过程中,遵守公共道德,保持公共环境卫生。

公共服务设施应保持干净和整洁,并定期消毒杀菌。在流行性疾病多发季节,做好公共场所的疾病预防工作,防止交叉感染。遇突发公共卫生事件,按照国家和地方相关规定做好防控工作。

(2) 候车区域内应设置相应数量与环境协调的垃圾桶(箱),垃圾应及时清理,保持桶(箱)体完好洁净。垃圾应分类处理,垃圾处理符合国家和地方环保相关规定。

(3) 公共卫生间建设与接待能力相适应,室内卫生设施设备齐全。应设有无障碍通道和残疾人专用卫生间。应及时清洁,墙壁、隔板、门窗清洁无刻画;地面无污物、污渍;便池无污垢;室内无异味、无蚊蝇。

5.9.8 服务信息指示

公共信息、安全标志图形符号按相关标准设置并制定相应的管理制度。标志与标牌应完好,无破损、变形,内容准确,文字清晰规范。标志标牌应有中、外文对照,方便乘客阅读。

(1) 售票处周边应设置索道线路和目的地简介和相关导游图牌。
(2) 服务设施应设置醒目的标志和引导标牌。
(3) 安全警示标志齐全,应设立在固定、醒目位置,不应设置在可移动物体上。
(4) "客运索道安全检验标志、安全检验合格"标识牌应固定张挂在客运索道的进站口、乘客易看到的明显位置。
(5) 线路支架应有醒目的支架编号和禁止攀爬等安全标志。支架应设爬梯,高度在10米以上的爬梯应设保护圈或防坠落装置(任何索道任选其一)。
(6) 设立客运索道沿线道路交通标志、禁令标志、道路交通标线、航空障碍标志和客运索道安全服务的其他特殊提示。
(7) 主要道口、交叉路口应在适当的位置设立引导标牌。应有醒目的出、入口通行方向标志。
(8) 应设置引导乘客上、下车区域等标志。
(9) 需要乘客协助服务的地方应设明显清晰的提示标志。
(10) 站房内人流方向指示以及上车区、下车区、等待区、上下车线、禁止线应有显著的标记(中文);乘客进出站的通道不应互相干扰,通道的坡度不应超过10%,如果坡度超过10%应设置踏步;非公共同行区域应隔离,设置显著标志。

5.9.9 票务服务

(1) 售票:售票员应服务热情,唱收唱付,做到票款两清,提醒乘客保管好钱、票,请乘客到候车区候车。

应采用多种宣传形式,让乘客购票前能方便了解到《购票须知》的内容。

《购票须知》应内容完整,文字规范,字迹清晰,符号准确。应采用中、外文对照的统一文字,满足国内、外乘客阅读需求。至少应包括:购票注意事项、运营时间、物价部门批准的成人与儿童往、返票价、单程票价、优惠票价等信息。公示救护与投诉(服务监督)电话以及有关保险的声明等。

企业应运用网络预定、移动支付、刷卡、现金等多种方式为游客提供更加方便快捷的购票服务。设立自助售票服务的,应有清晰明确的购票流程和要求,服务人员应协助乘客完成购票程序。

(2) 验票:验票员应用规范的服务语言,请乘客出示票据,检验票据和放行。采用电子验票系统服务时,服务人员应协助乘客完成验票程序。

(3) 退票:应制定退票制度并公示。非乘客原因退票时,服务人员应向乘客耐心解释退票的原因,协助乘客完成退票并表示歉意。

(4) 停止售票:在营业时间内停止售票的,应向乘客公示原因。暂停运营时,应及时通知预定客户,服务人员应耐心解释停止运营服务的原因,并表示歉意。

5.9.10 候车与乘坐服务

为解决乘客候车时间过长等问题,应采取网上预约、分时段预售票、设立缓冲区等服务方式缩短乘客候车时间,并建立相应制度。

站台服务人员应组织引导乘客上、下车和进、出站,维持站台候车秩序。应主动热情迎、送乘客,搀扶老、幼、病、残、孕者。

对于单线循环固定抱索器式索道,站台服务人员应协助乘客上、下车,适时调整索道运行速度,帮助行动不便的乘客乘车。

在保证安全、乘坐秩序和乘客较少的前提下,应尽量满足乘客选择旅伴和承载吊具的需求。

利用广播或视频系统,播放景观介绍、音乐、娱乐节目等,使乘客候车、乘坐过程中的心情愉悦。

为乘客提供如物品寄存、雨具、棉衣、氧气租借、电子产品充电、失物招领、免费咨询等衍生服务。

候车区应根据特殊乘客(老、幼、病、残、孕等)和贵宾接待等需求,提供相应的专用通道和候车区。

购票和候车区应设置遮阳避雨设施。

候车室内和封闭式交通工具的卫生环境、空气质量、噪声、湿度、照度等卫生标准应达到相关规定要求。

5.9.11 服务人员基本要求

票务、站台服务人员、乘务人员和保安人员应培训合格后上岗,掌握索道安全服务相应的知识和技能,具有良好职业道德和综合素质,遵守服务守则。

票务人员要求:
——年满18周岁,身体健康;
——了解和掌握鉴别钱、票真伪的能力;
——具备与岗位职责相应的处置问题的能力。站台服务人员要求:
——年满18周岁,身体健康;
——具备与岗位职责相应的观察、处置问题的能力;
——能满足搀扶行动不便的乘客上、下车的需求;
——具备一定语言和文字表达能力;
——掌握索道应急救援技能,参与高空应急救援的站台服务人员无恐高症。

乘务人员要求:
——年满18周岁,身体健康;
——具备与岗位职责相应的观察、发现、处置问题能力;
——掌握索道应急救援技能,身体适应高空作业,无恐高症。

保安人员要求:
——年满18周岁,双眼裸视0.8以上,无色盲,身体健康,无残障缺陷,无纹身;
——具备基本法律知识,熟悉保安的政策、规定;
——具备与岗位职责相应的观察、发现、处置问题能力;
——具备使用基本通讯器材、防范设施设备和相关防卫器械技能;
——掌握防卫和擒拿技能;
——掌握索道应急救援技能,身体适应高空救援作业,无恐高症。

5.9.12 服务态度

着装整洁,规范统一;去除与服务工作无关的饰物和装饰,佩戴服务标牌。

端庄大方,精神饱满,表情自然,姿态端正,举止文明,处事稳重,反应敏捷,动作规范。

保持个人卫生,上岗前应修饰整齐,发型庄重,发色自然;女职工可淡妆修饰。

上岗前不应饮酒,不食带异味的食品。

礼貌待客、微笑服务、亲切热情、真诚友好、耐心周到、服务主动。

有问必答,迅速准确。对于乘客提出要求暂不能解决的,应耐心解释。

使用文明礼貌用语、简明、通俗、清晰。

应采用规范的服务用语。

5.9.13 职业道德

应爱岗敬业、诚实守信、忠于职守、维护乘客的合法权益。

应尊重乘客的人格尊严、宗教信仰和风俗习惯,不损害民族尊严。

5.9.14 服务监督与纠纷处理

应按国家和地方相关法规,建立服务纠纷处理与投诉处理工作程序

应设立专人或部门接待投诉、处理服务纠纷及乘客的意见和建议。

做到有投诉必处理。

建立服务监督机制,主动接受乘客监督,在乘客服务区域设意见本(卡、箱),建立网络投诉渠道,定期收集分析游客意见,进行相应服务改进。

应按相关规定进行乘客满意度、乘客有效投诉率、投诉处理满意度的统计。

5.9.15 服务质量改进

每年应按对本单位服务质量进行1次自主评定,验证各项制度措施的适宜性、充分性和有效性,检查服务质量目标的完成情况,提出改进意见,形成评价报告。

应根据服务质量评定结果,对服务质量目标、规章制度等进行修改完善,制定完善服务质量的工作计划和措施,实施PDCA循环、不断提高服务质量。

中华人民共和国旅游法

(2013年4月25日第十二届全国人民代表大会常务委员会第二次会议通过 根据2016年11月7日第十二届全国人民代表大会常务委员会第二十四次会议《关于修改〈中华人民共和国对外贸易法〉等十二部法律的决定》第一次修正 根据2018年10月26日第十三届全国人民代表大会常务委员会第六次会议《关于修改〈中华人民共和国野生动物保护法〉等十五部法律的决定》第二次修正)

第一章 总 则

第一条 为保障旅游者和旅游经营者的合法权益，规范旅游市场秩序，保护和合理利用旅游资源，促进旅游业持续健康发展，制定本法。

第二条 在中华人民共和国境内的和在中华人民共和国境内组织到境外的游览、度假、休闲等形式的旅游活动以及为旅游活动提供相关服务的经营活动，适用本法。

第三条 国家发展旅游事业，完善旅游公共服务，依法保护旅游者在旅游活动中的权利。

第四条 旅游业发展应当遵循社会效益、经济效益和生态效益相统一的原则。国家鼓励各类市场主体在有效保护旅游资源的前提下，依法合理利用旅游资源。利用公共资源建设的游览场所应当体现公益性质。

第五条 国家倡导健康、文明、环保的旅游方式，支持和鼓励各类社会机构开展旅游公益宣传，对促进旅游业发展做出突出贡献的单位和个人给予奖励。

第六条 国家建立健全旅游服务标准和市场规则，禁止行业垄断和地区垄断。旅游经营者应当诚信经营，公平竞争，承担社会责任，为旅游者提供安全、健康、卫生、方便的旅游服务。

第七条 国务院建立健全旅游综合协调机制，对旅游业发展进行综合协调。

县级以上地方人民政府应当加强对旅游工作的组织和领导，明确相关部门或者机构，对本行政区域的旅游业发展和监督管理进行统筹协调。

第八条 依法成立的旅游行业组织，实行自律管理。

第二章 旅 游 者

第九条 旅游者有权自主选择旅游产品和服务，有权拒绝旅游经营者的强制交易行为。

旅游者有权知悉其购买的旅游产品和服务的真实情况。

旅游者有权要求旅游经营者按照约定提供产品和服务。

第十条 旅游者的人格尊严、民族风俗习惯和宗教信仰应当得到尊重。

第十一条 残疾人、老年人、未成年人等旅游者在旅游活动中依照法律、法规和有关规定享受便利和优惠。

第十二条 旅游者在人身、财产安全遇有危险时，有请求救助和保护的权利。

旅游者人身、财产受到侵害的，有依法获得赔偿的权利。

第十三条 旅游者在旅游活动中应当遵守社会公共秩序和社会公德，尊重当地的风俗习惯、文化传统和宗教信仰，爱护旅游资源，保护生态环境，遵守旅游文明行为规范。

第十四条 旅游者在旅游活动中或者在解决纠纷时，不得损害当地居民的合法权益，不得干扰他人的旅游活动，不得损害旅游经营者和旅游从业人员的合法权益。

第十五条　旅游者购买、接受旅游服务时，应当向旅游经营者如实告知与旅游活动相关的个人健康信息，遵守旅游活动中的安全警示规定。

旅游者对国家应对重大突发事件暂时限制旅游活动的措施以及有关部门、机构或者旅游经营者采取的安全防范和应急处置措施，应当予以配合。

旅游者违反安全警示规定，或者对国家应对重大突发事件暂时限制旅游活动的措施、安全防范和应急处置措施不予配合的，依法承担相应责任。

第十六条　出境旅游者不得在境外非法滞留，随团出境的旅游者不得擅自分团、脱团。

入境旅游者不得在境内非法滞留，随团入境的旅游者不得擅自分团、脱团。

第三章　旅游规划和促进

第十七条　国务院和县级以上地方人民政府应当将旅游业发展纳入国民经济和社会发展规划。

国务院和省、自治区、直辖市人民政府以及旅游资源丰富的设区的市和县级人民政府，应当按照国民经济和社会发展规划的要求，组织编制旅游发展规划。对跨行政区域且适宜进行整体利用的旅游资源进行利用时，应当由上级人民政府组织编制或者由相关地方人民政府协商编制统一的旅游发展规划。

第十八条　旅游发展规划应当包括旅游业发展的总体要求和发展目标，旅游资源保护和利用的要求和措施，以及旅游产品开发、旅游服务质量提升、旅游文化建设、旅游形象推广、旅游基础设施和公共服务设施建设的要求和促进措施等内容。

根据旅游发展规划，县级以上地方人民政府可以编制重点旅游资源开发利用的专项规划，对特定区域内的旅游项目、设施和服务功能配套提出专门要求。

第十九条　旅游发展规划应当与土地利用总体规划、城乡规划、环境保护规划以及其他自然资源和文物等人文资源的保护和利用规划相衔接。

第二十条　各级人民政府编制土地利用总体规划、城乡规划，应当充分考虑相关旅游项目、设施的空间布局和建设用地要求。规划和建设交通、通信、供水、供电、环保等基础设施和公共服务设施，应当兼顾旅游业发展的需要。

第二十一条　对自然资源和文物等人文资源进行旅游利用，必须严格遵守有关法律、法规的规定，符合资源、生态保护和文物安全的要求，尊重和维护当地传统文化和习俗，维护资源的区域整体性、文化代表性和地域特殊性，并考虑军事设施保护的需要。有关主管部门应当加强对资源保护和旅游利用状况的监督检查。

第二十二条　各级人民政府应当组织对本级政府编制的旅游发展规划的执行情况进行评估，并向社会公布。

第二十三条　国务院和县级以上地方人民政府应当制定并组织实施有利于旅游业持续健康发展的产业政策，推进旅游休闲体系建设，采取措施推动区域旅游合作，鼓励跨区域旅游线路和产品开发，促进旅游与工业、农业、商业、文化、卫生、体育、科教等领域的融合，扶持少数民族地区、革命老区、边远地区和贫困地区旅游业发展。

第二十四条　国务院和县级以上地方人民政府应当根据实际情况安排资金，加强旅游基础设施建设、旅游公共服务和旅游形象推广。

第二十五条　国家制定并实施旅游形象推广战略。国务院旅游主管部门统筹组织国家旅游形象的境外推广工作，建立旅游形象推广机构和网络，开展旅游国际合作与交流。

县级以上地方人民政府统筹组织本地的旅游形象推广工作。

第二十六条　国务院旅游主管部门和县级以上地方人民政府应当根据需要建立旅游公共信息和咨询平台，无偿向旅游者提供旅游景区、线路、交通、气象、住宿、安全、医疗急救等必要信息和咨询服务。设区的市和县级人民政府有关部门应当根据需要在交通枢纽、商业中心和旅游者集中场所设置旅游咨询中心，在景区和通往主要景区的道路设置旅游指示标识。

旅游资源丰富的设区的市和县级人民政府可以根据本地的实际情况，建立旅游客运专线或者游客中转站，为旅游者在城市及周边旅游提供服务。

第二十七条 国家鼓励和支持发展旅游职业教育和培训，提高旅游从业人员素质。

第四章 旅游经营

第二十八条 设立旅行社，招徕、组织、接待旅游者，为其提供旅游服务，应当具备下列条件，取得旅游主管部门的许可，依法办理工商登记：

（一）有固定的经营场所；

（二）有必要的营业设施；

（三）有符合规定的注册资本；

（四）有必要的经营管理人员和导游；

（五）法律、行政法规规定的其他条件。

第二十九条 旅行社可以经营下列业务：

（一）境内旅游；

（二）出境旅游；

（三）边境旅游；

（四）入境旅游；

（五）其他旅游业务。

旅行社经营前款第二项和第三项业务，应当取得相应的业务经营许可，具体条件由国务院规定。

第三十条 旅行社不得出租、出借旅行社业务经营许可证，或者以其他形式非法转让旅行社业务经营许可。

第三十一条 旅行社应当按照规定交纳旅游服务质量保证金，用于旅游者权益损害赔偿和垫付旅游者人身安全遇有危险时紧急救助的费用。

第三十二条 旅行社为招徕、组织旅游者发布信息，必须真实、准确，不得进行虚假宣传，误导旅游者。

第三十三条 旅行社及其从业人员组织、接待旅游者，不得安排参观或者参与违反我国法律、法规和社会公德的项目或者活动。

第三十四条 旅行社组织旅游活动应当向合格的供应商订购产品和服务。

第三十五条 旅行社不得以不合理的低价组织旅游活动，诱骗旅游者，并通过安排购物或者另行付费旅游项目获取回扣等不正当利益。

旅行社组织、接待旅游者，不得指定具体购物场所，不得安排另行付费旅游项目。但是，经双方协商一致或者旅游者要求，且不影响其他旅游者行程安排的除外。

发生违反前两款规定情形的，旅游者有权在旅游行程结束后三十日内，要求旅行社为其办理退货并先行垫付退货货款，或者退还另行付费旅游项目的费用。

第三十六条 旅行社组织团队出境旅游或者组织、接待团队入境旅游，应当按照规定安排领队或者导游全程陪同。

第三十七条 参加导游资格考试成绩合格，与旅行社订立劳动合同或者在相关旅游行业组织注册的人员，可以申请取得导游证。

第三十八条 旅行社应当与其聘用的导游依法订立劳动合同，支付劳动报酬，缴纳社会保险费用。

旅行社临时聘用导游为旅游者提供服务的，应当全额向导游支付本法第六十条第三款规定的导游服务费用。

旅行社安排导游为团队旅游提供服务的，不得要求导游垫付或者向导游收取任何费用。

第三十九条 从事领队业务，应当取得导游证，具有相应的学历、语言能力和旅游从业经历，并与委派其从事领队业务的取得出境旅游业务经营许可的旅行社订立劳动合同。

第四十条 导游和领队为旅游者提供服务必须接受旅行社委派，不得私自承揽导游和领队业务。

第四十一条 导游和领队从事业务活动，应当佩戴导游证，遵守职业道德，尊重旅游者的风俗习惯和宗教信仰，应当向旅游者告知和解释旅游文明行为规范，引导旅游者健康、文明旅游，劝阻旅游者违反社会公德的行为。

导游和领队应当严格执行旅游行程安排，不得擅自变更旅游行程或者中止服务活动，不得向旅游者索取小费，不得诱导、欺骗、强迫或者变相强迫旅游者购物或者参加另行付费旅游项目。

第四十二条 景区开放应当具备下列条件，并听取旅游主管部门的意见：

（一）有必要的旅游配套服务和辅助设施；

（二）有必要的安全设施及制度，经过安全风险评估，满足安全条件；

（三）有必要的环境保护设施和生态保护措施；

（四）法律、行政法规规定的其他条件。

第四十三条 利用公共资源建设的景区的门票以及景区内的游览场所、交通工具等另行收费项目，实行政府定价或者政府指导价，严格控制价格上涨。拟收费或者提高价格的，应当举行听证会，征求旅游者、经营者和有关方面的意见，论证其必要性、可行性。

利用公共资源建设的景区，不得通过增加另行收费项目等方式变相涨价；另行收费项目已收回投资成本的，应当相应降低价格或者取消收费。

公益性的城市公园、博物馆、纪念馆等，除重点文物保护单位和珍贵文物收藏单位外，应当逐步免费开放。

第四十四条 景区应当在醒目位置公示门票价格、另行收费项目的价格及团体收费价格。景区提高门票价格应当提前六个月公布。

将不同景区的门票或者同一景区内不同游览场所的门票合并出售的，合并后的价格不得高于各单项门票的价格之和，且旅游者有权选择购买其中的单项票。

景区内的核心游览项目因故暂停向旅游者开放或者停止提供服务的，应当公示并相应减少收费。

第四十五条 景区接待旅游者不得超过景区主管部门核定的最大承载量。景区应当公布景区主管部门核定的最大承载量，制定和实施旅游者流量控制方案，并可以采取门票预约等方式，对景区接待旅游者的数量进行控制。

旅游者数量可能达到最大承载量时，景区应当提前公告并同时向当地人民政府报告，景区和当地人民政府应当及时采取疏导、分流等措施。

第四十六条 城镇和乡村居民利用自有住宅或者其他条件依法从事旅游经营，其管理办法由省、自治区、直辖市制定。

第四十七条 经营高空、高速、水上、潜水、探险等高风险旅游项目，应当按照国家有关规定取得经营许可。

第四十八条 通过网络经营旅行社业务的，应当依法取得旅行社业务经营许可，并在其网站主页的显著位置标明其业务经营许可证信息。

发布旅游经营信息的网站，应当保证其信息真实、准确。

第四十九条 为旅游者提供交通、住宿、餐饮、娱乐等服务的经营者，应当符合法律、法规规定的要求，按照合同约定履行义务。

第五十条 旅游经营者应当保证其提供的商品和服务符合保障人身、财产安全的要求。

旅游经营者取得相关质量标准等级的，其设施和服务不得低于相应标准；未取得质量标准等级的，不得使用相关质量等级的称谓和标识。

第五十一条 旅游经营者销售、购买商品或者服务，不得给予或者收受贿赂。

第五十二条 旅游经营者对其在经营活动中知悉的旅游者个人信息，应当予以保密。

第五十三条 从事道路旅游客运的经营者应当遵守道路客运安全管理的各项制度，并在车辆显著位置明示道路旅游客运专用标识，在车厢内显著位置公示经营者和驾驶人信息、道路运输管理机构监督电话等事项。

第五十四条 景区、住宿经营者将其部分经营项目或者场地交由他人从事住宿、餐饮、购物、游览、娱乐、旅游交通等经营的，应当对实际经营者的经营行为给旅游者造成的损害承担连带责任。

第五十五条 旅游经营者组织、接待出入境旅游，发现旅游者从事违法活动或者有违反本法第十六条规定情形的，应当及时向公安机关、旅游主管部门或者我国驻外机构报告。

第五十六条 国家根据旅游活动的风险程度，对旅行社、住宿、旅游交通以及本法第四十七条规定的高风险旅游项目等经营者实施责任保险制度。

第五章 旅游服务合同

第五十七条 旅行社组织和安排旅游活动，应当与旅游者订立合同。

第五十八条 包价旅游合同应当采用书面形式，包括下列内容：

（一）旅行社、旅游者的基本信息；

（二）旅游行程安排；

（三）旅游团成团的最低人数；

（四）交通、住宿、餐饮等旅游服务安排和标准；

（五）游览、娱乐等项目的具体内容和时间；

（六）自由活动时间安排；

（七）旅游费用及其交纳的期限和方式；

（八）违约责任和解决纠纷的方式；

（九）法律、法规规定和双方约定的其他事项。

订立包价旅游合同时，旅行社应当向旅游者详细说明前款第二项至第八项所载内容。

第五十九条 旅行社应当在旅游行程开始前向旅游者提供旅游行程单。旅游行程单是包价旅游合同的组成部分。

第六十条 旅行社委托其他旅行社代理销售包价旅游产品并与旅游者订立包价旅游合同的，应当在包价旅游合同中载明委托社和代理社的基本信息。

旅行社依照本法规定将包价旅游合同中的接待业务委托给地接社履行的，应当在包价旅游合同中载明地接社的基本信息。

安排导游为旅游者提供服务的，应当在包价旅游合同中载明导游服务费用。

第六十一条 旅行社应当提示参加团队旅游的旅游者按照规定投保人身意外伤害保险。

第六十二条 订立包价旅游合同时，旅行社应当向旅游者告知下列事项：

（一）旅游者不适合参加旅游活动的情形；

（二）旅游活动中的安全注意事项；

（三）旅行社依法可以减免责任的信息；

（四）旅游者应当注意的旅游目的地相关法律、法规和风俗习惯、宗教禁忌，依照中国法律不宜参加的活动等；

（五）法律、法规规定的其他应当告知的事项。

在包价旅游合同履行中，遇有前款规定事项的，旅行社也应当告知旅游者。

第六十三条 旅行社招徕旅游者组团旅游，因未达到约定人数不能出团的，组团社可以解除合同。但是，境内旅游应当至少提前七日通知旅游者，出境旅游应当至少提前三十日通知旅游者。

因未达到约定人数不能出团的,组团社经征得旅游者书面同意,可以委托其他旅行社履行合同。组团社对旅游者承担责任,受委托的旅行社对组团社承担责任。旅游者不同意的,可以解除合同。

因未达到约定的成团人数解除合同的,组团社应当向旅游者退还已收取的全部费用。

第六十四条 旅游行程开始前,旅游者可以将包价旅游合同中自身的权利义务转让给第三人,旅行社没有正当理由的不得拒绝,因此增加的费用由旅游者和第三人承担。

第六十五条 旅游行程结束前,旅游者解除合同的,组团社应当在扣除必要的费用后,将余款退还旅游者。

第六十六条 旅游者有下列情形之一的,旅行社可以解除合同:

(一)患有传染病等疾病,可能危害其他旅游者健康和安全的;

(二)携带危害公共安全的物品且不同意交有关部门处理的;

(三)从事违法或者违反社会公德的活动的;

(四)从事严重影响其他旅游者权益的活动,且不听劝阻、不能制止的;

(五)法律规定的其他情形。

因前款规定情形解除合同的,组团社应当在扣除必要的费用后,将余款退还旅游者;给旅行社造成损失的,旅游者应当依法承担赔偿责任。

第六十七条 因不可抗力或者旅行社、履行辅助人已尽合理注意义务仍不能避免的事件,影响旅游行程的,按照下列情形处理:

(一)合同不能继续履行的,旅行社和旅游者均可以解除合同。合同不能完全履行的,旅行社经向旅游者作出说明,可以在合理范围内变更合同;旅游者不同意变更的,可以解除合同。

(二)合同解除的,组团社应当在扣除已向地接社或者履行辅助人支付且不可退还的费用后,将余款退还旅游者;合同变更的,因此增加的费用由旅游者承担,减少的费用退还旅游者。

(三)危及旅游者人身、财产安全的,旅行社应当采取相应的安全措施,因此支出的费用,由旅行社与旅游者分担。

(四)造成旅游者滞留的,旅行社应当采取相应的安置措施。因此增加的食宿费用,由旅游者承担;增加的返程费用,由旅行社与旅游者分担。

第六十八条 旅游行程中解除合同的,旅行社应当协助旅游者返回出发地或者旅游者指定的合理地点。由于旅行社或者履行辅助人的原因导致合同解除的,返程费用由旅行社承担。

第六十九条 旅行社应当按照包价旅游合同的约定履行义务,不得擅自变更旅游行程安排。

经旅游者同意,旅行社将包价旅游合同中的接待业务委托给其他具有相应资质的地接社履行的,应当与地接社订立书面委托合同,约定双方的权利和义务,向地接社提供与旅游者订立的包价旅游合同的副本,并向地接社支付不低于接待和服务成本的费用。地接社应当按照包价旅游合同和委托合同提供服务。

第七十条 旅行社不履行包价旅游合同义务或者履行合同义务不符合约定的,应当依法承担继续履行、采取补救措施或者赔偿损失等违约责任;造成旅游者人身损害、财产损失的,应当依法承担赔偿责任。旅行社具备履行条件,经旅游者要求仍拒绝履行合同,造成旅游者人身损害、滞留等严重后果的,旅游者还可以要求旅行社支付旅游费用一倍以上三倍以下的赔偿金。

由于旅游者自身原因导致包价旅游合同不能履行或者不能按照约定履行,或者造成旅游者人身损害、财产损失的,旅行社不承担责任。

在旅游者自行安排活动期间,旅行社未尽到安全提示、救助义务的,应当对旅游者的人身损害、财产损失承担相应责任。

第七十一条 由于地接社、履行辅助人的原因导致违约的,由组团社承担责任;组团社承担责任后可以向地接社、履行辅助人追偿。

由于地接社、履行辅助人的原因造成旅游者人身损害、财产损失的,旅游者可以要求地接社、履行辅助人承担赔偿责任，也可以要求组团社承担赔偿责任；组团社承担责任后可以向地接社、履行辅助人追偿。但是，由于公共交通经营者的原因造成旅游者人身损害、财产损失的，由公共交通经营者依法承担赔偿责任，旅行社应当协助旅游者向公共交通经营者索赔。

第七十二条　旅游者在旅游活动中或者在解决纠纷时，损害旅行社、履行辅助人、旅游从业人员或者其他旅游者的合法权益的，依法承担赔偿责任。

第七十三条　旅行社根据旅游者的具体要求安排旅游行程，与旅游者订立包价旅游合同的，旅游者请求变更旅游行程安排，因此增加的费用由旅游者承担，减少的费用退还旅游者。

第七十四条　旅行社接受旅游者的委托，为其代订交通、住宿、餐饮、游览、娱乐等旅游服务，收取代办费用的，应当亲自处理委托事务。因旅行社的过错给旅游者造成损失的，旅行社应当承担赔偿责任。

旅行社接受旅游者的委托，为其提供旅游行程设计、旅游信息咨询等服务的，应当保证设计合理、可行，信息及时、准确。

第七十五条　住宿经营者应当按照旅游服务合同的约定为团队旅游者提供住宿服务。住宿经营者未能按照旅游服务合同提供服务的，应当为旅游者提供不低于原定标准的住宿服务，因此增加的费用由住宿经营者承担；但由于不可抗力、政府因公共利益需要采取措施造成不能提供服务的，住宿经营者应当协助安排旅游者住宿。

第六章　旅游安全

第七十六条　县级以上人民政府统一负责旅游安全工作。县级以上人民政府有关部门依照法律、法规履行旅游安全监管职责。

第七十七条　国家建立旅游目的地安全风险提示制度。旅游目的地安全风险提示的级别划分和实施程序，由国务院旅游主管部门会同有关部门制定。

县级以上人民政府及其有关部门应当将旅游安全作为突发事件监测和评估的重要内容。

第七十八条　县级以上人民政府应当依法将旅游应急管理纳入政府应急管理体系，制定应急预案，建立旅游突发事件应对机制。

突发事件发生后，当地人民政府及其有关部门和机构应当采取措施开展救援，并协助旅游者返回出发地或者旅游者指定的合理地点。

第七十九条　旅游经营者应当严格执行安全生产管理和消防安全管理的法律、法规和国家标准、行业标准，具备相应的安全生产条件，制定旅游者安全保护制度和应急预案。

旅游经营者应当对直接为旅游者提供服务的从业人员开展经常性应急救助技能培训，对提供的产品和服务进行安全检验、监测和评估，采取必要措施防止危害发生。

旅游经营者组织、接待老年人、未成年人、残疾人等旅游者，应当采取相应的安全保障措施。

第八十条　旅游经营者应当就旅游活动中的下列事项，以明示的方式事先向旅游者作出说明或者警示：

（一）正确使用相关设施、设备的方法；

（二）必要的安全防范和应急措施；

（三）未向旅游者开放的经营、服务场所和设施、设备；

（四）不适宜参加相关活动的群体；

（五）可能危及旅游者人身、财产安全的其他情形。

第八十一条　突发事件或者旅游安全事故发生后，旅游经营者应当立即采取必要的救助和处置措施，依法履行报告义务，并对旅游者作出妥善安排。

第八十二条　旅游者在人身、财产安全遇有危险时，有权请求旅游经营者、当地政府和相关机构进行及时救助。

中国出境旅游者在境外陷于困境时，有权请求我国驻当地机构在其职责范围内给予协助和保护。

旅游者接受相关组织或者机构的救助后，应当支付应由个人承担的费用。

第七章　旅游监督管理

第八十三条　县级以上人民政府旅游主管部门和有关部门依照本法和有关法律、法规的规定，在各自职责范围内对旅游市场实施监督管理。

县级以上人民政府应当组织旅游主管部门、有关主管部门和市场监督管理、交通等执法部门对相关旅游经营行为实施监督检查。

第八十四条　旅游主管部门履行监督管理职责，不得违反法律、行政法规的规定向监督管理对象收取费用。

旅游主管部门及其工作人员不得参与任何形式的旅游经营活动。

第八十五条　县级以上人民政府旅游主管部门有权对下列事项实施监督检查：

（一）经营旅行社业务以及从事导游、领队服务是否取得经营、执业许可；

（二）旅行社的经营行为；

（三）导游和领队等旅游从业人员的服务行为；

（四）法律、法规规定的其他事项。

旅游主管部门依照前款规定实施监督检查，可以对涉嫌违法的合同、票据、账簿以及其他资料进行查阅、复制。

第八十六条　旅游主管部门和有关部门依法实施监督检查，其监督检查人员不得少于二人，并应当出示合法证件。监督检查人员少于二人或者未出示合法证件的，被检查单位和个人有权拒绝。

监督检查人员对在监督检查中知悉的被检查单位的商业秘密和个人信息应当依法保密。

第八十七条　对依法实施的监督检查，有关单位和个人应当配合，如实说明情况并提供文件、资料，不得拒绝、阻碍和隐瞒。

第八十八条　县级以上人民政府旅游主管部门和有关部门，在履行监督检查职责中或者在处理举报、投诉时，发现违反本法规定行为的，应当依法及时作出处理；对不属于本部门职责范围的事项，应当及时书面通知并移交有关部门查处。

第八十九条　县级以上地方人民政府建立旅游违法行为查处信息的共享机制，对需要跨部门、跨地区联合查处的违法行为，应当进行督办。

旅游主管部门和有关部门应当按照各自职责，及时向社会公布监督检查的情况。

第九十条　依法成立的旅游行业组织依照法律、行政法规和章程的规定，制定行业经营规范和服务标准，对其会员的经营行为和服务质量进行自律管理，组织开展职业道德教育和业务培训，提高从业人员素质。

第八章　旅游纠纷处理

第九十一条　县级以上人民政府应当指定或者设立统一的旅游投诉受理机构。受理机构接到投诉，应当及时进行处理或者移交有关部门处理，并告知投诉者。

第九十二条　旅游者与旅游经营者发生纠纷，可以通过下列途径解决：

（一）双方协商；

（二）向消费者协会、旅游投诉受理机构或者有关调解组织申请调解；

（三）根据与旅游经营者达成的仲裁协议提请仲裁机构仲裁；

（四）向人民法院提起诉讼。

第九十三条　消费者协会、旅游投诉受理机构和有关调解组织在双方自愿的基础上，依法对旅游者与旅游经营者之间的纠纷进行调解。

第九十四条　旅游者与旅游经营者发生纠纷，旅游者一方人数众多并有共同请求的，可以推选代表人参加协商、调解、仲裁、诉讼活动。

第九章　法　律　责　任

第九十五条　违反本法规定，未经许可经营旅行社业务的，由旅游主管部门或者市场监督管理部门责令改正，没收违法所得，并处一万元以上十万元以下罚款；违法所得十万元以上的，并处违法所得一倍以上五倍以下罚款；对有关责任人员，处二千元以上二万元以下罚款。

旅行社违反本法规定，未经许可经营本法第二十九条第一款第二项、第三项业务，或者出租、出借旅行社业务经营许可证，或者以其他方式非法转让旅行社业务经营许可的，除依照前款规定处罚外，并责令停业整顿；情节严重的，吊销旅行社业务经营许可证；对直接负责的主管人员，处二千元以上二万元以下罚款。

第九十六条　旅行社违反本法规定，有下列行为之一的，由旅游主管部门责令改正，没收违法所得，并处五千元以上五万元以下罚款；情节严重的，责令停业整顿或者吊销旅行社业务经营许可证；对直接负责的主管人员和其他直接责任人员，处二千元以上二万元以下罚款：

（一）未按照规定为出境或者入境团队旅游安排领队或者导游全程陪同的；

（二）安排未取得导游证的人员提供导游服务或者安排不具备领队条件的人员提供领队服务的；

（三）未向临时聘用的导游支付导游服务费用的；

（四）要求导游垫付或者向导游收取费用的。

第九十七条　旅行社违反本法规定，有下列行为之一的，由旅游主管部门或者有关部门责令改正，没收违法所得，并处五千元以上五万元以下罚款；违法所得五万元以上的，并处违法所得一倍以上五倍以下罚款；情节严重的，责令停业整顿或者吊销旅行社业务经营许可证；对直接负责的主管人员和其他直接责任人员，处二千元以上二万元以下罚款：

（一）进行虚假宣传，误导旅游者的；

（二）向不合格的供应商订购产品和服务的；

（三）未按照规定投保旅行社责任保险的。

第九十八条　旅行社违反本法第三十五条规定的，由旅游主管部门责令改正，没收违法所得，责令停业整顿，并处三万元以上三十万元以下罚款；违法所得三十万元以上的，并处违法所得一倍以上五倍以下罚款；情节严重的，吊销旅行社业务经营许可证；对直接负责的主管人员和其他直接责任人员，没收违法所得，处二千元以上二万元以下罚款，并暂扣或者吊销导游证。

第九十九条　旅行社未履行本法第五十五条规定的报告义务的，由旅游主管部门处五千元以上五万元以下罚款；情节严重的，责令停业整顿或者吊销旅行社业务经营许可证；对直接负责的主管人员和其他直接责任人员，处二千元以上二万元以下罚款，并暂扣或者吊销导游证。

第一百条　旅行社违反本法规定，有下列行为之一的，由旅游主管部门责令改正，处三万元以上三十万元以下罚款，并责令停业整顿；造成旅游者滞留等严重后果的，吊销旅行社业务经营许可证；对直接负责的主管人员和其他直接责任人员，处二千元以上二万元以下罚款，并暂扣或者吊销导游证：

（一）在旅游行程中擅自变更旅游行程安排，严重损害旅游者权益的；

（二）拒绝履行合同的；

（三）未征得旅游者书面同意，委托其他旅行社履行包价旅游合同的。

第一百零一条　旅行社违反本法规定，安排旅游者参观或者参与违反我国法律、法规和社会公德的项目或者活动的，由旅游主管部门责令改正，没收违法所得，责令停业整顿，并处二万元以上二十万元以下罚款；情节严重的，吊销旅行社业务经营许可证；对直接负责的主管人员和其他直接责任人员，处二千元以上二万元以下罚款，并暂扣或者吊销导游证。

第一百零二条　违反本法规定，未取得导游证或者不具备领队条件而从事导游、领队活动的，由旅游主管部门责令改正，没收违法所得，并处一千元以上一万元以下罚款，予以公告。

导游、领队违反本法规定，私自承揽业务的，由旅游主管部门责令改正，没收违法所得，处一千元以上一万元以下罚款，并暂扣或者吊销导游证。

导游、领队违反本法规定，向旅游者索取小费的，由旅游主管部门责令退还，处一千元以上一万元以下罚款；情节严重的，并暂扣或者吊销导游证。

第一百零三条　违反本法规定被吊销导游证的导游、领队和受到吊销旅行社业务经营许可证处罚的旅行社的有关管理人员，自处罚之日起未逾三年的，不得重新申请导游证或者从事旅行社业务。

第一百零四条　旅游经营者违反本法规定，给予或者收受贿赂的，由市场监督管理部门依照有关法律、法规的规定处罚；情节严重的，并由旅游主管部门吊销旅行社业务经营许可证。

第一百零五条　景区不符合本法规定的开放条件而接待旅游者的，由景区主管部门责令停业整顿直至符合开放条件，并处二万元以上二十万元以下罚款。

景区在旅游者数量可能达到最大承载量时，未依照本法规定公告或者未向当地人民政府报告，未及时采取疏导、分流等措施，或者超过最大承载量接待旅游者的，由景区主管部门责令改正，情节严重的，责令停业整顿一个月至六个月。

第一百零六条　景区违反本法规定，擅自提高门票或者另行收费项目的价格，或者有其他价格违法行为的，由有关主管部门依照有关法律、法规的规定处罚。

第一百零七条　旅游经营者违反有关安全生产管理和消防安全管理的法律、法规或者国家标准、行业标准的，由有关主管部门依照有关法律、法规的规定处罚。

第一百零八条　对违反本法规定的旅游经营者及其从业人员，旅游主管部门和有关部门应当记入信用档案，向社会公布。

第一百零九条　旅游主管部门和有关部门的工作人员在履行监督管理职责中，滥用职权、玩忽职守、徇私舞弊，尚不构成犯罪的，依法给予处分。

第一百一十条　违反本法规定，构成犯罪的，依法追究刑事责任。

第十章　附　　则

第一百一十一条　本法下列用语的含义：

（一）旅游经营者，是指旅行社、景区以及为旅游者提供交通、住宿、餐饮、购物、娱乐等服务的经营者。

（二）景区，是指为旅游者提供游览服务、有明确的管理界限的场所或者区域。

（三）包价旅游合同，是指旅行社预先安排行程，提供或者通过履行辅助人提供交通、住宿、餐饮、游览、导游或者领队等两项以上旅游服务，旅游者以总价支付旅游费用的合同。

（四）组团社，是指与旅游者订立包价旅游合同的旅行社。

（五）地接社，是指接受组团社委托，在目的地接待旅游者的旅行社。

（六）履行辅助人，是指与旅行社存在合同关系，协助其履行包价旅游合同义务，实际提供相关服务的法人或者自然人。

第一百一十二条　本法自 2013 年 10 月 1 日起施行。

中华人民共和国特种设备安全法

(2013年6月29日第十二届全国人民代表大会常务委员会第三次会议通过)

第一章 总 则

第一条 为了加强特种设备安全工作，预防特种设备事故，保障人身和财产安全，促进经济社会发展，制定本法。

第二条 特种设备的生产（包括设计、制造、安装、改造、修理）、经营、使用、检验、检测和特种设备安全的监督管理，适用本法。

本法所称特种设备，是指对人身和财产安全有较大危险性的锅炉、压力容器（含气瓶）、压力管道、电梯、起重机械、客运索道、大型游乐设施、场（厂）内专用机动车辆，以及法律、行政法规规定适用本法的其他特种设备。

国家对特种设备实行目录管理。特种设备目录由国务院负责特种设备安全监督管理的部门制定，报国务院批准后执行。

第三条 特种设备安全工作应当坚持安全第一、预防为主、节能环保、综合治理的原则。

第四条 国家对特种设备的生产、经营、使用，实施分类的、全过程的安全监督管理。

第五条 国务院负责特种设备安全监督管理的部门对全国特种设备安全实施监督管理。县级以上地方各级人民政府负责特种设备安全监督管理的部门对本行政区域内特种设备安全实施监督管理。

第六条 国务院和地方各级人民政府应当加强对特种设备安全工作的领导，督促各有关部门依法履行监督管理职责。

县级以上地方各级人民政府应当建立协调机制，及时协调、解决特种设备安全监督管理中存在的问题。

第七条 特种设备生产、经营、使用单位应当遵守本法和其他有关法律、法规，建立、健全特种设备安全和节能责任制度，加强特种设备安全和节能管理，确保特种设备生产、经营、使用安全，符合节能要求。

第八条 特种设备生产、经营、使用、检验、检测应当遵守有关特种设备安全技术规范及相关标准。

特种设备安全技术规范由国务院负责特种设备安全监督管理的部门制定。

第九条 特种设备行业协会应当加强行业自律，推进行业诚信体系建设，提高特种设备安全管理水平。

第十条 国家支持有关特种设备安全的科学技术研究，鼓励先进技术和先进管理方法的推广应用，对做出突出贡献的单位和个人给予奖励。

第十一条 负责特种设备安全监督管理的部门应当加强特种设备安全宣传教育，普及特种设备安全知识，增强社会公众的特种设备安全意识。

第十二条 任何单位和个人有权向负责特种设备安全监督管理的部门和有关部门举报涉及特种设备安全的违法行为，接到举报的部门应当及时处理。

第二章　生产、经营、使用

第一节　一般规定

第十三条 特种设备生产、经营、使用单位及其主要负责人对其生产、经营、使用的特种设备安全负责。

特种设备生产、经营、使用单位应当按照国家有关规定配备特种设备安全管理人员、检测人员和作业人员，并对其进行必要的安全教育和技能培训。

第十四条 特种设备安全管理人员、检测人员和作业人员应当按照国家有关规定取得相应资格，方可从事相关工作。特种设备安全管理人员、检测人员和作业人员应当严格执行安全技术规范和管理制度，保证特种设备安全。

第十五条 特种设备生产、经营、使用单位对其生产、经营、使用的特种设备应当进行自行检测和维护保养，对国家规定实行检验的特种设备应当及时申报并接受检验。

第十六条 特种设备采用新材料、新技术、新工艺，与安全技术规范的要求不一致，或者安全技术规范未作要求、可能对安全性能有重大影响的，应当向国务院负责特种设备安全监督管理的部门申报，由国务院负责特种设备安全监督管理的部门及时委托安全技术咨询机构或者相关专业机构进行技术评审，评审结果经国务院负责特种设备安全监督管理的部门批准，方可投入生产、使用。

国务院负责特种设备安全监督管理的部门应当将允许使用的新材料、新技术、新工艺的有关技术要求，及时纳入安全技术规范。

第十七条 国家鼓励投保特种设备安全责任保险。

第二节　生产

第十八条 国家按照分类监督管理的原则对特种设备生产实行许可制度。特种设备生产单位应当具备下列条件，并经负责特种设备安全监督管理的部门许可，方可从事生产活动：

（一）有与生产相适应的专业技术人员；

（二）有与生产相适应的设备、设施和工作场所；

（三）有健全的质量保证、安全管理和岗位责任等制度。

第十九条 特种设备生产单位应当保证特种设备生产符合安全技术规范及相关标准的要求，对其生产的特种设备的安全性能负责。不得生产不符合安全性能要求和能效指标以及国家明令淘汰的特种设备。

第二十条 锅炉、气瓶、氧舱、客运索道、大型游乐设施的设计文件，应当经负责特种设备安全监督管理的部门核准的检验机构鉴定，方可用于制造。

特种设备产品、部件或者试制的特种设备新产品、新部件以及特种设备采用的新材料，按照安全技术规范的要求需要通过型式试验进行安全性验证的，应当经负责特种设备安全监督管理的部门核准的检验机构进行型式试验。

第二十一条 特种设备出厂时，应当随附安全技术规范要求的设计文件、产品质量合格证明、安装及使用维护保养说明、监督检验证明等相关技术资料和文件，并在特种设备显著位置设置产品铭牌、安全警示标志及其说明。

第二十二条 电梯的安装、改造、修理，必须由电梯制造单位或者其委托的依照本法取得相应许可的单位进行。电梯制造单位委托其他单位进行电梯安装、改造、修理的，应当对其安装、改造、修理进行安全指导和监控，并按照安全技术规范的要求进行校验和调试。电梯制造单位对电梯安全性能负责。

第二十三条 特种设备安装、改造、修理的施工单位应当在施工前将拟进行的特种设备安装、改造、修理情况书面告知直辖市或者设区的市级人民政府负责特种设备安全监督管理的部门。

第二十四条 特种设备安装、改造、修理竣工后，安装、改造、修理的施工单位应当在验收后三十日内将相关技术资料和文件移交特种设备使用单位。特种设备使用单位应当将其存入该特种设备的安全技术档案。

第二十五条 锅炉、压力容器、压力管道元件等特种设备的制造过程和锅炉、压力容器、压力管道、电梯、起重机械、客运索道、大型游乐设施的安装、改造、重大修理过程，应当经特种设备检验机构按照安全技术规范的要求进行监督检验；未经监督检验或者监督检验不合格的，不得出厂或者交付使用。

第二十六条 国家建立缺陷特种设备召回制度。因生产原因造成特种设备存在危及安全的同一性缺陷的，特种设备生产单位应当立即停止生产，主动召回。

国务院负责特种设备安全监督管理的部门发现特种设备存在应当召回而未召回的情形时，应当责令特种设备生产单位召回。

第三节 经 营

第二十七条 特种设备销售单位销售的特种设备，应当符合安全技术规范及相关标准的要求，其设计文件、产品质量合格证明、安装及使用维护保养说明、监督检验证明等相关技术资料和文件应当齐全。

特种设备销售单位应当建立特种设备检查验收和销售记录制度。

禁止销售未取得许可生产的特种设备，未经检验和检验不合格的特种设备，或者国家明令淘汰和已经报废的特种设备。

第二十八条 特种设备出租单位不得出租未取得许可生产的特种设备或者国家明令淘汰和已经报废的特种设备，以及未按照安全技术规范的要求进行维护保养和未经检验或者检验不合格的特种设备。

第二十九条 特种设备在出租期间的使用管理和维护保养义务由特种设备出租单位承担，法律另有规定或者当事人另有约定的除外。

第三十条 进口的特种设备应当符合我国安全技术规范的要求，并经检验合格；需要取得我国特种设备生产许可的，应当取得许可。

进口特种设备随附的技术资料和文件应当符合本法第二十一条的规定，其安装及使用维护保养说明、产品铭牌、安全警示标志及其说明应当采用中文。

特种设备的进出口检验，应当遵守有关进出口商品检验的法律、行政法规。

第三十一条 进口特种设备，应当向进口地负责特种设备安全监督管理的部门履行提前告知义务。

第四节 使 用

第三十二条 特种设备使用单位应当使用取得许可生产并经检验合格的特种设备。

禁止使用国家明令淘汰和已经报废的特种设备。

第三十三条 特种设备使用单位应当在特种设备投入使用前或者投入使用后三十日内，向负责特种设备安全监督管理的部门办理使用登记，取得使用登记证书。登记标志应当置于该特种设备的显著位置。

第三十四条 特种设备使用单位应当建立岗位责任、隐患治理、应急救援等安全管理制度，制定操作规程，保证特种设备安全运行。

第三十五条 特种设备使用单位应当建立特种设备安全技术档案。安全技术档案应当包括以下内容：

（一）特种设备的设计文件、产品质量合格证明、安装及使用维护保养说明、监督检验证明等相关技术资料和文件；

（二）特种设备的定期检验和定期自行检查记录；

（三）特种设备的日常使用状况记录；

（四）特种设备及其附属仪器仪表的维护保养记录；

（五）特种设备的运行故障和事故记录。

第三十六条　电梯、客运索道、大型游乐设施等为公众提供服务的特种设备的运营使用单位，应当对特种设备的使用安全负责，设置特种设备安全管理机构或者配备专职的特种设备安全管理人员；其他特种设备使用单位，应当根据情况设置特种设备安全管理机构或者配备专职、兼职的特种设备安全管理人员。

第三十七条　特种设备的使用应当具有规定的安全距离、安全防护措施。

与特种设备安全相关的建筑物、附属设施，应当符合有关法律、行政法规的规定。

第三十八条　特种设备属于共有的，共有人可以委托物业服务单位或者其他管理人管理特种设备，受托人履行本法规定的特种设备使用单位的义务，承担相应责任。共有人未委托的，由共有人或者实际管理人履行管理义务，承担相应责任。

第三十九条　特种设备使用单位应当对其使用的特种设备进行经常性维护保养和定期自行检查，并作出记录。

特种设备使用单位应当对其使用的特种设备的安全附件、安全保护装置进行定期校验、检修，并作出记录。

第四十条　特种设备使用单位应当按照安全技术规范的要求，在检验合格有效期届满前一个月向特种设备检验机构提出定期检验要求。

特种设备检验机构接到定期检验要求后，应当按照安全技术规范的要求及时进行安全性能检验。特种设备使用单位应当将定期检验标志置于该特种设备的显著位置。

未经定期检验或者检验不合格的特种设备，不得继续使用。

第四十一条　特种设备安全管理人员应当对特种设备使用状况进行经常性检查，发现问题应当立即处理；情况紧急时，可以决定停止使用特种设备并及时报告本单位有关负责人。

特种设备作业人员在作业过程中发现事故隐患或者其他不安全因素，应当立即向特种设备安全管理人员和单位有关负责人报告；特种设备运行不正常时，特种设备作业人员应当按照操作规程采取有效措施保证安全。

第四十二条　特种设备出现故障或者发生异常情况，特种设备使用单位应当对其进行全面检查，消除事故隐患，方可继续使用。

第四十三条　客运索道、大型游乐设施在每日投入使用前，其运营使用单位应当进行试运行和例行安全检查，并对安全附件和安全保护装置进行检查确认。

电梯、客运索道、大型游乐设施的运营使用单位应当将电梯、客运索道、大型游乐设施的安全使用说明、安全注意事项和警示标志置于易于为乘客注意的显著位置。

公众乘坐或者操作电梯、客运索道、大型游乐设施，应当遵守安全使用说明和安全注意事项的要求，服从有关工作人员的管理和指挥；遇有运行不正常时，应当按照安全指引，有序撤离。

第四十四条　锅炉使用单位应当按照安全技术规范的要求进行锅炉水（介）质处理，并接受特种设备检验机构的定期检验。

从事锅炉清洗，应当按照安全技术规范的要求进行，并接受特种设备检验机构的监督检验。

第四十五条　电梯的维护保养应当由电梯制造单位或者依照本法取得许可的安装、改造、修理单位进行。

电梯的维护保养单位应当在维护保养中严格执行安全技术规范的要求，保证其维护保养的电梯的安全性能，并负责落实现场安全防护措施，保证施工安全。

电梯的维护保养单位应当对其维护保养的电梯的安全性能负责；接到故障通知后，应当立即赶赴现场，并采取必要的应急救援措施。

第四十六条 电梯投入使用后，电梯制造单位应当对其制造的电梯的安全运行情况进行跟踪调查和了解，对电梯的维护保养单位或者使用单位在维护保养和安全运行方面存在的问题，提出改进建议，并提供必要的技术帮助；发现电梯存在严重事故隐患时，应当及时告知电梯使用单位，并向负责特种设备安全监督管理的部门报告。电梯制造单位对调查和了解的情况，应当作出记录。

第四十七条 特种设备进行改造、修理，按照规定需要变更使用登记的，应当办理变更登记，方可继续使用。

第四十八条 特种设备存在严重事故隐患，无改造、修理价值，或者达到安全技术规范规定的其他报废条件的，特种设备使用单位应当依法履行报废义务，采取必要措施消除该特种设备的使用功能，并向原登记的负责特种设备安全监督管理的部门办理使用登记证书注销手续。

前款规定报废条件以外的特种设备，达到设计使用年限可以继续使用的，应当按照安全技术规范的要求通过检验或者安全评估，并办理使用登记证书变更，方可继续使用。允许继续使用的，应当采取加强检验、检测和维护保养等措施，确保使用安全。

第四十九条 移动式压力容器、气瓶充装单位，应当具备下列条件，并经负责特种设备安全监督管理的部门许可，方可从事充装活动：

（一）有与充装和管理相适应的管理人员和技术人员；

（二）有与充装和管理相适应的充装设备、检测手段、场地厂房、器具、安全设施；

（三）有健全的充装管理制度、责任制度、处理措施。

充装单位应当建立充装前后的检查、记录制度，禁止对不符合安全技术规范要求的移动式压力容器和气瓶进行充装。

气瓶充装单位应当向气体使用者提供符合安全技术规范要求的气瓶，对气体使用者进行气瓶安全使用指导，并按照安全技术规范的要求办理气瓶使用登记，及时申报定期检验。

第三章　检验、检测

第五十条 从事本法规定的监督检验、定期检验的特种设备检验机构，以及为特种设备生产、经营、使用提供检测服务的特种设备检测机构，应当具备下列条件，并经负责特种设备安全监督管理的部门核准，方可从事检验、检测工作：

（一）有与检验、检测工作相适应的检验、检测人员；

（二）有与检验、检测工作相适应的检验、检测仪器和设备；

（三）有健全的检验、检测管理制度和责任制度。

第五十一条 特种设备检验、检测机构的检验、检测人员应当经考核，取得检验、检测人员资格，方可从事检验、检测工作。

特种设备检验、检测机构的检验、检测人员不得同时在两个以上检验、检测机构中执业；变更执业机构的，应当依法办变更手续。

第五十二条 特种设备检验、检测工作应当遵守法律、行政法规的规定，并按照安全技术规范的要求进行。

特种设备检验、检测机构及其检验、检测人员应当依法为特种设备生产、经营、使用单位提供安全、可靠、便捷、诚信的检验、检测服务。

第五十三条 特种设备检验、检测机构及其检验、检测人员应当客观、公正、及时地出具检验、检测报告，并对检验、检测结果和鉴定结论负责。

特种设备检验、检测机构及其检验、检测人员在检验、检测中发现特种设备存在严重事故隐患时，应当及时告知相关单位，并立即向负责特种设备安全监督管理的部门报告。

负责特种设备安全监督管理的部门应当组织对特种设备检验、检测机构的检验、检测结果和鉴定结论进行监督抽查，但应当防止重复抽查。监督抽查结果应当向社会公布。

第五十四条 特种设备生产、经营、使用单位应当按照安全技术规范的要求向特种设备检验、检测机构及其检验、检测人员提供特种设备相关资料和必要的检验、检测条件，并对资料的真实性负责。

第五十五条 特种设备检验、检测机构及其检验、检测人员对检验、检测过程中知悉的商业秘密，负有保密义务。

特种设备检验、检测机构及其检验、检测人员不得从事有关特种设备的生产、经营活动，不得推荐或者监制、监销特种设备。

第五十六条 特种设备检验机构及其检验人员利用检验工作故意刁难特种设备生产、经营、使用单位的，特种设备生产、经营、使用单位有权向负责特种设备安全监督管理的部门投诉，接到投诉的部门应当及时进行调查处理。

第四章 监督管理

第五十七条 负责特种设备安全监督管理的部门依照本法规定，对特种设备生产、经营、使用单位和检验、检测机构实施监督检查。

负责特种设备安全监督管理的部门应当对学校、幼儿园以及医院、车站、客运码头、商场、体育场馆、展览馆、公园等公众聚集场所的特种设备，实施重点安全监督检查。

第五十八条 负责特种设备安全监督管理的部门实施本法规定的许可工作，应当依照本法和其他有关法律、行政法规规定的条件和程序以及安全技术规范的要求进行审查；不符合规定的，不得许可。

第五十九条 负责特种设备安全监督管理的部门在办理本法规定的许可时，其受理、审查、许可的程序必须公开，并应当自受理申请之日起三十日内，作出许可或者不予许可的决定；不予许可的，应当书面向申请人说明理由。

第六十条 负责特种设备安全监督管理的部门对依法办理使用登记的特种设备应当建立完整的监督管理档案和信息查询系统；对达到报废条件的特种设备，应当及时督促特种设备使用单位依法履行报废义务。

第六十一条 负责特种设备安全监督管理的部门在依法履行监督检查职责时，可以行使下列职权：

（一）进入现场进行检查，向特种设备生产、经营、使用单位和检验、检测机构的主要负责人和其他有关人员调查、了解有关情况；

（二）根据举报或者取得的涉嫌违法证据，查阅、复制特种设备生产、经营、使用单位和检验、检测机构的有关合同、发票、账簿以及其他有关资料；

（三）对有证据表明不符合安全技术规范要求或者存在严重事故隐患的特种设备实施查封、扣押；

（四）对流入市场的达到报废条件或者已经报废的特种设备实施查封、扣押；

（五）对违反本法规定的行为作出行政处罚决定。

第六十二条 负责特种设备安全监督管理的部门在依法履行职责过程中，发现违反本法规定和安全技术规范要求的行为或者特种设备存在事故隐患时，应当以书面形式发出特种设备安全监察指令，责令有关单位及时采取措施予以改正或者消除事故隐患。紧急情况下要求有关单位采取紧急处置措施的，应当随后补发特种设备安全监察指令。

第六十三条 负责特种设备安全监督管理的部门在依法履行职责过程中，发现重大违法行为或者特种设备存在严重事故隐患时，应当责令有关单位立即停止违法行为、采取措施消除事故隐患，并及时向上级负责特种设备安全监督管理的部门报告。接到报告的负责特种设备安全监督管理的部门应当采取必要措施，及时予以处理。

对违法行为、严重事故隐患的处理需要当地人民政府和有关部门的支持、配合时，负责特种设备安全监督管理的部门应当报告当地人民政府，并通知其他有关部门。当地人民政府和其他有关部门应当采取必要措施，及时予以处理。

第六十四条 地方各级人民政府负责特种设备安全监督管理的部门不得要求已经依照本法规定在其他地方取得许可的特种设备生产单位重复取得许可，不得要求对已经依照本法规定在其他地方检验合格的特种设备重复进行检验。

第六十五条 负责特种设备安全监督管理的部门的安全监察人员应当熟悉相关法律、法规，具有相应的专业知识和工作经验，取得特种设备安全行政执法证件。

特种设备安全监察人员应当忠于职守、坚持原则、秉公执法。

负责特种设备安全监督管理的部门实施安全监督检查时，应当有二名以上特种设备安全监察人员参加，并出示有效的特种设备安全行政执法证件。

第六十六条 负责特种设备安全监督管理的部门对特种设备生产、经营、使用单位和检验、检测机构实施监督检查，应当对每次监督检查的内容、发现的问题及处理情况作出记录，并由参加监督检查的特种设备安全监察人员和被检查单位的有关负责人签字后归档。被检查单位的有关负责人拒绝签字的，特种设备安全监察人员应当将情况记录在案。

第六十七条 负责特种设备安全监督管理的部门及其工作人员不得推荐或者监制、监销特种设备；对履行职责过程中知悉的商业秘密负有保密义务。

第六十八条 国务院负责特种设备安全监督管理的部门和省、自治区、直辖市人民政府负责特种设备安全监督管理的部门应当定期向社会公布特种设备安全总体状况。

第五章 事故应急救援与调查处理

第六十九条 国务院负责特种设备安全监督管理的部门应当依法组织制定特种设备重特大事故应急预案，报国务院批准后纳入国家突发事件应急预案体系。

县级以上地方各级人民政府及其负责特种设备安全监督管理的部门应当依法组织制定本行政区域内特种设备事故应急预案，建立或者纳入相应的应急处置与救援体系。

特种设备使用单位应当制定特种设备事故应急专项预案，并定期进行应急演练。

第七十条 特种设备发生事故后，事故发生单位应当按照应急预案采取措施，组织抢救，防止事故扩大，减少人员伤亡和财产损失，保护事故现场和有关证据，并及时向事故发生地县级以上人民政府负责特种设备安全监督管理的部门和有关部门报告。

县级以上人民政府负责特种设备安全监督管理的部门接到事故报告，应当尽快核实情况，立即向本级人民政府报告，并按照规定逐级上报。必要时，负责特种设备安全监督管理的部门可以越级上报事故情况。对特别重大事故、重大事故，国务院负责特种设备安全监督管理的部门应当立即报告国务院并通报国务院安全生产监督管理部门等有关部门。

与事故相关的单位和人员不得迟报、谎报或者瞒报事故情况，不得隐匿、毁灭有关证据或者故意破坏事故现场。

第七十一条 事故发生地人民政府接到事故报告，应当依法启动应急预案，采取应急处置措施，组织应急救援。

第七十二条 特种设备发生特别重大事故，由国务院或者国务院授权有关部门组织事故调查组进行调查。

发生重大事故，由国务院负责特种设备安全监督管理的部门会同有关部门组织事故调查组进行调查。

发生较大事故，由省、自治区、直辖市人民政府负责特种设备安全监督管理的部门会同有关部门组织事故调查组进行调查。

发生一般事故，由设区的市级人民政府负责特种设备安全监督管理的部门会同有关部门组织事故调查组进行调查。

事故调查组应当依法、独立、公正开展调查，提出事故调查报告。

第七十三条 组织事故调查的部门应当将事故调查报告报本级人民政府，并报上一级人民政府负责特种设备安全监督管理的部门备案。有关部门和单位应当依照法律、行政法规的规定，追究事故责任单位和人员的责任。

事故责任单位应当依法落实整改措施，预防同类事故发生。事故造成损害的，事故责任单位应当依法承担赔偿责任。

第六章 法 律 责 任

第七十四条 违反本法规定，未经许可从事特种设备生产活动的，责令停止生产，没收违法制造的特种设备，处十万元以上五十万元以下罚款；有违法所得的，没收违法所得；已经实施安装、改造、修理的，责令恢复原状或者责令限期由取得许可的单位重新安装、改造、修理。

第七十五条 违反本法规定，特种设备的设计文件未经鉴定，擅自用于制造的，责令改正，没收违法制造的特种设备，处五万元以上五十万元以下罚款。

第七十六条 违反本法规定，未进行型式试验的，责令限期改正；逾期未改正的，处三万元以上三十万元以下罚款。

第七十七条 违反本法规定，特种设备出厂时，未按照安全技术规范的要求随附相关技术资料和文件的，责令限期改正；逾期未改正的，责令停止制造、销售，处二万元以上二十万元以下罚款；有违法所得的，没收违法所得。

第七十八条 违反本法规定，特种设备安装、改造、修理的施工单位在施工前未书面告知负责特种设备安全监督管理的部门即行施工的，或者在验收后三十日内未将相关技术资料和文件移交特种设备使用单位的，责令限期改正；逾期未改正的，处一万元以上十万元以下罚款。

第七十九条 违反本法规定，特种设备的制造、安装、改造、重大修理以及锅炉清洗过程，未经监督检验的，责令限期改正；逾期未改正的，处五万元以上二十万元以下罚款；有违法所得的，没收违法所得；情节严重的，吊销生产许可证。

第八十条 违反本法规定，电梯制造单位有下列情形之一的，责令限期改正；逾期未改正的，处一万元以上十万元以下罚款：

（一）未按照安全技术规范的要求对电梯进行校验、调试的；

（二）对电梯的安全运行情况进行跟踪调查和了解时，发现存在严重事故隐患，未及时告知电梯使用单位并向负责特种设备安全监督管理的部门报告的。

第八十一条 违反本法规定，特种设备生产单位有下列行为之一的，责令限期改正；逾期未改正的，责令停止生产，处五万元以上五十万元以下罚款；情节严重的，吊销生产许可证：

（一）不再具备生产条件、生产许可证已经过期或者超出许可范围生产的；

（二）明知特种设备存在同一性缺陷，未立即停止生产并召回的。

违反本法规定，特种设备生产单位生产、销售、交付国家明令淘汰的特种设备的，责令停止生产、销售，没收违法生产、销售、交付的特种设备，处三万元以上三十万元以下罚款；有违法所得的，没收违法所得。

特种设备生产单位涂改、倒卖、出租、出借生产许可证的，责令停止生产，处五万元以上五十万元以下罚款；情节严重的，吊销生产许可证。

第八十二条 违反本法规定，特种设备经营单位有下列行为之一的，责令停止经营，没收违法经营的特种设备，处三万元以上三十万元以下罚款；有违法所得的，没收违法所得：

（一）销售、出租未取得许可生产，未经检验或者检验不合格的特种设备的；

（二）销售、出租国家明令淘汰、已经报废的特种设备，或者未按照安全技术规范的要求进行维护保养的特种设备的。

违反本法规定，特种设备销售单位未建立检查验收和销售记录制度，或者进口特种设备未履行提前告知义务的，责令改正，处一万元以上十万元以下罚款。

特种设备生产单位销售、交付未经检验或者检验不合格的特种设备的，依照本条第一款规定处罚；情节严重的，吊销生产许可证。

第八十三条 违反本法规定，特种设备使用单位有下列行为之一的，责令限期改正；逾期未改正的，责令停止使用有关特种设备，处一万元以上十万元以下罚款：

（一）使用特种设备未按照规定办理使用登记的；

（二）未建立特种设备安全技术档案或者安全技术档案不符合规定要求，或者未依法设置使用登记标志、定期检验标志的；

（三）未对其使用的特种设备进行经常性维护保养和定期自行检查，或者未对其使用的特种设备的安全附件、安全保护装置进行定期校验、检修，并作出记录的；

（四）未按照安全技术规范的要求及时申报并接受检验的；

（五）未按照安全技术规范的要求进行锅炉水（介）质处理的；

（六）未制定特种设备事故应急专项预案的。

第八十四条 违反本法规定，特种设备使用单位有下列行为之一的，责令停止使用有关特种设备，处三万元以上三十万元以下罚款：

（一）使用未取得许可生产，未经检验或者检验不合格的特种设备，或者国家明令淘汰、已经报废的特种设备的；

（二）特种设备出现故障或者发生异常情况，未对其进行全面检查、消除事故隐患，继续使用的；

（三）特种设备存在严重事故隐患，无改造、修理价值，或者达到安全技术规范规定的其他报废条件，未依法履行报废义务，并办理使用登记证书注销手续的。

第八十五条 违反本法规定，移动式压力容器、气瓶充装单位有下列行为之一的，责令改正，处二万元以上二十万元以下罚款；情节严重的，吊销充装许可证：

（一）未按照规定实施充装前后的检查、记录制度的；

（二）对不符合安全技术规范要求的移动式压力容器和气瓶进行充装的。

违反本法规定，未经许可，擅自从事移动式压力容器或者气瓶充装活动的，予以取缔，没收违法充装的气瓶，处十万元以上五十万元以下罚款；有违法所得的，没收违法所得。

第八十六条 违反本法规定，特种设备生产、经营、使用单位有下列情形之一的，一责令限期改正；一逾期未改正的，一责令停止使用有关特种设备或者停产停业整顿，处一万元以上五万元以下罚款：

（一）未配备具有相应资格的特种设备安全管理人员、检测人员和作业人员的；

（二）使用未取得相应资格的人员从事特种设备安全管理、检测和作业的；

（三）未对特种设备安全管理人员、检测人员和作业人员进行安全教育和技能培训的。

第八十七条 违反本法规定，电梯、客运索道、大型游乐设施的运营使用单位有下列情形之一的，责令限期改正；逾期未改正的，责令停止使用有关特种设备或者停产停业整顿，处二万元以上十万元以下罚款：

（一）未设置特种设备安全管理机构或者配备专职的特种设备安全管理人员的；

（二）客运索道、大型游乐设施每日投入使用前，未进行试运行和例行安全检查，未对安全附件和安全保护装置进行检查确认的；

（三）未将电梯、客运索道、大型游乐设施的安全使用说明、安全注意事项和警示标志置于易于为乘客注意的显著位置的。

第八十八条　违反本法规定，未经许可，擅自从事电梯维护保养的，责令停止违法行为，处一万元以上十万元以下罚款；有违法所得的，没收违法所得。

电梯的维护保养单位未按照本法规定以及安全技术规范的要求，进行电梯维护保养的，依照前款规定处罚。

第八十九条　发生特种设备事故，有下列情形之一的，对单位处五万元以上二十万元以下罚款；对主要负责人处一万元以上五万元以下罚款；主要负责人属于国家工作人员的，并依法给予处分：

（一）发生特种设备事故时，不立即组织抢救或者在事故调查处理期间擅离职守或者逃匿的；

（二）对特种设备事故迟报、谎报或者瞒报的。

第九十条　发生事故，对负有责任的单位除要求其依法承担相应的赔偿等责任外，依照下列规定处以罚款：

（一）发生一般事故，处十万元以上二十万元以下罚款；

（二）发生较大事故，处二十万元以上五十万元以下罚款；

（三）发生重大事故，处五十万元以上二百万元以下罚款。

第九十一条　对事故发生负有责任的单位的主要负责人未依法履行职责或者负有领导责任的，依照下列规定处以罚款；属于国家工作人员的，并依法给予处分：

（一）发生一般事故，处上一年年收入百分之三十的罚款；

（二）发生较大事故，处上一年年收入百分之四十的罚款；

（三）发生重大事故，处上一年年收入百分之六十的罚款。

第九十二条　违反本法规定，特种设备安全管理人员、检测人员和作业人员不履行岗位职责，违反操作规程和有关安全规章制度，造成事故的，吊销相关人员的资格。

第九十三条　违反本法规定，特种设备检验、检测机构及其检验、检测人员有下列行为之一的，责令改正，对机构处五万元以上二十万元以下罚款，对直接负责的主管人员和其他直接责任人员处五千元以上五万元以下罚款；情节严重的，吊销机构资质和有关人员的资格：

（一）未经核准或者超出核准范围、使用未取得相应资格的人员从事检验、检测的；

（二）未按照安全技术规范的要求进行检验、检测的；

（三）出具虚假的检验、检测结果和鉴定结论或者检验、检测结果和鉴定结论严重失实的；

（四）发现特种设备存在严重事故隐患，未及时告知相关单位，并立即向负责特种设备安全监督管理的部门报告的；

（五）泄露检验、检测过程中知悉的商业秘密的；

（六）从事有关特种设备的生产、经营活动的；

（七）推荐或者监制、监销特种设备的；

（八）利用检验工作故意刁难相关单位的。

违反本法规定，特种设备检验、检测机构的检验、检测人员同时在两个以上检验、检测机构中执业的，处五千元以上五万元以下罚款；情节严重的，吊销其资格。

第九十四条　违反本法规定，负责特种设备安全监督管理的部门及其工作人员有下列行为之一的，由上级机关责令改正；对直接负责的主管人员和其他直接责任人员，依法给予处分：

（一）未依照法律、行政法规规定的条件、程序实施许可的；

（二）发现未经许可擅自从事特种设备的生产、使用或者检验、检测活动不予取缔或者不依法予以处理的；

（三）发现特种设备生产单位不再具备本法规定的条件而不吊销其许可证，或者发现特种设备生产、经营、使用违法行为不予查处的；

（四）发现特种设备检验、检测机构不再具备本法规定的条件而不撤销其核准，或者对其出具虚假的检验、检测结果和鉴定结论或者检验、检测结果和鉴定结论严重失实的行为不予查处的；

（五）发现违反本法规定和安全技术规范要求的行为或者特种设备存在事故隐患，不立即处理的；

（六）发现重大违法行为或者特种设备存在严重事故隐患，未及时向上级负责特种设备安全监督管理的部门报告，或者接到报告的负责特种设备安全监督管理的部门不立即处理的；

（七）要求已经依照本法规定在其他地方取得许可的特种设备生产单位重复取得许可，或者要求对已经依照本法规定在其他地方检验合格的特种设备重复进行检验的；

（八）推荐或者监制、监销特种设备的；

（九）泄露履行职责过程中知悉的商业秘密的；

（十）接到特种设备事故报告未立即向本级人民政府报告，并按照规定上报的；

（十一）迟报、漏报、谎报或者瞒报事故的；

（十二）妨碍事故救援或者事故调查处理的；

（十三）其他滥用职权、玩忽职守、徇私舞弊的行为。

第九十五条 违反本法规定，特种设备生产、经营、使用单位或者检验、检测机构拒不接受负责特种设备安全监督管理的部门依法实施的监督检查的，责令限期改正；逾期未改正的，责令停产停业整顿，处二万元以上二十万元以下罚款。

特种设备生产、经营、使用单位擅自动用、调换、转移、损毁被查封、扣押的特种设备或者其主要部件的，责令改正，处五万元以上二十万元以下罚款；情节严重的，吊销生产许可证，注销特种设备使用登记证书。

第九十六条 违反本法规定，被依法吊销许可证的，自吊销许可证之日起三年内，负责特种设备安全监督管理的部门不予受理其新的许可申请。

第九十七条 违反本法规定，造成人身、财产损害的，依法承担民事责任。

违反本法规定，应当承担民事赔偿责任和缴纳罚款、罚金，其财产不足以同时支付时，先承担民事赔偿责任。

第九十八条 违反本法规定，构成违反治安管理行为的，依法给予治安管理处罚；构成犯罪的，依法追究刑事责任。

第七章 附 则

第九十九条 特种设备行政许可、检验的收费，依照法律、行政法规的规定执行。

第一百条 军事装备、核设施、航空航天器使用的特种设备安全的监督管理不适用本法。

铁路机车、海上设施和船舶、矿山井下使用的特种设备以及民用机场专用设备安全的监督管理，房屋建筑工地、市政工程工地用起重机械和场（厂）内专用机动车辆的安装、使用的监督管理，由有关部门依照本法和其他有关法律的规定实施。

第一百零一条 本法自 2014 年 1 月 1 日起施行。

中华人民共和国环境保护法

(1989年12月26日第七届全国人民代表大会常务委员会第十一次会议通过 2014年4月24日第十二届全国人民代表大会常务委员会第八次会议修订)

第一章 总 则

第一条 为保护和改善环境,防治污染和其他公害,保障公众健康,推进生态文明建设,促进经济社会可持续发展,制定本法。

第二条 本法所称环境,是指影响人类生存和发展的各种天然的和经过人工改造的自然因素的总体,包括大气、水、海洋、土地、矿藏、森林、草原、湿地、野生生物、自然遗迹、人文遗迹、自然保护区、风景名胜区、城市和乡村等。

第三条 本法适用于中华人民共和国领域和中华人民共和国管辖的其他海域。

第四条 保护环境是国家的基本国策。

国家采取有利于节约和循环利用资源、保护和改善环境、促进人与自然和谐的经济、技术政策和措施,使经济社会发展与环境保护相协调。

第五条 环境保护坚持保护优先、预防为主、综合治理、公众参与、损害担责的原则。

第六条 一切单位和个人都有保护环境的义务。

地方各级人民政府应当对本行政区域的环境质量负责。

企业事业单位和其他生产经营者应当防止、减少环境污染和生态破坏,对所造成的损害依法承担责任。

公民应当增强环境保护意识,采取低碳、节俭的生活方式,自觉履行环境保护义务。

第七条 国家支持环境保护科学技术研究、开发和应用,鼓励环境保护产业发展,促进环境保护信息化建设,提高环境保护科学技术水平。

第八条 各级人民政府应当加大保护和改善环境、防治污染和其他公害的财政投入,提高财政资金的使用效益。

第九条 各级人民政府应当加强环境保护宣传和普及工作,鼓励基层群众性自治组织、社会组织、环境保护志愿者开展环境保护法律法规和环境保护知识的宣传,营造保护环境的良好风气。

教育行政部门、学校应当将环境保护知识纳入学校教育内容,培养学生的环境保护意识。

新闻媒体应当开展环境保护法律法规和环境保护知识的宣传,对环境违法行为进行舆论监督。

第十条 国务院环境保护主管部门,对全国环境保护工作实施统一监督管理;县级以上地方人民政府环境保护主管部门,对本行政区域环境保护工作实施统一监督管理。

县级以上人民政府有关部门和军队环境保护部门,依照有关法律的规定对资源保护和污染防治等环境保护工作实施监督管理。

第十一条 对保护和改善环境有显著成绩的单位和个人,由人民政府给予奖励。

第十二条 每年6月5日为环境日。

第二章 监督管理

第十三条 县级以上人民政府应当将环境保护工作纳入国民经济和社会发展规划。

国务院环境保护主管部门会同有关部门，根据国民经济和社会发展规划编制国家环境保护规划，报国务院批准并公布实施。

县级以上地方人民政府环境保护主管部门会同有关部门，根据国家环境保护规划的要求，编制本行政区域的环境保护规划，报同级人民政府批准并公布实施。

环境保护规划的内容应当包括生态保护和污染防治的目标、任务、保障措施等，并与主体功能区规划、土地利用总体规划和城乡规划等相衔接。

第十四条 国务院有关部门和省、自治区、直辖市人民政府组织制定经济、技术政策，应当充分考虑对环境的影响，听取有关方面和专家的意见。

第十五条 国务院环境保护主管部门制定国家环境质量标准。

省、自治区、直辖市人民政府对国家环境质量标准中未作规定的项目，可以制定地方环境质量标准；对国家环境质量标准中已作规定的项目，可以制定严于国家环境质量标准的地方环境质量标准。地方环境质量标准应当报国务院环境保护主管部门备案。

国家鼓励开展环境基准研究。

第十六条 国务院环境保护主管部门根据国家环境质量标准和国家经济、技术条件，制定国家污染物排放标准。

省、自治区、直辖市人民政府对国家污染物排放标准中未作规定的项目，可以制定地方污染物排放标准；对国家污染物排放标准中已作规定的项目，可以制定严于国家污染物排放标准的地方污染物排放标准。地方污染物排放标准应当报国务院环境保护主管部门备案。

第十七条 国家建立、健全环境监测制度。国务院环境保护主管部门制定监测规范，会同有关部门组织监测网络，统一规划国家环境质量监测站（点）的设置，建立监测数据共享机制，加强对环境监测的管理。

有关行业、专业等各类环境质量监测站（点）的设置应当符合法律法规规定和监测规范的要求。

监测机构应当使用符合国家标准的监测设备，遵守监测规范。监测机构及其负责人对监测数据的真实性和准确性负责。

第十八条 省级以上人民政府应当组织有关部门或者委托专业机构，对环境状况进行调查、评价，建立环境资源承载能力监测预警机制。

第十九条 编制有关开发利用规划，建设对环境有影响的项目，应当依法进行环境影响评价。

未依法进行环境影响评价的开发利用规划，不得组织实施；未依法进行环境影响评价的建设项目，不得开工建设。

第二十条 国家建立跨行政区域的重点区域、流域环境污染和生态破坏联合防治协调机制，实行统一规划、统一标准、统一监测、统一的防治措施。

前款规定以外的跨行政区域的环境污染和生态破坏的防治，由上级人民政府协调解决，或者由有关地方人民政府协商解决。

第二十一条 国家采取财政、税收、价格、政府采购等方面的政策和措施，鼓励和支持环境保护技术装备、资源综合利用和环境服务等环境保护产业的发展。

第二十二条 企业事业单位和其他生产经营者，在污染物排放符合法定要求的基础上，进一步减少污染物排放的，人民政府应当依法采取财政、税收、价格、政府采购等方面的政策和措施予以鼓励和支持。

第二十三条 企业事业单位和其他生产经营者，为改善环境，依照有关规定转产、搬迁、关闭的，人民政府应当予以支持。

第二十四条 县级以上人民政府环境保护主管部门及其委托的环境监察机构和其他负有环境保护监督管理职责的部门，有权对排放污染物的企业事业单位和其他生产经营者进行现场检查。被检查者应当如实反映情况，提供必要的资料。实施现场检查的部门、机构及其工作人员应当为被检查者保守商业秘密。

第二十五条 企业事业单位和其他生产经营者违反法律法规规定排放污染物，造成或者可能造成严重污染的，县级以上人民政府环境保护主管部门和其他负有环境保护监督管理职责的部门，可以查封、扣押造成污染物排放的设施、设备。

第二十六条 国家实行环境保护目标责任制和考核评价制度。县级以上人民政府应当将环境保护目标完成情况纳入对本级人民政府负有环境保护监督管理职责的部门及其负责人和下级人民政府及其负责人的考核内容，作为对其考核评价的重要依据。考核结果应当向社会公开。

第二十七条 县级以上人民政府应当每年向本级人民代表大会或者人民代表大会常务委员会报告环境状况和环境保护目标完成情况，对发生的重大环境事件应当及时向本级人民代表大会常务委员会报告，依法接受监督。

第三章 保护和改善环境

第二十八条 地方各级人民政府应当根据环境保护目标和治理任务，采取有效措施，改善环境质量。

未达到国家环境质量标准的重点区域、流域的有关地方人民政府，应当制定限期达标规划，并采取措施按期达标。

第二十九条 国家在重点生态功能区、生态环境敏感区和脆弱区等区域划定生态保护红线，实行严格保护。

各级人民政府对具有代表性的各种类型的自然生态系统区域，珍稀、濒危的野生动植物自然分布区域，重要的水源涵养区域，具有重大科学文化价值的地质构造、著名溶洞和化石分布区、冰川、火山、温泉等自然遗迹，以及人文遗迹、古树名木，应当采取措施予以保护，严禁破坏。

第三十条 开发利用自然资源，应当合理开发，保护生物多样性，保障生态安全，依法制定有关生态保护和恢复治理方案并予以实施。

引进外来物种以及研究、开发和利用生物技术，应当采取措施，防止对生物多样性的破坏。

第三十一条 国家建立、健全生态保护补偿制度。

国家加大对生态保护地区的财政转移支付力度。有关地方人民政府应当落实生态保护补偿资金，确保其用于生态保护补偿。

国家指导受益地区和生态保护地区人民政府通过协商或者按照市场规则进行生态保护补偿。

第三十二条 国家加强对大气、水、土壤等的保护，建立和完善相应的调查、监测、评估和修复制度。

第三十三条 各级人民政府应当加强对农业环境的保护，促进农业环境保护新技术的使用，加强对农业污染源的监测预警，统筹有关部门采取措施，防治土壤污染和土地沙化、盐渍化、贫瘠化、石漠化、地面沉降以及防治植被破坏、水土流失、水体富营养化、水源枯竭、种源灭绝等生态失调现象，推广植物病虫害的综合防治。

县级、乡级人民政府应当提高农村环境保护公共服务水平，推动农村环境综合整治。

第三十四条 国务院和沿海地方各级人民政府应当加强对海洋环境的保护。向海洋排放污染物、倾倒废弃物，进行海岸工程和海洋工程建设，应当符合法律法规规定和有关标准，防止和减少对海洋环境的污染损害。

第三十五条 城乡建设应当结合当地自然环境的特点，保护植被、水域和自然景观，加强城市园林、绿地和风景名胜区的建设与管理。

第三十六条 国家鼓励和引导公民、法人和其他组织使用有利于保护环境的产品和再生产品，减少废弃物的产生。

国家机关和使用财政资金的其他组织应当优先采购和使用节能、节水、节材等有利于保护环境的产品、设备和设施。

第三十七条 地方各级人民政府应当采取措施，组织对生活废弃物的分类处置、回收利用。

第三十八条 公民应当遵守环境保护法律法规，配合实施环境保护措施，按照规定对生活废弃物进行分类放置，减少日常生活对环境造成的损害。

第三十九条 国家建立、健全环境与健康监测、调查和风险评估制度；鼓励和组织开展环境质量对公众健康影响的研究，采取措施预防和控制与环境污染有关的疾病。

第四章 防治污染和其他公害

第四十条 国家促进清洁生产和资源循环利用。

国务院有关部门和地方各级人民政府应当采取措施，推广清洁能源的生产和使用。

企业应当优先使用清洁能源，采用资源利用率高、污染物排放量少的工艺、设备以及废弃物综合利用技术和污染物无害化处理技术，减少污染物的产生。

第四十一条 建设项目中防治污染的设施，应当与主体工程同时设计、同时施工、同时投产使用。防治污染的设施应当符合经批准的环境影响评价文件的要求，不得擅自拆除或者闲置。

第四十二条 排放污染物的企业事业单位和其他生产经营者，应当采取措施，防治在生产建设或者其他活动中产生的废气、废水、废渣、医疗废物、粉尘、恶臭气体、放射性物质以及噪声、振动、光辐射、电磁辐射等对环境的污染和危害。

排放污染物的企业事业单位，应当建立环境保护责任制度，明确单位负责人和相关人员的责任。

重点排污单位应当按照国家有关规定和监测规范安装使用监测设备，保证监测设备正常运行，保存原始监测记录。

严禁通过暗管、渗井、渗坑、灌注或者篡改、伪造监测数据，或者不正常运行防治污染设施等逃避监管的方式违法排放污染物。

第四十三条 排放污染物的企业事业单位和其他生产经营者，应当按照国家有关规定缴纳排污费。排污费应当全部专项用于环境污染防治，任何单位和个人不得截留、挤占或者挪作他用。

依照法律规定征收环境保护税的，不再征收排污费。

第四十四条 国家实行重点污染物排放总量控制制度。重点污染物排放总量控制指标由国务院下达，省、自治区、直辖市人民政府分解落实。企业事业单位在执行国家和地方污染物排放标准的同时，应当遵守分解落实到本单位的重点污染物排放总量控制指标。

对超过国家重点污染物排放总量控制指标或者未完成国家确定的环境质量目标的地区，省级以上人民政府环境保护主管部门应当暂停审批其新增重点污染物排放总量的建设项目环境影响评价文件。

第四十五条 国家依照法律规定实行排污许可管理制度。

实行排污许可管理的企业事业单位和其他生产经营者应当按照排污许可证的要求排放污染物；未取得排污许可证的，不得排放污染物。

第四十六条 国家对严重污染环境的工艺、设备和产品实行淘汰制度。任何单位和个人不得生产、销售或者转移、使用严重污染环境的工艺、设备和产品。

禁止引进不符合我国环境保护规定的技术、设备、材料和产品。

第四十七条 各级人民政府及其有关部门和企业事业单位，应当依照《中华人民共和国突发事件应对法》的规定，做好突发环境事件的风险控制、应急准备、应急处置和事后恢复等工作。

县级以上人民政府应当建立环境污染公共监测预警机制，组织制定预警方案；环境受到污染，可能影响公众健康和环境安全时，依法及时公布预警信息，启动应急措施。

企业事业单位应当按照国家有关规定制定突发环境事件应急预案，报环境保护主管部门和有关部门备案。在发生或者可能发生突发环境事件时，企业事业单位应当立即采取措施处理，及时通报可能受到危害的单位和居民，并向环境保护主管部门和有关部门报告。

突发环境事件应急处置工作结束后，有关人民政府应当立即组织评估事件造成的环境影响和损失，并及时将评估结果向社会公布。

第四十八条 生产、储存、运输、销售、使用、处置化学物品和含有放射性物质的物品，应当遵守国家有关规定，防止污染环境。

第四十九条 各级人民政府及其农业等有关部门和机构应当指导农业生产经营者科学种植和养殖，科学合理施用农药、化肥等农业投入品，科学处置农用薄膜、农作物秸秆等农业废弃物，防止农业面源污染。

禁止将不符合农用标准和环境保护标准的固体废物、废水施入农田。施用农药、化肥等农业投入品及进行灌溉，应当采取措施，防止重金属和其他有毒有害物质污染环境。

畜禽养殖场、养殖小区、定点屠宰企业等的选址、建设和管理应当符合有关法律法规规定。从事畜禽养殖和屠宰的单位和个人应当采取措施，对畜禽粪便、尸体和污水等废弃物进行科学处置，防止污染环境。

县级人民政府负责组织农村生活废弃物的处置工作。

第五十条 各级人民政府应当在财政预算中安排资金，支持农村饮用水水源地保护、生活污水和其他废弃物处理、畜禽养殖和屠宰污染防治、土壤污染防治和农村工矿污染治理等环境保护工作。

第五十一条 各级人民政府应当统筹城乡建设污水处理设施及配套管网，固体废物的收集、运输和处置等环境卫生设施，危险废物集中处置设施、场所以及其他环境保护公共设施，并保障其正常运行。

第五十二条 国家鼓励投保环境污染责任保险。

第五章 信息公开和公众参与

第五十三条 公民、法人和其他组织依法享有获取环境信息、参与和监督环境保护的权利。

各级人民政府环境保护主管部门和其他负有环境保护监督管理职责的部门，应当依法公开环境信息、完善公众参与程序，为公民、法人和其他组织参与和监督环境保护提供便利。

第五十四条 国务院环境保护主管部门统一发布国家环境质量、重点污染源监测信息及其他重大环境信息。省级以上人民政府环境保护主管部门定期发布环境状况公报。

县级以上人民政府环境保护主管部门和其他负有环境保护监督管理职责的部门，应当依法公开环境质量、环境监测、突发环境事件以及环境行政许可、行政处罚、排污费的征收和使用情况等信息。

县级以上地方人民政府环境保护主管部门和其他负有环境保护监督管理职责的部门，应当将企业事业单位和其他生产经营者的环境违法信息记入社会诚信档案，及时向社会公布违法者名单。

第五十五条 重点排污单位应当如实向社会公开其主要污染物的名称、排放方式、排放浓度和总量、超标排放情况，以及防治污染设施的建设和运行情况，接受社会监督。

第五十六条 对依法应当编制环境影响报告书的建设项目，建设单位应当在编制时向可能受影响的公众说明情况，充分征求意见。

负责审批建设项目环境影响评价文件的部门在收到建设项目环境影响报告书后，除涉及国家秘密和商业秘密的事项外，应当全文公开；发现建设项目未充分征求公众意见的，应当责成建设单位征求公众意见。

第五十七条 公民、法人和其他组织发现任何单位和个人有污染环境和破坏生态行为的，有权向环境保护主管部门或者其他负有环境保护监督管理职责的部门举报。

公民、法人和其他组织发现地方各级人民政府、县级以上人民政府环境保护主管部门和其他负有环境保护监督管理职责的部门不依法履行职责的，有权向其上级机关或者监察机关举报。

接受举报的机关应当对举报人的相关信息予以保密，保护举报人的合法权益。

第五十八条 对污染环境、破坏生态，损害社会公共利益的行为，符合下列条件的社会组织可以向人民法院提起诉讼：

（一）依法在设区的市级以上人民政府民政部门登记；

（二）专门从事环境保护公益活动连续五年以上且无违法记录。

符合前款规定的社会组织向人民法院提起诉讼，人民法院应当依法受理。

提起诉讼的社会组织不得通过诉讼牟取经济利益。

第六章　法律责任

第五十九条　企业事业单位和其他生产经营者违法排放污染物，受到罚款处罚，被责令改正，拒不改正的，依法作出处罚决定的行政机关可以自责令改正之日的次日起，按照原处罚数额按日连续处罚。

前款规定的罚款处罚，依照有关法律法规按照防治污染设施的运行成本、违法行为造成的直接损失或者违法所得等因素确定的规定执行。

地方性法规可以根据环境保护的实际需要，增加第一款规定的按日连续处罚的违法行为的种类。

第六十条　企业事业单位和其他生产经营者超过污染物排放标准或者超过重点污染物排放总量控制指标排放污染物的，县级以上人民政府环境保护主管部门可以责令其采取限制生产、停产整治等措施；情节严重的，报经有批准权的人民政府批准，责令停业、关闭。

第六十一条　建设单位未依法提交建设项目环境影响评价文件或者环境影响评价文件未经批准，擅自开工建设的，由负有环境保护监督管理职责的部门责令停止建设，处以罚款，并可以责令恢复原状。

第六十二条　违反本法规定，重点排污单位不公开或者不如实公开环境信息的，由县级以上地方人民政府环境保护主管部门责令公开，处以罚款，并予以公告。

第六十三条　企业事业单位和其他生产经营者有下列行为之一，尚不构成犯罪的，除依照有关法律法规规定予以处罚外，由县级以上人民政府环境保护主管部门或者其他有关部门将案件移送公安机关，对其直接负责的主管人员和其他直接责任人员，处十日以上十五日以下拘留；情节较轻的，处五日以上十日以下拘留：

（一）建设项目未依法进行环境影响评价，被责令停止建设，拒不执行的；

（二）违反法律规定，未取得排污许可证排放污染物，被责令停止排污，拒不执行的；

（三）通过暗管、渗井、渗坑、灌注或者篡改、伪造监测数据，或者不正常运行防治污染设施等逃避监管的方式违法排放污染物的；

（四）生产、使用国家明令禁止生产、使用的农药，被责令改正，拒不改正的。

第六十四条　因污染环境和破坏生态造成损害的，应当依照《中华人民共和国侵权责任法》的有关规定承担侵权责任。

第六十五条　环境影响评价机构、环境监测机构以及从事环境监测设备和防治污染设施维护、运营的机构，在有关环境服务活动中弄虚作假，对造成的环境污染和生态破坏负有责任的，除依照有关法律法规规定予以处罚外，还应当与造成环境污染和生态破坏的其他责任者承担连带责任。

第六十六条　提起环境损害赔偿诉讼的时效期间为三年，从当事人知道或者应当知道其受到损害时起计算。

第六十七条　上级人民政府及其环境保护主管部门应当加强对下级人民政府及其有关部门环境保护工作的监督。发现有关工作人员有违法行为，依法应当给予处分的，应当向其任免机关或者监察机关提出处分建议。

依法应当给予行政处罚，而有关环境保护主管部门不给予行政处罚的，上级人民政府环境保护主管部门可以直接作出行政处罚的决定。

第六十八条　地方各级人民政府、县级以上人民政府环境保护主管部门和其他负有环境保护监督管理职责的部门有下列行为之一的,对直接负责的主管人员和其他直接责任人员给予记过、记大过或者降级处分;造成严重后果的,给予撤职或者开除处分,其主要负责人应当引咎辞职:

（一）不符合行政许可条件准予行政许可的;
（二）对环境违法行为进行包庇的;
（三）依法应当作出责令停业、关闭的决定而未作出的;
（四）对超标排放污染物、采用逃避监管的方式排放污染物、造成环境事故以及不落实生态保护措施造成生态破坏等行为,发现或者接到举报未及时查处的;
（五）违反本法规定,查封、扣押企业事业单位和其他生产经营者的设施、设备的;
（六）篡改、伪造或者指使篡改、伪造监测数据的;
（七）应当依法公开环境信息而未公开的;
（八）将征收的排污费截留、挤占或者挪作他用的;
（九）法律法规规定的其他违法行为。

第六十九条　违反本法规定,构成犯罪的,依法追究刑事责任。

第七章　附　　则

第七十条　本法自2015年1月1日起施行。

中华人民共和国职业病防治法

（2001 年 10 月 27 日第九届全国人民代表大会常务委员会第二十四次会议通过 根据 2011 年 12 月 31 日第十一届全国人民代表大会常务委员会第二十四次会议《关于修改〈中华人民共和国职业病防治法〉的决定》第一次修正 根据 2016 年 7 月 2 日第十二届全国人民代表大会常务委员会第二十一次会议《关于修改〈中华人民共和国节约能源法〉等六部法律的决定》第二次修正 根据 2017 年 11 月 4 日第十二届全国人民代表大会常务委员会第三十次会议《关于修改〈中华人民共和国会计法〉等十一部法律的决定》第三次修正 根据 2018 年 12 月 29 日第十三届全国人民代表大会常务委员会第七次会议《关于修改等七部法律的决定》第四次修正）

第一章 总 则

第一条 为了预防、控制和消除职业病危害，防治职业病，保护劳动者健康及其相关权益，促进经济社会发展，根据宪法，制定本法。

第二条 本法适用于中华人民共和国领域内的职业病防治活动。

本法所称职业病，是指企业、事业单位和个体经济组织等用人单位的劳动者在职业活动中，因接触粉尘、放射性物质和其他有毒、有害因素而引起的疾病。

职业病的分类和目录由国务院卫生行政部门会同国务院劳动保障行政部门制定、调整并公布。

第三条 职业病防治工作坚持预防为主、防治结合的方针，建立用人单位负责、行政机关监管、行业自律、职工参与和社会监督的机制，实行分类管理、综合治理。

第四条 劳动者依法享有职业卫生保护的权利。

用人单位应当为劳动者创造符合国家职业卫生标准和卫生要求的工作环境和条件，并采取措施保障劳动者获得职业卫生保护。

工会组织依法对职业病防治工作进行监督，维护劳动者的合法权益。用人单位制定或者修改有关职业病防治的规章制度，应当听取工会组织的意见。

第五条 用人单位应当建立、健全职业病防治责任制，加强对职业病防治的管理，提高职业病防治水平，对本单位产生的职业病危害承担责任。

第六条 用人单位的主要负责人对本单位的职业病防治工作全面负责。

第七条 用人单位必须依法参加工伤保险。

国务院和县级以上地方人民政府劳动保障行政部门应当加强对工伤保险的监督管理，确保劳动者依法享受工伤保险待遇。

第八条 国家鼓励和支持研制、开发、推广、应用有利于职业病防治和保护劳动者健康的新技术、新工艺、新设备、新材料，加强对职业病的机理和发生规律的基础研究，提高职业病防治科学技术水平；积极采用有效的职业病防治技术、工艺、设备、材料；限制使用或者淘汰职业病危害严重的技术、工艺、设备、材料。

国家鼓励和支持职业病医疗康复机构的建设。

第九条 国家实行职业卫生监督制度。

国务院卫生行政部门、劳动保障行政部门依照本法和国务院确定的职责，负责全国职业病防治的监督管理工作。国务院有关部门在各自的职责范围内负责职业病防治的有关监督管理工作。

县级以上地方人民政府卫生行政部门、劳动保障行政部门依据各自职责，负责本行政区域内职业病防治的监督管理工作。县级以上地方人民政府有关部门在各自的职责范围内负责职业病防治的有关监督管理工作。

县级以上人民政府卫生行政部门、劳动保障行政部门（以下统称职业卫生监督管理部门）应当加强沟通，密切配合，按照各自职责分工，依法行使职权，承担责任。

第十条　国务院和县级以上地方人民政府应当制定职业病防治规划，将其纳入国民经济和社会发展计划，并组织实施。

县级以上地方人民政府统一负责、领导、组织、协调本行政区域的职业病防治工作，建立健全职业病防治工作体制、机制，统一领导、指挥职业卫生突发事件应对工作；加强职业病防治能力建设和服务体系建设，完善、落实职业病防治工作责任制。

乡、民族乡、镇的人民政府应当认真执行本法，支持职业卫生监督管理部门依法履行职责。

第十一条　县级以上人民政府职业卫生监督管理部门应当加强对职业病防治的宣传教育，普及职业病防治的知识，增强用人单位的职业病防治观念，提高劳动者的职业健康意识、自我保护意识和行使职业卫生保护权利的能力。

第十二条　有关防治职业病的国家职业卫生标准，由国务院卫生行政部门组织制定并公布。

国务院卫生行政部门应当组织开展重点职业病监测和专项调查，对职业健康风险进行评估，为制定职业卫生标准和职业病防治政策提供科学依据。

县级以上地方人民政府卫生行政部门应当定期对本行政区域的职业病防治情况进行统计和调查分析。

第十三条　任何单位和个人有权对违反本法的行为进行检举和控告。有关部门收到相关的检举和控告后，应当及时处理。

对防治职业病成绩显著的单位和个人，给予奖励。

第二章　前期预防

第十四条　用人单位应当依照法律、法规要求，严格遵守国家职业卫生标准，落实职业病预防措施，从源头上控制和消除职业病危害。

第十五条　产生职业病危害的用人单位的设立除应当符合法律、行政法规规定的设立条件外，其工作场所还应当符合下列职业卫生要求：

（一）职业病危害因素的强度或者浓度符合国家职业卫生标准；
（二）有与职业病危害防护相适应的设施；
（三）生产布局合理，符合有害与无害作业分开的原则；
（四）有配套的更衣间、洗浴间、孕妇休息间等卫生设施；
（五）设备、工具、用具等设施符合保护劳动者生理、心理健康的要求；
（六）法律、行政法规和国务院卫生行政部门关于保护劳动者健康的其他要求。

第十六条　国家建立职业病危害项目申报制度。

用人单位工作场所存在职业病目录所列职业病的危害因素的，应当及时、如实向所在地卫生行政部门申报危害项目，接受监督。

职业病危害因素分类目录由国务院卫生行政部门制定、调整并公布。职业病危害项目申报的具体办法由国务院卫生行政部门制定。

第十七条　新建、扩建、改建建设项目和技术改造、技术引进项目（以下统称建设项目）可能产生职业病危害的，建设单位在可行性论证阶段应当进行职业病危害预评价。

医疗机构建设项目可能产生放射性职业病危害的，建设单位应当向卫生行政部门提交放射性职业病危害预评价报告。卫生行政部门应当自收到预评价报告之日起三十日内，作出审核决定并书面通知建设单位。未提交预评价报告或者预评价报告未经卫生行政部门审核同意的，不得开工建设。

职业病危害预评价报告应当对建设项目可能产生的职业病危害因素及其对工作场所和劳动者健康的影响作出评价，确定危害类别和职业病防护措施。

建设项目职业病危害分类管理办法由国务院卫生行政部门制定。

第十八条　建设项目的职业病防护设施所需费用应当纳入建设项目工程预算，并与主体工程同时设计，同时施工，同时投入生产和使用。

建设项目的职业病防护设施设计应当符合国家职业卫生标准和卫生要求；其中，医疗机构放射性职业病危害严重的建设项目的防护设施设计，应当经卫生行政部门审查同意后，方可施工。

建设项目在竣工验收前，建设单位应当进行职业病危害控制效果评价。

医疗机构可能产生放射性职业病危害的建设项目竣工验收时，其放射性职业病防护设施经卫生行政部门验收合格后，方可投入使用；其他建设项目的职业病防护设施应当由建设单位负责依法组织验收，验收合格后，方可投入生产和使用。卫生行政部门应当加强对建设单位组织的验收活动和验收结果的监督核查。

第十九条　国家对从事放射性、高毒、高危粉尘等作业实行特殊管理。具体管理办法由国务院制定。

第三章　劳动过程中的防护与管理

第二十条　用人单位应当采取下列职业病防治管理措施：

（一）设置或者指定职业卫生管理机构或者组织，配备专职或者兼职的职业卫生管理人员，负责本单位的职业病防治工作；

（二）制定职业病防治计划和实施方案；

（三）建立、健全职业卫生管理制度和操作规程；

（四）建立、健全职业卫生档案和劳动者健康监护档案；

（五）建立、健全工作场所职业病危害因素监测及评价制度；

（六）建立、健全职业病危害事故应急救援预案。

第二十一条　用人单位应当保障职业病防治所需的资金投入，不得挤占、挪用，并对因资金投入不足导致的后果承担责任。

第二十二条　用人单位必须采用有效的职业病防护设施，并为劳动者提供个人使用的职业病防护用品。

用人单位为劳动者个人提供的职业病防护用品必须符合防治职业病的要求；不符合要求的，不得使用。

第二十三条　用人单位应当优先采用有利于防治职业病和保护劳动者健康的新技术、新工艺、新设备、新材料，逐步替代职业病危害严重的技术、工艺、设备、材料。

第二十四条　产生职业病危害的用人单位，应当在醒目位置设置公告栏，公布有关职业病防治的规章制度、操作规程、职业病危害事故应急救援措施和工作场所职业病危害因素检测结果。

对产生严重职业病危害的作业岗位，应当在其醒目位置，设置警示标识和中文警示说明。警示说明应当载明产生职业病危害的种类、后果、预防以及应急救治措施等内容。

第二十五条　对可能发生急性职业损伤的有毒、有害工作场所，用人单位应当设置报警装置，配置现场急救用品、冲洗设备、应急撤离通道和必要的泄险区。

对放射工作场所和放射性同位素的运输、贮存，用人单位必须配置防护设备和报警装置，保证接触放射线的工作人员佩戴个人剂量计。

对职业病防护设备、应急救援设施和个人使用的职业病防护用品，用人单位应当进行经常性的维护、检修，定期检测其性能和效果，确保其处于正常状态，不得擅自拆除或者停止使用。

第二十六条 用人单位应当实施由专人负责的职业病危害因素日常监测，并确保监测系统处于正常运行状态。

用人单位应当按照国务院卫生行政部门的规定，定期对工作场所进行职业病危害因素检测、评价。检测、评价结果存入用人单位职业卫生档案，定期向所在地卫生行政部门报告并向劳动者公布。

职业病危害因素检测、评价由依法设立的取得国务院卫生行政部门或者设区的市级以上地方人民政府卫生行政部门按照职责分工给予资质认可的职业卫生技术服务机构进行。职业卫生技术服务机构所作检测、评价应当客观、真实。

发现工作场所职业病危害因素不符合国家职业卫生标准和卫生要求时，用人单位应当立即采取相应治理措施，仍然达不到国家职业卫生标准和卫生要求的，必须停止存在职业病危害因素的作业；职业病危害因素经治理后，符合国家职业卫生标准和卫生要求的，方可重新作业。

第二十七条 职业卫生技术服务机构依法从事职业病危害因素检测、评价工作，接受卫生行政部门的监督检查。卫生行政部门应当依法履行监督职责。

第二十八条 向用人单位提供可能产生职业病危害的设备的，应当提供中文说明书，并在设备的醒目位置设置警示标识和中文警示说明。警示说明应当载明设备性能、可能产生的职业病危害、安全操作和维护注意事项、职业病防护以及应急救治措施等内容。

第二十九条 向用人单位提供可能产生职业病危害的化学品、放射性同位素和含有放射性物质的材料的，应当提供中文说明书。说明书应当载明产品特性、主要成份、存在的有害因素、可能产生的危害后果、安全使用注意事项、职业病防护以及应急救治措施等内容。产品包装应当有醒目的警示标识和中文警示说明。贮存上述材料的场所应当在规定的部位设置危险物品标识或者放射性警示标识。

国内首次使用或者首次进口与职业病危害有关的化学材料，使用单位或者进口单位按照国家规定经国务院有关部门批准后，应当向国务院卫生行政部门报送该化学材料的毒性鉴定以及经有关部门登记注册或者批准进口的文件等资料。

进口放射性同位素、射线装置和含有放射性物质的物品的，按照国家有关规定办理。

第三十条 任何单位和个人不得生产、经营、进口和使用国家明令禁止使用的可能产生职业病危害的设备或者材料。

第三十一条 任何单位和个人不得将产生职业病危害的作业转移给不具备职业病防护条件的单位和个人。不具备职业病防护条件的单位和个人不得接受产生职业病危害的作业。

第三十二条 用人单位对采用的技术、工艺、设备、材料，应当知悉其产生的职业病危害，对有职业病危害的技术、工艺、设备、材料隐瞒其危害而采用的，对所造成的职业病危害后果承担责任。

第三十三条 用人单位与劳动者订立劳动合同（含聘用合同，下同）时，应当将工作过程中可能产生的职业病危害及其后果、职业病防护措施和待遇等如实告知劳动者，并在劳动合同中写明，不得隐瞒或者欺骗。

劳动者在已订立劳动合同期间因工作岗位或者工作内容变更，从事与所订立劳动合同中未告知的存在职业病危害的作业时，用人单位应当依照前款规定，向劳动者履行如实告知的义务，并协商变更原劳动合同相关条款。

用人单位违反前两款规定的，劳动者有权拒绝从事存在职业病危害的作业，用人单位不得因此解除与劳动者所订立的劳动合同。

第三十四条 用人单位的主要负责人和职业卫生管理人员应当接受职业卫生培训，遵守职业病防治法律、法规，依法组织本单位的职业病防治工作。

用人单位应当对劳动者进行上岗前的职业卫生培训和在岗期间的定期职业卫生培训，普及职业卫生知识，督促劳动者遵守职业病防治法律、法规、规章和操作规程，指导劳动者正确使用职业病防护设备和个人使用的职业病防护用品。

劳动者应当学习和掌握相关的职业卫生知识，增强职业病防范意识，遵守职业病防治法律、法规、规章和操作规程，正确使用、维护职业病防护设备和个人使用的职业病防护用品，发现职业病危害事故隐患应当及时报告。

劳动者不履行前款规定义务的，用人单位应当对其进行教育。

第三十五条 对从事接触职业病危害的作业的劳动者，用人单位应当按照国务院卫生行政部门的规定组织上岗前、在岗期间和离岗时的职业健康检查，并将检查结果书面告知劳动者。职业健康检查费用由用人单位承担。

用人单位不得安排未经上岗前职业健康检查的劳动者从事接触职业病危害的作业；不得安排有职业禁忌的劳动者从事其所禁忌的作业；对在职业健康检查中发现有与所从事的职业相关的健康损害的劳动者，应当调离原工作岗位，并妥善安置；对未进行离岗前职业健康检查的劳动者不得解除或者终止与其订立的劳动合同。

职业健康检查应当由取得《医疗机构执业许可证》的医疗卫生机构承担。卫生行政部门应当加强对职业健康检查工作的规范管理，具体管理办法由国务院卫生行政部门制定。

第三十六条 用人单位应当为劳动者建立职业健康监护档案，并按照规定的期限妥善保存。

职业健康监护档案应当包括劳动者的职业史、职业病危害接触史、职业健康检查结果和职业病诊疗等有关个人健康资料。

劳动者离开用人单位时，有权索取本人职业健康监护档案复印件，用人单位应当如实、无偿提供，并在所提供的复印件上签章。

第三十七条 发生或者可能发生急性职业病危害事故时，用人单位应当立即采取应急救援和控制措施，并及时报告所在地卫生行政部门和有关部门。卫生行政部门接到报告后，应当及时会同有关部门组织调查处理；必要时，可以采取临时控制措施。卫生行政部门应当组织做好医疗救治工作。

对遭受或者可能遭受急性职业病危害的劳动者，用人单位应当及时组织救治、进行健康检查和医学观察，所需费用由用人单位承担。

第三十八条 用人单位不得安排未成年工从事接触职业病危害的作业；不得安排孕期、哺乳期的女职工从事对本人和胎儿、婴儿有危害的作业。

第三十九条 劳动者享有下列职业卫生保护权利：

（一）获得职业卫生教育、培训；

（二）获得职业健康检查、职业病诊疗、康复等职业病防治服务；

（三）了解工作场所产生或者可能产生的职业病危害因素、危害后果和应当采取的职业病防护措施；

（四）要求用人单位提供符合防治职业病要求的职业病防护设施和个人使用的职业病防护用品，改善工作条件；

（五）对违反职业病防治法律、法规以及危及生命健康的行为提出批评、检举和控告；

（六）拒绝违章指挥和强令进行没有职业病防护措施的作业；

（七）参与用人单位职业卫生工作的民主管理，对职业病防治工作提出意见和建议。

用人单位应当保障劳动者行使前款所列权利。因劳动者依法行使正当权利而降低其工资、福利等待遇或者解除、终止与其订立的劳动合同的，其行为无效。

第四十条 工会组织应当督促并协助用人单位开展职业卫生宣传教育和培训，有权对用人单位的职业病防治工作提出意见和建议，依法代表劳动者与用人单位签订劳动安全卫生专项集体合同，与用人单位就劳动者反映的有关职业病防治的问题进行协调并督促解决。

工会组织对用人单位违反职业病防治法律、法规，侵犯劳动者合法权益的行为，有权要求纠正；产生严重职业病危害时，有权要求采取防护措施，或者向政府有关部门建议采取强制性措施；发生职业病危害事故时，有权参与事故调查处理；发现危及劳动者生命健康的情形时，有权向用人单位建议组织劳动者撤离危险现场，用人单位应当立即作出处理。

第四十一条 用人单位按照职业病防治要求，用于预防和治理职业病危害、工作场所卫生检测、健康监护和职业卫生培训等费用，按照国家有关规定，在生产成本中据实列支。

第四十二条 职业卫生监督管理部门应当按照职责分工，加强对用人单位落实职业病防护管理措施情况的监督检查，依法行使职权，承担责任。

第四章 职业病诊断与职业病病人保障

第四十三条 职业病诊断应当由取得《医疗机构执业许可证》的医疗卫生机构承担。卫生行政部门应当加强对职业病诊断工作的规范管理，具体管理办法由国务院卫生行政部门制定。

承担职业病诊断的医疗卫生机构还应当具备下列条件：

（一）具有与开展职业病诊断相适应的医疗卫生技术人员；

（二）具有与开展职业病诊断相适应的仪器、设备；

（三）具有健全的职业病诊断质量管理制度。

承担职业病诊断的医疗卫生机构不得拒绝劳动者进行职业病诊断的要求。

第四十四条 劳动者可以在用人单位所在地、本人户籍所在地或者经常居住地依法承担职业病诊断的医疗卫生机构进行职业病诊断。

第四十五条 职业病诊断标准和职业病诊断、鉴定办法由国务院卫生行政部门制定。职业病伤残等级的鉴定办法由国务院劳动保障行政部门会同国务院卫生行政部门制定。

第四十六条 职业病诊断，应当综合分析下列因素：

（一）病人的职业史；

（二）职业病危害接触史和工作场所职业病危害因素情况；

（三）临床表现以及辅助检查结果等。

没有证据否定职业病危害因素与病人临床表现之间的必然联系的，应当诊断为职业病。

职业病诊断证明书应当由参与诊断的取得职业病诊断资格的执业医师签署，并经承担职业病诊断的医疗卫生机构审核盖章。

第四十七条 用人单位应当如实提供职业病诊断、鉴定所需的劳动者职业史和职业病危害接触史、工作场所职业病危害因素检测结果等资料；卫生行政部门应当监督检查和督促用人单位提供上述资料；劳动者和有关机构也应当提供与职业病诊断、鉴定有关的资料。

职业病诊断、鉴定机构需要了解工作场所职业病危害因素情况时，可以对工作场所进行现场调查，也可以向卫生行政部门提出，卫生行政部门应当在十日内组织现场调查。用人单位不得拒绝、阻挠。

第四十八条 职业病诊断、鉴定过程中，用人单位不提供工作场所职业病危害因素检测结果等资料的，诊断、鉴定机构应当结合劳动者的临床表现、辅助检查结果和劳动者的职业史、职业病危害接触史，并参考劳动者的自述、卫生行政部门提供的日常监督检查信息等，作出职业病诊断、鉴定结论。

劳动者对用人单位提供的工作场所职业病危害因素检测结果等资料有异议，或者因劳动者的用人单位解散、破产，无用人单位提供上述资料的，诊断、鉴定机构应当提请卫生行政部门进行调查，卫生行政部门应当自接到申请之日起三十日内对存在异议的资料或者工作场所职业病危害因素情况作出判定；有关部门应当配合。

第四十九条 职业病诊断、鉴定过程中，在确认劳动者职业史、职业病危害接触史时，当事人对劳动关系、工种、工作岗位或者在岗时间有争议的，可以向当地的劳动人事争议仲裁委员会申请仲裁；接到申请的劳动人事争议仲裁委员会应当受理，并在三十日内作出裁决。

当事人在仲裁过程中对自己提出的主张，有责任提供证据。劳动者无法提供由用人单位掌握管理的与仲裁主张有关的证据的，仲裁庭应当要求用人单位在指定期限内提供；用人单位在指定期限内不提供的，应当承担不利后果。

劳动者对仲裁裁决不服的，可以依法向人民法院提起诉讼。

用人单位对仲裁裁决不服的，可以在职业病诊断、鉴定程序结束之日起十五日内依法向人民法院提起诉讼；诉讼期间，劳动者的治疗费用按照职业病待遇规定的途径支付。

第五十条 用人单位和医疗卫生机构发现职业病病人或者疑似职业病病人时，应当及时向所在地卫生行政部门报告。确诊为职业病的，用人单位还应当向所在地劳动保障行政部门报告。接到报告的部门应当依法作出处理。

第五十一条 县级以上地方人民政府卫生行政部门负责本行政区域内的职业病统计报告的管理工作，并按照规定上报。

第五十二条 当事人对职业病诊断有异议的，可以向作出诊断的医疗卫生机构所在地地方人民政府卫生行政部门申请鉴定。

职业病诊断争议由设区的市级以上地方人民政府卫生行政部门根据当事人的申请，组织职业病诊断鉴定委员会进行鉴定。

当事人对设区的市级职业病诊断鉴定委员会的鉴定结论不服的，可以向省、自治区、直辖市人民政府卫生行政部门申请再鉴定。

第五十三条 职业病诊断鉴定委员会由相关专业的专家组成。

省、自治区、直辖市人民政府卫生行政部门应当设立相关的专家库，需要对职业病争议作出诊断鉴定时，由当事人或者当事人委托有关卫生行政部门从专家库中以随机抽取的方式确定参加诊断鉴定委员会的专家。

职业病诊断鉴定委员会应当按照国务院卫生行政部门颁布的职业病诊断标准和职业病诊断、鉴定办法进行职业病诊断鉴定，向当事人出具职业病诊断鉴定书。职业病诊断、鉴定费用由用人单位承担。

第五十四条 职业病诊断鉴定委员会组成人员应当遵守职业道德，客观、公正地进行诊断鉴定，并承担相应的责任。职业病诊断鉴定委员会组成人员不得私下接触当事人，不得收受当事人的财物或者其他好处，与当事人有利害关系的，应当回避。

人民法院受理有关案件需要进行职业病鉴定时，应当从省、自治区、直辖市人民政府卫生行政部门依法设立的相关的专家库中选取参加鉴定的专家。

第五十五条 医疗卫生机构发现疑似职业病病人时，应当告知劳动者本人并及时通知用人单位。

用人单位应当及时安排对疑似职业病病人进行诊断；在疑似职业病病人诊断或者医学观察期间，不得解除或者终止与其订立的劳动合同。

疑似职业病病人在诊断、医学观察期间的费用，由用人单位承担。

第五十六条 用人单位应当保障职业病病人依法享受国家规定的职业病待遇。

用人单位应当按照国家有关规定，安排职业病病人进行治疗、康复和定期检查。

用人单位对不适宜继续从事原工作的职业病病人，应当调离原岗位，并妥善安置。

用人单位对从事接触职业病危害的作业的劳动者，应当给予适当岗位津贴。

第五十七条 职业病病人的诊疗、康复费用，伤残以及丧失劳动能力的职业病病人的社会保障，按照国家有关工伤保险的规定执行。

第五十八条 职业病病人除依法享有工伤保险外，依照有关民事法律，尚有获得赔偿的权利的，有权向用人单位提出赔偿要求。

第五十九条 劳动者被诊断患有职业病，但用人单位没有依法参加工伤保险的，其医疗和生活保障由该用人单位承担。

第六十条 职业病病人变动工作单位，其依法享有的待遇不变。

用人单位在发生分立、合并、解散、破产等情形时，应当对从事接触职业病危害的作业的劳动者进行健康检查，并按照国家有关规定妥善安置职业病病人。

第六十一条 用人单位已经不存在或者无法确认劳动关系的职业病病人，可以向地方人民政府医疗保障、民政部门申请医疗救助和生活等方面的救助。

地方各级人民政府应当根据本地区的实际情况，采取其他措施，使前款规定的职业病病人获得医疗救治。

第五章 监督检查

第六十二条 县级以上人民政府职业卫生监督管理部门依照职业病防治法律、法规、国家职业卫生标准和卫生要求，依据职责划分，对职业病防治工作进行监督检查。

第六十三条 卫生行政部门履行监督检查职责时，有权采取下列措施：

（一）进入被检查单位和职业病危害现场，了解情况，调查取证；

（二）查阅或者复制与违反职业病防治法律、法规的行为有关的资料和采集样品；

（三）责令违反职业病防治法律、法规的单位和个人停止违法行为。

第六十四条 发生职业病危害事故或者有证据证明危害状态可能导致职业病危害事故发生时，卫生行政部门可以采取下列临时控制措施：

（一）责令暂停导致职业病危害事故的作业；

（二）封存造成职业病危害事故或者可能导致职业病危害事故发生的材料和设备；

（三）组织控制职业病危害事故现场。

在职业病危害事故或者危害状态得到有效控制后，卫生行政部门应当及时解除控制措施。

第六十五条 职业卫生监督执法人员依法执行职务时，应当出示监督执法证件。

职业卫生监督执法人员应当忠于职守，秉公执法，严格遵守执法规范；涉及用人单位的秘密的，应当为其保密。

第六十六条 职业卫生监督执法人员依法执行职务时，被检查单位应当接受检查并予以支持配合，不得拒绝和阻碍。

第六十七条 卫生行政部门及其职业卫生监督执法人员履行职责时，不得有下列行为：

（一）对不符合法定条件的，发给建设项目有关证明文件、资质证明文件或者予以批准；

（二）对已经取得有关证明文件的，不履行监督检查职责；

（三）发现用人单位存在职业病危害的，可能造成职业病危害事故，不及时依法采取控制措施；

（四）其他违反本法的行为。

第六十八条 职业卫生监督执法人员应当依法经过资格认定。

职业卫生监督管理部门应当加强队伍建设，提高职业卫生监督执法人员的政治、业务素质，依照本法和其他有关法律、法规的规定，建立、健全内部监督制度，对其工作人员执行法律、法规和遵守纪律的情况，进行监督检查。

第六章 法律责任

第六十九条 建设单位违反本法规定，有下列行为之一的，由卫生行政部门给予警告，责令限期改正；逾期不改正的，处十万元以上五十万元以下的罚款；情节严重的，责令停止产生职业病危害的作业，或者提请有关人民政府按照国务院规定的权限责令停建、关闭：

（一）未按照规定进行职业病危害预评价的；

（二）医疗机构可能产生放射性职业病危害的建设项目未按照规定提交放射性职业病危害预评价报告，或者放射性职业病危害预评价报告未经卫生行政部门审核同意，开工建设的；

（三）建设项目的职业病防护设施未按照规定与主体工程同时设计、同时施工、同时投入生产和使用的；

（四）建设项目的职业病防护设施设计不符合国家职业卫生标准和卫生要求，或者医疗机构放射性职业病危害严重的建设项目的防护设施设计未经卫生行政部门审查同意擅自施工的；

（五）未按照规定对职业病防护设施进行职业病危害控制效果评价的；

（六）建设项目竣工投入生产和使用前，职业病防护设施未按照规定验收合格的。

第七十条 违反本法规定，有下列行为之一的，由卫生行政部门给予警告，责令限期改正；逾期不改正的，处十万元以下的罚款：

（一）工作场所职业病危害因素检测、评价结果没有存档、上报、公布的；

（二）未采取本法第二十条规定的职业病防治管理措施的；

（三）未按照规定公布有关职业病防治的规章制度、操作规程、职业病危害事故应急救援措施的；

（四）未按照规定组织劳动者进行职业卫生培训，或者未对劳动者个人职业病防护采取指导、督促措施的；

（五）国内首次使用或者首次进口与职业病危害有关的化学材料，未按照规定报送毒性鉴定资料以及经有关部门登记注册或者批准进口的文件的。

第七十一条 用人单位违反本法规定，有下列行为之一的，由卫生行政部门责令限期改正，给予警告，可以并处五万元以上十万元以下的罚款：

（一）未按照规定及时、如实向卫生行政部门申报产生职业病危害的项目的；

（二）未实施由专人负责的职业病危害因素日常监测，或者监测系统不能正常监测的；

（三）订立或者变更劳动合同时，未告知劳动者职业病危害真实情况的；

（四）未按照规定组织职业健康检查、建立职业健康监护档案或者未将检查结果书面告知劳动者的；

（五）未依照本法规定在劳动者离开用人单位时提供职业健康监护档案复印件的。

第七十二条 用人单位违反本法规定，有下列行为之一的，由卫生行政部门给予警告，责令限期改正，逾期不改正的，处五万元以上二十万元以下的罚款；情节严重的，责令停止产生职业病危害的作业，或者提请有关人民政府按照国务院规定的权限责令关闭：

（一）工作场所职业病危害因素的强度或者浓度超过国家职业卫生标准的；

（二）未提供职业病防护设施和个人使用的职业病防护用品，或者提供的职业病防护设施和个人使用的职业病防护用品不符合国家职业卫生标准和卫生要求的；

（三）对职业病防护设备、应急救援设施和个人使用的职业病防护用品未按照规定进行维护、检修、检测，或者不能保持正常运行、使用状态的；

（四）未按照规定对工作场所职业病危害因素进行检测、评价的；

（五）工作场所职业病危害因素经治理仍然达不到国家职业卫生标准和卫生要求时，未停止存在职业病危害因素的作业的；

（六）未按照规定安排职业病病人、疑似职业病病人进行诊治的；

（七）发生或者可能发生急性职业病危害事故时，未立即采取应急救援和控制措施或者未按照规定及时报告的；

（八）未按照规定在产生严重职业病危害的作业岗位醒目位置设置警示标识和中文警示说明的；

（九）拒绝职业卫生监督管理部门监督检查的；

（十）隐瞒、伪造、篡改、毁损职业健康监护档案、工作场所职业病危害因素检测评价结果等相关资料，或者拒不提供职业病诊断、鉴定所需资料的；

（十一）未按照规定承担职业病诊断、鉴定费用和职业病病人的医疗、生活保障费用的。

第七十三条 向用人单位提供可能产生职业病危害的设备、材料，未按照规定提供中文说明书或者设置警示标识和中文警示说明的，由卫生行政部门责令限期改正，给予警告，并处五万元以上二十万元以下的罚款。

第七十四条 用人单位和医疗卫生机构未按照规定报告职业病、疑似职业病的,由有关主管部门依据职责分工责令限期改正,给予警告,可以并处一万元以下的罚款;弄虚作假的,并处二万元以上五万元以下的罚款;对直接负责的主管人员和其他直接责任人员,可以依法给予降级或者撤职的处分。

第七十五条 违反本法规定,有下列情形之一的,由卫生行政部门责令限期治理,并处五万元以上三十万元以下的罚款;情节严重的,责令停止产生职业病危害的作业,或者提请有关人民政府按照国务院规定的权限责令关闭:

(一)隐瞒技术、工艺、设备、材料所产生的职业病危害而采用的;
(二)隐瞒本单位职业卫生真实情况的;
(三)可能发生急性职业损伤的有毒、有害工作场所、放射工作场所或者放射性同位素的运输、贮存不符合本法第二十五条规定的;
(四)使用国家明令禁止使用的可能产生职业病危害的设备或者材料的;
(五)将产生职业病危害的作业转移给没有职业病防护条件的单位和个人,或者没有职业病防护条件的单位和个人接受产生职业病危害的作业的;
(六)擅自拆除、停止使用职业病防护设备或者应急救援设施的;
(七)安排未经职业健康检查的劳动者、有职业禁忌的劳动者、未成年工或者孕期、哺乳期女职工从事接触职业病危害的作业或者禁忌作业的;
(八)违章指挥和强令劳动者进行没有职业病防护措施的作业的。

第七十六条 生产、经营或者进口国家明令禁止使用的可能产生职业病危害的设备或者材料的,依照有关法律、行政法规的规定给予处罚。

第七十七条 用人单位违反本法规定,已经对劳动者生命健康造成严重损害的,由卫生行政部门责令停止产生职业病危害的作业,或者提请有关人民政府按照国务院规定的权限责令关闭,并处十万元以上五十万元以下的罚款。

第七十八条 用人单位违反本法规定,造成重大职业病危害事故或者其他严重后果,构成犯罪的,对直接负责的主管人员和其他直接责任人员,依法追究刑事责任。

第七十九条 未取得职业卫生技术服务资质认可擅自从事职业卫生技术服务的,由卫生行政部门责令立即停止违法行为,没收违法所得;违法所得五千元以上的,并处违法所得二倍以上十倍以下的罚款;没有违法所得或者违法所得不足五千元的,并处五千元以上五万元以下的罚款;情节严重的,对直接负责的主管人员和其他直接责任人员,依法给予降级、撤职或者开除的处分。

第八十条 从事职业卫生技术服务的机构和承担职业病诊断的医疗卫生机构违反本法规定,有下列行为之一的,由卫生行政部门责令立即停止违法行为,给予警告,没收违法所得;违法所得五千元以上的,并处违法所得二倍以上五倍以下的罚款;没有违法所得或者违法所得不足五千元的,并处五千元以上二万元以下的罚款;情节严重的,由原认可或者登记机关取消其相应的资格;对直接负责的主管人员和其他直接责任人员,依法给予降级、撤职或者开除的处分;构成犯罪的,依法追究刑事责任:

(一)超出资质认可或者诊疗项目登记范围从事职业卫生技术服务或者职业病诊断的;
(二)不按照本法规定履行法定职责的;
(三)出具虚假证明文件的。

第八十一条 职业病诊断鉴定委员会组成人员收受职业病诊断争议当事人的财物或者其他好处的,给予警告,没收收受的财物,可以并处三千元以上五万元以下的罚款,取消其担任职业病诊断鉴定委员会组成人员的资格,并从省、自治区、直辖市人民政府卫生行政部门设立的专家库中予以除名。

第八十二条 卫生行政部门不按照规定报告职业病和职业病危害事故的,由上一级行政部门责令改正,通报批评,给予警告;虚报、瞒报的,对单位负责人、直接负责的主管人员和其他直接责任人员依法给予降级、撤职或者开除的处分。

第八十三条 县级以上地方人民政府在职业病防治工作中未依照本法履行职责,本行政区域出现重大职业病危害事故、造成严重社会影响的,依法对直接负责的主管人员和其他直接责任人员给予记大过直至开除的处分。

县级以上人民政府职业卫生监督管理部门不履行本法规定的职责,滥用职权、玩忽职守、徇私舞弊,依法对直接负责的主管人员和其他直接责任人员给予记大过或者降级的处分;造成职业病危害事故或者其他严重后果的,依法给予撤职或者开除的处分。

第八十四条 违反本法规定,构成犯罪的,依法追究刑事责任。

第七章 附 则

第八十五条 本法下列用语的含义:

职业病危害,是指对从事职业活动的劳动者可能导致职业病的各种危害。职业病危害因素包括:职业活动中存在的各种有害的化学、物理、生物因素以及在作业过程中产生的其他职业有害因素。

职业禁忌,是指劳动者从事特定职业或者接触特定职业病危害因素时,比一般职业人群更易于遭受职业病危害和罹患职业病或者可能导致原有自身疾病病情加重,或者在从事作业过程中诱发可能导致对他人生命健康构成危险的疾病的个人特殊生理或者病理状态。

第八十六条 本法第二条规定的用人单位以外的单位,产生职业病危害的,其职业病防治活动可以参照本法执行。

劳务派遣用工单位应当履行本法规定的用人单位的义务。

中国人民解放军参照执行本法的办法,由国务院、中央军事委员会制定。

第八十七条 对医疗机构放射性职业病危害控制的监督管理,由卫生行政部门依照本法的规定实施。

第八十八条 本法自 2002 年 5 月 1 日起施行。

中华人民共和国固体废物污染环境防治法

(1995年10月30日第八届全国人民代表大会常务委员会第十六次会议通过 2004年12月29日第十届全国人民代表大会常务委员会第十三次会议第一次修订 根据2013年6月29日第十二届全国人民代表大会常务委员会第三次会议《关于修改〈中华人民共和国文物保护法〉等十二部法律的决定》第一次修正 根据2015年4月24日第十二届全国人民代表大会常务委员会第十四次会议《关于修改〈中华人民共和国港口法〉等七部法律的决定》第二次修正 根据2016年11月7日第十二届全国人民代表大会常务委员会第二十四次会议《关于修改〈中华人民共和国对外贸易法〉等十二部法律的决定》第三次修正 2020年4月29日第十三届全国人民代表大会常务委员会第十七次会议第二次修订)

中华人民共和国主席 习近平
2020年4月29日

第一章 总 则

第一条 为了保护和改善生态环境，防治固体废物污染环境，保障公众健康，维护生态安全，推进生态文明建设，促进经济社会可持续发展，制定本法。

第二条 固体废物污染环境的防治适用本法。

固体废物污染海洋环境的防治和放射性固体废物污染环境的防治不适用本法。

第三条 国家推行绿色发展方式，促进清洁生产和循环经济发展。

国家倡导简约适度、绿色低碳的生活方式，引导公众积极参与固体废物污染环境防治。

第四条 固体废物污染环境防治坚持减量化、资源化和无害化的原则。

任何单位和个人都应当采取措施，减少固体废物的产生量，促进固体废物的综合利用，降低固体废物的危害性。

第五条 固体废物污染环境防治坚持污染担责的原则。

产生、收集、贮存、运输、利用、处置固体废物的单位和个人，应当采取措施，防止或者减少固体废物对环境的污染，对所造成的环境污染依法承担责任。

第六条 国家推行生活垃圾分类制度。

生活垃圾分类坚持政府推动、全民参与、城乡统筹、因地制宜、简便易行的原则。

第七条 地方各级人民政府对本行政区域固体废物污染环境防治负责。

国家实行固体废物污染环境防治目标责任制和考核评价制度，将固体废物污染环境防治目标完成情况纳入考核评价的内容。

第八条 各级人民政府应当加强对固体废物污染环境防治工作的领导，组织、协调、督促有关部门依法履行固体废物污染环境防治监督管理职责。

省、自治区、直辖市之间可以协商建立跨行政区域固体废物污染环境的联防联控机制，统筹规划制定、设施建设、固体废物转移等工作。

第九条 国务院生态环境主管部门对全国固体废物污染环境防治工作实施统一监督管理。国务院发展改革、工业和信息化、自然资源、住房城乡建设、交通运输、农业农村、商务、卫生健康、海关等主管部门在各自职责范围内负责固体废物污染环境防治的监督管理工作。

地方人民政府生态环境主管部门对本行政区域固体废物污染环境防治工作实施统一监督管理。地方人民政府发展改革、工业和信息化、自然资源、住房城乡建设、交通运输、农业农村、商务、卫生健康等主管部门在各自职责范围内负责固体废物污染环境防治的监督管理工作。

第十条 国家鼓励、支持固体废物污染环境防治的科学研究、技术开发、先进技术推广和科学普及，加强固体废物污染环境防治科技支撑。

第十一条 国家机关、社会团体、企业事业单位、基层群众性自治组织和新闻媒体应当加强固体废物污染环境防治宣传教育和科学普及，增强公众固体废物污染环境防治意识。

学校应当开展生活垃圾分类以及其他固体废物污染环境防治知识普及和教育。

第十二条 各级人民政府对在固体废物污染环境防治工作以及相关的综合利用活动中做出显著成绩的单位和个人，按照国家有关规定给予表彰、奖励。

第二章 监督管理

第十三条 县级以上人民政府应当将固体废物污染环境防治工作纳入国民经济和社会发展规划、生态环境保护规划，并采取有效措施减少固体废物的产生量、促进固体废物的综合利用、降低固体废物的危害性，最大限度降低固体废物填埋量。

第十四条 国务院生态环境主管部门应当会同国务院有关部门根据国家环境质量标准和国家经济、技术条件，制定固体废物鉴别标准、鉴别程序和国家固体废物污染环境防治技术标准。

第十五条 国务院标准化主管部门应当会同国务院发展改革、工业和信息化、生态环境、农业农村等主管部门，制定固体废物综合利用标准。

综合利用固体废物应当遵守生态环境法律法规，符合固体废物污染环境防治技术标准。使用固体废物综合利用产物应当符合国家规定的用途、标准。

第十六条 国务院生态环境主管部门应当会同国务院有关部门建立全国危险废物等固体废物污染环境防治信息平台，推进固体废物收集、转移、处置等全过程监控和信息化追溯。

第十七条 建设产生、贮存、利用、处置固体废物的项目，应当依法进行环境影响评价，并遵守国家有关建设项目环境保护管理的规定。

第十八条 建设项目的环境影响评价文件确定需要配套建设的固体废物污染环境防治设施，应当与主体工程同时设计、同时施工、同时投入使用。建设项目的初步设计，应当按照环境保护设计规范的要求，将固体废物污染环境防治内容纳入环境影响评价文件，落实防治固体废物污染环境和破坏生态的措施以及固体废物污染环境防治设施投资概算。

建设单位应当依照有关法律法规的规定，对配套建设的固体废物污染环境防治设施进行验收，编制验收报告，并向社会公开。

第十九条 收集、贮存、运输、利用、处置固体废物的单位和其他生产经营者，应当加强对相关设施、设备和场所的管理和维护，保证其正常运行和使用。

第二十条 产生、收集、贮存、运输、利用、处置固体废物的单位和其他生产经营者，应当采取防扬散、防流失、防渗漏或者其他防止污染环境的措施，不得擅自倾倒、堆放、丢弃、遗撒固体废物。

禁止任何单位或者个人向江河、湖泊、运河、渠道、水库及其最高水位线以下的滩地和岸坡以及法律法规规定的其他地点倾倒、堆放、贮存固体废物。

第二十一条 在生态保护红线区域、永久基本农田集中区域和其他需要特别保护的区域内，禁止建设工业固体废物、危险废物集中贮存、利用、处置的设施、场所和生活垃圾填埋场。

第二十二条 转移固体废物出省、自治区、直辖市行政区域贮存、处置的，应当向固体废物移出地的省、自治区、直辖市人民政府生态环境主管部门提出申请。移出地的省、自治区、直辖市人民政府生态环境主管部门应当及时商经接受地的省、自治区、直辖市人民政府生态环境主管部门同意后，在规定期限内批准转移该固体废物出省、自治区、直辖市行政区域。未经批准的，不得转移。

转移固体废物出省、自治区、直辖市行政区域利用的，应当报固体废物移出地的省、自治区、直辖市人民政府生态环境主管部门备案。移出地的省、自治区、直辖市人民政府生态环境主管部门应当将备案信息通报接受地的省、自治区、直辖市人民政府生态环境主管部门。

第二十三条　禁止中华人民共和国境外的固体废物进境倾倒、堆放、处置。

第二十四条　国家逐步实现固体废物零进口，由国务院生态环境主管部门会同国务院商务、发展改革、海关等主管部门组织实施。

第二十五条　海关发现进口货物疑似固体废物的，可以委托专业机构开展属性鉴别，并根据鉴别结论依法管理。

第二十六条　生态环境主管部门及其环境执法机构和其他负有固体废物污染环境防治监督管理职责的部门，在各自职责范围内有权对从事产生、收集、贮存、运输、利用、处置固体废物等活动的单位和其他生产经营者进行现场检查。被检查者应当如实反映情况，并提供必要的资料。

实施现场检查，可以采取现场监测、采集样品、查阅或者复制与固体废物污染环境防治相关的资料等措施。检查人员进行现场检查，应当出示证件。对现场检查中知悉的商业秘密应当保密。

第二十七条　有下列情形之一，生态环境主管部门和其他负有固体废物污染环境防治监督管理职责的部门，可以对违法收集、贮存、运输、利用、处置的固体废物及设施、设备、场所、工具、物品予以查封、扣押：

（一）可能造成证据灭失、被隐匿或者非法转移的；

（二）造成或者可能造成严重环境污染的。

第二十八条　生态环境主管部门应当会同有关部门建立产生、收集、贮存、运输、利用、处置固体废物的单位和其他生产经营者信用记录制度，将相关信用记录纳入全国信用信息共享平台。

第二十九条　设区的市级人民政府生态环境主管部门应当会同住房城乡建设、农业农村、卫生健康等主管部门，定期向社会发布固体废物的种类、产生量、处置能力、利用处置状况等信息。

产生、收集、贮存、运输、利用、处置固体废物的单位，应当依法及时公开固体废物污染环境防治信息，主动接受社会监督。

利用、处置固体废物的单位，应当依法向公众开放设施、场所，提高公众环境保护意识和参与程度。

第三十条　县级以上人民政府应当将工业固体废物、生活垃圾、危险废物等固体废物污染环境防治情况纳入环境状况和环境保护目标完成情况年度报告，向本级人民代表大会或者人民代表大会常务委员会报告。

第三十一条　任何单位和个人都有权对造成固体废物污染环境的单位和个人进行举报。

生态环境主管部门和其他负有固体废物污染环境防治监督管理职责的部门应当将固体废物污染环境防治举报方式向社会公布，方便公众举报。

接到举报的部门应当及时处理并对举报人的相关信息予以保密；对实名举报并查证属实的，给予奖励。

举报人举报所在单位的，该单位不得以解除、变更劳动合同或者其他方式对举报人进行打击报复。

第三章　工业固体废物

第三十二条　国务院生态环境主管部门应当会同国务院发展改革、工业和信息化等主管部门对工业固体废物对公众健康、生态环境的危害和影响程度等作出界定，制定防治工业固体废物污染环境的技术政策，组织推广先进的防治工业固体废物污染环境的生产工艺和设备。

第三十三条　国务院工业和信息化主管部门应当会同国务院有关部门组织研究开发、推广减少工业固体废物产生量和降低工业固体废物危害性的生产工艺和设备，公布限期淘汰产生严重污染环境的工业固体废物的落后生产工艺、设备的名录。

生产者、销售者、进口者、使用者应当在国务院工业和信息化主管部门会同国务院有关部门规定的期限内分别停止生产、销售、进口或者使用列入前款规定名录中的设备。生产工艺的采用者应当在国务院工业和信息化主管部门会同国务院有关部门规定的期限内停止采用列入前款规定名录中的工艺。

列入限期淘汰名录被淘汰的设备，不得转让给他人使用。

第三十四条 国务院工业和信息化主管部门应当会同国务院发展改革、生态环境等主管部门，定期发布工业固体废物综合利用技术、工艺、设备和产品导向目录，组织开展工业固体废物资源综合利用评价，推动工业固体废物综合利用。

第三十五条 县级以上地方人民政府应当制定工业固体废物污染环境防治工作规划，组织建设工业固体废物集中处置等设施，推动工业固体废物污染环境防治工作。

第三十六条 产生工业固体废物的单位应当建立健全工业固体废物产生、收集、贮存、运输、利用、处置全过程的污染环境防治责任制度，建立工业固体废物管理台账，如实记录产生工业固体废物的种类、数量、流向、贮存、利用、处置等信息，实现工业固体废物可追溯、可查询，并采取防治工业固体废物污染环境的措施。

禁止向生活垃圾收集设施中投放工业固体废物。

第三十七条 产生工业固体废物的单位委托他人运输、利用、处置工业固体废物的，应当对受托方的主体资格和技术能力进行核实，依法签订书面合同，在合同中约定污染防治要求。

受托方运输、利用、处置工业固体废物，应当依照有关法律法规的规定和合同约定履行污染防治要求，并将运输、利用、处置情况告知产生工业固体废物的单位。

产生工业固体废物的单位违反本条第一款规定的，除依照有关法律法规的规定予以处罚外，还应当与造成环境污染和生态破坏的受托方承担连带责任。

第三十八条 产生工业固体废物的单位应当依法实施清洁生产审核，合理选择和利用原材料、能源和其他资源，采用先进的生产工艺和设备，减少工业固体废物的产生量，降低工业固体废物的危害性。

第三十九条 产生工业固体废物的单位应当取得排污许可证。排污许可的具体办法和实施步骤由国务院规定。

产生工业固体废物的单位应当向所在地生态环境主管部门提供工业固体废物的种类、数量、流向、贮存、利用、处置等有关资料，以及减少工业固体废物产生、促进综合利用的具体措施，并执行排污许可管理制度的相关规定。

第四十条 产生工业固体废物的单位应当根据经济、技术条件对工业固体废物加以利用；对暂时不利用或者不能利用的，应当按照国务院生态环境等主管部门的规定建设贮存设施、场所，安全分类存放，或者采取无害化处置措施。贮存工业固体废物应当采取符合国家环境保护标准的防护措施。

建设工业固体废物贮存、处置的设施、场所，应当符合国家环境保护标准。

第四十一条 产生工业固体废物的单位终止的，应当在终止前对工业固体废物的贮存、处置的设施、场所采取污染防治措施，并对未处置的工业固体废物作出妥善处置，防止污染环境。

产生工业固体废物的单位发生变更的，变更后的单位应当按照国家有关环境保护的规定对未处置的工业固体废物及其贮存、处置的设施、场所进行安全处置或者采取有效措施保证该设施、场所安全运行。变更前当事人对工业固体废物及其贮存、处置的设施、场所的污染防治责任另有约定的，从其约定；但是，不得免除当事人的污染防治义务。

对 2005 年 4 月 1 日前已经终止的单位未处置的工业固体废物及其贮存、处置的设施、场所进行安全处置的费用，由有关人民政府承担；但是，该单位享有的土地使用权依法转让的，应当由土地使用权受让人承担处置费用。当事人另有约定的，从其约定；但是，不得免除当事人的污染防治义务。

第四十二条 矿山企业应当采取科学的开采方法和选矿工艺，减少尾矿、煤矸石、废石等矿业固体废物的产生量和贮存量。

国家鼓励采取先进工艺对尾矿、煤矸石、废石等矿业固体废物进行综合利用。

尾矿、煤矸石、废石等矿业固体废物贮存设施停止使用后，矿山企业应当按照国家有关环境保护等规定进行封场，防止造成环境污染和生态破坏。

第四章 生活垃圾

第四十三条 县级以上地方人民政府应当加快建立分类投放、分类收集、分类运输、分类处理的生活垃圾管理系统，实现生活垃圾分类制度有效覆盖。

县级以上地方人民政府应当建立生活垃圾分类工作协调机制，加强和统筹生活垃圾分类管理能力建设。

各级人民政府及其有关部门应当组织开展生活垃圾分类宣传，教育引导公众养成生活垃圾分类习惯，督促和指导生活垃圾分类工作。

第四十四条 县级以上地方人民政府应当有计划地改进燃料结构，发展清洁能源，减少燃料废渣等固体废物的产生量。

县级以上地方人民政府有关部门应当加强产品生产和流通过程管理，避免过度包装，组织净菜上市，减少生活垃圾的产生量。

第四十五条 县级以上人民政府应当统筹安排建设城乡生活垃圾收集、运输、处理设施，确定设施厂址，提高生活垃圾的综合利用和无害化处置水平，促进生活垃圾收集、处理的产业化发展，逐步建立和完善生活垃圾污染环境防治的社会服务体系。

县级以上地方人民政府有关部门应当统筹规划，合理安排回收、分拣、打包网点，促进生活垃圾的回收利用工作。

第四十六条 地方各级人民政府应当加强农村生活垃圾污染环境的防治，保护和改善农村人居环境。

国家鼓励农村生活垃圾源头减量。城乡结合部、人口密集的农村地区和其他有条件的地方，应当建立城乡一体的生活垃圾管理系统；其他农村地区应当积极探索生活垃圾管理模式，因地制宜，就近就地利用或者妥善处理生活垃圾。

第四十七条 设区的市级以上人民政府环境卫生主管部门应当制定生活垃圾清扫、收集、贮存、运输和处理设施、场所建设运行规范，发布生活垃圾分类指导目录，加强监督管理。

第四十八条 县级以上地方人民政府环境卫生等主管部门应当组织对城乡生活垃圾进行清扫、收集、运输和处理，可以通过招标等方式选择具备条件的单位从事生活垃圾的清扫、收集、运输和处理。

第四十九条 产生生活垃圾的单位、家庭和个人应当依法履行生活垃圾源头减量和分类投放义务，承担生活垃圾产生者责任。

任何单位和个人都应当依法在指定的地点分类投放生活垃圾。禁止随意倾倒、抛撒、堆放或者焚烧生活垃圾。

机关、事业单位等应当在生活垃圾分类工作中起示范带头作用。

已经分类投放的生活垃圾，应当按照规定分类收集、分类运输、分类处理。

第五十条 清扫、收集、运输、处理城乡生活垃圾，应当遵守国家有关环境保护和环境卫生管理的规定，防止污染环境。

从生活垃圾中分类并集中收集的有害垃圾，属于危险废物的，应当按照危险废物管理。

第五十一条 从事公共交通运输的经营单位，应当及时清扫、收集运输过程中产生的生活垃圾。

第五十二条 农贸市场、农产品批发市场等应当加强环境卫生管理，保持环境卫生清洁，对所产生的垃圾及时清扫、分类收集、妥善处理。

第五十三条 从事城市新区开发、旧区改建和住宅小区开发建设、村镇建设的单位，以及机场、码头、车站、公园、商场、体育场馆等公共设施、场所的经营管理单位，应当按照国家有关环境卫生的规定，配套建设生活垃圾收集设施。

县级以上地方人民政府应当统筹生活垃圾公共转运、处理设施与前款规定的收集设施的有效衔接，并加强生活垃圾分类收运体系和再生资源回收体系在规划、建设、运营等方面的融合。

第五十四条 从生活垃圾中回收的物质应当按照国家规定的用途、标准使用，不得用于生产可能危害人体健康的产品。

第五十五条 建设生活垃圾处理设施、场所，应当符合国务院生态环境主管部门和国务院住房城乡建设主管部门规定的环境保护和环境卫生标准。

鼓励相邻地区统筹生活垃圾处理设施建设，促进生活垃圾处理设施跨行政区域共建共享。

禁止擅自关闭、闲置或者拆除生活垃圾处理设施、场所；确有必要关闭、闲置或者拆除的，应当经所在地的市、县级人民政府环境卫生主管部门商所在地生态环境主管部门同意后核准，并采取防止污染环境的措施。

第五十六条 生活垃圾处理单位应当按照国家有关规定，安装使用监测设备，实时监测污染物的排放情况，将污染排放数据实时公开。监测设备应当与所在地生态环境主管部门的监控设备联网。

第五十七条 县级以上地方人民政府环境卫生主管部门负责组织开展厨余垃圾资源化、无害化处理工作。

产生、收集厨余垃圾的单位和其他生产经营者，应当将厨余垃圾交由具备相应资质条件的单位进行无害化处理。

禁止畜禽养殖场、养殖小区利用未经无害化处理的厨余垃圾饲喂畜禽。

第五十八条 县级以上地方人民政府应当按照产生者付费原则，建立生活垃圾处理收费制度。

县级以上地方人民政府制定生活垃圾处理收费标准，应当根据本地实际，结合生活垃圾分类情况，体现分类计价、计量收费等差别化管理，并充分征求公众意见。生活垃圾处理收费标准应当向社会公布。

生活垃圾处理费应当专项用于生活垃圾的收集、运输和处理等，不得挪作他用。

第五十九条 省、自治区、直辖市和设区的市、自治州可以结合实际，制定本地方生活垃圾具体管理办法。

第五章 建筑垃圾、农业固体废物等

第六十条 县级以上地方人民政府应当加强建筑垃圾污染环境的防治，建立建筑垃圾分类处理制度。

县级以上地方人民政府应当制定包括源头减量、分类处理、消纳设施和场所布局及建设等在内的建筑垃圾污染环境防治工作规划。

第六十一条 国家鼓励采用先进技术、工艺、设备和管理措施，推进建筑垃圾源头减量，建立建筑垃圾回收利用体系。

县级以上地方人民政府应当推动建筑垃圾综合利用产品应用。

第六十二条 县级以上地方人民政府环境卫生主管部门负责建筑垃圾污染环境防治工作，建立建筑垃圾全过程管理制度，规范建筑垃圾产生、收集、贮存、运输、利用、处置行为，推进综合利用，加强建筑垃圾处置设施、场所建设，保障处置安全，防止污染环境。

第六十三条 工程施工单位应当编制建筑垃圾处理方案，采取污染防治措施，并报县级以上地方人民政府环境卫生主管部门备案。

工程施工单位应当及时清运工程施工过程中产生的建筑垃圾等固体废物，并按照环境卫生主管部门的规定进行利用或者处置。

工程施工单位不得擅自倾倒、抛撒或者堆放工程施工过程中产生的建筑垃圾。

第六十四条 县级以上人民政府农业农村主管部门负责指导农业固体废物回收利用体系建设，鼓励和引导有关单位和其他生产经营者依法收集、贮存、运输、利用、处置农业固体废物，加强监督管理，防止污染环境。

第六十五条 产生秸秆、废弃农用薄膜、农药包装废弃物等农业固体废物的单位和其他生产经营者，应当采取回收利用和其他防止污染环境的措施。

从事畜禽规模养殖应当及时收集、贮存、利用或者处置养殖过程中产生的畜禽粪污等固体废物，避免造成环境污染。

禁止在人口集中地区、机场周围、交通干线附近以及当地人民政府划定的其他区域露天焚烧秸秆。

国家鼓励研究开发、生产、销售、使用在环境中可降解且无害的农用薄膜。

第六十六条 国家建立电器电子、铅蓄电池、车用动力电池等产品的生产者责任延伸制度。

电器电子、铅蓄电池、车用动力电池等产品的生产者应当按照规定以自建或者委托等方式建立与产品销售量相匹配的废旧产品回收体系，并向社会公开，实现有效回收和利用。

国家鼓励产品的生产者开展生态设计，促进资源回收利用。

第六十七条 国家对废弃电器电子产品等实行多渠道回收和集中处理制度。

禁止将废弃机动车船等交由不符合规定条件的企业或者个人回收、拆解。

拆解、利用、处置废弃电器电子产品、废弃机动车船等，应当遵守有关法律法规的规定，采取防止污染环境的措施。

第六十八条 产品和包装物的设计、制造，应当遵守国家有关清洁生产的规定。国务院标准化主管部门应当根据国家经济和技术条件、固体废物污染环境防治状况以及产品的技术要求，组织制定有关标准，防止过度包装造成环境污染。

生产经营者应当遵守限制商品过度包装的强制性标准，避免过度包装。县级以上地方人民政府市场监督管理部门和有关部门应当按照各自职责，加强对过度包装的监督管理。

生产、销售、进口依法被列入强制回收目录的产品和包装物的企业，应当按照国家有关规定对该产品和包装物进行回收。

电子商务、快递、外卖等行业应当优先采用可重复使用、易回收利用的包装物，优化物品包装，减少包装物的使用，并积极回收利用包装物。县级以上地方人民政府商务、邮政等主管部门应当加强监督管理。

国家鼓励和引导消费者使用绿色包装和减量包装。

第六十九条 国家依法禁止、限制生产、销售和使用不可降解塑料袋等一次性塑料制品。

商品零售场所开办单位、电子商务平台企业和快递企业、外卖企业应当按照国家有关规定向商务、邮政等主管部门报告塑料袋等一次性塑料制品的使用、回收情况。

国家鼓励和引导减少使用、积极回收塑料袋等一次性塑料制品，推广应用可循环、易回收、可降解的替代产品。

第七十条 旅游、住宿等行业应当按照国家有关规定推行不主动提供一次性用品。

机关、企业事业单位等的办公场所应当使用有利于保护环境的产品、设备和设施，减少使用一次性办公用品。

第七十一条 城镇污水处理设施维护运营单位或者污泥处理单位应当安全处理污泥，保证处理后的污泥符合国家有关标准，对污泥的流向、用途、用量等进行跟踪、记录，并报告城镇排水主管部门、生态环境主管部门。

县级以上人民政府城镇排水主管部门应当将污泥处理设施纳入城镇排水与污水处理规划，推动同步建设污泥处理设施与污水处理设施，鼓励协同处理，污水处理费征收标准和补偿范围应当覆盖污泥处理成本和污水处理设施正常运营成本。

第七十二条 禁止擅自倾倒、堆放、丢弃、遗撒城镇污水处理设施产生的污泥和处理后的污泥。

禁止重金属或者其他有毒有害物质含量超标的污泥进入农用地。

从事水体清淤疏浚应当按照国家有关规定处理清淤疏浚过程中产生的底泥，防止污染环境。

第七十三条 各级各类实验室及其设立单位应当加强对实验室产生的固体废物的管理，依法收集、贮存、运输、利用、处置实验室固体废物。实验室固体废物属于危险废物的，应当按照危险废物管理。

第六章 危 险 废 物

第七十四条 危险废物污染环境的防治，适用本章规定；本章未作规定的，适用本法其他有关规定。

第七十五条 国务院生态环境主管部门应当会同国务院有关部门制定国家危险废物名录，规定统一的危险废物鉴别标准、鉴别方法、识别标志和鉴别单位管理要求。国家危险废物名录应当动态调整。

国务院生态环境主管部门根据危险废物的危害特性和产生数量，科学评估其环境风险，实施分级分类管理，建立信息化监管体系，并通过信息化手段管理、共享危险废物转移数据和信息。

第七十六条 省、自治区、直辖市人民政府应当组织有关部门编制危险废物集中处置设施、场所的建设规划，科学评估危险废物处置需求，合理布局危险废物集中处置设施、场所，确保本行政区域的危险废物得到妥善处置。

编制危险废物集中处置设施、场所的建设规划，应当征求有关行业协会、企业事业单位、专家和公众等方面的意见。

相邻省、自治区、直辖市之间可以开展区域合作，统筹建设区域性危险废物集中处置设施、场所。

第七十七条 对危险废物的容器和包装物以及收集、贮存、运输、利用、处置危险废物的设施、场所，应当按照规定设置危险废物识别标志。

第七十八条 产生危险废物的单位，应当按照国家有关规定制定危险废物管理计划；建立危险废物管理台账，如实记录有关信息，并通过国家危险废物信息管理系统向所在地生态环境主管部门申报危险废物的种类、产生量、流向、贮存、处置等有关资料。

前款所称危险废物管理计划应当包括减少危险废物产生量和降低危险废物危害性的措施以及危险废物贮存、利用、处置措施。危险废物管理计划应当报产生危险废物的单位所在地生态环境主管部门备案。

产生危险废物的单位已经取得排污许可证的，执行排污许可管理制度的规定。

第七十九条 产生危险废物的单位，应当按照国家有关规定和环境保护标准要求贮存、利用、处置危险废物，不得擅自倾倒、堆放。

第八十条 从事收集、贮存、利用、处置危险废物经营活动的单位，应当按照国家有关规定申请取得许可证。许可证的具体管理办法由国务院制定。

禁止无许可证或者未按照许可证规定从事危险废物收集、贮存、利用、处置的经营活动。

禁止将危险废物提供或者委托给无许可证的单位或者其他生产经营者从事收集、贮存、利用、处置活动。

第八十一条 收集、贮存危险废物，应当按照危险废物特性分类进行。禁止混合收集、贮存、运输、处置性质不相容而未经安全性处置的危险废物。

贮存危险废物应当采取符合国家环境保护标准的防护措施。禁止将危险废物混入非危险废物中贮存。

从事收集、贮存、利用、处置危险废物经营活动的单位，贮存危险废物不得超过一年；确需延长期限的，应当报经颁发许可证的生态环境主管部门批准；法律、行政法规另有规定的除外。

第八十二条　转移危险废物的，应当按照国家有关规定填写、运行危险废物电子或者纸质转移联单。

跨省、自治区、直辖市转移危险废物的，应当向危险废物移出地省、自治区、直辖市人民政府生态环境主管部门申请。移出地省、自治区、直辖市人民政府生态环境主管部门应当及时商经接受地省、自治区、直辖市人民政府生态环境主管部门同意后，在规定期限内批准转移该危险废物，并将批准信息通报相关省、自治区、直辖市人民政府生态环境主管部门和交通运输主管部门。未经批准的，不得转移。

危险废物转移管理应当全程管控、提高效率，具体办法由国务院生态环境主管部门会同国务院交通运输主管部门和公安部门制定。

第八十三条　运输危险废物，应当采取防止污染环境的措施，并遵守国家有关危险货物运输管理的规定。

禁止将危险废物与旅客在同一运输工具上载运。

第八十四条　收集、贮存、运输、利用、处置危险废物的场所、设施、设备和容器、包装物及其他物品转作他用时，应当按照国家有关规定经过消除污染处理，方可使用。

第八十五条　产生、收集、贮存、运输、利用、处置危险废物的单位，应当依法制定意外事故的防范措施和应急预案，并向所在地生态环境主管部门和其他负有固体废物污染环境防治监督管理职责的部门备案；生态环境主管部门和其他负有固体废物污染环境防治监督管理职责的部门应当进行检查。

第八十六条　因发生事故或者其他突发性事件，造成危险废物严重污染环境的单位，应当立即采取有效措施消除或者减轻对环境的污染危害，及时通报可能受到污染危害的单位和居民，并向所在地生态环境主管部门和有关部门报告，接受调查处理。

第八十七条　在发生或者有证据证明可能发生危险废物严重污染环境、威胁居民生命财产安全时，生态环境主管部门或者其他负有固体废物污染环境防治监督管理职责的部门应当立即向本级人民政府和上一级人民政府有关部门报告，由人民政府采取防止或者减轻危害的有效措施。有关人民政府可以根据需要责令停止导致或者可能导致环境污染事故的作业。

第八十八条　重点危险废物集中处置设施、场所退役前，运营单位应当按照国家有关规定对设施、场所采取污染防治措施。退役的费用应当预提，列入投资概算或者生产成本，专门用于重点危险废物集中处置设施、场所的退役。具体提取和管理办法，由国务院财政部门、价格主管部门会同国务院生态环境主管部门规定。

第八十九条　禁止经中华人民共和国过境转移危险废物。

第九十条　医疗废物按照国家危险废物名录管理。县级以上地方人民政府应当加强医疗废物集中处置能力建设。

县级以上人民政府卫生健康、生态环境等主管部门应当在各自职责范围内加强对医疗废物收集、贮存、运输、处置的监督管理，防止危害公众健康、污染环境。

医疗卫生机构应当依法分类收集本单位产生的医疗废物，交由医疗废物集中处置单位处置。医疗废物集中处置单位应当及时收集、运输和处置医疗废物。

医疗卫生机构和医疗废物集中处置单位，应当采取有效措施，防止医疗废物流失、泄漏、渗漏、扩散。

第九十一条　重大传染病疫情等突发事件发生时，县级以上人民政府应当统筹协调医疗废物等危险废物收集、贮存、运输、处置等工作，保障所需的车辆、场地、处置设施和防护物资。卫生健康、生态环境、环境卫生、交通运输等主管部门应当协同配合，依法履行应急处置职责。

第七章 保障措施

第九十二条 国务院有关部门、县级以上地方人民政府及其有关部门在编制国土空间规划和相关专项规划时，应当统筹生活垃圾、建筑垃圾、危险废物等固体废物转运、集中处置等设施建设需求，保障转运、集中处置等设施用地。

第九十三条 国家采取有利于固体废物污染环境防治的经济、技术政策和措施，鼓励、支持有关方面采取有利于固体废物污染环境防治的措施，加强对从事固体废物污染环境防治工作人员的培训和指导，促进固体废物污染环境防治产业专业化、规模化发展。

第九十四条 国家鼓励和支持科研单位、固体废物产生单位、固体废物利用单位、固体废物处置单位等联合攻关，研究开发固体废物综合利用、集中处置等的新技术，推动固体废物污染环境防治技术进步。

第九十五条 各级人民政府应当加强固体废物污染环境的防治，按照事权划分的原则安排必要的资金用于下列事项：

（一）固体废物污染环境防治的科学研究、技术开发；

（二）生活垃圾分类；

（三）固体废物集中处置设施建设；

（四）重大传染病疫情等突发事件产生的医疗废物等危险废物应急处置；

（五）涉及固体废物污染环境防治的其他事项。

使用资金应当加强绩效管理和审计监督，确保资金使用效益。

第九十六条 国家鼓励和支持社会力量参与固体废物污染环境防治工作，并按照国家有关规定给予政策扶持。

第九十七条 国家发展绿色金融，鼓励金融机构加大对固体废物污染环境防治项目的信贷投放。

第九十八条 从事固体废物综合利用等固体废物污染环境防治工作的，依照法律、行政法规的规定，享受税收优惠。

国家鼓励并提倡社会各界为防治固体废物污染环境捐赠财产，并依照法律、行政法规的规定，给予税收优惠。

第九十九条 收集、贮存、运输、利用、处置危险废物的单位，应当按照国家有关规定，投保环境污染责任保险。

第一百条 国家鼓励单位和个人购买、使用综合利用产品和可重复使用产品。

县级以上人民政府及其有关部门在政府采购过程中，应当优先采购综合利用产品和可重复使用产品。

第八章 法律责任

第一百零一条 生态环境主管部门或者其他负有固体废物污染环境防治监督管理职责的部门违反本法规定，有下列行为之一，由本级人民政府或者上级人民政府有关部门责令改正，对直接负责的主管人员和其他直接责任人员依法给予处分：

（一）未依法作出行政许可或者办理批准文件的；

（二）对违法行为进行包庇的；

（三）未依法查封、扣押的；

（四）发现违法行为或者接到对违法行为的举报后未予查处的；

（五）有其他滥用职权、玩忽职守、徇私舞弊等违法行为的。

依照本法规定应当作出行政处罚决定而未作出的，上级主管部门可以直接作出行政处罚决定。

第一百零二条 违反本法规定，有下列行为之一，由生态环境主管部门责令改正，处以罚款，没收违法所得；情节严重的，报经有批准权的人民政府批准，可以责令停业或者关闭：

（一）产生、收集、贮存、运输、利用、处置固体废物的单位未依法及时公开固体废物污染环境防治信息的；

（二）生活垃圾处理单位未按照国家有关规定安装使用监测设备、实时监测污染物的排放情况并公开污染排放数据的；

（三）将列入限期淘汰名录被淘汰的设备转让给他人使用的；

（四）在生态保护红线区域、永久基本农田集中区域和其他需要特别保护的区域内，建设工业固体废物、危险废物集中贮存、利用、处置的设施、场所和生活垃圾填埋场的；

（五）转移固体废物出省、自治区、直辖市行政区域贮存、处置未经批准的；

（六）转移固体废物出省、自治区、直辖市行政区域利用未报备案的；

（七）擅自倾倒、堆放、丢弃、遗撒工业固体废物，或者未采取相应防范措施，造成工业固体废物扬散、流失、渗漏或者其他环境污染的；

（八）产生工业固体废物的单位未建立固体废物管理台账并如实记录的；

（九）产生工业固体废物的单位违反本法规定委托他人运输、利用、处置工业固体废物的；

（十）贮存工业固体废物未采取符合国家环境保护标准的防护措施的；

（十一）单位和其他生产经营者违反固体废物管理其他要求，污染环境、破坏生态的。

有前款第一项、第八项行为之一，处五万元以上二十万元以下的罚款；有前款第二项、第三项、第四项、第五项、第六项、第九项、第十项、第十一项行为之一，处十万元以上一百万元以下的罚款；有前款第七项行为，处所需处置费用一倍以上三倍以下的罚款，所需处置费用不足十万元的，按十万元计算。对前款第十一项行为的处罚，有关法律、行政法规另有规定的，适用其规定。

第一百零三条 违反本法规定，以拖延、围堵、滞留执法人员等方式拒绝、阻挠监督检查，或者在接受监督检查时弄虚作假的，由生态环境主管部门或者其他负有固体废物污染环境防治监督管理职责的部门责令改正，处五万元以上二十万元以下的罚款；对直接负责的主管人员和其他直接责任人员，处二万元以上十万元以下的罚款。

第一百零四条 违反本法规定，未依法取得排污许可证产生工业固体废物的，由生态环境主管部门责令改正或者限制生产、停产整治，处十万元以上一百万元以下的罚款；情节严重的，报经有批准权的人民政府批准，责令停业或者关闭。

第一百零五条 违反本法规定，生产经营者未遵守限制商品过度包装的强制性标准的，由县级以上地方人民政府市场监督管理部门或者有关部门责令改正；拒不改正的，处二千元以上二万元以下的罚款；情节严重的，处二万元以上十万元以下的罚款。

第一百零六条 违反本法规定，未遵守国家有关禁止、限制使用不可降解塑料袋等一次性塑料制品的规定，或者未按照国家有关规定报告塑料袋等一次性塑料制品的使用情况的，由县级以上地方人民政府商务、邮政等主管部门责令改正，处一万元以上十万元以下的罚款。

第一百零七条 从事畜禽规模养殖未及时收集、贮存、利用或者处置养殖过程中产生的畜禽粪污等固体废物的，由生态环境主管部门责令改正，可以处十万元以下的罚款；情节严重的，报经有批准权的人民政府批准，责令停业或者关闭。

第一百零八条 违反本法规定，城镇污水处理设施维护运营单位或者污泥处理单位对污泥流向、用途、用量等未进行跟踪、记录，或者处理后的污泥不符合国家有关标准的，由城镇排水主管部门责令改正，给予警告；造成严重后果的，处十万元以上二十万元以下的罚款；拒不改正的，城镇排水主管部门可以指定有治理能力的单位代为治理，所需费用由违法者承担。

违反本法规定，擅自倾倒、堆放、丢弃、遗撒城镇污水处理设施产生的污泥和处理后的污泥的，由城镇排水主管部门责令改正,处二十万元以上二百万元以下的罚款,对直接负责的主管人员和其他直接责任人员处二万元以上十万元以下的罚款;造成严重后果的,处二百万元以上五百万元以下的罚款,对直接负责的主管人员和其他直接责任人员处五万元以上五十万元以下的罚款;拒不改正的,城镇排水主管部门可以指定有治理能力的单位代为治理,所需费用由违法者承担。

第一百零九条 违反本法规定,生产、销售、进口或者使用淘汰的设备,或者采用淘汰的生产工艺的,由县级以上地方人民政府指定的部门责令改正,处十万元以上一百万元以下的罚款,没收违法所得;情节严重的,由县级以上地方人民政府指定的部门提出意见,报经有批准权的人民政府批准,责令停业或者关闭。

第一百一十条 尾矿、煤矸石、废石等矿业固体废物贮存设施停止使用后,未按照国家有关环境保护规定进行封场的,由生态环境主管部门责令改正,处二十万元以上一百万元以下的罚款。

第一百一十一条 违反本法规定,有下列行为之一,由县级以上地方人民政府环境卫生主管部门责令改正,处以罚款,没收违法所得:

(一)随意倾倒、抛撒、堆放或者焚烧生活垃圾的;

(二)擅自关闭、闲置或者拆除生活垃圾处理设施、场所的;

(三)工程施工单位未编制建筑垃圾处理方案报备案,或者未及时清运施工过程中产生的固体废物的;

(四)工程施工单位擅自倾倒、抛撒或者堆放工程施工过程中产生的建筑垃圾,或者未按照规定对施工过程中产生的固体废物进行利用或者处置的;

(五)产生、收集厨余垃圾的单位和其他生产经营者未将厨余垃圾交由具备相应资质条件的单位进行无害化处理的;

(六)畜禽养殖场、养殖小区利用未经无害化处理的厨余垃圾饲喂畜禽的;

(七)在运输过程中沿途丢弃、遗撒生活垃圾的。

单位有前款第一项、第七项行为之一,处五万元以上五十万元以下的罚款;单位有前款第二项、第三项、第四项、第五项、第六项行为之一,处十万元以上一百万元以下的罚款;个人有前款第一项、第五项、第七项行为之一,处一百元以上五百元以下的罚款。

违反本法规定,未在指定的地点分类投放生活垃圾的,由县级以上地方人民政府环境卫生主管部门责令改正;情节严重的,对单位处五万元以上五十万元以下的罚款,对个人依法处以罚款。

第一百一十二条 违反本法规定,有下列行为之一,由生态环境主管部门责令改正,处以罚款,没收违法所得;情节严重的,报经有批准权的人民政府批准,可以责令停业或者关闭:

(一)未按照规定设置危险废物识别标志的;

(二)未按照国家有关规定制定危险废物管理计划或者申报危险废物有关资料的;

(三)擅自倾倒、堆放危险废物的;

(四)将危险废物提供或者委托给无许可证的单位或者其他生产经营者从事经营活动的;

(五)未按照国家有关规定填写、运行危险废物转移联单或者未经批准擅自转移危险废物的;

(六)未按照国家环境保护标准贮存、利用、处置危险废物或者将危险废物混入非危险废物中贮存的;

(七)未经安全性处置,混合收集、贮存、运输、处置具有不相容性质的危险废物的;

(八)将危险废物与旅客在同一运输工具上载运的;

(九)未经消除污染处理,将收集、贮存、运输、处置危险废物的场所、设施、设备和容器、包装物及其他物品转作他用的;

(十)未采取相应防范措施,造成危险废物扬散、流失、渗漏或者其他环境污染的;

(十一)在运输过程中沿途丢弃、遗撒危险废物的;

(十二)未制定危险废物意外事故防范措施和应急预案的;

（十三）未按照国家有关规定建立危险废物管理台账并如实记录的。

有前款第一项、第二项、第五项、第六项、第七项、第八项、第九项、第十二项、第十三项行为之一，处十万元以上一百万元以下的罚款；有前款第三项、第四项、第十项、第十一项行为之一，处所需处置费用三倍以上五倍以下的罚款，所需处置费用不足二十万元的，按二十万元计算。

第一百一十三条 违反本法规定，危险废物产生者未按照规定处置其产生的危险废物被责令改正后拒不改正的，由生态环境主管部门组织代为处置，处置费用由危险废物产生者承担；拒不承担代为处置费用的，处代为处置费用一倍以上三倍以下的罚款。

第一百一十四条 无许可证从事收集、贮存、利用、处置危险废物经营活动的，由生态环境主管部门责令改正，处一百万元以上五百万元以下的罚款，并报经有批准权的人民政府批准，责令停业或者关闭；对法定代表人、主要负责人、直接负责的主管人员和其他责任人员，处十万元以上一百万元以下的罚款。

未按照许可证规定从事收集、贮存、利用、处置危险废物经营活动的，由生态环境主管部门责令改正，限制生产、停产整治，处五十万元以上二百万元以下的罚款；对法定代表人、主要负责人、直接负责的主管人员和其他责任人员，处五万元以上五十万元以下的罚款；情节严重的，报经有批准权的人民政府批准，责令停业或者关闭，还可以由发证机关吊销许可证。

第一百一十五条 违反本法规定，将中华人民共和国境外的固体废物输入境内的，由海关责令退运该固体废物，处五十万元以上五百万元以下的罚款。

承运人对前款规定的固体废物的退运、处置，与进口者承担连带责任。

第一百一十六条 违反本法规定，经中华人民共和国过境转移危险废物的，由海关责令退运该危险废物，处五十万元以上五百万元以下的罚款。

第一百一十七条 对已经非法入境的固体废物，由省级以上人民政府生态环境主管部门依法向海关提出处理意见，海关应当依照本法第一百一十五条的规定作出处罚决定；已经造成环境污染的，由省级以上人民政府生态环境主管部门责令进口者消除污染。

第一百一十八条 违反本法规定，造成固体废物污染环境事故的，除依法承担赔偿责任外，由生态环境主管部门依照本条第二款的规定处以罚款，责令限期采取治理措施；造成重大或者特大固体废物污染环境事故的，还可以报经有批准权的人民政府批准，责令关闭。

造成一般或者较大固体废物污染环境事故的，按照事故造成的直接经济损失的一倍以上三倍以下计算罚款；造成重大或者特大固体废物污染环境事故的，按照事故造成的直接经济损失的三倍以上五倍以下计算罚款，并对法定代表人、主要负责人、直接负责的主管人员和其他责任人员处上一年度从本单位取得的收入百分之五十以下的罚款。

第一百一十九条 单位和其他生产经营者违反本法规定排放固体废物，受到罚款处罚，被责令改正的，依法作出处罚决定的行政机关应当组织复查，发现其继续实施该违法行为的，依照《中华人民共和国环境保护法》的规定按日连续处罚。

第一百二十条 违反本法规定，有下列行为之一，尚不构成犯罪的，由公安机关对法定代表人、主要负责人、直接负责的主管人员和其他责任人员处十日以上十五日以下的拘留；情节较轻的，处五日以上十日以下的拘留：

（一）擅自倾倒、堆放、丢弃、遗撒固体废物，造成严重后果的；

（二）在生态保护红线区域、永久基本农田集中区域和其他需要特别保护的区域内，建设工业固体废物、危险废物集中贮存、利用、处置的设施、场所和生活垃圾填埋场的；

（三）将危险废物提供或者委托给无许可证的单位或者其他生产经营者堆放、利用、处置的；

（四）无许可证或者未按照许可证规定从事收集、贮存、利用、处置危险废物经营活动的；

（五）未经批准擅自转移危险废物的；

（六）未采取防范措施，造成危险废物扬散、流失、渗漏或者其他严重后果的。

第一百二十一条 固体废物污染环境、破坏生态，损害国家利益、社会公共利益的，有关机关和组织可以依照《中华人民共和国环境保护法》、《中华人民共和国民事诉讼法》、《中华人民共和国行政诉讼法》等法律的规定向人民法院提起诉讼。

第一百二十二条 固体废物污染环境、破坏生态给国家造成重大损失的，由设区的市级以上地方人民政府或者其指定的部门、机构组织与造成环境污染和生态破坏的单位和其他生产经营者进行磋商，要求其承担损害赔偿责任；磋商未达成一致的，可以向人民法院提起诉讼。

对于执法过程中查获的无法确定责任人或者无法退运的固体废物，由所在地县级以上地方人民政府组织处理。

第一百二十三条 违反本法规定，构成违反治安管理行为的，由公安机关依法给予治安管理处罚；构成犯罪的，依法追究刑事责任；造成人身、财产损害的，依法承担民事责任。

第九章　附　　则

第一百二十四条 本法下列用语的含义：

（一）固体废物，是指在生产、生活和其他活动中产生的丧失原有利用价值或者虽未丧失利用价值但被抛弃或者放弃的固态、半固态和置于容器中的气态的物品、物质以及法律、行政法规规定纳入固体废物管理的物品、物质。经无害化加工处理，并且符合强制性国家产品质量标准，不会危害公众健康和生态安全，或者根据固体废物鉴别标准和鉴别程序认定为不属于固体废物的除外。

（二）工业固体废物，是指在工业生产活动中产生的固体废物。

（三）生活垃圾，是指在日常生活中或者为日常生活提供服务的活动中产生的固体废物，以及法律、行政法规规定视为生活垃圾的固体废物。

（四）建筑垃圾，是指建设单位、施工单位新建、改建、扩建和拆除各类建筑物、构筑物、管网等，以及居民装饰装修房屋过程中产生的弃土、弃料和其他固体废物。

（五）农业固体废物，是指在农业生产活动中产生的固体废物。

（六）危险废物，是指列入国家危险废物名录或者根据国家规定的危险废物鉴别标准和鉴别方法认定的具有危险特性的固体废物。

（七）贮存，是指将固体废物临时置于特定设施或者场所中的活动。

（八）利用，是指从固体废物中提取物质作为原材料或者燃料的活动。

（九）处置，是指将固体废物焚烧和用其他改变固体废物的物理、化学、生物特性的方法，达到减少已产生的固体废物数量、缩小固体废物体积、减少或者消除其危险成分的活动，或者将固体废物最终置于符合环境保护规定要求的填埋场的活动。

第一百二十五条 液态废物的污染防治，适用本法；但是，排入水体的废水的污染防治适用有关法律，不适用本法。

第一百二十六条 本法自 2020 年 9 月 1 日起施行。

中华人民共和国突发事件应对法

(2007年8月30日第十届全国人民代表大会常务委员会第二十九次会议通过)

第一章 总 则

第一条 为了预防和减少突发事件的发生,控制、减轻和消除突发事件引起的严重社会危害,规范突发事件应对活动,保护人民生命财产安全,维护国家安全、公共安全、环境安全和社会秩序,制定本法。

第二条 突发事件的预防与应急准备、监测与预警、应急处置与救援、事后恢复与重建等应对活动,适用本法。

第三条 本法所称突发事件,是指突然发生,造成或者可能造成严重社会危害,需要采取应急处置措施予以应对的自然灾害、事故灾难、公共卫生事件和社会安全事件。

按照社会危害程度、影响范围等因素,自然灾害、事故灾难、公共卫生事件分为特别重大、重大、较大和一般四级。法律、行政法规或者国务院另有规定的,从其规定。

突发事件的分级标准由国务院或者国务院确定的部门制定。

第四条 国家建立统一领导、综合协调、分类管理、分级负责、属地管理为主的应急管理体制。

第五条 突发事件应对工作实行预防为主、预防与应急相结合的原则。国家建立重大突发事件风险评估体系,对可能发生的突发事件进行综合性评估,减少重大突发事件的发生,最大限度地减轻重大突发事件的影响。

第六条 国家建立有效的社会动员机制,增强全民的公共安全和防范风险的意识,提高全社会的避险救助能力。

第七条 县级人民政府对本行政区域内突发事件的应对工作负责;涉及两个以上行政区域的,由有关行政区域共同的上一级人民政府负责,或者由各有关行政区域的上一级人民政府共同负责。

突发事件发生后,发生地县级人民政府应当立即采取措施控制事态发展,组织开展应急救援和处置工作,并立即向上一级人民政府报告,必要时可以越级上报。

突发事件发生地县级人民政府不能消除或者不能有效控制突发事件引起的严重社会危害的,应当及时向上级人民政府报告。上级人民政府应当及时采取措施,统一领导应急处置工作。

法律、行政法规规定由国务院有关部门对突发事件的应对工作负责的,从其规定;地方人民政府应当积极配合并提供必要的支持。

第八条 国务院在总理领导下研究、决定和部署特别重大突发事件的应对工作;根据实际需要,设立国家突发事件应急指挥机构,负责突发事件应对工作;必要时,国务院可以派出工作组指导有关工作。

县级以上地方各级人民政府设立由本级人民政府主要负责人、相关部门负责人、驻当地中国人民解放军和中国人民武装警察部队有关负责人组成的突发事件应急指挥机构,统一领导、协调本级人民政府各有关部门和下级人民政府开展突发事件应对工作;根据实际需要,设立相关类别突发事件应急指挥机构,组织、协调、指挥突发事件应对工作。

上级人民政府主管部门应当在各自职责范围内,指导、协助下级人民政府及其相应部门做好有关突发事件的应对工作。

第九条 国务院和县级以上地方各级人民政府是突发事件应对工作的行政领导机关,其办事机构及具体职责由国务院规定。

第十条 有关人民政府及其部门作出的应对突发事件的决定、命令,应当及时公布。

第十一条 有关人民政府及其部门采取的应对突发事件的措施,应当与突发事件可能造成的社会危害的性质、程度和范围相适应;有多种措施可供选择的,应当选择有利于最大程度地保护公民、法人和其他组织权益的措施。

公民、法人和其他组织有义务参与突发事件应对工作。

第十二条 有关人民政府及其部门为应对突发事件,可以征用单位和个人的财产。被征用的财产在使用完毕或者突发事件应急处置工作结束后,应当及时返还。财产被征用或者征用后毁损、灭失的,应当给予补偿。

第十三条 因采取突发事件应对措施,诉讼、行政复议、仲裁活动不能正常进行的,适用有关时效中止和程序中止的规定,但法律另有规定的除外。

第十四条 中国人民解放军、中国人民武装警察部队和民兵组织依照本法和其他有关法律、行政法规、军事法规的规定以及国务院、中央军事委员会的命令,参加突发事件的应急救援和处置工作。

第十五条 中华人民共和国政府在突发事件的预防、监测与预警、应急处置与救援、事后恢复与重建等方面,同外国政府和有关国际组织开展合作与交流。

第十六条 县级以上人民政府作出应对突发事件的决定、命令,应当报本级人民代表大会常务委员会备案;突发事件应急处置工作结束后,应当向本级人民代表大会常务委员会作出专项工作报告。

第二章 预防与应急准备

第十七条 国家建立健全突发事件应急预案体系。

国务院制定国家突发事件总体应急预案,组织制定国家突发事件专项应急预案;国务院有关部门根据各自的职责和国务院相关应急预案,制定国家突发事件部门应急预案。

地方各级人民政府和县级以上地方各级人民政府有关部门根据有关法律、法规、规章、上级人民政府及其有关部门的应急预案以及本地区的实际情况,制定相应的突发事件应急预案。

应急预案制定机关应当根据实际需要和情势变化,适时修订应急预案。应急预案的制定、修订程序由国务院规定。

第十八条 应急预案应当根据本法和其他有关法律、法规的规定,针对突发事件的性质、特点和可能造成的社会危害,具体规定突发事件应急管理工作的组织指挥体系与职责和突发事件的预防与预警机制、处置程序、应急保障措施以及事后恢复与重建措施等内容。

第十九条 城乡规划应当符合预防、处置突发事件的需要,统筹安排应对突发事件所必需的设备和基础设施建设,合理确定应急避难场所。

第二十条 县级人民政府应当对本行政区域内容易引发自然灾害、事故灾难和公共卫生事件的危险源、危险区域进行调查、登记、风险评估,定期进行检查、监控,并责令有关单位采取安全防范措施。

省级和设区的市级人民政府应当对本行政区域内容易引发特别重大、重大突发事件的危险源、危险区域进行调查、登记、风险评估,组织进行检查、监控,并责令有关单位采取安全防范措施。

县级以上地方各级人民政府按照本法规定登记的危险源、危险区域,应当按照国家规定及时向社会公布。

第二十一条 县级人民政府及其有关部门、乡级人民政府、街道办事处、居民委员会、村民委员会应当及时调解处理可能引发社会安全事件的矛盾纠纷。

第二十二条 所有单位应当建立健全安全管理制度,定期检查本单位各项安全防范措施的落实情况,及时消除事故隐患;掌握并及时处理本单位存在的可能引发社会安全事件的问题,防止矛盾激化和事态扩大；对本单位可能发生的突发事件和采取安全防范措施的情况，应当按照规定及时向所在地人民政府或者人民政府有关部门报告。

第二十三条 矿山、建筑施工单位和易燃易爆物品、危险化学品、放射性物品等危险物品的生产、经营、储运、使用单位，应当制定具体应急预案，并对生产经营场所、有危险物品的建筑物、构筑物及周边环境开展隐患排查，及时采取措施消除隐患，防止发生突发事件。

第二十四条 公共交通工具、公共场所和其他人员密集场所的经营单位或者管理单位应当制定具体应急预案，为交通工具和有关场所配备报警装置和必要的应急救援设备、设施，注明其使用方法，并显著标明安全撤离的通道、路线，保证安全通道、出口的畅通。

有关单位应当定期检测、维护其报警装置和应急救援设备、设施，使其处于良好状态，确保正常使用。

第二十五条 县级以上人民政府应当建立健全突发事件应急管理培训制度，对人民政府及其有关部门负有处置突发事件职责的工作人员定期进行培训。

第二十六条 县级以上人民政府应当整合应急资源，建立或者确定综合性应急救援队伍。人民政府有关部门可以根据实际需要设立专业应急救援队伍。

县级以上人民政府及其有关部门可以建立由成年志愿者组成的应急救援队伍。单位应当建立由本单位职工组成的专职或者兼职应急救援队伍。

县级以上人民政府应当加强专业应急救援队伍与非专业应急救援队伍的合作，联合培训、联合演练，提高合成应急、协同应急的能力。

第二十七条 国务院有关部门、县级以上地方各级人民政府及其有关部门、有关单位应当为专业应急救援人员购买人身意外伤害保险，配备必要的防护装备和器材，减少应急救援人员的人身风险。

第二十八条 中国人民解放军、中国人民武装警察部队和民兵组织应当有计划地组织开展应急救援的专门训练。

第二十九条 县级人民政府及其有关部门、乡级人民政府、街道办事处应当组织开展应急知识的宣传普及活动和必要的应急演练。

居民委员会、村民委员会、企业事业单位应当根据所在地人民政府的要求，结合各自的实际情况，开展有关突发事件应急知识的宣传普及活动和必要的应急演练。

新闻媒体应当无偿开展突发事件预防与应急、自救与互救知识的公益宣传。

第三十条   各级各类学校应当把应急知识教育纳入教学内容，对学生进行应急知识教育，培养学生的安全意识和自救与互救能力。

教育主管部门应当对学校开展应急知识教育进行指导和监督。

第三十一条 国务院和县级以上地方各级人民政府应当采取财政措施，保障突发事件应对工作所需经费。

第三十二条 国家建立健全应急物资储备保障制度，完善重要应急物资的监管、生产、储备、调拨和紧急配送体系。

设区的市级以上人民政府和突发事件易发、多发地区的县级人民政府应当建立应急救援物资、生活必需品和应急处置装备的储备制度。

县级以上地方各级人民政府应当根据本地区的实际情况，与有关企业签订协议，保障应急救援物资、生活必需品和应急处置装备的生产、供给。

第三十三条 国家建立健全应急通信保障体系，完善公用通信网，建立有线与无线相结合、基础电信网络与机动通信系统相配套的应急通信系统，确保突发事件应对工作的通信畅通。

第三十四条 国家鼓励公民、法人和其他组织为人民政府应对突发事件工作提供物资、资金、技术支持和捐赠。

第三十五条 国家发展保险事业，建立国家财政支持的巨灾风险保险体系，并鼓励单位和公民参加保险。

第三十六条　国家鼓励、扶持具备相应条件的教学科研机构培养应急管理专门人才，鼓励、扶持教学科研机构和有关企业研究开发用于突发事件预防、监测、预警、应急处置与救援的新技术、新设备和新工具。

第三章　监测与预警

第三十七条　国务院建立全国统一的突发事件信息系统。

县级以上地方各级人民政府应当建立或者确定本地区统一的突发事件信息系统，汇集、储存、分析、传输有关突发事件的信息，并与上级人民政府及其有关部门、下级人民政府及其有关部门、专业机构和监测网点的突发事件信息系统实现互联互通，加强跨部门、跨地区的信息交流与情报合作。

第三十八条　县级以上人民政府及其有关部门、专业机构应当通过多种途径收集突发事件信息。

县级人民政府应当在居民委员会、村民委员会和有关单位建立专职或者兼职信息报告员制度。

获悉突发事件信息的公民、法人或者其他组织，应当立即向所在地人民政府、有关主管部门或者指定的专业机构报告。

第三十九条　地方各级人民政府应当按照国家有关规定向上级人民政府报送突发事件信息。县级以上人民政府有关主管部门应当向本级人民政府相关部门通报突发事件信息。专业机构、监测网点和信息报告员应当及时向所在地人民政府及其有关主管部门报告突发事件信息。

有关单位和人员报送、报告突发事件信息，应当做到及时、客观、真实，不得迟报、谎报、瞒报、漏报。

第四十条　县级以上地方各级人民政府应当及时汇总分析突发事件隐患和预警信息，必要时组织相关部门、专业技术人员、专家学者进行会商，对发生突发事件的可能性及其可能造成的影响进行评估；认为可能发生重大或者特别重大突发事件的，应当立即向上级人民政府报告，并向上级人民政府有关部门、当地驻军和可能受到危害的毗邻或者相关地区的人民政府通报。

第四十一条　国家建立健全突发事件监测制度。

县级以上人民政府及其有关部门应当根据自然灾害、事故灾难和公共卫生事件的种类和特点，建立健全基础信息数据库，完善监测网络，划分监测区域，确定监测点，明确监测项目，提供必要的设备、设施，配备专职或者兼职人员，对可能发生的突发事件进行监测。

第四十二条　国家建立健全突发事件预警制度。

可以预警的自然灾害、事故灾难和公共卫生事件的预警级别，按照突发事件发生的紧急程度、发展势态和可能造成的危害程度分为一级、二级、三级和四级，分别用红色、橙色、黄色和蓝色标示，一级为最高级别。

预警级别的划分标准由国务院或者国务院确定的部门制定。

第四十三条　可以预警的自然灾害、事故灾难或者公共卫生事件即将发生或者发生的可能性增大时，县级以上地方各级人民政府应当根据有关法律、行政法规和国务院规定的权限和程序，发布相应级别的警报，决定并宣布有关地区进入预警期，同时向上一级人民政府报告，必要时可以越级上报，并向当地驻军和可能受到危害的毗邻或者相关地区的人民政府通报。

第四十四条　发布三级、四级警报，宣布进入预警期后，县级以上地方各级人民政府应当根据即将发生的突发事件的特点和可能造成的危害，采取下列措施：

（一）启动应急预案；

（二）责令有关部门、专业机构、监测网点和负有特定职责的人员及时收集、报告有关信息，向社会公布反映突发事件信息的渠道，加强对突发事件发生、发展情况的监测、预报和预警工作；

（三）组织有关部门和机构、专业技术人员、有关专家学者，随时对突发事件信息进行分析评估，预测发生突发事件可能性的大小、影响范围和强度以及可能发生的突发事件的级别；

（四）定时向社会发布与公众有关的突发事件预测信息和分析评估结果，并对相关信息的报道工作进行管理；

（五）及时按照有关规定向社会发布可能受到突发事件危害的警告，宣传避免、减轻危害的常识，公布咨询电话。

第四十五条 发布一级、二级警报，宣布进入预警期后，县级以上地方各级人民政府除采取本法第四十四条规定的措施外，还应当针对即将发生的突发事件的特点和可能造成的危害，采取下列一项或者多项措施：

（一）责令应急救援队伍、负有特定职责的人员进入待命状态，并动员后备人员做好参加应急救援和处置工作的准备；

（二）调集应急救援所需物资、设备、工具，准备应急设施和避难场所，并确保其处于良好状态、随时可以投入正常使用；

（三）加强对重点单位、重要部位和重要基础设施的安全保卫，维护社会治安秩序；

（四）采取必要措施，确保交通、通信、供水、排水、供电、供气、供热等公共设施的安全和正常运行；

（五）及时向社会发布有关采取特定措施避免或者减轻危害的建议、劝告；

（六）转移、疏散或者撤离易受突发事件危害的人员并予以妥善安置，转移重要财产；

（七）关闭或者限制使用易受突发事件危害的场所，控制或者限制容易导致危害扩大的公共场所的活动；

（八）法律、法规、规章规定的其他必要的防范性、保护性措施。

第四十六条 对即将发生或者已经发生的社会安全事件，县级以上地方各级人民政府及其有关主管部门应当按照规定向上一级人民政府及其有关主管部门报告，必要时可以越级上报。

第四十七条 发布突发事件警报的人民政府应当根据事态的发展，按照有关规定适时调整预警级别并重新发布。

有事实证明不可能发生突发事件或者危险已经解除的，发布警报的人民政府应当立即宣布解除警报，终止预警期，并解除已经采取的有关措施。

第四章 应急处置与救援

第四十八条 突发事件发生后，履行统一领导职责或者组织处置突发事件的人民政府应当针对其性质、特点和危害程度，立即组织有关部门，调动应急救援队伍和社会力量，依照本章的规定和有关法律、法规、规章的规定采取应急处置措施。

第四十九条 自然灾害、事故灾难或者公共卫生事件发生后，履行统一领导职责的人民政府可以采取下列一项或者多项应急处置措施：

（一）组织营救和救治受害人员，疏散、撤离并妥善安置受到威胁的人员以及采取其他救助措施；

（二）迅速控制危险源，标明危险区域，封锁危险场所，划定警戒区，实行交通管制以及其他控制措施；

（三）立即抢修被损坏的交通、通信、供水、排水、供电、供气、供热等公共设施，向受到危害的人员提供避难场所和生活必需品，实施医疗救护和卫生防疫以及其他保障措施；

（四）禁止或者限制使用有关设备、设施，关闭或者限制使用有关场所，中止人员密集的活动或者可能导致危害扩大的生产经营活动以及采取其他保护措施；

（五）启用本级人民政府设置的财政预备费和储备的应急救援物资，必要时调用其他急需物资、设备、设施、工具；

（六）组织公民参加应急救援和处置工作，要求具有特定专长的人员提供服务；

（七）保障食品、饮用水、燃料等基本生活必需品的供应；

（八）依法从严惩处囤积居奇、哄抬物价、制假售假等扰乱市场秩序的行为，稳定市场价格，维护市场秩序；

（九）依法从严惩处哄抢财物、干扰破坏应急处置工作等扰乱社会秩序的行为，维护社会治安；

（十）采取防止发生次生、衍生事件的必要措施。

第五十条 社会安全事件发生后，组织处置工作的人民政府应当立即组织有关部门并由公安机关针对事件的性质和特点，依照有关法律、行政法规和国家其他有关规定，采取下列一项或者多项应急处置措施：

（一）强制隔离使用器械相互对抗或者以暴力行为参与冲突的当事人，妥善解决现场纠纷和争端，控制事态发展；

（二）对特定区域内的建筑物、交通工具、设备、设施以及燃料、燃气、电力、水的供应进行控制；

（三）封锁有关场所、道路，查验现场人员的身份证件，限制有关公共场所内的活动；

（四）加强对易受冲击的核心机关和单位的警卫，在国家机关、军事机关、国家通讯社、广播电台、电视台、外国驻华使领馆等单位附近设置临时警戒线；

（五）法律、行政法规和国务院规定的其他必要措施。

严重危害社会治安秩序的事件发生时，公安机关应当立即依法出动警力，根据现场情况依法采取相应的强制性措施，尽快使社会秩序恢复正常。

第五十一条 发生突发事件，严重影响国民经济正常运行时，国务院或者国务院授权的有关主管部门可以采取保障、控制等必要的应急措施，保障人民群众的基本生活需要，最大限度地减轻突发事件的影响。

第五十二条 履行统一领导职责或者组织处置突发事件的人民政府，必要时可以向单位和个人征用应急救援所需设备、设施、场地、交通工具和其他物资，请求其他地方人民政府提供人力、物力、财力或者技术支援，要求生产、供应生活必需品和应急救援物资的企业组织生产、保证供给，要求提供医疗、交通等公共服务的组织提供相应的服务。

履行统一领导职责或者组织处置突发事件的人民政府，应当组织协调运输经营单位，优先运送处置突发事件所需物资、设备、工具、应急救援人员和受到突发事件危害的人员。

第五十三条 履行统一领导职责或者组织处置突发事件的人民政府，应当按照有关规定统一、准确、及时发布有关突发事件事态发展和应急处置工作的信息。

第五十四条 任何单位和个人不得编造、传播有关突发事件事态发展或者应急处置工作的虚假信息。

第五十五条 突发事件发生地的居民委员会、村民委员会和其他组织应当按照当地人民政府的决定、命令，进行宣传动员，组织群众开展自救和互救，协助维护社会秩序。

第五十六条 受到自然灾害危害或者发生事故灾难、公共卫生事件的单位，应当立即组织本单位应急救援队伍和工作人员营救受害人员，疏散、撤离、安置受到威胁的人员，控制危险源，标明危险区域，封锁危险场所，并采取其他防止危害扩大的必要措施，同时向所在地县级人民政府报告；对因本单位的问题引发的或者主体是本单位人员的社会安全事件，有关单位应当按照规定上报情况，并迅速派出负责人赶赴现场开展劝解、疏导工作。

突发事件发生地的其他单位应当服从人民政府发布的决定、命令，配合人民政府采取的应急处置措施，做好本单位的应急救援工作，并积极组织人员参加所在地的应急救援和处置工作。

第五十七条 突发事件发生地的公民应当服从人民政府、居民委员会、村民委员会或者所属单位的指挥和安排，配合人民政府采取的应急处置措施，积极参加应急救援工作，协助维护社会秩序。

第五章 事后恢复与重建

第五十八条 突发事件的威胁和危害得到控制或者消除后，履行统一领导职责或者组织处置突发事件的人民政府应当停止执行依照本法规定采取的应急处置措施，同时采取或者继续实施必要措施，防止发生自然灾害、事故灾难、公共卫生事件的次生、衍生事件或者重新引发社会安全事件。

第五十九条　突发事件应急处置工作结束后，履行统一领导职责的人民政府应当立即组织对突发事件造成的损失进行评估，组织受影响地区尽快恢复生产、生活、工作和社会秩序，制定恢复重建计划，并向上一级人民政府报告。

受突发事件影响地区的人民政府应当及时组织和协调公安、交通、铁路、民航、邮电、建设等有关部门恢复社会治安秩序，尽快修复被损坏的交通、通信、供水、排水、供电、供气、供热等公共设施。

第六十条　受突发事件影响地区的人民政府开展恢复重建工作需要上一级人民政府支持的，可以向上一级人民政府提出请求。上一级人民政府应当根据受影响地区遭受的损失和实际情况，提供资金、物资支持和技术指导，组织其他地区提供资金、物资和人力支援。

第六十一条　国务院根据受突发事件影响地区遭受损失的情况，制定扶持该地区有关行业发展的优惠政策。

受突发事件影响地区的人民政府应当根据本地区遭受损失的情况，制定救助、补偿、抚慰、抚恤、安置等善后工作计划并组织实施，妥善解决因处置突发事件引发的矛盾和纠纷。

公民参加应急救援工作或者协助维护社会秩序期间，其在本单位的工资待遇和福利不变；表现突出、成绩显著的，由县级以上人民政府给予表彰或者奖励。

县级以上人民政府对在应急救援工作中伤亡的人员依法给予抚恤。

第六十二条　履行统一领导职责的人民政府应当及时查明突发事件的发生经过和原因，总结突发事件应急处置工作的经验教训，制定改进措施，并向上一级人民政府提出报告。

第六章　法律责任

第六十三条　地方各级人民政府和县级以上各级人民政府有关部门违反本法规定，不履行法定职责的，由其上级行政机关或者监察机关责令改正；有下列情形之一的，根据情节对直接负责的主管人员和其他直接责任人员依法给予处分：

（一）未按规定采取预防措施，导致发生突发事件，或者未采取必要的防范措施，导致发生次生、衍生事件的；

（二）迟报、谎报、瞒报、漏报有关突发事件的信息，或者通报、报送、公布虚假信息，造成后果的；

（三）未按规定及时发布突发事件警报、采取预警期的措施，导致损害发生的；

（四）未按规定及时采取措施处置突发事件或者处置不当，造成后果的；

（五）不服从上级人民政府对突发事件应急处置工作的统一领导、指挥和协调的；

（六）未及时组织开展生产自救、恢复重建等善后工作的；

（七）截留、挪用、私分或者变相私分应急救援资金、物资的；

（八）不及时归还征用的单位和个人的财产，或者对被征用财产的单位和个人不按规定给予补偿的。

第六十四条　有关单位有下列情形之一的，由所在地履行统一领导职责的人民政府责令停产停业，暂扣或者吊销许可证或者营业执照，并处五万元以上二十万元以下的罚款；构成违反治安管理行为的，由公安机关依法给予处罚：

（一）未按规定采取预防措施，导致发生严重突发事件的；

（二）未及时消除已发现的可能引发突发事件的隐患，导致发生严重突发事件的；

（三）未做好应急设备、设施日常维护、检测工作，导致发生严重突发事件或者突发事件危害扩大的；

（四）突发事件发生后，不及时组织开展应急救援工作，造成严重后果的。

前款规定的行为，其他法律、行政法规规定由人民政府有关部门依法决定处罚的，从其规定。

第六十五条 违反本法规定，编造并传播有关突发事件事态发展或者应急处置工作的虚假信息，或者明知是有关突发事件事态发展或者应急处置工作的虚假信息而进行传播的，责令改正，给予警告；造成严重后果的，依法暂停其业务活动或者吊销其执业许可证；负有直接责任的人员是国家工作人员的，还应当对其依法给予处分；构成违反治安管理行为的，由公安机关依法给予处罚。

第六十六条 单位或者个人违反本法规定，不服从所在地人民政府及其有关部门发布的决定、命令或者不配合其依法采取的措施，构成违反治安管理行为的，由公安机关依法给予处罚。

第六十七条 单位或者个人违反本法规定，导致突发事件发生或者危害扩大，给他人人身、财产造成损害的，应当依法承担民事责任。

第六十八条 违反本法规定，构成犯罪的，依法追究刑事责任。

第七章 附 则

第六十九条 发生特别重大突发事件，对人民生命财产安全、国家安全、公共安全、环境安全或者社会秩序构成重大威胁，采取本法和其他有关法律、法规、规章规定的应急处置措施不能消除或者有效控制、减轻其严重社会危害，需要进入紧急状态的，由全国人民代表大会常务委员会或者国务院依照宪法和其他有关法律规定的权限和程序决定。

紧急状态期间采取的非常措施，依照有关法律规定执行或者由全国人民代表大会常务委员会另行规定。

第七十条 本法自 2007 年 11 月 1 日起施行。

中华人民共和国消防法

（1998年4月29日第九届全国人民代表大会常务委员会第二次会议通过。2008年10月28日第十一届全国人民代表大会常务委员会第五次会议修订。根据2019年4月23日第十三届全国人民代表大会常务委员会第十次会议《关于修改〈中华人民共和国建筑法〉等八部法律的决定》第一次修正。根据2021年4月29日第十三届全国人民代表大会常务委员会第二十八次会议《关于修改〈中华人民共和国道路交通安全法〉等八部法律的决定》第二次修正）

第一章 总 则

第一条 为了预防火灾和减少火灾危害，加强应急救援工作，保护人身、财产安全，维护公共安全，制定本法。

第二条 消防工作贯彻预防为主、防消结合的方针，按照政府统一领导、部门依法监管、单位全面负责、公民积极参与的原则，实行消防安全责任制，建立健全社会化的消防工作网络。

第三条 国务院领导全国的消防工作。地方各级人民政府负责本行政区域内的消防工作。

各级人民政府应当将消防工作纳入国民经济和社会发展计划，保障消防工作与经济社会发展相适应。

第四条 国务院应急管理部门对全国的消防工作实施监督管理。县级以上地方人民政府应急管理部门对本行政区域内的消防工作实施监督管理，并由本级人民政府消防救援机构负责实施。军事设施的消防工作，由其主管单位监督管理，消防救援机构协助；矿井地下部分、核电厂、海上石油天然气设施的消防工作，由其主管单位监督管理。

县级以上人民政府其他有关部门在各自的职责范围内，依照本法和其他相关法律、法规的规定做好消防工作。

法律、行政法规对森林、草原的消防工作另有规定的，从其规定。

第五条 任何单位和个人都有维护消防安全、保护消防设施、预防火灾、报告火警的义务。任何单位和成年人都有参加有组织的灭火工作的义务。

第六条 各级人民政府应当组织开展经常性的消防宣传教育，提高公民的消防安全意识。

机关、团体、企业、事业等单位，应当加强对本单位人员的消防宣传教育。

应急管理部门及消防救援机构应当加强消防法律、法规的宣传，并督促、指导、协助有关单位做好消防宣传教育工作。

教育、人力资源行政主管部门和学校、有关职业培训机构应当将消防知识纳入教育、教学、培训的内容。

新闻、广播、电视等有关单位，应当有针对性地面向社会进行消防宣传教育。

工会、共产主义青年团、妇女联合会等团体应当结合各自工作对象的特点，组织开展消防宣传教育。

村民委员会、居民委员会应当协助人民政府以及公安机关、应急管理等部门，加强消防宣传教育。

第七条 国家鼓励、支持消防科学研究和技术创新，推广使用先进的消防和应急救援技术、设备；鼓励、支持社会力量开展消防公益活动。

对在消防工作中有突出贡献的单位和个人，应当按照国家有关规定给予表彰和奖励。

第二章　火　灾　预　防

第八条　地方各级人民政府应当将包括消防安全布局、消防站、消防供水、消防通信、消防车通道、消防装备等内容的消防规划纳入城乡规划，并负责组织实施。

城乡消防安全布局不符合消防安全要求的，应当调整、完善；公共消防设施、消防装备不足或者不适应实际需要的，应当增建、改建、配置或者进行技术改造。

第九条　建设工程的消防设计、施工必须符合国家工程建设消防技术标准。建设、设计、施工、工程监理等单位依法对建设工程的消防设计、施工质量负责。

第十条　对按照国家工程建设消防技术标准需要进行消防设计的建设工程，实行建设工程消防设计审查验收制度。

第十一条　国务院住房和城乡建设主管部门规定的特殊建设工程，建设单位应当将消防设计文件报送住房和城乡建设主管部门审查，住房和城乡建设主管部门依法对审查的结果负责。

前款规定以外的其他建设工程，建设单位申请领取施工许可证或者申请批准开工报告时应当提供满足施工需要的消防设计图纸及技术资料。

第十二条　特殊建设工程未经消防设计审查或者审查不合格的，建设单位、施工单位不得施工；其他建设工程，建设单位未提供满足施工需要的消防设计图纸及技术资料的，有关部门不得发放施工许可证或者批准开工报告。

第十三条　国务院住房和城乡建设主管部门规定应当申请消防验收的建设工程竣工，建设单位应当向住房和城乡建设主管部门申请消防验收。

前款规定以外的其他建设工程，建设单位在验收后应当报住房和城乡建设主管部门备案，住房和城乡建设主管部门应当进行抽查。

依法应当进行消防验收的建设工程，未经消防验收或者消防验收不合格的，禁止投入使用；其他建设工程经依法抽查不合格的，应当停止使用。

第十四条　建设工程消防设计审查、消防验收、备案和抽查的具体办法，由国务院住房和城乡建设主管部门规定。

第十五条　公众聚集场所投入使用、营业前消防安全检查实行告知承诺管理。公众聚集场所在投入使用、营业前，建设单位或者使用单位应当向场所所在地的县级以上地方人民政府消防救援机构申请消防安全检查，作出场所符合消防技术标准和管理规定的承诺，提交规定的材料，并对其承诺和材料的真实性负责。

消防救援机构对申请人提交的材料进行审查；申请材料齐全、符合法定形式的，应当予以许可。消防救援机构应当根据消防技术标准和管理规定，及时对作出承诺的公众聚集场所进行核查。

申请人选择不采用告知承诺方式办理的，消防救援机构应当自受理申请之日起十个工作日内，根据消防技术标准和管理规定，对该场所进行检查。经检查符合消防安全要求的，应当予以许可。

公众聚集场所未经消防救援机构许可的，不得投入使用、营业。消防安全检查的具体办法，由国务院应急管理部门制定。

第十六条　机关、团体、企业、事业等单位应当履行下列消防安全职责：

（一）落实消防安全责任制，制定本单位的消防安全制度、消防安全操作规程，制定灭火和应急疏散预案；

（二）按照国家标准、行业标准配置消防设施、器材，设置消防安全标志，并定期组织检验、维修，确保完好有效；

（三）对建筑消防设施每年至少进行一次全面检测，确保完好有效，检测记录应当完整准确，存档备查；

（四）保障疏散通道、安全出口、消防车通道畅通，保证防火防烟分区、防火间距符合消防技术标准；

（五）组织防火检查，及时消除火灾隐患；

（六）组织进行有针对性的消防演练；

（七）法律、法规规定的其他消防安全职责。

单位的主要负责人是本单位的消防安全责任人。

第十七条 县级以上地方人民政府消防救援机构应当将发生火灾可能性较大以及发生火灾可能造成重大的人身伤亡或者财产损失的单位，确定为本行政区域内的消防安全重点单位，并由应急管理部门报本级人民政府备案。

消防安全重点单位除应当履行本法第十六条规定的职责外，还应当履行下列消防安全职责：

（一）确定消防安全管理人，组织实施本单位的消防安全管理工作；

（二）建立消防档案，确定消防安全重点部位，设置防火标志，实行严格管理；

（三）实行每日防火巡查，并建立巡查记录；

（四）对职工进行岗前消防安全培训，定期组织消防安全培训和消防演练。

第十八条 同一建筑物由两个以上单位管理或者使用的，应当明确各方的消防安全责任，并确定责任人对共用的疏散通道、安全出口、建筑消防设施和消防车通道进行统一管理。

住宅区的物业服务企业应当对管理区域内的共用消防设施进行维护管理，提供消防安全防范服务。

第十九条 生产、储存、经营易燃易爆危险品的场所不得与居住场所设置在同一建筑物内，并应当与居住场所保持安全距离。

生产、储存、经营其他物品的场所与居住场所设置在同一建筑物内的，应当符合国家工程建设消防技术标准。

第二十条 举办大型群众性活动，承办人应当依法向公安机关申请安全许可，制定灭火和应急疏散预案并组织演练，明确消防安全责任分工，确定消防安全管理人员，保持消防设施和消防器材配置齐全、完好有效，保证疏散通道、安全出口、疏散指示标志、应急照明和消防车通道符合消防技术标准和管理规定。

第二十一条 禁止在具有火灾、爆炸危险的场所吸烟、使用明火。因施工等特殊情况需要使用明火作业的，应当按照规定事先办理审批手续，采取相应的消防安全措施；作业人员应当遵守消防安全规定。

进行电焊、气焊等具有火灾危险作业的人员和自动消防系统的操作人员，必须持证上岗，并遵守消防安全操作规程。

第二十二条 生产、储存、装卸易燃易爆危险品的工厂、仓库和专用车站、码头的设置，应当符合消防技术标准。易燃易爆气体和液体的充装站、供应站、调压站，应当设置在符合消防安全要求的位置，并符合防火防爆要求。

已经设置的生产、储存、装卸易燃易爆危险品的工厂、仓库和专用车站、码头，易燃易爆气体和液体的充装站、供应站、调压站，不再符合前款规定的，地方人民政府应当组织、协调有关部门、单位限期解决，消除安全隐患。

第二十三条 生产、储存、运输、销售、使用、销毁易燃易爆危险品，必须执行消防技术标准和管理规定。

进入生产、储存易燃易爆危险品的场所，必须执行消防安全规定。禁止非法携带易燃易爆危险品进入公共场所或者乘坐公共交通工具。

储存可燃物资仓库的管理，必须执行消防技术标准和管理规定。

第二十四条 消防产品必须符合国家标准；没有国家标准的，必须符合行业标准。禁止生产、销售或者使用不合格的消防产品以及国家明令淘汰的消防产品。

依法实行强制性产品认证的消防产品，由具有法定资质的认证机构按照国家标准、行业标准的强制性要求认证合格后，方可生产、销售、使用。实行强制性产品认证的消防产品目录，由国务院产品质量监督部门会同国务院应急管理部门制定并公布。

新研制的尚未制定国家标准、行业标准的消防产品，应当按照国务院产品质量监督部门会同国务院应急管理部门规定的办法，经技术鉴定符合消防安全要求的，方可生产、销售、使用。

依照本条规定经强制性产品认证合格或者技术鉴定合格的消防产品，国务院应急管理部门应当予以公布。

第二十五条　产品质量监督部门、工商行政管理部门、消防救援机构应当按照各自职责加强对消防产品质量的监督检查。

第二十六条　建筑构件、建筑材料和室内装修、装饰材料的防火性能必须符合国家标准；没有国家标准的，必须符合行业标准。

人员密集场所室内装修、装饰，应当按照消防技术标准的要求，使用不燃、难燃材料。

第二十七条　电器产品、燃气用具的产品标准，应当符合消防安全的要求。

电器产品、燃气用具的安装、使用及其线路、管路的设计、敷设、维护保养、检测，必须符合消防技术标准和管理规定。

第二十八条　任何单位、个人不得损坏、挪用或者擅自拆除、停用消防设施、器材，不得埋压、圈占、遮挡消火栓或者占用防火间距，不得占用、堵塞、封闭疏散通道、安全出口、消防车通道。人员密集场所的门窗不得设置影响逃生和灭火救援的障碍物。

第二十九条　负责公共消防设施维护管理的单位，应当保持消防供水、消防通信、消防车通道等公共消防设施的完好有效。在修建道路以及停电、停水、截断通信线路时有可能影响消防队灭火救援的，有关单位必须事先通知当地消防救援机构。

第三十条　地方各级人民政府应当加强对农村消防工作的领导，采取措施加强公共消防设施建设，组织建立和督促落实消防安全责任制。

第三十一条　在农业收获季节、森林和草原防火期间、重大节假日期间以及火灾多发季节，地方各级人民政府应当组织开展有针对性的消防宣传教育，采取防火措施，进行消防安全检查。

第三十二条　乡镇人民政府、城市街道办事处应当指导、支持和帮助村民委员会、居民委员会开展群众性的消防工作。村民委员会、居民委员会应当确定消防安全管理人，组织制定防火安全公约，进行防火安全检查。

第三十三条　国家鼓励、引导公众聚集场所和生产、储存、运输、销售易燃易爆危险品的企业投保火灾公众责任保险；鼓励保险公司承保火灾公众责任保险。

第三十四条　消防设施维护保养检测、消防安全评估等消防技术服务机构应当符合从业条件，执业人员应当依法获得相应的资格；依照法律、行政法规、国家标准、行业标准和执业准则，接受委托提供消防技术服务，并对服务质量负责。

第三章　消防组织

第三十五条　各级人民政府应当加强消防组织建设，根据经济社会发展的需要，建立多种形式的消防组织，加强消防技术人才培养，增强火灾预防、扑救和应急救援的能力。

第三十六条　县级以上地方人民政府应当按照国家规定建立国家综合性消防救援队、专职消防队，并按照国家标准配备消防装备，承担火灾扑救工作。

乡镇人民政府应当根据当地经济发展和消防工作的需要，建立专职消防队、志愿消防队，承担火灾扑救工作。

第三十七条　国家综合性消防救援队、专职消防队按照国家规定承担重大灾害事故和其他以抢救人员生命为主的应急救援工作。

第三十八条 国家综合性消防救援队、专职消防队应当充分发挥火灾扑救和应急救援专业力量的骨干作用；按照国家规定，组织实施专业技能训练，配备并维护保养装备器材，提高火灾扑救和应急救援的能力。

第三十九条 下列单位应当建立单位专职消防队，承担本单位的火灾扑救工作：

（一）大型核设施单位、大型发电厂、民用机场、主要港口；

（二）生产、储存易燃易爆危险品的大型企业；

（三）储备可燃的重要物资的大型仓库、基地；

（四）第一项、第二项、第三项规定以外的火灾危险性较大、距离国家综合性消防救援队较远的其他大型企业；

（五）距离国家综合性消防救援队较远、被列为全国重点文物保护单位的古建筑群的管理单位。

第四十条 专职消防队的建立，应当符合国家有关规定，并报当地消防救援机构验收。

专职消防队的队员依法享受社会保险和福利待遇。

第四十一条 机关、团体、企业、事业等单位以及村民委员会、居民委员会根据需要，建立志愿消防队等多种形式的消防组织，开展群众性自防自救工作。

第四十二条 消防救援机构应当对专职消防队、志愿消防队等消防组织进行业务指导；根据扑救火灾的需要，可以调动指挥专职消防队参加火灾扑救工作。

第四章　灭火救援

第四十三条 县级以上地方人民政府应当组织有关部门针对本行政区域内的火灾特点制定应急预案，建立应急反应和处置机制，为火灾扑救和应急救援工作提供人员、装备等保障。

第四十四条 任何人发现火灾都应当立即报警。任何单位、个人都应当无偿为报警提供便利，不得阻拦报警。严禁谎报火警。

人员密集场所发生火灾，该场所的现场工作人员应当立即组织、引导在场人员疏散。

任何单位发生火灾，必须立即组织力量扑救。邻近单位应当给予支援。

消防队接到火警，必须立即赶赴火灾现场，救助遇险人员，排除险情，扑灭火灾。

第四十五条 消防救援机构统一组织和指挥火灾现场扑救，应当优先保障遇险人员的生命安全。

火灾现场总指挥根据扑救火灾的需要，有权决定下列事项：

（一）使用各种水源；

（二）截断电力、可燃气体和可燃液体的输送，限制用火用电；

（三）划定警戒区，实行局部交通管制；

（四）利用临近建筑物和有关设施；

（五）为了抢救人员和重要物资，防止火势蔓延，拆除或者破损毗邻火灾现场的建筑物、构筑物或者设施等；

（六）调动供水、供电、供气、通信、医疗救护、交通运输、环境保护等有关单位协助灭火救援。

根据扑救火灾的紧急需要，有关地方人民政府应当组织人员、调集所需物资支援灭火。

第四十六条 国家综合性消防救援队、专职消防队参加火灾以外的其他重大灾害事故的应急救援工作，由县级以上人民政府统一领导。

第四十七条 消防车、消防艇前往执行火灾扑救或者应急救援任务，在确保安全的前提下，不受行驶速度、行驶路线、行驶方向和指挥信号的限制，其他车辆、船舶以及行人应当让行，不得穿插超越；收费公路、桥梁免收车辆通行费。交通管理指挥人员应当保证消防车、消防艇迅速通行。

赶赴火灾现场或者应急救援现场的消防人员和调集的消防装备、物资，需要铁路、水路或者航空运输的，有关单位应当优先运输。

第四十八条　消防车、消防艇以及消防器材、装备和设施，不得用于与消防和应急救援工作无关的事项。

第四十九条　国家综合性消防救援队、专职消防队扑救火灾、应急救援，不得收取任何费用。

单位专职消防队、志愿消防队参加扑救外单位火灾所损耗的燃料、灭火剂和器材、装备等，由火灾发生地的人民政府给予补偿。

第五十条　对因参加扑救火灾或者应急救援受伤、致残或者死亡的人员，按照国家有关规定给予医疗、抚恤。

第五十一条　消防救援机构有权根据需要封闭火灾现场，负责调查火灾原因，统计火灾损失。

火灾扑灭后，发生火灾的单位和相关人员应当按照消防救援机构的要求保护现场，接受事故调查，如实提供与火灾有关的情况。

消防救援机构根据火灾现场勘验、调查情况和有关的检验、鉴定意见，及时制作火灾事故认定书，作为处理火灾事故的证据。

第五章　监督检查

第五十二条　地方各级人民政府应当落实消防工作责任制，对本级人民政府有关部门履行消防安全职责的情况进行监督检查。

县级以上地方人民政府有关部门应当根据本系统的特点，有针对性地开展消防安全检查，及时督促整改火灾隐患。

第五十三条　消防救援机构应当对机关、团体、企业、事业等单位遵守消防法律、法规的情况依法进行监督检查。公安派出所可以负责日常消防监督检查、开展消防宣传教育，具体办法由国务院公安部门规定。

消防救援机构、公安派出所的工作人员进行消防监督检查，应当出示证件。

第五十四条　消防救援机构在消防监督检查中发现火灾隐患的，应当通知有关单位或者个人立即采取措施消除隐患；不及时消除隐患可能严重威胁公共安全的，消防救援机构应当依照规定对危险部位或者场所采取临时查封措施。

第五十五条　消防救援机构在消防监督检查中发现城乡消防安全布局、公共消防设施不符合消防安全要求，或者发现本地区存在影响公共安全的重大火灾隐患的，应当由应急管理部门书面报告本级人民政府。

接到报告的人民政府应当及时核实情况，组织或者责成有关部门、单位采取措施，予以整改。

第五十六条　住房和城乡建设主管部门、消防救援机构及其工作人员应当按照法定的职权和程序进行消防设计审查、消防验收、备案抽查和消防安全检查，做到公正、严格、文明、高效。

住房和城乡建设主管部门、消防救援机构及其工作人员进行消防设计审查、消防验收、备案抽查和消防安全检查等，不得收取费用，不得利用职务谋取利益；不得利用职务为用户、建设单位指定或者变相指定消防产品的品牌、销售单位或者消防技术服务机构、消防设施施工单位。

第五十七条　住房和城乡建设主管部门、消防救援机构及其工作人员执行职务，应当自觉接受社会和公民的监督。

任何单位和个人都有权对住房和城乡建设主管部门、消防救援机构及其工作人员在执法中的违法行为进行检举、控告。收到检举、控告的机关，应当按照职责及时查处。

第六章　法律责任

第五十八条　违反本法规定，有下列行为之一的，由住房和城乡建设主管部门、消防救援机构按照各自职权责令停止施工、停止使用或者停产停业，并处三万元以上三十万元以下罚款：

（一）依法应当进行消防设计审查的建设工程，未经依法审查或者审查不合格，擅自施工的；

（二）依法应当进行消防验收的建设工程，未经消防验收或者消防验收不合格，擅自投入使用的；

（三）本法第十三条规定的其他建设工程验收后经依法抽查不合格，不停止使用的；

（四）公众聚集场所未经消防救援机构许可，擅自投入使用、营业的，或者经核查发现场所使用、营业情况与承诺内容不符的。

核查发现公众聚集场所使用、营业情况与承诺内容不符，经责令限期改正，逾期不整改或者整改后仍达不到要求的，依法撤销相应许可。

建设单位未依照本法规定在验收后报住房和城乡建设主管部门备案的，由住房和城乡建设主管部门责令改正，处五千元以下罚款。

第五十九条 违反本法规定，有下列行为之一的，由住房和城乡建设主管部门责令改正或者停止施工，并处一万元以上十万元以下罚款：

（一）建设单位要求建筑设计单位或者建筑施工企业降低消防技术标准设计、施工的；

（二）建筑设计单位不按照消防技术标准强制性要求进行消防设计的；

（三）建筑施工企业不按照消防设计文件和消防技术标准施工，降低消防施工质量的；

（四）工程监理单位与建设单位或者建筑施工企业串通，弄虚作假，降低消防施工质量的。

第六十条 单位违反本法规定，有下列行为之一的，责令改正，处五千元以上五万元以下罚款：

（一）消防设施、器材或者消防安全标志的配置、设置不符合国家标准、行业标准，或者未保持完好有效的；

（二）损坏、挪用或者擅自拆除、停用消防设施、器材的；

（三）占用、堵塞、封闭疏散通道、安全出口或者有其他妨碍安全疏散行为的；

（四）埋压、圈占、遮挡消火栓或者占用防火间距的；

（五）占用、堵塞、封闭消防车通道，妨碍消防车通行的；

（六）人员密集场所在门窗上设置影响逃生和灭火救援的障碍物的；

（七）对火灾隐患经消防救援机构通知后不及时采取措施消除的。

个人有前款第二项、第三项、第四项、第五项行为之一的，处警告或者五百元以下罚款。

有本条第一款第三项、第四项、第五项、第六项行为，经责令改正拒不改正的，强制执行，所需费用由违法行为人承担。

第六十一条 生产、储存、经营易燃易爆危险品的场所与居住场所设置在同一建筑物内，或者未与居住场所保持安全距离的，责令停产停业，并处五千元以上五万元以下罚款。

生产、储存、经营其他物品的场所与居住场所设置在同一建筑物内，不符合消防技术标准的，依照前款规定处罚。

第六十二条 有下列行为之一的，依照《中华人民共和国治安管理处罚法》的规定处罚：

（一）违反有关消防技术标准和管理规定生产、储存、运输、销售、使用、销毁易燃易爆危险品的；

（二）非法携带易燃易爆危险品进入公共场所或者乘坐公共交通工具的；

（三）谎报火警的；

（四）阻碍消防车、消防艇执行任务的；

（五）阻碍消防救援机构的工作人员依法执行职务的。

第六十三条 违反本法规定，有下列行为之一的，处警告或者五百元以下罚款；情节严重的，处五日以下拘留：

（一）违反消防安全规定进入生产、储存易燃易爆危险品场所的；

（二）违反规定使用明火作业或者在具有火灾、爆炸危险的场所吸烟、使用明火的。

第六十四条 违反本法规定，有下列行为之一，尚不构成犯罪的，处十日以上十五日以下拘留，可以并处五百元以下罚款；情节较轻的，处警告或者五百元以下罚款：

（一）指使或者强令他人违反消防安全规定，冒险作业的；
（二）过失引起火灾的；
（三）在火灾发生后阻拦报警，或者负有报告职责的人员不及时报警的；
（四）扰乱火灾现场秩序，或者拒不执行火灾现场指挥员指挥，影响灭火救援的；
（五）故意破坏或者伪造火灾现场的；
（六）擅自拆封或者使用被消防救援机构查封的场所、部位的。

第六十五条 违反本法规定，生产、销售不合格的消防产品或者国家明令淘汰的消防产品的，由产品质量监督部门或者工商行政管理部门依照《中华人民共和国产品质量法》的规定从重处罚。

人员密集场所使用不合格的消防产品或者国家明令淘汰的消防产品的，责令限期改正；逾期不改正的，处五千元以上五万元以下罚款，并对其直接负责的主管人员和其他直接责任人员处五百元以上二千元以下罚款；情节严重的，责令停产停业。

消防救援机构对于本条第二款规定的情形，除依法对使用者予以处罚外，应当将发现不合格的消防产品和国家明令淘汰的消防产品的情况通报产品质量监督部门、工商行政管理部门。产品质量监督部门、工商行政管理部门应当对生产者、销售者依法及时查处。

第六十六条 电器产品、燃气用具的安装、使用及其线路、管路的设计、敷设、维护保养、检测不符合消防技术标准和管理规定的，责令限期改正；逾期不改正的，责令停止使用，可以并处一千元以上五千元以下罚款。

第六十七条 机关、团体、企业、事业等单位违反本法第十六条、第十七条、第十八条、第二十一条第二款规定的，责令限期改正；逾期不改正的，对其直接负责的主管人员和其他直接责任人员依法给予处分或者给予警告处罚。

第六十八条 人员密集场所发生火灾，该场所的现场工作人员不履行组织、引导在场人员疏散的义务，情节严重，尚不构成犯罪的，处五日以上十日以下拘留。

第六十九条 消防设施维护保养检测、消防安全评估等消防技术服务机构，不具备从业条件从事消防技术服务活动或者出具虚假文件的，由消防救援机构责令改正，处五万元以上十万元以下罚款，并对直接负责的主管人员和其他直接责任人员处一万元以上五万元以下罚款；不按照国家标准、行业标准开展消防技术服务活动的，责令改正，处五万元以下罚款，并对直接负责的主管人员和其他直接责任人员处一万元以下罚款；有违法所得的，并处没收违法所得；给他人造成损失的，依法承担赔偿责任；情节严重的，依法责令停止执业或者吊销相应资格；造成重大损失的，由相关部门吊销营业执照，并对有关责任人员采取终身市场禁入措施。

前款规定的机构出具失实文件，给他人造成损失的，依法承担赔偿责任；造成重大损失的，由消防救援机构依法责令停止执业或者吊销相应资格，由相关部门吊销营业执照，并对有关责任人员采取终身市场禁入措施。

第七十条 本法规定的行政处罚，除应当由公安机关依照《中华人民共和国治安管理处罚法》的有关规定决定的外，由住房和城乡建设主管部门、消防救援机构按照各自职权决定。

被责令停止施工、停止使用、停产停业的，应当在整改后向作出决定的部门或者机构报告，经检查合格，方可恢复施工、使用、生产、经营。

当事人逾期不执行停产停业、停止使用、停止施工决定的，由作出决定的部门或者机构强制执行。

责令停产停业，对经济和社会生活影响较大的，由住房和城乡建设主管部门或者应急管理部门报请本级人民政府依法决定。

第七十一条 住房和城乡建设主管部门、消防救援机构的工作人员滥用职权、玩忽职守、徇私舞弊，有下列行为之一，尚不构成犯罪的，依法给予处分：

（一）对不符合消防安全要求的消防设计文件、建设工程、场所准予审查合格、消防验收合格、消防安全检查合格的；

（二）无故拖延消防设计审查、消防验收、消防安全检查，不在法定期限内履行职责的；

（三）发现火灾隐患不及时通知有关单位或者个人整改的；

（四）利用职务为用户、建设单位指定或者变相指定消防产品的品牌、销售单位或者消防技术服务机构、消防设施施工单位的；

（五）将消防车、消防艇以及消防器材、装备和设施用于与消防和应急救援无关的事项的；

（六）其他滥用职权、玩忽职守、徇私舞弊的行为。

产品质量监督、工商行政管理等其他有关行政主管部门的工作人员在消防工作中滥用职权、玩忽职守、徇私舞弊，尚不构成犯罪的，依法给予处分。

第七十二条 违反本法规定，构成犯罪的，依法追究刑事责任。

第七章 附 则

第七十三条 本法下列用语的含义：

（一）消防设施，是指火灾自动报警系统、自动灭火系统、消火栓系统、防烟排烟系统以及应急广播和应急照明、安全疏散设施等。

（二）消防产品，是指专门用于火灾预防、灭火救援和火灾防护、避难、逃生的产品。

（三）公众聚集场所，是指宾馆、饭店、商场、集贸市场、客运车站候车室、客运码头候船厅、民用机场航站楼、体育场馆、会堂以及公共娱乐场所等。

（四）人员密集场所，是指公众聚集场所，医院的门诊楼、病房楼，学校的教学楼、图书馆、食堂和集体宿舍，养老院，福利院，托儿所，幼儿园，公共图书馆的阅览室，公共展览馆、博物馆的展示厅，劳动密集型企业的生产加工车间和员工集体宿舍，旅游、宗教活动场所等。

第七十四条 本法自 2009 年 5 月 1 日起施行。

中华人民共和国安全生产法

（2002年6月29日第九届全国人民代表大会常务委员会第二十八次会议通过　根据2009年8月27日第十一届全国人民代表大会常务委员会第十次会议《关于修改部分法律的决定》第一次修正　根据2014年8月31日第十二届全国人民代表大会常务委员会第十次会议《关于修改〈中华人民共和国安全生产法〉的决定》第二次修正　根据2021年6月10日第十三届全国人民代表大会常务委员会第二十九次会议《关于修改〈中华人民共和国安全生产法〉的决定》第三次修正）

第一章　总　则

第一条　为了加强安全生产工作，防止和减少生产安全事故，保障人民群众生命和财产安全，促进经济社会持续健康发展，制定本法。

第二条　在中华人民共和国领域内从事生产经营活动的单位（以下统称生产经营单位）的安全生产，适用本法；有关法律、行政法规对消防安全和道路交通安全、铁路交通安全、水上交通安全、民用航空安全以及核与辐射安全、特种设备安全另有规定的，适用其规定。

第三条　安全生产工作坚持中国共产党的领导。

安全生产工作应当以人为本，坚持人民至上、生命至上，把保护人民生命安全摆在首位，树牢安全发展理念，坚持安全第一、预防为主、综合治理的方针，从源头上防范化解重大安全风险。

安全生产工作实行管行业必须管安全、管业务必须管安全、管生产经营必须管安全，强化和落实生产经营单位主体责任与政府监管责任，建立生产经营单位负责、职工参与、政府监管、行业自律和社会监督的机制。

第四条　生产经营单位必须遵守本法和其他有关安全生产的法律、法规，加强安全生产管理，建立健全全员安全生产责任制和安全生产规章制度，加大对安全生产资金、物资、技术、人员的投入保障力度，改善安全生产条件，加强安全生产标准化、信息化建设，构建安全风险分级管控和隐患排查治理双重预防机制，健全风险防范化解机制，提高安全生产水平，确保安全生产。

平台经济等新兴行业、领域的生产经营单位应当根据本行业、领域的特点，建立健全并落实全员安全生产责任制，加强从业人员安全生产教育和培训，履行本法和其他法律、法规规定的有关安全生产义务。

第五条　生产经营单位的主要负责人是本单位安全生产第一责任人，对本单位的安全生产工作全面负责。其他负责人对职责范围内的安全生产工作负责。

第六条　生产经营单位的从业人员有依法获得安全生产保障的权利，并应当依法履行安全生产方面的义务。

第七条　工会依法对安全生产工作进行监督。

生产经营单位的工会依法组织职工参加本单位安全生产工作的民主管理和民主监督，维护职工在安全生产方面的合法权益。生产经营单位制定或者修改有关安全生产的规章制度，应当听取工会的意见。

第八条　国务院和县级以上地方各级人民政府应当根据国民经济和社会发展规划制定安全生产规划，并组织实施。安全生产规划应当与国土空间规划等相关规划相衔接。

各级人民政府应当加强安全生产基础设施建设和安全生产监管能力建设，所需经费列入本级预算。

县级以上地方各级人民政府应当组织有关部门建立完善安全风险评估与论证机制，按照安全风险管控要求，进行产业规划和空间布局，并对位置相邻、行业相近、业态相似的生产经营单位实施重大安全风险联防联控。

第九条 国务院和县级以上地方各级人民政府应当加强对安全生产工作的领导，建立健全安全生产工作协调机制，支持、督促各有关部门依法履行安全生产监督管理职责，及时协调、解决安全生产监督管理中存在的重大问题。

乡镇人民政府和街道办事处，以及开发区、工业园区、港区、风景区等应当明确负责安全生产监督管理的有关工作机构及其职责，加强安全生产监管力量建设，按照职责对本行政区域或者管理区域内生产经营单位安全生产状况进行监督检查，协助人民政府有关部门或者按照授权依法履行安全生产监督管理职责。

第十条 国务院应急管理部门依照本法，对全国安全生产工作实施综合监督管理；县级以上地方各级人民政府应急管理部门依照本法，对本行政区域内安全生产工作实施综合监督管理。

国务院交通运输、住房和城乡建设、水利、民航等有关部门依照本法和其他有关法律、行政法规的规定，在各自的职责范围内对有关行业、领域的安全生产工作实施监督管理；县级以上地方各级人民政府有关部门依照本法和其他有关法律、法规的规定，在各自的职责范围内对有关行业、领域的安全生产工作实施监督管理。对新兴行业、领域的安全生产监督管理职责不明确的，由县级以上地方各级人民政府按照业务相近的原则确定监督管理部门。

应急管理部门和对有关行业、领域的安全生产工作实施监督管理的部门，统称负有安全生产监督管理职责的部门。负有安全生产监督管理职责的部门应当相互配合、齐抓共管、信息共享、资源共用，依法加强安全生产监督管理工作。

第十一条 国务院有关部门应当按照保障安全生产的要求，依法及时制定有关的国家标准或者行业标准，并根据科技进步和经济发展适时修订。

生产经营单位必须执行依法制定的保障安全生产的国家标准或者行业标准。

第十二条 国务院有关部门按照职责分工负责安全生产强制性国家标准的项目提出、组织起草、征求意见、技术审查。国务院应急管理部门统筹提出安全生产强制性国家标准的立项计划。国务院标准化行政主管部门负责安全生产强制性国家标准的立项、编号、对外通报和授权批准发布工作。国务院标准化行政主管部门、有关部门依据法定职责对安全生产强制性国家标准的实施进行监督检查。

第十三条 各级人民政府及其有关部门应当采取多种形式，加强对有关安全生产的法律、法规和安全生产知识的宣传，增强全社会的安全生产意识。

第十四条 有关协会组织依照法律、行政法规和章程，为生产经营单位提供安全生产方面的信息、培训等服务，发挥自律作用，促进生产经营单位加强安全生产管理。

第十五条 依法设立的为安全生产提供技术、管理服务的机构，依照法律、行政法规和执业准则，接受生产经营单位的委托为其安全生产工作提供技术、管理服务。

生产经营单位委托前款规定的机构提供安全生产技术、管理服务的，保证安全生产的责任仍由本单位负责。

第十六条 国家实行生产安全事故责任追究制度，依照本法和有关法律、法规的规定，追究生产安全事故责任单位和责任人员的法律责任。

第十七条 县级以上各级人民政府应当组织负有安全生产监督管理职责的部门依法编制安全生产权力和责任清单，公开并接受社会监督。

第十八条 国家鼓励和支持安全生产科学技术研究和安全生产先进技术的推广应用，提高安全生产水平。

第十九条 国家对在改善安全生产条件、防止生产安全事故、参加抢险救护等方面取得显著成绩的单位和个人，给予奖励。

第二章　生产经营单位的安全生产保障

第二十条　生产经营单位应当具备本法和有关法律、行政法规和国家标准或者行业标准规定的安全生产条件；不具备安全生产条件的，不得从事生产经营活动。

第二十一条　生产经营单位的主要负责人对本单位安全生产工作负有下列职责：

（一）建立健全并落实本单位全员安全生产责任制，加强安全生产标准化建设；

（二）组织制定并实施本单位安全生产规章制度和操作规程；

（三）组织制定并实施本单位安全生产教育和培训计划；

（四）保证本单位安全生产投入的有效实施；

（五）组织建立并落实安全风险分级管控和隐患排查治理双重预防工作机制，督促、检查本单位的安全生产工作，及时消除生产安全事故隐患；

（六）组织制定并实施本单位的生产安全事故应急救援预案；

（七）及时、如实报告生产安全事故。

第二十二条　生产经营单位的全员安全生产责任制应当明确各岗位的责任人员、责任范围和考核标准等内容。

生产经营单位应当建立相应的机制，加强对全员安全生产责任制落实情况的监督考核，保证全员安全生产责任制的落实。

第二十三条　生产经营单位应当具备的安全生产条件所必需的资金投入，由生产经营单位的决策机构、主要负责人或者个人经营的投资人予以保证，并对由于安全生产所必需的资金投入不足导致的后果承担责任。

有关生产经营单位应当按照规定提取和使用安全生产费用，专门用于改善安全生产条件。安全生产费用在成本中据实列支。安全生产费用提取、使用和监督管理的具体办法由国务院财政部门会同国务院应急管理部门征求国务院有关部门意见后制定。

第二十四条　矿山、金属冶炼、建筑施工、运输单位和危险物品的生产、经营、储存、装卸单位，应当设置安全生产管理机构或者配备专职安全生产管理人员。

前款规定以外的其他生产经营单位，从业人员超过一百人的，应当设置安全生产管理机构或者配备专职安全生产管理人员；从业人员在一百人以下的，应当配备专职或者兼职的安全生产管理人员。

第二十五条　生产经营单位的安全生产管理机构以及安全生产管理人员履行下列职责：

（一）组织或者参与拟订本单位安全生产规章制度、操作规程和生产安全事故应急救援预案；

（二）组织或者参与本单位安全生产教育和培训，如实记录安全生产教育和培训情况；

（三）组织开展危险源辨识和评估，督促落实本单位重大危险源的安全管理措施；

（四）组织或者参与本单位应急救援演练；

（五）检查本单位的安全生产状况，及时排查生产安全事故隐患，提出改进安全生产管理的建议；

（六）制止和纠正违章指挥、强令冒险作业、违反操作规程的行为；

（七）督促落实本单位安全生产整改措施。

生产经营单位可以设置专职安全生产分管负责人，协助本单位主要负责人履行安全生产管理职责。

第二十六条　生产经营单位的安全生产管理机构以及安全生产管理人员应当恪尽职守，依法履行职责。

生产经营单位作出涉及安全生产的经营决策，应当听取安全生产管理机构以及安全生产管理人员的意见。

生产经营单位不得因安全生产管理人员依法履行职责而降低其工资、福利等待遇或者解除与其订立的劳动合同。

危险物品的生产、储存单位以及矿山、金属冶炼单位的安全生产管理人员的任免，应当告知主管的负有安全生产监督管理职责的部门。

第二十七条 生产经营单位的主要负责人和安全生产管理人员必须具备与本单位所从事的生产经营活动相应的安全生产知识和管理能力。

危险物品的生产、经营、储存、装卸单位以及矿山、金属冶炼、建筑施工、运输单位的主要负责人和安全生产管理人员，应当由主管的负有安全生产监督管理职责的部门对其安全生产知识和管理能力考核合格。考核不得收费。

危险物品的生产、储存、装卸单位以及矿山、金属冶炼单位应当有注册安全工程师从事安全生产管理工作。鼓励其他生产经营单位聘用注册安全工程师从事安全生产管理工作。注册安全工程师按专业分类管理，具体办法由国务院人力资源和社会保障部门、国务院应急管理部门会同国务院有关部门制定。

第二十八条 生产经营单位应当对从业人员进行安全生产教育和培训，保证从业人员具备必要的安全生产知识，熟悉有关的安全生产规章制度和安全操作规程，掌握本岗位的安全操作技能，了解事故应急处理措施，知悉自身在安全生产方面的权利和义务。未经安全生产教育和培训合格的从业人员，不得上岗作业。

生产经营单位使用被派遣劳动者的，应当将被派遣劳动者纳入本单位从业人员统一管理，对被派遣劳动者进行岗位安全操作规程和安全操作技能的教育和培训。劳务派遣单位应当对被派遣劳动者进行必要的安全生产教育和培训。

生产经营单位接收中等职业学校、高等学校学生实习的，应当对实习学生进行相应的安全生产教育和培训，提供必要的劳动防护用品。学校应当协助生产经营单位对实习学生进行安全生产教育和培训。

生产经营单位应当建立安全生产教育和培训档案，如实记录安全生产教育和培训的时间、内容、参加人员以及考核结果等情况。

第二十九条 生产经营单位采用新工艺、新技术、新材料或者使用新设备，必须了解、掌握其安全技术特性，采取有效的安全防护措施，并对从业人员进行专门的安全生产教育和培训。

第三十条 生产经营单位的特种作业人员必须按照国家有关规定经专门的安全作业培训，取得相应资格，方可上岗作业。

特种作业人员的范围由国务院应急管理部门会同国务院有关部门确定。

第三十一条 生产经营单位新建、改建、扩建工程项目（以下统称建设项目）的安全设施，必须与主体工程同时设计、同时施工、同时投入生产和使用。安全设施投资应当纳入建设项目概算。

第三十二条 矿山、金属冶炼建设项目和用于生产、储存、装卸危险物品的建设项目，应当按照国家有关规定进行安全评价。

第三十三条 建设项目安全设施的设计人、设计单位应当对安全设施设计负责。

矿山、金属冶炼建设项目和用于生产、储存、装卸危险物品的建设项目的安全设施设计应当按照国家有关规定报经有关部门审查，审查部门及其负责审查的人员对审查结果负责。

第三十四条 矿山、金属冶炼建设项目和用于生产、储存、装卸危险物品的建设项目的施工单位必须按照批准的安全设施设计施工，并对安全设施的工程质量负责。

矿山、金属冶炼建设项目和用于生产、储存、装卸危险物品的建设项目竣工投入生产或者使用前，应当由建设单位负责组织对安全设施进行验收；验收合格后，方可投入生产和使用。负有安全生产监督管理职责的部门应当加强对建设单位验收活动和验收结果的监督核查。

第三十五条 生产经营单位应当在有较大危险因素的生产经营场所和有关设施、设备上，设置明显的安全警示标志。

第三十六条 安全设备的设计、制造、安装、使用、检测、维修、改造和报废，应当符合国家标准或者行业标准。

生产经营单位必须对安全设备进行经常性维护、保养，并定期检测，保证正常运转。维护、保养、检测应当作好记录，并由有关人员签字。

生产经营单位不得关闭、破坏直接关系生产安全的监控、报警、防护、救生设备、设施，或者篡改、隐瞒、销毁其相关数据、信息。

餐饮等行业的生产经营单位使用燃气的，应当安装可燃气体报警装置，并保障其正常使用。

第三十七条 生产经营单位使用的危险物品的容器、运输工具，以及涉及人身安全、危险性较大的海洋石油开采特种设备和矿山井下特种设备，必须按照国家有关规定，由专业生产单位生产，并经具有专业资质的检测、检验机构检测、检验合格，取得安全使用证或者安全标志，方可投入使用。检测、检验机构对检测、检验结果负责。

第三十八条 国家对严重危及生产安全的工艺、设备实行淘汰制度，具体目录由国务院应急管理部门会同国务院有关部门制定并公布。法律、行政法规对目录的制定另有规定的，适用其规定。

省、自治区、直辖市人民政府可以根据本地区实际情况制定并公布具体目录，对前款规定以外的危及生产安全的工艺、设备予以淘汰。

生产经营单位不得使用应当淘汰的危及生产安全的工艺、设备。

第三十九条 生产、经营、运输、储存、使用危险物品或者处置废弃危险物品的，由有关主管部门依照有关法律、法规的规定和国家标准或者行业标准审批并实施监督管理。

生产经营单位生产、经营、运输、储存、使用危险物品或者处置废弃危险物品，必须执行有关法律、法规和国家标准或者行业标准，建立专门的安全管理制度，采取可靠的安全措施，接受有关主管部门依法实施的监督管理。

第四十条 生产经营单位对重大危险源应当登记建档，进行定期检测、评估、监控，并制定应急预案，告知从业人员和相关人员在紧急情况下应当采取的应急措施。

生产经营单位应当按照国家有关规定将本单位重大危险源及有关安全措施、应急措施报有关地方人民政府应急管理部门和有关部门备案。有关地方人民政府应急管理部门和有关部门应当通过相关信息系统实现信息共享。

第四十一条 生产经营单位应当建立安全风险分级管控制度，按照安全风险分级采取相应的管控措施。

生产经营单位应当建立健全并落实生产安全事故隐患排查治理制度，采取技术、管理措施，及时发现并消除事故隐患。事故隐患排查治理情况应当如实记录，并通过职工大会或者职工代表大会、信息公示栏等方式向从业人员通报。其中，重大事故隐患排查治理情况应当及时向负有安全生产监督管理职责的部门和职工大会或者职工代表大会报告。

县级以上地方各级人民政府负有安全生产监督管理职责的部门应当将重大事故隐患纳入相关信息系统，建立健全重大事故隐患治理督办制度，督促生产经营单位消除重大事故隐患。

第四十二条 生产、经营、储存、使用危险物品的车间、商店、仓库不得与员工宿舍在同一座建筑物内，并应当与员工宿舍保持安全距离。

生产经营场所和员工宿舍应当设有符合紧急疏散要求、标志明显、保持畅通的出口、疏散通道。禁止占用、锁闭、封堵生产经营场所或者员工宿舍的出口、疏散通道。

第四十三条 生产经营单位进行爆破、吊装、动火、临时用电以及国务院应急管理部门会同国务院有关部门规定的其他危险作业，应当安排专门人员进行现场安全管理，确保操作规程的遵守和安全措施的落实。

第四十四条 生产经营单位应当教育和督促从业人员严格执行本单位的安全生产规章制度和安全操作规程；并向从业人员如实告知作业场所和工作岗位存在的危险因素、防范措施以及事故应急措施。

生产经营单位应当关注从业人员的身体、心理状况和行为习惯，加强对从业人员的心理疏导、精神慰藉，严格落实岗位安全生产责任，防范从业人员行为异常导致事故发生。

第四十五条 生产经营单位必须为从业人员提供符合国家标准或者行业标准的劳动防护用品，并监督、教育从业人员按照使用规则佩戴、使用。

第四十六条 生产经营单位的安全生产管理人员应当根据本单位的生产经营特点，对安全生产状况进行经常性检查；对检查中发现的安全问题，应当立即处理；不能处理的，应当及时报告本单位有关负责人，有关负责人应当及时处理。检查及处理情况应当如实记录在案。

生产经营单位的安全生产管理人员在检查中发现重大事故隐患，依照前款规定向本单位有关负责人报告，有关负责人不及时处理的，安全生产管理人员可以向主管的负有安全生产监督管理职责的部门报告，接到报告的部门应当依法及时处理。

第四十七条 生产经营单位应当安排用于配备劳动防护用品、进行安全生产培训的经费。

第四十八条 两个以上生产经营单位在同一作业区域内进行生产经营活动，可能危及对方生产安全的，应当签订安全生产管理协议，明确各自的安全生产管理职责和应当采取的安全措施，并指定专职安全生产管理人员进行安全检查与协调。

第四十九条 生产经营单位不得将生产经营项目、场所、设备发包或者出租给不具备安全生产条件或者相应资质的单位或者个人。

生产经营项目、场所发包或者出租给其他单位的，生产经营单位应当与承包单位、承租单位签订专门的安全生产管理协议，或者在承包合同、租赁合同中约定各自的安全生产管理职责；生产经营单位对承包单位、承租单位的安全生产工作统一协调、管理，定期进行安全检查，发现安全问题的，应当及时督促整改。

矿山、金属冶炼建设项目和用于生产、储存、装卸危险物品的建设项目的施工单位应当加强对施工项目的安全管理，不得倒卖、出租、出借、挂靠或者以其他形式非法转让施工资质，不得将其承包的全部建设工程转包给第三人或者将其承包的全部建设工程支解以后以分包的名义分别转包给第三人，不得将工程分包给不具备相应资质条件的单位。

第五十条 生产经营单位发生生产安全事故时，单位的主要负责人应当立即组织抢救，并不得在事故调查处理期间擅离职守。

第五十一条 生产经营单位必须依法参加工伤保险，为从业人员缴纳保险费。

国家鼓励生产经营单位投保安全生产责任保险；属于国家规定的高危行业、领域的生产经营单位，应当投保安全生产责任保险。具体范围和实施办法由国务院应急管理部门会同国务院财政部门、国务院保险监督管理机构和相关行业主管部门制定。

第三章　从业人员的安全生产权利义务

第五十二条 生产经营单位与从业人员订立的劳动合同，应当载明有关保障从业人员劳动安全、防止职业危害的事项，以及依法为从业人员办理工伤保险的事项。

生产经营单位不得以任何形式与从业人员订立协议，免除或者减轻其对从业人员因生产安全事故伤亡依法应承担的责任。

第五十三条 生产经营单位的从业人员有权了解其作业场所和工作岗位存在的危险因素、防范措施及事故应急措施，有权对本单位的安全生产工作提出建议。

第五十四条 从业人员有权对本单位安全生产工作中存在的问题提出批评、检举、控告；有权拒绝违章指挥和强令冒险作业。

生产经营单位不得因从业人员对本单位安全生产工作提出批评、检举、控告或者拒绝违章指挥、强令冒险作业而降低其工资、福利等待遇或者解除与其订立的劳动合同。

第五十五条 从业人员发现直接危及人身安全的紧急情况时，有权停止作业或者在采取可能的应急措施后撤离作业场所。

生产经营单位不得因从业人员在前款紧急情况下停止作业或者采取紧急撤离措施而降低其工资、福利等待遇或者解除与其订立的劳动合同。

第五十六条 生产经营单位发生生产安全事故后，应当及时采取措施救治有关人员。

因生产安全事故受到损害的从业人员，除依法享有工伤保险外，依照有关民事法律尚有获得赔偿的权利的，有权提出赔偿要求。

第五十七条 从业人员在作业过程中，应当严格落实岗位安全责任，遵守本单位的安全生产规章制度和操作规程，服从管理，正确佩戴和使用劳动防护用品。

第五十八条 从业人员应当接受安全生产教育和培训，掌握本职工作所需的安全生产知识，提高安全生产技能，增强事故预防和应急处理能力。

第五十九条 从业人员发现事故隐患或者其他不安全因素，应当立即向现场安全生产管理人员或者本单位负责人报告；接到报告的人员应当及时予以处理。

第六十条 工会有权对建设项目的安全设施与主体工程同时设计、同时施工、同时投入生产和使用进行监督，提出意见。

工会对生产经营单位违反安全生产法律、法规，侵犯从业人员合法权益的行为，有权要求纠正；发现生产经营单位违章指挥、强令冒险作业或者发现事故隐患时，有权提出解决的建议，生产经营单位应当及时研究答复；发现危及从业人员生命安全的情况时，有权向生产经营单位建议组织从业人员撤离危险场所，生产经营单位必须立即作出处理。

工会有权依法参加事故调查，向有关部门提出处理意见，并要求追究有关人员的责任。

第六十一条 生产经营单位使用被派遣劳动者的，被派遣劳动者享有本法规定的从业人员的权利，并应当履行本法规定的从业人员的义务。

第四章 安全生产的监督管理

第六十二条 县级以上地方各级人民政府应当根据本行政区域内的安全生产状况，组织有关部门按照职责分工，对本行政区域内容易发生重大生产安全事故的生产经营单位进行严格检查。

应急管理部门应当按照分类分级监督管理的要求，制定安全生产年度监督检查计划，并按照年度监督检查计划进行监督检查，发现事故隐患，应当及时处理。

第六十三条 负有安全生产监督管理职责的部门依照有关法律、法规的规定，对涉及安全生产的事项需要审查批准（包括批准、核准、许可、注册、认证、颁发证照等，下同）或者验收的，必须严格依照有关法律、法规和国家标准或者行业标准规定的安全生产条件和程序进行审查；不符合有关法律、法规和国家标准或者行业标准规定的安全生产条件的，不得批准或者验收通过。对未依法取得批准或者验收合格的单位擅自从事有关活动的，负责行政审批的部门发现或者接到举报后应当立即予以取缔，并依法予以处理。对已经依法取得批准的单位，负责行政审批的部门发现其不再具备安全生产条件的，应当撤销原批准。

第六十四条 负有安全生产监督管理职责的部门对涉及安全生产的事项进行审查、验收，不得收取费用；不得要求接受审查、验收的单位购买其指定品牌或者指定生产、销售单位的安全设备、器材或者其他产品。

第六十五条 应急管理部门和其他负有安全生产监督管理职责的部门依法开展安全生产行政执法工作，对生产经营单位执行有关安全生产的法律、法规和国家标准或者行业标准的情况进行监督检查，行使以下职权：

（一）进入生产经营单位进行检查，调阅有关资料，向有关单位和人员了解情况；

（二）对检查中发现的安全生产违法行为，当场予以纠正或者要求限期改正；对依法应当给予行政处罚的行为，依照本法和其他有关法律、行政法规的规定作出行政处罚决定；

（三）对检查中发现的事故隐患，应当责令立即排除；重大事故隐患排除前或者排除过程中无法保证安全的，应当责令从危险区域内撤出作业人员，责令暂时停产停业或者停止使用相关设施、设备；重大事故隐患排除后，经审查同意，方可恢复生产经营和使用；

（四）对有根据认为不符合保障安全生产的国家标准或者行业标准的设施、设备、器材以及违法生产、储存、使用、经营、运输的危险物品予以查封或者扣押，对违法生产、储存、使用、经营危险物品的作业场所予以查封，并依法作出处理决定。

监督检查不得影响被检查单位的正常生产经营活动。

第六十六条 生产经营单位对负有安全生产监督管理职责的部门的监督检查人员（以下统称安全生产监督检查人员）依法履行监督检查职责，应当予以配合，不得拒绝、阻挠。

第六十七条 安全生产监督检查人员应当忠于职守，坚持原则，秉公执法。

安全生产监督检查人员执行监督检查任务时，必须出示有效的行政执法证件；对涉及被检查单位的技术秘密和业务秘密，应当为其保密。

第六十八条 安全生产监督检查人员应当将检查的时间、地点、内容、发现的问题及其处理情况，作出书面记录，并由检查人员和被检查单位的负责人签字；被检查单位的负责人拒绝签字的，检查人员应当将情况记录在案，并向负有安全生产监督管理职责的部门报告。

第六十九条 负有安全生产监督管理职责的部门在监督检查中，应当互相配合，实行联合检查；确需分别进行检查的，应当互通情况，发现存在的安全问题应当由其他有关部门进行处理的，应当及时移送其他有关部门并形成记录备查，接受移送的部门应当及时进行处理。

第七十条 负有安全生产监督管理职责的部门依法对存在重大事故隐患的生产经营单位作出停产停业、停止施工、停止使用相关设施或者设备的决定，生产经营单位应当依法执行，及时消除事故隐患。生产经营单位拒不执行，有发生生产安全事故的现实危险的，在保证安全的前提下，经本部门主要负责人批准，负有安全生产监督管理职责的部门可以采取通知有关单位停止供电、停止供应民用爆炸物品等措施，强制生产经营单位履行决定。通知应当采用书面形式，有关单位应当予以配合。

负有安全生产监督管理职责的部门依照前款规定采取停止供电措施，除有危及生产安全的紧急情形外，应当提前二十四小时通知生产经营单位。生产经营单位依法履行行政决定、采取相应措施消除事故隐患的，负有安全生产监督管理职责的部门应当及时解除前款规定的措施。

第七十一条 监察机关依照监察法的规定，对负有安全生产监督管理职责的部门及其工作人员履行安全生产监督管理职责实施监察。

第七十二条 承担安全评价、认证、检测、检验职责的机构应当具备国家规定的资质条件，并对其作出的安全评价、认证、检测、检验结果的合法性、真实性负责。资质条件由国务院应急管理部门会同国务院有关部门制定。

承担安全评价、认证、检测、检验职责的机构应当建立并实施服务公开和报告公开制度，不得租借资质、挂靠、出具虚假报告。

第七十三条 负有安全生产监督管理职责的部门应当建立举报制度，公开举报电话、信箱或者电子邮件地址等网络举报平台，受理有关安全生产的举报；受理的举报事项经调查核实后，应当形成书面材料；需要落实整改措施的，报经有关负责人签字并督促落实。对不属于本部门职责，需要由其他有关部门进行调查处理的，转交其他有关部门处理。

涉及人员死亡的举报事项，应当由县级以上人民政府组织核查处理。

第七十四条 任何单位或者个人对事故隐患或者安全生产违法行为，均有权向负有安全生产监督管理职责的部门报告或者举报。

因安全生产违法行为造成重大事故隐患或者导致重大事故，致使国家利益或者社会公共利益受到侵害的，人民检察院可以根据民事诉讼法、行政诉讼法的相关规定提起公益诉讼。

第七十五条　居民委员会、村民委员会发现其所在区域内的生产经营单位存在事故隐患或者安全生产违法行为时，应当向当地人民政府或者有关部门报告。

第七十六条　县级以上各级人民政府及其有关部门对报告重大事故隐患或者举报安全生产违法行为的有功人员，给予奖励。具体奖励办法由国务院应急管理部门会同国务院财政部门制定。

第七十七条　新闻、出版、广播、电影、电视等单位有进行安全生产公益宣传教育的义务，有对违反安全生产法律、法规的行为进行舆论监督的权利。

第七十八条　负有安全生产监督管理职责的部门应当建立安全生产违法行为信息库，如实记录生产经营单位及其有关从业人员的安全生产违法行为信息；对违法行为情节严重的生产经营单位及其有关从业人员，应当及时向社会公告，并通报行业主管部门、投资主管部门、自然资源主管部门、生态环境主管部门、证券监督管理机构以及有关金融机构。有关部门和机构应当对存在失信行为的生产经营单位及其有关从业人员采取加大执法检查频次、暂停项目审批、上调有关保险费率、行业或者职业禁入等联合惩戒措施，并向社会公示。

负有安全生产监督管理职责的部门应当加强对生产经营单位行政处罚信息的及时归集、共享、应用和公开，对生产经营单位作出处罚决定后七个工作日内在监督管理部门公示系统予以公开曝光，强化对违法失信生产经营单位及其有关从业人员的社会监督，提高全社会安全生产诚信水平。

第五章　生产安全事故的应急救援与调查处理

第七十九条　国家加强生产安全事故应急能力建设，在重点行业、领域建立应急救援基地和应急救援队伍，并由国家安全生产应急救援机构统一协调指挥；鼓励生产经营单位和其他社会力量建立应急救援队伍，配备相应的应急救援装备和物资，提高应急救援的专业化水平。

国务院应急管理部门牵头建立全国统一的生产安全事故应急救援信息系统，国务院交通运输、住房和城乡建设、水利、民航等有关部门和县级以上地方人民政府建立健全相关行业、领域、地区的生产安全事故应急救援信息系统，实现互联互通、信息共享，通过推行网上安全信息采集、安全监管和监测预警，提升监管的精准化、智能化水平。

第八十条　县级以上地方各级人民政府应当组织有关部门制定本行政区域内生产安全事故应急救援预案，建立应急救援体系。

乡镇人民政府和街道办事处，以及开发区、工业园区、港区、风景区等应当制定相应的生产安全事故应急救援预案，协助人民政府有关部门或者按照授权依法履行生产安全事故应急救援工作职责。

第八十一条　生产经营单位应当制定本单位生产安全事故应急救援预案，与所在地县级以上地方人民政府组织制定的生产安全事故应急救援预案相衔接，并定期组织演练。

第八十二条　危险物品的生产、经营、储存单位以及矿山、金属冶炼、城市轨道交通运营、建筑施工单位应当建立应急救援组织；生产经营规模较小的，可以不建立应急救援组织，但应当指定兼职的应急救援人员。

危险物品的生产、经营、储存、运输单位以及矿山、金属冶炼、城市轨道交通运营、建筑施工单位应当配备必要的应急救援器材、设备和物资，并进行经常性维护、保养，保证正常运转。

第八十三条　生产经营单位发生生产安全事故后，事故现场有关人员应当立即报告本单位负责人。

单位负责人接到事故报告后，应当迅速采取有效措施，组织抢救，防止事故扩大，减少人员伤亡和财产损失，并按照国家有关规定立即如实报告当地负有安全生产监督管理职责的部门，不得隐瞒不报、谎报或者迟报，不得故意破坏事故现场、毁灭有关证据。

第八十四条　负有安全生产监督管理职责的部门接到事故报告后，应当立即按照国家有关规定上报事故情况。负有安全生产监督管理职责的部门和有关地方人民政府对事故情况不得隐瞒不报、谎报或者迟报。

第八十五条 有关地方人民政府和负有安全生产监督管理职责的部门的负责人接到生产安全事故报告后,应当按照生产安全事故应急救援预案的要求立即赶到事故现场,组织事故抢救。

参与事故抢救的部门和单位应当服从统一指挥,加强协同联动,采取有效的应急救援措施,并根据事故救援的需要采取警戒、疏散等措施,防止事故扩大和次生灾害的发生,减少人员伤亡和财产损失。

事故抢救过程中应当采取必要措施,避免或者减少对环境造成的危害。

任何单位和个人都应当支持、配合事故抢救,并提供一切便利条件。

第八十六条 事故调查处理应当按照科学严谨、依法依规、实事求是、注重实效的原则,及时、准确地查清事故原因,查明事故性质和责任,评估应急处置工作,总结事故教训,提出整改措施,并对事故责任单位和人员提出处理建议。事故调查报告应当依法及时向社会公布。事故调查和处理的具体办法由国务院制定。

事故发生单位应当及时全面落实整改措施,负有安全生产监督管理职责的部门应当加强监督检查。

负责事故调查处理的国务院有关部门和地方人民政府应当在批复事故调查报告后一年内,组织有关部门对事故整改和防范措施落实情况进行评估,并及时向社会公开评估结果;对不履行职责导致事故整改和防范措施没有落实的有关单位和人员,应当按照有关规定追究责任。

第八十七条 生产经营单位发生生产安全事故,经调查确定为责任事故的,除了应当查明事故单位的责任并依法予以追究外,还应当查明对安全生产的有关事项负有审查批准和监督职责的行政部门的责任,对有失职、渎职行为的,依照本法第九十条的规定追究法律责任。

第八十八条 任何单位和个人不得阻挠和干涉对事故的依法调查处理。

第八十九条 县级以上地方各级人民政府应急管理部门应当定期统计分析本行政区域内发生生产安全事故的情况,并定期向社会公布。

第六章 法 律 责 任

第九十条 负有安全生产监督管理职责的部门的工作人员,有下列行为之一的,给予降级或者撤职的处分;构成犯罪的,依照刑法有关规定追究刑事责任:

(一)对不符合法定安全生产条件的涉及安全生产的事项予以批准或者验收通过的;

(二)发现未依法取得批准、验收的单位擅自从事有关活动或者接到举报后不予取缔或者不依法予以处理的;

(三)对已经依法取得批准的单位不履行监督管理职责,发现其不再具备安全生产条件而不撤销原批准或者发现安全生产违法行为不予查处的;

(四)在监督检查中发现重大事故隐患,不依法及时处理的。

负有安全生产监督管理职责的部门的工作人员有前款规定以外的滥用职权、玩忽职守、徇私舞弊行为的,依法给予处分;构成犯罪的,依照刑法有关规定追究刑事责任。

第九十一条 负有安全生产监督管理职责的部门,要求被审查、验收的单位购买其指定的安全设备、器材或者其他产品的,在对安全生产事项的审查、验收中收取费用的,由其上级机关或者监察机关责令改正,责令退还收取的费用;情节严重的,对直接负责的主管人员和其他直接责任人员依法给予处分。

第九十二条 承担安全评价、认证、检测、检验职责的机构出具失实报告的,责令停业整顿,并处三万元以上十万元以下的罚款;给他人造成损害的,依法承担赔偿责任。

承担安全评价、认证、检测、检验职责的机构租借资质、挂靠、出具虚假报告的,没收违法所得;违法所得在十万元以上的,并处违法所得二倍以上五倍以下的罚款,没有违法所得或者违法所得不足十万元的,单处或者并处十万元以上二十万元以下的罚款;对其直接负责的主管人员和其他直接责任人员处五万元以上十万元以下的罚款;给他人造成损害的,与生产经营单位承担连带赔偿责任;构成犯罪的,依照刑法有关规定追究刑事责任。

对有前款违法行为的机构及其直接责任人员,吊销其相应资质和资格,五年内不得从事安全评价、认证、检测、检验等工作;情节严重的,实行终身行业和职业禁入。

第九十三条 生产经营单位的决策机构、主要负责人或者个人经营的投资人不依照本法规定保证安全生产所必需的资金投入,致使生产经营单位不具备安全生产条件的,责令限期改正,提供必需的资金;逾期未改正的,责令生产经营单位停产停业整顿。

有前款违法行为,导致发生生产安全事故的,对生产经营单位的主要负责人给予撤职处分,对个人经营的投资人处二万元以上二十万元以下的罚款;构成犯罪的,依照刑法有关规定追究刑事责任。

第九十四条 生产经营单位的主要负责人未履行本法规定的安全生产管理职责的,责令限期改正,处二万元以上五万元以下的罚款;逾期未改正的,处五万元以上十万元以下的罚款,责令生产经营单位停产停业整顿。

生产经营单位的主要负责人有前款违法行为,导致发生生产安全事故的,给予撤职处分;构成犯罪的,依照刑法有关规定追究刑事责任。

生产经营单位的主要负责人依照前款规定受刑事处罚或者撤职处分的,自刑罚执行完毕或者受处分之日起,五年内不得担任任何生产经营单位的主要负责人;对重大、特别重大生产安全事故负有责任的,终身不得担任本行业生产经营单位的主要负责人。

第九十五条 生产经营单位的主要负责人未履行本法规定的安全生产管理职责,导致发生生产安全事故的,由应急管理部门依照下列规定处以罚款:

(一) 发生一般事故的,处上一年年收入百分之四十的罚款;

(二) 发生较大事故的,处上一年年收入百分之六十的罚款;

(三) 发生重大事故的,处上一年年收入百分之八十的罚款;

(四) 发生特别重大事故的,处上一年年收入百分之一百的罚款。

第九十六条 生产经营单位的其他负责人和安全生产管理人员未履行本法规定的安全生产管理职责的,责令限期改正,处一万元以上三万元以下的罚款;导致发生生产安全事故的,暂停或者吊销其与安全生产有关的资格,并处上一年年收入百分之二十以上百分之五十以下的罚款;构成犯罪的,依照刑法有关规定追究刑事责任。

第九十七条 生产经营单位有下列行为之一的,责令限期改正,处十万元以下的罚款;逾期未改正的,责令停产停业整顿,并处十万元以上二十万元以下的罚款,对其直接负责的主管人员和其他直接责任人员处二万元以上五万元以下的罚款:

(一) 未按照规定设置安全生产管理机构或者配备安全生产管理人员、注册安全工程师的;

(二) 危险物品的生产、经营、储存、装卸单位以及矿山、金属冶炼、建筑施工、运输单位的主要负责人和安全生产管理人员未按照规定经考核合格的;

(三) 未按照规定对从业人员、被派遣劳动者、实习学生进行安全生产教育和培训,或者未按照规定如实告知有关的安全生产事项的;

(四) 未如实记录安全生产教育和培训情况的;

(五) 未将事故隐患排查治理情况如实记录或者未向从业人员通报的;

(六) 未按照规定制定生产安全事故应急救援预案或者未定期组织演练的;

(七) 特种作业人员未按照规定经专门的安全作业培训并取得相应资格,上岗作业的。

第九十八条 生产经营单位有下列行为之一的,责令停止建设或者停产停业整顿,限期改正,并处十万元以上五十万元以下的罚款,对其直接负责的主管人员和其他直接责任人员处二万元以上五万元以下的罚款;逾期未改正的,处五十万元以上一百万元以下的罚款,对其直接负责的主管人员和其他直接责任人员处五万元以上十万元以下的罚款；构成犯罪的，依照刑法有关规定追究刑事责任：

（一）未按照规定对矿山、金属冶炼建设项目或者用于生产、储存、装卸危险物品的建设项目进行安全评价的；

（二）矿山、金属冶炼建设项目或者用于生产、储存、装卸危险物品的建设项目没有安全设施设计或者安全设施设计未按照规定报经有关部门审查同意的；

（三）矿山、金属冶炼建设项目或者用于生产、储存、装卸危险物品的建设项目的施工单位未按照批准的安全设施设计施工的；

（四）矿山、金属冶炼建设项目或者用于生产、储存、装卸危险物品的建设项目竣工投入生产或者使用前，安全设施未经验收合格的。

第九十九条 生产经营单位有下列行为之一的，责令限期改正，处五万元以下的罚款；逾期未改正的，处五万元以上二十万元以下的罚款，对其直接负责的主管人员和其他直接责任人员处一万元以上二万元以下的罚款；情节严重的，责令停产停业整顿；构成犯罪的，依照刑法有关规定追究刑事责任：

（一）未在有较大危险因素的生产经营场所和有关设施、设备上设置明显的安全警示标志的；

（二）安全设备的安装、使用、检测、改造和报废不符合国家标准或者行业标准的；

（三）未对安全设备进行经常性维护、保养和定期检测的；

（四）关闭、破坏直接关系生产安全的监控、报警、防护、救生设备、设施，或者篡改、隐瞒、销毁其相关数据、信息的；

（五）未为从业人员提供符合国家标准或者行业标准的劳动防护用品的；

（六）危险物品的容器、运输工具，以及涉及人身安全、危险性较大的海洋石油开采特种设备和矿山井下特种设备未经具有专业资质的机构检测、检验合格，取得安全使用证或者安全标志，投入使用的；

（七）使用应当淘汰的危及生产安全的工艺、设备的；

（八）餐饮等行业的生产经营单位使用燃气未安装可燃气体报警装置的。

第一百条 未经依法批准，擅自生产、经营、运输、储存、使用危险物品或者处置废弃危险物品的，依照有关危险物品安全管理的法律、行政法规的规定予以处罚；构成犯罪的，依照刑法有关规定追究刑事责任。

第一百零一条 生产经营单位有下列行为之一的，责令限期改正，处十万元以下的罚款；逾期未改正的，责令停产停业整顿，并处十万元以上二十万元以下的罚款，对其直接负责的主管人员和其他直接责任人员处二万元以上五万元以下的罚款；构成犯罪的，依照刑法有关规定追究刑事责任：

（一）生产、经营、运输、储存、使用危险物品或者处置废弃危险物品，未建立专门安全管理制度、未采取可靠的安全措施的；

（二）对重大危险源未登记建档，未进行定期检测、评估、监控，未制定应急预案，或者未告知应急措施的；

（三）进行爆破、吊装、动火、临时用电以及国务院应急管理部门会同国务院有关部门规定的其他危险作业，未安排专门人员进行现场安全管理的；

（四）未建立安全风险分级管控制度或者未按照安全风险分级采取相应管控措施的；

（五）未建立事故隐患排查治理制度，或者重大事故隐患排查治理情况未按照规定报告的。

第一百零二条 生产经营单位未采取措施消除事故隐患的，责令立即消除或者限期消除，处五万元以下的罚款；生产经营单位拒不执行的，责令停产停业整顿，对其直接负责的主管人员和其他直接责任人员处五万元以上十万元以下的罚款；构成犯罪的，依照刑法有关规定追究刑事责任。

第一百零三条 生产经营单位将生产经营项目、场所、设备发包或者出租给不具备安全生产条件或者相应资质的单位或者个人的,责令限期改正,没收违法所得;违法所得十万元以上的,并处违法所得二倍以上五倍以下的罚款;没有违法所得或者违法所得不足十万元的,单处或者并处十万元以上二十万元以下的罚款;对其直接负责的主管人员和其他直接责任人员处一万元以上二万元以下的罚款;导致发生生产安全事故给他人造成损害的,与承包方、承租方承担连带赔偿责任。

生产经营单位未与承包单位、承租单位签订专门的安全生产管理协议或者未在承包合同、租赁合同中明确各自的安全生产管理职责,或者未对承包单位、承租单位的安全生产统一协调、管理的,责令限期改正,处五万元以下的罚款,对其直接负责的主管人员和其他直接责任人员处一万元以下的罚款;逾期未改正的,责令停产停业整顿。

矿山、金属冶炼建设项目和用于生产、储存、装卸危险物品的建设项目的施工单位未按照规定对施工项目进行安全管理的,责令限期改正,处十万元以下的罚款,对其直接负责的主管人员和其他直接责任人员处二万元以下的罚款;逾期未改正的,责令停产停业整顿。以上施工单位倒卖、出租、出借、挂靠或者以其他形式非法转让施工资质的,责令停产停业整顿,吊销资质证书,没收违法所得;违法所得十万元以上的,并处违法所得二倍以上五倍以下的罚款,没有违法所得或者违法所得不足十万元的,单处或者并处十万元以上二十万元以下的罚款;对其直接负责的主管人员和其他直接责任人员处五万元以上十万元以下的罚款;构成犯罪的,依照刑法有关规定追究刑事责任。

第一百零四条 两个以上生产经营单位在同一作业区域内进行可能危及对方安全生产的生产经营活动,未签订安全生产管理协议或者未指定专职安全生产管理人员进行安全检查与协调的,责令限期改正,处五万元以下的罚款,对其直接负责的主管人员和其他直接责任人员处一万元以下的罚款;逾期未改正的,责令停产停业。

第一百零五条 生产经营单位有下列行为之一的,责令限期改正,处五万元以下的罚款,对其直接负责的主管人员和其他直接责任人员处一万元以下的罚款;逾期未改正的,责令停产停业整顿;构成犯罪的,依照刑法有关规定追究刑事责任:

(一)生产、经营、储存、使用危险物品的车间、商店、仓库与员工宿舍在同一座建筑内,或者与员工宿舍的距离不符合安全要求的;

(二)生产经营场所和员工宿舍未设有符合紧急疏散需要、标志明显、保持畅通的出口、疏散通道,或者占用、锁闭、封堵生产经营场所或者员工宿舍出口、疏散通道的。

第一百零六条 生产经营单位与从业人员订立协议,免除或者减轻其对从业人员因生产安全事故伤亡依法应承担的责任的,该协议无效;对生产经营单位的主要负责人、个人经营的投资人处二万元以上十万元以下的罚款。

第一百零七条 生产经营单位的从业人员不落实岗位安全责任,不服从管理,违反安全生产规章制度或者操作规程的,由生产经营单位给予批评教育,依照有关规章制度给予处分;构成犯罪的,依照刑法有关规定追究刑事责任。

第一百零八条 违反本法规定,生产经营单位拒绝、阻碍负有安全生产监督管理职责的部门依法实施监督检查的,责令改正;拒不改正的,处二万元以上二十万元以下的罚款;对其直接负责的主管人员和其他直接责任人员处一万元以上二万元以下的罚款;构成犯罪的,依照刑法有关规定追究刑事责任。

第一百零九条 高危行业、领域的生产经营单位未按照国家规定投保安全生产责任保险的,责令限期改正,处五万元以上十万元以下的罚款;逾期未改正的,处十万元以上二十万元以下的罚款。

第一百一十条 生产经营单位的主要负责人在本单位发生生产安全事故时,不立即组织抢救或者在事故调查处理期间擅离职守或者逃匿的,给予降级、撤职的处分,并由应急管理部门处上一年年收入百分之六十至百分之一百的罚款;对逃匿的处十五日以下拘留;构成犯罪的,依照刑法有关规定追究刑事责任。

生产经营单位的主要负责人对生产安全事故隐瞒不报、谎报或者迟报的，依照前款规定处罚。

第一百一十一条 有关地方人民政府、负有安全生产监督管理职责的部门，对生产安全事故隐瞒不报、谎报或者迟报的，对直接负责的主管人员和其他直接责任人员依法给予处分；构成犯罪的，依照刑法有关规定追究刑事责任。

第一百一十二条 生产经营单位违反本法规定，被责令改正且受到罚款处罚，拒不改正的，负有安全生产监督管理职责的部门可以自作出责令改正之日的次日起，按照原处罚数额按日连续处罚。

第一百一十三条 生产经营单位存在下列情形之一的，负有安全生产监督管理职责的部门应当提请地方人民政府予以关闭，有关部门应当依法吊销其有关证照。生产经营单位主要负责人五年内不得担任任何生产经营单位的主要负责人；情节严重的，终身不得担任本行业生产经营单位的主要负责人：

（一）存在重大事故隐患，一百八十日内三次或者一年内四次受到本法规定的行政处罚的；

（二）经停产停业整顿，仍不具备法律、行政法规和国家标准或者行业标准规定的安全生产条件的；

（三）不具备法律、行政法规和国家标准或者行业标准规定的安全生产条件，导致发生重大、特别重大生产安全事故的；

（四）拒不执行负有安全生产监督管理职责的部门作出的停产停业整顿决定的。

第一百一十四条 发生生产安全事故，对负有责任的生产经营单位除要求其依法承担相应的赔偿等责任外，由应急管理部门依照下列规定处以罚款：

（一）发生一般事故的，处三十万元以上一百万元以下的罚款；

（二）发生较大事故的，处一百万元以上二百万元以下的罚款；

（三）发生重大事故的，处二百万元以上一千万元以下的罚款；

（四）发生特别重大事故的，处一千万元以上二千万元以下的罚款。

发生生产安全事故，情节特别严重、影响特别恶劣的，应急管理部门可以按照前款罚款数额的二倍以上五倍以下对负有责任的生产经营单位处以罚款。

第一百一十五条 本法规定的行政处罚，由应急管理部门和其他负有安全生产监督管理职责的部门按照职责分工决定；其中，根据本法第九十五条、第一百一十条、第一百一十四条的规定应当给予民航、铁路、电力行业的生产经营单位及其主要负责人行政处罚的，也可以由主管的负有安全生产监督管理职责的部门进行处罚。予以关闭的行政处罚，由负有安全生产监督管理职责的部门报请县级以上人民政府按照国务院规定的权限决定；给予拘留的行政处罚，由公安机关依照治安管理处罚的规定决定。

第一百一十六条 生产经营单位发生生产安全事故造成人员伤亡、他人财产损失的，应当依法承担赔偿责任；拒不承担或者其负责人逃匿的，由人民法院依法强制执行。

生产安全事故的责任人未依法承担赔偿责任，经人民法院依法采取执行措施后，仍不能对受害人给予足额赔偿的，应当继续履行赔偿义务；受害人发现责任人有其他财产的，可以随时请求人民法院执行。

第七章 附 则

第一百一十七条 本法下列用语的含义：

危险物品，是指易燃易爆物品、危险化学品、放射性物品等能够危及人身安全和财产安全的物品。

重大危险源，是指长期地或者临时地生产、搬运、使用或者储存危险物品，且危险物品的数量等于或者超过临界量的单元（包括场所和设施）。

第一百一十八条 本法规定的生产安全一般事故、较大事故、重大事故、特别重大事故的划分标准由国务院规定。

国务院应急管理部门和其他负有安全生产监督管理职责的部门应当根据各自的职责分工，制定相关行业、领域重大危险源的辨识标准和重大事故隐患的判定标准。

第一百一十九条 本法自 2002 年 11 月 1 日起施行。

生产安全事故报告和调查处理条例

(2007年3月28日国务院第172次常务会议通过 2007年4月9日中华人民共和国国务院令第493号公布 自2007年6月1日起施行)

第一章 总 则

第一条 为了规范生产安全事故的报告和调查处理，落实生产安全事故责任追究制度，防止和减少生产安全事故，根据《中华人民共和国安全生产法》和有关法律，制定本条例。

第二条 生产经营活动中发生的造成人身伤亡或者直接经济损失的生产安全事故的报告和调查处理，适用本条例；环境污染事故、核设施事故、国防科研生产事故的报告和调查处理不适用本条例。

第三条 根据生产安全事故（以下简称事故）造成的人员伤亡或者直接经济损失，事故一般分为以下等级：

（一）特别重大事故，是指造成30人以上死亡，或者100人以上重伤（包括急性工业中毒，下同），或者1亿元以上直接经济损失的事故；

（二）重大事故，是指造成10人以上30人以下死亡，或者50人以上100人以下重伤，或者5000万元以上1亿元以下直接经济损失的事故；

（三）较大事故，是指造成3人以上10人以下死亡，或者10人以上50人以下重伤，或者1000万元以上5000万元以下直接经济损失的事故；

（四）一般事故，是指造成3人以下死亡，或者10人以下重伤，或者1000万元以下直接经济损失的事故。

国务院安全生产监督管理部门可以会同国务院有关部门，制定事故等级划分的补充性规定。

本条第一款所称的"以上"包括本数，所称的"以下"不包括本数。

第四条 事故报告应当及时、准确、完整，任何单位和个人对事故不得迟报、漏报、谎报或者瞒报。

事故调查处理应当坚持实事求是、尊重科学的原则，及时、准确地查清事故经过、事故原因和事故损失，查明事故性质，认定事故责任，总结事故教训，提出整改措施，并对事故责任者依法追究责任。

第五条 县级以上人民政府应当依照本条例的规定，严格履行职责，及时、准确地完成事故调查处理工作。

事故发生地有关地方人民政府应当支持、配合上级人民政府或者有关部门的事故调查处理工作，并提供必要的便利条件。

参加事故调查处理的部门和单位应当互相配合，提高事故调查处理工作的效率。

第六条 工会依法参加事故调查处理，有权向有关部门提出处理意见。

第七条 任何单位和个人不得阻挠和干涉对事故的报告和依法调查处理。

第八条 对事故报告和调查处理中的违法行为，任何单位和个人有权向安全生产监督管理部门、监察机关或者其他有关部门举报，接到举报的部门应当依法及时处理。

第二章 事故报告

第九条 事故发生后，事故现场有关人员应当立即向本单位负责人报告；单位负责人接到报告后，应当于 1 小时内向事故发生地县级以上人民政府安全生产监督管理部门和负有安全生产监督管理职责的有关部门报告。

情况紧急时，事故现场有关人员可以直接向事故发生地县级以上人民政府安全生产监督管理部门和负有安全生产监督管理职责的有关部门报告。

第十条 安全生产监督管理部门和负有安全生产监督管理职责的有关部门接到事故报告后，应当依照下列规定上报事故情况，并通知公安机关、劳动保障行政部门、工会和人民检察院：

（一）特别重大事故、重大事故逐级上报至国务院安全生产监督管理部门和负有安全生产监督管理职责的有关部门；

（二）较大事故逐级上报至省、自治区、直辖市人民政府安全生产监督管理部门和负有安全生产监督管理职责的有关部门；

（三）一般事故上报至设区的市级人民政府安全生产监督管理部门和负有安全生产监督管理职责的有关部门。

安全生产监督管理部门和负有安全生产监督管理职责的有关部门依照前款规定上报事故情况，应当同时报告本级人民政府。国务院安全生产监督管理部门和负有安全生产监督管理职责的有关部门以及省级人民政府接到发生特别重大事故、重大事故的报告后，应当立即报告国务院。

必要时，安全生产监督管理部门和负有安全生产监督管理职责的有关部门可以越级上报事故情况。

第十一条 安全生产监督管理部门和负有安全生产监督管理职责的有关部门逐级上报事故情况，每级上报的时间不得超过 2 小时。

第十二条 报告事故应当包括下列内容：

（一）事故发生单位概况；

（二）事故发生的时间、地点以及事故现场情况；

（三）事故的简要经过；

（四）事故已经造成或者可能造成的伤亡人数（包括下落不明的人数）和初步估计的直接经济损失；

（五）已经采取的措施；

（六）其他应当报告的情况。

第十三条 事故报告后出现新情况的，应当及时补报。

自事故发生之日起 30 日内，事故造成的伤亡人数发生变化的，应当及时补报。道路交通事故、火灾事故自发生之日起 7 日内，事故造成的伤亡人数发生变化的，应当及时补报。

第十四条 事故发生单位负责人接到事故报告后，应当立即启动事故相应应急预案，或者采取有效措施，组织抢救，防止事故扩大，减少人员伤亡和财产损失。

第十五条 事故发生地有关地方人民政府、安全生产监督管理部门和负有安全生产监督管理职责的有关部门接到事故报告后，其负责人应当立即赶赴事故现场，组织事故救援。

第十六条 事故发生后，有关单位和人员应当妥善保护事故现场以及相关证据，任何单位和个人不得破坏事故现场、毁灭相关证据。

因抢救人员、防止事故扩大以及疏通交通等原因，需要移动事故现场物件的，应当做出标志，绘制现场简图并做出书面记录，妥善保存现场重要痕迹、物证。

第十七条 事故发生地公安机关根据事故的情况，对涉嫌犯罪的，应当依法立案侦查，采取强制措施和侦查措施。犯罪嫌疑人逃匿的，公安机关应当迅速追捕归案。

第十八条 安全生产监督管理部门和负有安全生产监督管理职责的有关部门应当建立值班制度，并向社会公布值班电话，受理事故报告和举报。

第三章 事 故 调 查

第十九条 特别重大事故由国务院或者国务院授权有关部门组织事故调查组进行调查。

重大事故、较大事故、一般事故分别由事故发生地省级人民政府、设区的市级人民政府、县级人民政府负责调查。省级人民政府、设区的市级人民政府、县级人民政府可以直接组织事故调查组进行调查，也可以授权或者委托有关部门组织事故调查组进行调查。

未造成人员伤亡的一般事故，县级人民政府也可以委托事故发生单位组织事故调查组进行调查。

第二十条 上级人民政府认为必要时，可以调查由下级人民政府负责调查的事故。

自事故发生之日起30日内（道路交通事故、火灾事故自发生之日起7日内），因事故伤亡人数变化导致事故等级发生变化，依照本条例规定应当由上级人民政府负责调查的，上级人民政府可以另行组织事故调查组进行调查。

第二十一条 特别重大事故以下等级事故，事故发生地与事故发生单位不在同一个县级以上行政区域的，由事故发生地人民政府负责调查，事故发生单位所在地人民政府应当派人参加。

第二十二条 事故调查组的组成应当遵循精简、效能的原则。

根据事故的具体情况，事故调查组由有关人民政府、安全生产监督管理部门、负有安全生产监督管理职责的有关部门、监察机关、公安机关以及工会派人组成，并应当邀请人民检察院派人参加。

事故调查组可以聘请有关专家参与调查。

第二十三条 事故调查组成员应当具有事故调查所需要的知识和专长，并与所调查的事故没有直接利害关系。

第二十四条 事故调查组组长由负责事故调查的人民政府指定。事故调查组组长主持事故调查组的工作。

第二十五条 事故调查组履行下列职责：

（一）查明事故发生的经过、原因、人员伤亡情况及直接经济损失；
（二）认定事故的性质和事故责任；
（三）提出对事故责任者的处理建议；
（四）总结事故教训，提出防范和整改措施；
（五）提交事故调查报告。

第二十六条 事故调查组有权向有关单位和个人了解与事故有关的情况，并要求其提供相关文件、资料，有关单位和个人不得拒绝。

事故发生单位的负责人和有关人员在事故调查期间不得擅离职守，并应当随时接受事故调查组的询问，如实提供有关情况。

事故调查中发现涉嫌犯罪的，事故调查组应当及时将有关材料或者其复印件移交司法机关处理。

第二十七条 事故调查中需要进行技术鉴定的，事故调查组应当委托具有国家规定资质的单位进行技术鉴定。必要时，事故调查组可以直接组织专家进行技术鉴定。技术鉴定所需时间不计入事故调查期限。

第二十八条 事故调查组成员在事故调查工作中应当诚信公正、恪尽职守，遵守事故调查组的纪律，保守事故调查的秘密。

未经事故调查组组长允许，事故调查组成员不得擅自发布有关事故的信息。

第二十九条 事故调查组应当自事故发生之日起60日内提交事故调查报告；特殊情况下，经负责事故调查的人民政府批准，提交事故调查报告的期限可以适当延长，但延长的期限最长不超过60日。

第三十条 事故调查报告应当包括下列内容：

（一）事故发生单位概况；

（二）事故发生经过和事故救援情况；

（三）事故造成的人员伤亡和直接经济损失；

（四）事故发生的原因和事故性质；

（五）事故责任的认定以及对事故责任者的处理建议；

（六）事故防范和整改措施。

事故调查报告应当附具有关证据材料。事故调查组成员应当在事故调查报告上签名。

第三十一条 事故调查报告报送负责事故调查的人民政府后，事故调查工作即告结束。事故调查的有关资料应当归档保存。

第四章 事 故 处 理

第三十二条 重大事故、较大事故、一般事故，负责事故调查的人民政府应当自收到事故调查报告之日起 15 日内做出批复；特别重大事故，30 日内做出批复，特殊情况下，批复时间可以适当延长，但延长的时间最长不超过 30 日。

有关机关应当按照人民政府的批复，依照法律、行政法规规定的权限和程序，对事故发生单位和有关人员进行行政处罚，对负有事故责任的国家工作人员进行处分。

事故发生单位应当按照负责事故调查的人民政府的批复，对本单位负有事故责任的人员进行处理。

负有事故责任的人员涉嫌犯罪的，依法追究刑事责任。

第三十三条 事故发生单位应当认真吸取事故教训，落实防范和整改措施，防止事故再次发生。防范和整改措施的落实情况应当接受工会和职工的监督。

安全生产监督管理部门和负有安全生产监督管理职责的有关部门应当对事故发生单位落实防范和整改措施的情况进行监督检查。

第三十四条 事故处理的情况由负责事故调查的人民政府或者其授权的有关部门、机构向社会公布，依法应当保密的除外。

第五章 法 律 责 任

第三十五条 事故发生单位主要负责人有下列行为之一的，处上一年年收入 40％至 80％的罚款；属于国家工作人员的，并依法给予处分；构成犯罪的，依法追究刑事责任：

（一）不立即组织事故抢救的；

（二）迟报或者漏报事故的；

（三）在事故调查处理期间擅离职守的。

第三十六条 事故发生单位及其有关人员有下列行为之一的，对事故发生单位处 100 万元以上 500 万元以下的罚款；对主要负责人、直接负责的主管人员和其他直接责任人员处上一年年收入 60％至 100％的罚款；属于国家工作人员的，并依法给予处分；构成违反治安管理行为的，由公安机关依法给予治安管理处罚；构成犯罪的，依法追究刑事责任：

（一）谎报或者瞒报事故的；

（二）伪造或者故意破坏事故现场的；

（三）转移、隐匿资金、财产，或者销毁有关证据、资料的；

（四）拒绝接受调查或者拒绝提供有关情况和资料的；

（五）在事故调查中作伪证或者指使他人作伪证的；

（六）事故发生后逃匿的。

第三十七条 事故发生单位对事故发生负有责任的，依照下列规定处以罚款：

（一）发生一般事故的，处 10 万元以上 20 万元以下的罚款；

（二）发生较大事故的，处 20 万元以上 50 万元以下的罚款；
（三）发生重大事故的，处 50 万元以上 200 万元以下的罚款；
（四）发生特别重大事故的，处 200 万元以上 500 万元以下的罚款。

第三十八条 事故发生单位主要负责人未依法履行安全生产管理职责，导致事故发生的，依照下列规定处以罚款；属于国家工作人员的，并依法给予处分；构成犯罪的，依法追究刑事责任：

（一）发生一般事故的，处上一年年收入 30％的罚款；
（二）发生较大事故的，处上一年年收入 40％的罚款；
（三）发生重大事故的，处上一年年收入 60％的罚款；
（四）发生特别重大事故的，处上一年年收入 80％的罚款。

第三十九条 有关地方人民政府、安全生产监督管理部门和负有安全生产监督管理职责的有关部门有下列行为之一的，对直接负责的主管人员和其他直接责任人员依法给予处分；构成犯罪的，依法追究刑事责任：

（一）不立即组织事故抢救的；
（二）迟报、漏报、谎报或者瞒报事故的；
（三）阻碍、干涉事故调查工作的；
（四）在事故调查中作伪证或者指使他人作伪证的。

第四十条 事故发生单位对事故发生负有责任的，由有关部门依法暂扣或者吊销其有关证照；对事故发生单位负有事故责任的有关人员，依法暂停或者撤销其与安全生产有关的执业资格、岗位证书；事故发生单位主要负责人受到刑事处罚或者撤职处分的，自刑罚执行完毕或者受处分之日起，5 年内不得担任任何生产经营单位的主要负责人。

为发生事故的单位提供虚假证明的中介机构，由有关部门依法暂扣或者吊销其有关证照及其相关人员的执业资格；构成犯罪的，依法追究刑事责任。

第四十一条 参与事故调查的人员在事故调查中有下列行为之一的，依法给予处分；构成犯罪的，依法追究刑事责任：

（一）对事故调查工作不负责任，致使事故调查工作有重大疏漏的；
（二）包庇、袒护负有事故责任的人员或者借机打击报复的。

第四十二条 违反本条例规定，有关地方人民政府或者有关部门故意拖延或者拒绝落实经批复的对事故责任人的处理意见的，由监察机关对有关责任人员依法给予处分。

第四十三条 本条例规定的罚款的行政处罚，由安全生产监督管理部门决定。

法律、行政法规对行政处罚的种类、幅度和决定机关另有规定的，依照其规定。

第六章　附　　则

第四十四条 没有造成人员伤亡，但是社会影响恶劣的事故，国务院或者有关地方人民政府认为需要调查处理的，依照本条例的有关规定执行。

国家机关、事业单位、人民团体发生的事故的报告和调查处理，参照本条例的规定执行。

第四十五条 特别重大事故以下等级事故的报告和调查处理，有关法律、行政法规或者国务院另有规定的，依照其规定。

第四十六条 本条例自 2007 年 6 月 1 日起施行。国务院 1989 年 3 月 29 日公布的《特别重大事故调查程序暂行规定》和 1991 年 2 月 22 日公布的《企业职工伤亡事故报告和处理规定》同时废止。

生产安全事故应急预案管理办法

(2016年6月3日国家安全生产监督管理总局令第88号公布,根据2019年7月11日应急管理部令第2号《应急管理部关于修改〈生产安全事故应急预案管理办法〉的决定》修正)

第一章 总 则

第一条 为规范生产安全事故应急预案管理工作,迅速有效处置生产安全事故,依据《中华人民共和国突发事件应对法》《中华人民共和国安全生产法》《生产安全事故应急条例》等法律、行政法规和《突发事件应急预案管理办法》(国办发〔2013〕101号),制定本办法。

第二条 生产安全事故应急预案(以下简称应急预案)的编制、评审、公布、备案、实施及监督管理工作,适用本办法。

第三条 应急预案的管理实行属地为主、分级负责、分类指导、综合协调、动态管理的原则。

第四条 应急管理部负责全国应急预案的综合协调管理工作。国务院其他负有安全生产监督管理职责的部门在各自职责范围内,负责相关行业、领域应急预案的管理工作。

县级以上地方各级人民政府应急管理部门负责本行政区域内应急预案的综合协调管理工作。县级以上地方各级人民政府其他负有安全生产监督管理职责的部门按照各自的职责负责有关行业、领域应急预案的管理工作。

第五条 生产经营单位主要负责人负责组织编制和实施本单位的应急预案,并对应急预案的真实性和实用性负责;各分管负责人应当按照职责分工落实应急预案规定的职责。

第六条 生产经营单位应急预案分为综合应急预案、专项应急预案和现场处置方案。

综合应急预案,是指生产经营单位为应对各种生产安全事故而制定的综合性工作方案,是本单位应对生产安全事故的总体工作程序、措施和应急预案体系的总纲。

专项应急预案,是指生产经营单位为应对某一种或者多种类型生产安全事故,或者针对重要生产设施、重大危险源、重大活动防止生产安全事故而制定的专项性工作方案。

现场处置方案,是指生产经营单位根据不同生产安全事故类型,针对具体场所、装置或者设施所制定的应急处置措施。

第二章 应急预案的编制

第七条 应急预案的编制应当遵循以人为本、依法依规、符合实际、注重实效的原则,以应急处置为核心,明确应急职责、规范应急程序、细化保障措施。

第八条 应急预案的编制应当符合下列基本要求:

(一)有关法律、法规、规章和标准的规定;

(二)本地区、本部门、本单位的安全生产实际情况;

(三)本地区、本部门、本单位的危险性分析情况;

(四)应急组织和人员的职责分工明确,并有具体的落实措施;

(五)有明确、具体的应急程序和处置措施,并与其应急能力相适应;

(六)有明确的应急保障措施,满足本地区、本部门、本单位的应急工作需要;

(七)应急预案基本要素齐全、完整,应急预案附件提供的信息准确;

（八）应急预案内容与相关应急预案相互衔接。

第九条 编制应急预案应当成立编制工作小组，由本单位有关负责人任组长，吸收与应急预案有关的职能部门和单位的人员，以及有现场处置经验的人员参加。

第十条 编制应急预案前，编制单位应当进行事故风险辨识、评估和应急资源调查。

事故风险辨识、评估，是指针对不同事故种类及特点，识别存在的危险危害因素，分析事故可能产生的直接后果以及次生、衍生后果，评估各种后果的危害程度和影响范围，提出防范和控制事故风险措施的过程。

应急资源调查，是指全面调查本地区、本单位第一时间可以调用的应急资源状况和合作区域内可以请求援助的应急资源状况，并结合事故风险辨识评估结论制定应急措施的过程。

第十一条 地方各级人民政府应急管理部门和其他负有安全生产监督管理职责的部门应当根据法律、法规、规章和同级人民政府以及上一级人民政府应急管理部门和其他负有安全生产监督管理职责的部门的应急预案，结合工作实际，组织编制相应的部门应急预案。

部门应急预案应当根据本地区、本部门的实际情况，明确信息报告、响应分级、指挥权移交、警戒疏散等内容。

第十二条 生产经营单位应当根据有关法律、法规、规章和相关标准，结合本单位组织管理体系、生产规模和可能发生的事故特点，与相关预案保持衔接，确立本单位的应急预案体系，编制相应的应急预案，并体现自救互救和先期处置等特点。

第十三条 生产经营单位风险种类多、可能发生多种类型事故的，应当组织编制综合应急预案。

综合应急预案应当规定应急组织机构及其职责、应急预案体系、事故风险描述、预警及信息报告、应急响应、保障措施、应急预案管理等内容。

第十四条 对于某一种或者多种类型的事故风险，生产经营单位可以编制相应的专项应急预案，或将专项应急预案并入综合应急预案。

专项应急预案应当规定应急指挥机构与职责、处置程序和措施等内容。

第十五条 对于危险性较大的场所、装置或者设施，生产经营单位应当编制现场处置方案。

现场处置方案应当规定应急工作职责、应急处置措施和注意事项等内容。

事故风险单一、危险性小的生产经营单位，可以只编制现场处置方案。

第十六条 生产经营单位应急预案应当包括向上级应急管理机构报告的内容、应急组织机构和人员的联系方式、应急物资储备清单等附件信息。附件信息发生变化时，应当及时更新，确保准确有效。

第十七条 生产经营单位组织应急预案编制过程中，应当根据法律、法规、规章的规定或者实际需要，征求相关应急救援队伍、公民、法人或者其他组织的意见。

第十八条 生产经营单位编制的各类应急预案之间应当相互衔接，并与相关人民政府及其部门、应急救援队伍和涉及的其他单位的应急预案相衔接。

第十九条 生产经营单位应当在编制应急预案的基础上，针对工作场所、岗位的特点，编制简明、实用、有效的应急处置卡。

应急处置卡应当规定重点岗位、人员的应急处置程序和措施，以及相关联络人员和联系方式，便于从业人员携带。

第三章 应急预案的评审、公布和备案

第二十条 地方各级人民政府应急管理部门应当组织有关专家对本部门编制的部门应急预案进行审定；必要时，可以召开听证会，听取社会有关方面的意见。

第二十一条 矿山、金属冶炼企业和易燃易爆物品、危险化学品的生产、经营（带储存设施的，下同）、储存、运输企业，以及使用危险化学品达到国家规定数量的化工企业、烟花爆竹生产、批发经营企业和中型规模以上的其他生产经营单位，应当对本单位编制的应急预案进行评审，并形成书面

评审纪要。

前款规定以外的其他生产经营单位可以根据自身需要，对本单位编制的应急预案进行论证。

第二十二条 参加应急预案评审的人员应当包括有关安全生产及应急管理方面的专家。

评审人员与所评审应急预案的生产经营单位有利害关系的，应当回避。

第二十三条 应急预案的评审或者论证应当注重基本要素的完整性、组织体系的合理性、应急处置程序和措施的针对性、应急保障措施的可行性、应急预案的衔接性等内容。

第二十四条 生产经营单位的应急预案经评审或者论证后，由本单位主要负责人签署，向本单位从业人员公布，并及时发放到本单位有关部门、岗位和相关应急救援队伍。

事故风险可能影响周边其他单位、人员的，生产经营单位应当将有关事故风险的性质、影响范围和应急防范措施告知周边的其他单位和人员。

第二十五条 地方各级人民政府应急管理部门的应急预案，应当报同级人民政府备案，同时抄送上一级人民政府应急管理部门，并依法向社会公布。

地方各级人民政府其他负有安全生产监督管理职责的部门的应急预案，应当抄送同级人民政府应急管理部门。

第二十六条 易燃易爆物品、危险化学品等危险物品的生产、经营、储存、运输单位，矿山、金属冶炼、城市轨道交通运营、建筑施工单位，以及宾馆、商场、娱乐场所、旅游景区等人员密集场所经营单位，应当在应急预案公布之日起 20 个工作日内，按照分级属地原则，向县级以上人民政府应急管理部门和其他负有安全生产监督管理职责的部门进行备案，并依法向社会公布。

前款所列单位属于中央企业的，其总部（上市公司）的应急预案，报国务院主管的负有安全生产监督管理职责的部门备案，并抄送应急管理部；其所属单位的应急预案报所在地的省、自治区、直辖市或者设区的市级人民政府主管的负有安全生产监督管理职责的部门备案，并抄送同级人民政府应急管理部门。

本条第一款所列单位不属于中央企业的，其中非煤矿山、金属冶炼和危险化学品生产、经营、储存、运输企业，以及使用危险化学品达到国家规定数量的化工企业、烟花爆竹生产、批发经营企业的应急预案，按照隶属关系报所在地县级以上地方人民政府应急管理部门备案；本款前述单位以外的其他生产经营单位应急预案的备案，由省、自治区、直辖市人民政府负有安全生产监督管理职责的部门确定。

油气输送管道运营单位的应急预案，除按照本条第一款、第二款的规定备案外，还应当抄送所经行政区域的县级人民政府应急管理部门。

海洋石油开采企业的应急预案，除按照本条第一款、第二款的规定备案外，还应当抄送所经行政区域的县级人民政府应急管理部门和海洋石油安全监管机构。

煤矿企业的应急预案除按照本条第一款、第二款的规定备案外，还应当抄送所在地的煤矿安全监察机构。

第二十七条 生产经营单位申报应急预案备案，应当提交下列材料：

（一）应急预案备案申报表；

（二）本办法第二十一条所列单位，应当提供应急预案评审意见；

（三）应急预案电子文档；

（四）风险评估结果和应急资源调查清单。

第二十八条 受理备案登记的负有安全生产监督管理职责的部门应当在 5 个工作日内对应急预案材料进行核对，材料齐全的，应当予以备案并出具应急预案备案登记表；材料不齐全的，不予备案并一次性告知需要补齐的材料。逾期不予备案又不说明理由的，视为已经备案。

对于实行安全生产许可的生产经营单位，已经进行应急预案备案的，在申请安全生产许可证时，可以不提供相应的应急预案，仅提供应急预案备案登记表。

第二十九条 各级人民政府负有安全生产监督管理职责的部门应当建立应急预案备案登记建档制

度，指导、督促生产经营单位做好应急预案的备案登记工作。

第四章　应急预案的实施

第三十条　各级人民政府应急管理部门、各类生产经营单位应当采取多种形式开展应急预案的宣传教育，普及生产安全事故避险、自救和互救知识，提高从业人员和社会公众的安全意识与应急处置技能。

第三十一条　各级人民政府应急管理部门应当将本部门应急预案的培训纳入安全生产培训工作计划，并组织实施本行政区域内重点生产经营单位的应急预案培训工作。

生产经营单位应当组织开展本单位的应急预案、应急知识、自救互救和避险逃生技能的培训活动，使有关人员了解应急预案内容，熟悉应急职责、应急处置程序和措施。

应急培训的时间、地点、内容、师资、参加人员和考核结果等情况应当如实记入本单位的安全生产教育和培训档案。

第三十二条　各级人民政府应急管理部门应当至少每两年组织一次应急预案演练，提高本部门、本地区生产安全事故应急处置能力。

第三十三条　生产经营单位应当制定本单位的应急预案演练计划，根据本单位的事故风险特点，每年至少组织一次综合应急预案演练或者专项应急预案演练，每半年至少组织一次现场处置方案演练。

易燃易爆物品、危险化学品等危险物品的生产、经营、储存、运输单位，矿山、金属冶炼、城市轨道交通运营、建筑施工单位，以及宾馆、商场、娱乐场所、旅游景区等人员密集场所经营单位，应当至少每半年组织一次生产安全事故应急预案演练，并将演练情况报送所在地县级以上地方人民政府负有安全生产监督管理职责的部门。

县级以上地方人民政府负有安全生产监督管理职责的部门应当对本行政区域内前款规定的重点生产经营单位的生产安全事故应急救援预案演练进行抽查；发现演练不符合要求的，应当责令限期改正。

第三十四条　应急预案演练结束后，应急预案演练组织单位应当对应急预案演练效果进行评估，撰写应急预案演练评估报告，分析存在的问题，并对应急预案提出修订意见。

第三十五条　应急预案编制单位应当建立应急预案定期评估制度，对预案内容的针对性和实用性进行分析，并对应急预案是否需要修订作出结论。

矿山、金属冶炼、建筑施工企业和易燃易爆物品、危险化学品等危险物品的生产、经营、储存、运输企业、使用危险化学品达到国家规定数量的化工企业、烟花爆竹生产、批发经营企业和中型规模以上的其他生产经营单位，应当每三年进行一次应急预案评估。

应急预案评估可以邀请相关专业机构或者有关专家、有实际应急救援工作经验的人员参加，必要时可以委托安全生产技术服务机构实施。

第三十六条　有下列情形之一的，应急预案应当及时修订并归档：

（一）依据的法律、法规、规章、标准及上位预案中的有关规定发生重大变化的；

（二）应急指挥机构及其职责发生调整的；

（三）安全生产面临的风险发生重大变化的；

（四）重要应急资源发生重大变化的；

（五）在应急演练和事故应急救援中发现需要修订预案的重大问题的；

（六）编制单位认为应当修订的其他情况。

第三十七条　应急预案修订涉及组织指挥体系与职责、应急处置程序、主要处置措施、应急响应分级等内容变更的，修订工作应当参照本办法规定的应急预案编制程序进行，并按照有关应急预案报备程序重新备案。

第三十八条　生产经营单位应当按照应急预案的规定，落实应急指挥体系、应急救援队伍、应急物资及装备，建立应急物资、装备配备及其使用档案，并对应急物资、装备进行定期检测和维护，使其处于适用状态。

第三十九条　生产经营单位发生事故时，应当第一时间启动应急响应，组织有关力量进行救援，并按照规定将事故信息及应急响应启动情况报告事故发生地县级以上人民政府应急管理部门和其他负有安全生产监督管理职责的部门。

第四十条　生产安全事故应急处置和应急救援结束后，事故发生单位应当对应急预案实施情况进行总结评估。

第五章　监　督　管　理

第四十一条　各级人民政府应急管理部门和煤矿安全监察机构应当将生产经营单位应急预案工作纳入年度监督检查计划，明确检查的重点内容和标准，并严格按照计划开展执法检查。

第四十二条　地方各级人民政府应急管理部门应当每年对应急预案的监督管理工作情况进行总结，并报上一级人民政府应急管理部门。

第四十三条　对于在应急预案管理工作中做出显著成绩的单位和人员，各级人民政府应急管理部门、生产经营单位可以给予表彰和奖励。

第六章　法　律　责　任

第四十四条　生产经营单位有下列情形之一的，由县级以上人民政府应急管理等部门依照《中华人民共和国安全生产法》第九十四条的规定，责令限期改正，可以处 5 万元以下罚款；逾期未改正的，责令停产停业整顿，并处 5 万元以上 10 万元以下的罚款，对直接负责的主管人员和其他直接责任人员处 1 万元以上 2 万元以下的罚款：

（一）未按照规定编制应急预案的；

（二）未按照规定定期组织应急预案演练的。

第四十五条　生产经营单位有下列情形之一的，由县级以上人民政府应急管理部门责令限期改正，可以处 1 万元以上 3 万元以下的罚款：

（一）在应急预案编制前未按照规定开展风险辨识、评估和应急资源调查的；

（二）未按照规定开展应急预案评审的；

（三）事故风险可能影响周边单位、人员的，未将事故风险的性质、影响范围和应急防范措施告知周边单位和人员的；

（四）未按照规定开展应急预案评估的；

（五）未按照规定进行应急预案修订的；

（六）未落实应急预案规定的应急物资及装备的。

生产经营单位未按照规定进行应急预案备案的，由县级以上人民政府应急管理等部门依照职责责令限期改正；逾期未改正的，处 3 万元以上 5 万元以下的罚款，对直接负责的主管人员和其他直接责任人员处 1 万元以上 2 万元以下的罚款。

第七章　附　　则

第四十六条　《生产经营单位生产安全事故应急预案备案申报表》和《生产经营单位生产安全事故应急预案备案登记表》由应急管理部统一制定。

第四十七条　各省、自治区、直辖市应急管理部门可以依据本办法的规定，结合本地区实际制定实施细则。

第四十八条　对储存、使用易燃易爆物品、危险化学品等危险物品的科研机构、学校、医院等单位的安全事故应急预案的管理，参照本办法的有关规定执行。

第四十九条　本办法自 2016 年 7 月 1 日起施行。

修 改 决 定

为贯彻落实十三届全国人大一次会议批准的《国务院机构改革方案》和《生产安全事故应急条例》《国务院关于加快推进全国一体化在线政务服务平台建设的指导意见》，应急管理部决定对《生产安全事故应急预案管理办法》(国家安全生产监督管理总局令第88号) 部分条款予以修改：

一、将第一条修改为："为规范生产安全事故应急预案管理工作，迅速有效处置生产安全事故，依据《中华人民共和国突发事件应对法》《中华人民共和国安全生产法》《生产安全事故应急条例》等法律、行政法规和《突发事件应急预案管理办法》(国办发〔2013〕101号)，制定本办法。"

二、将第二条修改为："生产安全事故应急预案（以下简称应急预案）的编制、评审、公布、备案、实施及监督管理工作，适用本办法。"

三、将第四条第一款修改为："应急管理部负责全国应急预案的综合协调管理工作。国务院其他负有安全生产监督管理职责的部门在各自职责范围内，负责相关行业、领域应急预案的管理工作。"

四、将第十条第一款、第二款中的"事故风险评估"修改为"事故风险辨识、评估"；将第三款中的"事故风险评估结论"修改为"事故风险辨识评估结论"。

五、将第十一条第一款修改为："地方各级人民政府应急管理部门和其他负有安全生产监督管理职责的部门应当根据法律、法规、规章和同级人民政府以及上一级人民政府应急管理部门和其他负有安全生产监督管理职责的部门的应急预案，结合工作实际，组织编制相应的部门应急预案。"

六、将第十二条修改为："生产经营单位应当根据有关法律、法规、规章和相关标准，结合本单位组织管理体系、生产规模和可能发生的事故特点，与相关预案保持衔接，确立本单位的应急预案体系，编制相应的应急预案，并体现自救互救和先期处置等特点。"

七、将第二十一条修改为："矿山、金属冶炼企业和易燃易爆物品、危险化学品的生产、经营（带储存设施的，下同）、储存、运输企业，以及使用危险化学品达到国家规定数量的化工企业、烟花爆竹生产、批发经营企业和中型规模以上的其他生产经营单位，应当对本单位编制的应急预案进行评审，并形成书面评审纪要。

"前款规定以外的其他生产经营单位可以根据自身需要，对本单位编制的应急预案进行论证。"

八、将第二十四条第一款修改为："生产经营单位的应急预案经评审或者论证后，由本单位主要负责人签署，向本单位从业人员公布，并及时发放到本单位有关部门、岗位和相关应急救援队伍。"

九、将第二十五条修改为："地方各级人民政府应急管理部门的应急预案，应当报同级人民政府备案，同时抄送上一级人民政府应急管理部门，并依法向社会公布。

"地方各级人民政府其他负有安全生产监督管理职责的部门的应急预案，应当抄送同级人民政府应急管理部门。"

十、将第二十六条修改为："易燃易爆物品、危险化学品等危险物品的生产、经营、储存、运输单位，矿山、金属冶炼、城市轨道交通运营、建筑施工单位，以及宾馆、商场、娱乐场所、旅游景区等人员密集场所经营单位，应当在应急预案公布之日起20个工作日内，按照分级属地原则，向县级以上人民政府应急管理部门和其他负有安全生产监督管理职责的部门进行备案，并依法向社会公布。

"前款所列单位属于中央企业的，其总部（上市公司）的应急预案，报国务院主管的负有安全生产监督管理职责的部门备案，并抄送应急管理部；其所属单位的应急预案报所在地的省、自治区、直辖市或者设区的市级人民政府主管的负有安全生产监督管理职责的部门备案，并抄送同级人民政府应急管理部门。

"本条第一款所列单位不属于中央企业的，其中非煤矿山、金属冶炼和危险化学品生产、经营、储存、运输企业，以及使用危险化学品达到国家规定数量的化工企业、烟花爆竹生产、批发经营企业的应急预案，按照隶属关系报所在地县级以上地方人民政府应急管理部门备案；本款前述单位以外的其他生产经营单位应急预案的备案，由省、自治区、直辖市人民政府负有安全生产监督管理职责的部门确定。

"油气输送管道运营单位的应急预案,除按照本条第一款、第二款的规定备案外,还应当抄送所经行政区域的县级人民政府应急管理部门。

"海洋石油开采企业的应急预案,除按照本条第一款、第二款的规定备案外,还应当抄送所经行政区域的县级人民政府应急管理部门和海洋石油安全监管机构。

"煤矿企业的应急预案除按照本条第一款、第二款的规定备案外,还应当抄送所在地的煤矿安全监察机构。"

十一、将第二十七条第二项修改为:"本办法第二十一条所列单位,应当提供应急预案评审意见";将第三项修改为:"应急预案电子文档"。

十二、将第三十二条修改为:"各级人民政府应急管理部门应当至少每两年组织一次应急预案演练,提高本部门、本地区生产安全事故应急处置能力。"

十三、在第三十三条增加两款,分别作为第二款、第三款:"易燃易爆物品、危险化学品等危险物品的生产、经营、储存、运输单位,矿山、金属冶炼、城市轨道交通运营、建筑施工单位,以及宾馆、商场、娱乐场所、旅游景区等人员密集场所经营单位,应当至少每半年组织一次生产安全事故应急预案演练,并将演练情况报送所在地县级以上地方人民政府负有安全生产监督管理职责的部门。

"县级以上地方人民政府负有安全生产监督管理职责的部门应当对本行政区域内前款规定的重点生产经营单位的生产安全事故应急救援预案演练进行抽查;发现演练不符合要求的,应当责令限期改正。"

十四、将第三十五条第二款中的"危险化学品等危险物品的生产、经营、储存企业"修改为"危险化学品等危险物品的生产、经营、储存、运输企业"。

十五、将第三十六条第三项修改为:"安全生产面临的风险发生重大变化的";删除第五项;将第六项改为第五项,并修改为"在应急演练和事故应急救援中发现需要修订预案的重大问题的";将第七项改为第六项。

十六、将第四十五条第一项中的"风险评估"修改为"风险辨识、评估";删除第三项;将第四项、第五项、第七项分别改第三项、第四项、第六项;将第六项改为第五项,并修改为"未按照规定进行应急预案修订的"。

在第四十五条增加一款作为第二款:"生产经营单位未按照规定进行应急预案备案的,由县级以上人民政府应急管理等部门依照职责责令限期改正;逾期未改正的,处3万元以上5万元以下的罚款,对直接负责的主管人员和其他直接责任人员处1万元以上2万元以下的罚款。"

十七、将第四条第二款、第二十条、第三十条、第三十一条、第四十一条、第四十二条、第四十五条、第四十七条中的"安全生产监督管理部门"修改为"人民政府应急管理部门";将第四条第二款中的"其他负有安全生产监督管理职责的部门"修改为"人民政府其他负有安全生产监督管理职责的部门";将第二十九条中的"各级安全生产监督管理部门"修改为"各级人民政府负有安全生产监督管理职责的部门";将第三十九条中的"安全生产监督管理部门"修改为"事故发生地县级以上人民政府应急管理部门";将第四十三条中的"安全生产监督管理部门"修改为"各级人民政府应急管理部门";将第四十四条中的"县级以上安全生产监督管理部门"修改为"县级以上人民政府应急管理等部门";将第四十六条中的"国家安全生产应急救援指挥中心"修改为"应急管理部"。

十八、增加一条,作为第四十八条:"对储存、使用易燃易爆物品、危险化学品等危险物品的科研机构、学校、医院等单位的安全事故应急预案的管理,参照本办法的有关规定执行。"

十九、将第四十八条修改为第四十九条。

本决定自2019年9月1日起施行。

《生产安全事故应急预案管理办法》根据本决定作相应修改后重新公布

客运索道安全监督管理规定

（2016 年 2 月 25 日国家质量监督检验检疫总局令第 179 号公布，根据 2020 年 10 月 23 日国家市场监督管理总局令第 31 号修订）

第一章 总 则

第一条 为了加强客运索道安全监督管理工作，预防和减少事故，保障人身和财产安全，根据《中华人民共和国特种设备安全法》等法律、行政法规，制定本规定。

第二条 客运索道的设计、制造、安装、改造、修理、使用、检验、检测和监督管理，应当遵守本规定。

第三条 国家市场监督管理总局（以下简称市场监管总局）负责综合管理全国客运索道安全监督管理工作。县级以上地方特种设备安全监督管理部门按照职责分工对本行政区域内客运索道安全实施监督管理。

第四条 鼓励推行客运索道相关责任保险制度，提高事故应急处置和赔付能力。

第二章 制 造

第五条 客运索道制造单位应当依法取得制造许可，方可从事相应的制造活动。

客运索道制造许可实施分级管理，具体要求按照有关安全技术规范等规定执行。

第六条 客运索道设计完成后，设计文件应当由制造单位按照有关安全技术规范要求依法向特种设备检验机构申请鉴定，经鉴定符合要求后，方可用于制造。

第七条 客运索道制造单位应当按照设计文件、有关标准、安全技术规范等要求进行制造。

客运索道制造单位委托加工零部件或者外购零部件的，应当按照安全技术规范与本单位质量体系的要求，加强质量控制并依法承担责任。

第八条 按照安全技术规范的要求，应当进行型式试验的客运索道产品、部件或者试制的客运索道新产品、新部件，应当依法向特种设备检验机构申请进行型式试验。

第九条 客运索道出厂时，应当随附安全技术规范要求的设计文件、产品质量合格证明（以部件出厂的应提供部件产品质量合格证明）、安装图纸及说明、使用维护保养说明、型式试验合格证明、无损检测报告等。

客运索道使用维护保养说明书应当明示使用条件、技术参数、操作规程、试运行检查项目、人员要求、设备日常检查和定期检查项目、维护保养项目和要求、常见故障及排除方法、事故应急处置措施、主要受力部件检测和易损件更换的周期和方法等。

第十条 客运索道采用新材料、新技术、新工艺，与安全技术规范的要求不一致，或者安全技术规范未作要求、可能对安全性能有重大影响的，客运索道制造单位应当向市场监管总局申报，由市场监管总局及时委托安全技术咨询机构或者相关专业机构进行技术评审，评审结果经市场监管总局批准，方可投入制造、使用。

第三章 安装、改造、修理

第十一条 客运索道安装、改造、修理单位应当依法取得许可，方可从事相应的安装、改造、修理活动。

客运索道安装、改造许可实施分级管理，具体要求按照有关安全技术规范等规定执行。

第十二条 客运索道安装单位在客运索道安装施工前，应当确认设备基础、预埋件等符合客运索道安装和土建工程质量要求。

第十三条 客运索道安装、改造、修理单位应当在施工前，按照安全技术规范要求将相关情况通过信函、电报、电传、传真、电子数据交换和电子邮件等书面方式，告知作业所在地的特种设备安全监督管理部门，告知后即可施工。

第十四条 客运索道安装、改造、修理单位应当按照设计文件、标准、安全技术规范、施工方案等进行作业，加强现场施工质量管理。

第十五条 客运索道的安装、改造、重大修理过程，应当经特种设备检验机构按照安全技术规范的要求进行监督检验；未经监督检验或者监督检验不合格的不得交付使用。

第十六条 客运索道安装、改造、修理单位应当在验收后三十日内将安全技术规范要求的出厂文件、监督检验证明、无损检测报告以及竣工报告、调试及试运行记录、自检报告等安装、改造、修理相关技术资料和文件移交使用单位存档。

第四章 使 用

第十七条 客运索道在投入使用前或者投入使用后三十日内，使用单位应当按照规定到登记部门办理使用登记。

第十八条 客运索道使用单位发生变更、客运索道报废的，应当按照安全技术规范等规定要求办理使用登记变更、注销。

第十九条 客运索道使用单位停用客运索道的，应当按照安全技术规范等规定执行，并到登记部门办理相关停用手续。

第二十条 客运索道使用单位不得使用未经监督检验、定期检验或者监督检验、定期检验不合格的客运索道。

第二十一条 客运索道使用单位主要负责人对客运索道安全使用负责。使用单位负责人应按照安全技术规范要求，定期对安全管理情况进行检查，发现问题应当立即处理。

第二十二条 客运索道使用单位安全管理人员应当履行以下职责：

（一）负责建立安全管理制度并检查各项制度的落实情况；

（二）做好本单位客运索道的安全监督管理工作，负责组织设备自检，申报使用登记和定期检验；

（三）对客运索道使用状况进行检查，发现问题应当立即处理；情况紧急时，可以决定停止使用并及时报告本单位有关负责人；

（四）组织应急救援演习，协助事故调查处理；

（五）组织本单位人员的安全教育和培训；

（六）督促落实技术档案的管理；

（七）法律法规及安全技术规范等规定的其他内容。

第二十三条 客运索道使用单位应当按照安全技术规范等要求，配备作业人员，并加强对服务人员岗前培训教育，使其掌握基本的应急技能，协助作业人员进行应急处置。

作业人员应当履行以下职责：

（一）严格执行有关操作规程和操作人员守则；

（二）负责设备使用状况日常检查、维护保养，对日常检查、日常维护保养、故障排除情况如实记录，保证设备正常运行；

（三）每次运行前应当对保护乘客的安全装置进行检查确认；

（四）作业过程中发现事故隐患或者其他不安全因素，应当立即向安全管理人员和本单位有关负责人报告；

（五）熟悉应急救援流程，发现设备运行不正常时，应当按照操作规程采取措施保证安全；

（六）法律法规及安全技术规范等规定的其他内容。

第二十四条 使用单位应当建立健全以下安全管理制度：

（一）技术档案管理制度；

（二）安全操作规程；

（三）日常检查与定期自行检查制度；

（四）维护保养制度；

（五）定期报检制度；

（六）作业和服务人员守则；

（七）作业人员及相关服务人员安全培训考核制度；

（八）应急救援演练制度；

（九）意外事件和事故处理制度；

（十）法律法规及安全技术规范等规定的其他制度。

第二十五条 使用单位应对每条客运索道建立技术档案，并妥善保存，依法管理。

技术档案的内容包括：

（一）出厂文件；

（二）监督检验报告；

（三）使用登记相关文件；

（四）改造、重大修理技术资料和文件；

（五）年度自行检查记录；

（六）定期检验报告；

（七）应急救援演练记录；

（八）运行、维护保养、设备故障与事故处理记录；

（九）作业人员培训、考核和证书管理记录；

（十）法律法规及安全技术规范等规定的其他内容。

第二十六条 客运索道使用单位应当按照安全技术规范的要求，在定期检验周期届满前一个月向特种设备检验机构提出定期检验要求。

客运索道定期检验分为全面检验和年度检验，客运架空索道和客运缆车在安装监督检验合格后每三年进行一次全面检验，期间的两个年度，每年进行一次年度检验。客运拖牵索道每年进行一次年度检验。

第二十七条 客运索道使用单位应当按照安全技术规范和使用维护说明书的要求，开展设备运营前试运行检查、日常检查和维护保养、定期自行检查，并如实记录。对日常维护保养和试运行检查等自行检查中发现的异常情况，应当及时处理。在国家法定节假日或者开展大型活动等客运索道乘坐人员高峰期前，使用单位应当对客运索道进行全面检查维护，并加强日常检查和安全值班。

客运索道使用单位进行本单位设备的维护保养工作，应当按照有关安全技术规范要求配备人员、工具和设备。

第二十八条 客运索道使用单位应当在客运索道等待乘坐区域设置乘客引导标志，及时做好乘客引导工作，保证乘客出入畅通。

在客运索道的出入口处等显著位置应当张贴乘客须知、安全使用说明、安全注意事项，内容应包括乘客适应范围、禁忌事宜等，并按照安全技术规范和有关标准的要求悬挂警示标志。

第二十九条 客运索道使用单位应当制定应急专项预案，建立应急救援指挥机构，配备相应的救援人员以及相应数量的营救设备、急救物品。

客运索道使用单位应当加强营救设备、急救物品的存放和管理，对救援人员定期进行专业培训，每年至少组织一次应急救援演练。

第三十条 客运索道发生故障或者发生异常情况，使用单位应当立即停止使用，对其进行全面检查，消除事故隐患，经试运行正常后方可继续使用。

第三十一条 客运索道发生事故，使用单位应当立即停止使用，并按照应急预案采取措施，组织抢救，并及时向事故发生地特种设备安全监督管理部门和有关部门报告。

第五章 监督管理

第三十二条 特种设备安全监督管理部门依照《中华人民共和国特种设备安全法》等法律、行政法规和本规定，对客运索道的生产、使用单位和检验、检测机构实施监督检查。

第三十三条 特种设备安全监督管理部门发现重大违法行为或者客运索道存在严重事故隐患时，应当责令有关单位立即停止违法行为、采取措施消除事故隐患，并及时向上级特种设备安全监督管理部门报告。接到报告的特种设备安全监督管理部门应当采取必要措施，及时予以处理。

对违法行为、严重事故隐患的处理需要当地人民政府和有关部门的支持、配合时，特种设备安全监督管理部门应当报告当地人民政府，并通知有关部门。当地人民政府和有关部门应当采取必要措施，及时予以处理。

第三十四条 客运索道事故的调查处理，按照相关法律法规等规定执行。

第六章 法律责任

第三十五条 违反本规定要求，构成《中华人民共和国特种设备安全法》等法律、行政法规规定的违法行为的，按照其规定实施处罚。

第三十六条 客运索道使用单位未按照本规定开展应急救援演练的，责令限期改正；逾期未改正的，处三万元罚款。

第七章 附则

第三十七条 本规定下列用语的含义是：

使用单位，是指从事客运索道经营管理，向登记部门办理使用登记的单位。

维护保养，是指根据使用维护说明书的要求，对客运索道设备进行清洁、润滑、检查、调试、紧固连接件、更换易损件等，但不改变客运索道主体结构和性能参数的活动。

修理，是指通过设备部件拆解，更换、修复主要受力部件，以恢复设备功能或者提高设备的安全性能，但不改变客运索道主体结构、性能参数的活动。

重大修理，是指根据相关安全技术规范、标准要求，通过设备整体拆解，进行检查维护、无损检测或者零部件更换，以确保客运索道所有主要受力部件得到安全检查，但不改变客运索道主体结构、性能参数的活动。

改造，是指通过改变客运索道主要设备结构及其布局、传动方式、制动方式、运行参数、线路设计、电气控制系统等，致使客运索道主体结构、性能参数发生变化的活动。

第三十八条 本规定由市场监管总局负责解释。

第三十九条 本规定自 2016 年 4 月 1 日起实施。

特种设备事故报告和调查处理规定

《特种设备事故报告和调查处理规定》已经 2022 年 1 月 7 日市场监管总局第 1 次局务会议通过，现予公布，自 2022 年 3 月 1 日起施行。

第一章 总 则

第一条 为了规范特种设备事故报告和调查处理工作，及时准确查清事故原因，明确事故责任，预防和减少事故发生，根据《中华人民共和国特种设备安全法》、《特种设备安全监察条例》等有关法律、行政法规的规定，制定本规定。

第二条 本规定所称特种设备事故，是指列入特种设备目录的特种设备因其本体原因及其安全装置或者附件损坏、失效，或者特种设备相关人员违反特种设备法律法规规章、安全技术规范造成的事故。

第三条 以下情形不属于本规定所称特种设备事故：

（一）《中华人民共和国特种设备安全法》第一百条规定的特种设备造成的事故；

（二）自然灾害等不可抗力或者交通事故、火灾事故等外部因素引发的事故；

（三）人为破坏或者利用特种设备实施违法犯罪导致的事故；

（四）特种设备具备使用功能前或者在拆卸、报废、转移等非作业状态下发生的事故；

（五）特种设备作业、检验、检测人员因劳动保护措施不当或者缺失而发生的事故；

（六）场（厂）内专用机动车辆驶出规定的工厂厂区、旅游景区、游乐场所等特定区域发生的事故。

第四条 国家市场监督管理总局负责监督指导全国特种设备事故报告、调查和处理工作。

各级市场监督管理部门在本级人民政府的领导和上级市场监督管理部门指导下，依法开展特种设备事故报告、调查和处理工作。

第五条 特种设备事故报告应当及时、准确、完整，任何单位和个人不得迟报、漏报、谎报或者瞒报。

特种设备事故调查处理应当实事求是、客观公正、尊重科学，及时、准确地查清事故经过、事故原因和事故损失，查明事故性质，认定事故责任，提出处理建议和整改措施。

第六条 任何单位和个人不得阻挠和干涉特种设备事故报告、调查和处理工作。

对特种设备事故报告、调查和处理中的违法行为，任何单位和个人有权向市场监督管理部门和其他有关部门举报，接到举报的部门应当依法及时处理。

第二章 事 故 报 告

第七条 特种设备发生事故后，事故现场有关人员应当立即向事故发生单位负责人报告；事故发生单位的负责人接到报告后，应当于 1 小时内向事故发生地的县级以上市场监督管理部门和有关部门报告。

情况紧急时，事故现场有关人员可以直接向事故发生地的县级以上市场监督管理部门报告。

第八条 市场监督管理部门接到有关特种设备事故报告后，应当立即组织查证核实。属于特种设备事故的，应当向本级人民政府报告，并逐级报告上级市场监督管理部门直至国家市场监督管理总局。每级上报的时间不得超过 2 小时。必要时，可以越级上报事故情况。

对于一般事故、较大事故，接到事故报告的市场监督管理部门应当及时通报同级有关部门。对于重大事故、特别重大事故，国家市场监督管理总局应当立即报告国务院并及时通报国务院有关部门。

事故发生地与事故发生单位所在地不在同一行政区域的,事故发生地市场监督管理部门应当及时通知事故发生单位所在地市场监督管理部门。事故发生单位所在地市场监督管理部门应当配合做好事故调查处理相关工作。

第九条 市场监督管理部门逐级上报事故信息,应当采用快捷便利的通讯方式进行上报,同时通过特种设备事故管理系统进行上报。现场无法通过特种设备事故管理系统上报的,应当在接到事故报告后24小时内通过系统进行补报。

第十条 事故报告应当包括以下内容:

(一)事故发生的时间、地点、单位概况以及特种设备种类;

(二)事故发生简要经过、现场破坏情况、已经造成或者可能造成的伤亡和涉险人数、初步估计的直接经济损失;

(三)已经采取的措施;

(四)报告人姓名、联系电话;

(五)其他有必要报告的情况。

第十一条 事故报告后出现新情况的,以及对情况尚未报告清楚的,应当及时逐级续报。

自事故发生之日起30日内,事故伤亡人数发生变化的,应当在发生变化的24小时内及时续报。

第十二条 事故发生地县级市场监督管理部门接到事故报告后,应当及时派员赶赴事故现场,并按照特种设备应急预案的分工,在当地人民政府的领导下积极组织开展事故应急救援工作。

上级市场监督管理部门认为有必要时,可以派员赶赴事故现场进行指导,事故发生地县级以上市场监督管理部门应当积极配合。

第十三条 各级市场监督管理部门应当依法组织制定特种设备事故应急预案,建立应急值班制度,并向社会公布值班电话,接收特种设备事故报告信息。

第三章 事 故 调 查

第十四条 发生特种设备事故后,事故发生单位及其人员应当妥善保护事故现场以及相关证据,及时收集、整理有关资料,为事故调查做好准备;必要时,应当对设备、场地、资料进行封存,由专人看管。

第十五条 特种设备事故调查依据特种设备安全法律、行政法规的相关规定,实行分级负责。

市场监督管理部门接到事故报告后,经过现场初步判断,因客观原因暂时无法确定是否为特种设备事故的,应当及时报告本级人民政府,并按照本级人民政府的意见开展相关工作。

第十六条 对于跨区域发生、事故调查处理情形复杂、舆论关注和群众反响强烈的特种设备事故等情况,上级市场监督管理部门可以对事故调查进行督办,必要时可以直接进行调查。

自事故发生之日起30日内事故等级发生变化,依法应当由上级市场监督管理部门组织事故调查的,上级市场监督管理部门可以会同本级有关部门进行事故调查,也可以经本级人民政府批准,委托下级市场监督管理部门继续组织进行事故调查。

自事故发生之日起超过30日,事故造成的伤亡人数或者直接经济损失发生变化的,按照原事故等级组织事故调查。

第十七条 对无重大社会影响、无人员死亡且事故原因明晰的特种设备一般事故和较大事故,负责组织事故调查的市场监督管理部门,报本级人民政府批准后,可以由市场监督管理部门独立开展事故调查工作。必要时,经本级人民政府批准,可以委托下级市场监督管理部门组织事故调查。

第十八条 负责组织事故调查的市场监督管理部门应当报请本级人民政府批准成立事故调查组。

根据事故的具体情况,事故调查组一般应当由市场监督管理部门会同有关部门组成。

事故调查组组长由负责事故调查的市场监督管理部门负责人或者指定的人员担任。

第十九条 事故调查组应当履行下列职责:

（一）查清事故发生前的特种设备状况；
（二）查明事故经过、人员伤亡、特种设备损坏、直接经济损失情况及其他后果；
（三）分析事故原因；
（四）认定事故性质和事故责任；
（五）提出对事故责任单位和责任人员的处理建议；
（六）总结事故教训，提出防范类似事故发生和整改措施的建议；
（七）提交事故调查报告；
（八）整理并移交有关事故调查资料。

第二十条 事故调查组成员应当具有特种设备事故调查工作所需要的知识和专长，与事故发生单位及相关人员不存在直接利害关系。

事故调查组成员应当服从调查组组长领导，在事故调查工作中正确履行职责，诚信公正，遵守事故调查组的纪律，不得泄露有关事故调查信息。

第二十一条 根据事故调查工作需要，事故调查组可以聘请有关专家参与事故调查；所聘请的专家应当具备特种设备安全监督管理、生产、检验检测或者科研教学等相关工作经验。设区的市级以上市场监督管理部门可以根据事故调查工作需要，组建特种设备事故调查专家库。

第二十二条 事故调查组有权向有关单位和个人了解与事故有关的情况，并要求其提供相关文件、资料。有关单位和个人不得拒绝，并对所提供情况和文件、资料的真实性负责。

事故发生单位的负责人和有关人员在事故调查期间不得擅离职守，并应当随时接受事故调查组的询问。

第二十三条 事故调查组应当依法严格开展事故现场保护、勘察、询问及调查取证等相关工作。

事故调查期间未经事故调查组同意，任何单位和个人不得擅自移动事故相关设备，不得隐匿、毁灭有关资料、物品，不得伪造或者故意破坏事故现场。

第二十四条 事故调查中需要进行技术鉴定的，事故调查组应当委托相关单位进行技术鉴定，接受委托的单位应当出具技术鉴定报告，并对其结论负责。

第二十五条 事故调查组认为需要对特种设备事故进行直接经济损失评估的，可以委托依法成立的评估机构进行。接受委托的评估机构应当出具评估报告，并对其结论负责。

第二十六条 事故调查组应当在全面审查证据的基础上查明引发事故的原因，认定事故性质。

第二十七条 事故调查组应当根据事故的主要原因和次要原因，认定事故责任。

事故调查组应当根据责任单位和责任人员行为与特种设备事故发生及其后果之间的因果关系，以及在特种设备事故中的影响程度，认定责任单位和责任人员所负的责任。责任单位和责任人员所负的责任分为全部责任、主要责任和次要责任。

责任单位或者责任人员伪造或者故意破坏事故现场，毁灭、伪造或者隐匿证据，瞒报或者谎报事故等，致使事故责任无法认定的，应当承担全部责任。

第二十八条 事故调查组应当向组织事故调查的市场监督管理部门提交事故调查报告。事故调查报告应当包括下列内容：

（一）事故发生单位情况和发生事故设备情况；
（二）事故发生经过和事故救援情况；
（三）事故造成的人员伤亡、设备损坏程度和直接经济损失；
（四）事故发生的原因和事故性质；
（五）事故责任的认定以及对事故责任单位和责任人员的处理建议；
（六）事故防范和整改措施；
（七）技术鉴定报告等有关证据材料。

事故调查报告应当由事故调查组集体会审，并经事故调查组全体成员签名。事故调查组成员有不同意见的，可以提交个人签名的书面材料，附在事故调查报告内。

第二十九条 组织事故调查的市场监督管理部门应当按照规定程序对事故调查报告以及资料进行完整性审核。必要时，可以向事故调查组提出追加调查的要求。

第三十条 特种设备事故调查应当自事故调查组成立之日起60日内结束。特殊情况下，经组织调查的市场监督管理部门批准，事故调查期限可以适当延长，但延长的期限最长不超过60日。

经济损失评估时间与技术鉴定时间不计入事故调查期限。

因无法进行事故现场勘察的，事故调查期限从具备现场勘察条件之日起计算。

第四章 事 故 处 理

第三十一条 事故调查结束后，组织事故调查的市场监督管理部门应当将事故调查报告报本级人民政府批复，并报上一级市场监督管理部门备案。

第三十二条 组织事故调查的市场监督管理部门应当在接到批复之日起15日内，将事故调查报告及批复意见送达有关地方人民政府及有关部门，并抄送事故发生单位、责任单位和责任人员。

第三十三条 市场监督管理部门及有关部门应当根据批复后的事故调查报告，依照法定权限和程序，对负有事故责任的相关单位和人员实施行政处罚，对负有事故责任的公职人员进行处分。

市场监督管理部门及其工作人员在特种设备事故调查和处理中存在违纪违法行为的，由纪检监察机关依法给予党纪政务处分。

涉嫌犯罪的，依法移送监察机关、司法机关处理。

第三十四条 事故发生单位及事故责任相关单位应当落实事故防范和整改措施。防范和整改措施的落实情况应当接受工会和职工的监督。

事故责任单位应当及时将防范和整改措施的落实情况报事故发生地的市级市场监督管理部门。

第三十五条 事故调查处理情况由组织调查的市场监督管理部门按照《中华人民共和国政府信息公开条例》的有关规定，依法向社会公开。

第三十六条 事故调查的有关资料应当由组织事故调查的市场监督管理部门归档保存。

归档保存的材料包括现场勘察笔录、技术鉴定报告、事故调查报告、事故批复文件等。

第三十七条 组织事故调查的市场监督管理部门应当在接到事故调查报告批复之日起30日内将事故调查报告和批复意见逐级上报至国家市场监督管理总局。

第三十八条 组织事故调查的市场监督管理部门对事故调查中发现的需要制定或者修订的有关法律法规、安全技术规范和标准，应当及时报告上级市场监督管理部门，提出制定或者修订建议。

第三十九条 各级市场监督管理部门应当定期对本行政区域特种设备事故的情况、特点、原因进行统计分析，根据特种设备的管理和技术特点、事故情况，研究制定有针对性的工作措施，防止和减少类似事故的发生。

第五章 附 则

第四十条 本规定所涉及的事故报告、调查协调、统计分析、报送等具体工作，由负责组织事故调查的市场监督管理部门负责，也可以委托相关特种设备事故调查处理机构承担。

第四十一条 与特种设备相关的其他安全事故，相关人民政府指定由市场监督管理部门组织事故调查的，可以参照本规定进行。

第四十二条 本规定自2022年3月1日起施行。2009年7月3日原国家质量监督检验检疫总局令第115号公布的《特种设备事故报告和调查处理规定》同时废止。

特种设备安全监督检查办法

(2022年5月26日国家市场监督管理总局令第57号公布 自2022年7月1日起施行)

第一章 总 则

第一条 为了规范特种设备安全监督检查工作，落实特种设备生产、经营、使用单位和检验、检测机构安全责任，根据《中华人民共和国特种设备安全法》《特种设备安全监察条例》等法律、行政法规，制定本办法。

第二条 市场监督管理部门对特种设备生产（包括设计、制造、安装、改造、修理）、经营、使用（含充装，下同）单位和检验、检测机构实施监督检查，适用本办法。

第三条 国家市场监督管理总局负责监督指导全国特种设备安全监督检查工作，可以根据需要组织开展监督检查。

县级以上地方市场监督管理部门负责本行政区域内的特种设备安全监督检查工作，根据上级市场监督管理部门部署或者实际工作需要，组织开展监督检查。

市场监督管理所依照市场监管法律、法规、规章有关规定以及上级市场监督管理部门确定的权限，承担相关特种设备安全监督检查工作。

第四条 特种设备安全监督检查工作应当遵循风险防控、分级负责、分类实施、照单履职的原则。

第二章 监督检查分类

第五条 特种设备安全监督检查分为常规监督检查、专项监督检查、证后监督检查和其他监督检查。

第六条 市场监督管理部门依照年度常规监督检查计划，对特种设备生产、使用单位实施常规监督检查。

常规监督检查的项目和内容按照国家市场监督管理总局的有关规定执行。

第七条 市级市场监督管理部门负责制定年度常规监督检查计划，确定辖区内市场监督管理部门任务分工，并分级负责实施。

年度常规监督检查计划应当报告同级人民政府。对特种设备生产单位开展的年度常规监督检查计划还应当同时报告省级市场监督管理部门。

第八条 常规监督检查应当采用"双随机、一公开"方式，随机抽取被检查单位和特种设备安全监督检查人员（以下简称检查人员），并定期公布监督检查结果。

常规监督检查对象库应当将取得许可资格且住所地在本辖区的特种设备生产单位和本辖区办理特种设备使用登记的使用单位全部纳入。

特种设备生产单位制造地与住所地不在同一辖区的，由制造地的市级市场监督管理部门纳入常规监督检查对象库。

第九条 市级市场监督管理部门应当根据特种设备安全状况，确定常规监督检查重点单位名录，并对重点单位加大抽取比例。

符合以下情形之一的，应当列入重点单位名录：

（一）学校、幼儿园以及医院、车站、客运码头、机场、商场、体育场馆、展览馆、公园、旅游景区等公众聚集场所的特种设备使用单位；

（二）近二年使用的特种设备发生过事故并对事故负有责任的；

（三）涉及特种设备安全的投诉举报较多，且经调查属实的；

（四）市场监督管理部门认为应当列入的其他情形。

第十条 市场监督管理部门为防范区域性、系统性风险，做好重大活动、重点工程以及节假日等重点时段安全保障，或者根据各级人民政府和上级市场监督管理部门的统一部署，在特定时间内对特定区域、领域的特种设备生产、经营、使用单位和检验、检测机构实施专项监督检查。

第十一条 组织专项监督检查的市场监督管理部门应当制定专项监督检查工作方案，明确监督检查的范围、任务分工、进度安排等要求。

专项监督检查工作方案应当要求特种设备生产、经营、使用单位和检验、检测机构开展自查自纠，并规定专门的监督检查项目和内容，或者参照常规监督检查的项目和内容执行。

第十二条 市场监督管理部门对其许可的特种设备生产、充装单位和检验、检测机构是否持续保持许可条件、依法从事许可活动实施证后监督检查。

第十三条 证后监督检查由实施行政许可的市场监督管理部门负责组织实施，或者委托下级市场监督管理部门组织实施。

第十四条 组织实施证后监督检查的市场监督管理部门应当制定证后监督检查年度计划和工作方案。

证后监督检查年度计划应当明确检查对象、进度安排等要求，工作方案应当明确检查方式、检查内容等要求。

第十五条 市场监督管理部门开展证后监督检查应当采用"双随机、一公开"方式，随机抽取被检查单位和检查人员，并及时公布监督检查结果。

证后监督检查对象库应当将本机关许可的特种设备生产、充装单位和检验、检测机构全部列入。

第十六条 市场监督管理部门应当根据特种设备生产、充装质量安全状况或者特种设备检验、检测质量状况，确定证后监督检查重点单位名录，并对重点单位加大抽取比例。

符合以下情形之一的，应当列入重点单位名录：

（一）上一年度自我声明承诺换证的；

（二）上一年度生产、充装、检验、检测的特种设备发生过事故并对事故负有责任，或者因特种设备生产、充装、检验、检测问题被行政处罚的；

（三）上一年度因产品缺陷未履行主动召回义务被责令召回的；

（四）涉及特种设备安全的投诉举报较多，且经调查属实的；

（五）市场监督管理部门认为应当列入的其他情形。

第十七条 同一年度，对同一单位已经进行证后监督检查的不再进行常规监督检查。

第十八条 市场监督管理部门对其他部门移送、上级交办、投诉、举报等途径和检验、检测、监测等方式发现的特种设备安全违法行为或者事故隐患线索，根据需要可以对特种设备生产、经营、使用单位和检验、检测机构实施监督检查。开展监督检查前，应当确定针对性的监督检查项目和内容。

第三章 监督检查程序

第十九条 市场监督管理部门实施监督检查时，应当有二名以上检查人员参加，出示有效的特种设备安全行政执法证件，并说明检查的任务来源、依据、内容、要求等。

市场监督管理部门根据需要可以委托相关具有公益类事业单位法人资格的特种设备检验机构提供

监督检查的技术支持和服务，或者邀请相关专业技术人员参加监督检查。

第二十条 特种设备生产、经营、使用单位和检验、检测机构及其人员应当积极配合市场监督管理部门依法实施的特种设备安全监督检查。

特种设备生产、经营、使用单位和检验、检测机构应当按照专项监督检查工作方案的要求开展自查自纠。

第二十一条 检查人员应当对监督检查的基本情况、发现的问题及处理措施等作出记录，并由检查人员和被检查单位的有关负责人在监督检查记录上签字确认。

第二十二条 检查人员可以根据监督检查情况，要求被检查单位提供相关材料。被检查单位应当如实提供，并在提供的材料上签名或者盖章。当场无法提供材料的，应当在检查人员通知的期限内提供。

第二十三条 市场监督管理部门在监督检查中，发现违反特种设备安全法律法规和安全技术规范的行为或者特种设备存在事故隐患的，应当依法发出特种设备安全监察指令，或者交由属地市场监督管理部门依法发出特种设备安全监察指令，责令被检查单位限期采取措施予以改正或者消除事故隐患。

市场监督管理部门发现重大违法行为或者特种设备存在严重事故隐患的，应当责令被检查单位立即停止违法行为、采取措施消除事故隐患。

第二十四条 本办法所称重大违法行为包括以下情形：

（一）未经许可，擅自从事特种设备生产、电梯维护保养、移动式压力容器充装或者气瓶充装活动的；

（二）未经核准，擅自从事特种设备检验、检测的；

（三）特种设备生产单位生产、销售、交付国家明令淘汰的特种设备，或者涂改、倒卖、出租、出借生产许可证的；

（四）特种设备经营单位销售、出租未取得许可生产、未经检验或者检验不合格、国家明令淘汰、已经报废的特种设备的；

（五）谎报或者瞒报特种设备事故的；

（六）检验、检测机构和人员出具虚假或者严重失实的检验、检测结果和鉴定结论的；

（七）被检查单位对严重事故隐患不予整改或者消除的；

（八）法律、行政法规和部门规章规定的其他重大违法行为。

第二十五条 特种设备存在严重事故隐患包括以下情形：

（一）特种设备未取得许可生产、国家明令淘汰、已经报废或者达到报废条件，继续使用的；

（二）特种设备未经监督检验或者经检验、检测不合格，继续使用的；

（三）特种设备安全附件、安全保护装置缺失或者失灵，继续使用的；

（四）特种设备发生过事故或者有明显故障，未对其进行全面检查、消除事故隐患，继续使用的；

（五）特种设备超过规定参数、使用范围使用的；

（六）市场监督管理部门认为属于严重事故隐患的其他情形。

第二十六条 市场监督管理部门在监督检查中，对有证据表明不符合安全技术规范要求、存在严重事故隐患、流入市场的达到报废条件或者已经报废的特种设备，应当依法实施查封、扣押。

当场能够整改的，可以不予查封、扣押。

第二十七条 监督检查中，被检查单位的有关负责人拒绝在特种设备安全监督检查记录或者相关文书上签字或者以其他方式确认的，检查人员应当在记录或者文书上注明情况，并采取拍照、录音、录像等方式记录，必要时可以邀请有关人员作为见证人。

被检查单位拒绝签收特种设备安全监察指令的，按照市场监督管理送达行政执法文书的有关规定执行，情节严重的，按照拒不执行特种设备安全监察指令予以处理。

第二十八条 被检查单位停产、停业或者确有其他无法实施监督检查情形的，检查人员可以终止监督检查，并记录相关情况。

第二十九条 被检查单位应当根据特种设备安全监察指令，在规定时间内予以改正，消除事故隐患，并提交整改报告。

市场监督管理部门应当在被检查单位提交整改报告后十个工作日内，对整改情况进行复查。复查可以通过现场检查、材料核查等方式实施。

采用现场检查进行复查的，复查程序适用本办法。

第三十条 发现重大违法行为或者严重事故隐患的，实施检查的市场监督管理部门应当及时报告上一级市场监督管理部门。

市场监督管理部门接到报告后，应当采取必要措施，及时予以处理。

第三十一条 监督检查中对拒绝接受检查、重大违法行为和严重事故隐患的处理，需要属地人民政府和有关部门支持、配合的，市场监督管理部门应当及时以书面形式报告属地人民政府或者通报有关部门，并提出相关安全监管建议。

接到报告或者通报的人民政府和其他有关部门依法采取必要措施及时处理时，市场监督管理部门应当积极予以配合。

第三十二条 特种设备安全行政处罚由违法行为发生地的县级以上市场监督管理部门实施。

违法行为发生地的县级以上市场监督管理部门依法吊销特种设备检验、检测人员及安全管理和作业人员行政许可的，应当将行政处罚决定抄送发证机关，由发证机关办理注销手续。

违法行为发生地的县级以上市场监督管理部门案件办理过程中，发现依法应当吊销特种设备生产、充装单位和特种设备检验、检测机构行政许可的，应当在作出相关行政处罚决定后，将涉及吊销许可证的违法行为证据材料移送发证机关，由发证机关依法予以吊销。

发现依法应当撤销许可的违法行为的，实施监督检查的市场监督管理部门应当及时向发证机关通报，并随附相关证据材料，由发证机关依法予以撤销。

第四章 法律责任

第三十三条 违反本办法的规定，特种设备有关法律法规已有法律责任规定的，依照相关规定处理；有关法律法规以及本办法其他条款没有规定法律责任的，责令限期改正；涉嫌构成犯罪，依法需要追究刑事责任的，按照有关规定移送公安机关、监察机关。

第三十四条 被检查单位无正当理由拒绝检查人员进入特种设备生产、经营、使用、检验、检测场所检查，不予配合或者拖延、阻碍监督检查正常开展的，按照《中华人民共和国特种设备安全法》第九十五条规定予以处理。构成违反治安管理行为的，移送公安机关，由公安机关依法给予治安管理处罚。

第三十五条 被检查单位未按要求进行自查自纠的，责令限期改正；逾期未改正的，处五千元以上三万元以下罚款。

被检查单位在检查中隐匿证据、提供虚假材料或者未在通知的期限内提供有关材料的，责令限期改正；逾期未改正的，处一万元以上十万元以下罚款。

第三十六条 特种设备生产、经营、使用单位和检验、检测机构违反本办法第二十九条第一款，拒不执行特种设备安全监察指令的，处五千元以上十万元以下罚款；情节严重的，处十万元以上二十万元以下罚款。

第三十七条 特种设备安全监督检查人员在监督检查中未依法履行职责，需要承担行政执法过错责任的，按照有关法律法规及《市场监督管理行政执法责任制规定》的有关规定执行。

市场监督管理部门及其工作人员在特种设备安全监督检查中涉嫌违纪违法的，移送纪检监察机关依法给予党纪政务处分；涉嫌犯罪的，移送监察机关、司法机关依法处理。

第五章 附 则

第三十八条 特种设备安全监督检查人员履职所需装备按照市场监督管理基层执法装备配备的有关要求执行。

第三十九条 特种设备安全监督检查文书格式由国家市场监督管理总局制定。

第四十条 本办法自 2022 年 7 月 1 日起施行。

ICS 45.100
J 81

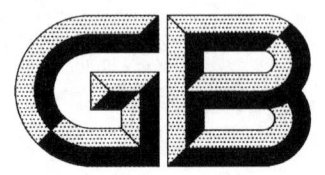

中华人民共和国国家标准

GB 12352—2018
代替 GB 12352—2007

客运架空索道安全规范

Safety code for passengers aerial ropeways

2018-05-14 发布

2018-12-01 实施

国家市场监督管理总局
中国国家标准化管理委员会 发 布

前 言

本标准的第1章、第2章、3.1.3.1、3.6.7、3.7.1.2、4.1.4、7.1.7、7.1.9.1、7.2.4、8.5.5、8.7.4、9.1.2、9.4.3、9.5.2~9.5.4、9.6.1、10.1.6、10.2.4、第12章为推荐性的,其余为强制性的。

本标准按照GB/T 1.1—2009给出的规则起草。

本标准代替GB 12352—2007《客运架空索道安全规范》。本标准与GB 12352—2007相比,除编辑性修改外主要技术变化如下:

—— 修改了规范性引用文件(见第2章,2007年版的第2章);
—— 修改了运载工具允许摆动(见3.1.4.1表1,2007年版的3.1.4.1);
—— 修改了运载工具的偏摆要求(见3.1.4.5表2,2007年版的3.1.4.5);
—— 增加了最小风压的选取(见3.1.5.1);
—— 增加了吊椅式索道最小离地距离(见3.1.8.1);
—— 增加了跨越滑雪场雪道的高度(见3.1.9.2);
—— 修改了跨越其他索道时应符合的要求(见3.1.9.3,2007年版的3.1.9.3);
—— 修改了通讯电缆与空载钢丝绳沿索道线路的相互位置要求(见3.1.9.4,2007年版的3.1.9.4);
—— 修改了运载工具的向心加速度不应超过2.5 m/s^2(见3.2.3,2007年版的3.2.3);
—— 修改了固定抱索器吊椅式索道吊椅之间的最小时间间隔(见3.3.1表5,2007年版的3.3.1);
—— 增加了吊椅式滑雪索道和非滑雪索道的单个吊椅最大载客人数(见3.4.1);
—— 增加了线路托压索轮上最小荷载(见3.5.2.2);
—— 修改了自重和有效载荷为荷载(见3.6.1,2007年版的3.6.1);
—— 修订了阻力系数(见3.6.3.2表7,2007年版的3.6.3.2);
—— 删除了"所有部件的可追溯性相关技术资料应认真保存"的内容(见2007年版的3.8.2.2);
—— 修改了符合JB 4730中的2级改为符合NB/T 47013中的1级[见3.8.2b),2007年版的3.8.2.3];
—— 修改了新钢丝绳的抗拉安全系数(见4.2.1表8,见2007年版的4.2.1表8);
—— 删除了不计入索道起、制动时的惯性力(见2007年版的4.2.1.3);
—— 修改了最小张力与运载工具产生的最大横向力之比(见4.2.2.2表10,2007年版的4.2.2.2表10);
—— 增加了钢丝绳及固定末端的报废应符合GB/T 9075的有关规定(见4.4.4);
—— 删除了"钢丝绳的报废"的内容(见2007年版的4.5);
—— 修改了钢丝绳的检验为检验和报废(见4.4,2007年版的4.4);
—— 修改了运行速度(见5.1.3.1,2007年版的5.1.3.1);
—— 修改了索道驱动轮的摩擦系数的选取(见5.1.5.5,2007年版的5.1.5.5);
—— 修改了张紧装置的行程至少为以下各项之和的数据(见5.4.2,2007年版的5.4.2);
—— 修改了张紧装置的行程不考虑钢丝绳的伸长的要求(见5.4.3,2007年版的5.4.3);
—— 修订了重锤张紧装置符合的要求(见5.4.5,2007年版的5.4.4);
—— 修订了脱开挂接装置(见5.5,2007年版的5.5);
—— 修改了加减速装置(见5.6,2007年版的5.6);
—— 修改了位置指示器(见5.9,2007年版的5.9);

——修改了固定抱索器吊椅索道的上车区装设的上车皮带的要求(见6.2.2.6,2007年版的6.2.2.5);
——修改了其他位置上的净空由0.5 m改为0.6 m(见6.2.3.1,2007年版的6.2.3.1);
——修改了基础设计工作的寿命(见7.1.7,2007年版的7.1.7);
——修订了有客车制动器的承载索鞍座的条件(见7.2.1.7,2007年版的7.2.1.5);
——增加了大于设计允许值时要有报警信号(见7.2.3.11);
——增加了托(压)索轮制造的符合标准(见7.2.3.13);
——修改了摩擦系数由0.13改为0.16(见8.3.4,2007年版的8.3.4);
——修改了横向摆动由0.35 rad改为0.34 rad(见8.3.6,2007年版的8.3.6);
——增加了横向摆动0.20 rad不触及侧板的要求(见8.3.6);
——增加了槽深的要求(见8.4.2);
——增加了扶手的强度(见8.6.3);
——删除了"配备有救援车的索道,车厢端部应设门或活动窗"的内容(见2007年版的8.7.9);
——删除了2007版"对于将承载索封闭的A形吊架,重心的偏斜值不应大于±50 mm"的内容(见2007年版的8.9.7);
——增加了维修吊具(见8.12);
——修改了安全回路电压(见9.3.6,2007年版的9.4.3);
——修改了安装一般规定(见10.1.1,2007年版的10.1.1);
——删除了2007版"钢结构调整后,应采用强度等级比基础混凝土强度等级高一级的细石混凝土进行灌浆,灌浆层应密实平整,其厚度不宜小于30 mm"的内容(见2007年版的10.2.3);
——修改了站内钢结构的安装的要求(见10.4.1,2007年版的10.4.1);
——修改了运行段轨道安装允许偏差(见10.4.2,2007年版的10.4.3);
——修改了道岔安装符合要求(见10.4.3,2007年版的10.4.4);
——修改了张紧装置符合要求(见10.4.6,2007年版的10.4.8);
——删除了"钢结构之间的联接面应接触紧密,接触面不少于70%"的内容(见2007年版的10.4.2);
——删除了2007版导向板、护轨和挡轨的安装要求(见2007年版的10.4.5);
——修改了试车条件(见11.3.1.2,2007年版的11.3.1.2);
——修改了抱索器检查的特殊要求(见12.3.3,2007年版的12.3.3);
——增加了航空障碍标志(见13.3);
——增加了吊椅索道特殊提示(见13.4);
——增加了对双线循环式索道上站出站制动距离1.2倍的要求(见3.1.3.3);
——增加了可不受双线循环式索道上站出站制动距离1.2倍的要求限制的条件(见3.1.3.3);
——增加了对双承载单牵引循环式索道的要求(见3.1.4.1、3.2.1);
——增加了对跨距长度可缩短的特殊要求(见3.1.3.2);
——增加了对无客车制动器的双线往复式索道横向摆动吊厢之间净空由1.0 m改为0.2 m(见3.1.4.2);
——修改了相遇运载工具之间净空要求(见3.1.4.4,2007年版的3.1.4.4);
——增加了钢丝绳横向偏摆量的计算(见3.1.5.2);
——增加了脱挂索道在站内纵向偏摆的要求(见3.1.6);
——删除了在有速度相对降低装置时允许更高速度的内容(见2007年版的3.2.3);
——增加了运行小车通过支架时对向心加速度的要求(见3.2.3);
——修订了承载索、运载索及牵引索动态垂度附加值(见3.1.8.2,2007年版的3.1.8.2);

——修订了(降低)固定抱索器索道不同吊具的运行速度(见3.2.1表3,2007年版的3.2.1表3);
——修订了(降低)固定抱索器索道不同吊具在站内的运行速度(见3.2.2表4,2007年版的3.2.2表4);
——修订了脱挂吊椅滑雪索道的间隔时间5 s改为6 s(见3.3.2,2007年版的3.3.2);
——修订了固定抱索器吊厢(篮)索道间隔时间:8倍改为10倍,12 s改为10 s(见3.3.3,2007年版的3.3.3);
——增加了固定抱索器吊厢(篮)索道4人吊厢的间隔要求(见3.3.3);
——增加了对吊具混编索道的速度和间隔的阐述(见3.3.5);
——增加和修订了单线循环索道的吊具人数的限制(见3.4);
——删除了对往复式索道吊厢人数的要求(见2007年版的3.4.2.2);
——修订了紧急制动减速度的值(按索道类型制定)(见3.6.2.2,2007年版的3.6.2.2);
——增加了合成树脂的μ值(见3.6.3.1表6);
——增加了在跨距弦长上作用的换算风压(见3.6.4.1);
——增加了通用风压的计算公式,可用于36 m/s风速的风压计算(见3.6.4.1);
——增加了风压均匀分布的跨间钢绳时的风压计算(见3.6.4.2);
——修订了对雪荷载的计算和使用(见3.6.5,2007年版的3.6.5);
——增加了动载荷(见3.6.6);
——增加了安装和维修时的作用力(见3.6.7);
——增加了额外作用力(见3.6.8);
——修改了钢丝绳应符合的标准(见4.1.1,2007年版的4.1.1);
——增加了编接钢丝绳最大安全系数的规定(见4.2.1.4);
——增加了牵引索、运载索等在固定卷筒上的弯绕比(见4.2.3表11);
——删除了包角$>\pi$的叙述,增加了脱挂索道选用要求(见2007年版的4.2.3表11);
——增加了牵引索的固定与连接的一般要求(见4.3);
——增加了钢丝绳固定与连接的要求(见4.3.2~4.3.7);
——删除了与钢丝绳检验和报废规范(GB/T 9075)相重叠的部分(见2007年版的4.4、4.5);
——增加了驱动装置制造的要求(见5.1.1.4);
——增加了对工作制动器的要求(见5.1.7.9);
——增加了对安全制动器的要求(见5.1.7.10);
——增加了对制动器电气装置的要求(见5.1.7.11);
——增加了对制动器液压装置的要求(见5.1.7.12);
——修改了对轴的疲劳计算系数(见5.3.2,2007年版的5.3.2);
——增加了对抱索器测力的要求(见5.5);
——删除了2007版"若仅在一个站装设了限制车辆间距的阻车器,则在另一个站不得改变发车间距"的内容(见2007年版的5.7.3);
——删除了发车间隔误差的要求(见2007年版的5.7.1);
——修改了吊椅罩开闭的要求(见5.8.2,2007年版的5.8.2);
——增加了开关门机构导向轨的要求(见5.8.3);
——修改了支索器的要求并把章节位置从5.12移至7.3(见7.3,2007年版的5.12);
——增加了站内地面输送设备的要求(见5.12);
——修改了车槽长度的要求(见6.2.1.5,2007年版的6.2.1.1);
——修改了对支架强度的计算要求(见7.1.8,2007年版的7.1.8);
——增加了支架疲劳计算的方法(见7.1.9);

——增加了对鞍座的安全要求(见7.2.1.8、7.2.1.9、7.2.1.10);
——增加了捕捉器安装位置的要求(见7.2.3.3);
——增加了托(压)索轮组的脱索保护的要求(见7.2.3.4);
——修改了托索轮组均衡梁屈服安全系数,按受力进行了细化(见7.2.3.9,2007年版的7.2.3.10);
——增加了内侧板的计算要求(见7.2.3.12);
——增加了托(压)索轮制造的要求(见7.2.3.13);
——增加了应考虑救护装置的吊挂位置和吊挂方式要求(见8.1.7);
——增加了脱挂索道车厢人的冲击力(见8.2);
——修改了运载工具承载构件安全系数由破断强度5改为屈服强度3(见8.2.2,2007年版的8.2.2);
——增加了对导靴的要求(见8.4.3);
——增加了往复索道不加客车制动器条件的牵引绳直径和驱动轮摩擦系数两项要求(见8.5.1);
——修改了对制动器制动力的要求(见8.5.5,见2007年版的8.5.5);
——删除了对制动器摩擦片磨损4 mm的要求(见2007年版的8.5.9);
——增加了对吊厢扶手的强度要求(见8.6.3);
——增加了对4人吊厢应两侧开门的要求(见8.6.7);
——增加了对吊椅护圈的安全要求(见8.10.2);
——删除了运载工具控制点(见2007年版的9.1.8);
——删除了"如采用双驱动结构,则所有电机在每种作业工况都应工作"的内容(见2007年版的9.2.7);
——删除了"应能改变车辆在线路上的行驶方向"和"即使位置行程指示器损坏,也应具备车辆位置的控制功能"的内容(见2007年版的9.3.8);
——增加了脱挂抱索器抱紧力的测试(见9.6.1);
——增加了实际值与电机转数及设定转数的误差要求(见9.2.4.5);
——增加了监控运行速度及减速监控的要求(见9.3.7、9.3.8、9.3.10);
——增加了对控制室的要求(见9.3.5、9.3.7);
——增加或修改了对停车控制的要求(见9.2.4.7至9.2.4.16);
——增加了对运行控制的要求(见9.2.5.1、9.2.5.2、9.2.5.7、9.2.5.10、9.2.5.11)。

本标准由国家市场监督管理总局提出并归口。

本标准负责起草单位:北京起重运输机械设计研究院。

本标准主要起草人:张海乔、黄鹏智、黄越峰、刘旭升、杨祥义、樊俊宏、姜红旗、里鑫、温新婕、徐伟、张强、杜俊明、王旭、李刚、闫登华。

本标准所代替标准的历次版本发布情况为:
——GB 12352—1990、GB 12352—2007。

客运架空索道安全规范

1 范围

本标准规定了客运架空索道的设计、制造、安装、检验、使用与管理等方面最基本的安全要求。

本标准适用于往复式客运架空索道和循环式客运架空索道。

本标准不适用于货运索道、地面缆车、拖牵索道、非公用客运索道以及矿山井下专业用途的通勤索道。

2 规范性引用文件

下列文件对于本文件的应用是必不可少的。凡是注日期的引用文件,仅注日期的版本适用于本文件。凡是不注日期的引用文件,其最新版本(包括所有的修改单)适用于本文件。

GB 146.2　标准轨距铁路建筑限界
GB/T 188　762毫米轨距铁路机车车辆限界和建筑接近限界分类及基本尺寸
GB/T 229　金属材料　夏比摆锤冲击试验方法
GB/T 352　密封钢丝绳
GB/T 1031　产品几何技术规范(GPS)　表面结构　轮廓法　表面粗糙度参数及其数值
GB/T 8918　重要用途钢丝绳
GB/T 9075　索道用钢丝绳检验和报废规范
GB/T 24731　客运索道驱动装置通用技术条件
GB/T 24732　客运索道托(压)索轮通用技术条件
GB/T 26722　索道用钢丝绳
GB 50007　建筑地基基础设计规范
GB 50009—2012　建筑结构荷载规范
GB 50010　混凝土结构设计规范
GB 50017　钢结构设计规范
GB 50061　工业与民用66千伏及以下架空电力线路设计规范
GB 50231　机械设备安装工程施工及验收通用规范
NB/T 47013(所有部分)　承压设备无损检测
DL/T 1561.1～1561.17　电气装置安装工程质量检验及评定规程

3 一般规定

3.1 线路

3.1.1 线路的选择

3.1.1.1 选择索道线路时,应考虑当地气候、地理条件、索道要经过的交通要道和跨越的其他建筑设施以及紧急救援的要求。

3.1.1.2 索道线路中心线在水平面上的投影应为一直线(带转角站及三角形索道例外)。

3.1.1.3 索道线路和站址应避免建在下列地区：
——山地风口，并与主导风向正交的地段上；
——有雪崩、滑坡、塌方、溶洞、风暴、海啸、洪水、火灾等危及索道安全的地区，经过主管部门的批准，采取预防措施时例外；
——凡是建在军事设施附近的索道，应按照军事基地管理单位的要求采取相应的措施。

3.1.2 最大倾角

循环式客运架空索道其钢丝绳的最大倾角不应超过 0.785 rad。

3.1.3 跨距长度

3.1.3.1 线路上任一跨距中空载索[1]或空索[2]（根据设备类型而定）与满载索[3]在此跨距端部切线倾角的变化不宜大于 0.15 rad。对于双承载的往复式和循环式索道上述规定不适用。

3.1.3.2 单线循环式脱挂抱索器索道相邻站房一跨的俯角（弦倾角）不应大于 0.01 rad。站内任一检测抱索器挂接可靠性的开关至站口向下变坡点的距离应不小于该开关所触发的制动行程的 1.2 倍；对于单线双环路索道不受上述 1.2 倍制动距离的限制。

3.1.3.3 对双线循环式脱挂抱索器架空索道，承载索应仰角出站，仰角（弦倾角）应不小于 0.1 rad。站内任一检测抱索器挂接可靠性的开关至站口向下变坡点的距离应不小于该开关所触发的制动行程的 1.2 倍；当采用特定的防未挂接装置以满足脱挂抱索器出站时和牵引索可靠挂接的条件，可以不受上述 1.2 倍制动距离的限制。防未挂接装置应具备：
——应是非电控的机械式结构；
——对抱索器与牵引索的挂接具有强制性或约束性功能；
——该装置的状态可监控；
——该装置应经过可靠性试验。

3.1.4 横向净空

3.1.4.1 运载工具与支架间的净空应符合表 1 的规定。

表 1 运载工具与支架间的净空要求

运载工具	支架情况	允许摆动/rad	离支架距离/m
封闭式	无导向装置	0.34	—
封闭式无乘务员且 $V>5.0$ m/s	有导向装置	0.24	—
封闭式无乘务员且 $V\leqslant5.0$ m/s	有导向装置	0.20	—
封闭式有乘务员并不能在车内控制停车且 $V>7.0$ m/s	有导向装置	0.15	—
封闭式有乘务员并能在车内控制停车且 $V\leqslant7.0$ m/s	有导向装置	0.12	—
敞开式（无乘客）	无导向装置	0.34	—
敞开式（有乘客）	无导向装置	0.20	0.5

对于双承载往复式和循环式架空索道、单线双环路架空索道，在没有导向装置的情况下，允许横向

---

[1] 空载索：按要求的间隔挂有空运载工具的承载索或运载索。
[2] 空索：没有运载工具的承载索或运载索。
[3] 满载索：按要求的间隔挂有满额定荷载运载工具的承载索或运载索。

偏摆 0.15 rad,离支架的安全距离为 0.3 m。

3.1.4.2 往复式客运索道两客车在跨间相对运行时,同时向内侧摆动 0.20 rad,相遇时两客车之间的净空不应小于 0.2 m。

3.1.4.3 单侧往复运行的索道,客车向内侧摆动 0.20 rad 时,与另一侧牵引索水平投影的最小净空不应小于 2.0 m。

3.1.4.4 对于单线循环式客运索道,两吊具在跨间运行时同时向内侧摆动 0.20 rad 时,相遇时两封闭式吊具之间的净空不应小于 0.2 m;两敞开式吊具之间的净空应不小于 1 m;在进站口或出站口应不小于 0.5 m。

3.1.4.5 客车与外侧障碍物的水平净空应符合表 2 的规定。

表 2 客车与外侧障碍物的水平净空要求

运载工具偏摆	障碍物	净空/m
向外偏摆(0.34 rad)	建筑物(无人员通行)	1.5
	建筑物(有人员通行)	2.5
	林间通道、公路、山体	1.5
	架空电力线路	按有关标准规定
注:对站房区域不受此限。		

3.1.4.6 两条索道线路平行靠近时,其中心线的距离 A 应按式(1)计算:

$$A=0.5(K_1+K_2+B_1+B_2)+0.2(h_1+h_2+\Delta_s)+1.5 \quad\quad\quad (1)$$

式中:

K_1,K_2——两条线路索距,单位为米(m);

B_1,B_2——两条线路上运载工具宽度,单位为米(m);

h_1,h_2——两条线路上运载工具高度,单位为米(m);

Δ_s ——两条线路上承载索或运载索之间的最大垂直距离,单位为米(m)。

3.1.5 索距

3.1.5.1 在确定索距时应满足 3.1.4 的有关规定。在线路跨间的索距,还应加上线路一侧钢丝绳受运行时风压作用产生的横向偏摆量,最小风压按 3.6.4.1 选取。当跨距弦长大于 400 m 时,按换算风荷载(见 3.6.4.2)计算作用在钢丝绳的横向偏摆量。对于往复式索道在站口处不受此限。

3.1.5.2 跨中钢丝绳横向偏摆量 f 按式(2)计算:

$$f=\frac{C\times q\times d\times L_H^2}{8\times S_{min}} \quad\quad\quad (2)$$

式中:

C ——体型系数(见 3.6.4.3);

q ——风压,单位为千牛每平方米(kN/m²);

d ——钢丝绳直径,单位为米(m);

S_{min}——跨中钢丝绳的最小张力,单位为千牛(kN);

L_H ——换算弦长(见 3.6.4.2),单位为米(m)。

3.1.5.3 通常索道的索距应保持不变,当需要改变时,应计算钢丝绳在水平面上所形成的偏斜,在未考虑风力和动荷载影响时,允许偏差如下:

——在任何静荷载情况下钢丝绳由于偏斜而引起的水平力不应超过钢丝绳垂直力的10%;

——对双线架空索道,承载索在鞍座上形成的水平角不应超过 0.005 rad;
——对单线架空索道,运载索在托(压)索轮组上形成的水平角不应超过 0.005 rad;
——对于不符合上述要求的较大偏斜,应采取安全措施保证运载工具安全通过支架。

3.1.6 运载工具的纵向偏摆

循环式索道运载工具在线路上及站内纵向偏摆 0.34 rad 后不应触及钢丝绳和线路支架;往复式索道车辆在线路上纵向偏摆不应超过 0.34 rad 并不应触及支架鞍座,在站内纵向偏摆 0.15 rad 后不应触及任何站内结构,并保证人员通行的安全距离;脱挂索道在站内纵向偏摆 0.34 rad 后不应触及除站内地面导向装置以外任何站内结构。

3.1.7 允许最大的离地高度

3.1.7.1 架空索道的最大离地高度除考虑最不利荷载情况和地面的横向坡度的影响,还应考虑运载工具型式和救护的可能。

3.1.7.2 封闭式运载工具的架空索道允许的线路最大离地高度不应大于 45 m。对于循环式脱挂抱索器吊厢索道及脉动循环式固定抱索器吊厢索道,当每侧超过 45 m 区段的吊厢总数不超过 5 辆吊厢时,该区段的最大离地高度允许达 60 m,若超过 60 m,应具备可将乘客进行水平营救的设施。对于往复式索道最大离地高度允许超过 60 m,当超过 100 m 时应具备可将乘客进行水平营救的设施。

3.1.7.3 敞开式运载工具的架空索道,对于旅游用吊椅索道,允许的线路最大离地高度不应大于 15 m。对于滑雪用吊椅索道,当索道线路每侧局部地段总长不大于 200 m 时,该段最大离地高度允许达 20 m;当索道线路每侧局部地段总长在 50 m 内时,该段最大离地高度允许达 25 m。

3.1.7.4 对于吊篮索道允许的线路最大离地高度不应大于 25 m。当索道线路每侧局部地段总长不大于 200 m 时,该段最大离地高度允许达 30 m;当索道线路每侧局部地段总长在 50 m 内时,该段最大离地高度允许达 35 m。

3.1.8 允许最小的离地距离

3.1.8.1 满载客车的最低点与地面之间的距离应不小于以下各值:
——无人通行的地区或是禁止通行的隔离地带为 2 m;
——在线路下面允许行人通过的地面为 3 m;
——跨越道路和公用设施的地段,应符合 3.1.9 的规定。

注1:在站房和站口支架之间可不受此限。
注2:离地最小距离应考虑积雪厚度对其影响。

3.1.8.2 在确定离地最小距离时,除以静态位置为依据外,还应考虑动态附加值,即应减去下列数据中的最大值:
——与相邻支架间距的 1%;
——承载索静垂度 5%;
——运载索垂度的 25%;
——牵引索和平衡索垂度的 20%。

3.1.9 线路的立交与避让

3.1.9.1 与铁路、公路、索道、电线、通航河流等相交叉跨越或平行走向时,应彼此不干涉,在正常运行和进行维修时能够保证安全,且不会影响正常救护工作。

3.1.9.2 当索道跨越下列地区时,索道或防护设施的最低点与所跨越物的最小垂直距离应符合下列要求:

——跨越国家干线时应符合GB 146.2的规定；
——跨越地方铁路干线时应符合GB/T 188的规定；
——跨越电气管线时应符合GB 50061的规定，在与电力线路交叉时索道线路尽可能从电力线路下方通过，如果只能从上方通过，则在索道的下方应装设安全保护设施；
——跨越一、二级公路不应小于5.0 m；跨越三、四级公路不应小于4.5 m；
——跨越通航河流上空时，与最大洪水位（加上壅水和浪高）船只桅杆顶的垂直距离不应小于1.0 m；
——跨越居民区或耕地时离地垂直距离不应小于5.0 m；
——跨越建筑物时与建筑物顶垂直距离不应小于2.0 m；
——跨越果林经济作物林，与林木最高点的距离不应小于1.5 m，同时还应考虑修剪周期内林木生长的高度；
——跨越滑雪场雪道时，距雪道面应不小于3.5 m。

3.1.9.3 跨越其他索道时应符合下列要求：
——吊具的最低边缘或牵引索与下面索道的支架或其他构筑物的距离不应小于1.5 m；
——牵引索在最大垂度时，与下面运载索处在最高位置时的距离不应小于3.0 m；
——牵引索在最大垂度时，与下面空载承载索在张力增大10%时的距离不应小于3.0 m；
——跨越拖牵式索道时，除了与其通讯电缆的距离不应小于3.0 m外，离开拖牵式索道空载钢丝绳的最高位置也不应小于3.0 m。

3.1.9.4 当通讯电缆沿索道的支架架设时，其线路应位于空载钢丝绳线路的上方或在吊具满载运行轨迹的下方；当吊具横向偏摆0.20 rad时，与其的安全距离不应小于0.5 m。

3.2 运行速度

3.2.1 运载工具在线路上的最大运行速度不应超过表3的值。

表3 运载工具在线路上的最大运行速度要求

索道型式		使用条件		最大运行速度/(m/s)
往复式索道	双线	车厢内有乘务员并可控制停车时	在跨间时	12.0
			过支架及在硬轨上运行时	10.0
		车厢内无乘务员	在跨间时	7.0
			过支架时 单承载索	6.0
			双承载索	7.0
	单线		在跨间时	6.0
			过支架时	5.0
双线脉动循环式索道		车厢内无乘务员时		5.0
		车厢内有乘务员时		7.0
循环式脱挂抱索器索道	双线	单承载索		6.0
		双承载索		7.0
	单线	一根运载索		6.0
		二根运载索（单线双环路）		7.0

表 3（续）

索道型式		使用条件		最大运行速度/(m/s)
循环式固定抱索器索道	单线脉动	半封闭式或封闭式吊具		5.0
	单线连续	敞开式吊椅	单人或两人	2.0
			3人或4人	1.8
		运送滑雪者	6人	1.5
		运送非滑雪者		1.25
		两人吊厢、吊篮		1.0
		四人吊厢、吊篮		0.8

3.2.2 运载工具在站内（上下车位置）的最大运行速度不应超过表4的值。

表 4 运载工具在站内（上下车位置）的最大运行速度要求

索道型式		使用条件		最大运行速度/(m/s)
循环式脱挂抱索器索道		封闭式运载工具		0.5
	敞开式运载工具	运送滑雪者		1.2
		运送非滑雪者人从前面上下		1.0
		人从侧面上下		0.5
循环式固定抱索器索道	运送滑雪者	单人或两人吊椅		2.0
		3人或4人吊椅		1.8
		6人吊椅		1.5
	运送非滑雪者	单人或两人吊椅		1.25
		两人吊厢、吊篮		1.0
		四人吊厢、吊篮		0.8
脉动循环式索道		封闭式运载工具		0.5

3.2.3 任意类型的索道其运载工具在通过线路支承结构时，运载工具的向心加速度不应超过 2.5 m/s^2。

3.3 运载工具的最小间隔时间

3.3.1 对于固定抱索器吊椅式索道吊椅之间的最小间隔时间，见表5。

表 5 允许的最小间隔

索道型式		允许的最小间隔
单人乘坐		不小于 5 s
双人乘坐	两人同时上下时	不小于 8 s
	两人不同时上下时	不小于 10 s
运送滑雪者		不小于 7 s

3.3.2 运送滑雪者的脱挂抱索器吊椅索道吊椅之间的最小间隔时间不应小于6 s。

3.3.3 固定抱索器两人吊厢、两人吊篮式索道,吊厢(或吊篮)之间的最小间隔时间为10倍运行速度且不小于10 s,对于四人吊厢最小间隔时间应不小于18 s。

3.3.4 脱挂抱索器吊厢索道,吊厢之间的最小间距不应小于正常停车行程的1.5倍,且不小于9 s。

3.3.5 运载工具混编的索道,应依据运载工具类型取3.3.1、3.3.2、3.3.3、3.3.4中的大值。

3.4 允许载客人数

3.4.1 吊椅式滑雪索道的单个吊椅最大载客人数为6人;吊椅式非滑雪索道的单个吊椅最大载客人数为2人。

3.4.2 单线循环式固定抱索器索道的吊厢(篮)最大载客人数为4人。

3.4.3 单线循环式脱挂抱索器索道和单线循环脉动式固定抱索器索道的运载工具最大载客人数为8人,不包括单线双环路索道。

3.5 钢丝绳在支架鞍座上、托(压)索轮上的安全性

3.5.1 双线索道

3.5.1.1 在承载索最大拉力增加了40%时,承载索对支架鞍座的最小载荷不应为负值;在索最小拉力下降40%时,承载索承载对偏斜鞍座(仅在站房)的最小载荷不应为负值。

3.5.1.2 空承载索在支架鞍座上的折角不应小于0.02 rad。

3.5.1.3 承载索对支架鞍座的最小荷载不应小于相邻跨距承载索弦长所承受0.5 kN/m^2风压的向上风力之和的一半。

3.5.1.4 承载索空载时对支架鞍座的最小荷载和水平风力的合力应当作用在绳槽内。

3.5.1.5 在匀速运动状态下,牵引索最大张力增加40%时,牵引索对支架托索轮组的最小荷载不应为负值。

3.5.1.6 当索道停运时,牵引索在支架托索轮组上的最小压力不应小于0.8 kN/m^2风压作用在相邻两跨牵引索向上风力的一半。

3.5.2 单线索道

3.5.2.1 线路支架上的最小支承力:
—— 匀速运行时,托索支架应按风压0.25 kN/m^2作用在相邻两跨空载索或空索较长跨弦长上所产生的向上风力的1.5倍计算最小支架荷载;
—— 停运时,应按风压0.8 kN/m^2作用在相邻两跨空载索或空索弦长上所产生的向上风力之和的一半计算支架最小荷载;
—— 匀速运动时,压索支架应按风压0.25 kN/m^2作用在相邻两跨满载索较长跨弦长上产生的向下风力的1.5倍计算最小支架荷载。

3.5.2.2 线路托(压)索轮上最小荷载:
—— 在凹陷地段的托索支架上,当运载索最大张力增加40%时,运载索在托索轮组上最小荷载不应出现负值;
—— 在压索支架上当运载索最小张力降低20%,同时有效荷载增加25%时,运载索不应离开压索轮。

3.5.2.3 匀速运动的运载索最小轮压不应小于500 N并满足式(3):

$$A \geqslant 500 + 50[d-(D_1-D_2)] \quad\quad\quad\quad (3)$$

式中:

A ——最小轮压,单位为牛(N);
d ——钢丝绳直径,单位为毫米(mm);
D_1 ——整轮外径,单位为毫米(mm);
D_2 ——新轮衬槽底直径,单位为毫米(mm)。
空索时式(3)的值允许减少50%。

3.5.2.4 组合式托(压)索轮组中的托(压)索轮相对运载索的最小轮压仍应根据3.5.2.3确定。

3.5.3 托(压)索轮的折角

3.5.3.1 单线索道每个托(压)索轮上的最大折角不应大于0.08 rad。

3.5.3.2 双线索道上牵引索或平衡索在每个托(压)索轮上的折角不应大于0.08 rad。

3.6 线路计算和钢丝绳计算的作用力

3.6.1 荷载

3.6.1.1 钢丝绳和运载工具的自重应依据制造厂的说明。实际的质量与设计质量的偏差不应大于±3%,实际质量应与进行线路计算和钢丝绳计算所取的值相符。

3.6.1.2 有效荷载:15人以下时平均每人重力按740 N计算;16人以上时,平均每人重力按690 N计算;对于运送滑雪者的索道还应每人加上50 N装备的重力。

3.6.2 动态作用力(惯性力)

3.6.2.1 启动加速度最小为0.15 m/s² 时的惯性力。

3.6.2.2 减速度为下列值时的惯性力:
  ——工作制动减速度最小为0.4 m/s²;
  ——紧急制动减速度对循环式索道,制动系统制动减速度不应大于1.5 m/s²;对于往复式、脱挂式双线循环,脉动式索道,制动系统制动减速度不应大于2.0 m/s²。

3.6.2.3 特殊情况应验证下列动态作用力:
  ——当设备有两根或多根牵引索时,由于一根牵引索破断引起的动态作用力;
  ——设备有客车制动器,当客车制动器制动之后在整个牵引索环线的动态作用力。

3.6.3 摩擦系数 μ_{zul}

3.6.3.1 为了计算驱动轮传递的力(见5.1.5),应采用表6中的许用摩擦系数 μ_{zul}。

表6 许用摩擦系数 μ_{zul}

衬垫材料	匀速运动时的摩擦系数	启动及制动时的摩擦系数
钢绳槽或铸铁绳槽	0.07	0.07
橡胶、塑料衬垫等	0.2	0.22
软铝衬垫(布氏硬度≤500 N/mm²)	0.2	0.2
合成树脂	0.25	0.3
注:其他工程材料实际的摩擦系数通过试验得到。		

3.6.3.2 线路计算时,应采用表7的阻力系数。

表 7 阻力系数

设备名称		阻力系数
托(压)索轮	橡胶衬	0.025
	塑料衬	0.020
运行小车车轮	橡胶衬	0.020
	塑料衬	0.020
导向轮	采用滚动轴承	0.003
	采用滑动轴承	0.010
承载索滚子链	带滚动轴承	0.005
	带滑动轴承	0.010
张紧小车		0.010
承载索鞍座		0.10

3.6.4 风荷载

3.6.4.1 进行计算时,按下述风荷载乘以体型系数:
a) 运行时:$q=0.25\ kN/m^2$。
   停运时:$q=0.8\ kN/m^2$,风速大于 36 m/s 的 q 值按 GB 50009—2012 第 8 章和附录 E 的有关规定计算取值。
b) 海拔 3 000 m 以上时,上述 q 值允许降低 20%。
c) 如果由风压形成的荷载是均匀分布在跨间线路钢丝绳的全长上,则该风压可根据跨距弦长 L 按式(4)选取(只适用于停运状态):

$$q_{red}=\beta\times q \qquad\qquad (4)$$

式中:
q_{red}——在跨距弦长上作用的换算风荷载,单位为千牛每平方米(kN/m²);
β ——换算系数;
q ——风荷载,单位为千牛每平方米(kN/m²)。

β 值根据跨距弦长 L 按以下选取:
—— 对 $L\leqslant 200\ m$ $\beta=1.0$;
—— 对 $L\geqslant 900\ m$ $\beta=0.65$;
—— 对 L 在 200 m~900 m 之间的 β 值可利用直线插值法求得。

3.6.4.2 按下述风压计算钢丝绳由风荷载产生的侧向偏摆:
a) 运行时:$q=0.20\ kN/m^2$。
   停运时:$q=0.8\ kN/m^2$。
b) 当跨距长度大于 400 m 时,按式(5)换算钢丝绳风荷载:

$$q'=q\left(\frac{L_H}{L}\right)^2 \qquad\qquad (5)$$

式中:
q' ——换算风荷载,单位为千牛每平方米(kN/m²);
q ——规定风荷载,单位为千牛每平方米(kN/m²);
L_H——换算弦长,单位为米(m);

L——跨距弦长,单位为米(m)。

c) 400 m 以上的跨度在计算风力时,换算弦长按式(6)计算:

$$L_H = 240 + 0.4L \quad \quad \quad \quad \quad \quad (6)$$

式中:
L_H——换算弦长,单位为米(m);
L ——跨距弦长,单位为米(m)。

3.6.4.3 体型系数:
——密封式钢丝绳:1.15;
——多股钢丝绳:1.25;
——行走机构及吊架:1.6;
——矩形车厢:1.3;
——带圆角的矩形车厢:1.3-2r/L(r=车厢倒角半径;L=车厢长度);
——托索轮:1.6;
——圆管形支架:1.2;
——方管及轧制型材支架:2。
注:允许使用风洞实验所取得的数据。

3.6.4.4 对于没有外罩的空吊椅,其侧向体型系数与迎风面积(m^2)的乘积为 $0.2+0.1n$;满载吊椅为 $0.4+0.2n$。其中 n 为每个吊椅的人数。

3.6.5 雪荷载及冰荷载

3.6.5.1 在进行土建结构和各站设备棚罩设计时应考虑雪荷载,雪荷载按 GB 50009—2012 中第 7 章和附录 E 设计。

3.6.5.2 冰冻地区应考虑钢丝绳或支架上的冰荷载。冰层厚度按 25 mm,容积质量按 600 kg/m^3 计算。

3.6.5.3 承载索计算时应考虑停运时风载和冰载同时作用:风荷载按 0.8 kN/m^2 取值;冰荷载取 3.6.5.2 计算值的 0.4 倍。

3.6.6 动荷载

3.6.6.1 在进行土建结构计算时应考虑满载运载工具通过支架所产生的荷载。计算时动力系数 ϕ 按下述说明选取:

a) 单线和单线双环路架空索道:
——压索支架,托压索组合支架,以及相似的结构 $\phi=1.0$;
——托索支架,$\phi=0.5$。
b) 双线架空索道,线路支撑结构 $\phi=0.2$。

3.6.6.2 由于抱索器通过支架所产生的作用力,这些力沿运行方向作用于支架结构的两侧。其值按下述情况选取:
——压索或者托/压索支架,作用在一个轮子上实际荷载的 50%;
——托索支架,作用在一个轮子上实际荷载的 25%。

3.6.7 安装和维修工作时的作用力

3.6.7.1 支架结构应考虑安装或维修时出现的偏荷载,该偏荷载可采用线路总体计算时根据设备形式和使用状况计算出的空绳或空载绳在该支撑处的作用力。

3.6.7.2 当利用支架结构进行钢丝绳的抬起或锚固时,支架结构所受的抬起力或绳张力可按总体计算中根据设备型式和使用状况计算出的空绳或空载在该支架处的支撑力或张力。该支撑力或张力应考虑 $\pm 0.09\ \mathrm{rad}(\pm 5°)$ 的偏移。

3.6.8 额外作用力

3.6.8.1 由制动器的制动力产生额外作用力按下列工况取值：
  a) 当轨道制动器未按规定突然制动时：承载索所承受的作用力应按1.3倍的轨道制动器的制动力计算。
  b) 当高速轴制动器（工作制动器）或驱动轮制动器未按规定突然制动时，站房支承结构应按低速制动器（安全制动器）产生制动力的1.5倍考虑。

3.6.8.2 脱索时钢丝绳在捕捉器上的作用力：
  a) 运行时若钢丝绳在支架上脱索落在捕捉器上，钢丝绳将在捕捉器上产生摩擦力。钢丝绳与捕捉器之间的摩擦系数为0.30，压力值为线路计算中在该处最大支承力的1.3倍（托索支架），2倍（压索支架）。
  b) 停运时若钢丝绳在支架上脱索后落在捕捉器上，按线路计算时在该处支架最大支承力的1.3倍（托索支架），2倍（压索支架）取值。
  c) 考虑一个抱索器被挂住的附加力（当抱索器不能从捕捉器上驶过）：其值为抱索器最大脱开力的1.1倍和支架最大支承力的1.1倍。

3.6.8.3 停运时空的运载工具上所受风力作用力值根据3.6.4.1求得（脱挂和往复式索道空车按规定不停留在线路上除外）。

3.7 救援

3.7.1 一般规定

3.7.1.1 所有架空索道在发生设备停车的故障时，操作负责人应通知并安抚乘客。应优先考虑恢复运行，若不能恢复运行，应按照应急救援预案，实施对乘客的救援。

3.7.1.2 一般应在3.5 h内将乘客从索道上救至安全区域。

3.7.1.3 夜间救援时，应有照明设施。

3.7.1.4 救援设备应有完整、清晰的使用说明。

3.7.2 垂直救援

3.7.2.1 在满足下述条件情况下，允许采用垂直救援方式将乘客救援到地面：
  ——救援高度在允许的最大离地高度范围内（见3.1.7）；
  ——地形条件适合于此种救援或进行了相应的准备工作。

3.7.2.2 垂直救援设备包括锚固点应在现场进行适用性测试。垂直救援设备应按要求进行使用、保存、维护、检查、测试和报废，对所有替换部件或备件的可互换性进行确认。

3.7.2.3 救援设备应具有完整、清晰的使用说明。

3.7.3 水平救援（沿钢丝绳进行救援）

3.7.3.1 若索道线路的全部或部分不能够将乘客垂直救援到地面，则应提供全部或部分沿钢丝绳进行救援所需的设备。

3.7.3.2 相应的机械设备应作为永久设备装配到位，在救援计划中应清晰地注明合理的操作人员数量和所需要的最长时间。

3.7.3.3 救援设备应具有一个独立于主驱动的驱动系统或者具有一个可自行提供动力的车辆。

3.8 质量保证

3.8.1 索道重要受力部件的材料应有材质证明。

3.8.2 对于若失效或发生故障就会对安全造成危害的部件,应满足下列要求:

  a) 生产和召回的可追溯性。能够确认材料的来源、提供各个生产阶段的生产工艺文件、保证相关人员的配置。

  b) 至少下列部件应进行无损探伤,并符合NB/T 47013中的Ⅰ级要求:

    ——抱索器内、外抱卡、轴;

    ——驱动轮、迂回轮、导向轮的主轴;

    ——托(压)索轮组的轴系;

    ——绳头套筒;

    ——钢丝绳末端固定轴;

    ——运载工具的轴及吊杆或吊架;

    ——驱动轮和迂回轮轮体主要受力焊缝。

  c) 索道设备出厂时应按有关标准进行严格检验,并出具合格证书,不符合设计要求的设备,严禁出厂。涉及人身安全的设备,应经过设计文件鉴定及型式试验合格后,才能在工程中使用。

4 钢丝绳

4.1 钢丝绳的选用原则

4.1.1 钢丝绳应符合GB/T 26722或GB/T 8918的要求,密封钢丝绳应符合GB/T 352的要求。

4.1.2 承载索应采用整根的,且全部由钢丝捻制而成的密封型钢丝绳,不应采用敞开式螺旋型和有任何类型纤维芯的钢丝绳作承载索。

4.1.3 牵引索、平衡索、运载索、循环式救护索应选用线接触或面接触、同向捻带纤维芯的股式结构钢丝绳,在有腐蚀环境中推荐选用镀锌钢丝绳。

4.1.4 张紧索应采用挠性好耐弯曲的钢丝绳,按4.2.3中规定用在大直径的张紧轮(或滚子链)时除外。

4.2 钢丝绳参数的确定

4.2.1 抗拉安全系数

4.2.1.1 钢丝绳的抗拉安全系数即钢丝绳的最小破断拉力与钢丝绳最大工作拉力之比,不应小于表8所列数值。

表8 抗拉安全系数

钢丝绳的种类	荷载情况	安全系数
承载索	正常运行荷载	3.15
	考虑了客车制动器作用力的影响	2.7
	考虑了停运时风和冰的作用力	2.25
牵引索、平衡索、制动索	带客车制动器的往复式索道	4.5
	没有客车制动器的往复式索道	5.0
	双线循环式索道	4.5

表 8（续）

钢丝绳的种类	荷载情况	安全系数
运载索		4.5
张紧索[a]		5.5
救护索	封闭环线的钢丝绳（运行状态）	3.5
	封闭环线的钢丝绳（停运状态）	3.0
	在绞车上的钢丝绳	5.0
信号索和锚拉索	没有考虑结冰的情况	3.0
	考虑结冰的情况	2.5
[a] 当采用两根或多根平行的张紧索时,每根张紧索的安全系数要提高20%。		

4.2.1.2 承载索的最大工作拉力应包括：
——承载索张紧重锤的重力（两端锚固时为计算起点的设计拉力），并考虑温度变化的影响；
——承载索在滚子链上或张紧索在导向轮上的阻力；
——由高差引起的承载索重力和由运载工具引起的拉力的变化；
——承载索在鞍座上的摩擦阻力。

4.2.1.3 运载索最大工作拉力应包括下列力值：
——张紧装置开始的初张力；
——由高差引起的运载索重力和重车重力的分力；
——各支架托（压）索轮组的阻力；
——站内各有关设备的运行阻力；
——液压张紧装置张紧力正常允许增加值（增加值不超过3%可忽略不计）。

4.2.1.4 对于编接的钢丝绳,未考虑动态作用力时,抗拉安全系数不应超过15。

4.2.2 横向荷载与轮压的关系

4.2.2.1 钢丝绳张紧时,其最小张力与单个车轮产生的最大横向轮压之比应大于表9所给出的值。

表 9 最小张力与单个车轮的最大横向轮压比

钢丝绳类型	衬块情况	比值
运载索	带柔性衬,弹性模数等于或小于5 000 N/mm²	60
	带硬衬,弹性模数大于5 000 N/mm²	80

4.2.2.2 钢丝绳张紧时,其最小张力与运载工具产生的最大横向力之比应大于表10所给出的值。

表 10 最小张力与运载工具产生的最大横向力比

钢丝绳类型	使用情况	比值
承载索	重锤张紧	10
	两端锚固	8
运载索	单抱索器或双抱索器之间的间距小于2倍捻距长度	15
	双抱索器之间的间距大于2倍捻距长度	12

4.2.2.3 对于双线车组往复式索道承载索最小张力应大于单辆重车重力的15倍。

4.2.3 弯挠比

根据钢丝绳的用途和使用场合,绳轮直径 D 与钢丝绳公称直径 d 的比值不应小于表11中的值,承载索鞍座或滚子链的曲率半径 R 和钢丝绳公称直径 d 的比值不应小于表12中的值。

表 11 绳轮直径 D 与钢丝绳公称直径 d 的比值

用途	钢丝绳类型	使用场合		绳轮直径 D 与钢丝绳直径 d 的比值	绳轮直径 D 与最外层钢丝直径(高度)的比值
承载索	密封式	锚固卷筒[a]		65	650[a]
		导向轮		130	1 300[a]
牵引索、平衡索和运载索	多股铰捻式	驱动轮、迂回轮	固定抱索器循环索道	100	800~1 000
			其他类型索道	80	
牵引索、平衡索	多股铰捻式	固定卷筒		22	220
张紧索	密封式和多股铰捻式	迂回轮、导向轮	往复式	50	850
			循环式	40	700
	多股铰捻式	用于静止转动时(如端部套环)			
		迂回和转向		8	
		用于可旋转移动时			
		迂回和转向缠绕卷筒		20	
救护索	多股铰捻式	绳轮		40	
		绞车		30	
[a] 当选用外层丝高为3.5 mm时,应分别为1 000和1 800。					

表 12 承载索鞍座或滚子链的曲率半径 R 和钢丝绳公称直径 d 的比值

钢丝绳用途	使用场合	曲率半径 R 与钢丝绳直径 d 的比值
承载索	滚子链	90
	客车通过的鞍座	300
	重锤张紧端站口鞍座	250
	锚固端站口鞍座	200
	锚固端导向鞍座	65
安全网	鞍座	65

4.3 钢丝绳的固定和连接

4.3.1 一般要求

4.3.1.1 应避免钢丝绳连接处附近由于钢丝绳的振动而产生的弯曲应力。必要时,应配备带衬的保护套筒。保护套衬垫应符合下列要求:

——衬垫的长度至少为$4d$（d为钢丝绳公称直径）；
——衬垫的厚度δ为$0.25d \leqslant \delta \leqslant 0.5d$，其内径与钢丝绳公称直径相等；
——对钢丝绳没有腐蚀，肖氏硬度为90HS～95HS的聚氨酯或耐磨的柔性材料。

4.3.1.2 末端固定连接部件允许的破断力应大于钢丝绳最小破断力。

4.3.1.3 在最大工作荷载下不应出现永久变形。

4.3.1.4 牵引索固定装置的强度安全系数应大于匀速运动时钢丝绳最大牵引力的4.5倍。

4.3.1.5 应定期检查运行机构上牵引索的固定状况。如果钢丝绳固定状况无法检查时，应定期更换牵引索固定头。

4.3.2 车辆上固定牵引索的卷筒

4.3.2.1 牵引索固定卷筒应承受住钢丝绳的实际破断力和出现的最大扭矩。

4.3.2.2 卷筒槽底直径应至少等于牵引索直径的22倍和最大钢丝直径的220倍。

4.3.2.3 牵引索在卷筒上应至少缠绕2.25圈。

4.3.2.4 牵引索不准许在卷筒上做横向摆动。卷筒偏斜靴（鞍座）的半径以槽底测量不应小于钢丝绳直径的80倍。

4.3.2.5 缠绕牵引索的卷筒表面应由沟槽构成，而槽的半径应取$0.52d$～$0.54d$。槽的深度应至少取$0.15d$。槽距应至少取$1.05d$。

4.3.2.6 对卷筒进行安全验证时，取下列摩擦系数：
——木材或塑料表层　　0.10；
——钢材表层　　　　　0.08。

4.3.3 卷筒上牵引索的绳卡

4.3.3.1 绳卡应考虑牵引索的变形。

4.3.3.2 绳卡应能吸收牵引索末端剩余拉力。绳卡的直径应小于钢丝绳直径5%。绳卡的数量应不小于2个，第二个绳卡应至少保持和第一个绳卡同样的夹紧力，绳卡的最小间距为10 mm。

4.3.3.3 每个绳卡的防滑安全系数为3，摩擦系数取0.16。

4.3.4 浇铸锚头的套筒

4.3.4.1 钢丝绳在抽出套筒时不应被套筒的内面划伤。套筒内面的粗糙度应符合GB/T 1031的有关规定，轮廓算术平均偏差Ra应不大于1 μm。

4.3.4.2 采用钢套筒时，浇注时的热量不应使其特性发生不利的变化。

4.3.4.3 套筒的长度L应为$5d \leqslant L \leqslant 9d$，圆锥倾角$\alpha$应在$5° \leqslant \alpha \leqslant 9°$，见图1。

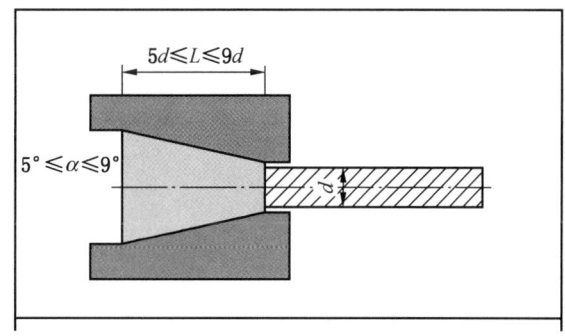

图1　套筒的长度

4.3.4.4 浇注套筒应能承受钢丝绳运行时产生的最大扭矩。

4.3.5 夹板绳卡

4.3.5.1 绳卡夹紧后,两个夹板之间在全长的任一点上都应有至少 2 mm 的间隙,且在钢丝绳整个寿命期间钢丝绳直径减小后还有裕量。

4.3.5.2 槽形截面的形状应是圆形,槽扇形角 α 应不小于250°,见图 2。槽形直径应为钢丝绳公称直径的 1.05～1.1 倍。在绳卡的出口处的圆周应有不小于 R2 的圆角。

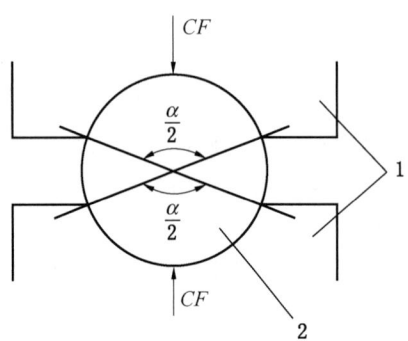

说明:
1——绳卡;
2——钢绳;
CF——夹紧力。

图 2 绳卡横截面

4.3.5.3 防滑力应根据绳卡和钢丝绳接触的面积、夹紧力和摩擦系数来计算,摩擦系数密封绳取 0.13,股捻钢丝绳取 0.16。

4.3.5.4 最大夹紧应力对于股式钢丝绳应不大于 50 N/mm²;对于密封型钢丝绳应不大于 150 N/mm²。

4.3.5.5 应保护所有绳卡材料不受腐蚀。材料的韧性应满足 −20 ℃ 以下工作环境温度使用,并应做缺口冲击验证,试验应符合 GB/T 229 中的规定。

4.3.5.6 绳卡应进行无损探伤,并符合 NB/T 47013 中的Ⅰ级要求。

4.3.5.7 绳卡的公称直径和螺栓扭矩应有永久标记。

4.3.6 夹紧套筒

4.3.6.1 夹紧套筒由外部锥形套筒、内锥体、柔性铝丝、锥体固定器、弹性套筒和连接叉组成,见图 3。

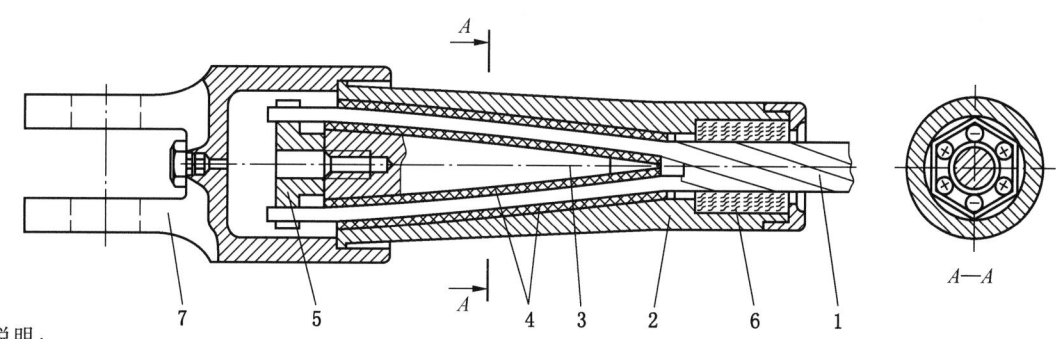

说明：
1——钢丝绳；
2——套筒；
3——内锥体；
4——柔性铝丝；
5——锥体固定器；
6——弹性套筒；
7——连接叉。

图 3 夹紧套筒

4.3.6.2 效率应达到98%。

4.3.6.3 锥体的母线和轴线之间的角度应是5°，内锥体的公差为+0/−0.5，套筒锥体的公差为±0.5；锥体长度应大于钢丝绳公称直径的7倍；锥体应有一个圆柱部分，长为钢丝绳公称直径的0.4倍～0.6倍。

4.3.6.4 内锥体表面应有可见纹路来固定缠绕铝丝，铝丝应在内锥体的两端固定。内锥体和锥体固定器应为两个独立的件，仅靠绳股来连接。在锥体深入套筒并加载后，在锥体固定器和套筒之间不准许有接触。

4.3.6.5 缠绕铝丝应用布氏硬度相当于500 N/mm² ～700 N/mm² 的铝合金制成。缠绕丝的直径应是钢丝绳公称直径的0.1倍±0.02倍。

4.3.6.6 用以吸收振动的弹性套筒的材料应采用肖氏A硬度等级为95的聚亚安酯制作。弹性套筒的直径应在钢丝绳弹性套筒和之间以及弹性套筒和座孔之间不留任何间隙。弹性套筒的长度应至少是钢丝绳公称直径的2倍。

4.3.6.7 部件应进行无损探伤检查，并符合NB/T 47013中的Ⅰ级要求。

4.3.7 承载索的锚固

4.3.7.1 承载索采用锚固筒固定时，钢丝绳在锚固筒上缠绕的圈数不应小于3圈，锚固筒直径应符合4.2.3的规定。

4.3.7.2 承载索的剩余张力应至少用3副夹板绳卡锚固在支座上，其中2副工作，1副备用。工作夹板绳卡和备用夹板绳卡之间应留有5 mm的观察缝。每一组夹板绳卡夹紧的防滑安全系数为3，夹板绳卡对钢丝绳的摩擦系数取0.13。

4.3.7.3 锚固筒应镶有对钢绳无腐蚀的软质材料的衬垫（例如：工程塑料、木材等）。

4.3.7.4 锚固点应能承受张紧和放松钢绳可能出现的最大的允许荷载。

4.3.8 牵引索固定套筒的最大使用年限

4.3.8.1 合金浇铸套筒的最大使用年限不应超过4年。

4.3.8.2 树脂浇铸套筒最大使用年限不应超过2年。如果可用无损探伤仪检查树脂浇铸套筒，则其最大使用年限可延长到4年。

4.3.8.3 夹紧式套筒每年应打开检查一次;每三年应重做。

4.4 检验和报废

4.4.1 客运索道钢丝绳应定期进行无损探伤检查,钢丝绳在安装后的18个月内应进行首次探伤检测并作为基础数据,钢丝绳的检测周期应按国家安全监督检验机构的规定执行。

4.4.2 客运索道承载索串绳后应进行无损探伤。

4.4.3 无客车制动器的往复式索道牵引索的检验见12.3.5。

4.4.4 钢丝绳及固定末端的报废应符合GB/T 9075的有关规定。

5 站内机械设备

5.1 驱动装置

5.1.1 一般规定

5.1.1.1 为了确保安全运行,驱动装置除设主驱动系统外,还应设辅助或紧急驱动系统,当主电源、主电机或主电控系统不能投入工作时,辅助或紧急驱动系统应能及时投入运行,不同的驱动装置之间应进行联锁。

5.1.1.2 驱动装置应有0.3 m/s～0.5 m/s的检修速度。

5.1.1.3 双牵引索道的驱动装置,应设机械差动或电气同步装置。运行速度不大于3 m/s的双牵引索道,可不设机械差动或电气同步装置。

5.1.1.4 驱动装置的制造应符合GB/T 24731的有关规定。

5.1.2 主驱动装置

5.1.2.1 主驱动装置应能在不利的荷载情况下以最小为0.15 m/s^2的平均加速度启动,而且应在两个方向都可以运行。

5.1.2.2 主驱动装置在运行时,出现下列任何一种情况时,应能自动停车:
——无电压或电压降低到特定最小值以下时;
——功率消耗上升到特定最大值以上时;
——最高运行速度超过额定值10%;
——其他安全保护设施起作用。

5.1.3 辅助驱动装置

5.1.3.1 运行速度应不大于主驱动装置运行速度,在不利的荷载情况下,应至少能以0.10 m/s^2的平均加速度启动,而且应在两个方向都可以运行。

5.1.3.2 使用辅助驱动装置时,对安全运行的要求与主驱动装置相同。

5.1.4 紧急驱动装置

5.1.4.1 紧急驱动装置仅仅是为了把停留在线路上的人员运回到站内。

5.1.4.2 运行速度为0.3 m/s～1.0 m/s。

5.1.4.3 应配备必要的安全装置,保证将线路上的人员安全地运回到站内。

5.1.4.4 控制系统应独立于主驱动装置。

5.1.4.5 应能在主驱动装置发生故障的情况下,15 min之内投入运行。

5.1.5 驱动轮上力的传递

5.1.5.1 应在最不利的运行状态下计算下列荷载情况下钢丝绳的最大张力、最小张力及最大圆周力。
    a) 在匀速运动中两侧都是空车及两侧都是重车；
    b) 满载上行,空车下行,起动加速度为 $0.3\ m/s^2$；
    c) 满载下行,空车上行,制动减速度为 $0.6\ m/s^2$；
    d) 非匀速运动时下列质量的惯性力：
        1) 牵引索(或运载索)质量；
        2) 运载工具质量；
        3) 人员或荷载质量；
        4) 由钢丝绳带动的转动部分质量。

5.1.5.2 对于双线往复式、单线脉动循环或单线间歇循环车组式客运索道,应求出驱动轮在 5.1.5.1b)和 c)项荷载情况下的等效圆周力。

5.1.5.3 应根据驱动装置安装的海拔高度及环境温度,验证其允许的极限值(例如:尖峰扭矩、尖峰功)。

5.1.5.4 对于 5.1.5.1b)、c)所出现的荷载情况,用 $\frac{T_{max}}{T_{min}}=e^{\mu\alpha}$ 这一公式验证所要求的摩擦系数 μ_{erf},摩擦系数 μ_{erf} 不应超过 3.6.3 的许用值 μ_{zul},见式(7)。

$$\mu_{zul} \geqslant \mu_{erf} = \frac{1}{\alpha} \times \ln\frac{T_{max}}{T_{min}} \quad\quad\quad\quad\quad\quad(7)$$

式中：
    α ——在驱动轮上钢丝绳的包角(rad)；
    T_{max}、T_{min}——在驱动轮上同一荷载情况下出现的最大与最小张力,单位为千牛(kN)；
    μ_{zul} ——许用摩擦系数；
    μ_{erf} ——在驱动轮上要求的摩擦系数。

5.1.5.5 驱动轮的摩擦系数 μ_{zul} 应按表 6 选取,特殊条件下(例如潮湿的钢丝绳、+40 ℃时涂油的钢丝绳等降低摩擦系数情况)允许的摩擦系数 μ 应在表 6 的许用摩擦系数 μ_{zul} 基础上按以下条件选取：
    ——考虑了正常减速度下动态作用力,取许用摩擦系数 μ_{zul} 的 67%；
    ——考虑了非正常情况下最大减速度的动态作用力,取许用摩擦系数 μ_{zul} 的 80%。

5.1.5.6 应按式(8)验证衬垫单位面积的压力,此压力不应超过衬垫生产厂所规定的数值。

$$p = \frac{3T_m}{dD} \quad\quad\quad\quad\quad\quad(8)$$

式中：
    p ——衬垫单位面积的压力,单位为千牛每平方毫米(kN/mm^2)；
    T_m——平均牵引力, $T_m=\frac{T_1+T_2}{2}$,单位为千牛(kN)；
    d ——钢丝绳公称直径,单位为毫米(mm)；
    D ——绳轮直径,单位为毫米(mm)。

5.1.6 动力传递部件

5.1.6.1 不准许采用平皮带传递动力。采用链条传递动力时应有封闭外壳并有固定的润滑装置。

5.1.6.2 动力传递装置中的联轴器、万向节等应按照设定的荷载进行计算。

5.1.6.3 液压动力传递装置应保证在两个方向都可以平稳启动。

5.1.7 制动器

5.1.7.1 所有的驱动装置(主驱动、辅助驱动、紧急驱动和救援驱动)应配备两套彼此独立的制动器,即工作制动器和安全制动器。如果索道或救援索道在任何驱动装置和负荷情况下运行都能在制动器不工作的条件下形成稳定停车,允许只安装一个对驱动轮采用摩擦制动的制动器。

5.1.7.2 每一个制动器应能使索道在最不利荷载情况下停车,每一个制动器应根据下列最小平均减速度计算相应的最大停车行程:
——对于固定抱索器单线循环式索道最小平均减速度取 0.3 m/s^2;
——对于其他索道最小取 0.5 m/s^2。

5.1.7.3 当制动器的制动力减少15%时,还应能使设备停车。

5.1.7.4 制动器的制动性能应满足制动系统对循环式索道减速度不应大于 1.25 m/s^2;对往复式、脉动式索道制动系统制动减速度不应大于 2.0 m/s^2 的要求。

5.1.7.5 工作制动器和安全制动器不应同时动作(会直接造成重大事故时除外)。

5.1.7.6 应采取措施防止制动块及刹车面沾上液压油、润滑油脂和水。

5.1.7.7 制动器的所有部件的屈服限安全系数不应小于3.5。

5.1.7.8 制动根应符合下列要求:
——正向和反向制动动作应相同;
——制动力应均匀地分布在制动块上;
——应能补偿制动片的磨损;
——制动行程应留有余量;
——在选择制动弹簧时,弹簧的工作行程不应超过其有效行程的80%;
——在选择制动弹簧特性时,应做到在无自动调整的情况下,制动片磨损 1 mm 时制动时间的延长不应超过给定值的10%;
——闸瓦间隙的分布应均匀并在允许的范围之内;
——制动块的压紧力应由重力或压力弹簧产生,其力的传递应为机械式的;
——对气动、液压制动器还应检查其开启、闭合位置和相应的压力。

5.1.7.9 工作制动器应符合下列要求:
——如果工作制动器的制动力被证明制动力未达到,允许工作制动器和安全制动器同时下闸。但在最不利的荷载情况下,减速度不应大于 2.5 m/s^2(在双承载往复式索道允许超过该值)。但不能造成人员的危险,钢丝绳不能从支架上脱索,运载工具不能碰撞支架和钢丝绳。
——工作制动器的制动力应能单独调节或分级,可根据荷载大小,采用制动力分级制动或全部同时制动。
——工作制动器的制动力应在驱动轮停转或最大允许的制动时间内全部释放。

5.1.7.10 安全制动器应符合下列要求:
——安全制动器应直接作用在驱动轮上或具有足够缠绕圈数的卷筒上或一个与驱动轮或卷筒连接的制动盘上。
——安全制动器制动力应具有调节和分级的功能。
——当由安全装置触发安全制动器动作时,其恢复指令应通过机房或控制台的操作进行。
——当安全制动器的制动力应在驱动轮停转或在最大允许的制动时间内全部释放。

5.1.7.11 制动器的电气控制应符合以下要求:
——应通过中断安全回路来控制制动器的动作。
——制动器的电气控制装置,应避免由于电压下降而导致工作制动器和安全制动器同时制动。
——制动器不准许因索道外供电网断电或电网不稳定而自行动作,应通过安全回路的控制使其动作。

——制动力的调节或分级功能应在断电和电网不稳定的情况下仍保持不变。

5.1.7.12 制动器的液压控制应符合以下要求：

——制动对象不同的制动器，其液压回路应彼此分开。各液压回路在主油压系统出现故障后，应有手动或备用的油压系统可以投入使用。

——一个制动器液压回路中的压力下降不准许同时导致另一个制动器液压回路的压力下降。

——当通过电磁阀控制安全制动器液压回路卸荷时，应设计成冗余型。

——应有一个手动机械装置通过旁通回路使安全制动器起作用。

——每个制动器的液压系统压力应有清晰可见的显示。

5.2 绳轮

5.2.1 应按不利荷载同时出现时，在绳轮上形成的合力进行计算。绳轮的屈服限安全系数应不小于3。

5.2.2 采用焊接绳轮时应消除内应力。

5.2.3 绳轮应镶有橡胶或其他合适的工程材料，其衬垫槽型应与索道型式相适应。

5.2.4 绳轮轮缘的形状及深度应防止钢丝绳脱槽；绳槽的深度不应小于1/3的钢丝绳直径，绳槽的半径不应小于钢丝绳半径；绳轮轮缘的高度（绳轮外圆半径与轮衬槽底半径之差）不应小于钢丝绳直径（张紧绳轮的要求见5.4.5）。

5.2.5 当支撑绳轮的心轴或转轴断裂时，应具备防脱索及控制绳轮的装置。

5.2.6 绳轮的直径应符合4.2.3的规定。

5.3 传动轴、转轴、心轴

5.3.1 在低温下使用时，应选用在该温度下仍具有足够韧性及延伸率的材料。

5.3.2 应进行屈服安全系数的校核，其屈服安全系数应不小于3.5；在考虑动态应力条件下，应进行疲劳安全系数的校核，其疲劳安全系数应不小于2.2。

5.4 张紧装置

5.4.1 承载索采用两端锚固时，应可以测量（通过测量角度或油压压力）和调整钢丝绳张力。

5.4.2 张紧装置的行程至少为以下各项之和：

——30 ℃温差而引起的长度的变化；

——承载索0.5‰的伸长；运载索和牵引索1.0‰的伸长；

——各种运行荷载情况下钢丝绳垂度不同而产生的长度变化；

——各种运行荷载情况下钢丝绳的弹性伸长，对于运载索和牵引索的弹性模数可取80 kN/mm^2（新绳）和120 kN/mm^2（旧绳）进行计算。

5.4.3 当张紧装置的位置可以调节时，张紧装置的行程可不考虑钢丝绳的1.0‰伸长。

5.4.4 张紧装置运动部分的末端应装设行程限位开关并对其进行监控。张紧装置应有醒目的张紧行程的刻度显示。

5.4.5 重锤张紧装置应符合下列要求：

——应保证在气候条件不好的情况下也能正常运动；

——应采用机械限位的方式限制行程，在正常运行的情况下，不应达到终端位置；

——张紧重锤和张紧小车的导向装置应保证张紧重锤和张紧小车即使在钢丝绳振动或撞击到缓冲器上时也不会发生脱轨、卡住、倾斜或翻倒现象；

——驱动装置和张紧装置设在同一站时，张紧小车和张紧重锤的运动应不受扭矩影响；

——张紧绳轮应镶有衬垫,其弹性模数应小于10 kN/mm²,绳槽的深度不应小于1/3的钢丝绳直径,绳槽的半径不应小于钢丝绳半径;绳轮的轮缘高度(绳轮外圆半径与轮衬槽底半径之差)不应小于一倍钢丝绳直径;
——重锤张紧装置应备有起吊装置以便于进行维修工作;
——张紧重锤的支撑结构、钢绳的附件和端点连接处应便于检查、检修和更换,张紧重锤和锚固点的连接处应防止锈蚀。

5.4.6 液压张紧装置应符合下列要求:
——应设置安全阀,安全阀应有单独的卸压回路;
——液压管路和连接元件的破裂安全系数不应小于3;
——油压系统应设手动泵,在使用紧急或辅助驱动时,液压张紧系统应能够运行;
——应设油压显示装置。压力控制元件的故障应能监控;
——在低温地区工作的液压张紧装置应有防冻措施;
——油缸的固定点应采用球面铰接结构。

5.5 脱开挂接装置

5.5.1 应能满足抱索器与钢丝绳进行安全脱开和挂结的需求,应能允许反向运行。
5.5.2 应不影响抱索器测力装置的布置。
5.5.3 应能对抱索器在脱开挂接区的钳口开闭状态和与钢丝绳的相互位置进行调整。
5.5.4 应能承受抱索器在满载并以最大速度进站时的冲击力,能承受抱索器最大开启力1.5倍的作用力。
5.5.5 应考虑运行时检查和维修的方便。

5.6 加减速装置

5.6.1 运行速度和运行方向应自动地与钢丝绳运动相适应。并能满足运行要求。
5.6.2 应能满足在任何驱动型式下的运行需求,并应考虑运行检查和维修的方便。
5.6.3 在雨雪环境下应仍能满足索道正常运行的要求。
5.6.4 当采用摩擦传动进行加减速时,皮带轮与传动带的摩擦系数应根据传动带和皮带轮的材料和质量选取,但应不大于0.25。
5.6.5 应满足抱索器在脱开挂接时与钢丝绳的运行速度之差不大于0.3 m/s。
5.6.6 加减速过程的平均加速度和减速度不应超过1.5 m/s²。
5.6.7 当加减速区段为倾斜轨道时,仍需采用加减速装置控制加减速过程,并且在停车时倾斜轨道上的车辆应能保持静止状态。

5.7 调车装置

5.7.1 应保证在站内车辆间距不小于最小允许的距离。
5.7.2 车辆间距应与索道运行速度及车辆荷载无关。

5.8 开关门装置

5.8.1 关门装置应设在上车区域的末端或开始加速的位置;开门装置应设在下车区域的前端或开始等速的位置,开门和关门时车厢的运行速度不应大于表4所规定的速度。
5.8.2 带罩的吊椅索道,吊椅空载出站时应能自动椅罩并锁闭;有载时能自动放弃关闭椅罩功能。
5.8.3 开关门装置两端应有导入轨,以便吊厢(椅)的门(罩)开闭操作轮能安全进入开关门装置,并应有操作轮过行程保护功能。

5.9 位置指示器

5.9.1 位置指示器显示的数据应通过驱动站或迂回站的钢丝绳导向轮获得,应包含所有吊具全行程的数据;还应包括特定点采用传感器信号的数据显示。当车辆到达终端位置时,应能自动校正偏差(零位检查)。

5.9.2 应按线路弦长和运行程序进行显示。

5.9.3 位置指示器至少应能自动显示两个终端位置和特定点的位置。

5.9.4 应能自行识别运行方向。

5.9.5 电网停电时,应保留位置指示器的功能。

5.9.6 位置指示器应有以下安全检测功能:
——特定点检查;
——同步监控;
——零位检查。

5.9.7 位置行程指示器的显示精度误差不应大于 1 m 钢丝绳的长度。

5.10 车辆导向装置

5.10.1 在设计车辆导向装置时应考虑车辆在高度方向的变化,应能限制车辆的横向偏摆。

5.10.2 应保证车辆在横向偏摆及纵向偏摆时不应停留在车辆导向装置上。

5.10.3 应按最大冲击力和最大导向力进行计算。必要时还应在装置上敷设橡胶等软质材料以吸收能量。

5.11 缓冲器

5.11.1 双线往复式索道运行轨道的末端应装设缓冲器。

5.11.2 应计算缓冲器允许的压缩行程。

5.11.3 缓冲器的结构应保证车辆的运行机构不从缓冲器上驶过。

5.12 输送设备

5.12.1 安装输送设备的索道运行速度仍应符合3.2.1的规定。

5.12.2 输送的长度应至少长出规定上车结束点 1 m 的距离;对于固定抱索器索道的张紧站,输送的长度应能适应张紧行程的变化。

5.12.3 当索道倒车时应停止输送装置运行。

5.12.4 输送装置的运行速度超出规定速度 0.1 m/s 时索道应自动停车。

5.12.5 应允许输送装置不工作时索道仍能运行,但运行速度不应大于3.2.2的规定。

5.12.6 索道与输送装置及自动通道(门禁)连锁运行时吊椅的间距和位置应监控,当吊椅的间距和位置与输送装置及自动通道(门禁)工作不匹配时索道应停车。

6 站房

6.1 一般规定

6.1.1 站房及站房内的机械设备、钢丝绳、金属构件应根据当地情况设置防雷设施,其具体要求见9.5。

6.1.2 站房应有针对性的照明,还应有备用照明设备。

6.1.3 机房内的噪声不应大于 85 dB(A),必要时应采取消声措施。控制室内噪声不应超过 80 dB(A)。

6.1.4 控制室应设置在视野广阔且能观察到运载工具进出站的位置,工作温度低于5 ℃的控制室应装设采暖设备。通常控制室内环境温度宜保持在20 ℃左右,相对湿度不超过85%,并且保持干燥通风不凝露。

6.1.5 站内机械设备、电气设备及钢丝绳等不应危及乘客和工作人员的人身安全。

6.1.6 非公共通行的区域应隔离,非工作人员不应入内。

6.1.7 人流方向指示及上车区、下车区、等待区等应有显著的标记。

6.1.8 乘客进出站的通道不应互相干扰。通道的坡度不应超过10%,如果坡度超过10%应设置踏步。

6.1.9 乘客人行通道的宽度不应小于1.25 m;工作人员通道不应小于0.6 m。

6.1.10 乘客通道和乘客活动范围边缘与相邻地面的高差大于1.0 m或相邻地面的坡度大于60%时应装设刚性栏杆,栏杆的间隔和高度应符合有关规定。

6.1.11 站口离地高度超过1.0 m应装设防护网。

6.1.12 对于车厢或吊篮式索道,站内应设防止客车横向摆动的导轨。

6.2 站台

6.2.1 往复式索道的站台

6.2.1.1 站台地平应水平并与车厢地板最大高差不应大于±150 mm。

6.2.1.2 车辆出入口处应设导向装置,站台内车槽上的导向装置与客车的间隙不应大于50 mm。站台端部边缘应设护栏,高度不小于1.1 m,能承受1 kN/m的横向荷载。

6.2.1.3 车辆离站后,站台上下车处的护栏应封闭。

6.2.1.4 未设隔离设施的车槽两侧的站台不应作为候车区。

6.2.1.5 车槽长度应满足车厢进站到位后纵向摆动15%的距离。

6.2.2 固定抱索器索道的站台

6.2.2.1 单人吊椅式索道的站台长度不应小于吊椅每秒运行距离的4倍;双人吊椅式索道的站台长度不应小于吊椅每秒运行距离的5倍;当两人不能同时上下车时以及两人吊厢式、吊篮式索道其站台长度不应小于运载工具每秒运行距离的7倍。大于2人的运载工具索道其站台长度应不小于运载工具在站内每秒运行距离的9倍;滑雪索道的上车区长度不应小于吊椅每秒运行距离的3倍,在任何情况下应不小于2.4 m。

6.2.2.2 上下车位置处吊椅座位面距地面高度在静荷载下应在400 mm～600 mm之间(从座椅前边缘中间位置测量)。

6.2.2.3 站台地面的纵向和横向坡度最大不应超过8%。

6.2.2.4 滑雪专用索道下车后的滑行坡道最大不应超过40%。

6.2.2.5 对于运送滑雪者的固定抱索器吊椅索道下车区应是直线,下车区的水平长度不应小于吊椅1.5 s运行的距离。

6.2.2.6 对于固定抱索器吊椅索道的上车区装设的上车皮带应符合5.12的要求。

6.2.3 脱挂式索道的站台

6.2.3.1 在上下车范围内,吊厢车门打开后与周围固定构筑物间的净空不应小于1.2 m,在其他位置上不应小于0.6 m。

6.2.3.2 站内应设有停放车辆的备用轨道,载有乘客的车辆不应通过道岔进入备用轨道,站内道岔应装设机械或电气的闭锁装置。

6.2.3.3 对于运送滑雪者的脱挂式吊椅索道下车区应是直线,下车区的水平长度不应小于2 m。

7 线路设施

7.1 支架及基础

7.1.1 支架及基础的设计和施工应符合 GB 50007、GB 50009—2012、GB 50010、GB 50017 的有关规定。

7.1.2 计算支架及基础强度时,应考虑下述荷载:
- ——永久荷载:如结构自重及非结构组成的自重(如起吊架、附属装置和固定的设备)等;
- ——可变荷载:如钢丝绳产生的力、运载工具产生的力、动荷载、风荷载和冰雪荷载(见 3.6.1～3.6.8)等;
- ——事故荷载:如脱索、雪崩或运载工具碰撞产生的力等。

7.1.3 所有支架基础(不论是在工作状态还是非工作状态)的抗滑移、抗倾覆与抗扭转的安全系数均不应小于 1.5。

7.1.4 基础底面边缘的最大压力值不应超过修正后的地基承载力特征值的 1.2 倍,在工作状态下其最小压力值应大于 0;基础顶面应高出地面 300 mm,基础底面应位于正常冰冻深度以下;基础周围应有排水和边坡护坡等设施;对于压索支架或又托又压支架在沿钢丝绳中心线正下方的基础上或基座上应至少锚固一个提升钢丝绳的装置。

7.1.5 支架在各种工作状态下,特别是受侧面风力时,其弹性变形不应影响导向装置的安全和钢丝绳的稳定性,也不应使钢丝绳在鞍座处有很大的磨损。支架顶部的允许变形应小于下列比例极限值:
- ——运行时:
  1) 托索支架:沿索道中心线为 $H/300$;垂直索道中心线为 $H/500$;
  2) 压索和托压索支架:沿索道中心线为 $H/500$;垂直索道中心线为 $H/800$;
- ——非运行时:沿索道中心线为 $H/100$;垂直索道中心线为 $H/200$;H 为支架高度。

7.1.6 应验算支架顶端的扭转变形,运行时支架顶端在水平面内的扭转角不应超过 0.005 rad。

7.1.7 基础的设计工作寿命为 50 年。

7.1.8 在最不利荷载状态及非工作荷载状态下,支架结构的应力应小于其许用应力。

7.1.9 当结构和结构单元承受频繁的重复荷载作用时,应进行疲劳验证,满足设计使用寿命。其相关的应力循环次数由设计使用寿命和每年运转的时间确定,索道的每年运行时间如下:
- ——长期运行 3 000 h;
- ——季节性运行 1 500 h。

7.1.10 钢结构支架的疲劳计算采用许用应力幅法,应力按弹性状态计算,允许应力幅按构件和连接类别以及应力循环次数确定,在应力循环中不出现拉应力的部位可不计算疲劳。许用应力幅法不适用于特殊条件(如构件表面温度大于 150 ℃,或海水腐蚀环境,焊后经热处理消除残余应力以及低频高应变疲劳条件等)下钢结构支架的疲劳计算。

7.1.11 支架应采用钢材或钢筋混凝土(包括预应力混凝土)材料制成,不应采用绷绳拉紧的支架。

7.1.12 在环境温度低于 −20 ℃时,主要承载构件应采用镇静钢。

7.1.13 支架结构所用的开口型钢材,其壁厚不应小于 5 mm,钢管材及闭口型钢材壁厚不应小于 3 mm,管材和闭口型材的外表面上应有防锈层。

7.1.14 支架采用螺栓连接时,螺栓拧紧力矩应符合设计要求,应有有效的防松措施,主要受力螺栓的强度等级不应低于 8.8 级,法兰连接面应紧密。

7.2 支架上的设备

7.2.1 承载索鞍座

7.2.1.1 支架上承载索鞍座应采用固定式鞍座。

7.2.1.2 有车辆通过的鞍座应符合 4.2.3 的规定,还应满足式(9):

$$R \geqslant 0.5v^2 \quad \cdots\cdots\cdots\cdots\cdots\cdots\cdots\cdots\cdots\cdots\cdots\cdots (9)$$

式中:

R——固定式鞍座曲率半径,单位为米(m);

v——车辆通过鞍座时的运行速度,单位为米每秒(m/s)。

7.2.1.3 鞍座应有足够的长度,以保证即使承载索在不利的张力和有效荷载增加10%的情况下,两端应留有 0.03 rad 的余量。鞍座端部应为圆弧,圆弧的半径不应小于5倍承载索的直径,弧长不应小于承载索直径的3倍。

7.2.1.4 承载索鞍座在钢丝绳移动的部分应装设对钢丝绳无损害的材料制成的衬垫并装有必要的润滑装置。

7.2.1.5 承载索鞍座不应限制车辆的纵向和横向摆动的自由度。

7.2.1.6 对于跨度大和风大地段的支架鞍座,应设置防脱索装置,但不应妨碍承载索的滑动和客车的顺利通过。

7.2.1.7 对于有客车制动器的承载索鞍座:

——满载运行时在承载索的支承长度上,鞍座绳槽应最多包住承载索圆周的120°。

——鞍座形状的设计应保证客车制动器能从鞍座上通过并避免制动块与鞍座相碰。

7.2.2 牵引索导向装置

7.2.2.1 牵引索的托索轮组上应装设钢丝绳的内导向和外导向装置。

7.2.2.2 应防止脱索的牵引索挂在支架上或钢丝绳导向装置上。应设置牵引索脱索后的自动复位装置。

7.2.3 托(压)索轮组

7.2.3.1 应使单线索道支架上托(压)索轮组的各个托(压)索轮受力均匀。

7.2.3.2 托(压)索轮外侧安装的捕捉器和内侧安装的挡绳板,不应妨碍抱索器通过托索轮。

7.2.3.3 捕捉器应符合下列要求:

——捕绳器的安装应满足其平面外缘到位于轮槽上钢丝绳中心的最短距离与垂线的夹角不小于 0.785 rad(45°),其平面外缘到位于索轮外侧板上钢丝绳中心的最短距离与垂线的夹角不小于 0.524 rad(30°);

——捕捉器的位置在不影响抱索器通过的同时,应有利于捕捉钢丝绳和不影响托索轮的灵活性;

——槽深不应小于钢丝绳直径的一半;

——在不利荷载下捕捉器的屈服限安全系数应大于 1.5;

——脱索时作用在捕捉器上的力应按 3.6.8.2 计算。

7.2.3.4 运载索托(压)索轮组应装设脱索报警装置,钢丝绳一旦脱索,报警装置应使索道停车。报警信号在脱索后不应自动复位。脱索报警装置应安装在托(压)索轮组的两端,对于压索轮组或又托又压索轮组的支架横梁上应装设二次保护装置。

7.2.3.5 托(压)索轮应加衬(模数 E 不大于 5 000 N/mm²),且衬槽深应大于钢丝绳直径的1/10。

7.2.3.6 运载索托(压)索轮槽深$(D_1-D_2)/2$(D_1、D_2 的定义见 3.5.2.3)不应小于钢丝绳直径的 1/3

且不小于 10 mm。轮子边缘超过托索轮衬圈的高度不应小于钢丝绳直径的 1/6 且不应小于 5 mm。脱挂索道的站内托压索轮不受此限制。

7.2.3.7 牵引索托(压)索轮的槽深不应小于钢丝绳直径的 1.5 倍,且不应小于 50 mm,站内牵引索托索轮不受此限制。

7.2.3.8 托(压)索轮组上最小压力应符合 3.5.2 的规定,并均匀分布,在线路支架上不准许使用单个托索轮。

7.2.3.9 托索轮组的均衡梁、轴以及固定装置在不考虑集中应力的工况下,应具有下列屈服限安全系数:
——匀速运动最大的支承力 2.5;
——匀速运动最大的支承力和风力(风压为 0.25 kN/m^2,作用在相邻跨钢丝绳上风力的一半)1.5;
——非工作状态下最大的支承力和风力(风压为 0.8 kN/m^2,作用在与相邻跨钢丝绳上风力的一半)1.2。

7.2.3.10 托(压)索轮的滚动轴承应按轴承生产厂的说明和规范进行计算,滚动轴承的计算寿命不应小于 25 000 h,计算时可以不考虑风荷载。

7.2.3.11 应设置防止托(压)索轮组整体翻转的装置,当托(压)索轮组发生大于设计允许的纵向翻转值时,应有报警信号。

7.2.3.12 托(压)索轮内侧挡绳板应符合下列要求:
——十托(压)以上的索轮组除两端应安装内侧挡绳板外,轮组中间应至少安装 1 组内侧挡绳板。
——托(压)索轮组两端内侧挡绳板应保证在托(压)索轮组两端允许的设计摆动范围内的防脱索功能,轮缘与内侧板的间距不应大于 1/4 运载索直径或 8 mm。
——托(压)索轮组两端内侧挡绳板应采用低碳钢材料,其材料的屈服强度不应小于 320 N/mm^2。
——内侧挡绳板在轮侧板外径处所受垂直横向力的设计值为 3 500 N～5 000 N,轮侧板外径≥510 mm 的取上限,轮侧板外径≤420 mm 的取下限,轮侧板外径在 420 mm～510 mm 之间的在上下限之间按比例选取。当两端 2 个轮的内侧挡绳板未连成一体时,每个内侧挡绳板在轮侧板外径处所受垂直横向力的设计取值应不小于 6 500 N。
——每个轮的内侧挡绳板在轮侧板外径处的惯性矩(I)的设计值应满足在上述横向力的作用下内侧挡绳板处于弹性变形范围内。

7.2.3.13 托(压)索轮的制造应符合 GB/T 24732 的有关规定。

7.2.4 起吊架

7.2.4.1 在支架上应装有固定的起吊架。

7.2.4.2 设计起吊架时应考虑:
——钢丝绳作用在支架上的最大载荷;
——小型起重装置的布置;
——钢丝绳抬起时所产生的偏斜拉力。

7.2.5 检修平台

7.2.5.1 为了沿钢丝绳进行救护和维修轮组的工作,在支架上应安装有检修平台。检修平台不应与轮组相连。

7.2.5.2 进行检修平台的结构设计和计算时应考虑:
——平台的坡度应对应于钢绳的平均倾角,平台的踏面应水平;
——在不利的位置单个荷载为 2 kN;
——均布荷载按 2 kN/m^2;

——作用在栏杆上的横向荷载按 0.5 kN/m；
——平台不应限制运载工具的纵向和横向偏摆；
——平台应防滑和防坠落；
——支架的扭转和振动。

7.2.6 支架导向

支架导向装置的两端部应连成圆滑的封闭环形，且与支架纵向中心线相对称，其他要求见 5.10。

7.2.7 爬梯和支架编号

7.2.7.1 支架上应设爬梯，高度在 10 m 以上的爬梯应设护圈（滑雪用吊椅索道允许例外）或防坠落装置；当高度超过 25 m 时，每隔 10 m 应设带护栏的平台。
7.2.7.2 支架上应有醒目的连续编号。

7.3 支索器

7.3.1 当大跨度而使牵引索张紧行程过大或牵引索的垂直净空尺寸不符合要求时，应在双承载索的跨间设置支索器。
7.3.2 应能适应两根承载索移动不一致和横向摆动的工作状况。
7.3.3 不应影响客车顺利通过，并与车轮有足够间隙。
7.3.4 应能满足支索器移位的需求。支索器的移位周期应由设计单位确定。

8 运载工具

8.1 一般规定

8.1.1 运载工具的设计应遵守规定的横向摆动自由度和纵向摆动自由度以及运载工具导向的条件。
8.1.2 运载工具承载部件及其连接部件应便于检查。
8.1.3 运载工具应进行防腐处理。
8.1.4 在低温环境下使用时，运载工具的承载部件应选用在该温度下仍具有足够的韧性、延伸率和裂纹延伸小的材料。
8.1.5 运行小车、吊架和车厢之间的连接件应防止自行松脱。
8.1.6 对于输送站立乘客的车厢地板面积：少于 6 人的车厢的站立面积，每人 0.3 m²；6 人及 6 人以上的车厢，站立面积(m²)不应小于$(0.2 \times n + 0.4)$，n 为车厢定员。
8.1.7 运载工具应考虑救护装置的吊挂位置和吊挂方式。
8.1.8 运载工具应编号。

8.2 计算

8.2.1 对于运载工具应计算下列诸力和力矩：
——所有部件的自重(G)；
——有效荷载(Q)：单座位乘客按 880 N 计算，双座位乘客按 1 670 N 计算，其他型式的每人按 740 N 计算；对于运送滑雪者的索道，每人增加 50 N 装备的重力；
——风力：见 3.6.4；
——阻尼力矩：由纵向摆动阻尼产生的力矩，在双线索道取如下值：
　　1) 在吊架上带有减振器的为每人 ±100 N·m；
　　2) 在吊架上不带有减振器的为每人 ±25 N·m；

——旋转力矩:由水平力产生的力矩,在双线索道取±50 N·m/每人;
——人的撞击力:对于往复式和脱挂式索道,每人的撞击力 200 N,作用在车厢一半的高度;
——储能弹簧力:脱挂抱索器或固定抱索器由储能弹簧产生的力;
——打开抱索器和关闭抱索器的力;
——向心力:固定抱索器循环式索道通过转向轮时作用在运载工具上的动态力;
——客车制动器动作时的力。

8.2.2 应验证静力屈服强度及在疲劳负荷下的疲劳强度。运载工具的承载构件、牵引索的连接装置、客车制动器的制动元件等其屈服强度安全系数应不小于3。疲劳强度安全系数应不小于1.35。

8.3 固定抱索器和脱挂抱索器

8.3.1 一个运载工具上所有抱索器防滑力之和 $\sum F_{\text{eff}}$ 应达到运行时最大下滑力 F_{Tmax} 的 3 倍:

$$\sum F_{\text{eff}} \geq 3 F_{\text{Tmax}}$$

8.3.2 一个运载工具上所有抱索器防滑力之和 $\sum F_{\text{eff}}$ 应至少等于运载工具允许的最大总重量 $\sum F_{\text{eff}} \geq \max(G+Q)$。

8.3.3 运载工具上有两个或者两个以上抱索器时,每一个抱索器上的防滑力应满足式(10):

$$F_{\text{eff}} \geq \frac{\max(G+Q)}{n} \text{ 和 } F_{\text{eff}} \geq \frac{3 F_{\text{Tmax}}}{n} \quad \cdots\cdots\cdots\cdots\cdots\cdots\cdots\cdots (10)$$

式中:

n ——抱索器的数量,不准许超过 10。

8.3.4 计算防滑力时钳口与钢丝绳之间的摩擦系数取 0.16。

8.3.5 防滑力 F_{eff} 应通过计算和试验验证。

8.3.6 抱索器及其吊杆应保证在运载工具横向摆动 0.34 rad 时不触及托索轮组上的捕绳器;摆动 0.20 rad 时不触及托索轮侧板。

8.3.7 抱索器内外抱卡应采用锻造方法制造。抱索器钳口与钢丝绳接触的边缘应倒圆。

8.3.8 抱索器的使用范围(钢丝绳直径的范围、防滑力范围、最大承载力和允许的抱索器钳口磨损)应在操作维护说明书中说明。

8.3.9 脱挂抱索器钳口夹紧力由两个弹簧产生时,当一根弹簧失效时夹紧力降低不应大于 50%。

8.3.10 固定抱索器经过驱动轮和迂回轮时,运载索在钳口进出口处形成的折角不应超过 0.16 rad。

8.3.11 固定抱索器当钢丝绳直径偏离钢丝绳公称直径-10%~6%的情况下,抱索器钳口打开或关闭其行程的余量应不少于 1 mm。当钢丝绳公称直径减少 10% 时,钳口夹紧力减少不应大于 25%。

8.3.12 脱挂抱索器应在钢丝绳直径为 $1.1d+1$ mm 或 $0.9d-1$ mm 情况下能够正常挂接并夹紧钢丝绳。

8.3.13 脱挂抱索器弹簧的计算寿命应不小于 50 万次负载变换(关闭和打开)。弹簧的工作行程不应大于其最大行程的 80%。

8.3.14 抱索器或抱索机构在线路上不允许自动脱开或因夹紧力不足而产生滑移。

8.3.15 应在每一个抱索器上打上适用的钢丝绳公称直径 d 的标记。

8.4 运行小车

8.4.1 双线索道运行小车车轮之间应设平衡梁。

8.4.2 车轮上应装设耐磨轮衬(弹性模数不大于 5 000 N/mm²),槽深应不小于 $0.4d$,d 为承载索名义直径。

8.4.3 在不装客车制动器的运行小车的两端应装设防止出轨的导靴。导靴至少应达到承载索中心以下,为承载索直径的 0.8 倍。

8.4.4 运行小车两端应装有缓冲器或缓冲挡块,在有冰雪地区应装设刮雪器或破冰装置。

8.4.5 空车车轮在下列任一情况下都不应离开承载索:
——客车紧急制动时;
——牵引索最大张力增大40%时;
——减摆装置的阻尼力矩最大时;
——客车制动器在支架上或支架附近制动时;
——采用双承载的索道,有客车制动器的客车横向摆动0.10 rad(10%)时,其中一根承载索的荷载不应小于全部荷载的25%;无客车制动器的客车横向摆动0.20 rad(20%)时,运行小车的车轮亦不应单侧离开承载索。

8.4.6 牵引索或平衡索与客车的连接装置应符合4.3的有关要求。

8.5 客车制动器

8.5.1 对于双线往复式客运索道,客车容量超过6人的单牵引索道应装设作用在承载索上的客车制动器。当同时满足下述要求时,经论证允许不装设客车制动器:
——所使用的牵引索应编成一根连续的环线;牵引索抗拉安全系数应符合表8的要求;
——对牵引索全部长度范围内能用磁感应探伤仪进行定期的检查;
——车辆与牵引索的固定应至少用两个同时起作用的独立元件(夹索器),其防滑力之和至少应为车辆最大下滑力的4倍;
——牵引索直径应不小于20 mm;
——设备驱动摩擦系数应满足在最不利运行工况下(例如钢丝绳处于40度并润滑或结冰的情况)的可靠制动。设备驱动摩擦系数应为5.1.5.4计算要求值μ_{erf}的1.2倍。

8.5.2 对于双牵引的往复式索道允许不装设客车制动器。

8.5.3 在下列情况下,客车制动器应自动作用:
——牵引索或平衡索断裂时;
——牵引索或平衡索与行走机构的连接部件断开时;
——当运行速度超过其最大运行速度25%时;
——当行走机构上牵引索的张力只有其最大张力的一半时或牵引索张力在5 kN之下时。

8.5.4 客车制动器的制动力P不应小于以下值:
——制动片按平均摩擦系数计算时,客车下行,作用在行走机构上牵引索的最大牵引力;
——制动片按平均摩擦系数计算时,满载客车最大下滑力的1.5倍;
——制动片按最小摩擦系数计算时,制动力按式(11)计算:

$$P = F_{Tmax} + qH \quad \cdots\cdots\cdots\cdots\cdots\cdots (11)$$

式中:
F_{Tmax}——满载客车最大下滑力,单位为牛(N);
q——下行侧牵引索(或平衡索)每米的重力,单位为牛每米(N/m);
H——计算点牵引索(或平衡索)至下站的高差,单位为米(m)。

8.5.5 客车制动器的制动力应根据客车运动方向以及牵引索失效部位(上行侧或下行侧)自动调节。

8.5.6 客车制动器制动时,驱动装置的工作制动器应自动制动。

8.5.7 车辆有乘务员时,车辆内应有客车制动器的手动释放装置。

8.5.8 客车制动器的制动片应耐磨,但不应损伤承载索。

8.5.9 当制动片磨损使制动力降低值大于原制动力的10%时应更换制动片。

8.5.10 客车制动器钳口的形状、高度应能适应客车荷载及承载索张力变化、客车车轮磨损以及经过支架鞍座时承载索位置变化的要求。

8.5.11 当取最大摩擦系数时,客车制动器和制动小车的所有构件的屈服极限安全系数不应小于2。此外,还应考虑紧急制动时的动态力。

8.6 吊厢

8.6.1 吊厢的外面应装备长条板或缓冲件。

8.6.2 吊厢内应张贴乘客须知。

8.6.3 运送站立乘客车厢的护板(护栏)距地板的高度应大于1.1 m,并应设有足够数量的扶手,单个扶手的强度应至少能承受40 kg的拉力;运送坐着乘客车厢的护板(或护栏)距座椅面的高度应大于0.35 m。

8.6.4 车窗应由不易裂碎的材料制成。窗子的开启程度一定要保证在支架和站房范围内不会对乘客造成任何危险。

8.6.5 吊厢应考虑必要的通风设施。

8.6.6 吊厢的地板应防滑并装有排水口。

8.6.7 固定抱索器索道4人吊厢应两侧开门,可同时上下乘客。

8.7 往复式索道车厢

8.7.1 车厢内应留有一个操作位置,乘务员位置的面积应不小于0.40 m^2。

8.7.2 带有客车制动器的车厢内应预留手动操作客车制动器的位置。

8.7.3 运送站立乘客的车厢,车厢内净空高度不应小于2.0 m,并应设拉杆和扶手其强度应不小于8.6.3的要求。

8.7.4 夜间运行时车厢应有前灯和内部照明。

8.7.5 车厢应设有满足在线救援方式所需的人员外出通道及到达通道的辅助设备。通道的大小应至少能通过直径为0.60 m的球体。所有通道应能方便打开及操作,并附有安全提示。

8.7.6 当使用底部通道时,通道周围2/3以上的区域应有保护装置,并在通道处设有放绳设备的固定位置,此固定位置应能容易并安全地进行放绳的操作。

8.7.7 车厢内应贴有准乘人数的说明,其有效荷载以kg计,在没有乘务员的车厢内还应贴有在线路上如何处理临时停车事故及严禁吸烟的公告。

8.7.8 其余要求按照8.6中的相应条款。

8.8 车厢门

8.8.1 车厢应装有不易误开的门。门应能闭锁,闭锁的位置应可以检查。

8.8.2 自动操作门的要求如下:
——门的锁紧力不应大于150 N;
——门的边框上应装有软边;
——当自动操作机构失灵时,门应能在外手动开启。

8.8.3 在无乘务员的车厢内,车厢门不准许乘客自行打开。

8.8.4 车厢门不应由于撞击或大风的影响而自动开启。

8.9 吊架

8.9.1 封闭式吊架或钢管吊架,外壁应防锈蚀其壁厚不应小于2.5 mm。非封闭式吊架或钢管吊架,内外壁应防锈蚀,且在适当的位置上设有排水孔。

8.9.2 吊架头部和受力较大的部位不应有横向焊缝。

8.9.3 吊架与车厢或椅座连接处应设减震装置。

8.9.4 对于运行速度大于 3 m/s、容量大于 16 人的往复式索道的吊架应设置防摆装置。吊架上部应设带护栏的检修平台。

8.9.5 吊架的长度应保证车厢或吊椅在最大坡度处纵向和横向摆动 0.35 rad(35%)时不触及索道线路上的任何部位。

8.9.6 弧形和管形吊架的内曲率半径应不小于型材高度的 3 倍或管子外径的 3 倍。

8.10 吊椅

8.10.1 吊椅应带有靠背、扶手和一个向上翻起的封闭护栏。护栏应可由乘客操作而不受到伤害(挤压和剪伤)操作护栏的力不应超过 100 N;护栏应与脚蹬相连。

8.10.2 吊椅的护栏不准许有大的缺口(在座椅上一个直径为 0.25 m 的球不能从吊椅上掉下去)。护栏在关闭的位置与座椅面的距离应不小于 0.20 m。吊椅下部前边缘不应有凸出、锋利的棱角。

8.10.3 座椅面应全部承载,并向后倾斜 25%~35%,其深度应在 0.45 mm~0.50 m 之间。

8.10.4 座位宽度应为:一排乘坐两人以下时取 0.5 m,多于两人时取 0.45 m。

8.10.5 每一个吊椅应有靠背,靠背高不应小于 0.35 m,靠背下缘与座椅面的间隔不应大于 0.15 m。

8.10.6 吊椅外罩应能与护圈分别动作。打开护栏应打开外罩。此外,当空吊椅时外罩应能强制地关闭并锁上。

8.10.7 外罩应可由乘客操作而不受到伤害(挤压和剪伤)操作外罩的力不应超过 100 N。

8.10.8 外罩应由不易破碎的材料制成。

8.11 救援车辆

8.11.1 救援车辆的荷载计算应符合 8.2 的规定。

8.11.2 救援车辆应考虑救援时连接车辆之间让乘客能够换乘的设施。

8.11.3 救援车的定员应不小于客车定员的 10%。

8.12 维修吊具

8.12.1 单线循环式客运索道应配备维修吊具,吊具容量应不小于 2 人;

8.12.2 封闭式维修吊具的顶部应设置直径不小于 0.6 m 的人孔;敞开式维修吊具周围护栏距地板的高度不应小于 1.1 m,距座位面的高度不应小于 0.35 m。护栏间隔不应大于 0.3 m。

8.12.3 维修吊具应符合 3.1.4、3.1.6 和 8.3.6 的规定。

9 电气设备

9.1 一般规定

9.1.1 索道应有备用电源供电,可采用双回路电路或柴油发电机作为备用电源,也可用内燃机作备用动力。在没有备用电源或备用动力的情况下不应运营。

9.1.2 索道供电电源稳态电压值应为 0.9 倍~1.1 倍额定电压,稳态频率值应为 0.98 倍~1.02 倍额定频率,在电源周期的任意时间,电源中断或零电压的持续时间应小于 3 ms,相继中断间隔时间应大于 1 s;直流供电电源中断或零电压的持续时间应小于 20 ms,相继中断间隔时间应大于 1 s。

9.1.3 采用遥控或自动化控制的索道,应也能采用手动控制的方式。

9.1.4 以下地方应安装维修开关:
——机房内;
——各站和各中间停车点机械设备的维护区域和工作平台上;
——控制台。

9.1.5 在以下地方应安装紧急停车按钮：
——控制台；
——每个工作平台；
——每个中间停车点；
——每个站房；
——有乘务员的往复式架空索道的客车里。
紧急停车应不受 PLC 工作状态的影响。

9.1.6 辅助驱动装置、紧急驱动装置及救护驱动装置的电气装备应与主驱动装置的电气设备彼此分离，不同的驱动之间应进行联锁。

9.1.7 所有驱动装置的电气容量应按在不利的荷载情况下以允许的最大运行速度连续运转进行计算。

9.1.8 电气拖动装置应能在制动和拖动状态之间平稳转换，应保证拖动装置的扭矩随荷载变化，如果没有充分的理由应是 4 象限的拖动。

9.1.9 驱动站应设控制台，应能由控制台控制停车，必要时可以遥控。

9.2 控制

9.2.1 信号传递

所有信号应在其所需的全部条件具备后才可传递。一旦某一条件没有具备，则应取消该信号的传递。

9.2.2 控制方式

采用自动控制时，应同时具备半自动或手动控制功能。

9.2.3 断电保护

对于速度大于 3 m/s 的索道，断电时控制系统应在 5 min 内仍能保持正常工作。

9.2.4 起动与停车控制

9.2.4.1 运行指令应在所有涉及安全启动的条件都具备时才能生效。

9.2.4.2 应能在不利的荷载情况下，以最小 0.15 m/s² 的平均加速度起动。允许的平均加速度为 0.5 m/s² 和瞬时加速度（在 0.5 s 的平均加速度内）不超过 1.5 m/s²。

9.2.4.3 所有驱动装置的电气控制均应能在规定荷载范围内双向平稳起动。

9.2.4.4 索道运行时，准备就绪或要求运行的指令信号应自动撤销。

9.2.4.5 实际转数的监测值与给定转速值的误差不应大于 10%，最大不超过 0.6 m/s。

9.2.4.6 停车指令应优先于其他控制指令。

9.2.4.7 正常停车是指不是因安全原因而实施的停车，其平均减速度可≤0.5 m/s²。

9.2.4.8 在正常停车过程中，不应影响对工作制动器和安全制动器的紧急制动控制。

9.2.4.9 安全停车是指由安全原因而实施的停车，其平均减速度可控制在 0.5 m/s²～1.0 m/s² 之间。

9.2.4.10 在安全停车过程中，不应影响对工作制动器和安全制动器的紧急制动控制。

9.2.4.11 紧急停车是指在发生事故或其他危险状态下实施的停车，其平均减速度可控制在 1.0 m/s²～1.5 m/s² 之间。

9.2.4.12 当主电机的供电中断无法进行电制动时，应能自动进入工作制动器和安全制动器配合制动状态，并能可靠实现相应的制动。

9.2.4.13 在任何荷载条件下，工作制动器和安全制动器中的任意一个应能单独实现可靠制动。

9.2.4.14 索道停车后应仍能保持对索道状态进行监控。

9.2.4.15 任何形式的减速停车控制都不准许超过最大允许的停车行程。

9.2.4.16 对于往复式索道：
——应能自动修正车辆在站内的停车点位，使其各自都处于相应的起始位置；
——运行到停车点时，安全制动器应完全制动。

9.2.5 运行控制

9.2.5.1 索道运行时或启动运行的指令发出30 s后索道没有运行，启动运行的指令信号应自动撤销。

9.2.5.2 在任一驱动型式下，运行速度超过最大允许运行速度10％时应自动停车。超过最大允许运行速度20％时应紧急停车。

9.2.5.3 当在线路上（例如支架，道岔）需降低运行速度，应能实现对降低运行速度的区段进行监测。

9.2.5.4 运行时运行速度的变化不应超出给定速度的±5％范围。

9.2.5.5 在各种荷载工况下所有的调速回路都应保持稳定状态，并留有足够的安全裕量。

9.2.5.6 在可多点控制运行速度给定值时，应保证低速优先。

9.2.5.7 往复式索道或脉动循环式索道的运行控制：
——任何一种控制方式都应能有效控制车辆在站内的运行速度；
——在车辆进站时应配备两套以上的速度监控设施控制车辆减速；
——对于往复式索道车辆在到达缓冲器前安全监控区域时不应超过允许的速度；
——至少应有一个进站速度测试元件由驱动轮或转向轮直接驱动或带动。

9.2.5.8 脱挂抱索器索道运行控制：
——应对站内吊具的运行速度进行监控；
——应对加减速装置的加减速进行监控。

9.2.5.9 运行过程中，应只有一个控制位置能对运行速度进行全面控制。其他控制位置应只能进行减速和停车控制。

9.2.5.10 应检测实际运行方向与发出的运行指令的一致性。

9.2.5.11 运行速度与方向的监控应是彼此独立的，速度检测应不受运行方向的影响。

9.3 安全

9.3.1 安全电路应是包括全部安全装置的闭合回路，应通过中断电路的方式来完成其功能。

9.3.2 安全功能的旁路应通过钥匙开关或类似的元件实现；应使操作人员能清楚地看到安全功能旁路指示。安全功能的旁路不应影响对运行速度的控制。

9.3.3 改变运行方向指令应在索道完全停车后才能生效。

9.3.4 线路阻抗的改变或发射器和接收器的干扰不应降低安全回路的保护功能和可操作性。

9.3.5 控制室，应至少对下列各项信号进行显示：
——运行准备就绪；
——运行方向；
——运行速度；
——制动器状态；
——安全装置状态；
——安全装置的旁路；
——驱动装置种类（主驱动、辅助驱动或紧急驱动）；
——液压系统的工作状态；
——对于往复索道和脉动索道，应显示车辆在线路上的位置，并标明线路上各监控点的位置；

——对于循环式脱挂抱索器索道、往复索道和脉动索道,应显示车辆在站内的运行状态和位置。
上述显示应不受驱动型式的影响。

9.3.6 安全回路的电源电压应小于36 V。

9.3.7 出现下列情况之一时,索道应自动停车,并能在控制室内显示故障部位:
——运载索脱索;
——减速度或减速位置不符合设定要求;
——运行速度超过设定速度10%;
——客车超过停车位置;
——往复式和双线循环式索道的牵引索产生了缠绕承载索;
——客车制动器制动;
——张紧装置到达上下限位置;
——电气装置的常规保护发出故障信号;
——往复式索道牵引索断绳;
——安全回路中断。

9.3.8 出现下列情况之一时应触发紧急停车,并能在控制室内显示故障部位:
——运行速度超速20%以上;
——脱挂抱索器进站后与钢丝绳未脱开报警;
——制动装置的自动控制失效;
——发生人身和设备安全事故。
紧急停车的响应时间不应超过500 ms。

9.3.9 应在控制台或其他控制位设置机械式手控紧急停车装置。

9.3.10 不应将阻值在故障时会减小的电阻、电容或二极管并联在作为安全关键件的断路器触点或元件上。

9.3.11 脱挂抱索器索道的安全监控应至少包括:
——抱索器挂结前的状态检测装置;
——抱索器挂结后的状态检测装置(±10%);
——抱索器挂结后形状检测装置;
——抱索器脱开前形状检测装置;
——抱索器进站后未脱开状态检测装置;
——在进出站脱开挂结段应设有钢丝绳垂直和水平位置检测装置;
——以上检测开关动作时,索道应能自动停车;
——抱索器抱索力检测和显示装置,抱索力低于或高于设定值时,索道自动停车;
——运载工具间距自动调整装置;
——自动开关门吊厢索道关门锁死检测装置,车门未锁死出站,索道应自动停车;
——应有道岔位置检测装置,道岔未进入正确位置时,索道不能运行;
——站内运载工具防撞保护系统,当防撞保护系统报警时,索道应自动停车;
——加减速及回转装置速度监控装置,当速度超出允许值时,索道应自动停车。

9.4 通讯与显示

9.4.1 应有使操作人员能了解设备操作和运行情况的信息显示。

9.4.2 应显示所有造成索道停车和不能启动的故障,故障显示应通过手动复位。

9.4.3 对于操作和显示设备,宜选用下面的颜色:
——红色:紧急状态,危险情况,紧急停车;

——黄色：异常状态，报警，显示异常情况；
——绿色：安全状态，正常情况，正常停车；
——蓝色：待令状态，要求动作；
——白色/灰色/黑色：中间状态，没有特殊含义，边界线。

9.4.4 应显示供电电源和驱动电机的电压和电流值。

9.4.5 应有运行计时器并显示运行累计时间。

9.4.6 应在受风最大的位置装设风力检测装置，应能在控制室显示风速和报警信号。

9.4.7 站房之间应有独立的专用电话，并有一套备用通讯系统。

9.4.8 对于车厢容量在16人以上的索道，车厢和控制室之间应有通讯联系。

9.4.9 应至少有一个站房或在站房附近装设外线电话。

9.4.10 应配备至少覆盖全线的无线对讲机。

9.4.11 在停电情况下线路广播系统应仍然保持有效。

9.5 防雷

9.5.1 索道站房、线路支架、未绝缘的钢丝绳、机械设备及所有金属构件应直接接地。线路上各接地间的连线长度不应大于500 m。其接地电阻数值要求如下：
——索道站房≤5 Ω；
——机械设备、钢丝绳和站内金属构件≤5 Ω；
——线路支架小于30 Ω。

9.5.2 建在雷击频繁地区的索道，宜在承载索或运载索的上方设置单避雷线或双避雷线。

9.5.3 应采取技术措施防止雷电波形成的高电压从电源入户侧侵入。

9.5.4 在电源引入的总配电箱处，应设过电压保护器。

9.6 测试

9.6.1 以下安全保护功能应能够方便地进行模拟测试：
——超速停车；
——往复式索道或脉动式索道运载工具进站的监测；
——脱挂索道吊厢进出站及站内运行的安全保护功能；
——工作制动器的单独制动功能；
——安全制动器的单独制动功能；
——减速监测系统；
——脱挂抱索器抱紧力。

9.6.2 测试设备及测试过程不应对正常操作构成损害。

9.6.3 测试过程应不影响和改变被测试元器件的功能。

9.6.4 测试单个制动器时，不应构成对其他制动器的损害。

10 安装

10.1 一般规定

10.1.1 客运索道的安装应由取得相应资质的安装单位承担。所有安装的质量及精度要求应首先符合设计单位的设计要求或安装调试大纲的要求，在没有前述相关要求或要求数据不全的情况下，应执行本标准的安装要求。

10.1.2 安装客运索道时应具备下列技术文件：

——索道设计说明书、安装图、设备清单等；
——机电产品合格证；
——钢丝绳产品合格证；
——标有各测量桩点实测位置与实测标高的测量资料；
——钢结构产品合格证或现场制作单位的质量证明文件，主要焊缝检查记录和必要的预组装合格证。

10.1.3 安装单位应根据索道工程设计要求和复杂程度，制定安装施工方案。

10.1.4 安装开始前，应对与索道安装有关的土建基础工程进行复验。钢结构和设备基础的允许偏差，应符合表13的规定。

表 13 钢结构和设备基础的允许偏差

序号	项 目		允许偏差
1	钢支架或钢结构基础纵向中心线对索道中心线的偏移（按相邻跨距中的较小跨距计算）		0.000 5L，但不应大于50 mm
2	钢支架或钢结构基础纵向中心线对索道中心线的偏斜		1/1 000
3	同一钢支架或钢站房其分离基础中心线之间的距离		±10 mm
4	钢支架或钢站房基础顶面的标高		与相邻支架跨距和在200 m以内时允差50 mm，跨距和每增加100 m，允差增加10 mm
5	同一钢支架或站房其分离基础顶面之差或不同标高分离基础顶面之间的高差		10 mm
6	与钢筋混凝土站房直接连接的钢结构基础顶面的标高		−10 mm
7	倾斜预埋的螺栓、锚杆或框架对设计平面的倾斜度		17/1 000
8	预埋螺栓组中心线对设计中心线的偏移		5 mm
9	预埋地脚螺栓	标高（顶部）	+20 mm
		中心距	无调整穴时±2 mm
			有调整穴时±5 mm
10	地脚螺栓的露头高度（应扣去抹面层的厚度）		+20 mm

10.1.5 安装单位应对所安装的设备及钢结构进行查验。

10.1.6 运输与保管过程中不能防止灰尘或杂物进入运动部位的机械设备，在安装前应进行解体检查和二次清洗，必要时应重新更换全部润滑剂。

10.1.7 机械设备通用部分的安装应符合GB 50231和设备技术文件的有关规定。

10.1.8 电气设备的检查、保管和安装应符合DL/T 1561.1～1561.17和设备技术文件的有关规定。

10.1.9 钢丝绳的安装应符合下列要求：
——承载索套筒楔接，牵引索浇铸连接及运载索、牵引索的编接工作，应由考核合格的人员担任；
——套筒楔接或浇铸连接的操作记录、运载索或牵引索的编接记录、检查结果、操作及检查人员的姓名均应登记在册。

10.2 钢结构和线路设备的安装

10.2.1 钢结构安装时，其允许偏差应符合表14的规定。

表 14 钢结构安装允许偏差

项 目		允许偏差	检测要求	
钢支架或站内钢结构中心点对基础顶面的垂足与该面设计中心点的偏移		$0.001H$ 但不应大于 50 mm	应按钢结构高度 H 计算	
钢支架横担纵向中心线或站内钢结构纵向中心线对索道中心线的偏移		$0.0001L$ 但不应大于 10 mm	应按较小跨距 L 计算	
钢支架或站内钢结构的标高	与相邻支架跨距之和在 200 m 以内	50 mm	应在鞍座底面或轨道顶面测量	
	跨距之和每增加 100 m	增加 10 mm		
钢支架横担或站内钢结构横向中心线对索道中心线的垂直度		3/1 000		
钢支架横担或站内钢结构在索道横向中心线方向的水平度		1/1 000		
构件的弯曲矢高		$0.001L$ 但不应大于 10 mm	应按构件长度 L 计算	单件吊装时应检查
构件的水平度		2/1 000		
构件的垂直度		$0.001h$	应按构件高度 h 计算	
同一层水平格对角线长度的相对差		L/1 000	分件吊装时应检查,且不应连续出现同向偏差,按对角线长度 L 计算	

10.2.2 测量或校正钢结构的偏差时,应避开风力、日照、温差等所造成的变形影响。

10.2.3 钢结构之间的联接面应接触紧密,接触面不少于 70%。

10.2.4 倾斜设计的钢支架,其安装要求和允许偏差,可参照垂直设计钢支架的要求。

10.2.5 钢结构固定后,在运输、保管和安装过程中脱落的底漆、面漆以及安装联接处,应在彻底除锈后进行补涂。

10.2.6 单线循环式索道向一支架索轮组两端索距的偏差不大于轮组长度的 2/1 000。

10.2.7 安装单线客运索道的线路监控装置应符合下列要求:
—— 控制回路应配线整齐、绝缘良好、连接牢固;
—— 带有滚轮的线路监控装置,滚轮对牵引索的靠贴力应逐个测定,其调整应符合设备技术文件的规定;
—— 线路监控装置应进行模拟试验,当运载索脱索时,索道应自动停车。

10.2.8 双线索道固定鞍座的安装应符合下列要求:
—— 衬垫应镶嵌密实,绳槽应平整光滑,各润滑点油路应畅通,绳槽应均匀涂上润滑油;
—— 绳槽中心线应与承载索中心线吻合,偏移或偏斜的最大横向值不应大于索距的 1/2 000 和承载索直径的 1/15;对于双承载索往复式索道和循环式索道,2 个绳槽的间距和平行度的偏差均不应大于 2 mm,同一横截面绳槽中心标高的偏差不应大于±2 mm;
—— 托索轮组绳槽中心线应与牵引索中心线吻合,偏移或偏斜的最大横向值不应大于牵引索直径的 1/10;
—— 托索轮组中的每个托索轮均应调整到设计位置。

10.2.9 偏斜鞍座的安装应符合下列要求:

——绳槽的清理和允许偏差,应符合10.2.8的规定;
——偏斜鞍座底面对设计平面的倾斜度偏差不应大于2/1 000;
——轨道中心线应与承载索中心线吻合,偏移不应大于1.5 mm;
——检查弹性轨道有无变形,并应校正其对称度。

10.3 钢丝绳的安装

10.3.1 钢丝绳的展开应符合下列要求:
——钢丝绳应在绳盘架空后转动展开,不应在土壤、岩石、钢结构和钢筋混凝土构筑物上拖牵;
——展开过程中,严禁钢丝绳受到磨损、擦伤、弯折、打结、开裂、鼓肚、露芯松散、松捻等损伤和在水中浸泡。

10.3.2 承载索的连接应符合下列要求:
——紧靠过渡套筒和末端套筒的承载索或拉紧索,应有检查连接质量的明显标记;
——承载索的连接工作应由考试合格的人员担任;
——套筒受力三天后,承载索或拉紧索从套筒内拉出的长度:采用楔接的不应大于承载索直径的1/4,采用铸接的不应大于承载索直径的1/6;
——套筒采用铸接时,浇铸后的锥体,应从套筒中抽出进行检查,并应符合有关规定;
——重锤在导轨中移动到上、下极限位置时,过渡套筒与偏斜鞍座或拉紧索导向轮之间的净空距离均不应小于500 mm;
——每个套筒均应编号。

10.3.3 承载索的起吊应符合下列要求:
——起吊前应详细检查承载索表面的涂油情况,受到破坏的涂油层应进行补涂;
——严禁单点起吊承载索;
——起吊过程中,承载索的弯曲半径不应小于钢丝绳允许的最小弯曲半径,表层丝之间不应产生开裂现象。

10.3.4 承载索的拉紧应符合下列要求:
——拉紧顺序和拉紧力应符合设计规定,当无明确规定时,应先将空车侧拉紧到设计值的50%,再将重车侧拉紧到设计值的50%,等无异常情况后,分别将重锤加大到设计值;
——承载索拉紧到设计值时,重锤应处在设计位置。

10.3.5 承载索的锚固应符合下列要求:
——应将夹块式锚具、夹楔式锚具与承载索接触处的油污清除干净;
——采用夹块式锚具时,工作夹块组的端面应紧贴支承面,相邻的工作夹块应互相紧贴,备用夹块与工作夹块之间应留出5 mm的观察缝;夹块上的每个螺母,应按对角线循环交叉的顺序按设计的力矩拧紧;采用双螺母时,应在基本螺母拧紧之后,按相同的顺序和要求拧紧防松螺母;
——采用夹楔式锚具时,应按设计要求将承载索楔紧;
——采用圆筒式锚具,承载索在圆筒上应紧密缠绕,其缠绕圈数应符合设计规定,并应用夹块将承载索锚固在锚固桩上,夹块之间应紧贴,螺栓的拧紧和防松应可靠;
——承载索锚固后应进行垂度测量,其偏差不应大于设计值的5%。

10.3.6 牵引索、运载索的编接与就位应符合下列要求:
——被编接的两根钢丝绳的结构、规格、捻向、生产厂家等均应相同。
——编接过程中拉紧钢丝绳时,应使用不损伤钢丝绳的专用夹具,不应使用普通的U型绳夹。
——编接接头的长度不应小于钢丝绳直径的1 200倍。插入长度应大于钢丝绳直径的60倍。
——相邻两个编接末端之间的钢丝绳长度,不应小于钢丝绳直径的3 000倍。对于一半为牵引索,一半为平衡索的索道,牵引索和平衡索不应有编接头。在特殊情况下需要编接时,编接末端与锚头距离应大于钢丝绳直径的3 000倍。
——编接接头的外观应浑圆饱满,压头平滑,捻距均匀,松紧一致。
——钢丝绳编接完毕张紧后,编接插入点之间直径增大量不应超过钢丝绳实际直径的5%;绳股插入点钢丝绳直径增大量,脱挂索道不应超过钢丝绳公称直径的10%;其他索道不应超过钢丝绳公称直径的15%。
——插入编接接头内部的绳股应与原绳芯互相衔接。

10.3.7 对于采用双牵引索的往复式客运索道,应准确测量每根牵引索和平衡索的长度,使每根牵引索的拉力接近相等。

10.4 站内设备的安装

10.4.1 站内钢结构的安装应符合下列要求:
——站内钢结构的平面位置对设计位置的偏差:站口段不应大于3 mm;非站口段不应大于5 mm;
——站内钢结构标高的允许偏差不应大于±3 mm;
——对于单线循环脱挂抱索器客运索道,前后横梁的水平度的偏差不应大于3 mm,两根横梁的间距偏差不应大于5 mm。

10.4.2 脱挂索道运行轨道的安装应符合下列要求:
——运行区段轨道安装的允许偏差应符合表15的规定;
——站内轨道的接头间隙不应大于1 mm,接头处轨顶的高低差不应大于0.1 mm;
——轨道接头处螺栓的头部,应安装在靠近客车吊架的一侧;
——轨道工作面应涂油。

表15 运行区段轨道安装的允许偏差

序号	项目		允许偏差	备注
1	轨道的标高		±5 mm	在轨道顶部测量
2	轨道中心线与抱索器钳口中心线的水平距离		±1 mm	
3	轨道中心线与抱索器钳口中心线的垂直距离		±1 mm	
4	曲线轨道的曲率半径R	与设备配套使用的	±5 mm	
		其他曲线段	0.005 R	
5	水平轨道的水平度		1/1 000	在轨道顶部测量
6	轨道坡度的倾斜度		1.5/1 000	在轨道顶部测量
7	直线轨道的直线度		1/1 000	在轨道顶部和两侧测量

10.4.3 道岔的安装应符合下列要求:
——搭接道岔的标高应与主轨的标高相适应,岔尖应与主轨紧贴,当客车通过道岔时,岔尖应无翘起和摆动现象;
——道岔的轨道中心线对主轨中心线的偏移不应大于0.1 mm,接头间隙不应大于2 mm,接头处轨道的高低差不应大于0.1 mm。

10.4.4 挂结器和脱开器的安装应符合下列要求:
——挂结器和脱开器安装的允许偏差应符合表16的规定;
——应按照设计图纸的要求,以牵引索或运载索为基准,严格检查各特征点横剖面上的相关尺寸和各特征点的纵向定位尺寸,精确校正各种设备和各种监控装置工作面与牵引索或运载索的相对位置;

——挂结器和脱开器安装后,应检查其工作情况,不应出现抱索失误、抱索不良和车辆出站产生异常摆动等现象。

表 16 挂结器和脱开器安装的允许偏差

项 目	允许偏差
轨道工作面的标高	±2.0 mm
轨道中心线与牵引索或运载索中心线之间的水平距离	±1.0 mm
轨道工作面与抱索或脱索导轨工作面的高差	±1.0 mm
轨道中心线与有关机构或设备中心线之间的水平距离	±1.0 mm
轨道坡度的倾斜度	1/1 000

10.4.5 驱动装置的安装应符合下列要求:
——驱动轮和从动轮安装的允许偏差应符合表17的规定。
——电机、减速器、制动器、联轴器、开式齿轮等设备的安装应符合 GB 50231 的有关规定。

表 17 驱动轮和从动轮安装的允许偏差

项 目	允许偏差	备 注
驱动轮纵、横向中心线对设计中心线的偏移	1.0 mm	
卧式驱动装置驱动轮的中心标高	±1.0 mm	
卧式驱动装置驱动轮的水平度或垂直度	0.15/1 000	在任意方向检测
单槽或双槽驱动轮的绳槽中心线与出侧或入侧牵引索或运载索中心线的	偏移 $d/20$	
	偏斜 1/1 000	
从动轮绳槽中心与其对应的双槽驱动轮的绳槽中心的偏移	$d/10$	应用拉线法检测
立式驱动装置从动轮的垂直度	0.3/1 000	
卧式驱动装置从动轮的轴线对驱动轮横向中心线方向的垂直剖面的平行度	0.5 mm	
注:d 为钢丝绳直径。		

10.4.6 张紧装置的安装应符合下列要求:
——张紧小车轨道的实际中心线与设计中心线的偏移不应大于 2 mm;
——轨道工作面标高的偏差不应大于±2 mm;
——轨距的偏差不应大于+3 mm;
——轨道的接头应平整光滑;
——张紧轮或张紧索导向轮钢丝绳的入角不大于1°30′;
——张紧装置安装后,张紧小车的滚轮应与轨道面接触良好;
——采用液压张紧方式时,液压张紧装置的安装应按 GB 50231 中的有关规定执行。

10.4.7 重锤的安装应符合下列要求:
——导轨实际中心线对设计中心线的偏差不应大于 10 mm;
——导轨垂直度的偏差,在全长范围内不应大于 10 mm;

——导轨轨距的偏差不应大于+20 mm;
——导轨的接头应平整光滑;
——整体混凝土重锤应按设计施工,并应取样测定密度和强度;
——重锤或重锤箱上的导向块与导轨之间的间隙,上下、左右应均匀,重锤或重锤箱在导轨中应能自由升降;
——牵引索或运载索重锤质量的偏差不应大于设计值的4/1 000;
——承载索重锤质量的偏差不应大于设计值的6/1 000。

10.4.8 导向轮安装的允许偏差应符合表18的规定。

表18 导向轮安装的允许偏差

项　目		允许偏差
导向轮中心标高	一般	±3.0 mm
	当导向轮中心的标高直接影响挂结器或脱开器质量时	±1.0 mm
导向轮绳槽中心线与牵引索或运载索中心线的	偏移	$d/15$
	偏斜	1/1 000
垂直导向轮的垂直度		1/1 000
水平导向轮的水平度		
倾斜导向轮的倾斜度		

注:d 为牵引索(或运载索)直径。

10.4.9 滚子链的安装应符合下列要求:
——施工中不应损伤导轨或滚子架的工作面;
——导轨或滚子架工作面的曲率半径,应采用弦长不小于1 500 mm的弧形样板检查,其间隙不应大于1 mm;
——导轨任意横截面的槽底轮廓线或固定滚子的工作母线,其水平度的偏差不应大于3/1 000;
——导轨或滚子架的接缝处间隙不应大于1 mm,高低差不应大于0.5 mm;
——小链板滚轮中心线应与导轨及大链板导槽中心线吻合,滚轮运动时不应啃咬上、下导槽边缘;
——大链板绳槽与承载索表面,或固定滚子工作面与承载索保护面应普遍接触,个别未接触处的间隙,不应大于1 mm;
——扁钢或滚子架与预埋件的正式焊接,应在滚子链安装合格后进行;
——对于双承载索的往复式客运索道,每个轨路中的双滚子链,除应符合上述规定外,两个绳槽的间距偏差和平行度偏差均不应大于2 mm,同一横截面绳槽中心标高的偏差,不应大于±2 mm。

10.4.10 往复式索道客车的安装应符合下列要求:
——应先检查运行小车,各车轮绳槽中心直线度偏差不应大于运行小车总长1/1 500和承载索直径的1/20;各车轮与小横梁,或各大、小横梁之间,应无松动、无窜动、无碰刮、无卡阻;
——客车与牵引索的连接应符合4.3、8.5.1的有关规定;
——客车制动器、缓冲器、减摆装置和承载索润滑装置等重要部件的安装,应符合设备技术文件的规定;
——客车制动器安装后,应进行制动性能试验;
——双承载索道的客车,运行小车两侧轮组的间距和平行度的偏差不应大于3 mm。

10.4.11 单、双线循环式索道吊厢(吊篮、吊椅)的安装应符合下列要求:

——每个吊厢抱索器中的行走轮、操作轮、导向轮、摩擦板、抱索执行机构和钳口等与轨道的相对尺寸、钳口的最小与最大开口尺寸,应符合设计规定;
——车门和车门机构动作应灵活,并应与站内开关机构的动作相协调;
——减振器、导向器等重要部件的安装应符合设备技术文件的规定;
——吊椅的扶手、踏板和围栏的动作应灵活可靠;
——吊厢、吊篮及吊椅应与线路和站口的导向装置相协调。

11 试车

11.1 一般规定

索道试车应在土建、设备安装工程完成后,经全面检查已具备试车条件后进行。

11.2 无负荷试车

11.2.1 单机调试

11.2.1.1 应从部件至组件,组件至单机逐级调试,且上一步骤未合格,不应进行下一步骤的试车。
11.2.1.2 驱动机等主要设备的连续运转时间不应小于 4 h,其中额定速度下的运转时间不应小于 2.5 h。
11.2.1.3 驱动机等主要设备的液压控制和润滑系统应畅通,油压、油位和油温应在规定的范围内。

11.2.2 机组联动试车

在单机调试的基础上,应进行机组联动试车。各设备应配合良好、动作协调,累计试车时间不应小于 4 h。

11.2.3 牵引索或运载索试车

11.2.3.1 牵引索或运载索安装合格后,应由慢速至额定速度进行试车,累计试车时间不应小于 4 h。
11.2.3.2 牵引索或运载索在托、压索轮组上应稳定,不应有跳索现象。
11.2.3.3 线路监控装置应灵敏可靠。
11.2.3.4 驱动机启动、制动应平稳、可靠,安全保护设施动作应准确,试车应无异常现象。

11.3 负荷试车

11.3.1 空车试车

11.3.1.1 分别由端站和中间站各发一辆空车,以慢速、额定速度进行通过性能检查,不应有任何阻碍。
11.3.1.2 循环式索道应以额定运行速度,按设计车距布满全线进行试车。
11.3.1.3 上一步骤未合格前,不应进行下一步骤的试车;全过程累计试车的时间不应小于 40 h。

11.3.2 往复式客运索道重载试车

11.3.2.1 采用与乘客质量等同的重物进行。
11.3.2.2 应按设计荷载的半载、偏载(重上空下、空上重下工况)、满载分别进行试车。
11.3.2.3 控制系统应进行多次检测,并应检查超速、减速、越位、速度同步等监控装置的连锁性能。
11.3.2.4 客车制动器应按设计要求进行检测。
11.3.2.5 全过程累计试车的时间不应小于 40 h,其中在额定速度且满载条件下运行的时间不应少于 5 h。

11.3.3 循环式客运索道量载试车

11.3.3.1 采用与乘客质量等同的重物进行。

11.3.3.2 应按设计荷载的半载、偏载(重上空下、空上重下工况)、满载分别进行试车。

11.3.3.3 控制系统应进行多次检测,并应检查索道在偏载、满载情况下的启动和制动性能,并应检查站内和线路监控装置的连锁性能。

11.3.3.4 全过程累计试车的时间不应小于 40 h,其中在额定速度且偏载条件下运行的时间不应少于 5 h。

11.4 紧急驱动(或救援驱动、辅助驱动)的试车

11.4.1 应符合 5.1.3、5.1.4 的有关规定。

11.4.2 营救设施应可靠。

12 运营

12.1 人员及任务

12.1.1 人员组成

索道站(公司)应由三部分人员组成:管理人员(站长或经理、安全员等)、作业人员(司机、机械及电气维修人员等)、服务人员(售票员、站内服务人员等),其中管理人员、作业人员应按照国家有关规定经特种设备监督管理部门考核合格,取得国家统一格式的资格证书,方可从事相应的作业或管理工作。

12.1.2 对站长(经理)的要求

12.1.2.1 应根据该索道类型和条件制定索道正常运行和安全操作各项措施,建立岗位责任制和紧急救援制度,对索道的正常运营、维修、安全负责。

12.1.2.2 应保证下列各项内容能正确贯彻执行:
——管理机关所规定的定期检验制度;
——信号系统的检查制度;
——救护规则;
——自动停车、紧急停车及其安全设备动作时的设备状态,排除故障及重新运行的措施(只有当安全有了保证时才允许重新运行);
——安全电路断电时的设备状态下及需要再运行时的措施(紧急情况下运转时,索道站站长或他的代表一定要在场,才允许在事故状态下再开车以便将乘客运回站房,此时站与站之间也应能通讯联系);
——机械设备、钢丝绳、运载工具等发生故障时如何排除的措施;
——风速超过规定值,或是天气条件威胁到运行安全时停车处理办法;
——能见度不足时的运行措施;
——夜间运行的措施;
——清除钢丝绳或机械部件上的冰和积雪的措施;
——如果索道站站长不在场,他的职责转给其代理人的条件及方法。

12.1.2.3 每年应向该企(事)业单位领导和上级安全管理机关提交运行报告,如遇特殊事故发生时应及时提出报告。

12.1.2.4 应对索道站(公司)的工作人员进行安全教育和培训,使他们具备必要的特种设备安全作业

知识。此外还应对参加救护的人员进行定期演习和培训。

12.1.3 对司机的要求

12.1.3.1 索道站司机房内应配备两名司机,其中一名为主司机。

12.1.3.2 司机应符合下述条件：
—— 年满18周岁,身体健康,经过培训合格者；
—— 视力(包括矫正视力)在0.7以上,非色盲；
—— 听力要求达到能辨别清楚在50 cm范围内的音叉声响。

12.1.3.3 司机应熟悉下述知识：
—— 所操纵的索道各部件的构造和技术性能；
—— 本索道的安全操作规程和安全运行的要求；
—— 安全保护装置的性能和电气方面的基本知识；
—— 保养和维修的基本知识。

12.1.4 对机械、电气维修人员的要求

12.1.4.1 年满18周岁,身体健康并适应高空作业,经过培训合格者。

12.1.4.2 具备机械、电气基础知识,熟悉设备各部分的结构原理、技术性能和维护保养方法。

12.1.4.3 维修负责人应能制定本索道设备的检修计划。

12.1.5 资料档案

12.1.5.1 索道使用单位应建立健全安全技术档案。安全技术档案应包括以下内容：
—— 设计文件、制造单位、产品质量合格证明、主要部件材质证明和探伤报告、使用维护说明、土建备案书、设备竣工验收报告、安装技术文件、设备主要部件图纸、重大技术变更文件等；
—— 钢丝绳检测、探伤记录；
—— 定期检验和定期自行检查记录；
—— 日常使用状况记录；
—— 巡线记录；
—— 设备及其安全附件、安全保护装置及有关附属仪器仪表的日常维护保养记录；
—— 设备运行故障和事故记录；
—— 固定抱索器移位记录；
—— 交接班记录。

12.1.5.2 应委派专人保管好技术资料(图纸、计算书、说明书),对于任何修改应在存档资料上进行更正。

12.1.6 索道站对乘客的要求和规定

索道站对乘客的要求和规定应布告通知。布告通知包括如下内容：
—— 身高低于1.25 m的儿童应在成年人陪护下乘坐吊椅索道；
—— 车上严禁吸烟、嬉闹和向外抛撒废弃物品；
—— 禁止携带易燃、易爆和有腐蚀性、有刺激性气味的物品上车；
—— 对于患有高血压、心脏病以及不适于登高的高龄乘客建议不要乘坐吊椅式索道；
—— 在运行中不应打开护圈；
—— 未经许可,乘客不应擅自进入机器房或控制室。

12.2 运行

12.2.1 索道线路上的设备及其附件应保持经常处于完好状态,不应有碍索道的安全运行。

12.2.2 每天开始运行之前,应彻底检查全线设备是否处于完好状态,在运送乘客之前应进行一次试车,确认安全无误并经值班站长或授权负责人签字后方可运送乘客。

12.2.3 每日检查应包括下述内容:
— 直接触发紧急停车的安全电路、主电路和线路安全电路的工作状态,以及运载工具进站和出站的检测设备;
— 在接地、短路或连接断开的情况下,监控电路的动作;
— 检查并确认所有显示的值全部在许用范围之内;
— 在最大运行速度下的电气停车的操作;
— 改变运行速度的操作;
— 驱动系统机械制动系统的操作;
— 设备内部的通讯系统;
— 钢丝绳在索轮、轮子、鞍座上的位置;
— 张紧重锤或行走小车的位置和行程余量;
— 液压或气动系统、减速器的密封性和工作压力;
— 进站区域、出站区域的支撑和轨道上冰雪积聚状况;
— 脱挂抱索器进出站口的监控系统的操作运行;
— 上车和下车区域的状况以及乘客进出通道的状况;
— 运载工具的状况。

12.2.4 索道运行期间,站长、作业人员及服务人员应各就各位,履行岗位责任制,不应擅离职守。

12.2.5 在各项操作中,应严格遵守操作规程。

12.2.6 索道需要夜间运行时,在线路、站内或客车上应装设足够的照明设备。

12.2.7 若设备停运期间遇到恶劣天气(风暴、暴雨、冰雹),应对线路进行彻底的检查证明一切正常后方可运送乘客。如果是故障停车,造成运行中断,只有在排除了故障或采取了有关安全措施,且应经值班站长同意,方可重新运送乘客。

12.2.8 索道每天停止运营前,操作人员应检查并确认索道线路上或上车区域是否仍有乘客,并关闭索道的入口。

12.3 维护

12.3.1 日常检查

每个索道站应根据本索道制造商提供的维护使用说明书制定维护计划和定期检查计划。每月应着重检查如下各点:
— 运载索、牵引索以及救护索发生断丝或其他外部损伤的区域;
— 承载索、张紧索的偏移或转向区域或其他任何发生断丝或其他外部损伤的区域;
— 钢丝绳连接处(如编接处)和端部固定;
— 钢丝绳和轨道在脱开和挂结区域的相互位置;
— 索轮和承载索鞍座的位置和紧固情况;
— 进站、站内运行和出站的监控设备及运载工具的运行情况;
— 制动器及其衬块;
— 空载状态下制动系统的停车距离的测量;

——各种驱动系统的运行；
——运载工具上制动器的手动触发；
——超速保护装置的工作情况；
——运载工具：门的紧固件和锁,开关门设备；
——蓄电池；
——备品备件的储存；
——电气安全设备(例如：抱索器测试设备,减速监控和制动器的释放)。

12.3.2 每年的检查

应每年对设备至少进行一次全面的检查,包括对工作人员的保护设备的检查。在月检的基础上,应进行下述的检查和运行试验：
——对站内和线路结构上的所有基础和钢结构及其他结构如梯子、通道、防坠落保护设施和维修平台进行目检；
——对各种驱动装置(主驱动、辅助驱动和紧急驱动)进行目检和运行测试；
——对每个制动器在各种荷载条件下进行目检和工作测试,并记录测试的结果；
——对配备有客车制动器的索道,检查钢丝绳松弛时客车制动器的动作；
——对托(压)索轮组(在不拆卸的状态下,但将运载索吊起)、承载索鞍座和托索轮进行目检；
——对所有站内机械设备和张紧设备进行目检；
——对救援设备进行目检和运行测试,并进行救援演习；
——对工作人员保护设备进行目检和操作测试；
——对钢丝绳进行目检和/或电磁检测；
——对钢丝绳端部固定件进行检查；
——对安全、监控和信号设备的检查和运行测试；
——对每个运载工具包括吊杆、吊架和吊架轴进行目检,至少应对20%的抱索器进行拆卸后的目检,并要保证任何一个抱索器的连续两次检测的间隔不超过5年；
——对抱索器监控设备进行测试；
——对门的关闭和锁定设备进行测试；
——对客车制动器进行制动并测量制动行程和滑动阻力。

12.3.3 抱索器检查的特殊要求

应对抱索器进行定期拆卸检查及无损探伤。应在运行3 000 h后,最多不超过2年,对抱索器进行首次拆卸检查和无损探伤；抱索器的拆卸检查周期应按供应商要求进行,无损探伤周期应按国家安全监督检验机构的规定执行。

12.3.4 固定抱索器的移位

单线循环式索道上运载工具间隔相等的固定抱索器,应按规定的运行时间间隔移位,移位的时间间隔不应超过式(12)给出的值：

$$t = 0.56 \frac{L}{v} \quad\quad\quad\quad\quad\quad (12)$$

式中：
t ——移位时间,单位为小时(h)；
L ——索道线路弦长,单位为米(m)；
v ——运行速度,单位为米每秒(m/s)。

每个抱索器应朝钢丝绳运行的反方向移动,每次移动的距离应大于抱索器的总长(包括导向翼)不应小于 300 mm。

12.3.5 无客车制动器的往复式索道特殊的维护要求

12.3.5.1 客车的夹索器应在 200 个工作小时或 90 个工作日之内进行移位。同时,应用目测检查钢丝绳的夹紧部位和编接部位。

12.3.5.2 应每年用探伤仪对牵引索进行全面检查。

12.3.5.3 停止运行 3 个月以上,在重新投入运行前用探伤仪检查牵引索。

12.3.5.4 牵引索被雷击或受到机械损伤后应及时用探伤仪进行检查。

12.3.5.5 对牵引索的夹持段进行探伤检查时,如发现牵引索的损伤达到规定指标的一半时,对夹索器的移位和探伤检查的间隔时间还应缩短。

12.3.5.6 夹索器应沿固定方向进行移位,移位的距离不应小于夹索器长度、夹索器两端附加装置的长度和牵引索 2 倍捻距的长度三者的总和。

12.3.5.7 不应在牵引索编接范围内固定客车。夹索器与编接部位之间的距离不应小于编接长度的两倍。

12.3.6 承载索的串位

12.3.6.1 承载索宜每 12 年串位一次。对于能定期进行无损探伤检查的承载索可以不串位。

12.3.6.2 承载索串位的移动长度应大于接触区域的长度再加 3 m。

12.3.7 检查记录

应将检查、调整、救护演习、运行参数、运行持续时间、输送乘客数以及所发生的特殊事件记入作业日记。

13 标志

13.1 道路交通标志

13.1.1 警告标志:其形状为等边正三角形,颜色为黄底、黑边、黑图案。其含义是警告车辆行人注意危险地点的标志,警告标志的设置地点距危险点的距离应为 20 m～250 m,减速慢行。如图 4 所示。

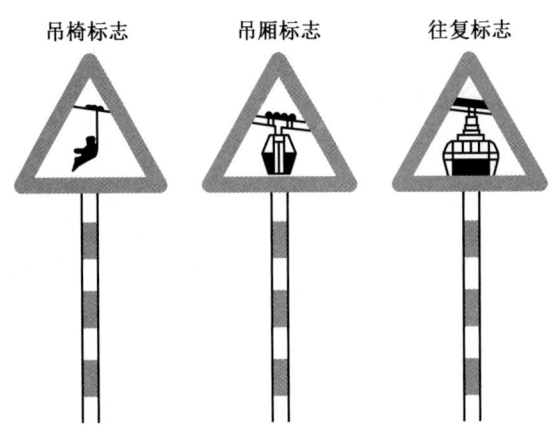

图 4 警告标志

13.1.2 禁令标志:其形状为圆形,颜色为白底、红圈、红杠、黑图案。是指对车辆、行人禁止通行或以限制的标示,禁令标志应设置在需禁止或限制通行的路口或地点。如图5所示。

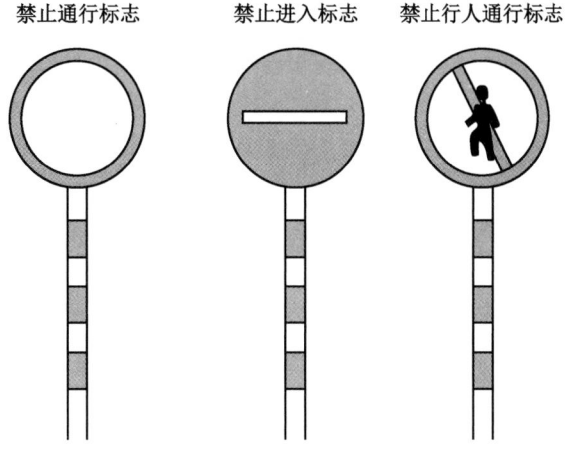

图 5 禁令标志

13.2 道路交通标线

限高标线形状为门形横跨在道路上,其颜色为红白相间标杆组成,下垂一限高线,是指车辆装载高度不能超过其限高界限,限高标线设在横跨公路上安全网或保护桥两侧3 m～5 m处。如图6所示。

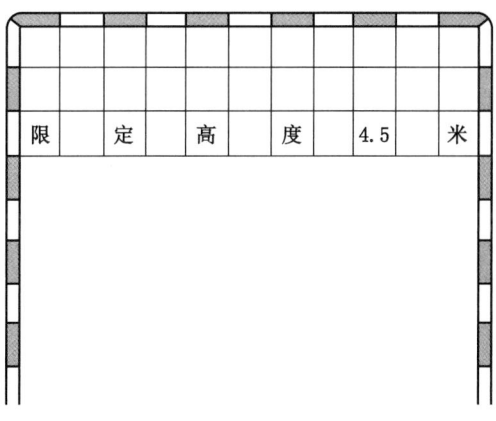

图 6 限高标线

13.3 航空障碍标志

如果索道属于飞行障碍时应架设航空障碍标志。该装置钢丝绳的大小及其锚固桩的尺寸应通过计算确定。

13.4 吊椅索道特殊提示

吊椅索道的上下车段应有明显标志。在到达下车段前,应使乘客看到"抬起安全护栏"提示的明显标志。

ICS 45.100
J 81

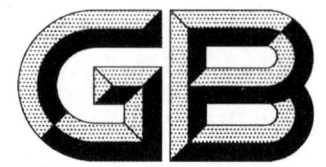

中华人民共和国国家标准

GB 19402—2012
代替 GB/T 19402—2003

客运地面缆车安全要求

Safety requirements for passengers funiculars

2012-09-03 发布

2013-07-01 实施

中华人民共和国国家质量监督检验检疫总局
中国国家标准化管理委员会 发布

前　言

本标准的 3.1～3.5、3.6.1～3.6.7、3.7、3.8、4.1、4.2、4.3.1、4.3.2、第 5 章、第 6 章、7.1、7.2、7.4、7.5、7.6、8.1、8.2、8.5、8.6 及附录 B 为强制性的，其余为推荐性的。

本标准按照 GB/T 1.1—2009 给出的规则起草。

本标准代替 GB/T 19402—2003《客运地面缆车技术规范》。

本标准与 GB/T 19402—2003 相比主要变化如下：

——名称由《客运地面缆车技术规范》改为《客运地面缆车安全要求》；

——删除了术语和定义（见 2003 年版的第 3 章）；

——修改了线路坡度差的允许值，由±18%修改为±20%（见 3.1.2，2003 年版的 4.1.1）；

——增加了对法向加速度的要求（见 3.1.5）；

——修改了界限范围的要求（见 3.2，2003 年版的 4.1.7）；

——修改了最大运行速度，由 10 m/s 修改为 12 m/s（见 3.4，2003 年版的 4.2.1）；

——增加了通过站房或进站时最大速度的要求（见 3.4.3）；

——修改了车厢有效面积，由 $0.6+0.16×n$ 修改为 $0.6+0.20×n$（见 3.5，2003 年版的 4.3.1）；

——修改了线路计算和钢丝绳计算时的有效载荷（见 3.6.2，2003 年版的 5.1.1）；

——修改了动载荷系数，由 1.2 修改为 1.3（见 3.6.7，2003 年版的 5.1.5）；

——对风载荷进行了修改，由运行时风压 200 Pa 修改为 0.25 kN/m^2，停运时风压 1200 Pa 修改为 0.8 kN/m^2（见 3.6.6.1，2003 年版的 5.1.4.1）；

——增加了对救援的要求（见 3.7）；

——增加了对自动运行缆车的要求（见 3.8）；

——修改了无极缠绕牵引索编接的要求（见 4.1.3，2003 年版的 5.2.2）；

——修改了钢丝绳抗拉安全系数，由 6 修改为 5（见 4.2.1，2003 年版的 5.2.3.1）；

——增加了计算最大工作拉力应计入的力值（见 4.2.3）；

——增加了对站口导向轮直径与绳径比的要求（见 4.2.5.6）；

——增加了钢丝绳固定和连接的基本要求（见 4.3.1）；

——增加了牵引索卷筒上的绳卡的有关规定（见 4.3.3）；

——增加了浇注套筒的有关规定（见 4.3.4）；

——增加了夹板绳卡的有关规定（见 4.3.5）；

——增加了夹板绳卡滑动力计算方法（见附录 A）；

——增加了夹紧套筒的有关规定（见 4.3.6）；

——修改了对钢丝绳报废的规定（见 4.4，2003 年版的 5.2.3.3）；

——对驱动轮上力的传递增加了验算惯性力的有关要求，修改了校核防滑力的方式（见 5.3.4，2003 年版的 5.4.3）；

——增加了驱动轮许用摩擦系数的有关规定（见 3.6.4.1）；

——增加了对制动器要求的有关规定（见 5.6）；

——增加了对绳轮计算的有关要求（见 5.7.2）；

——修改了不设平衡索的限制要求（见 5.11，2003 年版的 6.6.1）；

——修改了张紧行程计算时钢丝绳永久伸长值，由 5‰ 修改为 3‰（见 5.11.4，2003 年版的 6.6.4.1）；

——增加了供电电源稳态电压值、稳态频率值的有关要求(见6.1.3);
——增加了安装维修开关有关要求(见6.1.8);
——增加了安装紧急停车按钮有关要求(见6.1.9);
——增加了主拖动装置启动的要求(见6.2.2);
——增加了线路安全回路的电源电压的要求(见6.4.2);
——增加了延迟触发紧急停车的要求(见6.4.3);
——增加了两站之间信号传递失灵时的要求(见6.5.3);
——增加了测试的有关规定(见6.6);
——增加了防雷击的安全要求(见6.8.7、6.8.8);
——增加了桥梁允许变形的规定(见7.3.7);
——增加了桥梁及基础设计工作寿命的规定(见7.1.3);
——增加了桥梁及钢结构进行疲劳计算的方法(见7.3.1);
——增加了对运载工具进行计算的要求(见8.2.2、8.2.3);
——修改了对碰撞力计算的要求(见8.2.1,2003年版的9.2.2);
——增加了不装设轨道制动器的有关规定(见8.6.1);
——增加了不利载荷情况下校核稳定性的计算式(见8.2.5.1);
——增加了轨道制动器检验的条款(见8.6.9);
——修改了对轨道制动器自动作用的超速值,由30%修改为25%(见8.6.2,2003年版的9.5.2);
——增加了对安装和试车的安全要求(见第10章、第11章);
——增加了每日检查、每月检查、每年检查内容的安全要求(见12.1.3、12.2.1、12.2.2);
——增加了无轨道制动器缆车维护的安全要求(见12.2.3)。

本标准由全国索道与游乐设施标准化技术委员会(SAC/TC 250)提出并归口。

本标准起草单位:北京起重运输机械设计研究院。

本标准主要起草人:张海乔、黄鹏智、樊俊宏、刘旭升、温新婕、里鑫、黄越峰、李刚、云平、秦玲、牛东、王治军、闫登华、李越秀、王旭。

本标准所代替标准的历次版本发布情况为:
——GB/T 19402—2003。

客运地面缆车安全要求

1 范围

本标准规定了客运地面缆车的设计、制造、安装、运行等方面的安全要求。

本标准适用于营业性客运地面缆车。

本标准不适用于非营业性地面缆车以及码头、矿山、井下专业用途的通勤缆车。

2 规范性引用文件

下列文件对于本文件的应用是必不可少的。凡是注日期的引用文件，仅注日期的版本适用于本文件。凡是不注日期的引用文件，其最新版本（包括所有的修改单）适用于本文件。

GB/T 229　金属材料　夏比摆锤冲击试验方法

GB/T 1031　产品几何技术规范(GPS)表面结构轮廓法　表面粗糙度参数及其数值

GB/T 3480　渐开线圆柱齿轮承载能力计算方法

GB 3805—2008　特低电压(ELV)限值

GB 5226.1—2008　机械安全　机械电气设备　第Ⅰ部分：通用技术条件

GB 8918　重要用途钢丝绳

GB/T 9075　索道用钢丝绳检验和报废规范

GB 12352　客运架空索道安全规范

GB 50007　建筑地基基础设计规范

GB 50009　建筑结构荷载规范

GB 50010　混凝土结构设计规范

GB 50017—2003　钢结构设计规范

GB 50061　66 kV及以下架空电力线路设计规范

GB 50231　机械设备安装工程施工及验收通用规范

DL/T 5161.1～5161.17　电气装置安装工程质量检验及评定规程

JB/T 4730　承压设备无损检测

3 基本要求

3.1 线路的选择

3.1.1 选择线路时，应考虑：
— 当地气候、地理条件、缆车经过的交通要道和跨越的建筑设施以及紧急救援的要求；
— 避免建在有雪崩、滑坡、塌方、海啸、洪水等危及缆车安全的地区，经过主管部门的批准，采取预防措施时例外；
— 法向加速度对人员的影响（见3.1.5）；
— 钢丝绳在托索轮上支承的安全性（见3.1.4）；
— 车辆导向的安全性，线路的坡度及其变化（见3.1.2）；
— 需要的制动力和轨道制动器作用的安全性。

3.1.2 轨道的地面纵向倾角的变化值 β(线路上、下段坡差角)应不超过±20%(±11°19′)。变坡缆车线路示意图见图1。

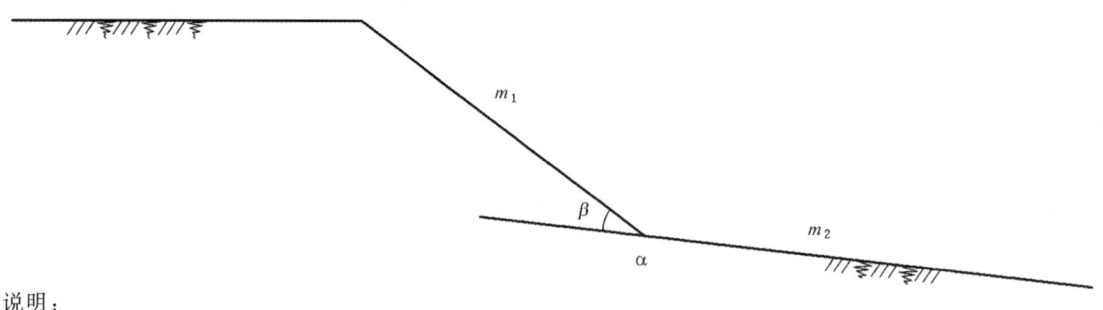

说明：
α——变坡点；
β——坡差角；
m_1——上段坡度；
m_2——下段坡度。

图 1 变坡缆车线路示意图

3.1.3 线路的走向应尽量使钢丝绳的走向通顺。从站内应至少能观察到线路上车辆开始减速的位置。

3.1.4 对于凹陷线路，钢丝绳应可靠地支承在托索轮上。当以最大减速度进行制动时，钢丝绳应不从托索轮上浮起。

3.1.5 法向加速度应不超过 0.50 m/s²，布置线路和选择曲率半径时应不影响车辆的导向和轨道制动器的有效动作。

3.1.6 会车段的长度应考虑下列因素：
——车辆长度；
——牵引索长度的变化；
——轨道制动器在不利的位置制动时所需要的制动距离。

3.1.7 当两辆客车会车时，两辆客车之间的净空应超过 0.4 m。

3.1.8 在会车段内侧不允许乘客通过，外侧应设有维修及乘客疏散的通道。

3.2 界限尺寸

3.2.1 缆车的界限范围取决于车辆本身的形状和几何尺寸。此外还应考虑：
a) 当车辆在轨道上运行至弯道和变坡度时，车辆在水平方向和垂直方向的移动；
b) 车辆横向的浮动；
c) 在所有方向上车辆的悬挂装置可能的移动；
d) 轴相对于钢轨(以正常的轨距)可能的横向移动；
e) 可能的尺寸偏移(例如车辆，钢轨的位置)；
f) 手与障碍物之间的净空要求：
——对所有窗户可以打开和敞开式车辆为 1.0 m；
——倾斜的窗户不小于 0.2 m；
——打开窗户后窗户下边缘距车辆地板平面不小于 1.80 m 时，为 0.20 m；
——打开窗户后窗户下边缘距车辆地板平面不小于 1.50 m 时，为 0.50 m。

3.2.2 车站站台边缘与车辆之间的间隙应不超过 0.05 m。

3.3 安全距离

3.3.1 缆车车厢每侧及车厢上部与线路上任何固定构件(轨道和站台组成部分除外)之间,距离应不小于0.1 m。

3.3.2 沿线路人员的通道应位于轨道的外侧,其宽度应不小于0.6 m,其最小的净高应超过2.0 m。邻近地面超过1 m以上或下坡坡度大于60%,乘客通道和乘客活动范围的地方应装设刚性的栏杆。

3.3.3 缆车的线路与公路、道路以及滑雪斜坡应不在同一高度上交叉。

3.3.4 当缆车线路与公路平行时,缆车线路上任何设施外侧的边缘与公路边缘之间的距离应不小于1.5 m。如果公路上的车辆有驶入缆车道的可能性时,应设保护装置。

3.3.5 缆车的线路与电力线平行和交叉时,应符合GB 50061的有关规定。

3.3.6 当缆车线路与索道平行时,在下列情况下,缆车上任何设施的外侧与索道设施边缘之间的距离应不小于1.5 m:
——架空索道:钢丝绳和吊具在最大静挠度的情况下横向偏摆20%;
——拖牵索道:拖牵索道拖牵器的外缘距其牵引索两边至少10 m。

3.3.7 缆车线路与架空索道交叉时应保证索道线路在最大静挠度增大10%的情况下索道运载工具至缆车车辆、缆车构筑物或缆车架空线之间的垂直净空应不小于1.5 m。

3.3.8 当缆车线路与其他建筑物(例如水域、煤气管线、自来水管和类似的建筑物)平行或交叉时应满足有关的规定。

3.3.9 当轨道两侧的树木倒塌时将危及缆车的安全运行,应装设倒树的安全停车装置。

3.4 运行速度

3.4.1 最高运行速度应不超过12 m/s,还应考虑如下因素的影响:
——车辆运行的安全与平稳;
——驱动装置制动器、轨道制动器及缓冲器的性能;
——线路的状况;
——曲率半径。

3.4.2 辅助驱动装置运行速度应小于主驱动装置运行速度的一半。紧急驱动装置的运行速度应不超过2 m/s。

3.4.3 当车辆通过站房或进站时最大速度应不超过1.0 m/s。

3.5 车厢有效面积

3.5.1 少于6人的站立式车厢,每人按0.3 m²计算;6人及6人以上的车厢,地板有效面积见式(1):

$$A = 0.6 + 0.20 \times n \quad \cdots\cdots(1)$$

式中:
A——车厢地板的有效面积,单位为平方米(m²);
n——车厢定员。

3.5.2 座位宽:当两个座位并排时,座位净宽应不小于1 m,当三个座位并排时,座位净宽应不小于1.4 m。

3.6 线路计算

3.6.1 自重

钢丝绳和运载工具的实际重量应与进行线路计算所取的值相符,重量的偏差应不超过±5%。

3.6.2 有效载荷

定员15人以下时平均每人重力应按740 N计算;定员16人以上时,平均每人重力应按690 N计算;对于运送滑雪者的缆车还应每人加上50 N装备的重力。

3.6.3 动态作用力(惯性力)

——当以实际值的1.2倍重载上行时,起动加速度最小为0.15 m/s² 时的惯性力;
——当为重载下行时,制动力可自动调节,减速度为0.4 m/s² 的惯性力;
——当为重载下行时,制动力不可自动调节,减速度为0.6 m/s² 的惯性力;
——重载上行,工作制动器的平均制动减速度最高为1.5 m/s² 时的惯性力;
——应验证当轨道制动器制动之后在整个牵引索环线的动态作用力。

3.6.4 摩擦系数

3.6.4.1 驱动轮衬垫的许用摩擦系数 μ_{zul} 见表1。μ_{zul} 取决于实际条件下(例如潮湿的钢丝绳、+40 ℃时涂油的钢丝绳)衬垫的摩擦系数 μ,根据以下条件计算:

——考虑了正常减速度下动态作用力,许用的摩擦系数 μ_{zul} 取 $2/3\mu$;
——考虑了非正常情况下最大减速度的动态作用力,许用的摩擦系数取 μ 值的80%。

其他工程材料实际的摩擦系数通过试验得到。

表 1

衬垫材料	匀速运动时的摩擦系数	起动及制动时的摩擦系数
钢绳槽或铸铁绳槽	0.07	0.07
橡胶、塑料衬垫等	0.2	0.22
软铝衬垫(布氏硬度≤500 N/mm²)	0.2	0.2

3.6.4.2 对于钢制夹持器及抱索器内外抱卡的摩擦系数应为0.13。

3.6.4.3 对于卷筒固定绳槽,应采用下列摩擦系数:

——木材或塑料的衬垫:0.11;
——钢板衬垫:0.08。

3.6.4.4 如果轨道制动器的作用力作用在车轮上时,车轮和轨道的摩擦系数应最大按0.08计算。

3.6.5 摩擦阻力

对线路计算以当时的作用力的百分比作为下述的摩擦阻力,其中摩擦阻力包括钢丝绳在所有情况下的弯曲阻力:

——橡胶衬绳轮,轮压的3.0%;
——塑料衬绳轮,轮压的2.0%;
——带滚动轴承的绳轮,支承力的0.3%;
——带滑动轴承绳轮,支承力的1%;
——车辆的钢轮,轮压的1.0%;
——车辆的充气橡胶轮胎,轮压的1.0%。

3.6.6 风载荷

3.6.6.1 基本风压如下:

——运行时：0.25 kN/m²；
——停运时：0.8 kN/m²，风速超过 36 m/s 的地区，应按当地的风压值。

3.6.6.2 体型系数见表2。

表 2

名称	体型系数	备注
钢丝绳	1.0～1.2	
矩形车厢	1.3	
带圆角的矩形车厢	1.3～2 r/L	r 为车厢倒角半径；L 为车厢长度
托索轮	1.6	
圆管形支架	1.2	
方管及轧制型材支架	2	
注：允许使用风洞实验所取得的数据。		

3.6.7 动载荷

在进行土建结构计算时应考虑轨道和车轮材质的影响，应将车辆的载荷乘以动载系数 $\phi=1.3$。

3.6.8 雪载荷

3.6.8.1 如果高度在海拔 2 000 m 以下，在有雪载荷的地方，应按下列公式确定覆盖面上每平方米的雪载荷见式(2)：

$$S=[1+(h_0/350)^2]\times 0.4 \text{ kN/m}^2 \geqslant 0.9 \text{ kN/m}^2 \quad\cdots\cdots(2)$$

式中：
S ——平方米的雪载荷，单位为千牛每平方米（kN/m²）；
h_0 ——按地勘部门所提供的海拔高度，单位为米（m）。

3.6.8.2 在特殊情况下，例如，该地高度在海拔 2 000 m 以上，或该地区降雪量丰富，则应按当地气象部门提供的数据确定雪载荷。

3.6.8.3 站房内车辆顶部积雪按 0.5 m 深，雪密度按 0.4 kN/m³ 进行计算。

3.6.9 额外载荷

应根据缆车情况对下述额外载荷的几项或全部进行计算：
——1.3 倍的轨道制动器的制动力作用在车轮上的力；
——1.1 倍雪崩和雪滑坡作用的力；
——1.1 倍在站台缓冲器的冲击力；
——1.1 倍张紧小车或重锤的冲击力；
——1.1 倍建筑施工影响的力；
——1.1 倍电线断落时的力（用于安全保护结构的计算）。

3.7 救援

沿缆车线路的外侧应设有救援通道，通道宽度应不小于 0.6 m。坡度在 15% 以上或者离地净高在 1 m 以上时，应沿边缘装设栏杆，如果有台阶，应提供扶手和休息区。

3.8 自动运行的地面缆车

3.8.1 运行监控

在故障的场合下,30 min 内工作人员应到达机房,并采取恰当的措施。在站台区域应设置闭路电视监控器进行监控。

3.8.2 隔开线路的围栏

缆车运行线路人员易于接近的局部范围应用围栏隔开,围栏高度应不小于 1.8 m。在乡村环境围栏高度应不小于 1.2 m。

3.8.3 进出线路

围栏所有的门应装备安全装置,当门被打开,设备将自动的停车。门应不向内(轨道方向)打开。当门也供人员疏散使用时,门应可从里面没有钥匙也能打开。

3.8.4 营救

——中止运行的情况下,人员应从车厢内没有危险的疏散,门和应急出口应可打开。
——应设置乘客通知站房监控器的报警装置。
——当中止运行之后工作人员 15 min 内可能到达车辆,可采取其他的疏散方法。

3.8.5 进出车

站房站台应设置刚性滑动门,其规格应与车辆门相一致。为了避免乘客衣服被滑动门夹住,车辆门和所关闭的滑动门之间的水平净空在地板之上 1.8 m 高的范围内应不超过 0.12 m,在这个范围装备了附加监控装置的除外。车辆门的门槛和滑动门的门槛之间的水平净空应不超过 35 mm。

4 钢丝绳

4.1 钢丝绳的选用原则

4.1.1 钢丝绳应符合 GB 8918 的要求。

4.1.2 牵引索、平衡索应采用线接触(或面接触)同向捻带纤维绳芯的钢丝绳;张紧索应采用挠性好、耐弯曲的钢丝绳。在腐蚀性环境中工作的牵引索、平衡索、张紧索应采用镀锌钢丝绳。

4.1.3 采用平衡索的缆车,其牵引索或平衡索均应为整根钢丝绳,不允许有接头。当用无极缠绕的牵引索时,其编接接头的长度应不小于钢丝绳公称直径的 1 200 倍。插入长度应超过钢丝绳公称直径的 60 倍。相邻两个编接末端之间的钢丝绳长度应不小于钢丝绳公称直径的 3 000 倍。

4.2 钢丝绳安全系数

4.2.1 牵引索和平衡索的安全系数,即最小破断力与钢丝绳最大拉力(包括起制动时的惯性力)之比,应大于 5。当考虑了轨道制动器制动的冲击力后其安全系数应超过 3。对于没有轨道制动器的地面缆车,其牵引索和平衡索的安全系数应不小于 6。

4.2.2 张紧索其安全系数应不小于 5.5。

4.2.3 牵引索最大工作拉力应在最不利载荷情况下计入下列力值:
——张紧装置开始的初张力;
——由高差引起的牵引索重力和重车重力的分力;

——线路托索轮的阻力；
——站内各有关设备的运行阻力；
——液压张紧装置张紧力的增加值（重锤张紧装置张紧力变化范围不超过±3%可忽略不计）；
——起、制动时的惯性力。

4.2.4 当驱动装置制动器以 1.5 m/s² 的减速度制动时，钢丝绳的最小牵引力应不会引起轨道制动器动作。

4.2.5 钢丝绳与驱动轮、导向轮等的比值如下：

4.2.5.1 绳轮、卷筒直径 D 与钢丝绳公称直径 d 的比值应不小于表3中的值。

表 3

钢丝绳种类	绳轮及卷筒类型	钢丝绳直径 d 的倍数	外层钢丝直径的倍数
牵引索	托索轮	8	—
	驱动轮、导向轮、驱动卷筒	80	800
	固定卷筒	22	—
	导向靴	160	—
	救护卷筒	30	—
张紧索	有钢丝绳运动的绳轮	40	800
	无钢丝绳运动的绳轮或卷筒	20	—
	套环	7	—
注：软质衬垫的弹性模数最高取 10 kN/mm²。			

4.2.5.2 不带衬的托索轮、绳轮其轮径与绳径比应按表3中的值至少提高25%。

4.2.5.3 不带衬垫的驱动轮和托索轮的沟槽半径应为钢丝绳直径的 0.51~0.54 倍。

4.2.5.4 带软质衬垫的托索轮上钢丝绳的最大弯折角应小于 5°43′(10%)。

4.2.5.5 不带衬垫的托索轮钢丝绳的最大弯折角应小于 2°52′(5%)。

4.2.5.6 站口转向（导向）轮直径当弯折角小于 17°11′(0.3 弧度)时应不小于牵引索直径的 40 倍；当弯折角超过 17°11′(0.3 弧度)时应不小于牵引索直径的 60 倍。

4.3 钢丝绳的固定和连接

4.3.1 基本要求

4.3.1.1 应避免钢丝绳连接处附近由于钢丝绳的振动而产生的弯曲应力。必要时，应配备带衬的保护套筒。

保护套衬垫应符合下列要求：
a) 衬垫的长度至少为 $4d$（d 为钢丝绳公称直径）；
b) 衬垫的厚度 δ 为 $0.25d \leqslant \delta \leqslant 0.5d$，其内径与钢丝绳公称直径相等；
c) 对钢丝绳没有腐蚀，肖氏硬度为 90°~95° 的聚氨脂或耐磨的柔性材料。

4.3.1.2 末端固定连接部件允许的破断力应大于钢丝绳最小破断力。

4.3.1.3 在最大工作载荷下不应出现永久变形。

4.3.1.4 牵引索固定装置的强度安全系数应大于匀速运动时钢丝绳最大牵引力的 4.5 倍。

4.3.1.5 应定期检查运行机构上牵引索的固定情况。

4.3.1.6 如果在例外的情况下钢丝绳固定装置无法检查时,则应定期地更换牵引索固定头。

4.3.2 车辆上固定牵引索的卷筒

4.3.2.1 固定牵引索卷筒应承受住钢丝绳实际破断力和出现的最大扭矩。

4.3.2.2 卷筒直径应至少等于牵引索直径的22倍和最大钢丝直径的220倍。

4.3.2.3 钢丝绳在牵引索卷筒上应至少缠绕2.25圈。

4.3.2.4 应避开牵引索在牵引索卷筒上的横向摆动。卷筒偏斜靴(鞍座)的半径以槽底测量不应小于钢丝绳直径的80倍。

4.3.2.5 卷筒外壳的外形由沟槽构成时,槽的半径应取 $0.52\,d \sim 0.54\,d$。槽的深度应至少取 $0.15\,d$。槽距应至少取 $1.05\,d$。

4.3.3 牵引索卷筒上的绳卡(钢丝绳绳夹)

4.3.3.1 绳卡应考虑钢丝绳的变形,并配有弹簧垫。

4.3.3.2 支撑在传动机构大梁上的钢丝绳末端绳卡应吸收钢丝绳末端剩余的钢丝绳拉力。钢丝绳末端绳卡其最小间距约10 mm,且是等距的。绳卡的直径应小于钢丝绳直径5%。

4.3.3.3 每个绳卡的滑动安全系数为3,计算时摩擦系数取0.13。

4.3.3.4 对于卷筒安全验证的计算时,取下列摩擦系数:
  a) 木材或塑料表层0.10;
  b) 钢材表层0.08。

4.3.4 浇注头的锥套(浇注套筒)

4.3.4.1 套筒的内表面应精细加工,在抽出套筒时不致损伤钢丝绳。套筒内面的粗糙度应符合GB/T 1031的有关规定,轮廓算术平均偏差 Ra 应不大于 $1\,\mu m$。

4.3.4.2 对于采用钢套筒,浇注时通过加热其特性不应发生不利的变化。

4.3.4.3 套筒的长度 L 应为 $5\,d \leqslant L \leqslant 9\,d$,圆锥倾角 α 应在 $5° \leqslant \alpha \leqslant 9°$,见图2。

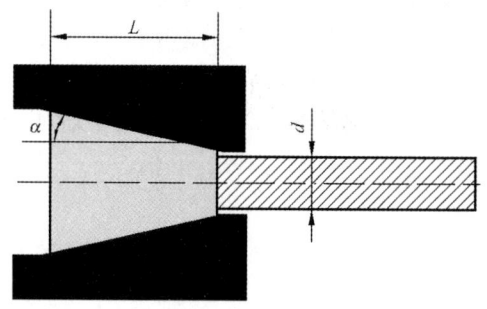

图2 套筒的长度

4.3.4.4 浇注套筒应能承受钢丝绳运行时产生的最大扭矩。

4.3.5 夹板绳卡

4.3.5.1 应考虑所要求的滑动力(S_F)及钢丝绳直径的预期变化。夹紧后,绳卡的两个部件之间在全长的任一点上都应有至少2 mm的可见间隙,且考虑到在夹紧期间和钢丝绳整个寿命期间钢丝绳直径减小后,还留有裕量。

4.3.5.2 槽形截面部分的形状应是圆柱体,槽扇形角的总和 α 应不小于250°(见附录A中图A.1)。槽形直径应为钢丝绳公称直径的1.05~1.1倍。在绳卡的出口处应有适当的圆角,避免这个区域有锋利的边缘。

4.3.5.3 滑动力应根据绳卡和钢丝绳接触的面积、夹紧力和摩擦系数来计算,计算方法见附录A。

4.3.5.4 最大夹紧应力应不大于50 N/mm²。

4.3.5.5 应保护所有绳卡材料不受腐蚀。材料的韧性应满足−20 ℃以下工作环境温度使用,并应作缺口冲击验证,试验应符合GB/T 229中的规定。

4.3.5.6 绳卡应进行无损探伤,并符合JB/T 4730中的Ⅱ级要求。

4.3.5.7 绳卡的公称直径和螺栓扭矩应有永久标记。

4.3.6 夹紧套筒

4.3.6.1 夹紧套筒由外部锥形套筒、内锥体、柔性铝丝、锥体固定器、弹性套筒和连接叉组成(见图3)。

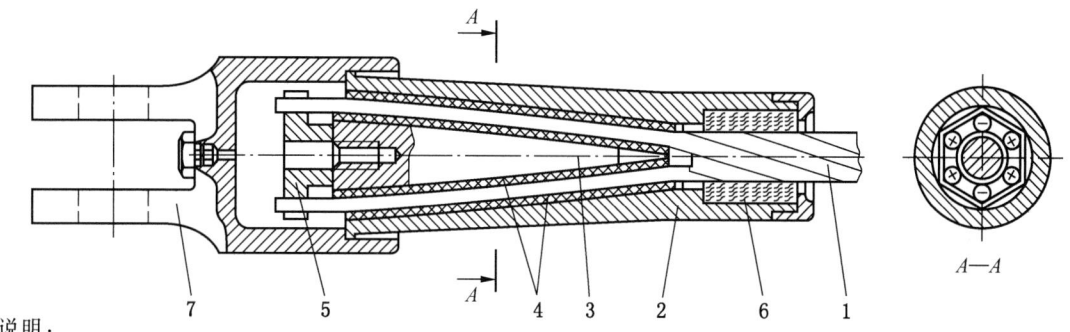

说明:
1——钢丝绳;
2——外部锥形套筒;
3——内锥体;
4——柔性铝丝;
5——锥体固定器;
6——弹性套筒;
7——连接叉。

图 3 夹紧套筒

4.3.6.2 效率应达到98%。

4.3.6.3 锥体的母线和轴线之间的角度应是5°,内锥体的公差为$_{-0.5}^{0}$,套筒锥体的公差为±0.5;锥体长度应大于钢丝绳公称直径的7倍;锥体应有一个圆柱部分,长为钢丝绳公称直径的0.4~0.6倍。

4.3.6.4 内锥体表面应有可见纹路来固定缠绕铝丝,铝丝应在内锥体的两端固定。内锥体和锥体固定器应为两个独立的件,仅靠绳股来连接。在锥体深入套筒并加载后,在锥体固定器和外部锥形套筒之间不允许有接触。

4.3.6.5 缠绕铝丝应用布氏硬度相当于500 N/mm²~700 N/mm²的铝合金制成。缠绕丝的直径应是钢丝绳公称直径的0.1±0.02倍。

4.3.6.6 用以吸收振动的弹性套筒的材料应采用肖氏A硬度等级为95的聚亚安酯制作。弹性套筒的直径应在钢丝绳和套筒之间以及套筒和座孔之间不留任何间隙。套筒的长度应至少是钢丝绳公称直径的2倍。

4.3.6.7 部件装配前应进行无损探伤检查,并符合JB/T 4730中的Ⅱ级要求。

4.4 检验和报废

钢丝绳及固定末端的检验和报废应符合GB/T 9075的有关规定。

5 站内机械设备

5.1 主驱动装置

5.1.1 主驱动装置应能在不利的载荷情况下,以最小为 0.15 m/s² 的平均加速度启动,而且在两个方向都可以运行。

5.1.2 驱动装置应有 0.3 m/s～0.5 m/s 的检修速度。

5.1.3 当采用卷筒式驱动装置时,应符合下列要求:
——卷筒缠绕钢丝绳的层数应不超过三层,钢丝绳卷上卷下应活动自如而没有滑动。钢丝绳与卷筒之间的摩擦系数 μ 值不大于 0.08。
——卷筒边缘应高出最外一层钢丝绳,其高差应不小于钢丝绳直径的 2.5 倍。
——卷筒上应设有衬垫。
——钢丝绳由下层转到上层的临界段(相当于绳圈 1/4 长的部分)应经常加以检查,并应在每季度将钢丝绳串动 1/4 绳圈的位置。
——卷筒上固定装置的强度安全系数应至少为匀速运动时最大钢绳张力的 4.5 倍。
——卷筒内应设固定钢丝绳的装置,不应固定在卷筒轴上。
——卷筒上的绳眼,不应有锋利的边缘和毛刺,折弯处不应形成锐角。
——卷筒上保留的钢丝绳应不小于五圈,用以减轻固定处的张力,还应留几圈作定期试验用的补充绳。这部分钢丝绳可缠绕在卷筒上,也可存在卷筒内。
——卷筒直径以钢丝绳中心计算应至少是钢丝绳直径的 80 倍和外层钢丝直径的 800 倍,对于救护卷筒应为钢丝绳直径的 30 倍。

5.1.4 所有的驱动装置(主驱动、辅助驱动)应配备两套彼此独立的能自动动作的制动器,即工作制动器和安全制动器。其中一套制动器应直接作用在驱动轮上。如果缆车在任何负荷情况下运行都不产生负力,断电后能自然停车,并且停车后不会倒转,允许只配备一套制动器。

5.1.5 主驱动装置在运行时,出现下列任何一种情况时,应自动停车:
——无电压或电压降低到特定最小值以下时;
——功率消耗上升到特定最大值以上时;
——最高运行速度超过额定值10%;
——其他安全装置起作用。

5.1.6 主驱动装置常用安全装置动作见附录 B 中表 B.1。

5.2 辅助(或紧急)驱动装置

5.2.1 有下列情况之一者应安装辅助或紧急驱动装置:
——每条线路上车辆的有效载荷达100人;
——线路高差达 500 m;
——最大坡度达 60%;
——缆车线路长度超过 1 000 m;
——隧道段长度累计超过 500 m 或单个隧道段长度超过 200 m。

5.2.2 辅助驱动装置在不利的载荷情况下,应至少能以 0.10 m/s² 的平均加速度起动。

5.2.3 辅助驱动装置的安全运行要求与主驱动装置相同。

5.2.4 紧急驱动装置应配备必须的安全装置,在相应的运行速度下将乘客安全地运回到站内。

5.2.5 电气设备应与主驱动装置彼此分离,不同的驱动装置之间应进行联锁。

5.2.6 辅助(或紧急)驱动装置应能在主驱动装置发生故障或遥控失灵的某些情况下,15 min内投入运行。

5.2.7 计算内燃发动机时应考虑运转时间和海拔高度。内燃发动机上应装有由蓄电池供电的起动器。

5.3 驱动轮上力的传递

5.3.1 应验证最不利位置上,下列载荷情况下钢丝绳的最大张力、最小张力及最大圆周力。
——在匀速运动中,两侧都是空车及两侧都是重车;
——匀速运动,单侧重车上行;
——单侧重车上行,起动加速度见3.6.3;
——匀速运动,单侧重车下行;
——单侧重车下行,制动减速度见3.6.3。

5.3.2 当进行这些验证时(见5.3.1),应考虑其摩擦阻力(见3.6.5),及非匀速运动时下列质量的惯性力:
——牵引索质量;
——车辆质量;
——人员或载荷质量;
——由钢丝绳带动的转动部分质量。

5.3.3 应根据驱动装置安装的海拔高度及环境温度,验证其允许的极限值(例如:尖峰扭矩、尖峰功率、最大电流)。

5.3.4 验证所要求的摩擦系数,摩擦系数不应超过3.6.4.1的许用值。按式(3):

$$\mu_{zul} \geqslant \mu_{erf} = \frac{1}{\alpha} \times \ln \frac{T_{max}}{T_{min}} \quad \quad \quad (3)$$

式中:
α ——在驱动轮上钢丝绳的包角(rad);
T_{max}、T_{min} ——在驱动轮上同一载荷情况下出现的最大与最小张力;
μ_{erf} ——在驱动轮上要求的摩擦系数。

5.3.5 应根据每种载荷情况下时间-圆周力图,计算等效圆周力,根据最大等效圆周力计算持续功率。

5.3.6 验证衬垫单位面积的压力,此压力不应超过衬垫生产厂所规定的数值。按式(4):

$$P = \frac{3T_m}{dD} \quad \quad \quad (4)$$

式中:
P ——衬垫单位面积的压力,单位为千牛每平方米(kN/mm^2);
T_m ——平均牵引力,$T_m = \frac{T_1 + T_2}{2}$,单位为千牛(kN);
d ——钢丝绳直径,单位为毫米(mm);
D ——绳轮直径,单位为毫米(mm)。

5.4 动力传递部件

5.4.1 不允许采用平皮带传递动力。采用链条传递动力时外壳应封闭并有固定的润滑装置。

5.4.2 动力传递装置中的联轴器、万向节等应按照最不利的载荷进行计算。

5.4.3 液压动力传递装置应在两个方向都可以平稳起动。

5.5 制动器

5.5.1 每套制动器应能使缆车在最不利载荷情况下停车,每套制动器应根据最小平均减速度为

0.5 m/s^2 计算相应的停车行程。

5.5.2 当制动器的制动力减少15%时,应还能使设备停车。

5.5.3 制动系统制动减速度应不超过 2.0 m/s^2。

5.5.4 工作制动器和安全制动器不应同时动作(会直接造成重大事故时除外)。

5.5.5 应采取措施防止制动块及刹车面沾上液压油、润滑油脂和水。

5.5.6 制动器的所有部件的屈服限安全系数应不小于3.5。

5.5.7 制动器应符合下列要求:

——正向和反向制动动作性能应相同;

——制动力应均匀地分布在制动块上;

——应能补偿制动片的磨损;

——制动行程应留有余量;

——在选择制动弹簧时,弹簧的工作行程应不超过其有效行程的80%;

——闸瓦间隙的分布应均匀并在允许的范围之内;

——制动器的制动力应由重力或弹簧产生,其力的传递应为机械式的。

5.5.8 安全制动器应直接作用在驱动轮上,或作用在具有足够缠绕圈数的卷筒上或作用在一个与驱动轮或卷筒连接的制动盘上。

5.5.9 安全制动器应具备在控制台上或其他控制位上手动控制的功能。

5.6 液压装置

5.6.1 液压装置的系统压力不应超过制造商限定的工作压力,应通过溢流阀得到保护。

5.6.2 高压管或胶管应固定好,以防断裂,液压管路和连接元件的破裂安全系数应不小于3。

5.6.3 液压系统应能以简单的方式排气。

5.6.4 应设置必要的冷却或供暖装置。

5.7 绳轮

5.7.1 应按不利的载荷组合力作用在绳轮上进行计算,绳轮在没有考虑开槽时的集中应力时,其屈服限安全系数应不小于3.5。

5.7.2 多槽驱动轮和从动轮应备有检查轮槽深度的装置;当在不利的载荷组合情况下,驱动轮和从动轮之间的钢丝绳张力应按3.6.4.1静摩擦系数值提高30%进行计算。

5.7.3 采用焊接绳轮时,应消除内应力。

5.7.4 绳轮应镶有橡胶或其他合适的工程材料,其衬垫槽型应与运行的钢丝绳相适应。

5.7.5 绳轮轮缘的形状及深度应防止钢丝绳脱槽;绳槽的深度应不小于1/3的钢丝绳直径,绳槽的半径应不小于钢丝绳半径,绳轮轮缘的高度(绳轮外圆半径与轮衬槽底半径之差)应不小于一倍钢丝绳直径(张紧绳轮的要求见5.11.7)。

5.7.6 当支撑绳轮的心轴或转轴断裂时,应具备防脱索及接住绳轮的装置。

5.7.7 绳轮的直径应符合4.2.5.1的规定。

5.8 减速器

5.8.1 减速器应按各种工况下不利的载荷情况进行计算。

5.8.2 当减速器壳体及其固定装置需承受钢丝绳张力时,应进行相应的计算,其屈服极限的安全系数应不小于3.5。

5.8.3 减速器在任何运转工况都应润滑。

5.8.4 减速器的啮合计算应符合GB/T 3480的有关规定。

5.9 转轴与心轴

5.9.1 应考虑按不利载荷时力的组合进行计算。

5.9.2 应考虑动态工况进行疲劳强度计算,其疲劳强度安全系数应不小于1.5。

5.9.3 在不考虑轴上开槽产生的应力集中的情况下,其屈服限安全系数应至少取3.5。

5.9.4 在环境温度低于−20 ℃时,应采用镇静钢。

5.10 轴承

5.10.1 牵引索的驱动轮和迂回轮,卷筒的传动轴(输入轴例外)所使用的滚动轴承应考虑其受不利的载荷情况下进行寿命计算:
— 主驱动装置轴承寿命应不小于25 000工作小时;
— 辅助驱动装置轴承寿命应不小于15 000工作小时;
— 紧急驱动装置轴承寿命应不小于2 500工作小时。

5.10.2 牵引索的驱动轮和迂回轮以及卷筒应防止因轴承损坏而坠落。当装在支承上绳轮的轴承不起作用包括堵塞时,应通过结构的措施阻止其轴向移动并防止绳轮坠落;张紧绳轮除外。

5.10.3 滑动轴承应使用不会引起轴磨损的材质,应验算表面压力。

5.10.4 所有受气候影响的轴承都应在不拆卸的情况下润滑,润滑油脂应充满轴旁的空腔,以防止水的集聚。

5.11 张紧装置

5.11.1 牵引索一般应有重锤式或液压式张紧装置。也可利用车厢本身重量张紧,但应计算钢丝绳最小牵引力,其最小牵引力运行中应不会引起轨道制动器动作。如果运行中不能保持所要求的牵引力,则应装设平衡索。

5.11.2 牵引索相关的结构元件及液压张紧油缸的结构元件的屈服极限安全系数应不小于3。

5.11.3 当计算钢丝绳时应考虑张紧装置的摩擦阻力。必要时可装设阻尼装置防止牵引索重锤的快速运动。为了防止气候的影响,重锤宜安装在房屋里或至少加顶盖。任何人不应进入重锤下面的空间。

5.11.4 最小的张紧行程应按下面计算:
— 空载车辆和满载车辆时钢丝绳牵引力不同而引起的钢丝绳弹性长度变化。牵引索的弹性模数取 80 kN/mm^2～120 kN/mm^2,必要时考虑最高值。
— 温差60 ℃而引起的长度变化。
— 线路长度3‰的永久伸长。
— 当张紧重锤的位置或液压张紧装置的位置可以调节(例如张紧绳是缠绕的或用滑轮组,张紧油缸可以移位)时,可按30 ℃的温度差计算张紧行程,不考虑钢丝绳的永久伸长。

5.11.5 重锤张紧装置应符合下列要求:
— 在气候条件不好的情况下也能正常运动;
— 采用机械限位的方式限制行程,在正常运行的情况下,不应达到终端位置;
— 张紧装置运动部分的末端应装设行程限位开关并对其进行监控;
— 在张紧小车上设有指针,在相应固定机架上画上刻度表;
— 张紧重锤和张紧小车的导向装置即使钢丝绳振动或撞击到缓冲器上时也不会发生脱轨、卡住、倾斜或翻倒现象;
— 驱动装置和张紧装置设在同一站时,张紧小车和张紧重锤的运动应不受扭矩影响;
— 重锤张紧装置应具备起吊装置以便于进行维修工作;

——张紧重锤的支撑结构、钢绳的附件和端点连接处应便于检查、检修和更换；
——张紧重锤和锚固点的连接处应防止锈蚀。

5.11.6 液压张紧装置应符合下列要求：
——应设置安全阀，安全阀应有单独的卸压回路；
——油压系统应设手动泵，在使用紧急或辅助驱动时，液压张紧系统应能运行；
——应装设行程限位开关并对其进行监控；
——应设油压显示装置；
——在低温地区工作的液压张紧装置应有防冻措施；
——油缸的固定点应采用球铰；
——雨雪天气应能正常工作，还应考虑运行检查和维修的方便；
——应在张紧小车上设有指针，在相应固定机架上画上刻度表，刻度表上的零点应设在相应的固定机架上。

5.11.7 张紧绳轮应符合下列要求：
——张紧绳轮应镶有衬垫，其弹性模数应小于 $10\ kN/mm^2$，绳槽的深度至少为钢丝绳直径的 1/3，绳槽的半径应不小于钢丝绳半径。
——张紧绳槽的直径，从钢丝绳中心测量应至少为钢丝绳直径的 40 倍。对运行中不转动的张紧绳轮直径可以减少，至少为钢丝绳直径的 20 倍。
——张紧绳轮的凸缘装上衬垫后应至少为钢丝绳直径 1/2 的高度。
——张紧绳轮应装备（由于不好的气候）刮冰清扫器。
——张紧绳轮应装备防止钢丝绳出轨的装置。

5.12 缓冲装置

5.12.1 站内线路运行轨道的末端应装设缓冲器。

5.12.2 缓冲器至紧急停车开关的距离（停车位监控）应不小于在最小的监控速度下安全制动器起作用时的制动行程。

5.12.3 缓冲器应与车辆以最小监控速度的 1/3 时产生的碰撞能量相适应。在谷站应考虑满载车辆静止时坡度的下滑力所产生的推动力以及碰撞能量。

5.13 位置指示器

5.13.1 不同类型的位置指示器均应由迂回轮、导向轮或缠绕卷筒驱动。

5.13.2 显示的线路图像应以钢丝绳运行轨迹为基础；当车辆到达终端位置时，应能自动校正偏差（零位检查）。

5.13.3 应能自行识别运行方向。

5.13.4 应能显示线路上速度变化，特别是进站范围内速度变化。

5.13.5 应能根据车辆行程监控进站范围的速度。

5.13.6 电网停电时，应保留位置指示器的功能。

5.13.7 应具备行程指示和安全信号传递的功能：
——固定点检查；
——同步监控；
——零位检查。

5.13.8 在进站范围内，其位置显示误差应不超过 0.5 m。

6 电气设备

6.1 基本要求

6.1.1 需要设置辅助驱动或紧急驱动装置的客运地面缆车(见5.2.1)应有两套独立的电源供电。可采用双回路电源或柴油发电机作为备用电源,也可用内燃机作备用动力。在没有备用电源的情况下不应运营。

6.1.2 安全电路正常工作时应是闭合回路,而且应通过中断电路的方式来完成其功能。

6.1.3 缆车的供电应符合GB 5226.1—2008中4.3.2、4.3.3的规定。交流供电电源稳态电压值应为0.90～1.10倍额定电压,稳态频率值应为0.98～1.01倍额定频率,在电源周期的任意时间,电源中断或零电压的持续时间应小于3 ms,相继中断间隔时间应大于1 s;直流供电电源中断或零电压的持续时间应小于20 ms,相继中断间隔时间应大于1 s。

6.1.4 所有信号应在其所需的全部条件具备后才可传递。一旦某一保证安全的条件没有具备,则应取消该信号的传递。

6.1.5 缆车运行时,准备就绪或要求运行的指令信号应自动撤销。

6.1.6 采用遥控或自动化控制的缆车,应也能采用手动控制的方式操作。

6.1.7 从一种控制方式切换成另一种方式,应在停车的情况下进行。

6.1.8 以下地方应安装维修开关(安全开关):
——机房内;
——各站和各中间停车点机械设备的维护区域和工作平台上;
——缆车车厢的控制点;
——控制台上。

6.1.9 在以下地方应安装紧急停车按钮:
——控制台;
——每个工作平台;
——每个中间停车点;
——每个站房;
——如有必要,安装在客车里。

紧急停车按钮应独立于自动编程器(PLC)。

6.1.10 安全功能的旁路应通过钥匙开关或类似的元件进行;旁路安全功能,控制操作应通过控制台进行;应使操作人员能清楚地看到安全功能旁路指示。安全功能旁路结束应容易辨识。

6.1.11 辅助驱动装置、紧急驱动装置的电气设备应与主驱动装置的电气设备彼此分离,不同的驱动之间应进行联锁。

6.2 电气拖动装置

6.2.1 电气拖动装置应能在规定载荷范围内不仅可以立即平稳起动,且能双向运转。它的容量计算见5.3。

6.2.2 主拖动装置应能在不利的载荷情况下,以最小0.15 m/s²的平均加速度起动。允许的平均加速度为0.5 m/s²和瞬时加速度(在0.5 s内的平均加速度)应不超过1.5 m/s²。

6.2.3 为了保持给定的运行速度,电气拖动装置应能在制动和拖动状态之间平稳转换。在这种情况下:
——如果没有充分的理由应是4象限的拖动;
——应保证拖动装置的扭矩随载荷变化。

6.2.4 运行速度应不受载荷变化影响,正常情况下运行速度的变化应不大于±5%。

6.2.5 在各种作业工况下所有的调速回路都应保持稳定状态,并留有足够的安全裕量。

6.2.6 当工作制动器或安全制动器引起紧急停车时,主电机电源应立即自动切断;其他停车情况下主电机电源最迟在车停时切断。

6.2.7 双驱动结构的缆车,每台电机在各种作业工况下应都工作。

6.3 控制

6.3.1 缆车采用自动控制时,应同时具备半自动及手动控制功能。当载荷变化时,缆车运行速度的变化应不超过给定速度的±5%。

6.3.2 只有满足所有涉及安全起动的条件,运行指令才能生效。这些条件特别指:
— 缆车应处于停车状态;
— 给定运行速度应处于零;
— 安全制动器不允许松开;
— 主电机电源应已经切断。

6.3.3 旁路了一个或多个安全设备时,发出运行指令后不应出现溜车。

6.3.4 改变运行方向指令应在缆车完全停车后才能生效。

6.3.5 确定运行速度给定值时,应保证低速优先。

6.3.6 当运行速度是分级可调时,应:
— 运行之前给定运行速度;
— 运行过程中能在任何时候限制速度或减速。

6.3.7 在车辆进站时应配置两套以上的减速装置控制车辆减速。

6.3.8 停车指令应优先于其他控制指令。

6.3.9 对于速度大于1.5 m/s的缆车,断电时控制系统应在5 min内仍能保持正常工作。

6.3.10 控制站和控制台

6.3.10.1 驱动站应设控制台,缆车应能由控制台控制停车,必要时还可以遥控。

6.3.10.2 在控制站,应对下列各项信号单独逐一显示:
— 缆车运行准备就绪;
— 运行方向;
— 运行速度;
— 驱动装置制动器状态;
— 制动力分级控制机构的状态;
— 驱动装置安全装置状态;
— 车辆驶近站房(声响信号)和车辆达到最低的监测运行速度;
— 监控电路中断;
— 车辆作业准备就绪;
— 远距离监控设备的旁路;
— 远距离监控设备单独部分的旁路;
— 其他安全装置的旁路;
— 驱动装置种类(主驱动、辅助驱动或紧急驱动)当不易辨认时,也应显示;
— 液压张紧装置的安全装置的状态。

6.3.10.3 控制台应通过显示装置特别逐项显示:
— 停车时制动器闭合的状态;
— 张紧装置的安全装置的旁路;

——张紧装置的安全装置的状态。

6.3.10.4 在控制站的位置指示器应满足5.13的要求。

6.3.10.5 控制台、控制室应满足的要求见9.1.4。

6.4 安全电路

6.4.1 缆车的全部安全装置应组成安全保护电路,当线路断电或某一安全装置发生故障时,应能自动停车。未查清故障前不应重新启动。

6.4.2 线路安全回路的电源电压应小于交流有效值25 V或直流60 V。

6.4.3 延迟触发紧急停车应不超过500 ms。

6.4.4 不应将在故障时阻值会减小的电阻、电容或二极管并联在作为安全关键件的断路器触点或元件上。

6.4.5 线路阻抗的改变或发射器和接收器间的相互干扰不应降低线路安全回路的保护功能和可操作性。

6.4.6 出现下列情况之一时,缆车应自动停车,并能在控制室内显示故障部位:
——减速度或减速位置不符合设计要求;
——运行速度超过设计速度10%;
——客车越过停车位置;
——轨道制动器制动;
——牵引索张紧装置到达上、下限位置;
——驱动装置制动系统或润滑系统的油压等异常;
——电气装置的常规保护发出故障信号;
——监控装置或紧急停车开关动作;
——当牵引索脱索接地时。

6.4.7 为了维修人员的安全,缆车安全电路应设置维修开关(安全开关)。在进行设备维修时,维修开关动作。

6.4.8 应装设牵引力控制装置(牵引索松弛开关),当牵引力下降到设定的最小牵引力数值时,驱动装置停车。

6.5 信号装置

6.5.1 显示设备(如仪器、信号灯、指示器)的设置应便于工作人员了解缆车相关状态、设备功能,以及可能发生的故障及其原因的信息。

6.5.2 故障显示应保持直到下一次起动或手动复位。

6.5.3 当两站之间信号传递失灵时,在对面一个站超过正常停车位置,应能及时停车。

6.5.4 对于操作和显示设备,应尽量选用下面的颜色:
——红色:紧急状态,危险情况,紧急停车等;
——黄色:异常状态,报警,显示异常;
——绿色:安全状态,正常情况,线路接通,运行显示,开启的制动器等;
——蓝色:待令状态,要求动作;
——白色、灰色或黑色:中间状态,没有特殊含义,一般控制设备等。

6.5.5 重要的电压值和电流值以及其他重要的监测信号,都应通过检测设备或其他与之等效的设备加以显示。

6.5.6 应安装运行计时器。

6.6 测试

6.6.1 以下安全保护功能应能进行人工测试：
—— 超速停车；
—— 车辆进站的监测系统；
—— 运行的安全保护功能；
—— 工作制动器单独动作；
—— 安全制动器单独动作；
—— 减速监测系统。

6.6.2 测试设备及其动作不应对正常操作构成损害。

6.6.3 测试过程应不影响和改变被测试元器件的功能。

6.6.4 测试单个制动器时，不应影响其他制动器使用。

6.6.5 测试仪表应：
—— 刻度长度和划分的选择均应易于读取；
—— 重要的范围和数值应特别标明。

6.7 通讯

6.7.1 站房之间应有独立的专用电话，并有一套备用通讯系统。

6.7.2 对于客车容量在16人以上的自动控制缆车上，车厢和驱动站之间应有通话联系。

6.7.3 如不要求客车和驱动站之间进行通话联系，则在出故障时应有其他通讯方式将情况及时通知乘客（如装设扬声器）。

6.7.4 应至少有一个站房或在站房附近装设外线电话。

6.7.5 应配备线路上进行钢丝绳检测、设备维修以及救援时所用的无线电对讲机。

6.7.6 当安全功能已经部分或全部被旁路，工作电话系统应始终保持畅通。

6.7.7 电话线路不应妨碍缆车的遥控功能。

6.8 防雷和接地

6.8.1 站房和中间停车处都应设置防雷装置。

6.8.2 应通过相应的接地设备和接地措施防止高压及钢丝绳所产生的感应电压对设备造成影响或损坏。

6.8.3 轨道应至少在站房内接地。

6.8.4 应通过适当的避雷设备保护下列设备：
—— 远距离监控设备、遥控设备和远距离通讯设备；
—— 其他作用于监控回路的电气操作设备；
—— 驱动装置的电气操作设备。

6.8.5 车辆应接地。

6.8.6 站房和站内金属构件的接地电阻应不超过 $5\ \Omega$，桥梁的接地电阻，应不超过 $30\ \Omega$。

6.8.7 应采取技术措施防止雷电波形成的高电压从电源入户侧侵入。

6.8.8 在电源引入的总配电箱处，应设过压保护器。

6.9 照明设备

6.9.1 在下列地方应具备人工照明：
—— 对于缆车保养有必要的地方；

——对于缆车作业有必要的地方；

——站台，候车区域。

6.9.2 夜间运行应设有车内照明及外部聚光灯（探照灯）。

6.9.3 隧道长超过 100 m，隧道内应装设独立的标准亮度人工照明。

7 线路设施

7.1 设计

7.1.1 桥梁及基础的设计和施工应符合 GB 50007、GB 50009、GB 50010、GB 50017—2003 的有关规定。

7.1.2 计算桥梁及基础强度时，应考虑下述载荷：

——永久载荷：如结构自重及非结构组成的自重（如起吊架、附属装置和固定的设备）等；

——可变载荷：如钢丝绳产生的力、车辆产生的力、动载荷、风载荷和冰雪载荷（见 3.6.6～3.6.8）等；

——事故载荷：如脱轨、雪崩或车辆碰撞产生的力等。

7.1.3 桥梁及基础的设计使用寿命应为 50 年。

7.2 轨道

7.2.1 轨道的型式应满足所需压力要求，进行极限轮压的验算：考虑自重、工作负荷、坡度、弯道、运行允许最大风载，轨道制动器的影响等因素。20 人以下车厢的缆车采用的钢轨不宜低于 24 kg/m。20 人以上车厢的缆车采用的钢轨不宜低于 30 kg/m。

7.2.2 同一线路应使用同一型号钢轨。道岔的钢轨型号不应低于线路的钢轨型号。

预留轨缝宽度按式（5）计算：

$$\alpha = 0.011\,8\,L(T_{max} - t) - C \quad\quad\quad\quad (5)$$

式中：

α ——铺轨时预留轨缝宽度，单位为毫米（mm）；

L ——钢轨长度，单位为米（m）；

T_{max} ——钢轨可能达到的最高温度（℃），其值采用当地历史最高温度加 20 ℃。长度大于 300 m 的隧道内，最高轨温可采用当地历史最高气温；

t ——铺轨时的温度，单位为摄氏度（℃）；

C ——限制钢轨自由胀缩的长度，取 2 mm。

7.2.3 在桥梁上的钢轨接头应尽可能采用焊接，并考虑温度、轨道制动器等的影响。

7.2.4 枕木或钢轨应用压板直接固定在下部基础的预埋螺栓上。

7.2.5 轨道与路基边缘的距离不应小于 0.75 m。

7.3 桥梁

7.3.1 应进行疲劳验证，证明在设计使用寿命内结构安全。

7.3.2 相关的应力循环次数由设计使用寿命和每年运转的时间确定：

——设计使用寿命；

——缆车的每年运行时间：城市交通按 6 000 h；旅游长期运行按 2 000 h；季节性运行按 1 500 h。

7.3.3 疲劳计算采用许用应力幅法，应力按弹性状态计算，容许应力幅按构件和连接类别以及应力循环次数确定。在应力循环中不出现拉应力的部位可不计算疲劳。不适用于特殊条件（如构件表面温度大于 150 ℃，或海水腐蚀环境，焊后经热处理消除残余应力以及低周高应变疲劳条件等）下的结构构件及其连接的疲劳计算。

7.3.4 对常幅(所有应力循环内的应力幅保持常量)疲劳,应按式(6)进行计算:

$$\Delta\sigma \leqslant [\Delta\sigma] \quad\quad\quad\quad (6)$$

式中:

$\Delta\sigma$ ——对焊接部位为应力幅,$\Delta\sigma=\sigma_{max}-\sigma_{min}$;对非焊接部位为折算应力 $\Delta\sigma=\sigma_{max}-0.7\sigma_{min}$;

σ_{max} ——计算部位每次应力循环中的最大拉应力(取正值);

σ_{min} ——计算部位每次应力循环中的最小拉应力或压应力(拉应力取正值,压应力取负值);

$[\Delta\sigma]$——常幅疲劳的容许应力幅,单位为牛每平方毫米(N/mm²),应按式(7)计算:

$$[\Delta\sigma] = \left(\frac{C}{n}\right)^{\frac{1}{\beta}} \quad\quad\quad\quad (7)$$

n ——应力循环次数;

C,β ——根据 GB 50017—2003 中附录 E 中的构件和连接类别选取,见表 4。

表 4

构件和连接类别	1	2	3	4	5	6	7	8
C	1 940×10¹²	861×10¹²	3.26×10¹²	2.18×10¹²	1.47×10¹²	0.96×10¹²	0.65×10¹²	0.41×10¹²
β	4	4	3	3	3	3	3	3

7.3.5 对变幅(应力循环内的应力幅随机变化)疲劳,若能预测结构在使用寿命期间各种荷载的频率分布,应力幅水平以及频次分布综合所构成的设计应力谱,则可将其折算为等效常幅疲劳,应按下式计算:

$$\Delta\sigma_e \leqslant [\Delta\sigma]$$

式中:

$\Delta\sigma_e$ ——变幅疲劳的等效应力幅,按式(8)确定:

$$\Delta\sigma_e = \left[\frac{\sum n_i (\Delta\sigma_i)^\beta}{\sum n_i}\right]^{1/\beta} \quad\quad\quad\quad (8)$$

$\sum n_i$ ——以应力循环次数表示的结构预期使用寿命;

n ——预期寿命内应力幅水平达到 $\Delta\sigma_i$ 的应力循环次数。

7.3.6 桥梁应采用钢材或钢筋混凝土(包括预应力混凝土)材料制成。

7.3.7 桥梁结构在考虑了可变载荷和永久载荷所产生的垂直位移(变形)相对于水平跨距长 L 之比应小于 1/800。

7.3.8 钢结构的卷板厚度或焊缝高度应超过 4 mm,管壁的厚度应超过 3 mm 管材和闭口型材的外表面上应有防锈层。

7.3.9 环境温度低于 −20 ℃时,主要承载构件应采用镇静钢。

7.3.10 桥梁采用螺栓连接时,螺栓应紧固,防松措施得当,主要受力部位连接螺栓的强度等级不应低于 8.8 级,法兰连接应紧密。

7.3.11 采用焊接结构的零部件适用以下原则:

——应根据规范计算出应力幅范围,评估疲劳;

——连接处的应力集中应减少到最少;

——应遵守焊接规范;

——钢结构的装配不应使焊缝的探伤复杂化。

7.3.12 采用碎石道渣的轨道,碎石应放置在防滑槽内。

7.3.13 桥梁的承载力应考虑一辆车辆出轨时的作用力对其主要承载构件没有较大的损害。

7.3.14 桥梁应至少有一边可通行。

7.4 隧道和走廊

7.4.1 隧道和走廊的剖面结构应考虑设施安装的空间要求，应特别考虑：
——有效的排水沟；
——防止水从拱顶上落下；
——隧道出口周围地防冻问题；
——开放的长廊在堆雪或雪崩可出现的位置上，在冬季应有效遮盖。

7.4.2 应至少一边可通行。

7.4.3 洞口的结构应满足地下建筑的要求，设置排水沟。

7.5 基础

7.5.1 基础在最不利载荷情况下抗滑移、抗倾覆、抗抬起的安全系数应不小于1.5。

7.5.2 基础底面压力不应超过最大允许的地基承载力；基础顶面应高出地面300 mm，基础底面应位于正常冰冻深度以下；基础周围应有排水和边坡护坡等设施。

7.5.3 如果坡度小于30%，且行驶速度在5 m/s以下时，路基可采用碎石道渣。碎石道渣的厚度总计应不小于0.4 m。坡度大于30%的轨道基础应建在钢筋混凝土、预应力混凝土上、钢结构、钢结构和混凝土的组合结构上。

7.5.4 基础位于边坡附近时应校验边坡稳定性。

7.5.5 冰冻地区基础底面应低于冻土深度。

7.5.6 轨道基础的宽度主要由以下因素决定：
——轨道基础的类型；
——工作平台，疏散设备和排水系统的布置。

7.5.7 应考虑线路托索轮坑的排水。

7.5.8 当坡度大于30%时，枕木或者轨道应固定在轨道基础上，特别要考虑固定枕木和轨道，即：
——轨道不能直接连接在轨道基础上，要有特别的基础底座；
——枕木和轨道要牢固地固定；
——任何锚固点不能渗水。

7.6 线路托索轮

7.6.1 线路托索轮间距应使钢丝绳在摆动时也不会接地。

7.6.2 为使牵引索平稳运行和保护绳索，所有的托索轮应装有弹性衬垫。

7.6.3 托索轮应容易调整。

7.6.4 在凹曲线段和水平曲线段应设置绳索捕捉装置。

7.6.5 安装的钢丝绳导向支承滑动装置，不应损坏钢丝绳。

7.6.6 应设有钢丝绳脱索安全检测装置，一旦钢丝绳脱索接地，应立即发出停车信号。

8 运载工具

8.1 基本要求

8.1.1 车辆应有防锈措施。

8.1.2 在环境温度低于-20 ℃时，车辆的承载部件应采用镇静钢。

8.1.3 行走机构（制动小车）和车厢之间的连接件应防止自行松脱。

8.1.4 车辆内部的装饰应采用阻燃材料,符合消防的有关规定。

8.2 计算

8.2.1 车辆计算时应考虑下列诸力和力矩:

a) 所有部件的自重(G)。

b) 有效载荷(Q)(见 3.6.2)。

c) 风力
   1) 运行时风力(W_y)(见 3.6.6);
   2) 当车辆在站房内没有防风装置时的最大风力(W_{M_y})(见 3.6.6)。

d) 乘客的撞击力(A_X)等于有效载荷(Q)的一半,作用在车厢行驶方向一半的高度上。

e) 轨道制动器以最大制动力(Q_F)作用时(见 8.6.5)产生的附加力。

f) 缓冲装置对车厢的作用力(见 5.12)
   运行条件下的附加载荷系数 $\gamma=1.2$[自重(G)和有效载荷(Q)在第 3 种载荷情况]视作用具体情况而定。

g) 横向线路作用力(F_Y)
   对于横向线路的作用力应考虑下列影响:
   1) 横向加速度;
   2) 由钢丝绳牵引产生的力;
   3) 风载荷。
   对于运行中进站、出站或转弯出现的横向加速度,最小值取 0.10 g,允许按实测值。
   由钢丝绳牵引产生的横向力(水平偏离绳轮索距和在转弯时)应根据获得其偏离尺寸大小求得。
   运行中(起动、制动等)钢丝绳张力动态的变化应考虑其最大允许值。

h) 在行驶方向乘客的撞击力(H_{X1}):在行驶方向车厢壁上由于乘客撞击的动态力。
   容量为 40 人的车辆,乘客对车厢壁的撞击力值为 $H_{X1}=5\ 000\ \text{N/m}$。
   容量较小的车辆这个值可以降低,由式(9)确定:
   $$H_{X1}=5\ 000-100(40-n)(\text{N/m}) \quad\quad (9)$$
   式中:
   n ——车厢站立的人数。
   这个力对应于底板之上 1.10 m 处。

i) 横向行驶方向乘客的撞击力(H_{Y1}):在横向行驶方向由于乘客撞击的动态力。
   容量大于 40 人的车辆,乘客对车厢壁的撞击力值为 $H_{Y1}=2\ 500\ \text{N/m}$。
   容量较小的车辆这个值可以减少,按下式确定:
   $$H_{Y1}=2\ 500-30(40-n)(\text{N/m}) \quad\quad (10)$$
   式中:
   n ——每个车厢站立的人数。
   这个力对应于底板之上 1.10 m 处。

8.2.2 进行车厢计算时,应考虑不同载荷状况下的安全系数,见表 5。

表 5

载荷情况	1	2	3	4	5	参见
自重	G	G	G	G	G	3.6.1

表 5（续）

载荷情况	1	2	3	4	5	参见
有效载荷	Q		Q	Q	Q	3.6.2
工作时风力	F_W					3.6.6
停运时风力		F_W				3.6.6
缓冲器碰撞力				A_X		8.2.1
轨道制动器制动力			Q_F			8.6.4
碰撞力					H_{X1}, H_{Y1}	8.2.1
安全系数	3	3	1.2	1.2	1.2	

8.2.3 进行行走机构计算时，应考虑不同载荷状况下的安全系数，见表 6。

表 6

载荷情况	4	6	7	参见
自重	G	G	G	3.6.1
有效载荷	Q	Q	Q	3.6.2
工作时风力		F_W	F_W	3.6.6
缓冲器碰撞力	A_X			8.2.1
作用在行走道横向力		F_Y	F_Y	8.2.1
轨道制动器制动力			Q_F	8.6.4
安全系数	1.2	3	1	

8.2.4 对于铝合金，当屈服限大于 $0.72\sigma_b$ 时，应考虑降低了的 $0.72\sigma_b$ 屈服点，σ_b 为抗拉强度。

8.2.5 应校核在不同风力情况下运载工具运行稳定性安全系数，包括满载和空载情况下的稳定性安全系数（即所有稳定力矩之和与所有倾覆力矩之和的比值），见表 7。

表 7

风力情况	稳定性安全系数
工作时的最大风力（见 3.6.6）	2
最大风力（见 3.6.6），当车辆在站房无防风装置时	1.4

8.2.5.1 应考虑轨道制动器在最不利情况下制动时的稳定性，当一个轨道制动器制动时，在稳定性不利的情况下（运行的最大风力、最大载荷、最大的制动减速度、线路倾角、弯道运行）一个车轮的轮压应不小于式（11）计算值的 20%。

$$1/n \times m \times g \times \cos\alpha \quad\quad\quad\quad\quad\quad (11)$$

式中：
n ——每个车辆的轮数；
m ——空车厢的质量；
α ——线路最大倾角。

8.3 车厢

8.3.1 超过 15 人的车厢应设有乘务员操作位,而且
—— 操作位应设在车厢两端分隔空间内;
—— 操作位内应不妨碍乘务员观察线路和可以操纵轨道制动器;
—— 如果乘客可到操作位,应防止乘客滥用保护装置。

8.3.2 车厢内和门的开启部分,特别是在人头的上方部位,应避免有锐利的边缘。

8.3.3 车厢护板数量应至少 2 块,护板最小高度为 0.15 m,护板之间的距离最大取 0.40 m。一块主板应在 1.10 m±0.10 m(中心)以上。这块板承受在 8.2.1 规定的 H_{X1} 和 H_{Y1} 力的 2/3,剩余的 1/3 应由在主板之下的副护板承受(见图 4)。

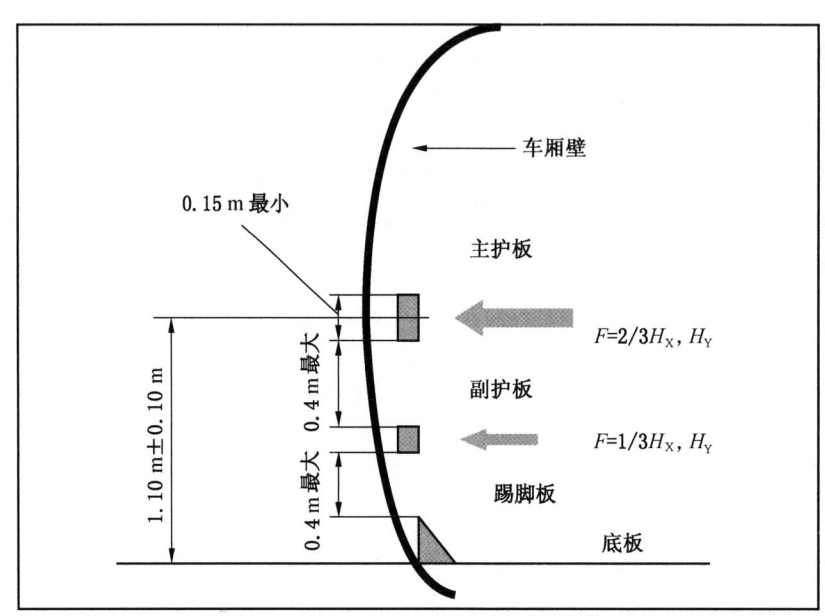

图 4 车厢护板分布示意图

8.3.4 踢脚板应沿车厢周围布置,踢脚板不应作为梯级使用。单个踢脚板应承受单个载荷不小于 2 000 N/10 cm²。

8.3.5 车厢应防止乘客在车辆碰到线路物品弹起时或碰到固定障碍时不被甩出来。

8.3.6 车厢应装备缓冲装置。

8.3.7 车厢应装备当车厢与线路障碍物碰撞时设备能自动停车的装置。

8.3.8 在每个车厢内应贴有允许载客人数,有效载荷以 kg 计,以及禁止吸烟等标志。

8.3.9 在没有乘务员的车厢里应贴有在线路上处理临时停车时乘客须知。

8.3.10 车厢应装设必要的通风设施。

8.3.11 车窗应由不易碎裂的材料制成。应在不会造成乘客危险的情况下开启车窗,车窗距地板的高度应超过 1.1 m,车窗开启的宽度应不超过直径为 0.2 m 的球体可能进入车内。

8.3.12 车厢地板应防滑并设置有排水孔。

8.3.13 运送站立乘客车厢底板载荷应不超过 4.5 kN/m² 测定时载荷可降低为 3.5 kN/m²,由运输货物作载荷测定。

8.3.14 运送站立乘客的车厢,护板距地板的高度应超过 1.1 m,乘客坐着运送时,车厢的护板距地板的高度应超过座椅面 0.35 m。

8.3.15 当运送货物时应使用特殊的装载容器。应在装载容器上写明允许有效载荷。

8.3.16 带乘务员的车厢应备有乘务员的操作座位。

8.3.17 带有操作位的车厢应装备外部聚光灯(探照灯)和内部照明。

8.3.18 车厢照明应满足设备照明和救援运行使用。

8.3.19 当带有拖车时拖车的连接应牢固可靠。

8.3.20 车厢应装备支承面和起吊的着力点,且与允许的载荷相适应。

8.4 车厢门

8.4.1 车厢应装有不易误开的门,且能闭锁,闭锁位置明显易见。

8.4.2 自动操作门的要求如下:
——锁紧力应不超过150 N;
——边框上应装有软边;
——当自动操作机构失灵时,应能手动开启。

8.4.3 车厢门的闭锁结构应在运行期间(从启动至停车)是有效的。只有当设备停车时自动地释放。

8.4.4 在无乘务员车厢内,车厢门不允许乘客自行打开。而在紧急情况下乘客应能利用备有工具将门或窗户打开。

8.4.5 车厢门不应由于撞击或大风的影响而自动开启。

8.5 行走机构

8.5.1 应装有防止脱轨的装置。

8.5.2 车轮在正常运行中轮压应尽可能相同。

8.5.3 两端应装刮雪板和缓冲器挡板。

8.6 轨道制动器

8.6.1 对于输送旅客的车辆一般应装设作用在轨道上的轨道制动器,当车厢每侧只有一个轨道制动器时,应装在上站侧。对于线路比较平坦,平均坡度小于10%,并具有相应的安全措施:所使用的牵引索编成一根连续的环线;牵引索抗拉安全系数不小于6;对牵引索全部长度范围内能用磁感应探伤仪进行定期的检查;采用固定抱索器或脱挂抱索器连接的缆车可不装设轨道制动器。

8.6.2 在下列情况下,轨道制动器应自动作用:
——牵引索断裂;
——当超速达25%;
——当行走机构牵引索只有其最大张力的一半时或牵引索张力在5 kN之下时。

8.6.3 车辆有乘务员时轨道制动器应有手动释放装置。手动释放装置应与显示制动器自动释放装置在相同的位置。

8.6.4 轨道制动器在轨道上起作用时,应按μ_{min}(可取0.08)确定轨道制动器钳口的压力,按μ_{max}(可取0.24)确定车辆结构尺寸,这两种情况都应校核。

8.6.5 轨道制动器的摩擦片按平均摩擦系数计算时,轨道制动器的制动力应不小于以下值:
——客车下行时,作用在上侧牵引索的最大牵引力;
——满载客车最大下滑力的1.5倍;
——当经过制动行程为$0.75 V^2$(V为客车运行速度,m/s),而使制动片磨损和摩擦系数最小时,制动力应大于满载客车时的最大下滑力。

8.6.6 轨道制动器钳口应耐磨。钳口的高度应适应客车载荷及通过轨道直线段、曲线段及道岔等都不会相干涉。

8.6.7 在−40 ℃低温环境下使用时,应能正常工作。

8.6.8 当取最大摩擦系数时(见8.6.4),轨道制动器和制动小车的所有构件其屈服限安全系数应不小于2。此外,还应考虑特殊的动态闭合力。

8.6.9 轨道制动器安全性能的检验方法

检验以下条件下轨道制动器的制动行程,停车时间和钳口的损耗:

——坡度最大的位置;

——下坡运行;

——满载运行;

——缆车的最高速度。

9 站房

9.1 基本要求

9.1.1 站房及站房内的机械设备、钢丝绳、金属构件应设置防雷设施。

9.1.2 站房应有针对性的照明,还应有备用照明设备。

9.1.3 机房内的噪音不应超过85 dB(A),必要时应采取消声措施。控制室内噪音不应超过80 dB(A)。

9.1.4 控制室宜设置在视野广阔且能观察到车辆进出站的位置,并且在控制台处可以监视全线或部分线路运行情况。工作温度低于5 ℃的控制室应装设采暖设备。通常控制室内环境温度宜保持在20 ℃左右,相对湿度不超过85%,并且保持干燥通风不凝露。

9.1.5 站内机械设备、电气设备及钢丝绳等不应危及乘客和工作人员的人身安全。

9.1.6 非公共通行的区域应隔离,非工作人员未经许可不应入内。

9.1.7 人流方向指示及上车区、下车区、等待区等应有显著的标记。

9.1.8 乘客进出站的通道不应互相干扰。通道的坡度不应超过10%,如果坡度较大应设置踏步。

9.1.9 乘客人行通道的宽度应不小于1.25 m;工作人员通道应不小于0.6 m。

9.1.10 乘客通道和乘客活动范围边缘与邻近地面的高差超过1.0 m或邻近地面的坡度超过60%时应装设刚性栏杆,栏杆的间隔和高度应符合有关规定。

9.1.11 应设置维护保养的检修坑,并安设维修开关。检修坑深度应能够让人直立工作。

9.1.12 消防

9.1.12.1 应避免使用易燃建筑材料。

9.1.12.2 变电室、暖气房和堆存易燃性材料的房间,其地板、墙和天棚应选用耐火建筑材料。

9.1.12.3 在火源区应使用非易燃建筑材料并给出足够的安全距离。

9.1.12.4 灭火器材应符合建筑和消防的有关规定。

9.2 站台

9.2.1 站台的通道在没有车辆停靠时宜关闭。

9.2.2 上下车站台的长度应不小于车辆总长,站台的宽度应至少等于车体的宽度,若通道不关闭(见9.2.1)站台的宽度应加1.0 m。

9.2.3 交通不频繁的中间停车场站台宽度宜为1.2 m。

9.2.4 站台和楼梯应防滑;当坡度超过12%时站台应做成台梯式。

9.2.5 站台边与车厢之间的距离应小于0.05 m。

9.2.6 自动闭锁车门的位置应进行监控。

9.2.7 自动控制的缆车,在通往客车的入口处应设带自动控制的机械式闭锁门(站台门)。

9.2.8 楼梯应防滑,其宽度应不小于1.2 m,并应设栏杆和扶手。

9.2.9 在有跌落危险的地方应装设至少1.0 m高的栏杆,按水平力800 N/m确定栏杆尺寸。乘客活动范围的隔离栏杆的间隙不应太大,防止小孩掉出。同样在站台的边缘应装设移动的栅栏。在没有栅栏的站台边缘应采用公用交通标志作出标记。

10 安装

10.1 一般要求

10.1.1 客运缆车的安装应由取得相应资质的安装单位承担。

10.1.2 安装客运缆车时应具备下列技术文件:
—— 缆车设计说明书、安装图、设备清单等;
—— 机电产品合格证;
—— 钢丝绳产品合格证;
—— 标有各测量桩点实测位置与实测标高的测量资料;
—— 钢结构产品合格证或现场制作单位的质量证明文件,主要焊缝检查记录和必要的预组装合格证。

10.1.3 安装单位应根据缆车工程设计要求和复杂程度,编制安装施工方案。

10.1.4 安装开始前,应对与缆车安装有关的土建基础工程进行复验。钢结构和设备基础的允许偏差,应符合表8的规定。

表 8

序号	项目		允许偏差
1	同一钢架或站房其分离基础顶面之差或不同标高分离基础顶面之间的高差		10 mm
2	倾斜预埋的螺栓、锚杆或框架对设计平面的倾斜度		17/1 000
3	预埋螺栓组中心线对设计中心线的偏移		5 mm
4	预埋地脚螺栓	标高(顶部)	+20 mm
4	预埋地脚螺栓	中心距	无调整穴时±2 mm
4	预埋地脚螺栓	中心距	有调整穴时±5 mm
5	地脚螺栓的露头高度(应扣去抹面层的厚度)		+20 mm

10.1.5 运输与保管过程中不能防止灰尘或杂物进入运动部位的机械设备,在安装前应进行解体检查和二次清洗,必要时应重新更换全部润滑剂。

10.1.6 机械设备通用部分的安装应符合GB 50231和设备技术文件的有关规定。

10.1.7 电气设备的检查、保管和安装应符合DL/T 5161.1～5161.17和设备技术文件的有关规定。

10.1.8 钢丝绳的安装应符合下列要求:
—— 牵引索浇铸连接及牵引索的编接工作,应由考核合格的人员担任;
—— 浇铸连接的操作记录、牵引索的编接记录、检查结果、操作及检查人员的姓名均应登记在册。

10.2 轨道和线路设备的安装

10.2.1 运行区段轨道安装的允许偏差应符合表9的规定。

表 9

序号	项目		允许偏差	备注
1	站内轨道的标高		±5(mm)	在轨道顶部测量
2	轨道中心线与相关设备中心线间的距离		±5(mm)	
3	直线轨道的直线度		1/1 000	在轨道顶部和两侧测量
4	曲线轨道的曲率半径 R	与设备配套使用的	±5(mm)	
		其他曲线段	0.005R	
5	水平轨道的水平度		1/1 000	在轨道顶部测量
6	轨道坡度的倾斜度		1.5/1 000	在轨道顶部测量
7	轨道腹板的垂直度		5/1 000	

10.2.2 直线段两条钢轨顶面的高低差,以及曲线段外轨或内轨按设计加高后的偏差,应不大于 5 mm。轨距的误差应不超过±2 mm。

10.2.3 站内轨道的接头间隙不应超过 2 mm,轨道接头高低和左右错差应不大于 2 mm。

10.2.4 轨道工作面应涂油。

10.2.5 轨枕的间距偏差不超过 50 mm。轨枕下应捣实,道床无杂物,无积水。

10.2.6 道岔的安装应符合下列要求:
——搭接道岔的标高应与主轨的标高相适应,岔尖应与主轨紧贴,当车辆通过道岔时,岔尖应无翘起和摆动现象;
——平移道岔的轨道中心线对主轨中心线的偏移应不超过 0.5 mm,接头间隙应不超过 2 mm,接头处轨道的高低差应不超过 2 mm。

10.2.7 导向板、护轨和挡轨的安装应符合下列要求:
——导向板、护轨和挡轨的坡度或曲率半径均应与轨道相适应;
——导向板、护轨和挡轨与轨道之间的水平距离的允许偏差应不超过±2 mm;
——导向板、护轨和挡轨的接头应平整,嗽叭口应平缓,工作面应涂油。

10.2.8 线路托索轮的安装:
——托索轮组中的每个托索轮均应调整到设计位置;
——对牵引索的靠贴力应逐个测定,其调整应符合设备使用说明书的要求;
——衬垫应镶嵌密实,绳槽应平整光滑,各润滑点油路应畅通;
——线路监控装置应配线整齐、绝缘良好、连接牢固,并进行模拟试验。

10.3 钢丝绳的安装

10.3.1 钢丝绳的展开应符合下列要求:
——钢丝绳应在绳盘架空后转动展开,不应在土壤、岩石、钢结构和钢筋混凝土构筑物上拖牵;
——展开过程中,不应钢丝绳受到磨损、擦伤、弯折、打结、开裂、鼓肚、露芯松散、松捻等损伤和在水中浸泡。

10.3.2 牵引索的编接与就位应符合下列要求:
——被编接的两盘钢丝绳的结构、规格、捻向、生产厂家等均应相同。
——编接过程中拉紧钢丝绳时,应使用不损伤钢丝绳的专用夹具,不应使用普通的 U 型绳夹。
——编接接头的长度应不小于钢丝绳直径的 1 200 倍。插入长度应大于钢丝绳直径的 60 倍。
——环绳相邻两个编接末端之间的钢丝绳长度,不应小于钢丝绳直径的 3 000 倍。对于一半为牵引索,一半为平衡索的缆车,牵引索和平衡索不应有编接头。在特殊情况下需要编接时,编接末端与锚头距离应大于钢丝绳直径的3 000倍。
——编接接头的外观应浑圆饱满,压头平滑,捻距均匀,松紧一致。
——钢丝绳编接完毕张紧后,编接插入点之间直径增大量不应超过钢丝绳实际直径的5%;绳股插入点钢丝绳直径增大量,不应超过钢丝绳公称直径的10%。
——插入编接接头内部的绳股应与原绳芯互相衔接。

10.3.3 浇铸套筒的装配

——装配时钢丝上的任何润滑剂应用清洁剂除去,不允许混入其他合金和污染物。操作中使用的熔化物应完全清除。清洁钢丝不应使用会导致腐蚀的溶剂。
——"粘合"型金属套筒对所有光亮的钢丝应镀锡;已电镀的钢丝也应镀锡。
——"摩擦"型金属套筒对钢丝的要求:不允许镀锡和酸洗;钢丝应成波浪形,波浪的长度应为钢丝直径的5~10倍之间,钢丝波浪的振幅应不小于钢丝直径的1.5倍。

10.3.4 装配工作应使用树脂或金属介质。金属合金的成分应符合表10的规定。

表 10

合金类型	成分/%							
	Sn	Al	Pb	Cu	Sb	Cd	Zn	As
锡基合金	80			7	13			
铅基合金	10		77	0.5	10	2		0.5
锌基合金							99.95	
						30	70	
		5.6~6		1.2~1.6			余量	

注1:建议用铅基合金。
注2:当钢丝强度高于1 960 N/mm² 时不应使用锌基合金。

10.3.5 装配树脂应有下列要求:
——抗压强度应为115(±15%)N/mm²;
——聚酯树脂的弹性模数应超过6 000 N/mm²,环氧树脂的弹性模数应超过6 000 N/mm²。

10.3.6 对于金属浇铸套筒,钢丝绳的所有钢丝(除锚拉索和信号索外)应按下列要求弯成钩状:
——弯曲内径应至少为钢丝直径的1.5倍;
——钩子长度应至少为钢丝直径的8倍。
应在装配介质完全浇铸并冷却后再使套筒和钢丝绳张紧。

10.4 站内设备的安装

10.4.1 驱动轮和从动轮安装的允许偏差应符合表11的规定:

表 11

项目	允许偏差	备注
驱动轮纵、横向中心线对设计中心线的偏移	1.0 mm	
卧式驱动装置驱动轮的中心标高	±1.0 mm	

表 11（续）

项目	允许偏差	备注
卧式驱动装置驱动轮的水平度或垂直度	0.15/1 000	在任意方向检测
单槽或双槽驱动轮的绳槽中心线与出侧或入侧牵引索中心线的	偏移 $d/20$	
	偏斜 1/1 000	
从动轮绳槽中心与其对应的双槽驱动轮的绳槽中心的偏移	$d/10$	应用拉线法检测
立式驱动装置从动轮的垂直度	0.3/1 000	
卧式驱动装置从动轮的轴线对驱动轮横向中心线方向的垂直剖面的平行度	0.5 mm	

注：d 为钢丝绳直径。

10.4.2 电机、减速器、制动器、联轴器、开式齿轮等设备的安装应符合 GB 50231 的有关规定。

10.4.3 张紧装置的安装应符合下列要求：
—— 张紧小车轨道的实际中心线与设计中心线的偏移不应超过 2 mm；
—— 轨道工作面标高的偏差不应超过 ±2 mm；
—— 轨距的偏差不应超过 +5 mm；
—— 轨道的接头应平整光滑；
—— 张紧轮或张紧索导向轮钢丝绳的入角不应超过 1°30′；
—— 张紧装置安装后，张紧小车的滚轮应与轨道面接触良好；
—— 采用液压张紧方式时，液压张紧装置的安装应按 GB 50231 中的有关规定执行。

10.4.4 重锤的安装应符合下列要求：
—— 导轨实际中心线对设计中心线的偏差不应超过 10 mm；
—— 导轨垂直度的偏差，在全长范围内不应超过 10 mm；
—— 导轨轨距的偏差不应超过 +20 mm；
—— 导轨的接头应平整光滑；
—— 整体混凝土重锤应按设计施工，并应取样测定密度和强度；
—— 重锤或重锤箱上的导向块与导轨之间的间隙，上下、左右应均匀，重锤或重锤箱在导轨中应能自由升降；
—— 牵引索或运载索重锤质量的偏差不得大于设计值的 4/1 000。

10.4.5 导向轮安装的允许偏差应符合表 12 的规定。

表 12

项目		允许偏差
导向轮中心标高	一般	±3.0(mm)
导向轮绳槽中心线与牵引索中心线的	偏移	$d/15$
	偏斜	1/1 000
垂直导向轮的垂直度		1/1 000
水平导向轮的水平度		
倾斜导向轮的倾斜度		

注：d 为牵引索直径。

11 试车

11.1 试车条件

试车应在土建、设备安装工程完成后,经全面检查已具备试车条件时进行。

11.2 无负荷试车

11.2.1 单机调试应从部件至组件,组件至单机逐级调试,且上一步骤未合格,不得进行下一步骤的试车。

11.2.2 驱动装置等主要设备的连续运转时间应不小于4 h,其中额定速度下的运转时间应不小于2.5 h。

11.2.3 驱动装置等主要设备的液压控制和润滑系统应畅通,油压、油位和油温应在规定的范围内。

11.3 空车试车

11.3.1 牵引索安装合格后,应由慢速至额定速度进行空车试车,累计试车时间应不小于4 h。

11.3.2 牵引索在托索轮上应稳定,不得有跳索现象。

11.3.3 线路监控装置应灵敏可靠。

11.3.4 驱动装置启动、制动应平稳、可靠,安全保护设施动作应准确,试车应无异常现象。

11.3.5 分别以慢速、额定速度进行通过性能检查,不应有任何阻碍。

11.3.6 上一步骤未合格前,不应进行下一步骤的试车;全过程累计试车的时间应不小于40 h。

11.4 重载试车

11.4.1 采用与乘客质量等同的重物进行。

11.4.2 应按设计载荷的半载、偏载(重上空下、空上重下工况)、满载分别进行试车。

11.4.3 控制系统应进行多次检测,并应检查超速、减速、越位、速度同步等监控装置的连锁性能。

11.4.4 轨道制动器应按8.6.9要求进行检测。

11.4.5 全过程累计试车的时间应不小于40 h,其中在额定速度且满载条件下运行的时间应不小于5 h。

11.5 紧急驱动(或辅助驱动)的试车

在紧急驱动(或辅助驱动)的额定速度且偏载条件下进行试车,运行的时间应不小于3 h。

12 运行

12.1 一般要求

12.1.1 缆车设备及其附件应保持处于完好状态,不应有碍缆车的安全运行。

12.1.2 每天开始运行之前,应检查全线设备是否处于完好状态,在运送乘客之前应进行一次试车,确认安全无误并经值班站长或授权负责人签字后方可运送乘客。

12.1.3 每日检查应包括下述内容:
——直接触发紧急停车的安全电路、主电路和线路安全电路的工作状态,以及车辆进站和出站的检测设备;
——在接地、短路或连接断开的情况下,监控电路的动作;

——检查并确认所有显示的值全部在许用范围之内;
——在最大运行速度下的电气停车的操作;
——改变运行速度的操作;
——驱动系统机械制动系统的操作;
——内部的通讯系统;
——钢丝绳在托索轮、绳轮上的位置;
——张紧重锤或行走小车的位置和行程余量;
——液压或气动系统、减速器的密封性和工作压力;
——进站区域、出站区域和轨道上冰雪积聚状况;
——上车和下车区域的状况以及乘客进出通道的状况;
——车辆的状况。

12.1.4 缆车运行期间,站长、作业人员及服务人员应各就各位,履行岗位责任制,不得擅离职守。

12.1.5 在各项操作中,应严格遵守操作规程。

12.1.6 缆车需要夜间运行时,在线路、站内或客车上应装设足够的照明设备。

12.1.7 若设备停运期间遇到恶劣天气(风暴、暴雨、冰雹),应对线路进行彻底的检查证明一切正常后方可运送乘客。如果是事故停车,造成运行中断,只有在排除了故障或采取了有关安全措施,且应经值班站长同意,方可重新运送乘客。

12.1.8 缆车每天停止运营前,操作人员应检查并确认线路上或上车区域是否仍有乘客,并关闭缆车的入口。

12.2 维护

12.2.1 每个缆车站应根据本缆车制造商提供的维护使用说明书制定维护计划和定期检查计划。每月检查应着重检查的项目如下:
——牵引索及平衡索发生断丝或其他外部损伤的区域;
——张紧索发生断丝或其他外部损伤的区域;
——钢丝绳连接处(如编接处)和端部固定处;
——进站、站内运行和出站的监控设备及车辆的运行情况;
——制动器及其衬块;
——空载状态下制动系统的停车距离的测量;
——各种驱动系统的运行;
——车辆上制动器的手动触发;
——超速保护装置的工作情况;
——车辆:门的紧固件和锁,开关门设备;
——蓄电池;
——备品备件的储存;
——电气安全设备(例如:减速监控和制动器的释放)。

12.2.2 每年的检查

每年应对设备至少进行一次全面的检查,检查项目如下:
——对站内和线路结构上的所有基础和钢结构进行目检;
——对各种驱动装置(主驱动、辅助驱动和紧急驱动)进行目检和运行测试;
——对每个制动器在各种载荷条件下进行目检和工作测试,并记录测试的结果;
——检查钢丝绳松弛时轨道制动器的动作;
——对托索轮(在不拆卸的状态下)进行目检;

——对所有站内机械设备和张紧设备进行目检；

——对工作人员保护设备进行目检和操作测试；

——对钢丝绳进行目检和/或电磁检测；

——对钢丝绳端部固定件进行检查；

——对安全、监控和信号设备的检查和运行测试；

——对每个车辆进行目检；

——对门的关闭和锁定设备进行测试；

——对轨道制动器进行制动并测量制动行程和制动时间。

12.2.3 无轨道制动器的缆车特殊的维护要求

12.2.3.1 车辆的夹索器应在200个工作小时或90个工作日之内进行移位。同时，应用目测检查钢丝绳的夹紧部位和编接部位。

12.2.3.2 应每年用探伤仪对牵引索进行全面检查。

12.2.3.3 停止运行3个月以上，在重新投入运行前应用探伤仪检查牵引索。

12.2.3.4 牵引索被雷击或受到机械损伤后应及时用探伤仪进行检查。

12.2.3.5 对牵引索的夹持段进行探伤检查时，如发现牵引索的损伤达到规定指标的一半时，对夹索器的移位和探伤检查的间隔时间还应缩短。

12.2.3.6 夹索器应沿固定方向进行移位，移位的距离不应小于夹索器长度、夹索器两端附加装置的长度和牵引索2倍捻距的长度三者的总和。

12.2.3.7 不应在牵引索编接范围内固定车辆。夹索器与编接部位之间的距离不应小于编接长度的2倍。

12.2.4 应将检查、调整、运行参数、运行持续时间、输送乘客数以及所发生的特殊事件记入作业日记。

附 录 A
（资料性附录）
夹板绳卡滑动力的计算

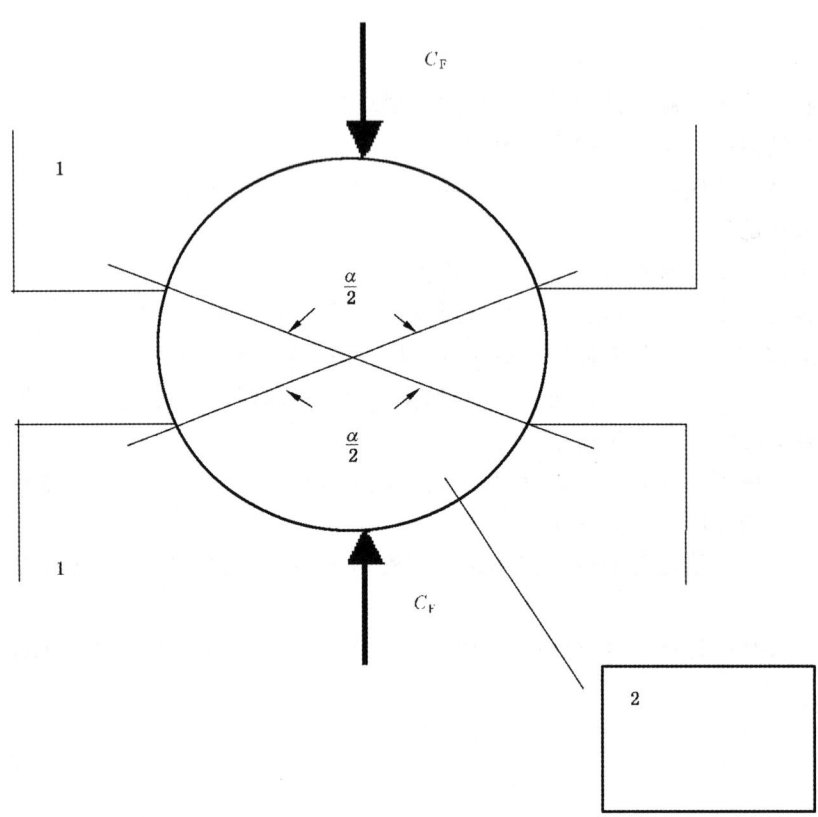

说明：
1 ——绳卡；
2 ——钢绳；
C_F——夹紧力。

图 A.1 绳卡横截面

接触面积计算如下：

$$S = \frac{\alpha}{360}\pi \times d \times l$$

式中：
l 是槽和钢绳之间圆柱接触区域的长度。
夹紧压力 p 是夹紧力 C_F 和设计接触面积 S 的比值：

$$p = \frac{2 \times C_F}{\frac{\alpha}{360}\pi \times d \times l}$$

式中：
C_F 是夹紧力，即每个螺栓产生的单位力的总和乘以螺栓的总数再乘 0.8。
滑动力 S_F 计算如下：

$$S_F = 2 \times C_F \times f$$

附 录 B
（规范性附录）
主驱动装置的安全装置

表 B.1

序号	项目	数号	作用					备注
			Az	AG	EH	NH-BB	NH-SB	
1	驱动							
1.1	实际值检测装置					×		
1.2	实际值—设定值检测					×		
1.3	最小运行速度检测					×		
1.4	运行方向的检测					×		
1.5	停车距离的检测					×		
1.6	超速10％释放装置					×		
1.7	超速20％释放装置						×	
1.8	进站检测装置					×		
1.9	固定位置的检查					×		
1.10	同步运行的检查					×		
1.11	零位检查		×					
1.12	电气停车减速度检测					×		
1.13	工作制动器紧急停车减速度检测						×	
1.14	安全制动器紧急停车减速度检测					×		
1.15	操纵离合器终端位置检测						×	
1.16	不同的驱动装置的转换						×	
1.17	多驱动电机:转换位置的检测					×		
1.18	工作制动器松闸位置的检测					×		
1.19	安全制动器松闸位置的检测						×	
1.20	工作制动器制动位置的检测			×				
1.21	运行期间工作制动器的作用					×		
1.22	运行期间安全制动器的作用						×	
1.23	扭矩检测					×		
1.24	力的传递检测（主驱动电机—驱动轮）						×	
1.25	断电或电网不稳定					×		
1.26	磁场电流检测					×		
1.27	主驱动电机耗用电流检测:峰值电流					×		
1.28	主驱动电机耗用电流检测:恒定电流					×		

表 B.1（续）

序号	项目	数号	作用					备注
			Az	AG	EH	NH-BB	NH-SB	
1.29	超过调整的停车点					○	○	
1.30	安全制动器释压阀门的检测			×				
1.31	其他机械装置							
2	站内钢绳导向装置检测					×		
2.1	在主线路上道岔的检测						×	
2.2	车辆门锁和插锁的检测			×				
2.3	张紧行程的检测					○	○	
2.4	张紧压力下降的检测					○	○	
2.5	其他电气设备							
3	电机保护开关					○	○	
3.1	维修开关(安全开关)					×		
3.2	紧急停车按钮				○	○	○	
3.3	超速25％时轨道制动器制动检测					×		

注：表中符号说明如下：
    Az ——通知,发送信号
    AG ——禁止发车
    EH ——电气停车
    NH-BB——工作制动器紧急停车
    NH-SB——安全制动器紧急停车
    × ——应具备的功能
    ○ ——按情况应满足的功能

UDC

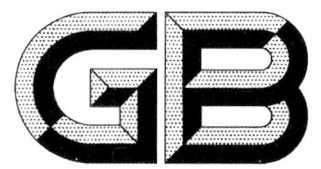

中华人民共和国国家标准

P
GB 50127—2020

架空索道工程技术标准

Technical standard for aerial ropeway engineering

2020-01-16 发布　　　　　　　　　　　　2020-08-01 实施

中华人民共和国住房和城乡建设部
国家市场监督管理总局　联合发布

前　言

本标准是根据住房和城乡建设部《关于印发2015年工程建设标准规范制订、修订计划的通知》(建标〔2014〕189号)的要求,由中国有色工程有限公司、昆明有色冶金设计研究院股份公司会同有关单位共同修订完成。

本标准在修订过程中,编制组进行了广泛深入的调查研究,总结了近年来我国索道工程设计、施工和运行的实践经验,依据有关国际标准和国外先进标准,吸取了近年来有关的科研成果,并广泛征求意见,对一些重要问题进行了研究和反复讨论,最后审查定稿。

本标准的主要技术内容是:总则、术语和符号、索道工程设计基本规定、双线循环式货运索道工程设计、单线循环式货运索道工程设计、双线往复式客运索道工程设计、单线循环式客运索道工程设计、索道工程施工、索道工程试车与验收。

本标准修订的主要内容是:

1. 认真贯彻特种设备安全法及环保节能等法规,坚持安全第一、预防为主、节能环保、综合治理的原则,新增了确保索道安全及节能环保方面的要求。

2. 采用了欧洲最新标准中符合世界索道发展趋势并适合我国索道实际情况的内容,尽量与国际先进标准接轨。

3. 新增了抱索器的抗滑安全系数、救援索道、支架和安全电路等索道主要术语,并对原标准中叙述不准确的术语进行了修订。

4. 新增了在钢丝绳和支架上,风雪及覆冰荷载的取值和计算方面的要求。

5. 为确保人身安全,对救援设计提出更高、更全面的要求,并新增了对垂直救援和水平救援设备的规定。

6. 对客货运索道的电气设计进行了全面修订,将原标准中分散在各章的电气内容,集中到索道工程设计基本规定一章中进行统一规定。新增了提高索道电气设计技术水平方面的要求。

7. 新增了单、双线客运索道停运时,在风和冰作用下各种钢丝绳应确保的最小抗拉安全系数值的规定。

8. 新增了提高索道抱索器、车厢、吊厢和吊篮设计技术水平和安全可靠性的要求。

9. 新增了在客运索道驱动、拉紧和迂回装置上,设置防断轴的保护和检测装置以及防止钢丝绳脱出装置的要求。

10. 删除了不符合索道实际情况、不利于索道技术进步的内容。

本标准中以黑体字标志的条文为强制性条文,必须严格执行。

本标准由住房和城乡建设部负责管理和对强制性条文的解释,由中国有色金属工业工程建设标准管理处负责日常管理工作,由昆明有色冶金设计研究院股份公司负责具体技术内容的解释。执行过程中如有意见或建议,请将有关意见和建议反馈给昆明有色冶金设计研究院股份公司(地址:云南省昆明市五华区小康大道399号,邮编:650224)。

本标准主编单位:中国有色工程有限公司
　　　　　　　　昆明有色冶金设计研究院股份公司
本标准参编单位:中国恩菲工程技术有限公司
　　　　　　　　中国瑞林工程技术有限公司
　　　　　　　　长沙有色冶金设计研究院有限公司
　　　　　　　　徐州天马索道缆车设备有限公司

　　　　　　　　　　　　宁夏中能恒力钢丝绳有限公司
　　　　　　　　　　　　泰安市泰山索道运营中心
　　　　　　　　　　　　鞍钢钢绳有限责任公司
　　　　　　　　　　　　北京北方车辆集团有限公司
本标准主要起草人员：王红敏　胡英禅　彭加宁　苏莘文　李学文　王春阳　肖　湘　胡钦刚
　　　　　　　　　　曾庆荣　黄视凡　葛遵瑞　吴杞强　任宏州　刘小贵　佟　舟　邢永晟
　　　　　　　　　　田　龙　刘铁军
本标准主要审查人员：周新年　陶平凯　殷炳来　方艳萍　张　建　徐培生　李　珊　罗　磊
　　　　　　　　　　王黎虹　李世诚

架空索道工程技术标准

1 总则

1.0.1 为提高架空索道工程技术水平，贯彻执行国家技术经济政策，做到技术先进、经济合理、节能环保，确保工程质量和安全运行，制定本标准。

1.0.2 本标准适用于双线循环式货运索道、单线循环式货运索道、双线往复式客运索道和单线循环式客运索道的新建、扩建或改建工程设计、施工和验收。

1.0.3 客运索道和货运索道的运输方案，应根据建设条件和技术条件等，综合比较后确定。

1.0.4 涉及人身安全的新技术、新工艺、新设备和新材料应经过试验或通过生产实践证明安全可靠并鉴定合格后，才能在工程中采用。

1.0.5 客运索道建设应以保护生态和景观、与自然环境相协调和方便旅游为原则。索道站址和线路选择应符合景区总体规划或区域规划以及环境容量管理的要求。

1.0.6 索道工程设计、施工及验收，除应执行本标准的规定外，尚应符合国家现行有关标准的规定。

2 术语和符号

2.1 术语

2.1.1 架空索道 aerial ropeway

一种将钢丝绳架设在支承结构上作为运行轨道，用以运输物料或人员的运输系统。

2.1.2 单线循环式货运索道 monocable circulating material ropeway

仅有一根运载索，载着货车在线路上循环运行，用于运输物料的索道。

2.1.3 双线循环式货运索道 bicable circulating material ropeway

既有承载索又有牵引索，货车在线路上循环运行，用于运输物料的索道。

2.1.4 单线循环式客运索道 monocable circulating passenger ropeway

仅有一根运载索，载着客车在线路上循环运行，用于运输人员的索道。其中，根据抱索器结构型式的不同又分为单线循环脱挂抱索器吊厢（吊篮、吊椅）式客运索道和单线循环固定抱索器吊厢（吊篮、吊椅）式客运索道。

此外，根据运行方式的不同又分为单线循环固定抱索器吊厢式客运索道，单线脉动循环固定抱索器车组式客运索道。

2.1.5 双线往复式客运索道 bicable reversible passenger ropeway

既有承载索又有牵引索，客车在线路上往复运行，用于运输人员的索道。其中，根据客车编组的不同又分为双线往复车厢式客运索道和双线往复车组式客运索道。

2.1.6 货车 bucket

运输物料的运载工具。其中主要包括抱索器或运行小车、吊杆或吊架、货箱。

2.1.7 客车 carrier

运输人员的运载工具。其中主要包括抱索器或运行小车、吊杆或吊架、客厢或其他乘坐器具。乘坐器具可分为车厢、吊厢、吊篮、吊椅、拖牵座等不同形式。

2.1.8 抱索器 grip

客车或货车中与运载索或牵引索相联接的装置，称为抱索器。其中，进出站时无须脱开和挂结钢丝绳的抱索器，称为固定式抱索器；进出站时需要脱开和挂结钢丝绳的抱索器，称为脱挂式抱索器。

2.1.9 抱索器的抗滑安全系数 sliding resistance safety factor of grip

抱索器的抗滑力与重车重力在最大坡度处沿钢丝绳方向分力的比值。

2.1.10 支架 trestle

在索道站内和线路上用于支承钢丝绳的支承结构。

2.1.11 运输能力 transport capacity

单位时间内的单方向运输量。

2.1.12 高差 vertical rise

两站之间或线路支架两点之间的索底标高之差。

2.1.13 索距 gauge

支架两侧的运载索或承载索中心线之间的距离，称为索距。对于采用双承载索的双线索道，索距为支架两侧双承载索中心线之间的距离。

2.1.14 倾角 inclination angle

钢丝绳悬曲线在支承点处的切线与水平线形成的角度称为倾角。其中，倾角在支承点水平线以下的称为正倾角；在水平线以上的，称为负倾角。

2.1.15 进站角 entrance angle

线路中的承载索或运载索悬曲线在站口支承点处的切线与水平线形成的角度，称为进站角。其中，进站角在水平线以上的，称仰角进站；进站角在水平线以下的，称俯角进站。

2.1.16 挠度 sag

在跨距内钢丝绳悬曲线任意一点与弦线之间在垂直方向上的距离，称为钢丝绳在该点的挠度。

2.1.17 传动区段 driving section

由一个独立的驱动装置和拉紧装置或由一个驱动与拉紧联合装置和迂回轮组成的传动系统。

2.1.18 拉紧区段 tension section

在双线循环式货运索道线路中，把承载索分成数段，其中每一段都可称为拉紧区段。相邻拉紧区段之间的站房，称为拉紧区段站。其中，承载索两端拉紧的称为双拉站；两端锚固的称为双锚站；一端拉紧、一端锚固的称为拉锚站。

2.1.19 承载索 carrying rope

承受客车或货车重力而不主动运动的钢丝绳,称为承载索。其中,线路上没有运载工具时的承载索,称为空索;线路上按设计车距布满空运载工具时的承载索,称为空载索;线路上按设计车距布满满载运载工具的承载索,称为重载索。

2.1.20 牵引索 hauling rope

牵引客车或货车在承载索上运行的钢丝绳。

2.1.21 运载索 carrying-hauling rope

在单线索道中,既做承载又做牵引用的钢丝绳称为运载索。其中,线路上没有运载工具时的运载索,称为空索;线路上按设计车距布满空运载工具时的运载索,称为空载索;线路上按设计车距布满满载运载工具的运载索,称为重载索。

2.1.22 拉紧索 tension rope

连接拉紧小车与拉紧重锤的钢丝绳。

2.1.23 平衡索 counter rope

在双线往复式客运索道中,绕过拉紧装置,把往复运行的两辆客车连接起来,并起平衡牵引索拉力作用的钢丝绳。

2.1.24 救护索 rescue rope

当索道发生故障时,牵引救援小车将滞留在线路上的乘客运至安全地点的钢丝绳。

2.1.25 钢丝绳的抗拉安全系数 tensile resistance safety factor of steel wire rope

钢丝绳最小破断拉力与最大工作拉力的比值。

2.1.26 编接接头 splice

将牵引索或运载索两端编接在一起的连接段。

2.1.27 套筒 socket

连接钢丝绳的设备,称为套筒。其中,将2根相同规格的承载索连接起来的设备,称为线路套筒;将承载索和拉紧索连接起来的设备,称为过渡套筒;将承载索一端锚固在支座上的设备,称为末端套筒。

2.1.28 鞍座 saddle

在站内或线路支架上支承承载索的设备,称为鞍座。其中,鞍座固定不动的,称为固定鞍座;鞍座在垂直面上可以纵向摇摆一定角度的,称为摇摆鞍座;承载索在鞍座上可在水平和垂直方向弯绕的,称为偏斜鞍座。

2.1.29 托索轮 support roller

在站内或线路支架上承受运载索或牵引索向下作用力的小直径绳轮,称为托索轮。由2个或2个以上托索轮组成的轮组,称为托索轮组。

2.1.30 压索轮 compression roller

在站内或线路支架上承受运载索或牵引索向上作用力的小直径绳轮,称为压索轮。由2个或2个以上压索轮组成的轮组,称为压索轮组。

2.1.31 托索与压索组合轮组 combined roller battery

由托索轮与压索轮组合而成的轮组。

2.1.32 支索器 suspended haul rope support

对于采用双承载索的双线索道,在大跨距内吊装在双承载索上用于支承牵引索或平衡索的装置。

2.1.33 保护桥 protection bridge

建在被保护对象上方的桥式保护设施。

2.1.34 保护网 protection net

建在被保护对象上方的网式保护设施。

2.1.35 垂直救援 vertical rescue

客运索道发生故障时,利用救护设备把滞留在线路上的乘客垂直降落到地面或其他设施上的救援方式。

2.1.36 水平救援 horizontal rescue

沿线路方向转移至附近支架或站内的救援方式。

2.1.37 救援索道 rescue ropeway

客运索道不能运行时,将线路上滞留的乘客救援到安全地点的备用索道。

2.1.38 站房 station

索道线路的起止端站和分段连接的索道设施站,称为站房。通常情况下,在客运索道中,标高较高的端站,称为上站;标高较低的端站称为下站。在货运索道中,进行装载作业的站房,称为装载站;进行卸载作业的站房,称为卸载站。索道线路改变方向时所设置的站房,称为转角站;采用机械设备自动改变索道线路方向的转角站,称为自动转角站。客车或货车在站内完成作业并返回的站房,称为迂回站;客车或货车在站内自动完成作业并返回的迂回站,称为自动迂回站。设有驱动装置的站房,称为驱动站;设有拉紧装置的站房,称为拉紧站。

2.1.39 驱动装置 driving device

驱动运载索或牵引索的装置。其中,驱动轮水平配置时,称为卧式驱动装置;驱动轮垂直配置时,称为立式驱动装置。

2.1.40 拉紧装置 tension device

用于调节运载索、牵引索或平衡索使其保持设计拉力的装置。

2.1.41 脱开器 grip opening rail

客车或货车进站时能使脱挂式抱索器从钢丝绳上自动脱开的装置。

2.1.42 挂结器 grip closing rail

客车或货车出站时能使脱挂式抱索器自动挂结到钢丝绳上的装置。

2.1.43 滚轮 roller

在双线循环式货运索道中承受牵引索较小压力或防止牵引索颤动的小直径绳轮。其中,按钢丝绳的曲率半径并垂直配置的成组滚轮,称为垂直滚轮组;按钢丝绳的曲率半径并水平配置的成组滚轮,称为水平滚轮组。

2.1.44 驱动轮 driving sheave

驱动装置中驱动钢丝绳的绳轮。

2.1.45 迂回轮 return sheave

当索道一个端站采用可移动的驱动与拉紧联合装置时,另一端站固定安装的绳轮。

2.1.46 导向轮 deflection sheave

引导钢丝绳改变方向的绳轮。

2.1.47 主驱动 main drive

有独立的动力源和传动机构,在各种载荷情况下都能带动索道正常运行的驱动系统。对于双线往复式客运索道,主驱动应具有频繁切换运行方向的性能;对于单线循环式客运索道,主驱动以单向运行为主,必要时应有低速反向运行的性能。

2.1.48 紧急驱动 drive emergency

在索道的外部供电、主电气传动或机械设备局部出现故障时,利用备用动力源带动主驱动系统中的传动机构或部分传动机构,也可以是单独的驱动系统,把滞留在线路上的客车低速运回站内的驱动系统。该系统只能在紧急救援时使用,不能做营业性运行。

2.1.49 救援驱动 rescue drive

与主驱动系统脱离,有独立的动力源和传动机构,当索道发生故障时牵引救援小车将滞留在线路上的乘客转移至附近支架或站内的驱动系统。

2.1.50 安全电路 safety control circuit

在索道线路上和站房内设置的由安全装置组成的保障索道安全运行的连锁电路。

2.2 符号

2.2.1 基本参数

S ——面积;

H ——高差;

l ——跨距、轴距、长度;

l' ——斜距、弦长;

λ ——车距;

v ——运行速度。

2.2.2 钢丝绳

d ——承载索、牵引索或运载索公称直径;

σ_b ——钢丝绳的公称抗拉强度。

2.2.3 牵引计算与设备选择

Q ——重车重力;

Q_z ——重车侧集中载荷;

q_c ——承载索每米重力;

q_0 ——牵引索或运载索每米重力;

T_0 ——钢丝绳初拉力;

T_{max} ——钢丝绳最大工作拉力;

T_{min} ——钢丝绳最小工作拉力;

T_p ——钢丝绳平均拉力;

W ——重锤重力;

t_r ——驱动轮入侧牵引索拉力;

t_c ——驱动轮出侧牵引索拉力;

f_0 ——货车或客车的运行用力系数;

μ ——摩擦系数;

p ——比压;

$[p]$ ——允许比压、允许径向载荷;

D ——绳轮直径;

R ——曲率半径;

N ——轮压。

2.2.4 线路设计

f_x ——考察点挠度;

α ——弦倾角;

β ——空索倾角;

θ ——重索倾角;

δ ——总折角;

ω ——体型系数;

ε ——钢丝绳承受风力的折减系数;

k ——承载索摩擦力的折减系数。

3 索道工程设计基本规定

3.1 风雪荷载

3.1.1 基本风压的取值应符合下列规定:

1 索道运行时应为 0.25 kN/m²,索道停运时应为 1.2 kN/m²;

2 最大风速大于 44 m/s 时,应取当地最大风压值。

3.1.2 体型系数的取值宜符合下列规定：
 1 密封钢丝绳的体型系数宜取 1.2。
 2 非密封钢丝绳的体型系数宜取 1.3。
 3 货车的体型系数宜取 1.4。
 4 客车的体型系数取值宜符合下列规定：
  1) 运行小车和吊架的体型系数宜取 1.6；
  2) 矩形截面的车厢的体型系数宜取 1.2；
  3) 带圆角的矩形截面车厢的体型系数宜按下式计算：

$$\omega = 1.3 - \frac{2r}{l_1} \quad\quad\quad (3.1.2-1)$$

  式中：
  ω ——体型系数；
  r ——圆角半径(mm)；
  l_1 ——车厢长度(mm)。

 5 托、压索轮组的体型系数宜取 1.6。
 6 无外罩吊椅体型系数的取值宜符合下列规定：
  1) 对于空吊椅，体型系数宜按下式计算：

$$\omega = (0.2 + 0.1 n_1)/S \quad\quad\quad (3.1.2-2)$$

  2) 对于满载吊椅，体型系数宜按下式计算：

$$\omega = (0.4 + 0.2 n_1)/S \quad\quad\quad (3.1.2-3)$$

  式中：
  ω ——体型系数；
  n_1 ——吊椅人数；
  S ——迎风面积(m^2)。

3.1.3 钢丝绳承受风力的计算长度应按下式计算：

$$l_j = l' \times \varepsilon \quad\quad\quad (3.1.3)$$

式中：
l_j ——钢丝绳承受风力的计算长度(m)；
l' ——弦长(m)；
ε ——钢丝绳承受风力的折减系数，$l' \leqslant 200$ m 时，ε 应取 1.00；$l' = 900$ m 时，ε 应取 0.65；$l' \geqslant 2\,000$ m 时，ε 应取 0.50；l' 为 200 m～900 m 或 900 m～2 000 m 时，ε 应通过线性插值法确定。

3.1.4 冰雪地区钢丝绳上的冰密度宜取 600 kg/m^3，冰雪荷载宜符合下列规定：
 1 当钢丝绳的公称直径不大于 10 mm 时，冰层厚度取值宜为 20 mm，对应的冰雪荷载宜为 11.1 N/m；
 2 当钢丝绳公称直径不小于 100 mm 时，冰层厚度取值宜为 25 mm，对应的冰雪荷载宜为 57.8 N/m；
 3 当钢丝绳公称直径为 10 mm～100 mm 时，对应的冰雪荷载宜通过线性插值法确定。

3.1.5 当风荷载和冰荷载同时作用时，风荷载和冰荷载取值宜符合下列规定：
 1 索道运行时，宜按下列组合最不利情况确定：
  1) 风荷载取计算值，冰荷载按本标准第 3.1.4 条规定的 40% 取值；
  2) 风荷载取计算值的 80%，冰荷载按本标准第 3.1.4 条规定取值。
 2 索道停运时，宜按下列组合最不利情况确定：
  1) 风荷载取计算值的 65%，冰荷载按本标准第 3.1.4 条规定的 40% 取值；

2) 风荷载取计算值的40%,冰荷载按本标准第3.1.4条规定取值。

3.1.6 支架上的风雪及覆冰荷载应符合本标准第3.4节的有关规定。

3.2 线路和站址选择

3.2.1 线路的选择应符合下列规定:

1 索道线路的中心线在水平面上的投影宜为一直线,索距宜保持不变。

2 当线路方向或索距发生改变时,在不计风力和动态影响的情况下,各种载荷情况计算出承载索或运载索在鞍座或托压索轮上的横向水平力不得大于其垂直载荷的10%。承载索或运载索在该支架上的水平偏角不得大于0.005 rad。

3 当线路方向改变不能满足本条第2款的规定时,应设置线路转角站。

4 循环式索道线路,宜选择地形起伏和高差不大的地段;往复式索道线路宜选择凹陷地形。

5 索道线路应避开不良工程地质区域或不良影响区域。当受条件限制不能避开时,站房和支架应采取确保索道安全的工程措施。

6 索道线路不宜跨越工厂区和居民区,也不宜跨越铁路、公路、航道和架空电力线路。当货运索道跨越上述设施时,应设置保护设施。当索道和高压线交叉时,宜从高压线下方通过,并应符合国家现行架空电力线路有关标准的规定。

7 建在风景名胜区的客运索道的线路选择,应符合本标准第1.0.5条的规定。

8 索道线路的选择,宜减小索道线路与主导风向的夹角。

9 客运索道线路的选择应便于救援的实施。

3.2.2 站址的选择应符合下列规定:

1 站址地形宜平坦;

2 站址应不占或少占农田;

3 站址应有良好的工程地质条件;

4 站址宜设置在有利于供电、供水、交通和施工的位置;

5 客运索道的站址应便于客流集散;

6 货运索道站址选择应使钢丝绳的进出站角符合站口设计的要求。

3.3 净空尺寸

3.3.1 索道跨越有关设施、区域时,最小垂直净空尺寸应符合表3.3.1的规定。

表 3.3.1 最小垂直净空尺寸

跨越类别	跨越说明	净空尺寸(m)
铁路	保护设施底部距轨面	应符合国家现行有关标准的规定
架空电力线路	索道与电力线路交叉时	
公路	索道或保护设施底部距一、二级公路路面	5.0
	索道或保护设施底部距三、四级公路路面	4.5
航道	索道或保护网底部距桅杆顶	1.0
建(构)筑物	索道或保护设施底部距屋顶	2.0
禁伐林木	索道底部距林木最高点	2.0
非机耕地	索道底部距耕地表面	3.0
滑雪道	索道底部距雪道表面	3.5
机耕地	索道底部距耕地表面	4.5

表 3.3.1（续）

跨越类别	跨越说明	净空尺寸(m)
街道、广场	索道或保护设施底部距地面	5.0
人烟稀少区	索道底部距地面或雪面	3.0
无人通行区	索道底部距地面或雪面	2.0

注：1 索道底部是指客、货车或空牵引索在跨间的最低静态位置加上动态附加值即货运索道承载索挠度的5%或运载索挠度的25%、客运索道运载索挠度的10%或牵引索挠度的15%，以最低位置为准。
    2 索道顶部是指线路上没有客车或货车，承载索或运载索最大拉力增大10%时在跨间的最高静态位置。
    3 索道跨越航道时的净空尺寸，应以50年一遇的最高洪水位为准。
    4 对于单线循环固定抱索器索道，无人通行区的净空尺寸可为1.0 m。
    5 高位拖牵式索道的空拖牵座与滑雪道的最小垂直净空尺寸为2.3 m，低位拖牵式索道的空拖牵座不得接触拖牵道。

3.3.2 客货车与内外侧障碍物之间的最小水平净空尺寸应符合表3.3.2的规定。

表 3.3.2 最小水平净空尺寸

障碍物名称	客货车或钢丝绳摆动情况	净空尺寸（m）
无导向装置的支架	双线索道车厢、单线索道吊箱、无乘客的吊篮和吊椅，横向内摆0.35 rad	0
	货车、载有乘客的吊篮和吊椅横向内摆0.20 rad	0.5
有导向装置的支架	无乘务员的车厢、吊箱，速度小于5.0 m/s时横向内摆0.20 rad；速度大于5.0 m/s时横向内摆0.25 rad	0
	配备乘务员且乘务员能从车内控制停车，速度小于7.0 m/s时横向内摆0.12 rad，速度大于7.0 m/s时横向内摆0.15 rad	0
与索道平行的交通运输道路	承载索、运载索或牵引索最大静挠度的20%横向外摆	1.5
与索道平行的架空电力线路	承载索、运载索或牵引索最大静挠度的20%横向外摆	不小于电杆的高度
建筑物、岩石	双线索道客、货车横向外摆0.20 rad，再加上跨距大于300 m时的0.2%增加值	3.0
	运载索最大静挠度的10%横向外摆加上固定式抱索器客、货车横向外摆0.20 rad	1.5
	运载索最大静挠度的10%横向外摆加上脱挂式抱索器客、货车横向外摆0.35 rad	1.0
林间通道	双线索道客、货车横向外摆0.20 rad，再加上跨距大于300 m时的0.2%增加值	1.5
	运载索最大静挠度的10%横向外摆加上固定式抱索器客、货车横向外摆0.20 rad	1.0
	运载索最大静挠度的10%横向外摆加上活动式抱索器客、货车横向外摆0.35 rad	0.5

表 3.3.2（续）

障碍物名称	客货车或钢丝绳摆动情况	净空尺寸（m）
客、货车	货运索道在 0.25 kN/m² 风压下、最大跨距的中点位置处，重车侧承载索或运载索和货车向外侧偏斜，空车侧承载索或运载索和货车也向同一方向偏斜	0
	双线往复式客运索道客车交会跨距内，两侧客车均向内侧摆 0.20 rad，再加上跨距大于 300 m 时的 0.2%增加值	1.0
	双线往复式客运索道客车不交会跨距内，一侧客车向内侧摆 0.20 rad，该一侧的客车与另一侧承载索水平投影，再加上跨距大于 300 m 时的 0.2%增加值	2.0
	单线循环式客运索道，一重车侧的运载索保持垂直、另一重车侧的运载索按等速运行时最大挠度的 5%向内侧偏斜、两侧的客车均向内侧摆动 0.20 rad	1.0

注：1 表中"跨距大于 300 m 时的 0.2%增加值"是指当跨距大于 300 m 时，跨距每增大 100 m，客货车纵向中心线向外侧移动 0.2 m。
　　2 对于拖牵式索道，运载索与上行侧支架的最小水平净空尺寸为 0.9 m，运载索与下行侧支架的最小水平净空尺寸为 0.6 m。

3.4 支架设计

3.4.1 支架设计应符合下列规定：

1 支架宜采用钢结构。有抗震设计要求时，尚应符合现行国家标准《构筑物抗震设计规范》GB 50191 的有关规定。

2 气温低于−20 ℃时，支架承载构件的低温冲击韧性应符合现行国家标准《钢结构设计标准》GB 50017 的有关规定。

3 立柱式支架横担和立柱管材及桁架式支架型材等主要承载构件的壁厚，不得小于 5.0 mm；支架的护栏和爬梯管材和型材等非主要承载构件的壁厚，不得小于 2.5 mm。

4 支架导向装置应符合下列规定：

　　1) 当客车按本标准表 3.3.2 中摆动情况横向内摆和纵向摆动 0.35 rad 或货车横向内摆 0.14 rad 和纵向摆动 0.20 rad 时，应能无障碍地通过支架导向装置的导向段和工作段；

　　2) 双线往复式客运索道支架的导向装置，宜为对称于支架纵向中心线的封闭曲线环。

5 当客车按本标准表 3.3.2 中摆动情况横向内摆和纵向摆动 0.35 rad 或货车横向内摆和纵向摆动 0.20 rad 时，客、货车应能无障碍地通过无导向装置的支架。

6 支架顶部应设置用于安装和维修的起重架。

7 支架顶部应设置带护栏的操作台。对于需要设计成台阶形的操作台，台阶的倾角应与钢丝绳倾角和客货车纵向摆角之和相适应。

8 支架应设置爬梯，并应采取防止非工作人员攀爬的防护措施；当支架高度大于 10 m 时，对于不带防坠绳的支架，爬梯应设置护圈。

9 客运索道钢支架构件的内外表面均应进行防腐处理。

3.4.2 支架计算应符合下列规定：
   1 支架计算应包括下列荷载：
      1) 永久荷载，包括支架结构自重、线路设备自重和各种钢丝绳的自重；
      2) 可变荷载，包括各种钢丝绳产生的力、客货车重力、风荷载、雪荷载、覆冰荷载；
      3) 偶然荷载，包括钢丝绳断绳、脱索、撞击、卡车、不同钢丝绳制动力和按现行国家标准《构筑物抗震设计规范》GB 50191确定的地震作用。
   2 支架的覆冰荷载计算应符合现行国家标准《高耸结构设计标准》GB 50135的有关规定。
   3 支架荷载应分别按索道运行和索道停运工况组合，并应按最不利荷载组合并计入钢丝绳的动力影响进行计算。
   4 支架的结构重要性系数应为1.1。
   5 钢支架的主要构件应进行疲劳校核。

3.4.3 支架顶部的允许变形宜符合下列规定：
   1 索道运行时，托索式支架的横向偏移宜小于高度的0.002倍，纵向偏移宜小于高度的0.003倍；压索式和托、压式支架的横向偏移宜小于高度的0.001倍，纵向偏移宜小于高度的0.002倍。
   2 索道停运时，支架的横向偏移宜小于高度的0.005倍，纵向偏移宜小于高度的0.01倍。
   3 索道运行时，水平扭转角宜小于0.003 rad。

3.4.4 支架基础应符合下列规定：
   1 基础设计应符合现行国家标准《建筑地基基础设计规范》GB 50007的有关规定；
   2 地基基础设计等级应为甲级；
   3 基础周围应有防护及排水设施。

3.5 站房设计

3.5.1 索道站房的配置在满足使用功能、保证人员安全的前提下，宜减少建筑面积。

3.5.2 站房高度应根据地形特征、地质条件、配置方式、设备起吊高度等确定。

3.5.3 **有行人或车辆通过的单层站房的站口，必须设置防止横穿线路的隔离设施；高架站房的站口，必须设置防止人员或物体坠落的保护设施。**

3.5.4 索道站房边缘高差大于1.0 m的悬空处或陡坡处，应设置防护设施。对于站口的悬空处，距离站房地面不超过1.0 m的范围内，应设置防护设施。

3.5.5 索道站内应设有检修设备和更换钢丝绳的设施。

3.5.6 客运索道站房应符合下列规定：
   1 站房的建筑设计应与当地环境相适应，并与自然景观相协调；
   2 客运索道站房的设计必须确保站内的机械设备、电气设备和钢丝绳等不危及乘客和工作人员的人身安全；
   3 乘客进出站的通道不得互相干扰；
   4 非公共通行的区域应隔离，非工作人员不得入内；
   5 在乘客入口处应设有关于乘坐注意事项的告示牌。

3.6 电气设计

3.6.1 索道的供电应符合下列规定：
   1 索道宜采用双重电源供电；
   2 采用单电源供电的客运索道，应配备能以低速回运全部在线乘客的柴油发电机组或其他形式的内燃机，作为索道的应急电源或驱动源。

3.6.2 索道的电气传动装置应符合下列规定：

1 正常情况下,电气传动装置应能实现索道在各种负载特性下的平稳启动和制动,并能实现索道的反向运行。

2 客运索道主驱动系统的电气传动应采用具有无级调速性能的直流或交流变频的传动方式,传动装置应能实现四象限运行,发电运行时的能量宜能回馈电网。紧急驱动和救援驱动系统的电气传动,宜采用交流或液力传动方式。主驱动系统和紧急驱动系统的电气控制应各自独立。

3 货运索道主传动系统的电气传动,可采用交流或直流传动方式;对于有负力的货运索道,传动装置应能实现四象限运行,发电运行时的能量宜回馈电网。

4 电气传动装置应保持索道运行速度稳定,正常情况下运行速度的变化范围不得大于额定给定速度的±5%。

5 当工作制动器或安全制动器进行紧急制动时,主电机电源应同时自动切断;当进行正常制动时,主电机电源可在索道停止运行时切断。

6 索道应有 0.3 m/s～0.5 m/s 的检修速度。

3.6.3 索道的电气控制装置应设置自动和手动两种控制方式,控制方式的切换,应在索道停止运行的状态下进行。

3.6.4 **索道必须设置由站内安全装置和线路安全装置组成的安全电路;安全电路在正常工作时必须是闭合回路,并必须通过断开电路的方式实现安全保护。**

3.6.5 安全电路的设计除应符合本标准第 3.6.4 条的规定外,尚应符合下列规定:

1 对于线路安全回路的电源和电压,客运索道不应超过交流有效值 25 V 或直流 60 V;货运索道不应超过交流有效值 50 V 或直流 60 V。

2 延迟触发紧急停车时间不应超过 500 ms。

3 安全功能的屏蔽应通过钥匙开关或类似元件进行,安全功能屏蔽指示应醒目,并应在结束屏蔽时易于识别。

3.6.6 当索道出现下列情况时,安全电路应使索道自动停止运行,并显示故障位置。索道应在排除故障且安全装置经人工复位后,方能重新启动。

1 电气保护动作;

2 站内和线路安全监控装置动作;

3 对于多段驱动的货运索道,当某一段发生故障时,其他区段的索道同时停车。

3.6.7 准备就绪信号应在所需的全部条件具备后才能传递,保证安全的条件没有具备,均不应传递准备就绪信号;索道启动完毕后,准备就绪信号应自动撤销。

3.6.8 运行指令必须在所有涉及安全启动的条件均具备时才能生效。故障停车指令必须优先于其他控制指令。

3.6.9 索道应在下列位置设置独立于可编程控制器 PLC 的紧急停车按钮:

1 控制台;

2 运载工具控制点;

3 各中间停车点;

4 各站房;

5 各工作平台。

3.6.10 往复式客运索道的客车内宜设置独立于可编程控制器 PLC 的紧急停车按钮。

3.6.11 索道应在机房、站房、机械设备维修区域等位置设置维修开关。

3.6.12 索道的通信设施应符合下列规定:

1 各站房及控制室之间,应设有内部专用直通电话,并应设有备用通信系统;

2 当索道建在通信信号不能完全覆盖的区域时,至少在一个站房内应装设当地公用外线电话;

3 索道应配备无线对讲设备;

4 当安全功能部分或全部被屏蔽时,工作电话系统应始终保持畅通;
5 对于客车定员在16人及以上的索道,客车与驱动站之间应能直接通话联系;
6 当客车与驱动站之间不能直接通话联系时,应设置广播系统等其他通信方式将信息通知乘客;
7 在停电情况下,客运索道广播系统应保持有效。

3.6.13 在索道沿线主要风口处应设置电传风向风速仪,数据宜在控制台上显示;当风速达到报警值时,应发出报警信号,并自动减速运行,当风速达到20 m/s时,索道应自动停止运行。

3.6.14 索道的照明应符合下列规定:
1 各索道站房应设置照明装置,照度标准值宜符合表3.6.14的规定;

表 3.6.14 索道站房照度标准值

场 所	照度标准值(lx)
货运索道站台、驱动机房、变压器室、储油间	100
客运索道站台、配电室、柴油发电机房	200
控制室、值班室、办公室	300

2 客运索道的控制室、驱动机室、配电室、柴油发电机房应设置应急照明,照度应符合表3.6.13的规定;
3 夜间运行的客运索道,站房内应设置疏散照明,客车内应设置照明装置,线路支架上宜设置照明装置;
4 夜间运行的货运索道,站口应设置投光灯。

3.6.15 索道的防雷与接地应符合下列规定:
1 索道站房应设置防雷接地设施。防雷接地的冲击接地电阻不得大于5 Ω。防雷接地应与站内所有金属构件、电气设备等接地共用同一接地装置,并应采取等电位连接措施。
2 建在雷电频繁地区的索道,宜在承载索或运载索上方设置接闪线,接闪线终端不宜与站房防雷装置连接。
3 线路支架应接地,接地电阻不得大于30 Ω。
4 站房应采取防止雷电波形成的高电压从电源入户侧侵入的技术措施。
5 在电源引入的总配电箱处,宜设置过电压保护器。
6 承载索或运载索应与站房防雷接地装置联接,联接点不应少于2个。
7 客车的金属部件与运载索之间,不应实施电气绝缘。
8 安装在站房外部的监控摄像、广播、景观照明等外露电器设备和信号线路,均应安装在接闪器的保护范围内,户外线路应采取屏蔽、等电位连接等措施。

3.7 救援设计

3.7.1 **客运索道必须进行应急运行设计和救援设计。**

3.7.2 符合下列条件的索道或线路区段,宜采用垂直救援方式:
1 客车离地高度不超过100 m时;
2 索道线路地形条件适合乘客疏散时;
3 索道线路气象条件允许时;
4 救援人员能从线路支架进入客车时。

3.7.3 垂直救援设备应符合下列规定:
1 救援设备材料应具有耐磨、抗腐蚀、抗老化及不易摩擦发热的性能。

 2 救援设备的设计应符合人体工程学,不应对被救援人员造成伤害,并应符合操作人员的体力限度。

 3 救援设备应便于安装和拆卸,并应设置防止意外开启的装置。

 4 索道救援设备应进行现场适用性检验,并应验证更换设备或备件的兼容性;设备的使用、存储、维护、检查、测试及报废,应符合应急救援设备的有关标准规定和救援预案的要求。

 5 救援设备应设有标识,并应保留完整清晰的使用说明。

3.7.4 符合下列条件的索道或线路区段,宜采用水平救援方式:

 1 客车离地高度超过100 m时;

 2 索道线路地形条件不适合乘客疏散时;

 3 索道线路气象条件不允许时;

 4 索道线路中有难以进行垂直救援作业的障碍物时。

3.7.5 水平救援设备应符合下列规定:

 1 采用水平救援方式的索道或线路区段,宜设置救援索道,救援索道应配置具有独立动力的驱动系统;

 2 救援设备的尺寸应能确保救援作业的实施,容量宜按在救援计划规定时间内完成救援作业确定;

 3 救援客车与线路客车的连接应方便、安全,并应便于乘客换乘;

 4 救援客车应运行平稳;

 5 水平救援设备宜安放在待救援位置上,但便于移动需要保管的设备,可放置在室内;

 6 在救援客车及救护驱动系统之间应建立无线电直接联络系统;

 7 救援设计宜配置夜间救援的照明装置。

3.7.6 对于条件特殊的索道,宜采用水平救援与垂直救援以及其他救援的联合救援方式。

3.7.7 在救援设计时,不应把乘客协助因素计入在内。

3.7.8 在救援设计时,应将救援作业的时间控制在3.5 h内。

4 双线循环式货运索道工程设计

4.1 货车

4.1.1 货车的选择应符合下列规定:

 1 宜选用下部牵引式货车,但对于凸起地形,线路长度不超过2 km且不需要转角的,可选用水平牵引式货车;

 2 应选用重力式抱索器,但当有效载荷大于32 kN或运行速度大于3.6 m/s时,应选用弹簧式抱索器;

 3 应根据物料特性选用翻转式货车或底卸式货车;当运输黏结性物料时宜选用底卸式货车;

 4 货车容积的利用系数,在运输松散物料时宜采用0.9~1.0;当运输黏结性物料时宜采用0.8~0.9;

 5 货箱装料宽度与运输物料最大块度之比,当采用回转式装载设备时,不应小于8;当采用重力装载闸门和其他非振动装载设备时,不应小于4;当采用振动式装载设备时,可小于4。

4.1.2 货车的设计应符合下列规定:

 1 货车有效载荷系列宜为10 kN、20 kN和32 kN。

 2 货车容积系列宜为0.5 m³、0.63 m³、0.8 m³、1.0 m³、1.25 m³、1.6 m³、2.0 m³和2.5 m³。

 3 运行小车应符合下列规定:

  1) 有效载荷为10 kN时,宜采用2轮式;有效载荷为20 kN时,宜采用4轮式;

2) 车轮轮缘断面形状应与线路套筒相适应,车轮直径不宜超过 280 mm;
　　3) 车轮宜设置对承载索有保护作用的耐磨轮衬;
　　4) 各车轮之间应设置载荷平衡装置。
　4 货车吊架长度应按货车在承载索倾角最大的支架上纵、横向摆动 0.20 rad 时货车不得接触该支架任何部位的条件确定。
　5 货车应设置启闭灵活、锁定可靠、便于货箱自动复位的锁定装置。
　6 重力式抱索器的设计应符合下列规定:
　　1) 抱索器的抗滑安全系数不得小于 1.3,并应分别校验空车和重车的抗滑力;
　　2) 当牵引索直径变化在±10%范围内,抱索器的夹紧力应满足抗滑要求;
　　3) 计算抱索器抗滑能力时,抱索器钳口与钢丝绳的摩擦系数宜取 0.13。

4.1.3 货车的运行速度宜为 1.6 m/s、2.0 m/s、2.5 m/s、2.8 m/s、3.15 m/s、3.6 m/s、4.0 m/s、4.5 m/s 和 5.0 m/s。设置自动转角站或自动迂回站的索道,货车最高运行速度应符合表 4.1.3 的规定。检修速度宜为 0.30 m/s～0.50 m/s。

表 4.1.3　设置自动转角站或自动迂回站时货车最高运行速度

水平滚轮组曲率半径(m)	—	40	50	60	70
迂回轮直径(m)	5	6	—	—	—
最高运行速度(m/s)	1.6	2.0	2.5	2.8	3.15

4.1.4 货车发车间隔时间应根据索道运量、货车容积、物料性质和装载设备性能确定,宜取 12 s～40 s。

4.2　承载索与有关设备

4.2.1 承载索选择应符合下列规定:
　1 承载索应选用密封钢丝绳,公称抗拉强度不宜小于 1 370 MPa。
　2 承载索的最小拉力,应符合下列公式的规定:

$$\frac{T_0}{N} \geq 60 \quad\quad\quad\quad (4.2.1\text{-}1)$$

$$\frac{T_0}{N} \geq 0.045\sqrt{n_2} \quad\quad\quad\quad (4.2.1\text{-}2)$$

式中:
T_0——承载索的最小拉力(N);
N——每个车轮作用在承载索上的压力(N);
n_2——每年通过承载索的车轮次数。

　3　承载索的抗拉安全系数必须大于或等于 3.0。

4.2.2 承载索计算应符合下列规定:
　1 每个车轮作用在承载索上的压力,应符合下列规定:
　　1) 对于下部牵引式货车,应按下式计算:

$$N = \frac{Q + q_0\lambda + t_\phi}{i} \quad\quad\quad\quad (4.2.2\text{-}1)$$

式中:
N——每个车轮作用在承载索上的压力(N);
Q——货车重力(N);

q_0 ——牵引索每米重力(N/m);

λ ——车距(m);

t_ϕ ——牵引索作用在支架上的附加压力(N);侧形平坦时,$t_\phi=(0.2\sim0.25)Q$;侧形复杂时,$t_\phi=(0.3\sim0.35)Q$;

i ——每辆货车的车轮数。

  2) 对于水平牵引式货车,应按下式计算:

$$N=\frac{Q}{i} \quad\quad\quad\quad (4.2.2-2)$$

 2 承载索的最大与最小工作拉力,应按下列公式计算:

$$T_{\max}=W\pm q_ch+k\sum\Delta T \quad\quad\quad\quad (4.2.2-3)$$

$$T_{\min}=W\pm q_ch-k\sum\Delta T \quad\quad\quad\quad (4.2.2-4)$$

式中:

$T_{\max}$ ——承载索的最大工作拉力(N);

$T_{\min}$ ——承载索的最小工作拉力(N);

W ——承载索拉紧重锤重力(N);

q_c ——承载索每米重力(N/m);

h ——承载索与计算点之间的高差(m);

k ——计算区段内承载索摩擦力折减系数;

$\sum\Delta T$ ——计算区段内承载索摩擦力的总和(N)。

 3 承载索摩擦力的折减系数宜按表 4.2.2-1 选取:

表 4.2.2-1 承载索摩擦力的折减系数 k

侧形	划分拉紧区段时	计算任意支架时
凸起	0.5	0.5~1.0
平坦或坡度均匀	0.6	0.6~1.0
凹陷	0.7	0.7~1.0

 4 承载索与鞍座之间的摩擦系数宜按表 4.2.2-2 选取:

表 4.2.2-2 承载索与鞍座之间的摩擦系数 μ

鞍座结构形式	摩擦系数
无衬铸钢鞍座	0.15
尼龙或青铜衬鞍座	0.10

4.2.3 拉紧区段划分应符合下列规定:

 1 拉紧区段总长内承载索摩擦阻力总和不宜大于承载索拉紧重锤重力的 25%。

 2 具有多个拉紧区段时,拉紧区段划分应经多方案比较确定;承载索锚固站宜设置在高端,拉紧站宜设置在低端。

4.2.4 承载索拉紧与锚固应符合下列规定:

 1 在一个拉紧区段内,承载索宜采用一端重锤拉紧另一端锚固的方式,在拉力可测可调的条件下也可采用两端锚固的方式。

2 拉紧重锤宜采用重锤箱。重锤架或重锤井应便于检查和维护,重锤箱应设置刚性导轨;重锤井应设置排水设施。

3 承载索宜采用夹块、夹楔或圆筒锚固方式。

4 采用夹块锚固方式时,应符合本标准第6.2.4条的规定。

5 采用圆筒锚固方式时,承载索在圆筒上的缠绕圈数应以1.5倍最大拉力和0.2的摩擦系数计算确定,但不应少于3圈。圆筒直径不得小于承载索直径的60倍。

4.2.5 拉紧索及其导向轮应符合下列规定:

1 承载索的拉紧索宜选用挠性好和耐挤压的股捻钢丝绳;

2 拉紧索的抗拉安全系数不得小于5.0;

3 拉紧索导向轮直径不得小于拉紧索直径的25倍。

4.2.6 拉紧重锤的行程应计入线路载荷变化引起的重锤位移,以及承载索弹性、温差和结构性伸长所需的调节距离,还应计入0.5 m~1.0 m的余量。

4.2.7 承载索连接应符合下列规定:

1 在一个拉紧区段内宜采用整根密封钢丝绳,需要连接时应采用楔接线路套筒连接,拉紧索端宜采用巴氏合金浇注连接;

2 承载索与拉紧索的连接应采用过渡套筒,过渡套筒的承载索端应采用加楔连接。

4.2.8 鞍座应符合下列规定:

1 承载索鞍座应采用铸钢或焊接结构,绳槽宜设有带润滑装置的尼龙或青铜衬垫。

2 承载索在鞍座上的比压应满足下式要求:

$$\frac{1.5T}{dR} \leqslant [p] \qquad (4.2.8\text{-}1)$$

式中:

T ——作用在鞍座绳槽上承载索的拉力(N);

d ——承载索直径(mm);

R ——鞍座绳槽的曲率半径(mm);

$[p]$ ——衬垫材料允许比压(MPa)。

3 承载索在支架上的最大折角不大于16°时,应选用摇摆鞍座;大于16°时,可选用固定鞍座。

4 无衬或青铜衬鞍座绳槽曲率半径不应小于承载索直径的100倍,尼龙衬鞍座绳槽曲率半径不应小于承载索直径的150倍,并应同时满足下式要求:

$$R \geqslant 0.5v^2 \qquad (4.2.8\text{-}2)$$

式中:

R——鞍座绳槽曲率半径(m);

v——货车的运行速度(m/s)。

4.3 牵引索与有关设备

4.3.1 牵引索应选用线接触或压实股同向捻股捻钢丝绳,公称抗拉强度不宜小于1 670 MPa。牵引索宜采用出厂前经过预拉伸的钢丝绳。

4.3.2 牵引索的抗拉安全系数不得小于4.5。

4.3.3 传动区段划分应符合下列规定:

1 传动区段划分应根据索道长度、高差、地形等因素确定,宜采用一段传动。

2 对于不能采用一段传动的索道,应划分成多传动区段。对于设有转角站和采用多传动区段的索道,宜将转角站和传动区段的中间站合并设置。

3 在采用多传动区段的索道中,各传动区段牵引索的规格应一致,各驱动装置型式宜相同。

4.3.4 牵引索导向轮和拉紧轮直径与牵引索直径的比值，不得小于表4.3.4中规定的比值。

表 4.3.4 导向轮和拉紧轮直径 D 与牵引索直径 d 的比值

包角 α	$4°<\alpha\leqslant20°$	$20°<\alpha\leqslant90°$	$>90°$
D/d	40	60	80

4.3.5 拉紧装置应符合下列规定：
1 牵引索宜采用重锤拉紧方式。重锤箱应设置刚性导轨。
2 重锤架和拉紧索导绕系统应根据站房高度和地形确定。
3 重锤位置应能调节，并应设置防止重锤移动过快的阻尼装置。
4 当计算拉紧小车的行程时，应计入牵引索截去一次接头所需补偿的长度。

4.3.6 牵引索拉紧轮直径与索距宜相等，并应符合本标准第4.3.4条的规定，拉紧轮应设置软质耐磨衬垫。

4.3.7 拉紧索及其导向轮选择应符合下列规定：
1 牵引索的拉紧索，宜选用挠性好和耐挤压的股捻钢丝绳，公称抗拉强度不宜低于1670MPa；
2 拉紧索的抗拉安全系数不得小于5.0；
3 拉紧索导向轮直径不得小于拉紧索直径的40倍；
4 导向轮应衬软质耐磨衬垫。

4.4 牵引计算与驱动装置选择

4.4.1 牵引计算应符合下列规定：
1 特征点牵引索拉力应采用从拉紧轮两侧分别向驱动轮方向进行计算。
2 牵引计算应按下列载荷情况分别进行：
  1) 线路上按设计车距布满重车和空车的正常运行情况；
  2) 线路上按下坡区段缺重车或空车所产生的最不利动力运行载荷情况；
  3) 线路上按上坡区段缺重车或空车所产生的最不利制动运行载荷情况。
3 缺车区段的长度应按连续不发5辆货车计算。
4 牵引索通过各种导向轮的阻力，应计入牵引索的刚性阻力和导向轮轴承的阻力。
5 计算惯性力时应计入下列质量：
  1) 牵引索质量；
  2) 牵引索闭合环内的货车质量总和；
  3) 货车的装载质量总和；
  4) 导向轮、滚轮组和驱动装置旋转部分的变位质量。

4.4.2 货车在承载索上的运行阻力系数，对于采用铸钢车轮的货车，制动运行时宜为0.0045，动力运行时宜为0.0065；对于采用铸型尼龙轮衬的货车，制动运行时宜为0.0055，动力运行时宜为0.0075。

4.4.3 牵引索最小拉力的选择应符合下列规定：
1 应保证牵引索在驱动轮上不打滑，并应在垂直或水平滚轮组上稳定靠贴。
2 牵引索的最小拉力应按下式计算：

$$t_{\min} \geqslant C_2 q_0 \quad\quad\quad\quad (4.4.3)$$

式中：

$t_{\min}$——牵引索的最小拉力(N)；

C_2——牵引索最小拉力与牵引索每米重力的比值；

q_0——牵引索每米重力(N/m)。

3 牵引索最小拉力与牵引索每米重力的比值应符合下列规定：
   1) 采用下部牵引式货车的索道，应使货车在线路上具有较稳定的运行速度。C_2 宜为车距的 10 倍，但不宜小于 600 或大于 1 200。
   2) 采用水平牵引式货车的索道，牵引索和承载索在跨距内的挠度应接近。

4.4.4 驱动装置的选择应符合下列规定：
1 高架式站房宜采用立式驱动装置；单层站房宜采用卧式驱动装置。
2 应选用摩擦式驱动装置，不宜采用夹钳式驱动装置。
3 摩擦式驱动装置的抗滑安全系数，正常运行时不得小于 1.5；在最不利载荷情况下启动或制动时不得小于 1.25，并应按下式校核。

$$\frac{t_{\min}(e^{\mu}_{\alpha}-1)}{t_{\max}-t_{\min}} \geqslant 1.25 \quad\quad\quad\quad\quad (4.4.4\text{-}1)$$

式中：
$t_{\min}$ ——最不利载荷情况下，启动、制动时驱动轮出绳侧或入绳侧牵引索的最小拉力(N)；
$t_{\max}$ ——最不利载荷情况下，启动、制动时驱动轮入绳侧或出绳侧牵引索的最大拉力(N)；
e ——自然对数的底数；
μ ——牵引索与驱动轮衬垫之间的摩擦系数。采用中等硬度聚氯乙烯或高硬度丁腈橡胶衬垫时，宜取 0.20；采用其他衬垫时应以厂家提供的数值为准；
α ——牵引索在驱动轮上的包角(rad)。

4 驱动轮衬垫的工作比压，应按下式校核：

$$\frac{1.5(t_r+t_c)}{Dd} \leqslant [p] \quad\quad\quad\quad\quad (4.4.4\text{-}2)$$

式中：
t_r ——驱动轮轮槽入绳端的牵引索拉力(N)；
t_c ——驱动轮轮槽出绳端的牵引索拉力(N)；
D ——驱动轮直径(mm)；
d ——牵引索直径(mm)；
$[p]$——驱动轮衬垫的允许比压(MPa)。

4.4.5 驱动装置电动机的选择应符合下列规定：
1 宜选用交流变频或直流电动机；
2 电动机功率按正常载荷情况计算时应计入功率备用系数，动力型索道应取 1.15，制动型索道应取 1.30，并应按最不利载荷情况下的启动或制动功率与电动机额定功率的比值不大于电动机过载系数的 0.9 倍校验。

4.4.6 驱动装置制动器应符合下列规定：
1 制动器应具有逐级加载和平稳停车的制动性能。
2 对于制动型索道和停车后会倒转的动力型索道，应设置工作制动器和安全制动器。对于断电后能自然停车并且停车后不会倒转的索道，可仅设置工作制动器。
3 当运行速度超过额定值的 15% 时，工作制动器和安全制动器应自动相继投入工作，并应使减速度控制在 0.5 m/s² ~ 1.0 m/s² 的范围内。

4.4.7 对于启动时会自然反转的索道，驱动装置宜设置防止反转的装置。

4.5 线路设计

4.5.1 线路配置应符合下列规定：
1 索道侧形宜平滑。

2 在凸起侧形地段内,承载索在每个支架上的弦折角,对于采用下部牵引式货车的索道宜为 0.03 rad～0.04 rad;对于采用水平牵引式货车的索道宜为 0.05 rad～0.06 rad。

3 承载索在每个支架上的最大折角宜为 0.10 rad～0.15 rad,最大不宜超过 0.30 rad。

4 凸起地段支架的高度不得小于 5 m,跨距不宜小于 20 m。在总折角较大并受到地形限制时,可采用带有大曲率半径垂直滚轮组的连环架代替支架群。

5 凹陷地段支架高度应满足在相邻两跨没有货车、承载索拉力增大 30% 时,承载索不脱离鞍座。

6 跨距与车距水平投影值之比应避开整数值,宜取 0.3～0.4,0.85,1.15～1.3,1.75,2.3～2.6,3.45 数值。

7 站前第一跨的支架配置应符合下列规定:

1) 站前第一跨的跨距宜小于车距,并宜小于 60 m;
2) 承载索仰角进站时,空索倾角应大于站口轨道倾角,空索倾角与站口轨道倾角之差不宜大于 0.05 rad;
3) 承载索俯角进站时,空索倾角应小于轨道倾角,轨道倾角与空索倾角之差不宜大于 0.05 rad;
4) 承载索满载时,承载索倾角不得大于 0.15 rad。

4.5.2 弦倾角及承载索空索倾角计算应符合下列规定:

1 弦倾角应按下列公式计算:

$$\alpha_z = \arctan \frac{h_z}{l_z} \qquad (4.5.2\text{-}1)$$

$$\alpha_y = \arctan \frac{h_y}{l_y} \qquad (4.5.2\text{-}2)$$

式中:

α_z——计算支架左侧的弦倾角(°);
α_y——计算支架右侧的弦倾角(°);
h_z——左跨支架的承载索的索顶标高之差(m),计算支架高于左侧支架时为正,反之为负;
h_y——右跨支架的承载索的索顶标高之差(m),计算支架高于右侧支架时为正,反之为负;
l_z——左跨的跨距(m);
l_y——右跨的跨距(m)。

2 承载索的空索倾角应按下列公式计算:

$$\beta_z = \arcsin \frac{q_c l_z}{2T} + \alpha_z \qquad (4.5.2\text{-}3)$$

$$\beta_y = \arcsin \frac{q_c l_y}{2T} + \alpha_y \qquad (4.5.2\text{-}4)$$

式中:

β_z——计算支架左侧的空索倾角(°);
β_y——计算支架右侧的空索倾角(°);
q_c——承载索每米重力(N/m);
T——承载索在计算支架上的拉力,检查钢索在支架上的靠贴情况时取最大拉力(N)。

4.5.3 承载索的重索倾角,应按线路上均匀布满货车、其中一辆货车紧靠计算支架左侧或右侧和承载索出现最小拉力的条件确定。

1 承载索的重索倾角应符合下列规定:

1) 当一辆货车紧靠计算支架左侧时,应按下列公式计算:

$$\theta_z = \arcsin \frac{(1+\tau_z)Q_z \cos\alpha_z + 0.5 q_c l_z}{T_{\min}} + \alpha_z \qquad (4.5.3\text{-}1)$$

$$\theta_\mathrm{y}=\arcsin\frac{\tau_\mathrm{y}Q_\mathrm{z}\cos\alpha_\mathrm{y}+0.5q_\mathrm{c}l_\mathrm{y}}{T_\mathrm{min}}+\alpha_\mathrm{y} \quad\cdots\cdots\cdots\cdots\cdots（4.5.3-2）$$

式中：

θ_z、θ_y——一辆货车紧靠计算支架左侧时，该支架左侧或右侧的重索倾角(°)；

τ_z ——左跨载荷分配系数；

τ_y ——右跨载荷分配系数；

Q_z ——包括牵引索重力在内的货车集中载荷(N)；

2) 当一辆货车紧靠计算支架右侧时，应按下列公式计算：

$$\theta_\mathrm{z}'=\arcsin\frac{\tau_\mathrm{z}Q_\mathrm{z}\cos\alpha_\mathrm{z}+0.5q_\mathrm{c}l_\mathrm{z}}{T_\mathrm{min}}+\alpha_\mathrm{z} \quad\cdots\cdots\cdots\cdots\cdots（4.5.3-3）$$

$$\theta_\mathrm{y}'=\arcsin\frac{(1+\tau_\mathrm{y})Q_\mathrm{z}\cos\alpha_\mathrm{y}+0.5q_\mathrm{c}l_\mathrm{y}}{T_\mathrm{min}}+\alpha_\mathrm{y} \quad\cdots\cdots\cdots\cdots\cdots（4.5.3-4）$$

$$Q_\mathrm{z}=Q+q_0\lambda \quad\cdots\cdots\cdots\cdots\cdots（4.5.3-5）$$

式中：

θ_z'、θ_y'——一辆货车紧靠计算支架右侧时，该支架左侧或右侧的重索倾角(°)；

Q ——货车重力(N)；

q_c ——牵引索每米重力(N)；

λ ——车距(m)。

2 载荷分配系数应按下列公式计算：

$$\tau=(n_3-1)\left(1-\frac{n_3\lambda\cos\alpha}{2l}\right) \quad\cdots\cdots\cdots\cdots\cdots（4.5.3-6）$$

$$n_3=1+\frac{l}{\lambda\cos\alpha} \quad\cdots\cdots\cdots\cdots\cdots（4.5.3-7）$$

式中：

τ ——载荷分配系数；

n_3——支架间距内货车数目，按公式(4.5.3-7)计算，仅取整数部分；

α ——弦倾角(°)；

l ——跨距(m)。

4.5.4 考察点的挠度，应按承载索出现最小拉力、线路上均匀布满货车且其中一辆货车正在考察点上方的条件确定。

1 考察点的挠度应按下式计算：

$$f_\mathrm{x}=\frac{x(l-x)}{T_\mathrm{min}'\cos\alpha}\left(\frac{q_\mathrm{c}}{2\cos\alpha}+\frac{\tau'Q_\mathrm{z}}{l}\right) \quad\cdots\cdots\cdots\cdots\cdots（4.5.4-1）$$

式中：

f_x ——考察点的挠度(m)；

x ——考察点至左侧支架的水平距离(m)；

T_min' ——相邻支架上承载索最小拉力的平均值(N)；

τ' ——载荷影响系数。

2 载荷影响系数应按下式计算：

$$\tau'=1+m\left(1-\frac{1+m}{2x}\lambda\cos\alpha\right)+n_4\left(1-\frac{1+n_4}{2(l-x)}\lambda\cos\alpha\right) \quad\cdots\cdots（4.5.4-2）$$

式中：

m ——考察点左侧货车个数，$x\leqslant\lambda\cos\alpha$ 时，$m=0$；$x>\lambda\cos\alpha$ 时，$m=\dfrac{x}{\lambda\cos\alpha}$（仅取整数部分）；

n_4——考察点右侧货车个数，$(l-x) \leqslant \lambda\cos\alpha$ 时，$n_4=0$；$(l-x) > \lambda\cos\alpha$ 时，$n_4=\dfrac{l-x}{\lambda\cos\alpha}$（仅取整数部分）。

4.6 站房设计

4.6.1 站房配置应符合下列规定：
1 站房形式应根据用途、地形、地质和相关车间或运输设备的衔接关系等条件确定。
2 站房配置应简化牵引索的导绕系统。
3 站内离地高度小于2.5 m的牵引索和设备运动部件应设置防护设施，货车在站内的净空尺寸应符合本标准第4.6.2条的规定。
4 机械设备与墙壁之间的距离不得小于0.5 m，人行通道宽度不得小于1 m。站口滚轮组和安装高度超过2 m的站内辅助设备，应设置带栏杆的操作平台或检修栈道。
5 对于立式驱动装置宜设置单独驱动机房，机房的平面和空间布置应满足驱动机的起吊和维护要求；驱动机的控制室应设置在操作人员便于观察货车装卸载和进出站的位置。
6 装卸点应采取除尘措施。

4.6.2 货车在站内的最小净空尺寸应符合下列规定：
1 货车在未设置双导向板的轨道段的横向摆动值，在避风站内的直线轨道上宜为0.08 rad，在曲线段轨道上宜为0.16 rad；在非避风站内均宜为0.16 rad。
2 货车的纵向摆动值不得大于0.14 rad。
3 在计入货车的纵横向摆动后，货箱在翻转或打开时的最小净空应符合下列规定：
 1）离站房地坪不得小于0.2 m；离卸载口格筛不得小于物料最大块度加上0.05 m；
 2）有人通行时距墙不得小于0.8 m，无行人通行时距墙不得小于0.6 m；距突出物不得小于0.3 m。

4.6.3 装载站和卸载站料仓的有效容积应根据索道长度、运输能力、工作制度、检修和处理故障的时间以及相关车间或运输方式的要求确定。

4.6.4 货车装载应符合下列规定：
1 装载设备应根据物料性质和索道运输能力选择；
2 货车装载宜采用内侧装载方式；
3 在装载位置应设置防止货箱摆动的导向板或稳车器；
4 装载口附近应设置待用货车的轨道区段。

4.6.5 货车的卸载与复位应符合下列规定：
1 在料仓顶部宜设有格筛。当卸载区段很长并采用机械推车时，可不设置格筛，但在料仓两侧或中间应设置带栏杆的操作通道。
2 运输松散物料的翻转式货车在运动中卸载时，卸载口长度宜按下式计算：

$$L \geqslant 3v + l \qquad (4.6.5)$$

式中：
L——卸载口长度（m）；
v——货车在卸载口的运行速度（m/s）；
l——货箱长度（m）。

3 在卸载站内应设置货车复位装置。

4.6.6 站口设计应符合下列规定：
1 采用下部牵引式货车索道的站口设计应符合下列规定：
 1）当承载索的俯角为0.05 rad～0.10 rad时，可采用无垂直滚轮组的站口设计。当采用无垂直滚轮组的站口设计时，应设置站口托索轮。当货车挂结或脱开时，牵引索应靠贴在站口托索轮上。

  2) 当承载索为仰角或俯角小于 0.05 rad 时,应设置凹形垂直滚轮组。滚轮组曲率半径应按货车通过时牵引索不脱出钳口和不抬起空车的条件校验。

  3) 当承载索的俯角大于 0.10 rad 时,应设置凸形垂直滚轮组。滚轮组曲率半径应使牵引索作用在抱索器上的附加压力小于允许值,并应设置防止货车滑向线路的抱索状态监控装置。

 2 采用水平牵引式货车索道的站口设计,应符合下列规定:

  1) 承载索俯角出站时,站口可不设置垂直滚轮组,但应设置托索轮;

  2) 承载索仰角出站时,凹形滚轮组参数应根据牵引索向上的合力确定。

4.6.7 挂结器与脱开器的设计应符合下列规定:

 1 应保证挂结器和脱开器两端的牵引索稳定运行。牵引索在挂结器和脱开器内托索轮上的折角宜为 0.01 rad～0.02 rad。

 2 挂结器前和脱开器后牵引索导向轮的安装高度应可调。

 3 抱索器与牵引索挂结时,货车的速度应与牵引索的速度一致。

 4 挂结器前的轨道加速段和脱开器后轨道减速段的坡度不宜大于 10%。

4.6.8 货车的轨道应符合下列规定:

 1 轨道宜采用轧制的双头钢轨。

 2 轨道及其吊挂系统的计算载荷,在货车不脱开牵引索的轨道段,应按设计车距计算并应乘以动力系数 1.1。在货车脱开牵引索的轨道段,应按货车紧密排列计算,可不计动力系数。

 3 吊架或吊钩的间距应满足刚度要求,重车侧直线段宜为 2 m,空车侧直线段宜为 2.5 m～3.0 m,曲线段吊架或吊钩的间距宜根据不同的曲率半径相应减小。每根轨道的吊挂点不得少于 2 个,且吊挂点离开轨道接头处的距离不得小于 0.5 m。吊架和吊钩结构应便于调整轨道坡度。

 4 凡设有主轨的中间站应设有停放数辆货车的副轨。索道两个端站和中间站的主轨和副轨的总长,应能停放本条索道的全部货车。

 5 轨道在平面和立面上的弯曲次数应减少。主轨的最小平面曲率半径应符合表 4.6.8 的规定。副轨的最小平面曲率半径可采用 2 m。主轨和副轨的立面曲率半径均不得小于 5 m。

表 4.6.8 主轨的最小平面曲率半径

货车运行速度(m/s)	0.5	1.2	1.6	2.0	2.5	3.0	3.6	4.0	4.5
最小平面曲率半径(m)	2.5	4	7	10	12	15	18	20	25

 6 与挂结器或脱开器衔接的轨道,保持 2 m 内不得有平面上的弯曲。

 7 轨道的反向弧之间应设置长度不小于 1.5 m 的直线段。

4.6.9 货车的自溜速度应符合下列规定:

 1 在等速段不宜大于 2.0 m/s。

 2 在直线段上不宜小于 0.8 m/s;在曲线段上不宜小于 1.0 m/s。

 3 货车自溜至挂结点的速度应与牵引索的速度一致。

 4 货车进入推车机时的自溜速度宜比推车机运行速度大 30%～40%。

4.6.10 货车在站内的运行阻力应符合下列规定:

 1 货车在直线段轨道上的运行阻力系数,当货车重力不大于 7.5 kN 时,宜为 0.006 5;当货车重力大于 7.5 kN 时,宜为 0.005 5。

 2 货车在曲线段轨道上的附加运行阻力系数,可按下式计算:

$$f'_0 = 0.1\frac{l}{R} \qquad\qquad\qquad\qquad (4.6.10)$$

式中：

f'_0——货车在曲线段轨道上的附加运行阻力系数；

l——二轮式货车的轴距或四轮式货车平面转向轴的轴距(m)；

R——曲线段轨道的平面曲率半径(m)。

3 货车通过站内有关设施的附加阻力换算为高差时，道岔宜为 0.07 m；卸载挡杆宜为 0.01 m；螺旋复位器宜为 0.1 m；单导向板每米宜为 0.005 m；双导向板每米宜为 0.008 m。

4.6.11 自动转角站的水平滚轮组应符合下列规定：

1 滚轮的直径不宜小于 0.6 m，宽度不宜小于 0.14 m。

2 牵引索在每个滚轮上的折角不宜大于 3°或按每个滚轮径向载荷不大于 6 kN 的条件确定。

3 货车通过水平滚轮组时，牵引索作用在抱索器钳口上的水平力不得大于 10 kN。

4.6.12 自动转角站与自动迂回站应符合下列规定：

1 在距离水平滚轮组或迂回轮进出点的 5 m 处，应各设置一个宽边垂直托辊，宽边托辊上方所对应的轨道应设置凸起过渡段，凸起过渡段两端的轨道宜用半径不小于 5 m 的反向弧连接，反向弧之间宜插入不小于 1.5 m 的直线段。

2 轨道立面过渡曲线应符合本标准第 4.6.8 条第 5 款、第 7 款的规定。

3 货车进出水平滚轮组或迂回轮，应设置轨道曲线过渡段，过渡段反向弧的半径不宜小于 12 m，反向曲线段之间宜插入不小于 1.5 m 的直线段。

4.6.13 站内辅助设备应符合下列规定：

1 站内轨道、货车装载处和货车复位处宜设置推车设备；

2 对于运输黏结性物料的索道，料仓宜设置物料疏通设备；

3 装载处宜设置可以计量的装载设备；

4 发车位置应设置保证车距或发车间隔时间的发车设备。

4.6.14 双线循环式货运索道电气设计应符合本标准第 3.6 节的有关规定。

4.7 保护设施

4.7.1 保护设施的设置应符合下列规定：

1 保护网或保护桥的选择应根据技术经济比较确定。索道线路横向陡坡处应设置防止货车或物料滚落后造成安全事故的拦网。

2 保护网底面与跨越设施之间的净空尺寸应按货车坠落冲击的条件校验。

3 保护设施顶面与运动货车底面之间的净空尺寸不得小于货车的最大横向尺寸。

4 保护网的宽度不应小于索距宽度加 3 m；当货车坠落高度不大于 3 m 时，保护桥的宽度不宜小于索距宽度加 2.5 m；当索道跨距超过 250 m 时，保护设施的宽度应按承载索和货车均受 0.25 kN/m² 工作风压作用发生偏斜的条件进行校验。

4.7.2 保护网应符合下列规定：

1 保护网应由粗细 2 层格网组成，细格网孔尺寸不宜大于 10 mm×10 mm。

2 当不允许坠落粉料时，宜铺板或采用其他设施代替细格网。

3 保护网应设置挡边，挡边高度宜为 0.5 m～1.2 m。

4 保护网的跨距不宜大于 0.1 m。

5 当保护网的跨距大于保护长度时，可仅在保护范围内设置格网。

6 保护网的支架应设置工作梯。

7 保护网的主索宜选用镀锌钢丝绳。

8 保护网的主索应采用两端锚固的方式,其中一端应设置拉紧力调节装置。
　　9 保护网的计算应符合下列规定:
　　　　1) 保护网主索的最大工作拉力,应计入保护网承受自重、冰雪载荷、工作温度等因素的影响;
　　　　2) 保护网主索的抗拉安全系数不得小于2.5;
　　　　3) 货车坠落的允许高度,应按保护网跨度中间承受一辆重车冲击载荷的条件计算。

4.7.3 保护桥应符合下列规定:
　　1 保护桥宜采用钢筋混凝土结构或钢结构;
　　2 保护桥的桥面应设置缓冲设施;
　　3 保护桥的两侧应设置栏杆和防止坠落物料滚出桥面的侧板;
　　4 保护桥应设置工作梯。

5 单线循环式货运索道工程设计

5.1 货车

5.1.1 货车的选择应符合下列规定:
　　1 运行速度大于2.5 m/s且爬坡角大于30°时,宜选用弹簧式抱索器;
　　2 运行速度不大于2.5 m/s和爬坡角为20°～30°时,可选用四连杆重力式抱索器;
　　3 线路比较平坦和爬坡角不大于20°时,宜选用鞍式抱索器;
　　4 采用固定式抱索器时,货车的最大爬坡角不得大于45°;
　　5 货车选择的其他要求应符合本标准第4.1.1条的有关规定。

5.1.2 货车的设计应符合下列规定:
　　1 货车的有效载荷系列宜为4 kN、7 kN、10 kN和12.5 kN。
　　2 货车的容积系列宜为0.25 m³、0.32 m³、0.4 m³、0.5 m³、0.63 m³、0.8 m²、1.0 m³和1.25 m³。
　　3 货车设计的其他要求,应符合本标准第4.1.2条的有关规定。

5.1.3 货车的发车间隔时间应符合本标准第4.1.4条的规定。

5.2 运载索与有关设备

5.2.1 运载索的选择应符合下列规定:
　　1 运载索应选用线接触或压实股同向捻带绳芯的股捻钢丝绳,公称抗拉强度不宜小于1 670 MPa。
　　2 运载索宜采用出厂前经过预拉伸的钢丝绳。
　　3 运载索表层钢丝的直径不宜小于1.5 mm。
　　4 当采用鞍式抱索器时,运载索的捻向及捻距应与2个钳口的中心距相适应。

5.2.2 运载索的抗拉安全系数必须大于或等于4.5。

5.2.3 运载索的导向轮及其拉紧装置和拉紧索及其导向轮的选择,应符合本标准第4.3.4条～第4.3.7条的有关规定。

5.3 牵引计算与驱动装置选择

5.3.1 牵引计算应符合本标准第4.4.1条的有关规定。

5.3.2 运载索在托、压索轮组上的阻力系数取值应符合下列规定:
　　1 对于无衬托、压索轮组,动力运行时宜取0.015～0.025,制动运行时宜取0.01～0.015;
　　2 对于有衬托、压索轮组宜取0.03～0.04。

5.3.3 运载索的最小拉力,应按下式计算:

$$T_{\min} \geqslant C_3 Q \quad\quad\quad\quad\quad\quad (5.3.3)$$

式中：

$T_{\min}$——运载索的最小拉力(N)；

C_3——运载索引索最小拉力与重车重力的比值。选用四连杆重力式或弹簧式抱索器时，宜取10～12，选用鞍式抱索器时，宜取8～10；运输能力大、高差大或车距小时宜取小值，反之宜取大值。

Q——重车重力(N)。

5.3.4 驱动装置的选择，除应符合本标准第4.4.4条～第4.4.7条的有关规定外，尚应符合下列规定：

1 驱动装置宜采用卧式结构；
2 在多传动区段索道中，宜采用一台卧式驱动装置同时传动两个区段的方式。

5.4 线路设计

5.4.1 索道的最高运行速度不宜超过4.5 m/s。

5.4.2 线路配置除应符合本标准第4.5.1条的有关规定外，尚应符合下列规定：

1 站前第一跨的跨距宜为5 m～10 m；
2 线路上每个托索轮的径向载荷宜相等；
3 对于平坦地段或坡度均匀的倾斜地段，运载索在各支架上的载荷宜接近；
4 凸起地段支架的高度不得小于4 m，跨距不宜小于15 m；
5 凹陷地段支架的高度，应按最不利载荷条件校验，运载索在托索轮上的靠贴系数不得小于1.3；
6 选用带导向翼的抱索器时，可采用压索支架；
7 运载索的最大倾角不得大于45°；
8 计算支架两侧的倾角和考察点的挠度时，应按本标准第4.5.2条～第4.5.4条中有关公式计算，计算时q_c应以q_0替换，Q_z应以Q替换。

5.4.3 托、压索轮组应符合下列规定：

1 无衬托索轮的直径不宜小于运载索直径的15倍，并应符合300 mm、400 mm、500 mm和600 mm的直径系列。
2 单个无衬托索轮上的径向载荷，宜符合表5.4.3的规定。

表 5.4.3 单个无衬托索轮上的径向载荷

托索轮直径(mm)	允许径向载荷(kN)	适用钢丝绳直径(mm)
300	3.0	≤20
400	5.0	22～26
500	7.5	28～32
600	10.0	34～40

3 设有软质耐磨衬垫的托、压索轮组应符合本标准第7.4.2条的有关规定。
4 单个无衬托索轮的允许折角，应根据允许径向载荷和运载索的拉力计算确定，但不得大于5°。
5 6轮和8轮托索轮组的大平衡梁，应设置在托索轮内侧，不宜采取重叠设置方式。
6 托、压索轮组宜采用悬吊安装的可调式结构。

5.4.4 单线循环式货运索道保护设施的设计，应符合本标准第4.7节的有关规定。

5.5 站房设计

5.5.1 站房和料仓的设计应符合本标准第4.6节的有关规定。

5.5.2 挂结段的设计应符合下列规定：
  1 运载索应采取下列稳定措施：
    1) 挂结段的两端应设置稳索轮。
    2) 站口稳索轮与站内稳索轮的平距宜为 2.5 m～4.0 m。站内稳索轮与挂结点的平距不宜大于 1.0 m。
    3) 稳索轮宜采用可调式单轮结构，直径不得小于运载索直径的 15 倍。
    4) 运载索在每个稳索轮上的最小折角，不宜小于 0.01 rad。
  2 挂结段轨道设计应符合下列规定：
    1) 挂结段轨道应具有稳定性不易变形，轨道头部应与抱索器行走轮的轮缘相适应，并应保证行走轮的横向窜动不大于 2 mm。
    2) 挂结段轨道的立面变坡处，应采用曲率半径不小于 10 m 的曲线平缓过渡；站口端轨道应设置坡度与运载索出站角相适应的导向段，端部应为立面曲率半径不小于 3 m 的弧形段。
    3) 挂结段轨道的平面布置，应能保证抱索器在挂结过程中，不同开度钳口的中心线始终与运载索中心线相重合。轨道与运载索中心线之间的水平距离应能调节。
  3 货车的挂结应符合下列规定：
    1) 采用弹簧式抱索器的货车，挂结前应使钳口处于最大开口状态；采用四连杆重力式抱索器的货车进入挂结段之前，宜设置钳口定向器，在挂结段内宜设置可调式弹性压板。
    2) 挂结段前轨道的平面曲率半径应符合本标准表 4.6.8 的规定，且不得小于 12 m。
    3) 货车进入挂结段时的横向摆动不得大于 0.01 rad。轨道下方宜设置限制货车左右摆动的双导向板。抱索器带有定位轮的货车，应设置定位轮导轨。
    4) 双导向板的结构及要求应符合本标准第 5.5.3 条的有关规定。
    5) 抱索器与运载索挂结时，货车的运行速度应与运载索的速度一致。
    6) 货车通过挂结段时的纵向摆动不得大于 0.10 rad。

5.5.3 脱开段设计应符合下列规定：
  1 运载索的稳定措施，应符合本标准第 5.5.2 条第 1 款的规定。
  2 脱开段轨道设计应符合下列规定：
    1) 脱开段轨道的结构、平面形状和支承或吊挂系统，应符合本标准第 5.5.2 条第 2 款的有关规定。
    2) 脱开段轨道的立面变坡处，应采用曲率半径不小于 10 m 的曲线段平滑过渡；站口端轨道应设置坡度与运载索入站角相适应的导向段，端部应为立面曲率半径不小于 5 m 的弧形段。
  3 货车的脱开应符合下列规定：
    1) 货车进入脱开段轨道的导向段前，应采用限制货车左右摆动的双导向板。双导向板工作面的高度，应与站外运载索的挠度相适应。导向板弧形开口的平面曲率半径不得小于 5 m，并应按货车纵、横向摆动 0.20 rad 的条件进行校验。
    2) 货车通过脱开段时的横向摆动不宜大于 0.01 rad，纵向摆动不得大于 0.10 rad。
    3) 脱开段之后轨道的平面曲率半径不得小于 12 m。

5.5.4 采用弹簧式抱索器的索道，站口辅助设备与监控装置应符合下列规定：
  1 挂结段应设置加速装置，脱开段应设置减速装置；
  2 挂结段应设置运载索位置监控装置、抱索力监控装置和抱索状态监控装置；
  3 脱开段应设置运载索位置监控装置和脱索状态监控装置。

5.5.5 货车轨道应符合下列规定：
  1 轨道的配置应符合本标准第 4.6.8 条的有关规定。

2 轨道的支承或吊挂系统应具有稳定性不易变形,轨道坡度应能调节。

3 轨道应减少弯曲次数并应采用尽可能大的平面曲率半径。出站侧的站内轨道与站口轨道宜为同一直线。

4 吊架或吊钩的间距,重车侧直线段宜取 2 m;空车侧直线段宜取 2.5 m;曲线段吊架或吊钩的间距宜小于直线段的取值。

5 货车在轨道直线段上的运行阻力系数,当货车重力不大于 3.5 kN 时,宜为 0.008;当货车重力大于 3.5 kN 时,宜为 0.006 5。货车在轨道曲线段上的附加运行阻力系数和通过有关设施时的附加阻力,应符合本标准第 4.6.10 条第 2 款、第 3 款的规定。

5.5.6 转角站的配置应符合下列规定:

1 转角站宜采用以转角平分线为轴线的对称配置方式;

2 货车在转角站内的速度应与索道运行速度相适应,不得采用人工推车;

3 空车侧和重车侧的出口,应设置停放 3 辆及以上货车的副轨;

4 当转角站货车轨道采用本标准第 5.5.5 条第 3 款配置方式时,2 个转角轮宜设置在主轨上方。

5.5.7 单线循环式货运索道的电气设计应符合本标准第 3.6 节的有关规定。

6 双线往复式客运索道工程设计

6.1 客车

6.1.1 乘务员配备应符合下列规定:

1 定员超过 15 人的客车应配备乘务员;

2 夜间运行的索道,其客车应配备乘务员;

3 对于定员超过 15 人的车组式索道,每组客车可仅配备乘务员 1 人。

6.1.2 工艺或设备设计时,定员不超过 15 人的客车,每位乘客的计算载荷应取 740 N;定员超过 15 人的客车,每位乘客的计算载荷应取 690 N。对于滑雪或登山运动的专用索道,每位乘客的计算载荷应增加 100 N。

6.1.3 客车计算应符合下列规定:

1 客车的主要载荷应为空车重力、乘客的计算载荷和牵引索对客车的附加压力之和;次要载荷应为风雪荷载、驱动装置或客车制动器的制动力、客车防摆装置的阻力和支架导向装置的阻力。

2 按主要载荷计算时,客车主要承载构件和重要部件的抗拉安全系数,不得小于 5.0。在主要载荷和次要载荷联合作用下,特别是在承受扭转和疲劳载荷时,各主要承载构件和重要部件,应校核强度和刚度。

3 吊架头部和末端套筒的销轴,抗拉安全系数不得小于 7.5。

6.1.4 运行小车应符合下列规定:

1 车轮应设置软质耐磨衬垫。

2 各车轮之间应设置平衡装置。

3 出现下列情况之一时,空车的各个车轮,不得从承载索上抬起或出轨:

　　1) 客车纵、横向摆动均为 0.35 rad;

　　2) 牵引索的拉力增大 40%;

　　3) 防摆装置的阻尼力或阻尼力矩达到最大值;

　　4) 客车制动器在最不利位置紧急制动;

　　5) 设有客车制动器的双承载索道,客车横向摆动 0.10 rad;

　　6) 不设客车制动器的双承载索道,客车横向摆动 0.20 rad。

4 运行小车的两端应设置防止小车出轨的衬有软金属的导靴。导靴的下缘不得高于承载索的底部。

 5 在多雪或裹冰地区,运行小车的两端,应设置刮雪或破冰装置。

 6 牵引索或平衡索与客车的连接装置,应采用夹索器、夹板和缠绕套筒,不宜采用浇铸套筒。

 7 不设置客车制动器的双承载索道,当客车横向摆动0.20 rad时,任意一根承载索的载荷,不得小于客车全部载荷的25%。

6.1.5 吊架设计应符合下列规定:

 1 吊架头部的销轴应能使车厢在等速运行时保持垂直状态;

 2 吊架的高度应按客车在最大坡度处纵向摆动0.35 rad时,车厢不得接触承载索或支架任何部位的条件确定;

 3 运行速度大于3.6 m/s和定员超过15人的客车,吊架与运行小车之间应设置防摆装置;

 4 吊架上部应设置带栏杆的活动式或固定式检修平台,并应设置工作梯;

 5 吊架与车厢的连接处应设置减振装置。

6.1.6 车厢的设计应符合下列规定:

 1 车厢地板的有效面积应按下式计算:

$$S=0.18n_5+0.4 \quad\quad\quad\quad\quad\quad (6.1.6)$$

式中:

S——车厢地板的有效面积(m^2);

n_5——客车定员;

0.4——乘务员专用工作面积(m^2)。

 2 乘务员专用工作面积0.4 m^2,应高于车厢地板平面0.15 m～0.2 m,应有隔离标识,并应设高位独立座椅。

 3 运送站立乘客的车厢,净空高度不得小于2 m。

 4 车厢内每侧距地板平面0.45 m和1.1 m的高度上应设置护栏,护栏应能承受每人200 N的撞击力。车厢内应设置供站立的乘客使用的拉杆扶手,每个拉杆扶手应能承受392 N的拉力。

 5 定员超过40人的车厢,应进行局部隔断。

 6 车窗玻璃应采用不易破碎的轻质、阻燃的材料,嵌装强度应经过计算和试验验证。

 7 车门的开、关应能得到控制,门框最小净空高度不得小于1.9 m,门扇内沿应设有软边。车门在闭锁状态下应能承受与车厢壁相同的横向撞击力。

 8 手动开关厢门的闭锁装置应便于检查确认;自动开关门的闭锁装置应便于监测,并应满足下列规定:

  1) 门扇内沿的闭合锁紧力不得超过150 N;

  2) 门扇应设置防止夹伤乘客的防夹系统;

  3) 门扇在开关前应有声响和灯光提醒;

  4) 当自动开关门系统失灵时,应能切换至手动开启。

 9 车厢应设置顶部舱口,舱口尺寸应允许直径为0.6 m的球形体通过,顶部舱盖不得意外闭锁。

 10 车厢应设置到达顶部的扶梯,扶梯应支撑到地板平面并能防止滑动。

 11 车厢的结构应满足垂直和水平救援的要求,地板上应设置可拆卸救护舱盖口,舱口应能允许直径为0.6 m的球形体通过;面向水平救援装置的厢体端部应设置可拆卸舱门。

 12 车厢外部的两侧应设置缓冲导向板或导向装置。

 13 车厢应设置通风窗,应以不危害乘客安全的方式开启。通风窗应能防止直径为0.2 m的球形体通过。

 14 车厢应有内部照明设施和外部聚光照明灯。

15 车厢的地板应防滑并应设置排水口。

16 车厢内应设立标有客车定员和最大载重的铭牌,应有乘客须知及危险提示标志。

6.1.7 客车制动器应符合下列规定:

1 对于单牵引索道,应设置客车制动器。

2 出现下列情况之一时,客车制动器应自动投入工作:

 1) 牵引索或平衡索断裂;

 2) 牵引索或平衡索与客车的连接件断裂;

 3) 速度超过最大运行速度的30%;

 4) 牵引索的拉力小于5 kN。

3 制动力应符合下列规定:

 1) 客车下行时,不应小于上侧牵引索的最大拉力;

 2) 采用平均摩擦系数计算时,不应小于重车在线路上最大下滑力的1.5倍;

 3) 采用最小摩擦系数计算时,不应小于重车在线路上的最大下滑力。

4 制动减速度不得大于1.5 m/s²。

5 采用最大摩擦系数计算并计入紧急制动的惯性力时,客车制动器及其构件对于屈服点的安全系数不得小于2.0。

6 在距离长、速度高、定员多或倾角变化大的索道上,宜采用分级制动或自动调节制动力的客车制动器。

7 客车制动器投入制动时,驱动装置上的工作制动器应自动投入工作。

8 在驱动装置以1.2 m/s²减速度紧急制动情况下,牵引索或平衡索产生最小拉力时,客车制动器不得产生误动作。

9 在客车制动器制动过程中,横向摆动0.20 rad的客车,应通过支架或进入站房。

10 制动衬垫应耐磨,但不得损伤承载索。制动衬垫磨损后,制动弹簧的最小工作载荷不得小于设计允许值。

11 客车制动器应能由乘务员直接操纵。在线路任何位置上,应保证乘务员既能使客车制动器制动,又能使客车制动器松开。

12 客车制动器的控制系统应识别客车的运行方向,并应自动控制两端制动器的制动顺序。

6.1.8 当采取防止牵引索断裂的设计措施并经论证后,单牵引索道可不设置客车制动器。不设置客车制动器的单牵引索道,在运营过程中应遵守牵引索安全的操作规程。双牵引索道可不设置客车制动器。

6.1.9 客车夹索器应符合下列规定:

1 夹索器的抗滑力不得小于重车最大下滑力的3倍;

2 钳口两端应倒圆并宜设置减小牵引索弯曲应力的变刚度装置;

3 新夹索器应有无损探伤合格证书。

6.1.10 空车或重车对承载索中心铅垂线的向内或向外偏斜均不得大于0.05 rad。

6.2 承载索与有关设备

6.2.1 承载索的选择与计算应符合下列规定:

1 承载索应选用密封钢丝绳。

2 在一个拉紧区段内承载索应为整根钢丝绳,不得采用线路套筒连接。

3 承载索的最小拉力,对于车厢式索道应符合下列规定:

 1) 当车轮衬垫的弹性模量不超过5 000 N/mm²时,应满足下式的要求;

$$\frac{T_{min}}{N} \geqslant 60 \quad \cdots\cdots\cdots\cdots\cdots\cdots (6.2.1\text{-}1)$$

式中：
T_{min}——承载索的最小拉力(N)；
N——车轮的最大轮压(N)。

2) 当车轮衬垫的弹性模量超过 5 000 N/mm² 时,应满足下式的要求：

$$\frac{T_{min}}{N} \geqslant 80 \qquad\qquad\qquad (6.2.1\text{-}2)$$

3) 采用重锤或液压拉紧时,应满足下式的要求：

$$\frac{T_{min}}{Q} \geqslant 10 \qquad\qquad\qquad (6.2.1\text{-}3)$$

式中：
Q——重车重力(N)。

4) 采用两端锚固时,应满足下式的要求：

$$\frac{T_{min}}{Q} \geqslant 8 \qquad\qquad\qquad (6.2.1\text{-}4)$$

4 承载索的最大拉力应由下列各项组成：
1) 承载索的初拉力。重锤拉紧时为拉紧重锤的重力；液压拉紧时为液压系统的设计拉力；两端锚固时为计算起点的设计拉力。
2) 承载索在滚子链上或拉紧索在拉紧索导向轮上的阻力。
3) 承载索在鞍座上的摩擦阻力。密封钢丝绳与鞍座上尼龙或青铜衬垫之间的摩擦系数为 0.10。
4) 由高差引起的承载索重力的分力。

6.2.2 承载索的抗拉安全系数应符合下列规定：
1 正常运行条件下,承载索的抗拉安全系数必须大于或等于 3.15；计入客车的制动力时,必须大于或等于 2.7。
2 停运时按本标准第 3.1.5 条确定风荷载和冰荷载时,承载索的抗拉安全系数不得小于 2.25。

6.2.3 承载索拉紧应符合下列规定：
1 承载索可采用重锤拉紧、两端锚固或液压拉紧方式。采用两端锚固拉紧方式时,其中一端的拉紧力应可测可调；采用液压拉紧方式时应有失压保护。
2 滚子链曲率半径不得小于承载索直径的 90 倍。
3 拉紧索及其有关设备的选择应符合下列规定：
1) 拉紧索应采用挠性好、抗挤压的股捻钢丝绳；
2) 拉紧索的抗拉安全系数不得小于 5.5；
3) 过渡套筒的螺纹联接应设置防松装置；
4) 拉紧索导向轮的直径应符合本标准表 6.3.4 中的规定。

6.2.4 夹块锚固方式应符合下列规定：
1 夹块的数量应按计算确定。
2 应采用一组夹块工作,另一组夹块备用的双重锚固方式。2 组夹块的数量应相同,并应在 2 组夹块之间留有 5 mm 的观察缝。

6.2.5 圆筒锚固方式应符合下列规定：
1 圆筒的直径不得小于承载索直径的 65 倍。
2 圆筒表面应衬抗滑耐压材料。
3 承载索在圆筒上的缠绕圈数应以 1.5 倍的最大拉力和 0.2 的摩擦系数来计算,并不得少于 3 圈。
4 承载索的剩余拉力应采用不少于 3 副夹块锚固在支座上,其中 2 副应工作,1 副可备用。工作夹块与备用夹块之间应留有 5 mm 的观察缝。夹块的抗滑力不得小于剩余拉力的 2 倍。

  5 圆筒上各金属零件的抗拉安全系数不得小于 6.0。

6.2.6 承载索的鞍座应符合下列规定：

  1 应采用固定式鞍座。

  2 有客车通过的鞍座，应符合下列规定：

    1) 曲率半径 R 不得小于承载索直径的 300 倍，并应满足下式要求：

$$R \geqslant 0.5v^2 \quad\quad\quad\quad\quad\quad (6.2.6)$$

    式中：

    R——固定式鞍座曲率半径(m)；

    v——客车通过鞍座时的运行速度(m/s)。

    2) 当客车车轮磨损 10 mm 和客车按本标准表 3.4.2 所规定的横向摆动值摆动时，鞍座顶部形状应保证客车顺利通过。

  3 重锤拉紧端站口鞍座的曲率半径不得小于承载索直径的 250 倍。

  4 锚固端站口鞍座的曲率半径不得小于承载索直径的 200 倍。

  5 承载索在鞍座上既无倾角变化又无轴向滑动时，鞍座的曲率半径不得小于承载索直径的 65 倍。

  6 鞍座的比压应按本标准的公式(4.2.8-1)计算，计算值不应大于衬垫材料的允许值。

  7 在最不利荷载情况下，鞍座两端应留有 0.070 rad～0.105 rad 的余量。

  8 鞍座衬垫应有润滑装置。

6.2.7 对于跨距大且弦折角为负角的支架，应在鞍座上最小靠贴弧的中部设置防脱索装置防脱索装置不得妨碍承载索的轴向滑动，也不得影响客车通过。

6.3 牵引索、平衡索、救护索与有关设备

6.3.1 牵引索、平衡索和救护索的选择应符合下列规定：

  1 应选用线接触或压实股同向捻带绳芯的股捻钢丝绳；

  2 宜选用出厂前经过预拉伸的钢丝绳；

  3 宜选用镀锌钢丝绳。

6.3.2 牵引索、平衡索和救护索的抗拉安全系数应符合下列规定：

  1 计算牵引索、平衡索和救护索的抗拉安全系数时，应计入索道正常启动或正常制动时的惯性力；

  2 牵引索、平衡索和救护索的抗拉安全系数，不得小于表 6.3.2 的规定。

表 6.3.2 牵引索、平衡索和救护索的抗拉安全系数

钢丝绳的种类		安全系数
单牵引	牵引索、平衡索(线路上有客车制动器)	4.5
	牵引索、平衡索(线路上无客车制动器)	5.4
双牵引	牵引索	5.4
	平衡索	4.5
牵引索、平衡索	停运时，按本标准第 3.1.5 条确定风荷载和冰荷载	2.25
救护索	运行时	4.5
	停运时	3.3
环形救护索	停运时，按本标准第 3.1.5 条确定风荷载和冰荷载	2.0

6.3.3 牵引索、平衡索和救护索的编接与拉紧应符合下列规定：

1 平衡索、无极缠绕的牵引索和救护索的拉紧,应采用重锤或液压拉紧方式;
2 采用重锤拉紧方式时,宜设置防止牵引索重锤快速移动的阻尼装置;
3 双牵引索道的每根平衡索,应采用单独的拉紧装置分别拉紧;
4 双牵引索道的牵引索应分别设置调绳装置。

6.3.4 导向轮和托索轮应符合下列规定:
1 导向轮和托索轮应设有软质耐磨衬垫;
2 导向轮直径与钢丝绳直径之比应符合表6.3.4的规定;

表6.3.4 导向轮直径与钢丝绳直径之比

导向轮名称	导向轮直径与钢丝绳直径之比
牵引索、平衡索导向轮	80
救护索导向轮	60
经常运动的拉紧索导向轮	50

3 托索轮的直径,不宜小于牵引索直径的12倍和救护索直径的10倍;
4 牵引索或平衡索在每个托索轮上的允许折角和允许径向载荷应符合本标准第7.4.2条的规定。

6.4 牵引计算与驱动装置选择

6.4.1 牵引计算应符合下列规定:
1 应求出牵引索和平衡索等速运行时各特征点的拉力;
2 应计算出索道正常启动或制动时的惯性力;
3 应求出驱动轮上出、入侧牵引索拉力之和的最大值;
4 应按重车上行、空车下行和空车上行、重车下行两种载荷情况求出等效圆周力;
5 牵引索的抗滑要求应符合本标准第4.4.4条的有关规定;
6 对于有客车制动器的索道,当驱动机以1.2 m/s^2的减速度制动时,牵引索或平衡索不得出现使客车产生误动作的最小拉力。

6.4.2 牵引计算时,相关设备的阻力系数应采用表6.4.2中的数值。

表6.4.2 相关设备的阻力系数

设备名称	阻力系数
橡胶衬托索轮	0.030
塑料衬托索轮	0.020
有衬行走轮的客车	0.020
采用滚动轴承的导向轮	0.003
采用滑动轴承的导向轮	0.010
拉紧小车	

6.4.3 驱动装置应符合下列规定:
1 驱动装置应设置主驱动系统和紧急驱动系统。主驱动系统的运行速度应可调,并应具有$0.3 \text{ m/s} \sim 0.5 \text{ m/s}$的检修速度。紧急驱动系统工作时,应保证在索道最不利载荷情况下启动并低速运行。救护索的驱动装置,可不设置紧急驱动系统。

2 双牵引索道的驱动装置应设置机械差动或电气同步装置。运行速度不大于 3 m/s 的小型双牵引索道,可不设置机械差动或电气同步装置。

3 驱动装置的抗滑性能应符合本标准第 4.4.4 条的规定。

4 驱动轮装置应设置防断轴的保护装置和检测装置。

5 牵引索和救护索的驱动轮的直径与钢丝绳直径之比,应符合表 6.3.4 中的规定。

表 6.4.3 驱动轮的直径与钢丝绳直径之比

驱动轮名称		驱动轮直径与钢丝绳直径之比
牵引索驱动轮		80
救护索驱动轮	无极缠绕	60
	有极缠绕	30

6 驱动轮应设置软质耐磨衬垫。

7 驱动轮衬垫的比压应符合本标准第 4.4.4 条的有关规定。

8 驱动轮上应设置防止牵引索脱出的装置。

6.4.4 驱动装置的制动器应符合下列规定:

1 驱动装置应设置工作制动器和安全制动器。工作制动器可设置在高速轴或驱动轮上,安全制动器应设置在驱动轮上。对断电后能自然停车且停车后不会倒转的索道的驱动装置或救护索的驱动装置,可仅设置工作制动器。

2 制动器主要受力构件对屈服点的安全系数不得小于 3.5。

3 正常工作时,工作制动器与安全制动器不得同时投入工作。

4 紧急制动时的减速度应为 $0.5 \text{ m/s}^2 \sim 2.0 \text{ m/s}^2$。

5 安全制动器应设置手动控制。

6.5 线路设计

6.5.1 索道的运行速度宜符合下列规定:

1 配备乘务员时,在跨距内不宜超过 12 m/s;过支架时双承载不宜超过 12 m/s,单承载不宜超过 10 m/s。

2 不配备乘务员时,在跨距内不宜超过 7 m/s;过支架时双承载不宜超过 7 m/s,单承载不宜超过 6 m/s。

6.5.2 承载索在支架鞍座上的靠贴条件应符合下列规定:

1 空索折角不得小于 0.02 rad。

2 承载索在支架鞍座上的靠贴力,不得小于在该支架相邻两跨弦长之和的 0.5 倍的空索上,由 0.5 kN/m^2 风压而产生的作用力。

3 当承载索在鞍座上的包角为 180°时,在承载索同时承受本条第 2 款向上作用力和基本风压的横向作用力的情况下的合力应作用在绳槽内。

4 当承载索在鞍座上包角小于 180°时,在承载索分别承受 0.25 kN/m^2 和 1 kN/m^2 风压的横向作用力的情况下,承载索不得离开鞍座绳槽。

5 在下列情况下,靠贴力不得为负值:

1) 当承载索最大拉力增加 40%;

2) 在站内压索式支座处的承载索最小拉力减小 40%。

6.5.3 牵引索在支架托索轮组上的靠贴条件应符合下列规定:

1 相邻两跨没有客车，牵引索等速运行和相邻两跨的牵引索承受 0.375 kN/m² 风压的向上风力作用时，靠贴力不得为负值；

　　2 等速运行的牵引索最大拉力增大 40% 或驱动装置制动器以 1.2 m/s² 的减速度制动时，靠贴力不得为负值；

　　3 相邻两跨的牵引索承受 1.2 kN/m² 停运风压的向上风力作用时，靠贴力不得为负值。

6.5.4 当有下列情况之一时，宜采用双承载方案：

　　1 采用定员不少于 60 人的客车；

　　2 线路上有 1 000 m 以上的跨距；

　　3 由于承载索直径过大或长度太长带来制造、运输、安装等困难时。

6.5.5 对于跨距较大的双承载索道，当牵引索拉紧行程过长导致索道运行不平稳时，宜设置支索器。支索器不得影响客车的运行，并应适应 2 根承载索移动不一致和相对横向摆动的工作状况。

6.5.6 客车的离地高度不宜大于 100 m。采用水平救护方式的索道，可不受此限。

6.6 站房设计

6.6.1 站房的设计应符合本标准第 3.5 节的有关规定。

6.6.2 站房应留有客车在极限位置纵向摆动 0.35 rad 的空间。

6.6.3 站台设计应符合下列规定：

　　1 站台的地坪宜水平。

　　2 车槽长度不得小于车厢长度的 1.5 倍；车槽与客车的单侧间隙不得大于 50 mm；客车出入口处的车槽，应设置具有缓冲作用的导向装置。

　　3 站台上、下车处的隔离设施应能开闭。

　　4 未设置隔离设施的车槽两侧的站台不得作为候车区。

6.6.4 重锤间或重锤井设计应符合下列规定：

　　1 重锤间或重锤井应封闭或设置栏杆；

　　2 拉紧系统应设置便于观察拉紧行程的标尺；

　　3 重锤间或重锤井应便于检查和维护；重锤井应设有防水和排水设施；

　　4 拉紧装置和重锤应分别设置限位开关。

6.6.5 站内轨道与承载索之间应采用保证客车顺利运行的平滑曲线过渡。

6.6.6 电气设计除应符合本标准第 3.6 节的有关规定外，尚应设置下列装置：

　　1 不少于 2 套彼此独立的客车减速信号装置；

　　2 牵引索和平衡索的断绳监控装置；

　　3 双牵引索道的差速和差长监控装置；

　　4 牵引索鞭打或缠绕承载索的监控装置。

7 单线循环式客运索道工程设计

7.1 客车

7.1.1 乘客的计算载荷，应符合下列规定：

　　1 工艺设计时，每位乘客应为 740 N；设备设计时，对于单坐吊具，每位乘客宜为 880 N；对于双坐吊具，每位乘客宜为 835 N。

　　2 滑雪专用索道和滑雪与登山兼用索道，工艺设计和设备设计时，每位乘客的计算载荷应增加 50 N。

　　3 拖牵式索道工艺设计时，每位乘客应为 790 N；设备设计时每位乘客应为 980 N。

7.1.2 客车计算应符合下列规定：
 1 客车的主要载荷应为空车重力和乘客的计算载荷之和。
 2 次要载荷应为风雪荷载、索道紧急制动时的惯性力、线路和站内各种装置对客车的作用力以及乘客的横纵方向对客车的撞击力。
 3 客车各主要承载构件和重要部件的屈服安全系数，在主要载荷作用下除拖牵座外的客车不得小于3.5，拖牵座不得小于4.0；在主要载荷和次要载荷联合作用下，不得小于2.0。
 4 客车各主要承载构件和重要部件应进行疲劳验算。
 5 对于同一型号的客车应抽样进行疲劳试验。

7.1.3 抱索器设计应符合下列规定：
 1 抱索器的结构应能防止事故性松动或松开。
 2 抱索器的最大爬坡角应与线路的最大倾角相适应。
 3 除拖牵式索道外，抱索器的抗滑安全系数不得小于3.0，并且不得小于重车的重力。拖牵式索道抱索器的抗滑安全系数可不小于2.0。
 4 抱索器夹持力应符合下列规定：
   1) 抱索器的抱索力应由两个及以上的弹簧产生；
   2) 弹簧应具有当钢丝绳直径减小3%时，应符合本条第3款的规定；
   3) 当钢丝绳直径减小10%时，夹持力的减小不得大于25%；
   4) 弹簧最大工作载荷所产生的变形量，不得超过弹簧总变形量的80%；
   5) 对于碟形弹簧抱索器，当一片碟形弹簧损坏时，夹持力的减小不得大于15%；
   6) 对于螺旋弹簧抱索器，当一个螺旋弹簧损坏时，夹持力的减小不得大于50%；
   7) 脱挂式抱索器弹簧的疲劳极限不得少于50万次负载周期。脱挂式抱索器的可靠性不得少于25万次开闭周期试验进行验证。
 5 固定式抱索器和脱挂式抱索器的钳口与运载索之间的摩擦系数宜取0.13；当采用特殊设计的钳口或采取其他提高摩擦系数的措施时，钳口与运载索之间的摩擦系数可按试验结果取值。
 6 抱索器钳口的形状与尺寸，应与托、压索轮组的轮槽相适应。当客车横向摆动0.35 rad时，抱索器应能无障碍地通过托、压索轮组。
 7 抱索器的内、外抱卡应采用合金钢锻造，不得采用铸造。在温度低于－20℃环境中工作的抱索器，应选用具有低温冲击韧性的材料。
 8 抱索器钳口端部应倒圆。
 9 抱索器的导向翼宜采用轻质、弹性、减振和降噪的材料。脱挂式抱索器的行走轮、脱挂轮和定位轮，宜采用轻质、耐磨、减振、抗冲击和降噪的材料。
 10 固定式抱索器应能通过驱动轮和迂回轮，通过时所产生的水平折角不得大于9°。
 11 固定式抱索器应便于移位，并符合下列规定：
   1) 移位的间隔时间，应按下式计算：

$$\tau = 0.65 \frac{l'}{v} \quad\quad\quad\quad (7.1.3)$$

   式中：
   τ——移位间隔时间（h）；
   l'——索道线路斜距（m）；
   v——客车运行速度（m/s）。

   2) 固定式抱索器宜向钢丝绳运行的反方向移动，每次移动的距离应为包括导向翼长度在内的抱索器总长加上2倍钢丝绳直径。
 12 新抱索器应有无损探伤合格证书。

7.1.4 吊厢设计应符合下列规定:

1 吊杆或吊架的高度,应按吊厢在最大坡度处纵、横向摆动 0.35 rad 时,吊厢不得接触运载索或支架任何部位的条件确定。

2 吊杆、吊架与厢体的连接悬挂部位应设置防松和减振装置。

3 对于采用管状材料的吊杆,弯曲部位的内曲率半径不得小于该截面管径的 3 倍,弯曲后管材的压缩不应超过该段外径的 12%,内弧面应平整光顺,不得有褶皱。

4 吊杆、吊架头部和受力较大部位不得有横向焊缝,内外表面均应做防腐处理,并应防止积水。

5 吊厢的承载悬挂部件和连接部件应便于检查、维护和更换。

6 吊杆、吊架、吊厢的承载悬挂部件、连接轴应进行无损探伤检验,并符合现行业标准《承压设备无损检测 第 3 部分:超声检测》NB/T 47013.3 的Ⅰ级要求。

7 每位乘客的座位宽度,两人单排乘坐时不宜小于 500 mm,多于两人单排乘坐时不宜小于 450 mm;座位深度宜为 450 mm。

8 吊厢内距地板高度 1 100 mm 处应设置护栏,护栏应能承受吊厢内乘客每人 200 N 的撞击力。

9 厢体的承载构件宜采用轻质的高强材料;厢体的蒙皮、车门、地板、座椅的椅面等应采用轻质的阻燃材料,地板应能防滑;车窗玻璃应采用不易碎裂的轻质、阻燃材料,嵌装强度应经过计算和试验验证。

10 吊厢厢门的开关应能得到控制,手动开关厢门的闭锁装置应便于检查确认,自动开关门的闭锁装置应便于监测,门扇内沿应设置软边。

11 对于 2 人、4 人手动开关厢门应符合下列规定:
　　1) 门扇打开后进入尺寸不得小于 500 mm;
　　2) 闭锁后乘客在厢体内不能打开;
　　3) 闭锁状态应能承受乘客每人以 200 N 的横向力撞击时,门扇与厢体不脱开分离;
　　4) 门扇外置锁具、拉手应无危及乘客安全的尖角挂钩;
　　5) 4 人吊厢应能两侧开门同时上下乘客。

12 对于 6 人、8 人自动开关的厢门应符合下列规定:
　　1) 门扇的闭合锁紧力,不得大于 150 N;
　　2) 开关门机构应具备在关闭至开口不大于 120 mm 时受阻,解除阻碍后能自行关闭至闭锁状态的功能;
　　3) 自动开关门系统结构强度应能承受救援人员由吊厢顶部踩踏厢门进入厢内,用于滑雪索道时,尚应承受 400 N 的外挂滑雪板的重量;
　　4) 当自动开关门机构失灵时应能手动打开厢门;
　　5) 门扇打开的尺寸,在进站自动操纵系统操纵开门时不得小于 650 mm,在为满足残障轮椅进入而特殊辅助手动打开时可至 800 mm;
　　6) 厢门不得因撞击、振动、大风等因素影响意外开门。

13 吊厢应设置通风窗,应以不危害乘客安全方式开启。通风窗开启的尺寸,应能防止直径为 200 mm 的球形体通过,并应有醒目提醒标志。对于 2 人、4 人手动门吊厢,在门扇上设置通风窗时,应设置防止乘客从厢内打开车门的隔离防护装置。

14 吊厢的底部或旁侧应设置防止客车在站内横向摆动的导向装置。

15 吊厢顶部应采用防滑材料,吊杆或吊架应设置相应的安全绳及救护设施的固定点,应能满足救援、检查、维护的要求。

16 吊厢的地板应防滑,并应设有排水口。

17 吊厢内应设置产品铭牌,应明确允许的最大乘客载荷(kg)及定员,以及乘客安全行为提示。

18 对于新型号吊厢及改进吊厢应进行样厢静力试验及 50 万次样厢疲劳试验检测。

7.1.5 吊篮设计可按本标准第7.1.4条执行。

7.1.6 吊椅设计应符合下列规定：

1 吊椅的设计应便于乘客上下车。

2 吊杆或吊架的高度，应按吊椅在最大坡度处纵、横向摆动0.35 rad时，吊椅的突出部分不得接触运载索或支架任何部位的条件确定。

3 吊椅的承载部件和连接部件应便于检查。

4 吊杆与吊架和吊架与座椅之间的连接应有防松装置。

5 吊椅应设有安全扶手和脚踏板。但运行时间少于5 min时，可不设脚踏板。靠背和椅面之间的夹角宜为1.6 rad，整个座椅宜向后倾斜0.2 rad。

6 每位乘客的座椅宽度不宜小于450 mm，深度宜为450 mm。

7 采用脱挂式抱索器的吊椅，吊杆与吊架之间应设置减振装置。

8 应控制各主要承载件的焊接质量，对同一型号的吊椅应抽样进行静力试验。

7.1.7 拖牵座设计应符合下列规定：

1 拖牵座的设计应便于滑雪者使用。

2 空拖牵座纵向摆动0.15 rad或在最不利运行情况下，拖牵座与绳轮、保护装置等设施不得挂碰。

3 拖牵盒应能保证拖牵索在最大伸长长度时，按设定速度收回，在缩回过程中不得刮伤乘客也不得损伤拖牵座。

7.1.8 客车的最小发车间隔时间，应符合表7.1.8的规定。

表7.1.8 客车的最小发车间隔时间

索道型式		最小发车间隔时间（s）
固定式抱索器旅游索道	吊椅	8
	吊篮（吊厢）	12
固定式抱索器滑雪索道	上车方向与线路一致时	6
	上车方向与线路不一致时	$1.5(4+n_6/2)$
脱挂式抱索器索道	吊椅	5
	吊篮（吊厢）	9

注：n_6为吊椅的座位数，$n_6 \leq 6$。

7.2 运载索与有关设备

7.2.1 运载索的选择应符合下列规定：

1 应选用线接触或压实股同向捻带绳芯的股捻钢丝绳；

2 宜选用出厂前经过预拉伸的钢丝绳；

3 宜选用镀锌钢丝绳。

7.2.2 运载索的抗拉安全系数应符合下列规定：

1 运载索的抗拉安全系数必须大于或等于4.5。

2 停运时按本标准第3.1.5条确定风荷载和冰荷载时，运载索的抗拉安全系数不得小于2.25。

7.2.3 运载索的拉紧装置可采用液压、重锤或其他能使运载索保持设定拉力的装置。各种装置都应留有拉紧行程，并应在极限位置设置限位开关。液压和重锤拉紧装置应符合下列规定：

1 液压拉紧装置应符合下列规定：
    1) 拉紧装置应能显示油压、油温；
    2) 拉紧装置应使拉紧力的变化保持在±5%范围内，当拉紧力的变化为±5%～±10%时，应能自动调整到±5%的范围内；
    3) 当油压超过额定值的±10%时，索道应能自动停车；
    4) 液压泵宜采用间歇工作制；
    5) 液压系统应设置手动控制装置；
    6) 对低温环境中工作的液压装置应采取抗低温措施。
2 重锤拉紧装置应符合下列规定：
    1) 拉紧索应采用挠性好和耐挤压的股捻钢丝绳；
    2) 拉紧索的抗拉安全系数不得小于5.5；
    3) 应设置调节重锤位置的装置；
    4) 拉紧索导向轮的直径，不得小于拉紧索直径的40倍；
    5) 拉紧索的导向轮应设置软质耐磨衬垫。

7.2.4 拉紧轮或迂回轮设计应符合下列规定：
    1 拉紧轮或迂回轮的直径不得小于运载索直径的80倍。对于拖牵式索道，拉紧轮或迂回轮的直径不得小于运载索直径的60倍。
    2 拉紧轮或迂回轮应设置软质耐磨衬垫。
    3 对于采用固定式抱索器的客车，拉紧轮或迂回轮的轮缘和护圈，应与客车的抱索器和吊杆相适应。
    4 拉紧轮或迂回轮应设置断轴保护装置和检测装置。
    5 拉紧轮或迂回轮应设置防止运载索从绳槽中脱出的装置。

7.3 牵引计算与驱动装置选择

7.3.1 运载索的最小拉力，当客车定员不超过2人时，运载索的最小拉力不宜小于重车重力的20倍；当客车定员超过2人时，运载索的最小拉力不宜小于重车重力的15倍。

7.3.2 运载索的最大工作拉力，应在最不利载荷情况下计入下列数值：
    1 从拉紧装置开始的初拉力；
    2 由高差引起的运载索重力和重车重力的分力；
    3 托、压索轮组的阻力；
    4 站内各相关设备的运行阻力；
    5 液压或其他拉紧装置拉紧力的增加值，但重锤拉紧装置的拉紧力增加值忽略不计；
    6 运载索的最大工作拉力不计入索道启动、制动时的惯性力。

7.3.3 牵引和线路计算时，运载索在橡胶衬托、压索轮组上的阻力系数应为0.03；其他站内设备的阻力系数应按本标准表6.4.2取值；拖牵式索道的滑雪者在拖牵道上的阻力系数应取0.10。

7.3.4 牵引计算应符合下列规定：
    1 牵引计算应求出运载索等速运行时各特征点的拉力。
    2 牵引计算应求出索道正常启动或制动时的惯性力。
    3 牵引计算应求出驱动轮上出、入侧运载索拉力之和的最大值。
    4 牵引计算应求出驱动轮在下列载荷情况下的圆周力：
        1) 重车上行、空车下行；
        2) 空车上行、重车下行；
        3) 重车上行、重车下行；

4) 空车上行、空车下行；
5) 空索运行时。

5 对于单线脉动循环固定抱索器车组式客运索道，应求出驱动轮在本条第4款第1项～第4项载荷情况下的圆周力。

7.3.5 驱动装置应符合下列规定：

1 驱动装置除应设置主驱动系统外，还应设置紧急驱动系统。每条索道的2套驱动系统不得同时投入工作。

2 采用主驱动系统驱动索道时，在空索状态下正常运行时的索道运行速度应保持不变；在最不利载荷情况下，索道运行速度的变化范围不得大于额定速度的±5%，索道启动加速度不宜小于0.15 m/s^2。

3 索道应具有0.3 m/s～0.5 m/s的检修速度。

4 驱动轮装置应设置防断轴的保护装置和检测装置。

5 驱动轮的直径不得小于运载索直径的80倍。对于拖牵式索道，驱动轮的直径不得小于运载索直径的60倍。

6 驱动轮应设置软质耐磨衬垫。

7 驱动装置的抗滑性能和驱动轮衬垫的比压，应符合本标准第4.4.4条的有关规定。

8 驱动轮上应设置防止运载索脱出的装置。

9 驱动装置应设置工作制动器和安全制动器。制动器的设置和性能应符合下列规定：

1) 工作制动器可设置在高速轴或驱动轮上，安全制动器应设置在驱动轮上。对于断电后能自然停车，并且停车后不会倒转的索道，驱动装置可仅设置工作制动器。
2) 在最不利载荷情况下，工作制动器和安全制动器的平均减速度均不宜小于0.4 m/s^2。
3) 当正常制动时，工作制动器的减速度不得大于1.5 m/s^2。
4) 安全制动器应能手动控制。
5) 正常制动时，工作制动器与安全制动器不得同时投入工作。

10 对于采用固定式抱索器的客车，驱动轮的轮缘和护圈，应与客车的抱索器和吊杆相适应。

11 对于拖牵式索道，可仅设置主驱动系统；当运行速度大于2 m/s时，主驱动系统应能调速；主驱动系统宜设置防倒转装置。

7.4 线路设计

7.4.1 索道运行速度应符合下列规定：

1 对于脱挂抱索器索道，吊厢式不宜超过6.0 m/s，吊椅或吊篮式不宜超过5.0 m/s。

2 对于单线脉动式客运索道不宜超过5.0 m/s。

3 对于固定抱索器索道，当客车定员不超过2人时，吊厢或吊篮式不宜超过1.1 m/s，吊椅式不宜超过1.3 m/s；当客车定员超过2人时，吊厢或吊篮式不宜超过0.8 m/s。

4 用于滑雪的固定抱索器吊椅索道，1座或2座吊椅式不宜超过2.5 m/s，3座或4座吊椅式不宜超过2.3 m/s，6座吊椅式不宜超过2.0 m/s。

5 高位拖牵式索道不宜超过3.5 m/s；低位拖牵式索道不宜超过2.0 m/s。

7.4.2 托索轮组和压索轮组设计应符合下列规定：

1 托索轮和压索轮的直径应符合下列规定：

1) 托索轮直径不宜小于运载索直径的10倍～12倍；压索轮直径不宜小于运载索直径的8倍～10倍。
2) 对于拖牵式索道，当运载索直径不大于16 mm时，托、压索轮直径不得小于200 mm；当运载索直径大于16 mm时，托、压索轮直径不得小于250 mm。

3) 对于采用大直径托、压索轮的拖牵式索道,当运载索在支架上的最大折角不大于17°时,直径不得小于运载索直径的40倍;当运载索在支架上的最大折角大于17°时,直径不得小于运载索直径的60倍。

2 托、压索轮应设置软质耐磨衬垫。

3 每个有衬托、压索轮的允许径向载荷,应按下式计算:

$$[p] = pD_2 d \quad \cdots\cdots\cdots\cdots\cdots\cdots (7.4.2)$$

式中:

$[p]$——每个有衬托索轮的允许径向载荷(N);

p——软质耐磨衬垫的比压,根据衬垫材料的性能 P 可取 0.2 MPa～0.5 MPa;

D_2——托、压索轮新衬垫绳槽底部的直径(mm);

d——运载索直径(mm)。

4 运载索在每个托、压索轮上的允许折角不宜大于4°。

5 托、压索轮组宜采用悬吊安装的调式结构。

7.4.3 托、压索轮组的安全装置必须符合下列规定:

1 托、压索轮组中每个2轮组之间的内侧均必须设置挡索板,外侧必须设置捕索器。

2 8轮及以下托、压索轮组的两端和10轮及以上托、压索轮组的两端和中部,必须设置运载索脱索时索道能自动停车的监控装置。

3 在压索式支架上必须设置运载索脱索后的二次保护装置。

4 托、压索轮组两端头的挡索板的两端应设置导向段。

5 捕索器工作面的边缘应修圆,捕索器应保证脱索时不损伤运载索。

7.4.4 运载索在支架托索轮组和压索轮组上的靠贴条件应符合下列规定:

1 运载索在每个托索轮上的最小靠贴力不得小于 500 N,并应按下式计算:

$$P_{\min} = 500 + 50[d - (D_1 - D_2)] \quad \cdots\cdots\cdots\cdots\cdots\cdots (7.4.4)$$

式中:

$P_{\min}$——最小靠贴力(N);

d——运载索的直径(mm);

D_1——托索轮外轮缘直径(mm);

D_2——托索轮新衬垫绳槽底部直径(mm);

$(D_1 - D_2)/2$ 的值应大于 $d/3$,且不得小于 10 mm,D_1 应大于新衬垫的最大直径。

2 运载索在每个托索式支架上的靠贴力不得小于下列数值:

1) 索道匀速运行时,应为在该支架两侧较大1跨内的空索或空载索上,由 0.25 kN/m² 风压而产生的作用力的1.5倍。

2) 索道停运时,应为在该支架相邻两跨斜长之和的0.5倍的空索或空载索上,由 0.8 kN/m² 风压而产生的作用力。

3 对于拖牵式索道的托索式支架,在空索状态匀速运行时,运载索在该支架上的靠贴力,当采用托索轮组时不得小于 500 N;当采用大直径托索轮时不得小于 900 N。

4 对于弦折角为负值的托索式支架,在最不利载荷情况下,运载索的拉力增大40%时,运载索不得离开托索轮。

5 运载索在每个压索式支架上的靠贴力,不得小于在该支架两侧较大1跨内的重索上,由 0.25 kN/m² 风压而产生的作用力的1.5倍。

6 对于拖牵式索道的压索式支架,在空索状态匀速运行时,运载索在该支架上的靠贴力,当采用压索轮组时不得小于 1 000 N,当采用大直径压索轮时不得小于 1 800 N。

7 当运载索的最小拉力减小20%,有效载荷增大25%时,运载索不得离开压索轮。

8 对于采用托索与压索组合轮组的支架,当运载索在该支架上所受的向上和向下的合力为零时,每个托压索轮上的最小靠贴力应符合本条第1款的规定,在其他情况下,运载索不得离开联合轮组中靠贴力较小的托索或压索轮。

7.4.5 支架配置应符合下列规定:
 1 对于采用脱挂式抱索器的索道,当运载索俯角出站时,站前第一跨的运载索宜导平,且站前第一跨的跨距不得小于最大制动距离的1.2倍。
 2 运载索的最大倾角不得大于45°。
 3 对于客车均匀分布的单线循环式索道,当一个跨距内有数辆客车时,重载索与空载索在该跨端部的倾角之差不宜大于0.15 rad。对于脉动式索道,重载索与空载索在该跨端部的倾角之差不宜大于0.225 rad。

7.4.6 客车底面的离地高度应符合下列规定:
 1 吊椅式索道不宜大于15 m。当索道线路每侧凹陷地段长度,不超过200 m时可达20 m,不超过50 m时可达25 m。
 2 吊篮式索道不宜大于25 m。当索道每侧凹陷地段长度,不超过200 m时可取30 m,不超过50 m时可取35 m。
 3 吊厢式索道不宜大于45 m。当跨距内吊厢不超过5辆时,索道每侧凹陷地段的离地高度可取60 m。

7.4.7 拖牵式索道的线路配置应符合下列规定:
 1 拖牵式索道的线路配置,应满足不得将乘客向上拖起离开拖牵道的要求,但紧急制动时可不受此限。
 2 低位拖牵式索道的水平长度不宜大于300 m。
 3 对于低位拖牵式索道拖牵道的向上纵向坡度,当乘客握住运载索上的把手时,不得大于25%;当采用拖牵座时,不得大于40%。
 4 对于高位拖牵式索道拖牵道的向上纵向坡度,当采用单人拖牵座时,不得大于60%;当采用双人拖牵座时,不得大于50%。
 5 拖牵式索道的拖牵道不宜有纵向向下坡度。
 6 拖牵式索道拖牵道的横向坡度:当采用单人拖牵座时,不得大于10%;当采用双人拖牵座时,不得大于5%。

7.5 站房设计

7.5.1 站房设计应符合本标准第3.5节的有关规定,并应符合下列规定:
 1 站口设备、站内主要设备和脱挂式抱索器的站内主要轨道,宜采用地面支撑方式进行配置。地面支撑构件应进行刚度校核。
 2 对于有站房的索道,控制室宜设置在便于观察客车进、出站和乘客上、下车的位置。控制室应能隔声、通风和调温。索道的控制设备、控制按钮和计量仪表,宜集中设置在控制室内。对于无站房的索道,控制室可单独设置。
 3 站房的地坪宜水平,当有纵向坡度时,坡度值不得大于10%。站内地面应防滑。

7.5.2 对于采用固定抱索器的吊椅或吊篮式索道,站房的设计应符合本标准第7.5.1条的规定,并应符合下列规定:
 1 吊椅索道的上、下车段,应设有标志。在距离下车段前8 s时,宜设有提示收回扶手及脚踏板的明显标志。
 2 在吊椅索道的上、下车段内,站台与吊椅椅面之间的高度宜为0.5 m。
 3 在上、下车段附近应设置紧急停车按钮。

4 吊椅式索道上车段的长度,对于旅游索道,应为吊椅在 5 s 内所运行的距离;对于滑雪专用索道,应为吊椅在 3 s 内所运行的距离。

7.5.3 对于采用脱挂抱索器的车厢、吊篮或吊椅式索道,站房的设计应符合本标准第 7.5.1 条的规定,并应符合下列规定:

　　1 单独设置的驱动机室应能隔声并应设置通风设施,控制室的温度宜保持在 10 ℃～26 ℃。

　　2 每条索道至少应在一个端站内设置车库。

　　3 乘客在站内上、下车时客车的运行速度,吊厢或吊篮式索道不宜大于 0.5 m/s;吊椅式索道宜为 1.0 m/s;滑雪专用吊椅式索道宜为 1.3 m/s。

　　4 对于吊厢或吊篮式索道,站内应设置防止客车横向摆动的并与客车底部导向装置相适应的导轨。

　　5 对于吊厢或吊篮式索道,上、下车站台宜与客车地板齐平。

　　6 推车系统加、减速器宜利用由运载索输出的动力直接驱动。

7.5.4 采用脱挂式抱索器的索道,应在站内设置下列装置和系统:

　　1 抱索状态监控装置;

　　2 脱索状态监控装置;

　　3 抱索力监控装置;

　　4 钢丝绳位置监控装置;

　　5 加减速及推车系统的速度监控装置;

　　6 对于自动开关门吊箱索道,设置开关门监控装置;

　　7 客车的排车和防撞系统。

7.5.5 对于拖牵式索道,起点站和终点站的设计应符合本标准第 7.5.1 条的规定,并应符合下列规定:

　　1 起点站和终点站的设计,应能防止乘客与驱动装置、拉紧装置、基础、支架和其他结构件相接触。

　　2 上车段的长度和上车点的位置,应根据索道运行速度、拖牵座形式和站内托索轮位置确定。

　　3 上车道前的候车区,应设立候车标志和引导乘客通向上车点的栏杆。上车道的设计,应便于乘客观察上车段。接近上车点的上车道,宜采用水平或微小的下坡坡度进行布置。

　　4 下车段的长度、下车点位置和下车道后的出口坡度,应根据索道运行速度、拖牵座形式和站内托索轮位置确定。

　　5 下车段宜采用水平或微小的下坡坡度进行布置。

　　6 下车点与运载索终点轮的距离,对于有拖牵盒的拖牵座不得小于拖牵座 16 s 内所运行的距离,当拖牵盒的拖牵索长度小于 2.5 m 时,则不得小于拖牵座 11 s 内所运行的距离;对于有伸缩杆的拖牵座不得小于拖牵座 6 s 内所运行的距离。

　　7 在上车点、准备下车的提示点、下车点、快速离开的提示点等位置,应设有标志。

　　8 当乘客在下车段未能离开拖牵座、拖牵杆未能收到正常位置可能造成事故或乘客滑近终点站可能出现危险时,索道应能自动停车。

7.5.6 单线循环式客运索道的电气设计应符合本标准第 3.6 节的有关规定。

8　索道工程施工

8.1　一般规定

8.1.1 索道工程的施工应具备下列技术文件:

　　1 索道设计说明书、施工图、设备材料清单以及其他设计文件;

　　2 机电设备产品合格证;

3 钢结构产品合格证或现场制作单位的质量证明文件,焊缝检查记录和预组装合格证;
4 钢丝绳产品质量证明书;
5 标有各测量桩点实测位置与实测标高的测量资料。

8.1.2 施工组织设计或施工方案应根据设计要求和复杂程度编制。

8.1.3 安装工程开始前,应复验与安装有关的土建基础工程,不合格的土建基础不得安装。

1 钢结构和设备基础的允许偏差,应符合表8.1.3的规定。

表 8.1.3 钢结构和设备基础允许偏差

序号	项 目		允许偏差(mm)
1	钢支架或钢结构基础纵向中心线对索道中心线的偏移(按相邻跨距中的较小跨距计算)		$0.0005l$ 但不得大于50
2	钢支架或钢结构基础纵向中心线对索道中心线的偏斜		1/1 000
3	相邻支架或站房与最近支架的基础横向中心线之间的跨距		$0.001l$ 但不得大于100
4	同一钢支架或钢结构其分离基础中心线之间的距离		±10
5	同一钢支架或钢结构其分离基础顶面之差或不同标高分离基础顶面之间的高差		10
6	钢支架或钢结构基础顶面的标高		跨距和在200 m以内时允许偏差50;跨距和每增加100 m时,允许偏差增加10
7	与钢筋混凝土站房直接连接的钢结构基础顶面的标高		−10
8	无抹面的基础顶面对设计平面的倾斜度		1/1 000
9	倾斜预埋的螺栓、锚杆或框架对设计平面的倾斜度		17/1 000
10	预埋螺栓组中心线对设计中心线的偏移		+5
11	预埋锚栓	标高(顶部)	+20
		中心距	±2
	锚栓预留孔	中心线位置	+10
		深度	−20
		孔垂直度	10/1 000
12	预埋件的标高		−20

2 采用锚栓预埋装置的支架基础和其他基础,锚栓预埋应准确定位、测量合格并应固定牢固后方可浇灌混凝土。

8.1.4 钢结构的运输与存放应符合下列规定:
1 钢结构件应便于运输。客运索道钢结构宜采用热镀锌处理。附件及联接零件应单独进行标记。
2 钢结构在存放和搬运时,应能防止产生永久性变形,不得积水,并应防止底漆或热镀锌层的脱落。

8.1.5 索道工程施工前,应对安装设备及钢结构进行验收,不满足设计要求的产品不得交付安装。

8.1.6 机械设备的检查与安装应符合下列规定:

1 对于运输与保管过程中不能防止灰尘或杂物进入运动部位的机械设备,在安装前应进行解体检查和二次清洗,宜重新更换全部润滑剂;

2 机械设备安装应符合设备技术文件的规定,并应符合现行国家标准《机械设备安装工程施工及验收通用规范》GB 50231的有关规定。

8.1.7 电气设备的检查、保管、施工和安装,应符合电气装置安装工程施工及验收有关要求。

8.1.8 钢丝绳的安装应符合下列规定:

1 承载索和牵引索各种套筒的楔接或铸接以及运载索和牵引索的编接应满足质量要求;

2 套筒的分布位置及试验记录、套筒楔接或铸接的操作记录、运载索或牵引索的编接记录、检查结果、操作及检查人员均应记录。

8.2 钢结构安装

8.2.1 采用螺栓联接的钢结构,应在制造现场预组装,并应出具预组装合格证书。

8.2.2 在安装钢结构前,应检查并消除运输与存放过程中所产生的变形或缺陷。

8.2.3 永久性的普通螺栓连接,应接触紧密、连接牢固、有防松措施,外露丝扣不得少于2扣。高强度螺栓连接应符合现行国家标准《钢结构工程施工质量验收标准》GB 50205的有关规定。

8.2.4 钢结构的安装应符合下列规定:

1 索道纵横向中心线控制桩应由钢结构基础顶面设计中心点引出,并应用测量仪器控制钢结构的垂直偏差。

2 钢结构就位前,基础四角每一组锚栓中,应采用预先拧上一个螺母的方法,调整钢结构的垂直偏差。

3 每段钢结构偏差应逐段测量并控制。在安装上段钢结构时,应消除或减小下段钢结构的累积偏差,应防止连续出现同向偏差。对于桁架式钢结构支架,应校正每一层水平格的对角线尺寸,允许偏差应为对角线长度的1/1 000。首层钢结构校正后应初步拧紧主肢底部的锚栓。

4 钢结构之间的联接面应接触紧密,接触面不应少于70%。

5 桅杆式钢结构的拉索,应从低排向高排顺序安装和拉紧。每一排拉索,应按对角线方向,成对地调节拉力,边观测边调节,直至达到设计拉力。

6 钢结构安装的允许偏差,应符合表8.2.4的规定。

表8.2.4 钢结构安装的允许偏差

序号	项目	允许偏差（mm）
1	钢支架或钢结构顶面中心点对基础顶面设计中心点垂直线的偏移（按钢结构高度h计算）	0.001h且不得大于50
2	钢支架鞍座(托、压索轮组)纵向中心线或钢结构站口桁架纵向中心线对索道中心线偏移（按较小跨距l计算）	双线货运索道为0.000 2l但不得大于20,其他索道为0.000 1l但不得大于10
3	钢支架或钢结构顶面的标高（在鞍座底面或轨道顶面测量）	跨距和200 m以内时,允许偏差50;跨距和每增加100 m时,允许偏差增加10
4	钢结构与同其直接联接的钢筋混凝土站房的标高之差（在鞍座底面或轨道顶面测量）	15
5	钢支架横担或钢结构站口桁架在索道横向中心线方向的水平度	1/1 000
6	钢支架横担或钢结构站口桁架横向中心线在水平面上的扭转偏斜	3/1 000

表 8.2.4（续）

序号	项目	允许偏差（mm）
7	构件的弯曲矢高（按构件长度 l 计算）	$0.001l$ 但不得大于 10
8	构件的水平度	2/1 000
9	构件的垂直度（按构件高度 h 计算）	$0.001h$

8.2.5 已安装的钢结构，在测量或校正时，应避开风力、日照、温差等所造成的变形影响。

8.2.6 对于可调式或采用可调式线路设备的钢支架或钢结构站房，安装允许偏差可大于本标准表8.2.4的规定，但线路设备的安装应符合本标准第8.3节的有关规定。

8.2.7 钢结构就位并检查合格后，二次灌浆时宜采用无收缩灌浆料或比基础混凝土强度等级高一级的细石混凝土。二次灌浆层应密实平整，厚度不宜小于 50 mm。

8.2.8 钢结构固定后，脱落的热镀锌层、底漆、面漆以及安装连接处，应在除锈合格后采取防腐处理。

8.3 线路设备安装

8.3.1 单线循环式索道托、压索轮组的安装应符合下列规定：
　　1 托、压索轮组的绳槽中心线应与运载索中心线吻合，偏移或偏斜的最大横向值，不得大于索距的1/2 000和运载索直径的1/15。
　　2 各托、压索轮绳槽中心面，在承受牵引索的空索载荷后的垂直度允许偏差应为1/1 000。

8.3.2 单线循环式索道线路监控装置的安装应符合下列规定：
　　1 控制回路应配线整齐、绝缘良好、连接牢固。在可动部位两端，应用卡子固定牢固，并应留出裕度，不应使导线受到机械应力和磨损。
　　2 应对线路监控装置进行模拟试验。

8.3.3 固定鞍座的安装应符合下列规定：
　　1 衬垫应镶嵌密实，绳槽应平整光滑，各润滑点油路应畅通，绳槽应均匀涂上润滑油。
　　2 绳槽中心线应与承载索中心线吻合，偏移或偏斜的最大横向值，不得大于索距的1/2 000和承载索直径的1/15。
　　3 托索轮组绳槽中心线应与牵引索中心线吻合，偏移或偏斜的最大横向值，不得大于牵引索直径的1/10。
　　4 托索轮组中的每个托索轮均应调整到设计位置。
　　5 对于采用双承载索的双线往复式客运索道，每侧承载索固定鞍座的绳槽的允许偏差，应符合本条第2款的规定，两个绳槽的间距和平行度的允许偏差为0～2 mm，同一横截面绳槽中心标高的允许偏差为±2 mm。

8.3.4 货运索道摇摆鞍座的安装应符合下列规定：
　　1 绳槽应清理干净并均匀涂上润滑脂；
　　2 绳槽的允许偏差，应符合本标准第8.3.3条第2款的规定；
　　3 中心轴水平度的允许偏差为2/1 000；
　　4 水平牵引式索道摇摆鞍座的托索轮绳槽中心线，应与牵引索中心线吻合，偏移不得大于1.5 mm，偏斜不得大于1/1 000。

8.3.5 偏斜鞍座的安装应符合下列规定：

1 绳槽的清理和允许偏差,应符合本标准第8.3.4条第1款、第2款的规定;
2 偏斜鞍座底面对设计平面的倾斜度的允许偏差为2/1 000;
3 轨道中心线应与承载索中心线吻合,偏移不得大于1.5 mm;
4 应检查弹性轨道的变形,并应校正弹性轨道的对称度。

8.4 钢丝绳安装

8.4.1 承载索、运载索、牵引索、平衡索和救护索的展开应符合下列规定:
1 绳盘损坏、钢丝锈蚀、铭牌或证书不符合设计要求时不得展开。
2 钢丝绳的展开应采用装有制动器和专用绳盘的放绳装置,放绳装置应有专人操作。
3 钢丝绳宜支承在支架上或特制的托滚上展开。
4 在钢丝绳的展开过程中,应保持施工组织设计规定的拉力,应防止钢丝绳受到磨损、擦伤、弯折、打结、开裂、松散等损伤,不得在土壤、岩石、树桩、钢结构或钢筋混凝土构筑物上拖牵钢丝绳,不得将钢丝绳浸泡在水中。
5 钢丝绳展开时,沿线应配备专人观察钢丝绳的展开情况;钢丝绳端部应有随行人员观察;所有观察人员应配备与指挥人员联系的通信工具。

8.4.2 承载索的起吊应符合下列规定:
1 起吊前应检查承载索表面的涂油情况,受到破坏的涂油层宜补涂;
2 起吊前应逐个清理并润滑各种鞍座;
3 在起吊过程中应防止承载索过度弯曲;
4 起吊时宜采用两端带有托座的起吊横梁,不应单点起吊承载索。

8.4.3 承载索的连接应符合下列规定:
1 线路套筒与支架鞍座横向中心线之间的距离,不得小于该支架鞍座总长的15倍。
2 紧靠线路套筒、过渡套筒和末端套筒的承载索或拉紧索,应有检查连接质量的标记。
3 套筒受力3 d后,承载索或拉紧索从套筒内拉出的长度,当采用加楔连接时不得大于承载索直径的1/3;当采用铸接时不得大于承载索直径的1/6。
4 采用铸接时,浇铸后的锥体应从套筒中抽出检查。
5 当重锤在导轨中运动到上、下极限位置时,过渡套筒与偏斜鞍座或拉紧索导向轮之间的净空尺寸,不得小于0.5 m。
6 每个套筒应单独编号。

8.4.4 承载索的拉紧与锚固应符合下列规定:
1 承载索宜向锚固端方向拉紧。
2 承载索的拉紧应符合设计文件中规定的安装顺序和安装拉力。
3 承载索拉紧到设计值时,重锤应处于设计给定的位置。
4 重锤定位后,承载索的锚固应符合下列规定:
   1) 采用夹块锚固方式时,夹块槽部和承载索的相应表面,应去除油污;工作夹块组的端面应紧贴支承面,相邻的工作夹块应互相紧贴,备用夹块与工作夹块之间应留出5 mm的观察缝;夹块上的每个螺母,应按对角线循环交叉的顺序按设计的力矩拧紧;采用双螺母时,在基本螺母拧紧之后,应按相同的顺序和要求拧紧防松螺母。
   2) 采用夹楔锚固方式时,楔块槽部和承载索的相应表面,应在去除油污后按设计要求将承载索楔紧。
   3) 采用圆筒锚固方式时,承载索应紧密整齐地缠绕在圆筒上,最少圈数应符合设计规定。应按设计要求用夹块将承载索固定在锚固支座上,夹块之间应紧贴,螺栓应拧紧并应采取防松措施。

5 承载索锚固前,在每一个拉紧区段内,应选择一个靠近重锤的跨距进行挠度测量,承载索挠度的允许偏差不得大于设计值的5%。

6 承载索锚固后,根据重锤撞杆的位置,应安装上、下限位开关,限位开关的位置应可调。

8.4.5 运载索、牵引索、平衡索和救护索的连接与就位应符合下列规定:

1 当牵引索、平衡索和救护索采用末端套筒与客车连接时,牵引索、平衡索和救护索应为整根钢丝绳,不得有编接接头,但在安装或使用中发生意外损伤时,可增加一个接头或编入一段新钢丝绳。编接接头与客车之间的距离应大于钢丝绳公称直径的3 000倍。

2 无极缠绕的运载索、牵引索和救护索的编接接头不得超过2个。

3 编接接头的长度,货运索道不得小于钢丝绳直径的1 000倍,客运索道不得小于钢丝绳直径的1 200倍。编接接头所编入的绳股长度,不得小于钢丝绳公称直径的60倍。相邻2个编接接头之间没有编接的钢丝绳长度,不得小于钢丝绳公称直径的3 000倍。

4 被编接的2盘钢丝绳的参数和生产厂家应完全相同。

5 钢丝绳编结前宜进行预拉伸。

6 在编接过程中拉紧钢丝绳时,应使用不损伤钢丝绳的专用夹具。

7 编好的绳体,应浑圆饱满、坚挺结实、抗夹抗压;打结部位的绳体应充填结实、耐压耐夹。

8 钢丝绳编好后,编入股部位钢丝绳的直径增大量不得大于钢丝绳直径的6%,打结部位钢丝绳直径增大量不得大于钢丝绳直径的8%。

8.4.6 对于采用双牵引索的双线往复式客运索道,应测准每根牵引索和平衡索的长度,安装后应使2根牵引索的拉力相接近。

8.5 站内设备安装

8.5.1 吊梁的安装应符合下列规定:

1 站口段吊梁的平面位置允许偏差为0~5 mm;非站口吊梁的平面位置允许偏差为0~10 mm。

2 吊梁标高的允许偏差为±5 mm。

3 对于单线循环脱挂式抱索器客运索道,前后横梁的水平度的允许偏差为1/2 000,2根横梁的间距允许偏差为0~5 mm。

8.5.2 吊钩和吊架的安装应符合下列规定:

1 吊钩或吊架与轨道的接合面,应平行于轨道中心线,间距允许偏差为0~5 mm。

2 吊钩或吊架与轨道的结合面中心标高的允许偏差为±5 mm。

3 吊钩或吊架与轨道的结合面垂直度的允许偏差为5/1 000。

8.5.3 轨道的安装应符合下列规定:

1 运行区段轨道的允许偏差应符合表8.5.3的规定。检修区段轨道的允许偏差可加大1倍。

表 8.5.3 运行轨道的允许偏差

序号	项 目		允许偏差（mm）
1	站内轨道的标高		±5
2	站内轨道中心线与相关设备中心线的距离		±5
3	直线轨道的直线度		1/1 000
4	曲线轨道的曲率半径	与设备配套使用时	±5
		其他曲线段	0.005R

表 8.5.3（续）

序号	项 目	允许偏差（mm）
5	水平轨道的水平度	1/1 000
6	轨道坡度的倾斜度	1.5/1 000
7	轨道腹板的垂直度	5/1 000

注：R 为曲线轨道的曲率半径。

  2 站内轨道接头的轨顶高差不得大于 0.5 mm。
  3 轨道接头至最近吊钩的距离，直线段不得大于 0.7 m，曲线段不得大于 0.5 m。
  4 轨道工作面应润滑。
8.5.4 道岔的安装应符合下列规定：
  1 搭接道岔的标高应与基本轨道的标高一致；
  2 搭接道岔的岔尖应与基本轨道紧贴，当客车、货车通过道岔时，岔尖应无翘起和摇动；
  3 平移道岔的轨道中心线与基本轨道中心线的偏移，不得大于 0.5 mm，接头间隙不得大于 2 mm，轨顶高差不得大于 0.5 mm。
8.5.5 导向板的安装应符合下列规定
  1 导向板与轨道之间水平距离的允许偏差为 ±2 mm。
  2 导向板与轨道之间垂直距离的允许偏差，当客车、货车上装有导向滚轮时为 ±5 mm；没有导向滚轮时为 ±10 mm。
  3 导向板的接头应平滑。
  4 导向板的工作面应润滑。
8.5.6 挂结器和脱开器的安装应符合下列规定：
  1 挂结器或脱开器安装的允许偏差，应符合表 8.5.6 的规定。

表 8.5.6 挂结器或脱开器安装的允许偏差

序号	项 目		允许偏差（mm）
1	轨道工作面的标高		±2
2	轨道中心线与牵引索或运载索中心线之间的水平距离	货运索道	±1.5
		客运索道	±1.0
3	轨道工作面与抱索或脱索导轨工作面的高差	货运索道	±1.5
		客运索道	±1.0
4	轨道中心线与有关机构或设备中心线之间的水平距离	货运索道	±1.5
		客运索道	±1.0
5	轨道坡度的倾斜度	货运索道	1.5/1 000
		客运索道	1/1 000

  2 采用脱挂式抱索器的索道，应按设计要求，以牵引索或运载索为基准，对特征点横剖面上的相关尺寸和特征点的纵向定位尺寸进行检查，并应校正设备和监控装置工作面与牵引索或运载索的相对

位置。

3 挂结器或脱开器安装后,应检查客车、货车的通过性,不得出现抱索失误、抱索不良、脱索失误、脱索不良等现象,客车、货车在进出站时也不得出现异常摆动现象。

8.5.7 驱动装置的安装应符合下列规定:

1 除放置垫板处外,其余的基础顶面应铲麻处理,每 100 cm² 面积内应有 3 个～4 个小坑,小坑的深度不得小于 20 mm,铲麻后用水冲洗干净。

2 驱动轮和从动轮安装应符合下列规定:
  1) 驱动轮纵、横向中心线对设计中心线的允许偏差,货运索道为 0～2 mm,客运索道为 0～1 mm。
  2) 卧式驱动装置驱动轮的中心标高的允许偏差,货运索道为±2 mm,客运索道为±1 mm。
  3) 在任意方向检测,卧式或立式驱动装置驱动轮的水平度或垂直度的允许偏差,货运索道为 0.3/1 000,客运索道为 0.15/1 000。
  4) 单槽或双槽驱动轮的绳槽中心线,应与出侧和入侧牵引索的中心线吻合,偏移不得大于牵引索直径的 1/20,偏斜不得大于 1/1 000。
  5) 从动轮的绳槽中心应对准双槽驱动轮相应的绳槽中心,用拉线法检测时,允许偏差应为牵引索直径的 1/10。
  6) 立式驱动装置从动轮垂直度的允许偏差为 0.3/1 000;卧式驱动装置从动轮的轴心线,对驱动轮横向中心线方向的垂直剖面平行度的允许偏差为 0～0.5 mm。

8.5.8 拉紧装置的安装应符合下列规定:

1 小车轨道中心线与设计中心线的允许偏差为 0～2 mm;

2 轨道工作面标高的允许偏差为±2 mm;

3 轨距的允许偏差为+5 mm;

4 轨道的接头应平整光滑;

5 拉紧轮或拉紧索导向轮绳槽的中心线,应与出侧和入侧牵引索、运载索或拉紧索的中心线吻合,偏移不得大于拉紧索直径的 1/20,偏斜不得大于 1/1 000;

6 拉紧装置安装后,拉紧小车的 4 个滚轮均应靠贴在轨面上。

8.5.9 导向轮的安装应符合下列规定:

1 导向轮中心标高的允许偏差为±3 mm。当导向轮中心的标高直接关系到挂结或脱开质量时,允许偏差为±1 mm。

2 导向轮绳槽中心线应与牵引索或运载索的中心线吻合,偏移不得大于牵引索或运载索直径的 1/15,偏斜不得大于 1/1 000。

3 垂直导向轮的垂直度、水平导向轮的水平度或倾斜导向轮的倾斜度的允许偏差为 0.5/1 000。

8.5.10 双线循环式货运索道迂回轮的安装应符合下列规定:

1 直径为 5 m 或 6 m 的迂回轮,在现场组装后,直径的允许偏差为±6 mm,径向圆跳动不得大于 8 mm,端面圆跳动不得大于 10 mm。

2 迂回轮工作面与轨道中心线之间径向尺寸的允许偏差为±10 mm。

3 迂回轮校正合格后,应将底座焊牢在支座上。

8.5.11 双线循环式货运索道滚轮组的安装应符合下列规定:

1 每个滚轮的径向圆跳动和端面圆跳动,不得大于 2 mm;

2 滚轮轮缘与货车运行小车之间的间隙,不得大于 10 mm;

3 滚轮组应能保证货车无障碍通过;

4 滚轮组的曲率半径,应采用弦长不小于 1 500 mm 的弧形样板检查,与样板之间的间隙不得大于 2 mm;

5 滚轮组的曲率半径应与轨道的曲率半径相适应,径向尺寸的允许偏差为±5 mm;

6 垂直滚轮组各滚轮绳槽中心直线度的允许偏差应为牵引索直径的1/10;

7 垂直滚轮组绳槽中心线应与牵引索中心线吻合,偏移的最大横向值,不得大于牵引索直径的1/10;

8 水平滚轮组各滚轮绳槽中心平面对设计水平面的允许偏差应为牵引索直径的1/10;

9 滚轮组弧长范围内轨道顶部标高的允许偏差为±5 mm。

8.5.12 双线往复式客运索道滚子链的安装应符合下列规定:

1 在安装过程中导轨或滚子架的工作面,不得受到损伤。

2 导轨或滚子架工作面的曲率半径,应采用弦长不小于1.5 m的弧形样板检查,与样板之间的间隙不得大于1 mm。

3 导轨任意横截面的槽底轮廓线或固定滚子的工作母线水平度的允许偏差为3/1 000。

4 导轨或滚子架的接缝处,间隙不得大于1 mm,高差不得大于0.5 mm。

5 小链板滚轮中心线应与导轨及大链板导槽中心线吻合,滚轮运动时,滚轮不得损伤上、下导槽边缘。

6 大链板绳槽或固定滚子中心线应与承载索中心线吻合,偏移的最大横向值,不得大于承载索直径的1/20。

7 大链板绳槽中心或固定滚子工作面标高的允许偏差为±3 mm。

8 大链板绳槽与承载索表面或固定滚子工作面与承载索保护面宜相互接触;未接触处的间隙,不得大于1 mm。

9 扁钢或滚子架与预埋件的正式焊接,应在滚子链安装合格后进行。

10 采用双承载索的双线往复式客运索道,每个轨路中的双滚子链,除应符合本条第1款~9款的规定外,2个绳槽的间距和平行度的允许偏差为0~2 mm。同一横截面绳槽中心标高的允许偏差为±2 mm。

8.5.13 重锤的安装应符合下列规定:

1 导轨中心线对设计中心线的允许偏差为0~20 mm。

2 在全长范围内,导轨垂直度的允许偏差为0~10 mm。

3 导轨轨距的允许偏差为+50 mm。

4 导轨的接头应平整光滑。

5 重锤块应交错排列、互相靠紧、避免松动和防止掉落。

6 整体混凝土重锤应按设计施工,并应取样测定密度和强度。

7 重锤或重锤箱上的导向块与导轨之间上下左右的间隙应相等,当间隙不相等时,应调整重锤块的位置。

8 重锤或重锤箱在升降过程中不得出现卡阻现象。

9 牵引索或运载索重锤质量的允许偏差,货运索道为8/1 000;客运索道为4/1 000。

10 承载索重锤质量的允许偏差,货运索道为12/1 000;客运索道为6/1 000。

8.5.14 货车的安装应符合下列规定:

1 货车应按设计要求逐辆检查脱挂式抱索器的功能尺寸,不合格的货车不得交付安装。

2 吊架在纵、横向的各种变形不得大于5 mm;吊钩间距的允许偏差为0~3 mm;吊钩孔同轴度的允许偏差为0~2 mm。

3 货箱箱体的变形量,货箱口对角线长度之差不得大于5 mm,两端销轴同轴度的允许偏差为0~2 mm。

4 对于翻转式货车,应检查启闭机构的灵活性与可靠性以及货箱翻转的灵活性。

5 对于底卸式货车,应检查启闭机构和底板的灵活性与可靠性。

6 应对货车与站内轨道、道岔、吊钩、护轨、挡轨、导向板、装载、卸载、复位等设施的适应性进行检查。
　　7 货车应按顺序编号。
8.5.15 客车安装应符合下列规定：
　　1 双线往复车厢式索道客车的安装应符合下列规定：
　　　　1) 运行小车应先在地面进行检查，各车轮绳槽中心直线度的允许偏差应为运行小车总长的1/1 500和承载索直径的1/20。各车轮与小横梁或各大、小横梁之间，应无松动、无窜动、无碰剐、无卡阻。采用双承载索的客车，2个运行小车的间距和平行度的允许偏差为0～3 mm。
　　　　2) 牵引索末端套筒的连接，应符合本标准第8.1.8条的规定。
　　2 单线循环式索道客车的安装应符合下列规定：
　　　　1) 安全扶手、踏板或围栏，应能灵活动作；
　　　　2) 车门和车门机构应能灵活动作，并应与站内的开关门机构相协调；
　　　　3) 减振器、导向器等重要部件的安装，应符合设备技术文件的规定。
　　3 各种客车的导向器，应与站内的导向装置相协调。
　　4 应对各种客车与站内有关设施的适应性进行检查。
　　5 客车应按编号顺序安装。

9 索道工程试车与验收

9.1 试车

9.1.1 索道试车应在土建、设备安装工程完毕后，经检查已具备试车条件时进行。
9.1.2 索道无负荷试车，应由安装单位和主体设备供应方组织有关单位参加；索道负荷试车，应由建设单位组织有关单位参加。
9.1.3 无负荷试车应符合下列规定：
　　1 单机调试应符合下列规定：
　　　　1) 应从部件到组件、从组件到单机逐级调试，上一步骤未合格前，不得进行下一步骤的调试；
　　　　2) 驱动装置等设备的连续运转时间不得少于4 h，其中额定速度的运转时间不应少于运转时间的60%；
　　　　3) 驱动装置、液压拉紧装置等设备的液压与润滑系统的油压、油位和油温应正常。
　　2 在单机调试的基础上，应进行联动试车。联动试车累计试车时间不得少于4 h。
　　3 牵引索和运载索试车应符合下列规定：
　　　　1) 牵引索或运载索安装合格后，应由慢速至额定速度进行试车，累计试车时间不得少于4 h；
　　　　2) 牵引索或运载索在托、压索轮组上应稳定靠贴；
　　　　3) 相关设备及运行系统的工作应正常。
9.1.4 负荷试车应符合下列规定：
　　1 空车试车应符合下列规定：
　　　　1) 应从端站发一辆空车以慢速运行一圈，进行通过性检查；然后再以额定速度运行一圈，线路上和站内不得有任何阻碍。
　　　　2) 循环式索道应以额定运行速度，先从端站分别将空车按2倍设计车距布满全线运行一圈进行试车，再按设计车距全线布满空车进行试车。线路上布满空车累计运行时间，不得少于4 h。
　　　　3) 上一步骤未合格前，不得进行下一步骤的试车。

2 货运索道重车试车应符合下列规定：
 1) 在全线按设计车距布满空车的基础上，应由装载站发出一辆重车以额定运行速度进行通过性检查，净空尺寸应符合本标准第3.3节的有关规定；
 2) 在全线按设计车距布满空车的基础上，应先按4倍设计车距将重车布满重车侧线路，再按2倍直至设计车距将重车布满重车侧线路，并应以额定运行速度进行重车试车；
 3) 全过程累计试车的时间不得少于4 h；
 4) 在最不利缺车试车时，应检查驱动装置在启动和制动时的抗滑性能和电动机的过载、发热等情况。

3 往复式客运索道重车试车应符合下列规定：
 1) 应采用重物按设计载荷的25%、50%和100%分别进行试车；
 2) 控制系统应进行多次检测，并应检查超速、减速、越位、速度同步等监控装置的联锁性能；
 3) 客车制动器应按设计要求进行检测；
 4) 全过程累计试车的时间不得少于4 h。

4 循环式客运索道重车试车应符合下列规定：
 1) 应采用重物按设计载荷的25%、50%和100%分别进行试车；
 2) 应对控制系统进行检测，并应检查索道在25%、50%和100%载荷情况下的启动和制动性能，以及检查站内和线路监控装置的联锁性能；
 3) 全过程累计试车的时间，不得少于4 h。

9.1.5 客运索道试车期间，在满载情况下应进行紧急驱动运行试验；在索道线路适宜地段应对垂直救援设备的性能进行检查；对每一台水平救授设备应分别进行试验。

9.1.6 在整个试车过程中应进行记录。

9.2 试运行

9.2.1 索道的试运行应在联动负荷试车合格后进行。

9.2.2 索道试运行工作应由建设单位组织。

9.2.3 客运索道试运行不宜少于120 h；货运索道试运行不宜少于60 h。

9.3 工程验收

9.3.1 索道试运行结束后，可进行工程验收。

9.3.2 索道工程验收工作应由建设单位组织，有关单位参加。

9.3.3 索道工程验收时，应具备下列技术文件和资料：
 1 全套施工图及设计说明书；
 2 设计变更通知单；
 3 主要材料出厂合格证及检验报告；
 4 重要焊接部位的焊接试验记录；
 5 机电设备和钢丝绳出厂合格证；
 6 索道竣工测量成果；
 7 隐蔽工程验收文件；
 8 混凝土结构和钢结构工程验收备案文件；
 9 设备安装工程验收文件；
 10 接地电阻测试记录；
 11 各种套筒的试验记录、操作记录、检查结果和分布位置；
 12 牵引索或运载索的编接记录；

13 承载索、牵引索或运载索的挠度测量记录;
14 客车制动器的制动性能试验记录;
15 索道试车记录。

9.3.4 客运索道在有关责任方验收合格并试运行期满后,应进行安全检验,应在通过安全检验并取得运营许可证后正式投入运营。

9.3.5 货运索道应在工程验收后投入运营。

本标准用词说明

1 为便于在执行本标准条文时区别对待,对要求严格程度不同的用词说明如下:
   1) 表示很严格,非这样做不可的:
      正面词采用"必须",反面词采用"严禁";
   2) 表示严格,在正常情况下均应这样做的:
      正面词采用"应",反面词采用"不应"或"不得";
   3) 表示允许稍有选择,在条件许可时首先应这样做的:
      正面词采用"宜",反面词采用"不宜";
   4) 表示有选择,在一定条件下可以这样做的,采用"可"。
2 条文中指明应按其他有关标准执行的写法为:"应符合……的规定"或"应按……执行"。

引用标准名录

《建筑地基基础设计规范》GB 50007
《钢结构设计标准》GB 50017
《高耸结构设计标准》GB 50135
《构筑物抗震设计规范》GB 50191
《钢结构工程施工质量验收标准》GB 50205
《机械设备安装工程施工及验收通用规范》GB 50231
《承压设备无损检测 第3部分：超声检测》NB/T 47013.3

ICS 13.020
C 65

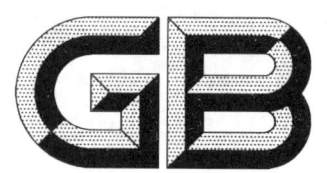

中华人民共和国国家标准

GB 2894—2008
代替 GB 2894—1996,GB 16179—1996,GB 18217—2000

安全标志及其使用导则

Safety signs and guideline for the use

2008-12-11 发布

2009-10-01 实施

中华人民共和国国家质量监督检验检疫总局
中国国家标准化管理委员会 发布

前　言

本标准的全部技术内容为强制性。

本标准参照国际标准化组织 ISO 7010 Graphical symbols—Safety colours and safety signs—Safety signs used in workplaces and public areas(图形符号——安全颜色和安全标志——工作场所和公共区域安全标志)，结合 GB/T 10001《标志用公共信息图形符号》和 GB 13495《消防安全标志》进行了修订、补充。

本标准对现行国家标准 GB 2894—1996《安全标志》、GB 16179—1996《安全标志使用导则》和 GB 18217—2000《激光安全标志》进行合并、修订。

本标准与 GB 2894—1996、GB 16179—1996 和 GB 18217—2000 相比，内容的变化主要有：

——按照 GB/T 1.1 的要求，将 GB 2894—1996、GB 16179—1996 和 GB 18217—2000 进行了合并、补充及修改，重新起草了标准文本；

——调整了标准的适用范围；

——新增加了 38 个图形符号：禁止叉车和厂内机动车辆通行、禁止推动、禁止伸出窗外、禁止倚靠、禁止坐卧、禁止蹬踏、禁止伸入、禁止开启无线移动通讯设备、禁止携带金属物或手表、禁止佩戴心脏起搏器者靠近标志、禁止植入金属材料者靠近、禁止游泳、禁止滑冰、禁止携带武器及仿真武器、禁止携带托运易燃及易爆物品、禁止携带托运毒物品及有害液体、禁止携带托运放射性及磁性物品、当心自动启动、当心碰头、当心挤压、当心夹手、当心有犬、当心高温表面、当心低温、当心磁场、当心叉车、当心跌落、当心落水、当心缝隙、必须配戴遮光护目镜、必须洗手、必须接地、必须拔出插头、应急避难场所、击碎板面、急救点、应急电话、紧急医疗站；

——对 5 个图形符号进行了修改：禁止触摸、禁止饮用、当心吊物、当心障碍物、当心滑倒；

——减少 1 个图形符号：当心瓦斯；

——规定了新增、修改后安全标志图形应设置的范围和地点、型号的选用、设置高度以及使用的要求等内容。

本标准自实施之日起，代替 GB 2894—1996、GB 16179—1996 和 GB 18217—2000。

本标准的附录 A、附录 B、附录 C 是规范性附录。

本标准由国家安全生产监督管理总局提出。

本标准由全国安全生产标准化技术委员会归口。

本标准起草单位：北京市劳动保护科学研究所、北京光电技术研究所。

本标准主要起草人：汪彤、代宝乾、王培怡、吴爱平、吕良海、白永强、陈晓玲、陈虹桥、谢昱姝、宋冰雪、阮继锋、卢永红、张晋、马云飞。

本标准所代替标准的历次版本发布情况为：

——GB 2894—1982、GB 2894—1988、GB 2894—1996；

——GB 16179—1996；

——GB 18217—2000。

安全标志及其使用导则

1 范围

本标准规定了传递安全信息的标志及其设置、使用的原则。

本标准适用于公共场所、工业企业、建筑工地和其他有必要提醒人们注意安全的场所。

2 规范性引用文件

下列文件中的条款通过本标准的引用而成为本标准的条款。凡是注日期的引用文件,其随后所有的修改单(不包括勘误的内容)或修订版均不适用于本标准,然而,鼓励根据本标准达成协议的各方研究是否可使用这些文件的最新版本。凡是不注日期的引用文件,其最新版本适用于本标准。

GB 2893　安全色

GB/T 10001(所有部分)标志用公共信息图形符号

GB 10436　作业场所微波辐射卫生标准

GB 10437　作业场所超高频辐射卫生标准

GB 12268—2005　危险货物品名表

GB/T 15566(所有部分)　公共信息导向系统　设置原则与要求

3 术语和定义

下列术语和定义适用于本标准。

3.1
安全标志　safety sign

用以表达特定安全信息的标志,由图形符号、安全色、几何形状(边框)或文字构成。

3.2
安全色　safety colour

传递安全信息含义的颜色,包括红、蓝、黄、绿四种颜色。

3.3
禁止标志　prohibition sign

禁止人们不安全行为的图形标志。

3.4
警告标志　warning sign

提醒人们对周围环境引起注意,以避免可能发生危险的图形标志。

3.5
指令标志　direction sign

强制人们必须做出某种动作或采用防范措施的图形标志。

3.6
提示标志　information sign

向人们提供某种信息(如标明安全设施或场所等)的图形标志。

3.7

说明标志 explanatory sign

向人们提供特定提示信息(标明安全分类或防护措施等)的标记,由几何图形边框和文字构成。

3.8

环境信息标志 environmental information sign

所提供的信息涉及较大区域的图形标志。标志种类代号:H。

3.9

局部信息标志 partial information sign

所提供的信息只涉及某地点,甚至某个设备或部件的图形标志。标志种类代号:J。

4 标志类型

安全标志分禁止标志、警告标志、指令标志和提示标志四大类型。

4.1 禁止标志

4.1.1 禁止标志的基本形式是带斜杠的圆边框,如图 1 所示。

4.1.2 禁止标志基本型式的参数:

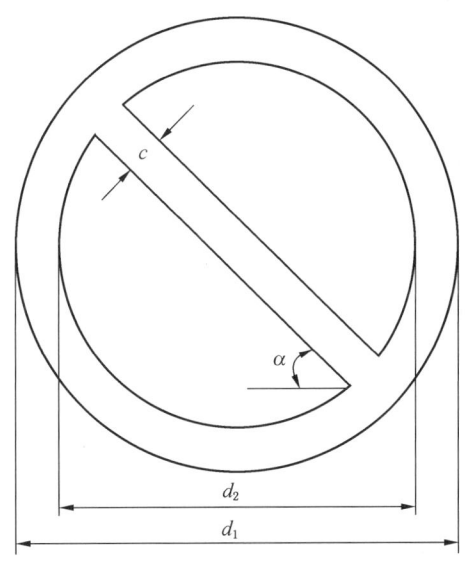

图 1 禁止标志的基本型式

外径 $d_1=0.025L$;

内径 $d_2=0.800d_1$;

斜杠宽 $c=0.080d_1$;

斜杠与水平线的夹角 $\alpha=45°$;

L 为观察距离(见附录 A)。

4.1.3 禁止标志,如表 1。

表 1 禁止标志

编号	图形标志	名称	标志种类	设置范围和地点
1-1		禁止吸烟 No smoking	H	有甲、乙、丙类火灾危险物质的场所和禁止吸烟的公共场所等,如:木工车间、油漆车间、沥青车间、纺织厂、印染厂等
1-2		禁止烟火 No burning	H	有甲、乙类、丙类火灾危险物质的场所,如:面粉厂、煤粉厂、焦化厂、施工工地等
1-3		禁止带火种 No kindling	H	有甲类火灾危险物质及其他禁止带火种的各种危险场所,如:炼油厂、乙炔站、液化石油气站、煤矿井内、林区、草原等
1-4		禁止用水灭火 No extinguishing with water	H,J	生产、储运、使用中有不准用水灭火的物质的场所,如:变压器室、乙炔站、化工药品库、各种油库等
1-5		禁止放置易燃物 No laying inflammable thing	H,J	具有明火设备或高温的作业场所,如:动火区,各种焊接、切割、锻造、浇注车间等场所

表 1（续）

编号	图形标志	名称	标志种类	设置范围和地点
1-6		禁止堆放 No stocking	J	消防器材存放处、消防通道及车间主通道等
1-7		禁止启动 No starting	J	暂停使用的设备附近，如：设备检修、更换零件等
1-8		禁止合闸 No switching on	J	设备或线路检修时，相应开关附近
1-9		禁止转动 No turning	J	检修或专人定时操作的设备附近
1-10		禁止叉车和厂内机动车辆通行 No access for fork lift trucks and other industrial vehicles	J，H	禁止叉车和其他厂内机动车辆通行的场所

311

表 1（续）

编号	图形标志	名称	标志种类	设置范围和地点
1-11		禁止乘人 No riding	J	乘人易造成伤害的设施，如：室外运输吊篮、外操作载货电梯框架等
1-12		禁止靠近 No nearing	J	不允许靠近的危险区域，如：高压试验区、高压线、输变电设备的附近
1-13		禁止入内 No entering	J	易造成事故或对人员有伤害的场所，如：高压设备室、各种污染源等入口处
1-14		禁止推动 No pushing	J	易于倾倒的装置或设备，如车站屏蔽门等
1-15		禁止停留 No stopping	H,J	对人员具有直接危害的场所，如：粉碎场地、危险路口、桥口等处

表 1（续）

编号	图形标志	名称	标志种类	设置范围和地点
1-16		禁止通行 No throughfare	H,J	有危险的作业区，如：起重、爆破现场，道路施工工地等
1-17		禁止跨越 No striding	J	禁止跨越的危险地段，如：专用的运输通道、带式输送机和其他作业流水线，作业现场的沟、坎、坑等
1-18		禁止攀登 No climbing	J	不允许攀爬的危险地点，如：有坍塌危险的建筑物、构筑物、设备旁
1-19		禁止跳下 No jumping down	J	不允许跳下的危险地点，如：深沟、深池、车站站台及盛装过有毒物质、易产生窒息气体的槽车、贮罐、地窖等处
1-20		禁止伸出窗外 No stretching out of the window	J	易于造成头手伤害的部位或场所，如公交车窗、火车车窗等

表 1（续）

编号	图形标志	名称	标志种类	设置范围和地点
1-21		禁止倚靠 No leaning	J	不能依靠的地点或部位，如列车车门、车站屏蔽门、电梯轿门等
1-22		禁止坐卧 No sitting	J	高温、腐蚀性、塌陷、坠落、翻转、易损等易于造成人员伤害的设备设施表面
1-23		禁止蹬踏 No stepping on surface	J	高温、腐蚀性、塌陷、坠落、翻转、易损等易于造成人员伤害的设备设施表面
1-24		禁止触摸 No touching	J	禁止触摸的设备或物体附近，如：裸露的带电体，炽热物体，具有毒性、腐蚀性物体等处
1-25		禁止伸入 No reaching in	J	易于夹住身体部位的装置或场所，如有开口的传动机、破碎机等

表 1（续）

编号	图形标志	名称	标志种类	设置范围和地点
1-26		禁止饮用 No drinking	J	禁止饮用水的开关处，如：循环水、工业用水、污染水等
1-27		禁止抛物 No tossing	J	抛物易伤人的地点，如：高处作业现场、深沟（坑）等
1-28		禁止戴手套 No putting on gloves	J	戴手套易造成手部伤害的作业地点，如：旋转的机械加工设备附近
1-29		禁止穿化纤服装 No putting on chemical fibre clothings	H	有静电火花会导致灾害或有炽热物质的作业场所，如：冶炼、焊接及有易燃易爆物质的场所等
1-30		禁止穿带钉鞋 No putting on spikes	H	有静电火花会导致灾害或有触电危险的作业场所，如：有易燃易爆气体或粉尘的车间及带电作业场所

表 1（续）

编号	图形标志	名称	标志种类	设置范围和地点
1-31		禁止开启无线移动通讯设备 No activated mobile phones	J	火灾、爆炸场所以及可能产生电磁干扰的场所，如加油站、飞行中的航天器、油库、化工装置区等
1-32		禁止携带金属物或手表 No metallic articles or watches	J	易受到金属物品干扰的微波和电磁场所，如磁共振室等
1-33		禁止佩戴心脏起搏器者靠近 No access for persons with pacemakers	J	安装人工起搏器者禁止靠近高压设备、大型电机、发电机、电动机、雷达和有强磁场设备等
1-34		禁止植入金属材料者靠近 No access for persons with metallic implants	J	易受到金属物品干扰的微波和电磁场所，如磁共振室等
1-35		禁止游泳 No swimming	H	禁止游泳的水域

表 1（续）

编号	图形标志	名称	标志种类	设置范围和地点
1-36		禁止滑冰 No skating	H	禁止滑冰的场所
1-37		禁止携带武器及 仿真武器 No carrying weapons and emulating weapons	H	不能携带和托运武器、凶器及仿真武器的场所或交通工具,如飞机等
1-38		禁止携带托运易燃 及易爆物品 No carrying flammable and explosive materials	H	不能携带和托运易燃、易爆物品及其他危险品的场所或交通工具,如火车、飞机、地铁等
1-39		禁止携带托运有毒物 品及有害液体 No carrying poisonous materials and harmful liquid	H	不能携带托运有毒物品及有害液体的场所或交通工具,如火车、飞机、地铁等
1-40		禁止携带托运放射 性及磁性物品 No carrying radioactive and magnetic materials	H	不能携带托运放射性及磁性物品的场所或交通工具,如火车、飞机、地铁等

4.2 警告标志

4.2.1 警告标志的基本型式是正三角形边框,如图 2 所示。

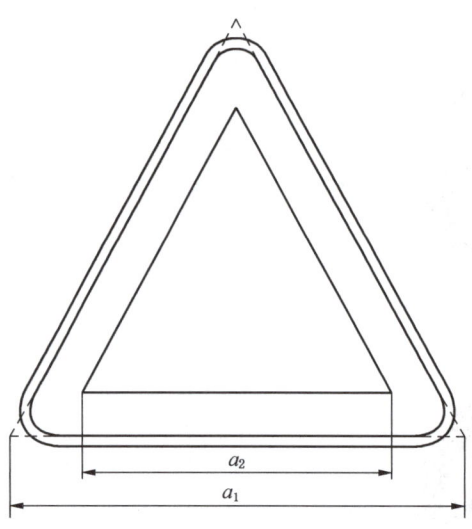

图 2　警告标志的基本型式

4.2.2 警告标志基本型式的参数：

外边 $a_1=0.034L$；

内边 $a_2=0.700a_1$；

边框外角圆弧半径 $r=0.080a_2$；

L 为观察距离(见附录 A)。

4.2.3 警告标志,如表 2。

表 2　警告标志

编号	图形标志	名称	标志种类	设置范围和地点
2-1		注意安全 Warning danger	H,J	易造成人员伤害的场所及设备等
2-2		当心火灾 Warning fire	H,J	易发生火灾的危险场所,如:可燃性物质的生产、储运、使用等地点
2-3		当心爆炸 Warning explosion	H,J	易发生爆炸危险的场所,如易燃易爆物质的生产、储运、使用或受压容器等地点

表 2（续）

编号	图形标志	名称	标志种类	设置范围和地点
2-4		当心腐蚀 Warning corrosion	J	有腐蚀性物质（GB 12268—2005 中第 8 类所规定的物质）的作业地点
2-5		当心中毒 Warning poisoning	H,J	剧毒品及有毒物质（GB 12268—2005 中第 6 类第 1 项所规定的物质）的生产、储运及使用场所
2-6		当心感染 Warning infection	H,J	易发生感染的场所，如：医院传染病区；有害生物制品的生产、储运、使用等地点
2-7		当心触电 Warning electric shock	J	有可能发生触电危险的电器设备和线路，如：配电室、开关等
2-8		当心电缆 Warning cable	J	有暴露的电缆或地面下有电缆处施工的地点
2-9		当心自动启动 Warning automatic start-up	J	配有自动启动装置的设备

表 2（续）

编号	图形标志	名称	标志种类	设置范围和地点
2-10		当心机械伤人 Warning mechanical injury	J	易发生机械卷入、轧压、碾压、剪切等机械伤害的作业地点
2-11		当心塌方 Warning collapse	H,J	有塌方危险的地段、地区，如：堤坝及土方作业的深坑、深槽等
2-12		当心冒顶 Warning roof fall	H,J	具有冒顶危险的作业场所，如：矿井、隧道等
2-13		当心坑洞 Warning hole	J	具有坑洞易造成伤害的作业地点，如：构件的预留孔洞及各种深坑的上方等
2-14		当心落物 Warning falling objects	J	易发生落物危险的地点，如：高处作业、立体交叉作业的下方等
2-15		当心吊物 Warning overhead load	J,H	有吊装设备作业的场所，如：施工工地、港口、码头、仓库、车间等

GB 2894—2008 安全标志及其使用导则

表 2（续）

编号	图形标志	名称	标志种类	设置范围和地点
2-16		当心碰头 Warning overhead obstacles	J	有产生碰头的场所
2-17		当心挤压 Warning crushing	J	有产生挤压的装置、设备或场所，如自动门、电梯门、车站屏蔽门等
2-18		当心烫伤 Warning scald	J	具有热源易造成伤害的作业地点，如：冶炼、锻造、铸造、热处理车间等
2-19		当心伤手 Warning injure hand	J	易造成手部伤害的作业地点，如：玻璃制品、木制加工、机械加工车间等
2-20		当心夹手 Warning hands pinching	J	有产生挤压的装置、设备或场所，如自动门、电梯门、列车车门等
2-21		当心扎脚 Warning splinter	J	易造成脚部伤害的作业地点，如：铸造车间、木工车间、施工工地及有尖角散料等处

321

表 2（续）

编号	图形标志	名称	标志种类	设置范围和地点
2-22		当心有犬 Warning guard dog	H	有犬类作为保卫的场所
2-23		当心弧光 Warning arc	H,J	由于弧光造成眼部伤害的各种焊接作业场所
2-24		当心高温表面 Warning hot surface	J	有灼烫物体表面的场所
2-25		当心低温 Warning low temperature/ freezing conditions	J	易于导致冻伤的场所，如冷库、气化器表面、存在液化气体的场所等
2-26		当心磁场 Warning magnetic field	J	有磁场的区域或场所，如高压变压器、电磁测量仪器附近等
2-27		当心电离辐射 Warning ionizing radiation	H,J	能产生电离辐射危害的作业场所，如：生产、储运、使用 GB 12268—2005 规定的第 7 类物质的作业区

GB 2894—2008 安全标志及其使用导则

表2（续）

编号	图形标志	名称	标志种类	设置范围和地点
2-28		当心裂变物质 Warning fission matter	J	具有裂变物质的作业场所，如：其使用车间、储运仓库、容器等
2-29		当心激光 Warning laser	H,J	有激光产品和生产、使用、维修激光产品的场所（激光辐射警告标志常用尺寸规格见附录B）
2-30		当心微波 Warning microwave	H	凡微波场强超过 GB 10436、GB 10437 规定的作业场所
2-31		当心叉车 Warning fork lift trucks	J,H	有叉车通行的场所
2-32		当心车辆 Warning vehicle	J	厂内车、人混合行走的路段，道路的拐角处，平交路口；车辆出入较多的厂房、车库等出入口处
2-33		当心火车 Warning train	J	厂内铁路与道路平交路口，厂（矿）内铁路运输线等

323

表 2（续）

编号	图形标志	名称	标志种类	设置范围和地点
2-34		当心坠落 Warning drop down	J	易发生坠落事故的作业地点，如：脚手架、高处平台、地面的深沟（池、槽）、建筑施工、高处作业场所等
2-35		当心障碍物 Warning obstacles	J	地面有障碍物，绊倒易造成伤害的地点
2-36		当心跌落 Warning drop(fall)	J	易于跌落的地点，如：楼梯、台阶等
2-37		当心滑倒 Warning slippery surface	J	地面有易造成伤害的滑跌地点，如：地面有油、冰、水等物质及滑坡处
2-38		当心落水 Warning falling into water	J	落水后可能产生淹溺的场所或部位，如城市河流、消防水池等
2-39		当心缝隙 Warning gap	J	有缝隙的装置、设备或场所，如自动门、电梯门、列车等

4.3 指令标志

4.3.1 指令标志的基本型式是圆形边框,如图3所示。

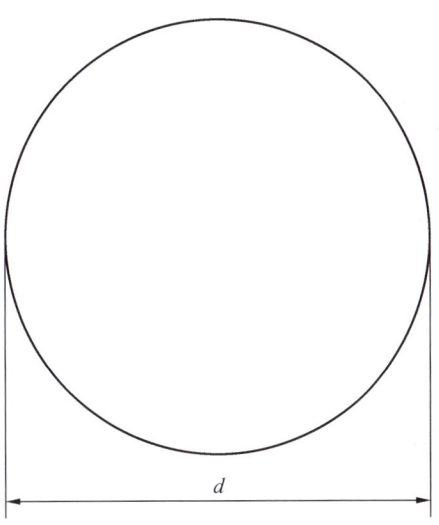

图 3 指令标志的基本型式

4.3.2 指令标志基本型式的参数:

直径 $d=0.025L$;

L 为观察距离(见附录A)。

4.3.3 指令标志,如表3。

表 3 指令标志

编号	图形标志	名 称	标志种类	设置范围和地点
3-1		必须戴防护眼镜 Must wear protective goggles	H,J	对眼睛有伤害的各种作业场所和施工场所
3-2		必须配戴遮光护目镜 Must wear opaque eye protection	J,H	存在紫外、红外、激光等光辐射的场所,如电气焊等

表 3（续）

编号	图形标志	名　称	标志种类	设置范围和地点
3-3		必须戴防尘口罩 Must wear dustproof mask	H	具有粉尘的作业场所，如：纺织清花车间、粉状物料拌料车间以及矿山凿岩处等
3-4		必须戴防毒面具 Must wear gas defence mask	H	具有对人体有害的气体、气溶胶、烟尘等作业场所，如：有毒物散发的地点或处理由毒物造成的事故现场
3-5		必须戴护耳器 Must wear ear protector	H	噪声超过 85 dB 的作业场所，如：铆接车间、织布车间、射击场、工程爆破、风动掘进等处
3-6		必须戴安全帽 Must wear safety helmet	H	头部易受外力伤害的作业场所，如：矿山、建筑工地、伐木场、造船厂及起重吊装处等
3-7		必须戴防护帽 Must wear protective cap	H	易造成人体碾绕伤害或有粉尘污染头部的作业场所，如：纺织、石棉、玻璃纤维以及具有旋转设备的机加工车间等
3-8		必须系安全带 Must fastened safety belt	H,J	易发生坠落危险的作业场所，如：高处建筑、修理、安装等地点

表 3（续）

编号	图形标志	名　称	标志种类	设置范围和地点
3-9		必须穿救生衣 Must wear life jacket	H,J	易发生溺水的作业场所，如：船舶、海上工程结构物等
3-10		必须穿防护服 Must wear protective clothes	H	具有放射、微波、高温及其他需穿防护服的作业场所
3-11		必须戴防护手套 Must wear protective gloves	H,J	易伤害手部的作业场所，如：具有腐蚀、污染、灼烫、冰冻及触电危险的作业等地点
3-12		必须穿防护鞋 Must wear protective shoes	H,J	易伤害脚部的作业场所，如：具有腐蚀、灼烫、触电、砸（刺）伤等危险的作业地点
3-13		必须洗手 Must wash your hands	J	接触有毒有害物质作业后
3-14		必须加锁 Must be locked	J	剧毒品、危险品库房等地点

表 3（续）

编号	图形标志	名称	标志种类	设置范围和地点
3-15		必须接地 Must connect an earth terminal to the ground	J	防雷、防静电场所
3-16		必须拔出插头 Must disconnect mains plug from electrical outlet	J	在设备维修、故障、长期停用、无人值守状态下

4.4 提示标志

4.4.1 提示标志的基本型式是正方形边框，如图 4 所示。

图 4 提示标志的基本型式

4.4.2 提示标志基本型式的参数：

边长 $a=0.025L$，

L 为观察距离（见附录 A）。

4.4.3 提示标志，如表 4。

GB 2894—2008 安全标志及其使用导则

表 4 提示标志

编号	图形标志	名　　称	标志种类	设置范围和地点
4-1		紧急出口 Emergent exit	J	便于安全疏散的紧急出口处，与方向箭头结合设在通向紧急出口的通道、楼梯口等处
4-2		避险处 Haven	J	铁路桥、公路桥、矿井及隧道内躲避危险的地点
4-3		应急避难场所 Evacuation assembly point	H	在发生突发事件时用于容纳危险区域内疏散人员的场所，如公园、广场等
4-4		可动火区 Flare up region	J	经有关部门划定的可使用明火的地点

表 4（续）

编号	图形标志	名 称	标志种类	设置范围和地点
4-5		击碎板面 Break to obtain access	J	必须击开板面才能获得出口
4-6		急救点 First aid	J	设置现场急救仪器设备及药品的地点
4-7		应急电话 Emergency telephone	J	安装应急电话的地点
4-8		紧急医疗站 Doctor	J	有医生的医疗救助场所

4.4.4 提示标志的方向辅助标志：

提示标志提示目标的位置时要加方向辅助标志。按实际需要指示左向时，辅助标志应放在图形标志的左方；如指示右向时，则应放在图形标志的右方，如图 5。

图 5 应用方向辅助标志示例

4.5 文字辅助标志

4.5.1 文字辅助标志的基本型式是矩形边框。

4.5.2 文字辅助标志有横写和竖写两种形式。

4.5.2.1 横写时,文字辅助标志写在标志的下方,可以和标志连在一起,也可以分开。

禁止标志、指令标志为白色字;警告标志为黑色字。禁止标志、指令标志衬底色为标志的颜色,警告标志衬底色为白色,如图6。

4.5.2.2 竖写时,文字辅助标志写在标志杆的上部。

禁止标志、警告标志、指令标志、提示标志均为白色衬底,黑色字。

标志杆下部色带的颜色应和标志的颜色相一致。如图7。

图 6 横写的文字辅助标志

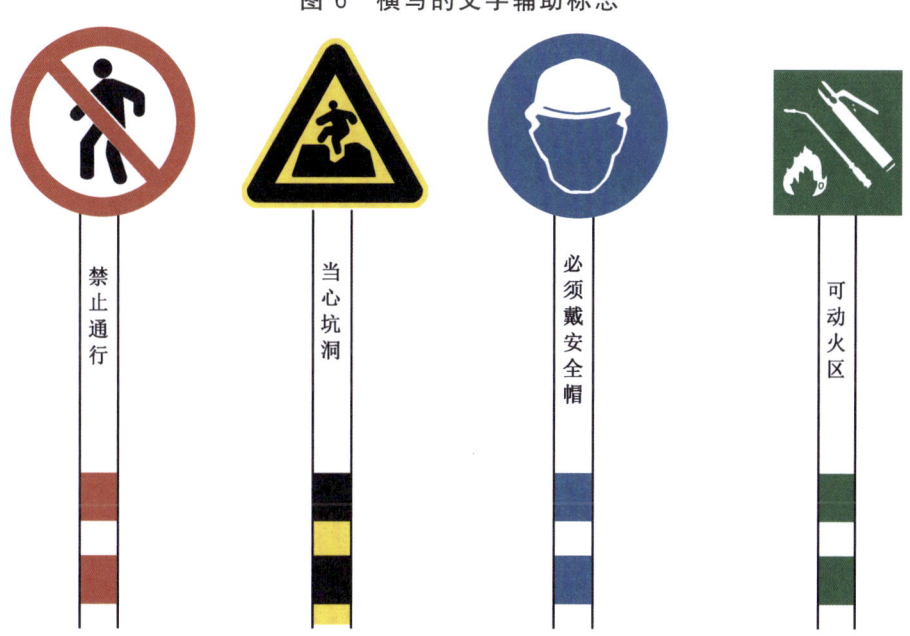

图 7 竖写在标志杆上部的文字辅助标志

4.5.2.3 文字字体均为黑体字。

4.6 激光辐射窗口标志和说明标志

激光辐射窗口标志和说明标志应配合"当心激光"警告标志使用,说明标志包括激光产品辐射分类说明标志和激光辐射场所安全说明标志,激光辐射窗口标志和说明标志的图形、尺寸和使用方法见附录C。

5 颜色

安全标志所用的颜色应符合 GB 2893 规定的颜色。

6 安全标志牌的要求

6.1 标志牌的衬边

安全标志牌要有衬边。除警告标志边框用黄色勾边外,其余全部用白色将边框勾一窄边,即为安全标志的衬边,衬边宽度为标志边长或直径的 0.025 倍。

6.2 标志牌的材质

安全标志牌应采用坚固耐用的材料制作,一般不宜使用遇水变形、变质或易燃的材料。有触电危险的作业场所应使用绝缘材料。

6.3 标志牌表面质量

标志牌应图形清楚,无毛刺、孔洞和影响使用的任何疵病。

7 标志牌的型号选用(型号见附录A)

7.1 工地、工厂等的入口处设 6 型或 7 型。
7.2 车间入口处、厂区内和工地内设 5 型或 6 型。
7.3 车间内设 4 型或 5 型。
7.4 局部信息标志牌设 1 型、2 型或 3 型。

无论厂区或车间内,所设标志牌其观察距离不能覆盖全厂或全车间面积时,应多设几个标志牌。

8 标志牌的设置高度

标志牌设置的高度,应尽量与人眼的视线高度相一致。悬挂式和柱式的环境信息标志牌的下缘距地面的高度不宜小于 2 m;局部信息标志的设置高度应视具体情况确定。

9 安全标志牌的使用要求

9.1 标志牌应设在与安全有关的醒目地方,并使大家看见后,有足够的时间来注意它所表示的内容。环境信息标志宜设在有关场所的入口处和醒目处;局部信息标志应设在所涉及的相应危险地点或设备(部件)附近的醒目处。激光产品和激光作业场所安全标志的使用见附录C。
9.2 标志牌不应设在门、窗、架等可移动的物体上,以免标志牌随母体物体相应移动,影响认读。标志牌前不得放置妨碍认读的障碍物。

9.3 标志牌的平面与视线夹角应接近90°,观察者位于最大观察距离时,最小夹角不低于75°,如图8。

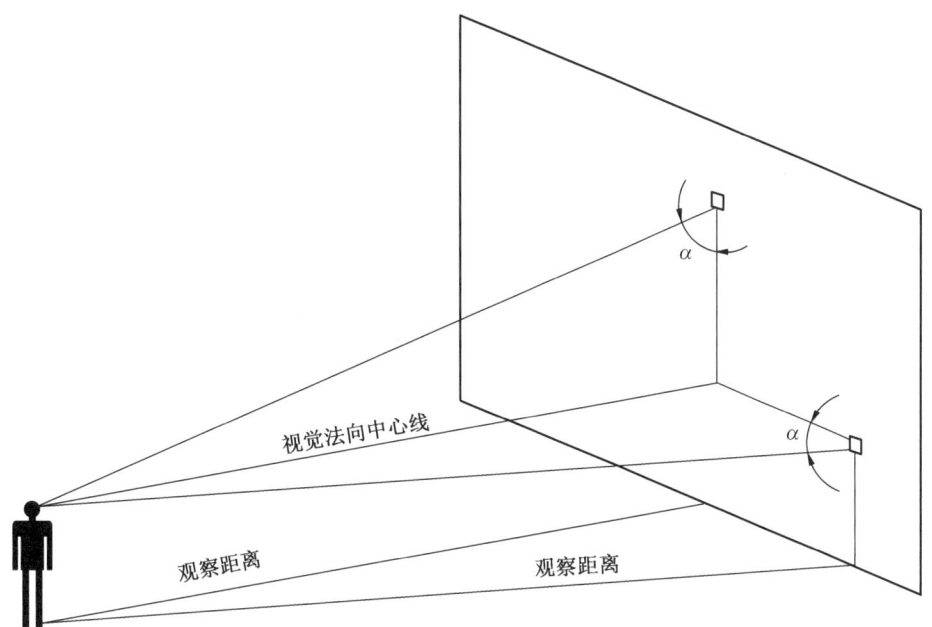

图 8　标志牌平面与视线夹角 α 不低于 75°

9.4 标志牌应设置在明亮的环境中。

9.5 多个标志牌在一起设置时,应按警告、禁止、指令、提示类型的顺序,先左后右、先上后下地排列。

9.6 标志牌的固定方式分附着式、悬挂式和柱式三种。悬挂式和附着式的固定应稳固不倾斜,柱式的标志牌和支架应牢固地联接在一起。

9.7 其他要求应符合 GB/T 15566 的规定。

10　检查与维修

10.1 安全标志牌至少每半年检查一次,如发现有破损、变形、褪色等不符合要求时应及时修整或更换。

10.2 在修整或更换激光安全标志时应有临时的标志替换,以避免发生意外的伤害。

附 录 A
（规范性附录）
安全标志牌的尺寸

表 A.1 安全标志牌的尺寸

单位为米

型号	观察距离 L	圆形标志的外径	三角形标志的外边长	正方形标志的边长
1	$0<L\leqslant 2.5$	0.070	0.088	0.063
2	$2.5<L\leqslant 4.0$	0.110	0.142 0	0.100
3	$4.0<L\leqslant 6.3$	0.175	0.220	0.160
4	$6.3<L\leqslant 10.0$	0.280	0.350	0.250
5	$10.0<L\leqslant 16.0$	0.450	0.560	0.400
6	$16.0<L\leqslant 25.0$	0.700	0.880	0.630
7	$25.0<L\leqslant 40.0$	1.110	1.400	1.000
注：允许有3%的误差。				

附 录 B
（规范性附录）
激光辐射警告标志的尺寸

激光辐射警告标志如图 B.1 所示，常用尺寸规格见表 B.1。

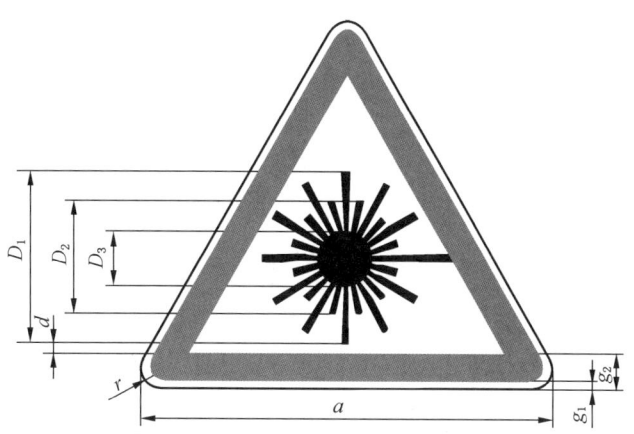

图 B.1 激光辐射警告标志的图形与尺寸

表 B.1 常用尺寸规格

单位为毫米

a	g_1	g_2	r	D_1	D_2	D_3	d
25	0.5	1.5	1.25	10.5	7	3.5	0.5
50	1	3	2.5	21	14	7	1
100	2	6	5	42	28	14	2
150	3	9	7.5	63	42	21	3
200	4	12	10	84	56	28	4
400	8	24	20	168	112	56	8
600	12	36	30	252	168	84	12

注1：尺寸 D_1、D_2、D_3、g_1 和 d 都是推荐值。
注2：能够理解标记的最大距离 L 与标记最小面积 A 之间的关系由公式给出：$A=L^2/2\ 000$，式中 A 和 L 分别用平方米和米表示。这个公式适用于 L 小于 50 m 的情况。
注3：这些尺寸都是推荐值。只要和这些推荐值成比例，符号和边界清晰易读，并与激光产品要求的尺寸相符合。

附 录 C
（规范性附录）
激光辐射窗口标志、说明标志及其使用

C.1 激光辐射窗口标志

C.1.1 激光辐射窗口标志为带说明文字的长方形（见图 C.1），其位置应在紧贴"当心激光"警告标志下边界的正下方。

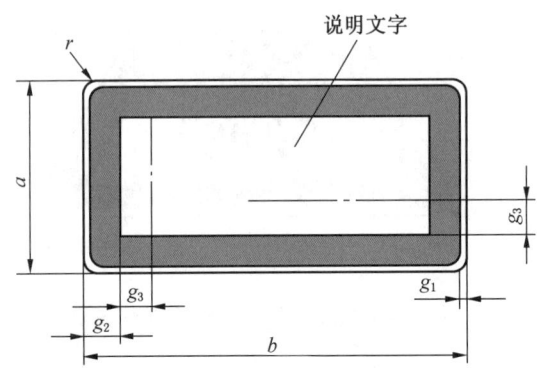

图 C.1 激光辐射窗口标志的图形与尺寸

C.1.2 激光辐射窗口标志说明文字为：

激光窗口

或

避免受到从该窗口出射的

激光辐射

C.1.3 激光辐射窗口标志说明文字应写在激光辐射窗口标志规定的长方形边框中（见图 C.1），文字的位置在激光辐射窗口标志 g_3 尺寸规定的虚线框内。

C.1.4 激光辐射窗口的常用尺寸规格见表 C.1。

表 C.1 常用尺寸规格

单位为毫米

$a \times b$	g_1	g_2	g_3	r	文字的最小字号
26×52	1	4	4	2	
52×105	1.6	5	5	3.2	
74×148	2	6	7.5	4	
100×250	2.5	8	12.5	5	
140×200	2.5	10	10	5	文字的最小字号的大小必须能复制清楚
140×250	2.5	10	12.5	5	
140×400	3	10	20	6	
200×250	3	12	12.5	6	
200×400	3	12	20	6	
250×400	4	15	25	8	

C.2 激光产品辐射分类说明标志

激光产品辐射分类说明标志为带说明文字的长方形(见图 C.1),图形、尺寸、文字位置同 C.1.1、C.1.3、C.1.4 的规定。说明文字的内容必须严格按照不同的辐射分类给予说明。

C.2.1 对可能达到 2 类激光产品辐射分类标志的说明文字为:

激光辐射

勿直视激光束

2 类激光产品

C.2.2 对可能达到 3A 类激光产品辐射标志的说明文字为:

激光辐射

勿直视或通过光学仪器观察激光束

3A 类激光产品

C.2.3 对可能达到 3B 类激光产品辐射标志的说明文字为:

激光辐射

避免激光束照射

3B 类激光产品

C.2.4 对可能达到 4 类激光辐射标志的说明文字为:

激光辐射

避免眼或皮肤受到直射和散射照射

4 类激光产品

C.2.5 2 类以上(包括 2 类)激光产品辐射分类标志的说明文字还应标明激光辐射的发射波长、脉冲宽度(如果脉冲激光输出)等信息。这些信息可以写在激光分类的下方或独立写在说明标志规定的长方形边框内。

C.2.6 说明文字中"激光辐射"一词对于波长在 400 nm～700 nm(可见)范围内的激光辐射注明"可见激光辐射";对于波长在 400 nm～700 nm 范围之外的激光辐射应注明"不可见激光辐射"。

C.3 激光辐射场所安全说明标志

C.3.1 激光辐射场所安全说明标志为带说明文字的长方形(见图 C.1),图形、尺寸、文字位置同 C.1.1、C.1.3、C.1.4 的规定。说明文字的内容按照不同的辐射分类给予相应的说明。

C.3.2 对可能达到 3B 类激光辐射场所说明标志的说明文字为:

激光辐射

避免激光束照射

或者(也可同时)采用:

激光工作

进入时请戴好防护镜

C.3.3 对可能达到 4 类激光辐射标志的说明文字为:

激光辐射

避免眼或皮肤受到直射和散射激光的照射

或者(也可同时)采用:

激光工作

未经允许不得入内

C.4 激光产品和激光作业场所安全标志的使用

C.4.1 激光产品安全标志的使用

C.4.1.1 对所有可能达到 2 类的激光产品都必须有激光安全标志。每台设备必须同时具有激光警告标志、激光安全分类说明标志和激光窗口标志,激光产品安全标志使用实例见图 C.2。

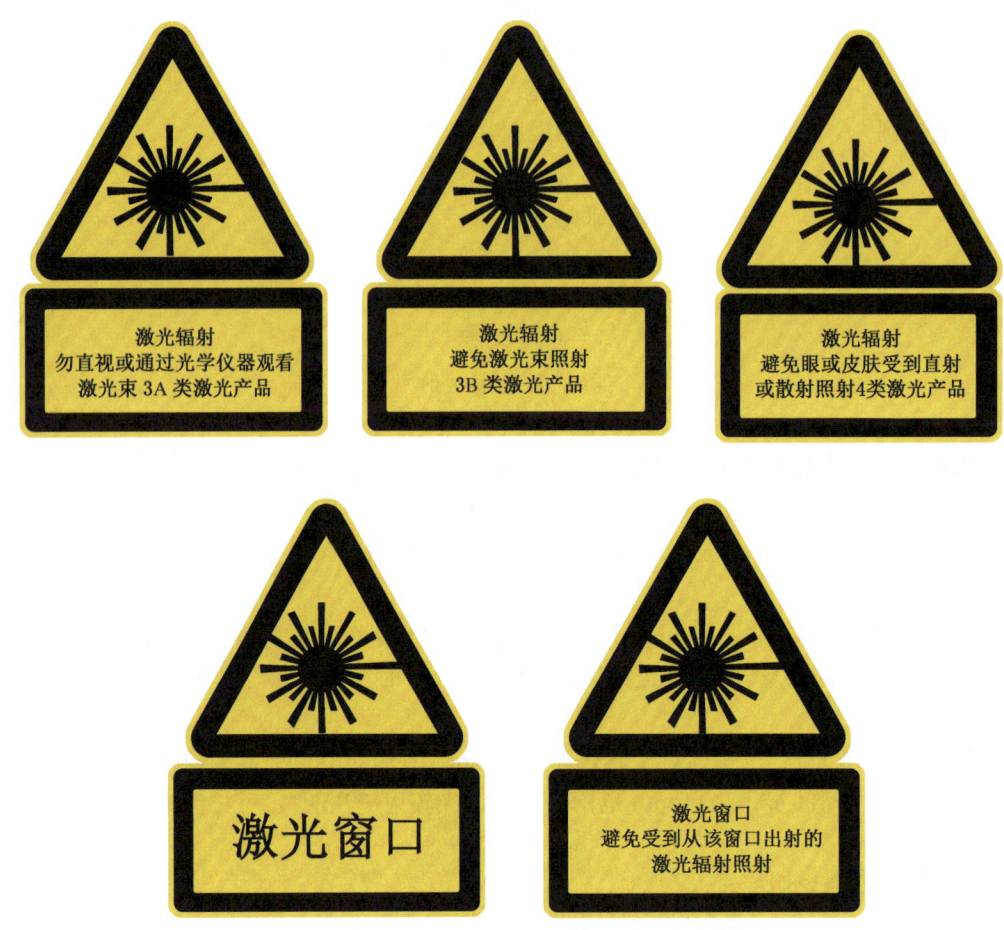

图 C.2 激光产品安全标志使用实例

C.4.1.2 激光安全标志的粘贴位置必须是人员不受到超过 1 类辐射就能清楚看到的地方。激光分类说明标志应置于激光警告标志的正下方,激光窗口标志应置于激光出光口的附近(3 类和 4 类激光产品应在所有可能达到 2 类的激光辐射窗口贴上窗口标志)。

C.4.1.3 若激光产品的尺寸或设计不便于装贴,应将标志作为附件一起提供给用户。

C.4.2 激光作业场所安全标志的使用

C.4.2.1 对所有 3B 类和 4 类激光产品工作的场所都必须有激光安全标志。可以单独使用激光警告标志,或者同时使用激光警告标志与激光辐射场所安全分类说明标志,此时激光辐射场所分类说明标志应置于激光警告标志的正下方。

C.4.2.2 在 3A 类激光产品作为测量、准直、调平使用时的场所应设置激光安全标志。

C.4.2.3 激光安全标志的装贴位置必须是激光防护区域的明显位置,人员不受到超过 1 类辐射就能够注意到标志并知道所示的内容。在所设标志不能覆盖整个工作区域时,应设置多个标志。

C.4.2.4 永久性的激光防护区域应在出入口处设置激光安全标志,在由活动挡板、护栏围成的临时防护区除在出入口处必须设置激光安全标志外,还必须在每一块构成防护围栏和隔挡板的可移动部位或检修接头处设置激光安全标志,以防止这些板块分开或接头断开时人员受到有害激光辐射。

中 文 索 引

中文名称	标志编号	中文名称	标志编号
避险处	4-2	当心夹手	2-20
必须拔出插头	3-16	当心坑洞	2-13
必须穿防护服	3-10	当心挤压	2-17
必须穿防护鞋	3-12	当心裂变物质	2-28
必须穿救生衣	3-9	当心落水	2-38
必须加锁	3-14	当心落物	2-14
必须接地	3-15	当心冒顶	2-12
必须戴安全帽	3-6	当心碰头	2-16
必须戴防尘口罩	3-3	当心伤手	2-19
必须戴防毒面具	3-4	当心塌方	2-11
必须戴防护帽	3-7	当心烫伤	2-18
必须戴防护手套	3-11	当心微波	2-30
必须戴防护眼镜	3-1	当心有犬	2-22
必须戴护耳器	3-5	当心扎脚	2-21
必须系安全带	3-8	当心障碍物	2-35
必须配戴遮光护目镜	3-2	当心中毒	2-5
必须洗手	3-13	当心坠落	2-34
当心爆炸	2-3	当心自动启动	2-9
当心叉车	2-31	急救点	4-6
当心车辆	2-32	击碎板面	4-5
当心磁场	2-26	紧急出口	4-1
当心触电	2-7	紧急医疗站	4-8
当心低温	2-25	禁止叉车和厂内机动车辆通行	1-10
当心电缆	2-8	禁止乘人	1-11
当心电离辐射	2-27	禁止触摸	1-24
当心吊物	2-15	禁止穿带钉鞋	1-30
当心跌落	2-36	禁止穿化纤服装	1-29
当心缝隙	2-39	禁止带火种	1-3
当心滑倒	2-37	禁止戴手套	1-28
当心腐蚀	2-4	禁止蹬踏	1-23
当心感染	2-6	禁止堆放	1-6
当心高温表面	2-24	禁止放置易燃物	1-5
当心弧光	2-23	禁止合闸	1-8
当心火车	2-33	禁止滑冰	1-36
当心火灾	2-2	禁止开启无线移动通讯设备	1-31
当心激光	2-29	禁止跨越	1-17
当心机械伤人	2-10	禁止靠近	1-12

中文名称	标志编号	中文名称	标志编号
禁止攀登	1-18	禁止携带武器及仿真武器	1-37
禁止佩戴心脏起搏器者靠近	1-33	禁止携带托运放射性及磁性物品	1-40
禁止抛物	1-27	禁止烟火	1-2
禁止启动	1-7	禁止倚靠	1-21
禁止入内	1-13	禁止饮用	1-26
禁止伸出窗外	1-20	禁止用水灭火	1-4
禁止伸入	1-25	禁止游泳	1-35
禁止跳下	1-19	禁止植入金属材料者靠近	1-34
禁止停留	1-15	禁止转动	1-9
禁止通行	1-16	禁止坐卧	1-22
禁止推动	1-14	可动火区	4-4
禁止吸烟	1-1	应急避难场所	4-3
禁止携带金属物或手表	1-32	应急电话	4-7
禁止携带托运有毒物品及有害液体	1-39	注意安全	2-1
禁止携带托运易燃及易爆物品	1-38		

英 文 索 引

Name of Signs	No. of Table
Break to obtain access	4-5
Doctor	4-8
Emergenecy telephone	4-7
Emergent exit	4-1
Evacuation assembly point	4-3
First aid	4-6
Flare up region	4-4
Haven	4-2
Must be locked	3-14
Must connect an earth terminal to the ground	3-15
Must disconnect mains plug from electrical outlet	3-16
Must fastened safety belt	3-8
Must wash your hands	3-13
Must wear dustproof mask	3-3
Must wear ear protector	3-5
Mast wear gas defence mask	3-4
Must wear life jacket	3-9
Must wear opaque eye protection	3-2
Must wear protective cap	3-7
Must wear protective clothes	3-10
Must wear protective gloves	3-11
Must wear protective goggles	3-1
Must wear protective shoes	3-12
Must wear safety helmet	3-6
No access for fork lift trucks and other industrial vehicles	1-10
No access for persons with metallic implants	1-34
No access for persons with pacemakers	1-33
No activated mobile phones	1-31
No burning	1-2
No carrying flammable and explosive materials	1-38
No carrying poisonous materials and harmful liquid	1-39

Name of Signs	No. of Table
No carrying radioactive and magnetic materials	1-40
No carrying weapons and emulating weapons	1-37
No climbing	1-18
No drinking	1-26
No entering	1-13
No extinguishing with water	1-4
No jumping down	1-19
No kindling	1-3
No laying inflammable thing	1-5
No leaning	1-21
No metallic articles or watches	1-32
No nearing	1-12
No pushing	1-14
No putting on chemical fibre clothings	1-29
No putting on gloves	1-28
No putting on spikes	1-30
No reaching in	1-25
No riding	1-11
No sitting	1-22
No skating	1-36
No smoking	1-1
No starting	1-7
No stepping on surface	1-23
No stocking	1-6
No stopping	1-15
No stretching out of the window	1-20
No striding	1-17
No swimming	1-35
No switching on	1-8
No throughfare	1-16
No tossing	1-27
No touching	1-24
No turning	1-9
Warning arc	2-23
Warning automatic start-up	2-9

Name of Signs	No. of Table
Warning cable	2-8
Warning collapse	2-11
Warning corrosion	2-4
Warning crushing	2-17
Warning danger	2-1
Warning drop(fall)	2-36
Warning drop down	2-34
Warning electric shock	2-7
Warning explosion	2-3
Warning falling into water	2-38
Warning falling objects	2-14
Warning fire	2-2
Warning fission matter	2-28
Warning fork lift trucks	2-31
Warning gap	2-39
Warning guard dog	2-22
Warning hands pinching	2-20
Warning hole	2-13
Warning hot surface	2-24

Name of Signs	No. of Table
Warning infection	2-6
Warning injure hand	2-19
Warning ionizing radiation	2-27
Warning laser	2-29
Warning low temperature/freezing conditions	2-25
Warning magnetic field	2-26
Warning mechanical injury	2-10
Warning microwave	2-30
Warning obstacles	2-35
Warning overhead load	2-15
Warning overhead obstacles	2-16
Warning poisoning	2-5
Warning roof fall	2-12
Warning scald	2-18
Warning slippery surface	2-37
Warning splinter	2-21
Warning train	2-33
Warning vehicle	2-32

ICS 13.220.01
C 80

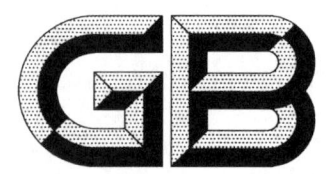

中华人民共和国国家标准

GB 13495.1—2015
代替 GB 13495—1992

消防安全标志 第1部分：标志

Fire safety signs—Part 1:Signs

2015-06-02 发布

2015-08-01 实施

中华人民共和国国家质量监督检验检疫总局
中国国家标准化管理委员会 发布

前 言

GB 13495 的本部分第 3 章为强制性的,其余为推荐性的。
GB 13495《消防安全标志》分为以下部分：
——第 1 部分:标志；
——第 2 部分:产品通用要求；
——第 3 部分:设置要求；
……
本部分为 GB 13495 的第 1 部分。
本部分代替 GB 13495—1992《消防安全标志》。与 GB 13495—1992 相比,本部分变化如下：
——删除了标志的结构、尺寸、制作、设置等内容；这些内容将纳入 GB 13495 的其他部分(见 1992 年版的第 4 章、第 6 章、第 7 章)；
——删除了"禁止带火种"标志(见 1992 年版的标志编号 3.4.8)；
——增加了"消防电话""推车式灭火器"和"消防炮"标志(见表 2、表 4)；
——将"紧急出口""灭火器""消防水带""当心火灾——易燃物质""当心火灾——氧化物"和"当心爆炸——爆炸性物质"标志的名称修改为"安全出口""手提式灭火器""消防软管卷盘""当心易燃物""当心氧化物"和"当心爆炸物"(见表 3、表 4 和表 5)；
——将"消防梯"修改为"逃生梯",其安全色由红色改为绿色,由"灭火设备"表中调整到"紧急疏散逃生"表中(见表 3)；
——修订了附录 A 中的圆形和三角形安全标志尺寸,规定了标志的设计尺寸(见附录 A)；
——增加了标志与方向辅助标志组合使用示例(见附录 B)；
——增加了标志、方向辅助标志与文字辅助标志组合使用示例(见附录 C)。
本部分修订时参考了 ISO 7010:2011《图形符号 安全色和安全标志 注册的安全标志》。
本部分由中华人民共和国公安部提出。
本部分由全国消防标准化技术委员会基础标准分技术委员会(SAC/TC 113/SC 1)归口。
本部分由公安部天津消防研究所负责起草。
本部分主要起草人:姚松经、屈励、沈纹、张银花、冯珂星、李钰、俞颖飞。
本部分所代替标准的历次版本发布情况为：
——GB 13495—1992。

消防安全标志 第1部分:标志

重要提示:本部分消防安全标志的颜色不作为标准颜色匹配使用,颜色匹配按 GB 2893—2008《安全色》第5章的规定。

1 范围

GB 13495 的本部分规定了用于消防安全领域的标志。

本部分适用于所有需要设置消防安全标志的场所。

本部分不适用于 GB/T 4327 规定的消防技术文件和各类地图所用的图形符号。

2 规范性引用文件

下列文件对于本文件的应用是必不可少的。凡是注日期的引用文件,仅注日期的版本适用于本文件。凡是不注日期的引用文件,其最新版本(包括所有的修改单)适用于本文件。

GB 2893—2008 安全色

GB/T 4327 消防技术文件用消防设备图形符号

3 标志

3.1 消防安全标志(以下简称标志)由几何形状、安全色、表示特定消防安全信息的图形符号构成。标志的几何形状、安全色及对比色、图形符号色的含义见表1。

表1 标志的几何形状、安全色及对比色、图形符号色的含义

几何形状	安全色	安全色的对比	图形符号色	含义
正方形	红色	白色	白色	标示消防设施(如火灾报警装置和灭火设备)
正方形	绿色	白色	白色	提示安全状况(如紧急疏散逃生)
带斜杠的圆形	红色	白色	黑色	表示禁止
等边三角形	黄色	黑色	黑色	表示警告

3.2 标志根据其功能分为以下6类:
   a) 火灾报警装置标志(见表2);
   b) 紧急疏散逃生标志(见表3);
   c) 灭火设备标志(见表4);
   d) 禁止和警告标志(见表5);
   e) 方向辅助标志(见表6);
   f) 文字辅助标志。

3.3 标志的常用型号、尺寸及颜色应符合附录A的规定。

3.4 标志及其辅助标志与周围环境之间应形成清晰对比。在实际制作时,应使用衬边,衬边的颜色和尺寸等应符合附录A中图A.1~图A.4的要求。

3.5 标志的色度和光度属性应符合 GB 2893—2008 第 5 章的规定。
3.6 标志与方向辅助标志应按附录 B 的示例组合使用。
3.7 标志的名称可作为文字辅助标志。标志、方向辅助标志与文字辅助标志按附录 C 的示例组合使用。

表 2 火灾报警装置标志

编号	标志	名称	说明
3-01		消防按钮 FIRE CALL POINT	标示火灾报警按钮和消防设备启动按钮的位置。 需指示消防按钮方位时,应与 3-30 标志组合使用,示例见附录 B
3-02		发声警报器 FIRE ALARM	标示发声警报器的位置
3-03		火警电话 FIRE ALARM TELEPHONE	标示火警电话的位置和号码。 需指示火警电话方位时,应与 3-30 标志组合使用
3-04		消防电话 FIRE TELEPHONE	标示火灾报警系统中消防电话及插孔的位置。 需指示消防电话方位时,应与 3-30 标志组合使用,示例见附录 B

表3 紧急疏散逃生标志

编号	标　志	名　称	说　明
3-05		安全出口 EXIT	提示通往安全场所的疏散出口。根据到达出口的方向,可选用向左或向右的标志。需指示安全出口的方位时,应与3-29标志组合使用,示例见附录B
3-06		滑动开门 SLIDE	提示滑动门的位置及方向

表3（续）

编号	标　志	名　称	说　明
3-07		推开 PUSH	提示门的推开方向
3-08		拉开 PULL	提示门的拉开方向
3-09		击碎板面 BREAK TO OBTAIN ACCESS	提示需击碎板面才能取到钥匙、工具,操作应急设备或开启紧急逃生出口
3-10		逃生梯 ESCAPE LADDER	提示固定安装的逃生梯的位置。需指示逃生梯的方位时,应与3-29标志组合使用

表 4 灭火设备标志

编号	标 志	名 称	说 明
3-11		灭火设备 FIRE-FIGHTING EQUIPMENT	标示灭火设备集中摆放的位置。 需指示灭火设备的方位时,应与 3-30 标志组合使用
3-12		手提式灭火器 PORTABLE FIRE EXTINGUISHER	标示手提式灭火器的位置。 需指示手提式灭火器的方位时,应与 3-30 标志组合使用,示例见附录 B
3-13		推车式灭火器 WHEELED FIRE EXTINGUISHER	标示推车式灭火器的位置。 需指示推车式灭火器的方位时,应与 3-30 标志组合使用
3-14		消防炮 FIRE MONITOR	标示消防炮的位置。 需指示消防炮的方位时,应与 3-30 标志组合使用

表 4（续）

编号	标　志	名　称	说　明
3-15		消防软管卷盘 FIRE HOSE REEL	标示消防软管卷盘、消火栓箱、消防水带的位置。 需指示消防软管卷盘、消火栓箱、消防水带的方位时,应与3-30标志组合使用,示例见附录B
3-16		地下消火栓 UNDERGROUND FIRE HYDRANT	标示地下消火栓的位置。 需指示地下消火栓的方位时,应与3-30标志组合使用
3-17		地上消火栓 OVERGROUND FIRE HYDRANT	标示地上消火栓的位置。 需指示地上消火栓的方位时,应与3-30标志组合使用,示例见附录B
3-18		消防水泵接合器 SIAMESE CONNECTION	标示消防水泵接合器的位置。 需指示消防水泵接合器的方位时,应与3-30标志组合使用

表 5 禁止和警告标志

编号	标　志	名　称	说　明
3-19		禁止吸烟 NO SMOKING	表示禁止吸烟
3-20		禁止烟火 NO BURNING	表示禁止吸烟或各种形式的明火
3-21		禁止放易燃物 NO FLAMMABLE MATERIALS	表示禁止存放易燃物
3-22		禁止燃放鞭炮 NO FIREWORKS	表示禁止燃放鞭炮或焰火

表 5（续）

编号	标 志	名 称	说 明
3-23		禁止用水灭火 DO NOT EXTINGUISH WITH WATER	表示禁止用水作灭火剂或用水灭火
3-24		禁止阻塞 DO NOT OBSTRUCT	表示禁止阻塞的指定区域（如疏散通道）
3-25		禁止锁闭 DO NOT LOCK	表示禁止锁闭的指定部位（如疏散通道和安全出口的门）
3-26		当心易燃物 WARNING: FLAMMABLE MATERIAL	警示来自易燃物质的危险

表 5（续）

编号	标 志	名 称	说 明
3-27		当心氧化物 WARNING： OXIDIZING SUBSTANCE	警示来自氧化物的危险
3-28		当心爆炸物 WARNING： EXPLOSIVE MATERIAL	警示来自爆炸物的危险，在爆炸物附近或处置爆炸物时应当心

表 6 方向辅助标志

编号	标 志	含 义	说 明
3-29		疏散方向 DIRECTION OF ESCAPE	指示安全出口的方向。 箭头的方向还可为上、下、左上、右上、右、右下等，组合使用示例见附录 B

表 6（续）

编号	标　志	含　义	说　明
3-30		火灾报警装置或灭火设备的方位 DIRECTION OF FIRE ALARM DEVICE OR FIREFIGHTING EQUIPMENT	指示火灾报警装置或灭火设备的方位。 箭头的方向还可为上、下、左上、右上、右、右下等，组合使用示例见附录 B

附 录 A
（规范性附录）
消防安全标志的型号、尺寸和颜色

A.1 消防安全标志常用的型号及其公称尺寸应符合表 A.1 的要求。

表 A.1 消防安全标志常用的型号和公称尺寸

单位为毫米

型号	公称尺寸		
	正方形标志的边长 a	圆形标志的外径 d	三角形标志的内边长 b
1	63	70	75
2	100	110	120
3	160	175	190
4	250	280	300
5	400	440	480
6	630	700	750
7	1 000	1 100	1 200

A.2 标志几何形状的设计尺寸和颜色应符合图 A.1～图 A.4 的要求。

标志的颜色应为：
  背景：红色
  图形符号：白色
  衬边：白色

图 A.1 火灾报警装置、灭火设备标志的设计尺寸

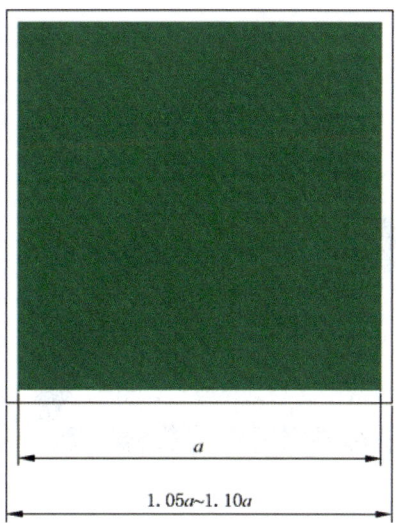

标志的颜色应为：
　　背景：绿色
　　图形符号：白色
　　衬边：白色

图 A.2　紧急疏散逃生标志的设计尺寸

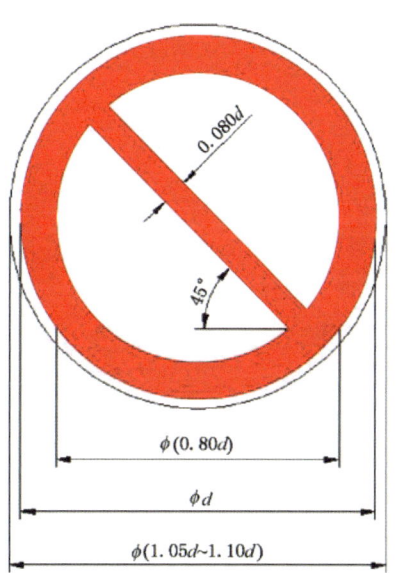

标志的颜色应为：
　　背景：白色
　　环形边框和斜杠：红色
　　图形符号：黑色
　　衬边：白色

图 A.3　禁止标志的设计尺寸

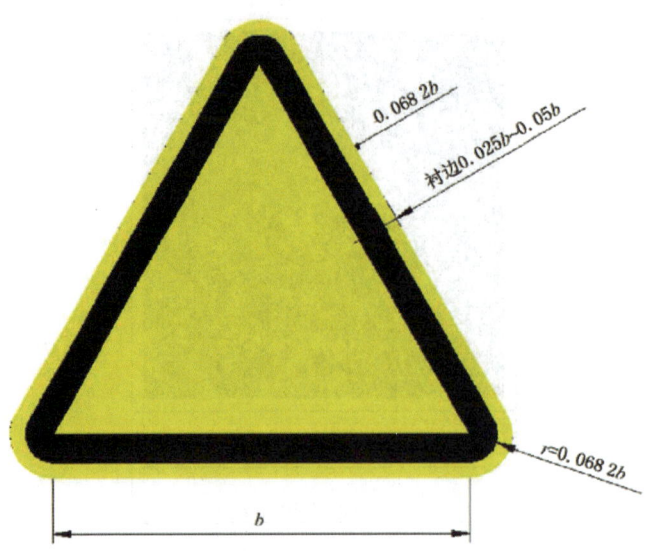

标志的颜色应为:
    背景:黄色
    三角形边框:黑色
    图形符号:黑色
    衬边:黄色

图 A.4　警告标志的设计尺寸

附 录 B
（规范性附录）
标志与方向辅助标志组合使用示例

B.1 表 B.1 给出了标志与方向辅助标志组合制作示例。实际制作时，在同一载体上组合的标志可以省略内部衬边。

B.2 表 B.2～表 B.8 给出了标志与方向辅助标志组合使用示例。

表 B.1 标志与方向辅助标志组合制作示例

序号	组合制作示例	制作说明
1		保留内部衬边
2		保留内部衬边
3		省略内部衬边

表 B.2 "安全出口"标志与方向辅助标志组合使用示例

序号	组合使用示例	应用说明
1		面向疏散方向设置（如悬挂在大厅、疏散通道上方等），指示"安全出口"在前方； 沿疏散方向设置在地面上，指示"安全出口"在前方； 设置在"逃生梯"等设施旁，指示"安全出口"在上方； 设置在"安全出口"上方，指示可向上疏散至室外
2		指示"安全出口"在左上方
3		指示"安全出口"在左方
4		指示"安全出口"在左下方

表 B.3 位于两个安全出口中间的"安全出口"标志与方向辅助标志组合使用示例

序号	组合使用示例	应用说明
1		指示向左或向右皆可到达安全出口
2		指示向左或向右皆可到达安全出口

表 B.4 "消防按钮"标志与方向辅助标志组合使用示例

序号	组合使用示例	应用说明
1		指示"消防按钮"在左方
2		指示"消防按钮"在右方

表 B.5 "消防电话"标志与方向辅助标志组合使用示例

序号	组合使用示例	应用说明
1		指示"消防电话"在左方
2		指示"消防电话"在右方

表 B.6 "手提式灭火器"标志与方向辅助标志组合使用示例

序号	组合使用示例	应用说明
1		指示"手提式灭火器"在左方
2		指示"手提式灭火器"在左下方

表 B.7 "消防软管卷盘"标志与方向辅助标志组合使用示例

序号	组合使用示例	应用说明
1		指示"消防软管卷盘"在左方
2		指示"消防软管卷盘"在右下方

表 B.8 "地上消火栓"标志与方向辅助标志组合使用示例

序号	组合使用示例	应用说明
1		指示"地上消火栓"在左方
2		指示"地上消火栓"在右方

附 录 C
（规范性附录）
标志、方向辅助标志与文字辅助标志组合使用示例

C.1 表C.1给出了标志、方向辅助标志与文字辅助标志组合制作示例。实际制作时，在同一载体上组合的标志可以省略内部衬边。

C.2 表C.2给出了标志、方向辅助标志与文字辅助标志组合使用示例。

表 C.1 标志、方向辅助标志与文字辅助标志组合制作示例

序号	组合制作示例	制作说明
1		保留内部衬边
2		保留内部衬边
3		省略内部衬边

表 C.2 标志、方向辅助标志与文字辅助标志组合使用示例

序号	组合使用示例	应用说明
1		指示"安全出口"在右方
2		指示向左或向右皆可到达安全出口
3		指示"火灾报警按钮"在左方

表 C.2（续）

序号	组合使用示例	应用说明
4		指示"地上消火栓"在右方

UDC

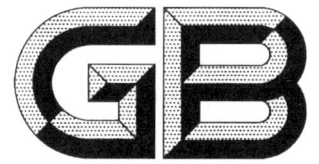

中华人民共和国国家标准

P

GB 51309—2018

消防应急照明和疏散指示系统技术标准

Technical Standard for fire emergency lighting and evacuate indicating system

2018-07-01 发布　　　　　　　　　　　　　2019-03-01 实施

中华人民共和国住房和城乡建设部
国家市场监督管理总局　联合发布

前　言

根据住房和城乡建设部《关于印发〈2007年工程建设标准规范制订、修订计划〉的通知》（建标[2007]125号）的要求，消防应急照明和疏散指示系统技术规范编制组经广泛调查研究，认真总结实践经验，参考有关国际标准和国外先进标准，并在广泛征求意见的基础上，编制了本标准。

本标准共分为7各章节和6附录，主要技术内容是：总则，术语，系统设计，系统设计，施工，系统调试，系统检测与验收及系统运行维护。

本标准中以黑体字标志的条文为强制性条文，必须严格执行。

本标准由住房和城乡建设部负责管理和对强制性条文的解释，由应急管理部负责日常管理，由应急管理部沈阳消防研究所负责具体技术内容的解释。执行过程中如有意见或建议，请寄送应急管理部沈阳消防研究所（地址：辽宁省沈阳市皇姑区文大路218-20号甲，邮政编码：110034）。

本标准主编单位、参编单位、主要起草人和主要审查人：

本标准主编单位：应急管理部沈阳消防研究所

本标准参编单位：上海市公安消防总队
　　　　　　　　广东省公安消防总队
　　　　　　　　中国建筑设计研究院有限公司
　　　　　　　　北京市建筑设计研究院有限公司
　　　　　　　　中国建筑东北设计研究院有限公司
　　　　　　　　上海建筑设计研究院有限公司
　　　　　　　　中国建筑西南设计研究院有限公司
　　　　　　　　宝星电器（上海）有限公司
　　　　　　　　沈阳宏宇光电子科技有限公司
　　　　　　　　广东拿斯特（国际）照明有限公司
　　　　　　　　北京市崇正华盛应急设备系统有限公司
　　　　　　　　浙江台谊消防设备有限公司
　　　　　　　　集保（福州）电气技术有限公司
　　　　　　　　大连路明发光科技有限公司

本标准主要起草人员：丁宏军　张颖琮　刘　凯　刘激扬　李小白
　　　　　　　　　　张　磊　严　洪　朱　鸣　王金元　吕　立
　　　　　　　　　　陈　琪　汪　猛　陈众励　蔡　钧　钟桂生
　　　　　　　　　　牟宏伟　李　强　汤鲁文　周志平　江　清
　　　　　　　　　　姚增硕

本标准主要审查人员：陈　南　倪照鹏　赵克伟　郭树林　黄德祥
　　　　　　　　　　王东林　李炳华　李　忠　陈汉民

消防应急照明和疏散指示系统技术标准

1 总则

1.0.1 为了合理设计消防应急照明和疏散指示系统,保证消防应急照明和疏散指示系统的施工质量,确保系统正常运行,制定本标准。

1.0.2 本标准适用于建、构筑物中设置的消防应急照明和疏散指示系统的设计、施工、调试、检测、验收与维护保养。

1.0.3 消防应急照明和疏散指示系统的设计,必须遵循国家有关方针、政策,针对使用对象的特点,做到安全可靠、技术先进、经济合理、节能环保。

1.0.4 消防应急照明和疏散指示系统的设计、施工、调试、检测、验收与维护保养,除应符合本标准外,尚应符合国家现行有关标准的规定。

2 术语

2.0.1 消防应急照明和疏散指示系统 fire emergency lighting and evacuate indicating system

为人员疏散和发生火灾时仍需工作的场所提供照明和疏散指示的系统。

2.0.2 消防应急灯具 fire emergency luminaire

为人员疏散、消防作业提供照明和指示标志的各类灯具,包括消防应急照明灯具和消防应急标志灯具。

2.0.3 A型消防应急灯具 A type fire emergency luminaire

主电源和蓄电池电源额定工作电压均不大于DC36V的消防应急灯具。

2.0.4 消防应急照明灯具 fire emergency lighting luminaire

为人员疏散和发生火灾时仍需工作的场所提供照明的灯具。

2.0.5 消防应急标志灯具 fire emergency indicating luminaire

用图形、文字指示疏散方向,指示疏散出口、安全出口、楼层、避难层(间)、残疾人通道的灯具。

2.0.6 应急照明配电箱 switch board for fire emergency lighting

为自带电源型消防应急灯具供电的供配电装置。

2.0.7 A型应急照明配电箱 A type switch board for fire emergency lighting

额定输出电压不大于DC36V的应急照明配电箱。

2.0.8 应急照明集中电源 centralizing power supply for fire emergency luminaries

由蓄电池储能,为集中电源型消防应急灯具供电的电源装置。

2.0.9 A型应急照明集中电源 A type centralizing power supply for fire emergency luminaries

额定输出电压不大于DC36V的应急照明集中电源。

2.0.10 应急照明控制器 central control panel for fire emergency luminaires

控制并显示集中控制型消防应急灯具、应急照明集中电源、应急照明配电箱及相关附件等工作状态的装置。

2.0.11 集中控制型系统 central controlled fire emergency lighting system

系统设置应急照明控制器,由应急照明控制器集中控制并显示应急照明集中电源或应急照明配电箱及其配接的消防应急灯具工作状态的消防应急照明和疏散指示系统。

2.0.12 非集中控制型系统 non-central controlled fire emergency lighting system

系统未设置应急照明控制器,由应急照明集中电源或应急照明配电箱分别控制其配接消防应急灯具工作状态的消防应急照明和疏散指示系统。

3 系统设计

3.1 一般规定

3.1.1 消防应急照明和疏散指示系统(以下简称"系统")按消防应急灯具(以下简称"灯具")的控制方式可分为集中控制型系统和非集中控制型系统。

3.1.2 系统类型的选择应根据建、构筑物的规模、使用性质及日常管理及维护难易程度等因素确定,并应符合下列规定:
1 设置消防控制室的场所应选择集中控制型系统;
2 设置火灾自动报警系统,但未设置消防控制室的场所宜选择集中控制型系统;
3 其他场所可选择非集中控制型系统。

3.1.3 系统设计应遵循系统架构简洁、控制简单的基本设计原则,包括灯具布置、系统配电、系统在非火灾状态下的控制设计、系统在火灾状态下的控制设计;集中控制型系统尚应包括应急照明控制器和系统通讯线路的设计。

3.1.4 系统设计前,应根据建、构筑物的结构形式和使用功能,以防火分区、楼层、隧道区间、地铁站台和站厅等为基本单元确定各水平疏散区域的疏散指示方案。疏散指示方案应包括确定各区域疏散路径、指示疏散方向的消防应急标志灯具(以下简称"方向标志灯")的指示方向和指示疏散出口、安全出口消防应急标志灯具(以下简称"出口标志灯")的工作状态,并应符合下列规定:
1 具有一种疏散指示方案的区域,应按照最短路径疏散的原则确定该区域的疏散指示方案;
2 具有两种及以上疏散指示方案的区域应符合下列规定:
   1) 需要借用相邻防火分区疏散的防火分区,应根据火灾时相邻防火分区可借用和不可借用的两种情况,分别按最短路径疏散原则和避险原则确定相应的疏散指示方案;
   2) 需要采用不同疏散预案的交通隧道、地铁隧道、地铁站台和站厅等场所,应分别按照最短路径疏散原则和避险疏散原则确定相应疏散指示方案;其中,按最短路径疏散原则确定的疏散指示方案应为该场所默认的疏散指示方案。

3.1.5 系统中的应急照明控制器、应急照明集中电源(以下简称"集中电源")、应急照明配电箱和灯具应选择符合现行国家标准《消防应急照明和疏散指示系统》GB 17945 规定和有关市场准入制度的产品。

3.1.6 住宅建筑中,当灯具采用自带蓄电池供电方式时,消防应急照明可以兼用日常照明。

3.2 灯具

Ⅰ 一般规定

3.2.1 灯具的选择应符合下列规定：
1 应选择采用节能光源的灯具，消防应急照明灯具（以下简称"照明灯"）的光源色温不应低于2700 K；
2 不应采用蓄光型指示标志替代消防应急标志灯具（以下简称"标志灯"）；
3 灯具的蓄电池电源宜优先选择安全性高、不含重金属等对环境有害物质的蓄电池；
4 设置在距地面8 m及以下的灯具的电压等级及供电方式应符合下列规定：
   1) 应选择A型灯具；
   2) 地面上设置的标志灯应选择集中电源A型灯具；
   3) 未设置消防控制室的住宅建筑，疏散走道、楼梯间等场所可选择自带电源B型灯具。
5 灯具面板或灯罩的材质应符合下列规定：
   1) 除地面上设置的标志灯的面板可以采用厚度4 mm及以上的钢化玻璃外，设置在距地面1 m及以下的标志灯的面板或灯罩不应采用易碎材料或玻璃材质；
   2) 在顶棚、疏散路径上方设置的灯具的面板或灯罩不应采用玻璃材质。
6 标志灯的规格应符合下列规定：
   1) 室内高度大于4.5 m的场所，应选择特大型或大型标志灯；
   2) 室内高度为3.5 m～4.5 m的场所，应选择大型或中型标志灯；
   3) 室内高度小于3.5 m的场所，应选择中型或小型标志灯。
7 灯具及其连接附件的防护等级应符合下列规定：
   1) 在室外或地面上设置时，防护等级不应低于IP67；
   2) 在隧道场所、潮湿场所内设置时，防护等级不应低于IP65；
   3) B型灯具的防护等级不应低于IP34。
8 标志灯应选择持续型灯具；
9 交通隧道和地铁隧道宜选择带有米标的方向标志灯。

3.2.2 灯具的布置应根据疏散指示方案进行设计，且灯具的布置原则应符合下列规定：
1 照明灯的设置应保证为人员在疏散路径及相关区域的疏散提供最基本的照度；
2 标志灯的设置应保证人员能够清晰地辨识疏散路径、疏散方向、安全出口的位置、所处的楼层位置。

3.2.3 火灾状态下，灯具光源应急点亮、熄灭的响应时间应符合下列规定：
1 高危险场所灯具光源应急点亮的响应时间不应大于0.25 s；
2 其他场所灯具光源应急点亮的响应时间不应大于5 s；
3 具有两种及以上疏散指示方案的场所，标志灯光源点亮、熄灭的响应时间不应大于5 s。

3.2.4 系统应急启动后，在蓄电池电源供电时的持续工作时间应满足下列要求：
1 建筑高度大于100 m的民用建筑，不应小于1.5 h；
2 医疗建筑、老年人照料设施、总建筑面积大于100000 m² 的公共建筑和总建筑面积大于20000 m² 的地下、半地下建筑，不应少于1.0 h；
3 其他建筑，不应少于0.5 h；
4 城市交通隧道应符合下列规定：
   1) 一、二类隧道不应小于1.5 h，隧道端口外接的站房不应小于2.0 h；
   2) 三、四隧类道不应小于1.0 h，隧道端口外接的站房不应小于1.5 h。
5 本条1～4款规定场所中，当按照本标准第3.6.6条的规定设计时，持续工作时间应分别增加设计文件规定的灯具持续应急点亮时间；
6 集中电源的蓄电池组和灯具自带蓄电池达到使用寿命周期后标称的剩余容量应保证放电时间

满足本条第1~5款规定的持续工作时间。

Ⅱ 照 明 灯

3.2.5 照明灯应采用多点、均匀布置方式,建、构筑物设置照明灯的部位或场所及其地面水平最低照度应符合表3.2.5的规定。

表3.2.5 照明灯的部位或场所及其地面水平最低照度表

设置部位或场所	地面水平最低照度
Ⅰ-1. 病房楼或手术部的避难间 Ⅰ-2. 老年人照料设施 Ⅰ-3. 人员密集场所、老年人照料设施、病房楼或手术部内的楼梯间、前室或合用前室、避难走道 Ⅰ-4. 逃生辅助装置存放处等特殊区域 Ⅰ-5. 屋顶直升机停机坪	不应低于10.0 lx
Ⅱ-1. 除Ⅰ-3规定的敞开楼梯间、封闭楼梯间、防烟楼梯间及其前室,室外楼梯 Ⅱ-2. 消防电梯间的前室或合用前室 Ⅱ-3. 除Ⅰ-3规定的避难走道 Ⅱ-4. 寄宿制幼儿园和小学的寝室、医院手术室及重症监护室等病人行动不便的病房等需要救援人员协助疏散的区域	不应低于5.0 lx
Ⅲ-1. 除Ⅰ-1规定的避难层(间) Ⅲ-2. 观众厅,展览厅,电影院,多功能厅,建筑面积大于200 m²的营业厅、餐厅、演播厅,建筑面积超过400 m²的办公大厅、会议室等人员密集场所 Ⅲ-3. 人员密集厂房内的生产场所 Ⅲ-4. 室内步行街两侧的商铺 Ⅲ-5. 建筑面积大于100 m²的地下或半地下公共活动场所	不应低于3.0 lx
Ⅳ-1. 除Ⅰ-2、Ⅱ-4、Ⅲ-2~Ⅲ-5规定场所的疏散走道、疏散通道 Ⅳ-2. 室内步行街 Ⅳ-3. 城市交通隧道两侧、人行横通道和人行疏散通道 Ⅳ-4. 宾馆、酒店的客房 Ⅳ-5. 自动扶梯上方或侧上方 Ⅳ-6. 安全出口外面及附近区域、连廊的连接处两端 Ⅳ-7. 进入屋顶直升机停机坪的途径 Ⅳ-8. 配电室、消防控制室、消防水泵房、自备发电机房等发生火灾时仍需工作、值守的区域	不应低于1.0 lx

3.2.6 宾馆、酒店的每个客房内宜设置疏散用手电筒。

Ⅲ 标 志 灯

3.2.7 标志灯应设在醒目位置,应保证人员在疏散路径的任何位置、在人员密集场所的任何位置都能看到标志灯。

3.2.8 出口标志灯的设置应符合下列规定:

1 应设置在敞开楼梯间、封闭楼梯间、防烟楼梯间、防烟楼梯间前室入口的上方;

2 地下或半地下建筑(室)与地上建筑共用楼梯间时,应设置在地下或半地下楼梯通向地面层疏散门的上方;

3 应设置在室外疏散楼梯出口的上方;

4 应设置在直通室外疏散门的上方;

5 在首层采用扩大的封闭楼梯间或防烟楼梯间时,应设置在通向楼梯间疏散门的上方;

6 应设置在直通上人屋面、平台、天桥、连廊出口的上方；

7 地下或半地下建筑(室)采用直通室外的竖向梯疏散时，应设置在竖向梯开口的上方；

8 需要借用相邻防火分区疏散的防火分区中，应设置在通向被借用防火分区甲级防火门的上方；

9 应设置在步行街两侧商铺通向步行街疏散门的上方；

10 应设置在避难层、避难间、避难走道防烟前室、避难走道入口的上方；

11 应设置在观众厅、展览厅、多功能厅和建筑面积大于400 m^2的营业厅、餐厅、演播厅等人员密集场所疏散门的上方。

3.2.9 方向标志灯的设置应符合下列规定：

1 有维护结构的疏散走道、楼梯应符合下列规定：
   1) 应设置在走道、楼梯两侧距地面、梯面高度1 m以下的墙面、柱面上；
   2) 当安全出口或疏散门在疏散走道侧边时，应在疏散走道上方增设指向安全出口或疏散门的方向标志灯；
   3) 方向标志灯的标志面与疏散方向垂直时，灯具的设置间距不应大于20 m；方向标志灯的标志面与疏散方向平行时，灯具的设置间距不应大于10 m。

2 展览厅、商店、候车(船)室、民航候机厅、营业厅等开敞空间场所的疏散通道应符合下列规定：
   1) 当疏散通道两侧设置了墙、柱等结构时，方向标志灯应设置在距地面高度1 m以下的墙面、柱面上；当疏散通道两侧无墙、柱等结构时，方向标志灯应设置在疏散通道的上方；
   2) 方向标志灯的标志面与疏散方向垂直时，特大型或大型方向标志灯的设置间距不应大于30 m，中型或小型方向标志灯的设置间距不应大于20 m；方向标志灯的标志面与疏散方向平行时，特大型或大型方向标志灯的设置间距不应大于15 m，中型或小型方向标志灯的设置间距不应大于10 m。

3 保持视觉连续的方向标志灯应符合下列规定：
   1) 应设置在疏散走道、疏散通道地面的中心位置；
   2) 灯具的设置间距不应大于3 m。

4 方向标志灯箭头的指示方向应按照疏散指示方案指向疏散方向，并导向安全出口。

3.2.10 楼梯间每层应设置指示该楼层的标志灯(以下简称"楼层标志灯")。

3.2.11 人员密集场所的疏散出口、安全出口附近应增设多信息复合标志灯具。

3.3 系统配电的设计

Ⅰ 一般规定

3.3.1 系统配电应根据系统的类型、灯具的设置部位、灯具的供电方式进行设计。灯具的电源应由主电源和蓄电池电源组成，且蓄电池电源的供电方式分为集中电源供电方式和灯具自带蓄电池供电方式。灯具的供电与电源转换应符合下列规定：

1 当灯具采用集中电源供电时，灯具的主电源和蓄电池电源应由集中电源提供，灯具主电源和蓄电池电源在集中电源内部实现输出转换后应由同一配电回路为灯具供电；

2 当灯具采用自带蓄电池供电时，灯具的主电源应通过应急照明配电箱一级分配电后为灯具供电，应急照明配电箱的主电源输出断开后，灯具应自动转入自带蓄电池供电。

3.3.2 应急照明配电箱或集中电源的输入及输出回路中不应装设剩余电流动作保护器，输出回路严禁接入系统以外的开关装置、插座及其他负载。

Ⅱ 灯具配电回路的设计

3.3.3 水平疏散区域灯具配电回路的设计应符合下列规定：

1 应按防火分区、同一防火分区的楼层、隧道区间、地铁站台和站厅等为基本单元设置配电回路；

2 除住宅建筑外，不同的防火分区、隧道区间、地铁站台和站厅不能共用同一配电回路；

3 避难走道应单独设置配电回路；
4 防烟楼梯间前室及合用前室内设置的灯具应由前室所在楼层的配电回路供电；
5 配电室、消防控制室、消防水泵房、自备发电机房等发生火灾时仍需工作、值守的区域和相关疏散通道，应单独设置配电回路。

3.3.4 竖向疏散区域灯具配电回路的设计应符合下列规定：
1 封闭楼梯间、防烟楼梯间、室外疏散楼梯应单独设置配电回路；
2 敞开楼梯间内设置的灯具应由灯具所在楼层或就近楼层的配电回路供电。
3 避难层和避难层连接的下行楼梯间应单独设置配电回路。

3.3.5 任一配电回路配接灯具的数量、范围应符合下列规定：
1 配接灯具的数量不宜超过60只；
2 道路交通隧道内，配接灯具的范围不宜超过1000 m；
3 地铁隧道内，配接灯具的范围不应超过一个区间的1/2。

3.3.6 任一配电回路的额定功率、额定电流应符合下列规定：
1 配接灯具的额定功率总和不应大于配电回路额定功率的80%；
2 A型灯具配电回路的额定电流不应大于6 A；B型灯具配电回路的额定电流不应大于10 A。

Ⅲ 应急照明配电箱的设计

3.3.7 灯具采用自带蓄电池供电时，应急照明配电箱的设计应符合下列规定：
1 应急照明配电箱的选择应符合下列规定：
   1) 应选择进、出线口分开设置在箱体下部的产品；
   2) 在隧道场所、潮湿场所，应选择防护等级不低于IP65的产品；在电气竖井内，应选择防护等级不低于IP33的产品。
2 应急照明配电箱的设置应符合下列规定：
   1) 宜设置于值班室、设备机房、配电间或电气竖井内；
   2) 人员密集场所，每个防火分区应设置独立的应急照明配电箱；非人员密集场所，多个相邻防火分区可设置一个共用的应急照明配电箱；
   3) 防烟楼梯间应设置独立的应急照明配电箱，封闭楼梯间宜设置独立的应急照明配电箱。
3 应急照明配电箱的供电应符合下列规定：
   1) 集中控制型系统中，应急照明配电箱应由消防电源的专用应急回路或所在防火分区、同一防火分区的楼层、隧道区间、地铁站台和站厅的消防电源配电箱供电；
   2) 非集中控制型系统中，应急照明配电箱应由防火分区、同一防火分区的楼层、隧道区间、地铁站台和站厅的正常照明配电箱供电；
   3) A型应急照明配电箱的变压装置可设置在应急照明配电箱内或其附近。
4 应急照明配电箱的输出回路应符合下列规定：
   1) A型应急照明配电箱的输出回路不应超过8路；B型应急照明配电箱的输出回路不应超过12路；
   2) 沿电气竖井垂直方向为不同楼层的灯具供电时，应急照明配电箱的每个输出回路在公共建筑中的供电范围不宜超过8层，在住宅建筑的供电范围不宜超过18层。

Ⅳ 集中电源的设计

3.3.8 灯具采用集中电源供电时，集中电源的设计应符合下列规定：
1 集中电源的选择应符合下列规定：
   1) 应根据系统的类型及规模、灯具及其配电回路的设置情况、集中电源的设置部位及设备散热能力等因素综合选择适宜电压等级与额定输出功率的集中电源；集中电源额定输出功率不应大于5 kW；设置在电缆竖井中的集中电源额定输出功率不应大于1 kW；

2) 蓄电池电源宜优先选择安全性高、不含重金属等对环境有害物质的蓄电池（组）；

3) 在隧道场所、潮湿场所，应选择防护等级不低于 IP65 的产品；在电气竖井内，应选择防护等级不低于 IP33 的产品。

2 集中电源的设置应符合下列规定：

1) 应综合考虑配电线路的供电距离、导线截面、压降损耗等因素，按防火分区的划分情况设置集中电源；灯具总功率大于 5 kW 的系统，应分散设置集中电源；

2) 应设置在消防控制室、低压配电室、配电间内或电气竖井；设置在消防控制室内时，应符合本标准第 3.4.6 条的规定；集中电源的额定输出功率不大于 1 kW 时，可设置在电气竖井内；

3) 设置场所不应有可燃气体管道、易燃物、腐蚀性气体或蒸汽；

4) 酸性电池的设置场所不应存放带有碱性介质的物质；碱性电池的设置场所不应存放带有酸性介质的物质；

5) 设置场所宜通风良好，设置场所的环境温度不应超出电池标称的工作温度范围。

3 集中电源的供电应符合下列规定：

1) 集中控制型系统中，集中设置的集中电源应由消防电源的专用应急回路供电，分散设置的集中电源应由所在防火分区、同一防火分区的楼层、隧道区间、地铁站台和站厅的消防电源配电箱供电；

2) 非集中控制型系统中，集中设置的集中电源应由正常照明线路供电，分散设置的集中电源应由所在防火分区、同一防火分区的楼层、隧道区间、地铁站台和站厅的正常照明配电箱供电。

4 集中电源的输出回路应符合下列规定：

1) 集中电源的输出回路不应超过 8 路；

2) 沿电气竖井垂直方向为不同楼层的灯具供电时，集中电源的每个输出回路在公共建筑中的供电范围不宜超过 8 层，在住宅建筑的供电范围不宜超过 18 层。

3.4 应急照明控制器及集中控制型系统通信线路的设计

Ⅰ 应急照明控制器的设计

3.4.1 应急照明控制器的选型应符合下列规定：

1 应选择具有能接收火灾报警控制器或消防联动控制器干接点信号或 DC24V 信号接口的产品；

2 应急照明控制器采用通信协议与消防联动控制器通信时，应选择与消防联动控制器的通信接口和通讯协议的兼容性满足现行国家标准《火灾自动报警系统组件兼容性要求》GB 22134 有关规定的产品；

3 在隧道场所、潮湿场所，应选择防护等级不低于 IP65 的产品；在电气竖井内，应选择防护等级不低于 IP33 的产品；

4 控制器的蓄电池电源宜优先选择安全性高、不含重金属等对环境有害物质的蓄电池。

3.4.2 任一台应急照明控制器直接控制灯具的总数量不应大于 3200。

3.4.3 应急照明控制器的控制、显示功能应符合下列规定：

1 应能接收、显示、保持火灾报警控制器的火灾报警输出信号。具有两种及以上疏散指示方案场所中设置的应急照明控制器还应能接收、显示、保持消防联动控制器发出的火灾报警区域信号或联动控制信号；

2 应能按预设逻辑自动、手动控制系统的应急启动，并应符合本标准第 3.6.10～第 3.6.12 条的规定；

3 应能接收、显示、保持其配接的灯具、集中电源或应急照明配电箱的工作状态信息。

3.4.4 系统设置多台应急照明控制器时，起集中控制功能的应急照明控制器的控制、显示功能尚应符合下列规定：

1　应能按预设逻辑自动、手动控制其他应急照明控制器配接系统设备的应急启动，并应符合本标准第3.6.10～第3.6.12条的规定；
　　2　应能接收、显示、保持其他应急照明控制器及其配接的灯具、集中电源或应急照明配电箱的工作状态信息。

3.4.5　建、构筑物中存在具有两种及以上疏散指示方案的场所时，所有区域的疏散指示方案、系统部件的工作状态应在应急照明控制器或专用消防控制室图形显示装置上以图形方式显示。

3.4.6　应急照明控制器的设置应符合下列规定：
　　1　应设置在消防控制室内或有人值班的场所；系统设置多台应急照明控制器时，起集中控制功能的应急照明控制器应设置在消防控制室内，其他应急照明控制器可设置在电气竖井、配电间等无人值班的场所。
　　2　在消防控制室地面上设置时，应符合下列规定：
　　　　1）设备面盘前的操作距离，单列布置时不应小于1.5 m；双列布置时不应小于2 m；
　　　　2）在值班人员经常工作的一面，设备面盘至墙的距离不应小于3 m；
　　　　3）设备面盘后的维修距离不宜小于1 m；
　　　　4）设备面盘的排列长度大于4 m时，其两端应设置宽度不小于1 m的通道。
　　3　在消防控制室墙面上设置时，应符合下列规定：
　　　　1）设备主显示屏高度宜为1.5 m～1.8 m；
　　　　2）设备靠近门轴的侧面距墙不应小于0.5 m；
　　　　3）设备正面操作距离不应小于1.2 m。

3.4.7　应急照明控制器的主电源应由消防电源供电；控制器的自带蓄电池电源应至少使控制器在主电源中断后工作3 h。

Ⅱ　集中控制型系统通信线路的设计

3.4.8　集中电源或应急照明配电箱应按灯具配电回路设置灯具通信回路，且灯具配电回路和灯具通信回路配接的灯具应一致。

3.5　系统线路的选择

3.5.1　系统线路应选择铜芯导线或铜芯电缆。

3.5.2　系统线路电压等级的选择应符合下列规定：
　　1　额定工作电压等级为50 V以下时，应选择电压等级不低于交流300/500 V的线缆；
　　2　额定工作电压等级为220/380 V时，应选择电压等级不低于交流450/750 V的线缆。

3.5.3　地面上设置的标志灯的配电线路和通信线路应选择耐腐蚀橡胶线缆。

3.5.4　集中控制型系统中，除地面上设置的灯具外，系统的配电线路应选择耐火线缆，系统的通信线路应选择耐火线缆或耐火光纤。

3.5.5　非集中控制型系统中，除地面上设置的灯具外，系统配电线路的选择应符合下列规定：
　　1　灯具采用自带蓄电池供电时，系统的配电线路应选择阻燃或耐火线缆；
　　2　灯具采用集中电源供电时，系统的配电线路应选择耐火线缆。

3.5.6　同一工程中相同用途电线电缆的颜色应一致；线路正极"＋"线应为红色，负极"－"线应为蓝色或黑色，接地线应为黄色绿色相间。

3.6　集中控制型系统的控制设计

Ⅰ　一般规定

3.6.1　系统控制架构的设计应符合下列规定：
　　1　系统设置多台应急照明控制器时，应设置一台起集中控制功能的应急照明控制器；

2 应急照明控制器应通过集中电源或应急照明配电箱连接灯具，并控制灯具的应急启动、蓄电池电源的转换。

3.6.2 具有一种疏散指示方案的场所，系统不应设置可变疏散指示方向功能。

3.6.3 集中电源或应急照明配电箱与灯具的通信中断时，非持续型灯具的光源应应急点亮、持续型灯具的光源应由节电点亮模式转入应急点亮模式。

3.6.4 应急照明控制器与集中电源或应急照明配电箱的通信中断时，集中电源或应急照明配电箱应连锁控制其配接的非持续型照明灯的光源应急点亮、持续型灯具的光源由节电点亮模式转入应急点亮模式。

Ⅱ 非火灾状态下的系统控制设计

3.6.5 非火灾状态下，系统正常工作模式的设计应符合下列规定：

1 应保持主电源为灯具供电；

2 系统内所有非持续型照明灯应保持熄灭状态，持续型照明灯的光源应保持节电点亮模式；

3 标志灯的工作状态应符合下列规定：

　　1) 具有一种疏散指示方案的区域，区域内所有标志灯的光源应按该区域疏散指示方案保持节电点亮模式；

　　2) 需要借用相邻防火分区疏散的防火分区，区域内相关标志灯的光源应按该区域可借用相邻防火分区疏散工况条件对应的疏散指示方案保持节电点亮模式；

　　3) 需要采用不同疏散预案的交通隧道、地铁隧道、地铁站台和站厅等场所，区域内相关标志灯的光源应按该区域默认疏散指示方案保持节电点亮模式。

3.6.6 在非火灾状态下，系统主电源断电后，系统的控制设计应符合下列规定：

1 集中电源或应急照明配电箱应连锁控制其配接的非持续型照明灯的光源应急点亮、持续型灯具的光源由节电点亮模式转入应急点亮模式；灯具持续应急点亮时间应符合设计文件的规定，且不应超过 0.5 h；

2 系统主电源恢复后，集中电源或应急照明配电箱应连锁其配接灯具的光源恢复原工作状态；灯具持续点亮时间达到设计文件规定的时间，且系统主电源仍未恢复供电时，集中电源或应急照明配电箱应连锁其配接灯具的光源熄灭。

3.6.7 在非火灾状态下，任一防火分区、楼层、隧道区间、地铁站台和站厅的正常照明电源断电后，系统的控制设计应符合下列规定：

1 为该区域内设置灯具供配电的集中电源或应急照明配电箱应在主电源供电状态下，连锁控制其配接的非持续型照明灯的光源应急点亮、持续型灯具的光源由节电点亮模式转入应急点亮模式；

2 该区域正常照明电源恢复供电后，集中电源或应急照明配电箱应连锁控制其配接的灯具的光源恢复原工作状态。

Ⅲ 火灾状态下的系统控制设计

3.6.8 火灾确认后，应急照明控制器应能按预设逻辑手动、自动控制系统的应急启动，具有两种及以上疏散指示方案的区域应作为独立的控制单元，且需要同时改变指示状态的灯具应作为一个灯具组，由应急照明控制器的一个信号统一控制。

3.6.9 系统自动应急启动的设计应符合下列规定：

1 应由火灾报警控制器或火灾报警控制器（联动型）的火灾报警输出信号作为系统自动应急启动的触发信号；

2 应急照明控制器接收到火灾报警控制器的火灾报警输出信号后，应自动执行以下控制操作：

　　1) 控制系统所有非持续型照明灯的光源应急点亮，持续型灯具的光源由节电点亮模式转入应急点亮模式；

　　2) 控制 B 型集中电源转入蓄电池电源输出、B 型应急照明配电箱切断主电源输出；

3) A型集中电源应保持主电源输出,待接收到其主电源断电信号后,自动转入蓄电池电源输出;A型应急照明配电箱应保持主电源输出,待接收到其主电源断电信号后,自动切断主电源输出。

3.6.10 应能手动操作应急照明控制器控制系统的应急启动,且系统手动应急启动的设计应符合下列规定:

1 控制系统所有非持续型照明灯的光源应急点亮,持续型灯具的光源由节电点亮模式转入应急点亮模式;

2 控制集中电源转入蓄电池电源输出、应急照明配电箱切断主电源输出。

3.6.11 需要借用相邻防火分区疏散的防火分区,改变相应标志灯具指示状态的控制设计应符合下列规定:

1 应由消防联动控制器发送的被借用防火分区的火灾报警区域信号作为控制改变该区域相应标志灯具指示状态的触发信号;

2 应急照明控制器接收到被借用防火分区的火灾报警区域信号后,应自动执行以下控制操作:
  1) 按对应的疏散指示方案,控制该区域内需要变换指示方向的方向标志灯改变箭头指示方向;
  2) 控制被借用防火分区入口处设置的出口标志灯的"出口指示标志"的光源熄灭、"禁止入内"指示标志的光源应急点亮;
  3) 该区域内其他标志灯的工作状态不应被改变。

3.6.12 需要采用不同疏散预案的交通隧道、地铁隧道、地铁站台和站厅等场所,改变相应标志灯具指示状态的控制设计应符合下列规定:

1 应由消防联动控制器发送的代表相应疏散预案的联动控制信号作为控制改变该区域相应标志灯具指示状态的触发信号;

2 应急照明控制器接收到代表相应疏散预案的消防联动控制信号后,应自动执行以下控制操作:
  1) 按对应的疏散指示方案,控制该区域内需要变换指示方向的方向标志灯改变箭头指示方向;
  2) 控制该场所需要关闭的疏散出口处设置的出口标志灯的"出口指示标志"的光源熄灭、"禁止入内"指示标志的光源应急点亮;
  3) 该区域内其他标志灯的工作状态不应改变。

3.7 非集中控制型系统的控制设计

Ⅰ 非火灾状态下的系统控制设计

3.7.1 非火灾状态下,系统的正常工作模式设计应符合下列规定:

1 应保持主电源为灯具供电;

2 系统内非持续型照明灯的光源应保持熄灭状态;

3 系统内持续型灯具的光源应保持节电点亮状态。

3.7.2 在非火灾状态下,非持续型照明灯在主电供电时可由人体感应、声控感应等方式感应点亮。

Ⅱ 火灾状态下的系统控制设计

3.7.3 火灾确认后,应能手动控制系统的应急启动;设置区域火灾报警系统的场所,尚应能自动控制系统的应急启动。

3.7.4 系统手动应急启动的设计应符合下列规定:

1 灯具采用集中电源供电时,应能手动操作集中电源,控制集中电源转入蓄电池电源输出,同时控制其配接的所有非持续型照明灯的光源应急点亮、持续型灯具的光源由节电点亮模式转入应急点亮模式;

2 灯具采用自带蓄电池供电时,应能手动操作切断应急照明配电箱的主电源输出,同时控制其配接的所有非持续型照明灯的光源应急点亮、持续型灯具的光源由节电点亮模式转入应急点亮模式。

3.7.5 在设置区域火灾报警系统的场所,系统的自动应急启动设计应符合下列规定:

1 灯具采用集中电源供电时,集中电源接收到火灾报警控制器的火灾报警输出信号后,应自动转入蓄电池电源输出,并控制其配接的所有非持续型照明灯的光源应急点亮、持续型灯具的光源由节电点亮模式转入应急点亮模式;

2 灯具采用自带蓄电池供电时,应急照明配电箱接收到火灾报警控制器的火灾报警输出信号后,应自动切断主电源输出,并控制其配接的所有非持续型照明灯的光源应急点亮、持续型灯具的光源应由节电点亮模式转入应急点亮模式。

3.8 备用照明设计

3.8.1 避难间(层)及配电室、消防控制室、自备发电机房等发生火灾时仍需工作、值守的区域应同时设置备用照明、疏散照明和疏散指示标志。

3.8.2 系统备用照明的设计应符合下列规定:

1 备用照明灯具可采用正常照明灯具,在火灾时应保持正常的照度;
2 备用照明灯具应由正常照明电源和消防电源专用应急回路互投后供电。

4 施工

4.1 一般规定

4.1.1 系统的子分部、分项工程应按本标准附录 A 划分。

4.1.2 系统的施工应按设计文件要求编写施工方案,施工现场应具有必要的施工技术标准、健全的施工质量管理体系和工程质量检验制度,建设单位应组织监理单位进行检查,并应按本标准附录 B 的规定填写有关记录。

4.1.3 系统施工前应具备下列条件:

1 应具备下列经批准的消防设计文件:
  1) 系统图;
  2) 各防火分区、楼层、隧道区间、地铁站厅或站台的疏散指示方案;
  3) 设备布置平面图、接线图,安装图;
  4) 系统控制逻辑设计文件;
2 系统设备的现行国家标准、系统设备的使用说明书等技术资料齐全;
3 设计单位向建设、施工、监理单位进行技术交底,明确相应技术要求;
4 材料、系统部件及配件齐全,规格、型号符合设计要求,能够保证正常施工;
5 经检查,与系统施工相关的预埋件、预留孔洞等符合设计要求;
6 施工现场及施工中使用的水、电、气能够满足连续施工的要求。

4.1.4 系统的施工,应按照批准的工程设计文件和施工技术标准进行。

4.1.5 系统施工过程的质量控制应符合下列规定:

1 监理单位应按本标准第 4.2 节的规定和本标准附录 C 中规定的检查项目、检查内容和检查方法,组织施工单位对材料、系统部件及配件进行进场检查,并按本标准附录 C 的规定填写记录,检查不合格者不得使用;

2 系统施工过程中,施工单位应做好施工、设计变更等相关记录;

3 各工序应按照施工技术标准进行质量控制,每道工序完成后应进行检查;相关各专业工种之间交接时,应经监理工程师检验认可;不合格应进行整改,检查合格后方可进入下一道工序;

4 监理工程师应按照施工区域的划分、系统的安装工序及本章的规定和本标准附录C中规定的检查项目、检查内容和检查方法,组织施工单位人员对系统的安装质量进行全数检查,并按本标准附录C的规定填写记录。隐蔽工程的质量检查宜保留现场照片或视频记录;

5 系统施工结束后,施工单位应完成竣工图及竣工报告。

4.1.6 系统部件的选型、设置数量和设置部位应符合本标准第3章和设计文件的规定。

4.1.7 在有爆炸危险性场所,系统的布线和部件的安装,应符合现行国家标准《电气装置安装工程 爆炸和火灾危险环境电气装置施工及验收规范》GB 50257的相关规定。

4.2 材料、设备进场检查

4.2.1 材料、系统部件及配件进入施工现场应有清单、使用说明书、质量合格证明文件、国家法定质检机构的检验报告、认证证书和认证标识等文件。

4.2.2 系统中的应急照明控制器、集中电源、应急照明配电箱、灯具应是通过国家认证的产品,产品名称、型号、规格应与认证证书和检验报告一致。

4.2.3 系统部件及配件的规格、型号应符合设计文件的规定。

4.2.4 系统部件及配件表面应无明显划痕、毛刺等机械损伤,紧固部位应无松动。

4.3 布线

4.3.1 系统线路的防护方式应符合下列规定:

1 系统线路暗敷时,应采用金属管、可弯曲金属电气导管或B1级及以上的刚性塑料管保护;
2 系统线路明敷设时,应采用金属管、可弯曲金属电气导管或槽盒保护;
3 矿物绝缘类不燃性电缆可直接明敷。

4.3.2 各类管路明敷时,应在下列部位设置吊点或支点,吊杆直径不应小于6 mm:

1 管路始端、终端及接头处;
2 距接线盒0.2 m处;
3 管路转角或分支处;
4 直线段不大于3 m处。

4.3.3 各类管路暗敷时,应敷设在不燃性结构内,且保护层厚度不应小于30 mm。

4.3.4 管路经过建、构筑物的沉降缝、伸缩缝、抗震缝等变形缝处,应采取补偿措施。

4.3.5 敷设在地面上、多尘或潮湿场所管路的管口和管子连接处,均应作防腐蚀、密封处理。

4.3.6 符合下列条件时,管路应在便于接线处装设接线盒:

1 管子长度每超过30 m,无弯曲时;
2 管子长度每超过20 m,有1个弯曲时;
3 管子长度每超过10 m,有2个弯曲时;
4 管子长度每超过8 m,有3个弯曲时。

4.3.7 金属管子入盒,盒外侧应套锁母,内侧应装护口;在吊顶内敷设时,盒的内外侧均应套锁母。塑料管入盒应采取相应固定措施。

4.3.8 槽盒敷设时,应在下列部位设置吊点或支点,吊杆直径不应小于6 mm:

1 槽盒始端、终端及接头处;
2 槽盒转角或分支处;
3 直线段不大于3 m处。

4.3.9 槽盒接口应平直、严密,槽盖应齐全、平整、无翘角。并列安装时,槽盖应便于开启。

4.3.10 导线的种类、电压等级应符合本标准第3.5节和设计文件的规定。

4.3.11 在管内或槽盒内的布线,应在建筑抹灰及地面工程结束后进行,管内或槽盒内不应有积水及杂物。

4.3.12 系统应单独布线。除设计要求以外，不同回路、不同电压等级、交流与直流的线路，不应布在同一管内或槽盒的同一槽孔内。

4.3.13 线缆在管内或槽盒内，不应有接头或扭结；导线应在接线盒内采用焊接、压接、接线端子可靠连接。

4.3.14 在地面上、多尘或潮湿场所，接线盒和导线的接头应做防腐蚀和防潮处理；具有IP防护等级要求的系统部件，其线路中接线盒应达到与系统部件相同的IP防护等级要求。

4.3.15 从接线盒、管路、槽盒等处引到系统部件的线路，当采用可弯曲金属电气导管保护时，其长度不应大于2m，且金属导管应入盒并固定。

4.3.16 线缆跨越建、构筑物的沉降缝、伸缩缝、抗震缝等变形缝的两侧应固定，并留有适当余量。

4.3.17 系统的布线，除应符合本标准上述规定外，尚应符合现行国家标准《建筑电气装置工程施工质量验收规范》GB 50303的相关规定。

4.3.18 系统导线敷设结束后，应用500 V兆欧表测量每个回路导线对地的绝缘电阻，且绝缘电阻值不应小于20 MΩ。

4.4 应急照明控制器、集中电源、应急照明配电箱安装

4.4.1 应急照明控制器、集中电源、应急照明配电箱的安装应符合下列规定：
 1 应安装牢固，不得倾斜；
 2 在轻质墙上采用壁挂方式安装时，应采取加固措施；
 3 落地安装时，其底边宜高出地(楼)面100 mm～200 mm；
 4 设备在电气竖井内安装时，应采用下出口进线方式；
 5 设备接地应牢固，并应设置明显标识。

4.4.2 应急照明控制器或集中电源的蓄电池(组)，需进行现场安装时，应核对蓄电池(组)的规格、型号、容量，并应符合设计文件的规定，蓄电池(组)的安装应符合产品使用说明书的要求。

4.4.3 应急照明控制器主电源应设置明显的永久性标识，并应直接与消防电源连接，严禁使用电源插头；应急照明控制器与其外接备用电源之间应直接连接。

4.4.4 集中电源的前部和后部应适当留出更换蓄电池(组)的作业空间。

4.4.5 应急照明控制器、集中电源和应急照明配电箱的接线应符合下列规定：
 1 引入设备的电缆或导线，配线应整齐，不宜交叉，并应固定牢靠；
 2 线缆芯线的端部，均应标明编号，并与图纸一致，字迹应清晰且不易退色；
 3 端子板的每个接线端，接线不得超过2根；
 4 线缆应留有不小于200 mm的余量；
 5 导线应绑扎成束；
 6 线缆穿管、槽盒后，应将管口、槽口封堵。

4.5 灯具安装

Ⅰ 一般规定

4.5.1 灯具应固定安装在不燃性墙体或不燃性装修材料上，不应安装在门、窗或其它可移动的物体上。

4.5.2 灯具安装后不应对人员正常通行产生影响，灯具周围应无遮挡物，并应保证灯具上的各种状态指示灯易于观察。

4.5.3 灯具在顶棚、疏散走道或通道的上方安装时，应符合下列规定：
 1 照明灯可采用嵌顶、吸顶和吊装式安装；
 2 标志灯可采用吸顶和吊装式安装；室内高度大于3.5 m的场所，特大型、大型、中型标志灯宜采

用吊装式安装；

3 灯具采用吊装式安装时，应采用金属吊杆或吊链，吊杆或吊链上端应固定在建筑构件上。

4.5.4 灯具在侧面墙或柱上安装时，应符合下列规定：

1 可采用壁挂式或嵌入式安装；

2 安装高度距地面不大于1 m时，灯具表面凸出墙面或柱面的部分不应有尖锐角、毛刺等突出物，凸出墙面或柱面最大水平距离不应超过20 mm。

4.5.5 非集中控制型系统中，自带电源型灯具采用插头连接时，应采用专用工具方可拆卸。

Ⅱ 照明灯安装

4.5.6 照明灯宜安装在顶棚上。

4.5.7 当条件限制时，照明灯可安装在走道侧面墙上，并应符合下列规定：

1 安装高度不应在距地面1 m～2 m之间；

2 在距地面1 m以下侧面墙上安装时，应保证光线照射在灯具的水平线以下。

4.5.8 照明灯不应安装在地面上。

Ⅲ 标志灯安装

4.5.9 标志灯的标志面宜与疏散方向垂直。

4.5.10 出口标志灯的安装应符合下列规定：

1 应安装在安全出口或疏散门内侧上方居中的位置；受安装条件限制标志灯无法安装在门框上侧时，可安装在门的两侧，但门完全开启时标志灯不能被遮挡；

2 室内高度不大于3.5 m的场所，标志灯底边离门框距离不应大于200 mm；室内高度大于3.5 m的场所，特大型、大型、中型标志灯底边距地面高度不宜小于3 m，且不宜大于6 m；

3 采用吸顶或吊装式安装时，标志灯距安全出口或疏散门所在墙面的距离不宜大于50 mm。

4.5.11 方向标志灯的安装应符合下列规定：

1 应保证标志灯的箭头指示方向与疏散指示方案一致；

2 安装在疏散走道、通道两侧的墙面或柱面上时，标志灯底边距地面的高度应小于1 m；

3 安装在疏散走道、通道上方时：

  1) 室内高度不大于3.5 m的场所，标志灯底边距地面的高度宜为2.2 m～2.5 m；

  2) 室内高度大于3.5 m的场所，特大型、大型、中型标志灯底边距地面高度不宜小于3 m，且不宜大于6 m。

4 当安装在疏散走道、通道转角处的上方或两侧时，标志灯与转角处边墙的距离不应大于1 m；

5 当安全出口或疏散门在疏散走道侧边时，在疏散走道增设的方向标志灯应安装在疏散走道的顶部，且标志灯的标志面应与疏散方向垂直、箭头应指向安全出口或疏散门；

6 当安装在疏散走道、通道的地面上时，应符合下列规定：

  1) 标志灯应安装在疏散走道、通道的中心位置；

  2) 标志灯的所有金属构件应采用耐腐蚀构件或做防腐处理，标志灯配电、通信线路的连接应采用密封胶密封；

  3) 标志灯表面应与地面平行，高于地面距离不应大于3 mm，标志灯边缘与地面垂直距离高度不应大于1 mm。

4.5.12 楼层标志灯应安装在楼梯间内朝向楼梯的正面墙上，标志灯底边距地面的高度宜为2.2 m～2.5 m。

4.5.13 多信息复合标志灯的安装应符合下列规定：

1 在安全出口、疏散出口附近设置的标志灯，应安装在安全出口、疏散出口附近疏散走道、疏散通道的顶部；

2 标志灯的标志面应与疏散方向垂直、指示疏散方向的箭头应指向安全出口、疏散出口。

5 系统调试

5.1 一般规定

5.1.1 施工结束后,建设单位应根据设计文件和本章的规定,按照本标准附录 E 规定的检查项目、检查内容和检查方法,组织施工单位或设备制造企业,对系统进行调试,并按本标准附录 E 的规定填写记录;系统调试前,应编制调试方案。

5.1.2 系统调试应包括系统部件的功能调试和系统功能调试,并应符合下列规定:
  1 对应急照明控制器、集中电源、应急照明配电箱、灯具的主要功能进行全数检查,应急照明控制器、集中电源、应急照明配电箱、灯具的主要功能、性能应符合现行国家标准《消防应急照明和疏散指示系统》GB 17945 的规定;
  2 对系统功能进行检查,系统功能应符合本章和设计文件的规定;
  3 主要功能、性能不符合现行国家标准《消防应急照明和疏散指示系统》GB 17945 规定的系统部件应予以更换,系统功能不符合设计文件规定的项目应进行整改,并应重新进行调试。

5.1.3 系统部件功能调试或系统功能调试结束后,应恢复系统部件之间的正常连接,并使系统部件恢复正常工作状态。

5.1.4 系统调试结束后,应编写调试报告;施工单位、设备制造企业应向建设单位提交系统竣工图,材料、系统部件及配件进场检查记录,安装质量检查记录,调试记录及产品检验报告,合格证明材料等相关材料。

5.2 调试准备

5.2.1 系统调试前,应按设计文件的规定,对系统部件的规格、型号、数量、备品备件等进行查验,并按本标准第 4 章的规定,对系统的线路进行检查。

5.2.2 集中控制型系统调试前,应对灯具、集中电源或应急照明配电箱进行地址设置及地址注释,并应符合下列规定:
  1 应对应急照明控制器配接的灯具、集中电源或应急照明配电箱进行地址编码,每一台灯具、集中电源或应急照明配电箱应对应一个独立的识别地址;
  2 应急照明控制器应对其配接的灯具、集中电源或应急照明配电箱进行地址注册,并录入地址注释信息;
  3 应按本标准附录 D 的规定填写系统部件设置情况记录。

5.2.3 集中控制型系统调试前,应对应急照明控制器进行控制逻辑编程,并应符合下列规定:
  1 应按照系统控制逻辑设计文件的规定,进行系统自动应急启动、相关标志灯改变指示状态控制逻辑编程,并录入应急照明控制器中;
  2 应按本标准附录 D 的规定填写应急照明控制器控制逻辑编程记录。

5.2.4 系统调试前,应具备下列技术文件:
  1 系统图;
  2 各防火分区、楼层、隧道区间、地铁站台和站厅的疏散指示方案和系统各工作模式设计文件;
  3 系统部件的现行国家标准、使用说明书、平面布置图和设置情况记录;
  4 系统控制逻辑设计文件等必要的技术文件。

5.2.5 应对系统中的应急照明控制器、集中电源和应急照明配电箱应分别进行单机通电检查。

5.3 应急照明控制器、集中电源和应急照明配电箱的调试

I 应急照明控制器调试

5.3.1 应将应急照明控制器与配接的集中电源、应急照明配电箱、灯具相连接后,接通电源,使控制器

处于正常监视状态。

5.3.2 应对控制器进行下列主要功能进行检查并记录，控制器的功能应符合现行国家标准《消防应急照明和疏散指示系统》GB 17945规定：

1 自检功能；
2 操作级别；
3 主、备电源的自动转换功能；
4 故障报警功能；
5 消音功能；
6 一键检查功能。

Ⅱ 集中电源调试

5.3.3 应将集中电源与灯具相连接后，接通电源，集中电源应处于正常工作状态。

5.3.4 应对集中电源下列主要功能进行检查并记录，集中电源的功能应符合现行国家标准《消防应急照明和疏散指示系统》GB 17945规定：

1 操作级别；
2 故障报警功能；
3 消音功能；
4 电源分配输出功能；
5 集中控制型集中电源电源转换手动测试功能；
6 集中控制型集中电源通信故障连锁控制功能；
7 集中控制型集中电源灯具应急状态保持功能。

Ⅲ 应急照明配电箱调试

5.3.5 应接通应急照明配电箱的电源，使应急照明配电箱处于正常工作状态。

5.3.6 应对应急照明配电箱进行下列主要功能检查并记录，应急照明配电箱的功能应符合现行国家标准《消防应急照明和疏散指示系统》GB 17945规定：

1 主电源分配输出功能；
2 集中控制型应急照明配电箱主电源输出关断测试功能；
3 集中控制型配电箱通信故障连锁控制功能；
4 集中控制型配电箱灯具应急状态保持功能。

5.4 集中控制型系统的系统功能调试

Ⅰ 非火灾状态下的系统功能调试

5.4.1 系统功能调试前，集中电源的蓄电池组、灯具自带的蓄电池应连续充电24 h。

5.4.2 根据系统设计文件的规定，应对系统的正常工作模式进行检查并记录，系统的正常工作模式应符合下列规定：

1 灯具采用集中电源供电时，集中电源应保持主电源输出；灯具采用自带蓄电池供电时，应急照明配电箱应保持主电源输出；
2 系统内所有照明灯的工作状态应符合设计文件的规定；
3 系统内所有标志灯的工作状态应符合本标准第3.6.5(3)条(款)的规定。

5.4.3 切断集中电源、应急照明配电箱的主电源，根据系统设计文件的规定，对系统的主电源断电控制功能进行检查并记录，系统的主电源断电控制功能应符合下列规定：

1 集中电源应转入蓄电池电源输出、应急照明配电箱应切断主电源输出；
2 应急照明控制器应开始主电源断电持续应急时间计时；
3 集中电源、应急照明配电箱配接的非持续型照明灯的光源应应急点亮、持续型灯具的光源应由节电点亮模式转入应急点亮模式；

4 恢复集中电源、应急照明配电箱的主电源供电,集中电源、应急照明配电箱配接灯具的光源应恢复原工作状态；

5 使灯具持续应急点亮时间达到设计文件规定的时间,集中电源、应急照明配电箱配接灯具的光源应熄灭。

5.4.4 切断防火分区、楼层、隧道区间、地铁站台和站厅正常照明配电箱的电源,根据系统设计文件的规定,对系统的正常照明断电控制功能进行检查并记录,系统的正常照明断电控制功能应符合下列规定：

1 该区域非持续型照明灯的光源应应急点亮、持续型灯具的光源应由节电点亮模式转入应急点亮模式；

2 恢复正常照明应急照明配电箱的电源供电,该区域所有灯具的光源应恢复原工作状态。

Ⅱ 火灾状态下的系统控制功能调试

5.4.5 系统功能调试前,应将应急照明控制器与火灾报警控制器、消防联动控制器相连,使应急照明控制器处于正常监视状态。

5.4.6 根据系统设计文件的规定,使火灾报警控制器发出火灾报警输出信号,对系统的自动应急启动功能进行检查并记录,系统的自动应急启动功能应符合下列规定：

1 应急照明控制器应发出系统自动应急启动信号,显示启动时间；

2 系统内所有的非持续型照明灯的光源应应急点亮、持续型灯具的光源应由节电点亮模式转入应急点亮模式,灯具光源应急点亮的响应时间应符合本标准第3.2.3条的规定；

3 B型集中电源应转入蓄电池电源输出、B型应急照明配电箱应切断主电源输出；

4 A型集中电源、A型应急照明配电箱应保持主电源输出；切断集中电源的主电源,集中电源应自动转入蓄电池电源输出。

5.4.7 根据系统设计文件的规定,使消防联动控制器发出被借用防火分区的火灾报警区域信号,对需要借用相邻防火分区疏散的防火分区中标志灯指示状态的改变功能进行检查并记录,标志灯具的指示状态改变功能应符合下列规定：

1 应急照明控制器应发出控制标志灯指示状态改变的启动信号,显示启动时间；

2 该防火分区内,按不可借用相邻防火分区疏散工况条件对应的疏散指示方案,需要变换指示方向的方向标志灯应改变箭头指示方向,通向被借用防火分区入口的出口标志灯的"出口指示标志"的光源应熄灭、"禁止入内"指示标志的光源应应急点亮；灯具改变指示状态的响应时间应符合本标准第3.2.3条的规定；

3 该防火分区内其他标志灯的工作状态应保持不变。

5.4.8 根据系统设计文件的规定,使消防联动控制器发出代表相应疏散预案的消防联动控制信号,对需要采用不同疏散预案的交通隧道、地铁隧道、地铁站台和站厅等场所中标志灯指示状态的改变功能进行检查并记录,标志灯具的指示状态改变功能应符合下列规定：

1 应急照明控制器应发出控制标志灯指示状态改变的启动信号,显示启动时间；

2 该区域内,按照对应的疏散指示方案需要变换指示方向的方向标志灯应改变箭头指示方向,通向需要关闭的疏散出口处设置的出口标志灯"出口指示标志"的光源应熄灭、"禁止入内"指示标志的光源应应急点亮；灯具改变指示状态的响应时间应符合本标准第3.2.3条的规定；

3 该区域内其他标志灯的工作状态应保持不变。

5.4.9 手动操作应急照明控制器的一键启动按钮,对系统的手动应急启动功能进行检查并记录,系统的手动应急启动功能应符合下列规定：

1 应急照明控制器应发出手动应急启动信号,显示启动时间；

2 系统内所有的非持续型照明灯的光源应应急点亮、持续型灯具的光源应由节电点亮模式转入应

急点亮模式;

　　3　集中电源应转入蓄电池电源输出、应急照明配电箱应切断主电源的输出;
　　4　照明灯设置部位地面水平最低照度应符合本标准第3.2.5条的规定;
　　5　灯具应急点亮的持续工作时间应符合本标准第3.2.4条的规定。

5.5　非集中控制型系统的系统功能调试

Ⅰ　非火灾状态下的系统功能调试

5.5.1　系统功能调试前,集中电源的蓄电池组、灯具自带的蓄电池应连续充电24 h。

5.5.2　根据系统设计文件的规定,对系统的正常工作模式进行检查并记录,系统的正常工作模式应符合下列规定:
　　1　集中电源应保持主电源输出、应急照明配电箱应保持主电源输出;
　　2　系统灯具的工作状态应符合设计文件的规定。

5.5.3　非持续型照明灯具有人体、声控等感应方式点亮功能时,根据系统设计文件的规定,使灯具处于主电供电状态下,对非持续型灯具的感应点亮功能进行检查并记录,灯具的感应点亮功能应符合下列规定:
　　1　按照产品使用说明书的规定,使灯具的设置场所满足点亮所需的条件;
　　2　非持续型照明灯应点亮。

Ⅱ　火灾状态下的系统控制功能调试

5.5.4　在设置区域火灾报警系统的场所,使集中电源或应急照明配电箱与火灾报警控制器相连,根据系统设计文件的规定,使火灾报警控制器发出火灾报警输出信号,对系统的自动应急启动功能进行检查并记录,系统的自动控制功能应符合下列规定:
　　1　灯具采用集中电源供电时,集中电源应转入蓄电池电源输出,其所配接的所有非持续型照明灯的光源应应急点亮、持续型灯具的光源应由节电点亮模式转入应急点亮模式,灯具光源应急点亮的响应时间应符合本标准第3.2.3条的规定;
　　2　灯具采用自带蓄电池供电时,应急照明配电箱应切断主电源输出,其所配接的所有非持续型照明灯的光源应应急点亮、持续型灯具的光源应由节电点亮模式转入应急点亮模式,灯具光源应急点亮的响应时间应符合本标准第3.2.3条的规定。

5.5.5　根据系统设计文件的规定,对系统的手动应急启动功能进行检查并记录,系统的手动应急启动功能应符合下列规定:
　　1　灯具采用集中电源供电时,手动操作集中电源的应急启动控制按钮,集中电源应转入蓄电池电源输出,其所配接的所有非持续型照明灯的光源应应急点亮、持续型灯具的光源应由节电点亮模式转入应急点亮模式,且灯具光源应急点亮的启动时间应符合本标准第3.2.3条的规定;
　　2　灯具采用自带蓄电池供电时,手动操作应急照明配电箱的应急启动控制按键、按钮,应急照明配电箱应切断主电源输出,其所配接的所有非持续型照明灯的光源应应急点亮、持续型灯具的光源应由节电点亮模式转入应急点亮模式,且灯具光源应急点亮的启动时间应符合本标准第3.2.3条的规定;
　　3　照明灯设置部位地面水平最低照度应符合本标准第3.2.5条的规定;
　　4　灯具应急点亮的持续工作时间应符合本标准第3.2.4条的规定。

5.6　备用照明功能调试

5.6.1　根据设计文件的规定,对系统备用照明的功能进行检查并记录,系统备用照明的功能应符合下列规定:
　　1　切断为备用照明灯具供电的正常照明电源输出;

2 消防电源专用应急回路供电应能自动投入为备用照明灯具供电。

6 系统检测与验收

6.0.1 系统竣工后,建设单位应负责组织施工、设计、监理等单位进行系统验收,验收不合格不得投入使用。

6.0.2 系统的检测、验收应按表6.0.2所列的检测和验收对象、项目及数量,按本标准第4章、第5章的规定和附录E中规定的检查内容和方法进行,并按本标准附录E的规定填写记录。

表 6.0.2 系统工程技术检测、验收对象,项目及检测、验收数量

序号	检测、验收对象		检测、验收项目	检测数量	验收数量
1	文件资料		齐全性、符合性	全数	全数
2	系统形式和功能选择	Ⅰ集中控制型	符合性	全数	全数
		Ⅱ非集中控制型			
3	系统线路设计	Ⅰ灯具配电线路设计	符合性	全部防火分区、楼层、隧道区间、地铁站台和站厅	建、构筑物中含有5个及以下防火分区、楼层、隧道区间、地铁站台和站厅的,应全部检验;超过5个防火分区、楼层、隧道区间、地铁站台和站厅的应按实区域数量20%的比例抽验,但抽验总数不应小于5个。
		☆Ⅱ集中控制型系统的通信线路设计			
4	布线		1 线路的防护方式; 2 槽盒、管路安装质量; 3 系统线路选型; 4 电线电缆敷设质量。		
5	灯具	Ⅰ照明灯	1 设备选型; 2 消防产品准入制度; 3 设备设置; 4 安装质量。	实际安装数量	与抽查防火分区、楼层、隧道区间、地铁站台和站厅相关的设备数量。
		Ⅱ标志灯			
6	供配电设备	☆集中电源	1 设备选型; 2 消防产品准入制度; 3 设备设置; 4 设备供配电; 5 安装质量; 6 基本功能。		
		☆应急照明配电箱			
7	集中控制型系统	Ⅰ应急照明控制器	1 应急照明控制器设计; 2 设备选型; 3 消防产品准入制度; 4 设备设置; 5 设备供电; 6 安装质量; 7 基本功能。		

表 6.0.2（续）

序号	检测、验收对象		检测、验收项目	检测数量	验收数量
7	集中控制型系统	Ⅱ系统功能	1 非火灾状态下的系统功能： （1）系统正常工作模式； （2）系统主电源断电控制功能； （3）系统正常照明电源断电控制功能。 2 火灾状态下的系统控制功能： （1）系统自动应急启动功能； （2）系统手动应急启动功能： ①照明灯设置部位地面的最低水平照度； ②系统的在蓄电池电源供电状态下的应急工作时间。	全部防火分区、楼层、隧道区间、地铁站台和站厅	建、构筑物中含有5个及以下防火分区、楼层、隧道区间、站台和站厅的，应全部检验；超过5个防火分区、楼层、隧道区间、地铁站台和站厅的应按实际区域数量20%的比例抽验，但抽验总数不应小于5个。
8	非集中控制型系统	☆未设置火灾自动报警系统的场所	1 非火灾状态下的系统功能： （1）系统正常工作模式； （2）灯具的感应点亮功能。 2 火灾状态下的系统手动应急启动功能： 1）照明灯设置部位地面的最低水平照度； 2）系统在蓄电池电源供电状态下的应急工作时间。		
		☆设置区域火灾自动报警系统的场所	1 非火灾状态下的系统功能： 1）系统正常工作模式； 2）灯具的感应点亮功能。 2 火灾状态下的系统应急启动功能： 1）系统自动应急启动功能； 2）系统手动应急启动功能： （1）照明灯设置部位地面的最低水平照度； （2）灯具在蓄电池电源供电状态下的应急工作时间。		
9	系统备用照明		系统功能	全数	全数

注：1. 表6.0.2中的抽检数量均为最低要求；
2. 每一项功能检验次数均为1次；
3. 带有"☆"标的项目内容为可选项，系统设置不涉及此项目时，检测、验收不包括此项目。

6.0.3 系统检测、验收时,应对施工单位提供的下列资料进行齐全性和符合性检查,并按附录E的规定填写记录:
1 竣工验收申请报告、设计变更通知书、竣工图;
2 工程质量事故处理报告;
3 施工现场质量管理检查记录;
4 系统安装过程质量检查记录;
5 系统部件的现场设置情况记录;
6 系统控制逻辑编程记录;
7 系统调试记录;
8 系统部件的检验报告、合格证明材料。

6.0.4 根据各项目对系统工程质量影响严重程度的不同,将检测、验收的项目划分为A、B、C三个类别:
1 A类项目应符合下列规定:
  1) 系统中的应急照明控制器、集中电源、应急照明配电箱和灯具的选型与设计文件的符合性;
  2) 系统中的应急照明控制器、集中电源、应急照明配电箱和灯具消防产品准入制度的符合性;
  3) 应急照明控制器的应急启动、标志灯指示状态改变控制功能;
  4) 集中电源、应急照明配电箱的应急启动功能;
  5) 集中电源、应急照明配电箱的连锁控制功能;
  6) 灯具应急状态的保持功能;
  7) 集中电源、应急照明配电箱的电源分配输出功能。
2 B类项目应符合下列规定:
  1) 本标准第6.0.3条规定资料的齐全性、符合性;
  2) 系统在蓄电池电源供电状态下的持续应急工作时间。
3 其余项目应为C类项目;

6.0.5 系统检测、验收结果判定准则应符合下列规定:
1 A类项目不合格数量应为0,B类项目不合格数量应小于等于2,B类项目不合格数量加上C类项目不合格数量应小于等于检查项目数量的5%的,系统检测、验收结果应为合格;
2 不符合合格判定准则的,系统检测、验收结果应为不合格。

6.0.6 本节各项检测、验收项目中,当有不合格时,应修复或更换,并进行复验。复验时,对有抽验比例要求的,应加倍检验。

7 系统运行维护

7.0.1 系统投入使用前,应具有下列文件资料:
1 检测、验收合格资料;
2 消防安全管理规章制度、灭火及应急疏散预案;
3 建、构筑物竣工后的总平面图、系统图、系统设备平面布置图、重点部位位置图;
4 各防火分区、楼层、隧道区间、地铁站厅或站台的疏散指示方案;
5 系统部件现场设置情况记录;
6 应急照明控制器控制逻辑编程记录;
7 系统设备使用说明书、系统操作规程、系统设备维护保养制度。

7.0.2 系统的使用单位应建立本标准第7.0.1条规定的文件档案,并应有电子备份档案。

7.0.3 应保持系统连续正常运行,不得随意中断。

7.0.4 系统应按本标准附录F规定的巡查项目和内容进行日常巡查,巡查的部位、频次应符合现行国家标准《建筑消防设施的维护管理》GB 25201的规定,并按本标准附录F的规定填写记录。巡查过程中发现设备外观破损、设备运行异常时应立即报修。

7.0.5 每年应按表7.0.5规定的检查项目、数量对系统部件的功能、系统的功能进行检查,并应符合下列规定:

1 系统的年度检查可根据检查计划,按月度、季度逐步进行;
2 月度、季度的检查数量应符合表7.0.5的规定;
3 系统部件的功能、系统的功能应符合本标准第5章的规定;
4 灯具在蓄电池电源供电状态下的应急工作持续时间不符合本标准3.2.4条1~5款规定时,应更换相应系统设备或更换其蓄电池。

表7.0.5 系统月检、季检对象、项目及数量

序号	检查对象	检查项目	检查数量
1	集中控制型系统	1 手动应急启动功能	应保证每月、季对系统进行一次手动应急启动功能检查。
		2 火灾状态下自动应急启动功能	应保证每年对每一个防火分区至少进行一次火灾状态下自动应急启动功能检查。
		3 持续应急工作时间	应保证每月对每一台灯具进行一次蓄电池电源供电状态下的应急工作持续时间检查。
2	非集中控制型系统	1 手动应急启动功能	应保证每月、季对系统进行一次手动应急启动功能检查。
		2 持续应急工作时间	应保证每月对每一台灯具进行一次蓄电池电源供电状态下的应急工作持续时间检查。

附录 A
消防应急照明和疏散指示系统子分部、分项工程划分

表 A 消防应急照明和疏散指示系统子分部、分项工程划分表

序号	子分部工程	分项工程	
1	材料、设备进场检查	材料类	管材、槽盒、电缆电线
		控制设备	应急照明控制器
		供配电设备	集中电源、应急照明配电箱
		灯具	照明灯、出口标志灯、方向标志灯、楼层标志灯、多信息复合标志灯
2	系统线路设计检查	灯具配电线路	
		系统通信线路	
3	安装与施工	布线	管材、槽盒、电缆电线
		系统部件安装	应急照明控制器
			集中电源、应急照明配电箱
			照明灯、出口标志灯、方向标志灯、楼层标志灯、多信息复合标志灯
4	系统调试	系统部件功能	应急照明控制器
			集中电源、应急照明配电箱
		系统功能	非火灾状态下的系统功能、火灾状态下的系统控制功能
			备用照明的系统功能
5	系统检测、验收	系统类型和功能选择	集中控制型
			非集中控制型
		系统线路设计检查	灯具配电线路
			系统通信线路
		布线	管材、槽盒、电缆电线
		系统部件安装和功能	应急照明控制器
			集中电源、应急照明配电箱
			照明灯、出口标志灯、方向标志灯、楼层标志灯、多信息复合标志灯
		系统功能	非火灾状态下的系统功能、火灾状态下的系统控制功能
			备用照明的系统功能

附录 B
施工现场质量管理检查记录

B.0.1 监理工程师应按表B.0.1的规定填写施工现场质量管理检查记录,施工单位项目负责人、监理工程师、建设单位项目负责人应对检查结果确认签章。

监理工程师应根据检查结果,在对应记录表格框中勾选相应的记录项□(☑),对不合格的项目,应作出说明。

表 B.0.1 施工现场质量管理检查记录表

工程名称			建设单位		
监理单位			设计单位		
序号	项 目		监理单位检查结果		
			合格	不合格	不合格说明
1	现场质量管理制度		□	□	
2	质量责任制		□	□	
3	主要专业工种人员操作上岗证书		□	□	
4	施工图审查情况		□	□	
5	施工组织设计、施工方案及审批		□	□	
6	施工技术标准		□	□	
7	工程质量检验制度		□	□	
8	现场材料、设备管理		□	□	
9	其他项目		□	□	
检查结论		合格□		不合格□	
建设单位项目负责人: (签章) 年 月 日		监理工程师: (签章) 年 月 日		施工单位项目负责人: (签章) 年 月 日	

附录 C 系统材料和设备进场检查、系统线路设计检查和安装质量检查记录

C.0.1 施工单位质量检查员和监理工程师应按表 C.0.1 的规定逐项填写检查记录；监理工程师应根据检查情况填写检查结论；施工单位项目负责人、监理工程师应对检查结果确认签章。

施工单位的质量检查员和监理工程师应根据检查结果，在对应记录框中勾选相应的记录项（☑）。对不符合检查内容要求的项目，应作出不合格说明。

表 C.0.1 中带有"☆"标的项目为可选项，当系统的进场检验、安装不涉及此项目或检查内容时，可不填写。

C.0.2 若用到其他表格、文件，应作为附件一并归档。

表 C.0.1 系统材料和设备进场检查、系统线路设计检查、安装质量检查记录表

编号：

工程名称							
子分部工程名称		☐进场检查 ☐安装质量	☐系统线路设计				
施工区域编号		项目	条款	执行规范名称及编号			
				《电气装置安装工程 爆炸和火灾危险环境电气装置施工及验收规范》GB 50257—2014；《建筑电气工程施工质量验收规范》GB 50303—2015			
区域编号				施工单位		监理单位	
				检查内容	检查方法	施工单位检查记录	监理单位检查记录
						合格 / 不合格 / 说明	合格 / 不合格 / 说明
1 进场检查							
I 类型：☆材料							
	文件资料	4.2.1		应提供清单、有效的质量合格证明文件和国家法定质检机构的检验报告，☆集中电源、☆应急照明配电箱、☆灯具及配件	核查文件是否齐全、质量合格证明文件和检验报告是否有效	☐ 合格 ☐ 不合格 ☐ 说明	☐ 合格 ☐ 不合格 ☐ 说明
II 类型：☆应急照明控制器							
	1 文件资料	4.2.1		1 应提供清单、说明书、检验报告、认证证书和认证标识	核查文件是否齐全、检验报告、认证证书和认证标识是否有效	☐ 合格 ☐ 不合格 ☐ 说明	☐ 合格 ☐ 不合格 ☐ 说明
		4.2.2		2 产品名称、型号、规格应与认证证书和检验报告一致	对照认证证书和检验报告核查产品的名称、型号、规格	☐ 合格 ☐ 不合格 ☐ 说明	☐ 合格 ☐ 不合格 ☐ 说明

客运索道实用法规标准汇编

表 C.0.1（续）

施工区域编号		项目	条款	检查内容		施工单位检查记录			监理单位检查记录		
				检查要求	检查方法	合格	不合格	说明	合格	不合格	说明
区域编号		2 选型	4.2.3	规格、型号应符合设计文件的规定	对照设计文件，核查设备的规格、型号	□	□		□	□	
		3 外观检查	4.2.4	表面应无明显划痕、毛刺等机械损伤，紧固部位应无松动	检查设备及配件的外观，用手感检查设备的紧固部位	□	□		□	□	
2 系统线路设计检查											
区域编号	Ⅰ 灯具配电线路设计	1 一般规定	3.3.1	☆1 灯具采用集中电源供电时，灯具的主电源和蓄电池电源均由集中电源提供，灯具主电源和蓄电池电源在集中电源内部实现输出转换后由同一配回路为灯具供电 ☆1 灯具采用自带蓄电池供电时，灯具的主电源通过应急照明配电箱一级分配电后为灯具供电，切断应急照明配电箱的主电源输出后，灯具自动转入自带蓄电池电源供电	对照设计文件，核查灯具的供电方式，灯具配电回路的设计原则	□	□		□	□	
			3.3.2	2 应急照明配电箱或集中电源的输入及输出配电回路中不应设剩余电流动作保护装置，输出回路严禁接入系统以外的配电回路、开关装置、插座及其他负载	对照设计文件，检查应急照明配电箱或集中电源的输入及输出配电回路中是否装设剩余电流动作保护装置，是否接入系统以外的配电回路、开关装置、插座及其他负载	□	□		□	□	

394

表 C.0.1（续）

施工区域编号	项目	条款	检查内容		施工单位检查记录			监理单位检查记录		
			检查要求	检查方法	合格	不合格	说明	合格	不合格	说明
	2 水平疏散区域配电回路设计	3.3.3	1 应按防火分区、同一防火分区的楼层、隧道区间、站台和站厅为单元设置配电回路	对照设计文件,核查该区域每一配电回路的设置情况	□	□		□	□	
			2 除住宅建筑外,不同防火分区、隧道区间、站台和站厅不能共用同一配电回路		□	□		□	□	
			☆3 避难走道应单独设置配电回路		□	□		□	□	
			☆4 防烟楼梯间前室及合用前室应由灯具所在楼层的配电回路供电		□	□		□	□	
			☆5 配电室、消防控制室、消防水泵房、自备发电机房等发生火灾时仍需工作、值守的区域和相关疏散通道,应单独设置配电回路		□	□		□	□	
区域编号	3 竖向疏散区域配电回路设计	3.3.4	1 封闭楼梯间、防烟楼梯间、室外疏散楼梯应单独设置配电回路	对照设计文件,核查该区域每一配电回路的设置情况	□	□		□	□	
			2 敞开楼梯间设置的灯具应由灯具所在楼层或就近楼层的配电回路供电		□	□		□	□	
			3 避难层和避难层连接的下行楼梯间应单独设置配电回路		□	□		□	□	
	4 配电回路配接灯具的数量	3.3.5	1 配接灯具的数量不宜超过 60	对照设计文件,核查每一配电回路配接灯具的数量和范围	□	□		□	□	
			☆2 道路交通隧道内,配接灯具的范围不宜超过 1000 m		□	□		□	□	
			☆3 地铁隧道内,配接灯具的范围不应超过一个区段的 1/2		□	□		□	□	
	5 配电回路功率、电流	3.3.6	配接灯具的额定功率总和不应大于配电回路额定功率的 80%；A 型灯具配电回路的额定电流不应大于 6 A,B 型灯具配电回路的额定电流不应大于 10 A	对照设计文件核算每一配电回路配接灯具的总功率、额定电流	□	□		□	□	

表C.0.1（续）

施工区域编号	项目	条款	检查内容		施工单位检查记录			监理单位检查记录		
			检查要求	检查方法	合格	不合格	说明	合格	不合格	说明
	系统通信线路设计	3.4.8	☆Ⅱ系统类型为集中控制型系统时，系统通信线路设计 集中电源或应急照明配电箱应按灯具配电回路设置灯具通信回路，且灯具配电回路和灯具通信回路配接的灯具应一致	对照设计文件，核查系统通信线路的设计	☐	☐		☐	☐	
3 安装质量检查										
	Ⅰ 布线									
区域编号	1 施工工艺	4.1.7	☆系统的布线应符合GB 50257的相关规定	检查施工工艺是否符合GB 50257的规定	☐	☐		☐	☐	
	2 系统线路的防护方式	4.3.1	☆1 线路暗敷设时，应采用金属管、可弯曲金属电气导管或塑料管保护 ☆2 系统线路明敷设时，应采用金属管、可弯曲金属电气导管或槽盒保护 ☆3 矿物绝缘类不燃性电缆可明敷	对照设计文件核查线缆的种类、敷设方式、管路和槽盒的材质	☐	☐		☐	☐	
	3 管路敷设	4.3.2	☆1 明敷时，应在下列部位设置吊点或支点，吊杆直径不应小于6 mm： 1) 管路始端、终端及接头处；2) 距接线盒 0.2 m处；3) 管路转角或分支处；4) 直线段不大于 3 m处	明敷时，检查管路的直径，用尺测量吊点或支点距接线盒的距离，用卡尺测量吊点或支点支吊杆直径，直线段吊点或支点距离情况、管路和槽盒的间距，观察管路敷设情况，并宜保留有照片、视频等隐蔽工程的检验记录	☐	☐		☐	☐	
		4.3.3	☆1 暗敷时，应敷设在不燃结构内，且保护层厚度不小于30 mm		☐	☐		☐	☐	

表 C.0.1（续）

施工区域编号	项目	条款	检查内容		施工单位检查记录			监理单位检查记录		
			检查要求	检查方法	合格	不合格	说明	合格	不合格	说明
	3 管路敷设	4.3.4	2 管线经过建筑物的沉降缝、伸缩缝、抗震缝等变形缝处，应采取补偿措施	施工过程观察管路的敷设情况，并宜留有照片、视频等隐蔽工程的检验记录	□	□		□	□	
		4.3.5	3 敷设在地面上、多尘或潮湿场所管路的管口和管子连接处，均应作防腐蚀、密封处理	检查管口和管子连接处防腐蚀、密封处理情况	□	□		□	□	
		4.3.6	1 符合下列条件时，应在管路便于接线处装设接线盒：1）管子长度每超过30 m，无弯曲时；2）管子长度每超过20 m，有1个弯曲时；3）管子长度每超过10 m，有2个弯曲时；4）管子长度每超过8 m，有3个弯曲时	检查管路的敷设情况，用尺测量管路的长度	□	□		□	□	
	4 管路接线盒安装	4.3.7	2 金属管子入盒，盒外侧应套锁母、内侧应装护口；在吊顶内敷设时，盒的内外侧均应套锁母；塑料管入盒应采取相应固定措施	施工过程中检查管路的固定情况，用手感检查管路的固定情况，宜留有照片、视频等隐蔽工程的检验记录	□	□		□	□	
		4.3.8	1 槽盒敷设时，应在下列部位设置吊点或支点，吊杆直径不应小于6 mm：1）槽盒始端、终端及接头处；2）槽盒转角或分支处；3）直线段不大于3 m处	检查槽盒吊点、支点的设置情况，用尺测量吊点、吊杆的直径，用尺测量直线段吊点或支点的间距	□	□		□	□	
	5 槽盒安装	4.3.9	2 槽盒接口应平直、严密，槽盖应齐全、平整、无翘角，并列安装时，槽盖应便于开启	检查槽盒安装情况，用手感检查槽盖开启情况	□	□		□	□	
施工区域编号	6 系统线路的选择									
	6.1 导体材质	3.5.1	应选择铜芯导线或铜芯电缆	对照设计文件，核查线路导体的材质	□	□		□	□	

表 C.0.1（续）

施工区域编号	项目	条款	检查内容		施工单位检查记录			监理单位检查记录		
			检查要求	检查方法	合格	不合格	说明	合格	不合格	说明
	6.2 电压等级	3.5.2	☆电压等级为50 V以下时，应选择电压等级不低于交流300/500 V的电线电缆 ☆电压等级为220/380 V时，应选择电压等级不低于交流450/750 V的电线电缆	对照设计文件，核查线路的电压等级和线缆的电压等级	□	□		□	□	
		3.5.3	1 地面上设置的标志灯的配电线路和通信线路应选择耐腐蚀橡胶电缆	对照设计文件，核查线缆导体和外护套的材质	□	□		□	□	
	6.3 外护套材质		☆系统类型为集中控制型系统时，除地面上设置的灯具外：							
		3.5.4	1 系统的通信线路应采用耐火线缆或耐火光纤	对照设计文件，核查线缆导体和外护套的材质	□	□		□	□	
			☆系统类型为非集中控制型系统时，除地面上设置的灯具外：							
		3.5.5	☆灯具采用自带蓄电池电源供电时，灯具配电线路应采用阻燃耐火线缆	对照设计文件，核查灯具蓄电池电源的供电方式、线缆的外护套的材质	□	□		□	□	
		3.5.6	☆灯具采用集中电源供电时，灯具配电线路应采用耐火线缆	对照设计文件，核查不同用途线缆外护套的材质	□	□		□	□	
	6.4 线缆的颜色	4.3.11	同一工程中相同用途电线电缆的颜色应一致；线路正极"+"应为红色，负极"—"应为蓝色或黑色，接地线应为黄色绿色相间	施工过程中观察管内或槽盒内的情况，宜留有照片、视频等检验记录	□	□		□	□	
施工区域编号	7 号线敷设	4.3.12	1 在管内或槽盒内的布线，应在建筑抹灰及地面工程结束后进行，管内或槽盒内不应有积水及杂物 2 系统应单独布线，除设计要求以外，不同回路，不同电压等级、交流与直流的线路，不应布在同一管内或槽盒同一槽孔内	对照设计文件，核查线路的电压等级，检查线路的敷设情况	□	□		□	□	

表C.0.1（续）

施工区域编号					施工单位检查记录			监理单位检查记录		
项目	条款	检查内容	检查要求	检查方法	合格	不合格	说明	合格	不合格	说明
7 导线敷设	4.3.13	3.1 线缆在管内或线槽盒内，不应有接头或扭结		施工过程中观察线路的敷设情况	□	□		□	□	
		3.2 导线应在接线盒内采用焊接、压接，接线端子可靠连接		检查导线接头的连接情况；宜留有照片、视频等检验记录	□	□		□	□	
	4.3.14	4.1 在地面上、多尘或潮湿场所，接线盒和导线接头应做防腐蚀和防潮处理		检查接线盒、管线接头等处的防护情况	□	□		□	□	
		4.2 具有IP防护等级要求的系统部件，其线路中接线盒、管线接头等均应达到与系统部件相同的IP防护等级要求			□	□		□	□	
	4.3.15	5 从接线盒、槽盒等处引到系统部件的线路，当采用可弯曲金属导管保护时，其长度不应大于2m，且金属导管应入盒并固定		观察线路的敷设情况，用尺测量可弯曲金属导管的长度，观察可弯曲金属导管的敷设情况，用手感检查管路的固定情况	□	□		□	□	
	4.3.16	6 线缆跨越建、构筑物的沉降缝、伸缩缝、抗震缝等变形缝的两侧应固定，并留有适当余量		检查线缆跨越变形缝的敷设质量	□	□		□	□	
	4.3.17	7 系统的布线，尚应符合GB 50303的相关规定		按GB 50303规定检查线路的敷设质量	□	□		□	□	
	4.3.18	8 回路导线对地的绝缘电阻值不应小于20 MΩ		线缆敷设结束后，用500V兆欧表测量每个回路导线对地的绝缘电阻	□	□		□	□	

II 系统部件安装

施工区域编号										
部件类型：☆照明灯、☆出口标志灯、☆方向标志灯、☆楼层标志灯、☆多信息复合标志灯										
1 安装工艺	4.1.7	☆在有爆炸危险性场所的安装，应符合GB 50257的相关规定		检查施工工艺是否符合GB 50257的规定	□			□		

表 C.0.1（续）

施工区域编号	项目	条款	检查内容		施工单位检查记录			监理单位检查记录		
			检查要求	检查方法	合格	不合格	说明	合格	不合格	说明
	2 部件安装	4.5.1	1 灯具应固定安装在不燃性墙体或不燃体装修材料上，不应安装在门、窗或其他可移动的物体上	对照设计文件，核查灯具的安装位置，有手感检查灯具固定是否牢固	☐	☐		☐	☐	
		4.5.2	2 灯具安装后不应对人员正常通行产生影响，灯具周围应无遮挡物，并应保证灯具上的各种状态指示灯易于观察	检查灯具是否影响人员正常通行，周围是否有遮挡物，指示灯是否易于观察	☐	☐		☐	☐	
		4.5.4	☆3 灯具在侧面墙或柱上安装时，可采用壁挂式或嵌入式安装，安装高度距地面不大于1 m时，灯具表面凸出墙面或柱面的部分不应有尖锐角、毛刺等突出物，凸出墙面或柱面最大水平距离不应超过20 mm	核查灯具的安装部位，用卡尺测量灯具的安装高度，用尺测量安装高度距地面不大于1 m灯具凸出墙面或柱面的最大水平距离，并检查灯具表面是否有尖锐角、毛刺等突出物	☐	☐		☐	☐	
		4.5.5	4 非集中控制型系统中，自带电源型灯具采用插头连接时，应采用专用工具方可拆卸	对照设计文件核查灯具系统的类型，检查灯具电源线的连接情况	☐	☐		☐	☐	
			部件类型：☆照明灯							
		4.5.6	5 照明灯宜安装在顶棚上		☐	☐		☐	☐	
		4.5.3	6 灯具在顶棚、疏散走道或通道的上方安装时，可采用嵌顶、吸顶和吊装式安装	对照设计文件查灯具的安装方式	☐	☐		☐	☐	
		4.5.7	7 当条件限制时，照明灯可安装在走道侧面墙上，并应符合下列规定：安装高度不应在距地面1 m～2 m之间；在距地面1 m以下侧面墙上安装时，应保证光线照射在灯具的水平线以下	对照设计文件查灯具的安装位置，查灯具的安装方式；在距地面1 m以下侧面墙上安装时，观察灯具照射情况	☐	☐		☐	☐	
		4.5.8	8 照明灯不应安装在地面上		☐	☐		☐	☐	

表 C.0.1（续）

施工区域编号	项目	条款	检查内容		施工单位检查记录			监理单位检查记录		
			检查要求	检查方法	合格	不合格	说明	合格	不合格	说明
	2 部件安装		部件类型：☆标志灯							
		4.5.3	5 灯具在顶棚、疏散走道或路径的上方居中安装时，可采用吸顶和吊装式安装	检查灯具的安装方式，有手感检查	□	□		□	□	
			☆6 室内高度大于 3.5 m 的场所，特大型、大型、中型标志宜采用吊装式安装，灯具采用吊杆或吊链吊装式安装时，应采用金属吊杆或吊链，吊杆或吊链上端应固定在建筑构件上	检查灯具的安装方式，吊杆或吊链固定是否牢固	□	□		□	□	
		4.5.9	7 标志灯的标志面宜与疏散方向垂直	对照设计文件观察灯具的安装情况	□	□		□	□	
区域编号			部件类型：☆出口标志灯							
		4.5.10	8 应安装在安全出口或疏散门内侧上方居中的位置		□	□		□	□	
			9 室内高度不大于 3.5 m 的场所，标志灯底边离门框距离不应大于 200 mm；受安装条件限制标志灯无法安装在门框上侧时，可安装在门的两侧，但门完全开启时标志灯不能被遮挡；采用吸顶或吊装式安装时，标志灯距安全出口或疏散门所在墙面的距离不宜大于 50 mm	检查灯具的安装情况，用尺测量灯具的安装高度、底边距安全出口或疏散门所在墙面的距离	□	□		□	□	
			10 室内高度大于 3.5 m 的场所，特大型、大型、中型标志灯底边距地面高度不宜小于 3 m，且不宜大于 6 m；标志灯距安全出口或疏散门所在墙面的距离不宜大于 50 mm		□	□		□	□	
			部件类型：☆方向标志灯							
		4.5.11	8 应保证标志灯的箭头指示方向与疏散指示方案一致	对照疏散指示方案，核查灯具的箭头指示方向	□	□		□	□	

表 C.0.1（续）

项目	条款	检查内容		施工单位检查记录			监理单位检查记录		
		检查要求	检查方法	合格	不合格	说明	合格	不合格	说明
2 部件安装	4.5.11	9 安装高度							
		☆1) 在疏散走道或路径上方安装时：室内高度不大于 3.5 m 的场所，标志灯底边距地面的高度宜为 2.2 m～2.5 m；室内高度不大于 3.5 m 的场所，大型、中型标志灯底边距地面高度不宜小于 3 m，且不宜大于 6 m	对照设计文件，核查设置场所的高度，用尺测量灯具的安装高度	☐	☐		☐	☐	
		☆2) 在疏散走道的侧面墙上安装：标志灯底边距地面的高度不应小于 1 m		☐	☐		☐	☐	
		10 安装在疏散走道拐弯处的上方或两侧时，在拐弯处边墙的距离不应大于 1 m	对照设计文件，核查标志灯的设置部位，用尺测量标志灯与拐弯处边的距离	☐	☐		☐	☐	
		☆11 当安全出口或疏散门在疏散走道侧边时，在疏散走道增设的方向标志灯应安装在疏散走道的顶部，且标志灯的标志面应与疏散方向垂直	对照设计文件，核查安全出口或疏散门的位置，疏散走道和标志灯的设置情况	☐	☐		☐	☐	
		☆12 在疏散走道、路径地面上安装时	对照设计文件，检查灯具的设置情况	☐	☐		☐	☐	
		12.1 标志灯应安装在疏散走道、路径的中心位	核查灯具安装的隐蔽工程验收记录	☐	☐		☐	☐	
		12.2 标志灯配电、通信线路的连接应采用密封胶密封，标志灯的所有金属构件应采用耐腐蚀构件或做防腐处理	检查灯具的安装情况，灯具高于地面的距离、标志灯边缘与地面的垂直距离	☐	☐		☐	☐	
		12.3 标志灯表面应与地面平行，高于地面距离不应大于 3 mm，标志灯边缘与地面垂直距离不应大于 1 mm		☐	☐		☐	☐	

施工区域编号

区域编号

表 C.0.1（续）

施工区域编号	项目		条款	检查内容		施工单位检查记录			监理单位检查记录		
				检查要求	检查方法	合格	不合格	说明	合格	不合格	说明
	2 部件安装		4.5.12	8 楼层标志灯应安装在楼梯间内朝向楼梯的正面墙上，标志灯底边距地面的高度宜为 2.2 m～2.5 m	检查楼层标志灯的安装位置，用尺测量灯具的安装高度	□	□		□	□	
				部件类型：☆多信息复合标志灯							
			4.5.13	8 多信息复合标志灯应安装在疏散走道、疏散通道的顶部，且标志灯的标志面应与疏散方向垂直，指示疏散方向箭头应指向安全出口、疏散出口	对照设计文件，核查安全出口的位置，标志灯的设置情况	□	□		□	□	
				部件类型：☆应急照明控制器、☆集中电源、☆应急照明配电箱							
	1 安装工艺		4.1.7	☆在有爆炸危险性场所的安装，应符合 GB 50257 的相关规定	检查施工工艺是否符合 GB 50257 的规定	□	□		□	□	
				部件类型：☆集中电源							
区域编号	2 安装位置		4.4.4	集中电源前、后部应适当留出更换蓄电池（组）的作业空间	检查集中电源的安装位置	□	□		□	□	
				1 设备应安装牢固，不得倾斜	用手感检查设备的固定情况、落地安装时，用尺测量设备底边距地（楼）面的距离	□	□		□	□	
				☆2 安装在轻质墙上时，应采取加固措施		□	□		□	□	
	3 设备安装		4.4.1	☆2 落地安装时，其底边宜高出地（楼）面 100 mm～200 mm		□	□		□	□	
				☆3 设备在电气竖井内安装时，应采用下出口进线方式	对照设计文件核查设备的安装部位，检查设备的进线方式	□	□		□	□	
				4 设备的接地应牢固，并应设置明显的永久性标识	用专用设备检查设备接地线的连接情况，检查设备的接地标识	□	□		□	□	

表 C.0.1（续）

施工区域编号	项目	条款	检查内容		施工单位检查记录			监理单位检查记录		
			检查要求	检查方法	合格	不合格	说明	合格	不合格	说明
	4 设备引入线缆	4.4.5	1 配线应整齐，不宜交叉，并应固定牢靠	检查设备内部配线情况	□	□		□	□	
			2 线缆芯线的端部，均应标明编号，并与图纸一致，字迹应清晰且不易退色	对照设计文件检查逐一线缆的标号	□	□		□	□	
			3 端子板的每个接线端，接线不得超过 2 根	检查端子接线情况	□	□		□	□	
			4 线缆应留有不小于 200 mm 的余量	用尺测量线缆的余量长度	□	□		□	□	
			5 线缆应绑扎成	检查线缆的布置情况	□	□		□	□	
			6 线缆穿管、槽盒后，应将管口、槽口封堵	检查管口、槽口封堵情况	□	□		□	□	
区域编号	☆5 蓄电池（组）安装	4.4.2	应急照明控制器、集中电源的蓄电池（组）需进行现场安装时，蓄电池（组）规格、型号、容量应符合设计文件的规定，蓄电池（组）安装应符合产品使用说明书的要求	对照设计文件核对蓄电池（组）的规格、型号、容量；检查蓄电池（组）的安装情况	□	□		□	□	
	☆6 应急照明控制器电源连接	4.4.3	控制器的主电源应设置明显永久性标识，并应直接与消防电源连接，严禁使用电源插头；设备与其外接备用电源之间应直接连接。	检查设备主电源标识设置情况，与消防电源的连接情况，与外接备用电源的连接情况	□	□		□	□	

监理工程师检验结论 合格□ 不合格□

施工单位项目经理：
（签章）
年　月　日

监理工程师：
（签章）
年　月　日

附 录 D
系统部件现场设置情况、应急照明控制器联动控制编程记录

D.0.1 施工单位、调试单位技术人员应按表D.0.1的规定,逐一对每个系统部件填写设置情况记录,应急照明控制器采用字母、数字显示时,可以用字母、数字表示现场部件的设置部位信息,在控制器附近的明显部位应设有现场部件具体设置部位对照表。

D.0.2 选择集中控制型系统时,施工单位、调试单位技术人员应按表D.0.2的规定,逐一对每台应急照明控制器填写联动控制编程记录。

D.0.3 表D.0.1、D.0.2中带有"☆"标的项目为可选项,当系统部件类型或部件不涉及该项内容时,可不填写。

表 D.0.1 系统部件现场设置情况记录

编号:

工程名称			监理单位			
调试单位			施工单位			
☆集中控制型系统部件						
1 应急照明控制器						
设备编号	规格、型号	配接集中电源、应急照明配电箱数量		配接灯具数量	现场设置部位	备注
		N		A	具体设置部位	
1-1 应急照明控制器配接的供配电设备类型:☆集中电源、☆应急照明配电箱						
设备编号	规格、型号	现场设置部位	配电、通信回路数量	配接灯具数量	地址注释信息	备注
1		具体设置部位	M1	$A_1 = \sum A_1 + \cdots + A_{M1}$	控制器显示的地址信息	
...	...	...	...	...	...	
N		具体设置部位	MN	$AN = \sum A_1 + \cdots + A_{MN}$	控制器显示的地址信息	
1-2 供配电设备(集中电源或应急照明配电箱)配接的灯具类型:☆照明灯、☆安全出口标志灯、☆方向标志灯、☆楼层标志灯、☆多信息复合标志						
地址编号			灯具类型	现场设置部位	区域编号	地址注释信息	备注
设备编号	回路	编码					
1	1	1~A_1		具体设置部位	防火分区、隧道区间、楼层、地铁站台站厅编号	控制器显示的地址信息	
...	...	...		...	...	...	
1	M1	1~AM_1		具体设置部位	防火分区、隧道区间、楼层、地铁站台站厅编号	控制器显示的地址信息	
...	...	...		...	...	...	
N	1	1~A_1		具体设置部位	防火分区、隧道区间、楼层、地铁站台站厅编号	控制器显示的地址信息	
...	...	...		...	...	...	

表 D.0.1（续）

地址编号		灯具类型	现场设置部位	区域编号	地址注释信息	备注
设备编号	回路编码					
N	MN 1~A_{MN}		具体设置部位	防火分区、隧道区间、楼层、地铁站台站厅编号	控制器显示的地址信息	

☆非集中控制型系统部件

2 供配电设备类型：☆集中电源、☆应急照明配电箱

设备编号	规格、型号	现场设置部位	配电回路数量	配接灯具数量	备注
		具体设置部位	M	$A = \sum A_1 + \cdots + A_M$	

2-1 配接的灯具类型：☆照明灯、☆安全出口标志灯、☆方向标志灯、☆楼层标志灯

地址编号		现场部件类型	现场设置部位	区域编号	备注
配电回路编号	部件编号				
1	1~A_1		具体设置部位	防火分区、隧道区间、楼层编号	
…	…	…	…	…	
M	1~A_M		具体设置部位	防火分区、隧道区间、楼层编号	

调试单位	施工单位	监理单位
（公章） 项目负责人 （签章） 年　月　日	（公章） 项目负责人 （签章） 年　月　日	（公章） 项目负责人 （签章） 年　月　日

表 D.0.2 应急照明控制器控制逻辑编程记录

编号：

工程名称		监理单位	
调试单位		施工单位	
设备编号		规格、型号	
现场设置部位	具体设置部位		

受控设备类型：☆集中电源、☆应急照明配电箱、☆照明灯、☆安全出口标志灯、☆方向标志灯、☆楼层标志灯、☆多信息复合标志灯

受控设备名称	供配电设备编号、灯具地址	系统部件动作功能	逻辑关系指令语句
	B型集中电源、B型应急照明配电箱编号；非持续型照明灯地址编码、持续型照明灯地址编码、标志灯地址编码	设计文件规定的系统部件的动作功能	自动控制系统部件动作的触发条件和控制指令

调试单位	施工单位	监理单位
（公章） 项目负责人 （签章） 年　月　日	（公章） 项目负责人 （签章） 年　月　日	（公章） 项目负责人 （签章） 年　月　日

附录 E 系统调试、工程检测、工程验收记录

E.0.1 调试人员、监理工程师、检测或验收的主检工程师应按表 E 的规定，对系统部件主要功能和性能、系统功能进行检查，逐项填写调试、工程检测、工程验收记录。

根据系统部件主要功能和性能、系统功能的检查情况、调试人员、监理工程师、检测或验收的主检工程师应对检查结果做出完整的描述。

□（☑）对不符合规定的子项，应对不合格现象做出完整的描述。

表 E.0.1-1、E.0.1-2 中检测、验收记录中不合格项目的判定结论，是本标准第 6.0.4 条规定的项目类别划分准则确定的。

表 E.0.1-1、E.0.1-2 中带有"☆"标记的项目和子项内容为可选项，工程检测、工程验收不涉及此项目或子项时，调试、检测、验收记录不包括此项目或子项。

E.0.2 调试人员、施工单位项目负责人、监理工程师、检测或验收的主检工程师应对检查结果确认签章。

E.0.3 附录 D 的记录表格应作为附件一并归档。

E.0.4 具有打印功能的控制器、调试、工程检测、工程验收过程中打印机的打印记录应作为附件一并归档。

E.0.5 调试过程中若用到其他表格、文件，应作为附件一并归档。

表 E.0.1-1 文件资料、系统形式选择、系统线路设计、布线工程检测和验收记录

编号：

工程名称					子分部工程名称		□检测 □验收	
施工单位					监理单位			
执行规范名称及编号	《电气装置安装工程 爆炸和火灾危险环境电气装置施工及验收规范》GB 50257—2014、《建筑电气工程施工质量验收规范》GB 50303—2015							
防火分区、楼层、隧道区间、地铁站台和站厅数量	全部区域							
项目负责人			项目负责人	Z	调试单位		监理工程师	
							检测、验收结果	
编号	项目	条款	验收内容		检测数量	验收数量	合格 不合格	说明
			子项（检测、验收内容）			调试、检测、验收方法		
1 文件资料								
一	文件资料的齐全、符合性	6.0.3	1 竣工验收申请报告、设计变更通知书、竣工图			逐一对施工单位提供的文件资料进行齐全性、符合性核查	□ □	B
			2 ☆工程质量事故处理报告					
			3 施工现场质量管理检查记录			应符合本标准表 6.0.2 的规定		

表 E.0.1-1（续）

编号	项目	条款	子项（检测、验收内容）		检测、验收结果		说明
			调试、检测、验收要求	调试、检测、验收方法	合格	不合格	
一	文件资料的齐全、符合性	6.0.3	4 系统安装过程质量检查记录	逐一对施工单位提供的文件资料进行齐备性、符合性核查	☐	B	
			5 系统部件的现场设置情况记录				
			6 系统控制逻辑编程记录				
			7 系统调试记录				
			8 系统设备的检验报告、合格证及相关材料				
二	2 系统类型选择						
	系统形式和功能	3.1.2	☆1 具有消防控制室的场所应选择集中控制型系统	对照设计文件，核查消防控制室、火灾自动报警系统的设置情况，核查系统的类型	☐	C	
			☆1 设置火灾自动报警系统，但未设置消防控制室的场所可选择集中控制型系统				
			☆1 其他场所可选择非集中控制型系统				
		3.1.6	☆住宅建筑中，灯具采用自带蓄电池供电方式时，消防应急照明可以兼用日常照明	对照设计文件，核查灯具的供电方式、灯具的照明功能	☐	C	
三	3 系统线路设计						
区域编号	Ⅰ 灯具配电线路设计						
	1 一般规定	3.3.1	☆1 灯具采用集中电源供电时，灯具的主电电源由集中电源提供，灯具主电电源和蓄电池电源均由集中电源转换，并由同一配电回路为灯具供电	对照设计文件，核查灯具蓄电池电源的供电方式、灯具配电回路的设计原则	☐	C	
			☆1 灯具采用自带蓄电池供电时，灯具的主电电源通过应急照明配电箱为灯具供电，切断主电电源后，灯具自动转入自带蓄电池电源供电				
		3.3.2	2 应急照明配电箱或集中电源的输入及输出回路中不应装设剩余电流动作脱扣保护装置，输出回路严禁接入系统以外的其他负载	对照设计文件，检查应急照明配电箱或集中电源的输入及输出回路是否装设剩余电流动作脱扣保护装置，是否接入系统以外的配电回路、开关装置、插座及其他负载	☐	C	

表 E.0.1-1（续）

编号	项目	条款	子项（检测、验收内容）		检测、验收结果		
			调试、检测、验收要求	调试、检测、验收方法	合格	不合格	说明
区域编号	2 平面疏散区域灯具配电回路设计	3.3.3	1 应按防火分区、同一防火分区的楼层、隧道区间、站台和站厅为单元设置配电回路	对照设计文件，核查该区域配电回路的设置情况	□	C	
			2 除住宅建筑外，不同的防火分区、隧道区间、站台和站厅不能共用同一配电回路		□	C	
			☆3 避难走道应单独设置配电回路		□	C	
			☆4 防烟楼梯间前室及合用前室由灯具所在楼层的配电回路供电		□	C	
			☆5 配电室、消防控制室、消防水泵房、自备发电机房等发生火灾时仍需工作、值守的区域和相关疏散通道，应单独设置配电回路		□	C	
	3 竖向疏散区域灯具配电回路设计	3.3.4	1 封闭楼梯间、防烟楼梯间、室外疏散楼梯应由灯具所在楼层的配电回路供电	对照设计文件，核查该区域配电回路的设置情况	□	C	
			2 敞开楼梯间设置的灯具应由灯具所在楼层或配电装置就近楼层的配电回路供电		□	C	
			3 避难层连接的下行楼梯间应单独设置配电回路		□	C	
	4 配电回路配接灯具的数量	3.3.5	1 配接灯具的数量不宜超过 60	对照设计文件，核查每一配电回路配接灯具的数量和范围	□	C	
			☆2 道路交通隧道内，配接灯具的范围不宜超过 1000 m		□	C	
			☆3 地铁隧道内，配接灯具的范围不应超过一个区间的 1/2		□	C	
	5 配电回路功率、电流	3.3.6	配接灯具的额定总功率不应大于配电回路额定功率的 80%；A型灯具配电回路的额定电流不应大于 6 A，B型灯具配电回路的额定电流不应大于 10 A	对照设计文件，核算每一配电回路配接灯具的总功率、额定电流	□	C	
	☆Ⅱ 系统类型为集中控制型系统时，系统通信线路设计						
	系统通信线路设计	3.4.8	集中电源或应急照明配电箱应按灯具配电回路设置灯具通信回路，且灯具配电回路和灯具通信回路配接的灯具应一致	对照设计文件，核查系统通信线路的设计	□	C	
4 布线检测、验收							
区域编号	1 施工工艺	4.1.7	☆在有爆炸危险性场所，系统的布线应符合 GB 50257 的相关规定	检查施工工艺是否符合 GB 50257 的规定	□	C	

表 E.0.1-1（续）

编号	项目	条款	子项（检测、验收内容）		检测、验收结果		
			调试、检测、验收要求	调试、检测、验收方法	合格	不合格	说明
区域编号	2 系统线路的防护方式	4.3.1	☆1 线路暗敷时，应采用金属管、可弯曲金属管、可弯曲金属电气导管或B1级以上的刚性塑料管保护 ☆2 系统线路明敷时，应采用金属管、可弯曲金属电气导管或槽盒保护 ☆3 矿物绝缘类不燃性电缆可明敷	对照设计文件核查线缆的种类、敷设方式、管路和槽盒的材质	□	C	
	3 管路敷设	4.3.2	☆1 明敷时，应在下列部位设置吊点或支点，吊杆直径不应小于6 mm：1）管路始端、终端及接头处；2）距接线盒0.2 m处；3）管路转角或分支处	明敷时，检查管路的敷设情况，用卡尺测量吊杆的直径，用尺测量吊点或支点的间距、吊点或支点距接线盒的距离，直线段不大于3 m处，检查隐蔽工程的检验记录	□	C	
		4.3.3	☆1 暗敷时，应敷设在不燃结构内，且保护层厚度不应小于30 mm	检查管路的敷设情况，检查隐蔽工程的检验记录	□	C	
		4.3.4	2 管路经过建筑物的沉降缝、伸缩缝、抗震缝等变形处，均应采取补偿措施	检查管口和管子连接处防腐蚀、密封处理情况	□	C	
		4.3.5	3 敷设在地面上、多尘或潮湿场所管路的管口和管子连接处，均应作防腐蚀、密封处理	检查管路的敷设情况，用尺测量管路的长度	□	C	
		4.3.6	1 符合下列条件时，应在管子接线处装设线盒：1）管子长度每超过30 m，无弯曲时；2）管子长度每超过20 m，有1个弯曲时；3）管子长度每超过10 m，有2个弯曲时；4）管子长度每超过8 m，有3个弯曲时	施工过程中检查管路的敷设情况，用手检查管路的固定情况，检查隐蔽工程的检验记录	□	C	
	4 管路接线盒安装	4.3.7	2 金属管子入盒，盒外侧应套锁母，内侧应装护口；在吊顶内敷设时，盒的内外侧均应套锁母；塑料管入盒应采取相应固定措施		□	C	

表 E.0.1-1（续）

编号	项目	条款	子项（检测、验收内容）		检测、验收结果		
			调试、检测、验收要求	调试、检测、验收方法	合格	不合格	说明
区域编号	5 槽盒敷设	4.3.8	1 槽盒敷设时，应在下列部位设置吊点、支点，吊杆直径不应小于6 mm： 1) 槽盒始端、终端及接头处；2) 槽盒转角或分支处；3) 直线段不大于3 m处	检查槽盒吊点、支点设置情况，用卡尺测量吊杆的直径，直线段吊点或支点间距	□	□	C
		4.3.9	2 槽盒接口应平直、严密，槽盖应齐全、平整、无翘角，并列安装时，槽盖应便于开启	检查槽盒安装情况，用手感检查槽盖开启情况	□	□	C
	6 系统线路的选择						
	6.1 导体材质	3.5.1	应选择铜芯导线或铜芯电缆	对照设计文件，核查线路导体的材质	□	□	C
	6.2 电压等级	3.5.2	☆电压等级为 50 V 以下时，应选择电压等级不低于交流 300/500 V 的电线电缆	对照设计文件，核查线路的电压等级	□	□	C
			☆电压等级为 220/380 V 时，应选择电压等级不低于交流 450/750V 的电线电缆		□	□	C
	6.3 外护套材质	3.5.3	1 系统类型为集中控制型系统时，除地面上设置的灯具外： ☆地面上设置的标志灯的配电线路和通信线路应选择耐腐蚀橡胶电缆	对照设计文件，核查线缆导体和外护套的材质	□	□	C
		3.5.4	1 灯具的通信线路应采用耐火光纤 2 灯具的配电线路应采用耐火线缆	对照设计文件，核查线缆导体和外护套的材质	□	□	C
		3.5.5	☆系统类型为非集中控制型系统时，除地面上设置的灯具外： ☆灯具采用自带蓄电池供电时，灯具配电线路应采用阻燃或耐火线缆	对照设计文件，核查灯具蓄电池和外护套的材质	□	□	C
			☆灯具采用集中电源供电时，灯具配电线路应采用耐火线缆	对照线缆导体和外护套的材质方式、线缆导体和外护套的供电	□	□	C

表 E.0.1-1（续）

编号	项目	条款	子项（检测、验收内容）		检测、验收结果		
			调试、检测、验收要求	调试、检测、验收方法	合格	不合格	说明
	6.4 线缆的颜色	3.5.6	同一工程中相同用途电线电缆的颜色应一致；线路正极"+"应为红色，负极"-"应为蓝色或黑色，接地线应为黄色绿色相间	对照设计文件，核查不同用途线缆的颜色是否一致	□	○	
区域编号	7 导线敷设	4.3.11	1 在管内或槽盒内的布线，应在建筑抹灰及地面工程结束后进行，管内或槽盒内不应有积水及杂物	施工过程中观察管内或槽盒内的情况，宜留有照片、视频等检验记录	□	○	
		4.3.12	2 系统应单独布线，除设计要求以外，不同回路、不同电压等级、交流与直流的线路，不应布在同一管内或同一槽盒的同一槽孔内	对照设计文件，核查线路的电压等级，检查线路的敷设情况	□	○	
		4.3.13	3.1 线缆在管或槽盒内采用焊接、压接、接线端子可靠连接	施工过程中观察线路的敷设情况，检查导线接头的连接情况，宜留有照片、视频等检验记录	□	○	
			3.2 导线应在接线盒内采用焊接、压接、接线端子可靠连接		□	○	
		4.3.14	4.1 在地面上、多尘或潮湿场所，接线盒和导线的接头等处应做防腐蚀和防潮处理	检查接线盒、管线接头等处的防护情况	□	○	
			4.2 具有 IP 防护等级要求的系统部件，其线路中接线盒、管线接头等均应达到与系统部件相同的 IP 防护等级要求		□	○	
		4.3.15	5 从接线盒、槽盒等处引到系统部件的线路，当采用可弯曲金属导管保护时，其长度不应大于 2 m，且金属导管入盒并固定	观察线路的敷设情况，用尺测量可弯曲金属导管的长度，观察可弯曲金属导管的敷设情况，用手感检查导管的固定情况	□	○	
		4.3.16	6 线缆跨越建、构筑物的沉降缝、伸缩缝、抗震缝等变形缝的两侧应固定，并留有适当余量	检查线缆跨越变形缝的敷设情况	□	○	
		4.3.17	7 系统的布线，尚应符合 GB 50303 的相关规定	按 GB 50303 规定检查线路的敷设质量	□	○	
		4.3.18	8 回路导线对地的绝缘电阻值不应小于 20 MΩ	线缆敷设结束后，用 500 V 兆欧表测量每个回路导线对地绝缘电阻	□	○	

表 E.0.1-1（续）

编号	项目	条款	子项（检测、验收内容）		检测、验收结果	
					合格	不合格 说明
			调试、检测、验收要求	调试、检测、验收方法		
□检测、验收结论 □合格 □不合格：yyB+zzC						
建设单位		设计单位	监理单位	施工单位	检测、验收单位	
（公章）项目负责人		（签章）项目负责人	（公章）项目负责人	（公章）项目负责人	（公章）项目负责人	
年 月 日		年 月 日	年 月 日	年 月 日	年 月 日	

表 E.0.2 系统部件功能和性能、系统控制功能调试、检测、验收记录

编号：

工程名称		子分部工程名称		□调试 □检测 □验收	
施工单位		调试单位		监理单位	
		项目负责人		监理工程师	
执行规范名称及编号	《电气装置安装工程 爆炸和火灾危险环境电气装置施工及验收规范》GB 50257—2014《建筑电气工程施工质量验收规范》GB 50303—2015《消防应急照明和疏散指示系统》GB 17945				
☆控制器型号规格	编号 1~N	设置部位	配接回路数 M	配接灯具数量 $A = \sum A_1 + \cdots + A_N$	配接集中电源、应急照明配电箱数量 N
☆集中电源型号规格	编号 1~N	设置部位	配接灯具数量	$A_1 \sim A_N$	回路数量 M
☆应急照明配电箱型号规格	编号 1~N	设置部位	配接灯具数量	$A_1 \sim A_N$	回路数量 M
系统设备数量	A、N	配接现场部件的全数量 A、N		验收数量	应符合本标准表 6.0.2 的规定
防火分区、楼层、隧道区间、地铁站台和站厅数量	Z	配接现场部件的全部数量 Z		验收数量	应符合本标准表 6.0.2 的规定

表 E.2（续）

设备、区域编号	项目	条款	子项（调试、检测、验收内容）		施工单位调试记录			监理单位检查记录			检测、验收结果		
			调试、检测、验收要求	调试、检测、验收方法	符合	不符合	说明	符合	不符合	说明	合格	不合格	说明
1 系统部件调试、检测、验收													
I 部件类型：☆照明灯，☆出口标志灯，☆方向标志灯，☆楼层标志灯，☆多信息复合标志灯													
区域编号	1 设备选型												
	1.1 规格型号	4.1.6	灯具规格型号应符合设计文件的规定	对设计文件核查灯具的规格型号	—	—	—	—	—	—	□	A	
	1.2 灯具光源	3.2.1	1 应选择采用节能光源的灯具，照明灯的光源色温不应低于2 700 K	对照产品使用说明书等技术资料，核查灯具光源的技术指标	—	—	—	—	—	—	□	C	
			2 不应采用蓄光型指示标志代替标志灯	对照产品使用说明书等技术资料，核查灯具蓄电池类别	—	—	—	—	—	—	□	C	
	1.3 蓄电池电源		宜优先选择安全性高，不含重金属等对环境有害物质的蓄电池		—	—	—	—	—	—	□	C	
	1.4 距地面8 m及以下的灯具的电压等级和供电方式		1 应选择A型灯具	对设计文件核查系统的类型、灯具的电压等级和供电方式	—	—	—	—	—	—	□	C	
			☆2 地面上设置的标志灯应选择集中电源A型灯具										
			☆3 未设置消防控制室的住宅建筑中，疏散走道、楼梯间等场所可选择自带电源B型灯具										
	1.5 灯具面板或灯罩的材质		☆1 除地面上设置的标志灯的面板可以采用厚度4 mm及以上的钢化玻璃外，设置在距地面1 m及以下的标志灯的面板或灯罩不应采用易碎材料或玻璃材质	对照设计文件、产品使用说明书等技术资料核查灯具面板、灯罩的材质	—	—	—	—	—	—	□	C	
			☆2 在顶棚、疏散走道或疏散路径上方设置的灯具面板或灯罩不应采用玻璃材质										

表 E.2（续）

设备、区域编号	项目	条款	子项（调试、检测、验收内容）		施工单位调试记录			监理单位检查记录			检测、验收结果		
			调试、检测、验收要求	调试、检测、验收方法	符合	不符合	说明	符合	不符合	说明	合格	不合格	说明
	☆1.6 标志灯具的规格	3.2.1	☆1 展览厅、商场、候车（船）室、民航候机厅、营业厅等人员密集场所、室内高度大于4.5 m时，应选择特大型或大型标志灯；室内高度为3.5 m～4.5 m时，应选择大型或中型标志灯	对照设计文件、产品使用说明书等技术资料核查灯具的设置场所和灯具的规格	—	—	—	—	—	—	□	C	
			☆2 室内高度小于3.5 m的场所，应选择中型或小型标志灯		—	—	—	—	—	—	□	C	
	1.7 灯具及连接附件的防护等级		☆1 室外或地面上设置的灯具及其连接附件的防护等级不应低于IP67	对照设计文件、产品使用说明书等技术资料核查灯具的设置场所、灯具及其连接附件的防护等级	—	—	—	—	—	—	□	C	
			☆2 隧道或潮湿场所内设置的灯具及其连接附件的防护等级不应低于IP65		—	—	—	—	—	—	□	C	
			☆3 B型灯具的防护等级不应低于IP34		—	—	—	—	—	—	□	C	
	☆1.8 工作方式		标志灯应选择持续型灯具	对照设计文件核查系统的类型和灯具的类型	—	—	—	—	—	—	□	C	
	☆1.9 距离标识		交通隧道和地铁隧道宜选择带有米标志的标志灯	对照设计文件、产品使用说明书等技术资料核查灯具的功能	—	—	—	—	—	—	□	C	
2 设备设置													
	2.1 设置数量	4.1.6	灯具的设置数量应符合设计文件的规定	对照设计文件核查灯具的设置数	—	—	—	—	—	—	□	C	

表 E.2（续）

设备、区域编号	项目	条款	子项（调试、检测、验收内容）		调试、检测、验收方法	施工单位调试记录			监理单位检查记录			检测、验收结果		
						符合	不符合	说明	符合	不符合	说明	合格	不合格	说明
区域编号	2.2 照明灯的设置部位	3.2.5	Ⅰ-1 病房楼或手术部的避难间		对照设计文件，核查建、构筑物上述部位照明灯的设置情况	—	—	—	—	—	—	□	C	
			Ⅰ-2 老年人照料设施			—	—	—	—	—	—	□	C	
			Ⅰ-3 人员密集场所、老年人照料设施、病房楼或手术部内的楼梯间、前室或合用前室、避难走道			—	—	—	—	—	—	□	C	
			Ⅰ-4 逃生辅助装置存放处等特殊区域			—	—	—	—	—	—	□	C	
			Ⅰ-5 屋顶直升机停机坪			—	—	—	—	—	—	□	C	
			Ⅱ-1 除Ⅰ-3规定的敞开楼梯间、封闭楼梯间、防烟楼梯间及其前室、消防电梯间的前室或合用前室、室外楼梯			—	—	—	—	—	—	□	C	
			Ⅱ-2 消防电梯间的前室或合用前室			—	—	—	—	—	—	□	C	
			Ⅱ-3 规定的避难走道			—	—	—	—	—	—	□	C	
			Ⅱ-4 寄宿制幼儿园和小学的寝室、医院手术室及重症监护室等病人行动不便的病房等需要救援人员协助疏散的区域			—	—	—	—	—	—	□	C	
			Ⅲ-1 除Ⅰ-1规定避难层（间）			—	—	—	—	—	—	□	C	
			Ⅲ-2 观众厅、展览厅、电影院、多功能厅、建筑面积大于200 m²的营业厅、餐厅、演播厅、会议室等人员密集场所			—	—	—	—	—	—	□	C	
			Ⅲ-3 人员密集厂房内的生产场所			—	—	—	—	—	—	□	C	
			Ⅲ-4 室内步行街两侧的商铺			—	—	—	—	—	—	□	C	

表 E.2（续）

设备、区域编号	项目	条款	子项（调试、检测、验收内容）		施工单位调试记录			监理单位检查记录			检测、验收结果		
			调试、检测、验收要求	调试、检测、验收方法	符合	不符合	说明	符合	不符合	说明	合格	不合格	说明
	2.2 照明灯的设置部位	3.2.5	Ⅲ-5 建筑面积大于100 m²的地下或半地下公共活动场所	对照设计文件，核查建筑物上述部位照明灯的设置情况	—	—	—	—	—	—	□	C	
			Ⅳ-1 除Ⅰ-2、Ⅱ-4、Ⅲ-2～Ⅲ-5 规定场所的疏散走道、疏散通道		—	—	—	—	—	—	□	C	
			Ⅳ-2 室内步行街		—	—	—	—	—	—	□	C	
			Ⅳ-3 城市交通隧道两侧、人行横通道和人行疏散通道		—	—	—	—	—	—	□	C	
			Ⅳ-4 宾馆、酒店的客房		—	—	—	—	—	—	□	C	
			Ⅳ-5 自动扶梯上方或侧上方		—	—	—	—	—	—	□	C	
			Ⅳ-6 安全出口外面及附近区域、连廊的连接处两端		—	—	—	—	—	—	□	C	
			Ⅳ-7 进入屋顶直升机停机坪的途径		—	—	—	—	—	—	□	C	
			Ⅳ-8 配电室、消防控制室、消防水泵房、自备发电机房等发生火灾时需工作、值守的区域		—	—	—	—	—	—	□	C	
区域编号	☆2.3 疏散手电	3.2.6	宾馆客房内宜设置疏散用手电筒及充电插座	对照设计文件，检查疏散用手电筒及充电插座的设置情况	—	—	—	—	—	—	□	C	
	2.4 标志灯的设置	3.2.7	标志灯应设在醒目位置，应保人员在疏散走道或同道的任何位置、在人员密集场所能看到疏散标志灯	对照设计文件，检查标志灯的设置情况	—	—	—	—	—	—	□	C	

表 E.2（续）

设备、区域编号	项目	条款	子项（调试、检测、验收内容）		施工单位调试记录			监理单位检查记录			检测、验收结果		
			调试、检测、验收要求	调试、检测、验收方法	符合	不符合	说明	符合	不符合	说明	合格	不合格	说明
	2.4 标志灯的设置	3.2.8	部件类型：☆出口标志灯										
			1 应设置在敞开楼梯间、封闭楼梯间、防烟楼梯间、防烟楼梯间前室入口上方		—	—	—	—	—	—	□	C	
			2 地下或半地下部分与地上部分共用楼梯间时，应设置在地下或半地下层通向地面层疏散楼梯出口的上方		—	—	—	—	—	—	□	C	
			3 应设置在室外疏散楼梯出口的上方		—	—	—	—	—	—	□	C	
			4 应设置在直通室外疏散门的上方		—	—	—	—	—	—	□	C	
			5 在首层采用扩大的封闭楼梯间或防烟楼梯间时，应设置在通向楼梯间疏散门的上方	对照设计文件，核查建、构筑物上述部位出口标志灯的设置情况	—	—	—	—	—	—	□	C	
			6 应设置在直通上人屋面、平台、天桥、连廊出口的上方		—	—	—	—	—	—	□	C	
			7 地下或半地下建筑（室）采用直通室外的金属竖向梯疏散时，应设置在地下或半地下层梯开口的上方		—	—	—	—	—	—	□	C	
			8 借用其他防火分区疏散的防火分区中，应设置在通向被借用防火分区甲级防火门的上方		—	—	—	—	—	—	□	C	
			9 应设置在步行街两侧商铺通向步行街疏散门的上方		—	—	—	—	—	—	□	C	
			10 应设置在避难层、避难间、避难走道防烟前室、避难走道入口的上方		—	—	—	—	—	—	□	C	
			11 应设置在观众厅、展览厅、多功能厅、餐厅、演播厅等人员密集场所疏散门及建筑面积大于 400 m² 的营业厅、餐厅、演播厅等人员密集场所疏散门的上方		—	—	—	—	—	—	□	C	

GB 51309—2018 消防应急照明和疏散指示系统技术标准

表 E.2（续）

设备、区域编号	项目	条款	子项（调试、检测、验收内容）		施工单位调试记录		监理单位检查记录		检测、验收结果		验收说明
			子项（调试、检测、验收要求）	调试、检测、验收方法	符合	不符合 说明	符合	不符合 说明	合格	不合格	
		部件类型：☆方向标志灯									
区域编号	2.4 标志灯的设置	3.2.9	1 方向标志灯箭头的指示方向应按照疏散指示方案指向疏散方向，并导向安全出口	对照设计文件、疏散指示方案，核查标志灯的箭头指示方向	—	—	—	—	□	C	
			☆有维护结构疏散走道、楼梯								
			2 应设置在走道、楼梯两侧距地面高度1 m以下的墙面、柱面上方	对照设计文件核查建、构筑物方向的设置情况，用尺测量灯具的间距	—	—	—	—	□	C	
			3 当安全出口或疏散门在疏散走道侧边时，应在疏散走道上增设指向安全出口的方向标志灯		—	—	—	—	□	C	
			4 标志灯的标志面与疏散方向垂直时，灯具的设置间距不应大于20 m；标志灯的标志面与疏散方向平行时，灯具的设置间距不应大于10 m		—	—	—	—	□	C	
			☆展览厅、商店、候车（船）室、民航候机厅、营业厅等开敞空间场所疏散通道								
			2 当疏散通道两侧设置了墙、柱等结构时，方向标志灯应设置在距地面高度1 m以下的墙面、柱等结构上；当疏散通道两侧无墙、柱等结构时，方向标志灯应设置在疏散通道的上方	对照设计文件核查建、构筑物方向的设置情况和标志灯的规格，用尺测量灯具的间距	—	—	—	—	□	C	
			3 标志灯的标志面与疏散方向垂直时，特大型或大型标志灯的设置间距不应大于30 m，中型或小型标志灯的设置间距不应大于20 m；标志灯的标志面与疏散方向平行时，特大型或大型标志灯的设置间距不应大于15 m，中型或小型方向标志灯的设置间距不应大于10		—	—	—	—	□	C	

419

表 E.2（续）

设备、区域编号	项目	条款	子项（调试、检测、验收内容）		施工单位调试记录			监理单位检查记录			检测、验收结果		
			调试、检测、验收要求	调试、检测、验收方法	符合	不符合	说明	符合	不符合	说明	合格	不合格	说明
	2.4 标志灯的设置	3.2.9	☆保持视觉连续的方向标志灯	对照设计文件核查建、构筑物方向标志灯的设置情况，用尺测量灯具的间距	—	—	—	—	—	—	□	□	C
			2 应设置在疏散走道、通道地面的中心位置		—	—	—	—	—	—	□	□	C
			3 灯具的设置间距不应大于 3 m		—	—	—	—	—	—	□	□	C
			部件类型：☆楼层标志灯										
		3.2.10	楼梯间每层应设置指示该楼层的楼层标志灯	对照设计文件核查建、构筑物楼层标志灯的设置情况	—	—	—	—	—	—	□	□	C
			部件类型：☆多信息复合标志灯										
		3.2.11	人员密集场所的安全出口、疏散出口附近应增设多信息复合标志灯	对照设计文件核查建、构筑物多信息复合标志灯的设置情况	—	—	—	—	—	—	□	□	C
	3 消防产品准入制度												
	认证证书和标识	3.1.5	应与其相符合的、有效的认证证书和认证标识	核查产品的认证证书和认证标识	—	—	—	—	—	—	□	□	A
	4 安装质量												
区域编号	4.1 安装工艺	4.1.7	☆在有爆炸危险性场所的安装，应符合 GB 50257 的相关规定	检查施工工艺是否符合 GB 50257 的规定	—	—	—	—	—	—	□	□	C

表 E.2（续）

设备、区域编号	项目	条款	子项（调试、检测、验收内容）		施工单位调试记录			监理单位检查记录			检测、验收结果		
			调试、检测、验收要求	调试、检测、验收方法	符合	不符合	说明	符合	不符合	说明	合格	不合格	说明
区域编号	4.2 部件安装	4.5.1	1 灯具应固定安装在不燃性墙体或其他不燃性装修材料上，不应安装在门、窗或其他可移动的物体上	对照设计文件，核查灯具的安装位置；核查检查灯具固定是否牢固	—	—	—	—	—	—	□	□	C
		4.5.2	2 灯具安装后不应对人员正常通行产生影响，灯具周围应无遮挡物，并应保证灯具上的各种状态指示灯易于观察	检查灯具是否影响人员通行，周围是否存在遮挡物，指示灯是否易于观察	—	—	—	—	—	—	□	□	C
		4.5.4	☆3 灯具在侧面墙或柱上安装时；安装高度距地面高度大于1 m时，灯具表面凸出墙面或柱面的部分不应有尖锐角、毛刺等突出物，凸出墙面或柱面最大水平距离不应超过20 mm	核查灯具的安装部位，用尺测量灯具的安装高度，用卡尺测量安装高度距地面不大于1 m 时，灯具凸出墙面或柱面的最大水平距离，并检查灯具表面是否有尖锐角、毛刺	—	—	—	—	—	—	□	□	C
		4.5.5	4 非集中控制型系统中，自带电源型灯具采用插头连接时，应采用专用工具方可拆卸	对照设计文件核查系统的类型，检查灯具电源线的连接情况	—	—	—	—	—	—	□	□	C
		部件类型：☆照明灯											
		4.5.6	5 照明灯宜安装在顶棚上	对照设计文件核查灯具的安装位置，用尺测量灯具的安装高度	—	—	—	—	—	—	□	□	C
		4.5.3	6 灯具在顶棚、疏散走道或通道的上方安装时，可采用嵌顶、吸顶和吊装式安装	对照设计文件核查灯具的安装方式；在距墙面1 m以下侧地面上安装时，观察灯具的照射情况	—	—	—	—	—	—	□	□	C

421

表 E.2（续）

设备、区域编号	项目	条款	子项（调试、检测、验收内容）		施工单位调试记录			监理单位检查记录			检测、验收结果		
			调试、检测、验收要求	调试、检测、验收方法	符合	不符合	说明	符合	不符合	说明	合格	不合格	说明
区域编号 4.2 部件安装		4.5.7	7 当条件限制时，照明灯可安装在走道侧墙面上，并应符合下列规定：安装高度不应在距地面 1 m～2 m 之间；在距地面 1 m 以下侧墙上安装时，应保证光线照射在灯具的水平线以下	对照设计文件核查灯具的安装位置，用尺测量灯具的安装高度，检查灯具的安装方式；在距地面 1 m 以下侧墙上安装时，观察灯具照射情况	—	—	—	—	—	—	□	□	
		4.5.8	8 照明灯不应安装在地面上		—	—	—	—	—	—	□	□	
		部件类型：☆标志灯											
		4.5.3	5 灯具在顶棚、疏散走道或路径的上方安装时，可采用吸顶和吊装式安装 ☆6 室内高度大于 3.5 m 的场所，特大型、大型、中型标志灯宜采用吊装式安装，灯具采用吊装式安装时，应采用金属吊杆或吊链，吊杆或吊链上端应固定在建筑构件上	检查灯具的安装方式，有手感检查吊杆或吊链固定是否牢固	—	—	—	—	—	—	□	□	
		4.5.9	7 标志灯的标志面宜与疏散方向垂直	对照设计文件观察灯具的安装情况	—	—	—	—	—	—	□	□	
		部件类型：☆出口标志灯											
		4.5.10	8 应安装在安全出口或疏散门内侧上方居中的位置 9 室内高度不大于 3.5 m 的场所，标志灯框距底边离地面的安装高度距离宜为 2.2 m～2.5 m；受安装条件限制标志灯无法安装在门框上侧时，可安装在门的两侧，但门完全开启时标志不能被遮挡；采用吸顶或吊装式安装时，标志灯距安全出口或疏散门所在墙面的距离不宜大于 50 mm	检查灯具的安装情况，用尺测量灯具的安装高度、距底边离门框的距离，距安全出口或疏散门所在墙面的距离	—	—	—	—	—	—	□	□	

表 E.2（续）

设备、区域编号	项目	条款	子项（调试、检测、验收内容）		施工单位调试记录			监理单位检查记录			检测、验收结果		
			调试、检测、验收要求	调试、检测、验收方法	符合	不符合	说明	符合	不符合	说明	合格	不合格	说明
区域编号	4.2 部件安装	4.5.10	10 室内高度大于3.5 m 的场所，特大型、大型、中型标志灯底边距地面高度不宜小于3 m，且不宜大于6 m；标志灯距安全出口或疏散门框的距离不宜大于50 mm	检查灯具的安装情况，用尺测量灯具的安装高度、距底边门框的距离，距安全出口或疏散门所在墙面的距离	—	—	—	—	—	—	□	C	
			部件类型：☆方向标志灯										
			8 应保证标志灯的箭头指示方向与疏散指示方案一致	对照疏散指示方案，核查灯具的箭头指示方向	—	—	—	—	—	—	□	C	
			9 安装高度										
			☆1）在疏散走道或路径上方安装时：室内高度不大于3.5 m 的场所，标志灯底边距地面高度宜为2.2 m～2.5 m；室内高度大于3.5 m 的场所，特大型、大型、中型标志灯底边距地面高度不宜小于3 m，且不宜大于6 m	对照设计文件，核查灯具的设置部位，用尺测量灯具的安装高度	—	—	—	—	—	—	□	C	
		4.5.11	☆2）在疏散走道的侧面墙上安装：标志灯底边距地面的高度应小于1 m	对照设计文件，核查灯具的设置部位，用尺测量灯具与拐弯边墙的距离	—	—	—	—	—	—	□	C	
			10 安装在疏散走道拐弯处的上方或两侧时，标志灯与拐弯处边墙的距离不应大于1 m	对照设计文件，核查安全出口的位置、疏散走道和标志灯的设置情况	—	—	—	—	—	—	□	C	
			☆11 当增设安全出口方向应安装在疏散走道侧边时，标志灯的方向应与疏散方向准直	对照设计文件，核查安全出口方向应安装时，在疏散走道增设的顶部，且标志灯面应与疏散方向垂直	—	—	—	—	—	—	□	C	

表E.2（续）

设备、区域编号	项目	条款	子项（调试、检测、验收内容）		施工单位调试记录			监理单位检查记录			检测、验收结果		
			调试、检测、验收要求	调试、检测、验收方法	符合	不符合	说明	符合	不符合	说明	合格	不合格	说明
区域编号	4.2 部件安装	4.5.11	☆12 在疏散走道、路径地面上安装时										
			12.1 标志灯应安装在疏散走道、路径的中心位置	对照设计文件，检查灯具的设置情况	—	—	—	—	—	—	□	□ C	
			12.2 标志灯的所有金属构件应采用耐腐蚀构件或做防腐处理，标志灯配电、通信线路的连接应采用密封胶密封	核查灯具安装的隐蔽工程检验记录	—	—	—	—	—	—	□	□ C	
			12.3 标志灯表面应与地面平行，高于地面距离不应大于3 mm，标志灯边缘与地面的垂直距离不应大于1 mm	检查灯具的安装情况，用卡尺测量灯具高于地面的距离，标志灯边缘与地面的垂直距离	—	—	—	—	—	—	□	□ C	
			部件类型：☆楼层标志灯										
		4.5.12	8 楼层标志灯应安装在楼梯间内朝向楼梯的正面墙上，标志灯底边距地面的高度宜为2.2 m～2.5 m	检查楼层标志灯的安装位置，用尺测量灯具的安装高度	—	—	—	—	—	—	□	□ C	
			部件类型：☆多信息复合标志灯										
		4.5.13	8 多信息复合标志灯应安装在疏散走道、疏散通道的标志面应与疏散方向垂直、指示疏散方向的箭头应指向安全出口，顶部、目标部分的箭头应指向安全出口	对照设计文件，核查安全出口的设置情况，标志灯的位置、疏散出口	—	—	—	—	—	—	□	□ C	

424

表 E.2（续）

设备、区域编号	项目	条款	子项（调试、检测、验收内容） 调试、检测、验收要求	调试、检测、验收方法	施工单位调试记录 符合	施工单位调试记录 不符合	施工单位调试记录 说明	监理单位检查记录 符合	监理单位检查记录 不符合	监理单位检查记录 说明	检测、验收结果 合格	检测、验收结果 不合格	说明
			Ⅱ 部件类型：☆应急照明控制器、☆集中电源、☆应急照明配电箱										
			☆1 系统类型：☆系统类型为集中控制型时，应急照明控制器设计										
	1.1 控制器控制、显示功能	3.4.3	1 应能接收、显示，保持火灾报警控制器的火灾报警输出信号，消防联动控制器发出的火灾报警区域信号或联动控制信号	对照设计文件、产品使用说明书，核查控制器的功能	—	—	—	—	—	—	☐	C	
			2 应能按预设逻辑自动、手动控制系统的应急启动		—	—	—	—	—	—	☐	A	
			3 应能接收、显示，保持其配接的灯具、集中电源或应急照明配电箱的工作状态信息		—	—	—	—	—	—	☐	C	
			部件类型：☆系统设置多台应急照明控制器时，起集中控制功能的应急照明控制器										
		3.4.4	1 应能按预设逻辑自动、手动控制其他控制器配接系统设备的应急启动	对照设计文件、产品使用说明书，核查控制器的功能	—	—	—	—	—	—	☐	A	
			2 应能接收、显示，保持其他控制器配接的灯具、集中电源或应急照明配电箱的工作状态信息		—	—	—	—	—	—	☐	C	
		3.4.5	☆借用其他防火分区疏散的防火分区和需采用不同疏散预案的交通隧道、地铁隧道、地铁站台和站厅等场所	疏散指示方案、系统部件的工作状态应在应急照明控制器或消防专用消防控制室图形显示装置或图形显示装置上以图形方式显示	—	—	—	—	—	—	☐	C	
	1.2 控制器容量	3.4.2	直接控制灯具的总数量不应大于3 200	对照设计文件，核查控制器配接灯具的数量	—	—	—	—	—	—	☐	C	

表 E.2（续）

设备、区域编号	项目	条款	子项（调试、检测、验收内容）		施工单位调试记录			监理单位检查记录			检测、验收结果		
			调试、检测、验收要求	调试、检测、验收方法	符合	不符合	说明	符合	不符合	说明	合格	不合格	说明
	2 设备选型												
	2.1 规格型号	4.1.6	规格、型号应符合设计文件的要求	对照设计文件核查设备的规格型号	—	—	—	—	—	—	□	A	
	2.2 防护等级	3.4.1	1 在隧道或潮湿场所设置时，防护等级不应低于IP65	对照设计文件核查设备的防护等级	—	—	—	—	—	—	□	C	
		3.3.7											
		3.3.8	2 在电气竖井内设置时，防护等级不应低于IP33	对照设置部位和防护等级	—	—	—	—	—	—	□	C	
	部件类型：☆应急照明控制器												
	2.3 蓄电池电源		宜优先选择安全性高、不含重金属等对环境有害物质的蓄电池（组）	核查控制器内置蓄电池（组）的规格型号	—	—	—	—	—	—	□	C	
	2.4 通信接口	3.4.1	应具有能接收火灾报警控制器或消防联动控制器干接点信号或DC24V信号接口	对照产品使用说明书核查应急照明控制器的信号接口	—	—	—	—	—	—	□	C	
	☆2.5 通信协议		应急照明控制器采用通信协议与消防联动控制器之间通信时，核查应急照明控制器与消防联动控制器的兼容性应符合GB 22134的有关规定	应急照明控制器采用通信协议与消防联动控制器之间通信时，核查应急照明控制器与消防联动控制器的兼容性检验报告	—	—	—	—	—	—	□	C	
	部件类型：☆集中电源选型												
	2.3 蓄电池电源	3.3.8	宜优先选择安全性高、不含重金属等对环境有害物质的蓄电池（组）	核查集中电源内置蓄电池（组）的规格型号	—	—	—	—	—	—	□	C	

表 E.2（续）

设备、区域编号	项目	条款	子项(调试、检测、验收内容)		施工单位调试记录			监理单位检查记录			检测、验收结果		
			子项(调试、检测、验收要求)	调试、检测、验收方法	符合	不符合	说明	符合	不符合	说明	合格	不合格	说明
	2.4 输出功率	3.3.8	集中电源的额定输出功率不应大于 5 kW	核查集中电源的额定输出功率	—	—	—	—	—	—	□	□	C
			☆设置在电缆竖井中的集中电源的额定输出功率不应大于 1 kW	对照设计文件核查集中电源的设置部位和额定输出功率	—	—	—	—	—	—	□	□	C
部件类型：☆应急照明配电箱													
	2.3 进出线方式	3.3.7	应选择进出线口设置在箱体下部的应急照明配电箱	对照产品使用说明书核查应急照明配电箱进出线口设置情况	—	—	—	—	—	—	□	□	C
3 设备设置													
设备编号	3.1 设置数量	4.1.6	设备的数量应符合设计文件的规定	对照设计文件核查设备的数量	—	—	—	—	—	—	□	□	C
			部件类型：☆应急照明控制器，☆集中电源										
	3.2 设置部位	3.4.6	☆设置在消防控制室地面上时										
			1) 设备面盘前的操作距离，单列布置时不应小于 1.5 m；双列布置时不应小于 2 m；2) 在值班人员经常工作的一面，设备面盘至墙的距离不应小于 3 m；3) 设备面盘后的维修距离不宜小于 1 m；4) 设备面盘的排列长度大于 4 m 时，其两端应设置宽度不小于 1 m 的通道	用尺测量设备的操作距离、设备面盘至墙的距离、设备面盘后的维修距离、设备面盘的排列长度、设备两端通道的宽度	—	—	—	—	—	—	□	□	C

表 E.2（续）

设备、区域编号	项目	条款	子项（调试、检测、验收内容）	调试、检测、验收方法	施工单位调试记录 符合	施工单位调试记录 不符合	施工单位调试记录 说明	监理单位检查记录 符合	监理单位检查记录 不符合	监理单位检查记录 说明	检测、验收结果 合格	检测、验收结果 不合格	检测、验收结果 说明
设备编号	3.2 设置部位	3.4.6	☆设置在消防控制室墙面上时	调试、检测、验收方法									
			其主显示屏高度宜为1.5 m～1.8 m，靠近门轴的侧面距墙不应小于0.5 m，正面操作距离不应小于1.2 m	用尺测量设备主显示屏的高度、距墙面至墙的距离、设备侧面的操作距离	—	—	—	—	—	—	□	C	
		部件类型：☆应急照明控制器											
		3.4.6	1 控制器应设置在消防控制室内或有人值班的场所	对照设计文件核查设备的设置部位	—	—	—	—	—	—	□	C	
			☆2 设置多台控制器时，起集中控制功能的控制器应设置在消防控制室内，其他控制器可设置在电气竖井、配电间等无人值班的场所		—	—	—	—	—	—	□	C	
		部件类型：☆集中电源											
		3.3.8	1 应按防火分区的划分情况设置集中电源；灯具总功率大于5 kW的系统，应分散设置集中电源	对照设计文件核算灯具的功率、设置情况	—	—	—	—	—	—	□	C	
			2 应设置在消防控制室、低压配电室或配电间（间）内；容量不大于1 kW时，可设置在电气竖井内	对照设计文件核查集中电源的容量、设置部位	—	—	—	—	—	—	□	C	
			3 设置场所不应有可燃气管道、易燃物、腐蚀性气体或蒸气	对照设计文件核查设置场所的环境条件	—	—	—	—	—	—	□	C	
			4 酸性电池（组）设置场所不应存放带有碱性介质的物质；碱性电池（组）设置场所不应存放带有酸性介质的物质		—	—	—	—	—	—	□	C	
			5 设置场所应通风良好，设置场所的环境温度不应超出电池标称的工作温度范围		—	—	—	—	—	—	□	C	

表 E.2（续）

设备、区域编号	项目	条款	子项（调试，检测，验收内容）		施工单位调试记录			监理单位检查记录			检测、验收结果		
			子项（调试，检测，验收要求）	调试，检测，验收方法	符合	不符合	说明	符合	不符合	说明	合格	不合格	说明
			部件类型：☆应急照明配电箱										
	3.2 设置部位	3.3.7	☆1 人员密集场所，每个防火分区设置独立的应急照明配电箱	对照设计文件核对设备的设置部位	—	—	—	—	—	—	□	C	
			☆1 非人员密集场所，多个相邻防火分区可设置一个共用的应急照明配电箱		—	—	—	—	—	—	□	C	
			☆1 防烟楼梯间应设置独立的应急照明配电箱		—	—	—	—	—	—	□	C	
			2 宜设置于值班室、设备机房、配电间或电气竖井内		—	—	—	—	—	—	□	C	
	4 消防产品准入制度												
	认证证书和标识	3.1.5	应有与其相符的、有效的认证标识	核查产品的认证证书和认证标识	—	—	—	—	—	—	□	A	
	5 设备供配电												
	部件类型：☆应急照明控制器												
设备编号	5.1 设备供电	3.4.7	应急照明控制器的主电源应由消防电源供电；控制器的自带蓄电池备用电源应至少使控制器在主电源中断后工作3 h	核查控制器的主电源供电情况，核算控制器蓄电池电源的功率	—	—	—	—	—	—	□	C	
	部件类型：☆集中电源												
	5.1 设备供电	3.3.8	☆集中控制型系统中，集中设置的集中电源应由消防电源的专用回路供电，分散设置的集中电源应由所在防火分区的消防电源配电箱供电	对照设计文件核查系统类型的选择情况，集中电源的供电情况	—	—	—	—	—	—	□	C	

表 E.2（续）

设备、区域编号	项目	条款	子项（调试、检测、验收内容）		施工单位调试记录			监理单位检查记录			检测、验收结果		
			调试、检测、验收要求	调试、检测、验收方法	符合	不符合	说明	符合	不符合	说明	合格	不合格	说明
	5.1 设备供电	3.3.8	☆非集中控制型系统中，集中或统一设置的集中电源应由正常照明线路供电，分散设置的集中电源应由防火分区内的正常照明配电箱供电	对照设计文件核查系统类型的选择情况，集中电源的供电情况	—	—	—	—	—	—	□	□	C
			1集中电源的输出回路不应超过8路	对照设计说明书、产品使用说明书，核查集中电源输出回路数量	—	—	—	—	—	—	□	□	C
	5.2 输出回路		☆2沿电缆竖井垂直向不同楼层的灯具供电时，公共建筑的供电范围不宜超过8层，住宅建筑的供电范围不宜超过18层	对照设计文件核查集中电源的供电范围	—	—	—	—	—	—	□	□	C
部件类型：☆应急照明配电箱													
设备编号	5.1 设备供电	3.3.7	☆1集中控制型系统中，应由消防电源的专用应急回路或所在防火分区内的消防电源配电箱供电	对照设计文件核查系统类型的选择情况，应急照明配电箱的供电情况	—	—	—	—	—	—	□	□	C
			☆1非集中控制型系统中，应由防火分区内的正常照明配电箱供电	对照设计文件核查应急照明配电箱的变压装置设置情况	—	—	—	—	—	—	□	□	C
			☆2A型应急照明配电箱的变压装置可设置在应急照明配电箱内或附近	对照设计说明书，核查应急照明电箱的电压等级、变压装置设置情况	—	—	—	—	—	—	□	□	C
	5.2 输出回路		1A型应急照明配电箱的输出回路不应超过8路；B型应急照明配电箱的输出回路不应超过12路	对照设计文件、产品使用说明书，核查应急照明配电箱的电压等级、输出回路数量	—	—	—	—	—	—	□	□	C

表 E.2（续）

设备区域编号	项目	条款	子项（调试、检测、验收内容）		施工单位调试记录			监理单位检查记录			检测、验收结果		
			调试、检测、验收要求	调试、检测、验收方法	符合	不符合	说明	符合	不符合	说明	合格	不合格	说明
	5.2 输出回路	3.3.7	2 应急照明配电箱沿电气竖井垂直向不同楼层的灯具供电时，公共建筑的供电范围不宜超过8层，住宅建筑的供电范围不宜超过18层	对照设计文件核查应急照明配电箱的供电范围	—	—	—	—	—	—	□	□	C
	6 安装质量												
	6.1 安装工艺	4.1.7	☆在有爆炸危险性场所的安装，应符合GB 50257的相关规定	检查施工工艺是否符合GB 50257的规定	—	—	—	—	—	—	□	□	C
	部件类型：☆集中电源												
	6.2 安装位置	4.4.4	集中电源前、后部应适当留出更换蓄电池（组）的作业空间	检查集中电源的安装位置	—	—	—	—	—	—	□	□	C
设备编号			1 设备应安装牢固，不得倾斜	用手感检查设备的固定情况，落地安装时，用尺测量设备底边距地（楼）面的距离	—	—	—	—	—	—	□	□	C
			☆2 安装在轻质墙上时，应采取加固措施		—	—	—	—	—	—	□	□	C
			☆3 落地安装时，其底边宜高出地（楼）面100 mm～200 mm		—	—	—	—	—	—	□	□	C
	6.3 设备安装	4.4.1	☆3 设备在电气竖井内安装时，应采用下出口进线方式	对照设计文件核查部件的安装部位，检查设备的进线方式	—	—	—	—	—	—	□	□	C
			4 设备的接地应牢固，并应设置明显的永久性标识	用专用设备检查设备的连接情况，检查设备接地标识	—	—	—	—	—	—	□	□	C

表 E.2（续）

设备区域编号	项目	条款	子项（调试、检测、验收内容）		施工单位调试记录			监理单位检查记录			检测、验收结果		
			调试、检测、验收要求	调试、检测、验收方法	符合	不符合	说明	符合	不符合	说明	合格	不合格	说明
	6.4 设备引入线缆	4.4.5	1 配线应整齐，不宜交叉，并应固定牢靠	检查设备内部配线情况	—	—	—	—	—	—	☐	C	
			2 线缆芯线的端部，均应标明编号，并与图纸一致，字迹应清晰且不易退色	对照设计文件检查逐一线缆的标号	—	—	—	—	—	—	☐	C	
			3 端子板的每个接线端，接线不得超过2根	检查端子接线情况	—	—	—	—	—	—	☐	C	
			4 线缆应留有不小于200 mm的余量	用尺测量线缆的余量长度	—	—	—	—	—	—	☐	C	
			5 线缆穿管、槽盒后，应将管口、槽口封堵	检查线缆的布置情况	—	—	—	—	—	—	☐	C	
	☆6.5 蓄电池安装	4.4.2	6 线缆穿明控制器、集中电源（组）自带蓄电池（组）需进行现场安装时，蓄电池（组）规格、型号、容量应符合产品使用说明书的要求	检查管口封堵情况	—	—	—	—	—	—	☐	C	
	☆6.6 应急照明控制器电源连接	4.4.3	控制器的主电源应设置明显永久性标识，并应直接与消防电源连接，严禁使用电源插头；设备与其他设备用电源之间应直接连接	对照设计文件核对蓄电池（组）的规格、型号、容量；检查蓄电池（组）的安装情况	—	—	—	—	—	—	☐	C	
				检查设备主电源标识设置情况，与消防电源的连接情况，与外接备用电源的连接情况	—	—	—	—	—	—	☐	C	
7 系统部件基本功能													
部件类型：☆应急照明控制器													
设备编号	调试准备	5.2.2	按照附录D的规定进行地址设置，控制器应明配电箱、集中电源地注释信息录入		☐	☐	—	☐	☐	—	☐		
		5.3.1	将应急照明控制器与配电箱、集中电源、灯具相连接后，接通电源，使控制器处于正常监视状态		☐	☐	—	☐	☐	—	☐		

表 E.2（续）

设备、区域编号	项目	条款	子项（调试、检测、验收内容）		施工单位调试记录			监理单位检查记录			检测、验收结果		
			调试、检测、验收要求	调试、检测、验收方法	符合	不符合	说明	符合	不符合	说明	合格	不合格	说明
设备编号	7.1 自检功能		控制器应能对指示灯、显示器和音响器件进行功能自检	操作控制器的自检机构，检查控制器指示灯、显示器和音响器件的动作情况	□	□		□	□		□	C	
	7.2 操作级别		控制器应能防止非专业人员操作	检查控制器是否具有防止非专业人员操作的措施	□	□		□	□		□	C	
	7.3 主、备电自动转换功能	5.3.2	控制器主电断电后，备电应能自动投入；主电恢复后，主电应能自动投入，主电、备电工作指示灯应能正确指示控制器主、备电的工作状态	切断主电源，检查备电自动投入情况，观察工作指示灯显示情况；恢复主电源，检查主电自动投入情况，观察主、备电工作指示情况	□	□		□	□		□	C	
设备编号	7.4 故障报警功能		1 与备用电源之间连线断路、短路时，控制器应在100 s内发出故障声、光信号，显示故障类型 2 控制器与应急照明配电箱或集中电源部件故障显示注释信息应与附录D一致	分别使控制器与备用电源之间连线断路、短路，观察控制器故障信息显示情况 使控制器处于备电工作状态，使控制器与一配接的应急照明配电箱或集中电源通信故障，检查控制器故障信息显示情况	□	□		□	□		□	C	

表 E.2（续）

设备、区域编号	项目	条款	子项（调试、检测、验收内容）		施工单位调试记录			监理单位检查记录			检测、验收结果		
			调试、检测、验收要求	调试、检测、验收方法	符合	不符合	说明	符合	不符合	说明	合格	不合格	说明
	7.4 故障报警功能		3 灯具与应急照明配电箱或集中电源之间连线短路、断路时，控制器应显示故障部件地址注释信息，显示的地址注释信息应与附录 D 一致	分别使应急照明配电箱或集中电源与灯具之间的连线短路、断路，观察控制器故障信息显示情况	□	□		□	□		□	C	
	7.5 消音功能	5.3.2	控制器应能手动消除报警声信号	手动操作控制器的消音键，检查控制器声信号消除情况	□	□		□	□		□	C	
	7.6 一键检查功能		应急照明控制器应能采用一键操作方式，手动检查其配接所有系统设备工作信息	手动操作控制器的一键检查按钮，对照设计文件核查应急照明控制器的显示情况	□	□		□	□		□	C	
	调试恢复	5.1.3	恢复控制器的正常连接，使控制器处于正常监视状态		□	□		□	□		—	—	
设备编号	部件类型：☆集中电源												
	调试准备		将集中电源与灯具相连接，接通电源，使集中电源处于正常工作状态		□	□		□	□		—	—	
	7.1 操作级别	5.3.3	集中电源应能防止非专业人员操作	检查集中电源是否具有防止非专业人员操作的措施	□	□		□	□		□	C	
	7.2 故障报警功能	5.3.4	1 集中电源的充电器与电池组之间连线断路时，集中电源应发出故障声、光信号，显示故障类型	使集中电源的充电器与电池组之间连线断路，观察集中电源故障信息显示情况	□	□		□	□		□	C	

表 E.2（续）

设备、区域编号	项目	条款	子项（调试、检测、验收内容）		施工单位调试记录			监理单位检查记录			检测、验收结果		
			调试、检测、验收要求	调试、检测、验收方法	符合	不符合	说明	符合	不符合	说明	合格	不合格	说明
	7.2 故障报警功能	5.3.4	2 集中电源应急输出回路开路时，集中电源应发出故障声、光信号，显示故障类型	操作集中电源应急输出启动按钮，使集中电源转入蓄电池电源输出，使任一输出回路断开，观察集中电源故障信息显示情况	□	□		□	□		□	C	
	7.3 消音功能		集中电源应能手动消除报警声信号	手动操作集中电源消音键，检查控制器声信号消除情况	□	□		□	□		□	C	
	7.4 分配电输出功能		集中电源处于主电或蓄电池电源输出时，各配电回路的输出电压应符合设计文件的规定	集中电源处于主电源输出状态或蓄电池电源输出时，分别用万用表测量各回路输出电压，对照核对设计文件测量值	□	□		□	□		□	A	

部件类型：☆集中控制型集中电源

| 设备编号 | 7.5 电源转换手动测试 | 5.3.4 | 应能手动控制应急照明集中电源实现主电源和蓄电池电源的输出转换 | 手动操作应急照明集中电源的主电源和蓄电池电源转换测试按键（钮）或开关，检查转换情况和集中电源的输出转换 | □ | □ | | □ | □ | | □ | A | |

表 E.2（续）

设备、区域编号	项目	条款	子项（调试、检测、验收内容）		施工单位调试记录			监理单位检查记录			检测、验收结果		
			调试、检测、验收要求	调试、检测、验收方法	符合	不符合	说明	符合	不符合	说明	合格	不合格	说明
	7.5 通信故障连锁控制功能	5.3.4	应急照明控制器与集中电源通信中断时，集中电源配接的所有非持续型应急照明灯具的光源应急点亮，所有非持续型灯具的光源由节电模式转入应急点亮模式	使控制器与集中电源通信故障，对照设计文件和疏散指示方案检查灯具光源点亮情况	□	□		□	□		□	A	
	7.7 灯具应急状态保持功能		集中电源配接的灯具处于应急工作状态时，任一灯具回路的短路、断路不应影响其他回路灯具的工作状态	使集中电源配接的灯具处于应急工作状态，任意选取一个回路，分别使该回路短路、断路，观察其他回路灯具的工作状态	□	□		□	□		□	A	
	调试恢复	5.1.4	恢复集中电源的正常连接，使集中电源处于主电输出状态		□	□		□	□		—	—	—
设备编号	部件类型：☆应急照明配电箱												
	调试准备	5.3.5	接通应急照明配电箱		□	□		□	□		—	—	—
	7.1 主电源分配输出功能	5.3.6	应急照明配电箱的各配电回路的输出电压应符合设计文件的规定	用万用表测量各配电箱回路的输出电压，对照设计文件核对电压测量值	□	□		□	□		□	A	
	部件类型：☆集中控制型应急照明配电箱												
	7.2 主电源输出关断测试功能		应能手动控制应急照明配电箱切断主电源输出，并能手动控制应急组照明配电箱恢复主电源输出	分别手动操作应急照明配电箱的主电源输出关断按键（钮）或主电源恢复按键（钮）检查开关检查应急照明配电箱主电源输出的状态	□	□		□	□		□	A	

表 E.2（续）

设备、区域编号	项目	条款	子项（调试、检测、验收内容）		施工单位调试记录			监理单位检查记录			检测、验收结果		
			调试、检测、验收要求	调试、检测、验收方法	符合	不符合	说明	符合	不符合	说明	合格	不合格	说明
设备编号	7.3 通信故障连锁控制功能	5.3.6	应急照明控制器与应急照明配电箱通信中断时，应急照明配电箱配接的所有非持续型照明灯的光源由节电点亮模式转入应急点亮模式	使控制器与应急照明配电箱通信故障，对照设计文件和疏散指示方案检查灯具光源点亮情况		□			□			□	A
设备编号	7.4 灯具应急状态保持功能		应急照明配电箱配接的灯具处于应急工作状态时，任一灯具回路的短路、断路不应影响该回路和其他回路灯具的应急工作状态	使应急照明配电箱配接的灯具处于应急工作状态，任意选取一个回路，分别使该回路短路、断路，观察灯具的应急工作状态		□			□			□	A
	调试恢复	5.1.3	恢复应急照明配电箱主电输出		□			□			—	—	—
2 系统功能调试、检测、验收													
☆ I 集中控制型系统功能调试、检测、验收													
区域编号	☆ I-1 非火灾状态下系统控制功能调试、检测、验收												
	调试准备	5.2.3	1 按照系统控制逻辑设计文件的规定，进行灯具应急启动、B 型灯具蓄电池电源转换控制逻辑编程，并录入控制器中		□			□			—	—	—
		5.4.1	2 使集中电源、灯具自带蓄电池组、灯具自带的蓄电池连续充电 24 h		□			□			—	—	—
	1 系统正常工作模式	5.4.2	☆1 灯具采用集中电源供电时，集中电源应保持主电源输出	对照设计文件，核对灯具蓄电池电源或集中电源的供电方式，检查集中电源或应急照明配电箱的工作状态		□			□			□	C
			☆1 灯具采用自带蓄电池供电时，应急照明配电箱应保持主电输出			□			□			□	C

表 E.2（续）

设备、区域编号	项目	条款	子项(调试、检测、验收内容)		施工单位调试记录			监理单位检查记录			检测、验收结果		
			调试、检测、验收要求	调试、检测、验收方法	符合	不符合	说明	符合	不符合	说明	合格	不合格	说明
	1 系统正常工作模式	5.4.2	2 该区域内非持续型照明灯的光源应保持熄灭状态，持续型照明灯的光源应保持节电点亮模式	对照设计文件，核对照明灯的类型，对照疏散指示方案检查该区域灯具的工作状态	□	□		□	□		□	C	
			3 该区域内持续型标志灯的光源应按疏散指示方案保持节电点亮模式；该区域需要采用不同疏散预案时，区域内相关标志灯的光源应按该区域默认疏散指示方案保持节电点亮模式		□	□		□	□		□	C	
区域编号		5.4.3	1 消防电源断电后，该区域内所有非持续型照明灯的光源应急点亮，持续型照明灯的光源由节电点亮模式转入应急点亮模式；灯具应持续点亮的时间应符合设计文件的规定，且不应大于 0.5 h	切断建、构筑物的消防电源，对照设计文件和疏散指示方案检查该区域灯具的工作状态，用秒表计时灯具持续点亮的时间	□	□		□	□		□	A	
	2 系统主电源断电控制功能		2 消防电源恢复后，集中电源或应急照明配电箱应连锁其配接灯具的光源恢复原工作状态	恢复集中电源或应急照明配电箱的主电源供电，对照设计方案检查灯具的工作状态	□	□		□	□		□	A	
			3 灯具持续点亮时间达到设计文件规定的时间后，集中电源或应急照明配电箱应连锁其配接灯具的光源熄灭	再次切断建、构筑物的消防电源，并保持至设计文件规定的持续应急时间，检查灯具光源的工作状态	□	□		□	□		□	A	

表 E.2（续）

设备、区域编号	项目	条款	子项（调试、检测、验收内容）		施工单位调试记录			监理单位检查记录			检测、验收结果		
			调试、检测、验收要求	调试、检测、验收方法	符合	不符合	说明	符合	不符合	说明	合格	不合格	说明
	3 系统正常照明断电控制功能	5.4.4	1 该区域正常照明电源断电后，非持续型照明灯的光源应应急点亮、持续型灯具的光源应由节电点亮模式转入应急点亮模式	切断该区域正常照明配电箱的电源输出，对照设计文件和疏散指示方案检查该区域灯具点亮情况	□	□		□	□		□	A	
			2 恢复正常照明的电源供电后，该区域所有灯具的光源应恢复原工作状态	恢复该区域正常照明的供电，对照设计文件和疏散指示方案检查灯具的工作状态	□	□		□	□		□	C	
	I-2 火灾状态系统控制功能调试、检测、验收												
	调试准备	5.4.5	将应急照明控制器与火灾报警控制器或消防联动控制器相连，使应急照明控制器处于正常监视状态		□	□		□	□		—	—	
区域编号	1 系统自动应急启动功能	5.4.6	1 应急照明控制器接收到火灾报警控制器发送的火灾报警输出信号后，应发出启动信号，显示启动时间	按照系统控制逻辑设计文件的规定，使火灾报警控制器发出火灾报警输出信号，检查应急照明控制器发出启动信号的情况	□	□		□	□		□	A	
			2 系统内所有的非持续型照明灯具光源的光源应应急点亮、持续型灯具光源应由节电点亮模式转入应急点亮模式，高危场所灯具光源点亮的响应时间不应大于 0.25 s，其他场所灯具光源点亮的响应时间不应大于 5 s	对照疏散指示方案，检查该区域灯具光源的点亮情况，用秒表计时灯具光源点亮时的响应时间	□	□		□	□		□	A	

表 E.2（续）

设备、区域编号	项目	条款	子项（调试、检测、验收内容）		施工单位调试记录			监理单位检查记录			检测、验收结果		
			调试、检测、验收要求	调试、检测、验收方法	符合	不符合	说明	符合	不符合	说明	合格	不合格	说明
	1 系统自动应急启动功能	5.4.6	3 系统配接的 B 型集中电源应转入蓄电池电源输出，B 型应急照明配电箱应切断主电源输出	检查系统中配接 B 型集中电源，B 型应急照明配电箱的工作状态	□	□		□	□		□	A	
			4 系统中配接的 A 应急照明配电箱，A 型应急照明配电箱应切断主电源输出；系统中配接的 A 型集中电源应转入蓄电池电源输出	检查 A 型集中电源，A 型应急照明配电箱的工作状态；切断主电源后，再次检查 A 型集中电源，A 型应急照明配电箱的工作状态	□	□		□	□		□	A	
区域编号			同一平面层中存在任一防火分区需要借用相邻防火分区疏散的场所										
	☆2 借用相邻防火分区疏散的防火分区、标志灯指示状态改变功能	5.4.7	1 应急照明控制器接收到消防联动控制器发送的被借用防火分区的火灾报警区域的启动信号后，应发出控制信号，显示启动时间	按照系统控制逻辑设计文件的规定，使消防联动控制器发出被借用防火分区火灾报警区域信号，检查应发出启动信号器的情况	□	□		□	□		□	A	
			2 该防火分区对应的疏散指示方向，需要变换指示方向的方向标志灯应改变箭头指示方向，通向被借用防火分区入口的出口标志灯"出口指示标志"的光源应熄灭，"禁止入内"指示标志应点亮，其他标志灯具改变状态保持不变，灯具改变指示状态的响应时间不应大于 5 s	对照疏散指示方案，检查该防火分区内灯具的工作状态，用秒表测量灯具指示状态改变的响应时间	□	□		□	□		□	A	

表 E.2（续）

设备、区域编号	项目	条款	子项（调试、检测、验收内容）		施工单位调试记录			监理单位检查记录			检测、验收结果		
			调试、检测、验收要求	调试、检测、验收方法	符合	不符合	说明	符合	不符合	说明	合格	不合格	说明
	☆3 需要采用不同疏散预案的交通隧道、地铁隧道、站台和站厅等场所灯具标志灯指示状态改变功能		需要采用不同疏散预案的交通隧道、地铁隧道、站台和站厅等场所										
			1 应急照明控制器接收到消防联动控制器发送的代表不同疏散预案的消防联动控制信号后，应发出控制标志灯指示状态改变的启动信号，显示启动时间	按照系统控制逻辑设计文件的规定，使消防联动控制器发出相应疏散预案的消防联动控制信号，检查发出启动信号的情况	□	□		□	□		□	A	
			2 该区域内按照对应指示方案，需要变换指示方向的方向标志灯应改变箭头指示方向，通向需要关闭的疏散出口处设置的出口标志灯"出口指示标志"的光源应熄灭，"禁止入内"指示标志的光源应点亮，其他标志灯的工作状态应保持不变，灯具改变指示状态的响应时间不应大于5 s	对照疏散指示方案，检查该区域内灯具的工作状态，用秒表测量灯具指示状态改变应响应时间	□	□		□	□		□	A	
	4 系统手动应急启动功能	5.4.7	1 手动操作应急照明控制器的一键启动按钮后，应急照明控制器应发出手动启动信号，显示启动时间	手动操作控制器的一键启动按钮，检查应急照明控制器发出启动信号的情况	□	□		□	□		□	A	
区域编号			2 系统内所有的非持续型照明灯的光源应急点亮，持续型灯具光源由节电点亮模式转入应急点亮模式	对照疏散指示方案，检查该区域灯具光源应急点亮情况	□	□		□	□		□	A	
			3 集中电源应转入蓄电池电源输出，应急照明配电箱应切断主电源输出	检查集中电源或应急照明配电箱的工作状态	□	□		□	□		□	A	

表 E.2（续）

项目	条款	子项(调试、检测、验收内容)		施工单位调试记录			监理单位检查记录			检测、验收结果		
			调试、检测、验收方法	符合	不符合	说明	符合	不符合	说明	合格	不合格	说明
5 地面最低水平照度	3.2.5	Ⅰ-1 病房楼或手术部的避难间	保持灯具的应急工作状态，用照度计测量该部位上述区域的地面水平照度，核查测量值是否低于规定指标	□	□		□	□		□	C	
		Ⅰ-2 老年人照料设施		□	□		□	□		□	C	
		Ⅰ-3 人员密集场所、病房楼或手术部内的楼梯间、前室或合用前室、避难走道		□	□		□	□		□	C	
		Ⅰ-4 逃生辅助装置存放处等特殊区域		□	□		□	□		□	C	
		Ⅰ-5 屋顶直升机停机坪		□	□		□	□		□	C	
		Ⅱ-1 除Ⅰ-3规定的敞开楼梯间、封闭楼梯间及其前室、防烟楼梯间及其前室、室外楼梯		□	□		□	□		□	C	
		Ⅱ-2 消防电梯间的前室或合用前室		□	□		□	□		□	C	
		Ⅱ-3 除Ⅰ-3规定的避难走道		□	□		□	□		□	C	
		Ⅱ-4 寄宿制幼儿园和小学的寝室、医院手术室及重症监护室等病人行动不便的病房等需要救援人员协助疏散的区域		□	□		□	□		□	C	
		Ⅲ-1 除Ⅰ-1规定避难层（间）		□	□		□	□		□	C	
		Ⅲ-2 观众厅、展览厅、电影院、多功能厅、建筑面积大于200 m²的营业厅、餐厅、演播厅、建筑面积超过400 m²的办公大厅、会议室等人员密集场所		□	□		□	□		□	C	
		Ⅲ-3 人员密集厂房内的生产场所		□	□		□	□		□	C	
		Ⅲ-4 室内步行街两侧的商铺		□	□		□	□		□	C	

设备、区域编号 区域编号

表 E.2（续）

设备、区域编号	项目	条款	子项（调试、检测、验收内容）		调试、检测、验收方法	施工单位调试记录			监理单位检查记录			检测、验收结果		
			调试、检测、验收要求			符合	不符合	说明	符合	不符合	说明	合格	不合格	说明
区域编号	5 地面最低水平照度	3.2.5	Ⅲ-5 建筑面积大于 100 m² 的地下或半地下公共活动场所		保持灯具的应急工作状态，用照度计测量该防区域上述部位地面的水平照度，核查测量值是否低于规定指标	□	□		□	□		□	□ C	
			Ⅳ-1 除Ⅰ-2，Ⅱ-4，Ⅲ-2~Ⅲ-5 规定场所的疏散走道、疏散通道			□	□		□	□		□	□ C	
			Ⅳ-2 室内步行街			□	□		□	□		□	□ C	
			Ⅳ-3 城市交通隧道两侧、人行横通道和人行疏散通道			□	□		□	□		□	□ C	
			Ⅳ-4 宾馆、酒店的客房			□	□		□	□		□	□ C	
			Ⅳ-5 自动扶梯上方或侧上方			□	□		□	□		□	□ C	
			Ⅳ-6 安全出口外面及附近区域、连廊的连接处两端			□	□		□	□		□	□ C	
			Ⅳ-7 进入室内直升机停机坪的途径			□	□		□	□		□	□ C	
			Ⅳ-8 配电室、消防控制室、消防水泵房、自备发电机房等发生火灾时仍需工作、值守的区域			□	□		□	□		□	□ C	
	6 灯具蓄电池电源供电持续工作时间	3.2.4	☆1 建筑高度大于 100 m 的民用建筑，不应小于 1.5 h		保持灯具的应急工作状态，灯具蓄电池电源供电，对照设计文件核查灯具的设置场所；用秒表开始计时，采用巡检方式察该区域内灯具光源熄灭情况，任一只灯光源	□	□		□	□		□	□ B	
			☆2 医疗建筑、老年人建筑、总建筑面积大于 100 000 m² 的公共建筑和总建筑面积大于 20 000 m² 的地下、半地下建筑，不应少于 1.0 h			□	□		□	□		□	□ B	
			☆3 其他建筑，不应少于 0.5			□	□		□	□		□	□ B	
			☆4 一、二类隧道不应小于 1.5 h，隧道端口外接的站房不应小于 2.0 h			□	□		□	□		□	□ B	

表 E.2（续）

设备、区域编号	项目	条款	子项（调试、检测、验收内容）		施工单位调试记录			监理单位检查记录			检测、验收结果		
			调试、检测、验收要求	调试、检测、验收方法	符合	不符合	说明	符合	不符合	说明	合格	不合格	说明
	6 灯具蓄电池电源持续工作时间	3.2.4	☆5 三、四隧类道不应小于 1.0 h，隧道端口外接站房不应小于 1.5 h	熄灭停止计时或持续工作时间满足规定指标后停止计时，核查灯具光源应急点亮的持续工作时间是否低于规定指标	□	□	□	□	□	□	□	B	
			6 系统初装容量应为☆5规定持续工作时间的3倍		□	□	□	□	□	□	□	B	
	☆ Ⅱ 非集中控制型系统应急启动功能调试、检测、验收												
	Ⅱ-1 非火灾状态下系统控制功能调试、检测、验收												
区域编号	调试准备	5.5.1	使集中电源采用的蓄电池组、灯具自带蓄电池供电时，集中电源的供电方式应保持主电源输出	对照设计文件，核对照明蓄电池集中电源或配电方式，检查集中电源或应急照明配电箱的工作状态	□	□	□	□	□	□	—	—	
	1 系统正常工作模式	5.5.2	☆1 灯具采用自带蓄电池供电时，灯具自带蓄电池应保持主电源输出	对照设计文件，核对照明灯具的类型、对照疏散指示方案检查该区域灯具的工作状态	□	□	□	□	□	□	□	C	
			2 系统灯具的工作状态应符合设计文件的规定		□	□	□	□	□	□	□	C	
	2 灯具感应点亮功能	5.5.3	非持续型照明灯具有人体、声控感应时，灯具设置场所满足灯具点亮条件时，灯具应自动点亮	选取任一只非持续型照明灯具，按照产品使用说明书的规定，使灯具的设置场所满足灯具的点亮条件，观察灯具光源的点亮情况	□	□	□	□	□	□	□	C	

表 E.2（续）

设备、区域编号	项目	条款	子项（调试、检测、验收内容）		施工单位调试记录			监理单位检查记录			检测、验收结果		
			调试、检测、验收要求	调试、检测、验收方法	符合	不符合	说明	符合	不符合	说明	合格	不合格	说明
	☆Ⅱ-2 火灾状态下系统控制功能调试、检测、验收												
	调试准备	5.5.4	使集中电源或应急照明配电箱与火灾报警控制器相连		□	□		□	□		—	—	
区域编号	1 设置区域火灾报警系统的场所、系统自动应急启动功能	5.5.4	☆灯具采用集中电源供电时，集中电源接收到火灾报警控制器发出的火灾报警输出信号后，应转入蓄电池电源输出，并控制其所配接的非持续型照明灯具的光源由节电点亮模式转入应急点亮模式，持续型灯具的光源应点亮，高危场所灯具光源点亮的响应时间不应大于0.25 s，其他场所灯具光源点亮的响应时间不应大于5 s ☆灯具采用自带蓄电池供电时，灯具接收到火灾报警控制器发出的火灾报警输出、并控制其配接主电源输出，应切断主电源输出，并控制其所配接的非持续型照明灯具的光源由节电点亮模式转入应急点亮模式，持续型灯具的光源应点亮，高危场所灯具光源点亮的响应时间不应大于0.25 s，其他场所灯具光源点亮的响应时间不应大于5 s	按照设计文件的规定，使火灾报警控制器发出火灾报警信号，对照疏散指示方案，检查该区域灯具的点亮情况，用秒表计时灯具光源点亮的响应时间	□	□		□	□		□	A	
	2 系统手动应急启动功能	5.5.5	手动操作集中电源或应急照明配电箱的应急启动按钮，应能手动控制集中电源或应急照明配电箱接入蓄电池电源输出，并控制其配接的非持续型照明灯具的光源应由节电点亮模式转入应急点亮模式，持续型灯具的光源应点亮，高危场所灯具光源点亮的响应时间不应大于0.25 s，其他场所灯具光源点亮的响应时间不应大于5 s	手动操作集中电源配电箱的应急启动按钮，检查该区域灯具的点亮情况，用秒表计时灯具光源点亮的响应时间	□	□		□	□		□	A	

表 E.2（续）

设备、区域编号	项目	条款	子项（调试、检测、验收内容）		施工单位调试记录			监理单位检查记录			检测、验收结果		
			调试、检测、验收要求	调试、检测、验收方法	符合	不符合	说明	符合	不符合	说明	合格	不合格	说明
	2 系统手动应急启动功能	5.5.5	灯具采用自带蓄电池供电时，应能手动控制应急照明配电箱切断电源输出，并控制其所配非持续型照明灯具光源应急点亮，持续型灯具的光源应由节电点亮模式转入应急点亮模式，高危场所灯具光源的响应时间不应大于 0.25 s，其他场所灯具点亮的响应时间不应大于 5 s	手动操作集中电源或应急照明配电箱的应急启动按钮，检查集中电源或应急照明配电箱的工作状态，检查该区域灯具光源的点亮情况，用秒表计时光源点亮的响应时间	□	□		□	□		□		A
区域编号	3 照明灯具地面最低水平照度	3.2.5	Ⅰ-1 病房楼或手术部的避难间	保持灯具的应急工作状态，用照度计量该区域上述部位地面的水平照度，核查测量值是否低于规定指标	□	□		□	□		□		C
			Ⅰ-4 逃生辅助装置存放处等特殊区域		□	□		□	□		□		C
			Ⅱ-1 除Ⅰ-3 规定的敞开楼梯间、封闭楼梯间、防烟楼梯间及其前室、室外楼梯		□	□		□	□		□		C
			Ⅱ-2 除Ⅰ-3 规定的避难走道		□	□		□	□		□		C
			Ⅲ-1 除Ⅰ-1 规定的避难层（间）		□	□		□	□		□		C
			Ⅳ-1 除Ⅰ-2、Ⅱ-4、Ⅲ-2~Ⅲ-5 规定场所的疏散走道、疏散通道		□	□		□	□		□		C
			Ⅳ-2 室内步行街		□	□		□	□		□		C
			Ⅳ-3 城市交通隧道两侧、人行横通道和人行疏散通道		□	□		□	□		□		C
			Ⅳ-4 宾馆、酒店的客房		□	□		□	□		□		C
			Ⅳ-5 自动扶梯上方或侧上方		□	□		□	□		□		C
			Ⅳ-6 安全出口外面及附近区域、连廊的连接处两端		□	□		□	□		□		C
			Ⅳ-8 配电室、自备发电机房等发生火灾时仍需工作、值守的区域		□	□		□	□		□		C

表 E.2（续）

设备、区域编号	项目	条款	子项（调试、检测、验收内容）		施工单位调试记录			监理单位检查记录			检测、验收结果		
			子项（调试、检测、验收要求）	调试、检测、验收方法	符合	不符合	说明	符合	不符合	说明	合格	不合格	说明
	4 灯具蓄电池供电持续工作时间	3.2.4	1 医疗建筑不应少于 1.0 h	保持灯具的应急工作状态，灯具蓄电池电源供电，对照设计文件核查灯具的设置场所，用秒表开始计时，采用巡查方式观察该区域灯具光源熄灭停止任一只灯具光源熄灭时计时或持续工作时间满足规定指标后停止计时，核查灯具持续工作时间是否低于规定指标	□	□		□	□		□	□	B
			2 其他建筑，不应少于 0.5 h		□	□		□	□		□	□	B
			3 三、四隧类道不应小于 1.0 h，隧道端口外接的站房不应小于 1.5 h		□	□		□	□		□	□	B
			4 系统初装容量应为 1～3 规定持续工作时间的 3 倍		□	□		□	□		□	□	B
☆Ⅲ 系统备用照明功能调试、检测、验收													
区域编号	系统功能	5.6.1	为灯具供电的正常照明电源断电后，应能自动投入消防电源专用应急回路供电	按照设计文件的规定，切断为备用照明灯具供电的正常照明电源，检查消防电源专用应急回路投入情况	□	□		□	□		□	□	C

调试结论	□合格 □不合格
检测、验收结论	□合格 □不合格：xx A＋yy B＋zz C

建设单位	设计单位	监理单位	施工单位	调试单位	检测验收单位
（公章）项目负责人	（公章）项目负责人	（公章）项目负责人	（公章）项目负责人	（公章）项目负责人	（公章）项目负责人
（签章）年 月 日	（签章）年 月 日	（签章）年 月 日	（签章）年 月 日	（签章）年 月 日	（签章）年 月 日

附 录 F
系统日常巡查记录

F.0.1 表 F 中带有"☆"标的项目和子项内容为可选项,当不涉及此项目或子项时,检测、验收试记录不包括此项目或子项。

设备数量应为巡查区域设置的系统设备的数量;设备的外观、运行状况正常时,在对应正常记录表格框中勾选相应的记录项□(☑);设备的外观破损、设备运行异常时,应描述故障现象,并填写现场处理情况及保修情况记录。

表 F 系统日常巡查记录

编号:

项目名称		使用单位		巡查类别	□每日		□每周
巡查区域、部位	巡查项目	巡查内容	设备数量	正常	异常情况描述	当场处理情况	报修情况
	1 应急照明控制器						
	1 设备外观	控制器的外观应完好,无明显的机械损伤。		□			
	2 运行状况	控制器应处于正常监视状态,指示灯、显示器无异常显示。		□			
	2 集中电源						
	1 设备外观	电源的外观应完好,无明显的机械损伤。		□			
	2 运行状况	电源应处于主电输出状态,主电电压、电池电压、输出电压和输出电流显示正常。		□			
	3 应急照明配电箱						
	设备外观	设备的外观应完好,无明显的机械损伤。		□			
	4 ☆照明灯、☆出口标志灯、方向标志灯、☆楼层标志灯						
	1 设备外观	灯具的外观应完好,无明显的机械损伤。		□			
	2 运行状况	灯具周围应无遮挡,持续型标志灯具的光源均应处于点亮状态,灯具的指示灯显示正常。		□			
巡查人:	(签名) 年 月 日	消防安全责任人、消防安全管理人:			(签名)	年 月	日

本标准用词说明

1 为便于在执行本标准条文时区别对待,对要求严格程度不同的用词说明如下:
   1) 表示很严格,非这样做不可的:
      正面词采用"必须",反面词采用"严禁";
   2) 表示严格,在正常情况下均应这样做的:
      正面词采用"应",反面词采用"不应"或"不得";
   3) 表示允许稍有选择,在条件许可时首先这样做的:正面词采用"宜",反面词采用"不宜";
   4) 表示有选择,在一定条件下可以这样做的,可采用"可"。
2 条文中指明应按其他有关标准执行的写法为:"应符合……的规定"或"应按……执行"。

引用标准名录

1. 《电气装置安装工程 爆炸和火灾危险环境电气装置施工及验收规范》GB 50257
2. 《建筑电气工程施工质量验收规范》GB 50303
3. 《消防应急照明和疏散指示系统》GB 17945
4. 《火灾自动报警系统组件兼容性要求》GB 22134
5. 《建筑消防设施的维护管理》GB 25201

UDC

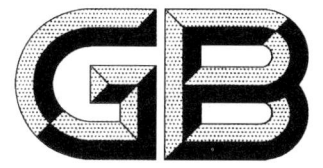

中华人民共和国国家标准

P   GB 50116—2013

火灾自动报警系统设计规范

Code for design of automatic fire alarm system

2013-09-06 发布   2014-05-01 实施

中华人民共和国住房和城乡建设部
中华人民共和国国家质量监督检验检疫总局   联合发布

中华人民共和国住房和城乡建设部公告

第 149 号

住房城乡建设部关于发布国家标准 《火灾自动报警系统设计规范》的公告

现批准《火灾自动报警系统设计规范》为国家标准,编号为 GB 50116—2013,自 2014 年 5 月 1 日起实施。其中,第 3.1.6、3.1.7、3.4.1、3.4.4、3.4.6、4.1.1、4.1.3、4.1.4、4.1.6、4.8.1、4.8.4、4.8.5、4.8.7、4.8.12、6.5.2、6.7.1、6.7.5、6.8.2、6.8.3、10.1.1、11.2.2、11.2.5、12.1.11、12.2.3 条为强制性条文,必须严格执行。原《火灾自动报警系统设计规范》GB 50116—98 同时废止。

本规范由我部标准定额研究所组织中国计划出版社出版发行。

中华人民共和国住房和城乡建设部
2013 年 9 月 6 日

前 言

本规范是根据原建设部《关于印发〈2006年工程建设标准规范制订、修订计划(第一批)〉的通知》(建标[2006]77号)的要求,由公安部沈阳消防研究所会同有关单位对原国家标准《火灾自动报警系统设计规范》GB 50116—98进行全面修订的基础上编制而成。

本规范在修订过程中,修订组遵循国家有关法律、法规和技术标准,进行了广泛深入的调查研究,认真总结了火灾事故教训和我国火灾自动报警系统工程的实践经验,参考了国内外相关标准规范,吸取了先进的科研成果,广泛征求了设计、监理、施工、产品制造、消防监督等各有关单位的意见,最后经审查定稿。

本规范共分12章和7个附录。主要内容包括:总则、术语、基本规定、消防联动控制设计、火灾探测器的选择、系统设备的设置、住宅建筑火灾自动报警系统、可燃气体探测报警系统、电气火灾监控系统、系统供电、布线、典型场所的火灾自动报警系统等。

本次规范修订是一次全面修订。在维持原规范基本框架、保留合理内容的基础上作了必要的补充和修改,主要体现在以下四个方面:

1. 补充了有关线型火灾探测器、吸气式感烟火灾探测器、可燃气体探测器、区域显示器、消防应急广播、气体灭火控制器、消防控制室图形显示装置、消防专用电话、火灾警报装置,以及模块等设备或部件的工程设计要求,使规范内容更加全面,更加符合实际需要。
2. 增加了电气火灾监控系统、住宅建筑火灾报警系统、可燃气体探测报警系统的工程设计要求。
3. 增加了道路隧道、油罐区、电缆隧道等典型场所使用的火灾自动报警系统的工程设计要求。
4. 细化了消防联动控制的工程设计要求,使规范更具有可操作性。

本规范中以黑体字标志的条文为强制性条文,必须严格执行。

本规范由住房城乡建设部负责管理和对强制性条文的解释,由公安部消防局负责日常管理工作,由公安部沈阳消防研究所负责具体技术内容的解释。在本规范执行过程中,希望各单位结合工程实践认真总结经验,注意积累资料,随时将有关意见和建议反馈给公安部沈阳消防研究所(地址:辽宁省沈阳市皇姑区文大路218-20号甲,邮政编码:110034),以供今后修订时参考。

本规范主编单位、参编单位、主要起草人和主要审查人:

主编单位:公安部沈阳消防研究所
参编单位:上海市公安消防总队
　　　　　广东省公安消防总队
　　　　　中国建筑东北设计研究院有限公司
　　　　　华东建筑设计研究院有限公司
　　　　　北京市建筑设计研究院
　　　　　中国建筑设计研究院
　　　　　中国建筑西南设计研究院有限公司
　　　　　中国航空工业规划设计研究院
　　　　　西安盛赛尔电子集团有限公司
　　　　　首安工业消防有限公司
　　　　　上海松江飞繁电子有限公司
　　　　　北京利达集团
　　　　　海湾安全技术有限公司

施耐德万高(天津)电气设备有限公司
中国建筑科学研究院建筑防火研究所

主要起草人：丁宏军　张颖琮　刘　凯　沈　纹　严　洪　王金元　张文才　吕　立　李宏文
　　　　　　孙成群　丁　杰　吴　军　温伯银　李　宁　罗崇嵩　王爱中　刘　敏　胡少英
　　　　　　蔡　钧　傅俊豪

主要审查人：陈　南　郭树林　李国华　杨瑞新　倪照鹏　王　炯　蒋　皓　李炳华　杨德才
　　　　　　陈汉民　王东林　陈建飙　李　忠　张　明　邵民杰

火灾自动报警系统设计规范

1 总则

1.0.1 为了合理设计火灾自动报警系统，预防和减少火灾危害，保护人身和财产安全，制定本规范。

1.0.2 本规范适用于新建、扩建和改建的建、构筑物中设置的火灾自动报警系统的设计，不适用于生产和贮存火药、炸药、弹药、火工品等场所设置的火灾自动报警系统的设计。

1.0.3 火灾自动报警系统的设计，应遵循国家有关方针、政策，针对保护对象的特点，做到安全可靠、技术先进、经济合理。

1.0.4 火灾自动报警系统的设计，除应符合本规范外，尚应符合国家现行有关标准的规定。

2 术语

2.0.1 **火灾自动报警系统** automatic fire alarm system

探测火灾早期特征、发出火灾报警信号，为人员疏散、防止火灾蔓延和启动自动灭火设备提供控制与指示的消防系统。

2.0.2 **报警区域** alarm zone

将火灾自动报警系统的警戒范围按防火分区或楼层等划分的单元。

2.0.3 **探测区域** detection zone

将报警区域按探测火灾的部位划分的单元。

2.0.4 **保护面积** monitoring area

一只火灾探测器能有效探测的面积。

2.0.5 **安装间距** installation spacing

两只相邻火灾探测器中心之间的水平距离。

2.0.6 **保护半径** monitoring radius

一只火灾探测器能有效探测的单向最大水平距离。

2.0.7 **联动控制信号** control signal to start & stop an automatic equipment

由消防联动控制器发出的用于控制消防设备（设施）工作的信号。

2.0.8 **联动反馈信号** feedback signal from automatic equipment

受控消防设备（设施）将其工作状态信息发送给消防联动控制器的信号。

2.0.9 **联动触发信号** signal for logical program

消防联动控制器接收的用于逻辑判断的信号。

3 基本规定

3.1 一般规定

3.1.1 火灾自动报警系统可用于人员居住和经常有人滞留的场所、存放重要物资或燃烧后产生严重污染需要及时报警的场所。

3.1.2 火灾自动报警系统应设有自动和手动两种触发装置。

3.1.3 火灾自动报警系统设备应选择符合国家有关标准和有关市场准入制度的产品。

3.1.4 系统中各类设备之间的接口和通信协议的兼容性应符合现行国家标准《火灾自动报警系统组件兼容性要求》GB 22134 的有关规定。

3.1.5 任一台火灾报警控制器所连接的火灾探测器、手动火灾报警按钮和模块等设备总数和地址总数，均不应超过 3 200 点，其中每一总线回路连接设备的总数不宜超过 200 点，且应留有不少于额定容量 10% 的余量；任一台消防联动控制器地址总数或火灾报警控制器（联动型）所控制的各类模块总数不应超过 1 600 点，每一联动总线回路连接设备的总数不宜超过 100 点，且应留有不少于额定容量 10% 的余量。

3.1.6 系统总线上应设置总线短路隔离器，每只总线短路隔离器保护的火灾探测器、手动火灾报警按钮和模块等消防设备的总数不应超过 32 点；总线穿越防火分区时，应在穿越处设置总线短路隔离器。

3.1.7 高度超过 100 m 的建筑中，除消防控制室内设置的控制器外，每台控制器直接控制的火灾探测器、手动报警按钮和模块等设备不应跨越避难层。

3.1.8 水泵控制柜、风机控制柜等消防电气控制装置不应采用变频启动方式。

3.1.9 地铁列车上设置的火灾自动报警系统，应能通过无线网络等方式将列车上发生火灾的部位信息传输给消防控制室。

3.2 系统形式的选择和设计要求

3.2.1 火灾自动报警系统形式的选择，应符合下列规定：

1 仅需要报警，不需要联动自动消防设备的保护对象宜采用区域报警系统。

2 不仅需要报警，同时需要联动自动消防设备，且只设置一台具有集中控制功能的火灾报警控制器和消防联动控制器的保护对象，应采用集中报警系统，并应设置一个消防控制室。

3 设置两个及以上消防控制室的保护对象，或已设置两个及以上集中报警系统的保护对象，应采用控制中心报警系统。

3.2.2 区域报警系统的设计，应符合下列规定：

1 系统应由火灾探测器、手动火灾报警按钮、火灾声光警报器及火灾报警控制器等组成，系统中可包括消防控制室图形显示装置和指示楼层的区域显示器。

2 火灾报警控制器应设置在有人值班的场所。

3 系统设置消防控制室图形显示装置时，该装置应具有传输本规范附录 A 和附录 B 规定的有关信息的功能；系统未设置消防控制室图形显示装置时，应设置火警传输设备。

3.2.3 集中报警系统的设计，应符合下列规定：

1 系统应由火灾探测器、手动火灾报警按钮、火灾声光警报器、消防应急广播、消防专用电话、消防控制室图形显示装置、火灾报警控制器、消防联动控制器等组成。

2 系统中的火灾报警控制器、消防联动控制器和消防控制室图形显示装置、消防应急广播的控制装置、消防专用电话总机等起集中控制作用的消防设备，应设置在消防控制室内。

3 系统设置的消防控制室图形显示装置应具有传输本规范附录 A 和附录 B 规定的有关信息的功能。

3.2.4 控制中心报警系统的设计,应符合下列规定:
   1 有两个及以上消防控制室时,应确定一个主消防控制室。
   2 主消防控制室应能显示所有火灾报警信号和联动控制状态信号,并应能控制重要的消防设备;各分消防控制室内消防设备之间可互相传输、显示状态信息,但不应互相控制。
   3 系统设置的消防控制室图形显示装置应具有传输本规范附录A和附录B规定的有关信息的功能。
   4 其他设计应符合本规范第3.2.3条的规定。

3.3 报警区域和探测区域的划分

3.3.1 报警区域的划分应符合下列规定:
   1 报警区域应根据防火分区或楼层划分;可将一个防火分区或一个楼层划分为一个报警区域,也可将发生火灾时需要同时联动消防设备的相邻几个防火分区或楼层划分为一个报警区域。
   2 电缆隧道的一个报警区域宜由一个封闭长度区间组成,一个报警区域不应超过相连的3个封闭长度区间;道路隧道的报警区域应根据排烟系统或灭火系统的联动需要确定,且不宜超过150 m。
   3 甲、乙、丙类液体储罐区的报警区域应由一个储罐区组成,每个50 000 m^3 及以上的外浮顶储罐应单独划分为一个报警区域。
   4 列车的报警区域应按车厢划分,每节车厢应划分为一个报警区域。

3.3.2 探测区域的划分应符合下列规定:
   1 探测区域应按独立房(套)间划分。一个探测区域的面积不宜超过500 m^2;从主要入口能看清其内部,且面积不超过1 000 m^2 的房间,也可划为一个探测区域。
   2 红外光束感烟火灾探测器和缆式线型感温火灾探测器的探测区域的长度,不宜超过100 m;空气管差温火灾探测器的探测区域长度宜为20 m～100 m。

3.3.3 下列场所应单独划分探测区域:
   1 敞开或封闭楼梯间、防烟楼梯间。
   2 防烟楼梯间前室、消防电梯前室、消防电梯与防烟楼梯间合用的前室、走道、坡道。
   3 电气管道井、通信管道井、电缆隧道。
   4 建筑物闷顶、夹层。

3.4 消防控制室

3.4.1 **具有消防联动功能的火灾自动报警系统的保护对象中应设置消防控制室。**
3.4.2 消防控制室内设置的消防设备应包括火灾报警控制器、消防联动控制器、消防控制室图形显示装置、消防专用电话总机、消防应急广播控制装置、消防应急照明和疏散指示系统控制装置、消防电源监控器等设备或具有相应功能的组合设备。消防控制室内设置的消防控制室图形显示装置应能显示本规范附录A规定的建筑物内设置的全部消防系统及相关设备的动态信息和本规范附录B规定的消防安全管理信息,并应为远程监控系统预留接口,同时应具有向远程监控系统传输本规范附录A和附录B规定的有关信息的功能。
3.4.3 消防控制室应设有用于火灾报警的外线电话。
3.4.4 **消防控制室应有相应的竣工图纸、各分系统控制逻辑关系说明、设备使用说明书、系统操作规程、应急预案、值班制度、维护保养制度及值班记录等文件资料。**
3.4.5 消防控制室送、回风管的穿墙处应设防火阀。
3.4.6 **消防控制室内严禁穿过与消防设施无关的电气线路及管路。**
3.4.7 消防控制室不应设置在电磁场干扰较强及其他影响消防控制室设备工作的设备用房附近。
3.4.8 消防控制室内设备的布置应符合下列规定:

1 设备面盘前的操作距离,单列布置时不应小于1.5 m;双列布置时不应小于2 m。
2 在值班人员经常工作的一面,设备面盘至墙的距离不应小于3 m。
3 设备面盘后的维修距离不宜小于1 m。
4 设备面盘的排列长度大于4 m时,其两端应设置宽度不小于1 m的通道。
5 与建筑其他弱电系统合用的消防控制室内,消防设备应集中设置,并应与其他设备间有明显间隔。

3.4.9 消防控制室的显示与控制,应符合现行国家标准《消防控制室通用技术要求》GB 25506 的有关规定。

3.4.10 消防控制室的信息记录、信息传输,应符合现行国家标准《消防控制室通用技术要求》GB 25506 的有关规定。

4 消防联动控制设计

4.1 一般规定

4.1.1 消防联动控制器应能按设定的控制逻辑向各相关的受控设备发出联动控制信号,并接受相关设备的联动反馈信号。

4.1.2 消防联动控制器的电压控制输出应采用直流 24 V,其电源容量应满足受控消防设备同时启动且维持工作的控制容量要求。

4.1.3 各受控设备接口的特性参数应与消防联动控制器发出的联动控制信号相匹配。

4.1.4 消防水泵、防烟和排烟风机的控制设备,除应采用联动控制方式外,还应在消防控制室设置手动直接控制装置。

4.1.5 启动电流较大的消防设备宜分时启动。

4.1.6 需要火灾自动报警系统联动控制的消防设备,其联动触发信号应采用两个独立的报警触发装置报警信号的"与"逻辑组合。

4.2 自动喷水灭火系统的联动控制设计

4.2.1 湿式系统和干式系统的联动控制设计,应符合下列规定:
1 联动控制方式,应由湿式报警阀压力开关的动作信号作为触发信号,直接控制启动喷淋消防泵,联动控制不应受消防联动控制器处于自动或手动状态影响。
2 手动控制方式,应将喷淋消防泵控制箱(柜)的启动、停止按钮用专用线路直接连接至设置在消防控制室内的消防联动控制器的手动控制盘,直接手动控制喷淋消防泵的启动、停止。
3 水流指示器、信号阀、压力开关、喷淋消防泵的启动和停止的动作信号应反馈至消防联动控制器。

4.2.2 预作用系统的联动控制设计,应符合下列规定:
1 联动控制方式,应由同一报警区域内两只及以上独立的感烟火灾探测器或一只感烟火灾探测器与一只手动火灾报警按钮的报警信号,作为预作用阀组开启的联动触发信号。由消防联动控制器控制预作用阀组的开启,使系统转变为湿式系统;当系统设有快速排气装置时,应联动控制排气阀前的电动阀的开启。湿式系统的联动控制设计应符合本规范第4.2.1条的规定。
2 手动控制方式,应将喷淋消防泵控制箱(柜)的启动和停止按钮、预作用阀组和快速排气阀入口前的电动阀的启动和停止按钮,用专用线路直接连接至设置在消防控制室内的消防联动控制器的手动控制盘,直接手动控制喷淋消防泵的启动、停止及预作用阀组和电动阀的开启。
3 水流指示器、信号阀、压力开关、喷淋消防泵的启动和停止的动作信号,有压气体管道气压状态信号和快速排气阀入口前电动阀的动作信号应反馈至消防联动控制器。

4.2.3 雨淋系统的联动控制设计,应符合下列规定:
  1 联动控制方式,应由同一报警区域内两只及以上独立的感温火灾探测器或一只感温火灾探测器与一只手动火灾报警按钮的报警信号,作为雨淋阀组开启的联动触发信号。应由消防联动控制器控制雨淋阀组的开启。
  2 手动控制方式,应将雨淋消防泵控制箱(柜)的启动和停止按钮、雨淋阀组的启动和停止按钮,用专用线路直接连接至设置在消防控制室内的消防联动控制器的手动控制盘,直接手动控制雨淋消防泵的启动、停止及雨淋阀组的开启。
  3 水流指示器,压力开关,雨淋阀组、雨淋消防泵的启动和停止的动作信号应反馈至消防联动控制器。
4.2.4 自动控制的水幕系统的联动控制设计,应符合下列规定:
  1 联动控制方式,当自动控制的水幕系统用于防火卷帘的保护时,应由防火卷帘下落到楼板面的动作信号与本报警区域内任一火灾探测器或手动火灾报警按钮的报警信号作为水幕阀组启动的联动触发信号,并应由消防联动控制器联动控制水幕系统相关控制阀组的启动;仅用水幕系统作为防火分隔时,应由该报警区域内两只独立的感温火灾探测器的火灾报警信号作为水幕阀组启动的联动触发信号,并应由消防联动控制器联动控制水幕系统相关控制阀组的启动。
  2 手动控制方式,应将水幕系统相关控制阀组和消防泵控制箱(柜)的启动、停止按钮用专用线路直接连接至设置在消防控制室内的消防联动控制器的手动控制盘,并应直接手动控制消防泵的启动、停止及水幕系统相关控制阀组的开启。
  3 压力开关、水幕系统相关控制阀组和消防泵的启动、停止的动作信号,应反馈至消防联动控制器。

4.3 消火栓系统的联动控制设计

4.3.1 联动控制方式,应由消火栓系统出水干管上设置的低压压力开关、高位消防水箱出水管上设置的流量开关或报警阀压力开关等信号作为触发信号,直接控制启动消火栓泵,联动控制不应受消防联动控制器处于自动或手动状态影响。当设置消火栓按钮时,消火栓按钮的动作信号应作为报警信号及启动消火栓泵的联动触发信号,由消防联动控制器联动控制消火栓泵的启动。
4.3.2 手动控制方式,应将消火栓泵控制箱(柜)的启动、停止按钮用专用线路直接连接至设置在消防控制室内的消防联动控制器的手动控制盘,并应直接手动控制消火栓泵的启动、停止。
4.3.3 消火栓泵的动作信号应反馈至消防联动控制器。

4.4 气体灭火系统、泡沫灭火系统的联动控制设计

4.4.1 气体灭火系统、泡沫灭火系统应分别由专用的气体灭火控制器、泡沫灭火控制器控制。
4.4.2 气体灭火控制器、泡沫灭火控制器直接连接火灾探测器时,气体灭火系统、泡沫灭火系统的自动控制方式应符合下列规定:
  1 应由同一防护区域内两只独立的火灾探测器的报警信号、一只火灾探测器与一只手动火灾报警按钮的报警信号或防护区外的紧急启动信号,作为系统的联动触发信号,探测器的组合宜采用感烟火灾探测器和感温火灾探测器,各类探测器应按本规范第6.2节的规定分别计算保护面积。
  2 气体灭火控制器、泡沫灭火控制器在接收到满足联动逻辑关系的首个联动触发信号后,应启动设置在该防护区内的火灾声光警报器,且联动触发信号应为任一防护区域内设置的感烟火灾探测器、其他类型火灾探测器或手动火灾报警按钮的首次报警信号;在接收到第二个联动触发信号后,应发出联动控制信号,且联动触发信号应为同一防护区域内与首次报警的火灾探测器或手动火灾报警按钮相邻的感温火灾探测器、火焰探测器或手动火灾报警按钮的报警信号。
  3 联动控制信号应包括下列内容:

1) 关闭防护区域的送(排)风机及送(排)风阀门；
2) 停止通风和空气调节系统及关闭设置在该防护区域的电动防火阀；
3) 联动控制防护区域开口封闭装置的启动，包括关闭防护区域的门、窗；
4) 启动气体灭火装置、泡沫灭火装置，气体灭火控制器、泡沫灭火控制器，可设定不大于30 s的延迟喷射时间。

4 平时无人工作的防护区，可设置为无延迟的喷射，应在接收到满足联动逻辑关系的首个联动触发信号后按本条第3款规定执行除启动气体灭火装置、泡沫灭火装置外的联动控制；在接收到第二个联动触发信号后，应启动气体灭火装置、泡沫灭火装置。

5 气体灭火防护区出口外上方应设置表示气体喷洒的火灾声光警报器，指示气体释放的声信号应与该保护对象中设置的火灾声警报器的声信号有明显区别。启动气体灭火装置、泡沫灭火装置的同时，应启动设置在防护区入口处表示气体喷洒的火灾声光警报器；组合分配系统应首先开启相应防护区域的选择阀，然后启动气体灭火装置、泡沫灭火装置。

4.4.3 气体灭火控制器、泡沫灭火控制器不直接连接火灾探测器时，气体灭火系统、泡沫灭火系统的自动控制方式应符合下列规定：

1 气体灭火系统、泡沫灭火系统的联动触发信号应由火灾报警控制器或消防联动控制器发出。

2 气体灭火系统、泡沫灭火系统的联动触发信号和联动控制均应符合本规范第4.4.2条的规定。

4.4.4 气体灭火系统、泡沫灭火系统的手动控制方式应符合下列规定：

1 在防护区疏散出口的门外应设置气体灭火装置、泡沫灭火装置的手动启动和停止按钮，手动启动按钮按下时，气体灭火控制器、泡沫灭火控制器应执行符合本规范第4.4.2条第3款和第5款规定的联动操作；手动停止按钮按下时，气体灭火控制器、泡沫灭火控制器应停止正在执行的联动操作。

2 气体灭火控制器、泡沫灭火控制器上应设置对应于不同防护区的手动启动和停止按钮，手动启动按钮按下时，气体灭火控制器、泡沫灭火控制器应执行符合本规范第4.4.2条第3款和第5款规定的联动操作；手动停止按钮按下时，气体灭火控制器、泡沫灭火控制器应停止正在执行的联动操作。

4.4.5 气体灭火装置、泡沫灭火装置启动及喷放各阶段的联动控制及系统的反馈信号，应反馈至消防联动控制器。系统的联动反馈信号应包括下列内容：

1 气体灭火控制器、泡沫灭火控制器直接连接的火灾探测器的报警信号。
2 选择阀的动作信号。
3 压力开关的动作信号。

4.4.6 在防护区域内设有手动与自动控制转换装置的系统，其手动或自动控制方式的工作状态应在防护区内、外的手动和自动控制状态显示装置上显示，该状态信号应反馈至消防联动控制器。

4.5 防烟排烟系统的联动控制设计

4.5.1 防烟系统的联动控制方式应符合下列规定：

1 应由加压送风口所在防火分区内的两只独立的火灾探测器或一只火灾探测器与一只手动火灾报警按钮的报警信号，作为送风口开启和加压送风机启动的联动触发信号，并应由消防联动控制器联动控制相关层前室等需要加压送风场所的加压送风口开启和加压送风机启动。

2 应由同一防烟分区内且位于电动挡烟垂壁附近的两只独立的感烟火灾探测器的报警信号，作为电动挡烟垂壁降落的联动触发信号，并应由消防联动控制器联动控制电动挡烟垂壁的降落。

4.5.2 排烟系统的联动控制方式应符合下列规定：

1 应由同一防烟分区内的两只独立的火灾探测器的报警信号，作为排烟口、排烟窗或排烟阀开启的联动触发信号，并应由消防联动控制器联动控制排烟口、排烟窗或排烟阀的开启，同时停止该防烟分区的空气调节系统。

2 应由排烟口、排烟窗或排烟阀开启的动作信号，作为排烟风机启动的联动触发信号，并应由消防联动控制器联动控制排烟风机的启动。

4.5.3 防烟系统、排烟系统的手动控制方式,应能在消防控制室内的消防联动控制器上手动控制送风口、电动挡烟垂壁、排烟口、排烟窗、排烟阀的开启或关闭及防烟风机、排烟风机等设备的启动或停止,防烟、排烟风机的启动、停止按钮应采用专用线路直接连接至设置在消防控制室内的消防联动控制器的手动控制盘,并应直接手动控制防烟、排烟风机的启动、停止。

4.5.4 送风口、排烟口、排烟窗或排烟阀开启和关闭的动作信号,防烟、排烟风机启动和停止及电动防火阀关闭的动作信号,均应反馈至消防联动控制器。

4.5.5 排烟风机入口处的总管上设置的280℃排烟防火阀在关闭后应直接联动控制风机停止,排烟防火阀及风机的动作信号应反馈至消防联动控制器。

4.6 防火门及防火卷帘系统的联动控制设计

4.6.1 防火门系统的联动控制设计,应符合下列规定:

1 应由常开防火门所在防火分区内的两只独立的火灾探测器或一只火灾探测器与一只手动火灾报警按钮的报警信号,作为常开防火门关闭的联动触发信号,联动触发信号应由火灾报警控制器或消防联动控制器发出,并应由消防联动控制器或防火门监控器联动控制防火门关闭。

2 疏散通道上各防火门的开启、关闭及故障状态信号应反馈至防火门监控器。

4.6.2 防火卷帘的升降应由防火卷帘控制器控制。

4.6.3 疏散通道上设置的防火卷帘的联动控制设计,应符合下列规定:

1 联动控制方式,防火分区内任两只独立的感烟火灾探测器或任一只专门用于联动防火卷帘的感烟火灾探测器的报警信号应联动控制防火卷帘下降至距楼板面1.8m处;任一只专门用于联动防火卷帘的感温火灾探测器的报警信号应联动控制防火卷帘下降到楼板面;在卷帘的任一侧距卷帘纵深0.5m~5m内应设置不少于2只专门用于联动防火卷帘的感温火灾探测器。

2 手动控制方式,应由防火卷帘两侧设置的手动控制按钮控制防火卷帘的升降。

4.6.4 非疏散通道上设置的防火卷帘的联动控制设计,应符合下列规定:

1 联动控制方式,应由防火卷帘所在防火分区内任两只独立的火灾探测器的报警信号,作为防火卷帘下降的联动触发信号,并应联动控制防火卷帘直接下降到楼板面。

2 手动控制方式,应由防火卷帘两侧设置的手动控制按钮控制防火卷帘的升降,并应能在消防控制室内的消防联动控制器上手动控制防火卷帘的降落。

4.6.5 防火卷帘下降至距楼板面1.8m处、下降到楼板面的动作信号和防火卷帘控制器直接连接的感烟、感温火灾探测器的报警信号,应反馈至消防联动控制器。

4.7 电梯的联动控制设计

4.7.1 消防联动控制器应具有发出联动控制信号强制所有电梯停于首层或电梯转换层的功能。

4.7.2 电梯运行状态信息和停于首层或转换层的反馈信号,应传送给消防控制室显示,轿厢内应设置能直接与消防控制室通话的专用电话。

4.8 火灾警报和消防应急广播系统的联动控制设计

4.8.1 火灾自动报警系统应设置火灾声光警报器,并应在确认火灾后启动建筑内的所有火灾声光警报器。

4.8.2 未设置消防联动控制器的火灾自动报警系统,火灾声光警报器应由火灾报警控制器控制;设置消防联动控制器的火灾自动报警系统,火灾声光警报器应由火灾报警控制器或消防联动控制器控制。

4.8.3 公共场所宜设置具有同一种火灾变调声的火灾声警报器;具有多个报警区域的保护对象,宜选用带有语音提示的火灾声警报器;学校、工厂等各类日常使用电铃的场所,不应使用警铃作为火灾声警报器。

4.8.4 火灾声警报器设置带有语音提示功能时,应同时设置语音同步器。

4.8.5 同一建筑内设置多个火灾声警报器时,火灾自动报警系统应能同时启动和停止所有火灾声警报器工作。

4.8.6 火灾声警报器单次发出火灾警报时间宜为 8 s～20 s,同时设有消防应急广播时,火灾声警报应与消防应急广播交替循环播放。

4.8.7 集中报警系统和控制中心报警系统应设置消防应急广播。

4.8.8 消防应急广播系统的联动控制信号应由消防联动控制器发出。当确认火灾后,应同时向全楼进行广播。

4.8.9 消防应急广播的单次语音播放时间宜为 10 s～30 s,应与火灾声警报器分时交替工作,可采取 1 次火灾声警报器播放、1 次或 2 次消防应急广播播放的交替工作方式循环播放。

4.8.10 在消防控制室应能手动或按预设控制逻辑联动控制选择广播分区、启动或停止应急广播系统,并应能监听消防应急广播。在通过传声器进行应急广播时,应自动对广播内容进行录音。

4.8.11 消防控制室内应能显示消防应急广播的广播分区的工作状态。

4.8.12 消防应急广播与普通广播或背景音乐广播合用时,应具有强制切入消防应急广播的功能。

4.9 消防应急照明和疏散指示系统的联动控制设计

4.9.1 消防应急照明和疏散指示系统的联动控制设计,应符合下列规定:

　　1 集中控制型消防应急照明和疏散指示系统,应由火灾报警控制器或消防联动控制器启动应急照明控制器实现。

　　2 集中电源非集中控制型消防应急照明和疏散指示系统,应由消防联动控制器联动应急照明集中电源和应急照明分配电装置实现。

　　3 自带电源非集中控制型消防应急照明和疏散指示系统,应由消防联动控制器联动消防应急照明配电箱实现。

4.9.2 当确认火灾后,由发生火灾的报警区域开始,顺序启动全楼疏散通道的消防应急照明和疏散指示系统,系统全部投入应急状态的启动时间不应大于 5 s。

4.10 相关联动控制设计

4.10.1 消防联动控制器应具有切断火灾区域及相关区域的非消防电源的功能,当需要切断正常照明时,宜在自动喷淋系统、消火栓系统动作前切断。

4.10.2 消防联动控制器应具有自动打开涉及疏散的电动栅杆等的功能,宜开启相关区域安全技术防范系统的摄像机监视火灾现场。

4.10.3 消防联动控制器应具有打开疏散通道上由门禁系统控制的门和庭院电动大门的功能,并应具有打开停车场出入口挡杆的功能。

5 火灾探测器的选择

5.1 一般规定

5.1.1 火灾探测器的选择应符合下列规定:

　　1 对火灾初期有阴燃阶段,产生大量的烟和少量的热,很少或没有火焰辐射的场所,应选择感烟火灾探测器。

　　2 对火灾发展迅速,可产生大量热、烟和火焰辐射的场所,可选择感温火灾探测器、感烟火灾探测器、火焰探测器或其组合。

3 对火灾发展迅速,有强烈的火焰辐射和少量烟、热的场所,应选择火焰探测器。
4 对火灾初期有阴燃阶段,且需要早期探测的场所,宜增设一氧化碳火灾探测器。
5 对使用、生产可燃气体或可燃蒸气的场所,应选择可燃气体探测器。
6 应根据保护场所可能发生火灾的部位和燃烧材料的分析,以及火灾探测器的类型、灵敏度和响应时间等选择相应的火灾探测器,对火灾形成特征不可预料的场所,可根据模拟试验的结果选择火灾探测器。
7 同一探测区域内设置多个火灾探测器时,可选择具有复合判断火灾功能的火灾探测器和火灾报警控制器。

5.2 点型火灾探测器的选择

5.2.1 对不同高度的房间,可按表5.2.1选择点型火灾探测器。

表 5.2.1 对不同高度的房间点型火灾探测器的选择

房间高度 h (m)	点型感烟火灾探测器	点型感温火灾探测器			火焰探测器
		A1、A2	B	C、D、E、F、G	
12＜h≤20	不适合	不适合	不适合	不适合	适合
8＜h≤12	适合	不适合	不适合	不适合	适合
6＜h≤8	适合	适合	不适合	不适合	适合
4＜h≤6	适合	适合	适合	不适合	适合
h≤4	适合	适合	适合	适合	适合

注:表中A1、A2、B、C、D、E、F、G为点型感温探测器的不同类别,其具体参数应符合本规范附录C的规定。

5.2.2 下列场所宜选择点型感烟火灾探测器:
1 饭店、旅馆、教学楼、办公楼的厅堂、卧室、办公室、商场、列车载客车厢等。
2 计算机房、通信机房、电影或电视放映室等。
3 楼梯、走道、电梯机房、车库等。
4 书库、档案库等。

5.2.3 符合下列条件之一的场所,不宜选择点型离子感烟火灾探测器:
1 相对湿度经常大于95%。
2 气流速度大于5 m/s。
3 有大量粉尘、水雾滞留。
4 可能产生腐蚀性气体。
5 在正常情况下有烟滞留。
6 产生醇类、醚类、酮类等有机物质。

5.2.4 符合下列条件之一的场所,不宜选择点型光电感烟火灾探测器:
1 有大量粉尘、水雾滞留。
2 可能产生蒸气和油雾。
3 高海拔地区。
4 在正常情况下有烟滞留。

5.2.5 符合下列条件之一的场所,宜选择点型感温火灾探测器;且应根据使用场所的典型应用温度和最高应用温度选择适当类别的感温火灾探测器:
1 相对湿度经常大于95%。

2 可能发生无烟火灾。
3 有大量粉尘。
4 吸烟室等在正常情况下有烟或蒸气滞留的场所。
5 厨房、锅炉房、发电机房、烘干车间等不宜安装感烟火灾探测器的场所。
6 需要联动熄灭"安全出口"标志灯的安全出口内侧。
7 其他无人滞留且不适合安装感烟火灾探测器,但发生火灾时需要及时报警的场所。

5.2.6 可能产生阴燃火或发生火灾不及时报警将造成重大损失的场所,不宜选择点型感温火灾探测器;温度在0℃以下的场所,不宜选择定温探测器;温度变化较大的场所,不宜选择具有差温特性的探测器。

5.2.7 符合下列条件之一的场所,宜选择点型火焰探测器或图像型火焰探测器:
1 火灾时有强烈的火焰辐射。
2 可能发生液体燃烧等无阴燃阶段的火灾。
3 需要对火焰做出快速反应。

5.2.8 符合下列条件之一的场所,不宜选择点型火焰探测器和图像型火焰探测器:
1 在火焰出现前有浓烟扩散。
2 探测器的镜头易被污染。
3 探测器的"视线"易被油雾、烟雾、水雾和冰雪遮挡。
4 探测区域内的可燃物是金属和无机物。
5 探测器易受阳光、白炽灯等光源直接或间接照射。

5.2.9 探测区域内正常情况下有高温物体的场所,不宜选择单波段红外火焰探测器。

5.2.10 正常情况下有明火作业,探测器易受X射线、弧光和闪电等影响的场所,不宜选择紫外火焰探测器。

5.2.11 下列场所宜选择可燃气体探测器:
1 使用可燃气体的场所。
2 燃气站和燃气表房以及存储液化石油气罐的场所。
3 其他散发可燃气体和可燃蒸气的场所。

5.2.12 在火灾初期产生一氧化碳的下列场所可选择点型一氧化碳火灾探测器:
1 烟不容易对流或顶棚下方有热屏障的场所。
2 在棚顶上无法安装其他点型火灾探测器的场所。
3 需要多信号复合报警的场所。

5.2.13 污物较多且必须安装感烟火灾探测器的场所,应选择间断吸气的点型采样吸气式感烟火灾探测器或具有过滤网和管路自清洗功能的管路采样吸气式感烟火灾探测器。

5.3 线型火灾探测器的选择

5.3.1 无遮挡的大空间或有特殊要求的房间,宜选择线型光束感烟火灾探测器。

5.3.2 符合下列条件之一的场所,不宜选择线型光束感烟火灾探测器:
1 有大量粉尘、水雾滞留。
2 可能产生蒸气和油雾。
3 在正常情况下有烟滞留。
4 固定探测器的建筑结构由于振动等原因会产生较大位移的场所。

5.3.3 下列场所或部位,宜选择缆式线型感温火灾探测器:
1 电缆隧道、电缆竖井、电缆夹层、电缆桥架。
2 不易安装点型探测器的夹层、闷顶。

3 各种皮带输送装置。
4 其他环境恶劣不适合点型探测器安装的场所。

5.3.4 下列场所或部位,宜选择线型光纤感温火灾探测器:
1 除液化石油气外的石油储罐。
2 需要设置线型感温火灾探测器的易燃易爆场所。
3 需要监测环境温度的地下空间等场所宜设置具有实时温度监测功能的线型光纤感温火灾探测器。
4 公路隧道、敷设动力电缆的铁路隧道和城市地铁隧道等。

5.3.5 线型定温火灾探测器的选择,应保证其不动作温度符合设置场所的最高环境温度的要求。

5.4 吸气式感烟火灾探测器的选择

5.4.1 下列场所宜选择吸气式感烟火灾探测器:
1 具有高速气流的场所。
2 点型感烟、感温火灾探测器不适宜的大空间、舞台上方、建筑高度超过12 m或有特殊要求的场所。
3 低温场所。
4 需要进行隐蔽探测的场所。
5 需要进行火灾早期探测的重要场所。
6 人员不宜进入的场所。

5.4.2 灰尘比较大的场所,不应选择没有过滤网和管路自清洗功能的管路采样式吸气感烟火灾探测器。

6 系统设备的设置

6.1 火灾报警控制器和消防联动控制器的设置

6.1.1 火灾报警控制器和消防联动控制器,应设置在消防控制室内或有人值班的房间和场所。

6.1.2 火灾报警控制器和消防联动控制器等在消防控制室内的布置,应符合本规范第3.4.8条的规定。

6.1.3 火灾报警控制器和消防联动控制器安装在墙上时,其主显示屏高度宜为1.5 m~1.8 m,其靠近门轴的侧面距墙不应小于0.5 m,正面操作距离不应小于1.2 m。

6.1.4 集中报警系统和控制中心报警系统中的区域火灾报警控制器在满足下列条件时,可设置在无人值班的场所:
1 本区域内无需要手动控制的消防联动设备。
2 本火灾报警控制器的所有信息在集中火灾报警控制器上均有显示,且能接收起集中控制功能的火灾报警控制器的联动控制信号,并自动启动相应的消防设备。
3 设置的场所只有值班人员可以进入。

6.2 火灾探测器的设置

6.2.1 探测器的具体设置部位应按本规范附录D采用。

6.2.2 点型火灾探测器的设置应符合下列规定:
1 探测区域的每个房间应至少设置一只火灾探测器。
2 感烟火灾探测器和A1、A2、B型感温火灾探测器的保护面积和保护半径,应按表6.2.2确定;C、D、E、F、G型感温火灾探测器的保护面积和保护半径,应根据生产企业设计说明书确定,但不应超过

表 6.2.2 的规定。

表 6.2.2 感烟火灾探测器和 A1、A2、B 型感温火灾探测器的保护面积和保护半径

火灾探测器的种类	地面面积 $S(m^2)$	房间高度 $h(m)$	一只探测器的保护面积 A 和保护半径 R					
			屋顶坡度 θ					
			$\theta \leq 15°$		$15° < \theta \leq 30°$		$\theta > 30°$	
			$A(m^2)$	$R(m)$	$A(m^2)$	$R(m)$	$A(m^2)$	$R(m)$
感烟火灾探测器	$S \leq 80$	$h \leq 12$	80	6.7	80	7.2	80	8.0
	$S > 80$	$6 < h \leq 12$	80	6.7	100	8.0	120	9.9
		$h \leq 6$	60	5.8	80	7.2	100	9.0
感温火灾探测器	$S \leq 30$	$h \leq 8$	30	4.4	30	4.9	30	5.5
	$S > 30$	$h \leq 8$	20	3.6	30	4.9	40	6.3

注：建筑高度不超过 14 m 的封闭探测空间，且火灾初期会产生大量的烟时，可设置点型感烟火灾探测器。

3 感烟火灾探测器、感温火灾探测器的安装间距，应根据探测器的保护面积 A 和保护半径 R 确定，并不应超过本规范附录 E 探测器安装间距的极限曲线 $D_1 \sim D_{11}$（含 D_9'）规定的范围。

4 一个探测区域内所需设置的探测器数量，不应小于公式（6.2.2）的计算值：

$$N = \frac{S}{K \cdot A} \quad \quad \quad \quad \quad \quad (6.2.2)$$

式中：
N——探测器数量（只），N 应取整数；
S——该探测区域面积（m^2）；
K——修正系数，容纳人数超过 10 000 人的公共场所宜取 0.7～0.8；容纳人数为 2 000 人～10 000 人的公共场所宜取 0.8～0.9，容纳人数为 500 人～2 000 人的公共场所宜取 0.9～1.0，其他场所可取 1.0；
A——探测器的保护面积（m^2）。

6.2.3 在有梁的顶棚上设置点型感烟火灾探测器、感温火灾探测器时，应符合下列规定：
1 当梁突出顶棚的高度小于 200 mm 时，可不计梁对探测器保护面积的影响。
2 当梁突出顶棚的高度为 200 mm～600 mm 时，应按本规范附录 F、附录 G 确定梁对探测器保护面积的影响和一只探测器能够保护的梁间区域的数量。
3 当梁突出顶棚的高度超过 600 mm 时，被梁隔断的每个梁间区域应至少设置一只探测器。
4 当被梁隔断的区域面积超过一只探测器的保护面积时，被隔断的区域应按本规范第 6.2.2 条第 4 款规定计算探测器的设置数量。
5 当梁间净距小于 1 m 时，可不计梁对探测器保护面积的影响。

6.2.4 在宽度小于 3 m 的内走道顶棚上设置点型探测器时，宜居中布置。感温火灾探测器的安装间距不应超过 10 m；感烟火灾探测器的安装间距不应超过 15 m；探测器至端墙的距离，不应大于探测器安装间距的 1/2。

6.2.5 点型探测器至墙壁、梁边的水平距离，不应小于 0.5 m。

6.2.6 点型探测器周围 0.5 m 内，不应有遮挡物。

6.2.7 房间被书架、设备或隔断等分隔，其顶部至顶棚或梁的距离小于房间净高的 5% 时，每个被隔开的部分应至少安装一只点型探测器。

6.2.8 点型探测器至空调送风口边的水平距离不应小于 1.5 m，并宜接近回风口安装。探测器至多孔送风顶棚孔口的水平距离不应小于 0.5 m。

6.2.9 当屋顶有热屏障时,点型感烟火灾探测器下表面至顶棚或屋顶的距离,应符合表 6.2.9 的规定。

表 6.2.9 点型感烟火灾探测器下表面至顶棚或屋顶的距离

探测器的安装高度 h(m)	点型感烟火灾探测器下表面至顶棚或屋顶的距离 d(mm)					
	顶棚或屋顶坡度 θ					
	$\theta \leqslant 15°$		$15° < \theta \leqslant 30°$		$\theta > 30°$	
	最小	最大	最小	最大	最小	最大
$h \leqslant 6$	30	200	200	300	300	500
$6 < h \leqslant 8$	70	250	250	400	400	600
$8 < h \leqslant 10$	100	300	300	500	500	700
$10 < h \leqslant 12$	150	350	350	600	600	800

6.2.10 锯齿形屋顶和坡度大于 15°的人字形屋顶,应在每个屋脊处设置一排点型探测器,探测器下表面至屋顶最高处的距离,应符合本规范第 6.2.9 条的规定。

6.2.11 点型探测器宜水平安装。当倾斜安装时,倾斜角不应大于 45°。

6.2.12 在电梯井、升降机井设置点型探测器时,其位置宜在井道上方的机房顶棚上。

6.2.13 一氧化碳火灾探测器可设置在气体能够扩散到的任何部位。

6.2.14 火焰探测器和图像型火灾探测器的设置,应符合下列规定:

1 应计及探测器的探测视角及最大探测距离,可通过选择探测距离长、火灾报警响应时间短的火焰探测器,提高保护面积要求和报警时间要求。

2 探测器的探测视角内不应存在遮挡物。

3 应避免光源直接照射在探测器的探测窗口。

4 单波段的火焰探测器不应设置在平时有阳光、白炽灯等光源直接或间接照射的场所。

6.2.15 线型光束感烟火灾探测器的设置应符合下列规定:

1 探测器的光束轴线至顶棚的垂直距离宜为 0.3 m～1.0 m,距地高度不宜超过 20 m。

2 相邻两组探测器的水平距离不应大于 14 m,探测器至侧墙水平距离不应大于 7 m,且不应小于 0.5 m,探测器的发射器和接收器之间的距离不宜超过 100 m。

3 探测器应设置在固定结构上。

4 探测器的设置应保证其接收端避开日光和人工光源直接照射。

5 选择反射式探测器时,应保证在反射板与探测器间任何部位进行模拟试验时,探测器均能正确响应。

6.2.16 线型感温火灾探测器的设置应符合下列规定:

1 探测器在保护电缆、堆垛等类似保护对象时,应采用接触式布置;在各种皮带输送装置上设置时,宜设置在装置的过热点附近。

2 设置在顶棚下方的线型感温火灾探测器,至顶棚的距离宜为 0.1 m。探测器的保护半径应符合点型感温火灾探测器的保护半径要求;探测器至墙壁的距离宜为 1 m～1.5 m。

3 光栅光纤感温火灾探测器每个光栅的保护面积和保护半径,应符合点型感温火灾探测器的保护面积和保护半径要求。

4 设置线型感温火灾探测器的场所有联动要求时,宜采用两只不同火灾探测器的报警信号组合。

5 与线型感温火灾探测器连接的模块不宜设置在长期潮湿或温度变化较大的场所。

6.2.17 管路采样式吸气感烟火灾探测器的设置,应符合下列规定:

1 非高灵敏型探测器的采样管网安装高度不应超过 16 m；高灵敏型探测器的采样管网安装高度可超过 16 m；采样管网安装高度超过 16 m 时，灵敏度可调的探测器应设置为高灵敏度，且应减小采样管长度和采样孔数量。

2 探测器的每个采样孔的保护面积、保护半径，应符合点型感烟火灾探测器的保护面积、保护半径的要求。

3 一个探测单元的采样管总长不宜超过 200 m，单管长度不宜超过 100 m，同一根采样管不应穿越防火分区。采样孔总数不宜超过 100 个，单管上的采样孔数量不宜超过 25 个。

4 当采样管道采用毛细管布置方式时，毛细管长度不宜超过 4 m。

5 吸气管路和采样孔应有明显的火灾探测器标识。

6 有过梁、空间支架的建筑中，采样管路应固定在过梁、空间支架上。

7 当采样管道布置形式为垂直采样时，每 2 ℃温差间隔或 3 m 间隔（取最小者）应设置一个采样孔，采样孔不应背对气流方向。

8 采样管网应按经过确认的设计软件或方法进行设计。

9 探测器的火灾报警信号、故障信号等信息应传给火灾报警控制器，涉及消防联动控制时，探测器的火灾报警信号还应传给消防联动控制器。

6.2.18 感烟火灾探测器在格栅吊顶场所的设置，应符合下列规定：

1 镂空面积与总面积的比例不大于 15% 时，探测器应设置在吊顶下方。

2 镂空面积与总面积的比例大于 30% 时，探测器应设置在吊顶上方。

3 镂空面积与总面积的比例为 15%～30% 时，探测器的设置部位应根据实际试验结果确定。

4 探测器设置在吊顶上方且火警确认灯无法观察时，应在吊顶下方设置火警确认灯。

5 地铁站台等有活塞风影响的场所，镂空面积与总面积的比例为 30%～70% 时，探测器宜同时设置在吊顶上方和下方。

6.2.19 本规范未涉及的其他火灾探测器的设置应按企业提供的设计手册或使用说明书进行设置，必要时可通过模拟保护对象火灾场景等方式对探测器的设置情况进行验证。

6.3 手动火灾报警按钮的设置

6.3.1 每个防火分区应至少设置一只手动火灾报警按钮。从一个防火分区内的任何位置到最邻近的手动火灾报警按钮的步行距离不应大于 30 m。手动火灾报警按钮宜设置在疏散通道或出入口处。列车上设置的手动火灾报警按钮，应设置在每节车厢的出入口和中间部位。

6.3.2 手动火灾报警按钮应设置在明显和便于操作的部位。当采用壁挂方式安装时，其底边距地高度宜为 1.3 m～1.5 m，且应有明显的标志。

6.4 区域显示器的设置

6.4.1 每个报警区域宜设置一台区域显示器（火灾显示盘）；宾馆、饭店等场所应在每个报警区域设置一台区域显示器。当一个报警区域包括多个楼层时，宜在每个楼层设置一台仅显示本楼层的区域显示器。

6.4.2 区域显示器应设置在出入口等明显和便于操作的部位。当采用壁挂方式安装时，其底边距地高度宜为 1.3 m～1.5 m。

6.5 火灾警报器的设置

6.5.1 火灾光警报器应设置在每个楼层的楼梯口、消防电梯前室、建筑内部拐角等处的明显部位，且不宜与安全出口指示标志灯具设置在同一面墙上。

6.5.2 **每个报警区域内应均匀设置火灾警报器，其声压级不应小于 60 dB；在环境噪声大于 60 dB 的场**

所,其声压级应高于背景噪声 15 dB。

6.5.3 当火灾警报器采用壁挂方式安装时,其底边距地面高度应大于2.2 m。

6.6 消防应急广播的设置

6.6.1 消防应急广播扬声器的设置,应符合下列规定:

　　1 民用建筑内扬声器应设置在走道和大厅等公共场所。每个扬声器的额定功率不应小于 3 W,其数量应能保证从一个防火分区内的任何部位到最近一个扬声器的直线距离不大于 25 m,走道末端距最近的扬声器距离不应大于 12.5 m。

　　2 在环境噪声大于 60 dB 的场所设置的扬声器,在其播放范围内最远点的播放声压级应高于背景噪声 15 dB。

　　3 客房设置专用扬声器时,其功率不宜小于 1 W。

6.6.2 壁挂扬声器的底边距地面高度应大于2.2 m。

6.7 消防专用电话的设置

6.7.1 消防专用电话网络应为独立的消防通信系统。

6.7.2 消防控制室应设置消防专用电话总机。

6.7.3 多线制消防专用电话系统中的每个电话分机应与总机单独连接。

6.7.4 电话分机或电话插孔的设置,应符合下列规定:

　　1 消防水泵房、发电机房、配变电室、计算机网络机房、主要通风和空调机房、防排烟机房、灭火控制系统操作装置处或控制室、企业消防站、消防值班室、总调度室、消防电梯机房及其他与消防联动控制有关的且经常有人值班的机房应设置消防专用电话分机。消防专用电话分机,应固定安装在明显且便于使用的部位,并应有区别于普通电话的标识。

　　2 设有手动火灾报警按钮或消火栓按钮等处,宜设置电话插孔,并宜选择带有电话插孔的手动火灾报警按钮。

　　3 各避难层应每隔 20 m 设置一个消防专用电话分机或电话插孔。

　　4 电话插孔在墙上安装时,其底边距地面高度宜为1.3 m～1.5 m。

6.7.5 消防控制室、消防值班室或企业消防站等处,应设置可直接报警的外线电话。

6.8 模块的设置

6.8.1 每个报警区域内的模块宜相对集中设置在本报警区域内的金属模块箱中。

6.8.2 模块严禁设置在配电(控制)柜(箱)内。

6.8.3 本报警区域内的模块不应控制其他报警区域的设备。

6.8.4 未集中设置的模块附近应有尺寸不小于 100 mm×100 mm 的标识。

6.9 消防控制室图形显示装置的设置

6.9.1 消防控制室图形显示装置应设置在消防控制室内,并应符合火灾报警控制器的安装设置要求。

6.9.2 消防控制室图形显示装置与火灾报警控制器、消防联动控制器、电气火灾监控器、可燃气体报警控制器等消防设备之间,应采用专用线路连接。

6.10 火灾报警传输设备或用户信息传输装置的设置

6.10.1 火灾报警传输设备或用户信息传输装置,应设置在消防控制室内;未设置消防控制室时,应设置在火灾报警控制器附近的明显部位。

6.10.2 火灾报警传输设备或用户信息传输装置与火灾报警控制器、消防联动控制器等设备之间,应采用专用线路连接。

6.10.3 火灾报警传输设备或用户信息传输装置的设置,应保证有足够的操作和检修间距。

6.10.4 火灾报警传输设备或用户信息传输装置的手动报警装置,应设置在便于操作的明显部位。

6.11 防火门监控器的设置

6.11.1 防火门监控器应设置在消防控制室内,未设置消防控制室时,应设置在有人值班的场所。

6.11.2 电动开门器的手动控制按钮应设置在防火门内侧墙面上,距门不宜超过0.5 m,底边距地面高度宜为0.9 m~1.3 m。

6.11.3 防火门监控器的设置应符合火灾报警控制器的安装设置要求。

7 住宅建筑火灾自动报警系统

7.1 一般规定

7.1.1 住宅建筑火灾自动报警系统可根据实际应用过程中保护对象的具体情况按下列分类:
1 A类系统可由火灾报警控制器、手动火灾报警按钮、家用火灾探测器、火灾声警报器、应急广播等设备组成。
2 B类系统可由控制中心监控设备、家用火灾报警控制器、家用火灾探测器、火灾声警报器等设备组成。
3 C类系统可由家用火灾报警控制器、家用火灾探测器、火灾声警报器等设备组成。
4 D类系统可由独立式火灾探测报警器、火灾声警报器等设备组成。

7.1.2 住宅建筑火灾自动报警系统的选择应符合下列规定:
1 有物业集中监控管理且设有需联动控制的消防设施的住宅建筑应选用A类系统。
2 仅有物业集中监控管理的住宅建筑宜选用A类或B类系统。
3 没有物业集中监控管理的住宅建筑宜选用C类系统。
4 别墅式住宅和已投入使用的住宅建筑可选用D类系统。

7.2 系统设计

7.2.1 A类系统的设计应符合下列规定:
1 系统在公共部位的设计应符合本规范第3~6章的规定。
2 住户内设置的家用火灾探测器可接入家用火灾报警控制器,也可直接接入火灾报警控制器。
3 设置的家用火灾报警控制器应将火灾报警信息、故障信息等相关信息传输给相连接的火灾报警控制器。
4 建筑公共部位设置的火灾探测器应直接接入火灾报警控制器。

7.2.2 B类和C类系统的设计应符合下列规定:
1 住户内设置的家用火灾探测器应接入家用火灾报警控制器。
2 家用火灾报警控制器应能启动设置在公共部位的火灾声警报器。
3 B类系统中,设置在每户住宅内的家用火灾报警控制器应连接到控制中心监控设备,控制中心监控设备应能显示发生火灾的住户。

7.2.3 D类系统的设计应符合下列规定:
1 有多个起居室的住户,宜采用互连型独立式火灾探测报警器。
2 宜选择电池供电时间不少于3年的独立式火灾探测报警器。

7.2.4 采用无线方式将独立式火灾探测报警器组成系统时,系统设计应符合A类、B类或C类系统之一的设计要求。

7.3 火灾探测器的设置

7.3.1 每间卧室、起居室内应至少设置一只感烟火灾探测器。

7.3.2 可燃气体探测器在厨房设置时,应符合下列规定:

    1 使用天然气的用户应选择甲烷探测器,使用液化气的用户应选择丙烷探测器,使用煤制气的用户应选择一氧化碳探测器。

    2 连接燃气灶具的软管及接头在橱柜内部时,探测器宜设置在橱柜内部。

    3 甲烷探测器应设置在厨房顶部,丙烷探测器应设置在厨房下部,一氧化碳探测器可设置在厨房下部,也可设置在其他部位。

    4 可燃气体探测器不宜设置在灶具正上方。

    5 宜采用具有联动关断燃气关断阀功能的可燃气体探测器。

    6 探测器联动的燃气关断阀宜为用户可以自己复位的关断阀,并应具有胶管脱落自动保护功能。

7.4 家用火灾报警控制器的设置

7.4.1 家用火灾报警控制器应独立设置在每户内,且应设置在明显和便于操作的部位。当采用壁挂方式安装时,其底边距地高度宜为1.3 m~1.5 m。

7.4.2 具有可视对讲功能的家用火灾报警控制器宜设置在进户门附近。

7.5 火灾声警报器的设置

7.5.1 住宅建筑公共部位设置的火灾声警报器应具有语音功能,且应能接受联动控制或由手动火灾报警按钮信号直接控制发出警报。

7.5.2 每台警报器覆盖的楼层不应超过3层,且首层明显部位应设置用于直接启动火灾声警报器的手动火灾报警按钮。

7.6 应急广播的设置

7.6.1 住宅建筑内设置的应急广播应能接受联动控制或由手动火灾报警按钮信号直接控制进行广播。

7.6.2 每台扬声器覆盖的楼层不应超过3层。

7.6.3 广播功率放大器应具有消防电话插孔,消防电话插入后应能直接讲话。

7.6.4 广播功率放大器应配有备用电池,电池持续工作不能达到1 h时,应能向消防控制室或物业值班室发送报警信息。

7.6.5 广播功率放大器应设置在首层内走道侧面墙上,箱体面板应有防止非专业人员打开的措施。

8 可燃气体探测报警系统

8.1 一般规定

8.1.1 可燃气体探测报警系统应由可燃气体报警控制器、可燃气体探测器和火灾声光警报器等组成。

8.1.2 可燃气体探测报警系统应独立组成,可燃气体探测器不应接入火灾报警控制器的探测器回路;当可燃气体的报警信号需接入火灾自动报警系统时,应由可燃气体报警控制器接入。

8.1.3 石化行业涉及过程控制的可燃气体探测器,可按现行国家标准《石油化工可燃气体和有毒气体检测报警设计规范》GB 50493的有关规定设置,但其报警信号应接入消防控制室。

8.1.4 可燃气体报警控制器的报警信息和故障信息,应在消防控制室图形显示装置或起集中控制功能的火灾报警控制器上显示,但该类信息与火灾报警信息的显示应有区别。

8.1.5 可燃气体报警控制器发出报警信号时,应能启动保护区域的火灾声光警报器。

8.1.6 可燃气体探测报警系统保护区域内有联动和警报要求时,应由可燃气体报警控制器或消防联动控制器联动实现。

8.1.7 可燃气体探测报警系统设置在有防爆要求的场所时,尚应符合有关防爆要求。

8.2 可燃气体探测器的设置

8.2.1 探测气体密度小于空气密度的可燃气体探测器应设置在被保护空间的顶部,探测气体密度大于空气密度的可燃气体探测器应设置在被保护空间的下部,探测气体密度与空气密度相当时,可燃气体探测器可设置在被保护空间的中间部位或顶部。

8.2.2 可燃气体探测器宜设置在可能产生可燃气体部位附近。

8.2.3 点型可燃气体探测器的保护半径,应符合现行国家标准《石油化工可燃气体和有毒气体检测报警设计规范》GB 50493 的有关规定。

8.2.4 线型可燃气体探测器的保护区域长度不宜大于 60 m。

8.3 可燃气体报警控制器的设置

8.3.1 当有消防控制室时,可燃气体报警控制器可设置在保护区域附近;当无消防控制室时,可燃气体报警控制器应设置在有人值班的场所。

8.3.2 可燃气体报警控制器的设置应符合火灾报警控制器的安装设置要求。

9 电气火灾监控系统

9.1 一般规定

9.1.1 电气火灾监控系统可用于具有电气火灾危险的场所。

9.1.2 电气火灾监控系统应由下列部分或全部设备组成:
　　1 电气火灾监控器。
　　2 剩余电流式电气火灾监控探测器。
　　3 测温式电气火灾监控探测器。

9.1.3 电气火灾监控系统应根据建筑物的性质及电气火灾危险性设置,并应根据电气线路敷设和用电设备的具体情况,确定电气火灾监控探测器的形式与安装位置。在无消防控制室且电气火灾监控探测器设置数量不超过 8 只时,可采用独立式电气火灾监控探测器。

9.1.4 非独立式电气火灾监控探测器不应接入火灾报警控制器的探测器回路。

9.1.5 在设置消防控制室的场所,电气火灾监控器的报警信息和故障信息应在消防控制室图形显示装置或起集中控制功能的火灾报警控制器上显示,但该类信息与火灾报警信息的显示应有区别。

9.1.6 电气火灾监控系统的设置不应影响供电系统的正常工作,不宜自动切断供电电源。

9.1.7 当线型感温火灾探测器用于电气火灾监控时,可接入电气火灾监控器。

9.2 剩余电流式电气火灾监控探测器的设置

9.2.1 剩余电流式电气火灾监控探测器应以设置在低压配电系统首端为基本原则,宜设置在第一级配电柜(箱)的出线端。在供电线路泄漏电流大于 500 mA 时,宜在其下一级配电柜(箱)设置。

9.2.2 剩余电流式电气火灾监控探测器不宜设置在 IT 系统的配电线路和消防配电线路中。

9.2.3 选择剩余电流式电气火灾监控探测器时,应计及供电系统自然漏流的影响,并应选择参数合适的探测器;探测器报警值宜为 300 mA～500 mA。

9.2.4 具有探测线路故障电弧功能的电气火灾监控探测器,其保护线路的长度不宜大于 100 m。

9.3 测温式电气火灾监控探测器的设置

9.3.1 测温式电气火灾监控探测器应设置在电缆接头、端子、重点发热部件等部位。

9.3.2 保护对象为1 000 V及以下的配电线路,测温式电气火灾监控探测器应采用接触式布置。

9.3.3 保护对象为1 000 V以上的供电线路,测温式电气火灾监控探测器宜选择光栅光纤测温式或红外测温式电气火灾监控探测器,光栅光纤测温式电气火灾监控探测器应直接设置在保护对象的表面。

9.4 独立式电气火灾监控探测器的设置

9.4.1 独立式电气火灾监控探测器的设置应符合本规范第9.2、9.3节的规定。

9.4.2 设有火灾自动报警系统时,独立式电气火灾监控探测器的报警信息和故障信息应在消防控制室图形显示装置或集中火灾报警控制器上显示;但该类信息与火灾报警信息的显示应有区别。

9.4.3 未设火灾自动报警系统时,独立式电气火灾监控探测器应将报警信号传至有人值班的场所。

9.5 电气火灾监控器的设置

9.5.1 设有消防控制室时,电气火灾监控器应设置在消防控制室内或保护区域附近;设置在保护区域附近时,应将报警信息和故障信息传入消防控制室。

9.5.2 未设消防控制室时,电气火灾监控器应设置在有人值班的场所。

10 系统供电

10.1 一般规定

10.1.1 **火灾自动报警系统应设置交流电源和蓄电池备用电源。**

10.1.2 火灾自动报警系统的交流电源应采用消防电源,备用电源可采用火灾报警控制器和消防联动控制器自带的蓄电池电源或消防设备应急电源。当备用电源采用消防设备应急电源时,火灾报警控制器和消防联动控制器应采用单独的供电回路,并应保证在系统处于最大负载状态下不影响火灾报警控制器和消防联动控制器的正常工作。

10.1.3 消防控制室图形显示装置、消防通信设备等的电源,宜由UPS电源装置或消防设备应急电源供电。

10.1.4 火灾自动报警系统主电源不应设置剩余电流动作保护和过负荷保护装置。

10.1.5 消防设备应急电源输出功率应大于火灾自动报警及联动控制系统全负荷功率的120%,蓄电池组的容量应保证火灾自动报警及联动控制系统在火灾状态同时工作负荷条件下连续工作3 h以上。

10.1.6 消防用电设备应采用专用的供电回路,其配电设备应设有明显标志。其配电线路和控制回路宜按防火分区划分。

10.2 系统接地

10.2.1 火灾自动报警系统接地装置的接地电阻值应符合下列规定:
1 采用共用接地装置时,接地电阻值不应大于1 Ω。
2 采用专用接地装置时,接地电阻值不应大于4 Ω。

10.2.2 消防控制室内的电气和电子设备的金属外壳、机柜、机架和金属管、槽等,应采用等电位连接。

10.2.3 由消防控制室接地板引至各消防电子设备的专用接地线应选用铜芯绝缘导线,其线芯截面面积不应小于4 mm^2。

10.2.4 消防控制室接地板与建筑接地体之间,应采用线芯截面面积不小于25 mm^{2}的铜芯绝缘导线连接。

11 布线

11.1 一般规定

11.1.1 火灾自动报警系统的传输线路和 50 V 以下供电的控制线路,应采用电压等级不低于交流 300 V/500 V 的铜芯绝缘导线或铜芯电缆。采用交流 220 V/380 V 的供电和控制线路,应采用电压等级不低于交流 450 V/750 V 的铜芯绝缘导线或铜芯电缆。

11.1.2 火灾自动报警系统传输线路的线芯截面选择,除应满足自动报警装置技术条件的要求外,还应满足机械强度的要求。铜芯绝缘导线和铜芯电缆线芯的最小截面面积,不应小于表 11.1.2 的规定。

表 11.1.2 铜芯绝缘导线和铜芯电缆线芯的最小截面面积

序号	类　　别	线芯的最小截面面积（mm²）
1	穿管敷设的绝缘导线	1.00
2	线槽内敷设的绝缘导线	0.75
3	多芯电缆	0.50

11.1.3 火灾自动报警系统的供电线路和传输线路设置在室外时,应埋地敷设。

11.1.4 火灾自动报警系统的供电线路和传输线路设置在地(水)下隧道或湿度大于 90% 的场所时,线路及接线处应做防水处理。

11.1.5 采用无线通信方式的系统设计,应符合下列规定:
　　1 无线通信模块的设置间距不应大于额定通信距离的 75%。
　　2 无线通信模块应设置在明显部位,且应有明显标识。

11.2 室内布线

11.2.1 火灾自动报警系统的传输线路应采用金属管、可挠(金属)电气导管、B_1 级以上的钢性塑料管或封闭式线槽保护。

11.2.2 **火灾自动报警系统的供电线路、消防联动控制线路应采用耐火铜芯电线电缆,报警总线、消防应急广播和消防专用电话等传输线路应采用阻燃或阻燃耐火电线电缆。**

11.2.3 线路暗敷设时,应采用金属管、可挠(金属)电气导管或 B_1 级以上的刚性塑料管保护,并应敷设在不燃烧体的结构层内,且保护层厚度不宜小于 30 mm;线路明敷设时,应采用金属管、可挠(金属)电气导管或金属封闭线槽保护。矿物绝缘类不燃性电缆可直接明敷。

11.2.4 火灾自动报警系统用的电缆竖井,宜与电力、照明用的低压配电线路电缆竖井分别设置。受条件限制必须合用时,应将火灾自动报警系统用的电缆和电力、照明用的低压配电线路电缆分别布置在竖井的两侧。

11.2.5 **不同电压等级的线缆不应穿入同一根保护管内,当合用同一线槽时,线槽内应有隔板分隔。**

11.2.6 采用穿管水平敷设时,除报警总线外,不同防火分区的线路不应穿入同一根管内。

11.2.7 从接线盒、线槽等处引到探测器底座盒、控制设备盒、扬声器箱的线路,均应加金属保护管保护。

11.2.8 火灾探测器的传输线路,宜选择不同颜色的绝缘导线或电缆。正极"＋"线应为红色,负极"－"线应为蓝色或黑色。同一工程中相同用途导线的颜色应一致,接线端子应有标号。

12 典型场所的火灾自动报警系统

12.1 道路隧道

12.1.1 城市道路隧道、特长双向公路隧道和道路中的水底隧道,应同时采用线型光纤感温火灾探测器和点型红外火焰探测器(或图像型火灾探测器);其他公路隧道应采用线型光纤感温火灾探测器或点型红外火焰探测器。

12.1.2 线型光纤感温火灾探测器应设置在车道顶部距顶棚 100 mm～200 mm,线型光栅光纤感温火灾探测器的光栅间距不应大于 10 m;每根分布式线型光纤感温火灾探测器和线型光栅光纤感温火灾探测保护车道的数量不应超过 2 条;点型红外火焰探测器或图像型火灾探测器应设置在行车道侧面墙上距行车道地面高度 2.7 m～3.5 m,并应保证无探测盲区;在行车道两侧设置时,探测器应交错设置。

12.1.3 火灾自动报警系统需联动消防设施时,其报警区域长度不宜大于 150 m。

12.1.4 隧道出入口以及隧道内每隔 200 m 处应设置报警电话,每隔 50 m 处应设置手动火灾报警按钮和闪烁红光的火灾声光警报器。隧道入口前方 50 m～250 m 内应设置指示隧道内发生火灾的声光警报装置。

12.1.5 隧道用电缆通道宜设置线型感温火灾探测器,主要设备用房内的配电线路应设置电气火灾监控探测器。

12.1.6 隧道中设置的火灾自动报警系统宜联动隧道中设置的视频监视系统确认火灾。

12.1.7 火灾自动报警系统应将火灾报警信号传输给隧道中央控制管理设备。

12.1.8 消防应急广播可与隧道内设置的有线广播合用,其设置应符合本规范第 6.6 节的规定。

12.1.9 消防专用电话可与隧道内设置的紧急电话合用,其设置应符合本规范第 6.7 节的规定。

12.1.10 消防联动控制器应能手动控制与正常通风合用的排烟风机。

12.1.11 隧道内设置的消防设备的防护等级不应低于 IP65。

12.2 油罐区

12.2.1 外浮顶油罐宜采用线型光纤感温火灾探测器,且每只线型光纤感温火灾探测器应只能保护一个油罐;并应设置在浮盘的堰板上。

12.2.2 除浮顶和卧式油罐外的其他油罐宜采用火焰探测器。

12.2.3 采用光栅光纤感温火灾探测器保护外浮顶油罐时,两个相邻光栅间距离不应大于 3 m。

12.2.4 油罐区可在高架杆等高位处设置点型红外火焰探测器或图像型火灾探测器做辅助探测。

12.2.5 火灾报警信号宜联动报警区域内的工业视频装置确认火灾。

12.3 电缆隧道

12.3.1 隧道外的电缆接头、端子等发热部位应设置测温式电气火灾监控探测器,探测器的设置应符合本规范第 9 章的有关规定;除隧道内所有电缆的燃烧性能均为 A 级外,隧道内应沿电缆设置线型感温火灾探测器,且在电缆接头、端子等发热部位应保证有效探测长度;隧道内设置的线型感温火灾探测器可接入电气火灾监控器。

12.3.2 无外部火源进入的电缆隧道应在电缆层上表面设置线型感温火灾探测器;有外部火源进入可能的电缆隧道在电缆层上表面和隧道顶部,均应设置线型感温火灾探测器。

12.3.3 线型感温火灾探测器采用"S"形布置或有外部火源进入可能的电缆隧道内,应采用能响应火焰规模不大于 100 mm 的线型感温火灾探测器。

12.3.4 线型感温火灾探测器应采用接触式的敷设方式对隧道内的所有的动力电缆进行探测;缆式线型感温火灾探测器应采用"S"形布置在每层电缆的上表面,线型光纤感温火灾探测器应采用一根感温光缆保护一根动力电缆的方式,并应沿动力电缆敷设。

12.3.5 分布式线型光纤感温火灾探测器在电缆接头、端子等发热部位敷设时,其感温光缆的延展长度不应少于探测单元长度的1.5倍;线型光栅光纤感温火灾探测器在电缆接头、端子等发热部位应设置感温光栅。

12.3.6 其他隧道内设置动力电缆时,除隧道顶部可不设置线型感温火灾探测器外,探测器设置均应符合本规范的规定。

12.4 高度大于12 m的空间场所

12.4.1 高度大于12 m的空间场所宜同时选择两种及以上火灾参数的火灾探测器。

12.4.2 火灾初期产生大量烟的场所,应选择线型光束感烟火灾探测器、管路吸气式感烟火灾探测器或图像型感烟火灾探测器。

12.4.3 线型光束感烟火灾探测器的设置应符合下列要求:

 1 探测器应设置在建筑顶部。

 2 探测器宜采用分层组网的探测方式。

 3 建筑高度不超过16 m时,宜在6 m～7 m增设一层探测器。

 4 建筑高度超过16 m但不超过26 m时,宜在6 m～7 m和11 m～12 m处各增设一层探测器。

 5 由开窗或通风空调形成的对流层为7 m～13 m时,可将增设的一层探测器设置在对流层下面1 m处。

 6 分层设置的探测器保护面积可按常规计算,并宜与下层探测器交错布置。

12.4.4 管路吸气式感烟火灾探测器的设置应符合下列要求:

 1 探测器的采样管宜采用水平和垂直结合的布管方式,并应保证至少有两个采样孔在16 m以下,并宜有2个采样孔设置在开窗或通风空调对流层下面1 m处。

 2 可在回风口处设置起辅助报警作用的采样孔。

12.4.5 火灾初期产生少量烟并产生明显火焰的场所,应选择1级灵敏度的点型红外火焰探测器或图像型火焰探测器,并应降低探测器设置高度。

12.4.6 电气线路应设置电气火灾监控探测器,照明线路上应设置具有探测故障电弧功能的电气火灾监控探测器。

附 录 A
火灾报警、建筑消防设施运行状态信息表

表 A 火灾报警、建筑消防设施运行状态信息

设施名称		内　容
火灾探测报警系统		火灾报警信息、可燃气体探测报警信息、电气火灾监控报警信息、屏蔽信息、故障信息
消防联动控制系统	消防联动控制器	动作状态、屏蔽信息、故障信息
	消火栓系统	消防水泵电源的工作状态，消防水泵的启、停状态和故障状态，消防水箱（池）水位、管网压力报警信息及消火栓按钮的报警信息
	自动喷水灭火系统、水喷雾（细水雾）灭火系统（泵供水方式）	喷淋泵电源工作状态，喷淋泵的启、停状态和故障状态，水流指示器、信号阀、报警阀、压力开关的正常工作状态和动作状态
	气体灭火系统、细水雾灭火系统（压力容器供水方式）	系统的手动、自动工作状态及故障状态，阀驱动装置的正常工作状态和动作状态，防护区域中的防火门（窗）、防火阀、通风空调等设备的正常工作状态和动作状态，系统的启、停信息，紧急停止信号和管网压力信号
	泡沫灭火系统	消防水泵、泡沫液泵电源的工作状态，系统的手动、自动工作状态及故障状态，消防水泵、泡沫液泵的正常工作状态和动作状态
	干粉灭火系统	系统的手动、自动工作状态及故障状态，阀驱动装置的正常工作状态和动作状态，系统的启、停信息，紧急停止信号和管网压力信号
	防烟排烟系统	系统的手动、自动工作状态，防烟排烟风机电源的工作状态，风机、电动防火阀、电动排烟防火阀、常闭送风口、排烟阀（口）、电动排烟窗、电动挡烟垂壁的正常工作状态和动作状态
	防火门及卷帘系统	防火卷帘控制器、防火门监控器的工作状态和故障状态；卷帘门的工作状态，具有反馈信号的各类防火门、疏散门的工作状态和故障状态等动态信息
	消防电梯	消防电梯的停用和故障状态
	消防应急广播	消防应急广播的启动、停止和故障状态
	消防应急照明和疏散指示系统	消防应急照明和疏散指示系统的故障状态和应急工作状态信息
	消防电源	系统内各消防用电设备的供电电源和备用电源工作状态和欠压报警信息

附 录 B
消防安全管理信息表

表 B 消防安全管理信息

序号	名　　称		内　　容
1	基本情况		单位名称、编号、类别、地址、联系电话、邮政编码、消防控制室电话;单位职工人数、成立时间、上级主管(或管辖)单位名称、占地面积、总建筑面积、单位总平面图(含消防车道、毗邻建筑等);单位法人代表、消防安全责任人、消防安全管理人及专兼职消防管理人的姓名、身份证号码、电话
2	主要建、构筑物等信息	建(构)筑	建筑物名称、编号、使用性质、耐火等级、结构类型、建筑高度、地上层数及建筑面积、地下层数及建筑面积、隧道高度及长度等、建造日期、主要储存物名称及数量、建筑物内最大容纳人数、建筑立面图及消防设施平面布置图;消防控制室位置、安全出口的数量、位置及形式(指疏散楼梯);毗邻建筑的使用性质、结构类型、建筑高度、与本建筑的间距
		堆场	堆场名称、主要堆放物品名称、总储量、最大堆高、堆场平面图(含消防车道、防火间距)
		储罐	储罐区名称、储罐类型(指地上、地下、立式、卧式、浮顶、固定顶等)、总容积、最大单罐容积及高度、储存物名称、性质和形态、储罐区平面图(含消防车道、防火间距)
		装置	装置区名称、占地面积、最大高度、设计日产量、主要原料、主要产品、装置区平面图(含消防车道、防火间距)
3	单位(场所)内消防安全重点部位信息		重点部位名称、所在位置、使用性质、建筑面积、耐火等级、有无消防设施、责任人姓名、身份证号码及电话
4	室内外消防设施信息	火灾自动报警系统	设置部位、系统形式、维保单位名称、联系电话;控制器(含火灾报警、消防联动、可燃气体报警、电气火灾监控等)、探测器(含火灾探测、可燃气体探测、电气火灾探测等)、手动火灾报警按钮、消防电气控制装置等的类型、型号、数量、制造商;火灾自动报警系统图
		消防水源	市政给水管网形式(指环状、支状)及管径、市政管网向建(构)筑物供水的进水管数量及管径、消防水池位置及容量、屋顶水箱位置及容量、其他水源形式及供水量、消防泵房设置位置及水泵数量、消防给水系统平面布置图
		室外消火栓	室外消火栓管网形式(指环状、支状)及管径、消火栓数量、室外消火栓平面布置图
		室内消火栓系统	室内消火栓管网形式(指环状、支状)及管径、消火栓数量、水泵接合器位置及数量、有无与本系统相连的屋顶消防水箱
		自动喷水灭火系统(含雨淋、水幕)	设置部位、系统形式(指湿式、干式、预作用、开式、闭式等)、报警阀位置及数量、水泵接合器位置及数量、有无与本系统相连的屋顶消防水箱、自动喷水灭火系统图

表 B（续）

序号	名称		内容
4	室内外消防设施信息	水喷雾（细水雾）灭火系统	设置部位、报警阀位置及数量、水喷雾（细水雾）灭火系统图
		气体灭火系统	系统形式（指有管网、无管网，组合分配、独立式，高压、低压等）、系统保护的防护区数量及位置、手动控制装置的位置、钢瓶间位置、灭火剂类型、气体灭火系统图
		泡沫灭火系统	设置部位、泡沫种类（指低倍、中倍、高倍，抗溶、氟蛋白等）、系统形式（指液上、液下，固定、半固定等）、泡沫灭火系统图
		干粉灭火系统	设置部位、干粉储罐位置、干粉灭火系统图
		防烟排烟系统	设置部位、风机安装位置、风机数量、风机类型、防烟排烟系统图
		防火门及卷帘	设置部位、数量
		消防应急广播	设置部位、数量、消防应急广播系统图
		应急照明及疏散指示系统	设置部位、数量、应急照明及疏散指示系统图
		消防电源	设置部位、消防主电源在配电室是否有独立配电柜供电、备用电源形式（市电、发电机、EPS等）
		灭火器	设置部位、配置类型（指手提式、推车式等）、数量、生产日期、更换药剂日期
5	消防设施定期检查及维护保养信息		检查人姓名、检查日期、检查类别（指日检、月检、季检、年检等）、检查内容（指各类消防设施相关技术规范规定的内容）及处理结果，维护保养日期、内容
6	日常防火巡查记录	基本信息	值班人员姓名、每日巡查次数、巡查时间、巡查部位
		用火用电	用火、用电、用气有无违章情况
		疏散通道	安全出口、疏散通道、疏散楼梯是否畅通，是否堆放可燃物；疏散走道、疏散楼梯、顶棚装修材料是否合格
		防火门、防火卷帘	常闭防火门是否处于正常工作状态，是否被锁闭；防火卷帘是否处于正常工作状态，防火卷帘下方是否堆放物品影响使用
		消防设施	疏散指示标志、应急照明是否处于正常完好状态；火灾自动报警系统探测器是否处于正常完好状态；自动喷水灭火系统喷头、末端放（试）水装置、报警阀是否处于正常完好状态；室内、室外消火栓系统是否处于正常完好状态；灭火器是否处于正常完好状态
7	火灾信息		起火时间、起火部位、起火原因、报警方式（指自动、人工等）、灭火方式（指气体、喷水、水喷雾、泡沫、干粉灭火系统、灭火器、消防队等）

附 录 C
点型感温火灾探测器分类

表 C 点型感温火灾探测器分类

探测器类别	典型应用温度（℃）	最高应用温度（℃）	动作温度下限值（℃）	动作温度上限值（℃）
A1	25	50	54	65
A2	25	50	54	70
B	40	65	69	85
C	55	80	84	100
D	70	95	99	115
E	85	110	114	130
F	100	125	129	145
G	115	140	144	160

附录 D
火灾探测器的具体设置部位

D.0.1 火灾探测器可设置在下列部位：
1 财贸金融楼的办公室、营业厅、票证库。
2 电信楼、邮政楼的机房和办公室。
3 商业楼、商住楼的营业厅、展览楼的展览厅和办公室。
4 旅馆的客房和公共活动用房。
5 电力调度楼、防灾指挥调度楼等的微波机房、计算机房、控制机房、动力机房和办公室。
6 广播电视楼的演播室、播音室、录音室、办公室、节目播出技术用房、道具布景房。
7 图书馆的书库、阅览室、办公室。
8 档案楼的档案库、阅览室、办公室。
9 办公楼的办公室、会议室、档案室。
10 医院病房楼的病房、办公室、医疗设备室、病历档案室、药品库。
11 科研楼的办公室、资料室、贵重设备室、可燃物较多的和火灾危险性较大的实验室。
12 教学楼的电化教室、理化演示和实验室、贵重设备和仪器室。
13 公寓（宿舍、住宅）的卧房、书房、起居室（前厅）、厨房。
14 甲、乙类生产厂房及其控制室。
15 甲、乙、丙类物品库房。
16 设在地下室的丙、丁类生产车间和物品库房。
17 堆场、堆垛、油罐等。
18 地下铁道的地铁站厅、行人通道和设备间，列车车厢。
19 体育馆、影剧院、会堂、礼堂的舞台、化妆室、道具室、放映室、观众厅、休息厅及其附设的一切娱乐场所。
20 陈列室、展览室、营业厅、商业餐厅、观众厅等公共活动用房。
21 消防电梯、防烟楼梯的前室及合用前室、走道、门厅、楼梯间。
22 可燃物品库房、空调机房、配电室（间）、变压器室、自备发电机房、电梯机房。
23 净高超过 2.6 m 且可燃物较多的技术夹层。
24 敷设具有可延燃绝缘层和外护层电缆的电缆竖井、电缆夹层、电缆隧道、电缆配线桥架。
25 贵重设备间和火灾危险性较大的房间。
26 电子计算机的主机房、控制室、纸库、光或磁记录材料库。
27 经常有人停留或可燃物较多的地下室。
28 歌舞娱乐场所中经常有人滞留的房间和可燃物较多的房间。
29 高层汽车库、Ⅰ类汽车库、Ⅰ、Ⅱ类地下汽车库、机械立体汽车库、复式汽车库、采用升降梯作汽车疏散出口的汽车库（敞开车库可不设）。
30 污衣道前室、垃圾道前室、净高超过 0.8 m 的具有可燃物的闷顶、商业用或公共厨房。
31 以可燃气为燃料的商业和企、事业单位的公共厨房及燃气表房。
32 其他经常有人停留的场所、可燃物较多的场所或燃烧后产生重大污染的场所。
33 需要设置火灾探测器的其他场所。

附 录 E
探测器安装间距的极限曲线

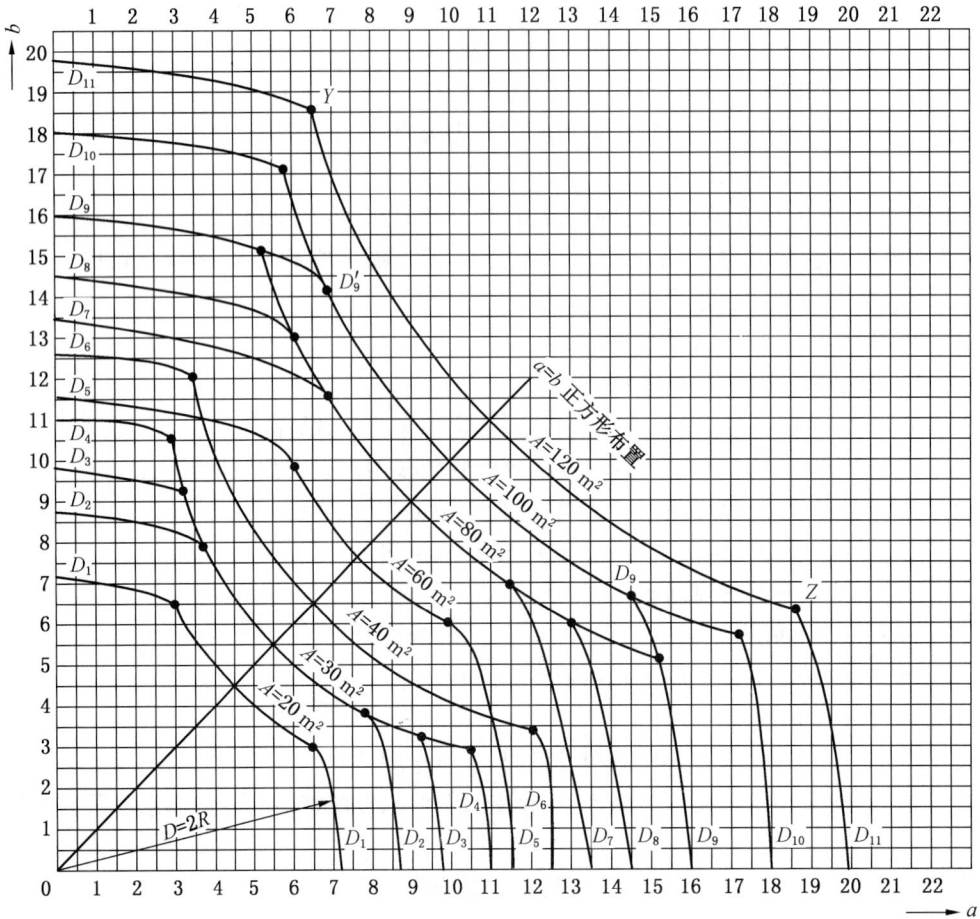

图 E 探测器安装间距的极限曲线

A—探测器的保护面积(m^2);a、b—探测器的安装间距(m);

$D_1 \sim D_{11}$(含 D_9')—在不同保护面积 A 和保护半径下确定探测器安装间距 a、b 的极限曲线;

Y、Z—极限曲线的端点(在 Y 和 Z 两点间的曲线范围内,保护面积可得到充分利用)

附 录 F
不同高度的房间梁对探测器设置的影响

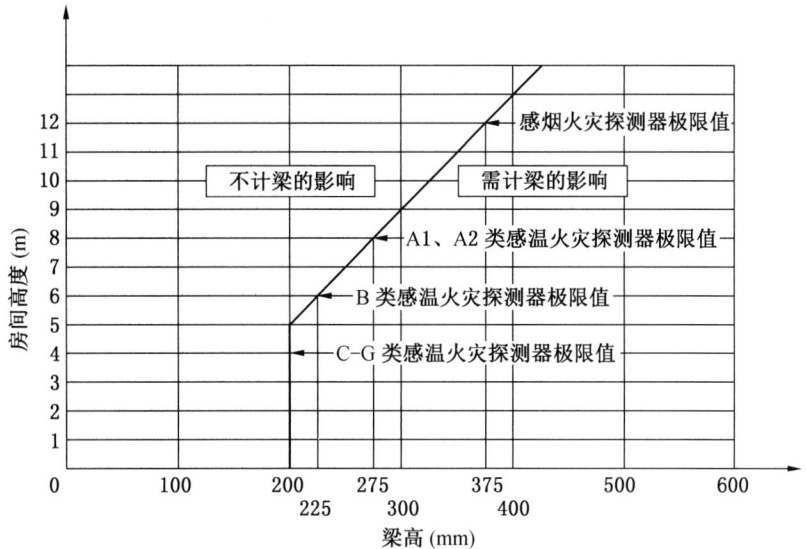

图 F 不同高度的房间梁对探测器设置的影响

附 录 G
按梁间区域面积确定一只探测器保护的梁间区域的个数

表 G 按梁间区域面积确定一只探测器保护的梁间区域的个数

探测器的保护面积 A（m²）		梁隔断的梁间区域面积 Q（m²）	一只探测器保护的梁间区域的个数（个）
感温探测器	20	$Q>12$	1
		$8<Q\leqslant12$	2
		$6<Q\leqslant8$	3
		$4<Q\leqslant6$	4
		$Q\leqslant4$	5
	30	$Q>18$	1
		$12<Q\leqslant18$	2
		$9<Q\leqslant12$	3
		$6<Q\leqslant9$	4
		$Q\leqslant6$	5
感烟探测器	60	$Q>36$	1
		$24<Q\leqslant36$	2
		$18<Q\leqslant24$	3
		$12<Q\leqslant18$	4
		$Q\leqslant12$	5
	80	$Q>48$	1
		$32<Q\leqslant48$	2
		$24<Q\leqslant32$	3
		$16<Q\leqslant24$	4
		$Q\leqslant16$	5

本规范用词说明

1 为便于在执行本规范条文时区别对待,对要求严格程度不同的用词说明如下:
 1) 表示很严格,非这样做不可的:
  正面词采用"必须",反面词采用"严禁";
 2) 表示严格,在正常情况下均应这样做的:
  正面词采用"应",反面词采用"不应"或"不得";
 3) 表示允许稍有选择,在条件许可时首先应这样做的:
  正面词采用"宜",反面词采用"不宜";
 4) 表示有选择,在一定条件下可以这样做的,采用"可"。
2 条文中指明应按其他有关标准执行的写法为:"应符合……的规定"或"应按……执行"。

引用标准名录

《石油化工可燃气体和有毒气体检测报警设计规范》GB 50493
《点型感烟火灾探测器》GB 4715
《点型感温火灾探测器》GB 4716
《火灾报警控制器》GB 4717
《消防联动控制系统》GB 16806
《手动火灾报警按钮》GB 19880
《火灾自动报警系统组件兼容性要求》GB 22134
《消防控制室通用技术要求》GB 25506

UDC

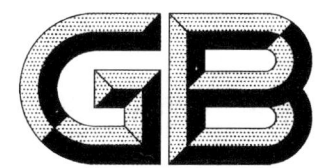

中华人民共和国国家标准

P

GB 50370—2005

气体灭火系统设计规范

Code for design of gas fire extinguishing systems

2006-03-02 发布　　　　　　　　　　　　　　　2006-05-01 实施

中华人民共和国建设部
中华人民共和国国家质量监督检验检疫总局　联合发布

前 言

本规范是根据建设部建标[2002]26号文《二〇〇一～二〇〇二年度工程建设国家标准制定、修订计划》要求,由公安部天津消防研究所会同有关单位共同编制完成的。

在编制过程中,编制组进行了广泛的调查研究,总结了我国气体灭火系统研究、生产、设计和使用的科研成果及工程实践经验,参考了相关国际标准及美、日、德等发达国家的相关标准,进行了有关基础性实验及工程应用实验研究。广泛征求了设计、科研、制造、施工、大专院校、消防监督等部门和单位的意见,最后经专家审查,由有关部门定稿。

本规范共分六章和七个附录,内容包括:总则、术语和符号、设计要求、系统组件、操作与控制、安全要求等。

本规范以黑体字标志的条文为强制性条文,必须严格执行。

本规范由建设部负责管理和对强制性条文的解释,由公安部负责具体管理,公安部天津消防研究所负责具体技术内容的解释。请各单位在执行本规范过程中,注意总结经验、积累资料,并及时把意见和有关资料寄往本规范管理组(公安部天津消防研究所,地址:天津市南开区卫津南路110号,邮编300381),以供今后修订时参考。

本规范主编单位、参编单位和主要起草人:

主编单位:公安部天津消防研究所

参编单位:国家固定灭火系统及耐火构件质量监督检验中心

     北京城建设计研究总院

     中国铁道科学研究院

     深圳因特安全技术有限公司

     中国移动通信集团公司

     陕西省公安消防总队

     深圳市公安局消防局

     广东胜捷消防企业集团

     浙江蓝天环保高科技股份有限公司

     杭州新纪元消防科技有限公司

     西安坚瑞化工有限责任公司

主要起草人:东靖飞 谢德隆 杜兰萍 马恒 刘连喜 李根敬 宋波 许春元 刘跃红 伍建许 王宝伟 万旭 李深梁 常欣 王元荣 靳玉广 郭鸿宝 陆曦

气体灭火系统设计规范

1 总则

1.0.1 为合理设计气体灭火系统,减少火灾危害,保护人身和财产的安全,制定本规范。

1.0.2 本规范适用于新建、改建、扩建的工业和民用建筑中设置的七氟丙烷、IG541混合气体和热气溶胶全淹没灭火系统的设计。

1.0.3 气体灭火系统的设计,应遵循国家有关方针和政策,做到安全可靠,技术先进,经济合理。

1.0.4 设计采用的系统产品及组件,必须符合国家有关标准和规定的要求。

1.0.5 气体灭火系统设计,除应符合本规范外,还应符合国家现行有关标准的规定。

2 术语和符号

2.1 术语

2.1.1 防护区 protected area

满足全淹没灭火系统要求的有限封闭空间。

2.1.2 全淹没灭火系统 total flooding extinguishing system

在规定的时间内,向防护区喷放设计规定用量的灭火剂,并使其均匀地充满整个防护区的灭火系统。

2.1.3 管网灭火系统 piping extinguishing system

按一定的应用条件进行设计计算,将灭火剂从储存装置经由干管支管输送至喷放组件实施喷放的灭火系统。

2.1.4 预制灭火系统 pre-engineered systems

按一定的应用条件,将灭火剂储存装置和喷放组件等预先设计、组装成套且具有联动控制功能的灭火系统。

2.1.5 组合分配系统 combined distribution systems

用一套气体灭火剂储存装置通过管网的选择分配,保护两个或两个以上防护区的灭火系统。

2.1.6 灭火浓度 flame extinguishing concentration

在101kPa大气压和规定的温度条件下,扑灭某种火灾所需气体灭火剂在空气中的最小体积百分比。

2.1.7 灭火密度 flame extinguishing density

在101kPa大气压和规定的温度条件下,扑灭单位容积内某种火灾所需固体热气溶胶发生剂的质量。

2.1.8 惰化浓度 inerting concentration

有火源引入时,在101 kPa大气压和规定的温度条件下,能抑制空气中任意浓度的易燃可燃气体或易燃可燃液体蒸气的燃烧发生所需的气体灭火剂在空气中的最小体积百分比。

2.1.9 浸渍时间 soaking time

在防护区内维持设计规定的灭火剂浓度,使火灾完全熄灭所需的时间。

2.1.10 泄压口 pressure relief opening

灭火剂喷放时,防止防护区内压超过允许压强,泄放压力的开口。

2.1.11 过程中点 course middle point

喷放过程中,当灭火剂喷出量为设计用量50%时的系统状态。

2.1.12 无毒性反应浓度(NOAEL浓度) NOAEL concentration

观察不到由灭火剂毒性影响产生生理反应的灭火剂最大浓度。

2.1.13 有毒性反应浓度(LOAEL浓度) LOAEL concentration

能观察到由灭火剂毒性影响产生生理反应的灭火剂最小浓度。

2.1.14 热气溶胶 condensed fire extinguishing aerosol

由固体化学混合物(热气溶胶发生剂)经化学反应生成的具有灭火性质的气溶胶,包括S型热气溶胶、K型热气溶胶和其它型热气溶胶。

2.2 符号

C_1 ——灭火设计浓度或惰化设计浓度;

C_2 ——灭火设计灭火密度;

D ——管道内径;

F_c ——喷头等效孔口面积;

F_k ——减压孔板孔口面积;

F_x ——泄压口面积;

g ——重力加速度;

H ——过程中点时,喷头高度相对储存容器内液面的位差;

K ——海拔高度修正系数;

K_v ——容积修正系数;

L ——管道计算长度;

n ——储存容器的数量;

N_d ——流程中计算管段的数量;

N_g ——安装在计算支管下游的喷头数量;

P_0 ——灭火剂储存容器充压(或增压)压力;

P_1 ——减压孔板前压力;

P_2 ——减压孔板后压力;

P_c ——喷头工作压力;

P_f ——围护结构承受内压的允许压强；
P_h ——高程压头；
P_m ——过程中点时储存容器内压力；
Q ——管道设计流量；
Q_c ——单个喷头的设计流量；
Q_g ——支管平均设计流量；
Q_k ——减压孔板设计流量；
Q_w ——主干管平均设计流量；
Q_x ——灭火剂在防护区的平均喷放速率；
q_c ——等效孔口单位面积喷射率；
S ——灭火剂过热蒸气或灭火剂气体在101 kPa大气压和防护区最低环境温度下的质量体积；
T ——防护区最低环境温度；
t ——灭火剂设计喷放时间；
V ——防护区的净容积；
V_0 ——喷放前，全部储存容器内的气相总容积（对IG541系统为全部储存容器的总容积）；
V_1 ——减压孔板前管网管道容积；
V_2 ——减压孔板后管网管道容积；
V_b ——储存容器的容量；
V_p ——管网的管道内容积；
W ——灭火设计用量或惰化设计用量；
W_0 ——系统灭火剂储存量；
W_s ——系统灭火剂剩余量；
Y_1 ——计算管段始端压力系数；
Y_2 ——计算管段末端压力系数；
Z_1 ——计算管段始端密度系数；
Z_2 ——计算管段末端密度系数；
γ ——七氟丙烷液体密度；
δ ——落压比；
η ——充装量；
μ_k ——减压孔板流量系数；
ΔP ——计算管段阻力损失；
ΔW_1 ——储存容器内的灭火剂剩余量；
ΔW_2 ——管道内的灭火剂剩余量。

3 设计要求

3.1 一般规定

3.1.1 采用气体灭火系统保护的防护区，其灭火设计用量或惰化设计用量，应根据防护区内可燃物相应的灭火设计浓度或惰化设计浓度经计算确定。

3.1.2 有爆炸危险的气体、液体类火灾的防护区，应采用惰化设计浓度；无爆炸危险的气体、液体类火灾和固体类火灾的防护区，应采用灭火设计浓度。

3.1.3 几种可燃物共存或混合时，灭火设计浓度或惰化设计浓度，应按其中最大的灭火设计浓度或惰化设计浓度确定。

3.1.4 两个或两个以上的防护区采用组合分配系统时,一个组合分配系统所保护的防护区不应超过8个。

3.1.5 组合分配系统的灭火剂储存量,应按储存量最大的防护区确定。

3.1.6 灭火系统的灭火剂储存量,应为防护区的灭火设计用量、储存容器内的灭火剂剩余量和管网内的灭火剂剩余量之和。

3.1.7 灭火系统的储存装置72小时内不能重新充装恢复工作的,应按系统原储存量的100%设置备用量。

3.1.8 灭火系统的设计温度,应采用20 ℃。

3.1.9 同一集流管上的储存容器,其规格、充压压力和充装量应相同。

3.1.10 同一防护区,当设计两套或三套管网时,集流管可分别设置,系统启动装置必须共用。各管网上喷头流量均应按同一灭火设计浓度、同一喷放时间进行设计。

3.1.11 管网上不应采用四通管件进行分流。

3.1.12 喷头的保护高度和保护半径,应符合下列规定:
　　1 最大保护高度不宜大于6.5 m;
　　2 最小保护高度不应小于0.3 m;
　　3 喷头安装高度小于1.5 m时,保护半径不宜大于4.5 m;
　　4 喷头安装高度不小于1.5 m时,保护半径不应大于7.5 m。

3.1.13 喷头宜贴近防护区顶面安装,距顶面的最大距离不宜大于0.5 m。

3.1.14 一个防护区设置的预制灭火系统,其装置数量不宜超过10台。

3.1.15 同一防护区内的预制灭火系统装置多于1台时,必须能同时启动,其动作响应时差不得大于2 s。

3.1.16 单台热气溶胶预制灭火系统装置的保护容积不应大于160 m³;设置多台装置时,其相互间的距离不得大于10 m。

3.1.17 采用热气溶胶预制灭火系统的防护区,其高度不宜大于6.0 m。

3.1.18 热气溶胶预制灭火系统装置的喷口宜高于防护区地面2.0 m。

3.2 系统设置

3.2.1 气体灭火系统适用于扑救下列火灾:
　　1 电气火灾;
　　2 固体表面火灾;
　　3 液体火灾;
　　4 灭火前能切断气源的气体火灾。
　　注:除电缆隧道(夹层、井)及自备发电机房外,K型和其他型热气溶胶预制灭火系统不得用于其他电气火灾。

3.2.2 气体灭火系统不适用于扑救下列火灾:
　　1 硝化纤维、硝酸钠等氧化剂或含氧化剂的化学制品火灾;
　　2 钾、镁、钠、钛、锆、铀等活泼金属火灾;
　　3 氢化钾、氢化钠等金属氢化物火灾;
　　4 过氧化氢、联胺等能自行分解的化学物质火灾。
　　5 可燃固体物质的深位火灾。

3.2.3 热气溶胶预制灭火系统不应设置在人员密集场所、有爆炸危险性的场所及有超净要求的场所。K型及其他型热气溶胶预制灭火系统不得用于电子计算机房、通讯机房等场所。

3.2.4 防护区划分应符合下列规定:
　　1 防护区宜以单个封闭空间划分;同一区间的吊顶层和地板下需同时保护时,可合为一个防护区;
　　2 采用管网灭火系统时,一个防护区的面积不宜大于800 m²,且容积不宜大于3 600 m³;

    3 采用预制灭火系统时，一个防护区的面积不宜大于 500 m²，且容积不宜大于 1 600 m³。

3.2.5 防护区围护结构及门窗的耐火极限均不宜低于 0.5 h；吊顶的耐火极限不宜低于 0.25 h。

3.2.6 防护区围护结构承受内压的允许压强，不宜低于 1 200 Pa。

3.2.7 防护区应设置泄压口，七氟丙烷灭火系统的泄压口应位于防护区净高的 2/3 以上。

3.2.8 防护区设置的泄压口，宜设在外墙上。泄压口面积按相应气体灭火系统设计规定计算。

3.2.9 喷放灭火剂前，防护区内除泄压口外的开口应能自行关闭。

3.2.10 防护区的最低环境温度不应低于 −10 ℃。

3.3 七氟丙烷灭火系统

3.3.1 七氟丙烷灭火系统的灭火设计浓度不应小于灭火浓度的 1.3 倍，惰化设计浓度不应小于惰化浓度的 1.1 倍。

3.3.2 固体表面火灾的灭火浓度为 5.8%，其它灭火浓度可按本规范附录 A 中表 A-1 的规定取值，惰化浓度可按本规范附录 A 中表 A-2 的规定取值。本规范附录 A 中未列出的，应经试验确定。

3.3.3 图书、档案、票据和文物资料库等防护区，灭火设计浓度宜采用 10%。

3.3.4 油浸变压器室、带油开关的配电室和自备发电机房等防护区，灭火设计浓度宜采用 9%。

3.3.5 通讯机房和电子计算机房等防护区，灭火设计浓度宜采用 8%。

3.3.6 防护区实际应用的浓度不应大于灭火设计浓度的 1.1 倍。

3.3.7 在通讯机房和电子计算机房等防护区，设计喷放时间不应大于 8 s；在其它防护区，设计喷放时间不应大于 10 s。

3.3.8 灭火浸渍时间应符合下列规定：
    1 木材、纸张、织物等固体表面火灾，宜采用 20 min；
    2 通讯机房、电子计算机房内的电气设备火灾，应采用 5 min；
    3 其它固体表面火灾，宜采用 10 min；
    4 气体和液体火灾，不应小于 1 min。

3.3.9 七氟丙烷灭火系统应采用氮气增压输送。氮气的含水量不应大于 0.006%。
    储存容器的增压压力宜分为三级，并应符合下列规定：
    1 一级 2.5+0.1 MPa（表压）；
    2 二级 4.2+0.1 MPa（表压）；
    3 三级 5.6+0.1 MPa（表压）。

3.3.10 七氟丙烷单位容积的充装量应符合下列规定：
    1 一级增压储存容器，不应大于 1120 kg/m³；
    2 二级增压焊接结构储存容器，不应大于 950 kg/m³；
    3 二级增压无缝结构储存容器，不应大于 1120 kg/m³；
    4 三级增压储存容器，不应大于 1080 kg/m³。

3.3.11 管网的管道内容积，不应大于流经该管网的七氟丙烷储存量体积的 80%。

3.3.12 管网布置宜设计为均衡系统，并应符合下列规定：
    1 喷头设计流量应相等；
    2 管网的第 1 分流点至各喷头的管道阻力损失，其相互间的最大差值不应大于 20%。

3.3.13 防护区的泄压口面积，宜按下式计算：

$$F_x = 0.15 \frac{Q_x}{\sqrt{P_f}} \qquad (3.3.13)$$

    式中
    F_x——泄压口面积（m²）；

Q_x——灭火剂在防护区的平均喷放速率(kg/s);

P_f——围护结构承受内压的允许压强(Pa)。

3.3.14 灭火设计用量或惰化设计用量和系统灭火剂储存量,应符合下列规定:

1 防护区灭火设计用量或惰化设计用量应按下式计算:

$$W = K \cdot \frac{V}{S} \cdot \frac{C_1}{(100-C_1)} \quad\quad\quad (3.3.14\text{-}1)$$

式中:

W——灭火设计用量或惰化设计用量(kg);

C_1——灭火设计浓度或惰化设计浓度(%);

S——灭火剂过热蒸气在101 kPa大气压和防护区最低环境温度下的质量体积(m^3/kg);

V——防护区的净容积(m^3);

K——海拔高度修正系数,可按本规范附录B的规定取值。

2 灭火剂过热蒸气在101 kPa大气压和防护区最低环境温度下的质量体积,应按下式计算:

$$S = 0.1269 + 0.000513 \cdot T \quad\quad\quad (3.3.14\text{-}2)$$

式中

T——防护区最低环境温度(℃)。

3 系统灭火剂储存量应按下式计算:

$$W_0 = W + \Delta W_1 + \Delta W_2 \quad\quad\quad (3.3.14\text{-}3)$$

式中

W_0——系统灭火剂储存量(kg);

ΔW_1——储存容器内的灭火剂剩余量(kg);

ΔW_2——管道内的灭火剂剩余量(kg)。

4 储存容器内的灭火剂剩余量,可按储存容器内引升管管口以下的容器容积量换算。

5 均衡管网和只含一个封闭空间的非均衡管网,其管网内的灭火剂剩余量均可不计。

防护区中含两个或两个以上封闭空间的非均衡管网,其管网内的灭火剂剩余量,可按各支管与最短支管之间长度差值的容积量计算。

3.3.15 管网计算应符合下列规定:

1 管网计算时,各管道中灭火剂的流量,宜采用平均设计流量。

2 主干管平均设计流量,应按下式计算:

$$Q_w = \frac{W}{t} \quad\quad\quad (3.3.15\text{-}1)$$

式中

Q_w——主干管平均设计流量(kg/s);

t——灭火剂设计喷放时间(s)。

3 支管平均设计流量,应按下式计算:

$$Q_g = \sum_1^{N_g} Q_c \quad\quad\quad (3.3.15\text{-}2)$$

式中

Q_g——支管平均设计流量(kg/s);

N_g——安装在计算支管下游的喷头数量(个);

Q_c——单个喷头的设计流量(kg/s)。

4 管网阻力损失宜采用过程中点时储存容器内压力和平均设计流量进行计算。

5 过程中点时储存容器内压力,宜按下式计算:

$$P_m = \frac{P_0 V_0}{V_0 + \dfrac{W}{2\gamma} + V_p} \quad\quad\quad\quad (3.3.15\text{-}3)$$

$$V_0 = nV_b\left(1 - \frac{\eta}{\gamma}\right) \quad\quad\quad\quad (3.3.15\text{-}4)$$

式中
P_m——过程中点时储存容器内压力(MPa,绝对压力);
P_0——灭火剂储存容器增压压力(MPa,绝对压力);
V_0——喷放前,全部储存容器内的气相总容积(m³);
γ——七氟丙烷液体密度(kg/m³),20℃时为1 407 kg/m³;
V_p——管网的管道内容积(m³);
n——储存容器的数量(个);
V_b——储存容器的容量(m³);
η——充装量(kg/m³)。

6 管网的阻力损失应根据管道种类确定。当采用镀锌钢管时,其阻力损失可按下式计算:

$$\frac{\Delta P}{L} = \frac{5.75 \times 10^5 Q^2}{\left(1.74 + 2 \times \lg \dfrac{D}{0.12}\right)^2 D^5} \quad\quad\quad\quad (3.3.15\text{-}5)$$

式中
ΔP——计算管段阻力损失(MPa);
L——管道计算长度(m),为计算管段中沿程长度与局部损失当量长度之和;
Q——管道设计流量(kg/s);
D——管道内径(mm)。

7 初选管径可按管道设计流量,参照下列公式计算:
当 $Q \leqslant 6.0$ kg/s 时,

$$D = 12 \sim 20\sqrt{Q} \quad\quad\quad\quad (3.3.15\text{-}6)$$

当 6.0 kg/s $< Q <$ 160.0 kg/s 时,

$$D = 8 \sim 16\sqrt{Q} \quad\quad\quad\quad (3.3.15\text{-}7)$$

8 喷头工作压力应按下式计算:

$$P_c = P_m - \sum_1^{N_d} \Delta P \pm P_h \quad\quad\quad\quad (3.3.15\text{-}8)$$

式中
P_c——喷头工作压力(MPa,绝对压力);
$\sum_1^{N_d}\Delta P$——系统流程阻力总损失(MPa);
N_d——流程中计算管段的数量;
P_h——高程压头(MPa)。

9 高程压头应按下式计算:

$$Ph = 10^{-6} \cdot \gamma Hg \quad\quad\quad\quad (3.3.15\text{-}9)$$

式中
H——过程中点时,喷头高度相对储存容器内液面的位差(m);
g——重力加速度(m/s²)。

3.3.16 七氟丙烷气体灭火系统的喷头工作压力的计算结果,应符合下列规定:
1 一级增压储存容器的系统 $P_c \geqslant 0.6$(MPa,绝对压力);

二级增压储存容器的系统 $P_c \geqslant 0.7$(MPa,绝对压力);

三级增压储存容器的系统 $P_c \geqslant 0.8$(MPa,绝对压力)。

2　$P_c \geqslant \dfrac{P_m}{2}$(MPa,绝对压力)

3.3.17 喷头等效孔口面积应按下式计算:

$$F_c = \dfrac{Q_c}{q_c} \quad\quad\quad\quad\quad\quad (3.3.17)$$

式中:

F_c——喷头等效孔口面积(cm^2);

q_c——等效孔口单位面积喷射率[$kg/(s \cdot cm^2)$],可按本规范附录C采用。

3.3.18 喷头的实际孔口面积,应经试验确定,喷头规格应符合本规范附录D的规定。

3.4　IG541混合气体灭火系统

3.4.1 IG541混合气体灭火系统的灭火设计浓度不应小于惰化浓度的1.3倍,惰化设计浓度不应小于惰化浓度的1.1倍。

3.4.2 固体表面火灾的灭火浓度为28.1%,其他灭火浓度可按本规范附录A中表A-3的规定取值,惰化浓度可按本规范附录A中表A-4的规定取值。本规范附录A中未列出的,应经试验确定。

3.4.3 当IG541混合气体灭火剂喷放至设计用量的95%时,其喷放时间不应大于60 s,且不应小于48 s。

3.4.4 灭火浸渍时间应符合下列规定:

1　木材、纸张、织物等固体表面火灾,宜采用20 min;

2　通讯机房、电子计算机房内的电气设备火灾,宜采用10 min;

3　其它固体表面火灾,宜采用10 min。

3.4.5 储存容器充装量应符合下列规定:

1　一级充压(15.0 MPa)系统,充装量应为211.15 kg/m^3;

2　二级充压(20.0 MPa)系统,充装量应为281.06 kg/m^3。

3.4.6 防护区的泄压口面积,宜按下式计算:

$$F_x = 1.1 \dfrac{Q_x}{\sqrt{P_f}} \quad\quad\quad\quad\quad\quad (3.4.6)$$

式中:

F_x——泄压口面积(m^2);

Q_x——灭火剂在防护区的平均喷放速率(kg/s);

P_f——围护结构承受内压的允许压强(Pa)。

3.4.7 灭火设计用量或惰化设计用量和系统灭火剂储存量,应符合下列规定:

1　防护区灭火设计用量或惰化设计用量应按下式计算:

$$W = K \cdot \dfrac{V}{S} \cdot \ln\left(\dfrac{100}{100 - C_1}\right) \quad\quad\quad\quad\quad\quad (3.4.7\text{-}1)$$

式中:

W——灭火设计用量或惰化设计用量(kg);

C_1——灭火设计浓度或惰化设计浓度(%);

V——防护区的净容积(m^3);

S——灭火剂气体在101 kPa大气压和防护区最低环境温度下的质量体积(m^3/kg);

K——海拔高度修正系数,可按本规范附录B的规定取值。

2　灭火剂气体在101 kPa大气压和防护区最低环境温度下的质量体积,应按下式计算:

$$S = 0.6575 + 0.0024 \cdot T \quad \cdots\cdots\cdots\cdots\cdots\cdots (3.4.7\text{-}2)$$

式中：

T——防护区最低环境温度(℃)。

3 系统灭火剂储存量，应为防护区灭火设计用量及系统灭火剂剩余量之和，系统灭火剂剩余量应按下式计算：

$$W_s \geqslant 2.7V_0 + 2.0V_p \quad \cdots\cdots\cdots\cdots\cdots\cdots (3.4.7\text{-}3)$$

式中：

W_s——系统灭火剂剩余量(kg)；

V_0——系统全部储存容器的总容积(m^3)；

V_p——管网的管道内容积(m^3)。

3.4.8 管网计算应符合下列规定：

1 管道流量宜采用平均设计流量。

主干管、支管的平均设计流量，应按下列公式计算：

$$Q_w = \frac{0.95W}{t} \quad \cdots\cdots\cdots\cdots\cdots\cdots (3.4.8\text{-}1)$$

$$Q_g = \sum_1^{N_g} Q_c \quad \cdots\cdots\cdots\cdots\cdots\cdots (3.4.8\text{-}2)$$

式中：

Q_w——主干管平均设计流量(kg/s)；

t——灭火剂设计喷放时间(s)；

Q_g——支管平均设计流量(kg/s)；

N_g——安装在计算支管下游的喷头数量(个)；

Q_c——单个喷头的设计流量(kg/s)。

2 管道内径宜按下式计算：

$$D = (24 \sim 36)\sqrt{Q} \quad \cdots\cdots\cdots\cdots\cdots\cdots (3.4.8\text{-}3)$$

式中：

D——管道内径(mm)；

Q——管道设计流量(kg/s)。

3 灭火剂释放时，管网应进行减压。减压装置宜采用减压孔板。减压孔板宜设在系统的源头或干管入口处。

4 减压孔板前的压力，应按下式计算：

$$P_1 = P_0 \left(\frac{0.525V_0}{V_0 + V_1 + 0.4V_2} \right)^{1.45} \quad \cdots\cdots\cdots\cdots\cdots\cdots (3.4.8\text{-}4)$$

式中：

P_1——减压孔板前的压力(MPa,绝对压力)；

P_0——灭火剂储存容器充压压力(MPa,绝对压力)；

V_0——系统全部储存容器的总容积(m^3)；

V_1——减压孔板前管网管道容积(m^3)；

V_2——减压孔板后管网管道容积(m^3)。

5 减压孔板后的压力，应按下式计算：

$$P_2 = \delta \cdot P_1 \quad \cdots\cdots\cdots\cdots\cdots\cdots (3.4.8\text{-}5)$$

式中：

P_2——减压孔板后的压力(MPa,绝对压力)；

δ ——落压比(临界落压比:$\delta=0.52$)。一级充压(15.0 MPa)的系统,可在$\delta=0.52\sim0.60$中选用;二级充压(20.0 MPa)的系统,可在$\delta=0.52\sim0.55$中选用。

6 减压孔板孔口面积,宜按下式计算:

$$F_k = \frac{Q_k}{0.95\mu_k P_1 \sqrt{\delta^{1.38}-\delta^{1.69}}} \quad (3.4.8\text{-}6)$$

式中:
F_k——减压孔板孔口面积(cm^2);
Q_k——减压孔板设计流量(kg/s);
μ_k——减压孔板流量系数。

7 系统的阻力损失宜从减压孔板后算起,并按下列公式计算,压力系数和密度系数,应依据计算点压力按本规范附录E确定。

$$Y_2 = Y_1 + \frac{L \cdot Q^2}{0.242 \times 10^{-8} \cdot D^{5.25}} + \frac{1.653 \times 10^7}{D^4} \cdot (Z_2 - Z_1)Q^2$$

$$\quad (3.4.8\text{-}7)$$

式中:
Q ——管道设计流量(kg/s);
L ——管道计算长度(m);
D ——管道内径(mm);
Y_1——计算管段始端压力系数(10^{-1} MPa·kg/m^3);
Y_2——计算管段末端压力系数(10^{-1} MPa·kg/m^3);
Z_1——计算管段始端密度系数;
Z_2——计算管段末端密度系数。

3.4.9 IG541混合气体灭火系统的喷头工作压力的计算结果,应符合下列规定:

1 一级充压(15.0 MPa)系统,$P_c \geq 2.0$(MPa,绝对压力);
2 二级充压(20.0 MPa)系统,$P_c \geq 2.1$(MPa,绝对压力)。

3.4.10 喷头等效孔口面积,应按下式计算:

$$F_c = \frac{Q_c}{q_c} \quad (3.4.10)$$

式中:
F_c——喷头等效孔口面积(cm^2);
q_c——等效孔口单位面积喷射率[kg/(s·cm^2)],可按本规范附录F采用。

3.4.11 喷头的实际孔口面积,应经试验确定,喷头规格应符合本规范附录D的规定。

3.5 热气溶胶预制灭火系统

3.5.1 热气溶胶预制灭火系统的灭火设计密度不应小于灭火密度的1.3倍。

3.5.2 S型和K型热气溶胶灭固体表面火灾的灭火密度为100 g/m^3。

3.5.3 通讯机房和电子计算机房等场所的电气设备火灾,S型热气溶胶的灭火设计密度不应小于130 g/m^3。

3.5.4 电缆隧道(夹层、井)及自备发电机房火灾,S型和K型热气溶胶的灭火设计密度不应小于140 g/m^3。

3.5.5 在通讯机房、电子计算机房等防护区,灭火剂喷放时间不应大于90 s,喷口温度不应大于150 ℃;在其他防护区,喷放时间不应大于120 s,喷口温度不应大于180 ℃。

3.5.6 S型和K型热气溶胶对其他可燃物的灭火密度应经试验确定。

3.5.7 其他型热气溶胶的灭火密度应经试验确定。

3.5.8 灭火浸渍时间应符合下列规定：

1 木材、纸张、织物等固体表面火灾，应采用 20 min；

2 通讯机房、电子计算机房等防护区火灾及其他固体表面火灾，应采用 10 min。

3.5.9 灭火设计用量应按下式计算：

$$W = C_2 \cdot K_v \cdot V \quad \quad \quad \quad (3.5.9)$$

式中：

W——灭火设计用量(kg)；

C_2——灭火设计密度(kg/m^3)；

V——防护区净容积(m^3)；

K_v——容积修正系数。$V<500\ m^3$，$K_v=1.0$；$500\ m^3 \leqslant V<1\ 000\ m^3$，$K_v=1.1$；$V \geqslant 1\ 000\ m^3$，$K_v=1.2$。

4 系统组件

4.1 一般规定

4.1.1 储存装置应符合下列规定：

1 管网系统的储存装置应由储存容器、容器阀和集流管等组成；七氟丙烷和IG541预制灭火系统的储存装置，应由储存容器、容器阀等组成；热气溶胶预制灭火系统的储存装置应由发生剂罐、引发器和保护箱(壳)体等组成；

2 容器阀和集流管之间应采用挠性连接。储存容器和集流管应采用支架固定；

3 储存装置上应设耐久的固定铭牌，并应标明每个容器的编号、容积、皮重、灭火剂名称、充装量、充装日期和充压压力等；

4 管网灭火系统的储存装置宜设在专用储瓶间内。储瓶间宜靠近防护区，并应符合建筑物耐火等级不低于二级的有关规定及有关压力容器存放的规定，且应有直接通向室外或疏散走道的出口。储瓶间和设置预制灭火系统的防护区的环境温度应为-10～50 ℃；

5 储存装置的布置，应便于操作、维修及避免阳光照射。操作面距墙面或两操作面之间的距离，不宜小于1.0 m，且不应小于储存容器外径的1.5倍。

4.1.2 储存容器、驱动气体储瓶的设计与使用应符合国家现行《气瓶安全监察规程》及《压力容器安全技术监察规程》的规定。

4.1.3 储存装置的储存容器与其他组件的公称工作压力，不应小于在最高环境温度下所承受的工作压力。

4.1.4 在储存容器或容器阀上，应设安全泄压装置和压力表。组合分配系统的集流管，应设安全泄压装置。安全泄压装置的动作压力，应符合相应气体灭火系统的设计规定。

4.1.5 在通向每个防护区的灭火系统主管道上，应设压力讯号器或流量讯号器。

4.1.6 组合分配系统中的每个防护区应设置控制灭火剂流向的选择阀，其公称直径应与该防护区灭火系统的主管道公称直径相等。

选择阀的位置应靠近储存容器且便于操作。选择阀应设有标明其工作防护区的永久性铭牌。

4.1.7 喷头应有型号、规格的永久性标识。设置在有粉尘、油雾等防护区的喷头，应有防护装置。

4.1.8 喷头的布置应满足喷放后气体灭火剂在防护区内均匀分布的要求。当保护对象属可燃液体时，喷头射流方向不应朝向液体表面。

4.1.9 管道及管道附件应符合下列规定：

1 输送气体灭火剂的管道应采用无缝钢管。其质量应符合现行国家标准《输送流体用无缝钢管》

GB/T 8163、《高压锅炉用无缝钢管》GB 5310 等的规定。无缝钢管内外应进行防腐处理,防腐处理宜采用符合环保要求的方式;

  2 输送气体灭火剂的管道安装在腐蚀性较大的环境里,宜采用不锈钢管。其质量应符合现行国家标准《流体输送用不锈钢无缝钢管》GB/T 14976 的规定;

  3 输送启动气体的管道,宜采用铜管,其质量应符合现行国家标准《拉制铜管》GB 1527 的规定;

  4 管道的连接,当公称直径小于或等于 80 mm 时,宜采用螺纹连接;大于 80 mm 时,宜采用法兰连接。钢制管道附件应内外防腐处理,防腐处理宜采用符合环保要求的方式。使用在腐蚀性较大的环境里,应采用不锈钢的管道附件。

4.1.10 系统组件与管道的公称工作压力,不应小于在最高环境温度下所承受的工作压力。

4.1.11 系统组件的特性参数应由国家法定检测机构验证或测定。

4.2 七氟丙烷灭火系统组件专用要求

4.2.1 储存容器或容器阀以及组合分配系统集流管上的安全泄压装置的动作压力,应符合下列规定:

  1 储存容器增压压力为 2.5 MPa 时,应为 5.0±0.25 MPa(表压);

  2 储存容器增压压力为 4.2 MPa,最大充装量为 950 kg/m³ 时,应为 7.0±0.35 MPa(表压);最大充装量为 1 120 kg/m³ 时,应为 8.4±0.42 MPa(表压);

  3 储存容器增压压力为 5.6 MPa 时,应为 10.0±0.50 MPa(表压)。

4.2.2 增压压力为 2.5 MPa 的储存容器宜采用焊接容器;增压压力为 4.2 MPa 的储存容器,可采用焊接容器或无缝容器;增压压力为 5.6 MPa 的储存容器,应采用无缝容器。

4.2.3 在容器阀和集流管之间的管道上应设单向阀。

4.3 IG541 混合气体灭火系统组件专用要求

4.3.1 储存容器或容器阀以及组合分配系统集流管上的安全泄压装置的动作压力,应符合下列规定:

  1 一级充压(15.0 MPa)系统,应为 20.7±1.0 MPa(表压);

  2 二级充压(20.0 MPa)系统,应为 27.6±1.4 MPa(表压)。

4.3.2 储存容器应采用无缝容器。

4.4 热气溶胶预制灭火系统组件专用要求

4.4.1 一台以上灭火装置之间的电启动线路应采用串联连接。

4.4.2 每台灭火装置均应具备启动反馈功能。

5 操作与控制

5.0.1 采用气体灭火系统的防护区,应设置火灾自动报警系统,其设计应符合现行国家标准《火灾自动报警系统设计规范》GB 50116 的规定,并应选用灵敏度级别高的火灾探测器。

5.0.2 管网灭火系统应设自动控制、手动控制和机械应急操作三种启动方式。预制灭火系统应设自动控制和手动控制两种启动方式。

5.0.3 采用自动控制启动方式时,根据人员安全撤离防护区的需要,应有不大于 30 s 的可控延迟喷射;对于平时无人工作的防护区,可设置为无延迟的喷射。

5.0.4 灭火设计浓度或实际使用浓度大于无毒性反应浓度(NOAEL 浓度)的防护区和采用热气溶胶预制灭火系统的防护区,应设手动与自动控制的转换装置。当人员进入防护区时,应能将灭火系统转换为手动控制方式;当人员离开时,应能恢复为自动控制方式。防护区内外应设手动、自动控制状态的显示装置。

5.0.5 自动控制装置应在接到两个独立的火灾信号后才能启动。手动控制装置和手动与自动转换装置应设在防护区疏散出口的门外便于操作的地方,安装高度为中心点距地面1.5m。机械应急操作装置应设在储瓶间内或防护区疏散出口门外便于操作的地方。

5.0.6 气体灭火系统的操作与控制,应包括对开口封闭装置、通风机械和防火阀等设备的联动操作与控制。

5.0.7 设有消防控制室的场所,各防护区灭火控制系统的有关信息,应传送给消防控制室。

5.0.8 气体灭火系统的电源,应符合国家现行有关消防技术标准的规定;采用气动力源时,应保证系统操作和控制需要的压力和气量。

5.0.9 组合分配系统启动时,选择阀应在容器阀开启前或同时打开。

6 安全要求

6.0.1 防护区应有保证人员在30s内疏散完毕的通道和出口。

6.0.2 防护区内的疏散通道及出口,应设应急照明与疏散指示标志。防护区内应设火灾声报警器,必要时,可增设闪光报警器。防护区的入口处应设火灾声、光报警器和灭火剂喷放指示灯,以及防护区采用的相应气体灭火系统的永久性标志牌。灭火剂喷放指示灯信号,应保持到防护区通风换气后,以手动方式解除。

6.0.3 防护区的门应向疏散方向开启,并能自行关闭;用于疏散的门必须能从防护区内打开。

6.0.4 灭火后的防护区应通风换气,地下防护区和无窗或设固定窗扇的地上防护区,应设置机械排风装置,排风口宜设在防护区的下部并应直通室外。通信机房、电子计算机房等场所的通风换气次数应不少于每小时5次。

6.0.5 储瓶间的门应向外开启,储瓶间内应设应急照明;储瓶间应有良好的通风条件,地下储瓶间应设机械排风装置,排风口应设在下部,可通过排风管排出室外。

6.0.6 经过有爆炸危险和变电、配电场所的管网、以及布设在以上场所的金属箱体等,应设防静电接地。

6.0.7 有人工作防护区的灭火设计浓度或实际使用浓度,不应大于有毒性反应浓度(LOAEL浓度),该值应符合本规范附录G的规定。

6.0.8 防护区内设置的预制灭火系统的充压压力不应大于2.5MPa。

6.0.9 灭火系统的手动控制与应急操作应有防止误操作的警示显示与措施。

6.0.10 热气溶胶灭火系统装置的喷口前1.0m内,装置的背面、侧面、顶部0.2m内不应设置或存放设备、器具等。

6.0.11 设有气体灭火系统的场所,宜配置空气呼吸器。

附 录 A
灭火浓度和惰化浓度

七氟丙烷、IG541的灭火浓度及惰化浓度见表A-1～表A-4。

表A-1 七氟丙烷灭火浓度

可燃物	灭火浓度(%)	可燃物	灭火浓度(%)
甲烷	6.2	异丙醇	7.3
乙烷	7.5	丁醇	7.1
丙烷	6.3	甲乙酮	6.7
庚烷	5.8	甲基异丁酮	6.6
正庚烷	6.5	丙酮	6.5
硝基甲烷	10.1	环戊酮	6.7
甲苯	5.1	四氢呋喃	7.2
二甲苯	5.3	吗啉	7.3
乙腈	3.7	汽油(无铅,7.8%乙醇)	6.5
乙基醋酸酯	5.6	航空燃料汽油	6.7
丁基醋酸酯	6.6	2号柴油	6.7
甲醇	9.9	喷气式发动机燃料(-4)	6.6
乙醇	7.6	喷气式发动机燃料(-5)	6.6
乙二醇	7.8	变压器油	6.9

表A-2 七氟丙烷惰化浓度

可燃物	惰化浓度(%)
甲烷	8.0
二氯甲烷	3.5
1,1-二氟乙烷	8.6
1-氯-1,1-二氟乙烷	2.6
丙烷	11.6
1-丁烷	11.3
戊烷	11.6
乙烯氧化物	13.6

表A-3 IG541混合气体灭火浓度

可燃物	灭火浓度(%)	可燃物	灭火浓度(%)
甲烷	15.4	丙酮	30.3
乙烷	29.5	丁酮	35.8

表 A-3（续）

可燃物	灭火浓度(%)	可燃物	灭火浓度(%)
丙烷	32.3	甲基异丁酮	32.3
戊烷	37.2	环己酮	42.1
庚烷	31.1	甲醇	44.2
正庚烷	31.0	乙醇	35.0
辛烷	35.8	1-丁醇	37.2
乙烯	42.1	异丁醇	28.3
醋酸乙烯酯	34.4	普通汽油	35.8
醋酸乙酯	32.7	航空汽油 100	29.5
二乙醚	34.9	Avtur(Jet A)	36.2
石油醚	35.0	2号柴油	35.8
甲苯	25.0	真空泵油	32.0
乙腈	26.7		

表 A-4 IG541 混合气体惰化浓度

可燃物	惰化浓度(%)
甲烷	43.0
丙烷	49.0

附 录 B
海拔高度修正系数

海拔高度修正系数见表B。

表 B 海拔高度修正系数

海拔高度(m)	修正系数
−1 000	1.130
0	1.000
1 000	0.885
1 500	0.830
2 000	0.785
2 500	0.735
3 000	0.690
3 500	0.650
4 000	0.610
4 500	0.565

附录 C
七氟丙烷灭火系统喷头等效孔口单位面积喷射率

七氟丙烷灭火系统喷头等效孔口单位面积喷射率见表 C-1～表 C-3。

表 C-1　增压压力为 2.5 MPa（表压）时七氟丙烷灭火系统喷头等效孔口单位面积喷射率

喷头入口压力 （MPa，绝对压力）	喷射率 [kg/(s·cm²)]	喷头入口压力 （MPa，绝对压力）	喷射率 [kg/(s·cm²)]
2.1	4.67	1.3	2.86
2.0	4.48	1.2	2.58
1.9	4.28	1.1	2.28
1.8	4.07	1.0	1.98
1.7	3.85	0.9	1.66
1.6	3.62	0.8	1.32
1.5	3.38	0.7	0.97
1.4	3.13	0.6	0.62

注：等效孔口流量系数为 0.98。

表 C-2　增压压力为 4.2 MPa（表压）时七氟丙烷灭火系统喷头等效孔口单位面积喷射率

喷头入口压力 （MPa，绝对压力）	喷射率 [kg/(s·cm²)]	喷头入口压力 （MPa，绝对压力）	喷射率 [kg/(s·cm²)]
3.4	6.04	1.6	3.50
3.2	5.83	1.4	3.05
3.0	5.61	1.3	2.80
2.8	5.37	1.2	2.50
2.6	5.12	1.1	2.20
2.4	4.85	1.0	1.93
2.2	4.55	0.9	1.62
2.0	4.25	0.8	1.27
1.8	3.90	0.7	0.90

注：等效孔口流量系数为 0.98。

表 C-3　增压压力为 5.6 MPa（表压）时七氟丙烷灭火系统喷头等效孔口单位面积喷射率

喷头入口压力 （MPa，绝对压力）	喷射率 [kg/(s·cm²)]	喷头入口压力 （MPa，绝对压力）	喷射率 [kg/(s·cm²)]
4.5	6.49	2.0	4.16
4.2	6.39	1.8	3.78

表 C-3（续）

喷头入口压力 （MPa，绝对压力）	喷射率 [kg/(s·cm²)]	喷头入口压力 （MPa，绝对压力）	喷射率 [kg/(s·cm²)]
3.9	6.25	1.6	3.34
3.6	6.10	1.4	2.81
3.3	5.89	1.3	2.50
3.0	5.59	1.2	2.15
2.8	5.36	1.1	1.78
2.6	5.10	1.0	1.35
2.4	4.81	0.9	0.88
2.2	4.50	0.8	0.40
注：等效孔口流量系数为0.98。			

附录 D
喷头规格和等效孔口面积

喷头规格和等效孔口面积见表D。

表 D 喷头规格和等效孔口面积

喷头规格代号	等效孔口面积(cm^2)
8	0.316 8
9	0.400 6
10	0.494 8
11	0.598 7
12	0.712 9
14	0.969 7
16	1.267
18	1.603
20	1.979
22	2.395
24	2.850
26	3.345
28	3.879
注：扩充喷头规格，应以等效孔口的单孔直径0.793 75 mm倍数设置。	

附 录 E
IG541 混合气体灭火系统管道压力系数和密度系数

IG541 混合气体灭火管道压力系数和密度系数见表 E-1、表 E-2。

表 E-1　一级充压(15.0 MPa)IG541 混合气体灭火系统的管道压力系数和密度系数

压力(MPa,绝对压力)	$Y(10^{-1}\ \text{MPa}\cdot\text{kg}/\text{m}^3)$	Z
3.7	0	0
3.6	61	0.036 6
3.5	120	0.074 6
3.4	177	0.114
3.3	232	0.153
3.2	284	0.194
3.1	335	0.237
3.0	383	0.277
2.9	429	0.319
2.8	474	0.363
2.7	516	0.409
2.6	557	0.457
2.5	596	0.505
2.4	633	0.552
2.3	668	0.601
2.2	702	0.653
2.1	734	0.708
2.0	764	0.766

表 E-2　二级充压(20.0 MPa)IG541 混合气体灭火系统的管道压力系数和密度系数

压力(MPa,绝对压力)	$Y(10^{-1}\ \text{MPa}\cdot\text{kg}/\text{m}^3)$	Z
4.6	0	0
4.5	75	0.028 4
4.4	148	0.056 1
4.3	219	0.086 2
4.2	288	0.114
4.1	355	0.144
4.0	420	0.174
3.9	483	0.206
3.8	544	0.236

表 E-2（续）

压力(MPa,绝对压力)	$Y(10^{-1}\,MPa \cdot kg/m^3)$	Z
3.7	604	0.269
3.6	661	0.301
3.5	717	0.336
3.4	770	0.370
3.3	822	0.405
3.2	872	0.439
3.08	930	0.483
2.94	995	0.539
2.8	1 056	0.595
2.66	1 114	0.652
2.52	1 169	0.713
2.38	1 221	0.778
2.24	1 269	0.847
2.1	1 314	0.918

附 录 F
IG541混合气体灭火系统喷头等效孔口单位面积喷射率

IG541混合气体灭火系统喷头等效孔口单位面积喷射率见表F-1、表F-2。

表 F-1 一级充压(15.0 MPa)IG541混合气体灭火系统喷头等效孔口单位面积喷射率

喷头入口压力(MPa,绝对压力)	喷射率[kg/(s·cm²)]
3.7	0.97
3.6	0.94
3.5	0.91
3.4	0.88
3.3	0.85
3.2	0.82
3.1	0.79
3.0	0.76
2.9	0.73
2.8	0.70
2.7	0.67
2.6	0.64
2.5	0.62
2.4	0.59
2.3	0.56
2.2	0.53
2.1	0.51
2.0	0.48

注：等效孔口流量系数为0.98。

表 F-2 二级充压(20.0 MPa)IG541混合气体灭火系统喷头等效孔口单位面积喷射率

喷头入口压力(MPa,绝对压力)	喷射率[kg/(s·cm²)]
4.6	1.21
4.5	1.18
4.4	1.15
4.3	1.12
4.2	1.09
4.1	1.06
4.0	1.03
3.9	1.00

表 F-2（续）

喷头入口压力(MPa,绝对压力)	喷射率[kg/(s·cm²)]
3.8	0.97
3.7	0.95
3.6	0.92
3.5	0.89
3.4	0.86
3.3	0.83
3.2	0.80
3.08	0.77
2.94	0.73
2.8	0.69
2.66	0.65
2.52	0.62
2.38	0.58
2.24	0.54
2.1	0.50

注：等效孔口流量系数为0.98。

附 录 G
无毒性反应(NOAEL)、有毒性反应(LOAEL)浓度和灭火剂技术性能

无毒性反应(NOAEL)、有毒性反应(LOAEL)浓度和灭火剂技术性能见表 G-1~表 G-3。

表 G-1 七氟丙烷和 IG541 的 NOAEL、LOAEL 浓度

项 目	七氟丙烷	IG541
NOAEL 浓度	9.0%	43%
LOAEL 浓度	10.5%	52%

表 G-2 七氟丙烷灭火剂技术性能

项 目	技术指标
纯度	≥99.6%(质量比)
酸度	≤3 ppm(质量比)
水含量	≤10 ppm(质量比)
不挥发残留物	≤0.01%(质量比)
悬浮或沉淀物	不可见

表 G-3 IG541 混合气体灭火剂技术性能

灭火剂名称		主要技术指标			
		纯度(体积比)	比例(%)	氧含量	水含量
IG541	Ar	>99.97%	40±4	<3 ppm	<4 ppm
	N_2	>99.99%	52±4	<3 ppm	<5 ppm
	CO_2	>99.5%	$8^{+1}_{-0.0}$	<10 ppm	<10 ppm
灭火剂名称		其他成分最大含量(ppm)		悬浮物或沉淀物	
IG541	Ar	<10		—	
	N_2				
	CO_2				

本规范用词说明

1 为便于在执行本规范条文时区别对待,对要求严格程度不同的用词说明如下:

1.1 表示很严格,非这样做不可的用词:

正面词采用"必须",反面词采用"严禁"。

1.2 表示严格,在正常情况下均应这样做的用词:

正面词采用"应",反面词采用"不应"或"不得"。

1.3 表示允许稍有选择,在条件许可时首先应这样做的用词:

正面词采用"宜",反面词采用"不宜"。

表示有选择,在一定条件下可以这样做的用词,采用"可"。

2 本规范中指明应按其他有关标准、规范执行的写法为"应符合……的规定"或"应按……执行"。

UDC

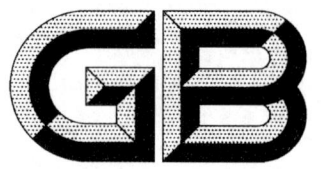

中华人民共和国国家标准

P GB 55012—2021

生活垃圾处理处置工程项目规范

Project code for engineering of treatment and disposal of municipal solid wastes

2021-04-09 发布　　　　　　　　　　　　2022-01-01 实施

中华人民共和国住房和城乡建设部
国家市场监督管理总局　联合发布

生活垃圾处理处置工程项目规范

1 总则

1.0.1 为在生活垃圾处理处置工程建设、运行维护过程中，实现生活垃圾的减量化、资源化、无害化，防止二次污染，保障人身和公共安全、保护环境，制定本规范。

1.0.2 生活垃圾处理处置工程项目必须执行本规范。

1.0.3 生活垃圾处理处置工程的建设、运行维护应遵循有效发挥服务功能、安全生产、保护环境和资源利用的原则，应采用适宜可靠的新技术、新工艺、新材料、新装备。

1.0.4 工程建设所采用的技术方法和措施是否符合本规范要求，由相关责任主体判定。其中，创新性的技术方法和措施，应进行论证并符合本规范中性能的要求。

2 基本规定

2.1 规模与布局

2.1.1 生活垃圾处理处置工程的规模，应根据服务范围内垃圾的现状产生量及其预测量，处理处置技术的可行性、经济性和可靠性等因素综合考虑确定。

2.1.2 生活垃圾处理处置工程设施设备的处理能力，应根据生活垃圾的产生量及性质波动、设备停机时间、备用设施等综合确定，确保服务范围内生活垃圾得到及时有效处理。

2.1.3 生活垃圾处理处置工程应与城乡功能结构相协调，满足城乡建设发展、环境卫生行业发展等需要。选址距居民居住区、人畜供水点等敏感目标的卫生防护距离，应通过环境影响评价确定，且不应设在下列地区：
    1 生活饮用水水源保护区，供水远景规划区；
    2 洪泛区和泄洪道；
    3 尚未开采的地下蕴矿区和岩溶发育区；
    4 自然保护区；
    5 文物古迹区，考古学、历史学及生物学研究考察区。

2.1.4 实施生活垃圾分类收集的区域应实施分类运输和分类处理。

2.2 建设要求

2.2.1 生活垃圾处理处置工程应具备下列功能：
    1 应在入口设置称重计量设施；计量设施应具有计量、记录、打印、数据处理、传输与存储功能，并应定期对计量设施进行鉴定；
    2 关键设备或系统应设置备用，确保工程正常运行；
    3 应根据生活垃圾处理处置工程的特点，配置适用、可靠、先进的自动化控制系统；
    4 应以主要生产单元为主体进行布置，各项设施应按生活垃圾处理流程、功能分区合理布置，并应做到整体效果协调；
    5 厂房的平面布置和空间布局应满足工艺设备的安装与维修的要求，应有利于减少垃圾运输和处理过程中的恶臭、粉尘、噪声、污水等对周围环境的影响，防止各设施间的交叉污染；
    6 厂（场）区道路的设置，应满足交通运输和消防的需求，并应与厂区竖向设计、绿化及管线敷设相协调；

  7 应分别设置人流和物流出入口,确保安全,并方便车辆的进出；

  8 应具备应对突发公共卫生事件的功能。

2.2.2 应采取有效措施防止对土壤、水环境和大气环境的污染,保护好周边的环境。

2.2.3 生活垃圾处理处置工程设置的污水调节池应符合下列规定：

  1 生活垃圾卫生填埋场渗沥液调节池容积不应小于3个月的渗沥液处理量；

  2 生活垃圾焚烧厂、厨余垃圾处理厂等处理设施的渗沥液调节池容积不应小于5 d的渗沥液处理量；

  3 调节池应设计为2个或设置分格；

  4 调节池应设置清淤设施或设备。

2.2.4 生活垃圾处理处置工程的污水处理系统应符合下列规定：

  1 渗沥液处理设施应配置接收及储存系统、预处理系统、主处理系统、污泥和浓缩液处理系统、臭气处理系统等,确保正常运行；

  2 渗沥液处理设施应设置渗沥液产生量和排出量计量装置,尾水排放应按照规定设置规范化排水口；

  3 应根据渗沥液的进水水质、水量及排放要求等,选取生物处理、生物处理＋深度处理、物化处理等主处理工艺；

  4 渗沥液处理中产生的污泥应进行脱水等预处理,具体指标应符合后续处理工艺要求；

  5 纳滤和反渗透工艺产生的浓缩液应采用焚烧、蒸发或其他方式处理。

2.2.5 生活垃圾处理处置工程设置的臭气控制与收集系统应符合下列规定：

  1 产生臭气的车间、构筑物、设备等应采取良好的密封措施,需要经常冲洗的地方应设置冲洗水收集设施；

  2 生活垃圾处理处置工程的垃圾卸(受)料设施、卸料部位、贮槽(坑)、输送设备、分选设备、堆肥发酵仓(容器)、渗沥液调节池及敞开式渗沥液处理设施等部位(情况),应配置局部排风设施用于臭气收集和控制；

  3 臭气收集管道应选择抗腐蚀的材料,拼接缝应采取密封措施,且不应设在管道底部；

  4 臭气收集和控制用风机应设置备用,抽气风机应具有防腐性能；

  5 用于收集可能含有可燃气体臭气的风机,应具有防爆性能。

2.2.6 生活垃圾处理处置工程的臭气处理系统应符合下列规定：

  1 除臭设备的臭气处理能力应根据收集系统的最大风量和最大臭气污染物浓度确定；

  2 封闭式生活垃圾处理处置工程应选择以集中通风除臭为主,除臭剂喷洒为辅的总体除臭方案；

  3 集中通风除臭应根据臭气强度及臭源分布情况选择除臭方法；

  4 除臭剂不应具有毒性、刺激性和腐蚀性,喷洒系统应有除臭剂流量调节功能；

  5 除臭设施(设备)应具有较强的抗负荷冲击能力,且应便于操作和维护；

  6 除臭系统主除臭设备的配置数量不应少于2台。

2.2.7 垃圾储坑、渗沥液调节池与生化池等构筑物应采取防渗、防腐等措施。

2.2.8 具有可燃气体产生或泄漏可能性的封闭建(构)筑物内,应设置可燃气体在线监测报警装置,并应与强制排风设备联动。

2.2.9 沼气产生、储存、输送等环节及相关区域的设备、设施应采取防爆措施。

2.2.10 生活垃圾处理处置工程应采取雨污分流措施,并应设置初期雨水储存池。

2.2.11 应配备员工便利设施和设备维修设施,并应提供充足的照明。

2.2.12 设施系统和子系统应确保在发生故障时的待机能力,还应考虑备用水和电力的供应。

2.2.13 应配置对相关工艺流程进行采样的采样口及平台等设施,采样点的设置应确保采样安全,且不影响正常生产。

2.2.14 应设置化验室或委托有检测能力的单位,对生活垃圾物理和化学性质、工艺技术参数、二次污染控制指标等进行检测和分析。

2.3 运行维护

2.3.1 生活垃圾处理处置工程应制定与生活垃圾特性和工艺要求相适应的操作维护规程和事故应急预案。

2.3.2 生活垃圾处理处置工程应设置道路行车指示、安全标志、防火防爆及环境卫生设施设置标志。各检测点以及易燃易爆物、化学品、药品等储放点应设置醒目的安全标志。

2.3.3 厂房各作业区应合理分隔,应组织好人流和物流线路,避免交叉;竖向交通路线应顺畅、避免重复。

2.3.4 特种设备必须经相关部门检测合格,并应在许可的有效期内使用。

2.3.5 厌氧调试应注意沼气的生产安全,及时监测沼气的产生量,发现漏气现象及时排除。

2.3.6 皮带传动、链传动、联轴器等传动部件必须有防护罩,不得裸露运转。机罩安装应牢固、可靠。

2.3.7 工作人员进入垃圾储坑、焚烧锅炉、脱酸塔、脱氮塔、袋式除尘器、渗沥液收集池、调节池、生化池、厌氧反应器等受限空间或存在有毒有害气体场所进行检修时,应符合下列规定:
   1 进入作业前必须采取事先通风、有害气体检测及佩戴个人防护用品等安全防护措施;
   2 必须使用安全电压照明;
   3 作业时应在外部设有监护人员,并应与进入的检修人员时刻保持联系;
   4 进出人员应办理工作票,实行签进签出规定。

2.3.8 生活垃圾处理处置工程污水处理系统运行维护应符合下列规定:
   1 水解酸化水力停留时间应为 2.5 h～5.0 h;pH 应为 6.5～7.5;
   2 混凝沉淀预处理药剂的种类、投加量和投加方式应根据渗沥液混凝沉淀的工艺情况、实验结果等确定。

2.3.9 生活垃圾处理处置工程除臭系统运行维护应符合下列规定:
   1 对于长期堆放和储存生活垃圾和渗沥液的设施或场所,在启动风机收集臭气前,应测试臭气中的甲烷浓度,当甲烷浓度超过 1.25% 时,应先进行通风,并应使甲烷浓度降低至 1.25% 以下后,再启动风机;
   2 除臭系统计划长时间停用时,应对设备及系统管路进行清洗,并对各种传感器、探头及仪表采取保护措施;
   3 除臭设备检修前必须停止运行,并应先排除内部气体,通入空气,确认安全后再进入设备内部检修,且进入设备内部检修的人员应佩戴安全防护用品;
   4 废弃的除臭塔填料应进行无害化处理和处置,不得随意堆放、污染环境。

3 生活垃圾焚烧厂

3.1 一般规定

3.1.1 焚烧厂应配置接收及储存系统、焚烧系统、余热利用系统、烟气净化系统、灰渣处理系统、污水处理系统、臭气处理系统以及配套设施等,确保正常运行。

3.1.2 焚烧厂应对卸料大厅、垃圾储坑、污水处理系统等区域臭气进行收集,经入炉燃烧或单独处理达标后排放。

3.1.3 焚烧厂必须设置自动控制系统,确保垃圾焚烧、烟气净化、余热利用、污水处理、消防等系统的安全、正常运行。自动控制系统应具有对过程控制参数和污染物排放指标数据储存3年以上的功能。

3.2 接收及储存系统

3.2.1 接收及储存系统应设置垃圾卸料间及平台、垃圾卸料门、垃圾储坑、垃圾抓斗起重机、渗沥液导排、臭气控制等设施。

3.2.2 垃圾储坑应符合下列规定：
1 卸料口处必须设置车挡和异常情况报警设施；
2 储存容量不应小于5 d设计处理量；
3 应密闭，设置臭气控制与收集装置，保持负压状态；
4 底部应设置渗沥液导排收集设施，导排收集设施应采取防渗、防腐措施；
5 应设照明、火灾探测器、事故排烟、灭火器等装置。

3.3 焚烧系统

3.3.1 垃圾焚烧系统应设置垃圾进料装置、焚烧装置、出渣装置、燃烧空气装置、辅助燃烧装置及其他辅助装置。

3.3.2 焚烧线年运行时间不应小于8 000 h。

3.3.3 焚烧炉应保证炉膛主控温度区的温度能达到850 ℃以上，烟气在850 ℃以上空间内的停留时间大于2 s。

3.3.4 焚烧炉应配置助燃燃烧器和点火燃烧器，燃烧器应使用轻质燃料(轻柴油或燃气)，助燃燃烧器和点火燃烧器最大总功率应满足无其他燃料燃烧的情况下将炉膛主控温度区温度独立加热至850 ℃及以上。

3.3.5 应在焚烧炉最上(后)二次风喷入口与炉膛主控温度区出口之间至少设置2个温度监测断面，两温度监测断面之间应满足最大烟气量下停留时间不小于2 s，每个断面至少设置2个温度监测点，实时监测炉膛主控温度区内的温度。

3.3.6 焚烧炉启动时，炉膛应按规定的升温速率升温，在炉膛主控温度区温度达到850 ℃之前不得投入垃圾。焚烧炉停炉时，炉膛应按规定的降温速率降温，在炉内垃圾燃烬之前，应通过助燃燃烧器维持炉膛主控温度区温度在850 ℃以上。

3.3.7 点火、助燃燃料、活性炭的储存及供应设施应配备防爆、防雷、防静电和消防设施。

3.3.8 焚烧厂运行过程中，对电气、燃烧、热力、烟气净化等设备和系统的操作和检修应分别执行操作票和工作票制度。

3.3.9 检修人员进入垃圾焚烧炉及余热锅炉炉膛、烟道内部进行检修时，应做好安全措施。

3.4 余热利用系统

3.4.1 余热锅炉的额定出力应根据额定垃圾处理量、设计垃圾低位热值和余热锅炉设计热效率等因素确定。

3.4.2 余热锅炉热力参数应根据热能利用方式、利用设备要求及锅炉安全运行要求确定。

3.4.3 余热锅炉A、B、C级检修应符合下列规定：
1 A、B、C级检修时，应进行余热锅炉受热面金属监督工作，应对水冷壁、过热器等管子检查并应抽样测厚，水冷壁管测厚抽检率不得低于20%；
2 A级检修时，余热锅炉受热面应割管送检；
3 A级检修时，应进行主蒸汽管道、受监压力管道监督检查工作。

3.4.4 当余热锅炉受热面检查发现有变形、鼓包、胀粗等情况时，受热管应立即更换；对因冲刷、磨损、高温腐蚀致使壁厚减薄量超过设计壁厚30%的受热管应更换。

3.4.5 利用垃圾热能发电时,应符合可再生能源电力的并网要求。利用垃圾热能供热时,应符合供热热源和热力管网的有关要求。

3.5 烟气净化系统

3.5.1 烟气净化系统应具有脱除酸性气体、粉尘、重金属、二噁英类和NO_x的功能。

3.5.2 每条焚烧线应配置独立的烟气在线监测系统,并应能满足全厂运行控制和环保监测的要求。在线监测点的布置、监测仪表的选择、数据处理及传输应确保监测数据真实可靠。在线监测系统终端显示的颗粒物、有害气体浓度等数据应为换算成标准状态下、氧含量在11%时的数据,并可显示瞬时值和排放标准要求的时间均值。

3.5.3 焚烧厂检修过程中,应对袋式除尘器滤袋、仓室等部位进行检查,并应符合下列规定:
 1 应进行滤袋检漏试验、寿命评估;
 2 应更换破损、脱落的滤袋;
 3 应修复仓室泄漏点并应对仓室进行防腐维护;
 4 滤袋的每次检查和更换应做好记录。

3.6 灰渣处理系统

3.6.1 生活垃圾焚烧炉渣和飞灰应单独收集,飞灰应密闭储存和运输。

3.6.2 生活垃圾焚烧炉渣应定期检测物理、化学性质,其中热灼减率应小于5%。生活垃圾焚烧飞灰应定期检测物理、化学性质、有害物质含量,确保各项指标符合相关要求后,方能进入后续处理环节。

4 生活垃圾卫生填埋场

4.1 一般规定

4.1.1 填埋场应配置垃圾坝防渗系统、地下水与地表水收集导排系统、渗沥液收集导排系统、填埋作业、封场覆盖及生态修复系统、填埋气导排处理与利用系统、安全与环境监测、污水处理系统、臭气控制与处理系统等。

4.1.2 填埋场用地面积和库容应满足工作年限不小于10年。

4.1.3 填埋场应设置围栏、大门等设施,防止自由进入现场非法倾倒、发生安全事故等。

4.2 地基处理与垃圾坝工程

4.2.1 填埋场的场底、四周边坡、垃圾堆体边坡必须满足整体及局部稳定性要求。

4.2.2 填埋场场底必须设置纵、横向坡度,排水坡度不应小于2%。

4.2.3 填埋场场底坡度较大时,应在下游建垃圾坝,垃圾坝应能有效防止垃圾向下游的滑动,确保垃圾堆体的长期稳定。

4.3 防渗系统

4.3.1 填埋场必须具备防渗功能,防渗系统应符合下列规定:
 1 应能有效地阻止渗沥液透过,以保护地下水和地表水不受污染,同时还应防止地下水进入填埋场;
 2 应覆盖填埋场场底和四周边坡,形成完整的防渗屏障,并在填埋场运行期间及封场后维护期间内均应有效。

4.3.2 膜防渗层主要材料采用HDPE土工膜时,厚度不应小于1.5 mm。
4.3.3 防渗系统铺设和施工应符合下列规定:
　　1 HDPE膜铺设过程中必须进行搭接宽度和焊缝质量控制,并按要求做好焊接和检验记录;
　　2 防渗系统工程施工完成后,在填埋垃圾前,应对防渗系统进行全面的渗漏检测,并确认合格方可投入使用。

4.4 地下水与地表水收集导排系统

4.4.1 当填埋库区地下水水位距防渗层底部小于1 m,或地下水对场底和边坡基础层稳定性产生影响时,必须设置有效的地下水收集导排系统。
4.4.2 填埋场应设置地下水监测设施。
4.4.3 填埋场防洪系统设计标准应按不小于50年一遇洪水水位设计,按100年一遇洪水水位校核。
4.4.4 填埋场防洪系统应根据地形设置截洪坝、截洪沟以及跌水和陡坡、集水池、提升泵站、穿坝涵管等设施。

4.5 渗沥液收集导排系统

4.5.1 填埋场必须设置有效的渗沥液收集导排系统,确保渗沥液顺利导排,防止渗沥液诱发堆体失稳滑坡和污染环境,渗沥液收集导排系统应符合下列规定:
　　1 应能及时有效地导排防渗层上的渗沥液,降低防渗层上的渗沥液水头;
　　2 应能及时有效导排垃圾堆体中渗沥液,确保垃圾堆体中液位低于安全警戒水位之下;
　　3 应具有防淤堵能力;
　　4 不应对防渗层造成破坏。
4.5.2 填埋场调节池应设置有效的防渗系统、覆盖系统及清淤设施,防渗等级不应低于填埋库区。

4.6 填埋作业

4.6.1 填埋场应采取综合防臭除臭措施,有效防止臭气对周边环境的影响。
4.6.2 作业人员进行药物配备和喷洒作业应穿戴安全卫生防护用品,并应严格按照药物喷洒作业规程作业。
4.6.3 填埋作业过程中,应及时进行日覆盖与中间覆盖,保持雨污分流设施完好。
4.6.4 填埋垃圾未达到降解稳定化前,填埋库区及防火隔离带范围内严禁设置封闭式建(构)筑物。
4.6.5 填埋库区应按生产的火灾危险性分类中戊类防火区的要求配套防火设施。
4.6.6 生活垃圾焚烧飞灰经处理满足相关要求后,在生活垃圾填埋场中应单独分区填埋。

4.7 封场覆盖及生态修复系统

4.7.1 填埋场封场应设置长期有效的封顶覆盖系统,控制雨水入渗和填埋气无组织释放量。填埋场封场覆盖结构由下至上应依次包括排气层、防渗层、排水层与植被层。
4.7.2 填埋场封场后维护期间,全场应严禁烟火,并应对填埋气和渗沥液收集处理设施采取安全保护措施。
4.7.3 填埋场封场后,应及时对场地进行生态修复。

4.8 填埋气导排处理与利用系统

4.8.1 填埋场必须设置有效的填埋气导排设施,防止填埋气聚集、迁移引起的火灾和爆炸。
4.8.2 填埋气导排设施应随着垃圾填埋范围和高度的增加而及时增设,确保填埋气导排设施作用范围覆盖全部填埋垃圾,并应避免填埋作业损坏气体导排设施,保持填埋气导排设施的有效性。

4.8.3 设置填埋气主动导排设施的填埋场,必须设置火炬系统或填埋气利用设施。

4.8.4 填埋气火炬系统应具有点火、熄火保护功能,火炬的进气管路上应设置与填埋气燃烧特性相匹配的阻火装置。

4.8.5 填埋气收集与利用系统应符合下列规定:

1 填埋气抽气设备前的进气管道上应设置氧含量监测报警设备,并与沼气收集控制系统连接。

2 输气管道不得穿过大断面管道或通道。

3 维修设备时,不得随意搭接临时电力线路;维修人员严禁穿戴化纤类工作服,在密闭室内严禁携带通信设备。

4 导气井井口氧气浓度超过2%时,应减少阀门开度。当查明存在进氧点时,应视情况关闭导气井阀门直至进氧故障排除。

5 预处理系统启动前必须进行氮气冲扫。

6 填埋气发电厂房及辅助厂房的电缆敷设,应采取阻燃、防火封堵措施。

4.9 安全与环境监测

4.9.1 应对填埋场垃圾堆体、垃圾坝及周边山体边坡的稳定安全进行监测,包括堆体中渗沥液液位、堆体位移、垃圾坝位移、周边山体边坡位移等。

4.9.2 应对垃圾填埋场周围地下水、地表水、大气、排放污水、场界噪声、苍蝇密度等进行定期监测。

5 厨余垃圾处理厂

5.1 一般规定

5.1.1 处理厂应配置接收及储存系统、预处理及输送系统、厌氧消化或好氧堆肥或饲料化系统、沼气利用系统或制肥系统、固渣与污泥处理系统、污水处理系统、臭气收集处理系统等,确保正常运行。

5.1.2 处理厂应对臭气进行收集,经处理达标后排放。

5.2 接收及储存系统

5.2.1 接收及储存系统应设置垃圾卸料间及平台、垃圾卸料门、垃圾储坑或料斗、输送设备、渗沥液导排、臭气控制等设施。

5.2.2 卸料间应封闭,卸料口、卸料斗应能关闭。

5.2.3 卸料间应设置地面和设备冲洗设施及冲洗水排放系统。

5.2.4 卸料场地和厂区道路表层应采用防腐耐磨的水泥混凝土、金刚砂、环氧树脂或等效材料,并应当天进行清理。

5.3 预处理及输送系统

5.3.1 预处理工艺应根据垃圾成分和主体工艺要求确定。预处理系统应配置分选、破碎处理等设备,分选后垃圾中不可降解杂物含量应符合后续设备运行要求。

5.3.2 预处理设备应具有防粘、防缠绕、耐腐蚀、耐负荷冲击等功能,易损部件应易于拆卸和更换,预处理设备的运行参数应可调节。

5.3.3 预处理及输送设备应设置渗沥液收集装置,且便于清洁。设备四周应留有维修需要的空间或通道。

5.3.4 预处理设备应采取防噪减振措施。

5.3.5 油脂分离工艺应根据厨余垃圾处理主体工艺的要求确定,分离出的油脂应进行有效处理或安全利用。

5.4 厌氧消化、好氧堆肥与饲料化处理系统

5.4.1 厌氧消化主工艺为湿式厌氧的,物料破碎粒度应小于10 mm;主工艺为干式厌氧的,物料破碎粒度应小于25 mm并应混合均匀。

5.4.2 厌氧消化工艺类型应根据垃圾的特性、当地条件经过技术经济比较后确定。

5.4.3 应对厌氧消化系统的物料温度进行控制。

5.4.4 厌氧消化反应器应符合下列规定:
   1 应有良好的防渗、防腐、保温和密闭性,在室外布置的,还应具有耐老化、抗强风、雪等恶劣天气的性能;
   2 结构应有利于物料的流动,避免产生滞流死角;
   3 应具有良好的物料搅拌、匀化功能,防止物料在消化器中形成沉淀;
   4 应有检修孔和观察窗;
   5 应配置安全减压装置,安全减压装置应根据安全部门的规定定期检验。

5.4.5 厌氧消化产生的沼气,应设置发电、提纯等沼气利用设施或火炬系统,不得直接排入大气。

5.4.6 好氧堆肥处理工艺类型应根据原料组成、当地经济状况、产品要求和处理场地等条件确定。

5.4.7 好氧堆肥处理工艺应对垃圾进行水分调节、盐分调节、脱油、碳氮比调节等处理,物料粒径应控制在50 mm以内。

5.4.8 好氧堆肥初级发酵设施设备应符合下列规定:
   1 发酵仓数量及设计容积,应根据进料量和设计主发酵时间确定;
   2 发酵仓应配置测试温度和氧浓度的装置,并应具有保温、防渗和防腐措施及水分调节、渗沥液和臭气收集功能;
   3 发酵车间应配置通风和除臭设施。

5.4.9 好氧堆肥初级发酵堆层各测试点温度均应达到55 ℃以上,且持续时间不应少于5 d;或达到65 ℃以上,持续时间不应少于3 d。

5.4.10 强制机械通风的静态堆肥工艺,好氧堆肥初级发酵,堆层高度不应超过2.5 m;当原料含水率较高时,堆层高度不应超过2.0 m。

5.4.11 好氧堆肥初级发酵的运行终止指标应符合下列规定:
   1 耗氧速率上升至最大后逐步下降,与最大耗氧速率相比应下降90%并趋于稳定;
   2 发酵产物卫生指标蛔虫卵死亡率不应低于95%,粪大肠菌值不应低于10^{-2},沙门氏菌不得检出。

5.4.12 好氧堆肥次级发酵工艺应符合下列规定:
   1 当次级发酵在室内车间进行时,车间应具有良好的通风条件;
   2 露天次级发酵的发酵区应具有雨水截流、收集和导排措施。

5.4.13 好氧堆肥次级发酵的终止指标应符合下列规定:
   1 耗氧速率应小于$0.1\%O_2/min$;
   2 种子发芽指数不应小于80%。

5.4.14 制备生化腐殖酸应符合下列规定:
   1 制备生化腐殖酸时,应加入腐殖酸转化剂和碳源调整材料,控制碳氮比;
   2 工艺过程使用的微生物菌剂应符合相关标准要求,且应具有遗传稳定性和环境安全性;
   3 发酵完成后,应将物料中大于5 mm的杂物筛除。

5.4.15 饲料化处理的餐厨垃圾在处理前应严格控制存放时间,应确保存放和处理过程中不发生霉变。餐厨垃圾在进入饲料化处理系统前,应对其进行检测,发生霉变的餐厨垃圾及过期变质食品不得进入饲料化处理系统。

5.4.16 餐厨垃圾饲料化处理必须设置病原菌杀灭工艺。

5.4.17 对于含有动物蛋白成分的餐厨垃圾,其饲料化处理工艺应设置生物转化环节,不得生产反刍动物饲料。

5.4.18 加热去除餐厨垃圾水分时,加热温度应得到有效控制,避免产生焦化和生成有毒有害物质。

5.4.19 接触物料的设备停运后,应及时对残留的物料进行清理,防止残留物料霉变影响产品质量,便于设备再次启动。

5.5 沼气利用与制肥系统

5.5.1 湿式气柜、膜式气柜、带储气柜的厌氧消化反应器与厂内主要设施的防火间距应符合安全要求,干式气柜与厂内主要设施的防火间距应按湿式气柜的规定值增加25%。

5.5.2 堆肥产品农用或林用时,主要指标应符合下列规定:
1 杂物含量不大于3%;
2 粒度不大于12 mm;
3 蛔虫卵死亡率不低于95%;
4 大肠菌值为$10^{-1} \sim 10^{-2}$;
5 水分为25%～35%。

5.5.3 生化腐殖酸成品主要质量指标应符合下列规定:
1 有机质含量不低于80%;
2 水分不大于12%;
3 粪大肠菌群数不高于100个/g(mL);
4 蛔虫卵死亡率不低于95%。

5.6 残渣与沼渣处理系统

5.6.1 处理厂各工段分选出的残渣应按物质类别或最终出路分别存放。

5.6.2 处理厂残渣、沼渣、污泥经预处理后,最终应进行利用或无害化处置。

6 建筑垃圾处理工程

6.1 一般规定

6.1.1 建筑垃圾应按照工程渣土、工程泥浆、工程垃圾、拆除垃圾和装修垃圾等从源头分类收集、分类运输、分类处理处置。

6.1.2 工程渣土、工程泥浆、工程垃圾和拆除垃圾应优先就近利用。

6.1.3 建筑垃圾储存、卸料、上料及处理过程中应采取抑尘除尘、降噪措施。

6.1.4 建筑垃圾原料、产品储存堆场应确保堆体的稳定安全性。

6.2 转运调配

6.2.1 转运调配场应配置接收及储存系统、堆垛设备、粉尘控制系统、配套设施等。

6.2.2 进场建筑垃圾应根据工程渣土、工程泥浆、工程垃圾、拆除垃圾和装修垃圾及其细分分类堆放,并应设置标识。

6.2.3 转运调配场应合理设置开挖空间及进出口。

6.2.4 转运调配场应配备装载机、推土机等作业机械,配备机械数量应与作业需求相适应。

6.3 资源化利用

6.3.1 资源化利用厂应配置接收及储存系统、破碎系统、筛分系统、粉尘控制系统、噪声控制系统、配套设施等。

6.3.2 建筑垃圾应按成分进行资源化。

6.3.3 资源化利用应选用节能、高效的设备。

6.3.4 工程渣土应结合废弃矿坑(山)复垦工程、堆坡造景工程、路基回填工程等再利用。

6.3.5 工程泥浆应脱水处理后再利用,脱水处理产生余水应净化处理后排放。

6.4 堆填

6.4.1 堆填场应配置垃圾坝、地下水与地表水收集导排系统、填埋作业、封场覆盖及生态修复系统、安全与环境监测等。

6.4.2 进行堆填处理的物料中废沥青、废旧管材、废旧木材、金属、橡(胶)塑(料)、竹木、纺织物等含量不应大于5%。

6.4.3 堆填前应清除基底的垃圾、淤泥、树根等杂物,抽除坑穴积水。

6.4.4 堆填前应验算地基承载力、堆体厚度和坡度,确保堆体稳定和安全。

6.4.5 堆填场地应设置有效的截排水措施,堆体应进行覆盖,防止雨水及地表水入侵,确保堆体稳定。

6.5 填埋处置

6.5.1 填埋处置场应配置垃圾坝、防渗系统、地下水与地表水收集导排系统、渗沥液收集导排系统、填埋作业、封场覆盖及生态修复系统、填埋气导排处理与利用系统、安全与环境监测、污水处理系统、臭气控制与处理系统等。

6.5.2 工程泥浆和高含水率的工程渣土填埋处置前应进行预处理,处理后抗剪强度指标应满足堆填体边坡稳定安全控制要求。填埋作业应控制堆填速率,当堆填速率超过1 m/月时,应对堆体和地基稳定性进行监测。

6.5.3 填埋库区地基应是具有承载填埋体负荷的自然土层或经过地基处理的稳定土层,并应进行承载力计算、最大堆高验算、地基沉降及不均匀沉降计算。

6.5.4 应对填埋堆体边坡、堆体沉降、封场覆盖进行稳定性分析,确保填埋堆体和封场覆盖层的安全稳定。

6.5.5 不同类别建筑垃圾应分区填埋,各区根据填料的抗剪强度特性设置不同的堆填高度和坡度。

6.5.6 建筑垃圾填埋场地应设置有效地下水收集导排系统和环场截洪沟,堆体表面应采取防渗、排水及雨污分流措施,场地下游应设置泥沙沉淀池。

6.5.7 填埋结束后应对填埋场进行封场覆盖和生态修复。

7 粪便处理厂

7.0.1 粪便处理厂应配置接收及储存系统、处理系统、残渣处理系统、臭气处理系统等,确保正常运行。

7.0.2 粪便处理厂应设置粪便、固渣、污水的计量装置。

7.0.3 粪便处理厂应设置密闭的粪便接收口或池,并采用密闭对接方式卸粪。

7.0.4 粪便主处理系统前,应设置储存调节池或调节罐,并应符合下列规定:

　　1 应设置液位显示装置;

　　2 应设置循环泵、应急排放管线和清空管线。

7.0.5 固液分离机应符合下列规定:

　　1 固液分离机应能截留粪便中粒径在15 mm以上的固体杂物,并应将栅滤后液体中的细砂高效分离和排出;

　　2 固液分离过程应在密闭的条件下进行。

7.0.6 脱水设备的选型应根据粪便的特性和脱水要求，经技术经济比较后选用。螺压式脱水设备应符合下列规定：

1 脱水机应低转速、全封闭、可连续地运行；
2 脱水机应有限制和调节泥层厚度的功能；
3 脱水机应备有单独的滤网自动冲洗系统，滤网应选用强度高的不锈钢材料；
4 压榨螺杆的转速应可调节。

7.0.7 粪便处理过程中产生的固渣应进行焚烧、堆肥或填埋等处理。

ICS 97.200.40
Y 57

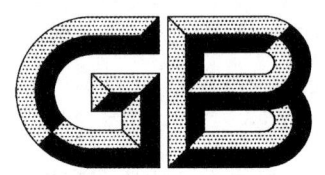

中华人民共和国国家标准

GB 8408—2018
代替 GB 8408—2018

大型游乐设施安全规范

Large-scale amusement device safety code

2018-05-14 发布　　　　　　　　　　　　　　　　2018-12-01 实施

国家市场监督管理总局
中国国家标准化管理委员会　发布

前　言

本标准的5.1.1、5.4.3、5.4.4、6.4.1、6.4.4、6.5、6.6.2.8、6.6.3.3、6.7.1.4、6.7.1.7、6.7.1.11、6.7.2.3、6.7.2.5、6.8.2.1.2、6.8.2.2.1、6.8.3.1、6.8.4.1、6.9.9.3、6.9.11.1、7.1.5、7.2.1.4、7.2.3.5、7.2.4.4、7.2.6.3、7.3.3、7.4.3.3、7.8.10、第8章、附录A、附录D、附录E和附录F为推荐性的，其余为强制性的。

本标准按照GB/T 1.1—2009给出的规则起草。

本标准代替GB 8408—2008《游乐设施安全规范》。本标准与GB 8408—2008相比，除编辑性修改外主要技术变化如下：

——将标准名称《游乐设施安全规范》修改为《大型游乐设施安全规范》；

——将2008年版的第4章"基本设计规定"、第5章"传动系统"、第6章"电气"、第7章"安全要求及安全措施"、第8章"制造与安装"、第9章"使用与管理"重新梳理，修订后的标准结构如下：第4章"总则"、第5章"材料和紧固件"、第6章"设计"、第7章"制造与安装"、第8章"使用管理与维护保养"；

——第4章"总则"部分增加了对新工艺、新方法、新材料和新游乐设施超出标准规定的解决办法；增加了风险评价的要求；

——第5章"材料和紧固件"部分增加了对常用有色金属的要求；明确了铝及铝合金、铜及铜合金、钛合金的化学成分、力学性能的要求；增加了紧固件的要求；

——6.1"基本设计规定"中增加了对游乐设施的设计相关资料的保存要求；修改了对游乐设施的使用寿命的要求；增加了对使用维护保养说明书的内容要求；增加了温度载荷、裹冰载荷和其他载荷的要求；修改了冲击载荷系数的规定；增加了工况分析的规定；修改了载荷组合的内容，载荷组合示例放入附录D；

——6.2"设计计算"中增加了对部分材料可选用极限状态设计法的规定；修改了疲劳强度计算的要求；修改了稳定性计算的要求；

——6.4"焊接设计"中修改和增加了焊接设计的要求，增加了焊接接头形式、焊缝分级、焊接节点构造要求、焊缝强度计算、焊缝检测的要求；

——6.7"电气及控制系统"增加了电动机的选择、调速、电磁兼容性的要求；增加了对游乐设施的数据监测和存储等内容；增加了控制电路电源的要求；修改和增加了电气防护的要求；增加了电气检验的要求；

——6.8"乘载系统"中增加了对安全带卡扣组件的要求；增加了束缚装置的选型要求，根据加速度区域设置5级束缚装置，详细规定了每级束缚装置的技术要求；修改和增加了乘客安全距离的要求；

——6.9"安全防护装置和措施"中修改和增加了制动装置的要求；增加了对非封闭轨道的缓冲装置的要求；增加了止逆装置的可靠系数的要求；修改和增加了对超速限制装置、风速计、防护罩的要求；增加了安全网的要求；删除了对水上游乐设施安全要求；

——第7章"制造与安装"部分修改和增加了对焊接材料、焊接工艺评定、焊接工艺等要求；修改了铸件、锻件的相关要求，增加了热处理的要求；修改和增加了销轴和紧固件装配的要求；增加了厂内测试的要求；修改和增加了涂装的要求；增加了对包装和运输的要求；修改和增加了无损检测的相关要求；修改和增加了对检验的要求；

——第8章"使用管理与维护保养"部分增加了对乘客的要求；修改和增加了对依法注册使用登记、

培训考核、操作、检查、监控和测量设备管理、档案管理、延寿与报废的要求;修改了对应急救援演练的要求;修改了对维护保养制度的要求;增加了对修理和改造的要求;

——附录部分删除了原标准中附录A、附录B、附录C、附录D;增加了4个资料性附录A、附录D、附录E、附录F和2个规范性附录B、附录C。

本标准由国家市场监督管理总局提出并归口。

本标准起草单位:中国特种设备检测研究院、江苏省特种设备安全监督检验研究院、中山市金马科技娱乐设备股份有限公司、温州南方游乐设备工程有限公司、深圳华强方特文化科技集团股份有限公司、浙江巨马游艺机有限公司、上海希都游乐设备制造厂、北京万达文化产业集团有限公司、北京实宝来游乐设备有限公司、万达文化旅游规划研究院有限公司、山东省特种设备检验研究院、广东大浪水上乐园设备有限公司、广东大新游乐智能科技有限公司。

本标准主要起草人:沈功田、张勇、李向东、邢友新、刘喜旺、陈建生、戎志刚、梁朝虎、周晓君、黄建文、胡斌、詹蕴鑫、刘辉、李勇、付恒生、陈红军、邓金镛、田博、陈朝阳、张新东、邓贵德、宋伟科、姚顺喜、刘然、张爱文、王跃勇、胡兼、李华、田高奇、苑一琳。

本标准所代替标准的历次版本发布情况为:

——GB 8408—2000、GB 8408—2008。

大型游乐设施安全规范

1 范围

本标准规定了大型游乐设施(以下简称游乐设施)的总则、材料和紧固件、设计、制造与安装、使用管理与维护保养的基本安全要求。

本标准适用于大型游乐设施。

本标准不适用于竞技体育设施和健身设施。

2 规范性引用文件

下列文件对于本文件的应用是必不可少的。凡是注日期的引用文件,仅注日期的版本适用于本文件。凡是不注日期的引用文件,其最新版本(包括所有的修改单)适用于本文件。

GB/T 699　优质碳素结构钢

GB/T 709—2006　热轧钢板和钢带的尺寸、外形、重量及允许偏差

GB/T 715　标准件用碳素钢热轧圆钢

GB/T 983　不锈钢焊条

GB/T 985.1　气焊、焊条电弧焊、气体保护焊和高能束焊的推荐坡口

GB/T 985.2　埋弧焊的推荐坡口

GB/T 1173　铸造铝合金

GB/T 1176　铸造铜及铜合金

GB/T 1231　钢结构用高强度大六角头螺栓、大六角螺母、垫圈技术条件

GB/T 1243　传动用短节距精密滚子链、套筒链、附件和链轮

GB/T 1527　铜及铜合金拉制管

GB/T 2040　铜及铜合金板材

GB/T 2059　铜及铜合金带材

GB 2894　安全标志及其使用导则

GB/T 3077　合金结构钢

GB 3096　声环境质量标准

GB/T 3098(所有部分)　紧固件机械性能

GB/T 3190　变形铝及铝合金化学成分

GB/T 3191　铝及铝合金挤压棒材

GB/T 3621　钛及钛合金板材

GB/T 3624　钛及钛合金无缝管

GB/T 3766　液压传动　系统及其元件的通用规则和安全要求

GB/T 3811—2008　起重机设计规范

GB/T 3880(所有部分)　一般工业用铝及铝合金板、带材

GB/T 4423　铜及铜合金拉制棒

GB 4706.1—2005　家用和类似用途电器的安全　第1部分:通用要求

GB/T 4842　氩

标准号	名称
GB/T 5117	非合金钢及细晶粒钢焊条
GB/T 5118	热强钢焊条
GB 5226.1—2008	机械电气安全 机械电气设备 第1部分:通用技术条件
GB/T 5293	埋弧焊用碳钢焊丝和焊剂
GB/T 5313	厚度方向性能钢板
GB 5725	安全网
GB/Z 6829	剩余电流动作保护电器的一般要求
GB/T 6892	一般工业用铝及铝合金挤压型材
GB/T 6893	铝及铝合金拉(轧)制无缝管
GB/T 7134	浇铸型工业有机玻璃板材
GB/T 8110	气体保护电弧焊用碳钢、低合金钢焊丝
GB/T 8918	重要用途钢丝绳
GB/T 9438	铝合金铸件
GB/T 10045	碳钢药芯焊丝
GB/T 12470	埋弧焊用低合金钢焊丝和焊剂
GB/T 13384	机电产品包装通用技术条件
GB 13495.1—2015	消防安全标志 第1部分:标志
GB/T 13808	铜及铜合金挤制棒
GB/T 13955	剩余电流动作保护装置安装和运行
GB/T 14957	熔化焊用钢丝
GB/T 15115	压铸铝合金
GB 15763(所有部分)	建筑用安全玻璃
GB/T 17493	低合金钢药芯焊丝
GB/T 19418	钢的弧焊接头 缺陷质量分级指南
GB/T 20306	游乐设施术语
GB/T 34370.1	游乐设施 无损检测 第1部分:总则
GB/T 34370.2	游乐设施 无损检测 第2部分:目视检测
GB/T 34370.3	游乐设施 无损检测 第3部分:磁粉检测
GB/T 34370.4	游乐设施 无损检测 第4部分:渗透检测
GB/T 34370.5	游乐设施 无损检测 第5部分:超声检测
GB/T 34370.6	游乐设施 无损检测 第6部分:射线检测
GB 50005	木结构设计规范
GB 50007	建筑地基基础设计规范
GB 50009	建筑结构荷载规范
GB 50010	混凝土结构设计规范
GB 50011	建筑抗震设计规范
GB 50017	钢结构设计规范
GB 50057	建筑物防雷设计规范
GB/T 50065	交流电气装置的接地设计规范
GB 50135	高耸结构设计规范
GB 50169	电气装置安装工程接地装置施工及验收规范
GB 50202	建筑地基基础工程施工质量验收规范
GB 50204	混凝土结构工程施工质量验收规范

GB 50206　木结构工程施工质量验收规范
GB 50231—2009　机械设备安装工程施工及验收通用规范
GB 50545　110 kV～750 kV 架空输电线路设计规范
GB 50661—2011　钢结构焊接规范
JB/T 3223　焊接材料质量管理规程
JB/T 5000.12　重型机械通用技术条件　第12部分:涂装
NB/T 47014　承压设备焊接工艺评定
NB/T 47015—2011　压力容器焊接规程
TSG Z6002　特种设备焊接操作人员考核细则

3　术语和定义

GB/T 20306 界定的术语和定义适用于本文件。

4　总则

4.1　基本要求

4.1.1　游乐设施的设计、制造、安装、使用应保证人身安全。

4.1.2　本标准未提到的其他要求,均应按国家有关法律法规、安全技术规范和标准的规定执行。

4.1.3　游乐设施应在显著位置处设置产品铭牌,产品铭牌内容至少包括制造单位名称与制造地址、制造许可证号、设备型号、产品编号、制造日期、主要技术参数。

4.1.4　游乐设施制造、安装、改造、修理单位应当依法取得许可后方可从事相应的活动,并对其制造、安装、改造、修理质量负责。游乐设施运营使用单位对游乐设施的使用安全负责。

4.1.5　当采用未列入或超出本标准规定范围的新工艺、新方法、新材料和新游乐设施时,设计或制造单位应制定企业标准,向全国索道与游乐设施标准化技术委员会提出申请并提交有关技术资料,经全国索道与游乐设施标准化技术委员会组织专家评审通过后方可执行。

4.2　风险评价

4.2.1　对游乐设施进行风险评价的目的是识别其危险源,降低风险,保障游乐设施的安全运营。设计阶段应进行风险评价,鼓励使用阶段持续进行风险评价。

4.2.2　风险评价的内容包括评价对象和因素的确定、信息收集、危险识别、风险评估、风险控制。

4.2.3　评价对象和因素应明确游乐设施的特性、性能以及预期的使用和合理预见的误使用等,并考虑游乐设施全生命周期所有阶段的设备因素、人员因素、环境因素等。

4.2.4　游乐设施的危险识别应结合该设施具体的结构和特点,以及典型危险源、损伤、故障和失效模式,识别在制造、安装、使用、维护保养、修理等阶段可能产生的相关危险。

4.2.5　根据每个危险的伤害严重程度和伤害发生的概率进行风险评估,并进行风险评定及分级。

4.2.6　如风险评定结果需要减小风险,则应采取风险控制措施,并重新评价,使风险处于可控状态。

5　材料和紧固件

5.1　常用钢材

5.1.1　游乐设施所采用的钢材应符合相应的国家现行标准的规定,其化学成分、力学性能、热处理性能、焊接性能等均应满足工况使用要求。常用钢材标准参见附录A。

5.1.2 游乐设施结构件禁止使用沸腾钢,不宜采用A等级钢。

5.1.3 钢材冲击韧性应符合下列要求:

　　a) 直接承受冲击载荷的焊接结构钢材,应具有常温冲击韧性的合格证明文件。当运行使用环境温度不高于0℃但高于−20℃时:Q235钢和Q345钢应具有0℃冲击韧性的合格证明文件,Q390钢和Q420钢应具有−20℃冲击韧性的合格证明文件;当运行使用环境温度不高于−20℃时:Q235钢和Q345钢应具有−20℃冲击韧性的合格证明文件,Q390钢和Q420钢应具有−40℃冲击韧性的合格证明文件;

　　b) 直接承受冲击载荷的非焊接结构钢材,亦应具有常温冲击韧性的合格证明文件。当运行使用环境温度不高于−20℃时,Q235钢和Q345钢应具有0℃冲击韧性的合格证明文件,Q390钢和Q420钢应具有−20℃冲击韧性的合格证明文件。

5.1.4 当焊接承重结构为防止钢材的层状撕裂而采用板件厚度不小于40 mm的厚度方向性能钢板(Z向钢)时,应提供符合GB/T 5313规定的材质证明,其沿板厚方向断面收缩率不小于Z15级允许限值或提供Z向性能测试合格报告。

5.2 常用有色金属

5.2.1 基本要求

有色金属的材料、化学成分、力学性能、尺寸公差应符合国家标准的规定。有色金属的耐磨性能、耐腐蚀性能、润滑性能均应满足工况使用要求。

5.2.2 铝及铝合金

5.2.2.1 铝及铝合金的化学成分应符合GB/T 3190的规定,加工产品的力学性能应符合GB/T 3191、GB/T 3880(所有部分)、GB/T 6892、GB/T 6893的规定。

5.2.2.2 铸造铝合金的化学成分及力学性能应符合GB/T 1173的规定。压铸铝合金的化学成分及力学性能应符合GB/T 15115的规定。铝合金铸件应符合GB/T 9438的规定。

5.2.3 钛及钛合金板材

钛及钛合金板材力学性能应符合GB/T 3621的规定、钛及钛合金管材力学性能应符合GB/T 3624的规定。

5.2.4 铜及铜合金

5.2.4.1 铜及铜合金板材的化学成分及力学性能应符合GB/T 2040、GB/T 2059的规定。管材的化学成分及力学性能应符合GB/T 1527的规定,棒材的化学成分及力学性能应符合GB/T 4423、GB/T 13808的规定。

5.2.4.2 铸造铜合金的化学成分及力学性能应符合GB/T 1176的规定。

5.3 非金属材料

5.3.1 基本要求

选用的非金属材料应符合相关国家标准的规定,其力学性能、抗老化性能、环保性能以及易燃性等应满足工况使用要求。

5.3.2 木材

主要的受力构件的木质材料应选用天然缺陷少、强度好、不易开裂、干燥的木材。用在重要部位的木质材料,必要时应进行阻燃及防腐处理。木结构的设计应符合 GB 50005 的规定,施工质量应符合 GB 50206 的规定。

5.3.3 工程塑料

5.3.3.1 结构用工程塑料应符合有关国家标准的规定,其强度、耐冲击性、耐热性、硬度及抗老化性应符合实际工况要求。

5.3.3.2 驱动轮、支承轮采用尼龙材料时,其力学性能应符合附录 B 中表 B.1 的规定。

5.3.4 橡胶

驱动轮、支承轮采用橡胶时,其性能应符合有关国家标准的规定。力学性能应符合表 B.2 的规定,采用橡胶充气轮时,充气压力应考虑温度的影响并符合该产品规定的压力值范围。

5.3.5 聚氨酯

采用聚氨酯轮时,其性能应符合有关国家标准的规定。力学性能应符合表 B.3 的规定。

5.3.6 玻璃

5.3.6.1 座舱的门窗玻璃应采用不易破碎的材料,包括有机玻璃和安全玻璃(无机玻璃)。

5.3.6.2 有机玻璃板材应符合 GB/T 7134 的规定,其力学性能应符合表 B.4 的规定。

5.3.6.3 安全玻璃应符合 GB 15763(所有部分)的规定。

5.3.7 玻璃钢件

5.3.7.1 用于制作玻璃钢件的树脂应有良好的耐水性和良好的抗老化性。玻璃纤维应采用无碱玻璃纤维,纤维表面须有良好的浸润性。

5.3.7.2 玻璃钢制件应符合下列要求:
 a) 不准许有浸渍不良、固化不良、气泡、切割面分层、厚度不均等缺陷;
 b) 表面不准许有裂纹、破损、明显修补痕迹、布纹显露、皱纹、凸凹不平、色调不一致等缺陷,转角处过渡要圆滑,不得有毛刺;
 c) 玻璃钢件与受力件直接连接时应有足够的强度,否则应预埋满足强度要求的金属件;
 d) 玻璃钢件力学性能应符合表 B.5 的规定。

5.4 紧固件

5.4.1 紧固件应符合 GB/T 3098(所有部分)及有关国家标准的规定。

5.4.2 6.8级、8.8级、10.9级螺栓预紧力和拧紧力矩应按照设计要求进行计算,最大不应超过附录 C 中表 C.1 的规定。

5.4.3 重要钢结构的螺栓连接宜选用钢结构用大六角螺栓、大六角螺母、垫圈,其技术条件应符合 GB/T 1231 的规定。承受冲击载荷的钢结构用高强度螺栓不宜直接承受剪力。螺栓最大允许预紧力不应超过表 C.2 的规定。

5.4.4 网架结构的螺栓连接宜选用网架用高强度螺栓,其材质性能应符合国家标准的规定。

5.4.5 铆钉应采用 GB/T 715 中规定的 BL2 或 BL3 号钢制成。

5.4.6 高强度螺栓预紧力与拧紧力矩换算公式如下:

$$T = kFd/1\,000$$

式中:

T——拧紧力矩,单位为牛顿米(N·m);

k——拧紧力矩系数,符合表 C.3 的规定;

F——预紧力,单位为牛顿(N);

d——螺纹公称直径,单位为毫米(mm)。

6 设计

6.1 基本设计规定

6.1.1 基本要求

6.1.1.1 游乐设施的设计应有设计说明书、计算书、使用维护保养说明书及符合国家有关标准的全套图纸、风险评价报告、设计验证大纲,上述资料应至少保存至该游乐设施报废为止。

6.1.1.2 游乐设施及其辅助设施的设计,应计算正确、结构合理,能保证乘客安全。无法进行精确计算时,可通过实验进行确认和验证。

6.1.1.3 运营使用单位或设计委托方应当以书面形式提供给设计和制造单位当地的气象、供电、地震、地质数据。

6.1.1.4 材料的选用应根据结构的重要性、载荷特征、结构形式、应力状态、制造工艺、连接方法和工作环境等因素综合考虑。

6.1.1.5 重要的机械零件所用的金属材料,其力学性能、热处理性能、焊接性能等均应满足工况要求。

6.1.1.6 游乐设施应规定其整机及其主要部件设计使用寿命。整机设计计算寿命应不少于 35 000 h,其中含上下客时间。

6.1.1.7 使用维护保养说明书应采用简体中文,对于有多种语言版本的,应以简体中文版本为准,至少应包含下列内容:

  a) 设备概述及结构简介;
  b) 技术性能及参数、运行条件;
  c) 操作规程及注意事项;
  d) 乘客须知;
  e) 保养及维护说明;
  f) 常见故障及排除方法;
  g) 整机和主要部件的设计使用寿命;
  h) 对管理操作维修服务等人员的要求;
  i) 易损零部件清单、报废要求与建议更换周期;
  j) 非正常状态下的乘客疏导措施和方法;
  k) 乘客人数限定、身高要求、年龄范围、生理限定以及儿童是否需在成人监护下乘坐等安全要求;
  l) 日检、周检、月检(含季检和半年检等)、年检(含多年检)的项目及检验要求,与之对应的检验、检测(含无损检测)和试验方法,以及检验检测的比例等;
  m) 对于移动式游乐设施,应有安装及调试方法、场地要求等;
  n) 游乐设施总装图、电气原理图、液压气动原理图、用于指导维护保养检验检测的机械部件示意图、需要进行无损检测的重要焊缝和销轴示意图等;
  o) 制造单位名称及详细通讯地址、服务或监督电话、邮箱和网址等。

6.1.2 游乐设施载荷

6.1.2.1 永久荷载

其作用点、大小和方向不随时间变化而发生变化的载荷,如游乐设施中结构自重等,用 G_k 表示。

6.1.2.2 活载荷

指乘客本身的载荷,用 Q_1 表示,规定如下:
a) 乘坐成人 1 人~2 人时按不低于 750 N/人计算,2 人以上按不低于 700 N/人计算。
b) 儿童(身高不超过 1.2 m 或 10 岁以下)按不低于 400 N/人计算。

注:构件计算人数按构件设计承载人数计算,如飞椅单座椅系统按不低于 750 N/人计算。整体塔架按不低于 700 N/人计算。

6.1.2.3 乘客的支承和约束反力

在支承物设计时,应考虑乘坐物在正常运行及启动、制动和紧急状况时乘客对扶手、支撑、脚蹬及靠壁等装置处施加的力。这些力成人不应小于 500 N/人,儿童专用的游乐设施不应小于 300 N/人,用 Q_2 表示。

6.1.2.4 人员活动区域均布活载荷的取值 Q_3

作用在游乐设施的站台、楼梯、出入口等人员活动区域均布活载荷,其取值为:
——站台、楼梯、出入口等站人的普通区域:3.5 kN/m²;
——人群密集的看台、楼梯等站人的密集区域:5 kN/m²;
——不对外开放的楼板、楼梯、出入口等站人的非开放区域:5 kN/m²;
——若游乐设施规定了在一定区域的载客人数,则该区域的均布活载荷应以载客人数的集中活载荷来进行计算。

6.1.2.5 人员活动区域水平推力的取值 Q_4

作用在游乐设施的栅栏、扶手、墙板等及其他类似地方水平方向的推力,其取值为:
——在人员不密集区域内,作用点在栅栏等的高点处:0.5 kN/m;
——在人员不密集区域内,作用点在栅栏等的一半高度处:0.1 kN/m;
——在人员密集区域内,作用点在栅栏等的高点处:1 kN/m;
——在人员密集区域内,作用点在栅栏等的一半高度处:0.15 kN/m;
——在非开放区域内,作用点在栅栏等的高点处:0.3 kN/m;
——在非开放区域内,作用点在栅栏等的一半高度处:0.1 kN/m。

6.1.2.6 驱动力和制动力

驱动乘坐物运动或使其强行停止(或减速)运动的力,用 Q_5 表示。

$$Q_5 = (m_1 + m_2)a$$

式中:
m_1——被驱动部件的质量,单位为千克(kg);
m_2——活载荷的总质量,单位为千克(kg);
a ——启动/制动最大加速度,单位为米每平方秒(m/s²)。

6.1.2.7 摩擦力

相对运动物体之间在接触面上,由于摩擦产生的力用 Q_6 表示。

$$Q_6 = \mu P$$

式中:
μ ——摩擦系数;

P——施加在摩擦面上的正压力,单位为牛顿(N)。

6.1.2.8 惯性力

由于运动速度的变化(数值和方向)而产生的力,应按照满载进行计算,用 Q_7 表示。

$$Q_7 = ma$$

式中:

m ——承受加速度的运动部件及活载荷的质量,单位为千克(kg);
a ——加速度,单位为米每平方秒(m/s²)。

6.1.2.9 碰撞力

在运动过程中发生碰撞的力,一般只验算直接发生碰撞的零部件,且假设发生在最不利的位置,且任何情况下碰撞力不应小于 0.3 mg。应按照满载进行计算,用 Q_8 表示。

$$Q_8 = mg\sin\alpha$$

式中:

m ——承受碰撞部件及载荷的质量,单位为千克(kg);
g ——自由落体加速度,单位为米每平方秒(m/s²);
α ——碰撞角,单位为度(°)。

6.1.2.10 风载荷

风载荷分为正常使用工况载荷和极限工况载荷。游乐设施的设计,应按最大运行风速 15 m/s 来计算正常使用工况下的风载荷。对于在室内使用的游乐设施,可不计算风载荷。在静止状态下(极限工况)应能承受当地气象数据提供的风载荷,风载荷用 Q_9 表示。风载荷的取值及计算方法按照 GB 50009 中的规定执行。

6.1.2.11 雪载荷

游乐设施的设计,在静止状态下应能承受雪载荷,积雪厚度不超过 80 mm 时,施加在游乐设施总体表面上的雪载荷,按照 0.2 kN/m² 的雪压进行计算。积雪厚度超过 80 mm 时,其载荷计算方法按照 GB 50009 中的规定执行,用 Q_{10} 表示。在无雪地区运行或者有防止积雪措施时,可不考虑雪载荷的影响。

6.1.2.12 温度载荷

温度载荷的取值和计算根据 GB 50009 中规定执行,用 Q_{11} 表示。

6.1.2.13 地震载荷

大型、高耸结构和建筑物上的游乐设施,设计时应考虑地震引起的载荷,用 T 表示。计算方法按照 GB 50011 的规定执行。

6.1.2.14 裹冰载荷

对于高度超过 40 m,且安装室外的游乐设施,结构件上有产生裹冰的可能时,应进行裹冰载荷计算,用 Q_{12} 表示。计算方法按照 GB 50135 的规定执行。

6.1.2.15 冲击载荷

6.1.2.15.1 游乐设施在运动过程中有可能出现冲击,从而产生冲击载荷(如滑行车类中,可能来自于轨道连接处或磨损后轨道形成的凹坑),则运动部件受到的载荷(永久载荷和活载荷及所承受的惯性力)应乘以不小于$k_1=1.2$的冲击系数。对于速度低于2 m/s的游乐设施,可不计算冲击载荷。

6.1.2.15.2 如果该运动部件在实际运行过程中会有更大的冲击力而且也不能将冲击力降到设计要求范围内,那么就需要相应地提高冲击系数来进行修改计算。

6.1.2.15.3 在轨道运行的游乐设施,当运行速度超过20 km/h时,运行时轨道结构受到的载荷应乘以振动系数(不小于$k_2=1.2$)。以下几种情况可不考虑振动:

  a) 轨道结构的支撑件或悬挂件(如轨道的主支撑管、立柱等);
  b) 地面压力;
  c) 地基沉降。

6.1.2.15.4 采用图1所示的防倒齿进行止逆的装置,设计时应考虑冲击系数。如果不进行其他精确计算,则该冲击系数的取值至少为向后行驶最大垂直高度(h,以单位cm计量的数值,无量纲)的一半,并且不小于2.0。

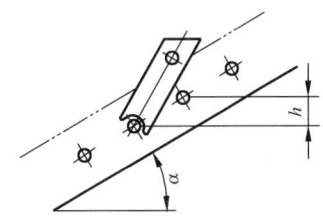

图 1 止逆装置向后行驶最大垂直高度示意图

6.1.2.16 其他载荷

必要时游乐设施的其他载荷包括但不限于:

  a) 空气阻力;
  b) 流体作用力;
  c) 安装到游乐设施上的装饰件产生的附加力。

6.1.3 工况分析

6.1.3.1 游乐设施的工况包括正常运行工况、非正常运行工况和极限状态工况。

  注:正常运行工况可参考游乐设施在设计的使用条件下,设备空载、偏载、满载等不同情况;非正常运行工况可参考游乐设施急停、应急救援、维护保养等不同情况;极限状态工况可参考游乐设施在极限风速、地震等当地极限条件下的不同情况。

6.1.3.2 应对游乐设施进行运动学和动力学分析,以获取运行速度、加速度、受力和运行姿态等数据。

6.1.3.3 工况分析应至少考虑以下情况:

  a) 设备运行的不同阶段,如上下客、正常运行、制动状态、维护保养等;
  b) 载荷的不同分布情况,如满载、偏载等;
  c) 设备的不同姿态;
  d) 可能出现的非正常运行和极限状态工况等。

6.1.4 载荷组合

6.1.4.1 根据不同的设备和工况分析,将游乐设施结构中所承受的永久载荷与其他载荷等组合成一个计算载荷,分别进行分析计算,可参考附录D。

6.1.4.2 应根据非正常运行工况和极限状态工况等具体情况来进行载荷组合,不应使结构产生破坏和永久变形。

6.2 设计计算

6.2.1 基本要求

游乐设施的设计计算包括：静强度计算、刚度计算、疲劳强度计算、稳定性计算、抗倾覆计算、防侧滑计算等，应根据具体结构和工况进行选择。其中，采用Q345钢、20号钢、45号钢、40Cr、Q390钢的结构静强度计算可参照附录E规定的极限状态设计法执行。

6.2.2 应力计算

零部件及焊缝应进行应力计算，材料极限应力与其承受的最大应力的比值为安全系数，得出的安全系数 n 应满足表1的要求。

$$n = \frac{\sigma_b}{\sigma_{max}} \geq [n]$$

式中：

σ_b ——材料的极限应力，单位为兆帕（MPa）；

σ_{max} ——设计计算最大应力，单位为兆帕（MPa）；

$[n]$ ——许用安全系数（见表1）。

表 1 许用安全系数

名称	安全系数 $[n]$
重要的轴、销轴及Ⅰ级和Ⅱ级焊缝	≥5
一般构件	≥3.5（脆性材料≥8）

注1：重要的轴和销轴：指直接涉及到人身和设备安全的轴和销轴，如：游乐设施主轴、中心轴、乘坐物支撑轴、乘坐物吊挂轴、车轮轴、升降油缸（气缸）上下销轴、乘坐物升降臂上下销轴、肩式压杠轴、车辆连接器轴、防逆行、防倾翻装置的销轴等。

注2：Ⅰ级和Ⅱ级焊缝的定义见表5。

注3：一般构件：运动部件（重要的传动轴除外），不直接涉及人身安全的轴、支撑臂、立柱、框架、桁架、轨道等构件。

6.2.3 疲劳强度计算

6.2.3.1 钢结构构件及其连接的疲劳计算应符合GB 50017中关于疲劳强度计算的规定。

6.2.3.2 游乐设施的Ⅰ级、Ⅱ级焊缝应进行疲劳强度校核，对应力循环中不出现拉应力的部位可不计算疲劳强度。

6.2.3.3 轴的许用疲劳强度安全系数应满足表2的要求。

表 2 轴的许用疲劳强度安全系数

零部件	$[n_{-1}]$（对称循环）	$[n_0]$（脉动循环）
材料较均匀，载荷及应力计算较精确	≥1.3	≥1.73
材料不够均匀，载荷及应力计算精度较差	≥1.5～1.8	≥2.0～2.4
材料均匀度很差，计算精度很差	≥1.8～2.5	≥2.4～3.3

6.2.3.4 当循环载荷的最大计算应力小于材料的疲劳极限时,零部件为无限寿命;当循环载荷的最大计算应力大于材料的疲劳极限时,用疲劳载荷谱来计算零部件的使用寿命。

6.2.3.5 对不能设计为可拆卸结构的部件,其设计使用期限不能低于整机设计使用期限。

6.2.4 刚度计算

对游乐设施有变形要求的某些零部件,应进行刚度计算。

6.2.5 稳定性计算

为防止结构失稳,对细长、薄壁结构件需要进行整体和局部稳定性计算。其中细长构件的稳定性计算应符合 GB 50017 中相关规定;板件和壳体的稳定性计算应符合 GB/T 3811—2008 中 5.7 的要求。

6.2.6 防止倾覆计算

游乐设施运行中,有可能发生整体倾覆时应进行该计算。

$$\sum M_1 \geqslant \sum \gamma M_2$$

式中:

γ ——安全系数,见表 3;
M_1 ——稳定力矩值;
M_2 ——倾覆力矩值。

6.2.7 防止侧滑计算

游乐设施运行中,有可能发生整体侧向滑移时应进行防止侧滑计算。

$$\sum \mu N \geqslant \sum \gamma H$$

式中:

γ ——安全系数,见表 3;
μ ——摩擦系数;
N ——垂直载荷分量;
H ——水平载荷分量。

表 3 防止倾覆及侧滑的安全系数 γ

序号	载荷	γ
1	静载荷为有利作用因素	1
2	静载荷为不利作用因素	1.1
3	风载荷为不利作用因素	1.2
4	除 2 项、3 项以外的其他载荷为不利作用因素	1.3

6.3 速度和加速度

6.3.1 速度允许值

6.3.1.1 边运行边上下乘客的游乐设施,其相对运行速度应不大于 0.3 m/s。

6.3.1.2 小火车类等游乐设施,其速度允许值见表 4。

表 4　速度允许值

序号	名称	运行特点	运行速度/(km/h)	举例
1	小火车类	沿地面轨道运行	≤10	儿童小火车
2	碰碰车类	在固定场地上运行碰撞	≤10	碰碰车
3	赛车类	在地面规定线路上运行	≤20	小赛车
4	滑道	在槽内或轨道上运行	≤40	旱地滑道

6.3.2　加速度允许值

6.3.2.1　基本要求

为使乘客不受到伤害，游乐设施乘客的加速度应限制在一定的范围内，图 2 给出了人体空间坐标系。其允许加速度值见图 3~图 6（用实际加速度与重力加速度 g 的比值表示）。

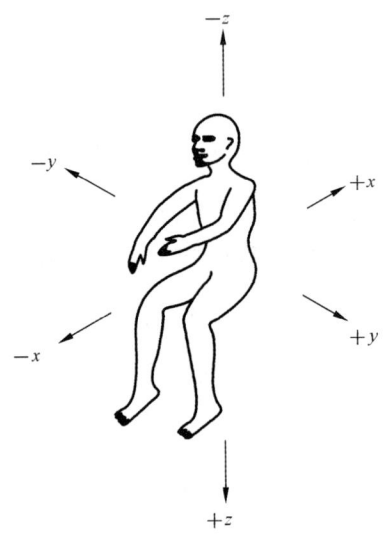

图 2　人体坐标系

6.3.2.2　测量位置

计算或测量加速度的参考点一般应在座席上方 600 mm 处（或成人心脏大概位置）。持续时间小于或等于 0.2 s 的加速度为冲击加速度，持续时间大于 0.2 s 的加速度为稳态加速度。

6.3.2.3　x 方向加速度

$+x$ 方向的最大加速度不超过 $6g$，$-x$ 方向的最大加速度不超过 $3.5g$。

6.3.2.4　y 方向加速度

侧向（y 方向）加速度应符合图 3 的规定。

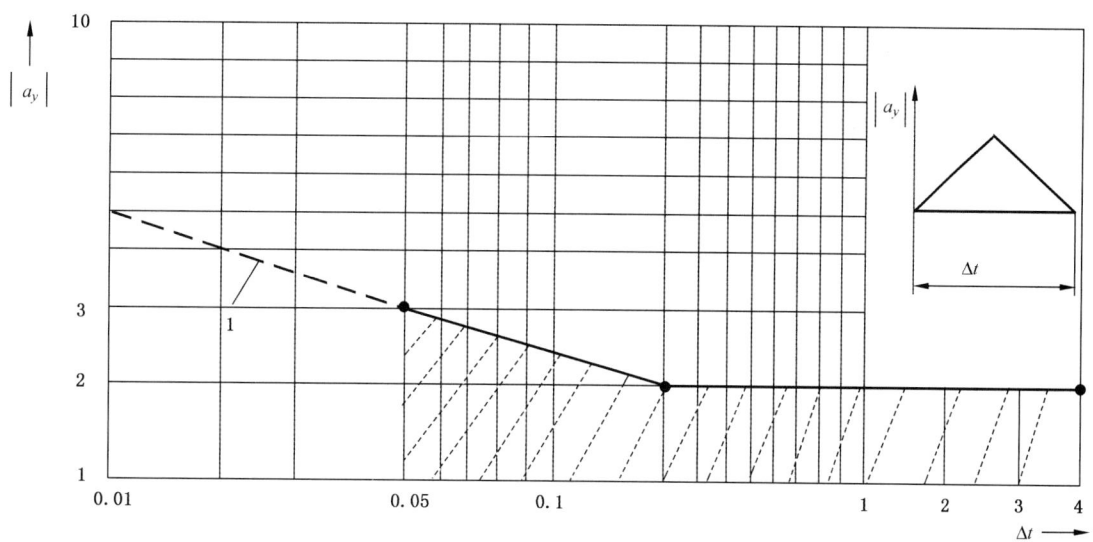

注1：1 为频率 10 Hz 以上的区域。
注2：Δt 为加速度持续时间(s)。
注3：大于 4 s 的区域尚未证实，需进一步测试。
注4：阴影部分为允许的加速度。

图 3 与持续时间有关的允许加速度 $a_y(g)$

6.3.2.5 z 方向加速度

垂直加速度应符合图 4 的规定。如 0.3 s 允许的加速度极限值是 $a_z=-1.7g$ 和 $a_z=+6.0g$。在有冲击载荷时，上述值应降低 10%。

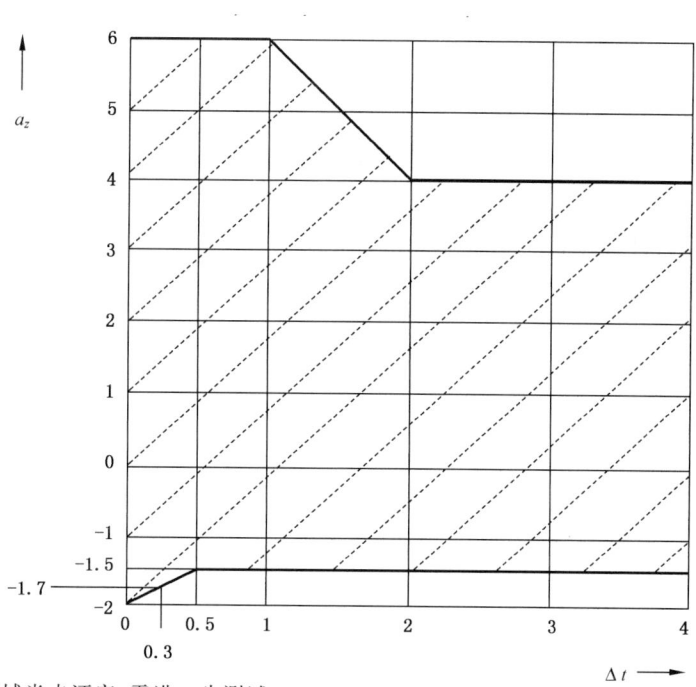

注1：大于 4 s 的区域尚未证实，需进一步测试。
注2：Δt 为加速度持续时间(s)。
注3：阴影部分为允许的加速度。

图 4 与持续时间有关的允许加速度 $a_z(g)$

6.3.2.6 加速度的组合

当同时存在侧向加速度 a_y 和垂直加速度 a_z 时，还应满足图 5 的比值 $a_y/[a_y]$ 和 $a_z/[a_z]$。其中：a_y、a_z 为侧向、垂直实际加速度值；$[a_y]$、$[a_z]$ 为侧向、垂直加速度允许值。

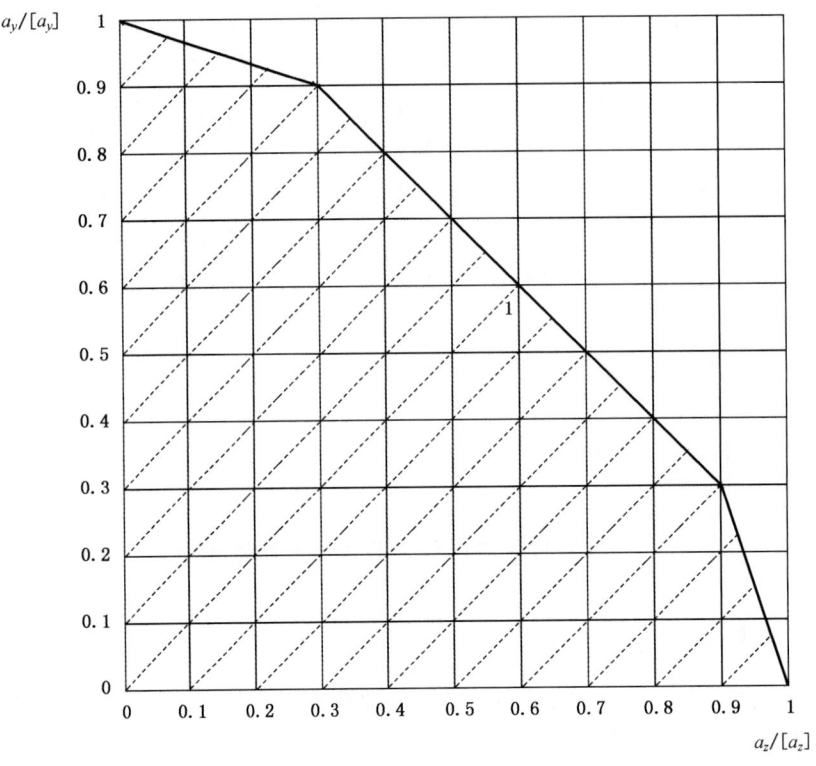

注： 划斜线的阴影部分为允许的区域。

图 5 加速度 a_y 和 a_z 的组合

a_y 和 a_z 是在 0.3 s 时间内承受的最大加速度值，也就是在 0.3 s 时间差内出现的最大值，需要进行合成。

图 6 给出了组合允许加速度值 a_y 和 a_z。

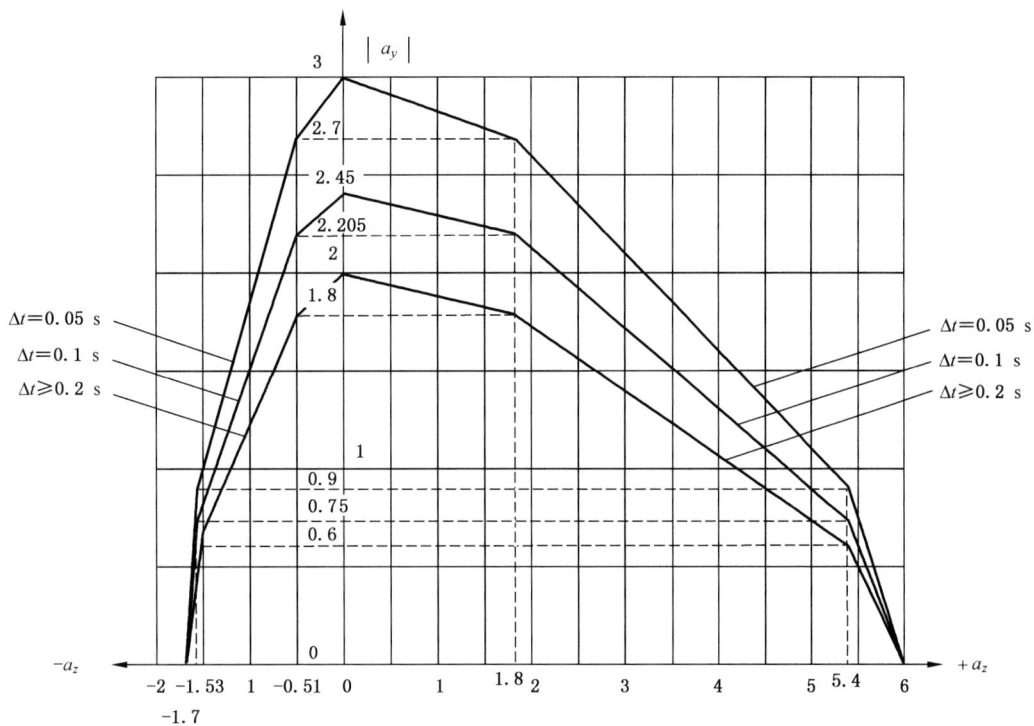

注：三条折线表示：当 a_z、a_y 同时存在时，在持续时间为 0.05 s、0.10 s、≥0.20 s 时，最大允许的加速度 a_z、a_y 值。
如：加速度持续时间为 0.05 s，当 a_z 值为 1.8g 时，最大允许的 a_y 值为 2.7g。

图 6 加速度 a_y 和 a_z 组合允许值（g）

6.4 焊接设计

6.4.1 焊接接头设计原则

6.4.1.1 焊缝金属应与主体金属相适应。当不同强度的钢材连接时，宜采用与低强度钢材相适应的焊接材料。

6.4.1.2 焊接接头坡口和尺寸应符合 GB/T 985.1 和 GB/T 985.2 的规定。

6.4.1.3 不等厚度焊件或不等宽度焊件相焊：两者在一侧相差 4 mm 以上时，应分别在宽度或厚度方向从一侧或二侧做成坡度不大于 1∶4 的斜角，见图 7。

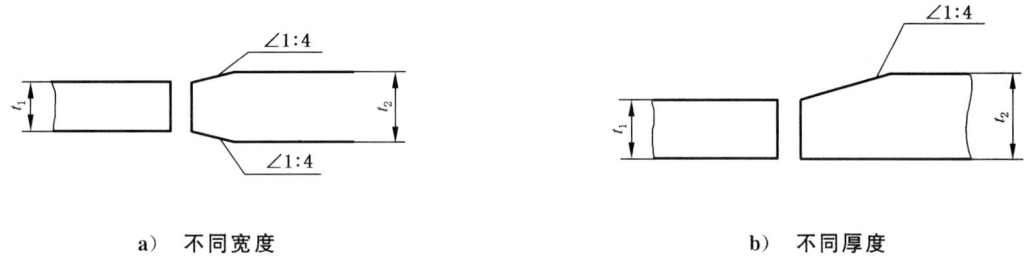

a) 不同宽度　　　　　　　　　　　　　　b) 不同厚度

图 7 不同宽度或厚度钢板的拼接

6.4.1.4 在满足设计的前提下，宜减少焊缝的数量和应力集中区域，焊缝宜避免密集、十字焊缝、双向、三向相交，避开结构上高工作应力部位、机械加工面等。

6.4.1.5 焊缝周围宜留有足够空间，便于焊接操作和焊后检测。

6.4.2 焊接接头形式

焊接接头形式参见附录F。

6.4.3 焊缝的分级

6.4.3.1 分级原则

6.4.3.1.1 焊缝应经过风险评价确定其级别。风险评价中需考虑焊缝失效的可能性、失效后果的严重性、焊缝的可检验性等因素。

6.4.3.1.2 焊缝失效的可能性与载荷特性、焊缝形式、工作环境以及应力状态相关联。

6.4.3.1.3 焊缝失效后果的严重性是指是否直接涉及到人身安全。

6.4.3.1.4 焊缝的可检验性是指焊缝是否便于检验检测。

6.4.3.2 焊缝分级的依据

焊缝经风险评价分为四个等级,见表5。

表 5 焊缝分级

焊缝等级	失效后果的严重性	失效的可能性(受力及接头形式)
Ⅰ级焊缝	直接涉及人身安全	承受拉力且作用力垂直于焊缝长度方向的对接焊缝或T形对接和角接组合焊缝
Ⅱ级焊缝	直接涉及人身安全	除上述焊缝外的其他焊缝
Ⅲ级焊缝	不直接涉及人身安全	承受拉力且作用力垂直于焊缝长度方向的对接焊缝或T形对接和角接组合焊缝
Ⅳ级焊缝	不直接涉及人身安全	除上述焊缝外的其他焊缝

注1:如果焊缝日常不方便检查或者涉及到异种材料焊接等特殊情况,则适当提升该焊缝级别。
注2:Ⅰ级、Ⅱ级为重要焊缝,其余为一般焊缝。

6.4.4 焊接节点构造要求

6.4.4.1 组焊构件焊接节点要求宜符合 GB 50661—2011 中 5.4 的规定。

6.4.4.2 防止板材产生层状撕裂的节点宜符合 GB 50661—2011 中 5.5 的规定。

6.4.4.3 制作与安装焊接构造节点宜符合 GB 50661—2011 中 5.6 的规定。

6.4.4.4 承受动载与抗震的焊接构造要求宜符合 GB 50661—2011 中 5.7 的规定。

6.4.5 焊缝强度计算

6.4.5.1 对接焊缝的强度计算

6.4.5.1.1 承受轴向拉力或压力的对接焊缝,应计算其纵向拉、压的应力。

6.4.5.1.2 承受弯矩和剪力联合作用的对接焊缝,应计算其危险点的最大正应力和最大剪应力。

6.4.5.2 角焊缝的强度计算

角焊缝应计算其抗剪强度。当角焊缝受复合内力作用时,应计算出合应力。

6.4.5.3 焊缝安全系数

安全系数为计算的破断应力(按表6选取)与其承受的最大计算应力的比值。得出的安全系数 n 应满足表1的要求。

表 6 焊缝计算破断应力表达公式

焊缝等级	接头形式 (σ_b)								
	对接焊缝				对接和角接组合焊缝				角焊缝
	抗压	抗拉	抗剪	组合应力	抗压	抗拉	抗剪	组合应力	抗拉、抗压和抗剪
Ⅰ	σ_b	σ_b	$\sigma_b/\sqrt{2}$	σ_b	σ_b	σ_b	$\sigma_b/\sqrt{2}$	σ_b	—
Ⅱ	σ_b	$0.8\sigma_b$	$0.8\sigma_b/\sqrt{2}$	$0.8\sigma_b$	$0.8\sigma_b/\sqrt{2}$				
Ⅲ	^	^	^	^	^				
Ⅳ	^	^	^	^	^				

σ_b 为焊接母材的破断强度,当母材强度等级不同时,按低强度选取。

6.4.6 焊缝检测要求

6.4.6.1 焊缝外观检测要求

所有焊缝应按 GB/T 34370.2 进行目视检测,质量等级符合下列要求:
a) Ⅰ级焊缝外观质量应不低于 GB/T 19418,B 级要求;
b) Ⅱ级焊缝外观质量应不低于 GB/T 19418,C 级要求;
c) Ⅲ级、Ⅳ级焊缝外观质量应不低于 GB/T 19418,D 级要求。

6.4.6.2 焊缝的无损检测要求

焊缝的无损检测要求见表7。

表 7 焊缝的检测要求

焊缝等级	检测要求
Ⅰ	100% 目视检测、100% 表面无损检测、100% 的内部无损检测
Ⅱ	100% 目视检测、100% 表面无损检测、对接焊缝还应做 20% 的内部无损检测
Ⅲ	100% 目视检测、20% 表面无损检测
Ⅳ	100% 目视检测

对于工艺上无法进行内部无损检测的焊缝,应有详细的施焊记录和图片见证。

6.5 结构设计

6.5.1 应根据游乐设施的性能和受力选取合适的结构形式,应尽量减少结构应力集中。
6.5.2 应考虑游乐设施的可检验性,对于无法进行检验的结构应有保证其安全的措施;在使用期间需要进行定期检查和无损检测的零部件,应便于检查和检测,需要拆卸的,应便于拆卸。
6.5.3 应依据受力、运输、存放和吊装等条件,划分结构单元。
6.5.4 检查孔和人孔的几何尺寸应满足检查需要,且应有防止积水的措施。
6.5.5 结构件的排水措施应有效,其外表面及结构件内部不应有渗漏水或残留积水。
6.5.6 结构件安装吊点的设置应保证其在吊装过程中不产生塑性变形。

6.5.7 乘客部分的支撑、轿厢、车辆等受力框架,应采用金属材料或其他高强度性能的非金属材料制成,在整体上应为坚固的结构。

6.5.8 重要螺栓连接应能满足载荷要求,应采取防止螺栓松动的措施。螺栓安装后应有明显的防松标识。

6.5.9 重要零部件间的销轴连接应有防脱落措施。

6.5.10 重要的轴和销轴,其配合面的表面粗糙度应满足工况要求。

6.5.11 重要轴及销轴应避免应力集中,如尽量小的截面变化、轴肩处尽可能大的圆角等。

6.5.12 必要时,应采取措施避免共振。

6.6 传动系统

6.6.1 基本要求

6.6.1.1 传动系统的设计,应保证系统在失效的情况下,游乐设施处于安全状态。

6.6.1.2 摩擦传动应有压紧力可调的装置或措施。

6.6.2 机械传动

6.6.2.1 齿轮的设计或选型应符合游乐设施的实际工况,并符合相关国家标准的规定。

6.6.2.2 采用皮带及链条传动时,应设置可调整皮带或者链条的张紧机构。

6.6.2.3 传送动力的滚子链,应符合 GB/T 1243 的规定。

6.6.2.4 提升、吊挂乘人装置用的链条,其最小断裂载荷与其承受最大静荷载的比值,应不小于8。

6.6.2.5 摩擦传动用的钢丝绳直径应不小于 10 mm,卷筒传动用的钢丝绳直径应不小于 6 mm。

6.6.2.6 提升、吊挂乘人装置用的钢丝绳所承受的最大载荷,应考虑端部固定的效率,见表8,钢丝绳最小断裂载荷与其承受最大静荷载的比例,应不小于10(滑道除外)。

表 8 钢丝绳端部固定方法

固定方法	名称	效率/%	备注
	巴氏合金固定	100	一般称浇铸巴氏合金法
	绳夹固定	80～85	绳夹加工不合适,效率为50%以下
	楔块固定	65～70	楔块加工不合适,效率为50%以下
	桃形环编织法	80～90	钢丝绳直径/mm $\phi16$ 以下,90% $\phi16～26$,85% $\phi28～38$,80%
	桃形环绳箍	90～100	

6.6.2.7 乘人部分使用的钢丝绳应符合GB/T 8918的规定。

6.6.2.8 卷筒和滑轮用的钢丝绳,宜选用线接触钢丝绳。在腐蚀环境中应选用镀锌钢丝绳。钢丝绳的性能和强度,应满足机构工况要求。

6.6.2.9 提升乘人装置用的卷筒、滑轮直径与钢丝绳直径之比应不小于30。当钢丝绳对滑轮包角不大于90°时,滑轮直径与钢丝绳直径之比应不小于20倍。应规定钢丝绳使用寿命。

6.6.2.10 非金属弹性件、套环、承载体等吊挂件,其最小断裂载荷与其承受最大静荷载的比例,应不小于10。

6.6.2.11 轴承设计、选型应符合实际工况,考虑承载力、转速、寿命、润滑和温升等。

6.6.2.12 轴承应具有足够的设计使用寿命。对于难以拆卸的轴承,其设计使用寿命不低于整机使用寿命;对作为易损件在使用中可以更换的轴承,其设计使用寿命可低于整机使用寿命,但应在使用维护保养说明书中提出明确的更换要求。

6.6.2.13 对于轴承及接触面有相对运动的部位,应有润滑措施,需要添加润滑剂的,应便于操作。

6.6.3 液压和气动系统

6.6.3.1 为保证使用的安全性,应对系统中的所有组件进行选择,确保当系统投入使用时,这些组件能可靠地运行。尤其应注意失效或误动作可能引起危险的组件的可靠性。

6.6.3.2 应从设计上防止系统的压力不会超过系统允许的最高压力和任何组件的额定压力,当压力丧失或达到临界压力时,不应使人员面临危险。

6.6.3.3 液压或气动系统的设计应尽量减少冲击。冲击压力和失压不应引起危险。

6.6.3.4 乘人部分由油缸或气缸支撑升降,当压力管道、软管及泵等失效时,乘人部分下降速度不应大于0.5 m/s,否则应设有效的缓冲装置或保护装置。

6.6.3.5 油温应符合GB/T 3766的规定:当环境温度最高时,油泵进口油的温度不应超过60 ℃。在环境温度最低时,设备应能正常工作。

6.6.3.6 液压或气动系统中,应设有不超过额定工作压力1.2倍的过压保护装置。

6.6.3.7 液压缸的设计应符合GB/T 3766要求,设计时并考虑安装调整,使负载的反作用力通过液压缸的中心线。

6.6.3.8 单作用活塞式液压缸,应设计排气口,并设置在适当位置,以避免喷射的液体对人员造成危险。

6.6.3.9 对设有充气式蓄能器的液压系统,规定如下:
a) 在关机时应自动卸掉蓄能器的油液压力,或可靠地隔离蓄能器。在关机后仍需要压力的特殊情况下除外;
b) 应有文字警告标识,同样的内容也应标注在液压原理图上;
c) 如果充气式蓄能器系统中的组件或管接头失效会引起危险,应采取适当的防护措施;
d) 管路、管接头、软管等部件的额定压力,应不低于其所在系统部位的最高工作压力;
e) 软管的总成应符合GB/T 3766的要求。

6.7 电气及控制系统

6.7.1 电气系统

6.7.1.1 电气系统设计应正确合理,符合国家相应电气技术规范、标准要求。

6.7.1.2 设备供电电源应满足GB 5226.1—2008的规定。

6.7.1.3 元器件选型应满足以下要求:
a) 电气系统设计应进行风险评价,依据风险评价明确重要电气元件和易损件。重要电气元件应

根据使用的频率确定使用周期;

b) 主回路电气元件(如开关、接触器、继电器)应至少满足容量的需求;

c) 操作按钮、控制手柄和软件操作界面等应有明显的中文标识,按钮、信号灯等颜色标识应符合 GB 5226.1—2008 的规定。

6.7.1.4 电气系统宜有游乐设施运行电压、电流等显示。

6.7.1.5 导线和电缆的选型设计,应符合 GB 5226.1—2008 的规定。

6.7.1.6 电动机的选择应满足以下要求:

a) 电动机的选型应符合 GB 5226.1—2008 的规定;

b) 在满载和设计允许偏载的情况下,连续工作的异步电机工作电流应不大于电机的额定电流;

c) 对频繁直接起动的异步电机,起动电流应不大于额定电流的 4.5 倍。

6.7.1.7 对电机有调速要求的场合,其调速器、驱动器应满足电机加、减速工况的需求。

6.7.1.8 设备的电磁兼容性(EMC)应满足 GB 5226.1—2008 的规定。

6.7.1.9 电压有效值大于 50 V 的带电回路与接地装置之间的绝缘电阻应不小于 1 MΩ。

6.7.1.10 安装在水泵房、游泳池等潮湿场所的电气设备以及使用非安全电压的装饰照明设备,应有剩余电流动作保护装置。剩余电流保护装置的技术条件及安装与运行应符合 GB/Z 6829 和 GB/T 13955 的有关规定,其技术额定值应与被保护线路或设备的技术参数及安装与运行环境相匹配;用于直接接触电击防护时,应选用 0.1 s、30 mA 高灵敏度快速动作型的剩余电流保护器。在间接接触防护中,采用自动切断电源的剩余电流保护器时,应正确地与电网的系统接地型式相配合。

6.7.1.11 对于危险性较大的超大型游乐设施,宜采取运行数据监测的措施,安装在室外的设备,还宜考虑对其运行环境进行监测。条件允许的情况下,宜对运行监控的数据进行存储记录和分析。

6.7.1.12 电气设备和元器件的布置及导线铺设等,应符合国家有关电气装置安装工程施工及验收规范的要求。

6.7.1.13 游乐设施根据运行工况应有相应的照明和应急照明设备,乘客通道照明照度应不低于 60 lx,应急照明照度应不低 20 lx。

6.7.2 控制与防护系统

6.7.2.1 控制电路电源应满足 GB 5226.1—2008 的规定。当电源中断,可能致运行数据丢失,整个系统难以快速恢复时,应设置 UPS 电源装置。

6.7.2.2 控制系统应满足游乐设施运行工况和乘客安全。控制逻辑应可靠合理。

6.7.2.3 采用自动控制或联锁控制时应有维修(维护)模式,每个运动宜能单独控制。

6.7.2.4 采用自动控制或联锁控制,当误操作时,设备不允许有危及乘客安全的运动。

6.7.2.5 采用无线和非机械式传感器等参与控制时,应充分考虑发射和接收感应组件抵抗外界的干扰能力和对工作环境的敏感性,宜设有故障监测及报警系统。当信号传输有误时,不应有人员伤害发生。

6.7.2.6 超过工作限值(速度、压力、转矩、位置)可能导致危险情况的场合,工作限值超限时应触发相应的保护控制。

6.7.2.7 游乐设施在运行中超过预定位置有可能发生危险时,应有限位控制和极限位置控制装置,控制装置应安全可靠。

6.7.2.8 用卷筒和曳引机传动的游乐设施,应设有防止钢丝绳过卷、松弛的控制及极限位置控制装置,正常运行情况下操作员不可见的多根钢丝绳传动系统应有断绳检测控制装置。

6.7.2.9 操作台上应设置紧急停止按钮(必要时站台上也应设置),按钮型式应采用凸起手动复位式。不允许由于按动紧急停止按钮而造成危险。

6.7.2.10 在安装、维护、检验时,需要进入危险区域或人体某个部分(例如手臂)伸进危险区域时,应有防止误起动的控制措施,一般可采取下列措施:

a) 控制或联锁元件设置于危险区域,并只能在此处闭锁或启动;
b) 具有可拔出的开关钥匙。

6.7.2.11 控制系统在设备启动前应对设备的运行条件(包含气压、液压、电源、乘客及设备安全防护的检测等)进行确认判断,只有当设备符合运行条件后才允许起动。应设置起动前提示乘客注意安全的音响等信号装置。

6.7.2.12 游乐设施的操作按钮,应符合 GB 5226.1—2008 中 9.2.5 的规定;启动按钮应设置在乘客不易触及的区域,特殊情况应加防护隔离罩。

6.7.2.13 乘客易接触部位(高度小于 2.5 m 或距离小于 500 mm 范围内)的装饰照明电压应采用不大于 50 V 的安全电压。

6.7.2.14 由乘客操作的电器开关应采用不大于 24 V 的安全电压,对于工作电压难以满足上述要求的设备,其开关的操作杆和操作手柄等类似结构,应符合 GB 4706.1—2005 中 8.1.1、8.1.4、8.1.5、8.2 的规定。

6.7.2.15 正常运行状态下,轨道带电在地面行驶的游乐设施,滑线供电电压大于 50 V 以上时,应做好相应的安全防范措施,可参考以下措施:
a) 设置安全栅栏及安全标识;
b) 座舱内设置乘客束缚装置;
c) 封闭轨道带电区域。

6.7.2.16 架空行驶的游乐设施,如架空列车等,滑触线高度低于 2.5 m 的区域应设置安全栅栏和安全标识。

6.7.3 接地与避雷

6.7.3.1 游乐设施的低压配电系统的接地型式应采用 TN-S 系统或 TN-C-S 系统;电气设备中正常情况下不带电的金属外壳、金属管槽、电缆金属保护层、互感器二次回路等应与电源线的地线(PE)可靠连接,低压配电系统保护接地电阻应不大于 10 Ω。接地装置的设计和施工应符合 GB/T 50065、GB 50169 的规定。

6.7.3.2 高度大于 15 m 的游乐设施和滑索上、下站及钢丝绳等应设防雷装置,并应采取防闪电电涌侵入的措施。高度超过 60 m 时还应增加防侧向雷击的防雷装置。防雷装置应符合 GB 50057 的规定。

6.7.3.3 游乐设施不应设置在高压架空输配电线路通道内。长距离轨道类游乐设施如须设置在已有高压线下方时,应满足 GB 50545 的相关规定,并取得当地电力管理部门的同意。

6.8 乘载系统

6.8.1 基本要求

6.8.1.1 游乐设施依据设备的性能、运行方式、速度及其结构的不同,并考虑乘客的身体特征,设置相应形式的乘载系统。乘载系统包括乘人装置和乘客束缚装置。乘客束缚装置可采用安全带、安全压杠、挡杆等。

6.8.1.2 当游乐设施运行时,乘客有可能在乘人装置内移动、碰撞或者甩出、滑出时,应设有乘客束缚装置。

6.8.1.3 乘载系统应可靠、舒适。乘载系统的设计应防止乘客被夹伤或压伤,且易于调节、操作方便。

6.8.1.4 在运动过程中,由于翻滚、冲击或惯性力等作用,乘载系统的反作用力不应对乘客造成伤害。

6.8.1.5 乘载系统应可靠地固定在游乐设施的结构件上,且有足够的强度承受各种工况发生的最大作用力。

6.8.1.6 乘人装置的座位结构和型式应具有一定的束缚功能。对于运行过程中乘客有翻滚动作的设备,乘客座椅面两边和中间应设有效拦挡结构,适当增加座椅面倾角。

6.8.1.7 乘客束缚装置的锁紧装置,在游乐设施出现功能性故障或急停刹车的情况下,仍能保持其闭锁状态,除非采取疏导乘客的紧急措施。

6.8.1.8 座席距地面最大高度5 m以下时,座舱深度不小于550 mm,座席靠背高度不小于300 mm。座席距地面最大高度5 m以上时,座舱深度不小于800 mm,座席靠背高度不小于400 mm。当设有安全杠和安全带等设施时,可适当减少座舱深度。乘人座席宽度每人应不小于400 mm,专供儿童乘坐的每人应不小于250 mm。

6.8.1.9 乘人装置应明确标识额定乘员数量,严禁超规超载运行。

6.8.1.10 座舱结构如采用玻璃钢等封闭,应留有检修孔或有相应的检修措施。

6.8.1.11 凡乘客可触及之处,不允许有外露的锐边、尖角、毛刺和危险突出物等。

6.8.2 乘客束缚装置

6.8.2.1 安全带

6.8.2.1.1 安全带可单独用于轻微摇摆或升降速度较慢、没有翻转、没有被甩出危险的设施上,使用安全带一般应配辅助把手。对运动激烈的设备,安全带可作为辅助束缚装置。

6.8.2.1.2 安全带宜采用尼龙编织带等适于露天使用的高强度的带子,带宽应不小于30 mm,安全带破断拉力应不小于6 000 N。安全带与机体的连接应可靠,可以承受可预见的乘客各种动作产生的力。若直接固定在玻璃钢件上,其固定处应牢固可靠,否则应采取埋设金属构件等加强措施。

6.8.2.1.3 安全带卡扣组件应由金属材料制成。安全带卡扣组件本身、安全带卡扣组件与安全带的破断拉力应不小于6 000 N。安全带卡扣组件应锁紧可靠,在无外力作用的情况下不应自行打开,必要时应设置防止乘客自行打开的保险装置。

6.8.2.1.4 安全带应明确更换周期或更换条件。

6.8.2.2 安全压杠

6.8.2.2.1 安全压杠本身应具有足够的强度、锁紧力和适宜的结构形式,保证乘客不被甩出或掉下,并在设备停止运行前始终处于锁定状态。

6.8.2.2.2 锁定和释放机构可采用手动或自动控制方式。自动控制装置失效时,应能够用手动开启。

6.8.2.2.3 乘客应不能随意打开释放机构,而操作人员可方便和迅速地接近该位置,操作释放机构。

6.8.2.2.4 安全压杠行程应可调节,压杠在压紧状态时端部的游动量不大于35 mm。安全压杠压紧过程动作应缓慢,施加给乘客的最大力:对成人不大于150 N,对儿童不大于80 N。

6.8.3 束缚装置选型

6.8.3.1 束缚装置宜参考图8中设计加速度的5个区域来选型。图中的加速度为"持续加速度"而非"冲击加速度",加速度的方向参见图2的人体坐标系。

6.8.3.2 束缚装置的选型应结合设备的具体情况考虑,如:
  a) 加速度方向、大小、作用点、持续时间和角加速度等;
  b) 乘载系统的结构形式和束缚情况、座椅面的结构形式和摩擦情况;
  c) 乘客的姿态,如翻滚、倾斜等;
  d) 侧面加速度,如持续的侧面加速度大于或等于0.5g时,座位、靠背、头枕、护垫等设计应作特殊考虑。

6.8.3.3 对图8所示5个区域,应按照表9的要求分别设置束缚装置,束缚装置可组合使用。

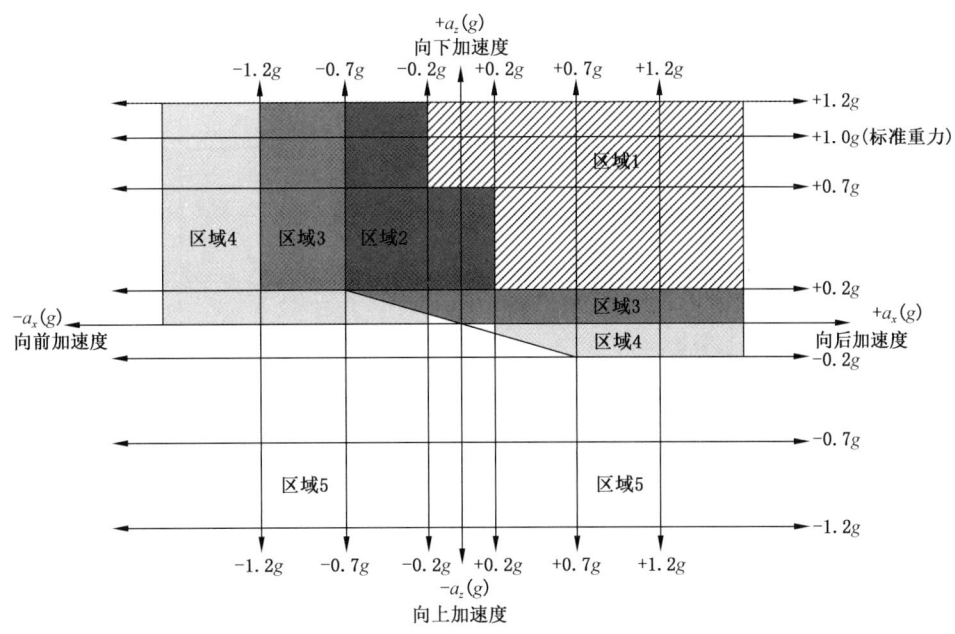

图 8 设计加速度的 5 个区域

表 9 束缚装置准则

类型	不同要求	1级	2级	3级	4级	5级	5级冗余
每套束缚装置保护的乘客数量	1. 不需束缚装置。	*					
	2. 一套束缚装置可以用于一个或多个乘客。		*	*			*
	3. 一套束缚装置仅保护一个乘客。				*	*	
（束缚装置）锁紧位置	1. 锁紧位置固定或根据乘客情况调整。		*				*
	2. 锁紧位置根据乘客情况调整。			*	*	*	
（锁紧机构）锁紧类型	1. 乘客或操作人员均可锁紧束缚装置。		*				
	2. 乘客或操作人员均可手动或自动锁紧束缚装置。操作人员需确认束缚装置已锁紧。			*			*
	3. 束缚装置应自动锁紧。				*	*	
（锁紧机构）释放类型	1. 乘客或操作人员均可释放束缚装置。		*				
	2. 乘客可手动释放束缚装置，或者操作人员可手动或自动释放束缚装置。			*			*
	3. 只允许操作人员手动或自动释放束缚装置。				*	*	
外部指示	1. 不要求外部指示。		*				
	2. 不要求外部指示。设计上应便于操作人员在每个运行周期对束缚装置进行目视或人工检查。			*	*		*
	3. 要求外部指示。设备应当设有乘客束缚装置有效锁紧后才能启动的联锁控制功能。设计上应便于操作人员在每个运行周期对束缚装置进行目视或人工检查。					*	

表9（续）

类型	不同要求	1级	2级	3级	4级	5级	5级冗余
（束缚装置）锁紧和释放的方式	1. 手动或自动控制锁紧和释放。		*	*	*	*	*
锁紧装置的冗余	1. 不要求冗余。		*	*			*
	2. 锁紧装置应有冗余。				*	*	
	3. 不要求冗余，第二套束缚装置的锁紧和释放应独立于第一套束缚装置。						*
束缚装置的配置	1. 两套独立束缚装置或一套失效安全的束缚装置。						*

注1：通过具体设备的乘载分析也可设置一个更高级别的束缚装置。
注2：失效安全(fail-safe)的束缚装置是指乘客束缚装置的任意一个部位失效，不会造成乘客脱离束缚装置。
注3：＊表示该级束缚装置对应的技术要求。

6.8.3.4 区域1——对应1级束缚装置，其要求如下：
a) 1级束缚装置为不需束缚装置；
b) 如仅依据区域1的作用力，可以不设置束缚装置；但是乘载分析可以要求设置一个更高级别的束缚装置。

6.8.3.5 区域2——对应2级束缚装置，其要求如下：
a) 每套束缚装置保护的乘客数量——可以用于一个或多个乘客；
b) （束缚装置）锁紧位置——最后锁紧位置固定或可调节均可；
c) （锁紧机构）锁紧类型——乘客或操作员均可锁紧；
d) （锁紧机构）释放类型——乘客或操作员均可打开；
e) （束缚装置）锁紧和释放的方式——可手动或自动开启和关闭；
f) 锁紧装置的冗余——不要求冗余；
g) 正常或异常状态的外部指示类型——不要求外部指示。

注：根据具体设备情况，如有扶手、脚踏或其他装置能够给乘客提供足够的支撑和保护时，可不设置安全束缚装置。

6.8.3.6 区域3——对应3级束缚装置，其要求如下：
a) 每套束缚装置保护的乘客数量——可以用于一个或多个乘客；
b) （束缚装置）锁紧位置——最后锁紧位置应可调节；
c) （锁紧机构）锁紧类型——可以手动或自动锁紧，操作人员需确认束缚装置已锁紧；
d) （锁紧机构）释放类型——乘客可手动释放束缚装置，或者操作人员可手动或自动释放束缚装置；
e) （束缚装置）锁紧和释放的方式——手动或自动控制锁紧和释放；
f) 锁紧装置的冗余——不要求冗余；
g) 正常或异常状态的外部指示类型——不要求外部指示，设计上应便于操作人员在每个运行周期对束缚装置进行目视或人工检查。

6.8.3.7 区域4——对应4级束缚装置，其要求如下：
a) 每套束缚装置保护的乘客数量——一套束缚装置仅保护一个乘客；

b) （束缚装置）锁紧位置——最后锁紧位置应可调节；
c) （锁紧机构）锁紧类型——只应自动锁紧；
d) （锁紧机构）释放类型——只允许操作人员手动或自动释放束缚装置；
e) （束缚装置）锁紧和释放的方式——手动或自动控制锁紧和释放；
f) 锁紧装置的冗余——锁紧装置应有冗余；
g) 正常或异常状态的外部指示类型——不需外部指示。设计上应便于操作人员在每个运行周期对束缚装置进行目视或人工检查。

6.8.3.8 区域5——对应5级束缚装置，其要求如下：
a) 每套束缚装置保护的乘客数量——一套束缚装置仅保护一个乘客；
b) （束缚装置）锁紧位置——最后锁紧位置应可调节；
c) （锁紧机构）锁紧类型——束缚装置只应自动锁紧；
d) （锁紧机构）释放类型——只允许操作人员手动或自动释放束缚装置；
e) （束缚装置）锁紧和释放的方式——手动或自动控制锁紧和释放；
f) 锁紧装置的冗余——锁紧装置应有冗余；
g) 束缚装置的配置——两套独立束缚装置，或一套失效安全的束缚装置；
h) 正常或异常状态的外部指示类型——要求外部指示。设备应当设有乘客束缚装置有效锁紧后才能启动的联锁控制功能。设计上应便于操作人员在每个运行周期对束缚装置进行目视或人工检查。

6.8.3.9 5级束缚装置带有冗余装置，该冗余装置应为独立的束缚装置，其要求如下：
a) 每套束缚装置保护的乘客数量——可以用于一个或多个乘客；
b) （束缚装置）锁紧位置——最后锁紧位置固定或可调节均可；
c) （锁紧机构）锁紧类型——乘客或操作人员均可手动或自动锁紧束缚装置。操作人员需确认束缚装置已锁紧；
d) （锁紧机构）释放类型——乘客可手动释放束缚装置，或者操作人员可手动或自动释放束缚装置；
e) （束缚装置）锁紧和释放的方式——手动或自动控制锁紧和释放；
f) 锁紧装置的冗余——不要求冗余，第二套束缚装置的锁紧和释放应独立于第一套束缚装置；
g) 正常或异常状态的外部指示类型——不要求外部指示，设计上允许操作人员在每个运行周期对束缚装置进行目视或人工检查。

6.8.4 安全距离和防护

6.8.4.1 游乐设施设计时应确定乘客的安全距离，防止运动时乘客与其他物体接触。应考虑以下因素：
a) 乘客高度的限制；
b) 乘载系统的形状和尺寸，包括：
 1) 座位、扶手、座位背部和侧部、脚踏等；
 2) 考虑设计的束缚装置，如压杠、安全带、肩部束缚装置等；
 3) 乘载系统限制乘客伸出装载物的允许范围。
c) 可能接触的物体及接触时的相对速度和方向；
d) 所处区域内的可移动设备或部件。任何侵占安全距离的可移动系统或装置，如上/下客平台、甲板或其他设施；
e) 乘人装置的位置或方向变化的可能性（如角度运动、侧向运动、无约束或无阻尼运动、自由摆动）。

6.8.4.2 对于边运行边上下乘客的游乐设施,乘人部分的进出口不应高出站台 300 mm。其他游乐设施乘人部分进出口距站台的高度,应便于乘客上下。

6.8.4.3 凡乘客身体可伸到座舱以外时,应设有防止乘客在运行中与周围障碍物相碰撞的安全装置,或留出不小于 500 mm 的安全距离。当全程或局部运行速度不大于 1 m/s 处时,其安全距离可适当减少,但不应小于 300 mm。从座席面至上方障碍物的距离应不小于 1 400 mm。专供儿童乘坐的游乐设施应不小于 1 100 mm。

6.8.4.4 设有转动平台时,为防止乘客的脚部受到伤害,转动平台与固定部分之间的间隙,水平方向不大于 30 mm。若平台高于站台面,其垂直方向的间隙应适当,不应对乘客的脚部造成危险。

6.9 安全防护装置和措施

6.9.1 基本要求

应根据游乐设施的具体形式和风险评价,设置相应的安全防护装置或采取安全防护措施,如乘客束缚装置、制动装置、限位装置、防碰撞及缓冲装置、止逆装置、限速装置、风速计、防护罩、安全标志等。

6.9.2 制动装置

6.9.2.1 游乐设施视其运动形式、速度及其结构的不同,采用不同的制动方式和制动器结构(如机械、电动、液压、气动以及手动等)。

6.9.2.2 当动力电源切断后,停机过程时间较长或要求定位准确的游乐设施,应设制动装置。设备在制动停止后,应能使运动部件保持静止状态,必要时应设置辅助锁定装置。

6.9.2.3 游乐设施在运行时,若动力源切断或制动装置控制中断,应确保游乐设施能安全停止。

6.9.2.4 制动装置的制动力矩(力)应根据实际情况设置,不应引起安全问题及设备受损。手控制动装置操作手柄的作用力应为 100 N～200 N。

6.9.2.5 制动装置的构件应有足够的强度(必要时还应验算其疲劳强度)。制动装置的制动行程应可调节。

6.9.2.6 制动装置制动应平稳可靠,不应使乘客感受到明显的冲击或使设备结构有明显的振动、摇晃。无乘客束缚装置时,在正常运行工况下,制动加速度绝对值一般不大于 5.0 m/s^2。必要时可增设减速制动装置。

6.9.2.7 游乐设施的最大刹车距离,应限制在合理范围内。小赛车应不大于 7 m,在滑道内滑行的车应不大于 8 m,脚踏车、内燃或电力单车等应不大于 6 m,架空列车应不大于 15 m。

6.9.3 限位装置

6.9.3.1 游乐设施在运行中超过预定位置有可能发生危险时(如油缸或气缸行程的终点、绕固定轴转动的升降臂、绕固定轴摆动的构件、行程终点位置等),应设置限位装置,阻止其向不安全方向运行。必要时加装能切断总电源的极限开关。

6.9.3.2 绕水平轴回转并配有配重的游乐设施,乘人部分在最高点有可能出现静止状态时(死点),应有防止或处理该状态的措施。

6.9.4 防碰撞及缓冲装置

6.9.4.1 同一轨道、滑道、专用车道等有两组以上(含两组)无人操作的单车或列车运行时,应设防止相互碰撞的自动控制装置和缓冲装置。当有人操作时,应设有效的缓冲装置。

6.9.4.2 升降装置的极限位置,必要时应设缓冲装置。

6.9.4.3 非封闭轨道的行程极限位置,必要时应设缓冲装置。

6.9.4.4 沿钢丝绳运行的滑索等设备,在滑行终点应设缓冲装置。

6.9.5 止逆行装置

6.9.5.1 沿斜坡向上牵引的提升系统,应设有防止乘人装置逆行的装置(特殊运行方式除外)。

6.9.5.2 止逆行装置逆行距离的设计应使冲击负荷最小,在最大冲击负荷时应止逆可靠。止逆行装置的安全系数不小于4。

6.9.6 限速装置

有可能超速的游乐设施应设有安全可靠的限速装置或措施。

6.9.7 风速计

高度20 m以上的室外游乐设施,应设有风速计,风速大于15 m/s时,应停止运营。风速计应有方便操作人员观察的数据显示装置和报警功能,其最低安装高度为10 m。

6.9.8 防护罩

6.9.8.1 乘客可触及的机械传动部件(如齿轮、皮带轮、联轴器等)应有防护罩或其他保护措施。

6.9.8.2 在地面上行驶的车辆,其驱动和传动部分及车轮应进行覆盖。

6.9.9 安全栅栏、站台、操作室、安全通道、安全网

6.9.9.1 游乐设施应有有效的隔离措施,防止人员误入,并分别设有进、出口。

6.9.9.2 游乐设施周围及高出地面500 mm以上的站台,应设置安全栅栏或其他有效的隔离设施。室外安全栅栏高度应不低于1 100 mm,室内儿童娱乐项目,安全栅栏高度应不低于650 mm。栅栏的间隙和距离地面的间隙应不大于120 mm。安全栅栏应设置为儿童不易攀爬的结构。工作人员专用通道或平台的栅栏除外。

6.9.9.3 安全栅栏应分别设进、出口,在进口处宜设引导栅栏。站台应有防滑措施。

6.9.9.4 安全栅栏门开启方向应与乘客行进方向一致(特殊情况除外)。为防止开关门时对人员的手造成伤害,门边框与立柱之间的间隙应适当,或采取其他防护措施。

6.9.9.5 游乐设施进出口的台阶宽度应不小于240 mm,高度范围为140 mm~200 mm,阶梯的坡度应保持一致。进出口为斜坡时,坡度应不大于1∶6。有防滑花纹的斜坡,坡度应不大于1∶4。

6.9.9.6 游乐设施的操作室应单独设置,视野开阔,有充分的活动空间和照明。对于操作人员无法观察到运转情况的盲区,有可能发生危险时,应有监视系统等安全措施。操作室内不能观察到全部上下客情况且乘客安全束缚装置没有和启动联锁的,应在相应的位置增加安全确认按钮,且与启动联锁。

6.9.9.7 沿斜坡提升段或架空轨道高空处应设置安全通道,安全通道牢固可靠,方便疏导乘客或检修。

6.9.9.8 游乐设施本体、运行通道和通过的涵洞,其包容面应采用不易脱落的材料,装饰物等应固定牢固。

6.9.9.9 在有可能导致人体、物体坠落而造成伤害的地方,应设置安全网,安全网的联接应可靠,安全网的性能应符合GB 5725的要求。

6.9.9.10 用于检查维修用的爬梯、通道、平台应牢固可靠,其空间应能满足工作要求。高于3 m的爬梯应有防护装置或设有安全带挂接装置。

6.9.10 安全标志

必要时,应在游乐设施明显的位置设置醒目的安全标志。安全标志分为禁止标志(红色)、警告标志(黄色)、指令标志(蓝色)和提示标志(绿色)等四种类型。安全标志的图形式样应符合GB 2894、GB

13495.1—2015 的规定。

6.9.11 其他安全要求

6.9.11.1 游乐设施在空中运行的乘人部分,整体结构应牢固可靠,其重要零部件宜采取保险措施。

6.9.11.2 吊挂乘人部分用的钢丝绳或链条数量不得少于两根。与座席部分的连接,应考虑一根断开时能够保持平衡。

6.9.11.3 钢丝绳的终端在卷筒上应留有不少于三圈的余量。当采用滑轮传动或导向时,应考虑设置防止钢丝绳从滑轮上脱落的结构。

6.9.11.4 距地面 1 m 以上封闭座舱的门,应设乘客在内部不能开启的两道锁紧装置或一道带保险的锁紧装置,非封闭座舱进出口处的拦挡物,也应有带保险的锁紧装置。

6.9.11.5 沿架空轨道运行的车辆,应设防倾翻装置。车辆连接器应结构合理,转动灵活,安全可靠。

6.9.11.6 沿钢丝绳运动的游乐设施,应有防止乘人部分脱落的保险装置,保险装置应有足够的强度。

6.9.11.7 当游乐设施在运行中,动力电源突然断电或设备发生故障,危及乘客安全时,应设有自动或手动的紧急停车装置。

6.9.11.8 游乐设施在运行中发生故障后,应有疏导乘客的措施。

6.9.11.9 游乐设施的建造应符合国家有关防火安全的规定。在高空运行的封闭座舱,必要时应设灭火装置。

6.9.11.10 游乐设施产生的噪声对区域环境的影响应符合 GB 3096 的规定。

7 制造与安装

7.1 基本要求

7.1.1 游乐设施制造与安装单位应按有关国家法规规定取得相应资质,建立完整的质量保证体系,并严格执行。

7.1.2 产品安装调试完成后,应向使用单位提供使用维护保养说明书及有关维修图样,产品合格证及必要的备品备件和专用工具等。产品使用过程中,使用维护保养说明书如有涉及安全的修改应及时通知使用单位,并换发新的使用维护保养说明书。

7.1.3 制造单位应为使用单位培训操作、维修人员,做好对使用单位的售后服务,并及时向使用单位供应备品备件。

7.1.4 对于重要的外协件,制造单位应制定详细的验收要求。

7.1.5 材料切割宜采用先进工艺,避免引起材料性能的改变。对于重要零部件用的材料,切割后应有材料标识移植。

7.1.6 应制定合理的机加工工艺,保证机加工件满足设计文件的要求。

7.1.7 应制定合理的钣金、弯管、卷板和冲压等成型工艺,保证零件满足设计文件的要求。不允许有裂纹、折叠、机械损伤等加工缺陷。当冲压拉伸后产生冷作硬化现象时,对使用有韧性要求的冲压件应作硬化处理。

7.1.8 重要锻件须经超声波检测合格后方可加工。检测标准按照 GB/T 34370.5 的规定执行。锻件内部不允许存在裂纹和残余缩孔。表面不允许有肉眼可见的裂纹、折叠和其他影响强度及外观的缺陷。必要时,锻件锻后应进行热处理。

7.2 焊接

7.2.1 焊接材料

7.2.1.1 焊接材料包括焊条、焊丝、焊剂、气体等,应符合 GB/T 983、GB/T 5117、GB/T 5118、GB/T

5293、GB/T 8110、GB/T 10045、GB/T 12470、GB/T 14957、GB/T 17493 的有关规定；气体保护焊使用的氩气应符合 GB/T 4842 的有关规定，其纯度不应低于 99.95%。

7.2.1.2　各类钢材的焊接材料选用原则应符合 NB/T 47015—2011 中 4.1 的要求。

7.2.1.3　焊接材料的管理应符合 JB/T 3223 的规定。

7.2.1.4　焊材使用前，焊丝需去除油、锈；保护气体应保持干燥。除真空包装外，焊条、焊剂应按产品说明书规定的规范进行再烘干，经烘干之后可放入保温箱内（100 ℃～150 ℃）待用。对烘干温度超过 350 ℃ 的焊条，累计烘干次数不宜超过 3 次。

7.2.2　焊接工艺评定

7.2.2.1　施焊前，重要焊缝、与重要焊缝组焊的焊缝、熔入重要焊缝内的定位焊缝、重要焊缝母材表面的堆焊与补焊，以及上述焊缝的返修焊缝都应按 NB/T 47014 进行焊接工艺评定或者具有经过评定合格的焊接工艺支持。

7.2.2.2　焊接工艺评定试件应由按 TSG Z6002 规定考核合格的，并满足焊接工艺规程要求的焊接人员施焊。

7.2.2.3　应根据合格的焊接评定工艺报告编制焊接工艺。

7.2.2.4　焊接工艺评定技术档案应保存至该工艺评定失效为止，焊接工艺评定试样保存期不少于 5 年。

7.2.3　焊前准备

7.2.3.1　焊接坡口的基本形式和尺寸应满足图纸要求。

7.2.3.2　坡口制备应符合 NB/T 47015—2011 中 4.3 的要求。

7.2.3.3　焊接接头装配应符合 GB 50661—2011 中 7.3 的要求。

7.2.3.4　定位焊应符合 GB 50661—2011 中 7.4 的要求。

7.2.3.5　预热及预热温度的测量应符合 NB/T 47015—2011 中 3.5.7 的要求。碳钢和低合金钢的最高预热温度和道间温度不宜大于 300 ℃。

7.2.3.6　引弧板、引出板和衬垫的选用应符合 GB 50661—2011 中 7.9 的要求。

7.2.4　施焊

7.2.4.1　焊接重要焊缝（包括定位焊、返修焊）的焊工，应按 TSG Z6002 规定要求进行考核，取得《特种设备作业人员证》后，方可在有效期内从事合格项目范围内的焊接工作。

7.2.4.2　焊工应当按照焊接工艺施焊，重要焊缝焊后应当清理焊缝表面及自检后，在焊缝附近指定部位打上焊工钢印代号。不便于采用打焊工钢印的，应有可靠的记录方式，保证焊工的可追溯性。

7.2.4.3　施焊应符合 NB/T 47015—2011 中 3.6 的要求。

7.2.4.4　焊接过程中，最低道间温度不应低于预热温度；奥氏体不锈钢最高道间温度不宜大于 150 ℃，需进行疲劳计算的动荷载结构焊接时，最大道间温度不宜超过 230 ℃。

7.2.4.5　焊接变形的控制应符合 GB 50661—2011 中 7.11 的要求。

7.2.5　焊接检验

7.2.5.1　焊接检查及检验内容应包含 NB/T 47015—2011 中 3.8 的内容。

7.2.5.2　焊缝的外观检查应根据设计的质量等级要求进行检查。

7.2.6　焊接返修

7.2.6.1　对需要焊接返修的缺陷应分析产生原因，提出改进措施，按评定合格的焊接工艺编制焊接返修工艺文件。

7.2.6.2 返修焊缝性能及质量要求应与原焊缝相同,焊缝返修应符合 GB 50661—2011 中 7.12 的要求。

7.2.6.3 焊缝同一部位的返修次数不宜超过 2 次。如超过 2 次,返修前应重新制定返修方案。

7.2.7 焊后热处理

焊后热处理应符合 NB/T 47015—2011 中 4.6 的规定或者设计文件要求。

7.3 热处理

7.3.1 应建立热处理质量档案,保存工件作业过程记录、检验记录、理化试验报告等原始记录,作为可追溯性资料。

7.3.2 重要的轴和销轴宜进行调质处理,并符合 GB/T 699 和 GB/T 3077 的规定,调质后应进行无损检测。必要时应进行冲击试验。

7.4 装配

7.4.1 一般要求

7.4.1.1 所有进入装配的零部件,含外购件、外协件等,都应按有关检验规程检验合格后方可装配,装配前应按 GB 50231—2009 中 5.1 的有关规定进行预处理。

7.4.1.2 装配件上与密封件安装配合的加工面,清洗、装配过程中,应加以保护,防止碰伤。

7.4.1.3 装配前应对零部件的主要配合尺寸,特别是过盈配合尺寸及相关精度进行复查。

7.4.1.4 零件装配后,各润滑处应注入适量的润滑油(脂)。

7.4.2 销轴和紧固件的装配

7.4.2.1 有预紧力要求的螺栓连接,应符合 GB 50231—2009 中 5.2.4 的规定。

7.4.2.2 高强度螺栓的装配应符合 GB 50231—2009 中 5.2 的有关规定。

7.4.2.3 各种止动垫圈在螺母拧紧后应弯转舌耳。螺栓头部防松保险丝应按螺纹旋向穿装缠牢。

7.4.2.4 圆锥销装配时应与孔进行涂色检查,其接触率应大于配合长度的 60%,并应均匀分布。

7.4.2.5 螺栓、键、销轴、定位销等连接件的装配,应符合 GB 50231—2009 中 5.2 的有关要求。

7.4.3 其他要求

7.4.3.1 滑动轴承、滚动轴承、离合器、制动器、联轴器、齿轮、链条、过盈配合件装配,应符合 GB 50231—2009 中第 5 章的有关规定。

7.4.3.2 气动系统安装前,用干燥洁净的压缩空气,对接头、管道、阀等所有内部通道进行彻底吹扫。

7.4.3.3 液压系统在装配前,接头、管路及油箱内表面应清洗干净,不得有任何污物存在。使用的液压油应保证清洁无杂质。油箱密封良好。安装时应注意和尽量减少(小)下列情况:

    a) 由于推或拉载荷引起的液压缸结构的过度变形;
    b) 引起侧向弯曲载荷;
    c) 液压缸上下销轴应得到充分的润滑。

7.5 厂内测试

7.5.1 各传动部件、可先行试验的安全装置及可以独立试车的部件,应先行试验、试车。

7.5.2 厂内试车时的调试条件要求可参照 7.10。

7.5.3 首台设备根据设计验证试验方案进行各项测试,记录并判定,各项指标均要达到设计要求。

7.6 涂装

7.6.1 防腐涂装要根据不同的材料及不同的工作环境,采用相应的工艺材料进行有效的防腐处理。

7.6.2 所有需要进行涂装的金属制件表面在涂装前应将锈、氧化皮、油脂、灰尘等去除。焊接件需热处理的,则除锈工序应放在热处理工序之后进行。除锈方法、等级及适用范围按照JB/T 5000.12有关规定执行。

7.6.3 设备中不涂漆的裸露钢材制件、标准件等,须采用其他防腐处理。

7.6.4 对安装过程中损坏的漆膜应进行修补,修补前应对表面进行清理。补漆部位的颜色、涂层厚度应与周围的颜色、涂层厚度一致。

7.6.5 涂装施工要求按JB/T 5000.12有关规定执行。

7.6.6 铸件的非加工表面需清砂处理,如作抛丸处理应在处理后的6 h内涂底漆。涂底漆前,铸件上的粉尘等物应清理干净。

7.7 包装与运输

7.7.1 产品及其零部件的包装应符合GB/T 13384的规定。

7.7.2 产品的运输应符合铁路、公路、航运的有关运输要求。

7.7.3 在解体运输中,对长大件和可自由移动的部件,应垫平绑扎牢固,防止运输变形、位移、碰撞。

7.8 设备基础及附属设施

7.8.1 制造单位应向有资质的土建设计单位提供游乐设施基础条件图。该土建设计单位依据地区气候条件、地质勘探报告等要求进行设计,出具施工图。

7.8.2 游乐设施的基础条件图应包括:基础地面布置,设备安装基座,地沟与预埋管、预埋件,避雷针与接地体,基础载荷图,安全系数,辅助设施布置,对应设备参数、外形尺寸及设备运行安全包络线,重点预埋件载荷等说明及有关要求。

7.8.3 游乐设施的土建基础或建筑物,应按设计图样和技术文件施工,经有关单位验收合格后,方能进行设备安装。

7.8.4 游乐设施安装时,应根据设计图样和技术文件的要求,确立安装基准,并进行测量和检验。

7.8.5 其他游乐设施的基础工程应符合GB 50010、GB 50007的规定。

7.8.6 基础的质量要求应符合GB 50202、GB 50204的规定。

7.8.7 游乐设施基础的尺寸和位置的允许偏差,应符合表10的要求。

表 10 基础允许偏差

项目		允许偏差/mm
坐标位置		20
不同平面的标高		0,−20
平面外形尺寸		+20
凸台上平面外形尺寸		0,−20
凹穴尺寸		+20,0
平面的水平度	每米	5
	全长	10

表 10（续）

项目		允许偏差/mm
垂直度	每米	5
	全高	10
预埋地脚螺栓	标高	+20,0
	中心距	±2
预埋地脚螺栓孔	中心线位置	10
	深度	+20,0
	孔壁垂直度	10
预埋活动地脚螺栓锚板	标高	+20,0
	中心线位置	5
	带槽锚板的水平度	5
	带螺纹孔锚板的水平度	2

7.8.8 基础表面和地脚螺栓预留孔中的油污、碎石、泥土、积水应清除干净，地脚螺栓的螺纹和螺母应保护完好，放置垫铁部分的表面应处理平。

7.8.9 垫铁应符合 GB 50231—2009 中 4.2 的有关规定。

7.8.10 地脚螺栓不宜用于承受底部的横向剪力，此剪力由底板与混凝土基础间的摩擦力（摩擦系数可取 0.4）或设置抗剪结构承受。

7.8.11 地脚螺栓安装面应高于周围地面，避免积水造成腐蚀，条件限制的应对螺栓采取有效的防腐措施。

7.8.12 基础不应有影响游乐设施正常运行的不均匀沉陷、开裂和松动等异常现象。移动式游乐设施的基础应平整、坚实，符合设备安装要求。

7.8.13 需要预压的基础，应预压合格并应有预压沉降记录。

7.8.14 游乐设施的假山、艺术造型等附属设施，应与设备保持符合标准的安全距离，防止意外掉落、坍塌或者倾倒之后对设备本身及乘客造成伤害。

7.9 现场安装

7.9.1 安装单位应按照设计要求和制造单位的要求编制安装方案。安装方案应包括施工组织计划、质量控制要求、安装设备和工具、安全措施和应急预案等。

7.9.2 设备安装的基准面（如设备底座上表面），其水平度公差应不大于 1/1 000。

7.9.3 重要立柱安装定位后，对水平面的垂直度公差应不大于 1/1 000。

7.9.4 地脚螺栓应采取防止松动的措施，并应符合 GB 50231—2009 中 4.1 的规定。

7.9.5 轨距允许误差应符合以下要求：侧轮在轨道内时允许误差 −3 mm～5 mm，侧轮在轨道外时允许误差 −5 mm～3 mm。

7.9.6 钢丝绳端部安装应满足如下要求：
——端部应用紧固装置固定，其固定方法不同，端部强度不同（用效率表示）。端部一般固定方法的效率应符合表 8 的要求。
——采用绳夹固定时，U 型螺栓应由钢丝绳的短边套上，如图 9 所示。

正确的方法　　　　　　　　　　　　　　　错误的方法

图 9　绳夹固定方法

——重要部位钢丝绳直径与绳夹的数量和间距,应符合表11的要求。

表 11　钢丝绳绳夹数量和间距

钢丝绳直径/mm	绳夹数量/个	绳夹间距/mm
<9	3	50
9~16	4	80~100
18	5	110
22	5	130
24	5	150
28	5	180
32	6	200
36	7	230
38	8	250

7.9.7　安装完成后根据图样和有关文件检查静态各项数据达到要求。

7.10　现场调试与试运行

7.10.1　设备调试试运行前应具备下列条件:
  a) 设备及其附属装置、管路等均应全部施工完毕,施工记录及资料应齐全;
  b) 试验条件、运行环境符合要求;
  c) 具备需要的动力、配套设施、检测仪器、安全防护设施及用具等;
  d) 根据设计要求,制定了调试大纲和试运行方案;
  e) 参加调试、试运行的人员,应熟悉设备的构造、性能、设备技术文件,了解设备调试技术要求,并应掌握操作规程及试运行操作。

7.10.2　调试通电运行前应进行如下检查:各传动件、紧固件联接部位应牢固,润滑和密封情况应良好,各主要回路的相间电阻及绝缘电阻应符合要求,设备现场及设备内部其他物件已清理。

7.10.3　按调试大纲指导现场调试,记录调试结果。调试应包括下列内容和步骤:
  a) 电气(仪器)操纵控制系统及仪表的检查调试;
  b) 电气检验应符合 GB 5226.1—2008 中第 18 章的规定;
  c) 润滑、液压、气动、冷却和加热系统检查和调试;
  d) 机械和各系统联合调试;
  e) 液压系统调试,应符合 GB/T 50231—2009 中 7.4 的要求。

7.10.4　重要调试内容应包括但不限于:安全束缚装置检查、绝缘测试、电流、电压测试、接地测试、安全联锁装置、限位开关调整到位、应急停车、动力电源断电、应急疏导试验。

7.10.5　应在设备调试合格后,按试运行方案进行试运行。

7.10.6　进行空载、满载、偏载试验,并作实测记录:

a) 设备的启动、换向、停机、制动和安全联锁等动作,均应正确、灵敏、可靠;
b) 整机应运行正常,不准许有爬行和异常的振动、冲击、发热及声响;
c) 各传动部件应平稳,无异常振动、窜动、冲击、噪声、永久变形和磨损,轴承温升及油箱油温不得超过设备规定的最高温度;齿轮及齿条传动时,接触斑点百分率为:在齿高方向不小于40%,在齿长方向不小于50%。不应有偏啮合及偏磨损;
d) 滚动轴承端盖处温升不大于30 ℃,最高温度不大于65 ℃。滑动轴承进油孔处温升不大于35 ℃,且最高温度不大于70 ℃;
e) 各种仪表应工作正常;
f) 润滑、液压、气动等辅助系统的工作应正常,无渗漏现象;
g) 零部件及其连接应牢固可靠,不准许有永久变形和损坏现象;
h) 在测量加速度时,应使用5 Hz低通高频滤波器(滤波器边界斜度最小6 dB/倍频程)。

7.11 无损检测

7.11.1 无损检测人员

无损检测人员应按照相关技术规范进行考核取得相应资格证书后,方能承担与资格证书的种类和技术等级相对应的无损检测工作。

7.11.2 无损检测方法

7.11.2.1 游乐设施的无损检测方法包括目视、磁粉、渗透、超声、射线、涡流、声发射、漏磁、红外检测等方法。

7.11.2.2 无损检测的工艺应根据设计图样的要求和GB/T 34370(所有部分)的规定制定。

7.11.3 方法的选择

7.11.3.1 焊接接头的检测方法应根据焊接接头的类型、形状、尺寸和材料选择,原材料和零部件的检测方法、检测比例和合格级别应符合设计图样和GB/T 34370(所有部分)的规定。

7.11.3.2 对接接头应当采用射线或超声检测,射线检测包括胶片射线检测和数字射线检测,超声检测包括了可记录的超声检测(相控阵超声、可记录的脉冲反射法等)和不可记录的脉冲反射法超声检测。当采用不可记录的脉冲反射法超声检测时,还应当采用射线检测或者可记录的超声检测作为附加局部检测。

7.11.3.3 铁磁性材料部件焊接接头表面应当优先采用磁粉检测。

7.11.4 检测时机

7.11.4.1 游乐设施焊接接头,应在形状尺寸检测、外观目视检测合格后,再进行无损检测。

7.11.4.2 有延迟裂纹倾向的材料应当至少在焊接完成24 h后进行无损检测,有再热裂纹倾向的材料应当在热处理后增加一次无损检测。

7.11.5 目视检测

目视检测应在其他无损检测之前进行,其他无损检测应根据目视检测的结果修正检测区域和比例。

7.11.6 超声和射线检测

7.11.6.1 超声检测应当按照GB/T 34370.5的规定执行,质量要求和合格级别如下:
a) 要求进行全部无损检测的对接接头,脉冲反射法超声检测技术等级不低于B级,合格级别为

Ⅰ级；

b) 要求进行局部无损检测的对接接头，脉冲反射法超声检测技术等级不低于B级，合格级别为Ⅱ级；

c) 角接接头的对接焊缝和T形接头的对接焊缝，脉冲反射法超声检测技术等级不低于B级，合格级别为Ⅱ级；

d) 采用衍射时差法和相控阵超声检测的焊接接头，合格级别不低于Ⅱ级；

e) 零部件的脉冲反射法超声检测技术等级不低于B级，合格级别为Ⅱ级。

7.11.6.2 射线检测应当按照GB/T 34370.6的规定执行，质量要求和合格级别如下：

a) 要求进行全部无损检测的对接接头，射线检测技术等级不低于B级，合格级别为Ⅱ级；

b) 要求进行局部无损检测的对接接头，射线检测技术等级不低于B级，合格级别为Ⅲ级，且不允许有面状缺陷。

7.11.7 表面检测

表面检测应当按照GB/T 34370.3和GB/T 34370.4的规定执行，质量要求和合格级别如下：

a) 采用磁粉或者渗透检测，合格级别为Ⅰ级；

b) 采用涡流检测，合格级别由设计图样或业主协商的当量尺寸确定；

c) 带油漆层的磁粉检测，应由经证明具备相应检测能力的专业人员实施。

7.11.8 其他检测方法

声发射、磁记忆、涡流、导波、漏磁检测等参考相应的国家标准执行。

7.11.9 组合检测

当采用多个检测技术组合检测时，质量要求和合格级别按照各自执行的标准确定，并且均应当合格。

7.11.10 技术档案

检测单位应当填写无损检测记录，签发无损检测报告。制造单位应妥善保管射线底片、超声和涡流等可记录的检测数据等检测资料（含缺陷返修记录），建立游乐设施产品无损检测档案，保存至设备报废为止。

7.12 检验

7.12.1 一般要求

游乐设施的制造、安装环节应按照有关法律、法规、标准、技术文件的要求进行检验，检验活动应留存检验资料，检验资料应对检验对象是否符合要求形成充分支持且具有可追溯性。

7.12.2 制造检验

7.12.2.1 原材料进厂应经检验部门检验合格后方可入库或投入使用，重要的材料应有质量证明文件，必要时还应进行力学性能和理化检验。

7.12.2.2 重要的结构件钢板及其制成品的厚度公差应符合GB/T 709—2006中表2(A类)的规定。

7.12.2.3 配套的标准机电产品应进行外观、尺寸检验及技术参数的核对，应有质量证明文件、使用维护保养说明书等，必要时对其性能进行验证试验。

7.12.2.4 重要的零部件加工和组装，应严格按照工艺文件进行，进入下一道工序前，应按有关标准和规定进行检验,检验应包括自检、互检和专检。

7.12.2.5 重要的焊缝在进入下一道工序前应经检验合格后方可继续加工。重要的隐蔽焊缝在隐蔽前应设立检查点,经检验部门检验合格和质保工程师确认后进入后续工序。

7.12.2.6 涉及到人身安全的重要的轴、重要焊缝,应进行无损检测,合格后方可投入使用,其他零部件也应按图样技术要求及有关标准进行检验。

7.12.2.7 每台产品出厂前,应根据设计图样和技术文件,并按有关标准要求进行检验,检验合格后方可出厂。

7.12.3 设计验证试验

7.12.3.1 对于新开发的游乐设施新产品,制造单位应进行设计验证试验,验证样机是否达到设计预期的功能性、安全性、可靠性、耐久性等要求。设计验证试验包括针对部件进行的分项试验和整机性能试验。

7.12.3.2 设计验证试验中的试验载荷应是在设计文件规定的最大载荷、最大运行参数的条件下进行的。

7.12.4 安装自检

7.12.4.1 在整机安装过程中,制造和安装单位应按照有关法规标准及技术文件的要求进行检验并记录。

7.12.4.2 制造和安装单位的自检项目和检验数量不应少于法定的监督检验项目。重点检查各种安全装置、重要轴及关键焊缝、绝缘与接地系统、控制系统、应急救援系统、安全防护与安全距离等。

7.12.4.3 制造和安装单位的自检中的不合格项目,应经整改复检合格后,方可出具产品安装合格质量证明文件。

8 使用管理与维护保养

8.1 游乐园安全运行管理体系与职责

8.1.1 运营使用单位要求

游乐设施运营使用单位应建立健全完整的安全管理制度,设置安全管理机构,应配备专职安全管理人员并落实各项安全管理制度和岗位安全责任制。根据每台设备的不同特点及使用维护保养说明书的要求编制操作规程及维保手册。

8.1.2 运营使用单位人员要求

游乐设施运营使用单位的法定代表人和各相关部门负责人应依照法律法规、国家标准以及本单位安全管理制度要求,履行职责;安全管理人员和相关作业人员应取得许可资格,所有游乐设施相关工作人员应经使用单位培训后上岗,并依照法律法规、国家标准以及本单位安全管理制度要求,履行职责。

8.2 乘客要求

乘坐游乐设施前,工作人员应提醒乘客应当认真阅读并自觉遵守乘客须知和警示标志的要求。乘客有义务听从工作、服务人员的指挥,不做损坏设施、危及自身及他人安全的行为。

8.3 作业行为

8.3.1 依法注册使用登记

游乐设施运营使用单位应完成安全管理制度编制、安全管理机构设置、设备技术文件资料归档等工作，并依法到当地游乐设施的安全监督管理部门办理注册使用登记。

8.3.2 培训考核

使用单位对操作、管理和维修人员应定期进行业务培训和安全教育，经考试合格后才能上岗。使用单位应定期组织员工的安全培训考核工作。培训前，使用单位应制定培训方案，设定培训人员范围，明确培训目标；培训过程中，员工应遵守培训纪律，认真学习培训内容；培训后，使用单位要对培训内容进行考核和记录，并且要对培训效果进行评估，提出改进措施。

8.3.3 操作

8.3.3.1 游乐设施应按章操作。每日设备运营前，操作人员应确认设备运行条件、试运行设备，并检查安全保护装置；运行过程中，操作人员应严格按照操作规程作业，并密切关注乘客动态及设备运行状态；运行结束后，操作人员应记录设备运行情况，并做好再次运行的相关准备。运营前、中、后阶段，游乐设施如有任何异常状况应停止运行，待安全隐患排除后方可重新投入运行。

8.3.3.2 使用单位对各种游乐设施应在每天运行前进行必要的检查，经检查无问题并试运行后方能正式运营，并应做好运营记录。

8.3.3.3 在游乐设施明显处应公布乘客须知。操作服务人员应随时向乘客宣传注意事项，制止乘客的危险行为。

8.3.3.4 使用单位对非专供儿童乘坐的游乐设施，应根据设备特点等，对乘坐儿童的年龄和身高进行规定。

8.3.3.5 操作人员在游乐设施每次运行前，应确认乘客束缚装置已锁紧，操作人员、服务人员等已撤离至安全区域，设备运行区域无其他人员和障碍物。

8.3.3.6 操作人员、站台服务人员等在设备运行过程中、设备未停稳前严禁进入设备运行区域，特殊情况（维护保养、应急救援等）除外。

8.3.4 检查检验

8.3.4.1 使用单位应按照设备使用维护保养说明书及有关法规、标准要求建立自检作业指导文件。

8.3.4.2 游乐设施的检查方式包括：点检和巡检。点检时，检查人员应按照规定的方法、频次，用仪器设备对检查部位进行测量，并记录检测数据，依据判定标准得出检查结果；巡检时，检查人员应用感观、目测等方式对游乐设施的运行状态进行判断，并记录巡检结果。

8.3.4.3 游乐设施检查类型包括：定期安全检查（日检、周检、月检、年检）、重大节假日及重大活动前安全检查。定期安全检查前，检查人员应准备好检测仪器、工装设备，安全防护装备；检查过程中，检查人员应严格按照作业指导书安全作业；检查结束后，检查人员应记录检查结果，将所发现安全隐患及时报告安全管理人员处置；重大节假日及重大活动前安全检查应由使用单位根据定期安全检查结果适当增加检查项目。

8.3.4.4 游乐设施的轨道、车轮、轴的检验应符合表12～表14的要求，超过允许值时应及时更换。

表 12 轨道磨损允许值

轨道形状	磨损部位	允许值
型钢轨道	踏面、侧面	小于原厚度尺寸的 20%
钢管轨道		小于原厚度尺寸的 15%

表 13 滑行车车轮的磨损允许值

种类	允许值
主车轮	小于原直径尺寸的 2.5%，且最大不超过 6 mm
侧轮和底轮	小于原直径尺寸的 2.5%，且最大不超过 4 mm

表 14 重要轴磨损及锈蚀允许值

种类	允许值
轴直径磨损量	小于原直径的 0.8%，且最大不超过 1 mm
轴锈蚀量	打磨光后，小于原直径的 1%（包括凹坑处），且最大不超过 1 mm

8.3.4.5 传动和提升用钢丝绳出现下列情况之一的，应报废：
  a) 传动和提升用钢丝绳的断丝和磨损超过允许值时（见表 15）；
  b) 整根绳股断裂；
  c) 钢丝绳的纤维芯或钢丝（或多层绳股的内部绳股）断裂，造成绳股显著减小时；
  d) 由于外部腐蚀钢丝绳表面出现深坑，钢丝绳相当松弛时；
  e) 经确认有严重的内部腐蚀时；
  f) 出现笼形畸变时；
  g) 绳股被挤出，这种状况通常伴随笼形畸变产生；
  h) 局部直径严重增大或减小时；
  i) 局部弯折、扭结或被压扁时；
  j) 受特殊热力的作用，外表出现可识别的颜色时；
  k) 超过设计及有关技术规程规定的使用寿命时。

表 15 钢丝绳的断丝和磨损允许值

磨损状态	允许值
钢丝破断呈均匀分布状态	每股在一个捻距内破断数为 3 根
钢丝破断虽呈均匀分布状态，钢丝磨损后的剩余断面积为原断面积的 80% 以下或严重腐蚀	每股在一个捻距内破断数为 2 根
钢丝在一处破断或特别集中在一股时	钢丝破断总数在一个捻距内，6 股为 10 根，8 股为 12 根
磨损后的钢丝绳直径	为原钢丝绳直径的 90% 以上

8.3.4.6 必要时，对重要的设备或部件可采用状态监测与故障诊断技术，对游乐设施的运行状态进行监测和故障预警。

8.3.5 监控和测量设备管理

游乐设施使用单位应根据单位游乐设备日常维护保养、游乐设施故障修理、设备运营安全监视的需求配备一定数量的监视和测量设备,满足游乐设施日常运营安全管理的需要。使用单位应对监视和测量设备定期效验、校准,保障各类测试数值可靠性和准确性,有效反映设备整体与零部件运行状态。

8.3.6 档案管理

游乐设施应建立技术档案,使用单位应依据法律法规、国家标准设定技术档案内容,并对档案的收集、建档、归档、整理、借阅审批、保管等事项进行全面管理。

8.3.7 延寿与报废

对超过整机设计使用期限仍有修理、改造价值的游乐设施,使用单位应依法委托相关单位按照本标准要求进行安全评估,确认设备延寿所需开展的工作(包括:维护保养、修理、改造),并付诸实施,确认游乐设施继续使用的期限和条件。使用单位应根据法律法规、国家标准、设备使用维护保养说明书和评估单位意见重新制定定期检查要求和维护保养要求,加大全面自检频次,加强延寿设备的安全管理。

8.4 应急救援

游乐设施运营使用单位应依据法律法规、国家标准、设备使用维护保养说明书制定应急预案,每年至少组织一次应急救援演练。运营使用单位应建立应急救援指挥机构,配备救援人员、营救装备和急救物品。救援人员应进行培训,使之掌握紧急事故处理、救援知识和实际操作方法。救援设备应处于完好有效状态。

8.5 维护保养、修理与改造

8.5.1 维护保养

8.5.1.1 游乐设施维护保养工作应根据使用维护保养说明书要求制定计划,作业人员应严格按照计划,结合设备安全检查实施维护保养工作,并如实记录工作情况。

8.5.1.2 游乐设施备品备件管理应遵守制度要求,采购的备品备件应有产品质量合格证明,作业人员对于更换的备品备件应进行标记,并作为定期安全检查项目加以监控。

8.5.2 修理和改造

游乐设施修理和改造应由取得相应许可资格的单位实施。修理和改造前,使用单位应配合修理和改造单位向当地游乐设施安全监督管理部门办理告知;修理和改造过程中,使用单位应提供工装条件、安全防护措施等条件,指定专人做好现场安全工作;修理和改造结束后,使用单位应将移交的设备自检报告、监督检验报告和无损检测报告等文件资料存档。

8.6 依法定期检验

游乐设施应依法每年进行定期检验。检验前,使用单位应按照安全管理制度做好定期检验计划,按时申请,并完成设备全面自检工作;检验中,使用单位要提供检验条件,采取安全防护措施,并指定专人做好配合工作;检验后,使用单位要把检验发现的安全隐患及时消除。

附 录 A
（资料性附录）
常用钢材国家和行业标准目录

A.1 常用板材国家和行业标准如表 A.1。

表 A.1 常用板材国家和行业标准

标准号	标准名称
GB/T 708	冷轧钢板和钢带的尺寸、外形、重量及允许偏差
GB/T 709	热轧钢板和钢带的尺寸、外形、重量及允许偏差
GB/T 2518	连续热镀锌钢板及钢带
GB/T 3280	不锈钢冷轧钢板和钢带
GB/T 4237	不锈钢热扎钢板和钢带
GB/T 4238	耐热钢钢板和钢带
YB/T 4159	热轧花纹钢板和钢带

A.2 常用管材国家和行业标准如表 A.2。

表 A.2 常用管材国家和行业标准

标准号	标准名称
GB/T 3091	低压流体输送用焊接钢管
GB/T 3094	冷拔异型钢管
GB/T 3639	冷拔或冷轧精密无缝钢管
GB/T 8162	结构用无缝钢管
GB/T 8163	输送流体用无缝钢管
GB/T 12771	流体输送用不锈钢焊接钢管
GB/T 13793	直缝电焊钢管
GB/T 14975	结构用不锈钢无缝钢管
GB/T 14976	流体输送用不锈钢无缝钢管
GB/T 17395	无缝钢管尺寸、外形、重量及允许偏差
YB/T 5209	传动轴用电焊钢管

A.3 常用棒材国家和行业标准如表 A.3。

表 A.3 常用棒材国家和行业标准

标准号	标准名称
GB/T 702	热轧钢棒尺寸、外形重量及允许偏差

A.4 常用锻件国家和行业标准如表 A.4。

表 A.4 常用锻件国家和行业标准

标准号	标准名称
GB/T 17107	锻件用结构钢牌号和力学性能
JB/T 6398	大型不锈、耐酸、耐热钢锻件

A.5 常用铸钢国家和行业标准如表 A.5。

表 A.5 常用铸钢国家和行业标准

标准号	标准名称
GB/T 2100	一般用途耐蚀钢铸件
GB/T 7659	焊接结构用铸钢件
GB/T 8492	一般用途耐热钢和合金铸件
GB/T 11352	一般工程用铸造碳钢件
GB/T 14408	一般工程与结构用低合金钢铸件
JB/T 6402	大型低合金钢铸件

A.6 常用铸铁国家和行业标准如表 A.6。

表 A.6 常用铸铁国家和行业标准

标准号	标准名称
GB/T 9437	耐热铸铁件
GB/T 9439	灰铸铁件
GB/T 8491	高硅耐蚀铸铁件

A.7 常用钢材的化学成分及力学性能国家和行业标准如表 A.7。

表 A.7 常用钢材的化学成分及力学性能国家和行业标准

标准号	标准名称
GB/T 699	优质碳素结构钢
GB/T 700	碳素结构钢
GB/T 1591	低合金高强度结构钢
GB/T 3077	合金结构钢
GB/T 1220	不锈钢棒
GB/T 1221	耐热钢棒

A.8 常用型材国家和行业标准如表 A.8。

表 A.8 常用型材国家和行业标准

标准号	标准名称
GB/T 706	热轧型钢
GB/T 6723	通用冷弯开口型钢尺寸、外形、重量及允许偏差
GB/T 6728	结构用冷弯空心型钢
GB/T 11263	热轧 H 型钢和剖分 T 型钢

附 录 B
（规范性附录）
非金属材料力学性能要求

B.1 尼龙材料的力学性能要求见表B.1。

表 B.1 尼龙材料力学性能

项目	指标
抗拉强度/MPa	>73.6
抗弯强度/MPa	>138
冲击韧度/(J·cm^{-2})	>39.2
硬度/HB	>21
热变形温度/℃	>70

B.2 橡胶材料的力学性能要求见表B.2。

表 B.2 橡胶材料力学性能

项目	指标
抗拉强度/MPa	≥12
扯断伸长率/%	≥400
磨耗减量/[cm^3·(1.61 km)$^{-1}$]	≤0.9
橡胶与铁芯附着强度/MPa	≥1.30
邵氏硬度（推荐值）/HA	70～85

B.3 聚氨酯材料的力学性能要求见表B.3。

表 B.3 聚氨酯材料力学性能

邵氏硬度 HA	300%定伸强度 MPa	断裂强度 MPa	断裂伸长率 %	永久变形 %	剥离强度 N/m
80±5	≥10	≥35	≥450	≤15	40×10^3
90±5	≥12	≥40	≥450	≤20	50×10^3
≥95	≥14	≥45	≥400	≤30	60×10^3

B.4 浇铸型工业有机玻璃板材的力学性能要求见表B.4。

表 B.4 浇铸型工业有机玻璃板材力学性能

序号	项目		指标	
			无色	有色
1	拉伸强度/MPa		≥70	≥65
2	拉伸断裂应变/%		≥3	—
3	拉伸弹性模量/MPa		≥3 000	—
4	简支梁无缺口冲击强度/(kJ/m²)		≥17	≥15
5	维卡软化湿度/℃		≥100	—
6	加热时尺寸变化(收缩)/%		≤2.5	—
7	总透光率/%		≥91	—
8	420 nm 透光率(厚度 3 mm)/%	氙弧灯照射之前	≥90	—
		氙弧灯照射 1 000 h 之后	≥88	—

B.5 玻璃钢件的力学性能要求见表 B.5。

表 B.5 玻璃钢件力学性能

项目	指标
抗拉强度/MPa	≥78
抗弯强度/MPa	≥147
弹性模量度/MPa	$\geq 7.3 \times 10^3$
冲击韧度/(J·cm⁻²)	≥11.7

附 录 C
（规范性附录）
常用螺栓螺母性能等级要求

C.1 螺栓的最大允许预紧力和拧紧力矩见表C.1。

表 C.1 螺栓最大允许预紧力和拧紧力矩

螺栓规格	允许预紧力/kN			允许拧紧力矩/Nm		
	6.8	8.8	10.9	6.8	8.8	10.9
M8	14	16	23	21	25	35
M10	22	26	37	41	49	69
M12	31	37	50	70	84	120
M16	60	71	100	176	206	350
M20	94	111	160	338	402	600
M22	116	138	190	456	539	900
M24	135	160	220	588	696	1 100
M27	177	210	290	873	1 030	1 650
M30	216	257	350	1 177	1 422	2 200
M33	275	326	459	1 668	1 977	2 784
M36	323	382	510	2 134	2 524	3 340

C.2 高强度螺栓的最大允许预拉力见表C.2。

表 C.2 高强度螺栓最大允许预拉力 F

单位为千牛

螺栓的性能等级	螺栓公称直径/mm					
	M16	M20	M22	M24	M27	M30
8.8级	80	125	150	175	230	280
10.9级	100	155	190	225	290	355

C.3 拧紧力矩系数见表C.3。

表 C.3 拧紧力矩系数

摩擦表面状态		精加工表面	一般加工表面	表面氧化	镀锌	干燥粗加工表面
k 值	有润滑	0.10	0.13～0.15	0.20	0.18	—
	无润滑	0.12	0.18～0.21	0.24	0.22	0.26～0.30

附 录 D
（资料性附录）
载荷组合示例

设备正常运行时，零部件强度、刚度和疲劳计算等应考虑下列载荷的组合：

a) 计算运动部件时：

$$P_1 = \sum k_1(G_{k1} + Q_1 + Q_7) + Q_2 + Q_5 + Q_6 + Q_8 + Q_9$$

b) 计算静止部件时：

$$P_1 = \sum k_1(G_{k1} + Q_1 + Q_7) + G_{k_2} + Q_2 + Q_5 + Q_6 + Q_8 + Q_9$$

c) 计算轨道结构时：

$$P_1 = \sum k_1 k_2(G_{k1} + Q_1 + Q_7) + G_{k_3} + Q_2 + Q_5 + Q_6 + Q_8 + Q_9$$

式中：

P_1 ——组合后的载荷；
G_{k1} ——运动部件永久载荷；
G_{k2} ——静止部件永久载荷；
G_{k3} ——立柱重量；
Q_1、Q_2、$Q_5 \sim Q_8$ ——见 6.1.2；
Q_9 ——风载荷(取风速≤15 m/s)；
k_1 ——冲击系数；
k_2 ——振动系数。

附 录 E
（资料性附录）
极限状态设计法

E.1 总则

极限状态设计法是一种以概率理论为基础、以分项系数表达、不使结构超越某种规定极限状态的设计方法。所谓极限状态是指整个结构或者其构件进入的某种特定状态，超过该状态后整个结构或其构件就不再满足设计规定的某一功能要求。

结构设计时应对结构的不同极限状态分别进行计算；当某一极限状态的计算或验算起控制作用时，可仅对该极限状态进行计算。

本附录仅适用于游乐设施承载结构的静强度极限状态分析，其他计算按本标准正文规定。

E.2 材料

本附录仅适用于Q345、20号、45号、40Cr、Q390游乐设施结构用钢材，其中Q345、20号、45号、40Cr的材料力学性能应符合有关国家标准的规定，Q390的材料力学性能应当符合GB/T 1591的要求。

E.3 载荷

E.3.1 载荷类型

游乐设施载荷类型和取值应按照6.2.1规定。

E.3.2 载荷组合

E.3.2.1 原则

游乐设施承载结构的静强度极限状态分析应当采用基本组合、偶然组合两种载荷组合方式及相应的载荷分项系数。

E.3.2.2 基本组合

载荷设计值应当同时考虑式(E.1)和式(E.2)给出的两种组合：

$$F_j = \sum \gamma_G G_k \left(= \sum 1.35 G_k \right) \quad\quad\quad\quad (E.1)$$

$$F_j = \sum \gamma_G G_k + \sum \gamma_Q Q_i \left(= \sum 1.1 G_k + \sum 1.35 Q_i \right)$$
$$\quad\quad\quad\quad (E.2)$$

式中：
F_j ——组合载荷；
γ_G ——永久载荷分项系数，式(E.1)中不小于1.35，式(E.2)中不小于1.1；
γ_Q ——可变载荷分项系数，不小于1.35；
G_k ——永久载荷标准值；

Q_i——第 i 个可变载荷标准值。

运行过程中有可能承受冲击载荷的游乐设施结构或构件,所受载荷在组合前应当按照 6.1.2.15.1、6.1.2.15.2 和 6.1.2.15.4 的规定考虑冲击系数;轨道结构及其连接所受载荷在组合前还应当按照 6.1.2.15.3 的规定考虑振动系数,振动系数应当附加在冲击系数之上。

E.3.2.3 偶然组合

大型、高耸结构和建筑物上的游乐设施应考虑式(E.3)给出的偶然组合:

$$F_j = 1.0G_k + T + \sum 1.0Q_i \quad\quad\quad\quad (E.3)$$

式中:

T——地震载荷标准值。

注:载荷组合中符号"$\sum$"和"+"均表示组合,即同时考虑所有载荷对结构的共同影响,而不表示代数相加。

E.4 设计

E.4.1 原则

设计应当计算载荷组合作用时可能导致的承载极限状态,校核结构或构件中的载荷效应不会超过结构或构件相应的设计抗力值。必要时还应当校验结构或构件的变形,防止结构或构件出现不适于继续承载的过大变形。

所有校核应当针对最不利的载荷工况,永久载荷、可变载荷、偶然载荷及动态载荷的作用值和作用位置应当被假设为会导致结构或构件出现最不利的极限状态。对于结构或构件,应当确定非永久性固定设施或设备被更换或者移除后是否会产生更不利的情况。

采用有限元方法进行极限状态法设计验算时,重要的设计输入和输出数据应当完整,设计文件中应当至少提供软件名称、计算单位制、简化假设、结构模型、单元类型、网格尺度和数量、材料模型、载荷和约束、关键求解设置、计算结果、分析结论等相关信息。

E.4.2 设计表达式

结构或构件按静强度极限状态设计时,应符合式(E.4)的要求:

$$\gamma_0 S_d \leqslant R_d \quad\quad\quad\quad (E.4)$$

式中:

γ_0——结构或构件的重要性系数,对于重要的轴、销轴及Ⅰ级和Ⅱ级焊缝不小于1.5,对于一般结构或构件不小于1.0;

S_d——载荷组合的效应,广义的载荷效应包括结构和构件的应力、应变、挠度、转角、内力、力矩或者其他极限状态控制值等,本附录限定为应力;

R_d——结构或构件的抗力设计值,按照 F.4.3 选取。

E.4.3 抗力设计值

结构或构件的抗力设计值应符合式(E.5)和式(E.6)要求:

$$R_d \leqslant \sigma_s / \gamma_{Ms} \quad\quad\quad\quad (E.5)$$
$$R_d \leqslant \sigma_b / \gamma_{Mb} \quad\quad\quad\quad (E.6)$$

式中:

γ_{Ms}——材料屈服强度的抗力分项系数,不小于1.2;

γ_{Mb}——材料抗拉强度的抗力分项系数,不小于2.2;

R_d——结构或构件的设计抗力值；

σ_s——材料屈服强度标准规定下限值；

σ_b——材料抗拉强度标准规定下限值。

结构或构件的设计抗力值采用两式中较小值。对于横向力和扭矩产生的剪切应力,结构或构件的设计抗力值 R_d 应当乘以 $a=0.58$ 的系数。

附 录 F
（资料性附录）
焊接接头形式

F.1 对接焊缝、角焊缝与焊接接头形式关系见图F.1。

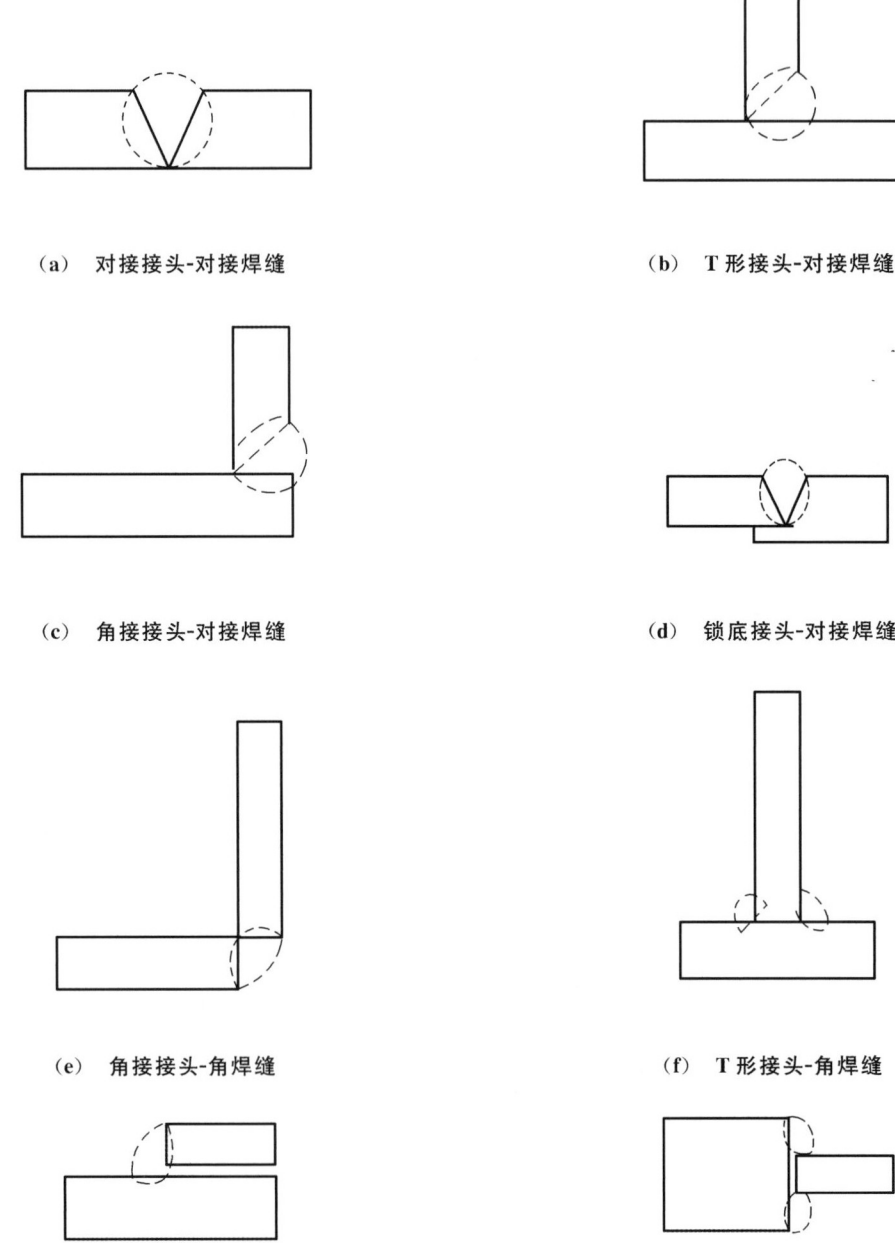

（a） 对接接头-对接焊缝　　　　　　　　（b） T形接头-对接焊缝

（c） 角接接头-对接焊缝　　　　　　　　（d） 锁底接头-对接焊缝

（e） 角接接头-角焊缝　　　　　　　　　（f） T形接头-角焊缝

（g） 搭接接头角焊缝　　　　　　　　　（h） 对接接头角焊缝

图 F.1 对接焊缝、角焊缝与焊接接头形式

F.2 T形接头组合焊缝见图F.2。

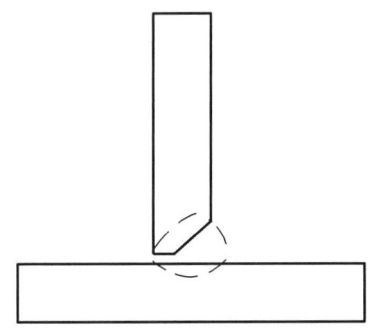 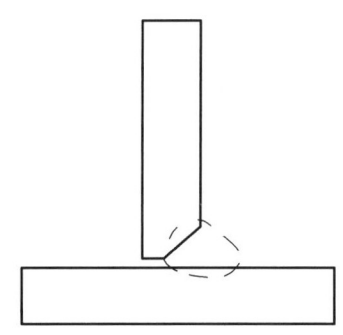

（a）对接和角接的组合焊缝　　　　　　　（b）对接和角接的组合焊缝
　　　（截面全焊透）　　　　　　　　　　　　　（截面未全焊透）

图 F.2　T 形接头组合焊缝

ICS 01.080.01
A 26

中华人民共和国国家标准

GB 2893—2008
代替 GB 2893—2001

安 全 色

Safety colours

(ISO 3864-1:2002,Graphical symbols—Safety colours and safety signs—
Part 1: Design principles for safety signs in workplaces and public areas,MOD)

2008-12-11 发布　　　　　　　　　　　　　　2009-10-01 实施

中华人民共和国国家质量监督检验检疫总局
中国国家标准化管理委员会　发布

GB 2893—2008 安全色

前 言

本标准的全部技术内容为强制性。

本标准修改采用 ISO 3864-1:2002《图形符号——安全色和安全标志——第1部分:工作场所和公共区域中安全标志的设计原则》(英文版)。

本标准与 ISO 3864-1:2002 相比,主要存在如下技术性差异:

——补充了安全色和对比色色度性能和光度性能的测量方法;

——补充了安全色的使用导则。

本标准代替 GB 2893—2001《安全色》。

本标准与 GB 2893—2001 相比主要变化如下:

——按照 GB/T 1.1《标准化工作导则 第1部分:标准的结构和编写规则》的要求重新起草了标准文本;

——参照 ISO 3864-1:2002《图形符号——安全色和安全标志——第1部分:工作场所和公共区域中安全标志的设计原则》,对安全色的颜色表征、技术要求进行了修订、补充;

——根据我国相关标准,对部分术语和定义及附录进行了修订。

本标准的附录 A 为规范性附录。

本标准由国家安全生产监督管理总局提出。

本标准由全国安全生产标准化技术委员会归口。

本标准起草单位:北京市劳动保护科学研究所。

本标准主要起草人:汪彤、宋冰雪、谢昱姝、朱伟、代宝乾、王培怡、吕良海、白永强、陈晓玲、王山、陈虹桥。

本标准1982年首次发布,2001年第一次修订。

安 全 色

1 范围

本标准规定了传递安全信息的颜色、安全色的测试方法和使用方法。

本标准适用于公共场所、生产经营单位和交通运输、建筑、仓储等行业以及消防等领域所使用的信号和标志的表面色。

本标准不适用于灯光信号和航海、内河航运以及其他目的而使用的颜色。

2 规范性引用文件

下列文件中的条款通过本标准的引用而成为本标准的条款。凡是注日期的引用文件，其随后所有的修改单(不包括勘误的内容)或修订版均不适用于本标准，然而，鼓励根据本标准达成协议的各方研究是否可使用这些文件的最新版本。凡是不注日期的引用文件，其最新版本适用于本标准。

GB 2894 安全标志及其使用导则
GB/T 3978 标准照明体和几何条件
GB/T 3979 物体色的测量方法
GB 5768 道路交通标志和标线
GB 13495 消防安全标志

3 术语和定义

下列术语和定义适用于本标准。

3.1
安全色 safety colour
传递安全信息含义的颜色，包括红、蓝、黄、绿四种颜色。

3.2
对比色 contrast colour
使安全色更加醒目的反衬色，包括黑、白两种颜色。

3.3
安全标记 safety marking
采用安全色和(或)对比色传递安全信息或者使某个对象或地点变得醒目的标记。

3.4
色域 colour gamut
能够满足一定条件的颜色集合在色品图或色空间内的范围。

3.5
亮度 luminance
在发光面、被照射面或光传播断面上的某点，从包括该点的微小面元在某方向微小立体面内的光通量除以微小面元的正投影面积与该微小立体角乘积所得的商。

3.6
亮度因数 luminance factor

在规定的照明和观测条件下,非自发光体表面上某一点的给定方向的亮度 L_{vs} 与同一条件下完全反射或完全透射的漫射体的亮度 L_{vn} 之比。亮度因数以 β_v 表示。

$$\beta_v = \frac{L_{vs}}{L_{vn}} \quad\quad\quad\quad (1)$$

3.7
亮度对比度 luminance contrast

对比色亮度 L_1 与安全色亮度 L_2 的比值,其中 L_1 大于 L_2。亮度对比度以 k 表示。

$$k = \frac{L_1}{L_2} \quad\quad\quad\quad (2)$$

3.8
逆反射 retroreflection

反射光线从靠近入射光线的反方向返回的反射。当入射光线的方向在较大范围内变化时,仍能保持这种性质。

3.9
光强度系数 coefficient of luminous intensity

逆反射在观测方向的光强度 I 除以投向逆反射体且落在垂直于入射方向的平面的光照度 $E_\perp$ 之商,即:

$$R = \frac{I}{E_\perp} \quad\quad\quad\quad (3)$$

式中:
R ——光强度系数,单位为坎德拉每勒克斯($cd \cdot lx^{-1}$);
I ——光强度,单位为坎德拉(cd);
$E_\perp$ ——垂直方向照度,单位为勒克斯(lx)。

3.10
逆反射系数 coefficient of retroreflection

逆反射面的逆反射光强度系数 R 除以它的面积 A 之商,即:

$$R' = \frac{R}{A} = \frac{I}{E_\perp \times A} \quad\quad\quad\quad (4)$$

$$I = Ed^2 \quad\quad\quad\quad (5)$$

式中:
R' ——逆反射系数,单位为坎德拉每勒克斯平方米($cd \cdot lx^{-1} \cdot m^{-2}$);
R ——光强度系数,单位为坎德拉每勒克斯($cd \cdot lx^{-1}$);
A ——试样被测面积,单位为平方米(m^2);
I ——光强度,单位为坎德拉(cd);
$E_\perp$ ——垂直方向照度,单位为勒克斯(lx);
E ——照度,单位为勒克斯(lx);
d ——照明光源至接受方向的距离,单位为米(m)。

4 颜色表征

4.1 安全色

4.1.1 红色

传递禁止、停止、危险或提示消防设备、设施的信息。

4.1.2 蓝色

传递必须遵守规定的指令性信息。

4.1.3 黄色

传递注意、警告的信息。

4.1.4 绿色

传递安全的提示性信息。

4.2 对比色

安全色与对比色同时使用时,应按表1规定搭配使用。

表 1 安全色的对比色

安全色	对比色
红色	白色
蓝色	白色
黄色	黑色
绿色	白色

4.2.1 黑色

黑色用于安全标志的文字、图形符号和警告标志的几何边框。

4.2.2 白色

白色用于安全标志中红、蓝、绿的背景色,也可用于安全标志的文字和图形符号。

4.3 安全色与对比色的相间条纹

相间条纹为等宽条纹,倾斜约45°。

4.3.1 红色与白色相间条纹

表示禁止或提示消防设备、设施位置的安全标记。

4.3.2 黄色与黑色相间条纹

表示危险位置的安全标记。

4.3.3 蓝色与白色相间条纹

表示指令的安全标记,传递必须遵守规定的信息。

4.3.4 绿色与白色相间条纹

表示安全环境的安全标记。

5 技术要求

安全色的色度范围应如图1和表2所示。

满足精确颜色要求的安全色色度范围应符合表3的要求。

磷光色的对比色和亮度因数应如图1和表4所示。

含有逆反射材料的最小逆反射系数如表5所示。

对于透照材料，x和y坐标应在表2所给出的颜色范围内，亮度对比度应在表6所给出范围内。

满足以下条件，则认为安全色不符合要求：

a) 使用中的逆反射材料（表5）：光度值降低到所要求最小值的50%以下，或者色度坐标落在表2所给定范围的边界之外；

b) 使用中的荧光材料：色度坐标落在表2所给定范围的边界之外。

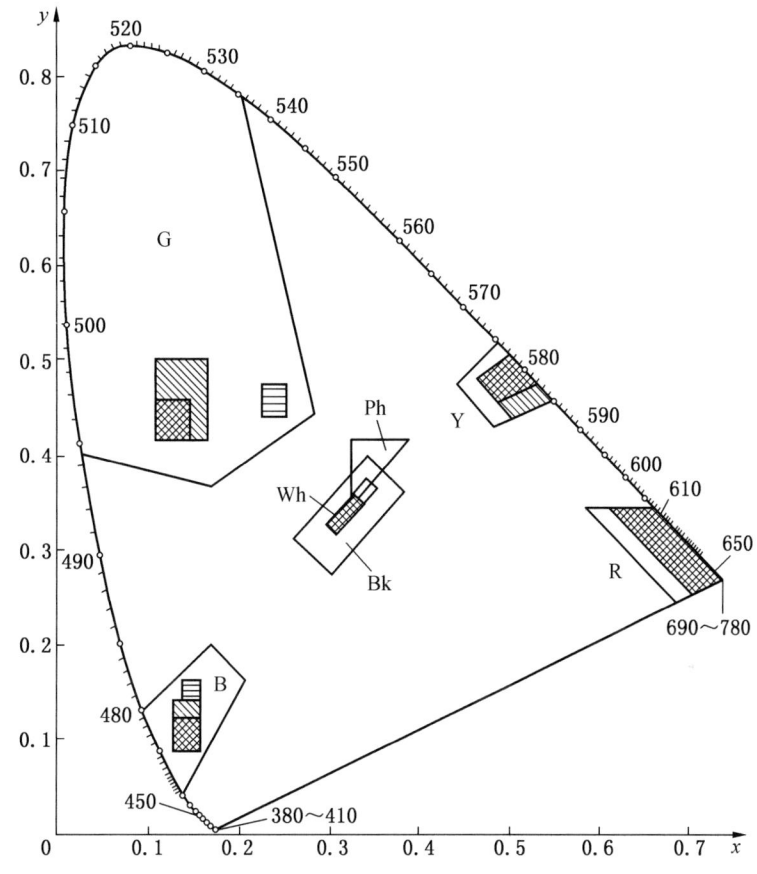

图例：

R 红色　　　　　Wh 白色
Y 黄色　　　　　Bk 黑色
G 绿色　　　　　Ph 浅黄的白色磷光
B 蓝色

☐ 与表2一致的安全色范围

▤ 与表3一致的安全色范围，普通材料

▨ 与表3一致的安全色范围，逆反射材料类型1

▩ 与表3一致的安全色范围，逆反射材料类型2

图 1　安全色和对比色的色品区域

表 2 普通材料、发光材料、逆反射材料和组合材料的色度坐标和亮度因数

颜色		许用颜色范围的角点色度坐标（标准照明体 D_{65},2°视场）				亮度因数 β				
		1	2	3	4	普通材料	发光材料	逆反射材料[a] 类型 1	逆反射材料[a] 类型 2	组合材料
红	x	0.735	0.681	0.579	0.655	≥0.07	≥0.03	≥0.05	≥0.03	≥0.25
	y	0.265	0.239	0.341	0.345					
蓝	x	0.049	0.172	0.210	0.137	≥0.05	≥0.05	≥0.01	≥0.01	≥0.03
	y	0.125	0.198	0.160	0.038					
黄	x	0.545	0.494	0.444	0.481	≥0.45	≥0.80	≥0.27	≥0.16	≥0.70
	y	0.454	0.426	0.476	0.518					
绿	x	0.201	0.285	0.170	0.026	≥0.12	≥0.40	≥0.04	≥0.03	≥0.35
	y	0.776	0.441	0.364	0.399					
白	x	0.350	0.305	0.295	0.340	≥0.75	≥1.0	≥0.35	≥0.27	—
	y	0.360	0.315	0.325	0.370					
黑	x	0.385	0.300	0.260	0.345	≤0.03	—	—	—	—
	y	0.355	0.270	0.310	0.395					
[a] 根据逆反射系数确定逆反射材料的类型。										

表 3 普通材料和逆反射材料在色度图中更小范围的色度坐标

颜色		许用颜色范围的角点色度坐标（标准照明体 D_{65},2°视场）											
		普通材料				逆反射材料[a] 类型 1				逆反射材料[a] 类型 2			
		1	2	3	4	1	2	3	4	1	2	3	4
红	x	0.660	0.610	0.700	0.735	0.660	0.610	0.700	0.735	0.660	0.610	0.700	0.735
	y	0.340	0.340	0.250	0.265	0.340	0.340	0.250	0.265	0.340	0.340	0.250	0.265
蓝	x	0.140	0.160	0.160	0.140	0.130	0.160	0.160	0.130	0.130	0.160	0.160	0.130
	y	0.140	0.140	0.160	0.160	0.086	0.086	0.120	0.120	0.090	0.090	0.140	0.140
黄	x	0.494	0.470	0.493	0.522	0.494	0.470	0.493	0.522	0.494	0.470	0.513	0.545
	y	0.505	0.480	0.457	0.477	0.505	0.480	0.457	0.477	0.505	0.480	0.437	0.454
绿	x	0.230	0.260	0.260	0.230	0.110	0.150	0.150	0.110	0.110	0.170	0.170	0.110
	y	0.440	0.440	0.470	0.470	0.415	0.415	0.455	0.455	0.415	0.415	0.500	0.500
白	x	0.305	0.335	0.325	0.295	0.305	0.335	0.325	0.295	0.305	0.335	0.325	0.295
	y	0.315	0.345	0.355	0.325	0.315	0.345	0.355	0.325	0.315	0.345	0.355	0.325
[a] 根据逆反射系数确定逆反射材料的类型。													

表 4 昼光条件下磷光材料对比色的色度坐标

磷光材料的对比色	许用颜色范围的角点色度坐标[标准照明体 D_{65}（几何条件 45/0），2°视场]				亮度因数 β
浅黄的白	x	0.390	0.320	0.320	>0.75
	y	0.410	0.340	0.410	
白	x	0.350	0.305	0.295	0.340	>0.75
	y	0.360	0.315	0.325	0.370	

表 5 最小逆反射系数 R'

观测角	入射角	最小逆反射系数[a] （单位：cd·lx^{-1}·m^{-2}，光源：标准照明体 A）									
		类型 1					类型 2				
		白	黄	红	绿	蓝	白	黄	红	绿	蓝
12′	5°	70	50	14.5	9	4	250		45	170	20
	30°	30	22	6	3.5	1.7	150	100	25	25	11
	40°	10	7	2	1.5	0.5	110	70	16	16	8
20′	5°	50	35	10	7	2	180	122	25	21	14
	30°	24	16	4	3	1	100	67	14	11	7
	40°	9	6	1.8	1.2	0.4	95	64	13	11	7
20°	5°	5	3	0.8	0.6	0.2	5	3	0.8	0.6	0.2
	30°	2.5	1.5	0.4	0.3	0.1	2.5	1.5	0.4	0.3	0.1
	40°	1.5	1.0	0.3	0.2	0.06	1.5	1.0	0.3	0.2	0.06

[a] 印刷在标志上的彩色部分，其逆反射系数不应小于表 5 中所给数值的 80%。

表 6 透照材料的亮度对比度

安全色	红	蓝	黄	绿
对比色	白	白	黑	白
亮度对比度 k	5<k<15	5<k<15	a	5<k<15

注：在安全色和对比色内部，亮度的均匀度是通过颜色内部最小亮度与最大亮度的比来衡量的，其比值应大于 1∶5。

[a] 黑色作为对比或符号色是不透明的。

6 测量方法

安全色和对比色的色度性能测量方法见 6.1，光度性能测量方法见 6.2。

6.1 色度性能

安全色和对比色的色度性能按 GB/T 3979 中规定的方法测出试样的各角点色度坐标。

6.2 光度性能

6.2.1 测量装置

测量原理如图 2 所示。

采用 GB/T 3978 规定的标准 A 光源,光探测器应符合 $V(\lambda)$ 的要求。光探测器安装在光源上方并与光源处于同一平面内。

试样参考中心对光源孔径张角及对光探测器孔径张角应分别不大于 $12'$。试样整个受照区域内的垂直照度不均匀性小于 5%,试样参考轴相对于光源轴的入射角(β)应能在 $0°\sim40°$ 范围内变化。观测轴相对于照明轴之间的观测角(α)应能在 $0.2°\sim2°$ 范围内改变。

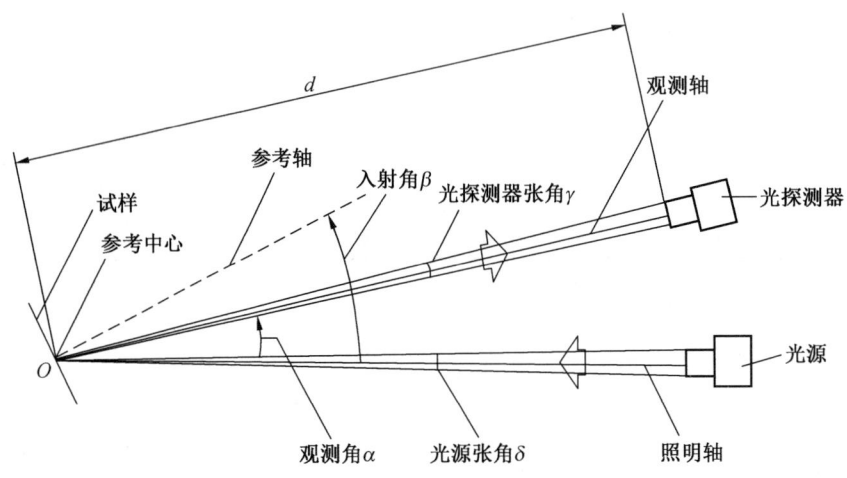

图 2 逆反射系数的测量原理

6.2.2 测量过程

a) 光探测器置于试样参考中心上正对着光源,测得试样面上的垂直照度 $E_\perp$;

b) 再将上述光探测器置于图 2 的位置上,移动光探测器使其观测角为 α,转动试样使入射角等于 β,测出 α 和 β 角上试样的照度 E;

c) 测得试样参考中心平面与光探测器孔径面间的距离 d 和被测试样的面积 A;

d) 最后将上述 $E_\perp$、E、d 和 A 分别代入式(4)和式(5)中,计算出不同观测角和入射角条件下的逆反射系数 R'。

附　录　A
（规范性附录）
安全色的使用导则

A.1 安全色

A.1.1 红色

各种禁止标志（参照 GB 2894）；交通禁令标志（参照 GB 5768）；消防设备标志（参照 GB 13495）；机械的停止按钮、刹车及停车装置的操纵手柄；机械设备转动部件的裸露部位；仪表刻度盘上极限位置的刻度；各种危险信号旗等。

A.1.2 黄色

各种警告标志（参照 GB 2894）；道路交通标志和标线中警告标志（参照 GB 5768）；警告信号旗等。

A.1.3 蓝色

各种指令标志（参照 GB 2894）；道路交通标志和标线中指示标志（参照 GB 5768）等。

A.1.4 绿色

各种提示标志（参照 GB 2894）；机器启动按钮；安全信号旗；急救站、疏散通道、避险处、应急避难场所等。

A.2 安全色与对比色相间条纹

A.2.1 红色与白色相间条纹

应用于交通运输等方面所使用的防护栏杆及隔离墩；液化石油气汽车槽车的条纹；固定禁止标志的标志杆上的色带（如图 A.1）等。

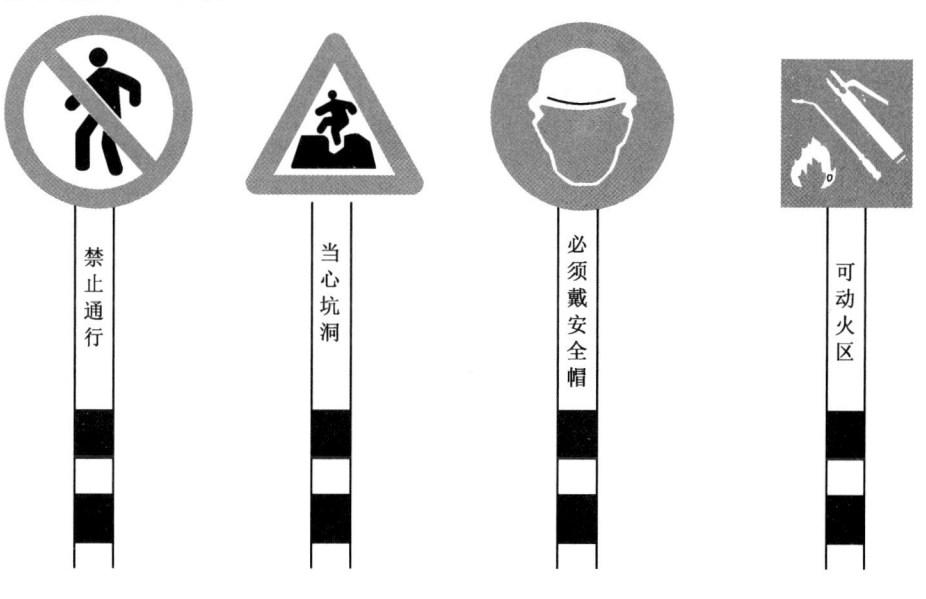

图 A.1　安全标志杆上的色带

A.2.2 黄色与黑色相间条纹

应用于各种机械在工作或移动时容易碰撞的部位,如移动式起重机的外伸腿、起重臂端部、起重吊钩和配重;剪板机的压紧装置;冲床的滑块等有暂时或永久性危险的场所或设备;固定警告标志的标志杆上的色带(如图 A.1)等。

设备所涂条纹的倾斜方向应以中心线为轴线对称,如图 A.2 所示。两个相对运动(剪切或挤压)棱边上条纹的倾斜方向应相反,如图 A.3 所示。

图 A.2　以设备中心为轴线对称的相间条纹示意图

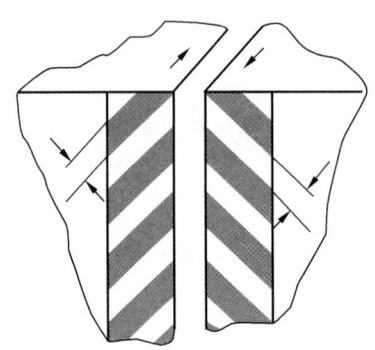

图 A.3　相对运动棱边上条纹的倾斜方向示意图

A.2.3 蓝色与白色相间条纹

应用于道路交通的指示性导向标志(如图 A.4);固定指令标志的标志杆上的色带(如图 A.1)等。

图 A.4　指示性导向标志

A.2.4 绿色与白色相间条纹

应用于固定提示标志杆上的色带(如图 A.1)等。

A.2.5 相间条纹宽度

安全色与对比色相间的条纹宽度应相等,即各占 50%,斜度与基准面成 45°。宽度一般为 100 mm,但可根据设备大小和安全标志位置的不同,采用不同的宽度,在较小的面积上其宽度可适当的缩小,每种颜色不能少于两条。

A.3 使用要求

使用安全色时要考虑周围的亮度及同其他颜色的关系,要使安全色能正确辨认。在明亮的环境中,照明光源应接近自然白昼光如 D_{65} 光源;在黑暗的环境中为避免眩光或干扰应减少亮度。

A.4 检查与维修

　　凡涂有安全色的部位,每半年应检查一次,应保持整洁、明亮,如有变色、褪色等不符合安全色范围,逆反射系数低于70%或安全色的使用环境改变时,应及时重涂或更换,以保证安全色正确、醒目,达到安全警示的目的。

ICS 13.140
Z 52

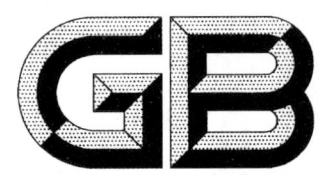

中华人民共和国国家标准

GB 3096—2008
代替 GB 3096—93，GB/T 14623—93

声环境质量标准

Environmental quality standard for noise

2008-08-19 发布

2008-10-01 实施

环境保护部
国家质量监督检验检疫总局 发布

前 言

为贯彻《中华人民共和国环境噪声污染防治法》，防治噪声污染，保障城乡居民正常生活、工作和学习的声环境质量，制定本标准。

本标准是对《城市区域环境噪声标准》(GB 3096—93)和《城市区域环境噪声测量方法》(GB/T 14623—93)的修订，与原标准相比主要修改内容如下：

——扩大了标准适用区域，将乡村地区纳入标准适用范围；

——将环境质量标准与测量方法标准合并为一项标准；

——明确了交通干线的定义，对交通干线两侧4类区环境噪声限值作了调整；

——提出了声环境功能区监测和噪声敏感建筑物监测的要求。

本标准于1982年首次发布，1993年第一次修订，本次为第二次修订。

自本标准实施之日起，GB 3096—93和GB/T 14623—93废止。

本标准的附录A为资料性附录；附录B、附录C为规范性附录。

本标准由环境保护部科技标准司组织制订。

本标准起草单位：中国环境科学研究院、北京市环境保护监测中心、广州市环境监测中心站。

本标准环境保护部2008年7月30日批准。

本标准自2008年10月1日起实施。

本标准由环境保护部解释。

声环境质量标准

1 适用范围

本标准规定了五类声环境功能区的环境噪声限值及测量方法。

本标准适用于声环境质量评价与管理。

机场周围区域受飞机通过(起飞、降落、低空飞越)噪声的影响,不适用于本标准。

2 规范性引用文件

本标准内容引用了下列文件或其中的条款。凡是不注日期的引用文件,其有效版本适用于本标准。

GB 3785　声级计的电、声性能及测试方法

GB/T 15173　声校准器

GB/T 15190　城市区域环境噪声适用区划分技术规范

GB/T 17181　积分平均声级计

GB/T 50280　城市规划基本术语标准

JTG B01　公路工程技术标准

3 术语和定义

下列术语和定义适用于本标准。

3.1

A 声级　A-weighted sound pressure level

用 A 计权网络测得的声压级,用 L_A 表示,单位 dB(A)。

3.2

等效连续 A 声级　equivalent continuous A-weighted sound pressure level

简称为等效声级,指在规定测量时间 T 内 A 声级的能量平均值,用 $L_{Aeq,T}$ 表示(简写为 L_{eq}),单位 dB(A)。除特别指明外,本标准中噪声限值皆为等效声级。

根据定义,等效声级表示为:

$$L_{eq} = 10\lg\left(\frac{1}{T}\int_0^T 10^{0.1 \cdot L_A} \, dt\right)$$

式中:

L_A——t 时刻的瞬时 A 声级;

T　——规定的测量时间段。

3.3

昼间等效声级　day-time equivalent sound level、**夜间等效声级** night-time equivalent sound level

在昼间时段内测得的等效连续 A 声级称为昼间等效声级,用 L_d 表示,单位 dB(A)。

在夜间时段内测得的等效连续 A 声级称为夜间等效声级,用 L_n 表示,单位 dB(A)。

3.4

昼间　day-time、**夜间**　night-time

根据《中华人民共和国环境噪声污染防治法》,"昼间"是指 6:00 至 22:00 之间的时段;"夜间"是指

22:00至次日6:00之间的时段。

县级以上人民政府为环境噪声污染防治的需要（如考虑时差、作息习惯差异等）而对昼间、夜间的划分另有规定的，应按其规定执行。

3.5

最大声级 maximum sound level

在规定的测量时间段内或对某一独立噪声事件，测得的A声级最大值，用L_{max}表示，单位dB(A)。

3.6

累积百分声级 percentile sound level

用于评价测量时间段内噪声强度时间统计分布特征的指标，指占测量时间段一定比例的累积时间内A声级的最小值，用L_N表示，单位为dB(A)。最常用的是L_{10}、L_{50}和L_{90}，其含义如下：

L_{10}——在测量时间内有10%的时间A声级超过的值，相当于噪声的平均峰值；

L_{50}——在测量时间内有50%的时间A声级超过的值，相当于噪声的平均中值；

L_{90}——在测量时间内有90%的时间A声级超过的值，相当于噪声的平均本底值。

如果数据采集是按等间隔时间进行的，则L_N也表示有N%的数据超过的噪声级。

3.7

城市 city、**城市规划区** urban planning area

城市是指国家按行政建制设立的直辖市、市和镇。

由城市市区、近郊区以及城市行政区域内其他因城市建设和发展需要实行规划控制的区域，为城市规划区。

3.8

乡村 rural area

乡村是指除城市规划区以外的其他地区，如村庄、集镇等。

村庄是指农村村民居住和从事各种生产的聚居点。

集镇是指乡、民族乡人民政府所在地和经县级人民政府确认由集市发展而成的作为农村一定区域经济、文化和生活服务中心的非建制镇。

3.9

交通干线 traffic artery

指铁路（铁路专用线除外）、高速公路、一级公路、二级公路、城市快速路、城市主干路、城市次干路、城市轨道交通线路（地面段）、内河航道。应根据铁路、交通、城市等规划确定。以上交通干线类型的定义参见附录A。

3.10

噪声敏感建筑物 noise-sensitive buildings

指医院、学校、机关、科研单位、住宅等需要保持安静的建筑物。

3.11

突发噪声 burst noise

指突然发生，持续时间较短，强度较高的噪声。如锅炉排气、工程爆破等产生的较高噪声。

4 声环境功能区分类

按区域的使用功能特点和环境质量要求，声环境功能区分为以下五种类型：

0类声环境功能区：指康复疗养区等特别需要安静的区域。

1类声环境功能区：指以居民住宅、医疗卫生、文化教育、科研设计、行政办公为主要功能，需要保持安静的区域。

2 类声环境功能区：指以商业金融、集市贸易为主要功能，或者居住、商业、工业混杂，需要维护住宅安静的区域。

3 类声环境功能区：指以工业生产、仓储物流为主要功能，需要防止工业噪声对周围环境产生严重影响的区域。

4 类声环境功能区：指交通干线两侧一定距离之内，需要防止交通噪声对周围环境产生严重影响的区域，包括 4a 类和 4b 类两种类型。4a 类为高速公路、一级公路、二级公路、城市快速路、城市主干路、城市次干路、城市轨道交通（地面段）、内河航道两侧区域；4b 类为铁路干线两侧区域。

5 环境噪声限值

5.1 各类声环境功能区适用表 1 规定的环境噪声等效声级限值。

表 1 环境噪声限值

单位：dB(A)

声环境功能区类别		时段	
		昼间	夜间
0 类		50	40
1 类		55	45
2 类		60	50
3 类		65	55
4 类	4a 类	70	55
	4b 类	70	60

5.2 表 1 中 4b 类声环境功能区环境噪声限值，适用于 2011 年 1 月 1 日起环境影响评价文件通过审批的新建铁路（含新开廊道的增建铁路）干线建设项目两侧区域；

5.3 在下列情况下，铁路干线两侧区域不通过列车时的环境背景噪声限值，按昼间 70 dB(A)、夜间 55 dB(A)执行：

a) 穿越城区的既有铁路干线；
b) 对穿越城区的既有铁路干线进行改建、扩建的铁路建设项目。

既有铁路是指 2010 年 12 月 31 日前已建成运营的铁路或环境影响评价文件已通过审批的铁路建设项目。

5.4 各类声环境功能区夜间突发噪声，其最大声级超过环境噪声限值的幅度不得高于 15 dB(A)。

6 环境噪声监测要求

6.1 测量仪器

测量仪器精度为 2 型及 2 型以上的积分平均声级计或环境噪声自动监测仪器，其性能需符合 GB 3785 和 GB/T 17181 的规定，并定期校验。测量前后使用声校准器校准测量仪器的示值偏差不得大于 0.5 dB，否则测量无效。声校准器应满足 GB/T 15173 对 1 级或 2 级声校准器的要求。测量时传声器应加防风罩。

6.2 测点选择

根据监测对象和目的，可选择以下三种测点条件（指传声器所置位置）进行环境噪声的测量：

a) 一般户外

距离任何反射物(地面除外)至少3.5 m外测量,距地面高度1.2 m以上。必要时可置于高层建筑上,以扩大监测受声范围。使用监测车辆测量,传声器应固定在车顶部1.2 m高度处。

b) 噪声敏感建筑物户外

在噪声敏感建筑物外,距墙壁或窗户1 m处,距地面高度1.2 m以上。

c) 噪声敏感建筑物室内

距离墙面和其他反射面至少1 m,距窗约1.5 m处,距地面1.2~1.5 m高。

6.3 气象条件

测量应在无雨雪、无雷电天气,风速5 m/s以下时进行。

6.4 监测类型与方法

根据监测对象和目的,环境噪声监测分为声环境功能区监测和噪声敏感建筑物监测两种类型,分别采用附录B和附录C规定的监测方法。

6.5 测量记录

测量记录应包括以下事项:

a) 日期、时间、地点及测定人员;
b) 使用仪器型号、编号及其校准记录;
c) 测定时间内的气象条件(风向、风速、雨雪等天气状况);
d) 测量项目及测定结果;
e) 测量依据的标准;
f) 测点示意图;
g) 声源及运行工况说明(如交通噪声测量的交通流量等);
h) 其他应记录的事项。

7 声环境功能区的划分要求

7.1 城市声环境功能区的划分

城市区域应按照GB/T 15190的规定划分声环境功能区,分别执行本标准规定的0、1、2、3、4类声环境功能区环境噪声限值。

7.2 乡村声环境功能的确定

乡村区域一般不划分声环境功能区,根据环境管理的需要,县级以上人民政府环境保护行政主管部门可按以下要求确定乡村区域适用的声环境质量要求:

a) 位于乡村的康复疗养区执行0类声环境功能区要求;
b) 村庄原则上执行1类声环境功能区要求,工业活动较多的村庄以及有交通干线经过的村庄(指执行4类声环境功能区要求以外的地区)可局部或全部执行2类声环境功能区要求;
c) 集镇执行2类声环境功能区要求;
d) 独立于村庄、集镇之外的工业、仓储集中区执行3类声环境功能区要求;
e) 位于交通干线两侧一定距离(参考GB/T 15190第8.3条规定)内的噪声敏感建筑物执行4类声环境功能区要求。

8 标准的实施要求

本标准由县级以上人民政府环境保护行政主管部门负责组织实施。

为实施本标准,各地应建立环境噪声监测网络与制度、评价声环境质量状况、进行信息通报与公示、确定达标区和不达标区、制订达标区维持计划与不达标区噪声削减计划,因地制宜改善声环境质量。

附 录 A
（资料性附录）
不同类型交通干线的定义

A.1 铁路

以动力集中方式或动力分散方式牵引，行驶于固定钢轨线路上的客货运输系统。

A.2 高速公路

根据 JTG B01，定义如下：
专供汽车分向、分车道行驶，并应全部控制出入的多车道公路，其中：
四车道高速公路应能适应将各种汽车折合成小客车的年平均日交通量 25 000～55 000 辆；
六车道高速公路应能适应将各种汽车折合成小客车的年平均日交通量 45 000～80 000 辆；
八车道高速公路应能适应将各种汽车折合成小客车的年平均日交通量 60 000～100 000 辆。

A.3 一级公路

根据 JTG B01，定义如下：
供汽车分向、分车道行驶，并可根据需要控制出入的多车道公路，其中：
四车道一级公路应能适应将各种汽车折合成小客车的年平均日交通量 15 000～30 000 辆；
六车道一级公路应能适应将各种汽车折合成小客车的年平均日交通量 25 000～55 000 辆。

A.4 二级公路

根据 JTG B01，定义如下：
供汽车行驶的双车道公路。
双车道二级公路应能适应将各种汽车折合成小客车的年平均日交通量 5 000～15 000 辆。

A.5 城市快速路

根据 GB/T 50280，定义如下：
城市道路中设有中央分隔带，具有四条以上机动车道，全部或部分采用立体交叉与控制出入，供汽车以较高速度行驶的道路，又称汽车专用道。
城市快速路一般在特大城市或大城市中设置，主要起联系城市内各主要地区、沟通对外联系的作用。

A.6 城市主干路

联系城市各主要地区（住宅区、工业区以及港口、机场和车站等客货运中心等），承担城市主要交通任务的交通干道，是城市道路网的骨架。主干路沿线两侧不宜修建过多的车辆和行人出入口。

A.7 城市次干路

城市各区域内部的主要道路，与城市主干路结合成道路网，起集散交通的作用兼有服务功能。

A.8 城市轨道交通

以电能为主要动力，采用钢轮—钢轨为导向的城市公共客运系统。按照运量及运行方式的不同，城市轨道交通分为地铁、轻轨以及有轨电车。

A.9 内河航道

船舶、排筏可以通航的内河水域及其港口。

附 录 B
（规范性附录）
声环境功能区监测方法

B.1 监测目的

评价不同声环境功能区昼间、夜间的声环境质量，了解功能区环境噪声时空分布特征。

B.2 定点监测法

B.2.1 监测要求

选择能反映各类功能区声环境质量特征的监测点1至若干个，进行长期定点监测，每次测量的位置、高度应保持不变。

对于0、1、2、3类声环境功能区，该监测点应为户外长期稳定、距地面高度为声场空间垂直分布的可能最大值处，其位置应能避开反射面和附近的固定噪声源；4类声环境功能区监测点设于4类区内第一排噪声敏感建筑物户外交通噪声空间垂直分布的可能最大值处。

声环境功能区监测每次至少进行一昼夜24 h的连续监测，得出每小时及昼间、夜间的等效声级 L_{eq}、L_d、L_n 和最大声级 L_{max}。用于噪声分析目的，可适当增加监测项目，如累积百分声级 L_{10}、L_{50}、L_{90} 等。监测应避开节假日和非正常工作日。

B.2.2 监测结果评价

各监测点位测量结果独立评价，以昼间等效声级 L_d 和夜间等效声级 L_n 作为评价各监测点位声环境质量是否达标的基本依据。

一个功能区设有多个测点的，应按点次分别统计昼间、夜间的达标率。

B.2.3 环境噪声自动监测系统

全国重点环保城市以及其他有条件的城市和地区宜设置环境噪声自动监测系统，进行不同声环境功能区监测点的连续自动监测。

环境噪声自动监测系统主要由自动监测子站和中心站及通信系统组成，其中自动监测子站由全天候户外传声器、智能噪声自动监测仪器、数据传输设备等构成。

B.3 普查监测法

B.3.1 0～3类声环境功能区普查监测

B.3.1.1 监测要求

将要普查监测的某一声环境功能区划分成多个等大的正方格，网格要完全覆盖住被普查的区域，且有效网格总数应多于100个。测点应设在每一个网格的中心，测点条件为一般户外条件。

监测分别在昼间工作时间和夜间22:00—24:00（时间不足可顺延）进行。在前述测量时间内，每次每个测点测量10 min的等效声级 L_{eq}，同时记录噪声主要来源。监测应避开节假日和非正常工作日。

B.3.1.2 监测结果评价

将全部网格中心测点测得的 10 min 的等效声级 L_{eq} 做算术平均运算,所得到的平均值代表某一声环境功能区的总体环境噪声水平,并计算标准偏差。

根据每个网格中心的噪声值及对应的网格面积,统计不同噪声影响水平下的面积百分比,以及昼间、夜间的达标面积比例。有条件可估算受影响人口。

B.3.2 4 类声环境功能区普查监测

B.3.2.1 监测要求

以自然路段、站场、河段等为基础,考虑交通运行特征和两侧噪声敏感建筑物分布情况,划分典型路段(包括河段)。在每个典型路段对应的 4 类区边界上(指 4 类区内无噪声敏感建筑物存在时)或第一排噪声敏感建筑物户外(指 4 类区内有噪声敏感建筑物存在时)选择 1 个测点进行噪声监测。这些测点应与站、场、码头、岔路口、河流汇入口等相隔一定的距离,避开这些地点的噪声干扰。

监测分昼、夜两个时段进行。分别测量如下规定时间内的等效声级 L_{eq} 和交通流量,对铁路、城市轨道交通线路(地面段),应同时测量最大声级 L_{max},对道路交通噪声应同时测量累积百分声级 L_{10}、L_{50}、L_{90}。

根据交通类型的差异,规定的测量时间为:

铁路、城市轨道交通(地面段)、内河航道两侧:昼、夜各测量不低于平均运行密度的 1 h 值,若城市轨道交通(地面段)的运行车次密集,测量时间可缩短至 20 min。

高速公路、一级公路、二级公路、城市快速路、城市主干路、城市次干路两侧:昼、夜各测量不低于平均运行密度的 20 min 值。

监测应避开节假日和非正常工作日。

B.3.2.2 监测结果评价

将某条交通干线各典型路段测得的噪声值,按路段长度进行加权算术平均,以此得出某条交通干线两侧 4 类声环境功能区的环境噪声平均值。

也可对某一区域内的所有铁路、确定为交通干线的道路、城市轨道交通(地面段)、内河航道按前述方法进行长度加权统计,得出针对某一区域某一交通类型的环境噪声平均值。

根据每个典型路段的噪声值及对应的路段长度,统计不同噪声影响水平下的路段百分比,以及昼间、夜间的达标路段比例。有条件可估算受影响人口。

对某条交通干线或某一区域某一交通类型采取抽样测量的,应统计抽样路段比例。

附 录 C
（规范性附录）
噪声敏感建筑物监测方法

C.1 监测目的

了解噪声敏感建筑物户外（或室内）的环境噪声水平，评价是否符合所处声环境功能区的环境质量要求。

C.2 监测要求

监测点一般设于噪声敏感建筑物户外。不得不在噪声敏感建筑物室内监测时，应在门窗全打开状况下进行室内噪声测量，并采用较该噪声敏感建筑物所在声环境功能区对应环境噪声限值低 10 dB(A) 的值作为评价依据。

对敏感建筑物的环境噪声监测应在周围环境噪声源正常工作条件下测量，视噪声源的运行工况，分昼、夜两个时段连续进行。根据环境噪声源的特征，可优化测量时间：
a) 受固定噪声源的噪声影响
   稳态噪声测量 1 min 的等效声级 L_{eq}；
   非稳态噪声测量整个正常工作时间（或代表性时段）的等效声级 L_{eq}。
b) 受交通噪声源的噪声影响
   对于铁路、城市轨道交通（地面段）、内河航道，昼、夜各测量不低于平均运行密度的 1 h 等效声级 L_{eq}，若城市轨道交通（地面段）的运行车次密集，测量时间可缩短至 20 min。
   对于道路交通，昼、夜各测量不低于平均运行密度的 20 min 等效声级 L_{eq}。
c) 受突发噪声的影响
   以上监测对象夜间存在突发噪声的，应同时监测测量时段内的最大声级 L_{max}。

C.3 监测结果评价

以昼间、夜间环境噪声源正常工作时段的 L_{eq} 和夜间突发噪声 L_{max} 作为评价噪声敏感建筑物户外（或室内）环境噪声水平，是否符合所处声环境功能区的环境质量要求的依据。

ICS 13.020
C 51

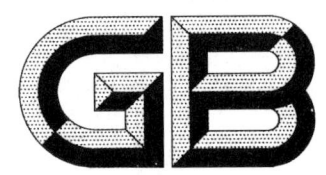

中华人民共和国国家标准

GB 37487—2019
部分代替 GB 9663~9673—1996,GB 16153—1996

公共场所卫生管理规范

Hygienic management specification for public places

2019-04-04 发布

2019-11-01 实施

国家市场监督管理总局
中国国家标准化管理委员会 发布

前 言

本标准 4.1.2、4.4.4、4.5.2、4.6.1、4.9.2b)、4.12.1、4.16.6、4.16.9、5.2.2、5.4.3、5.5.2、6.2.2、6.3.2、A.1、A.2.1、A.2.3、A.2.4、A.2.6、A.2.7、B.2.1、B.3.1、B.3.3、B.4.1 为推荐任条款,其余为强制性条款。

公共场所系列卫生标准由 GB/T 18204《公共场所卫生检验方法》、GB 37487《公共场所卫生管理规范》、GB 37488《公共场所卫生指标及限值要求》、GB 37489《公共场所设计卫生规范》和 GB/37678《公共场所卫生学评价规范》5 项标准组成。

本标准按照 GB/T 1.1—2009 给出的规则起草。

本标准部分代替 GB 9663—1996《旅店业卫生标准》、GB 9664—1996《文化娱乐场所卫生标准》、GB 9665—1996《公共浴室卫生标准》、GB 9666—1996《理发店、美容店卫生标准》、GB 9667—1996《游泳场所卫生标准》、GB 9668—1996《体育馆卫生标准》、GB 9669—1996《图书馆、博物馆、美术馆、展览馆卫生标准》、GB 9670—1996《商场(店)、书店卫生标准》、GB 9671—1996《医院候诊室卫生标准》、GB 9672—1996《公共交通等候室卫生标准》、GB 9673—1996《公共交通工具卫生标准》、GB 16153—1996《饭馆(餐厅)卫生标准》中有关经常性卫生管理要求内容。

本标准与 GB 9663～9673—1996、GB 16153—1996 相比,主要技术变化如下:
——细化了公共场所经常性卫生要求;
——增加了公共场所卫生管理和从业人员卫生要求的内容。

本标准由中华人民共和国国家卫生健康委员会提出并归口。

本标准起草单位:江苏省淮安市卫生监督所、江苏省无锡市疾病预防控制中心、南通大学公共卫生学院。

本标准主要起草人:马永生、王成东、杨善文、杨健、姜声扬。

本标准所代替标准的历次版本发布情况为:
——GB 9663～9673—1988、GB 9663～9673—1996;
——GB 16153—1996。

公共场所卫生管理规范

1 范围

本标准规定了公共场所基本卫生要求、卫生管理和从业人员卫生等管理环节的基本要求和准则。

本标准适用于宾馆、旅店、招待所、公共浴室、理发店、美容店、影剧院、录像厅(室)、游艺厅(室)、舞厅、音乐厅、体育场(馆)、游泳场(馆)、展览馆、博物馆、美术馆、图书馆、商场(店)、书店、候诊室、候车(机、船)室与公共交通工具等公共场所,其他公共场所可参照使用。

2 规范性引用文件

下列文件对于本文件的应用是必不可少的。凡是注日期的引用文件,仅注日期的版本适用于本文件。凡是不注日期的引用文件,其最新版本(包括所有的修改单)适用于本文件。

GB 5749　生活饮用水卫生标准
GB 17051　二次供水设施卫生规范
GB 37488　公共场所卫生指标及限值要求
WS 394　公共场所集中空调通风系统卫生规范
生活饮用水集中式供水单位卫生规范　原卫生部(卫法监发〔2001〕161号)

3 术语和定义

下列术语和定义适用于本文件。

3.1
公共用品用具　public articles

公共场所经营者提供给顾客重复使用的床单、枕套、被套、毛巾、浴巾、浴衣、杯具、洁具、拖鞋、美容美发工具、修脚工具以及其他重复使用且与皮肤、黏膜等接触的物品。

3.2
工作车　work handcart

宾馆、旅店、招待所等住宿场所经营单位在卫生清扫时用于清洁物品放置和临时保洁,存放一次性用品、布草类物品、耗损品,回收污染物品和废弃物的车辆。

4 基本卫生要求

4.1 物品配置

4.1.1 公共场所配置的卫生相关产品(包括:消毒产品、涉水产品、杀虫剂、灭鼠剂、避孕套和供顾客使用的洗发液、沐浴液、烫发剂、染发剂、美容护肤类化妆品等)应执行进货验收制度,保证产品质量,标签标识规范。

4.1.2 采购、出入库宜有记录,做到先进先出,索证、验收、出入库记录等资料保存2年。

4.1.3 公共用品用具的配备数量应能满足经营需要。常见公共用品用具配备基本要求见附录A。

4.2 物品储存

4.2.1 公共用品用具应存放在储藏间或场所内符合卫生要求的区域。

4.2.2 物品应分类、分架存放,距墙壁、地面10 cm以上。

4.2.3 清洗消毒过的公共用品用具应分类存放于保洁设施内。

4.2.4 消毒剂、杀虫剂、灭鼠剂等有毒有害物品应储存于阴凉干燥通风处,专间存放或设置专柜,有专人负责管理。

4.3 公共用品用具

4.3.1 公共场所应严格执行公共用品用具换洗消毒规定,清洗消毒后的公共用品用具应符合GB 37488要求。

4.3.2 公共场所常见公共用品换洗消毒管理基本要求见附录B。

4.3.3 公共场所可重复使用的杯具、拖鞋、美容美发工具、修脚工具等公共用具应每客用后清洗消毒,未经清洗消毒的用具不得供顾客使用。

4.3.4 公共用品用具存放、运输应有效防止交叉污染和二次污染,已清洗消毒的用品用具存放容器和污染物品回收容器应分开专用,有标志标识。

4.4 通风换气

4.4.1 公共场所应充分利用门窗进行自然通风,保持室内空气清新、无异味。

4.4.2 使用集中空调的场所,空调运行期间新风系统、排风系统或设施应正常使用。

4.4.3 人群密度高、自然通风条件不良、营业期间不便于采用自然通风方式的场所应安装机械排风系统或设施,营业期间保持正常使用,新风量应符合GB 37488要求。

4.4.4 使用燃气热水器提供热水的场所,热水器、燃气瓶设置地点宜与使用热水的房间隔室安装。

4.4.5 热水器应具有强排风功能,燃烧产生的气体应直接排到室外,保证场所空气质量符合GB 37488要求。

4.4.6 公共场所禁止吸烟,禁烟管理应符合国家相关法律法规的规定。

4.5 空调设施

4.5.1 使用集中空调的场所,卫生指标及卫生管理应符合GB 37488和WS 394要求。

4.5.2 使用壁挂式、吸顶式、柜式、窗式等分散式空调设施的场所,宜设置与经营规模相适应的机械通风系统或设施,营业期间正常使用。

4.5.3 分散式空调设施室内机组的滤网和散流罩应定期保洁,不得有积尘。

4.6 生活饮用水

4.6.1 宜使用集中式供水单位供应的生活饮用水。

4.6.2 自建供水设施使用单位应有专人负责卫生管理,水源卫生防护和供水过程卫生管理应符合《生活饮用水集中式供水单位卫生规范》,水质符合GB 5749要求,有日常管理记录和水质年度检测合格报告。

4.6.3 二次供水设施使用单位应有专人负责卫生管理,设施的设计、管理和水质应符合GB 17051要求,有日常管理记录和水质年度检测合格报告。

4.6.4 公共交通工具上提供的生活饮用水水质应符合GB 5749要求。

4.6.5 采用分质供水方式的公共场所,制水工艺应符合卫生要求,水质符合GB 5749和相应的标准规定,使用的水质处理器应取得卫生许可批件,做好设备、管道日常管理和维护工作。

4.7 游泳池水、沐浴用水

4.7.1 人工游泳场所、沐浴场所使用的原水水质应符合 GB 5749 要求。

4.7.2 人工游泳场所池水循环净化、消毒、补水等设施设备应正常运行,每日补充足量新水,发生故障时应及时检修,游泳池水质应符合 GB 37488 要求。儿童池营业期间应持续供给新水。

4.7.3 游泳场所设置的强制通过式浸脚消毒池应正常使用,池水 4 h 更换一次,游离性余氯含量应保持 5 mg/L～10 mg/L。

4.7.4 沐浴场所淋浴水、浴池水供应管道、设备、设施等系统的运行应避免产生死水区、滞水区,淋浴喷头、热水龙头应保持清洁。

4.7.5 沐浴场所浴池水应循环净化处理,循环净化装置应正常运行,营业期间每日补充足量新水,池水水质符合 GB 37488 要求。

4.8 卫生相关产品

4.8.1 公共场所配置、使用的消毒产品、涉水产品、杀虫剂、灭鼠剂、避孕套、洗发液、沐浴液、烫发剂、染发剂和美容护肤类化妆品等产品质量应符合国家相关规定,不得配置、使用过期产品、劣质产品。

4.8.2 美容店、美发店等场所供顾客使用的唇膏、眉笔等美容用品应个人专用,不得共用、混用。

4.9 卫生专间

4.9.1 公共用具清洗消毒间要求:
  a) 应做到专间专用,不得擅自停用或更改房间用途,在清洗消毒间内不得从事与清洗消毒无关的活动;
  b) 清洗、消毒、保洁设施应正常使用,并保持整洁;
  c) 有清洗消毒操作规程,配备消毒剂定量配制容器(化学法消毒)、洗消器材和工具;
  d) 不得放置饮水机、制冰机、清扫工具、个人生活用品、杂物及其他无关物品。

4.9.2 清洁物品储藏间(备用品库房)要求:
  a) 公共场所应根据场所种类、规模合理设置清洁物品储藏间,或在场所内清洁区域设置清洁物品储藏区,数量和规模应能满足经营需要;
  b) 公共用品宜与一次性拖鞋、牙刷、牙膏、肥皂、卫生纸、洗发液、淋浴液等耗损品分间存放;
  c) 不得放置污染物品、清扫工具、个人生活用品、杂物及其他无关物品;
  d) 环境应保持整洁,通风良好,室内无霉斑和积尘,设置病媒生物防治设施并正常使用,无病媒生物滋生。

4.9.3 公共用品洗涤房间(洗衣房)要求:
  a) 公共用品洗涤房间应专室专用,保持环境整洁;
  b) 公共用品的洗涤、消毒、烘干设备和洗手、更衣、通风、照明、保洁设施应正常使用,好日常维护工作;
  c) 公共用品洗涤应做到分类清洗,清洁用品应及时存放到保洁设施内,清洁物品和污染物品的存放容器应严格分开,运输过程应有效防止交叉污染、二次污染。

4.9.4 烫染发间(区)要求:
  a) 烫染发操作应在烫染发工作间(区)内进行;
  b) 烫染发工作间(区)内机械排风设施应保持正常使用。

4.9.5 卫生间要求:
  a) 公共卫生间应及时清扫保洁,做到无积水、无积垢、无异味,上下水系统、洗手设施、机械排风设施应定期维护,保证正常使用;

b) 公共卫生间设置座式便器的应提供一次性衬垫；
c) 住宿场所客房卫生间应使用专用清扫工具对相应的洁具（脸池、浴缸、座便器）进行清扫，并采用合适的方法对洁具表面进行消毒，消毒效果应符合卫生要求；
d) 应根据物品、用具的污染程度合理清扫，有效防止交叉污染、二次污染。

4.10 公共用品用具清洗消毒

4.10.1 公共用品用具消毒应选择合适的方法，清洗消毒过程规范，保证消毒效果。

4.10.2 采用化学方法消毒，消毒池的容量、深度应能满足浸泡消毒的需要，保证消毒液有效浓度和浸泡时间，消毒后的用具应充分冲洗。

4.10.3 采用消毒柜消毒应按照使用说明操作；采用蒸汽、煮沸方法消毒应保证消毒时间、消毒温度。

4.10.4 清洗消毒后的公共用品用具应采取保洁措施，防止二次污染。

4.10.5 公共用品用具清洗消毒过程应有记录，包括消毒时间、人员、方法和消毒物品的种类、数量等。

4.11 卫生清扫工具

4.11.1 公共场所应配备吸尘器、拖把、抹布等用于卫生清扫的工具、设施、设备，数量充足，能满足清扫保洁工作需要。

4.11.2 卫生间清扫应配备专用工具、抹布和用于洁具（脸池、浴缸、座便器）消毒的器材，并分别具有相应的存放容器。工具种类和抹布数量应与台面、墙面、地面、洁具（脸池、浴缸、座便器）清扫相对应，工具、抹布的用途明确。

4.11.3 应合理设置清扫工具存放房间或区域。卫生间清扫工具、抹布和存放容器应有明确的用途标示，清扫过程应有效防止交叉污染，不得混用、乱用。

4.12 工作车管理

4.12.1 住宿场所宜配备工作车，配置数量与场所经营规模相适应。

4.12.2 客房数量50间以上的住宿场所应配备工作车，按每层楼或每20间客房设置1辆的比例配置。

4.12.3 工作车内清洁的公共用品用具与一次性拖鞋、牙刷、牙膏、肥皂、卫生纸、洗发液、沐浴液等耗损品应分类、分层存放。

4.12.4 使用过的公共用品用具（床单、枕套、被套、毛巾、杯具、拖鞋等）和废弃物应配置专用存放设施。

4.12.5 工作车应采取卫生防护措施，合理设置清扫工具存放容器、抹布的存放位置，有效防止交叉污染、二次污染。

4.13 外送清洗管理

4.13.1 公共场所不具备床单、枕套、被套、毛巾、浴巾、浴衣等用品清洗消毒条件的，应选择为社会提供洗涤服务的单位进行清洗消毒。

4.13.2 应选择持有工商营业执照、配备专业洗涤烘干设备、洗涤操作规程符合卫生要求的单位洗涤公共用品。

4.13.3 应与洗涤服务单位签订洗涤合同，建立外送管理台账，有交接验收记录。

4.13.4 洗涤后的公共用品应符合GB 37488要求，储存、运输应有保洁措施。

4.14 病媒生物防治

4.14.1 提倡使用物理方法防治，应根据当地病媒生物特点采取相应防治措施，消除病媒生物滋生地，定期对场所内病媒生物防治设施进行检查维护，保证正常使用。

4.14.2 公共场所应配备垃圾桶（箱）、垃圾房、垃圾车等废弃物存放设施，数量充足，使用坚固、防水、防腐、防火材料制作,内壁光滑,便于清洗。废弃物收集、存放、运输设施应采取加盖、装门等密闭措施,能防止不良气味溢散和病媒生物侵入。

4.15 环境清扫保洁

4.15.1 公共场所应开展经常性卫生清扫,保持场所环境整洁。
4.15.2 公共场所卫生清扫应采取湿式清扫或其他合适的清扫方式,避免扬尘。
4.15.3 公共场所内物品摆放应整齐有序,无乱堆乱放情形。
4.15.4 地面无积尘、积水、污物,墙壁、天花板无蛛网、霉斑、脱落等情形。
4.15.5 室内物品无积尘和不洁物。
4.15.6 室内空气清新,无霉味、烟味和其他异味。

4.16 标志标识

4.16.1 公共场所应在场所醒目位置设置禁烟标志,符合国家控烟管理机构的相关规定。
4.16.2 住宿场所配备的脸盆、脚盆应有标识,明确标示用途。
4.16.3 沐浴场所应在前厅吧台、更衣室入口等醒目处设置"禁止性病、传染性皮肤病患者沐浴"警示性标志,标志符合固定耐用的要求。
4.16.4 游泳场所应在入口、更衣等醒目处设置"禁止甲型病毒性肝炎、戊型病毒性肝炎、性病、传染性皮肤病、重症沙眼、急性结膜炎、中耳炎、肠道传染病、心脏病、精神病患者、酗酒者及其他不宜人群游泳"的警示性标志,标志符合固定耐用的要求。
4.16.5 美发场所应设置头癣、皮肤病患者专用工具,独立存放,存放容器标示"头癣、皮肤病患者专用工具"字样。
4.16.6 清洗消毒间、清洁物品储藏间、公共卫生间、烫染间、洗衣房等功能房间宜设置固定标牌,明确房间用途。
4.16.7 清洗消毒设施(消毒柜除外)、清洁物品存放设施、污染物品回收设施、有毒有害物品存放设施等应有相应的标识,明确用途。
4.16.8 客房卫生间清扫工具及其相应的存放容器应有标志标识,明确用途。
4.16.9 经过清洗消毒的公共用品用具宜采用适当的方式进行标示,使其与污染物品易于区别。

5 卫生管理

5.1 卫生管理组织

5.1.1 公共场所法定代表人或负责人是经营场所卫生安全第一责任人,应掌握相关卫生法律法规并熟悉本场所的卫生管理要求。
5.1.2 公共场所应设立卫生管理部门或配备专(兼)职卫生管理人员,具体负责本公共场所的卫生管理工作。

5.2 卫生管理制度

5.2.1 公共场所应根据卫生法律法规、卫生标准、卫生规范的要求和本单位实际情况建立健全卫生管理制度,并对制度执行情况进行经常性检查。
5.2.2 卫生管理制度宜包括:
——环境卫生清扫保洁制度;
——空气质量、微小气候、水质、采光、照明、噪声、公共用品用具、集中空调通风系统等定期检测制度;

——公共场所禁烟管理制度;
——公共用品用具更换、清洗、消毒管理制度;
——卫生设施设备使用、维护管理制度;
——集中空调、分散式空调管理制度;
——从业人员健康检查、培训、个人卫生制度;
——卫生相关产品采购、索证、验收制度;
——生活饮用水、二次供水设施管理制度;
——游泳场所、沐浴场所水质管理制度;
——卫生间卫生管理制度;
——日常卫生检查及奖惩制度;
——传染病、健康危害事故应急处置和报告制度。

5.3 操作规程

5.3.1 公共场所应根据经营特点制定相应的卫生操作规程,对环境清扫保洁、卫生设施设备运行、维护管理、物品的采购储存、公共用品用具清洗消毒等内容规定明确的工作程序和要求。

5.3.2 公共场所应组织从业人员学习卫生操作规程,保证从业人员掌握本岗位的卫生操作要求,并在工作中严格执行。

5.4 证件管理

5.4.1 公共场所卫生许可证应在场所内醒目位置公示,经营项目与许可范围一致。

5.4.2 实行卫生监督量化分级管理的公共场所应在场所内醒目位置公示卫生信誉度等级。

5.4.3 从业人员健康合格证明齐全、有效,宜随身携带或在场所内集中保管,便于查对。

5.5 档案管理

5.5.1 公共场所应建立卫生管理档案,下列内容应归档管理:
——卫生管理组织、岗位职责和卫生管理制度;
——卫生许可证、从业人员健康合格证明和卫生知识培训材料等管理资料;
——空气质量、微小气候、水质、采光、照明、噪声、公共用品用具、集中空调通风系统等检测报告;
——公共用品用具更换、清洗、消毒记录和集中空调通风系统清洗、消毒记录;
——公共场所健康危害事故应急预案及事故处置情况记录;
——卫生设施设备运行、维护、维修记录;
——卫生相关产品配置、索证、验收、出入库记录等资料;
——日常卫生检查记录和卫生质量投诉处理记录;
——选址、设计、竣工验收资料;
——其他应归档管理的资料。

5.5.2 档案宜专人管理,妥善保管,各类归档管理的资料有相关人员签名。

5.6 传染病和健康危害事故管理

5.6.1 公共场所应执行各项卫生管理制度,场所内卫生设施应正常使用,卫生质量符合卫生要求;

5.6.2 定期检查各项卫生制度、操作规程落实情况,及时消除健康危害隐患,防止传染病传播流行和健康危害事故的发生。

5.6.3 公共场所发生传染病和健康危害事故,经营者应按卫生法律法规要求及时报告。

5.6.4 公共场所应制定传染病、健康危害事故应急预案,发生传染性疾病流行和危害健康事故时,应立即处置,防止危害扩大。

5.6.5 公共场所从业人员有传染性疾病感染症状时,应脱离工作岗位,排除传染性疾病后方可重新上岗。

5.6.6 公共场所应在相关场所内放置安全套或设置安全套发售设施。

5.7 卫生检测

5.7.1 公共场所应按照卫生法律法规、卫生标准、卫生规范的规定对场所的空气质量、微小气候、水质、采光、照明、噪声、公共用品用具和集中空调通风系统等进行卫生检测,每年不少于一次。

5.7.2 公共场所应在醒目位置如实公示检测结果并及时更新。

6 从业人员卫生

6.1 从业人员健康管理

公共场所应每年组织从业人员进行健康检查,从业人员取得健康合格证明后方可上岗。患有痢疾、伤寒、甲型病毒性肝炎、戊型病毒性肝炎等消化道传染病,以及活动性肺结核和化脓性、渗出性皮肤病等疾病的人员,治愈前不得从事直接为顾客服务工作。

6.2 从业人员培训

6.2.1 公共场所应组织从业人员参加公共场所卫生法律法规和卫生知识培训,经考核合格后方可上岗。应有相应的培训、考核资料和记录。

6.2.2 在岗从业人员宜每 2 年复训一次。

6.3 从业人员个人卫生

6.3.1 应保持良好的个人卫生。

6.3.2 宜备有 2 套以上工作服,着清洁工作服上岗。

6.3.3 美容、美发人员为顾客洁面(剃须)、美容服务时应戴口罩。

6.3.4 养成良好卫生习惯,做到勤洗手、勤换衣服、勤理发、勤洗澡。

6.3.5 美容、美发人员和足浴服务人员有下列情形时应洗手:
——为顾客理发、美容、足浴服务前;
——触摸耳、鼻、头发、口腔等人体部位后;
——如厕及其他可能污染双手的活动后。

附 录 A
（规范性附录）
常见公共用品用具配备基本要求

A.1 公共用品

A.1.1 住宿场所床单、枕套、被套、毛巾、浴巾等公共用品宜按床位数3倍以上配置，枕芯、床罩、床垫配置数量应满足经营需要。

A.1.2 沐浴场所更衣室、休息厅（房间）的床上用品（床单、枕套、被套、垫巾等）宜按床位数3倍以上配置，为顾客提供的毛巾、浴巾、浴衣等公共用品宜按更衣柜数2倍以上配置。

A.1.3 美容、美发场所供顾客使用的毛巾能满足经营需要，宜按座位数或床位数10倍以上配置，不宜少于20条。美发用围布宜按座位数2倍以上配置。

A.2 公共用具

A.2.1 住宿场所杯具、拖鞋等公共用具宜按床位数2倍以上配置。

A.2.2 客房内无卫生间的应每床位配备一套脸盆、脚盆。

A.2.3 沐浴场所内杯具、拖鞋等顾客用具宜按更衣柜数2倍配置，修脚工具的配置数量宜按技师人员数的2倍以上配置。

A.2.4 美容美发工具的配置数量宜按美容美发师人员数的2倍以上配置，不宜少于3套。

A.2.5 美发场所应配备头癣、皮肤病患者专用理发工具，工具种类齐全。

A.2.6 其他为顾客提供杯具的公共场所，杯具数量宜按最大接待负荷的2倍配置。

A.2.7 影剧院立体观影眼镜宜按单场最大接待负荷的2倍配置。

附 录 B
（规范性附录）
常见公共用品换洗消毒管理基本要求

B.1 住宿场所

B.1.1 床单、枕套、被套等床上用品应保持整洁，一客一换，长住客至少一周一换。
B.1.2 床罩、枕芯、床垫等用品应定期更换清洗，保持整洁。
B.1.3 床单、枕套、被套、毛巾、浴巾、浴衣等公共用品应每客用后清洗消毒。

B.2 沐浴场所

B.2.1 床单、枕套、被套、垫巾等床上用品宜每天更换清洗消毒，保持整洁。
B.2.2 提供顾客使用的毛巾、浴巾、浴衣等公共用品每客用后应清洗消毒。
B.2.3 修脚、捏脚毛巾应专用。

B.3 美容美发场所

B.3.1 床单、枕套、被套、垫巾等床上用品宜每天更换清洗消毒，保持整洁。
B.3.2 提供顾客使用的毛巾每客用后应清洗消毒。
B.3.3 美发用围布宜每天清洗，保持整洁。
B.3.4 美容、美发、烫染发毛巾应易于区分，分类使用，不得混用。

B.4 公共交通工具

B.4.1 床单、枕套、被套、垫巾等公共用品宜每客更换或单程终点更换，保持整洁。
B.4.2 座位套、座垫等公共用品应定期更换，保持整洁。

ICS 13.020
C 51

中华人民共和国国家标准

GB 37488—2019
部分代替 GB 9663～9673—1996,GB 16153—1996

公共场所卫生指标及限值要求

Hygienic indicators and limits for public places

2019-04-04 发布

2019-11-01 实施

国家市场监督管理总局
中国国家标准化管理委员会 发 布

前　言

本标准的 4.1.1、4.1.2、4.1.3、4.1.4.1、4.1.5.2、4.2.4、4.4.1.2 和 4.4.3.2 为推荐性条款，其余为强制性条款。

公共场所系列卫生标准由 GB/T 18204《公共场所卫生检验方法》、GB 37487《公共场所卫生管理规范》、GB 37488《公共场所卫生指标及限值要求》、GB 37489《公共场所设计卫生规范》和 GB/T 37678《公共场所卫生学评价规范》5 项标准组成。

本标准按照 GB/T 1.1—2009 给出的规则起草。

本标准部分代替 GB 9663—1996《旅店业卫生标准》、GB 9664—1996《文化娱乐场所卫生标准》、GB 9665—1996《公共浴室卫生标准》、GB 9666—1996《理发店、美容店卫生标准》、GB 9667—1996《游泳场所卫生标准》、GB 9668—1996《体育馆卫生标准》、GB 9669—1996《图书馆、博物馆、美术馆、展览馆卫生标准》、GB 9670—1996《商场(店)、书店卫生标准》、GB 9671—1996《医院候诊室卫生标准》、GB 9672—1996《公共交通等候室卫生标准》、GB 9673—1996《公共交通工具卫生标准》、GB 16153—1996《饭馆(餐厅)卫生标准》中有关卫生指标限值的内容。

本标准与 GB 9663～9673—1996、GB 16153—1996 相比，主要技术变化如下：
——整合了 GB 9663～9673—1996、GB 16153—1996 指标，按指标提出卫生要求；
——根据不同场所、不同指标类别，增加了推荐性卫生要求；
——增加了公共场所集中空调通风系统的卫生学指标；
——增加了公共场所公共用品用具的种类和卫生学指标。

本标准由中华人民共和国国家卫生健康委员会提出并归口。

本标准起草单位：中国疾病预防控制中心环境与健康相关产品安全所、江苏省疾病预防控制中心、黑龙江省卫生监督所、北京市卫生健康委员会监督所、广东省疾病预防控制中心、深圳市疾病预防控制中心。

本标准主要起草人：金银龙、姚孝元、陈连生、于艳玲、刘凡、孙波、高旭东、张建鹏、余淑苑、王俊起、冯智田、潘力军、程义斌、孙宗科、吴亚西、陈晓东、刘洪亮、曹兆进、戴昌芳、耿莉、朱文玲、刘宁、陈雷、张振、徐东群、洪燕峰、李新武、陈西平、孙群露、林弈芝。

本标准所代替标准的历次版本发布情况为：
——GB 9663～9673—1988、GB 9663～9673—1996；
——GB 16153—1996。

公共场所卫生指标及限值要求

1 范围

本标准规定了公共场所物理因素、室内空气质量、生活饮用水、游泳池水、沐浴用水、集中空调通风系统和公共用品用具的卫生要求。

本标准适用于宾馆、旅店、招待所、公共浴室、理发店、美容店、影剧院、录像厅(室)、游艺厅(室)、舞厅、音乐厅、体育场(馆)、游泳场(馆)、展览馆、博物馆、美术馆、图书馆、商场(店)、书店、候诊室、候车(机、船)室与公共交通工具等公共场所,其他公共场所也可参照使用。

2 规范性引用文件

下列文件对于本文件的应用是必不可少的。凡是注日期的引用文件,仅注日期的版本适用于本文件。凡是不注日期的引用文件,其最新版本(包括所有的修改单)适用于本文件。

GB 3097—1997　海水水质标准
GB 3838—2002　地表水环境质量标准
GB 5749　生活饮用水卫生标准
GB/T 5750　生活饮用水标准检验方法
GB/T 7573　纺织品　水萃取液pH值的测定
GB/T 11742　居住区大气中硫化氢卫生检验标准方法　亚甲蓝分光光度法
GB/T 17216　人防工程平时使用环境卫生要求
GB/T 18204　公共场所卫生检验方法
GBZ/T 155　空气中氡浓度的闪烁瓶测定方法
CJ/T 244　游泳池水质标准
SL 94　氧化还原电位的测定(电位测定法)
WS 394　公共场所集中空调通风系统卫生规范

3 术语和定义

下列术语和定义适用于本文件。

3.1
集中空调通风系统　central air conditioning ventilation system

为使房间或封闭空间空气温度、湿度、洁净度和气流速度等参数达到设定要求而对空气进行集中处理、输送、分配的所有设备、管道及附件、仪器仪表的总和。

3.2
公共用品用具　public articles

公共场所经营者提供给顾客重复使用的床单、枕套、被套、毛巾、浴巾、浴衣、杯具、洁具、拖鞋、美容美发工具、修脚工具以及其他重复使用且与皮肤、黏膜等接触的物品。

4 卫生要求

4.1 物理因素

4.1.1 室内温度

公共浴室和游泳场(馆)冬季室内温度宜达到表1的要求,其他公共场所冬季采用空调等调温方式的,室内温度宜在16 ℃～20 ℃之间;公共场所夏季采用空调等调温方式的,室内温度宜在26 ℃～28 ℃之间。

表1 公共浴室和游泳场(馆)冬季室内温度要求

场所类别			温度/℃
公共浴室	更衣室、休息室		≥25
	浴室	普通浴室(淋、池、盆浴)	30～50
		桑拿浴室	60～80
游泳场(馆)			池水温度±(1～2)

4.1.2 相对湿度

带有集中空调通风系统的游泳场(馆)相对湿度不宜大于80%;其他带有集中空调通风系统的公共场所,相对湿度宜在40%～65%之间。

4.1.3 风速

宾馆、旅店、招待所、理发店、美容店及公共浴室的更衣室、休息室风速不宜大于0.3 m/s,其他公共场所风速不宜大于0.5 m/s。

4.1.4 采光照明

4.1.4.1 公共场所宜充分利用自然采光,室内游泳馆自然采光系数不宜低于1/4,其他利用自然采光的公共场所室内自然采光系数不宜低于1/8。

4.1.4.2 游泳场(馆)游泳池区域的水面水平照度不应低于200 lx,理发店、美容店工作面照度不应低于150 lx,其他有阅读需求的公共场所照度不应低于100 lx。

4.1.5 噪声

4.1.5.1 对有睡眠、休憩需求的公共场所,环境噪声不应大于45 dB(A计权),且空调、排风设施、电梯等运行所产生的噪声对场所环境造成的影响不应高于设备设施关闭状态时环境噪声值5 dB(A计权)。

4.1.5.2 候诊室、候车(机、船)室及公共交通工具客舱环境噪声宜小于70 dB(A计权);影剧院、录像厅(室)、游艺厅、舞厅、音乐厅等娱乐场所及轨道交通站台环境噪声宜小于85 dB(A计权);其他场所的环境噪声宜小于55 dB(A计权)。

4.2 室内空气质量

4.2.1 新风量、二氧化碳

对有睡眠、休憩需求的公共场所,室内新风量不应小于30 m³/(h·人),室内二氧化碳浓度不应大于0.10%；其他场所室内新风量不应小于20 m³/(h·人)，室内二氧化碳浓度不应大于0.15%。

4.2.2 细菌总数

对有睡眠、休憩需求的公共场所，室内空气细菌总数不应大于1 500 CFU/m³或20 CFU/皿；其他场所室内空气细菌总数不应大于4 000 CFU/m³或40 CFU/皿。

注：根据细菌总数不同采样方法选取不同限值要求。

4.2.3 一氧化碳、可吸入性颗粒物(PM_{10})、甲醛、苯、甲苯和二甲苯

公共场所室内空气中的一氧化碳、可吸入性颗粒物、甲醛、苯、甲苯和二甲苯浓度应符合表2要求。

表2 公共场所室内空气中的一氧化碳、可吸入性颗粒物、甲醛、苯、甲苯和二甲苯卫生要求

指标	要求
一氧化碳/(mg/m³)	≤10
可吸入性颗粒物/(mg/m³)	≤0.15
甲醛/(mg/m³)	≤0.10
苯/(mg/m³)	≤0.11
甲苯/(mg/m³)	≤0.20
二甲苯/(mg/m³)	≤0.20

4.2.4 臭氧、总挥发性有机物(TVOC)、氡(^{222}Rn)

公共场所室内空气中的臭氧、总挥发性有机物、氡浓度宜达到表3的要求。

表3 公共场所室内空气中的臭氧、总挥发性有机物、氡卫生要求

指标	要求
臭氧/(mg/m³)	≤0.16
总挥发性有机物/(mg/m³)	≤0.60
氡/(Bq/m³)	≤400

4.2.5 氨

理发店、美容店室内空气中氨浓度不应大于0.50 mg/m³；其他场所室内空气中氨浓度不应大于0.20 mg/m³。

4.2.6 硫化氢

使用硫磺泉的温泉场所室内空气中硫化氢浓度不应大于10 mg/m³。

4.2.7 地下空间室内空气质量

除地铁站台、地铁车厢外，公共场所是地下空间的，其室内空气质量应符合GB/T 17216的要求。

4.3 生活饮用水

公共场所提供的生活饮用水应符合GB 5749的要求。

4.4 游泳池水、沐浴用水

4.4.1 人工游泳池水

4.4.1.1 人工游泳池水质指标应符合表4的要求，其原水及补充用水应符合 GB 5749 的要求。

表4 人工游泳池水质指标卫生要求

指标	要求	备注
游泳池水浑浊度/NTU	≤1	—
pH	7.0～7.8	—
游离性余氯/(mg/L)	0.3～1.0	使用氯气及游离氯制剂消毒时要求
化合性余氯/(mg/L)	≤0.4	使用氯气及游离氯制剂消毒时要求
浸脚池游离性余氯/(mg/L)	5～10	—
臭氧/(mg/m³)	≤0.2	使用臭氧消毒时要求，水面上方20 cm空气中浓度
氧化还原电位(ORP)/mV	≥650	采用氯和臭氧消毒时
氰尿酸/(mg/L)	≤50	使用二氯异氰尿酸钠和三氯异氰尿酸消毒时要求
尿素/(mg/L)	≤3.5	—
菌落总数/(CFU/mL)	≤200	—
大肠菌群/(CFU/100 mL 或 MPN/100 mL)	不得检出	—
其他毒理指标	按 GB 5749 执行	根据水质情况选择

4.4.1.2 人工游泳池水温度宜在23 ℃～30 ℃之间、三卤甲烷(THMs)浓度不宜高于200 μg/L。

4.4.2 天然游泳池

天然游泳池水质指标应符合表5的要求。

表5 天然游泳池水质指标卫生要求

指标	要求
pH	6.0～9.0
透明度/cm	≥30
漂浮物质	无油膜及无漂浮物
有毒物质	按 GB 3838—2002 Ⅰ类、Ⅱ类和Ⅲ类水或按 GB 3097—1997 第一类和第二类执行

4.4.3 沐浴用水

4.4.3.1 沐浴用水中不得检出嗜肺军团菌，池水浊度不应大于5 NTU，池水原水及补充用水应符合 GB 5749 的要求。

4.4.3.2 沐浴池水温宜在38 ℃～40 ℃之间。

4.5 集中空调通风系统

公共场所集中空调通风系统应符合 WS 394 的要求。

4.6 公共用品用具

公共用品用具应符合表6的要求,棉织品的pH值应在6.5～8.5之间。

表 6 公共场所公共用品用具卫生要求

公共用品用具	外观	细菌总数	大肠菌群[a]	金黄色葡萄球菌[a]	真菌总数
杯具	表面光洁、无污渍、无水渍、无异味、无破损	≤5 CFU/cm^2	不得检出	—	—
棉织品	清洁整齐、无污渍、无破损、无毛发、无异味	≤200 CFU/25 cm^2	不得检出	不得检出	—
洁具	表面光洁、无污渍、无异味	≤300 CFU/25 cm^2	不得检出	—	—
鞋类	表面清洁、无破损、无污渍、无异味	≤300 CFU/25 cm^2	—	—	≤50 CFU/50 cm^2
美容美发工具	表面清洁、无异味	≤200 CFU/25 cm^2	不得检出	不得检出	—
修脚工具	表面清洁、无异味	≤200 CFU/25 cm^2	不得检出	不得检出	≤50 CFU/50 cm^2
其他用品用具	表面清洁、无污渍、无破损、无异味	≤300 CFU/25 cm^2	不得检出	—	—
[a] 大肠菌群、金黄色葡萄球菌在与检验方法相对应的采样面积内该指标不得检出。					

5 检验方法

5.1 室内空气质量、集中空调通风系统、物理因素和公共用品用具指标检验按 GB/T 18204 执行,硫磺泉温泉场所室内空气中硫化氢浓度的检验按 GB/T 11742 执行,氡的检验按 GBZ/T 155 执行,棉织品pH值的检测按 GB/T 7573 执行。

5.2 游泳池水温度、尿素、透明度和沐浴用水中嗜肺军团菌的检验按 GB/T 18204 执行,游泳池水氰尿酸的检测按 CJ/T 244 执行,游泳池水中氧化还原电位测定按 SL 94 执行,游泳池水、沐浴用水水质其他指标和生活饮用水指标检验按 GB/T 5750 执行。

ICS 45.100
J 81

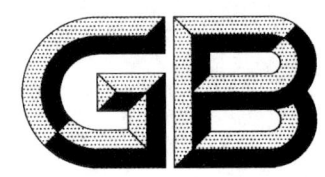

中华人民共和国国家标准

GB 12141—2008
代替 GB 12141—1989,GB/T 15388.1～15388.2—1994

货运架空索道安全规范

Safety code for material aerial ropeways

2008-12-11 发布　　　　　　　　　　　　　　　　2009-07-01 实施

中华人民共和国国家质量监督检验检疫总局
中国国家标准化管理委员会　发布

前 言

本标准的3.1.2、3.1.7、3.1.8、3.1.9、3.2.2、3.3.1、3.3.2、4.2.1.1、4.2.2.1、4.2.2.2、4.3.5.1、4.3.5.2、6.4.1.3、6.4.3.4、6.4.3.5、6.5.4、7.1.1、7.1.5、7.1.6、7.1.12、7.3.6.2、7.4.1.4、7.4.3.5、8.1.2~8.1.9、8.2.2、8.3.1、8.3.6、9.1.3、10.1.1、10.1.2、10.3.5、10.3.8为强制性的，其余为推荐性的。

本标准代替GB 12141—1989《货运架空索道安全规范》、GB/T 15388.1—1994《双线循环式货运架空索道设计规范》和GB/T 15388.2—1994《单线循环式货运架空索道设计规范》。

本标准与GB 12141—1989、GB/T 15388.1—1994、GB/T 15388.2—1994相比主要变化如下：
——增加了索道型式选择、索道设计、设备研制、设备出厂的基本原则(见3.1.1、3.1.2)；
——增加了承载索采用夹块锚固方式和圆筒锚固方式的规定(见4.3.5.1、4.3.5.2)；
——增加了钢丝绳维护、检验、报废、局部更换等内容(见4.4、4.5)；
——增加了货车设计的基本要求(见5.1.3)；
——增加了在货运索道中采用客运索道弹簧式抱索器的技术内容(见5.2.2.1)；
——增加了循环式索道和往复式索道线路选择的要求(见6.2.2、6.2.3)；
——增加了线路设计的基本规定(见6.3.1~6.3.5、6.3.7)；
——增加了牵引索导向装置的要求(见6.4.2)；
——增加了托(压)索轮组的设计要求(见6.4.3)；
——修改了支架的设计要求(本版6.5.4，GB/T 15388.1—1994版10.2)；
——对支架基础的设计要求进行了修改(本版6.5.6，GB/T 15388.1—1994版10.4)；
——增加了支架的地锚、起吊架、检修平台等设计要求(见6.5.7、6.5.8)；
——增加了站房设计的安全要求(见7.1.1、7.1.5、7.1.6、7.1.11、7.1.12)；
——增加了驱动站、自动转角站、采用多段驱动的循环式索道的中间驱动站、承载索张紧区段的中间站的选址要求(见7.2.4~7.2.7)；
——增加了装载站和卸载站料仓有效容积的规定(见7.3.3)；
——对摩擦式驱动装置防滑安全的内容进行了修改(本版7.4.1.8，GB/T 15388.1—1994版6.2.1)；
——对驱动装置的制动器和电动机的内容进行了修改(本版7.4.1.10、7.4.1.11，GB/T 15388.1—1994版6.2.2、6.2.3)；
——增加了张紧装置有关安全和装备水平方面的要求(见7.4.2.1、7.4.2.2、7.4.2.4)；
——增加了脱开器与挂结器、加速装置与减速装置、偏斜鞍座等设备的设计内容(见7.4.5~7.4.7)；
——增加了对索道供电电源、信号传递、控制方式、安全功能屏蔽等方面的规定(见8.1)；
——增加了电气拖动与控制方面的安全要求(见8.2)；
——增加了电气保护与安全方面的要求(见8.3.3~8.3.7)；
——增加了电气操作和显示设备颜色选择方面的规定(见8.4.8)；
——增加了索道防雷方面的安全要求(见8.5.2~8.5.4)；
——修改了线路保护设施的设置条件(本版9.1，GB/T 15388.1—1994版9)；
——增加了索道投入运营的基本要求(见10.1.2)；
——增加了有关索道运营方面所需的岗位及岗位责任制的内容(见10.2)；

—增加了索道每日、每月、每年的检查以及经常性和不定期检查的要求(见10.3.2~10.3.5);

——增加了对单线循环式索道固定抱索器定期移位的规定(见10.3.9);

——增加了对承载索进行窜位的要求(见10.3.10)。

本标准由全国索道、游艺机及游乐设施标准化技术委员会提出并归口。

本标准起草单位:昆明有色冶金设计研究院、中国瑞林工程技术有限公司、长沙有色冶金设计研究院、宁夏恒力钢丝绳股份有限公司、泰安市永安索道工程有限公司。

本标准主要起草人:张惠娟、王红敏、任宏州、李学文、张斗存、张建、张勇、彭加宁、郭向东、苏莘文、韩晓明、戴紫孔、徐海西、白永福、洪金利、刘振才、白文华。

本标准所代替标准的历次版本发布情况为:

——GB 12141—1989;

——GB/T 15388.1—1994;

——GB/T 15388.2—1994。

货运架空索道安全规范

1 范围

本标准规定了货运架空索道的设计、制造、检验、使用与管理等方面最基本的安全要求。

本标准适用于循环式货运架空索道和往复式货运架空索道。

本标准不适用于林业集材索道、其他部门的简易索道和客货两用索道以及临时架设的轻便索道。

2 规范性引用文件

下列文件中的条款通过本标准的引用而成为本标准的条款。凡是注日期的引用文件，其随后所有的修改单（不包括勘误的内容）或修订版均不适用于本标准，然而，鼓励根据本标准达成协议的各方研究是否可使用这些文件的最新版本。凡是不注日期的引用文件，其最新版本适用于本标准。

GB 8918　重要用途钢丝绳（GB 8918—2006,ISO 3154:1988,Stranded wire ropes for mine hoisting—Technical delivery requirements,MOD）

GB/T 9075　索道用钢丝绳检验和报废规范

GB/T 20118　一般用途钢丝绳（GB/T 20118—2006,ISO/DIS2408:2002,Steel wire ropes general purposes—Minimum requirements,MOD）

GB 50007　建筑地基基础设计规范

GB 50009　建筑结构荷载规范

GB 50010　混凝土结构设计规范

GB 50017　钢结构设计规范

GB 50127　架空索道工程技术规范

GB 50191　构筑物抗震设计规范

YB/T 5295　密封钢丝绳

3 基本规定

3.1 一般规定

3.1.1 货运索道分为：单线循环式货运索道、双线循环式货运索道、单线往复式货运索道、双线往复式货运索道等类型，选择何种索道型式应根据建设条件、技术条件等，经过综合技术经济比较后确定。

3.1.2 索道设计、设备研制应以技术先进、经济合理和安全可靠为原则，设备出厂时，应按有关标准进行检验，建立技术档案并出具合格证书，不符合设计要求的设备，严禁出厂。

3.1.3 选择索道线路和站址时，应考虑当地的气候条件、地理条件、环保要求、交通情况以及索道需要跨越的建筑设施等因素。

3.1.4 未设转角站或转角装置的索道，其线路中心线的水平投影应为一直线；设有转角站或转角装置的索道，相邻的站房或装置之间的线路中心线的水平投影也应为一直线。

3.1.5 工作制度

3.1.5.1 索道的工作制度宜与衔接企业的工作制度一致。

3.1.5.2 年工作日应符合有关行业的规定，但非连续工作制索道不宜小于290 d；连续工作制索道不宜大于330 d。

3.1.5.3 每日工作小时数应符合下列规定：
——一班作业宜采用7.5 h；
——两班作业宜采用14 h；
——三班作业宜采用19.5 h。

3.1.5.4 运输不均衡系数应符合下列规定：
——一班作业宜采用1.1；
——两班作业宜采用1.15；
——三班作业宜采用1.2。

3.1.6 索道需要夜间运行时，在站内应设足够亮度的照明设备，在站口应设投光灯。

3.1.7 索道各站房应配备相应的消防设施。

3.1.8 索道不应超载运行。

3.1.9 货车严禁载人。

3.2 运行速度

3.2.1 索道的最高运行速度，不宜超过表1的规定。

表 1

索道型式	最高运行速度/(m/s)
单线循环式货运索道	4.5
双线循环式货运索道	5.0
单线往复式货运索道	6.0
双线往复式货运索道	8.0

3.2.2 索道除具有正常的运行速度外，还应具有0.3 m/s～0.5 m/s的检修速度。

3.3 净空尺寸

3.3.1 索道跨越或穿越有关设施、区域时的最小垂直净空尺寸，应符合表2的规定。

表 2

跨越或穿越类别	跨越或穿越说明	净空尺寸/m
铁路	保护设施底部距轨面	应符合国家有关标准规范的要求
公路	索道或保护设施底部距路面	
架空电力线路	索道穿越时电线距索道顶部	
	索道跨越时保护设施底部距电力线	
航道	索道或保护网底部距桅杆顶	
建、构筑物	索道或保护设施底部距屋顶	2.0
禁伐林木	索道底部距林木最高点	2.0
非机耕地	索道底部距耕地表面	3.0

表 2（续）

跨越或穿越类别	跨越或穿越说明	净空尺寸/m
滑雪道	索道底部距雪道表面	3.5
机耕地	索道底部距耕地表面	5.0
街道、广场	索道或保护设施底部距地面	5.0
人烟稀少区	索道底部距地面或雪面	3.0
无人通行区	索道底部距地面或雪面	2.0

注1：索道底部是指货车或空牵引索在跨间的最低静态位置再加上动态附加值（承载索挠度的5%或运载索挠度的25%），以最低位置为准。
注2：索道顶部是指线路上没有货车，承载索或运载索最大张力增大10%时在跨间的最高静态位置。
注3：索道跨越航道时的净空尺寸，应以五十年一遇的最高洪水位为准。

3.3.2 货车与内外侧障碍物之间的最小水平净空尺寸，应符合表3的规定。

表 3

障碍物名称	货车或钢丝绳摆动情况	净空尺寸/m
无导向装置的支架	货车横向内摆 0.20 rad	0.5
有导向装置的支架	货车横向内摆 0.14 rad	0.5
与索道平行的交通运输道路	承载索或运载索或牵引索最大静挠度的20%横向外摆	1.5
与索道平行的架空电力线路	承载索或运载索或牵引索最大静挠度的20%横向外摆	不小于电杆的高度
建筑物、岩石	双线索道货车横向外摆 0.20 rad，再加上跨距大于300 m时的0.2%增加值	3.0
建筑物、岩石	运载索最大静挠度的10%横向外摆加上固定式抱索器货车横向外摆 0.20 rad	1.5
建筑物、岩石	运载索最大静挠度的10%横向外摆加上脱挂式抱索器货车横向外摆 0.35 rad	1.0
林间通道	双线索道货车横向外摆 0.20 rad，再加上跨距大于300 m时的0.2%增加值	1.5
林间通道	运载索最大静挠度的10%横向外摆加上固定式抱索器货车横向外摆 0.20 rad	1.0
林间通道	运载索最大静挠度的10%横向外摆加上脱挂式抱索器货车横向外摆 0.35 rad	0.5

注：跨距大于300 m时的0.2%增加值，是指当跨距大于300 m时，跨距每增大100 m，货车纵向中心线向外侧移动0.2 m。

3.3.3 索道的索距
3.3.3.1 索道的索距宜取表4所规定的数值，并按表3的规定校验。

表 4

索道型式	货车容积/m³	索距/m
单线循环式货运索道	0.2～0.25	2.5
	0.32～0.8	3.0
	1.0～1.25	3.5
	当驱动轮直径大于3.5 m时，索距应等于驱动轮直径	
双线循环式货运索道	0.5～1.0	3.0
	1.25～1.6	3.5
	2.0～2.5	4.0

3.3.3.2 验算货运索道索距时，应选择最大跨距的中点位置。在 200 Pa 工作风压作用下，重车侧承载索或运载索和货车应向外侧偏斜，空车侧承载索或运载索和货车亦应向同一方向偏斜，此时空车不应接触重车侧任何部位。

3.3.4 当索距发生变化时，承载索或运载索在支架上的水平力不应大于垂直压力的 10%，承载索或运载索在该支架上的水平偏角不应大于 0.005 rad。

3.4 风雪荷载

3.4.1 计算风压

3.4.1.1 索道运行时为 200 Pa，索道停运时为 800 Pa。

3.4.1.2 最大风速大于 36 m/s 的地区，应取当地最大风压值。

3.4.2 体型系数宜符合表 5 的规定。

表 5

名称	体型系数
密封钢丝绳	1.2
非密封钢丝绳	1.3
货车	1.4
托、压索轮组	1.6
圆管形支架	1.2
方管及轧制型材支架	2.0

3.4.3 当跨距大于 400 m 时，钢丝绳承受风力的计算长度应按式（1）计算：

$$l_H = 240 + 0.4l \quad \cdots\cdots\cdots\cdots\cdots\cdots(1)$$

式中：

l_H——钢丝绳承受风力的计算长度，单位为米（m）；

l ——计算跨的斜长，单位为米（m）。

3.4.4 冰、雪荷载应按国家现行的有关规范执行。

4 钢丝绳

4.1 钢丝绳的选择

4.1.1 索道应选择符合 GB 8918、YB/T 5295 要求的钢丝绳,亦可选择符合 GB/T 20118 要求的钢丝绳。

4.1.2 承载索应选用密封钢丝绳,其公称抗拉强度不宜小于 1 370 MPa。

4.1.3 运载索和牵引索应选用线接触或面接触同向捻带绳芯的股捻钢丝绳,外层钢丝直径不宜小于 1.5 mm,公称抗拉强度不宜小于 1 670 MPa。在腐蚀环境中工作的运载索和牵引索,宜采用镀锌钢丝绳。

4.1.4 平衡索和辅助索应选用线接触或面接触同向捻带绳芯的股捻钢丝绳。在腐蚀环境中工作的平衡索和辅助索,宜采用镀锌钢丝绳。

4.1.5 张紧索应选用挠性好和耐挤压的股捻钢丝绳,其公称抗拉强度不宜大于 1 770 MPa。

4.2 钢丝绳参数的确定

4.2.1 抗拉安全系数

4.2.1.1 各种钢丝绳的抗拉安全系数即钢丝绳的最小破断张力与钢丝绳最大工作张力之比,不应小于表 6 中的数值。

表 6

钢丝绳的种类	安全系数
承载索	3.0
牵引索、运载索、平衡索	4.5
张紧索	5.0
信号索	3.3

4.2.1.2 承载索的最大工作张力应包括:
——承载索张紧重锤的重力;两端锚固时应为计算起点的设计张力,并应计入温度变化的影响。
——承载索的张紧索在导向轮上的阻力。
——由高差引起的承载索重力的变化,及两端锚固时为由货车引起的张力的变化。
——承载索在鞍座上的摩擦阻力。

4.2.1.3 运载索的最大工作张力应包括:
——张紧装置的初始张力;
——由高差引起的运载索重力和货车重力的分力;
——各支架托(压)索轮组的阻力;
——站内有关设备的运行阻力;
——液压张紧装置或重锤张紧装置张紧力的增加值(重锤张紧装置张紧力变化范围不超过3%时,可忽略不计);
——对于循环式索道,不需计入索道启、制动时的惯性力。

4.2.2 钢丝绳最小张力与横向载荷的关系

4.2.2.1 承载索张紧端的初张力与单个车轮最大轮压之比,应符合表 7 的规定。

表 7

钢丝绳类型	比值
承载索	≥60
	≥$0.045(N_0)^{1/2}$ 的要求，N_0 为每年通过承载索的车轮次数

4.2.2.2 钢丝绳最小张力与重车重力之比应大于表 8 中的数值。

表 8

钢丝绳类型	使用情况	比值
往复式索道的承载索	重锤张紧	10
	两端锚固	8
运载索	重力式单抱索器和弹簧式单抱索器或抱口间距小于钢丝绳 2 倍捻距的弹簧式双抱索器	10
	鞍式抱索器和抱口间距大于钢丝绳 2 倍捻距的弹簧式双抱索器	8

4.3 钢丝绳的连接与末端固定

4.3.1 钢丝绳连接部件的破断力应大于钢丝绳最小破断张力。

4.3.2 承载索在一个拉紧区段内，宜采用整根密封钢丝绳。需要连接时，应采用线路套筒连接。连接套筒的位置距离支架不应小于 15 m。

4.3.3 承载索与张紧索的连接应采用过渡套筒连接。

4.3.4 运载索和牵引索的编接应符合下列规定：
—— 应由有编接经验的人员进行编接；
—— 钢丝绳接头的编接长度不应小于钢丝绳直径的 1 200 倍；
—— 编接后在张紧状态下，其编接插入点之间直径增大量不应超过钢丝绳实际直径的 6%。

4.3.5 承载索的锚固

4.3.5.1 采用夹块锚固方式时应符合下列规定：
—— 夹块的数量应由计算确定；
—— 应采用一组夹块工作、另一组夹块备用的双重锚固方式，两组夹块的数量应相同，两组夹块之间应留有 5 mm 的观察间隙；
—— 相关连接部件的破断力应大于承载索的最小破断力。

4.3.5.2 采用圆筒锚固方式时，应符合下列规定：
—— 圆筒直径不应小于承载索直径的 60 倍。
—— 圆筒表面应衬抗滑耐压材料。
—— 承载索在圆筒上的缠绕圈数应以 1.5 倍最大张力和 0.2 的摩擦系数计算确定，但不应少于 3 圈。
—— 承载索的尾部应采用至少 3 副夹块锚固在支座上，其中 2 副工作，1 副备用。工作夹块与备用夹块之间应留有 5 mm 的观察间隙。
—— 夹块与钢丝绳的摩擦系数取 0.13，夹块的抗滑力不应小于剩余张力的 2 倍。
—— 圆筒上各金属构件的抗拉安全系数不应小于 6。

4.3.6 张紧索一般采用末端套筒进行固定，亦可采用夹块或圆筒锚固方式进行固定。采用夹块锚固方式时,应符合4.3.5.1的相关规定;采用圆筒锚固方式时,圆筒直径不应小于张紧索直径的20倍,并符合4.3.5.2的相关规定。

4.3.7 双线往复式索道的牵引索,一般采用末端套筒与货车连接,亦可采用圆筒锚固方式或固定抱索器与货车连接。采用固定抱索器连接时,应将牵引绳编接或闭环。

4.4 钢丝绳的维护与检查

4.4.1 应根据钢丝绳的种类、用途和工作环境对钢丝绳进行维护。维护时对钢丝绳的频繁弯曲或弯曲应力较大部位应进行适当清洗并按钢丝绳使用说明进行润滑。

4.4.2 应根据钢丝绳的使用情况对钢丝绳进行润滑。润滑应在较干燥的天气下进行,润滑之前应清除钢丝绳表面污物。

4.4.3 应定期对钢丝绳进行目测检查。目测检查前,应采用对钢丝绳没有损伤的机械方法清除钢丝绳表面的油脂和污物,目测检查应在白天从钢丝绳两侧同时观察,而且钢丝绳的速度不应超过0.5 m/s,应记录检查结果。

4.5 钢丝绳的报废与局部更换

4.5.1 钢丝绳的报废或局部更换由下列因素判定:
——断面的缩小值;
——断丝的局部聚集;
——绳股断裂;
——断丝的增加率。

如果钢丝绳的损坏是由鞍座、绳轮等存在的缺陷引起的,在换钢丝绳之前应消除这些缺陷。出现外部事件(雷击、脱索等)之后,是否报废或局部更换应视具体情况加以确定。

4.5.2 应按GB 9075的有关规定判断钢丝绳是否需要报废或局部更换。

4.5.3 当钢丝绳需要更换时,所更换的钢丝绳宜与被更换的钢丝绳同类型、同规格。如采用不同类型和规格的钢丝绳进行更换时,应确保所更换的钢丝绳的性能不低于被更换的钢丝绳,并与抱索器钳口、绳槽等相关要素相适应。

5 货车

5.1 一般规定

5.1.1 对于双线循环式索道,一般情况下应选用下部牵引式货车;当地形凸起,线路长度不超过2 km,无需设置转角站时,宜选用水平牵引式货车。

5.1.2 一般情况下应选用翻转式货车;当运输黏结性物料时宜选用底卸式货车。

5.1.3 货车设计应符合下列要求:
——在规定的纵、横向摆动情况下,货车应具有安全通过线路支架、平稳进出站房、顺利完成站内作业所需要的外部形状和外形尺寸;
——在规定的纵、横向摆动情况下,货车的有关部位应与所有的导向装置相适应;
——货车的承载部件及其连接件应便于检查;
——货车的裸露表面应进行防腐处理;
——在低温环境中工作的货车,其承载部件应采用低温韧性好、延伸率和裂纹延伸小的材料进行制造;
——抱索器(运行小车)、吊架和货箱之间的连接件装置应防止自行松脱;
——货车应设启闭灵活、锁定可靠、便于货箱自动复位的锁定装置。

5.1.4 货车的计算应计入下列载荷：
— 基本载荷：自重、有效载重和牵引索对货车的附加压力；
— 附加载荷：风载荷、冰雪载荷、制动时的惯性力，货车通过托、压索轮（鞍座）时离（向）心力所产生的阻力、货车通过导向装置时所产生的阻力等；
— 计算货车吊架时应特别考虑在承受基本载荷和附加载荷后产生的扭矩。

5.1.5 货车的承载能力系列如下：
— 单线循环式索道应为：400 kg、700 kg、1 000 kg、1 250 kg；
— 双线循环式索道应为：1 000 kg、2 000 kg、3 200 kg；
— 其他型式的索道可按设计确定。

5.1.6 循环式货车的运行速度宜为：1.6 m/s、2.0 m/s、2.5 m/s、2.8 m/s、3.15 m/s、3.6 m/s、4.0 m/s、4.5 m/s、5.0（双线）m/s，对于设置自动转角站或自动迂回站的双线循环式索道，货车的最高运行速度应符合表9的规定。

表 9

水平滚轮组曲率半径/m	—	40	50	60	70
迂回轮直径/m	5	6	—	—	—
最高运行速度/(m/s)	1.6	2.0	2.5	2.8	3.15

5.1.7 货车应按顺序编号。

5.2 抱索器与运行小车

5.2.1 抱索器的设计应符合下列规定：
— 抱索器的抗滑力不应小于重车重力在最大倾角处沿钢丝绳方向分力的1.3倍；
— 当牵引索直径变化±10%，抱索器的抗滑力仍应符合上述要求；
— 抱索器的钳口应保证货车横向摆动0.20 rad或0.35 rad（采用脱挂式抱索器的单线索道）时，能顺利通过托、压索轮；
— 对于采用重力式抱索器的货车，应分别校核空车和重车的抗滑能力；
— 计算抱索器抗滑能力时，抱索器钳口与钢丝绳的摩擦系数宜取0.13。

5.2.2 抱索器型式的选择应符合下列规定：

5.2.2.1 单线循环式索道应符合下列规定：
— 当运行速度大于2.5 m/s时，可选用弹簧式脱挂抱索器；
— 当运输能力和装载条件合适时，可选用弹簧式固定抱索器；
— 当运行速度小于2.5 m/s和爬坡角为20°～30°时，可选用重力式抱索器；
— 当爬坡角小于20°时，可选用鞍式抱索器。

5.2.2.2 双线循环式索道符合下列规定：
— 一般应选用重力式抱索器；
— 当承载能力大于3 200 kg和运行速度大于3.6 m/s时，应选用弹簧式抱索器。

5.2.3 运行小车的设计应符合下列规定：
— 各车轮之间应设载荷平衡装置；
— 车轮轮缘断面形状应与线路套筒相适应，车轮直径不宜超过280 mm；
— 车轮宜设对承载索有保护作用的耐磨轮衬；
— 承载能力为1 000 kg时宜采用2轮式运行小车；承载能力为2 000 kg时宜采用4轮式运行小车。

5.3 吊架与货箱

5.3.1 吊架的设计符合下列规定：
——应采用焊接结构；
——吊架高度应按货车在承载索或运载索倾角最大的支架上纵、横向摆动0.20 rad（采用脱挂式抱索器的单线索道横向摆动为0.35 rad）时，货车不应接触该支架的任何部位的条件确定。

5.3.2 货箱的容积系列如下：
——单线循环式索道应为：0.25 m³、0.32 m³、0.4 m³、0.5 m³、0.63 m³、0.8 m³、1.0 m³、1.25 m³；
——双线循环式索道应为：0.5 m³、0.63 m³、0.8 m³、1.0 m³、1.25 m³、2.0 m³、2.5 m³；
——其他型式的索道可按设计确定。

5.3.3 货车有效容积的利用系数，当运输松散物料时宜采用0.9～1.0；当运送黏结性物料时宜采用0.8～0.9。

5.3.4 货箱宽度与运输物料最大块度之比，应符合下列规定：
——当采用回转式装载设备时，不应小于8；
——当采用重力装载闸门和其他非振动装载设备时，不应小于4；
——当采用振动装载设备时，其比值可适当减小。

6 线路

6.1 一般规定

6.1.1 索道线路不宜跨越工厂区，当需要跨越铁道、公路、航道、架空电力线路和建筑物等设施时，应符合国家有关规定，并设保护设施。不设保护设施的路口应设醒目的警示牌。

6.1.2 索道线路支架和相关设施应避开滑坡、雪崩、塌方、沼泽、泥石流、溶洞等不良工程地质区或采矿崩落区。当受条件限制不能避开时，支架应采取可靠的工程措施。

6.1.3 索道线路应尽量远离居民区。

6.1.4 建在机场或军事设施附近的索道，其线路选择应符合国家相关规定。

6.2 线路选择

6.2.1 一段驱动的索道，其线路中心线的水平投影应为一直线，当受条件限制设转角站时，应经技术经济比较后方可确定；多段驱动的索道，其线路中心线的水平投影可为折线。

6.2.2 循环式索道的线路，应避开多次起伏的地形和高差很大的凸起地段以及难以跨越的凹陷地段

6.2.3 往复式索道线路应力求通过凹陷地形

6.2.4 大风地区应尽量减小索道线路与主导风向的夹角。

6.2.5 索道线路应便于检修，并应考虑各支架的通行条件。

6.3 线路设计

6.3.1 线路设计应符合表2和表3的有关规定。

6.3.2 跨距与车距水平投影值之比应避开整数值，宜取：0.3～0.4，0.85，1.15～1.3，1.75～2.6，3.45。

6.3.3 凹陷区段支架的高度，应按照相邻两跨没有货车、承载索或运载索最大张力增大30%时，钢丝绳不脱离鞍座或托索轮的条件进行校验。

6.3.4 钢丝绳在支架两侧的倾角，应按GB 50127中的相关公式进行计算，钢丝绳的最大倾角不应超过抱索器所允许的爬坡角。

6.3.5 单线循环式索道

6.3.5.1 站前第一跨的跨距宜为 5 m～10 m。

6.3.5.2 对于平坦地段或坡度均匀的倾斜地段,运载索在各支架上的载荷应大致相等。

6.3.5.3 在凸起侧型区段内,各支架上托索轮的径向载荷宜相等,支架高度应不小于 4 m,跨距不宜小于 15 m。

6.3.5.4 选用带导向翼的抱索器时,可采用压索式支架。压索式支架的高度,应按运载索最小张力减小 20%、货车载荷增大 25% 时,运载索不应离开压索轮的条件进行设计。

6.3.5.5 运载索的最大倾角不应大于 45°。

6.3.6 双线循环式索道

6.3.6.1 在凸起区段内承载索在每个支架上的弦折角,宜符合下列规定:
— 下部牵引式索道为 0.03 rad～0.04 rad;
— 水平牵引式索道为 0.05 rad～0.06 rad。

6.3.6.2 凸起地段支架的高度,应不小于 5 m,跨距不宜小于 20 m。当总折角较大并受地形限制时,可采用带有大曲率半径垂直滚轮组的连环架代替支架群。

6.3.6.3 承载索在每个支架上的最大折角,一般宜控制在 0.10 rad～0.15 rad,大跨距两端的支架不宜超过 0.30 rad。

6.3.6.4 站前第一跨的跨距宜小于车距,并宜小于 60 m。

6.3.7 往复式索道应采用大跨距跨越线路,不设或少设中间支架。

6.4 线路设备

6.4.1 鞍座

6.4.1.1 鞍座应采用铸钢或焊接结构,绳槽宜设带润滑装置的尼龙或青铜衬垫。

6.4.1.2 承载索作用在鞍座绳槽内的比压应小于衬垫材料许用值。比压按公式(2)计算:

$$p = \frac{1.5T}{dR} \quad \cdots\cdots\cdots\cdots\cdots(2)$$

式中:
p ——单位面积上的压力,单位为兆帕(MPa);
T ——作用在鞍座绳槽上承载索的张力,单位为牛(N);
d ——承载索直径,单位为毫米(mm);
R ——鞍座绳槽曲率半径,单位为毫米(mm)。

6.4.1.3 鞍座绳槽曲率半径应按公式(3)计算:

$$R \geqslant 0.5/v^2 \quad \cdots\cdots\cdots\cdots\cdots(3)$$

式中:
R ——鞍座绳槽曲率半径,单位为米(m);
v ——货车运行速度,单位为米每秒(m/s)。

同时应满足:无衬或青铜衬鞍座曲率半径不小于承载索直径的 100 倍;尼龙衬鞍座不小于承载索直径的 150 倍。

6.4.1.4 对于循环式索道,当承载索在支架上的最大折角小于或等于 16° 时,宜选用摇摆式鞍座;大于 16° 时,宜选用固定式鞍座。

6.4.1.5 往复式索道应选用固定式鞍座,鞍座应有足够的长度,以保证承载索在最小张力和有效荷载增加 10% 的情况下,两端均留有 0.03 rad 的余量。

6.4.1.6 鞍座端部应为圆弧,圆弧的半径不应小于承载索直径的 5 倍,长度不应小于承载索直径的 3 倍。

6.4.1.7 鞍座的结构应保证货车在允许的纵、横向摆动范围内,顺利通过。

6.4.2 牵引索导向装置

6.4.2.1 牵引索导向装置应保证货车在正常摆动条件下,将牵引索导入托索轮的绳槽内,并且不应碰到货车的任何部位。

6.4.2.2 当牵引索未能落入托索轮的绳槽时,牵引索导向装置仍能保证货车顺利通过。

6.4.3 托(压)索轮组

6.4.3.1 无衬钢托(压)索轮的直径不宜小于运载索直径的15倍,每个托(压)索轮的允许折角,应根据允许径向载荷和运载索的张力计算决定,但不宜大于5°。每个托(压)索轮上的径向载荷,应符合表10的规定。

6.4.3.2 采用软质耐磨衬垫的托索轮直径不宜小于运载索直径的10～12倍,压索轮直径不宜小于运载索直径的8～10倍,每个托(压)索轮的允许折角,不宜大于4°,每个托(压)索轮上的径向载荷,应按公式(4)计算:

$$[P] = pD_2 d \quad \quad \quad \quad \quad \quad (4)$$

式中:
[P]——每个有衬托(压)索轮的允许径向载荷,单位为牛(N);
p ——软质耐磨衬垫的比压,单位为兆帕(MPa),$p=0.2$ MPa～0.5 MPa,根据衬垫的耐磨性确定;
D_2 ——托(压)索轮新衬垫绳槽底部的直径,单位为毫米(mm);
d ——运载索直径,单位为毫米(mm)。

表 10

托(压)索轮直径/mm	最大许用径向载荷/kN	适用钢丝绳直径/mm
300	3.0	≤20
400	5.0	22～26
500	7.5	28～32
600	10.0	34～40

6.4.3.3 6轮和8轮托(压)索轮组的大平衡梁应配置在小平衡梁的内侧,不宜采取重叠设置方式。

6.4.3.4 对于跨距较大和弦折角为负值或建于大风地段的支架,其托索轮组的外侧应设置钢丝绳捕索器,内侧应设挡索板。

6.4.3.5 对于压索式支架或采用组合式托压索轮组的支架,不仅应在其索轮组的外侧设钢丝绳捕索器,内侧设挡索板外,还应在横梁上设挡臂式二次保护装置,以挡住捕索器未能捕捉到的运载索,并使索道自动停车。

6.4.4 在单线索道线路上,不应设置单个的托索轮。

6.4.5 对于双线索道,应配备承载索加油车,安全措施得当时可配备检修车。

6.5 支架及基础

6.5.1 支架和基础的设计应符合 GB 50007、GB 50009、GB 50010、GB 50017 和 GB 50191 的有关规定。

6.5.2 计算支架及基础强度时,应考虑以下荷载:
——永久荷载:如结构自重及非结构组成的自重(如起吊架、附属装置和固定的设备)等;
——可变荷载:如钢丝绳产生的力、运载工具产生的力、动荷载、风荷载和冰雪荷载;

——特殊荷载:如货车卡车力和按有关规定确定的地震作用。

6.5.3 荷载组合分为索道运行和索道停运两种不同情况,应按最不利荷载组合并考虑钢丝绳的动力影响进行计算。

6.5.4 支架的设计应符合下列规定：
——支架的结构重要性系数应为1.1；
——支架的主要承载构件,应进行疲劳校核；
——支架采用螺栓连接时,螺栓应紧固,防松措施应得当。

6.5.5 支架的材料应符合下列规定：
——支架应采用钢材或钢筋混凝土(包括预应力混凝土)材料制作,不应采用绷绳拉紧的支架(堆货索道除外)；
——在环境温度低于−20 ℃时,主要承载构件应采用镇静钢；
——支架金属结构所用的开口型材,其壁厚不应小于5 mm,管材及闭口型材壁厚不应小于2.5 mm,管材和闭口型材的外表面上应有防锈层。

6.5.6 支架基础的设计应符合下列要求：
——支架基础应尽量采用短柱式钢筋混凝土基础,如遇岩石类基础应采用梁式或锚杆基础。
——钢支架基础顶面应高出地面300 mm,钢筋混凝土支架的基础顶面宜低于地面200 mm～300 mm；在冰冻区基础底面应埋至冻土深度以下；基础周围应有必要的排水和边坡护坡等设施。
——在最不利荷载组合下,基础的抗滑移、抗倾覆和抗扭转,应按GB 50007中对于基础甲级设计等级的要求进行设计。
——基础位于边坡附近时,应验算边坡稳定性。

6.5.7 起吊架和地锚

6.5.7.1 支架上应设固定式起吊架。

6.5.7.2 对于压索式支架或采用组合式托压索轮组的支架,宜在起吊架下方的支架基础或附近适当位置上,各设1个地锚。

6.5.7.3 起吊架和地锚的结构应能承受安装或检修钢丝绳时所产生的各种载荷,并便于布置小型起重装置和其他检修器具。

6.5.8 检修平台

6.5.8.1 支架上应安装检修平台。

6.5.8.2 检修平台的结构设计和计算,应符合下列规定：
——平台的坡度应与钢丝绳的平均倾角一致,当钢丝绳的平均倾角较大时,应设计成阶梯式；
——在不利的位置单个载荷宜为2 kN；
——均布载荷宜按2.0 kN/m² 计算；
——作用在栏杆上的横向载荷宜取0.5 kN/m；
——平台不应限制货车的纵向和横向偏摆；
——平台应防滑(油脂、冰)和防坠落；
——应考虑支架的扭转摆动。

6.5.9 爬梯和支架编号

6.5.9.1 支架上应设爬梯,高度在10 m以上时爬梯应设护圈或防坠落装置；当高度超过25 m时,每隔10 m应设带护栏的平台。

6.5.9.2 支架上应有连续的编号,并在爬梯入口醒目位置设非工作人员禁止攀登的警示牌。

6.5.10 支架应验算支架顶端的扭转变形,在最不利载荷组合条件下支架顶端在水平面内的扭转角,对于单线索道不应超过0.008 rad,对于双线索道不应超过0.017 rad。

7 站房

7.1 一般规定

7.1.1 站内机械、电气设备及钢丝绳等不应危及正常操作人员和维修检查人员的人身安全。离地高度小于 2.5 m 的运行钢丝绳和设备的外露运转部分应设安全罩或防护网隔离。

7.1.2 固定安装的机械设备与墙壁之间的距离不应小于 0.5 m，人行通道宽度不应小于 1 m。站口滚轮组和安装高度超过 2 m 的站内辅助设备，应设带护栏的操作平台或检修栈道。

7.1.3 索道驱动装置宜设单独驱动机房，机房的平面和空间布置应便于驱动机的起吊和维护。

7.1.4 控制室应力求设在便于观察货车装（卸）载和进出站的位置，控制室噪声不宜超过 80 dB(A)。

7.1.5 非公共通行的区域应隔离，非工作人员不应入内。

7.1.6 在有通行条件的单层站房的站口，应设防止行人或车辆横穿线路的隔离设施；高架站房的站口，应设防止人员或物体坠落的保护设施。其他人员可接近的站房边缘，高差大于 1.0 m 的悬空或陡坡处也应设防护设施。

7.1.7 站内不允许有积水，地面应有一定的排水坡度。

7.1.8 根据索道安全运营的需要，各站房应配备必要的检修设备和检修设施。

7.1.9 至少应在 1 个端站内设置检查和维护货车用的操作台。

7.1.10 在装载站、卸载站和中间驱动站的适当位置应设有停车轨道，并备有易损件的备件，在端站应设检修间。

7.1.11 索道的物料装、卸处，凡有粉尘或其他危及人员健康安全的因素存在时，应采取措施达到职业健康安全要求，否则索道不应投入运营。

7.1.12 站房设计应符合消防要求。

7.2 站址选择

7.2.1 站房应选择地势较平坦、交通及供水供电较方便的位置，应避开不良工程地质带和采矿崩落区。

7.2.2 站址应不占或少占农田，并应尽量避开经济作物区和地下文物区。

7.2.3 站址选择应使钢丝绳的进、出站角满足货车脱、挂可靠和减小冲击的设计要求。

7.2.4 钢丝绳张力较大的站房宜作为驱动站，张力较小的站房宜作为张紧站。

7.2.5 双线循环式索道的自动转角站，不宜设在钢丝绳张力较小的地段。

7.2.6 采用多段驱动的循环式索道，其中间驱动站的位置和标高应根据牵引索或运载索等强度的原则确定。必要时，尽可能使中间驱动站兼作转角站，以便优化站房选址和索道侧形设计。

7.2.7 承载索张紧区段的中间站

7.2.7.1 应按承载索在支架鞍座上摩擦阻力总和（考虑折减系数）不大于重锤张力的 25% 的要求，校验张紧区段的长度。

7.2.7.2 双锚站宜设在承载索张力较大的凸起地段，其高度不应小于 5 m。

7.2.7.3 双张站或张锚站宜设在承载索张力较小的凹陷地段，其高度不宜小于 9 m。

7.3 站房及站口设计

7.3.1 货车在站内的净空尺寸

7.3.1.1 货车的横向摆动值，在避风站内的直线轨道上为 0.08 rad，在曲线段轨道上为 0.16 rad；在非避风站内均为 0.16 rad，但设有双导向板的轨段除外。

7.3.1.2 货车的纵向摆动值为 0.14 rad。

7.3.1.3 在计入货车的纵横向摆动后，货箱在翻转或打开时的最小净空应符合下列要求：

——距站房地坪不应小于0.2 m。
——有行人通行时,距墙不应小于0.8 m;无行人通行时,距墙不应小于0.6 m,距突出物不应小于0.3 m。

7.3.2 货车轨道

7.3.2.1 轨道及其吊挂系统应有足够的刚度。

7.3.2.2 吊架或吊钩的间距,重车侧直线段宜为2 m,空车侧直线段宜为2.5 m~3.0 m,曲线段根据曲率半径不同适当减小。每根轨道的吊挂点不应少于2个,且吊挂点与轨道接头处之间的距离不应小于500 mm。吊挂结构应便于调整轨道坡度。

7.3.2.3 主轨的最小平面曲率半径,应符合表11的规定。副轨的最小平面曲率半径宜取2 m。主轨和副轨的立面曲率半径均不应小于5 m。

表 11

货车运行速度/(m/s)	0.5	1.2	1.6	2.0	2.5	3.0	3.6	4.0	4.5
最小平面曲率半径/m	2.5	4	7	10	12	15	18	20	25

7.3.2.4 轨道的平面反向弧之间应有不小于1.5 m的直线段。

7.3.3 装载站和卸载站料仓的有效容积应根据索道长度、运输能力、工作制度、检修和处理故障的时间以及相关车间或运输工具的生产要求确定。

7.3.4 货车装载

7.3.4.1 应根据物料性质和索道运输能力选择装载设备。

7.3.4.2 宜采用内侧装载方式。

7.3.4.3 在装载位置应设防止货箱摆动的导向板或稳车器。

7.3.5 货车卸载

7.3.5.1 料仓顶部一般应设格筛。当卸载区段很长并采用机械推车时可不设格筛,但应在卸料仓两侧或中间设置带栏杆的操作通道。格筛的筛孔不应大于300 mm×300 mm,栏杆的高度不应小于1.1 m。

7.3.5.2 货车卸载时,对于翻转式货车,货箱翻转最大摆动界限尺寸最低点距格筛不应小于物料最大块度加0.05 m;对于底卸式货车,货箱距格筛不应小于物料最大块度加0.05 m。

7.3.5.3 应设便于卸载后的货箱自动复位或自动关闭卸料口的装置。

7.3.6 站口设计

7.3.6.1 设有凸形或凹形垂直滚轮组的双线循环式索道站口,滚轮组曲率半径应按货车通过时牵引索作用在抱索器上的压力小于允许值或牵引索不脱出钳口、空货车不被抬离轨道的条件校验。

7.3.6.2 对于采用脱挂式抱索器的循环式索道,当钢丝绳俯角出站时,为了防止挂结失误的货车滑向线路,应设监控装置,并采取有效措施防止挂结失误的货车出站。

7.3.6.3 承载索仰角进站时,空索倾角应大于轨道倾角,但两者之差不宜大于0.05 rad。

7.3.6.4 承载索俯角进站时,空索倾角小于轨道倾角,但两者之差不宜大于0.05 rad。

7.3.6.5 对于无人值守的张紧站,承载索的进站仰角宜小于0.05 rad,且不设凹形垂直滚轮组,否则应设防脱索监控装置。

7.3.6.6 货车的抱索器与牵引索或运载索挂结时,货车速度宜与钢丝绳的速度一致。挂结段内应设稳索轮消除钢丝绳运行的颤动,钢丝绳在稳索轮上的最小折角不应小于0.01 rad。进入挂结段的轨道在2 m长度范围内不应有平面上的弯曲。

7.3.6.7 单线循环式索道站口除满足7.3.6.6的要求外,还应满足以下要求:
——挂结段轨道的刚度,应能保证抱索器行走轮的横向窜动不大于2 mm,轨道平面与运载索中心线之间的水平距离应能调节;

——挂结段和脱开段站口轨道的坡度,应与运载索进出站角相适应,站口轨道的端部应有立面曲率半径为 3 m～5 m 的弧形开口段;

——采用弹簧式抱索器的货车进入挂结段之前,运载索宜导平并使钳口处于最大开度状态;

——采用重力式抱索器的货车,挂结段前应设钳口定向器,挂结段内应设可调式弹性压板;

——进、出站口应设限制货车摆动的双导向板,使货车在与运载索挂结、脱开过程中横向摆动不大于 0.01 rad,纵向摆动不大于 0.1 rad。

7.3.7 单线索道转角站货车脱开运载索运行时应自溜,不应采用人工推车。

7.3.8 双线索道自动转角站与自动迂回站货车运行速度应符合表 9 的规定;在距离水平滚轮组或迂回轮进出点的 5 m 处,应各设一个宽边垂直托辗,防止意外脱索。

7.4 站内设备

7.4.1 驱动装置

7.4.1.1 对于高架式站房宜采用立式驱动装置;对于单层站房宜采用卧式驱动装置。

7.4.1.2 应选用摩擦式驱动装置,不宜采用夹钳式驱动装置。

7.4.1.3 驱动装置应有 0.3 m/s～0.5 m/s 的检修速度,并能实现短时反向运行。

7.4.1.4 驱动轮的直径不应小于牵引索或运载索直径的 80 倍。

7.4.1.5 驱动轮上力的传递应符合下列要求:

a) 对于循环式索道应验证下列载荷情况下钢丝绳的最大张力、最小张力及最大圆周力:

——重车侧和空车侧按设计车距布满重车和空车的正常运行情况;

——线路最不利下坡区段缺重车或空车的最不利正力运行情况;

——线路最不利上坡区段缺重车或空车的最不利负力运行情况。

b) 对于往复式索道应按下列情况验证每一循环钢丝绳的最大张力、最小张力及最大圆周力:

——重车上行(或下行)从离开下(上)站到到达上(下)站,其中包括依次经过支架各点钢丝绳张力的变化曲线;

——空车下行(或上行)从离开上(下)站到到达下(上)站,其中包括依次经过支架各点钢丝绳张力的变化曲线;

——上述两种情况作用在驱动轮上的钢丝绳张力差(圆周力曲线)。

c) 非匀速运动时,应计算下列质量的惯性力:

——牵引索(或运载索)质量;

——运载工具质量;

——载荷质量;

——由钢丝绳带动的转动部分的变位质量。

7.4.1.6 正常起、制动时的加、减速度宜符合下列要求:

——对于循环式索道宜为 0.1 m/s²～0.15 m/s²;

——对于往复式索道宜为 0.5 m/s²～0.7 m/s²。

7.4.1.7 紧急制动时的减速度应符合下列要求:

——对于循环式索道不应大于 1.0 m/s²;

——对于往复式索道不应大于 2.0 m/s。

7.4.1.8 摩擦式驱动装置的防滑安全应符合下列要求:

防滑安全系数,在正常运行时不应小于 1.5;在最不利载荷情况下启动或制动时,不应小于 1.25,并按公式(5)计算:

$$\frac{t_{\min}(e^{\mu a}-1)}{t_{\max}-t_{\min}} \geqslant 1.25 \qquad \cdots\cdots\cdots\cdots\cdots\cdots\cdots\cdots\cdots\cdots(5)$$

式中：
t_{min} ——最不利载荷情况下，正常起、制动时驱动轮出侧或入侧牵引索的最小张力，单位为牛(N)；
t_{max} ——最不利载荷情况下，正常起、制动时驱动轮出侧或入侧牵引索的最大张力，单位为牛(N)；
e ——自然对数的底数；
μ ——牵引索与驱动轮衬垫的许用摩擦系数；
α ——牵引索在驱动轮上的包角，单位为弧度(rad)。

7.4.1.9 驱动轮衬垫的比压，应按公式(6)校核：

$$\frac{1.5(t_r+t_c)}{Dd} \leqslant [p] \quad \cdots\cdots\cdots\cdots\cdots\cdots\cdots (6)$$

式中：
t_r ——驱动轮入侧的牵引索张力，单位为牛(N)；
t_c ——驱动轮出侧的牵引索张力，单位为牛(N)；
D ——驱动轮直径，单位为毫米(mm)；
d ——牵引索直径，单位为毫米(mm)；
$[p]$ ——驱动轮衬垫的允许比压，单位为兆帕(MPa)。

7.4.1.10 驱动装置的制动器应符合下列规定：
——制动器应具有逐级加载和平稳停车的制动性能；
——对于制动型和停车后会倒转的动力型循环式索道，应设工作制动器和安全制动器，但对于断电后能自然停车并且停车后不会倒转的循环式索道，可仅设工作制动器；
——对于往复式索道的驱动装置，应设工作制动器和安全制动器；
——当运行速度超过额定值的15%时，工作制动器和安全制动器应能自动相继投入工作，并使减速度控制在 $0.5 \text{ m/s}^2 \sim 1.0 \text{ m/s}^2$ 的范围内；
——每一套制动器应能使索道在最不利载荷情况下停车；
——安全制动器应作用在驱动轮、具有足够缠绕圈数的卷筒或与卷筒连接的制动盘上；
——应采取措施防止制动块和制动面沾上液压油、润滑油脂和水；
——安全制动器应能手动控制。

7.4.1.11 驱动装置电动机的选择，应符合下列规定：
——可选用交流或直流电动机，但对于侧形复杂、运行速度高或负力较大的索道，宜选用直流电动机；
——按正常载荷情况计算电动机功率时应计入功率备用系数，对于动力型索道取1.15，对于制动型索道取1.30，并应按最不利载荷情况下启动或制动时的功率与所选电动机额定功率的比值不大于该电动机过载系数的0.9倍的条件校验。

7.4.2 张紧装置

7.4.2.1 张紧装置的行程不应小于下列各项的代数和：
——温差引起的长度变化；
——承载索、运载索或牵引索的结构性伸长（永久伸长）；
——各种运行载荷情况下钢丝绳垂度不同而产生的长度变化；
——各种运行载荷情况下钢丝绳的弹性伸长，对于运载索和牵引索的弹性模数可取 80 kN/mm^2（新绳）和 120 kN/mm^2（旧绳）进行计算。

7.4.2.2 运载索或牵引索张紧小车的行程除满足7.4.2.1的要求外，还应考虑小车安装时的位置误差以及钢丝绳编接接头损坏而需截去接头长度后再次编接时小车移位的需要。对于堆货索道，为适应卸载站经常移动的要求，小车行程不宜小于50 m。

7.4.2.3 重锤张紧装置应符合下列要求：
——应保证在气候条件不好的情况下也能正常运动；

——应采用机械限位的方式限制行程,在正常运行的情况下,不应达到极限位置;
——张紧小车两端应装设行程限位开关;
——张紧小车和张紧重锤的轨道导向装置应保证张紧小车和张紧重锤不发生脱轨、卡阻等事故;
——张紧装置应设起吊装置或调绳绞车,以便进行维修工作;
——张紧重锤的支撑结构、钢绳的附件和端部连接件应防止锈蚀,并应便于检查、维修和更换。

7.4.2.4 液压张紧装置应符合下列要求:
——应设置安全阀,安全阀应有单独的卸压回路;
——液压管路和连接元件的破裂安全系数不应小于3;
——应设油压、油温显示装置;
——液压系统应设手动控制装置;
——在低温环境中工作的液压张紧装置应有防冻措施;
——油缸的固定点宜采用球铰。

7.4.3 绳轮

7.4.3.1 应按最不利载荷作用在绳轮上的条件来进行设计或选型。

7.4.3.2 采用焊接结构时应进行消除内应力处理。

7.4.3.3 绳轮宜设软质耐磨衬垫,衬垫槽形应与所选钢丝绳相适应。

7.4.3.4 绳轮轮缘的形状及高度应防止钢丝绳脱槽。当抱索器需要通过绳轮时,轮缘的形状应与抱索器相适应。

7.4.3.5 绳轮的直径应符合下列规定:
——对于牵引索和运载索绳的导向轮,应符合表12的规定;
——对于牵引索或运载索的张紧轮,不应小于张紧索直径的40倍;
——对于承载索的张紧轮,不应小于张紧绳直径的25倍。

表 12

包角/(°)	>4～20	>20～90	>90
D/d	40	60	80

7.4.4 自动转角站的水平滚轮组

7.4.4.1 滚轮直径不宜小于600 mm,宽度不宜小于140 mm。

7.4.4.2 牵引索在滚轮上的折角不宜大于3°或按滚轮径向载荷不大于6 kN的条件确定。

7.4.4.3 货车通过滚轮组时,牵引索作用在抱索器钳口上的水平力不应大于10 kN。

7.4.5 脱开器与挂结器

7.4.5.1 应能在规定的速度下脱开和挂结,并能实现低速反向运行。

7.4.5.2 应能保证在脱开与挂结区段仅有一辆货车,脱开与挂结前后钢丝绳能稳定运行。

7.4.5.3 应采取措施防止冰雪对脱挂过程产生影响。

7.4.5.4 脱开器和挂结器应便于检查和维修。

7.4.5.5 应能调整抱索器和钢丝绳的相对位置。

7.4.6 加速装置与减速装置

7.4.6.1 加、减速装置的平均加、减速度不应大于 1.5 m/s^2。

7.4.6.2 当抱索器与钢丝绳挂结时,抱索器与钢丝绳的速度差,不应大于 0.3 m/s。

7.4.6.3 加、减速装置应能自动地与钢丝绳的运行速度和方向相适应。

7.4.6.4 宜采用从钢丝绳直接取能的方式实现加速与减速。

7.4.6.5 当货车反向运行时应能正常工作。

7.4.7 偏斜鞍座

7.4.7.1 偏斜鞍座在站口的安装角度应与承载索的进、出站角相适应。

7.4.7.2 承载索通过偏斜鞍座进站后的偏斜角度,应按 7.3.1.1 和 7.3.1.2 货车摆动要求不碰触货车任何部位的条件进行校验。

7.4.7.3 承载索在鞍座内的包角应在偏斜鞍座的允许角度内。对于俯角进站站口,当 1 辆重车接近站口时承载索的重索倾角不应大于 0.15 rad。

7.4.8 往复式索道端站,应设能限制货车位置的停止器和缓冲器,当货车超过停止界限时索道应能自动停车。

7.4.9 其他辅助设备

7.4.9.1 货车载重较大或站房较长时应设推车设备。

7.4.9.2 对于运输黏结性物料的索道,装、卸料仓宜设便于装卸的相关设备。

7.4.9.3 装载位置宜设阻车、计量、推车等设备。

7.4.9.4 发车位置宜设保证车距或发车间隔时间的发车设备。

7.4.9.5 卸载站的货箱复位处宜设推车设备。

8 电气

8.1 一般规定

8.1.1 索道宜采用独立的双回路电源供电;受条件限制时,也可采用单电源供电。

8.1.2 安全电路在正常工作时应是闭合回路,并应通过断开电路的方式来实现安全保护。

8.1.3 所有信号应在所需的全部条件具备后才可传递。一旦某一保证安全的条件没有具备,则应取消该信号的传递。

8.1.4 索道起动完毕后,准备就绪或要求运行的指令信号应自动撤销。

8.1.5 采用自动控制的索道,应具有手动控制方式。

8.1.6 从一种控制方式到另一种控制方式的切换,应在索道停止运行的情况下进行。

8.1.7 货车的装卸区段、机械设备的维护区域和工作平台等处的适当位置,应设维修开关。

8.1.8 控制台、各站房、货车的装卸区段等处的适当位置,应设紧急停车按钮。紧急停车按钮应独立于 PLC。

8.1.9 安全功能应采用钥匙开关或类似的元件并通过控制台进行屏蔽;安全功能屏蔽指示应醒目,并在结束屏蔽时应易于识别。

8.2 拖动与控制

8.2.1 索道的主驱动系统的电气传动,可采用交流或直流传动方式。对于有负力的索道,宜采用具有 4 象限运行特征的直流或交流变频传动方式。

8.2.2 在规定的荷载范围内,电气拖动装置应能平稳起动,且能实现反向运行。

8.2.3 在正常情况下,索道运行速度的变化不应超过 $\pm 5\%$。

8.2.4 所有涉及安全起动的条件都具备时,运行指令才能生效。停车指令应优先于其他控制指令。

8.2.5 电气制动系统应使索道在正常制动和紧急制动时安全停车。当电气制动系统采用直流电源时,应配备备用蓄电池。

8.2.6 工作制动器或安全制动器进行紧急制动时,主电机电源应立即自动切断;当进行正常制动时,主电机电源最迟应在索道停止运行时切断。

8.2.7 往复式索道宜设速度显示、货车减速点的位置信号、货车位置显示、牵引索断索信号等装置。

8.3 保护与安全

8.3.1 索道主驱动电机应设置下列保护：
—— 缺相保护；
—— 低电压保护；
—— 过负荷保护；
—— 短路保护；
—— 堵转保护；
—— 直流电机失励保护；
—— 制动型索道零电流保护。

除过负荷保护外，保护装置动作时索道应能自动停止运行。

8.3.2 当出现下列情况时，索道应自动停止运行。当有条件时，还应显示故障位置。
—— 电动机保护装置动作；
—— 运行速度超过额定速度的10%；
—— 站内或线路监控装置动作；
—— 拉紧小车或拉紧重锤超过极限位置；
—— 液压拉紧装置的油压超过正常值±10%；
—— 紧急停车按钮动作；
—— 对于多段驱动的索道，当某一段索道发生故障时，其他区段的道应立即停车。

当故障排除并经人工复位后，才能再次启动索道。

8.3.3 当制动系统和润滑系统的油压、油温、油位异常以及电机过负荷时，应报警。

8.3.4 安全回路的电源电压，不应超过交流有效值50 V或直流60 V。

8.3.5 延迟触发紧急停车不应超过500 ms。

8.3.6 为了保证索道的安全运行，不应将电阻、电容、二极管等元件并联到安全关键件的断路器触点或元件上。

8.3.7 对于采用弹簧式脱挂抱索器技术的索道，宜在站内设置抱索状态监控、抱索力量监控、脱索状态监控、钢绳位置监控、抱索器外形监控等安全装置。

8.4 通讯与信号

8.4.1 各站房及控制室之间，应设内部直通专用电话，并有一套备用通讯系统。

8.4.2 至少应在一个站房或站房附近装设当地公用电话。

8.4.3 应配备用于维修钢丝绳和线路设备的对讲机。

8.4.4 当安全功能部分或全部被屏蔽时，工作电话系统仍应保持畅通。

8.4.5 应装设必要的显示设备，以便操作人员进行设备操作、了解运行情况和获取故障方面的有关信息。

8.4.6 故障的显示应保持到下次起动为止。

8.4.7 重要的电压值、电流值和监测信号，应通过检测设备或与之等效的设备加以显示。

8.4.8 对应于索道的各种运行状态，其操作和显示的设备宜选用下列颜色：
—— 红色：紧急状态，危险情况，紧急停车；
—— 黄色：异常状态，报警，显示异常情况；
—— 绿色：安全状态，正常情况，正常停车；
—— 蓝色：待令状态，要求动作；
—— 白色/灰色/黑色：中间状态，没有特殊含义，边界线。

8.4.9 宜配备运行计时器及货车计数器。

8.4.10 在索道沿线主要风口处应设电传风向风速仪,在有工作人员的站房应设风速显示装置及报警装置。

8.5 防雷与接地

8.5.1 索道站房、线路支架、未绝缘的钢丝绳、机械设备及所有金属构件应直接接地。有条件时,索道沿线每隔500 m宜有一个接地点。应定期检查接地电阻值,其冲击接地电阻数值要求如下：
——索道站房、未绝缘的钢丝绳、机械设备及所有金属构件≤5 Ω;
——线路支架<30 Ω。

8.5.2 建在雷击频繁地区的索道,宜在承载索或运载索的上方设置单避雷线或双避雷线。

8.5.3 应采取技术措施防止雷电波形成的高电压从电源入户线侵入

8.5.4 在电源引入的总配电箱处,宜设过电压保护装置。

9 线路保护设施

9.1 一般规定

9.1.1 索道跨越铁路、航道、主要公路和其他重要设施时应设保护设施,并应遵守当地的有关规定。

9.1.2 保护范围较长和货车坠落高度较大时,应采用保护网;保护范围较短和货车坠落高度较小时,应采用保护桥;索道线路横向坡度较大、货车或物料滚落后会造成事故时,应采用拦网。

9.1.3 保护设施顶面与运动货车底面之间的净空尺寸,不应小于货车的最大横向尺寸。

9.1.4 应按货车冲击的条件校验保护网底面与所跨越设施之间的净空尺寸。

9.1.5 保护网的宽度至少比索距宽3 m;保护桥的宽度,当货车坠落高度不大于3 m时,至少比索距宽2.5 m;当索道跨距超过250 m时,该跨下部保护设施的宽度,应按承载索和货车均受250 Pa工作风压作用而发生偏斜的条件校验。

9.2 保护网

9.2.1 保护网应由粗、细两层格网组成,细格网的网孔尺寸不宜大于20 mm×20 mm。

9.2.2 当不允许坠落细料时,宜铺板或采用其他措施代替细格网。

9.2.3 保护网的横剖面应有挡边,其高度宜为0.5 m~1.2 m。

9.2.4 保护网的跨距,不宜大于100 m。

9.2.5 当保护网的跨距大于保护范围时,可仅在保护范围内设置格网。

9.2.6 保护网的支架,应设工作梯。

9.2.7 主索宜选用镀锌钢丝绳。

9.2.8 主索应采用两端锚固方式,其中一端应设张紧调节装置。

9.2.9 保护网的计算应符合下列规定：
——主索的最大工作张力,应按保护网承受自身重力和雪载荷、环境温度最低或裹冰载荷、环境温度为−5 ℃的条件计算；
——主索的抗拉安全系数不应小于2.5；
——货车坠落的允许高度,应按保护网跨度中间承受一辆重车冲击载荷的条件计算。

9.3 保护桥

9.3.1 保护桥宜采用钢筋混凝土结构或钢结构。

9.3.2 保护桥的桥面,应有缓冲设施。

9.3.3 保护桥的两侧,应设栏杆和防止坠落物料滚出桥面的侧板。
9.3.4 保护桥应设工作梯。

10 运营

10.1 一般规定

10.1.1 索道应配备符合劳动法有关规定,经过培训具有相关知识和技能的管理、操作、维护和检修人员。

10.1.2 索道应经竣工验收,并建立相关制度、制定各种安全操作规程后,才能投入运营。

10.1.3 索道运营单位应建立健全安全技术档案。安全技术档案应包括下列内容:
——索道工程竣工验收文件;
——钢丝绳检测、探伤记录;
——定期检查记录;
——日常使用状况记录;
——设备和各种仪器仪表的维护保养记录;
——设备故障和索道事故记录;
——固定抱索器移位记录;
——承载索窜位记录;
——交接班记录。

10.2 岗位及岗位责任制

10.2.1 一般情况下,索道应设以下岗位:
——经理、主任或站长;
——生产、技术和安全主管;
——主控人员、运转工和检修工。

10.2.2 经理、主任或站长的主要职责

10.2.2.1 站长、经理或主任应由具有管理能力、专业知识及工作经验的人员担任,应能对索道的生产、维修和安全负责。

10.2.2.2 应根据索道类型和站内具体条件负责制定和组织实施下列各项制度和措施:
——安全操作规程,其内容应包括各岗位的准备工作、工作程序、注意事项等;
——岗位责任制,其内容应包括各岗位的主要职责、奖励及惩罚原则等;
——交接班制度,其内容应包括生产情况、设备运行情况、下一班注意事项、备件及工具使用情况、各种记录等;
——检查、维护和检修制度,其内容应包括每日、每周、每月的检查和维护以及年度的检修制度等;
——应急预案,其内容应包括应急队伍的组建、事故处理程序、各种保障措施、事故处理情况报告等。

10.2.2.3 按规定时间向上级管理部门提交运行报告,如有特殊情况时应及时上报。

10.2.2.4 应对索道站的工作人员定期进行考核和培训。

10.2.3 生产、技术和安全主管的主要职责如下:
——坚守工作岗位,监督各项制度和措施的实施;
——负责指挥和协调生产、维修和安全工作;
——负责整理有关技术文件;
——做好有关记录。

10.2.4 主控人员的主要职责如下：
——负责整条索道的控制和安全运行,运行中注意观察各个仪表的变化情况、设备运行状态及钢丝绳的工作情况,发现异常应及时检查和处理；
——负责驱动装置的安全运转和维护、保养工作；
——遵守安全操作规程和相关制度；
——在检修线路和处理事故时,应与作业人员保持联系,并在控制室的醒目位置摆放或悬挂"有人作业"的警示牌；
——做好运行记录。

10.2.5 运转工的主要职责如下：
——负责索道的装载、推车、发车、中转等生产工作,工作中注意观察站内设备的运行状态及钢丝绳的使用情况,发现异常应及时检查和处理；
——遵守安全操作规程和相关制度；
——负责装卸作业的运转工,应掌握料仓情况,异常时及时向主管汇报；
——做好运转记录。

10.2.6 站内检修工的主要职责如下：
——负责站内设备和货车的检查、维护和检修工作；
——负责提出检修、材料、备件的月度计划,做好技术准备工作；
——遵守安全操作规程和相关制度,需要停车检修时,应通知主控人员进行正常停车,若有特殊情况,方可按停车按钮进行紧急停车；
——协助运转工排除各种故障；
——做好检修记录。

10.2.7 线路检修工的主要职责如下：
——负责钢丝绳、支架和线路设备的检查、维护和检修工作；
——负责排除线路故障；
——遵守安全操作规程、高空作业规程和相关制度；
——做好检修记录。

10.3 检查、维修与运行

10.3.1 索道的所有设备和各种钢丝绳,应按使用说明进行检查、润滑和维护,使其保持完好的工作状态,以确保索道的安全运行。

10.3.2 每天索道运行之前,应检查设备是否处于完好状态,并做记录,若有异常应及时进行处理,待正常后方能运行。每日检查应包括下列内容：
——钢丝绳在线路托(压)索轮组、鞍座以及站内各种绳轮上的位置；
——钢丝绳在编接区段、鞍座、线路套筒等处的断丝情况；
——驱动装置的电控、制动、润滑的系统的状况；
——张紧装置的行走小车和张紧重锤的位置和行程余量；
——货车抱索器钳口的开口状况、各转动部位的灵活程度和斗卡的可靠性。

10.3.3 对线路托(压)索轮组、鞍座、滚轮组等设备应进行经常性的、不定期的检查和润滑。

10.3.4 每月应对索道进行一次认真检查和维护,并做记录,每月的检查、维护应包括下列内容：
——对钢丝绳进行润滑；
——钢丝绳常见部位的断丝和其他外部损伤区域的断丝情况；
——钢丝绳的端部固定情况；
——钢丝绳和轨道在脱开和挂结区域的相互位置；

——索轮、鞍座的位置及紧固情况；
——货车在进(出)站、站内和线路上的运行情况；
——驱动装置的电控、制动、润滑系统的状况；
——张紧装置的行走小车和张紧重锤的位置和行程余量；
——货车状况；
——电气设备。

10.3.5 每年应对索道进行一次全面检查、维护和检修，并做记录，对经过检修无法正常工作的设备和达到报废标准的钢丝绳应予以更换。

10.3.6 检修完毕后应对索道进行必要的测试，以确保索道能安全运行，并做详细记录。

10.3.7 如遇暴风骤雨、冰雹等恶劣天气应及时停车，并对线路进行检查。

10.3.8 对索道进行较大的技术改造或改扩建等应报上级主管部门批准。

10.3.9 采用固定式抱索器的单线循环式索道其抱索器应定期移位，移位间隔时间应按公式(7)进行计算：

$$t = 0.56 \frac{L}{v} \quad \cdots\cdots\cdots\cdots\cdots\cdots\cdots\cdots (7)$$

式中：

t ——移位间隔时间，单位为小时(h)；

L ——索道斜距，单位为米(m)；

v ——货车运行速度，单位为米每秒(m/s)。

固定式抱索器应朝钢丝绳运行的反方向移动，每次移动的距离，应为包括导向翼长度在内的抱索器总长加上两倍钢丝绳直径。

10.3.10 承载索应根据使用情况进行窜位，每次窜位的间隔时间和窜动距离应根据索道的实际情况自行确定。

11 标志与标线

11.1 道路交通标志

11.1.1 警告标志：其形状为等边正三角形，颜色为黄底、黑边、黑图案。是警告行人及车辆已到达危险区域，注意安全的标志。警告标志应设在距离危险区域 20 m～250 m 处，如图 1 所示。

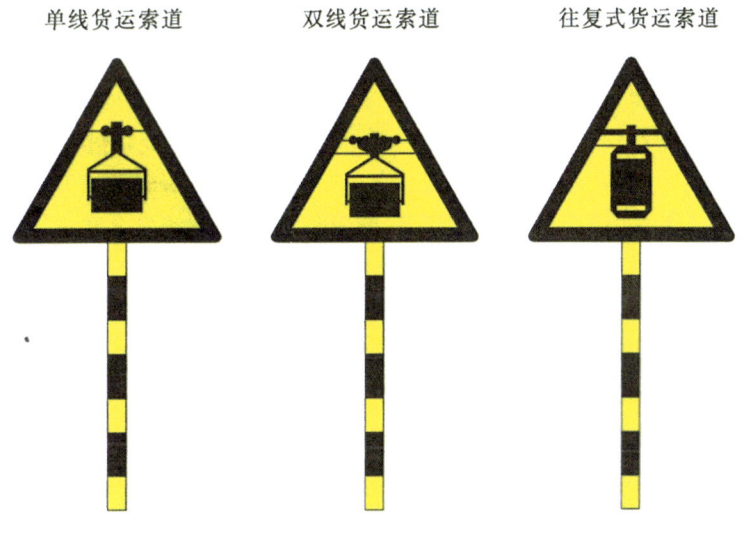

图 1 警告标志

11.1.2 禁令标志:其形状为圆形,颜色为白底、红圈、红杠、黑图案。是对行人及车辆的通行加以禁止或限制的标志,禁令标志应设在需禁止或限制通行的路口或地点。如图2所示。

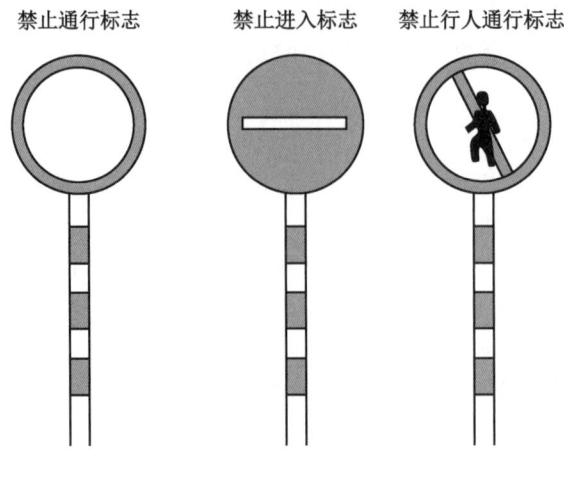

图2 禁令标志

11.2 道路交通标线

11.2.1 限高标线形状为门形,由红白相间的标杆下垂一限高线组成,是指车辆装载高度不应超过其限高界限,限高标线应在安全网或保护桥的两侧横跨道路设置,距保护网或保护桥 3 m～5 m。如图3所示。

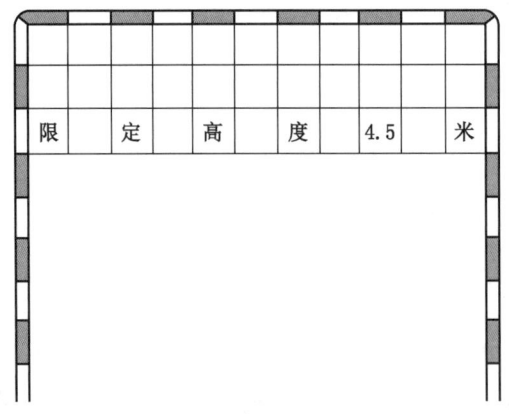

图3 限高标线

UDC

中华人民共和国国家标准

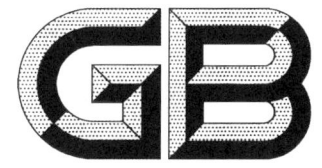

P   GB 50231—2009

机械设备安装工程施工及验收通用规范

General code for construction and acceptance of mechanical
equipment installation engineering

2009-03-19 发布   2009-10-01 实施

中华人民共和国住房和城乡建设部
中华人民共和国国家质量监督检验检疫总局   联合发布

前　言

本规范是根据原建设部"关于印发《二〇〇二～二〇〇三年度工程建设国家标准制订、修订计划》的通知"(建标〔2003〕102号)的要求,由中国机械工业建设总公司会同有关单位共同对《机械设备安装工程施工及验收通用规范》GB 50231—98进行修订而成。

在修订过程中,修订组进行了广泛的调查研究,总结了近十年来机械设备安装的实践经验,开展了专题研究,参考了大量文献和工程资料,广泛征求了全国有关单位和专家的意见,经过反复讨论、修改和完善,最后经审核定稿。

本次修订的主要内容包括:

1. 章节结构的调整,使修订后的规范章、节名称和机械产品类型的划分,与机械产品的系列型谱的分类标准相统一,名称和条文内容相一致,工序的衔接及配合更加合理。

2. 增加了新品种、新技术,如减震垫、密封胶、成型密封、胀紧连接套、安全联轴器、超越离合器、新型水基碱性和酸性清洗剂等。充实了高强螺栓,液压、气动、润滑管道的焊接及试压和试运转等条文的技术内容。

本规范中以黑体字标志的条文为强制性条文,必须严格执行。

本规范由住房和城乡建设部负责管理和对强制性条文的解释,由中国机械工业联合会负责日常管理,由中国机械工业建设总公司负责具体技术内容的解释。在执行过程中,请各单位结合工程实践,认真总结经验,如发现需要修改或补充之处,请将意见和建议寄交国家机械工业安装工程标准定额站(地址:北京西城区三里河路南5巷5号,邮编:100045,邮箱:jxdez@cmiic.com.cn),以便今后修订时参考。

本规范组织单位、主编单位、参编单位和主要起草人:

组 织 单 位:中国机械工业勘察设计协会
主 编 单 位:中国机械工业建设总公司
副主编单位:西南工程学校
　　　　　　北京市工业设计研究院
参 编 单 位:中国机械工业第一建设工程公司
　　　　　　中国机械工业第二建设工程公司
　　　　　　中国三安建设工程公司
　　　　　　中国机械工业第四建设工程公司
　　　　　　中国机械工业第五建设工程公司
　　　　　　中国机械工业机械化施工公司
主要起草人:晏文华　彭勇毅　王治安　关　洁　张　庆
　　　　　　梅芳迪　孙书英　刘瑞敏　李功福　杜世民
　　　　　　刘绪龙　樊慧霞　占　元　郑明亨　王丽鹃
　　　　　　高　杰　薛　韬　冯国才　徐　辉

机械设备安装工程施工及验收通用规范

1 总则

1.0.1 为了提高机械设备安装工程的施工水平,促进技术进步,确保工程质量和安全,提高经济效益,制定本规范。

1.0.2 本规范适用于各类机械设备安装工程施工及验收的通用性部分。

1.0.3 机械设备安装工程应从设备开箱起至设备空负荷试运转为止的施工及验收,对必须带负荷才能进行试运转的机械设备,可至负荷试运转。

1.0.4 在机械设备安装工程施工中,应按工程设计进行施工,不得擅自修改工程设计,施工过程中发现设计文件和图纸有差错时,应及时提出意见和建议,且应按原设计单位修改变更后的工程设计施工。

1.0.5 安装的机械设备、零部件和主要材料,必须符合工程设计和其产品标准的规定,并应有合格证明。

1.0.6 机械设备安装工程中采用的各种计量和检测器具、仪器、仪表和设备,必须符合国家现行有关标准的规定;其精度等级应满足被检测项目的精度要求。

1.0.7 机械设备安装工程施工中,应对工程质量进行检验和记录.对于隐蔽工程,应在工程隐蔽前进行检验并作出记录,合格后方可继续安装。工程验收时,应以有关记录为依据进行验收和必要的抽检工作。

1.0.8 机械设备安装工程的施工及验收,除应符合本规范外,尚应符合国家现行有关标准的规定。

2 施工条件

2.0.1 机械设备安装工程施工前,应具备下列工程设计图样和技术文件:
 1 机械设备的工艺平面位置图、标高图、设备基础图、安装施工图及施工说明和注释技术文件;
 2 机械设备使用说明书及与机械设备安装有关的技术文件;
 3 与机械设备安装有关的建筑结构、管线和道路等图样。

2.0.2 机械设备开箱时,应有建设单位人员参加,并应按下列项目进行检查和记录:
 1 箱号、箱数以及包装情况;
 2 机械设备名称、型号和规格;
 3 随机技术文件及专用工具;
 4 机械设备有无缺损件,表面有无损坏和锈蚀;
 5 其他需要记录的事项。

2.0.3 机械设备安装前,其基础、地坪和相关建筑结构,应符合下列要求:
 1 机械设备基础的质量应符合现行国家标准《混凝土结构工程施工质量验收规范》GB 50204 的有关规定,并应有验收资料和记录;机械设备基础的位置和尺寸应按表2.0.3的规定进行复检;

表 2.0.3 机械设备基础位置和尺寸的允许偏差

项目	允许偏差(mm)
坐标位置	20
不同平面的标高	0,-20

表 2.0.3（续）

项目		允许偏差(mm)
平面外形尺寸		±20
凸台上平面外形尺寸		0，－20
凹穴尺寸		＋20,0
平面的水平度	每米	5
	全长	10
垂直度	每米	5
	全高	10
预埋地脚螺栓	标高	＋20,0
	中心距	±2
预埋地脚螺栓孔	中心线位置	10
	深度	＋20,0
	孔壁垂直度	10
预埋活动地脚螺栓锚板	标高	＋20,0
	中心线位置	5
	带槽锚板的水平度	5
	带螺纹孔锚板的水平度	2

注：1 检查坐标、中心线位置时，应沿纵、横两个方向测量，并取其中的最大值；
　　2 预埋地脚螺栓的标高，应在其顶部测量；
　　3 预埋地脚螺栓的中心距，应在根部和顶部测量。

  2 基础或地坪有防震隔离要求时，应按工程设计要求施工完毕；
  3 基础有预压和沉降观测要求时，应经预压合格，并应有预压和沉降观测的记录；
  4 安装工程施工中拟利用建筑结构作为起吊、搬运设备的承力点时，应对建筑结构的承载能力进行核算，并应经设计单位或建设单位同意方可利用。

2.0.4 安装工程施工现场，应符合下列要求：
  1 临时建筑、运输道路、水源、电源、蒸汽、压缩空气和照明等，应能满足机械设备安装工程的需要；
  2 安装过程中，宜避免与建筑或其他作业交叉进行；
  3 厂房内的恒温、恒湿应达到设计要求后，再安装有恒温、恒湿要求的机械设备；
  4 应有防尘、防雨和排污的措施；
  5 应设置消防设施；
  6 应符合卫生和环境保护的要求。

2.0.5 对大型、复杂的机械设备安装工程，施工前应编制安装工程的施工组织设计或施工方案。

3 放线、就位、找正和调平

3.0.1 机械设备就位前，应按施工图和相关建筑物的轴线、边缘线、标高线，划定安装的基准线。
3.0.2 相互有连接、衔接或排列关系的机械设备，应划定共同的安装基准线，并应按设备的具体要求埋设中心标板或基准点。中心标板或基准点的埋设应正确和牢固，其材料宜选用铜材或不锈钢材。

3.0.3 平面位置安装基准线与基础实际轴线或与厂房墙、柱的实际轴线、边缘线的距离,其允许偏差为±20 mm。

3.0.4 机械设备定位基准的面、线或点与安装基准线的平面位置和标高的允许偏差,应符合表3.0.4的规定。

表 3.0.4 机械设备定位基准的面、线或点与安装基准线的平面位置和标高的允许偏差

项目	允许偏差(mm)	
	平面位置	标高
与其他机械设备无机械联系的	±10	+20 -10
与其他机械设备有机械联系的	±2	±1

3.0.5 机械设备找正、调平的测量位置,当随机技术文件无规定时,宜在下列部位中选择:
1 机械设备的主要工作面;
2 支承滑动部件的导向面;
3 轴颈或外露轴的表面;
4 部件上加工精度较高的表面;
5 机械设备上应为水平或垂直的主要轮廓面;
6 连续输送设备和金属结构宜选在主要部件的基准面的部位,相邻两测点间距离不宜大于6 m。

3.0.6 机械设备找正、调平的定位基准的面、线或点确定后,其找正、调平应在确定的测量位置上进行检验,且应做好标记,复检时应在原来的测量位置。

3.0.7 机械设备安装精度的偏差,宜符合下列要求:
1 能补偿受力或温度变化后所引起的偏差;
2 能补偿使用过程中磨损所引起的偏差;
3 不增加功率损耗;
4 使转动平稳;
5 有利于提高工件的加工精度。

4 地脚螺栓、垫铁和灌浆

4.1 地脚螺栓

4.1.1 安装预留孔中的地脚螺栓(图4.1.1),应符合下列要求:
1 地脚螺栓在安放前,应将预留孔中的杂物清理干净;
2 地脚螺栓在预留孔中应垂直;
3 地脚螺栓任一部分与孔壁的间距不宜小于15 mm;地脚螺栓底端不应碰孔底;
4 地脚螺栓上的油污和氧化皮等应清除干净,螺纹部分应涂上油脂;
5 螺母与垫圈、垫圈与设备底座间的接触均应紧密;
6 拧紧螺母后、螺栓应露出螺母,其露出的长度宜为2~3个螺距;
7 应在预留孔中的混凝土达到设计强度的75%以上后拧紧地脚螺栓,各螺栓的拧紧力应均匀。

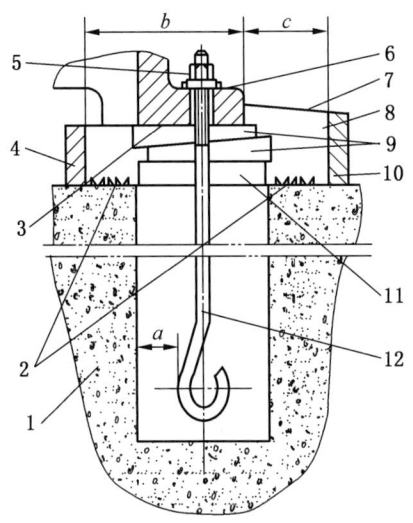

a ——地脚螺栓任一部分与孔壁的间距；
b ——内模板至设备底座外缘的间距；
c ——外模板至设备底座外缘的间距；
1 ——基础；
2 ——地坪麻面；
3 ——设备底座底面；
4 ——内模板；
5 ——螺母；
6 ——垫圈；
7 ——灌浆层斜面；
8 ——灌浆层；
9 ——成对斜垫铁；
10 ——外模板；
11 ——平垫铁；
12 ——地脚螺栓

图 4.1.1 安设预留孔中的地脚螺栓

4.1.2 安装"T"形头地脚螺栓（图 4.1.2），应符合下列要求：

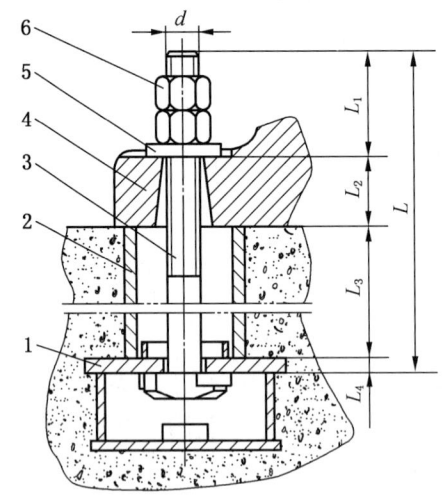

d ——螺栓公称直径；
L_1 ——螺栓露出设备底座上表面的长度；
L_2 ——设备底座穿螺栓处的厚度；
L_3 ——护管高度；
L_4 ——锚板厚度；
L ——"T"形头地脚螺栓长度；
1 ——锚板；
2 ——护管；
3 ——"T"形头地脚螺栓；
4 ——设备底座；
5 ——垫片；
6 ——螺母

图 4.1.2 安装"T"形头地脚螺栓

1 "T"形头地脚螺栓应与"T"形头地脚螺栓用锚板配套使用；
2 "T"形头地脚螺栓相关的尺寸，宜符合表4.1.2的规定；

表4.1.2 "T"形头地脚螺栓相关的尺寸(mm)

螺栓公称直径	螺栓露出设备底座上表面的最小长度(双螺母)	护管最大高度	锚板厚度
M24	55	800	20
M30	65	1 000	25
M36	85	1 200	30
M42	95	1 400	30
M48	110	1 600	35
M56	130	1 800	35
M64	145	2 000	40
M72×6	160	2 200	40
M80×6	175	2 400	40
M90×6	200	2 600	50
M100×6	220	2 800	50
M110×6	250	3 000	60
M125×6	270	3 200	60
M140×6	320	3 600	80
M160×6	340	3 800	80

3 埋设"T"形头地脚螺栓用锚板应牢固、平正；螺栓安装前，应加设临时盖板保护，并应防止油、水、杂物掉入孔内；护管与锚板应进行密封焊接；
4 地脚螺栓光杆部分和锚板应涂防锈漆；
5 预留孔或护管内的密封填充物，应符合设计规定。

4.1.3 安装胀锚螺栓应符合下列要求：
1 胀锚螺栓的中心线至基础或构件边缘的距离不应小于胀锚螺栓的公称直径的7倍；胀锚螺栓的底端至基础底面的距离不应小于胀锚螺栓的公称直径的3倍，且不应小于30 mm；相邻两胀锚螺栓的中心距不应小于胀锚螺栓的公称直径的10倍；
2 胀锚螺栓的钻孔直径和深度，应符合选用的胀锚螺栓的要求，且应防止与基础或构件中的钢筋、预埋管和电缆等埋设物相碰；
3 胀锚螺栓不应采用预留孔；
4 安装胀锚螺栓的基础混凝土的抗压强度不应小于10 MPa；
5 混凝土或钢筋混凝土结构有裂缝的部位和容易产生裂缝的部位不应使用胀锚螺栓。

4.1.4 机械设备基础浇灌预埋的地脚螺栓，应符合下列要求：
1 地脚螺栓的坐标及相互尺寸应符合施工图的要求，机械设备基础位置、尺寸的允许偏差应符合本规范表2.0.3的规定；
2 地脚螺栓露出基础部分应垂直，机械设备底座套入地脚螺栓应有调整余量，每个地脚螺栓均不应有卡阻现象。

4.2 垫铁

4.2.1 找正调平机械设备用的垫铁,应符合随机技术文件的规定;无规定时,宜按本规范附录A的规定制作和使用。

4.2.2 当机械设备的载荷由垫铁组承受时,垫铁组的安放应符合下列要求:

1 每个地脚螺栓的旁边应至少有一组垫铁;
2 垫铁组在能放稳和不影响灌浆的条件下,应放在靠近地脚螺栓和底座主要受力部位下方;
3 相邻两垫铁组间的距离,宜为500～1 000 mm;
4 设备底座有接缝处的两侧,应各安放一组垫铁;
5 每一垫铁组的面积,应符合下式的要求:

$$A \geqslant C \frac{100(Q_1+Q_2)}{nR} \quad\quad\quad\quad (4.2.2\text{-}1)$$

式中:
A ——每组垫铁的面积(mm^2);
Q_1 ——设备等加在垫铁组上的载荷(N);
Q_2 ——地脚螺栓拧紧时在垫铁组上产生的载荷(N);
R ——基础或地坪混凝土的抗压强度(MPa),可取混凝土设计强度;
n ——垫铁组的组数;
C ——安全系数,宜取1.5～3。

6 地脚螺栓拧紧时,在垫铁组上产生的载荷可按下式计算:

$$Q_2 = 0.785\, d^2 [\sigma] n_1 \quad\quad\quad\quad (4.2.2\text{-}2)$$

式中:
d ——地脚螺栓直径(mm);
n_1 ——地脚螺栓数量;
$[\sigma]$ ——地脚螺栓材料的许用应力(MPa)。

4.2.3 垫铁组的使用,应符合下列要求:

1 承受载荷的垫铁组,应使用成对斜垫铁;
2 承受重负荷或有连续振动的设备,宜使用平垫铁;
3 每一垫铁组的块数不宜超过5块;
4 放置平垫铁时,厚的宜放在下面,薄的宜放在中间;
5 垫铁的厚度不宜小于2 mm;
6 除铸铁垫铁外,各垫铁相互间应用定位焊焊牢。

4.2.4 每一垫铁组应放置整齐平稳,并接触良好。机械设备调平后,每组垫铁均应压紧,并应用手锤逐组轻击听音检查。对高速运转机械设备的垫铁组,当采用0.05 mm塞尺检查垫铁之间和垫铁与设备底座面之间的间隙时,在垫铁同一断面两侧塞入的长度之和不应大于垫铁长度或宽度的1/3。

4.2.5 机械设备调平后,垫铁端面应露出设备底面外缘;平垫铁宜露出10～30 mm;斜垫铁宜露出10～50 mm。垫铁组伸入设备底座底面的长度应超过设备地脚螺栓的中心。

4.2.6 安装在金属结构上的设备调平后,其垫铁均应与金属结构用定位焊焊牢。

4.2.7 机械设备用螺栓调整垫铁(图4.2.7)调平时,应符合下列要求:

1 螺纹部分和调整块滑动面上应涂以耐水性较好的润滑脂;
2 调平应采用升高升降块的方法,当需要降低升降块时,应在降低后重新再作升高调整;调平后,调整块应留有调整的余量;
3 垫铁垫座应用混凝土灌牢,但混凝土不得灌入其活动部分。

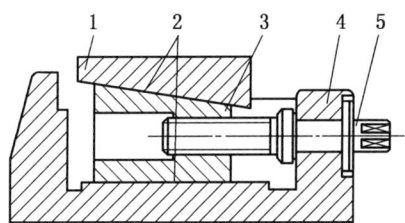

1——升降块；
2——调整块滑动面；
3——调整块；
4——垫座；
5——调整螺栓

图 4.2.7 螺栓调整垫铁

4.2.8 机械设备采用调整螺钉(图4.2.8)调平时，应符合下列要求：

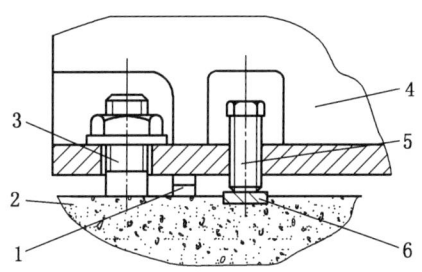

1——垫铁；
2——基础或地坪；
3——地脚螺栓；
4——设备底座；
5——调整螺钉；
6——调整螺钉的支承板

图 4.2.8 调整螺钉

1 不作永久性支承的调整螺钉在设备调平后，设备底座下应用垫铁垫实，再将调整螺钉松开；
2 调整螺钉支承板的厚度宜大于调整螺钉的直径；
3 调整螺钉的支承板应水平、稳固地放置在基础面上，其上表面水平度偏差不应大于1/1 000；
4 作永久性支承的调整螺钉伸出机械设备底座底面的长度，应小于调整螺钉直径。

4.2.9 机械设备采用无垫铁安装施工时，应符合下列要求：
1 应根据机械设备的质量和底座的结构，确定临时支撑件或调整螺钉的位置和数量；
2 当机械设备底座上设有安装用的调整螺钉时，其调整螺钉支承板的安放应符合本规范第4.2.8条的有关要求；
3 灌浆层宜采用补偿收缩混凝土，应将灌浆层捣实，应在灌浆层达到设计强度的75%以上时，取出临时支撑件或松掉调整螺钉，并应复测机械设备的安装水平，且将临时支撑件的空隙用砂浆填实。

4.2.10 当采用座浆法放置垫铁时，座浆混凝土配制及垫铁的放置，宜符合本规范附录B的规定。

4.2.11 当采用压浆法放置垫铁时，垫铁的放置宜符合本规范附录C的规定。

4.2.12 机械设备采用减震垫铁调平时，应符合下列要求：
1 基础或地坪应符合随机技术文件规定；基础或地坪的高低差，不得大于减震垫铁调整量的30%～50%；放置减震垫铁的部位应平整；

2 减震垫铁可按机械设备要求采用无地脚螺栓或胀锚地脚螺栓固定；

3 机械设备调平时，各减震垫铁的受力应均匀，在其调整范围内应留有余量，调平后应将螺母锁紧；

4 采用橡胶垫型减震垫铁时，机械设备调平并经过7～14 d后，应再次调平。

4.3 灌浆

4.3.1 预留地脚螺栓孔或机械设备底座与基础之间的灌浆，其配制、性能和养护应符合国家现行标准《混凝土外加剂应用技术规范》GB 50119—2003和《普通混凝土配合比设计规程》JGJ 55—2000的有关规定。

4.3.2 预留地脚螺栓孔灌浆前，灌浆处应清洗洁净；灌浆宜采用细碎石混凝土，其强度应比基础或地坪的混凝土强度高一级；灌浆时应捣实，不应使地脚螺栓歪斜和影响机械设备的安装精度。

4.3.3 灌浆层厚度不应小于25 mm。但用于固定垫铁或防止油、水进入的灌浆层，其厚度可小于25 mm。

4.3.4 灌浆前应敷设外模板。外模板至设备底座外缘的间距（图4.1.1）不宜小于60 mm；模板拆除后，表面应进行抹面处理。

4.3.5 当机械设备底座下不需全部灌浆，且灌浆层需承受设备负荷时，应设置内模板（图4.1.1）。

5 装配

5.1 基本规定

5.1.1 机械设备装配前，应对需要装配的零部件配合尺寸、相关精度、配合面、滑动面进行复查和清洗洁净，并应按照标记及装配顺序进行装配。

5.1.2 机械设备清洗的零件、部件应按装配或拆卸的程序进行摆放，并妥善地保护；清理出的油污、杂物及废清洗剂，不得随地乱倒，应按环保有关规定妥善处理。

5.1.3 当机械设备及零、部件表面有锈蚀时，应进行除锈处理；其除锈方法宜按本规范附录D的规定确定。机械设备本体、管道等钢材表面的锈蚀等级和除锈等级，应符合现行国家标准《涂装前钢材表面锈蚀等级和除锈等级》GB 8923—88的有关规定。

5.1.4 装配件表面锈蚀、污垢和油脂的清洗，宜符合本规范附录E的规定。

5.1.5 清洗机械设备及装配件表面的防锈油脂时，其清洗方式可按下列规定确定：

1 机械设备及大、中型部件的局部清洗，宜采用擦洗和刷洗；

2 中、小型形状较复杂的装配件，宜采用多步清洗或浸、刷结合清洗；浸洗时间宜为2～20 min；采用加热浸洗时，应控制清洗液温度，被清洗件不得接触容器壁；

3 形状复杂、污垢黏附严重的装配件，宜采用清洗液和蒸汽、热空气进行喷洗；精密零件、滚动轴承不得使用喷洗；

4 对形状复杂、油垢黏附严重、清洗要求高的装配件，宜采用浸、喷联合清洗；

5 对装配件进行最后清洗时，宜采用清洗液进行超声波清洗。

5.1.6 机械设备加工装配表面上的防锈漆，应采用相应的稀释剂或脱漆剂等溶剂进行清洗。

5.1.7 在禁油条件下工作的零、部件及管路应进行脱脂，脱脂后应将残留的脱脂剂清除干净。脱脂剂宜按本规范附录E的规定确定。

5.1.8 机械设备零、部件经清洗后，应立即进行干燥处理，并应采取防锈措施。

5.1.9 机械设备和零、部件清洗后，其清洁度应符合下列要求：

1 采用目测法时，在室内白天或在15～20 W日光灯下，肉眼观察表面应无任何残留污物；

2 采用擦拭法时，应用清洁的白布或黑布擦拭清洗的检验部位，布的表面应无异物污染；

3 采用溶剂法时,应用新溶液洗涤,观察或分析洗涤溶剂中应无污物、悬浮或沉淀物;

4 采用蒸馏水局部润湿清洗后的金属表面,应用pH试纸测定残留酸碱度,并应符合其机械设备技术要求。

5.1.10 机械设备较精密的螺纹连接或温度高于200℃条件下工作的连接件及配合件等装配时,应在其配合表面涂防咬合剂,选用的防咬合剂宜符合表5.1.10的规定。

表 5.1.10 防咬合剂

防咬合剂	空气中氧化温度(℃)	稳定性
二硫化钼粉	≥400(变酸性)	不溶于水及有机溶液
二硫化钨粉	≥510(变酸性)	不溶于水及有机溶液
石墨磷片	≥454	在常温下不与酸、碱及有机溶液起反应

5.1.11 带有内腔的机械设备或部件在封闭前,应仔细检查和清理,其内部不得有任何异物。

5.1.12 对安装后不易拆卸、检查、修理的油箱或水箱,装配前应作渗漏检查。

5.2 联接与紧固

5.2.1 螺栓或螺钉联接紧固时,应符合下列要求:

1 螺栓紧固时,宜采用呆扳手,不得使用打击法和超过螺栓的许用应力;

2 多只螺栓或螺钉联接同一装配件紧固时,各螺栓或螺钉应交叉、对称和均匀地拧紧。当有定位销时应从靠近该销的螺栓或螺钉开始均匀拧紧;

3 螺栓头、螺母与被连接件的接触应紧密;对接触面积和接触间隙有特殊要求时,尚应按规定的要求进行检验;

4 螺栓与螺母拧紧后,螺栓应露出螺母2~3个螺距,其支承面应与被紧固零件贴合;沉头螺钉紧固后,沉头应埋入机件内,不得外露;

5 有锁紧要求的螺栓,拧紧后应按其规定进行锁紧;用双螺母锁紧时,应先装薄螺母后装厚螺母;每个螺母下面不得用两个相同的垫圈。

5.2.2 精制螺栓和高强度螺栓装配前,应按设计要求检验螺孔直径的尺寸和加工精度。

5.2.3 不锈钢、铜、铝等材质的螺栓装配时,应在螺纹部分涂抹防咬合剂。

5.2.4 螺栓紧固时有预紧力要求时,可采用下列方法控制:

1 可利用专用力矩扳手;

2 可控制螺栓紧固后的长度(图5.2.4-1),螺栓紧固后的长度可按下式计算:

$$L_m = L_S + \frac{P_0}{C_L} \quad \quad (5.2.4\text{-}1)$$

式中:

L_m——螺栓紧固后的长度(mm);

L_S——螺栓与被联接件间隙为零时的原始长度(mm);

P_0——预紧力(N);

C_L——螺栓刚度(N/mm),可按本规范附录F的规定计算。

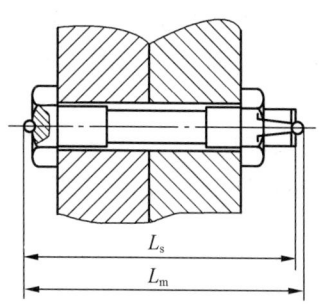

L_m——螺栓紧固后的长度；
L_s——螺栓与被联接件间隙为零时的原始长度

图 5.2.4-1 紧固后的螺栓

3 大直径的螺栓可采用液压拉伸法进行紧固，螺栓紧固后的长度值可按下式计算：

$$L_m = L_s + P_0 \left(\frac{1}{C_L} + \frac{1}{C_F} \right) \quad\quad\quad\quad (5.2.4\text{-}2)$$

式中：
C_F——被连接件刚度(N/mm)，可按本规范附录 F 的规定计算。

4 大直径的螺栓亦可采用加热伸长法控制螺栓紧固，螺栓紧固后的长度可按本规范式(5.2.4-2)计算，钢制螺栓加热温度不得超过 400℃。

5 采用螺母转角法紧固时(图 5.2.4-2)，其螺母转角法的角度可按下式计算：

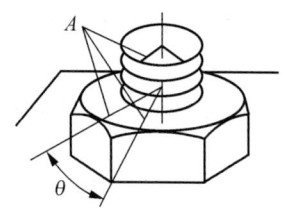

θ——螺母转角法的角度值；
A——转角标记

图 5.2.4-2 螺母转角法

$$\theta = \frac{360}{t} \cdot \frac{P_0}{C_L} \quad\quad\quad\quad (5.2.4\text{-}3)$$

式中：
θ——螺母转角法的角度值(°)；
t——螺距(mm)。

5.2.5 高强度螺栓的装配，应符合下列要求：
1 高强度螺栓在装配前，应按设计要求检查和处理被联接件的接合面；装配时，接合面应保持干燥，严禁在雨中进行装配；
2 不得用高强度螺栓兼做临时螺栓；
3 安装高强度螺栓时，不得强行穿入螺栓孔；当不能自由穿入时，该孔应用铰刀修整，铰孔前应将四周螺栓全部拧紧，修整后孔的最大直径应小于螺栓直径的 1.2 倍；
4 组装螺栓联接副时，垫圈有倒角的一侧应朝向螺母支撑面；
5 高强度螺栓的初拧、复拧和终拧应在同一天内完成。

5.2.6 大六角头高强度螺栓装配除应符合本规范第 5.2.5 条要求外，尚应符合下列要求：

1 大六角头高强度螺栓的终拧扭矩值,宜按下式计算:
$$T_c = K P_c d \quad\quad\quad\quad\quad\quad (5.2.6)$$
式中:
T_c——终拧扭矩值(N·m);
P_c——施工预紧力(kN),按本规范附录F的规定确定;
K——扭矩系数,取0.11~0.15;
d——螺栓公称直径(mm)。

2 施工所用的扭矩扳手,每次使用前必须校正,其扭矩偏差不得大于±5%,并应在合格后使用;校正用的扭矩扳手,其扭矩允许偏差为±3%;

3 大六角头高强度螺栓的拧紧应分为初拧和终拧;对于大型节点应分为初拧、复拧和终拧;初拧扭矩应为终拧扭矩值的50%,复拧扭矩应等于初拧扭矩,初拧或复拧后的高强度螺栓应在螺母上涂上标记,然后按终拧扭矩值进行终拧,终拧后的螺栓应用另一种颜色在螺母上涂上标记;

4 螺栓拧紧时,应只准在螺母上施加扭矩。

5.2.7 扭剪型高强度螺栓装配,应符合本规范第5.2.5条和第5.2.6条的要求;终拧时,应拧掉螺栓尾部的梅花头。对于个别不能用专用扳手终拧的螺栓,其终拧扭矩值计算时,扭矩系数宜取0.13。

5.2.8 键的装配应符合下列要求:

1 现场配制的各种类型的键,应符合现行国家标准《键 技术条件》GB/T 1568的有关规定;

2 键的表面不应有裂纹、浮锈、氧化皮和条痕、凹痕及毛刺,键和键槽的表面粗糙度、平面度和尺寸在装配前均应检验且符合规定;

3 平键装配时,键的两端不得翘起。平键与固定键的键槽两侧面应紧密接触,其配合面不得有间隙;

4 导向键和半圆键,两个侧面与键槽应紧密接触,与轮毂键槽底面应有间隙;

5 楔键和钩头楔键的上、下面,与轴和轮毂的键槽底面的接触面积不应小于70%,且不接触部分不得集中于一段;外露部分的长度应为斜面长度的10%~15%;

6 切向键的两斜面间以及键的侧面与轴和轮毂键槽的工作面间,均应紧密接触,装配后相互位置应采用销固定;

7 花键装配时,同时接触的齿数不应少于2/3,接触率在键齿的长度和高度方向不应低于50%;

8 间隙配合的平键或花键装配后,相配件应移动自如,不应有松紧不匀现象;

9 装配时,轴键槽及轮毂键槽轴心线的对称度,应按现行国家标准《形状和位置公差未注公差值》GB/T 1184的对称度公差等级H、K、L选取。

5.2.9 定位销的装配应符合下列要求:

1 定位销的型式、规格,应符合随机技术文件的规定;

2 有关联接机件及其几何精度应经调整符合要求后装销;

3 销与销孔装配前,应涂抹润滑油脂或防咬合剂;

4 装配定位销时不宜使销承受载荷,宜根据销的性质选择相应的方法装入;销孔的位置应正确;

5 圆锥定位销装配时,应与孔进行涂色检查;其接触率不应小于配合长度的60%,并应分布均匀;

6 螺尾圆锥销装入相关零件后,其大端应沉入孔内;

7 装配中发现销和销孔不符合要求时,应铰孔,并应另配新销;对配制定位精度要求高的新销,应在机械设备的几何精度符合要求或空负荷试运转合格后进行。

5.2.10 具有过盈的配合件装配,应符合下列要求:

1 装配前应测量孔和轴的配合部位尺寸及进入端的倒角角度与尺寸,并应符合随机技术文件的规定;

2 在常温下装配时,应将配合面清洗洁净,并涂一薄层不含二硫化钼添加剂的润滑油;装入时用力

应均匀,不得直接打击装配件;

3 纵向过盈联接的装配,宜采用压装法,压入力宜按本规范附录G第G.0.1条的规定计算;压装设备的压力,宜为压入力的3.25～3.75倍;压入或压出速度不宜大于5 mm/s。压入后24 h内,不得使装配件承受载荷;

4 用液压充油法装、卸配合件时,配合面的表面粗糙度应按随机技术文件的要求检查;无表面粗糙度规定时,配合面的表面粗糙度按1.6～0.8 μm检查;压力油应清洁,不得含有杂质和污物;对油沟、棱边应刮修倒圆;安装完后应用螺塞将油孔堵死。

注:表面粗糙度数值为轮廓算术平均偏差。

5 横向过盈连接的装配宜采用温差法;加热包容件时,加热应均匀,不得产生局部过热;未经热处理的装配件,加热温度应小于400 ℃;经过热处理的装配件,加热温度应小于回火温度;加热和冷却的温度宜按本规范附录G第G.0.3条和第G.0.4条计算;

6 温差法装配时,应按随机技术文件规定,检查装配件的相互位置及相关尺寸;加热或冷却均不得使其温度变化过快,并应采取防止发生火灾及人员被灼伤或冻伤的措施。

5.2.11 胀紧联接套(图5.2.11)装配,应符合下列要求:

1 被联接件的尺寸的检验,应符合现行国家标准《光滑极限量规技术条件》GB/T 1957和《光滑工件尺寸的检验》GB/T 3177的有关规定;其表面应无污物、锈蚀和损伤;在清洗干净的胀紧联接套表面和被联接件的结合表面上,应均匀涂一层不含二硫化钼等添加剂的薄润滑油;

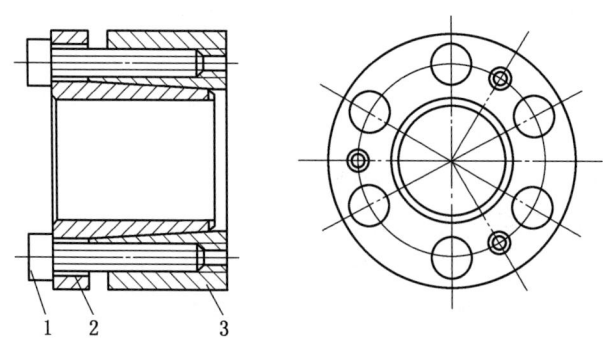

1——螺钉;
2——内套;
3——外套

图5.2.11 胀紧联接套

2 胀紧联接套应平滑地装入联接孔内,且应防止倾斜,胀紧联接套螺钉应用力矩扳手对称、交叉、均匀地拧紧;拧紧时应先以拧紧力矩值的1/3拧紧,再以拧紧力矩值的1/2拧紧,最后以拧紧力矩值拧紧,并应以拧紧力矩值检查全部螺钉;拧紧力矩应符合设计的规定,无规定时,可按国家现行标准《胀紧联结套 型式与基本尺寸》JB/T 7934—1999的有关规定确定;

3 安装完毕后,应在胀紧联接套外露端面及螺钉头部涂上一层防锈油脂;在腐蚀介质中工作的胀紧联接套,应采用专门的防护装置。

5.3 联轴器装配

5.3.1 联轴器装配时,两轴心径向位移和两轴线倾斜的测量与计算,应符合本规范附录H的规定。

5.3.2 当测量联轴器端面间隙时,应使两轴的轴向窜动至端面间隙为最小的位置上,再测量其端面间隙值。

5.3.3 凸缘联轴器(图5.3.3)装配,应使两个半联轴器的端面紧密接触,两轴心的径向和轴向位移不应大于0.03 mm。

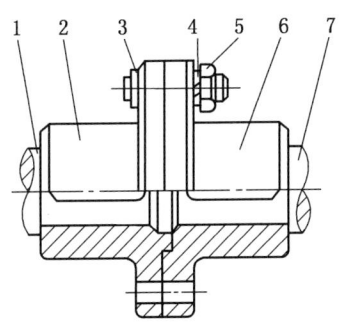

1、7——轴；
2、6——半联轴器；
3 ——螺栓；
4 ——弹簧垫圈；
5 ——螺母

图 5.3.3 凸缘联轴器

5.3.4 夹壳联轴器(图 5.3.4)装配的允许偏差，应符合表 5.3.4 的规定。

表 5.3.4 夹壳联轴器装配的允许偏差

轴的转速(r/min)	≤500	>500～750	>750～1 500	>1 500～3 000
轴向及径向允许偏差(mm)	0.15	0.10	0.08	0.06

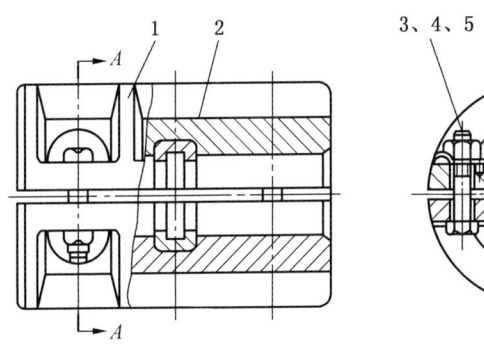

1——夹壳；
2——半环；
3——螺栓；
4——螺母；
5——外舌止动片

图 5.3.4 夹壳联轴器

5.3.5 滑块联轴器(图 5.3.5)装配的允许偏差，应符合表 5.3.5 的规定。

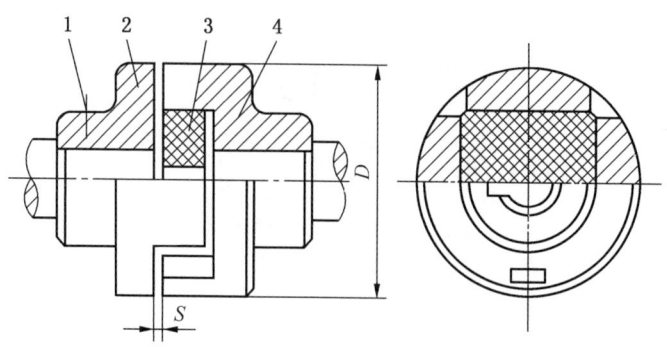

1 ——螺钉；
2、4 ——半联轴器；
3 ——滑块；
D ——联轴器外形最大直径；
S ——端面间隙

图 5.3.5 滑块联轴器

表 5.3.5 滑块联轴器装配的允许偏差

联轴器外形最大直径(mm)	两轴心径向位移(mm)	两轴线倾斜	端面间隙(mm)
≤190	0.05	0.3/1 000	0.5～1.0
250～330	0.10	1.0/1 000	1.0～2.0

5.3.6 齿式联轴器(图 5.3.6)装配时,应符合下列要求：

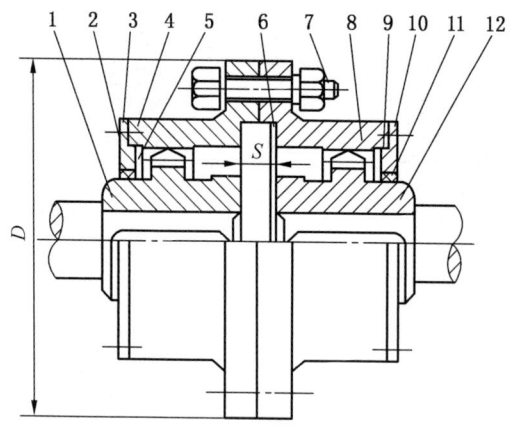

1、12 ——半联轴器；
2、11 ——挡圈；
3、10 ——外挡板；
4、8 ——外套；
5、6、9 ——内挡板；
7 ——螺栓、垫圈、螺母；
D ——联轴器外形最大直径；
S ——端面间隙

图 5.3.6 齿式联轴器

表 5.3.6 齿式联轴器装配的允许偏差

联轴器外形最大直径(mm)	两轴心径向位移(mm)	两轴线倾斜	端面间隙(mm)
170～185	0.30	0.5/1 000	2～4
220～250	0.45		
290～430	0.65	1.0/1 000	5～7
490～590	0.90	1.5/1 000	
680～780	1.20		7～10

1 齿式联轴器装配的允许偏差，应符合表 5.3.6 的规定；
2 联轴器的内、外齿的啮合应良好，并在油浴内工作，不得有漏油现象；润滑剂宜按国家现行标准《合成锂基润滑脂》SH/T 0380 的规定选用；高转速时宜按现行国家标准《L-AN 全损耗系统用油》GB 443 的有关规定选用。

5.3.7 滚子链联轴器(图 5.3.7)装配，应符合下列要求：
1 半联轴器和罩壳的表面应无裂纹、夹渣等缺陷；联轴器的滚子链应加注润滑油；
2 滚子链联轴器装配的允许偏差，应符合表 5.3.7 的规定。

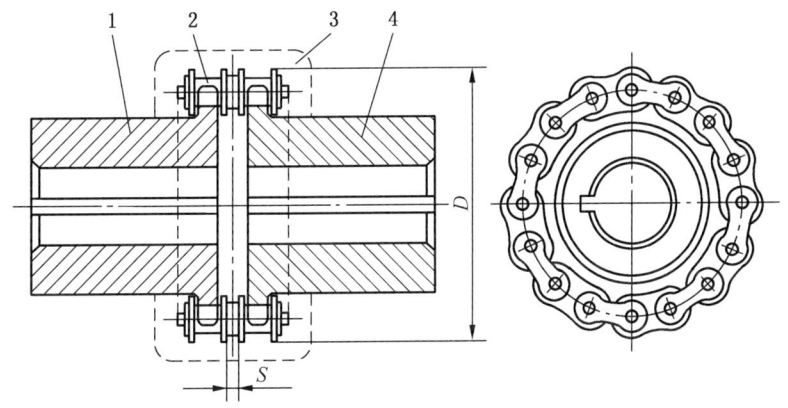

1、4——半联轴器；
2 ——双排滚子链；
3 ——罩壳；
D ——联轴器外形最大直径；
S ——端面间隙

图 5.3.7 滚子链联轴器

表 5.3.7 滚子链联轴器装配的允许偏差

联轴器外形最大直径(mm)	两轴心径向位移(mm)	两轴线倾斜	端面间隙(mm)
51.06,57.08	0.04	0.5/1 000	4.9
68.88,76.91	0.05		6.7
94.46,116.57	0.06		9.2
127.78	0.06		10.9

表 5.3.7（续）

联轴器外形最大直径 （mm）	两轴心径向位移 （mm）	两轴线倾斜	端面间隙（mm）
154.33,186.50	0.10	0.5/1 000	14.3
213.02	0.12		17.8
231.49	0.14		21.5
270.08	0.16		24.9
340.80,405.22	0.20		28.6
466.25	0.25		35.6

5.3.8 十字轴式万向联轴器（图5.3.8）装配，应符合下列要求：

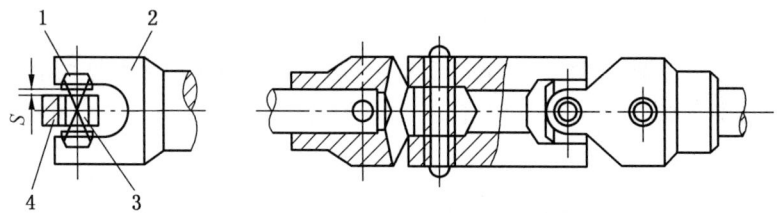

1——半圆滑块；

2——叉头；

3——销轴；

4——扁头；

S——轴向间隙

图 5.3.8 十字轴式万向联轴器

1 法兰的结合面应平整、光洁，不得有毛刺、伤痕等缺陷；

2 半圆滑块与叉头的虎口面或扁头平面的接触应均匀，接触面积应大于60%；

3 十字头的轴向间隙调整垫片，应按实测尺寸选配；轴向总间隙值应符合产品标准或随机技术文件的规定；无规定时，应符合表5.3.8的规定；当联轴器可逆转时，间隙应取小值；

表 5.3.8 十字头的轴向总间隙值

联轴器型式	轴向总间隙值（mm）
整体叉头式	0.10～0.15
整体轴承座式	0.12～0.20
剖分轴承座式	0.10～0.20

4 花键轴叉头与花键套叉头的轴心线应位于同一平面内，其偏差不得超过1°；

5 中间轴与主、从动轴的轴线倾角应相等；中间轴两端的叉头应在同一平面内；主、从动轴与中间轴的中心线应在同一平面内；联接螺栓的预紧力应符合随机技术文件的规定；

6 万向节应转动灵活，并应无卡滞现象；联轴器组装后，花键轴应伸缩灵活，并应无卡滞现象；

7 轴承和花键组装时,涂抹用的润滑脂,宜按现行国家标准《通用锂基润滑脂》GB 7324 的有关规定选用;组装完成后,应从油咀充满相同润滑脂。

5.3.9 蛇形弹簧联轴器(图 5.3.9)装配的允许偏差,应符合表 5.3.9 的规定;联轴器安装后,应注入润滑脂或润滑油,润滑脂应符合现行国家标准《通用锂基润滑脂》GB 7324 的有关规定,润滑油应符合现行国家标准《L-AN 全损耗系统用油》GB 443 的有关规定。

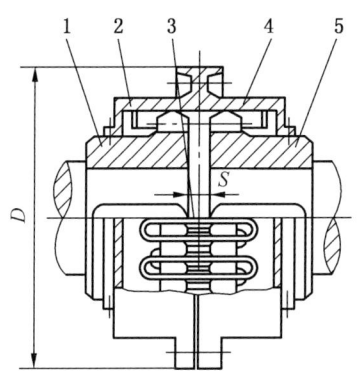

1、5——半联轴器;
2、4——罩壳;
3 ——蛇形弹簧;
D ——联轴器外形最大直径;
S ——端面间隙

图 5.3.9 蛇形弹簧联轴器

表 5.3.9 蛇形弹簧联轴器装配的允许偏差

联轴器外形最大直径(mm)	两轴心径向位移(mm)	两轴线倾斜	端面间隙(mm)
≤200	0.1	1.0/1 000	1.0～4.0
>200～400	0.2		1.5～6.0
>400～700	0.3	1.5/1 000	2.0～8.0
>700～1 350	0.5		2.5～10.0
>1 350～2 500	0.7	2.0/1 000	3.0～12.0

5.3.10 膜片联轴器装配见图 5.3.10,应符合下列要求:
1 膜片表面应光滑、平整,并应无裂纹等缺陷,半联轴器及中间轴应无裂纹、缩孔、气泡、夹渣等缺陷;
2 膜片联轴器的允许偏差应符合随机技术文件的规定;无规定时应符合表 5.3.10 的规定。

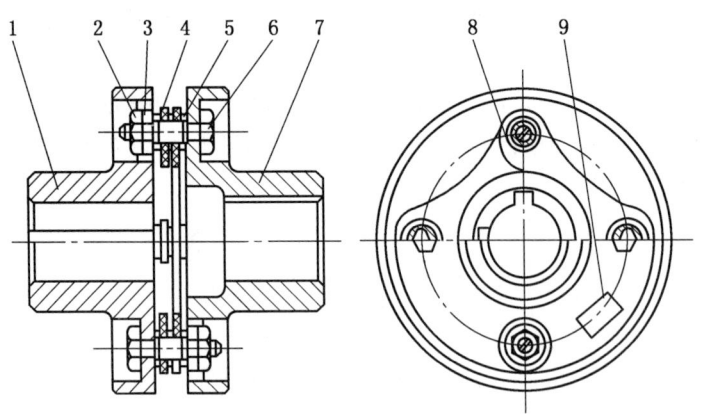

1、7——半联轴器；
2 ——锁紧螺母；
3 ——六角螺母；
4 ——隔圈；
5 ——支撑圈；
6 ——六角头铰制孔用螺母；
8 ——膜片；
9 ——标记

图 5.3.10 膜片联轴器

表 5.3.10 膜片联轴器的允许偏差

型号	JMⅠ1～JMⅠ6	JMⅠ7～JMⅠ10	JMⅠ11～JMⅠ19	JMⅡ1～JMⅡ8	JMⅡ9～JMⅡ17	JMⅡ18～JMⅡ26	JMⅡ27～JMⅡ30
轴向(mm)	0.3	0.5	0.6	0.3	0.8	1.3	2.0
两轴线倾斜	1/1 000		0.5/1 000	1/1 000			
型号	JMIJ1～JMIJ6	JMIJ7～JMIJ10	IMIJ11～JMIJ12	JMⅡJ1～JMⅡJ8	JMⅡJ9～JMⅡJ17	JMⅡJ18～JMⅡJ26	JMⅡJ27～JMⅡJ42
轴向(mm)	0.6	1.0	1.2	0.6	1.6	2.6	4.0
两轴线倾斜	2/1 000		1/1 000	2/1 000			

5.3.11 轮胎式联轴器装配，应符合下列要求：

1 轮胎表面应无凹陷、裂纹、轮胎环与骨架脱粘现象，半联轴器表面应无裂纹、夹渣等缺陷；
2 轮胎式联轴器(图 5.3.11)装配的允许偏差，应符合表 5.3.11 的规定。

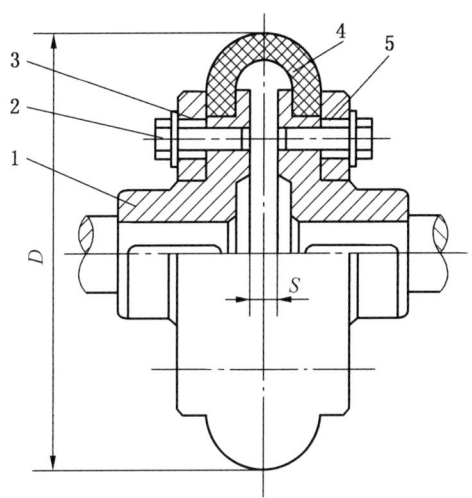

1 ——半联轴器；
2 ——螺栓、垫圈；
3、5——止退夹板；
4 ——轮胎环；
D ——联轴器外形最大直径；
S ——端面间隙

图 5.3.11 轮胎式联轴器

表 5.3.11 轮胎式联轴器装配的允许偏差

联轴器外形最大直径(mm)	两轴心径向位移(mm)	两轴线倾斜	端面间隙(mm)
120	0.5	1.0/1 000	8～10
140			10～13
160			13～15
180			15～18
200	1.0	1.5/1 000	18～22
220			18～22
250			22～26
280			22～26
320～360			26～30

5.3.12 弹性套柱销联轴器(图 5.3.12)装配，应符合下列要求：
1 半联轴器、制动轮的表面应无裂纹、缩孔、气泡、夹渣等缺陷；弹性套外表应光滑、平整，工作面不得有麻点，内部不得有杂质、气泡、裂纹等缺陷；
2 弹性套柱销联轴器装配的允许偏差，应符合表 5.3.12 的规定；

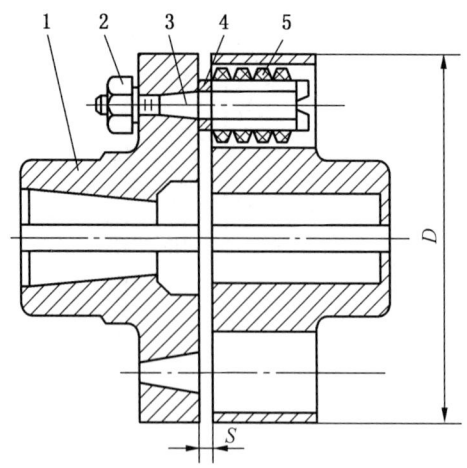

1 —— 半联轴器；
2 —— 螺母；
3 —— 柱销；
4 —— 挡圈；
5 —— 弹性套；
D —— 联轴器外形最大直径；
S —— 端面间隙

图 5.3.12 弹性套柱销联轴器

表 5.3.12 弹性套柱销联轴器装配的允许偏差

联轴器外形最大直径(mm)	两轴心径向位移(mm)	两轴线倾斜	端面间隙(mm)
71	0.1	0.2/1 000	2～4
80			
95			
106			
130	0.15		3～5
160			
190			
224	0.2		4～6
250			
315			
400	0.25		5～7
475			
600	0.3		

　　3 弹性套应紧密的套在柱销上，不应松动；弹性套与柱销孔壁的间隙应为 0.5～2 mm，柱销螺栓应有防松装置。

5.3.13 弹性柱销联轴器(图 5.3.13)装配，应符合下列要求：

　　1 装配前应检查柱销，柱销应无缩孔、气泡夹渣等缺陷；柱销应存放于干燥处，并应避免日晒雨淋和与酸碱、有机溶剂等物质相接触；

2 弹性柱销联轴器装配的允许偏差,应符合表5.3.13的规定。

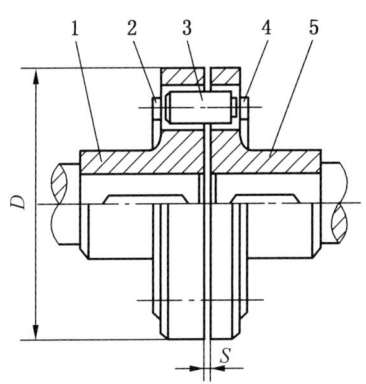

1、5——半联轴器；
2、4——挡板；
3 ——柱销；
D ——联轴器外形最大直径；
S ——端面间隙

图 5.3.13 弹性柱销联轴器

表 5.3.13 弹性柱销联轴器装配的允许偏差

联轴器外形最大直径 (mm)	两轴心径向位移 (mm)	两轴线倾斜	端面间隙 (mm)
90～160	0.05	0.2/1 000	2.0～3.0
195～200			2.5～4.0
280～320	0.08		3.0～5.0
360～410			4.0～6.0
480	0.10		5.0～7.0
540			6.0～8.0
630			

5.3.14 梅花形弹性联轴器(图5.3.14)装配,应符合下列要求：

1 半联轴器、制动轮等表面应无裂纹、缩孔、气泡、夹渣等缺陷；弹性件外形应光滑、平整、工作面应无麻点,内部应无杂质、气泡、裂纹等缺陷；

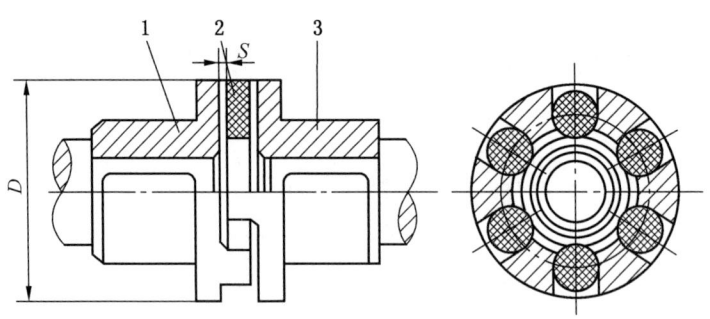

1、3——半联轴器；
2 ——弹性件；
D ——联轴器外形最大直径；
S ——端面间隙

图 5.3.14 梅花形弹性联轴器

2 梅花形弹性联轴器装配的允许偏差，应符合表 5.3.14 的规定。

表 5.3.14 梅花形弹性联轴器装配的允许偏差

联轴器外形最大直径 （mm）	两轴心径向位移（mm）	两轴线倾斜	端面间隙（mm）
50	0.10	1.0/1 000	2～4
70～105	0.15		2～4
125～170	0.20		3～6
200～230	0.30		3～6
260	0.30		6～8
300～400	0.35	0.5/1 000	7～9

5.3.15 V 带轮钢砂式安全联轴器（图 5.3.15）装配，应符合下列要求：
1 组装前应将各个零件清洗洁净；壳体内表面、转子及钢砂均不得有油污；
2 轴承应用汽油清洗洁净，润滑脂的充入数量不应多于轴承空间的 1/2；
3 V 带轮钢砂式安全联轴器装配的允许偏差，应符合表 5.3.15 的规定；
4 钢砂的填充量，应按传递的转矩确定；有过载保护要求时，应按过载极限转矩计算钢砂量；
5 组装后，转子与壳体应转动灵活，不应有阻滞和卡死现象。

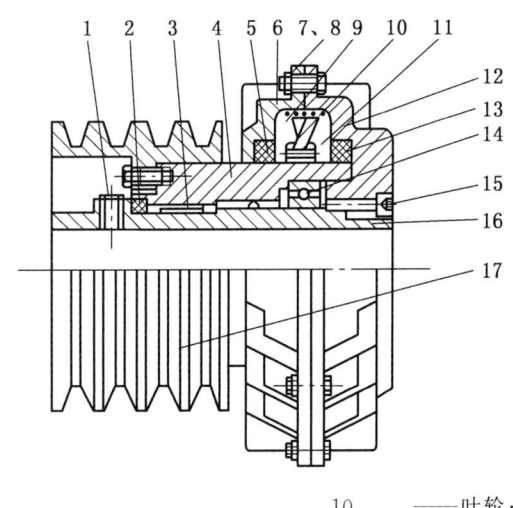

1 ——紧定螺钉；	10 ——叶轮；
2、5、13 ——密封圈；	11 ——螺栓；
3 ——滚针轴承；	14 ——滚动轴承；
4 ——从动转子；	15 ——内六角螺栓；
6、12 ——壳体；	16 ——主动轴套；
7、8 ——螺母；	17 ——V带轮
9 ——钢砂；	

图 5.3.15 V带轮钢砂式安全联轴器

表 5.3.15 V带轮钢砂式安全联轴器装配的允许偏差

联轴器外形最大直径(mm)	两轴心径向位移(mm)	两轴线倾斜
105～214	0.10	1.5/1 000
240	0.15	1/1 000
293～432	0.20	1/1 000
560	0.25	0.5/1 000

5.4 离合器、制动器装配

5.4.1 湿式多片摩擦离合器装配，应符合下列要求：
1 摩擦片应能灵活地沿花键轴移动；
2 在接合位置扭力超过规定时，应有打滑现象；
3 在脱开位置时，主动与从动部分应能彻底分离，不应有阻滞现象；
4 离合器的摩擦盘接触面积，不应小于总摩擦面积的75%；
5 离合器润滑油的黏度，应符合随机技术文件的规定。

5.4.2 干式单片摩擦离合器装配，应符合下列要求：
1 各弹簧的弹力应均匀一致；
2 各联接销轴部分应灵活，应无卡住现象；
3 摩擦片的联接铆钉头，应低于表面1 mm；
4 摩擦片必须干燥、清洁，工作面不应沾上油污和杂物；
5 离合器的摩擦盘的接触面积，不应小于总摩擦面积的75%。

5.4.3 圆锥离合器的内外锥面应接触均匀，其接触面积不应小于85%；离合动作应平稳、准确和可靠。

5.4.4 牙嵌式离合器装配,应符合下列要求:
1 嵌齿应无毛刺,并应清洗洁净;
2 离、合动作应准确可靠。

5.4.5 超越离合器装配,应符合下列要求:
1 内外环表面应光滑,并应无毛刺,其各调整弹簧的弹力应均匀一致;
2 弹簧滑销应能在孔内自由滑动,不应有卡住现象;
3 离合器的安装方向与主机要求的旋转方向应一致;
4 楔块的装配方向应正确无误;
5 主、从动相对运动速度变化时,其离合动作应平稳,准确和可靠。

5.4.6 磁粉离合器的固定螺钉应联接牢固,应无松动现象;装配后主、从动转子与固定支撑部分之间应转动灵活、无卡滞现象及碰擦杂音,轴向位移应符合随机技术文件的规定。

5.4.7 盘式制动器装配,应符合下列要求:
1 制动盘的端面跳动,不应大于 0.5 mm;
2 同一副制动器两闸瓦工作面的平行度偏差,不应大于 0.5 mm;
3 同一副制动器的支架端面与制动盘中心平面间距(图 5.4.7-1)的允许偏差为±0.5 mm;制动器支架端面与制动盘中心平面的平行度偏差,不应大于 0.2 mm;
4 闸瓦与制动盘的间隙应均匀,其偏差宜为 1 mm;
5 各制动器制动缸的对称中心与主轴轴心在铅垂面内的位置度偏差,不应大于 3 mm(图 5.4.7-2);
6 制动器在制动时,每个制动衬垫与制动盘工作面的接触面积,不应小于有效摩擦面积的 60%;
7 制动器应调至最大退距,在额定制动力矩、制动弹簧工作力和 85%额定电压下操作时,制动器应能灵活地释放;
8 制动器应调至最大退距,在 50%弹簧工作力和额定电压下,用推动器的额定操作频率操作时,制动器应能灵活地闭合。

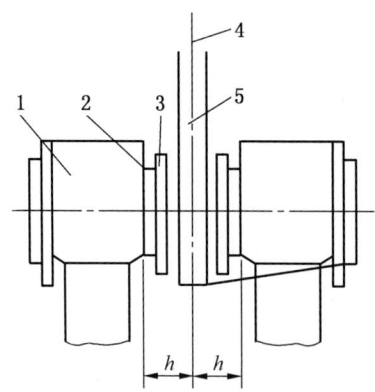

1——支架;
2——制动缸;
3——闸瓦;
4——制动盘中心面;
5——制动盘;
h——支架端面与制动盘中心平面间距离

图 5.4.7-1 支架端面与制动盘中心平面间距

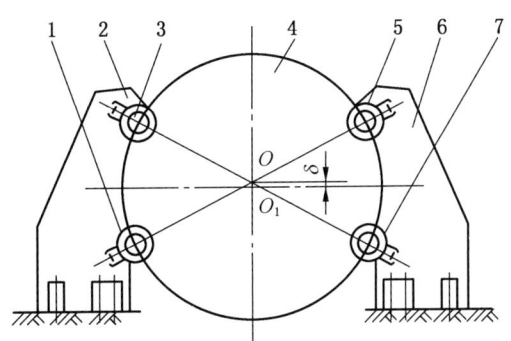

1、3、5、7——制动器；
2、6——制动器支架和支座；
4——制动盘；
O——制动缸中心；
O_1——制动盘中心；
δ——位置度偏差

图 5.4.7-2　铅垂面内位置度偏差

5.4.8 瓦块式制动器(图 5.4.8)装配,应符合下列要求：

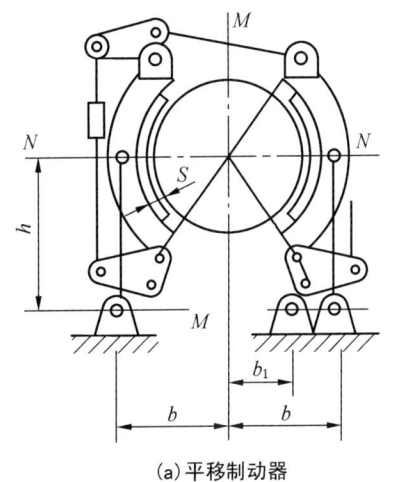

(a) 平移制动器

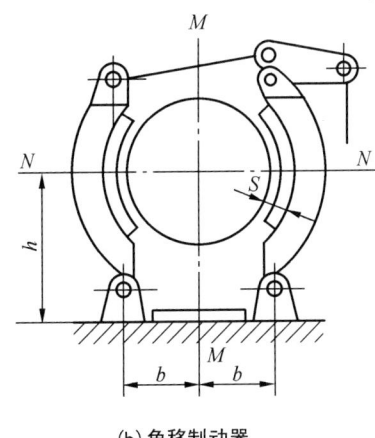

(b) 角移制动器　　　　　(c) 闸瓦和闸座位置

1——闸瓦；
2——制动轮；
3——制动梁；
4——卷筒；
$M—M$——主轴轴线的铅垂面；
$N—N$——主轴轴线的水平面；
b、b_1——销轴轴线与主轴轴线的铅垂面的水平距离；
h——销轴轴线与主轴轴线的水平面的水平距离；
C——制动梁与挡绳板的间隙；
S——制动轮与制动器闸瓦的间隙

图 5.4.8　瓦块式制动器

1 制动器各销轴应在装配前清洗洁净,油孔应畅通;装配后应转动灵活,并应无阻滞现象;
2 同一制动轮的两闸瓦中心应在同一平面内,其偏差不应大于2 mm;
3 闸座各销轴轴线与主轴轴线铅垂面的距离,其允许偏差为±1 mm;
4 闸座各销轴轴线与主轴轴线水平面的距离,其允许偏差为±1 mm;
5 闸瓦铆钉应低于闸皮表面2 mm;制动梁与挡绳板不应相碰,其间隙值不应小于5 mm;
6 松开闸瓦时,制动轮与制动器闸瓦的间隙应均匀,且不应大于2 mm;
7 制动时,闸瓦与制动轮接触应良好和平稳;各闸瓦在长度和宽度方向,与制动轮接触的长度不应小于80%;
8 油压或气压制动时,达到额定压力后,在10 min内其压力降不应大于0.196 MPa;
9 在额定弹簧工作力和85%的额定电压下操作时,制动器应能灵活地释放;
10 在50%额定弹簧工作力和额定电压下,用规定的操作频率操作时,制动器应能灵活地闭合。

5.4.9 带式制动器(图5.4.9)各连接销轴应灵活,并应无卡住现象;摩擦内衬与钢带铆接应牢固,不应松动。铆钉头应埋于内衬内,且与内衬表面的距离不应小于1 mm。制动带退距值应按表5.4.9调整。

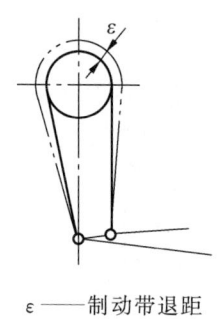

ε——制动带退距

图5.4.9 带式制动器

表5.4.9 制动带退距值

制动轮直径(mm)	制动带退距值(mm)
100~200	0.8
300	1.0
400~500	1.25~1.5
600~800	1.5

5.4.10 磁粉制动器装配,应符合下列要求:
1 螺钉紧固件应联接牢固,应无松动现象;
2 装配后主、从动转子与固定支撑部分之间应转动灵活、无卡滞现象及碰擦杂音,轴向位移应符合随机技术文件的规定;
3 液冷式制动器不得有渗漏现象;
4 制动器在常温下的绝缘电阻不应小于20 MΩ。

5.5 滑动轴承装配

5.5.1 轴瓦的合金层与瓦壳的结合应牢固紧密,不得有分层、脱壳现象。合金层表面和两半轴瓦的中分面应光滑、平整、无裂纹、气孔、重皮、夹渣和碰伤等缺陷。

5.5.2 厚壁轴瓦的装配,应符合下列要求:
1 上、下轴瓦的瓦背与轴承座孔应接触良好,其接触要求应符合随机技术文件的规定;当无规定

时,其接触要求应符合表 5.5.2-1 的规定;

表 5.5.2-1 上、下轴瓦的瓦背与轴承座孔的接触要求

项目		接触要求		简图
		上轴瓦	下轴瓦	
接触角	稀油润滑	130°±5°	150°±5°	
	油脂润滑	120°±5°	140±5°	
接触角内接触率		≥60%	≥70%	
瓦侧间隙		D≤200 mm 时,0.05 mm 塞尺不得塞入 D>200 mm 时,0.10 mm 塞尺不得塞入		

注:D 为轴的公称直径,a 为接触角,b 为瓦侧间隙。

2 上、下轴瓦的接合面应接触良好。未拧紧螺栓时,应用 0.05 mm 的塞尺从外侧检查,任何部位塞入深度均不应大于接合面宽度的 1/3;

3 动压轴承的顶间隙,宜按表 5.5.2-2 的规定调整;

表 5.5.2-2 动压轴承的顶间隙(mm)

轴承直径	最小间隙	平均间隙	最大间隙	轴承直径	最小间隙	平均间隙	最大间隙
>30~50	0.025	0.050	0.075	340	0.30	0.34	0.38
>50~80	0.030	0.060	0.090	360	0.32	0.36	0.40
>80~120	0.072	0.117	0.161	380	0.34	0.38	0.42
130	0.085	0.137	0.188	400	0.36	0.40	0.44
140	0.085	0.137	0.188	420	0.38	0.42	0.46
150	0.12	0.15	0.19	450	0.41	0.45	0.49
160	0.13	0.16	0.20	480	0.44	0.48	0.52
180	0.15	0.18	0.21	500	0.46	0.50	0.54
200	0.17	0.20	0.23	530	0.49	0.53	0.57
220	0.19	0.22	0.25	560	0.52	0.56	0.60
240	0.21	0.24	0.27	600	0.56	0.60	0.64
250	0.22	0.25	0.28	630	0.59	0.63	0.67
260	0.23	0.26	0.29	670	0.62	0.67	0.72
280	0.25	0.28	0.31	710	0.66	0.71	0.76
300	0.27	0.30	0.33	750	0.70	0.75	0.80
320	0.28	0.32	0.36	800	0.75	0.80	0.85

注:本表适用于活塞式发动机轴承、油膜轴承,轴颈最大圆周速度为 10 m/s,润滑油黏度不大于 16°E。

4 单侧间隙应为顶间隙的 1/2~2/3;

5 上、下轴瓦内孔与相关轴颈应接触良好,其接触点数应符合随机技术文件的规定;无规定时,不应低于表 5.5.2-3 的规定;

表 5.5.2-3 上、下轴瓦内孔与轴颈的接触点数

轴承直径 (mm)	机床或精密机械主轴轴承			锻压设备、通用机械和动力机械的轴承		冶金设备和建筑工程机械的轴承	
	高精度	精密	普通	重要	一般	重要	一般
	每 25 mm×25 mm 内的接触点数						
≤120	20	16	12	12	8	8	5
>120	16	12	10	8	6	5～6	2～3

6 上、下轴瓦内孔与轴颈接触角以外部分的均油楔,应从瓦口开始由最大逐步过渡到零;其油楔最大尺寸应符合随机技术文件的规定,当无规定时,油楔最大尺寸应符合表 5.5.2-4 的规定;

表 5.5.2-4 上、下轴瓦的油楔最大尺寸

	油楔最大尺寸
稀油润滑	$C_1 = C$
油脂润滑	距瓦两端面 10～15 mm, $C_1 \approx C$
	中间部位 $C_1 \approx 2C$

注:1 为轴,2 为上、下轴瓦,C 为轴瓦的最大配合间隙,C_1 为油楔最大尺寸,α 为上、下轴瓦内孔与轴颈接触角。

7 配制的瓦口垫片应与瓦口面的形状相同,瓦口垫片的宽度应小于瓦口面宽度 1～2 mm;瓦口垫片的长度应小于瓦口面长度 1 mm;垫片应平整无棱刺;瓦口两侧垫片的厚度应一致;垫片与轴颈应有 1～2 mm 的间隙;

8 轴瓦的固定应使瓦口面、端面与轴承座孔的开合面、端面保持平齐;用定位销固定时,销的端面应低于轴瓦内孔表面 1～2 mm,且不得有松动现象。

5.5.3 薄壁轴瓦的装配,应符合下列要求:

1 轴瓦的接触面不宜刮研;薄壁轴瓦顶间隙,应符合随机技术文件的规定;当无规定时,宜符合表 5.5.3 的规定;

表 5.5.3 薄壁轴瓦顶间隙

转速(r/min)	<1 500	1 500～3 000	>3 000
顶间隙(mm)	$(0.8～1.2)d/1\,000$	$(1.2～1.5)d/1\,000$	$(1.5～2)d/1\,000$

注:d 为轴颈的公称直径(mm)。

2 瓦背与轴承座应紧密地均匀贴合。用着色法检查,且轴瓦内径小于 180 mm 时,其接触面积不应少于 85%;轴瓦内径大于或等于 180 mm 时,其接触面积不应少于 70%;

3 装配后,应在中分面处用 0.02 mm 的塞尺检查,不应塞入。

5.5.4 轴颈与轴瓦的侧间隙可用塞尺检查,侧间隙值应符合随机技术文件的规定;轴颈与轴瓦的顶间隙可用压铅法检查(图 5.5.4),铅丝直径不宜大于顶间隙的 3 倍;顶间隙值应按下列公式计算,并应符合本规范表 5.5.2-2 或表 5.5.3 的规定。

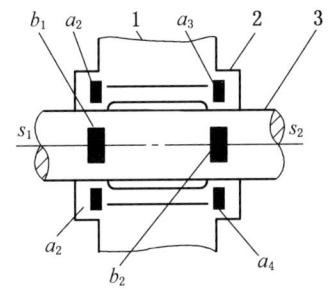

1——轴承座；
2——轴瓦；
3——轴

图 5.5.4 压铅法测量轴承顶间隙

$$s_1 = b_1 - \frac{a_1 + a_2}{2} \quad \cdots\cdots\cdots\cdots\cdots (5.5.4\text{-}1)$$

$$s_2 = b_2 - \frac{a_3 + a_4}{2} \quad \cdots\cdots\cdots\cdots\cdots (5.5.4\text{-}2)$$

式中：

s_1 ——一端实测顶间隙(mm)；

s_2 ——另一端实测顶间隙(mm)；

b_1、b_2 ——轴颈上各段铅丝压扁后的厚度(mm)；

a_1、a_2、a_3、a_4 ——轴瓦合缝处接合面上铅丝压扁后的厚度(mm)。

5.5.5 静压轴承的装配，应符合下列要求：

1 空气静压轴承装配前，应按随机技术文件的要求，检查其轴承内、外套的配合尺寸及精度，且两者应有 30′的锥度；压入后：应紧密无泄漏；轴承外圆与轴承座孔的配合间隙宜为 0.003～0.005 mm；

2 液体静压轴承装配时，其油孔、油腔应完好，油路应畅通；节油器及轴承间隙不应堵塞；轴承两端的油封槽不应与其他部位相通，并应保持与主轴颈的配合间隙。

5.5.6 整体轴套的装配，应符合下列要求：

1 圆柱轴套装入机件后，轴套内径与轴的配合应符合设计要求；

2 圆锥轴套应用着色法检查其内孔与轴颈的接触长度，其接触长度应大于70%，并应靠近大端；

3 轴套装配后，紧定螺钉或定位销的端头，应埋入轴承端面内；

4 装配含油轴套时，轴套端部应均匀受力，并不得直接敲击轴套；轴套与轴颈的间隙宜为轴颈直径的1‰～2‰。含油轴套装入轴承座时，其清洗油宜与轴套内润滑油相同，不得使用能溶解轴套内润滑油的任何溶剂。

5.5.7 球面轴承的轴承体与轴承座应均匀接触，其接触面积不应小于70%。

5.5.8 非金属轴承的装配，应符合随机技术文件的规定。

5.6 滚动轴承装配

5.6.1 装配滚动轴承前，应测量轴承的配合尺寸，并应将轴承清洗洁净；轴承应无损伤和锈蚀，转动应灵活及无异常声响。

5.6.2 采用压装法装配时，压入力应通过专用工具或在固定圈上垫以软金属棒、金属套传递（图5.6.2），不得通过轴承的滚动体和保持架传递压入力；采用温差法装配时，应均匀地改变轴承的温度，轴承的加热温度不应高于120 ℃，冷却温度不应低于−80 ℃。

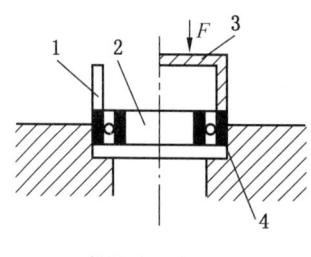 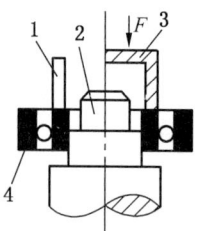

(a) 轴承外圈为固定圈　　　　(b) 轴承内圈为固定圈

1——软金属棒；
2——轴；
3——软金属套；
4——滚动轴承固定圈；
F——压入力

图 5.6.2　装配工具使用示意

5.6.3　轴承外圈与轴承座孔或箱体孔的配合，应符合随机技术文件规定，无规定时应符合下列要求：

1　剖分式轴承座或开式箱体的剖分接合面应无间隙；

2　轴承外圈与轴承座孔在对称于中心线 120°范围内、与轴承盖孔在对称于中心线的 90°范围内应均匀接触，且用 0.03 mm 的塞尺检查时，塞尺不得塞入轴承外圈宽度的 1/3；

3　轴承外圈与轴承座孔或开式轴承座及轴承盖的各半圆孔间不得有卡住现象，当轴承座孔和轴承盖孔需修整时，其修整尺寸宜符合表 5.6.3 的规定。

表 5.6.3　轴承座孔和轴承盖孔的修整尺寸（mm）

轴承外径	b	h	简图
≤120	≤0.10	≤10	
>120～260	≤0.15	≤15	
>260～400	≤0.20	≤20	
>400	≤0.25	≤30	

5.6.4　轴承与轴肩或轴承座档肩应靠紧，圆锥滚子轴承和向心推力球轴承与轴肩的间隙不应大于 0.05 mm，其他轴承与轴肩的间隙不应大于 0.10 mm。轴承盖和垫圈必须平整，并应均匀地紧贴在轴承外圈上。当随机技术文件有间隙规定时，应按规定留出间隙。

5.6.5　装配在轴的两端径向间隙不可调、且轴的轴向位移是以两端端盖限定的向心轴承（图 5.6.5）装配时，其一端轴承外座圈应紧靠端盖，另一端轴承外座圈与端盖间的间隙应符合随机技术文件的规定；无规定时，其间隙宜按下式计算：

$$c = L\alpha\Delta t + 0.15 \quad\quad\quad\quad\quad (5.6.5)$$

式中：

c ——轴承外座圈与端盖间的间隙（mm）；

L ——两轴承的中心距（mm）；

α ——轴材料的线膨胀系数，按本规范附录 G 中表 G.0.1-3 的规定选取；

Δt ——轴工作时的最高温度与环境温度的差值（℃）；

0.15——轴热胀后应剩余的间隙（mm）。

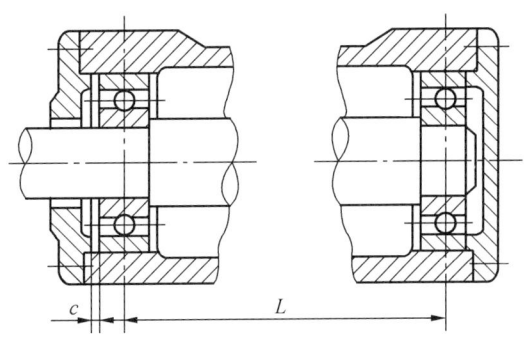

L——两轴承的中心距；
c——轴承外座圈与端盖间的间隙

图 5.6.5 向心轴承装配间隙

5.6.6 装配两端可调头的轴承时，应将有编号的一端向外；装配可拆卸的轴承时，必须按内外圈和对位标记安装，不得装反或与别的轴承内外圈混装；有方向性要求的轴承应按图样进行装配。

5.6.7 角接触球轴承、单列圆锥滚子轴承、双向推力球轴承的轴向游隙应按表5.6.7-1的规定调整；双列和四列圆锥滚子轴承在装配时，均应检查其轴向游隙，并应符合表5.6.7-2和表5.6.7-3的规定。

表 5.6.7-1 角接触球轴承、单列圆锥滚子轴承、双向推力球轴承的轴向游隙（mm）

轴承内径	角接触球轴承的轴向游隙		单列圆锥滚子轴承的轴向游隙		双向推力球轴承的轴向间隙	
	轻系列	中及重系列	轻系列	轻宽中及中宽系列	轻系列	中及重系列
≤30	0.02～0.06	0.03～0.09	0.03～0.10	0.04～0.10	0.03～0.08	0.05～0.11
>30～50	0.03～0.09	0.04～0.10	0.04～0.11	0.05～0.13	0.04～0.10	0.06～0.12
>50～80	0.04～0.10	0.05～0.12	0.05～0.13	0.06～0.15	0.05～0.12	0.07～0.14
>80～120	0.05～0.12	0.06～0.15	0.06～0.15	0.07～0.18	0.06～0.15	0.10～0.18
>120～150	0.06～0.15	0.07～0.18	0.07～0.18	0.08～0.20	—	—
>150～180	0.07～0.18	0.08～0.20	0.09～0.20	0.10～0.22	—	—
>180～200	0.09～0.20	0.10～0.22	0.12～0.22	0.14～0.24	—	—
>200～250	—	—	0.18～0.30	0.18～0.30	—	—

表 5.6.7-2 双列圆锥滚子轴承的轴向游隙（mm）

轴承内径	轴向游隙	
	一般情况	内圈比外圈温度高25～30 ℃
≤80	0.01～0.20	0.30～0.40
>80～180	0.15～0.25	0.40～0.50
>180～225	0.20～0.30	0.50～0.60
>225～315	0.30～0.40	0.70～0.80
>315～560	0.40～0.50	0.90～1.00

表 5.6.7-3 四列圆锥滚子轴承的轴向游隙（mm）

轴承内径	轴向游隙	轴承内径	轴向游隙
>120～180	0.15～0.25	>500～630	0.30～0.40
>180～315	0.20～0.30	>630～800	0.35～0.45
>315～400	0.25～0.35	>800～1 000	0.35～0.45
>400～500	0.32～0.40	>1 000～1 250	0.40～0.50

5.6.8 滚动轴承装配后应转动灵活。当轴承采用润滑脂润滑时，应在轴承约 1/2 空腔内加注符合规定的润滑脂；采用稀油润滑的轴承，不应加注润滑脂。

5.6.9 装在轴颈上和轴承座内的轴承，其轴向预过盈量，应符合轴承标准或随机技术文件的规定。

5.7 传动带、链条和齿轮装配

5.7.1 装配时所使用的传动带，其材质、性能、类型和规格尺寸必须与设计规定的技术要求相符合，严禁随意改变和替换。

5.7.2 传动带的连接，应符合随机技术文件的规定；无规定时，应符合下列要求：

1 皮革带的两端应削成斜面[图 5.7.2-1(a)]；橡胶布带的两端应按帘子布层剖割成阶梯形状[图 5.7.2-1(b)]，接头长度宜为带宽度的 1～2 倍；

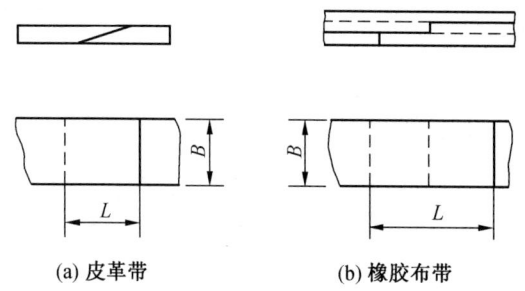

(a) 皮革带　　　(b) 橡胶布带

L——接头长度；
B——带宽度

图 5.7.2-1 传动带接头的剖割形状

2 胶粘剂的材质与传动带的材质，应具有相同的弹性和胶粘性能；

3 接头应牢固；接头处增加的厚度不应超过传动带厚度的 5%；并应使接头两边的同侧带边成为一条直线；

4 胶粘剂固化的温度、压力、时间等，应符合胶合剂的技术要求；

5 传动带接头时，应顺着传动带运转方向相搭接（图 5.7.2-2）；

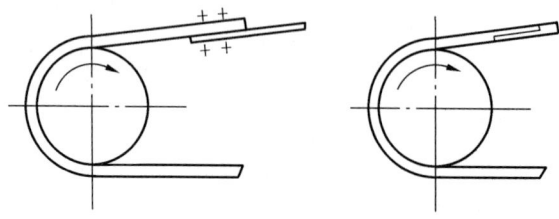

图 5.7.2-2 平带搭接方向与带轮转向

6 金属连接扣连接时,应使连接扣销轴与带边垂直。

5.7.3 平行传动轴的带轮的装配(图5.7.3),应符合下列要求:

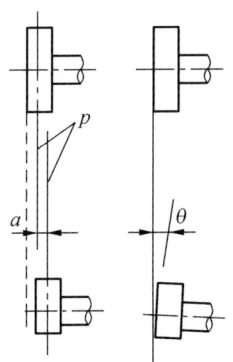

a——两轮偏移值;
θ——两轴不平行的夹角;
p——轮宽的中央平面

图 5.7.3 两平行带轮的位置偏差

1 带轮两轮轮宽的中央平面应在同一平面上,其偏移值不应大于 0.5 mm;
2 两轴平行度的偏差 tanθ 值,不应大于其中心距的 0.15%;
3 偏移和平行度的检查,宜以轮的边缘为基准。

5.7.4 传动带需要预拉时,预紧力宜为工作拉力的 1.5～2 倍,预紧持续时间宜为 24 h。

5.7.5 链条与链轮的装配,应符合下列要求:
1 装配前应清洗洁净;
2 主动链轮与被动链轮的轮齿几何中心线应重合,其偏差不应大于两链轮中心距的 2‰;
3 链条工作边拉紧时,其非工作边的弛垂度(图 5.7.5)应符合随机技术文件的规定。无规定时,宜按两链轮中心距的 1%～5% 调整。

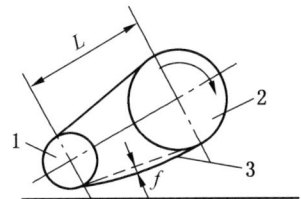

1——从动轮;
2——主动轮;
3——非工作边链条;
f——弛垂度;
L——两链轮中心距

图 5.7.5 传动链条弛垂度

5.7.6 齿轮和蜗轮装配时,其基准面端面与轴肩或定位套端面应靠紧贴合,且用 0.05 mm 塞尺检查不应塞入;基准端面与轴线的垂直度应符合传动要求。

5.7.7 相互啮合的圆柱齿轮副的轴向错位,应符合下列规定:
1 齿宽小于等于 100 mm 时,轴向错位应小于等于齿宽的 5%;
2 齿宽大于 100 mm 时,轴向错位应小于等于 5 mm。

5.7.8 装配轴中心线平行且位置为可调结构的渐开线圆柱齿轮副时,其中心距的极限偏差应符合随机技术文件的规定,无规定时,应符合表5.7.8-1的规定。装配中心距可调整蜗轮副时,其中心距的极限偏差应符合表5.7.8-2的规定。蜗杆与蜗轮传动最小法向侧间隙,应符合随机技术文件的规定,无规定时,应符合表5.7.8-3的规定。圆柱、圆锥齿轮啮合时的最大极限侧隙和最小极限侧隙,应符合设计的规定。

表 5.7.8-1 渐开线圆柱齿轮副中心距的极限偏差

齿轮副公称 中心距(mm)	齿轮副第Ⅱ公差组精度等级					
	1～2	3～4	5～6	7～8	9～10	11～12
	极限偏差(μm)					
>6～10	2	4.5	7.5	11	18	45
>10～18	2.5	5.5	9	13.5	21.5	55
>18～30	3	6.5	10.5	16.5	26	65
>30～50	3.5	8	12.5	19.5	31	80
>50～80	4	9.5	15	23	37	90
>80～120	5	11	17.5	27	43.5	110
>120～180	6	12.5	20	31.5	50	125
>180～250	7	14.5	23	36	57.5	145
>250～315	8	16	26	40.5	65	160
>315～400	9	18	28.5	44.5	70	180
>400～500	10	20	31.5	48.5	77.5	200
>500～630	11	22	35	55	87	220
>630～800	12.5	25	40	62	100	250
>800～1 000	14.5	28	45	70	115	280
>1 000～1 250	17	33	52	82	130	330
>1 250～1 600	20	39	62	97	155	390
>1 600～2 000	24	46	75	115	185	460
>2 000～2 500	28.5	55	87	140	220	550
>2 500～3 150	34.5	67.5	105	165	270	675

注:1 中心距极限偏差系指在齿宽的中间平面上实际中心距与公称中心距之差;
2 齿轮副第Ⅱ公差组精度等级划分,应符合现行国家标准《渐开线圆柱齿轮精度》GB/T 10095的有关规定。

表 5.7.8-2 蜗轮副传动中心距的极限偏差

传动中心距(mm)	精密等级											
	1	2	3	4	5	6	7	8	9	10	11	12
	极限偏差(μm)											
≤30	3		5		7		11		17	26	42	65
>30～50	3.5		6		8		13		20	31	50	80
>50～80	4		7		10		15		23	37	60	90
>80～120	5		8		11		18		27	44	70	110
>120～180	6		9		13		20		32	50	80	125

表 5.7.8-2（续）

传动中心距(mm)	精密等级											
	1	2	3	4	5	6	7	8	9	10	11	12
	极限偏差(μm)											
>180~250	7	10	15	23	36		58		92		145	
>250~315	8	12	16	26	40		65		105		160	
>315~400	9	13	18	28	45		70		115		180	
>400~500	10	14	20	32	50		78		125		200	
>500~630	11	15	22	35	55		87		140		220	
>630~800	13	18	25	40	62		100		160		250	
>800~1 000	15	20	28	45	70		115		180		280	
>1 000~1 250	17	23	33	52	82		130		210		330	
>1 250~1 600	20	27	39	62	97		155		250		390	
>1 600~2 000	24	32	46	75	115		185		300		460	
>2 000~2 500	29	39	55	87	140		220		350		550	

表 5.7.8-3 蜗杆与蜗轮传动最小法向侧间隙

传动中心距(mm)	侧间隙种类							
	h	g	f	e	d	c	b	a
	最小法向侧间隙(μm)							
≤30	0	9	13	21	33	52	84	130
>30~50	0	11	16	25	39	62	100	160
>50~80	0	13	19	30	46	74	120	190
>80~120	0	15	22	35	54	87	140	220
>120~180	0	18	25	40	63	100	160	250
>180~250	0	20	29	46	72	115	185	290
>250~315	0	23	32	52	81	130	210	320
>315~400	0	25	36	57	89	140	230	360
>400~500	0	27	40	63	97	155	250	400
>500~630	0	30	44	70	110	175	280	440
>630~800	0	35	50	80	125	200	320	500
>800~1 000	0	40	56	90	140	230	360	560
>1 000~1 250	0	46	66	105	165	260	420	660
>1 250~1 600	0	54	78	125	195	310	500	780
>1 600~2 000	0	65	92	150	230	370	600	920
>2 000~2 500	0	77	110	175	280	440	700	1 100

注：蜗轮传动最小法向侧间隙大小分为 8 种：a、b、c、d、e、f、g 和 h。以 a 为最大，并依次减小，h 为零。侧间隙种类与精度等级无关。侧间隙要求应根据工作条件和使用要求，由设计确定。

5.7.9 用压铅法检查齿轮啮合间隙时,铅条直径不宜超过间隙的 3 倍,铅条的长度不应小于 5 个齿距,沿齿宽方向应均匀放置不少于 2 根铅条。

5.7.10 用着色法检查传动齿轮啮合的接触斑点(图 5.7.10),应符合下列要求:

1 应将颜色涂在小齿轮或蜗杆上,在轻微制动下,用小齿轮驱动大齿轮,使大齿轮转动 3~4 转;

2 圆柱齿轮和蜗轮的接触斑点,应趋于齿侧面中部;圆锥齿轮的接触斑点,应趋于齿侧面的中部并接近小端;齿顶和齿端棱边不应有接触;

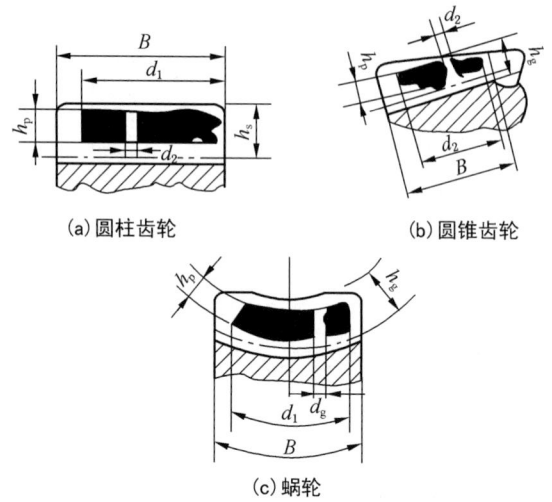

(a)圆柱齿轮　　(b)圆锥齿轮

(c)蜗轮

图 5.7.10　着色法检查传动齿轮啮合的接触斑点

3 接触斑点的百分率,应按下列公式计算:

$$n_1 = \frac{d_1 - d_2}{B} \times 100 \quad\quad\quad (5.7.10\text{-}1)$$

$$n_2 = \frac{h_p}{h_g} \times 100 \quad\quad\quad (5.7.10\text{-}2)$$

式中:

n_1——齿长方向百分率(%);

n_2——齿高方向百分率(%);

d_1——接触痕迹极点间的距离(mm);

d_2——超过模数值的断开距离(mm);

B——齿全长(mm);

h_p——圆柱齿轮和蜗轮副的接触痕迹平均高度或圆锥齿轮副的齿长中部接触痕迹的高度(mm);

h_g——圆柱齿轮和蜗轮副齿的工作高度或圆锥齿轮副相应于 h_p 处的有效齿高(mm)。

4 接触斑点的百分率,不应小于表 5.7.10 的规定,宜采用透明胶带取样,并贴在坐标纸上保存、备查;

表 5.7.10 传动齿轮啮合的接触斑点百分率(%)

精度等级	圆柱齿轮		圆锥齿轮		蜗轮	
	沿齿高	沿齿长	沿齿高	沿齿长	沿齿高	沿齿长
5	55	80	65～85	60～80	65	60
6	50	70	55～75	50～70	55	50
7	45	60				
8	40	50	40～70	30～65	45	40
9	30	40				
10	25	30	30～60	25～55	30	
11	20	30				

5 可逆转的齿轮副,齿的两面均应检查。

5.7.11 齿轮与齿轮、蜗杆与蜗轮装配后应盘动检查,其转动应平稳、灵活、无异常声响。

5.8 密封件装配

5.8.1 密封胶的使用,应符合下列要求:
 1 密封胶的类型和品种,应符合设计规定;
 2 应将密封面上的油污、水分、灰尘或锈蚀去除,并清洗洁净;
 3 密封胶应均匀和无间断地涂抹在两密封面上,涂层的厚度应按密封面的加工精度和间隙大小确定;当单独使用密封胶不能满足密封要求时,应与密封垫片混合使用;
 4 在密封胶干固期间,应对两密封面均匀地施加压力,且不得使密封面发生错动;
 5 密封处应无渗漏现象。

5.8.2 填料密封的装配,应符合下列要求:
 1 填料密封的类型、品种、规格、结构和装填的位置及数量等,应符合设计规定;
 2 碳化纤维、聚四氟乙烯和金属等混合物编织的密封填料,其编织花纹应均匀、平整,应无外露线头、跳线、缺花和勒边等缺陷,表面应清洁、无污染物和杂质;
 3 填料的压缩率和回弹率,应符合相关质量标准的规定;
 4 填料箱或腔、液封环、冷却管路和压盖等应清洗洁净;
 5 金属包壳的单层填料密封圈,表面应平整、光洁、无裂纹、锈蚀和径向贯通的划痕;多层有切口的填料密封圈,其切口应切成45°的剖口,相邻两圈的切口应相互错开,并大于90°;
 6 填料浸渍的乳化液或其他润滑剂应均匀饱满,并应无脱漏现象;
 7 填料压圈或压盖的压紧力应均匀分布,应无过紧使温度升高及运动阻滞或过松使泄漏超过规定的现象。

5.8.3 成形密封的装配,应符合下列要求:
 1 成形密封圈的品种、规格和数量,应符合设计规定;
 2 装设密封圈的沟槽、轴台和转角等应清洗洁净,并应无飞边、毛刺;密封圈应无损伤、径向沟槽和划痕;金属管架不得有剥离和脱落现象;
 3 "O"形密封圈的装配,密封圈不得有扭曲和损伤,并应正确选择预压量;当橡胶密封圈用于固定密封和法兰密封时,其预压量宜为橡胶圈直径的20%～25%;当用于动密封时,其预压量宜为橡胶圈直径的10%～15%;
 4 V、U、Y形密封圈的装设,应依次将支承圈、密封圈和锁紧圈正确装到位置上,圈的凹槽或唇部应对着压力高的一侧；

5 硬金属密封圈的装设，应按环的性质、开口、分瓣或唇形，分别在槽内检查其开口间隙，环的透光弧度和回弹状况，不符合规定的密封圈应进行更换。

5.8.4 机械密封的装配，应符合下列要求：

1 机械密封零件不应有损坏、变形，密封面不得有裂纹、擦痕和气孔等缺陷；加工遗留的飞边、毛刺和尖棱应清除；

2 装配过程中，应保持机械密封零件的洁净，不得有锈蚀；主轴密封装置动、静环端面及密封圈表面等，应无杂质、污物或灰尘；

3 密封零件的组装顺序、位置、距离和间隙等，应符合随机技术文件及图样的规定，不应随意改变或更换；

4 石墨环、填充聚四氟乙烯环和静止环出厂未做水压试验时，应在组装前做水压试验，试验压力应为工作压力的 1.25 倍，持续 10 min 不应有渗漏现象；

5 弹簧尺寸的工作变形量，不应大于其极限变形量的 60%。

6 液压、气动和润滑管道的安装

6.1 管子的准备

6.1.1 液压、气动和润滑系统的管子及其附件均应进行检查，其材质、规格与数量应符合设计的要求。

6.1.2 液压、气动和润滑系统的管子宜采用机械切割；切口表面应平整，并应无裂纹、重皮、毛刺、凹凸和氧化物等；切口平面与管子轴线的垂直度偏差，应小于管子外径的 1%，且不得大于 3 mm；断面的平面度，应小于等于 1 mm。

6.1.3 管端需要加工螺纹时，其螺纹应符合现行国家标准《普通螺纹 管路系列》GB/T 1414；《普通螺纹 基本牙型》GB/T 192、《普通螺纹 基本尺寸》GB/T 196 和《普通螺纹 公差》GB/T 197 的有关规定。管端接头的加工，应符合卡套式、扩口式、插入焊接式等管接头的加工尺寸与精度的要求。

6.1.4 液压、气动、润滑系统管路应采用无缝弯头或冲压焊接弯头，其弯管应符合下列要求：

1 液压、润滑系统管子应采用机械常温弯曲，气动系统管子宜采用机械常温弯曲；对大直径、厚壁管子采用热弯时，弯制后应保持管内的清洁度要求；

2 管子的弯曲半径除耐油橡胶编织软管、合成树脂高压软管外，管子外径小于等于 42 mm 时，弯曲半径宜大于等于管子外径的 2.5 倍；管子外径大于 42 mm 时，弯曲半径宜大于管子外径的 3 倍；

3 管壁冷弯的壁厚减薄量不应大于壁厚的 15%，热弯的壁厚减薄量不应大于壁厚的 20%；

4 弯制焊接钢管时，应使焊缝位于弯曲方向的侧面；

5 管子外径小于 30 mm 时，管子的短、长径比不应小于 90%，并不得出现波纹和扭曲；管子外径大于等于 30 mm 时，管子短、长径比不应小于 80%，并不得有明显的凹痕及压扁现象。

6.2 管道的焊接

6.2.1 管子焊接的坡口和对口，应符合下列要求：

1 坡口的形式和尺寸，应符合设计的规定，无规定时，宜符合现行国家标准《工业金属管道工程施工及验收规范》GB 50235 的有关规定；

2 Ⅰ、Ⅱ级焊缝和不锈钢的坡口，应采用机械方法加工；

3 管子对接焊口应使内壁齐平；钢管内壁错边量不应超过壁厚的 10%，且不应大于 2 mm；铜及铜合金、钛管内壁错边量不应超过壁厚的 10%，且不应大于 1 mm；

4 管子连接时，不得采用强力对口、加热管子和加偏心垫等方法消除接口端面的偏差。

6.2.2 管子采用法兰连接时，应符合下列要求：

1 法兰密封面及密封垫片,不得有影响密封性能的划痕、斑点等缺陷;
2 法兰面应垂直于管子轴线,不得采用加偏垫或强力拧紧法兰一侧螺栓的方法;
3 除设计图样要求外,法兰螺栓孔中心线不得与管子的铅垂、水平中心线相重合,应按图 6.2.2-1 所示对称布置;

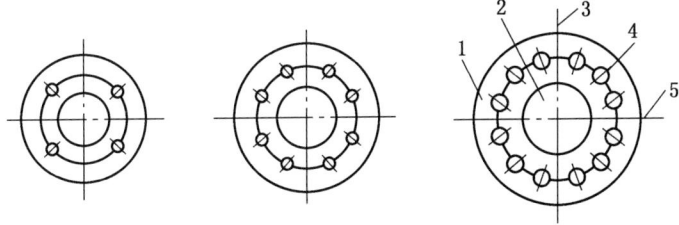

1——法兰;
2——管子;
3——管子铅垂线;
4——法兰螺栓孔中心线;
5——管子水平中心线

图 6.2.2-1 法兰螺栓孔布置

4 两接管法兰连接应保持同轴,且应保证螺栓能自由穿入;
5 管子插入法兰的焊接(图 6.2.2-2),应符合下列要求:

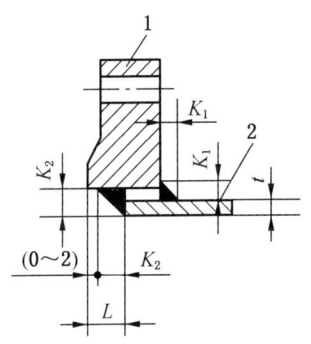

1 ——法兰;
2 ——管子;
t ——管壁厚;
K_1 ——外侧焊脚高;
K_2 ——内侧焊脚高;
L ——插入管端与法兰端面的距离

图 6.2.2-2 管子插入法兰的焊接

　　1) 外侧焊脚高宜为管壁厚的 1.0~1.4 倍;
　　2) 内侧焊脚高宜为管壁厚的 0.75~1.0 倍;
　　3) 插入管端与法兰端面的距离,宜高出内侧焊脚高的 0~2 mm。
6 法兰联接应使用同一规格的螺栓,安装方向应一致,紧固螺栓时应对称、均匀的进行;紧固后螺纹外露长度,不应大于螺距的 2~3 倍。

6.2.3 管道对接焊缝的位置,应符合下列要求:
1 焊缝应设在管子的直管段上,且不得设在墙洞、基础内和隐蔽的地方;
2 焊缝的中心平面至弯曲管处起点的距离不应小于管外径,且不应小于 100 mm;与支架的距离应大于50 mm；

3 同一管段上两焊缝中心平面间的距离，当管子公称直径小于150 mm时，不应小于管子外径；公称直径大于等于150 mm时，不应小于150 mm。

6.2.4 管道焊接应符合下列要求：

1 焊接前应按母材的化学成分、力学性能、使用的工作压力、温度和介质等正确地选用焊条、焊丝和焊接工艺并制定焊接作业指导书；

2 液压、润滑钢管焊接时，必须用钨极氩弧焊或钨极氩弧焊打底，压力大于21 MPa时，应同时在管内通入5 L/min的氩气；其他管路焊接宜采用钨极氩弧焊或钨极氩弧焊打底；

3 焊条、焊丝应按规定烘干，使用中应保持焊条、焊丝的干燥；

4 焊前预热及焊后热处理温度，应符合设计或焊接作业指导书及焊前试验的规定；

5 定位焊缝焊完后，应清除焊渣，对定位焊进行检查，并应在去除其缺陷后进行焊接；

6 严禁用管路作为焊接地线。

6.2.5 焊缝外观质量，应符合下列规定：

1 设计规定焊接接头系数为1且进行100%射线照相检验或超声波检验的焊缝，其外观质量不得低于表6.2.5中Ⅱ级的规定；

2 设计规定进行局部射线照相检验或超声波检验的焊缝，其外观质量不得低于表6.2.5中Ⅲ级的规定；

3 不需要无损检测的焊缝，其外观质量不得低于表6.2.5中Ⅳ级的规定。

表6.2.5 焊缝外观质量标准

缺陷名称	焊缝质量分级			
	Ⅰ	Ⅱ	Ⅲ	Ⅳ
裂纹	不允许			
表面气孔	不允许	不允许	每50 mm焊缝长度内允许直径≤0.3δ，且≤2 mm的气孔2个，孔间距≥6倍孔径	每50 mm焊缝长度内允许直径≤0.4δ，且≤3 mm的气孔2个，孔间距≥6倍孔径
表面夹渣	不允许	不允许	深≤0.1δ，长≤0.3δ，且≤10 mm	深≤0.2δ，长≤0.5δ，且≤20 mm
咬边	不允许	不允许	≤0.5δ，且≤0.5 mm 连续长度≤100 mm，且焊缝两侧咬边总长≤10%，焊缝全长	≤0.1δ，且≤1 mm，长度不限
未焊透	不允许	不允许	不加垫单面焊允许值≤0.15δ，且≤1.5 mm 缺陷总长在6δ焊缝长度内不超过δ	≤0.2δ，且≤2 mm，每100 mm焊缝内缺陷总长≤25 mm
根部收缩	不允许	≤0.2+0.02δ，且≤0.5 mm	≤0.2+0.02δ，且≤1 mm	≤0.2+0.04δ，且≤2 mm
		长度不限		
角焊缝厚度不足	不允许		≤0.3+0.05δ，且≤1 mm，每100 mm焊缝长度内缺陷总长度≤25 mm	≤0.3+0.05δ，且≤2 mm，每100 mm焊缝长度内缺陷总长度≤25 mm

表 6.2.5（续）

缺陷名称	焊缝质量分级			
	Ⅰ	Ⅱ	Ⅲ	Ⅳ
裂纹	不允许			
角焊缝焊脚不对称	差值≤1+0.1a		≤2+0.15a	≤2+0.2a
余高	≤1+0.1b，且最大为 3 mm		≤1+0.2b，且最大为 5 mm	

注：a 为设计焊缝厚度(mm)，b 为焊缝宽度(mm)，δ 为母材厚度(mm)。

6.2.6 焊缝的无损检测，应符合下列规定：

1 焊缝外观质量，应符合本规范第 6.2.5 条的规定；

2 无损检测的抽检数量和焊缝质量，应符合设计或随机技术文件的规定；无规定时，应符合表 6.2.6 的规定；

表 6.2.6 无损检测的抽检数量和焊缝质量

工作压力(MPa)	抽检数量(%)	焊缝质量
≤6.3	5	Ⅲ级
>6.3～31.5	15	Ⅱ级
>31.5	100	Ⅰ级

注：表中的Ⅲ级、Ⅱ级、Ⅰ级为现行国家标准《金属熔化焊焊接接头射线照相》GB/T 3323 规定的焊缝质量等级。

3 按规定抽检的无损检测不合格时，应加倍抽检该焊工的焊缝数量，当仍不合格时，应对其全部焊缝进行无损检测。

6.3 管道安装

6.3.1 管道敷设时，管子外壁与相邻管道的管件边缘距离不应小于 10 mm；同排管道的法兰或活接头相互错开的距离应大于等于 100 mm；穿墙管道应加套管，其接头位置与墙面的距离宜大于 800 mm。

6.3.2 管道支架的制作宜采用机械方法进行下料切割和螺栓孔的加工。

6.3.3 管道直管段支架间距，宜符合表 6.3.3 的规定。弯曲段的管道，应在起弯点附近增设管道支架。

表 6.3.3 直管段支架间距(mm)

直管外径	≤10	>10～25	>25～50	>50～80	>80
支架间距	500～1 000	1 000～1 500	1 500～2 000	2 000～3 000	3 000～5 000

6.3.4 管子不应直接焊在支架上。不锈钢管道与支架间应垫入不锈钢的垫片、不含氯离子的塑料或橡胶垫片；安装时，不应用铁质工具直接敲击不锈钢管道。

6.3.5 管子与机械设备连接时，不应使机械设备承受附加外力，并不应使异物进入设备或部件内。

6.3.6 管道的坐标位置、标高的允许偏差为±10 mm；管道的水平度或铅垂度偏差不应大于 2/1 000。

6.3.7 气动系统的支管宜从主管的顶部引出；长度超过 5 m 的气动支管路，宜设大于 10/1 000 顺气体流动方向的向下坡度。

6.3.8 润滑油系统的回油管道,应设 12.5/1 000～25/1 000 向油箱方向的向下坡度。

6.3.9 油雾系统管道应设大于 5/1 000 顺油雾流动方向的向上坡度,并不得有下凹弯。

6.3.10 软管的安装,应符合下列要求:

1 外径大于 30 mm 的软管,其最小弯曲半径不应小于管子外径的 9 倍;外径小于等于 30 mm 的软管,其最小弯曲半径不应小于管子外径的 7 倍;

2 软管与管接头的连接处,应有一段直管段,其长度不应小于管子外径的 6 倍;

3 在静止及随机移动时,均不得有扭转变形现象;

4 软管长度过长或受较强振动时,宜用管卡夹牢;

5 当自重会引起较大变形时,应设支托或按其自垂位置进行安装;

6 软管长度除满足弯曲半径和移动行程外,尚应留有 4% 的余量;

7 软管相互间及与其他物件不应有摩擦现象;靠近热源时,必须有隔热措施。

6.3.11 润滑脂系统的给油器或分配器至润滑点间的管路中,在安装前应充满润滑脂,管内不应有空隙。

6.3.12 双线式润滑脂系统的主管与给油器及压力操作阀连接后,应使系统中所有给油器的指示杆及压力操作阀的触杆在同一润滑周期内,并应同时伸出或缩入。

6.3.13 双缸同步回路中,两液压缸管道应对称敷设。

6.3.14 液压泵和液压马达的排放油管位置,应稍高于液压泵和液压马达本体。

6.4 管道的酸洗、冲洗与吹扫

6.4.1 液压、润滑管道的除锈,应采用酸洗法。管道的酸洗,应在管道配置完成,且已具备冲洗条件后进行。

6.4.2 油库或液压站内的管道,宜采用槽式酸洗法;从油库或液压站至使用点或工作缸的管道,宜采用循环酸洗法。管道的清洗液和脱脂剂的配方及使用,宜符合本规范附录 E 的规定。

6.4.3 槽式酸洗法,宜符合下列要求:

1 槽式酸洗的工艺流程,宜符合本规范第 E.0.1 条的规定;

2 管道放入酸洗槽时,宜大管在下、小管在上。

6.4.4 循环酸洗法,宜符合下列要求:

1 循环酸洗的工艺流程,宜符合本规范第 E.0.1 条的规定;

2 组成回路的管道长度,宜根据管径、压力和实际情况确定,但不宜超过 300 m;回路的构成必须使所有管道的内壁全部接触酸洗液;

3 管道系统内必须充满酸洗液,管道系统的最高部位应设排气点;最低部位应设排放点,管道中的死点宜处于水平位置,其排放口应向下;当酸洗各工序需要交替时,应松开死点接头,并应排除死点内上一工序留存的液体;

4 酸洗后的管道系统中应通入中和液进行冲洗,并应冲洗至出口溶液不呈酸性为止。

6.4.5 液压、润滑系统的管道经酸洗投入使用时,应采用工作介质或相当于工作介质的液体进行冲洗,其冲洗应符合下列要求:

1 液压系统管道在安装位置上组成循环冲洗回路时,应将液压缸、液压马达及蓄能器与冲洗管路分开,伺服阀和比例阀必须用冲洗板代替;

2 润滑系统管道在安装位置上组成循环冲洗管路时,应将润滑点与冲洗回路分开;

3 在冲洗管路中,当有节流阀或减压阀时,应将其调整到最大开口度;

4 冲洗液加入储液箱时,应经过滤,过滤器等级不应低于系统的过滤器等级。

6.4.6 管道冲洗完成后,其拆卸的接头及管口,应立即用洁净的塑料布封堵;对需要进行焊接处理的管路,焊接后该管路必须重新进行酸洗和冲洗。

6.4.7 管道清洗后的清洁度等级,应符合设计或随机技术文件的规定;无规定时,宜按本规范附录 J 确定,并应符合下列要求:

1 液压系统中的伺服系统、带比例阀的控制系统和静压轴承的静压供油系统,其管道冲洗后的清洁度,应采用颗粒计数法检测。液压伺服系统的清洁度等级不应低于 15/12 级;带比例阀的液压控制系统和静压轴承的静压供油系统的清洁度等级,不应低于 17/14 级;

2 液压传动系统、动压及静压轴承的静压供油系统、润滑油系统和润滑脂系统,其管道冲洗后的清洁度,宜采用颗粒计数法或目测法检测。采用颗粒计数法检测时,其清洁度等级不应低于 20/17 级;采用目测法检测时,应连续过滤 1 h 后,在滤油器上应无可见的固体物。

6.4.8 气动系统管道安装后,应采用干燥的压缩空气进行吹扫。各种阀门及辅助元件不应投入吹扫,气缸和气动马达的接口,应进行封闭。

6.4.9 气动系统管道吹扫后的清洁度,应在排气口用白布或涂有白漆的靶板检查,经连续 5 min 吹扫后,在白布或靶板上应无铁锈、灰尘及其他脏物。

6.5 管道的压力试验与涂漆

6.5.1 管道的压力试验,应符合下列要求:

1 压力试验应在管路冲洗合格后进行;
2 管道的试验压力和试验介质,应符合表 6.5.1 的规定;

表 6.5.1 管道的试验压力和试验介质

系统名称			试验压力(MPa)	试验介质
液压系统 滑动轴承的静压供油系统	系统工作 压力(MPa)	≤16	1.5P	工作介质
		>16～31.5	1.25P	
		>31.5	1.15P	
气动系统、油雾润滑系统中的压缩空气管道和油雾管道			1.15P	压缩空气
润滑油系统、双线式润滑脂系统			1.25P	—
非双线式润滑脂系统			P	—

注:P 为系统工作压力。

3 试压时应先缓慢升压至工作压力检查管道无异常后,再升到试验压力,应保持压力 10 min,然后降至工作压力,检查焊缝、接口和密封处等,均不得有渗漏、变形现象。

6.5.2 液压系统压力试验时,应将系统内的泵、伺服阀、比例阀、压力传感器、压力继电器和蓄能器脱开。

6.5.3 管道的涂漆,应符合下列要求:

1 管道涂防锈漆前,应除净管道外壁的铁锈、焊渣、油垢及水分等;
2 管道涂漆应经试压且符合本规范第 6.5.1 条要求后进行;
3 涂漆工作宜在 5～40 ℃ 的环境温度下进行,涂漆后宜自然干燥;未干燥前应采取防冻、防雨、防污、防尘措施;
4 管道的涂漆颜色和涂层厚度应符合设计规定;涂层应均匀、完整,无损坏和漏涂;
5 涂层应附着牢固,并应无剥落、皱纹、气泡、针孔等缺陷。

7 试运转

7.1 试运转的条件

7.1.1 机械设备的试运转,应具备下列条件:
 1 机械设备及其附属装置、管线等均已安装完毕;
 2 机械设备的安装水平已调整至允许的范围;
 3 与安装有关的"几何精度"经检验合格;
 4 试运转需要的动力、介质、材料、机具、检验仪器,应符合"试运转"的要求;
 5 润滑、液压、冷却、水、气(汽)和电气等系统,应符合系统单独调试和主机联合调试的要求;
 6 对人身或机械设备可能造成损伤的部位,相应的安全设施和安全防护装置应设置完善;
 7 对大型、复杂和精密设备,编制的试运转方案或试运转操作规程,应经有关技术主管批准和同意;
 8 试运转机械设备周围的环境应清扫干净,不得产生粉尘和较大的噪声。

7.2 电气和操作控制系统调试

7.2.1 机械设备的内部接线和外部接线,应正确无误;保护接地应有明显标志,并不得在柜内与电源中性线直接相接。

7.2.2 电器设备的绝缘电阻应符合随机技术文件的规定;测量时所选用的兆欧表的电压,应符合被测绝缘电阻的要求,并应断开有关电路及元件等措施。

7.2.3 输入电源的电压及频率,设备的变压器、变频器和整流器等输入与输出的交流和直流电压,应符合随机技术文件的规定。

7.2.4 电气系统的过电压、过电流、欠电压保护和保护熔断器的规格、容量等,应符合设计规定,并应将其调整和整定至规定的保护范围之内。

7.2.5 主轴驱动单元电动机的旋转方向、制动功能,应与操纵控制方向和制动要求相符合。

7.2.6 操作控制系统单独模拟试验,应符合下列要求:
 1 每一操作控制单元或控制回路,其动作程序及技术要求,应符合机械设备生产工艺的规定,且应正确、灵敏和可靠;
 2 与机械设备生产工艺相关的讯号、显示、联锁、启动、运行、停止、制动等,应正确、灵敏和可靠;
 3 手动操纵每一动作应连续重复操纵 5~7 次,其动作应正确无误;
 4 半自动操纵应连续进行 3 个循环,其动作应正确无误;
 5 全自动操纵应连续进行不少于 2 个循环,其动作应正确无误。

7.2.7 机械设备的数控系统的试验,应符合下列要求:
 1 使用的数控指令或数控带,应符合随机技术文件的规定;
 2 按随机技术文件要求输入数控指令,其输入、输出、讯号、显示、联锁、启动、运行、速度、停止和制动等,均应正确、灵敏和可靠;
 3 按随机技术文件规定试验其供电故障、功能故障、短路和过载保护等,应符合规定的技术要求。

7.3 润滑系统调试

7.3.1 润滑系统的润滑油、脂,其性能、规格和数量应符合随机技术文件的规定。

7.3.2 润滑系统的试验,应符合下列要求:
 1 在额定工作压力下,各元件结合面及管路接口等应无渗漏现象;
 2 应将调节压力阀的压力调到额定压力的 1.1 倍下连续运转 5 min,然后分别将压力调至额定压

力、中间压力和最低压力,检查供油压力波动值,其允许偏差为被测压力的±5%;

  3 在额定压力和额定转速下,干油集中润滑装置的给油量在5个工作循环中,每个给油孔,每次最大给油量的平均值,不得低于随机技术文件规定的调定值。稀油集中润滑装置的给油量,应用量杯重复三次检测出油口 3 min 的流量;其流量偏差应为公称值的-5%~+10%;

  4 供油间歇时间和间歇次数试验,应符合下列要求:
    1) 采用间歇时间控制时,应将时间控制器调至长、中、短三个预置数,并用计时器记录实测值与预置数之差,其允许偏差为±5 s;
    2) 采用间隙次数控制时,应将计数器调至高、中、低三个预置数,并用触点开关或其他仪表测试,实测次数应与预置次数相吻合。

  5 在额定工作压力和最大流量下,连续运转 24 h,其压力和流量的波动值均应为额定值的±5%;

  6 润滑系统与主机运动的联动试验,应符合下列要求:
    1) 主驱动装置启动、运行和停止制动时,其润滑系统的启动、油压、流量和停止等联锁应正确、灵敏和可靠,并应符合随机技术文件的规定;
    2) 油压过高、过低的警示讯号和正常油压的显示,应正确、灵敏和可靠;
    3) 油温显示、高温和低温警示讯号,应正确、灵敏和可靠;
    4) 将油箱底部排油孔油塞旋松,待油液降至最低油位线时,其报警装置应能及时发出报警讯号。

7.4 液压系统调试

7.4.1 液压系统用的液体品种、规格及性能,应符合随机技术文件的规定,并应经过滤后再充入系统内;充液体时,应开启系统内的排气口,并应把系统内的空气排除干净。

7.4.2 安全阀、保压阀、压力继电器、控制阀、蓄能器和溢流阀等应按随机技术文件规定进行调整,其工作性能应符合主机的技术要求;其动作应正确、灵敏和可靠。

7.4.3 液压设备的活塞、柱塞、滑块、工作台等移动件和装置,在规定的行程和速度范围内移动,不应有振动、爬行和停滞现象;换向和卸压不得有不正常的冲击现象。液压元件的动作和动作顺序,应正常、正确和可靠。

7.4.4 液压系统负荷试验,应符合下列要求:

  1 调节压力阀和流量阀,应逐步开启,无异常后,应在系统工作压力和额定负载下连续运转,其时间不应少于 0.5 h;

  2 液压系统压力应采用不带阻尼 1.5 级的压力表测量,其波动值应符合表 7.4.4 的规定;

表 7.4.4 液压系统压力允许波动值(MPa)

系统公称压力	≤6.3	>6.3~10	>10~16	>16
允许波动值	±0.2	±0.3	±0.4	±0.5

  3 液压系统的油温应在其热平衡后进行测量,其温升不应大于 25 ℃,正常工作温度应为 30~60 ℃。

  注:油温达到热平衡是指温升幅度不大于 2 ℃/h 的温度。

7.5 气动、冷却系统调试

7.5.1 气动系统的调试,应符合下列要求:

  1 气动系统经压力试验其管路接头、结合面和密封处等,应无漏气现象;
  2 调试前应用洁净干燥的压缩空气对系统进行吹扫,吹扫气体压力宜为工作压力的 60%~70%,

吹扫时间不应少于 15 min，且出口处白布上应无可见污迹；

  3 在工作压力和流量下，对系统的操纵、控制机构应进行不少于 5 次重复试验；其安全阀、压力调节阀、分配阀等阀件和执行元件的动作、功能、动作顺序及信号显示等，均应符合随机技术文件的规定和主机的要求，并应正确、灵敏和可靠。

7.5.2 冷却系统的调试，应符合下列要求：

  1 试验用的介质，其性能、规格和充灌数量，应符合随机技术文件的规定；

  2 在系统工作压力下，应无渗漏和与其他管系发生互相渗漏的现象；

  3 在额定负荷和工作压力下，连续运行时间不应少于 30 min，其冷、热交换达到平衡时，进出口介质的温度应稳定在规定的范围内；

  4 在额定负荷下，对系统的启动、运行、停止及其操纵控制，不应少于 5 次重复试验，其动作应正确无误；温度、压力、流量调节及其显示，均应正确、灵敏、可靠。

7.6 加热系统调试

7.6.1 电加热系统的调试，应符合下列要求：

  1 电路的相间和对地绝缘电阻值，不应小于 1 MΩ；

  2 电加热系统的高温、过流保护应调整至规定的范围，且其动作和显示均应正确、灵敏、可靠；

  3 在额定负荷下，应按低、中、高温进行加热试验；达到设定的加热温度后持续加热时间，低、中温不应少于 30 min，高温不应少于 1 h；

  4 加热系统的手动调节和自动调节，其实测温度与调节温度显示值的允许偏差，宜为调节温度显示值的±3%。

7.6.2 蒸汽加热系统的调试，应符合下列要求：

  1 在额定负荷下系统的保温和绝热层表面温度，不应高于设计的规定；

  2 高温和高压的安全保护应调整至规定的保护范围，其动作应正确、灵敏、可靠；

  3 在额定负荷下应按低、中、高温进行加热试验；达到设定的加热温度后，持续加热时间，低、中温不应少于 1 h，高温不应少于 2 h；

  4 加热系统的手动调节和自动调节，其实测温度与调节温度显示值的允许偏差，宜为调节温度显示值的±5%。

7.7 机械设备动作试验

7.7.1 机械设备的动作试验，应在其润滑、液压、气（汽）动、加热、冷却和电气等系统单独模拟调试合格后方可进行。

7.7.2 润滑、液压、气（汽）动、加热和冷却系统分别启动后，应对相关的连锁、安全保护、警示讯号和报警停机等进行试验，其动作应正确、灵活、可靠。

7.7.3 机械设备动作试验应按生产工艺、操作程序或规程及随机技术文件的规定进行，并应符合下列要求：

  1 主动机构应进行启动、转动方向、速度调整、制动、停机和紧急制动等试验，其动作应正确、灵敏和无异常现象；

  2 变速试验，有级变速由低到高每级运转不应少于 2 min，无级变速宜分低、中、高进行试验，其速度的允许偏差为指令或标示的±5%；

  3 从动机构应进行启动、停机制动、运动方向、运转速度、行程范围、极限位置等试验，其动作应正确、灵敏和无异常现象；

  4 各种操纵控制机构的位置、显示、讯号和仪器仪表的指示，均应正确、灵敏、可靠。

7.7.4 数控设备应试验其进给坐标的启程保护、手动数据输入、坐标位置显示、程序序号指示和检索以及程序暂停、程序结束、程序消除、单步进给、直线插补、位置补偿和间隙补偿等功能的可靠性和动作的灵活性。

7.7.5 机械设备的安全、保护、防护装置的功能试验,应符合随机技术文件的规定。

7.8 整机空负荷试运转

7.8.1 空负荷试运转时,应进行下列各项检查,并应做好实测的记录。
   1 主运动机构和各运动部件应运行平稳,应无不正常的声响;摩擦面温度应正常无过热现象;
   2 主运动机构的轴承温度和温升应符合有关规定;
   3 润滑、液压、冷却、加热和气动系统,有关部件的动作和介质的进、出口温度等均应符合规定,并应工作正常、畅通无阻、无渗漏现象;
   4 各种操纵控制仪表和显示等,均应与运行实际相符,工作正常、正确、灵敏和可靠;
   5 机械设备的手动、半自动和自动运行程序,速度、进给量及进给速度等,均应与控制指令或控制带要求相一致,其偏差应在允许的范围之内。

7.8.2 空负荷试运转后,应进行下列工作:
   1 切断电源和其他动力源;
   2 放气、排水、排污和防锈涂油;
   3 对蓄能器和蓄势腔及机械设备内剩余压力,应卸压;
   4 空负荷试运转后,应对润滑剂的清洁度进行检查,清洗过滤器;必要时可更换新的润滑剂;
   5 拆除试运转中的临时装置和恢复临时拆卸的设备部件及附属装置;
   6 清理和清扫现场,将机械设备盖上防护罩;
   7 整理试运转的各项记录。

8 工程验收

8.0.1 工程验收时,应具备下列资料:
   1 竣工图或按实际完成情况注明修改部分的施工图;
   2 设计修改的有关文件;
   3 主要材料、加工件和成品的出厂合格证,检验记录或试验资料;
   4 重要焊接工作的焊接质量评定书,检验记录,焊工考试合格证复印件;
   5 隐蔽工程质量检查及验收记录;
   6 地脚螺栓、无垫铁安装和垫铁灌浆所用混凝土的配合比和强度试验记录;
   7 试运转各项检查记录;
   8 质量问题及其处理的有关文件和记录;
   9 其他有关资料。

8.0.2 机械设备安装工程试运转合格、且具备本规范第8.0.1条有关资料后,应及时办理工程交工验收手续。

附录 A
垫　铁

A.0.1 斜垫铁的材料可采用普通碳素钢；平垫铁的材料可采用普通碳素钢或铸铁。

A.0.2 斜垫铁和平垫铁的制作应符合下列要求：

1 规格和尺寸,应符合表 A.0.2 的规定(图 A.0.2)；

表 A.0.2 斜垫铁和平垫铁的规格和尺寸(mm)

斜垫铁									平垫铁C型 [图 A.0.2(c)]	
A 型[图 A.0.2(a)]				B 型[图 A.0.2(b)]							
代号	L	b	C	代号	L	b	C最小	代号	L	b
斜1A	100	50	3～4	斜1B	90	50	3	平1	90	50
斜2A	140	70	4～8	斜2B	120	70	4	平2	120	70
斜3A	180	90	6～12	斜3B	160	90	6	平3	160	90
斜4A	220	110	8～16	斜4B	200	110	8	平4	200	110
斜5A	300	150	10～20	斜5B	280	150	10	平5	280	150
斜6A	400	200	12～24	斜6B	380	200	12	平6	380	200

注：垫铁厚度 h 可根据实际需要和材料的材质、规格确定。

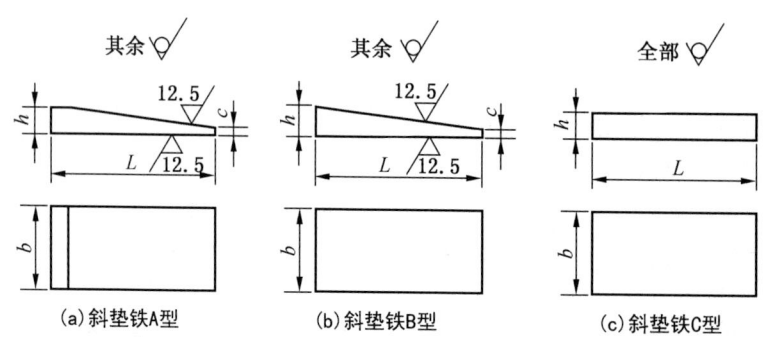

(a)斜垫铁A型　　(b)斜垫铁B型　　(c)斜垫铁C型

图 A.0.2　斜垫铁和平垫铁

2 斜垫铁的斜度宜为 1/10～1/20；振动或精密设备的垫铁斜度可为 1/40；

3 垫铁的表面粗糙度,应符合图 A.0.2 所示的规定。

A.0.3 采用斜垫铁时,宜与同代号的平垫铁配合使用。

A.0.4 斜垫铁应成对使用,成对的斜垫铁应采用同一斜度。

附录 B
座浆混凝土配制及垫铁的放置

B.0.1 座浆混凝土配制，应符合下列要求：

1 配制座浆混凝土所采用的原材料，应符合现行国家标准《混凝土结构工程施工质量验收规范》GB 50204—2004 的有关规定；座浆混凝土的浇注材料，应采用塑性期和硬化后期均保持微膨胀或微收缩状态的和泌水性小，且能保证垫铁与混凝土的接触面积达到75%以上的膨胀水泥，砂应采用中砂，石子的粒度宜为5~15 mm；

2 座浆混凝土的坍落度应为0~1 cm；座浆混凝土48 h的强度，应达到机械设备基础混凝土的设计强度；座浆混凝土应分散搅拌，随拌随用；混凝土配合比称量应准确，用水量尚应根据施工季节和砂石含水率调整；应将称量好的材料倒在拌板上干拌均匀，再加水搅拌，视颜色一致为合格；搅拌好的混凝土不得加水使用。

B.0.2 座浆法垫铁的放置，应符合下列要求：

1 在放置垫铁的混凝土基础部位的表面应凿出座浆坑；座浆坑的长度和宽度应比垫铁的长度和宽度大60~80 mm；座浆坑凿入基础表面的深度不应小于30 mm，且座浆层混凝土的厚度不应小于50 mm；

2 应用水冲或用压缩空气吹扫、清除坑内的杂物，并浸润混凝土坑约30 min，应除尽坑内积水，坑内不得沾有油污；

3 应在坑内涂一层薄的水泥浆；水泥浆的水灰比宜为2:1~2.4:1；

4 应随即将搅拌好的混凝土灌入坑内。灌筑时应连续捣至浆液浮于表层；混凝土表面形状应呈中间高四周低的弧形；

5 当混凝土表面不再泌水或水迹消失后，即可放置垫铁并测定标高。垫铁上表面标高允许偏差为±0.5 mm；垫铁放置于混凝土上应用手压、用木锤敲击或手锤垫木板敲击垫铁面，使其平稳下降；敲击时不得斜击；

6 垫铁标高测定后，应拍实垫铁四周混凝土；混凝土表面应低于垫铁面2~5 mm，混凝土初凝前应再次复查垫铁标高；

7 应盖上草袋或纸袋并浇水湿润养护；养护期间不得碰撞和振动垫铁。

附 录 C
压浆法垫铁的放置

C.0.1 压浆法垫铁的放置,应符合下列要求:

1 应在地脚螺栓上点焊一根小圆钢;小圆钢点焊位置距地脚螺栓顶端的长度,应根据螺栓调整垫铁的升降块在最低极限位置时的厚度,机械设备底座的地脚螺栓孔深度,螺母厚度、垫圈厚度和地脚螺栓露出螺母的长度累加计算确定;点焊的位置应在小圆钢的下方(图 C.0.1);点焊的牢固程度应在调整升降块时自行胀落;

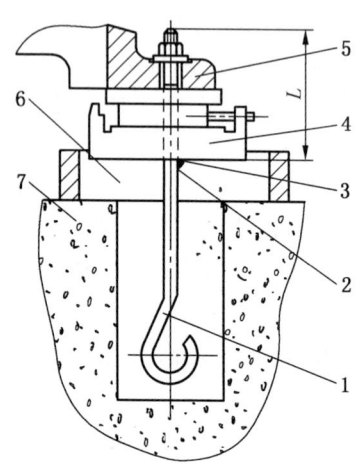

L——小圆钢点焊位置距地脚螺栓顶端的长度;
1——地脚螺栓;
2——点焊位置;
3——支承垫铁用的小圆钢
4——螺栓调整垫铁;
5——设备底座;
6——压浆层;
7——基础或地坪

图 C.0.1 压浆法

2 焊有小圆钢的地脚螺栓,应穿入设备底座地脚螺栓孔内;

3 机械设备应用临时垫铁组初步找正和调平;

4 应将调整垫铁的升降块调至最低位置,并将垫铁放到地脚螺栓的小圆钢上,将地脚螺栓的螺母稍稍拧紧,使垫铁与机械设备底座紧密接触;

5 灌浆时,应先灌满地脚螺栓孔,待混凝土达到规定强度的 75% 后,再灌垫铁下面的压浆层,压浆层的厚度宜为 30～50 mm;

6 压浆层达到初凝后期,用手指掀压还能略有凹印时,应调整升降块,胀落小圆钢,使垫铁与压浆层和垫铁与设备底面均接触紧密;

7 压浆层达到规定强度的 75% 后,应拆除临时垫铁组,进行机械设备的最后找正和调平。

C.0.2 当不能利用地脚螺栓支承调整垫铁时,可采用调整螺钉或斜垫铁支承调整垫铁;待压浆层达到初凝后期时,应松开调整螺钉或拆除斜垫铁,调整升降块,使垫铁与压浆层和垫铁与设备底面均接触紧密。

附录 D
金属表面的除锈方法

表 D 金属表面的除锈方法

金属表面粗糙度（μm）	除锈方法
>50	用砂轮、钢丝刷、刮具、砂布，喷砂、喷丸抛丸、酸洗除锈、高压水喷射
50～6.3	用非金属刮具，油石或粒度150号的砂布沾机械油，擦拭或进行酸洗除锈
3.2～1.6	用细油石或粒度为150～180号的砂布，沾机械油擦拭或进行酸洗除锈
0.8～0.2	先用粒度180号或240号的砂布沾机械油擦拭，然后用干净的绒布沾机械油和细研磨膏的混合剂进行磨光

注：表面粗糙度值为轮廓算术平均偏差。

附录 E
装配件与管道的清洗

E.0.1 清洗的工艺流程宜采用：机械或人工将表面粘附的污垢去除的预清洗→去油脱脂→酸洗除锈→碱性中和残留的酸洗液→水漂洗或冲洗→干燥清洗的机械设备和管线→防锈处理。

E.0.2 清洗用的清洗液及配合比，应根据装配件表面锈蚀、污垢和油脂的性质和程度确定，并应经试验合乎要求和制定清洗操作工艺后，方可使用。

E.0.3 碱性清洗液和脱脂剂的配方及其适用范围、使用条件，宜符合表 E.0.3 的规定。

表 E.0.3 碱性清洗液和脱脂剂

配方含量(g/L)		适用范围	使用条件
$NaOH$	40～50	钢、铸铁制件，大量油污	温度 80～90 ℃ 时间 15～18 min
Na_2CO_3	80～100		
Na_2SiO_3	5～15		
$NaOH$	20～30	钢、铸铁制件，少量油污	温度 80～90 ℃ 时间 10～40 min
Na_3NO_4	35～50		
Na_2SiO_3	3～5		
Na_3NO_4	80～100	钢及合金	温度 80～90 ℃ 时间 10～40 min
$NaOH$	10～20	铝及合金	温度 60～70 ℃ 时间 3～5 min
Na_3NO_4	50～60		
Na_2SiO_3	10～30		
$NaOH$	40～50	钢及镍电化学除油	阴极 4～5 min 阳极 0.5～1 min
Na_2CO_3	20～40		
Na_3NO_4	10～20		
Na_2SiO_3	3～5		
$NaOH$	15	钢铁	温度 70～80 ℃ 时间 按油污量大小试验确定
Na_3PO_4	80		
Na_2CO_3	80		
表面活性剂	少量		
$NaOH$	13	铜、黄铜	温度 30～80 ℃ 时间 按油污量试验后确定
Na_3CO_3	40		
Na_3PO_4	13		
Na_2SiO_3	6.5		
$NaCN$	13		
表面活性剂	少量		
Na_2CO_3	50	锌、铝	温度 50～70 ℃ 时间 按试验后确定
$NaHCO_3$	20		
表面活性剂	1～3		

E.0.4 乳化除油清洗液的配方，宜符合表 E.0.4 的规定。

表 E.0.4 乳化除油清洗液

成分	配方含量(%)
煤油	67
松节油	22.5
月桂酸	5.4
三乙醇胺	3.6
丁基溶纤剂(乙二醇单丁醚)	1.5

E.0.5 酸性清洗液的配方及其适用范围、使用条件，宜符合表 E.0.5 的规定。

表 E.0.5 酸性清洗液

配方含量	适用范围	使用条件
硫酸(相对密度1.84)　　7%～10% 盐酸(相对密度1.18)　　11%～15% 氯化钠　　2%～5% 缓蚀剂　　0.3%～0.5% 水　　69.5%～79.7%	钢铁、铸钢、氧化皮酸洗	温度　20～60 ℃ 时间　5～10 min
硫酸　　5%～10% 水　　90%～95%	钢材一般酸洗	温度　60～80 ℃ 时间　5～20 min
盐酸　　5%～20% 水　　80%～95%	钢材一般酸洗	温度　20～50 ℃ 时间　5～20 min
硫酸　　15%～20% 盐酸　　20%～30% 缓蚀剂　　0.5% 三乙醇胺　　0.1% 水　　49.4%～64.4%	钢材常温防锈	温度　15～25 ℃ 时间　2～5 min
铬酐　　15% 磷酸　　8.5% 水　　76.5%	精密零件如轴承等的轻锈酸洗	温度　80～95 ℃
铬酐　　80 g 磷酸(相对密度1.17)　　200 mL 水　　1 L	铝及铝合金制件除锈	温度　15～30 ℃ 时间　5～10 min
硫酸(相对密度1.840)　　100 mL 水　　900 mL	铜和铜合金制件除锈清洗	温度　常温 时间　3～5 min
磷酸　　4% 硅酸钠　　0.5% 水　　95.5%	铜及铜合金制件除锈清洗	温度　室温 时间　10～15 min

表 E.0.5（续）

配方含量		适用范围	使用条件
盐酸(含量30%)	50%	镍和镍合金制件除锈	温度 室温 时间 1～3 min
水	50%		
醋酸胺	65%	锌、镉制件除锈清洗	温度 80 ℃ 时间 10 min
水	35%		
盐酸(含量30%)	50%	锡及镀锡制件除锈清洗	温度 室温 时间 10 min
硅酸钠	0.5%		
水	49.5%		

E.0.6 金属表面的清洗，其清洗液配方及其适用范围、使用要求，宜符合表 E.0.6 的规定。

表 E.0.6 金属表面的清洗液

配方含量(%)		适用范围	使用条件
85%磷酸	3	不锈钢污垢清洗	—
辛基酚聚氧乙烯醚	2		
无水柠檬酸	4		
甲乙酮类	3		
水	88		
磷酸三钠	50	黄铜浸渍清洗剂	浓度 30～90 g/L 温度 80～93 ℃
碳酸钠	13		
偏硅酸钠($5H_2O$)	30		
壬基酚(EO)n 醚	7		
三聚磷酸钠	70	铝清洗剂	—
十二烷基苯磺酸钠	30		
三聚磷酸钠	90	锌金属清洗剂	浓度 25 kg/m³ 温度 26.7 ℃浸泡
烷基苯磺酸钠	5		
表面活性剂树脂酸钠	5		
氢氧化钠	20	镁金属清洗剂	浓度 6 kg/m³ 温度 23.9 ℃喷淋镁金属
无水偏硅酸钠	30		
碳酸钠	29		
三聚磷酸钠	20		
聚氧乙烯型非离子表面活性剂	1		

附录 F
螺栓联接刚度和预紧力

F.0.1 螺栓刚度及被连接件刚度(图F.0.1)的计算宜符合下列规定。

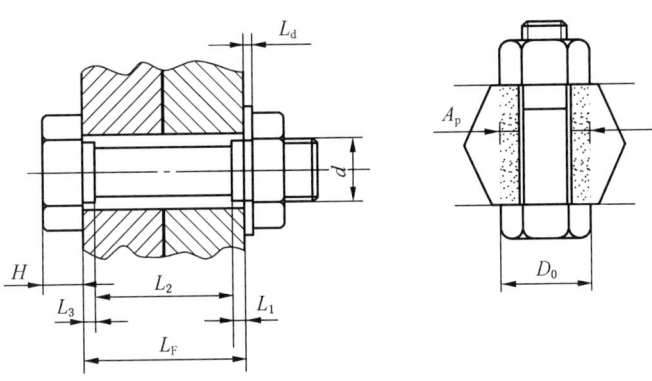

L_F ——被连接件受压总厚度(mm);
L_d ——垫片厚度(mm);
d ——螺栓直径(mm);
A_F ——被连接件包括垫片的当量受压面积;
D_0 ——被连接件当量外径(mm);
H ——螺母的厚度;
L_1、L_2、L_3 ——螺栓各段长度(mm)

图 F.0.1 螺栓联接

1 螺栓刚度可按下式计算:

$$C_L = \frac{E_L}{\frac{L_1}{A_1} + \frac{L_2}{A_2} + \frac{L_3}{A_3} \cdots} \quad \cdots\cdots(F.0.1\text{-}1)$$

2 被连接件刚度可按下式计算:

$$C_F = \frac{A_F}{\frac{L_F}{E_F} + \frac{L_d}{E_d}} \quad \cdots\cdots(F.0.1\text{-}2)$$

式中:
C_L ——螺栓刚度(N/mm);
C_F ——被连接件刚度(N/mm);
E_L ——螺栓材料弹性模量(N/mm²);
E_F ——被连接件材料弹性模量(N/mm²);
E_d ——垫片材料弹性模量(N/mm²);
L_1、L_2、L_3 ——螺栓各段长度(mm);
A_1、A_2、A_3 ——螺栓各段剖面面积(mm²);
L_F ——被连接件受压总厚度(mm);
L_d ——垫片厚度(mm);
A_F ——被连接件包括垫片的当量受压面积(mm²)。

F.0.2 被联接件的当量受压面积,可按下列公式计算:

$$A_F = 0.785(D_0^2 - d_0^2) \quad \cdots\cdots(F.0.2\text{-}1)$$

$$D_0 \approx (1.5d + \alpha L_F) \quad \cdots\cdots\cdots\cdots\cdots\cdots (\text{F.0.2-2})$$

式中：

D_0——被连接件当量外径(mm)；

d_0——被连接件当量内径(孔径)(mm)；

d ——螺栓直径(mm)；

L_F——被连接件受压总厚度(mm)；

α ——系数，决定于被连接件的材料；钢取 0.1；铝合金取 0.17；铸铁取 0.125。

F.0.3 大六角头高强度螺栓的施工预紧力，可按表 F.0.3 的规定确定。

表 F.0.3 大六角头高强度螺栓的施工预紧力

螺栓性能等级	螺栓公称直径(mm)						
	M12	M16	M20	(M22)	M24	(M27)	M30
	施工预紧力(kN)						
8.8S	45	75	120	150	170	225	275
10.9S	60	110	170	210	250	320	390

附录 G
过盈配合的压入力及温度计算

G.0.1 纵向过盈配合的压入力,宜按下列公式计算:

$$P_{xi} = P_{fmax} \cdot \pi \cdot d_f \cdot L_f \cdot \mu \quad \quad (G.0.1\text{-}1)$$

$$P_{fmax} = \frac{\delta_{max}}{d_f\left(\dfrac{C_a}{E_a}+\dfrac{C_i}{E_i}\right)} \quad \quad (G.0.1\text{-}2)$$

$$C_a = \frac{1+q_a^2}{1-q_a^2} + \nu_a \quad \quad (G.0.1\text{-}3)$$

$$C_i = \frac{1+q_i^2}{1-q_i^2} - \nu_i \quad \quad (G.0.1\text{-}4)$$

式中:

P_{xi} ——压入力(N);

P_{fmax} ——结合表面承受的最大单位压力(N/mm²);

d_f ——结合直径(mm);

L_f ——结合长度(mm);

μ ——摩擦因素,按表 G.0.1-1 的规定确定;

C_a、C_i ——系数,按表 G.0.1-2 的规定确定;

q_a ——包容件直径比,为结合直径与包容件外径比;

q_i ——被包容件直径比,为被包容件内径与结合直径比;

ν_a ——包容件泊松系数,按表 G.0.1-3 选取;

ν_i ——被包容件泊松系数,按表 G.0.1-3 选取;

δ_{max} ——最大过盈量(mm);

E_a ——包容件弹性模量,按表 G.0.1-3 选取;

E_i ——被包容件弹性模量,按表 G.0.1-3 选取。

表 G.0.1-1 摩擦因素

材料	摩擦因素	
	无润滑	有润滑
钢-钢	0.07～0.16	0.05～0.13
钢-铸钢	0.11	0.07
钢-结构钢	0.10	0.08
钢-优质结构钢	0.11	0.07
钢-青铜	0.15～0.20	0.03～0.06
钢-铸铁	0.12～0.15	0.05～0.10
铸铁-铸铁	0.15～0.25	0.05～0.10

表 G.0.1-2 系数 C_a 和 C_i

q_a 或 q_i	C_a		C_i	
	$\nu_a=0.3$	$\nu_a=0.25$	$\nu_i=0.3$	$\nu_i=0.25$
0	—	—	0.700	0.750
0.10	1.320	1.270	0.720	0.770
0.14	1.340	1.290	0.740	0.790
0.20	1.383	1.333	0.783	0.833
0.25	1.433	1.383	0.833	0.883
0.28	1.470	1.420	0.870	0.920
0.31	1.512	1.426	0.912	0.962
0.35	1.579	1.529	0.979	1.029
0.40	1.681	1.631	1.081	1.131
0.45	1.808	1.758	1.208	1.258
0.50	1.967	1.917	1.367	1.417
0.53	2.081	2.031	1.481	1.531
0.56	2.214	2.164	1.614	1.664
0.60	2.425	2.375	1.825	1.875
0.63	2.616	2.566	2.016	2.066
0.67	2.929	2.879	2.329	2.379
0.71	3.333	3.283	2.733	2.783
0.75	3.871	3.821	3.271	3.321
0.80	4.855	4.805	4.255	4.305
0.85	6.507	6.457	5.907	5.957
0.90	9.826	9.776	9.226	9.276

表 G.0.1-3 弹性模量、泊松系数和线膨胀系数

材料	弹性模量（kN/mm²）	泊松系数	线膨胀系数（10^{-6}/℃）	
			加热	冷却
碳钢、低合金钢、合金结构钢	200～235	0.30～0.31	11	−8.5
灰口铸铁 HT150 HT200	70～80	0.24～0.25	11	−9
灰口铸铁 HT250 HT300	105～130	0.24～0.26	10	−8
可锻铸铁	90～100	0.25	10	−8
非合金球墨铸铁	160～180	0.28～0.29	10	−8
青铜	85	0.35	17	−15

表 G.0.1-3（续）

材料	弹性模量（kN/mm²）	泊松系数	线膨胀系数（10⁻⁶/℃）	
			加热	冷却
黄铜	80	0.36～0.37	18	−16
铝合金	69	0.32～0.36	21	−20
镁合金	40	0.25～0.30	25.5	−25

G.0.2 横向过盈联接采用温差法装配时，其最小装配间隙可按表 G.0.2 的规定确定。

表 G.0.2 最小装配间隙（mm）

配合直径	≤3	>3～6	>6～10	>10～18	>18～30	>30～50	>50～80
最小间隙	0.003	0.006	0.010	0.018	0.030	0.050	0.059
配合直径	>80～120	>120～180	>180～250	>250～315	>315～400	>400～500	—
最小间隙	0.069	0.079	0.090	0.101	0.111	0.123	—

G.0.3 横向过盈联接采用温差法装配时，包容件的加热温度可按下式计算：

$$t_r = \frac{Y_{max} + \Delta}{\alpha_2 \cdot d_3} + t \quad\quad\quad\quad (G.0.3)$$

式中：
t_r ——包容件的加热温度（℃）；
Y_{max} ——最大过盈值（mm）；
Δ ——最小装配间隙（mm），按表 G.0.2 的规定确定；
α_2 ——加热线膨胀系数（10⁻⁶/℃）按表 G.0.1-3 的规定确定；
d_3 ——配合直径（mm）；
t ——环境温度（℃）。

G.0.4 横向过盈联接采用温差法装配时，被包容件的冷却温度，可按下式计算：

$$t_1 = \frac{Y_{max} + \Delta}{\alpha_1 \cdot d_3} + t \quad\quad\quad\quad (G.0.4)$$

式中：
t_1 ——被包容件的冷却温度（℃）；
α_1 ——冷却线膨胀系数（10⁻⁶/℃），可按表 G.0.1-3 的规定确定。

G.0.5 冷却方式可按表 G.0.5 确定。

表 G.0.5 冷却方式

冷却温度（℃）	冷却方式
冷至 −78	干冰
冷至 −120	液氨
冷至 −195	液氮

附 录 H
联轴器装配两轴心径向位移和两轴线倾斜的测量与计算

H.0.1 联轴器装配时,两轴心径向位移和两轴线倾斜的测量,应符合下列要求:

1 将两个半联轴器暂时互相连接,应在圆周上画出对准线或装设专用工具,其测量工具可采用塞尺直接测量、塞尺和专用工具测量或百分表和专用工具测量(图 H.0.1-1);

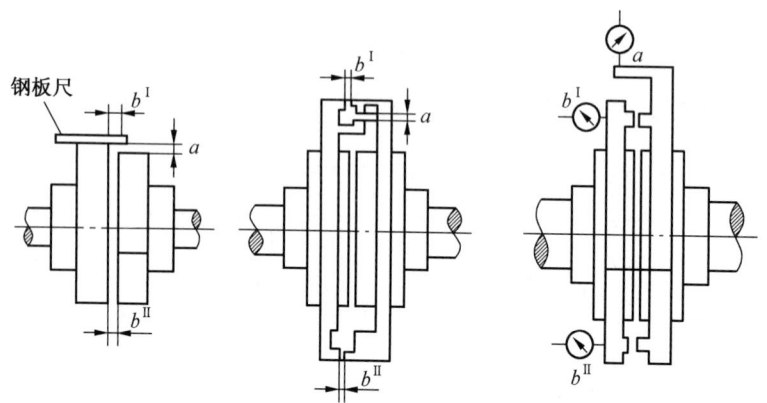

(a)用塞尺直接测量　　(b)用塞尺和专用工具测量　　(c)用百分表和专用工具测量

a——两轴心的径向位移;
b^{I}、b^{II}——轴向测量值

图 H.0.1-1 联轴器两轴心径向位移和两轴线倾斜测量方法

2 将两个半联轴器一起转动,应每转90°测量一次,并记录5个位置的径向位移测量值和位于同一直径两端测点的轴向测量值(图 H.0.1-2);

3 当测量值 $a_1 = a_5$ 及 $b_1^{\mathrm{I}} - b_1^{\mathrm{II}} = b_5^{\mathrm{I}} - b_5^{\mathrm{II}}$ 时,应视为测量正确,且测量值为有效。

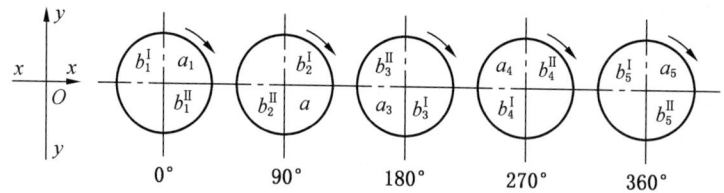

$a_1 \sim a_5$ ——径向位移测量值;
$b_1^{\mathrm{I}} \sim b_5^{\mathrm{I}}$、$b_1^{\mathrm{II}} \sim b_5^{\mathrm{II}}$——轴向测量值

图 H.0.1-2 记录形式

H.0.2 联轴器两轴心径向位移,应按下式计算:

$$a = \sqrt{\left(\frac{a_2 - a_4}{2}\right)^2 + \left(\frac{a_1 - a_3}{2}\right)^2} \quad\quad\quad (\text{H.0.2})$$

式中:

a　　　　——测量处两轴心的实际位移(mm);
a_1、a_2、a_3、a_4——径向位移测量值(mm)。

H.0.3 联轴器两轴线的倾斜度应按下式计算:

$$\vartheta=\sqrt{\left[\frac{(b_2^{II}+b_4^{I})-(b_2^{I}+b_4^{II})}{2d_4}\right]^2+\left[\frac{(b_2^{I}+b_3^{II})-(b_1^{II}+b_3^{I})}{2d_4}\right]^2} \quad\quad (H.0.3)$$

式中：

ϑ ——两轴线的倾斜度；

b_1^{I}、b_1^{II}～b_4^{I}、b_4^{II}——轴向测量值(mm)；

d_4 ——测点处的直径(mm)。

附 录 J
管道冲洗清洁度等级

表 J 管道清洁度等级

清洁度等级	每 100 mL 工作介质中的污染物颗粒数	
	$>5~\mu m$,且$\leqslant 15~\mu m$	$>15~\mu m$
20/17	$500\times10^3 \sim 1\times10^6$	$64\times10^3 \sim 130\times10^3$
20/16	$500\times10^3 \sim 1\times10^6$	$32\times10^3 \sim 64\times10^3$
20/15	$500\times10^3 \sim 1\times10^6$	$16\times10^3 \sim 32\times10^3$
20/14	$500\times10^3 \sim 1\times10^6$	$8\times10^3 \sim 16\times10^3$
19/16	$250\times10^3 \sim 500\times10^3$	$32\times10^3 \sim 64\times10^3$
19/15	$250\times10^3 \sim 500\times10^3$	$16\times10^3 \sim 32\times10^3$
19/14	$250\times10^3 \sim 500\times10^3$	$8\times10^3 \sim 16\times10^3$
19/13	$250\times10^3 \sim 500\times10^3$	$4\times10^3 \sim 8\times10^3$
18/15	$130\times10^3 \sim 250\times10^3$	$16\times10^3 \sim 32\times10^3$
18/14	$130\times10^3 \sim 250\times10^3$	$8\times10^3 \sim 16\times10^3$
18/13	$130\times10^3 \sim 250\times10^3$	$4\times10^3 \sim 8\times10^3$
18/12	$130\times10^3 \sim 250\times10^3$	$2\times10^3 \sim 4\times10^3$
17/14	$64\times10^3 \sim 130\times10^3$	$8\times10^3 \sim 16\times10^3$
17/13	$64\times10^3 \sim 130\times10^3$	$4\times10^3 \sim 8\times10^3$
17/12	$64\times10^3 \sim 130\times10^3$	$2\times10^3 \sim 4\times10^3$
17/11	$64\times10^3 \sim 130\times10^3$	$1\times10^3 \sim 2\times10^3$
16/13	$32\times10^3 \sim 64\times10^3$	$4\times10^3 \sim 8\times10^3$
16/12	$32\times10^3 \sim 64\times10^3$	$2\times10^3 \sim 4\times10^3$
16/11	$32\times10^3 \sim 64\times10^3$	$1\times10^3 \sim 2\times10^3$
16/10	$32\times10^3 \sim 64\times10^3$	$500 \sim 1\times10^3$
15/12	$16\times10^3 \sim 32\times10^3$	$2\times10^3 \sim 4\times10^3$
15/11	$16\times10^3 \sim 32\times10^3$	$1\times10^3 \sim 2\times10^3$
15/10	$16\times10^3 \sim 32\times10^3$	$500 \sim 1\times10^3$
15/9	$16\times10^3 \sim 32\times10^3$	$250 \sim 500$
14/11	$8\times10^3 \sim 16\times10^3$	$1\times10^3 \sim 2\times10^3$
14/10	$8\times10^3 \sim 16\times10^3$	$500 \sim 1\times10^3$
14/9	$8\times10^3 \sim 16\times10^3$	$250 \sim 500$
14/8	$8\times10^3 \sim 16\times10^3$	$130 \sim 250$
13/10	$4\times10^3 \sim 8\times10^3$	$500 \sim 1\times10^3$

表 J（续）

清洁度等级	每 100 mL 工作介质中的污染物颗粒数	
	>5 μm,且≤15 μm	>15 μm
13/9	$4 \times 10^3 \sim 8 \times 10^3$	250～500
13/8	$4 \times 10^3 \sim 8 \times 10^3$	130～250
12/9	$2 \times 10^3 \sim 4 \times 10^3$	250～500
12/8	$2 \times 10^3 \sim 4 \times 10^3$	130～250
11/8	$1 \times 10^3 \sim 2 \times 10^3$	130～250

注：清洁度等级为应大于等于 5 μm 的颗粒数代码与大于 15 μm 的颗粒数代码之比。如清洁度等级 18/13，代码 18 表示大于 5 μm 且小于等于 15 μm 污染物的颗粒数为 $130 \times 10^3 \sim 250 \times 10^3$ 个；代码 13 表示大于 15 μm 污染物的颗粒数为 $4 \times 10^3 \sim 8 \times 10^3$ 个。

本规范用词说明

1 为便于在执行本规范条文时区别对待,对要求严格程度不同的用词说明如下:
   1) 表示很严格,非这样做不可的用词:
      正面词采用"必须",反面词采用"严禁"。
   2) 表示严格,在正常情况下均应这样做的用词:
      正面词采用"应",反面词采用"不应"或"不得"。
   3) 表示允许稍有选择,在条件许可时首先应这样做的用词:
      正面词采用"宜",反面词采用"不宜";
      表示有选择,在一定条件下可以这样做的用词,采用"可"。
2 本规范中指明应按其他有关标准、规范执行的写法为"应符合……的规定"或"应按……执行"。